SILLIAN

Geschichte und Gegenwart

Sillian

SILLIAN
Geschichte und Gegenwart

Mit Beiträgen von

Wilfried Beimrohr
Karl C. Berger
Wolfgang Gattermayr
Alois Heinricher
Maria Huber
Rudolf Ingruber
Martin Kofler
Tanja A. Kraler
Egon Kühebacher
Peter Leiter
Meinrad Pizzinini
Harald Stadler
Martin Steidl

Gesamtredaktion

Meinrad Pizzinini

Bildredaktion

Peter Leiter

Herausgegeben vom Verein „Kulturinitiative Sillian"

HAYMONverlag

Die Darstellung des Sillian-Wappens in: Conrad *Fischnaler*, Wappenbuch der Städte und Märkte der gefürsteten Grafschaft Tirol. Nach den Quellen gezeichnet von Karl Rickelt, Innsbruck 1894, S. 19.

Erklärung des Sillianer Wappens:

„*Beschreibung* – In Rot zwei mit goldenen Ringen verknüpfte schwarze Sielseile oder Zugstränge. *Begründung* – Sillian galt seit dem späten Mittelalter als Markt. 1469 war ihm von Graf Leonhard von Görz das Privileg eines Jahrmarktes verliehen worden. Siegel und Wappen führte Sillian seit dem ausgehenden 17. Jahrhundert. Das historisch gewachsene Wappen ist als sprechendes zu interpretieren: Der Ortsname wurde damals von die Siele, dem Geschirr für Zugtiere, abgeleitet und bildlich dargestellt. Überdies war Sillian als Rodstation für den Handelsverkehr von Bedeutung. *Farben der Gemeindefahne* – Schwarz–Rot"

(Werner *Köfler*/Wilfried *Beimrohr*, Wappen der Tiroler Gemeinden, Innsbruck 1995, Seite 437)

Peter Leiter stellt sein Honorar für verfasste Texte, Fotos und die Bildredaktion dem Verein „Kulturinitiative Sillian" für die weitere Archiv- und Heimatforschung der Marktgemeinde Sillian zur Verfügung.

Für den Inhalt der Beiträge sind die Autorinnen und Autoren verantwortlich.

© der Bilder bei den Fotografen, Besitzern oder Rechteinhabern
© der Texte bei den Autorinnen und Autoren

Auflage:
4	3	2	1
2018	2017	2016	2015

© 2015
HAYMONverlag
Innsbruck-Wien
www.haymonverlag.at

Alle Rechte vorbehalten. Kein Teil des Werkes darf in irgendeiner Form (Druck, Fotokopie, Mikrofilm oder in einem anderen Verfahren) ohne schriftliche Genehmigung des Verlages reproduziert oder unter Verwendung elektronischer Systeme verarbeitet, vervielfältigt oder verbreitet werden.

ISBN 978-3-85218-726-6

Umschlag- und Buchgestaltung, Satz: Haymon Verlag, Karin Berner
Umschlagabbildungen: Titelbild: Sillian gegen Westen, 2011 – Foto: Peter Leiter
Umschlag hinten: obere Reihe v. l. n. r.: Arbeiter im Sägewerk der Familie Atzwanger, 1934 (Archiv Sepp Straganz) – Heimkehrerkreuz, 2.373 m – Burg Heinfels mit der Marktgemeinde Sillian im Hintergrund, 2007 – Sillian, Straßenszene, 1911 (Archiv Leiter-Asthof); untere Reihe v. l. n. r.: Leckfeldalpe mit Sillianer Hütte am Karnischen Kamm – Älteste Ansicht der Marktgemeinde Sillian, 1657 – Detail einer Prozessionsfahne – Ober- und Unterwieser-Höfe am Sillianberg, 2006 (alle anderen Fotos: Peter Leiter)

Gedruckt auf umweltfreundlichem, chlor- und säurefrei gebleichtem Papier.

Inhalt

Bürgermeister Erwin Schiffmann – Zum Geleit 7

Meinrad Pizzinini, Redaktion – Zur Einführung 8

Alois Heinricher
Die Natur im Oberland
Geologie, Pflanzen und Tiere im Sillianer Raum 9

Wolfgang Gattermayr
Ein klimatischer Fingerabdruck Sillians
Der Lebensraum im Einfluss atmosphärischen Geschehens 45

Peter Leiter – Maria Huber
Topographie der Marktgemeinde Sillian
Das Zusammenwachsen eines Siedlungsraumes 65

Harald Stadler
Sillianer Vor- und Frühgschichte
Von der Steinzeit zu den Römern 97

Egon Kühebacher
Flur-, Hof- und Ortsnamen von Sillian
Denkmäler der Siedlungs- und Sprachgeschichte 107

Martin Steidl
Erzählte Räume – erzählte Kultur
Sagen und Erzählungen aus Sillian und seiner Umgebung 139

Wilfried Beimrohr
Das Landgericht Heinfels oder Sillian
Geschichte der Verwaltung von den Görzern bis ins 20. Jahrhundert 157

Wilfried Beimrohr
Sillian in alter Zeit
Vom Dorf zur Marktgemeinde 191

Egon Kühebacher
Geschichte der Pfarre Sillian
Seelsorge im Wandel der Zeiten 219

Maria Huber
Der Kirchenchor
Singen zur Ehre Gottes 261

Rudolf Ingruber
Kirchliche Kunst in Sillian
Marktgemeinde im Zeichen des Barock 267

Maria Huber
Das Sillianer Schulwesen
Die Schulen einst und jetzt 299

Martin Kofler
Sillian in neuerer Zeit
Von der Eröffnung der Pustertalbahn 1871 bis in die Gegenwart 329

Martin Steidl
Sillian und die Grenze
Eine Trennung und ihre Überwindung 371

Karl C. Berger
Von der Tradition der Erneuerung
Volkskundliche Betrachtungen zur Kultur in Sillian 379

Tanja A. Kraler
Sillianer Persönlichkeiten
Das Wirken verdienter Menschen 409

Meinrad Pizzinini
Pustertal-Reisende im Lauf der Jahrhunderte
Wie Sillian erlebt und beschrieben wurde 443

Maria Huber
Das Sillianer Vereinsleben
Vereine als Bereicherung gesellschaftlichen Lebens 481

Anhang 491

Ein Blick auf die Gemeinde 491
Literatur und Anmerkungen 493
Abbildungsnachweis 516
Verzeichnis der Autorinnen und Autoren 519

Zum Geleit

Mit dieser Publikation macht sich die Marktgemeinde Sillian ein bleibendes Geschenk und bietet den Bürgerinnen und Bürgern der Gemeinde erstmals ein einzigartiges Nachschlagewerk.

Aus kirchlichen, öffentlichen und privaten Archiven wurden in den letzten Jahren mit fachlicher Kompetenz und Akribie Informationen und Bildmaterial gesammelt, gesichtet, bewertet, geordnet und schließlich zu einer Einheit verbunden.

Der mehr als 500 Seiten umfassende Band mit einer Vielzahl von Abbildungen spannt einen breiten Informationsbogen von der Vergangenheit in die Gegenwart und zeigt auch die Besonderheiten der Natur auf. Vergangenes wird wieder lebendig und Gegenwärtiges im historischen Zusammenhang verständlicher. Er beleuchtet die wechselhafte Geschichte unserer Gemeinde, befasst sich mit Kunst und Kultur, den kirchlichen Verhältnissen und der Religiosität, schildert das Gemeinschaftsleben, Wirtschaft und Politik im Ort und präsentiert die verschiedenen Einrichtungen und Vereine. Persönlichkeiten unserer Gemeinde erfahren für ihre besonderen Leistungen oder ihr künstlerisches Schaffen in diesem Werk eine bleibende Würdigung.

Dieses außergewöhnliche Buch bewahrt Wissen über und um unsere Gemeinde und stärkt bei den Bürgern, aber auch bei Sillianern, die es in die Ferne gezogen hat, die Verbundenheit mit der Heimat. Das Buch soll die Neugierde wecken, sich intensiver mit dem Dargestellten zu beschäftigen und seinen ganz persönlichen Bezug dazu herzustellen. Überliefertes aus der Familiengeschichte kann in einen historischen Rahmen gebettet werden und ist für die Nachwelt dadurch greifbarer.

Für Gäste stellt die umfangreiche Dokumentation eine Visitenkarte unserer Marktgemeinde dar und regt dazu an, Naturdenkmäler und Sehenswürdigkeiten als Teile einer jahrtausendealten Kultur zu erkennen. Traditionen und Bräuche können durch die Lektüre des Bandes als gewachsenes, über Generationen bewahrtes Kulturgut verstanden und dadurch auch mit anderen Augen gesehen werden.

Besonders herzlich lade ich die Jugend von Sillian ein, sich mit unserer Geschichte auseinanderzusetzen. Denn jeder Mensch ist nicht nur durch seine unmittelbare Familie geprägt, sondern auch durch sein Dorf und die Beziehung, die er zu seiner Heimat in all ihrer Vielfalt und Eigenart entwickelt. Wer um die Wurzeln seines Lebens weiß, kann darauf aufbauend seine Gedanken, Hoffnungen und Träume auf die Zukunft ausrichten.

Dieses Buch stellt für mich eine vielschichtige, breite Brücke in die Vergangenheit dar, die den Leser durch die einladende Gestaltung und Illustration einlädt, sich auf den Weg in unsere Vergangenheit zu begeben. Mein Dank gilt allen, die unter der Gesamtleitung von Univ.-Doz. Dr. Meinrad Pizzinini mit beeindruckendem Einsatz am Bau dieser Brücke mitgearbeitet und uns mit diesem Gemeindebuch ein qualitätsvolles, faszinierendes Nachschlagewerk geschaffen haben.

Ich wünsche mir, dass dieses Buch bei allen Gemeindebewohnern das Bewusstsein weckt, einer Gemeinschaft anzugehören, die im Laufe der Geschichte manch Schweres ertragen und viel Positives erreicht hat. Zugleich soll es die Erkenntnis vermitteln, dass auch die Zukunft unserer Gemeinde durch Zusammenhalt und Gemeinschaftssinn entscheidend bestimmt wird.

Bgm. Erwin Schiffmann

Zur Einführung

Es mutet eigenartig an, dass die Marktgemeinde Sillian, die seit Jahrhunderten zu den größten und bedeutendsten Orten im gesamten Pustertal zwischen Mühlbacher und Lienzer Klause zählt, bisher noch über kein Gemeindebuch verfügt hat. Die Absicht, eine größere Publikation über Sillian herauszubringen, wurde im Jahr der Erinnerung an die Verleihung von Marktrechten 1469–1969 laut, doch dauerte es noch viele Jahre, bis die Gemeindeführung unter Bürgermeister Erwin Schiffmann dazu die Initiative ergriff.

Mit der Gesamtredaktion des Buches betraut, ging es mir zunächst darum, ein inhaltliches Konzept zu entwickeln. Es sollte nicht bloß ein Buch mit interessanten Geschichten entstehen, vielmehr eine Publikation, die auf fundierte Weise über den Ort und seine Geschichte im weitesten Sinne informiert. Freilich müsste die Publikation gut zu lesen und auch unterhaltsam sein und dennoch – ganz gewiss kein Widerspruch – wissenschaftlichen Charakter tragen. Schließlich sollte das neue Buch gleichsam als Standardwerk in der regionalen und auch gesamttirolischen Forschung Verwendung finden. Dann galt es, Autoren und Autorinnen zu suchen, die in ihrer Gesamtheit die ganze Bandbreite der Entwicklung von Sillian abzudecken in der Lage seien – von der Untersuchung der Gegebenheiten der Natur, der Schilderung der Topographie der Sillianer Gegend, über die geschichtliche und kulturelle Entwicklung im weitesten Sinn bis zu den gegenwärtigen Verhältnissen. – Für die Mitarbeit konnten fast durchwegs Fachleute gewonnen werden, die aus dem Bezirk Lienz bzw. dem Hochpustertal stammen, hier wirken oder beruflich außerhalb tätig sind.

Noch etwas war von vorneherein klar: Die Untersuchungen dürften nicht bei der Gemeindegrenze aufhören, zu sehr ist der Markt Sillian mit seiner Anziehungskraft und Ausstrahlung in der ganzen Region verankert.

Dass es zur Durchführung einer so großen kulturellen Aufgabe mehrerer Mitarbeiter und Helfer bedarf, ist selbstverständlich. Die wichtigsten Ansprechpartner „vor Ort", denen der größte Dank des Redakteurs gebührt, waren Frau Maria Huber-Wanner, schon von ihrer Abstammung her bezüglich heimatkundlicher und kultureller Angelegenheiten „vorbelastet", und Herr Peter Leiter vom geradezu legendären „Asthof". Er hat verschiedenste organisatorische Fragen gelöst, sich aber auch mit Texten und hervorragenden Aufnahmen eingebracht.

Es ist nicht möglich, alle hervorzuheben, die hilfreich zur Seite gestanden sind bzw. verschiedenste Beiträge geleistet haben: Den Autorinnen und Autoren muss für ihre qualifizierte Arbeit besonders gedankt werden. Wertvolle Hilfe hat Frau Johanna Kraler von der Gemeindeverwaltung geleistet. Herr Josef Rauter war als bester Kenner der Archive von Gemeinde und Pfarre bei der Klärung vieler Fragen behilflich. Überdies hat er seine umfangreichen privaten Bestände zur Verfügung gestellt, ebenso wie Herr Sepp Straganz. Eine große Leistung erbrachte Herr Gerhard Holzer mit der Digitalisierung von mehr als 1500 Archiv-Fotos. Ein weiterer Dank gebührt dem Naturwissenschaftlichen Verein Kärnten (Klagenfurt) für die kostenlose Überlassung zahlreicher Aufnahmen naturkundlichen Inhalts, angefertigt von Herrn Jakob Zmölnig.

Es ist zu wünschen, dass das Buch SILLIAN – *Geschichte und Gegenwart* besonders von den Einheimischen angenommen wird und dass sie dadurch ihre engere Heimat immer besser kennen lernen. – Mit dieser großen kulturellen Leistung hat sich die Marktgemeinde Sillian selbst ein Denkmal gesetzt.

Meinrad Pizzinini, Redaktion

Alois Heinricher

Die Natur im Oberland

Geologie, Pflanzen und Tiere im Sillianer Raum

Geologie und Bergbau im Raum Sillian

Die geologische Lage von Sillian

Eine der großen Gesteinszonen Osttirols ist das ostalpine Altkristallin (auch Zone der Alten Gneise genannt). Es zieht in großer Breite mit den Deferegger Alpen, Villgrater Bergen, der Lasörlinggruppe und Schobergruppe über den Mittelteil Osttirols, vom Virgental im Norden bis zur Draufurche im Süden.

Der Raum Sillian ist eingebettet zwischen den Hängen der Villgrater Berge im Norden und den Ausläufern der Karnischen Alpen (mit dem Helm) und den Gailtaler Alpen im Süden.

Das Altkristallin der Villgrater Berge mit dem Thurntaler Komplex zieht sich nördlich der Draufurche vom Marchkinkele (Innervillgraten) bis zum Lienzer Schlossberg hin (neuer Aufschluss an der Talstation der Hochsteinbahnen). Seine größte Breite erreicht diese Gesteinszone mit 7,5 km im Bereich des Thurntalers. Sie wird vereinfacht auch Thurntaler Quarzphyllitzone genannt. Gegen Osten hin wird diese Zone schmäler und keilt mit Tonalit bei Pölland (nahe Lienz) im vordersten Iseltal aus. Im Abschnitt Arnbach–Abfaltersbach reicht der Thurntaler Komplex bis an die Draufurche, wo er an den permo-mesozoischen Drauzug (mit den Lienzer Dolomiten) anschließt. Seine Gesteine sind vermutlich aus Ablagerungen des frühen Paläozoikums entstanden. Dazu zählen vor allem: Phyllite, Metabasite, Porphyroidschiefer u. a.

Ammonit-Fossil:

Ein völlig fremdes Gestein bzw. ein Stein, der nicht in die Quarzphyllitzone passt, ist ein Ammonitenfossil in Kalk, gefunden in Strassen. Beim Hausbau der Familie Delvay am oberen Dorfrand kam vor einigen Jahren

Quarzphyllit.

Ammonitfund in Strassen, Nr. 51.

ein schönes Fossil von einem Ammoniten zutage. Er lag in geringer Tiefe inmitten von Geröll. Ungewöhnlich ist, dass es sich um einen Ammoniten handelt, wie man ihn von mehreren Stellen am Fuße der Lienzer Dolomiten kennt. Bemerkenswert ist, dass sich diese Fundstelle einige Kilometer entfernt vom westlichen geologischen Ende der Lienzer Dolomiten (etwa der Auenbach bei Abfaltersbach) befindet.

Univ.-Prof. Dr. Erich Thenius (Institut für Paläontologie der Universität Wien) schrieb nach Übermittlung eines Fotos am 14. September 2011 zu diesem interessanten Ammonitenfund aus Strassen: „Es handelt sich um einen Jura-Ammoniten, allerdings nicht aus dem roten Adneter bzw. roten Klauskalk, sondern vermutlich aus den Allgäuschichten der Lienzer Dolomiten, in denen zahlreiche Ammoniten vorkommen, Nach dem Foto ist es ein Geröll, wohl eiszeitlichen Ursprungs. Zur definitiven Beurteilung wäre die Kenntnis der Fundsituation (Profil) notwendig."

Aufbereitungsanlage.

Bergbau im Norden von Sillian

Im Norden des östlichen Pustertales befinden sich im Raum Sillian–Villgraten, Stulperrast–Tessenberg–Panzendorf ausgedehnte **Vorkommen sulfidischer Erze im Thurntaler Quarzphyllit**. Nach vorübergehendem Niedergang wurden um das Jahr 1700 die Suche und der Abbau von Erzen wieder aufgenommen.

Die drei großen Bergbau-Bereiche
1. *Bergbau Villgraten*: ostseitig des Tales, südlich von Außervillgraten im Bereich Glinzwald. Erste Belehnung mit dem Neuschurf 1722.
2. *Bergbau Panzendorf*: am Eingang in das Villgratental, nördlich von Schloss Heinfels, in der Nähe vom Weiler Rain auf 1.290 m. Der Bergbau Panzendorf war früher mit der Bahnstation Sillian mittels Rollbahn verbunden.
3. *Bergbau Tessenberg*: Bereich der Tessenberger Alm, vom Morgenrastl Ostende bis Fronstadl-Alpe.

Die wichtigsten Standorte des Bergbaues
- *Sillianberg-Alpe*: mehrere kleine Vorkommen von Arsenopyrit, gelegentlich mit Galenit (Bleiglanz) und Sphalerit (Zinkblende).

  Zwischen Thurntaler See und Hochrast-Kamm gibt es den Aufschluss einer Lagerlinse mit Arsenopyrit in Amphiboliten. Ein analoges Vorkommen findet sich an der Thurntaler Südseite; ebenso ein Scheelitvorkommen (wichtiges Wolframerz).

  In der Tafinalpe, im Kammbereich Hochrast–Gumriaul und östlich des Tafinbaches befinden sich weitere Fundstellen von Scheelit und Arsenopyrit.
- *Bergbau im unteren Villgratental: Außervillgraten, Unterwald, Glinzwald und Schlittenhaus*
  - *Außervillgraten*: Die Stollen befinden sich am Westabfall der Stulperrast und am Osthang des unteren Villgratentales in der Nähe des Baches; verstürzte Stollen des 1918 angeschlagenen

Barbarastollens. Weiter oben waren drei Stollen unter dem Weiler Rain. Von 1948 bis 1952 wurde mit 80 Arbeitern reger Abbau betrieben. Der Abbau erfolgte mit Pressluftkompressoren und Sprengungen. Betreibende Gesellschaft war die „Panzendorf-Tessenberg Ges.m.b.H. Lienz", die mit der Kupferhütte Mitterberg (Salzburg) in Verbindung stand. Im Jahre 1952 wurde der Betrieb eingestellt. Damals war es üblich, vor dem Einfahren vier Vaterunser zu beten und die heilige Barbara um Schutz anzurufen.

- *Unterwald*: Scheelit und Arsenopyrit im Quarzphyllit.
- *Schlittenhaus*: alter Bergbau auf Pyrit und Pyrrhotin, Chalkopyrit (Kupferkies) nördlich von Schlittenhaus.
- *Glinzwald*: Pyrit und Pyrrhotin. Die Lagerstätten wurden seit dem 18. Jahrhundert beschürft. Während des 1. Weltkrieges wurden die Halden nach Kupferkies, Eisen- und Magnetkies durchsucht. Der Bergbau wurde im Jahr 1941 eingestellt.

Bergbau Panzendorf

Das Bergwerk lag unterhalb des Weilers Rain in 1.260 m Seehöhe. Es kommen Vererzungen von Pyrit, Pyrrhotin und Chalkopyrit in Quarzphyllit vor.

Die Stollenmundlöcher zwischen 1.100 m und 1.240 m sind alle verschüttet. Die Bergbaue Panzendorf und Villgraten werden bereits am Beginn des 18. Jahrhunderts erwähnt, und es kam zur Gründung des „Panzendorfer Kupferbergbaues". Dazu gehörten die Bereiche Heinfels, Abfaltersbach und Hinterburg sowie die Schmelzhütten am Gailbach. Zuerst stand die Gewinnung von Eisen und Kupfer im Vordergrund, später, in der ersten Hälfte des 19. Jahrhunderts, wurde hauptsächlich Schwefelkies gewonnen. Verschiedene Gesellschaften betrieben den Bergbau, mehr oder weniger erfolgreich. Nach vorübergehender Einstellung gab es im Jahr 1886 mit der Gründung des Schwefelkies-Bergwerks wieder einen Aufschwung. Im Jahre 1910 stand das Bergwerk unter dem Namen „Schwefelkies-Bergbau Panzendorf und Tessenberg GmbH" im Handelsregister. Das Verkaufserz wurde mit einer Rollbahn zum Bahnhof Sillian geliefert. Nach dem 2. Weltkrieg gelang weiterer Abbau des Schwefelkiesvorkommens mit Anreiche-

Barbarafeier, 1950.

Arbeiter mit vollem Förderwagen.

rung des Erzes auf 40 %. Die Aufschließung des Erzlagers ging bis in 250 m Tiefe. Für 70 km² reichte die Freischurf-Konzession. Die letzte Firma war die „Panzendorf–Tessenberg Ges.m.b.H. Eisleben/Sachsen-Anhalt". Mit dem Jahr 1953 kam das Ende des Bergbaues in Panzendorf.

Bergbau Villgraten
Lage: Außervillgraten, 800 m SSW der Kirche. Tiefster Stollen in 1.490 m, 270 m über der Talsohle. Schwefelmagnetkies-Bergwerk: Die „Grube Adolf" war seit 1720 als Kupfergrube bekannt. Drei Stolleneinbaue: St. Antoni, der höchste; St. Paul und St. Barbara waren die tiefsten. Man betrieb den Bergbau nach Unterbrechungen noch einmal von 1942 bis 1953. Öffentlicher Verwalter war von 1948 bis 1954 Dipl.-Ing. Wulfo Lob. Während des 2. Weltkrieges waren 80 bis 120 Arbeiter und Angestellte beschäftigt. Die Förderung betrug 6.000 bis 7.000 t Schwefelkies pro Jahr. Die Aufbereitungsanlage produzierte täglich einen Waggon Schwefelkies-Konzentrat, das an verschiedene Papierfabriken geliefert wurde. Die Schmelze war in der Nähe der „Bunbrugge" (Gemeinde Heinfels).

Der Schwefelkies-Bergbau Tessenberg
Die Tessenberger Stollen befinden sich in einer Höhe von 1.750 m bis 2.100 m. Der Bergbau liegt am südöstlichen Ausläufer der Stulperrast (2.187 m) und unterhalb des Morgenrastl. Ostgrenze ist der Thurnbach, Westgrenze der Trekbach des Morgenrastl (2.140 m). Die Vererzung besteht aus Pyrit und Pyrrhotin und Scheelit in Prasiniten der Quarzphyllite. Im Jahre 1904 wurden große Schwefelkieslager nördlich von Tessenberg in 1.700 m und 2.000 m gefunden. Das ehemalige Knappenhaus wurde 1909 erbaut. Die bergmännische Erschließung begann wegen des Kriegsbedarfs 1915 und dauerte bis 1925. Um 1916 lief der Vollbetrieb mit 300 Arbeitern, zeitweise mit vielen Kriegsgefangenen. Die Materialseilbahn zum Bahnhof Abfaltersbach wurde 1916 gebaut und transportierte jährlich 40.000 t. Die Aufbereitungsanlage wurde 1916 eröff-

Oldenburg-Stollen Tessenberg.

net. Das Erz des Hauptlagers zeigte im Durchschnitt 45 % Eisen, 44 % Schwefel und 0,5 % Kupfer. In geringen Mengen treten Hornblende und chloritische Grafitschiefer auf. Im Jahre 1919 lieferte die Aufbereitung 150 bis 200 t pro Monat. Wegen Absinken der Preise wurde der Betrieb am 16. Mai 1925 eingestellt. Nach zeitlicher Stilllegung wurde der Bergbau im Jahre 1943 wieder aufgenommen. Die Aufbereitung erfolgte durch Antrieb mit Elektromotoren. Während des 2. Weltkrieges (Bauperiode) brachen im Oldenburgstollen aufgestaute Wassermassen aus und verwüsteten die Anlage. Im Jahre 1948/49 wurde die Aufbereitungsanlage nach Panzendorf verlegt. Inzwischen sind alle Stollen verbrochen. Heute ist auch die Aufbereitungsanlage verfallen, nur schwefelgelbe vegetationslose Halden, die im Kontrast zu den Wäldern und dem Blau des Himmels stehen, zeugen von den einstigen Betrieben ebenso wie die Reste der Seilbahn, die zur Bahnstation Abfaltersbach führte.

Die geologischen Bergbau-Verhältnisse im Süden von Sillian
Mit dem Helm als Westende der Karnischen Alpen schaut noch ein Stück der Südalpen auf Sillian herab. Durch die Gailtalfurche zieht die Periadriatische Naht, die Grenze zwischen Ostalpen und Südalpen, zu denen hier die Karnischen Alpen gehören. Deren

österreichischer Anteil zwischen Arnoldstein und Sillian wird – mit Ausnahme der Trias (Erdmittelalter) des Gartner Kofels – von Gesteinsschichten des Erdaltertums aufgebaut (aus dem Ordovizium, Silur, Devon und Karbon). Geologisch noch wenig erforscht, zeigt dieser Gebirgszug eine Anzahl überschneidender Störungen, wodurch der Faltenbau in Teilstücke (Streifen) zerlegt wird. Es sind dies: Pfannspitzstreifen, Königswandstreifen und Hocheckstreifen. Der westliche Teilabschnitt reicht vom Helm bei Sillian bis zur „Bordaglia-Störung" an der Linie Birnbaum–Forni Avoltri (im Süden). Hier ist der Grenzkamm vom Nebeneinander schroffer Kalkberge (z. B. Pfannspitze, Kinigat, Porze) und weicher Schieferberge geprägt. Dies bringt einen Artenreichtum von Blütenpflanzen hervor, die man auf Wanderungen zum Obstanser See oder ins Leitertal zu den Stuckenseen und zur Standschützenhütte erleben kann. Kalkholde Arten wie unter dem Kinigat stehen hier neben den Silikatpflanzen der Filmoore oft kleinräumig nebeneinander.

Bergbaue an der Südseite des Drautales

An der südöstlichen Grenze zwischen den Gemeinden Strassen und Abfaltersbach liegt auf einer Seehöhe von 1.500 m und 1.580 m eine Antimon-Buntmetall-Erzlagerstätte. Sie zieht durch die Schiefer des Gailtalkristallins (an der Westgrenze der Lienzer Dolomiten) und setzt sich wahrscheinlich in Richtung Obertilliach und St. Oswald fort. Es handelt sich um ein sehr altes Bergbaugebiet, dessen Anfänge auf die Römerzeit zurückgehen. In den ältesten Stollen, mit „Schlögel und Eisen" vorangetrieben, wurde nur Kupferkies abgebaut. Ende des 17. und Anfang des 18. Jahrhunderts wurde in diesem Gebiet sehr reger Bergbau betrieben, wobei Blei- und Antimonerze abgebaut und auch Kupfer und Silber gewonnen wurden. Die Schmelzhütte hierfür stand am Gailbach.

Im Jahre 1925 wurde unter Leitung des Bergbaudirektors Hugo Leopold das Bergbaugebiet neu untersucht und es wurden Erschließungsarbeiten in größerem Umfang aufgenommen. Bekannte und neue Erzlagerstätten wurden in Gruben aufgeteilt: In drei alten Stollen (Antimon 1 und 2) sowie im Römerstollen wurde bis in Tiefen von 460 m vorangetrieben, um zu den Kupfer- und Antimon-Erzlagern zu kommen. Für den weiteren Ausbau der Betriebsanlagen fehlte aber in der Zeit der Wirtschaftsflaute das Geld. Nach dem 2. Weltkrieg wurden nochmals verschiedene Untersuchungen und Erschließungsarbeiten durchgeführt. Zu einem Erzabbau kam es aber nicht.

Einige weitere Gruben

- *Bergbau „Am Brand":* in 1.700 m bis 1.800 m. Ursprünglich wurde hier nach silberhaltigen Bleierzen geschürft. Die bedeutsamen Vererzungen sind aber: Galenit (Bleiglanz), Sphalerit (Zinkblende), Pyrit, Fahlerz und Kupferkies.
- *Bergbau am Mitterbach:* östlich des Asthofenbaches, in 1.580 m.
- *Erze:* Kupferkies- und Magnetkieslager in Klüften von Glimmerschiefer.
- *Rabland:* Arsenopyrit innerhalb von Granat- und Biotitschiefer. Kurze Schürfarbeiten um 1923.
- *Alter Bergbau „Hugo I":* im obersten Teil des Auenbaches (Beschürfung im 16. Jahrhundert zwecks Silbergewinnung). Erzlagerstätten: Eisen-Antimon-Kupfer-Vererzungen. Eine große Halde vor dem Mundloch des Römerstollens erinnert noch an Glanzzeiten dieses Bergwerkes.
- *Bergbau „Knappenbrunn":* im Quellgebiet des Auenbaches, wurde im 16. Jahrhundert in 1.500 m betrieben. Im 17. und Anfang des 18. Jhs. reger Bergbaubetrieb: Neben Kupfer wurde auch Silber gewonnen, und zwar in der „Schmelze am Gailbach".
- *Oberberg bei Kartitsch:* Dieser hohe Rücken besteht aus Gailtal-Kristallin, in dem stellenweise Vererzungen auftreten. Schon zur Römerzeit scheint es hier Bergbautätigkeit gegeben zu haben. Erst viel später, im 15., 16. und 17. Jahrhundert, wurden erfolgreich Silber- und Kupfererze abgebaut.

Ein Blick in die Pflanzenwelt

Die Wiesen im Talboden zwischen Sillian und Tassenbach

Das einförmige Wiesengelände wird aufgelockert durch eine Vielzahl von Bäumen und Sträuchern (über zwanzig Arten): in kleineren Beständen, vor allem an den Rändern der Feldfluren, entlang von Feldwegen, an kleinen Wasserläufen und im Stauraum der Drau.

Nur wenige Pflanzenkenner haben sich bisher die Mühe gemacht, hier die Pflanzenarten aufzuschreiben. Dazu gehört die Lehrerin der Volksschule Heinfels, Paula Riedler, die Gattin des Schuldirektors, die im Jahre 1970 ihre Notizen im „Osttiroler Boten" veröffentlichte. Etwa dreißig Jahre später erhob der Botaniker Stephan Bahr in einer kleinen Arbeit auf fachliche Weise die Flora des Gebietes.

Feldgehölze:
Spitzahorn (*Acer platanoides*), Schlehdorn (*Prunus spinosa*), Bergahorn (*Acer pseudoplatanus*), Heckenrose (*Rosa sp.*), Berberitze oder Sauerdorn (*Berberis vulgaris*), Schwarzer Holunder (*Sambucus nigra*), Hängebirke (*Betula pendula*), Roter Holunder (*Sambucus racemosa*), Eingriffeliger Weißdorn (*Crataegus monogyna*), Eberesche (*Sorbus aucuparia*), Faulbaum (*Frangula alnus*), Winterlinde (*Tilia cordata*), Gemeine Esche (*Fraxinus excelsior*), Sommerlinde (*Tilia platyphyllos*), Gewöhnlicher Wacholder (*Juniperus communis*), Bergulme (*Ulmus glabra*), Traubenkirsche (*Prunus padus*), Felsenbirne (*Amelanchier ovalis*), Holzapfel (*Malus sylvestris*), Holz-Birne (*Pyrus pyraster*), Kreuzdorn (*Rhamnus cathartica*).

Die Blüte in den Magerwiesen:
Die Krautschicht bietet in der Blütezeit einen Farbenteppich von Gelb, Blauviolett, Weiß und Rot.

Gelb blühend:	Weiß blühend:	Rot blühend:	Blauviolett blühend:
Bärenschote (*Astragalus glycyphyllus*)	Doldiger Milchstern (*Ornithogalum umbellatum*)	Ruprechtskraut (*Geranium robertianum*)	Feld-Steinquendel (*Acinos arvensis*)
Schöllkraut (*Chelidonium majus*)	Steinbrech-Felsennelke (*Petrorhagia saxifraga*)	Großer Ampfer (*Rumex acetosa*)	Echte Ochsenzunge (*Anchusa officinalis*)
Zypressen-Wolfsmilch (*Euphorbia cyparissias*)	Kleine Bibernelle (*Pimpinella saxifraga*)	Heckenrose (*Rosa sp.*)	Wiesen-Glockenblume (*Campanula patula*)
Ovalblättriges Sonnenröschen (*Helianthemum ovatum*)	Felsenfingerkraut (*Potentilla rupestris*)	Spinnweben-Hauswurz (*Sempervivum arachnoideum*)	Wiesensalbei (*Salvia pratensis*)
Echtes Johanniskraut (*Hypericum perforatum*)	Traubensteinbrech (*Saxifraga paniculata*)	Berg-Hauswurz (*Sempervivum montanum*)	Wiesen-Witwenblume (*Knautia arvensis*)
Langhaariges Habichtskraut (*Hieracium pilosella*)	Weißer Mauerpfeffer (*Sedum album*)	Bunte Kronwicke (*Coronilla varia*)	Nessel-Glockenblume (*Campanula trachelium*)
Wiesen-Platterbse (*Lathyrus pratensis*)	Klatschnelke (*Silene vulgaris*)		
Gewöhnliches Milchkraut (*Leontodon hispidus*)	Milder Mauerpfeffer (*Sedum sexangulare*)		
Frühlingsfingerkraut (*Potentilla verna*)	Nickendes Leimkraut (*Silene nutans*)		
Knolliger Hahnenfuß (*Ranunculus bulbosus*)	Echter Baldrian (*Valeriana officinalis*)		
Goldrute (*Solidago sp.*)	Gewöhnliche Wiesen-Schafgarbe (*Achillea millefolium*)		
Hopfenklee (*Medicago lupulina*)	Silberdistel (*Carlina acaulis*)		

Feldwege, Möser und Wassergräben:
(nach Paula Riedler, OB 1970) – Blutauge (*Potentilla palustris*), Wald-Schlüsselblume (*Primula elatior*), Sumpfdotterblume (*Caltha palustris*), Wiesenknopf (*Sanguisorba sp.*), Fieberklee (*Menyanthes trifoliata*), Igelkolben (*Sparganium*), Gewöhnlicher Wasserhahnenfuß (*Ranunculus aquatilis*); bei Rabland die seltene Hirschzunge.

Ergänzende Information: Die Vogelwelt der Tassenbacher Feldfluren – Diese Feldfluren sind Durchzugsgebiet und Lebensraum einer Reihe von Vogelarten. Das in Tirol seltene Braunkehlchen hat hier ein kleines Brutgebiet, Neuntöter und Feldlerche im Durchzug, Turmfalke u. a. Im Stauraum der Drau mit seinem Nebengraben: Stockenten, der Sumpfrohrsänger (Brutverdacht). Regelmäßig zu beobachten: Mönchsgrasmücke, Gartengrasmücke, Zilpzalp, Bachstelze, Girlitz, Stieglitz, Rauchschwalbe, Mehlschwalbe, Felsenschwalbe, gelegentlich der Karmingimpel.

Fluren am westlichen Abbruch des Schlosshügels:
Nach der Schlägerung des ursprünglichen dichten Nadelwaldes entwickelte sich an diesen Hängen eine artenreiche Flora. Nach dem anfänglichen wilden Himbeergestrüpp dominierten bald verschiedene *Sträucher*: Berberitze (*Berberis vulgaris*), Gewöhnlicher Wacholder (*Juniperus communis*), Stachelbeere

Klatschnelkenwiese.

Wiesen-Salbei (*Salvia pratensis*).

Sonnenröschen (*Helianthemum ovatum*).

(*Ribes uva-crispa*), Hasel (*Corylus avellana*), Heckenrose (*Rosa sp.*), Schwarzer und Roter Holunder (*Sambucus nigra* und *S. racemosa*).

Am Steilhang kommen folgende *Baumarten* vor: Gemeine Esche (*Fraxinus excelsior*), Hängebirke (*Betula pendula*), Lärche (*Larix decidua*), Zitterpappel (*Populus tremula*) und Eberesche (*Sorbus aucuparia*).

Bemerkenswerte *krautige Pflanzen* und Stauden:	
Schafgarbe (*Achillea millefolium*)	Feldbeifuß (*Artemisia campestris*)
Nordischer Streifenfarn (*Asplenium septentrionale*)	Gemeiner Beifuß (*Artemisia vulgaris*)
Schwarzstieliger Streifenfarn (*Asplenium adiantum-nigrum*)	Zerbrechlicher Blasenfarn (*Cystopteris fragilis*)
Graukresse (*Berteroa incana*)	Rundblättrige Glockenblume (*Campanula rotundifolia*)
Hirtentäschel (*Capsella bursa-pastoris*)	Schöllkraut (*Chelidonium majus*)
Kleinblütiger Erdrauch (*Fumaria parviflora*)	Gewöhnlicher Hohlzahn (*Galeopsis tetrahit*)
Ruprechtskraut (*Geranium robertianum*)	Weidenröschen (*Epilobium sp.*)
Eisenhut (*Aconitum sp.*)	Wiesen-Platterbse (*Lathyrus pratensis*)
Wald-Habichtskraut (*Hieracium sylvaticum*)	Wald-Vergissmeinnicht (*Myosotis sylvatica*)
Klatschmohn (*Papaver rhoeas*)	Steinbrech-Felsennelke (*Petrorhagia saxifraga*)
Berg-Hauswurz (rot blühend) (*Sempervivum montanum*)	Weiße Fetthenne (*Sedum album*)
Tüpfelfarn (*Polypodium vulgare*)	Große Fetthenne (*Sedum maximum*)
Silberfingerkraut (*Potentilla argentea*)	Labkraut (*Galium sp.*)
Kleine Bibernelle (*Pimpinella saxifraga*)	Drüsiges Greiskraut (*Senecio viscosus*)
Frühlingsfingerkraut (*Potentilla neumanniana*)	Nickendes Leimkraut (*Silene nutans*)
Traubensteinbrech (*Saxifraga paniculata*)	Alpen-Thymian (*Thymus praecox*)
Echter Baldrian (*Valeriana officinalis*)	Ziestblättrige Teufelskralle (*Phyteuma betonicifolium*)
Wegrauke (*Sisymbrium officinale*)	Wald-Geißbart (*Aruncus sylvestris*)
Gewöhnliche Gänsedistel (*Sonchus oleraceus*)	

Wald-Geißbart (*Aruncus sylvaticus*).

Der Schlosshügel – nordseitige Wiesen:
Unter Ahorn- und Salweidenbäumen an der Auffahrt zeigen sich hier die ersten Frühblüher, wie Krokus („Mänglstoan") und Frühlingsenzian („Schusterstüelan"). Es folgen Gipskraut (*Gypsophila sp.*), Hungerblümchen und Wundklee (*Anthyllis vulneraria*). Unter den Haselsträuchern wachsen Taubenkropf (*Silene vulgaris*), Pechnelke (*Silene viscaria*), Natternkopf (*Echium vulgare*), Ochsenzunge (*Anchusa officinalis*), Echter Wermut (*Artemisia absinthium*), Bärtige Glockenblume (*Campanula barbata*), Nickendes Leimkraut (*Silene nutans*), Sonnenröschen (*Helianthemum sp.*) und Klette (*Arctium sp.*).

Am Südhang der Burg Heinfels:
Paula Riedler zählt hier auf (OB, 1970): Sommerlinde (*Tilia platyphyllos*), Esche, Schwarzpappel (*Populus nigra*), Salweide (*Salix caprea*), Holzapfel, Schwarzer und Roter Holunder, Haselstrauch, Gipskraut, Pech-

nelke, Wundklee, Heckenrose, Wacholder und eine Tragantart. Im Schulgarten: Große Klette (*Arctium lappa*), Johanniskraut, Ackerschachtelhalm (*Equisetum arvense*), Klebriges Labkraut, Erdrauch, Schöllkraut und Kamille, Silberdistel (*Carlina acaulis*).

Die seltene Erdrauchart Dunkler oder Schleichers Erdrauch (*Fumaria schleicheri*) konnte im Frühjahr 1989 in der Nähe der Kirche St. Peter nachgewiesen werden.

Wassergräben und Feuchtgebiete im Talboden

Das Mühlbachl:

Einige große, im Wasser stehende Pflanzen fallen besonders auf: Igelkolben, Wasserhahnenfuß, Waldscheinbinse und Sibirische Schwertlilie (*Iris sibirica*). Im Abschnitt der Loacker-Fabrik wird das Mühlbachl bis in die Wiesenfluren hinaus von dichten Beständen einer üppig gelb blühenden Pflanze gesäumt. Aus größerer Entfernung wirkt es wie eine Ansammlung von Sumpfdotterblumen, es handelt sich aber um die seltene Gelbe Gauklerblume (*Mimilus guttatus*), eine verwilderte Zierpflanze aus dem Westen Nordamerikas.

Dunkler Erdrauch (*Fumaria schleicheri*).

Silberdistel (*Carlina acaulis*).

Gauklerblume (*Mimilus guttatus*).

Schmalblättriges Weidenröschen (*Epilobium angustifolium*).

Kratzdistel (*Cirsium sp.*).

Österreichischer Bärenklau (*Heracleum austriacum*).

Mädesüß (*Filipendula ulmaria*).

Am Nebengerinne des Stauraumes:

Unter den hohen Purpurweiden recken sich einige hohe krautige Pflanzen an die Sonne: Schmalblättriges Weidenröschen, Österreichischer Bärenklau, Mädesüß, Sumpf-Kratzdistel (*Cirsium palustre*), Arzneibaldrian. Angepflanzt wurde der Gemeine Erbsenstrauch (*Caragana arborescens*) mit seinen kleinen, gelben Schmetterlingsblüten.

Auwald und Feuchtgebiet bei Arnbach:

Die Auengewässer und Auwälder im Gemeindegebiet Sillian werden im Biowert-Katalog regional als sehr wertvoll bezeichnet. Der Uferweg entlang der hier noch sehr kleinen Drau und Steige quer über die sumpfigen Viehweiden offenbaren dem Wanderer einen ungewöhnlichen Reichtum an Pflanzenarten. Zusammen mit dem bekannten Wiener Botaniker Adolf Polatschek konnten u. a. folgende Arten notiert werden: Bäume und Sträucher: Reifweide, Silberweide, Lavendelweide, Schwarzweide (*Salix nigricans*), Traubenkirsche (*Prunus padus*), Kreuzdorn, Berberitze (*Berberis vulgaris*).

Echte Engelwurz (*Angelica archangelica*).

Hohe üppige Pflanzen der Krautschicht: Großes Springkraut, Mädesüß (*Filipendula ulmaria*), Drüsenspringkraut (*Impatiens glandulifera*) aus Indien, Echte Engelwurz (*Angelica archangelica*), Sumpf-Kratzdistel, Waldbinse (*Scirpus sylvaticus*), Riesen-Haarstrang, Arzneibaldrian (*Valeriana officinalis*), Ge-

Auwald Arnbach.

wöhnlicher Beifuß (*Artemisia vulgaris*), Rohrglanzgras (*Typhoides arundinacea*), Wald- und Sumpf-Schachtelhalm, Sumpf-Weidenröschen (*Epilobium palustre*), Amerikanisches Weidenröschen (*Epilobium ciliatum*) u. a.

Eine Reihe von seltenen Arten, die dem Fachmann auffallen: Kleines Springkraut (Heimat: Mittelasien), Wolfsklee oder Hopfenklee (*Medicago lupulina*) sowie das Quellgras (*Catabrosa aquatica*). Ebenso selten sind: Himbeerklee (*Trifolium fragiferum*), Sumpfdreizack (*Triglochin palustre*), Herbstzahntrost (*Odontites vulgaris*), Wolfsfuß oder Wolfstrapp (*Lycopus europaeus*), Amerikanisches Weidenröschen, Blasses Weidenröschen, Gliederbinse.

Einige Seltenheiten im kleinen Wassergraben und auf Moorböden: Bachbungen-Ehrenpreis (*Veronica beccabunga*), Hybridklee, Hain-Vergissmeinnicht (blassblütig, *Myosotis nemorosa*), Gelbe Segge, Wiesenlieschgras (*Phleum pratense*), Studentenröschen (*Parnassia palustris*), Sumpfbaldrian (*Valeriana dioica*), Sumpfläusekraut (rot), Schmalblättriges Wollgras (*Eriophorum angustifolium*), Breitblättriges Wollgras (*Eriophorum latifolium*), Wiesen-Storchenschnabel, Dorniger Hauhechel, Kriechender Klee (*Trifolium repens*), Kleiner Klappertopf (*Rhinanthus minor)*, Medizinischer Baldrian, Gewöhnlicher Beifuß (*Artemisia vulgaris*), Weißes Labkraut, Braunklee (*Trifolium spadiceum*), Kletten-Labkraut (*Galium aparine*), Quirl-Haarstrang (*Peucedanum verticillare*).

Die Uferzone des Tassenbacher Speichers:
Im Raum Sillian gibt es wohl nirgends einen größeren Artenreichtum an Pflanzen als in den Uferzonen des Tassenbacher Speichers. Die meisten Arten stammen von ursprünglichen Standorten und haben sich in der neuen Landschaft gut entwickelt, ein kleiner Teil sind neu verpflanzte Arten.

Bäume und Sträucher

Bergahorn (*Acer pseudoplatanus*), Schwarzerle (*Alnus glutinosa*), Grauerle (*Alnus incana*), Hängebirke (*Betula pendula*), Eingriffeliger Weißdorn (*Crataegus monogyna*), Spindelstrauch (*Euonymus europaea)*, Faulbaum (*Frangula alnus*), Gemeine Esche (*Fraxinus excelsior*), Gemeiner Sanddorn (*Hippophae rhamnoides*), Lärche (*Larix decidua*), Fichte (*Picea abies*),

Tassenbacher Speicher.

Waldkiefer (*Pinus sylvestris*), Traubenkirsche (*Prunus padus*), Gemeiner Erbsenstrauch (*Caragana arborescens*) im Wehrbereich, Silberweide (*Salix alba*), Kriechweide (*Salix repens*), Salweide (*Salix caprea*), Aschweide (*Salix cinerea*), Reifweide (*Salix daphnoides*), Schwarzweide (*Salix myrsinifolia*), Mandelweide (*Salix triandra*), Lorbeerweide (*Salix pentandra*), Purpurweide (*Salix purpurea*), Bruchweide (*Salix fragilis*), Traubenholunder (*Sambucus racemosa*), Schwarzer Holunder (*Sambucus nigra*), Eberesche (*Sorbus aucuparia*), Schwedische Mehlbeere (*Sorbus intermedia*), Wolliger Schneeball (*Viburnum lantana*), Gemeiner Schneeball (*Viburnum opulus*), Zitterpappel (*Populus tremula*), Gemeiner Liguster (*Ligustrum vulgare*) im Wehrbereich, Rote Heckenkirsche (*Lonicera xylosteum*), Alpenrebe (*Clematis alpina*).

Unter Bäumen und Sträuchern, an sonnigen Wegrändern und im Feuchten gedeihen viele Arten der Krautschicht mit auffallenden Blüten: Wiesenglockenblume (*Campanula patula*), Wiesenmargerite (*Leucanthemum vulgare*), Ackerkratzdistel (*Cirsium arvense*), Verschiedenblättrige Kratzdistel (*Cirsium heterophyllum*), Kohlkratzdistel (*Cirsium oleraceum*), Schmalblättriges Weidenröschen (*Epilobium angustifolium*), Kanadisches Berufkraut (*Erigeron canadensis*), Echtes Mädesüß (*Filipendula ulmaria*), Wiesenstorchschnabel (*Geranium pratense*), Rosarotes Weidenröschen (*Epilobium roseum*), Wiesenbärenklau (*Heracleum sphondylium*), Johanniskraut (*Hypericum perforatum*), Goldnessel (*Lamium galeodolon*), Wiesenplatterbse (*Lathyrus pratensis*), Gemeines Leinkraut (*Linaria vulgaris*), Gemeiner Hornklee (*Lotus corniculatus*), Gemeiner Gilbweiderich (*Lysimachia vulgaris*), Rossminze (*Mentha longifolia*), Weiße Pestwurz (*Petasites albus*), Laichkraut (*Potamogeton sp.*), Ackerhahnenfuß (*Ranunculus arvensis*), Taubenskabiose (*Scabiosa columbaria*), Knotige Braunwurz (*Scrophularia nodosa*), Rote Lichtnelke (*Silene dioica*), Weiße Lichtnelke (*Silene alba*), Goldrute (*Solidago virgaurea*), Knolliger Beinwell (*Symphytum tuberosum*), Wiesenbocksbart (*Tragopogon pratensis*), Wiesenklee (*Trifolium pratense*), Flockige Königskerze

Silberweide (*Salix alba*).

Holunder im Auwald (*Sambucus nigra*).

(*Verbascum pulverulentum*), Mehlige Königskerze (*Verbascum lychnitis*), Waldspringkraut (*Impatiens noli-tangere*), Gefleckte Taubnessel (*Lamium maculatum*), Weißer Steinklee (*Melilotus alba*), Strahlenlose Kamille (*Matricaria matricarioides*), Gemeiner Wasserdarm (*Myosoton aquaticum*), Schlangenknöterich (*Polygonum bistorta*), Gemeiner Löwenzahn (*Taraxacum officinale*), Schafgarbe (*Achillea millefolium*), Feinstrahl (*Erigeron annuus*).

Die Bergwiesen von Sillian

Die Alpe Sillian

Thurntaler See und Moore im Bereich Tafinalpe und Hintere Alpe. Dieses Almgebiet in einer Höhenlage von 2.000 und 2.400 m ist geprägt von einer Reihe

Feinstrahl (*Erigeron annuus*).

kleiner wertvoller Lebensräume. Sie würden bei Verwirklichung der geplanten Schigebiets-Erweiterung „Tafin-Alpe" schwer geschädigt werden. Botaniker führen hier folgende **Kleinlebensräume** an: Quellfluren, Braunseggengesellschaft, Bürstlingrasen, Alpenrosenheide, Alpen-Mannsschildflur, Windkanten mit Krummseggen. Der Wert dieser Landschaft wird nicht zuletzt durch das Vorkommen von **fünfzehn geschützten Pflanzenarten** (nach der TNSchutzVO 2006) dokumentiert: Weißzüngel (*Pseudorchis albida*), Langspornige Händelwurz (*Gymnadenia conopsea*), Kohlröschen (*Nigritella nigra*), Arnika (*Arnica montana*), Zwerg-Seifenkraut (*Saponaria pumila*), Stängelloses Leimkraut (*Silene escarpa*), Moos-Steinbrech (*Saxifraga bryoides*), Trauben-Steinbrech (*Saxifraga paniculata*), Rauher Steinbrech (*Saxifraga aspera*), Stern-Steinbrech (*Saxifraga stellaris*), Fetthennen-Steinbrech (*Saxifraga aizoides*), Dünnsporniges Fettkraut (*Pinguicula vulgaris*), Alpen-Maßliebchen (*Aster bellidiastrum*), Rentierflechte (*Androsacae alpina*).

Seit Jänner 1996 liegt ein Antrag für Erklärung der Tafin-Alpe zum Landschaftsschutzgebiet bei der Tiroler Landesregierung.

Eine Wanderung auf den Thurntaler

Die malerische Wanderung auf den Thurntaler (2.407 m) zählt in der Ferienregion Hochpustertal unbestritten zu den schönsten Ausflugszielen. Wer nicht nur den imposanten Ausblick auf die Dolomiten, die Karnischen Alpen und die Gletscherwelt der Hohen Tauern sucht, sondern auch das Allernächste, den Pflanzenteppich unter den Füßen, zu genießen weiß, hat noch mehr vom Bergerlebnis! – Eine Wanderung auf den Thurntaler mit dem Fachbotaniker Adolf Polatschek öffnet dafür die Augen.

Typische Pflanzen in verschiedenen Höhenstufen

Wiesen oberhalb der Thurntaler Rast (über 2.000 m)

Wiesenkerbel (*Anthriscus sylvestris*), Schweizer Milchkraut (*Leontodon helveticus*), Scharfer Hahnenfuß (*Ranunculus acris*), Wundklee (*Anthyllis vulneraria*), Goldpippau (*Crepis aurea*), Silberdistel (*Carlina acaulis*), Alpenampfer (*Rumex alpinus*), Scheuchzers Glockenblume (*Campanula scheuchzeri*), Huflattich (*Tussilago farfara*), Wiesenplatterbse (*Lathyrus pratensis*), Ungleichblättriges Labkraut (*Galium anisophyllon*), Grannen-Klappertopf (*Rhinanthus glacialis*), Kleiner Klappertopf (*Rhinanthus minor*), Margerite (*Leucanthemum vulgare*), Kümmel (*Carum carvi*), Langblättrige Witwenblume (*Knautia longifolia*), Klatschnelke (*Silene vulgaris*), Deutscher Enzian (*Gentiana germanica*), Schlangenknöterich (*Polygonum bistorta*), Alpenvergissmeinnicht (*Myosotis alpestris*), Wiesenklee (*Trifolium pratense ssp. nivalis*), Frühlingssafran (*Crocus albiflorus*), Gebirgsquendel (*Thymus praecox*), Hoppe-Habichtskraut (*Hieracium hoppeanum*), Arnika (*Arnica montana*), Gewöhnliches Rauhes Milchkraut (*Leontodon hispidus*), Alpenampfer (*Rumex alpinus*), Alpenhelm (*Bartsia alpina*), Sumpfherzblatt (*Parnassia palustris*).

Einige Gräser: Zittergras oder Herzlgras (*Briza media*), Vielblütige Hainsimse (*Luzula multiflora*), Drahtschmiele (*Deschampsia flexuosa*), Bürstling (*Nardus stricta*), Rasenschmiele (*Deschampsia cespi-*

Alpen-Ampfer (*Rumex alpinus*).

Wiesen-Margerite (*Leucanthemum vulgare*).

Scheuchzers Glockenblume (*Campanula scheuchzeri*).

Langblättrige Witwenblume (*Knautia longifolia*).

Labkraut (*Galium anisophyllum*).

Klatschnelke (*Silene vulgaris*).

Deutscher Enzian (*Gentiana germanica*).

Arnika (*Arnica montana*).

Schlangen-Knöterich (*Polygonum bistorta*).

Sumpf-Herzblatt (*Parnassia palustris*).

Roter Wiesenklee (*Trifolium pratense*).

Meisterwurz (*Peucedanum ostrutium*), Rasenschmiele (*Deschampsia cespitosa*).

tosa), Goldschwingel (*Festuca paniculata*), Pfeifengras (*Molinia caerulea*), Alpenrispengras (*Poa alpina*), Knäuelgras (*Dactylis glomerata*), Ungleichblättriges Labkraut (*Galium anisophyllon*).

Grashänge mit einzelnen Lärchen in über 2.100 m Höhe

Gespornte Händelwurz (*Gymnadenia conopsea*), Einblütiges Ferkelkraut (*Hypochaeris uniflora*), Duftende Händelwurz (*Gymnadenia odoratissima*), Alpen-Lieschgras (*Phleum alpinum*), Waldhyazinthe (*Platanthera bifolia*), Trollblume (*Trollius europaeus*), Weißer Germer (*Veratrum album*), Knolliges Läusekraut (*Pedicularis tuberosa*), Bartglockenblume (*Campanula barbata*), Blutwurz (*Potentilla erecta*), Kriechklee (*Trifolium repens*), Kleines Habichtskraut (*Hieracium pilosella*), Schlangenknöterich (*Polygonum bistorta*), Bergnelkenwurz (*Geum montanum*).

Kleiner Lärchenwald

Lärche (*Larix decidua*), Zirbe (*Pinus cembra*), Allermannsharnisch (*Allium victorialis*), Wiesenhornkraut (*Lotus corniculatus*), Spitzwegerich (*Plantago lanceolata*), Punktierter Enzian (*Gentiana punctata*), Weiße Händelwurz (*Leucorchis albida*), Weißliche Hainsimse (*Luzula albida*), Krainer Greiskraut (*Senecio carniolicus*), Schweizer Löwenzahn (*Leontodon helveticus*), Waldhainsimse (*Luzula sylvatica ssp. sieberi*), Goldfingerkraut (*Potentilla aurea*), Alpenruchgras (*Anthoxanthum alpinum*), Felsen-Johannisbeere (*Ribes petraeum*), Isländisches Moos (*Cetraria islandica*), Waldwachtelweizen (*Melampyrum sylvaticum*), Bleiches Habichtskraut (*Hieracium intypaticum*), Lichtnelke (*Silene rupestris*), Dreiblattsimse (*Juncus trifidus*), Bergflachs (*Thesium alpinum*), Bunthafer (*Avenula versicolor*), Gewöhnliche Simsenlilie (*Tofieldia calyculata*), Wundklee (*Anthyllis vulneraria*), Waldstorchschnabel (*Geranium sylvaticum*), Deutscher Enzian (*Gentiana germanica*), Drahtschmiele (*Deschampsia flexuosa*), Besenheide (*Calluna vulgaris*), Feldthymian (*Thymus pulegioides*), Bergminze (*Calamintha sp.*).

Einblütiges Ferkelkraut (*Hypochaeris uniflora*).

Bart-Glockenblume (*Campanula barbata*).

Berg-Nelkenwurz (*Geum montanum*).

Allermannsharnisch (*Allium victorialis*).

Krainer Greiskraut (*Senecio carniolicus*).

Wiesen-Hornklee (*Lotus corniculatus*).

Gold-Fingerkraut (*Potentilla aurea*).

Punktierter Enzian (*Gentiana punctata*).

Bleich-Habichtskraut (*Hieracium antypaticum*).

In der Zwergstrauchzone um 2.000 m

Preiselbeere (*Vaccinium vitis-idaea*), Heidelbeere (*Vaccinium myrtillus*), Rostalpenrose (*Rhododendron ferrugineum*), Roter Holunder (*Sambucus racemosa*), Besenheide (*Calluna vulgaris*), Gämsheide (*Loiseleuria procumbens*), Blaue Heckenkirsche (*Lonicera martagon*), Mondraute (*Botrychium lunaria*), Kreuzblume (*Polygala vulgaris*), Katzenpfötchen (*Antennaria dioica*), Bergwiesen-Frauenmantel (*Alchemilla monticola*), Goldrute (*Solidago virgaurea*), Koch-Enzian (*Gentiana kochiana*), Gemeine Schafgarbe (*Achillea millefolium*), Verschiedenblättrige Kratzdistel (*Cirsium heterophyllum*), Stiefmütterchen (*Viola tricolor*), Hirtentäschel (*Capsella bursa-pastoris*), Nickendes Leimkraut (*Silene nutans*), Kuckuckslichtnelke (*Lychnis flos-cuculi*), Schildampfer (*Rumex scutatus*), Lichtnelke (*Silene dioica*), Alpenampfer (*Rumex alpinus*), Guter Heinrich (*Chenopodium bonus-henricus*), Habichtskraut (*Hieracium sphaerocephalum*), Gänseblümchen-Ehrenpreis (*Veronica bellidioides*), Pyramidengünsel (*Ajuga pyramidalis*), Halbkugelige Teufelskralle (*Phyteuma hemisphaericum*), Igelsegge (*Carex echinata*).

Wiesen und Schutttrassen über 2.100 m

Buchs-Kreuzblume (*Polygala chamaebuxus*), Platanenblättriger Hahnenfuß (*Ranunculus platanifolius*), Kleines Seifenkraut (*Saponaria pumila*), Steinrösl (*Daphne striata*), Rostalpenrose (in Blüte), Kohlröslein (*Nigritella nigra*), Knolliges Läusekraut (*Pedicularis tuberosa*), Goldfingerkraut (auf der Piste fast bodendeckend), Wiesenhornklee (*Lotus corniculatus*), Alpen-Kreuzblume (*Polygala alpestris*), Gewöhnliches Katzenpfötchen (*Antennaria dioica*), Scharfer Hahnenfuß (*Ranunculus acris*), Krummblättrige Miere (*Minuartia recurva*), Krainer Greiskraut (*Senecio carniolicus*), Bärtige Glockenblume (*Campanula barbata*), Alpenhabichtskraut (*Hieracium alpinum*), Koch-Enzian (*Gentiana kochiana*), Pyramidengünsel (*Ajuga pyramidalis*), Zwergprimel (*Primula minima*), Felsenehrenpreis (*Veronica fruticans*).

Besenheide (*Calluna vulgaris*).

Bergminze (*Calamintha sp.*).

Goldrute (*Solidago aurea*).

Verschiedenblättrige Kratzdistel (*Cirsium heterophyllum*).

Kleines Seifenkraut (*Saponaria pumila*).

Lichtnelke (*Silene rupestris*).

Felsen-Ehrenpreis (*Veronica fruticans*).

Grasblättrige Teufelskralle (*Phyteuma hemisphaericum*).

Stachligste Kratzdistel (*Cirsium spinosissimum*).

Bereich der alten Schlepplift-Bergstation (über 2.200 m, z. T. Steinschüttung)

Krummsegge (*Carex curvula*), Habichtskraut (*Hieracium alpino villosum*), Zwergprimel (*Primula minima*), Stachligste Kratzdistel (*Cirsium spinosissimum*), Zwergruhrkraut (*Gnaphalium supinum*), Zweiblüten-Sandkraut (*Arenaria biflora*), Dreigriffeliges Hornkraut (*Cerastium cerastoides*), Alpenküchenschelle (*Pulsatilla alpina*), Alpen-Mutterwurz (*Ligusticum mutellina*), Frauenmantel (*Alchemilla sp.*), Koch-Enzian (*Gentiana kochiana*) häufig, Alpenmargerite (*Leucanthemopsis um alpina*), Zweizeiliges Kopfgras (*Oreochloa disticha*), Resedenblättriges Schaumkraut (*Cardamine resedifolia*), Sauerampfer (*Rumex acetosella*), Alpen-Hainsimse (*Luzula alpina*), Ruchgras (*Anthoxanthum odoratum*), Zwergseifenkraut (*Saponaria pumila*), Rostalpenrose (*Rhododendron ferrugineum*), Alpen-Mutterwurz (*Ligusticum mutellina*), Großblütige Hauswurz (*Sempervivum grandiflorum*).

Beim Schafsee

Einige auffallende Pflanzen:
Krautige Weide (*Salix herbacea*), Meisterwurz (*Peucedanum ostruthium*), Tauern-Eisenhut (*Aconitum tauricum*), Ackerhornkraut (*Cerastium arvense ssp. strictum*), Gämsheide-Polster (*Loiseleuria procumbens*), Rasenschmiele (*Deschampsia cespitosa*) große Polster bildend, Berghauswurz (*Sempervivum montanum*).

Rund um den Thurntaler Gipfel (2.400 m)

Alpen-Mauerpfeffer (*Sedum alpestre*), Gelbling (*Sibbaldia procumbens*), Goldfingerkraut (*Potentilla aurea*), Grasblatt-Teufelskralle (*Phyteuma hemisphaericum*), Krainer Greiskraut (*Senecio incanus*), Alpenrose-Zwergwuchs (*Rhododendron ferrugineum*), Alpen-Margerite oder Wucherblume (*Leucanthemopsis alpina*), Zwergruhrkraut (*Gnaphalium supinum*).

In Gipfelnähe: Traubenholunder zwergwüchsig (*Sambucus racemosa*), Zwergseifenkraut (*Saponaria pumila*), Moossteinbrech (*Saxifraga bryoides*).

Alpen-Küchenschelle (*Pulsatilla alpina*).

Koch-Enzian (*Gentiana kochiana*).

Alpen-Margerite (*Leucanthenopsis alpina*).

Rost-Alpenrose (*Rhododendro ferrugineum*).

Gelbe Hauswurz (*Sempervivum sp.*).

Moos-Steinbrech (*Saxifraga bryoides*).

Berg-Hauswurz (*Sempervivum montanum*).

Tauern-Eisenhut (*Aconitum tauricum*).

Ein Blick in die Tierwelt

Die Vogelwelt auf der Schattseite und im Tal

Nach Mitteilung von Max Pfeifhofer und Josef Kraler kommen vor:

- Stockente: Brutgebiet in den Tallagen; z. B. Tassenbacher Speicher, Gerberbach u. a.
- Kormoran: an der Drau, am Tassenbacher Speicher; immer wieder als Gast.
- Graureiher: häufiger Gast am Tassenbacher Speicher und an der Drau.
- Silberreiher: Beobachtungen im Arnbacher Auwald (2011).
- Eichelhäher: Sein Lebensraum sind die Waldränder.
- Rabenkrähe: brüten an Waldrändern.
- Turmfalke: im Frühjahr über dem Auwald jagend.
- Mäusebussard: nicht mehr im Tal.
- Tannenhäher: von Talnähe bis über die Waldgrenze.
- Dreizehenspecht: Brutbeobachtungen unter der Leckfeldalm in einem Fichtenstamm; laute Rufreihen der Jungen. (Beobachtung vor mehreren Jahren)

Andere Vogelarten im Waldbereich: Sperlingskauz, Ringeltaube, Habicht, Schwarzspecht, Buntspecht. Kuckuck: etwa ab Mitte Mai am Sillianer Berg zu hören.

Mäusebussard (*Buteo buteo*).

Kormoran (*Phalacrocorax carbo*).

Sperlingskauz (*Glaucidium passerinum*).

Buntspecht (*Dendrocopos major*).

Turmfalke (*Falco tinnunculus*).

Schwarzspecht (*Dryocopus martius*).

Die Vogelwelt am Tassenbacher Speicher

Wer heute an das Ufer des Speichersees bei Tassenbach kommt, denkt nicht daran, dass vor dreißig Jahren hier die Landschaft noch ganz anders ausgesehen hat. Damals stand auf dem flachen Schwemmkegel der Kleinen Gail Fichtenwald und Auwald mit vorgelagerten Feuchtwiesen, Schilfbeständen und zwei Fischteichen. Der besondere Wert dieses Feuchtbiotops bestand darin, dass es das Einzige seiner Art und solcher Größe im Pustertal zwischen Lienz und Bruneck gewesen war. So war es Refugium für zahlreiche Tierarten und ein unersetzlicher Stützpunkt für Zugvögel. Die im Bereich des Tassenbacher Speichers beobachteten etwa 100 Zugvogelarten beweisen, dass es im Osttiroler Oberland mehrere sich kreuzende Zugvogellinien geben muss. Die Umwandlung zu einem Speicher mit einer Wasserfläche von etwa 7 ha für das Kraftwerk in Amlach brachte zunächst die Vernichtung dieses Lebensraumes (Bauzeit 1984 bis 1988). Die TIWAG als Bauherr war aber von der Planung an ernsthaft bemüht, der Besonderheit dieses Feuchtgebietes Rechnung zu tragen. Als Koordinator für die komplizierten Arbeiten bei der Umwandlung aus einer Naturlandschaft in den wirtschaftlich nutzbaren Speicher mit über 200.000 m³ Fassungsvermögen wurde der damals wegen seiner Rekultivierungsmaßnahmen bekannte Experte Prof. Dr. Meinrad Schiechtl gewonnen. Sein Konzept hatte die Erhaltung und sogar eine Verbesserung der ökologischen Verhältnisse im Gestaltungsraum zum Ziel. Dies gelang durch Abheben großer Rasenportionen samt Sträu-

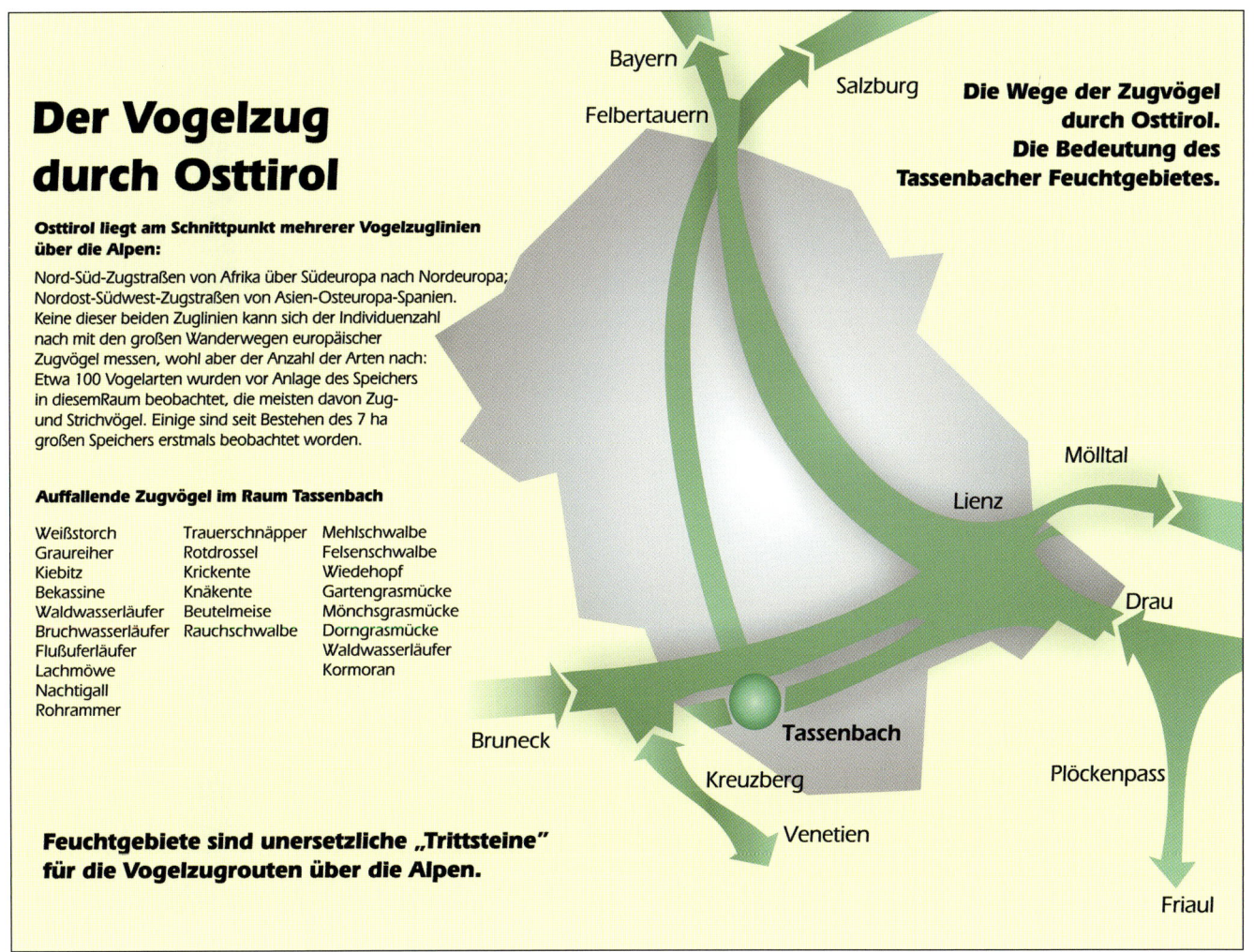

chern und Bäumchen, mehrmonatige Deponierung und Einsetzen in die neuen Böschungen. Mit zusätzlichem Pflanzmaterial erhielt so die Uferlandschaft eine neue, geschlossene Vegetationsdecke. Eine Bereicherung für den Lebensraum brachten auch die Anlage der beiden Seichtwasserbecken und die Belassung einer kleinen ursprünglichen Waldfläche als Insel. In allem eine bewundernswerte Leistung in der Schaffung einer „Landschaft aus zweiter Hand"!

Als besonders deutlicher Gradmesser für die gesunde Entwicklung des neuen Lebensraumes ist der Nachweis der meisten vorher beobachteten etwa hundert Vogelarten bereits ein Jahr nach Fertigstellung des Speichers zu werten. Insbesondere die Seichtwasserbecken und die Insel wurden Brutplätze für Stockente, Flussuferläufer, Zwergtaucher und Teichhuhn. Die Wasseramsel brütet unter der Brücke an der Kleinen Gail.

An durchziehenden bzw. brütenden Vögeln in großer Zahl am Speicher und seiner näheren Umgebung sind den Vogelbeobachtern aufgefallen: Bachstelze, Schafstelze, Gebirgsstelze, Star im Durchzug Anfang März, Wachtel, Graureiher, Sterntaucher, Kormoran, Prachttaucher, Haubentaucher, Seidenreiher, Rohrdommel, Lachmöwe, Zwergrohrdommel, Weißstorch und zweimal ein Höckerschwan (im Herbst 2012

Stockente (*Anas platyrhynchos*).

Bachstelze (*Motacilla alba*).

Wasseramsel (*Cinclus cinclus*).

Gebirgsstelze (*Motacilla cinerea*).

sogar zwei Schwäne). Auch eine Reihe von Enten- und Rallenarten (so viele wie an keinem anderen Gewässer des Bezirkes) kommen hier vor: Pfeifente, Knäkente, Krickente, Tafelente, Löffelente, Schnatterente, Spießente, Reiherente, Stockente, Mandarinente, Türkenente, Mittelsäger, Tüpfelsumpfhuhn, Wasserralle und Blässhuhn. Auch Watvögel schätzen die Nähe zum Wasser des Speichers (Bekassine, Grünschenkel, Rotschenkel, Waldwasserläufer, Bruchwasserläufer, Zwergschnepfe und Uferschnepfe, Kiebitz, Flussregenpfeifer und einmal das sehr seltene Thorshühnchen).

Im Überflug oder in näherer Umgebung wurden Greifvögel (Steinadler, Mäusebussard, Habicht, Sperber, Schwarzmilan, Wiesenweihe und Rohrweihe) und drei Falkenarten (Turmfalke, Baumfalke, Rotfußfalke) gesehen. Vier Schwalbenarten (Rauch-, Mehl-, Felsen- und Uferschwalbe) können beobachtet werden. Das Vogelkonzert bestreiten u. a. der seltene Sumpfrohr- und Teichrohrsänger, vier Grasmückenarten (Mönchsgrasmücke, Gartengrasmücke, Klappergrasmücke, Dorngrasmücke), Fitis, Zilpzalp, Waldlaubsänger, Sommer- und Wintergoldhähnchen, Grauschnäpper, Trauerschnäpper, Rotkehlchen, Braunkehlchen, Hausrotschwanz und Gartenrotschwanz. Einige dieser Arten haben hier ihre Brutreviere. Dies gilt auch für die Drosselarten (häufig

Star (*Sturnus vulgaris*).

Höckerschwan (*Cygnus olor*).

Graureiher (*Ardea cinerea*).

Bekassine (*Gallinago gallinago*).

Rotschenkel (*Tringa totanus*).

Grünschenkel (*Tringa nebularia*).

Rauchschwalbe (*Hirundo rustica*).

Mehlschwalbe (*Delichon urbicum*).

Kiebitz (*Vanellus vanellus*).

Bruchwasserläufer (*Tringa glareola*).

Wintergoldhähnchen (*Regulus regulus*).

Gartenrotschwanz (*Phoenicurus phoenicurus*).

Rotkehlchen (*Erithacus rubecula*).

Singdrossel (*Turdus philomelos*).

Kohlmeise (*Parus major*) und Blaumeise (*Cyanistes caeruleus*).

Hausrotschwanz (*Phoenicurus ochruros*).

Goldammer (*Emberiza citrinella*).

Kleiber (*Sitta europaea*).

Schwanzmeise (*Aegithalos caudatus*).

die Singdrossel, Wacholderdrossel und Amsel), die Finkenvögeln (Buchfink, Bergfink, Zeisig, Kreuzschnabel) und sechs Meisenarten (u. a. Kohl- und Blaumeise). Die seltenste Ammernart ist der Ortolan, häufig hingegen die Goldammer. Selten beobachtet wurden bisher auch Kleiber, Pirol und Schwanzmeise. Eine Rarität ist der seit 1996 immer wieder in den Frühlingsmonaten auftretende Karmingimpel mit seinem schönen Ruf. Schließlich fehlen auch die großen Rabenvögel nicht: Eichelhäher, Elster, Tannenhäher, Rabenkrähe und Nebelkrähe.

Das Jagdwesen im Raum Sillian
(Informationen von Hegemeister Josef Kraler)

Der Hegemeister wird vom Bezirksjägermeister vorgeschlagen und von der Bezirksbehörde vereidigt. Seine Funktionen: Wildbestände erheben, Abschusszahlen und Hegeabschüsse begutachten und genehmigen.

In der Gemeinde Sillian ist das Jagdgebiet in drei Genossenschaftsjagden gegliedert: Sillian mit 1.380 ha, Arnbach mit 1.100 ha und die Jagd Sillianberg mit 1.070 ha.

Die Lage: Die Jagden Sillian und Arnbach gehen von der einen Talseite über die Talsohle zur anderen Seite. Die Jagd Sillian reicht mit der Gemeinde bis zur Staatsgrenze hinauf.

Der Wunsch des Hegemeisters ist, dass die Jagd in einheimischen Händen bleibt. Grundsätzlich ist jeder Grundbesitzer berechtigt zur Jagdausübung. Da aber die Privatgründe zu klein für die Ausübung der Jagd sind, erfolgen Zusammenschlüsse zu Genossenschaften, in denen jedes Mitglied Stimmanteile hat. Alle drei Jagden sind an Jagdvereine verpachtet.

Die Jagd der Raufußhühner:
– Auerhuhn: in mittleren Höhenlagen (1.400 bis 1.700 m). Schattseitige Reviere mit vorwiegend Fichtenwald (bis ca. 2.200 m) sind unter der Leckfeldalm, so beim so genannten „Leiter Kalkofen", in

Arnbach „der lange Grant" u. a. Die Schusszeiten für das Auerwild werden von der Behörde festgelegt. Abschüsse: jedes zweite Jahr in allen drei Jagden ein Hahn. Es entspricht einer Sonderregelung im Land Tirol, dass für einen Abschuss der Bestand mindestens 16 Hahnen haben muss. Der Hegemeister attestiert dem Gebiet ständige, gute Bestände. Gesamtbestand: ca. 30 Hahnen.
- Birkhuhn: Die Bestände sind abhängig von der Beschaffenheit des Lebensraumes (Höhenlage: von etwa 1.900 m aufwärts). Brutgebiete werden durch die Anlage von Schiabfahrten zerstört.
- Haselhuhn: das Kleinste der Raufußhühner. Es lebt verstreut in Einzelpaaren von den Tallagen bis 1.700 m. Seine Bejagung ist im Herbst (September/Oktober) möglich, wenn Balzzeit ist.
- Alpen-Schneehuhn: Es kommt in allen drei Jagden vor und darf von 15. November bis 31. Dezember bejagt werden. Es werden ein bis zwei Hahnen erlegt, aber nicht jedes Jahr.
- Das Steinhuhn wurde erstmals von Wildbiologen vor einigen Jahren im Bereich des Thurntalers nachgewiesen.

Der Hegemeister stellt fest, dass sich die Lebensbedingungen des Birkwildes (über 1.900 m) durch die Erderwärmung offensichtlich verändert haben. Der Bewuchs und die Vegetationszonen verschieben sich nach oben!

Ein Problem ist die Schädigung der Auer- und Birkhühner durch den Menschen. Wo nach Kahlschlägen geschlossene Flächen mit Zirben aufgeforstet werden, kommt es zu gravierenden Veränderungen der Waldbiotope. Es gibt keine baumfreien Flächen mit Sträuchern. Mit den Balzplätzen verschwinden aber auch die Hahnen. Beispiele dafür: unter dem Heimkehrerkreuz und der Bereich Leckfeldalm. Aus Sicht der Jäger sind die Wegbauten nur dann nachteilig, wenn dadurch alte Bäume gefällt werden.

Eine andere Gefährdung von Auer- und Birkwild kommt vom Raubwild: Fuchs, Marder und Dachs spüren ihre Bodengelege auf und räumen sie aus. Um den Bestand der Rauhfußhühner zu erhalten, versuchen Jäger die natürlichen Feinde (Fuchs, Marder) zu dezimieren. Früher bedienten sich die Jäger des Fallen-

Haselhahn (*Tetrastes bonasia*).

Schneehuhn (*Lagopus*).

stellens. Da bei schlechter, unsachgemäßer Bedienung der Fallen immer wieder gefangene Tiere zugrunde gingen, wurde diese Jagd gesetzlich in den 1990er-Jahren verboten. Eine weitere Jagdmethode, die Brackierjagd mit Hund auf Hasen und Füchse, hat alte Tradition. Nebenbei ist dadurch auch eine Beurteilung der Wildbestände möglich.

Mit Sorge verfolgt der Hegemeister die derzeit forcierten Pläne zur Errichtung des Schigebietes in der Tafin und die damit verbundene großflächige Zerstörung des alpinen Lebensraumes: „Es ist eine unwiederbringliche Geländekammer, die es sonst nirgends gibt!" Unabsehbar sind auch die Auswirkungen auf die weitere Umgebung. So ist mit massiven Störungen für die Raufußhühner am Köckberg auf der Südseite und nordseitig im Oberhofertal zu rechnen.

Die Wildarten in der Genossenschaftsjagd Sillian
(Mitteilung von Josef Kaler und Max Pfeifhofer)

– Hirsch: bis zur Waldgrenze, manchmal auch darüber. Während des 2. Weltkriegs tauchten erstmals Hirsche im Villgratental auf. Ein aufsehenerregender erster Abschuss wurde öffentlich vorgezeigt. In

Rothirsche (*Cervus elaphus*).

Dachse (*Meles meles*).

Jungfüchse (*Vulpes vulpes*).

Steinmarder (*Martes foina*).

den folgenden Jahren nahm der Bestand zu, vor allem durch Zuwanderung aus dem Gailtal.
- Das Reh ist die Hauptwildart. Einstandsgebiete gehen bis zur Waldgrenze, manchmal auch bis auf den Karnischen Kamm und den Thurntaler.
- Gämse: Sie kommt in allen drei Revieren vor. Das Hauptgebiet ist über der Waldgrenze; gelegentliche Beobachtungen reichen auch bis 1.500 m herab. Bestand im Revier: ca. 20–30 Stück; Rudel bis etwa 8 Tiere. Gamsräude trat nur vereinzelt auf; erreichte nie größere Ausmaße.
- Sogar das Schwarzwild kam gelegentlich von Süden herauf und richtete dann mehrmals in der Sillianer Gegend Flurschäden an.
- Murmeltier: nur über der Waldgrenze, z. B. im Helm-Gebiet. In der Jagd Sillianberg wurde es um 1950 ausgesetzt.
- Fuchs: in allen Höhenlagen.
- Dachs: von der Talsohle bis 1.500 m.
- Steinmarder: von der Talsohle bis ca. 1.200 m. Baummarder gibt es in allen Waldregionen.
- Hermelin: vom Drauufer bis oberhalb der Waldgrenze.
- Iltis: hauptsächlich in niederen Lagen zu beobachten, so zwischen Sillian und Panzendorfer Waldgrenze.

Buhnen an der Drau.

Lebensraum Drau.

Die Fischerei im Oberland
(Informationen von Anton Calovi,
Fischerei-Bewirtschafter der Gemeinde Sillian)

In den Gewässern der Gemeinde Sillian kommen vier Fischarten (Bachforelle, Regenbogenforelle, Äsche und Bachsaibling) vor. Um einen ordnungsgemäßen Fischereibetrieb zu gewährleisten, hat die Landeshauptmannschaft Tirol im Jahre 1935 alle Fischgewässer des Landes in Fischereireviere eingeteilt.

Das Eigenrevier der Marktgemeinde Sillian umfasst beide Ufer von der Erlacher Brücke bis zur Rablander Brücke samt allen Zuflüssen und künstlichen

Brutplatz Bachsaibling.

Gewässern einschließlich des Thurntaler Sees. Der Fischerei-Ausschuss bemüht sich um Verbesserung der Fischstände. So wurden in das Flussbett im Grenzbereich kleine Buhnen und große Wurfsteine eingebracht. Damit wurde versucht, in einem vom Hochwasserschutz dominierten Abschnitt eine naturnahe Gestaltung einzubringen. Der Flusslauf mit seinem flachen Wasserstand erhielt so kleine Lebensräume für die Forellen. Positiv für die ökologische Situation ist die Einleitung von einem Teil des Drauwassers in das wunderschöne Gebiet des Arnbacher Teiches. Eine kleine Kostbarkeit ist ein Quellwasser beim letzten Haus vor der Grenze (Ortsteil Huben) als „Kinderstube" der Bachsaiblinge.

Entenfamilie am Gerberbach.

Klappertopf am Gerberbach.

Vom Gerberbach sagt der Fischerei-Bewirtschafter Anton Calovi: „Er ist ein sehr wertvolles Gewässer. Er ist Schongebiet, wird nicht befischt und ist daher die ‚Kinderstube' der Forelle. Die Entwicklung ist dem Naturaufkommen überlassen." Früher einmal war der Gerberbach eines der schmutzigsten Gewässer des Bezirkes. Obwohl man fast von einer Überpopulation der Stockenten sprechen kann und so an die Grenze der Überdüngung kommt, ist der Bach sauber. Dies wird bewirkt durch die Befreiung von Abwässern, aber auch durch den stark wuchernden Wuchs verschiedener Wasserpflanzen, welche dem Wasser Nährstoffe entnehmen.

„Die Gefährdung der Fischerei durch die Graureiher ist vorbei. Seit mehreren Jahren ist die Bejagung zwischen Oktober und Februar gestattet. Dadurch ist die Population beherrschbar geworden", meint Calovi, der sich gegen das Einsetzen von Fischbrut stellt, denn: „Die Entwicklung der Gewässer soll der Natur überlassen werden".

Einige Tiernamen in Oberländer Mundart

Eidechse: Hegedaxl
Maulwurf: Wialischg
Schmettering: Schrettl
Spinne (Weberknecht): Grooge

Vogelnamen:
Uhu: Naufe
Junghuhn: Buschgile
Eichelhäher: Buingratsche, Banrenze
Hausrotschwanz: Branta
Mäusebussard: Henngeir
Misteldrossel: Schnarre
Mönchsgrasmücke: Schwarzplattl
Neuntöter: Staudnrolla
Rabenkrähe: Rappe
Ringamsel: Amelische
Rotkehlchen: Roatkröpfl

Neuntöter (*Lanius collurio*).

Uhu (*Bubo bubo*).

Alpen-Schneehuhn: Schneahiandl
Amsel: Kohlamaschte
Bachstelze: Bauvögele
Bergfink: Berktotscha
Blaumeise: Fizzi-Gengga
Fichtenkreuzschnabel: Krumpschnobl
Mauersegler: Speira

Wann kommt in Sillian der Frühling?

Die genauere Antwort als der Kalender gibt die Phänologie (von Schülern erstellt) (Phänologie ist die Wissenschaft von den jahreszeitlich bedingten Erscheinungsformen bei Tieren und Pflanzen).

Auf vielfältige Weise haben mehrere hundert Schüler des Oberlandes die Natur erforscht. Dies gelang in einem zwölfjährigen von Volks- und Hauptschulen im Jahr 1991 begonnenen Projekt, das sich „Als Frühlingsforscher unterwegs" bezeichnete. Dieses Erkunden der Natur nahm seinen Ausgang im Raum des Tassenbacher Speichers und weitete sich im Laufe von elf Jahren bis in die Heimatorte der Sillianer Hauptschüler aus (Villgratental, Almgebiete um Sillian, Lesachtal bis zur Landesgrenze). In dieser Zeit nahmen einschließlich eines Fotowettbewerbs etwa 900 Volks- und Hauptschüler am Projekt teil.

Die wichtigste Motivation für die jungen Forscher war es, den Einzug des Frühlings und seine Entfaltung in der Tier- und Pflanzenwelt zu beobachten und erstmals zu dokumentieren. Dazu erhielten die freiwilligen Teilnehmer vom Schulleiter oder Klassenlehrer jedes Jahr Anfang März eine Einladung zur Teilnahme. Auf dem vierseitigen Schreiben waren etwa 35 Beobachtungspunkte, welche besonders markant für den fortschreitenden Frühling in diesem Gebiet sind, eingetragen. Solche Anregungen waren für die Frühlingsforscher beispielsweise im Jahre 2001: Speicher eisfrei, Weidenkätzchen gelb, erster Frosch am Speicher, Froschlaich in Klumpen, Huflattich blüht,

Projekt „Frühlingsforscher unterwegs"; Preisverteilung am Speicher Tassenbach mit Projekt-Betreuer Alois Heinricher, 3. Juli 1993.

Krokus blüht, Laubausbruch der Erlen, Blattentfaltung der Rosskastanie usw. Für den Beginn des Frühsommers ist dann die Blüte des Schwarzen Hollers typisch und rundherum beginnt die Heumahd. So kam eine Phänologie speziell für den Raum Sillian zustande.

In den elf Beobachtungsjahren erbrachten die jungen Forscher auf diese Weise etwa 20.000 Daten (mehr oder weniger richtig) über die Frühlingserscheinungen in der Tier- und Pflanzenwelt im oberen Drautal von März bis Ende Juni.

In der Ausschreibung zum 1. Bewerb im Jahr 1991 schrieb ich als Betreuer des Projektes: „Durch deine Beobachtungen wird es möglich sein, erstmals den Beginn und die Entfaltung des Frühlings im Bereich Abfaltersbach–Sillian zu erfassen und so einen Beitrag zur Erforschung der Zusammenhänge im Naturhaushalt der Heimat zu leisten."

Die Auswertung der Erstbeobachtungen von signifikanten Frühlingserscheinungen von 1991 bis 2001 ergab ein Bild des einziehenden Frühlings.

Durchschnittstermine aus den phänologischen Beobachtungen von 10 Jahren

Für Vorfrühling, Erstfrühling, Vollfrühling und Frühsommer:

1. *Beginn des Vorfrühlings:* Huflattichblüte (statt Haselstrauch) *13. März*
2. *Beginn des Erstfrühlings:* Blattentfaltung Grauerle (statt Rosskastanie) *9. April*
3. *Beginn des Vollfrühlings:* Beginn Vogelkirschenblüte (statt Rosskastanie) *6. Mai*
4. *Beginn des Frühsommers:* Beginn der Heumahd, Schwarzhollerblüte *7. Juni*

Diese Durchschnittsdaten ermöglichen für den Raum Sillian die Beurteilung darüber, ob im laufenden Jahr der Frühling früh oder spät beginnt.

Das pädagogische Ziel, das sich Lehrer setzten, war es, dass Kinder die Natur neu entdecken lernen, eine feinfühligere Empfindsamkeit gegenüber der Natur und damit den Sinn für deren Schutzwürdigkeit entwickeln (OSR Franz Wieser).

Wolfgang Gattermayr

Ein klimatischer Fingerabdruck Sillians
Der Lebensraum im Einfluss atmosphärischen Geschehens

Bald nach der Gründung des Hydrographischen Dienstes in Österreich (1893/94) wurde auch in Sillian eine hydrographische Messstelle eingerichtet. Mit 1. September 1895 wurden die Messungen begonnen und sie dauern bis heute an. Die Messungen sind Teil der Wasserkreislauferhebungen. Und welche Bedeutung der Wasserkreislauf für uns hat, wissen wir aus dem täglichen Leben.

Hochwasser, Regen, Schnee, Dürre, Morgenfröste und Hitzewellen, Gletscherschmelze und Murenabgänge sind die verschiedenen Ausdrucksformen des atmosphärischen Geschehens, die unseren Lebensraum charakterisieren.

Und nur den treuen und emsigen Beobachtern unserer Messstelle in Sillian ist es zu verdanken, dass wir die klimatischen Verhältnisse von Sillian, eine Folge der Witterungsabläufe, mit ihren Mittel- und Extremwerten beschreiben können.

Wenn extreme Messwerte beobachtet werden, fragen wir uns: Hat es das schon einmal gegeben, oder ist dieses Phänomen zum ersten Mal aufgetreten? Irgendwie beruhigt es uns, wenn wir aus früheren Beobach-

Die westliche Ortsansicht von Sillian beim Hochwasser vom September 1882; Abbildung in Neue Illustrirte Zeitung, Band 1, 1883.

tungen wissen, dass es ein Ereignis besonderer Art wie z. B. eine lange Trockenperiode auch in längst vergangenen Zeiten schon einmal gegeben hat.

Wird aber eine extreme Wettererscheinung zum ersten Mal beobachtet, dann stellt sich so mancher die Frage: Was ist los mit dem Wetter? Spielt das Klima verrückt? Ist das etwa eine Folge des Klimawandels? Wir spüren eine Verunsicherung in uns aufsteigen, weil wir eigentlich nicht wissen, was klimatisch noch alles auf uns zukommen kann. Und wenn es zu extremen Überschwemmungen kommt, wie es sie bei den Hochwasserereignissen der Jahre 1965 und 1966 im Einzugsgebiet der Drau gegeben hat, stellen wir sofort die Frage: Wie oft passiert so etwas? Wie oft müssen wir mit solchen Katastrophen rechnen?

Wir wissen von der Endlichkeit unseres Daseins, und wenn wir ein hundertjährliches Hochwasser (HQ_{100}) erleben müssen, dann ist so mancher Optimist der Meinung, dass ihm das ein zweites Mal in seinem Leben wahrscheinlich nicht mehr widerfahren könne.

Nun, alle diese und andere Fragen können mit Hilfe der vorliegenden Messreihen leichter beantwortet werden, was jedoch ohne die ausdauernde Arbeit unserer Messstellen-Beobacher nicht möglich wäre. Daher seien sie im Folgenden namentlich erwähnt und herzlich für ihre treue und zuverlässige Tätigkeit bedankt!

Stationsbetreuung durch	Beobachtung	
	von	bis
Franz *Schwab*, Lehrer	1.9.1895	1.1.1900
Franz *Niederegger*, Tischlermeister und Bürgermeister	Mai 1900	Oktober 1916
Franz *Niederegger*, Tischlermeister	Mai 1918	Februar 1920
Alfons *Niederegger*	August 1927	Oktober 1930
Kaspar *Ravelli*	Februar 1931	September 1932
Cesare *Ravelli*	Oktober 1932	März 1933
Josef *Sulzer*	April 1933	November 1939
Josefa *Jäger*, Postmeisterin i. R.	1. Dez. 1939 Jänner 1946	31. Dez. 1939 Juni 1949
Anna *Kienast*	Juli 1949	April 1964
Norbert *Niederegger*	Mai 1964	auf weiteres

Der Aufgabenbereich des Stationsbeobachters

Die Beobachter beim Hydrographischen Dienst machen diese Tätigkeit auf freiwilliger Basis, jedoch zum Nutzen der Allgemeinheit. Ihre Aufgabe besteht in der regelmäßigen Messung und/oder Beobachtung der vorgegebenen Parameter und Messgeräte.

1. Niederschlag: Täglich um 07:00 Uhr MEZ ist der Niederschlagssammelbehälter (Ombrometer) auf Niederschlagszuwachs zu kontrollieren und gegebenenfalls dieser zu messen. Da der Wasserwert des Niederschlags interessiert, ist im Winter der im Ombrometer enthaltene Schnee unter gewissen Auflagen zuerst zu schmelzen und hernach mit einem speziellen Messglas mengenmäßig zu bestimmen. Dabei darf natürlich kein Tropfen Wasser danebengeschüttet werden. Neben dem Messwert als Wasserwert (Angabe in l/m² oder Millimeter) interessieren gegebenenfalls die gefallene Neuschneehöhe und die Höhe der Schneedecke, die gesondert gemessen werden müssen. Dieser Messvorgang erfolgt ausschließlich am Morgen um 07:00 Uhr MEZ.

2. Lufttemperatur: Beim Hydrographischen Dienst wurden in Anlehnung an die Zentralanstalt für Meteorologie und Geodynamik die Lufttemperaturbeobachtungen seit jeher um 07:00 Uhr, 14:00 Uhr, 21:00 Uhr MEZ durchgeführt. Der Beobachter hat also dreimal täglich zu den vorgegebenen Terminen ein Quecksilberthermometer, das in der Wetterhütte hing, abzulesen und die Messwerte zu notieren. Mit diesen Terminwerten konnten sodann die Tagesmittel, Monats- und Jahresmitteltemperaturen für diese Messstelle berechnet werden. Nach Ablauf eines Monats wurden die Messwerte mittels Formblatt an die hydrographische Landesabteilung nach Innsbruck gesandt. Daraus ist zu ersehen, dass der Messdienst genaue, verlässliche und pünktliche Menschen als Beobachter erfordert. Und diese Tätigkeit kennt keinen Sonn- oder Feiertag.

Ein Dank der Technik

Mit der automatisierten Messung für Niederschlag und Lufttemperatur ist das Leben für die Beobachter etwas leichter geworden. Am 2. Juni 2005 wurde der Messgarten bei Familie Niederegger um eine elektronische Niederschlagswaage, einen elektronischen Temperatursensor (hängt in der weißen Klimahütte) und ein elektronisches Datenaufzeichnungsgerät zur Datenspeicherung erweitert. Der Beobachter, Herr Norbert Niederegger, kontrolliert nun auch diese neuen Messeinrichtungen und behält den gewohnten Messumfang bei. Lediglich die täglich dreimalige Messung der Lufttemperatur braucht er seitdem nicht mehr zu machen. Die Anordnung der Messgeräte im Garten der Pension Adelheid bei Familie Niederegger zeigen die beiden Abbildungen.

Beobachter Norbert Niederegger bei der Ablesung der Lufttemperatur.

Die hydrometrische Messstelle für Niederschlag und Lufttemperatur, betreut von der Familie Niederegger.

Lufttemperatur (1981–2010)

Aus dem 30-jährigen Beobachtungszeitraum lässt sich für Sillian eine Jahresmitteltemperatur von +5,7 °C ermitteln (Tabelle 1).

Dem wärmsten Jahr (1994) stehen mit +6,9 °C die kältesten Jahre (1981 und 1991) mit +4,6 °C gegenüber.

Im 30-jährigen Durchschnitt weist der Jänner die tiefste Monatsmitteltemperatur (–5,1 °C) und der Juli die höchste (+16,2 °C) auf (Tabelle 1).

In diesem Zeitraum fällt die tiefste Monatsmitteltemperatur auf den Jänner 1985 mit –9,8 °C, den höchsten Monatsmittelwert weist der Juli 2006 mit +18,5 °C auf.

Zwischen 1981 und 2010 liegen die höchsten Tagesmitteltemperaturen (Tagmax) zwischen 23 und 24 °C (26. Juli 1983, 19. Juni 2002, 21. Juli 2006, 16. Juli 2010).

Als kältester Tag (Tagmin) gilt der 6. Jänner 1985 mit –22,6 °C. Ihm folgen der 24. Dezember 2003 mit –18,7 °C und der 20. Dezember 1981 mit –18,6 °C (Grafik 1).

Bei genauer Betrachtung der Tabelle 1 ist zu erkennen, dass die tiefsten Temperaturen eher in der 1. Dekade der 30-Jahres-Reihe überwiegen und die 3. Dekade vermehrt Temperaturmaxima aufweist.

Im Sommerhalbjahr nähern sich die Hüllkurven deutlich der mittleren Ganglinie an, während im Winterhalbjahr die positiven und negativen Abweichungen vom Mittelwert viel stärker ausgeprägt sind.

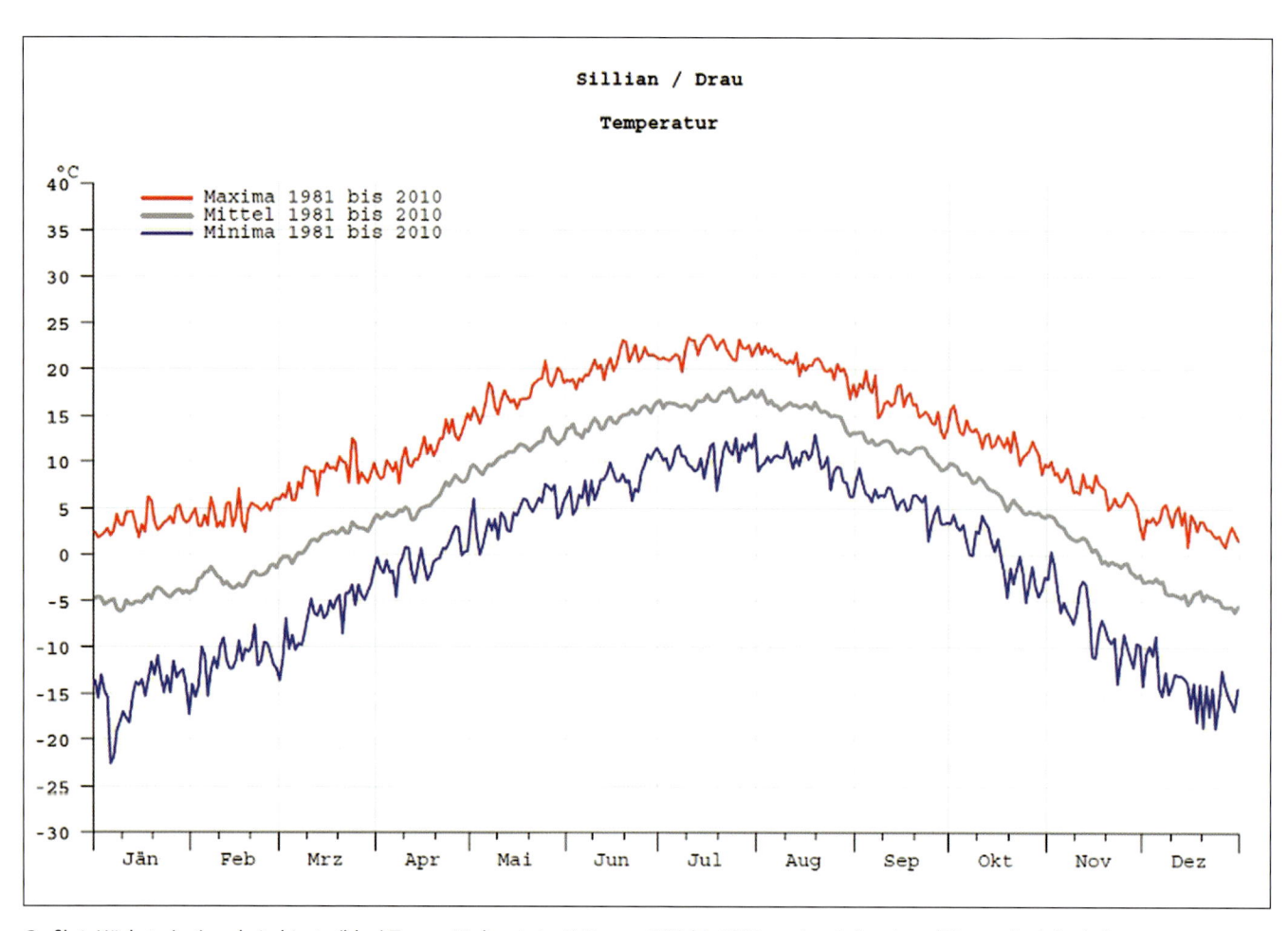

Grafik 1: Höchste (rot) und niedrigste (blau) Tagesmittelwerte im Zeitraum 1981 bis 2010 sowie mittlere (grau) Tagesmittel der Lufttemperatur.

```
22.07.2013 08:47           Hydrographischer Dienst in Österreich                        T1
                Monats- und Abschnittsmittel der Lufttemperatur in °C       Maximale Lückendauer [%]
                                   Jahresauswertung                         Vergleichszeitraum: 99
                Auswertungszeitraum: [01.01.1981 00:00:00,01.01.2011 00:00:00]
                              (*)... seit 1971 Auswertung nach ZAMG-Methode

HZBNr.:   113001                          Sillian                            Eigentümer: HD
HDNr.:    HD7000211                        Drau                              Höhe: 1075 m ü.A.
DBMSNr.:  7000211
```

Zeitraum	Jän	Feb	Mrz	Apr	Mai	Jun	Jul	Aug	Sep	Okt	Nov	Dez	Jahr	Tagmax	Datum	Tagmin	Datum
1981	-7.7	-4.7	2.3	4.7	8.4	13.1	13.8	14.6	10.9	6.0	-0.8	-5.8	4.6	21.4	03.08.	-18.6	20.12.
1982	-4.3	-5.2	-0.7	3.4	9.8	14.3	16.6	14.7	12.7	6.1	1.9	-2.9	5.6	20.6	15.08.	-12.8	08.01.
1983	-1.2	-5.5	1.9	6.2	9.6	14.4	18.0	15.1	11.1	6.1	-1.5	-4.3	5.9	23.2	26.07.	-12.4	15.12.
1984	-6.5	-4.6	-1.4	3.2	7.4	13.3	14.6	14.2	10.1	6.2	0.8	-4.4	4.5	23.1	11.07.	-17.7	11.01.
1985	-9.8	-2.5	-0.1	4.2	9.5	12.4	16.8	14.4	11.7	5.9	-3.0	-1.9	4.8	20.5	14.07.	-22.6	06.01.
1986	-6.2	-6.9	0.0	4.1	12.0	13.4	15.5	15.0	11.4	5.8	-0.3	-6.5	4.9	20.7	06.08.	-16.2	25.12.
1987	-7.6	-3.2	-3.4	5.0	7.8	12.9	15.9	14.8	13.3	6.9	1.2	-3.5	5.1	20.5	17.08.	-18.2	12.01.
1988	-3.4	-3.9	0.0	6.0	11.2	12.6	16.4	15.1	10.3	8.1	-2.5	-3.4	5.6	20.9	24.07.	-14.8	16.12.
1989	-3.8	-0.3	2.4	5.3	10.4	11.7	15.2	14.5	10.9	4.9	-1.7	-4.4	5.5	20.1	24.07.	-11.4	28.12.
1990	-5.0	0.9	3.5	4.4	10.9	13.1	15.9	14.1	10.0	7.1	-1.2	-8.5	5.5	20.8	22.07.	-15.2	07.12.
1991	-7.2	-7.1	3.4	3.6	6.9	13.1	16.7	15.8	12.8	4.5	-1.2	-7.2	4.6	22.1	12.07.	-15.4	02.02.
1992	-4.6	-1.6	1.8	4.5	11.0	13.4	16.4	17.4	11.3	4.6	2.0	-6.0	5.9	22.0	27.07.	-14.8	29.12.
1993	-2.9	-2.8	0.1	6.2	11.5	14.6	15.0	15.3	10.1	5.8	-0.4	-3.8	5.8	21.3	05.07.	-15.0	05.01.
1994	-2.7	-2.6	4.9	4.6	10.8	14.0	17.3	16.9	11.9	5.2	3.9	-2.1	6.9	21.9	05.08.	-11.6	19.01.
1995	-6.4	0.0	-0.5	6.2	10.2	12.1	17.4	13.8	9.6	7.1	0.7	-4.2	5.5	22.8	21.07.	-14.1	08.01.
1996	-4.2	-5.1	-0.9	5.8	10.5	15.2	15.2	14.2	8.3	5.8	0.6	-4.7	5.1	21.0	10.06.	-15.9	29.12.
1997	-3.5	-0.6	3.4	3.8	10.8	13.4	14.6	15.1	12.1	5.2	0.7	-2.4	6.1	18.5	05.08.	-11.2	12.01.
1998	-3.2	0.2	1.8	5.0	11.0	14.6	16.3	15.8	10.5	6.2	-1.6	-5.2	6.0	21.6	22.06.	-15.0	09.12.
1999	-4.8	-3.2	1.9	5.9	11.6	13.4	16.0	15.2	12.5	6.7	-1.5	-5.5	5.7	20.2	03.07.	-17.4	22.12.
2000	-6.6	-0.4	2.9	6.9	12.2	15.3	14.2	16.0	11.5	7.1	1.6	-1.4	6.6	20.7	21.08.	-14.9	25.01.
2001	-3.8	-1.2	3.7	4.1	12.3	13.1	16.2	16.6	8.7	8.6	-0.2	-5.8	6.1	22.5	03.08.	-15.1	24.12.
2002	-4.6	0.8	3.4	4.9	11.3	16.3	16.5	14.8	9.5	6.4	3.3	-2.1	6.7	23.1	19.06.	-13.0	03.01.
2003	-5.3	-5.2	2.6	5.2	12.2	17.5	16.8	17.8	10.2	3.8	1.5	-3.8	6.2	22.2	05.08.	-18.7	24.12.
2004	-6.4	-2.1	0.1	5.8	9.0	14.5	15.4	15.8	11.3	8.2	1.4	-5.3	5.7	21.5	28.06.	-14.9	23.01.
2005	-6.8	-5.5	0.5	5.7	11.5	15.5	16.2	13.9	11.1	6.1	-0.7	-6.9	5.1	22.6	29.07.	-16.6	30.12.
2006	-7.4	-3.7	-0.6	5.6	10.6	14.8	18.5	12.5	13.3	8.2	3.3	-3.0	6.1	23.2	21.07.	-14.2	13.01.
2007	-0.3	-0.9	1.8	9.1	12.1	15.3	16.4	14.5	9.4	5.6	-0.6	-3.2	6.5	22.9	18.07.	-10.7	15.12.
2008	-1.9	-0.9	1.0	4.7	11.5	15.5	15.8	15.6	9.7	7.0	0.6	-4.5	6.2	22.4	26.06.	-15.8	30.12.
2009	-6.9	-4.4	0.8	5.7	12.7	14.5	16.9	17.1	12.0	6.0	2.3	-5.1	6.0	21.8	14.07.	-18.0	18.12.
2010	-7.0	-3.6	0.3	6.3	10.5	15.3	18.2	15.3	10.3	4.8	1.4	-5.6	5.6	23.7	16.07.	-16.5	16.07.
1981 -2010	-5.1	-2.9	1.2	5.2	10.6	14.1	16.2	15.2	11.0	6.2	0.3	-4.5	5.7	23.7	2010	-22.6	1985

Tabelle 1: Monats- und Jahresmittelwerte der Lufttemperatur in Sillian sowie höchste und niedrigste Tagesmittelwerte im Zeitraum 1981 bis 2010.

Niederschlag

Vorbemerkung

Eine weitere Komponente des Wasserkreislaufes stellt der Niederschlag dar. Man könnte auch sagen, dass der Niederschlag den Wasserkreislauf in Schwung hält. Aber so wie ein Ring keinen Anfang und kein Ende kennt, so funktioniert der Wasserkreislauf auch nur, wenn der gefallene Niederschlag abfließt, die Flüsse und Ströme die Meere auffüllen und die Verdunstung dafür sorgt, dass der Nachschub an Wasserdampf in die Atmosphäre neuerlich zur Wolkenbildung führt. Natürlich werden auch die Gletscher und das Bodenwasser vom Niederschlag gespeist.

Der Niederschlag ist aber nicht nur eine wesentliche Komponente des Wasserkreislaufes, sondern auch eine charakteristische Kenngröße für die Beschreibung des Klimas. In einem Lebensraum ohne Niederschlag wäre es auf Dauer ungemütlich. Aber auch ein plötzliches Überangebot an Niederschlag ist dem Lebensraum unzuträglich. Extreme Trockenheit sowie Hochwasser und Muren können für den Menschen gefährlich werden.

Im Folgenden soll das Niederschlagsgeschehen von Sillian genauer unter die Lupe genommen werden.

Zum Niederschlagsdargebot

Jahresniederschlag

Im Beobachtungszeitraum 1981–2010 weist Sillian eine mittlere Jahresniederschlagshöhe von 975 mm auf, was einer Niederschlagsmenge von 975 l/m² entspricht.

Greift man auf eine längere Datenreihe zurück, beginnend mit dem Jahre 1951, so beträgt der Mittelwert aus 60 Jahren (bis einschließlich 2010) 1.019 mm. Die höchste Jahressumme fällt auf das Jahr 1979 mit 1504 mm. Die kleinste Jahressumme wurde mit 688 mm für das Jahr 1983 bestimmt.

In Grafik 2 sind die Jahressummenlinien des Niederschlags für den Zeitraum 1981–2010 dargestellt. Auffallend ist das Auseinanderklaffen der Hüllkurven ab Oktober.

Der Herbst kann südlich des Alpenhauptkammes aufgrund verstärkter Tiefdrucktätigkeit im Mittelmeerraum sehr niederschlagsreich sein, was die Aufsteilung der oberen Hüllkurve (rot) besonders im November veranschaulicht.

In Jahren ohne nennenswerte herbstliche Tiefdruckentwicklung im Mittelmeerraum können die Herbstmonate hier recht niederschlagsarm sein (Verflachung der unteren Hüllkurve, blau, ab Oktober). Im Hochwinter (Jänner, Februar) kann der Niederschlag völlig ausbleiben.

Monatssummen des Niederschlags (1981–2010)

Der Jahresgang des Niederschlags zeigt im Mittel den größten Zuwachs im Juli (134 mm), gefolgt vom August und Juni. Ein zweites Niederschlagsmaximum ist im Herbst (Oktober) schwach erkennbar. Die geringsten Niederschlagszuwächse gibt es im Mittel im Jänner und Februar mit jeweils rund 33 mm. Die Unterschiede können von Monat zu Monat sehr groß sein, wie Tabelle 2 erkennen lässt. Niederschlagsfreie Monate (Jänner 1989) stehen sehr niederschlagsreichen Monaten wie dem November 2002 (316 mm) gegenüber. Im August 1966 wurden sogar 345 mm gemessen! Die höchste Monatssumme weist übrigens der Februar 1951 mit 371 mm auf.

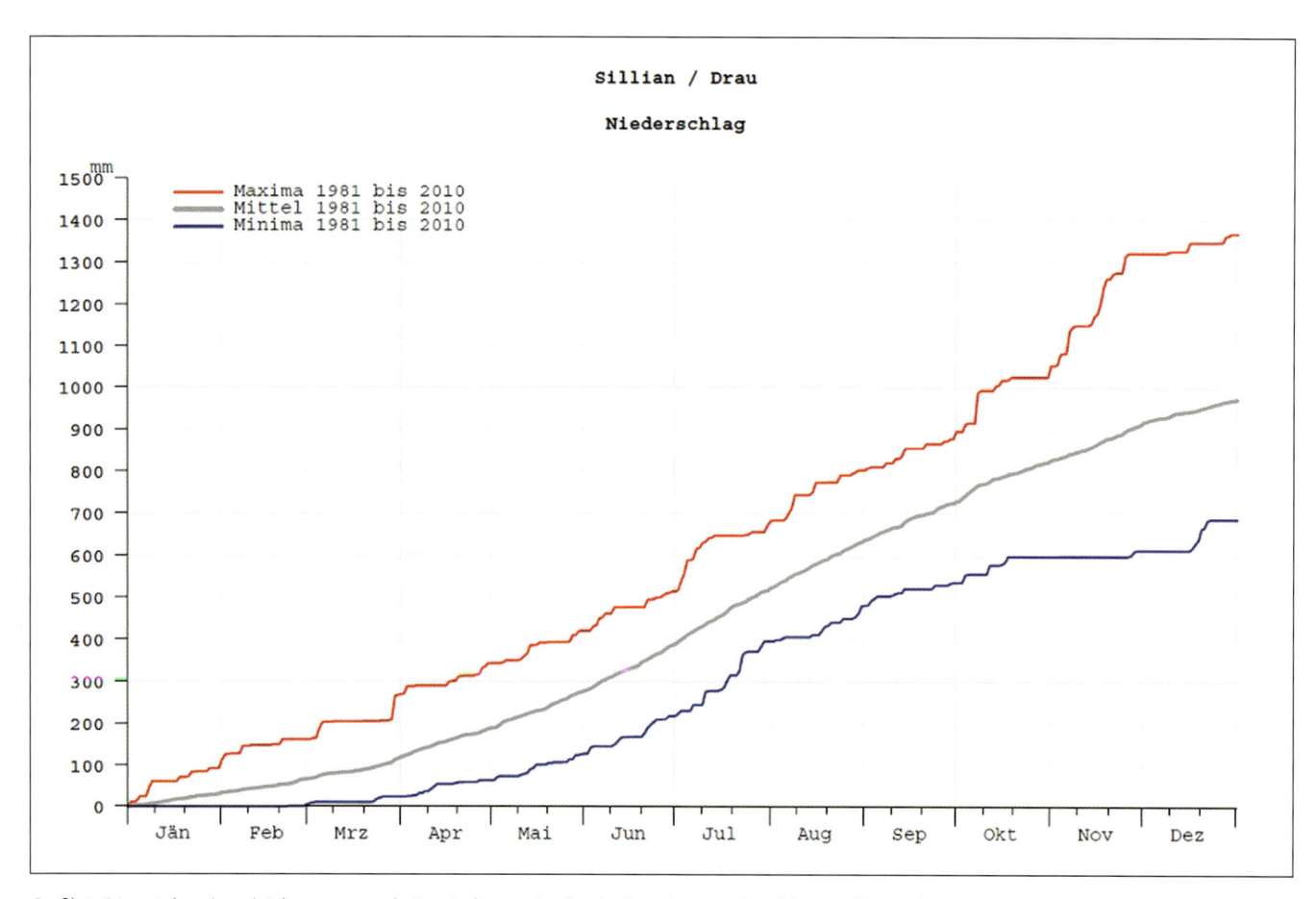

Grafik 2: Die mittlere (grau) Jahressummenlinie mit der maximalen (rot) und minimalen (blau) Hüllkurve für den Zeitraum 1981 bis 2010.

Tagessummen des Niederschlags (1981–2010)

In Tabelle 2 sind die jährlich größten 1-Tagessummen (Tagmax) des Niederschlags mit Datumsangabe enthalten. Die kleinsten Werte liegen knapp über 35 mm, die größte 1-Tagessumme ereignete sich am 18. Juli 1981 mit 95 mm. Es ist bemerkenswert, dass in keinem dieser 30 Jahre die 100-mm-Marke für den 1-Tagesniederschlag erreicht wurde.

Tagessummen des Niederschlags seit 1951

Wie in der kürzeren Beobachtungsreihe (1981–2010) liegen auch in der Periode ab 1951 die kleinsten der größten 1-Tagessummen bei 35 mm.

Ganz anders sieht es allerdings bei den größten 1-Tagessummen aus (Grafik 3). Zwischen 1961 und 1980 liegen vier Tagesmaxima über der 100-mm-Marke. Das sind

- der 14. April 1962 (110,6 mm)
- der 2. September 1965 (123,3 mm)
- der 3. November 1966 (115,2 mm) und
- der 11. Jänner 1977 (118,6 mm).

Die oben angeführten Starkniederschläge der Jahre 1965 und 1966 waren Auslöser für die verheerenden Überschwemmungen im Einzugsgebiet der Drau.

Trockenperioden (1981–2010)

Durch die lückenlose tägliche Beobachtung des Niederschlags lässt sich auch die Frage nach Trockenperioden beantworten. In Sillian sind Trockenperio-

---

Hydrographischer Dienst in Österreich

Monats- und Abschnittssummen der Niederschläge in mm
Jahresauswertung
Auswertungszeitraum: [01.01.1981 07:00:00, 01.01.2011 07:00:00]

HZBNr.: 113001
HDNr.: HD7000211
DBMSNr.: 7000211

Sillian
Drau

Eigentümer: HD
Höhe: 1075 m ü.A.

Zeitraum	Jän	Feb	Mrz	Apr	Mai	Jun	Jul	Aug	Sep	Okt	Nov	Dez	Jahr	Tagmax	Datum
1981	8.8	11.5	57.4	52.6	162.7	84.2	206.4	97.8	123.3	146.9	5.1	76.0	1033	95.2	18.07.
1982	20.7	14.1	44.2	7.4	68.1	173.1	119.1	145.2	88.2	146.4	78.5	67.3	972	38.5	06.10.
1983	33.4	28.2	35.8	42.1	161.1	48.0	68.5	63.6	76.0	42.3	14.7	74.0	688	41.6	23.05.
1984	25.8	122.2	46.6	56.8	171.5	90.0	53.4	75.9	137.7	82.3	22.1	56.4	938	63.6	26.02.
1985	61.1	19.0	120.5	46.0	96.5	171.0	99.7	157.1	35.0	16.5	83.3	38.6	944	36.6	25.08.
1986	110.6	32.6	43.6	127.5	76.3	77.9	90.1	148.4	70.1	23.3	28.2	21.6	850	80.2	31.01.
1987	54.3	105.7	49.5	72.4	131.7	64.4	165.4	121.3	70.1	123.5	171.0	10.2	1140	92.1	24.11.
1988	51.6	28.0	39.9	37.4	60.7	89.2	152.3	136.1	72.0	75.6	2.8	30.3	777	61.8	12.10.
1989	0.0	93.4	27.9	193.9	49.9	128.0	189.3	113.4	64.1	9.3	85.1	34.3	989	52.4	04.04.
1990	3.0	39.7	69.6	54.7	67.3	113.9	118.1	118.7	57.9	80.0	193.4	90.7	1007	89.8	25.11.
1991	33.9	16.2	18.9	36.7	101.5	116.3	186.1	49.5	76.1	81.3	149.2	51.9	918	45.1	12.10.
1992	6.0	7.6	110.8	121.6	27.2	116.0	115.3	104.8	65.9	207.6	37.3	116.5	1037	57.6	19.06.
1993	0.8	4.1	28.2	40.2	53.2	96.1	186.4	82.9	107.8	296.6	37.1	37.7	971	76.2	02.10.
1994	29.8	27.1	8.2	70.9	105.2	92.0	120.0	162.6	182.1	44.8	36.8	26.2	906	45.2	14.09.
1995	38.5	32.8	40.1	28.5	99.8	134.8	139.0	96.9	118.1	1.2	11.7	62.4	804	45.8	13.09.
1996	17.8	19.9	14.8	34.4	106.3	89.8	135.2	112.9	44.7	202.0	170.0	28.2	976	75.2	15.10.
1997	32.6	7.8	28.6	53.4	74.3	202.7	128.9	73.7	70.8	11.3	139.1	60.4	884	42.1	12.11.
1998	12.2	7.1	4.8	139.6	42.9	209.9	169.9	91.9	154.0	189.7	28.0	7.0	1057	76.1	07.10.
1999	45.0	17.5	93.6	61.8	155.5	99.1	165.6	166.1	92.8	44.0	43.8	50.4	1035	51.1	20.09.
2000	13.2	7.0	107.2	79.9	65.0	96.4	178.0	123.3	125.4	259.2	267.9	75.5	1398	54.5	07.10.
2001	75.5	14.9	98.0	128.7	29.6	105.6	127.2	98.3	96.5	22.2	28.8	2.0	828	42.9	31.08.
2002	3.7	49.7	45.4	132.0	130.8	140.0	76.4	113.9	107.5	54.1	315.8	64.6	1234	84.3	18.11.
2003	25.9	4.2	2.2	31.0	77.2	76.7	188.9	103.7	25.9	145.5	203.0	66.7	951	69.8	08.11.
2004	10.7	50.5	59.2	61.3	102.6	102.2	130.0	95.4	64.6	131.8	61.3	69.6	939	51.9	26.12.
2005	7.2	11.2	14.1	68.9	102.6	59.6	140.8	103.9	104.8	170.6	34.6	48.6	867	45.1	03.10.
2006	14.2	55.7	46.6	102.9	86.9	74.6	86.6	162.2	80.4	20.7	10.2	47.1	788	50.4	15.09.
2007	71.3	29.9	92.3	12.1	84.0	113.4	146.0	169.8	109.5	42.3	52.8	9.5	933	48.9	23.01.
2008	69.5	18.1	71.8	74.2	72.4	185.5	181.6	131.9	55.8	137.0	173.5	149.4	1321	52.2	11.12.
2009	91.7	56.0	121.5	73.1	21.4	79.5	109.2	97.1	126.0	37.8	114.3	99.8	1027	63.9	30.11.
2010	24.9	48.3	36.3	33.3	112.7	86.6	53.7	169.1	112.3	121.7	135.5	98.0	1032	55.3	23.12.
1981–2010	33.1	32.7	52.5	69.2	89.9	110.6	134.3	116.2	90.5	98.9	91.2	55.7	975	95.2	18.07.1981

Tabelle 2: Monatssummen und größte jährliche Tagessummen des Niederschlags in Sillian im Zeitraum 1981 bis 2010.

den mit einer Dauer von mindestens 40 Tagen nur in den Jahren 1989 und 1993 aufgetreten.

In der Vegetationszeit (April bis September) dauerten die längsten Trockenperioden 20 bis 24 Tage. Solche sind für die Jahre 1991, 1995 und 2007 ausgewiesen. Im Durchschnitt gibt es jährlich rund 7 Trockenperioden mit einer Dauer von jeweils 6 bis 9 Tagen.

Niederschlagsperioden (1981–2010)

Die Auswertung der Niederschlagsperioden für Sillian ergibt für den 30-jährigen Beobachtungszeitraum, dass die einzige Niederschlagsperiode mit mindestens 25 Tagen im Jahre 2008 aufgetreten ist. Die nächstkürzere Dauerstufe (15 bis 24 Tage mit Niederschlag) scheint in der Vegetationsperiode des Jahres 1989 auf. Mit Verkürzung der Periodendauer nimmt natürlich die Anzahl der Fälle pro Jahr zu. So tritt eine Niederschlagsperiode der Dauer 6 bis 9 Tage im Schnitt 3,4-mal je Jahr auf. Etwa 15,6-mal je Jahr erstreckt sich der Niederschlag auf zwei zusammenhängende Tage.

Die Schneeverhältnisse in Sillian (1981–2010)

Zur Charakterisierung der Schneeverhältnisse eines Ortes dienen die Messparameter „Neuschneehöhe" und „Höhe der Schneedecke" (Schneehöhe). Die Angaben erfolgen in Zentimeter Schneehöhe. Die Beobachtung der beiden Messgrößen geschieht täglich um 07:00 Uhr MEZ. Der jährliche Auswertungszeitraum erstreckt sich jeweils vom 1. September, 07:00 Uhr (MEZ), eines Jahres bis zum 31. August des Folgejahres.

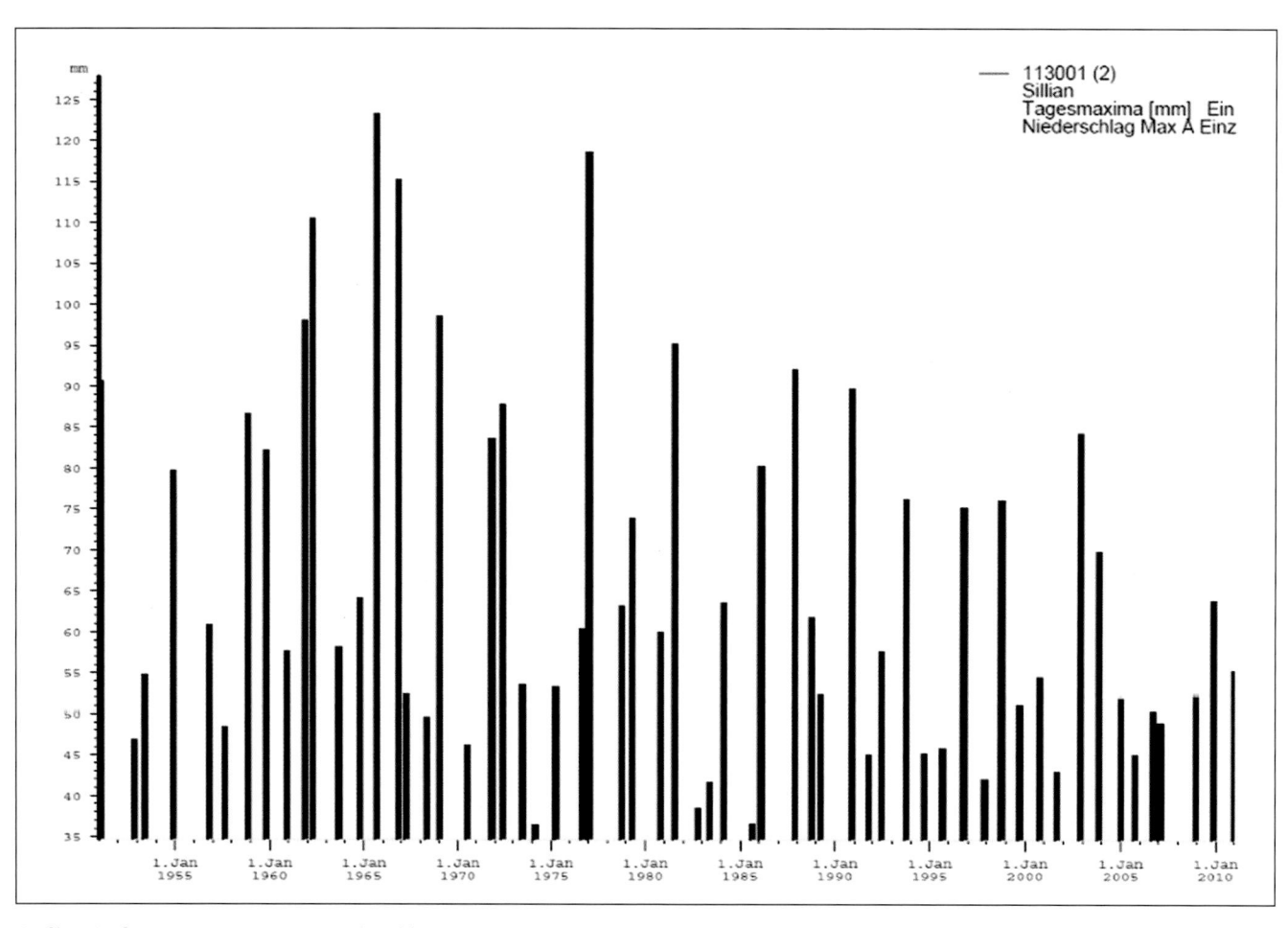

Grafik 3: Größte gemessene 1-Tages-Niederschlagssummen im Zeitraum 1951 bis 2010 in Sillian.

Neuschnee

Unter Neuschnee wird hier der bis zum Beobachtungstermin (07:00 Uhr) eines jeden Tages frisch gefallene Schnee verstanden in seiner natürlichen Lagerungsdichte. Die Messung erfolgt mit einem so genannten Neuschneebrett mit Pegel, das nach der morgendlichen Ablesung vom Schnee befreit wird.

Summe der Neuschneehöhen (1981–2010)

Die mittlere Summe der jährlichen Neuschneehöhen beträgt für Sillian (1075 m ü. A.) 207 cm. Die Schwankungen von Jahr zu Jahr können aber beträchtlich sein. So sind im neuschneeärmsten Jahr (2001/2002) dieser 30-jährigen Periode nur 78 cm Neuschnee gemessen worden. Demgegenüber steht eine Neuschneesumme von 466 cm (2008/2009).

Größte Neuschneehöhen

Aus den täglichen Neuschneebeobachtungen kann für jedes Beobachtungsjahr eine größte (tägliche) Neuschneehöhe angegeben werden. Die mittlere größte Neuschneehöhe beträgt im Zeitraum 1981–2010 38 cm. Die Extreme schwanken zwischen 14 cm (6. Februar 2002) und 107 cm am 31. Jänner 1986.

Die größte jemals gemessene Neuschneehöhe beträgt 115 cm. Sie ist dem 4. März 1974 zuzuordnen.

Zahl der Tage mit Neuschnee

Auch die Anzahl der Tage mit Neuschnee schwankt beträchtlich. Wurde im Winter 1989/90 nur an 8 Tagen Neuschnee beobachtet, so zählt der Winter 1985/1986 insgesamt 49 Tage, an welchen Neuschnee gemessen wurde. Die mittlere Anzahl der Tage mit Neuschnee liegt bei 28.

Schneehöhe (Höhe der Schneedecke)

Auch die Schneehöhe wird – wie die Neuschneehöhe – täglich um 07:00 Uhr MEZ an einem Schneepegel abgelesen. Die Messstelle darf nicht betreten werden. Die Pegelablesungen haben aus einer angemessenen Entfernung zu erfolgen, damit die Schneedecke nicht gestört wird. In Grafik 4 sind die charakteristischen Verläufe der Schneehöhen in Sillian für jeden Tag dargestellt. Die Auswertung der 30-jährigen Beobach-

Schneeräumung vor dem Stocker Platzl im Jahr 1913. Man war auf die Kraft von Pferden und Menschen angewiesen und konnte noch keine großen Räumfahrzeuge einsetzen.

tungsreihe von Sillian zeigt, dass die größten Schneehöhen mit knapp 160 cm im Februar aufgetreten sind (obere Hüllkurve). Auch im langjährigen Mittel (grauer Linienzug) weist der Februar die größten Schneehöhen auf; das mittlere Maximum fällt dabei auf Ende Februar.

Der Verlauf der kleinsten Schneehöhen ist von der Null-Linie nicht zu unterscheiden. Das bedeutet, dass in der 30-jährigen Beobachtungsreihe jeder Kalendertag zumindest einmal von Ausaperung betroffen war. Daraus ist abzuleiten, dass Schneesicherheit für keinen Tag im Winterhalbjahr angenommen werden darf.

Größte Schneehöhen (1980/81–2009/10)

Die tägliche Beobachtung der Höhe der unberührten Schneedecke lässt für jedes Jahr eine größte Schneehöhe erkennen. Am Messstandort Sillian liegt die mittlere maximale Schneehöhe in der 30-jährigen Periode bei 66 cm. In dieser Beobachtungsreihe fällt das kleinste Schneehöhen-Maximum auf den 17. Februar 2002 mit nur 20 cm. Die höchste Schneedecke wurde am 1. Februar 1986 mit 158 cm erreicht (Tabelle 3).

Die größte jemals beobachtete Schneehöhe in Sillian betrug am 7. Februar 1951 220 cm.

Zur Schneebedeckung (1980/81–2009/10)

In Sillian ist im Mittel ab 1. November mit der ersten Schneedecke zu rechnen, die am 19. April zu Ende geht. Im 30-jährigen Beobachtungszeitraum erfolgte die früheste Schneedeckenlegung jedoch am 25. September 2002; der späteste Zeitpunkt gilt dem 17. Dezember 1983. Das Ende der Schneebedeckung ereignete sich frühestens am 26. März 1993 und spätestens am 29. Mai 1984.

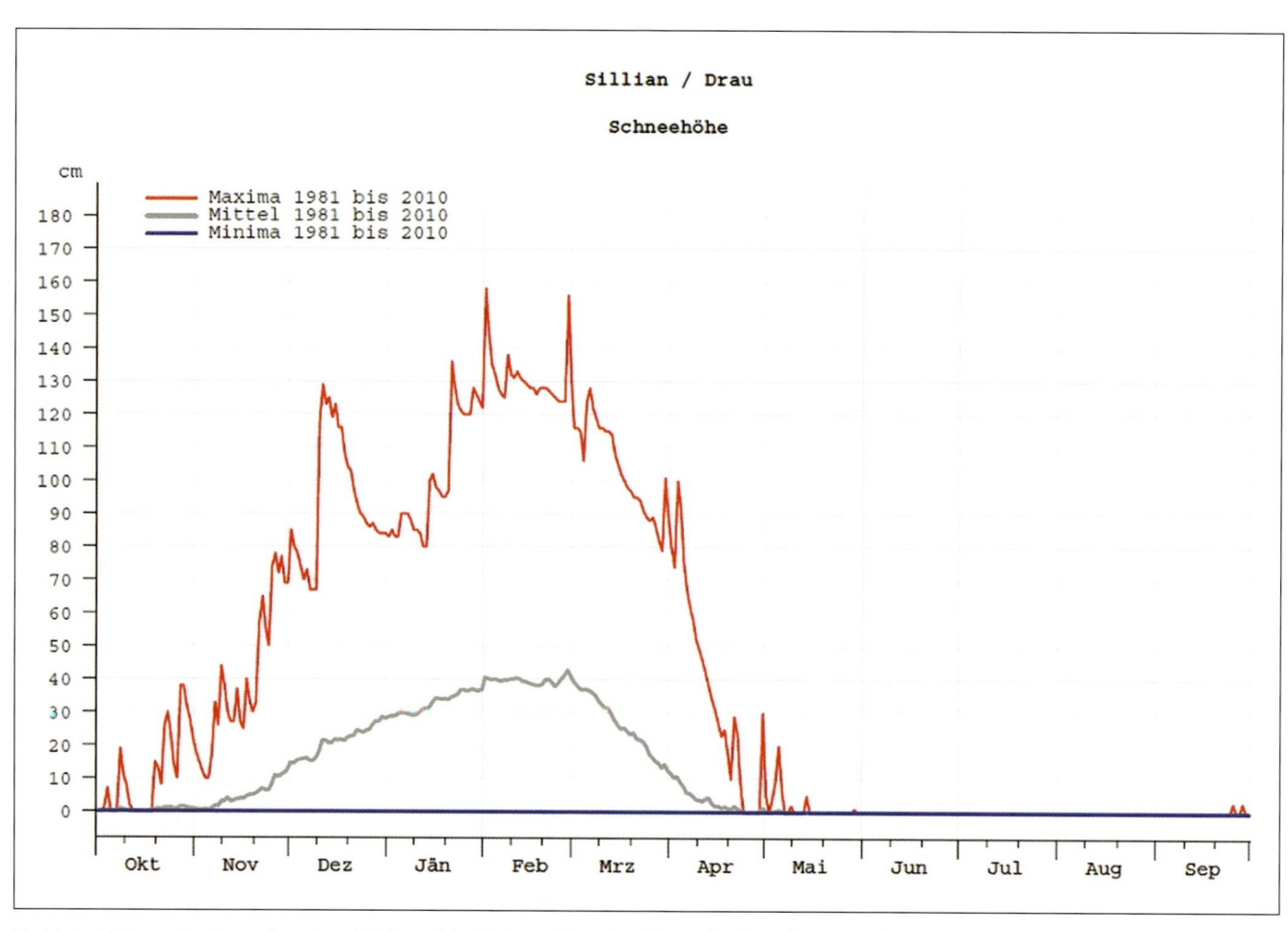

Grafik 4: Größte (rot), mittlere (grau) und kleinste (blau) Schneehöhen in Sillian in der Periode 1980/81 bis 2009/10.

Zur Winterdecke (1980/81–2009/10)

Unter der Winterdecke wird die längste zusammenhängende Periode mit Schneebedeckung verstanden. Die Winterdecke dauert in der Regel viel weniger lang als der Zeitraum der Schneebedeckung.

Im Mittel beginnt die Winterdecke am 4. Dezember und endet am 15. März. Beginn und Ende der Winterdecke können jedoch von Jahr zu Jahr stark schwanken.

Im 30-jährigen Beobachtungszeitraum fällt der früheste Termin der Winterdecke auf den 6. November 1989 und der späteste Termin auf den 7. Februar 2002.

Das früheste Ende der Winterdecke wurde bereits am 19. Dezember 1989 beobachtet, hingegen das späteste Ende am 21. April 1984.

Zur Dauer der Schneedecke

Schneebedeckung

Im Mittel liegt in Sillian an 119 Tagen eines Jahres eine Schneedecke mit einer Mächtigkeit von mindestens 1 cm. Im schneearmen Winter 2001/2002 gab es nur 44 Tage mit Schneedecke, aber im Winter 2003/2004 war die Messstelle an 156 Tagen schneebedeckt.

Hydrographischer Dienst in Österreich — Schneeverhältnisse mit Mittel- und Extremwerten
Auswertungszeitraum: [01.09.1980 07:00:00, 01.09.2010 07:00:00]

HZBNr.: 113001 — HDNr.: HD7000211 — DBMSNr.: 7000211
Sillian / Drau — Eigentümer: HD — Höhe: 1075 m ü.A.

Zeitraum	Schneebedeckung (a) Beginn	Ende	Winterdecke (b) Beginn	Ende	Zahl der Tage mit a	b	Neuschnee	Summe der Neuschneehöhen cm	Größte Schneehöhe cm	Datum	Größte Neuschneehöhe cm	Datum
1980/1981	09.10.	27.04.	27.11.	10.03.	124	104	34	177	52	21.12.	19	15.12.
1981/1982	27.10.	30.04.	28.11.	03.04.	140	127	35	239	56	19.03.	38	26.01.
1982/1983	14.11.	12.04.	11.12.	12.03.	99	92	28	129	34	09.02.	21	15.01.
1983/1984	17.12.	29.05.	17.12.	21.04.	129	127	38	363	156	27.02.	79	26.02.
1984/1985	15.11.	05.05.	20.12.	04.03.	113	75	30	263	68	22.02.	39	21.03.
1985/1986	13.11.	19.04.	13.11.	06.04.	151	145	49	403	158	01.02.	107	31.01.
1986/1987	26.10.	14.05.	22.11.	09.04.	147	139	31	321	97	21.02.	46	19.02.
1987/1988	15.11.	01.04.	24.11.	25.03.	126	123	24	242	85	01.12.	70	24.11.
1988/1989	21.11.	23.04.	03.12.	31.01.	87	60	14	83	46	26.02.	38	25.02.
1989/1990	06.11.	01.04.	06.11.	19.12.	58	44	8	103	50	28.03.	38	27.03.
1990/1991	02.11.	06.05.	25.11.	24.03.	148	120	32	341	129	11.12.	78	25.11.
1991/1992	20.10.	30.04.	15.11.	09.03.	136	116	28	280	74	22.12.	35	16.11.
1992/1993	19.10.	26.03.	05.12.	19.03.	121	105	15	143	57	10.12.	43	08.12.
1993/1994	22.10.	13.04.	12.12.	10.03.	108	89	26	153	36	25.12.	28	24.12.
1994/1995	08.10.	03.04.	20.12.	03.04.	107	105	26	169	59	09.03.	18	26.02.
1995/1996	20.11.	05.04.	04.12.	24.03.	120	112	26	142	50	05.02.	20	13.12.
1996/1997	03.10.	22.04.	19.11.	04.03.	112	106	28	130	43	05.01.	20	20.04.
1997/1998	31.10.	17.04.	30.11.	21.02.	98	84	21	102	33	04.12.	20	11.04.
1998/1999	05.11.	13.04.	23.11.	27.03.	131	125	34	192	62	07.03.	31	11.01.
1999/2000	07.11.	05.04.	16.11.	08.03.	128	114	28	184	48	28.12.	32	29.03.
2000/2001	08.10.	23.04.	16.12.	10.03.	127	85	31	183	29	03.01.	21	20.04.
2001/2002	09.11.	20.04.	07.02.	05.03.	44	27	18	78	20	17.02.	14	06.02.
2002/2003	25.09.	10.04.	03.12.	12.03.	107	100	25	96	30	23.01.	20	02.12.
2003/2004	24.10.	13.04.	28.11.	03.04.	156	128	39	310	80	12.03.	44	08.11.
2004/2005	10.11.	09.05.	01.12.	20.03.	133	110	20	135	49	27.12.	35	26.12.
2005/2006	24.11.	01.05.	24.11.	30.03.	134	127	42	248	80	25.02.	35	24.02.
2006/2007	10.12.	04.04.	23.01.	15.03.	99	52	19	170	64	24.01.	56	23.01.
2007/2008	28.09.	09.04.	08.12.	01.03.	124	85	23	189	35	05.02.	27	10.11.
2008/2009	04.10.	17.04.	29.11.	17.04.	147	140	40	466	138	08.02.	50	11.12.
2009/2010	03.11.	13.04.	30.11.	27.03.	125	118	32	176	62	11.03.	19	04.12.

Mittelwerte

| 1980/1981 -2009/2010 | 01.11. | 19.04. | 04.12. | 15.03. | 119 | 103 | 28 | 207 | 66 | | 38 | |

Extremwerte (frühester Eintritt bzw. Minimalwerte / spätester Eintritt bzw. Maximalwerte)

| 1980/1981 -2009/2010 | 25.09.2002 | 26.03.1993 | 06.11.1989 | 19.12.1989 | 44 (2002) | 27 (2002) | 8 (1990) | 78 (2002) | 20 | 17.02.2002 | 14 | 06.02.2002 |
| | 17.12.1983 | 29.05.1984 | 07.02.2002 | 21.04.1984 | 156 (2004) | 145 (1985) | 49 (1986) | 466 (2009) | 158 | 01.02.1986 | 107 | 31.01.1986 |

Tabelle 3: Angaben zu Neuschnee und Schneedeckenhöhe in zeitlicher und mengenmäßiger Hinsicht für den Zeitraum 1980/81 bis 2009/10 für Sillian.

Winterdecke

Im schneearmen Winter 2001/2002 war sogar nur an 27 Tagen hintereinander eine geschlossene Schneedecke zu beobachten. Anders im Winter 1985/1986, wo an 145 Tagen ununterbrochen eine Schneedecke vorhanden gewesen war.

Nach den enormen Neuschneefällen im Dezember 2008 befreien Mitglieder der Bergrettung das Dach der Pfarrkirche von seiner Schneelast.

Blick auf Sillian in einem schneearmen Winter, Jänner 2002.

Sillian im Würgegriff des Hochwassers und im Brennpunkt hydrographischer Messungen

Die Geschichte Sillians ist unter anderem auch geprägt von seiner Nähe zum Wasser. Die Drau und ihre Zubringer, die als Wildbäche nicht nur Wasser, sondern auch Geschiebe talwärts befördern, waren lange Zeit ein Damoklesschwert für den Markt. Mögen viele dieser Gefahren mittlerweile auch entschärft sein, ganz beseitigen lassen sie sich nicht.

Ursache für das Hochwassergeschehen ist immer intensiver Regen. Großflächige Dauerregen, wie sie im Zuge der Tiefdrucktätigkeit im Mittelmeerraum entstehen, sind vor allem für die Hochwasserentwicklung in den größeren Talgewässern verantwortlich.

Kurzzeitregen mit Schauercharakter können harmlos scheinende Bäche in reißende Wildbäche verwandeln. Murgänge sind eine weitere Folge von übermäßigem Feuchtigkeitsnachschub.

Der Gewässername Sill und der Name Sillian stehen miteinander in Verbindung. Sie zeugen vom schotter- und griesreichen Wasser (aqua silicana), das bei hoher Wasserführung zu Schotterablagerungen und Verlandungen führte. Drau und Villgratenbach sind die maßgeblichen Talflüsse, die Sillian gelegentlich in arge Bedrängnis brachten. Aber auch Murbrüche und Wildbäche haben ihre Spuren hinterlassen.

Berichte und Beiträge in den Osttiroler Heimatblättern und im Osttiroler Boten sowie im Festbuch der Freiwilligen Feuerwehr Sillian erinnern an die verheerenden Hochwasserereignisse seit dem 19. Jahrhundert:

Oktober 1823:
„… Die ungeheure Wassermenge konnte die Ufer nicht halten, sie [die Drau] brach auch bei Ahrnbach aus, und setzte den Markt Sillian mit der ganzen Umgegend unter Wasser. Alle Wildbäche trugen dazu bei …"

Mai 1827:
„In der ersten Hälfte Mai fiel anhaltender Regen bei ziemlicher Wärme, die ungewöhnlich großen Schneemassen lösten sich so häufig und schnell, daß alle Bergbäche anschwollen, und mit Verwüstung ihrer Ufer hinab zu dem Flusse des Thalgrundes stürzten, und denselben in solche Wuth brachten, daß er, die Dämme überwältigend, ganze Gegenden überfiel. So war es am 13. Mai, als die Drau um 4 Uhr Morgens die Arche bei der ersten Brücke ober Sillian durchbrach, bei 26 Klaftern breit gegen den Marktflecken ihre Richtung nahm, und bald darauf ein zweiter Einbruch von 35 Klaftern bei der Schalte geschah. Zu gleicher Zeit fiel der Geilbach aus dem Kartitscher Thale heraus, und der Villgratenbach bedrohte Panzendorf. Dadurch schien das breite Thalgelände von Sillian bis Straßen einen See zu begränzen, in welchem die Landstraße und der größte Theil des Marktfleckens untergegangen waren …"

Juni 1827:
„Am 6. Juni wurden die neu erbauten Dämme zurückgedrängt, zerrissen, und immer drohender war die Gefahr. Der Mauerdamm, der sich 200 Klaftern lang nach Arnbach hinzieht, wurde unterspült, und man befürchtete seinen Einsturz. Die Häuser wurden mit Notbrücken versehen. Sillian stand durch 6 Wochen im Wasser …"

Oktober/November 1851:
„Seit fünf Tagen regnet es hier ununterbrochen fort. Die Drau hat an mehreren Stellen den Damm durchbrochen, die ganze Gegend bildet einen See. Die Straße ist gänzlich gesperrt, und es droht in Ahrn-

Nach intensiven Niederschlägen stieg am 11. November 2012 der Pegelstand der Drau in der Nähe des Ortszentrums von Sillian gefährlich an.

bach der Einsturz der Brücke. In Sillian sind die Bewohner der in den Niederungen gelegenen Häuser um ihr Leben besorgt und plündern ihre Habe mit größter Gefahr. Drei Familien wurden aus den umfluteten Wohnungen mit augenscheinlicher Lebensgefahr von herbeigeeilten Nachbarn und der Gendarmerie gerettet. Der Einsturz mehrerer Wohnungen ist bevorstehend …"

September 1882:
„Am 16. ds. 11 Uhr barst der Draudamm an drei Stellen ¼ Stunde ober Sillian den Markt sofort von der Bahn und durch gleichzeitige Bergrutschungen von der Umgebung abschneidend. Sillian war ein See bis zum 24. Jetzt ist es ein von zahllosen Wasserkanälen durchgezogenes im Durchschnitt 1 ¼ Meter tiefes Kothmeer. Häusereinstürze haben wir im Markte nicht zu beklagen, wohl aber in Arnbach und Umgebung. Aber was sollen uns die im Wasser und Koth stehenden Häuser, wenn nach hiesiger Ansicht nur mit einem Aufwand von 30.000 fl. und 600 Arbeitskräften die Drau noch vor Winter abgeleitet werden kann? Die ganze Ebene ist verwüstet, zahlreiche Familien sind ruiniert, jeder Straßenverkehr nach oben und unten ist auf lange Zeit unmöglich, die Bahn in geheimnisvolles Schweigen gehüllt, so daß wegen der Unsicherheit, bis wann wir wieder mit der übrigen Welt in Verbindung treten, einzelne Produkte wie Salz nur zu Wucherpreisen (per Kilo 24 kr.), andere wie Mehl gar nicht zu haben sind. Und dazu wüthet

Pegel Rabland/Drau.

der Villgratenbach und steigert täglich die Gefahr, da sein Bett sich trotz der Breite von 120 Schritt durch Aufschotterung um 4 Meter (1 Meter über den linken Panzendorf schützenden Damm) gehoben, alle Menschenkräfte an die eine Stelle bannend …"

Anfang September 1965:
Sillian blieb vom Hochwasser der Drau weitgehend schadenfrei, da die Feuerwehr mit Hilfskräften laufend die Dämme kontrollierte und Sofortmaßnahmen eingeleitet hat. Geschiebebringende Seitengewässer wie das Johannes- und Hoferbachl führten jedoch zu lokalen Überflutungen.

Mitte August 1966:
Ein See bildete sich zwischen Sillian und Panzendorf, nachdem der Villgratenbach sein rechtsseitiges Ufer hinter dem Gasthof „Zur Brücke" durchbrochen hatte und sich zum überwiegenden Teil in das Talbecken von Sillian ergoss. Innerhalb weniger Stunden bildete sich ein See, dessen Wasser sich fast bis zum Westrand der Siedlung staute. Der Ort selbst war durch das Johannesbachl und durch das Stauder-Hoferbachl mit Schlamm und Geröll betroffen.

Anfang November 1966:
Nach reichlichem Schneefall um Allerheiligen führten anschließend starke Regengüsse zu Hochwasser. Johannes- und Hoferbachl wälzten beachtliche Schuttmassen talwärts. Die nach einem Murbruch im Winnebach aufgestaute Drau brach plötzlich aus und toste – beladen mit Wurzelstücken, Geschiebe und mitgerissenen Bäumen – auf Sillian zu. Bei der Bahnhofbrücke kam es zu einer Verklausung. Ein Dammbruch oberhalb der Bahnhofbrücke und bei der Schinterbrücke waren die Folge, sodass die Drau von Westen her den größten Teil des Marktes überflutete.

Die latente Hochwassergefährdung vom Großraum Sillian macht es verständlich, dass bereits vor Gründung des Hydrographischen Dienstes begonnen

Pegel Arnbach/Drau.

wurde, Pegel zu errichten und zu beobachten. So auch an der Drau, wo im Osttiroler Pustertal folgende Pegel zur Beobachtung des Wasserstandes gebaut wurden:

Pegel Sillian/Drau
Einzugsgebiet: 183,3 km²
Lage: am rechten Widerlager der Brücke im Zuge der Bahnhofszufahrtsstraße in Sillian
Beobachtungsbeginn: 1890
Beobachtungsende: nach 1940

Pegel Tassenbach/Drau
Einzugsgebiet: 378,8 km²
Lage: am rechten Widerlager der Wegbrücke bei Tassenbach, später am linken Brückenjoch dieser Brücke, nachher am linksufrigen Widerlager.
Beobachtungsbeginn: 1890

Beobachtungsende: Oktober 1985 – im Zuge des Kraftwerksbaues Strassen-Amlach musste der Pegel nach flussaufwärts verlegt werden. Bis zur Errichtung eines endgültigen Ersatzpegels wurde vom 30.10.1985 bis zum 20.5.1988 ein Hilfspegel betrieben und dieser wurde ersetzt durch den

Pegel Rabland/Drau
Einzugsgebiet: 374 km²
Beobachtungsbeginn: Mai 1988
Beobachtungsende: Pegelbetrieb unbefristet

Pegel Arnbach/Drau
Einzugsgebiet: 162,1 km²
Lage: am orographisch rechten Ufer oberhalb der Straßenbrücke beim Zollamt.
Beobachtungsbeginn: 21.1.1997
Beobachtungsende: Pegelbetrieb unbefristet

Die sprunghafte Vergößerung des Einzugsgebietes zwischen dem Pegel Arnbach/Drau (E = 162,1 km²) und Rabland/Drau (E = 374 km²) kommt hauptsächlich durch die Einmündung des Villgratenbaches zustande, der ein Einzugsgebiet von 176,79 km² entwässert.

Die Pegelanlage Rabland/Drau, die von der Tiroler Wasserkraft 1988 als Nachfolgepegel für Tassenbach/Drau errichtet wurde und gemeinsam mit dem Hydrographischen Dienst Tirol betrieben wird, enthält einen Druckluftpegel, Lattenpegel, Wassertemperatursensor und eine Seilkrananlage für Durchflussmessungen. Der Pegel dient als Steuerungspegel für das Kraftwerk Strassen-Amlach (Tiroler Wasserkraft), die Messwerte sind auf www.tirol.gv.at/hydro-online für jedermann digital abrufbar. Mit dem Pegel Arnbach/Drau werden die grenznahen Durchflüsse ermittelt. Die Pegelausstattung besteht aus einem Lattenpegel, einem Registrierpegel nach RADAR-Prinzip, einer Drucksonde und einem Wassertemperatursensor. Die Messwerte sind ebenfalls online für jedermann abrufbar. Mit den Pegelanlagen können Wasserstände kontinuierlich gemessen und Abflüsse ermittelt werden. Diese Messwerte sind die Basis für

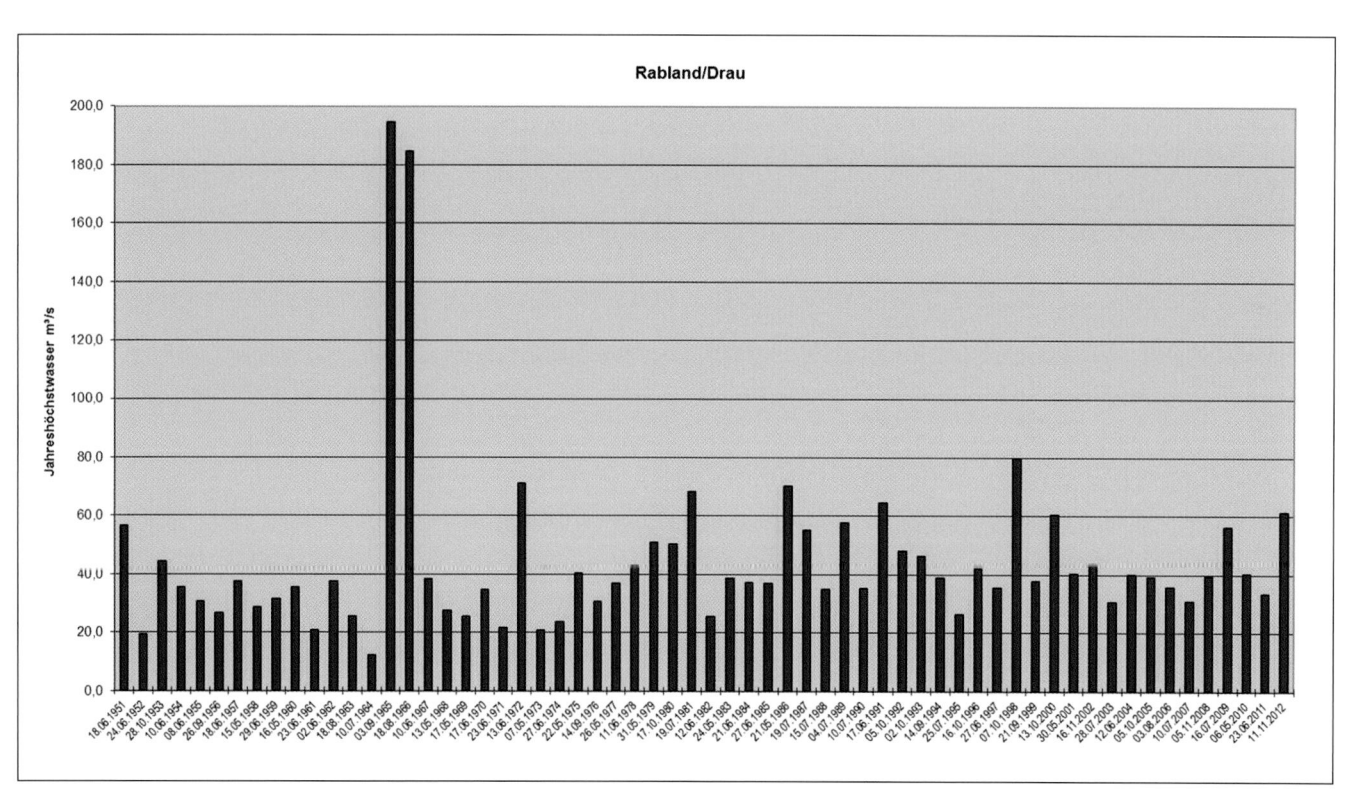

Grafik 5: Jahreshöchstabflüsse am Pegel Rabland/Drau für den Zeitraum 1951 bis 2012.

den Wasserstandsnachrichtendienst und sind nicht zuletzt für die Hochwasseralarmierung unerlässlich.

In Tabelle 4 und 5 werden vom Pegel Arnbach/Drau und Rabland/Drau die charakteristischen Abflüsse für jeden Kalendermonat mit den Extremwerten dargestellt.

In Grafik 5 sind die Jahreshöchstabflüsse am Pegel Tassenbach bzw. Rabland/Drau für den Zeitraum 1951 bis 2012 als Säulendiagramm aufgelistet.

Grafik 6 und 7 weisen die charakteristischen Abflüsse für die Pegel Arnbach/Drau und Rabland/Drau aus.

Mittlere und extreme Wasserführung am Pegel Arnbach/Drau (EZG$_{nat}$ = 162,1 km²) für die Monate I bis XII aus dem Beobachtungszeitraum 1997 bis 2012

	I	II	III	IV	V	VI	VII	VIII	IX	X	XI	XII
NQ	0,386	0,255	0,456	0,332	0,929	0,967	1,15	1,05	0,728	1,09	0,323	0,251
MQ	1,98	1,69	1,85	2,86	4,61	4,95	4,36	3,67	3,38	3,97	4,15	2,61
HQ	7,62	5,37	5,16	9,88	17,4	12,7	15,7	10,5	18,2	37,6	30,4	12,4

Reihe 1997 - 2012

NNQ Reihe 1997 - 2012	0,251 m³/s am 06.12.1998
HHQ Reihe 1997 - 2012	37,6 m³/s am 13.10.2000

NQ   kleinster Abfluss aus der angegebenen Reihe
MQ   mittlerer Abfluss aus der angegebenen Reihe
HQ   größter Abfluss aus der angegebenen Reihe
NNQ   kleinster Abfluss seit Beginn der Beobachtungen
HHQ   größter Abfluss seit Beginn der Beobachtungen
EZG$_{nat}$ natürliche Einzugsgebietsfläche

Tabelle 4: Mittlere und extreme Wasserführung am Pegel Arnbach/Drau im Beobachtungszeitraum 1997 bis 2012.

Mittlere und extreme Wasserführung am Pegel Rabland/Drau (EZG$_{nat}$ = 374 km²) für die Monate I bis XII aus dem Beobachtungszeitraum 1951 bis 2012

	I	II	III	IV	V	VI	VII	VIII	IX	X	XI	XII
NQ	1,62	1,67	1,28	2,41	3,53	4,05	3,89	3,49	2,27	2,72	2,63	2,02
MQ	4,29	3,87	4,28	6,57	14,0	18,5	14,3	10,6	9,37	9,18	8,02	5,55
HQ	24,3	7,45	12,0	27,3	71,0	72,0	69,2	185	195	79,8	93,7	25,3

Reihe 1951 - 2012

NNQ Reihe 1951 - 2012	1,28 m³/s am 05.03.1996
HHQ Reihe 1951 - 2012	195 m³/s am 03.09.1965

Anmerkung: bis 1988 war der Pegel Tassenbach / Drau [E=378,8 km²] in Betrieb, ab 1989 ist der Pegel Rabland / Drau in Betrieb

NQ   kleinster Abfluss aus der angegebenen Reihe
MQ   mittlerer Abfluss aus der angegebenen Reihe
HQ   größter Abfluss aus der angegebenen Reihe
NNQ   kleinster Abfluss seit Beginn der Beobachtungen
HHQ   größter Abfluss seit Beginn der Beobachtungen
EZG$_{nat}$ natürliche Einzugsgebietsfläche

Tabelle 5: Mittlere und extreme Wasserführung am Pegel Rabland/Drau im Beobachtungszeitraum 1951 bis 2012.

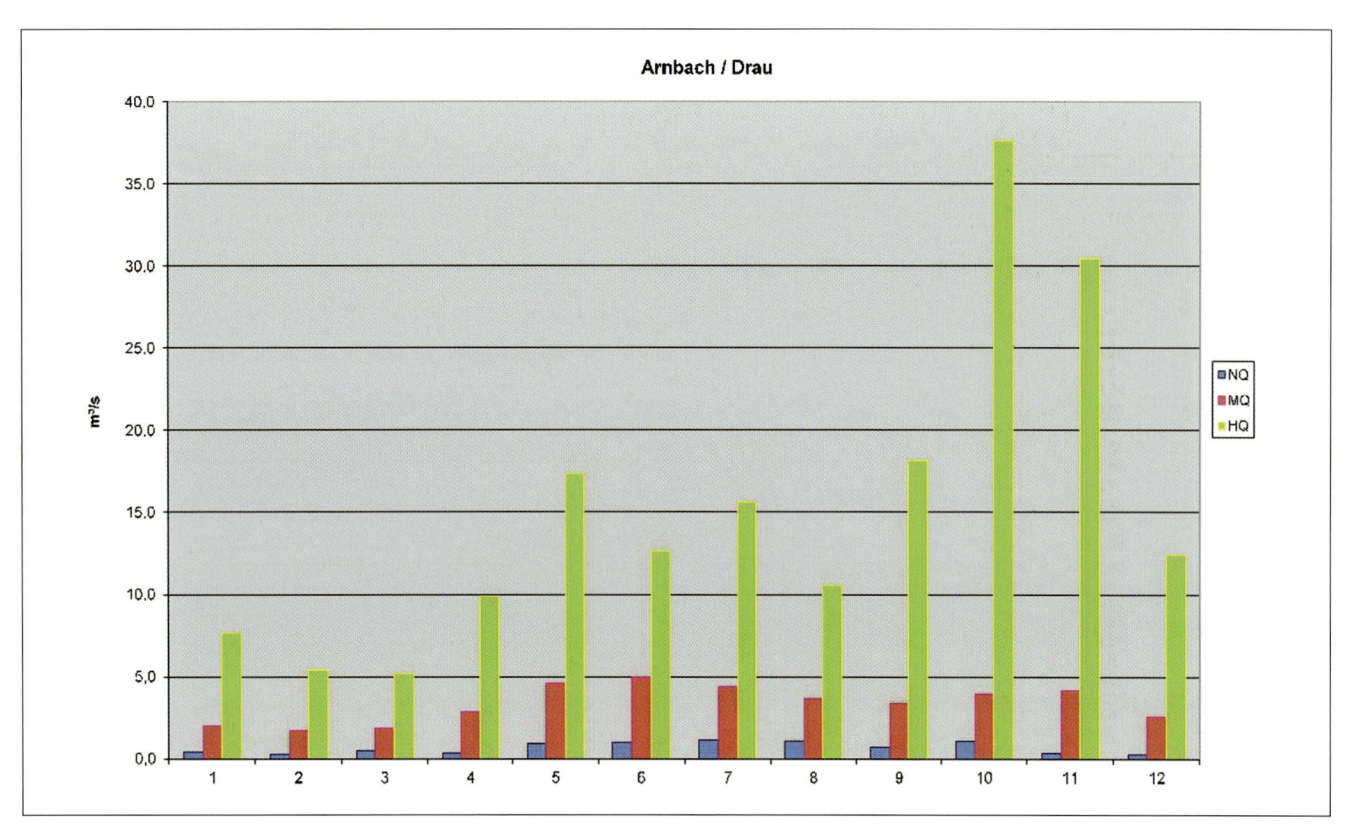

Grafik 6: Mittlere (MQ) und extreme Wasserführung (NQ, HQ) am Pegel Arnbach/Drau im Beobachtungszeitraum 1997 bis 2012.

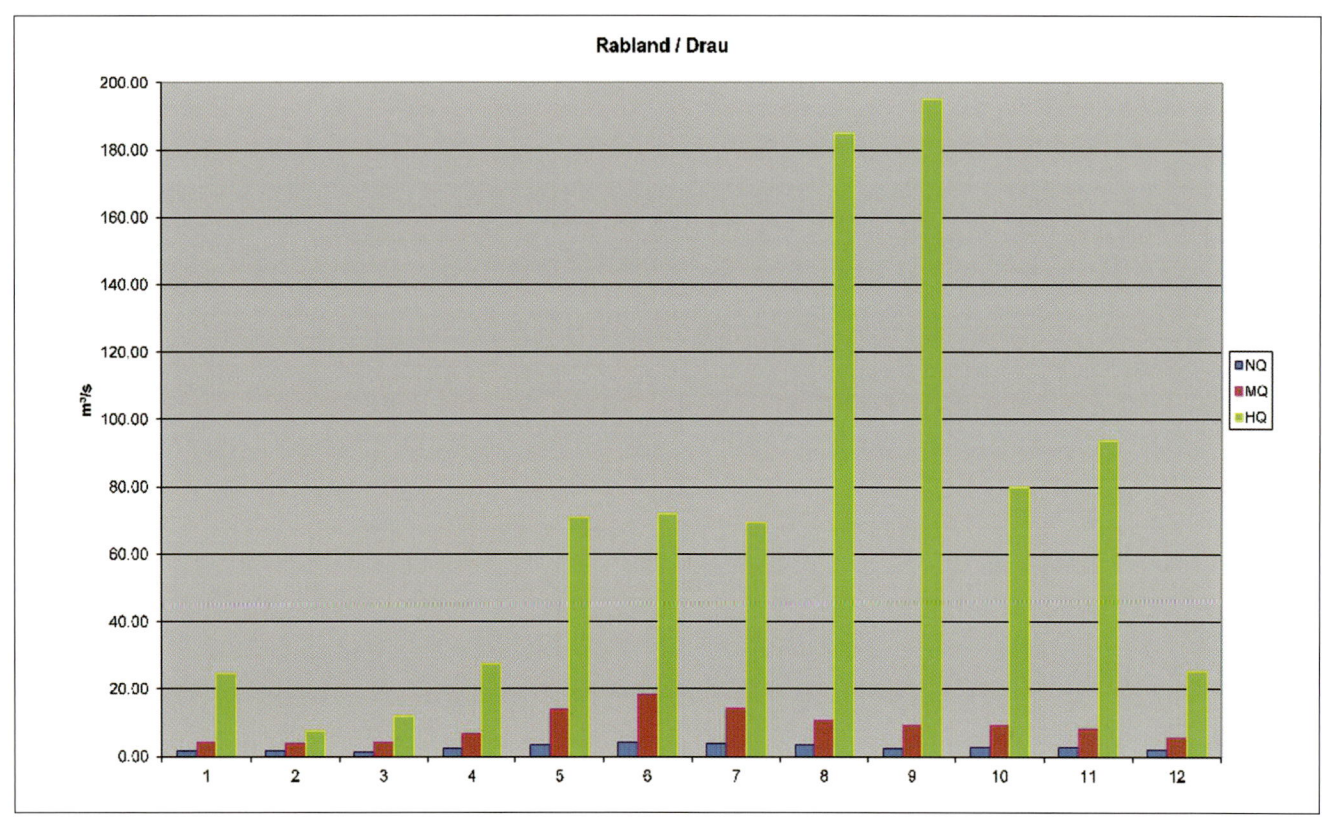

Grafik 7: Mittlere (MQ) und extreme Wasserführung (NQ, HQ) am Pegel Rabland/Drau im Beobachtungszeitraum 1951 bis 2012.

Hydrographischer Dienst in Österreich

Monats- und Abschnittssummen der Niederschläge in mm
Jahresauswertung
Auswertungszeitraum: [01.01.1895 07:00:00, 01.01.2013 07:00:00]

Maximale Lückendauer [%]
Vergleichszeitraum: 99

HZBNr.: 113001
HDNr.: HD7000211
DBMSNr.: 7000211

Sillian
Drau

Eigentümer: HD
Höhe: 1075 m ü.A.

Zeitraum	Jän	Feb	Mrz	Apr	Mai	Jun	Jul	Aug	Sep	Okt	Nov	Dez	Jahr	Tagmax	Datum
1895									19.0	167.7	17.0	70.1		46.4	09.10.
1896	14.0	3.3	50.6	23.6	165.9	112.4	120.5	162.1	101.5	312.7	102.8	106.3	1276	68.0	13.10.
1897	89.5	0.0	84.7	58.0	157.7	65.9	97.5	79.1	121.0	17.8	6.2	207.3	985	71.5	03.12.
1898	15.8	103.4	256.1	68.1	106.9	179.0	149.2	60.3	88.1	123.5	147.9	6.7	1305	86.5	07.03.
1899	95.6	19.7	19.0	86.0	118.9	69.6	65.9	69.4	86.3	21.7	1.6	124.9	779	50.8	14.12.
1900	74.0					101.6	106.0	79.0	141.0	32.6	48.6	237.8		54.3	22.11.
1901		57.5	147.0	50.0	124.4		59.9	113.8		80.5	20.9	73.6		41.4	20.03.
1902	33.1	58.2		10.4		78.3	145.0	109.8	63.3	119.4	16.5	100.2		60.3	30.12.
1903	66.1	0.0	10.0	55.0	97.9	85.1	130.6	101.4		216.6	89.3	119.8		87.3	30.10.
1904	7.2	121.3	105.6	2.1	12.6	127.5	76.1	140.4	152.9	72.5	100.4	54.4	973	71.2	23.11.
1905	32.7	127.8	34.5	33.0	148.4	79.7	79.5	199.3	106.6	36.8	211.6	4.6	1095	97.5	22.02.
1906	66.7	111.2	90.3	96.1	36.1	58.2	107.7	51.8			200.7	128.0		76.8	07.11.
1907	34.8	47.6	7.4	179.9	106.8	154.7	105.6	110.5	42.8	231.4	6.4	100.6	1129	46.1	17.10.
1908	6.4	23.7	27.0	174.4	105.2	111.9	53.7	93.6	42.0	84.8	2.5	39.3	765	58.3	23.05.
1909	17.1	77.8	184.6	62.0	53.9	119.3	113.0	222.4	76.2	108.9	53.7	77.1	1166	50.0	01.03.
1910	56.8	83.7	28.0	61.5	164.9	96.3	171.7	119.4	94.5	45.6	88.5	70.6	1082	39.5	03.08.
1911	22.1	7.1	133.5	47.1	60.9	137.8	34.0	101.3	95.3	121.5	94.5	73.6	929	65.5	22.09.
1912	42.9	35.3	58.5	41.0	75.8	105.5	155.8	149.3	105.7	148.1	35.2	20.6	974	34.5	13.08.
1913	9.1	9.7	36.0	54.4	56.6	106.2	146.5	104.5	110.3	64.8	45.7	33.1	777	40.5	16.07.
1914	39.2	54.4	70.3	27.0	188.0	77.3	158.4	71.7	42.3	139.8	43.9	77.7	990	63.5	26.05.
1915	68.1	77.1	5.8	43.9	63.1	79.5	75.1	28.8			56.9	11.8		38.6	12.02.
1916	2.9	46.2	60.2	34.3	47.8	34.8	61.0		120.8	43.6				18.5	19.09.
1917															
1918					39.8									8.6	14.05.
1919															
1920		5.4												5.4	27.02.
1921															
1922															
1923															
1924															
1925															
1926															
1927								122.4	114.1	24.0	112.0	7.6		43.0	26.08.
1928	0.0	31.7	126.8	144.7	52.2	89.4	54.5	91.5	112.1	239.9	49.5			76.9	22.10.
1929															
1930														76.3	19.02.
1931	25.0	198.0	40.0	81.0	73.0	134.0	154.0	94.0	66.0	88.0	146.0	19.0	1118	76.3	19.02.
1932	18.0	16.0	30.0	80.0	85.0	73.0	164.0	76.0	77.0	109.0	67.0	33.0	828	57.4	03.09.
1933	44.0	38.0	34.0	54.0	105.0	137.0	87.0	100.0	142.0	134.0	95.0	61.0	1031	46.0	23.09.
1934	36.0	55.0	123.0	150.0	128.0	133.0	119.0	252.0	91.0	43.0	191.0	80.0	1401	60.0	26.08.
1935	17.0	104.0	6.0	103.0	173.0	43.0	147.0	120.0	66.0	226.0	144.0	84.0	1233	70.0	17.11.
1936	36.0	115.0	30.0	96.0	99.0	60.0	75.0	96.0	76.0	26.0	17.0	49.0	775	54.5	28.02.
1937	23.0	74.0	203.0	35.0	86.0	172.0	237.0	101.0	197.0	120.0	20.0	50.0	1318	62.0	10.09.
1938	9.0	12.0	20.0	34.0	130.0	117.0	104.0	90.0	56.0	64.0	36.0	76.0	748	46.5	21.05.
1939	81.0	0.0	9.0	11.0	98.0	116.0	107.0	125.0	112.0	127.0	62.0	37.0	885	47.0	29.04.
1940	22.0	16.0	62.0	24.0	109.0	45.0	139.0	104.0	93.0	137.0	125.0	0.0	876		
1941	63.0	31.0	41.0	123.0	109.0	92.0	175.0	148.0	13.0	15.0	55.0	10.0	875		
1942	4.0	13.0	13.0	69.0	73.0	102.0	177.0	97.0	189.0	53.0	32.0	27.0	849		
1943	4.0	9.0	16.0	38.0	69.0	120.0	130.0	98.0	124.0	21.0	20.0	28.0	677		
1944	2.0	15.0	9.0	14.0	112.0	162.0	174.0	57.0	86.0	149.0	51.0	45.0	876		
1945	40.0	20.0	31.0	50.0	77.0	130.0	117.0	220.0	91.0	18.0	24.0	51.0	869		
1946	20.0	12.0	53.0	35.0	80.0	178.0	203.0	116.0	35.0	19.0	61.0	48.0	860	65.6	07.07.
1947	12.0	83.0	111.0	10.0	111.0	39.0	161.0	63.0	91.0	9.0	85.0	44.0	819	45.2	20.07.
1948	64.0	14.0	4.0	63.0	83.0	181.0	174.0	147.0	45.0	75.0	50.0	2.0	902	37.6	20.06.
1949	62.0	0.0	0.0	56.0	96.0	83.0	116.0	96.0	52.0	25.0	238.0	47.0	871	95.8	26.11.
1950	30.0	67.0	2.0	223.0	28.0	67.0	162.0	120.0	97.0	44.0	133.0	117.0	1090	41.3	22.11.
1951	229.0	371.0	133.0	55.0	78.0	120.0	107.0	57.0	90.0	39.0	173.0	15.0	1467	90.7	13.02.
1952	39.0	38.0	37.0	62.0	50.0	134.0	84.0	162.0	123.0	130.0	80.0	35.0	974	46.9	19.11.
1953	37.0	24.0	0.0	124.0	21.0	206.0	183.0	146.0	106.0	253.0	0.0	42.0	1142	54.8	02.06.
1954	52.0	15.0	68.0	89.0	124.0	177.0	145.0	160.0	75.0	22.0	24.0	161.0	1112	79.8	10.12.
1955	3.0	83.0	36.0	18.0	187.0	163.0	92.0	94.0	147.0	24.0	49.0	18.0	914	34.7	15.05.
1956	17.0	7.0	48.0	147.0	78.0	132.0	141.0	140.0	83.0	174.0	45.0	12.0	1024	60.9	26.10.
1957	16.0	50.0	43.0	96.0	80.0	226.0	135.0	176.0	82.0	30.0	80.0	55.0	1069	48.4	18.08.
1958	62.0	95.0	24.0	104.0	35.0	149.0	139.0	102.0	54.0	90.0	218.0	131.0	1203	86.6	11.11.
1959	5.0	0.0	61.0	70.0	64.0	187.0	147.0	47.0	15.0	147.0	180.0	66.0	989	82.2	28.10.
1960	17.0	74.0	82.0	27.0	60.0	80.0	120.0	128.0	206.0	189.0	82.3	200.0	1265	57.7	06.12.
1961	35.0	8.0	15.0	40.0	58.0	92.0	133.0	51.0	47.0	183.0	148.0	55.0	865	98.0	12.11.
1962	53.0	22.0	49.0	208.0	218.0	80.0	133.0	61.0	69.0	69.0	69.0	47.0	1078	110.6	14.04.
1963	29.0	33.0	38.0	114.0	145.0	141.0	147.0	200.0	117.0	29.0	119.0	22.0	1134	58.2	05.09.
1964	0.0	9.0	88.0	73.0	49.0	141.0	116.0	113.0	17.0	232.0	63.0	102.0	1003	64.1	24.10.
1965	39.0	1.0	32.0	55.0	161.0	44.0	127.0	89.0	342.0	0.0	63.0	40.0	993	123.3	02.09.
1966	12.0	30.0	19.0	63.0	90.0	78.0	148.0	345.0	72.0	130.0	192.0	53.0	1232	115.2	03.11.
1967	12.0	43.0	38.0	119.0	100.0	141.0	111.0	123.0	139.0	42.0	118.0	24.0	1010	52.4	09.04.
1968	50.0	95.0	13.0	69.0	127.0	214.0	85.0	181.0	82.0	9.0	175.0	26.0	1126	49.6	12.05.

Zeitraum	Jän	Feb	Mrz	Apr	Mai	Jun	Jul	Aug	Sep	Okt	Nov	Dez	Jahr	Tagmax	Datum
1969	120.0	59.0	19.0	49.0	70.0	149.0	55.0	143.0	64.0	15.0	100.0	37.0	880	98.6	14.01.
1970	35.0	38.0	102.0	122.0	52.0	131.0	132.0	143.0	67.0	38.0	64.0	60.0	984	46.2	15.07.
1971	87.0	23.2	92.8	41.8	89.2	131.6	124.4	93.6	49.0	21.8	145.9	31.6	932	83.6	09.11.
1972	44.6	70.2	50.2	131.2	122.6	250.0	183.2	43.8	63.2	43.8	27.6	47.8	1078	87.8	12.06.
1973	49.6	17.6	0.6	109.8	69.0	147.2	120.2	90.8	160.0	40.6	29.8	43.6	879	53.6	22.06.
1974	22.0	35.1	57.6	42.2	34.8	137.8	95.0	117.0	83.2	32.6	45.6	10.4	713	36.4	04.03.
1975	27.0	4.6	234.2	157.4	162.2	107.8	126.2	106.2	64.2	58.2	109.4	40.4	1198	53.4	06.04.
1976	3.6	40.6	2.8	107.4	82.2	26.2	136.4	75.0	159.8	182.2	90.8	46.2	953	60.4	10.09.
1977	245.6	119.2	55.4	48.2	144.4	56.6	152.6	165.4	74.4	10.6	33.4	30.8	1137	118.6	11.01.
1978	148.0	87.4	46.6	65.8	128.2	105.2	106.4	104.6	129.8	127.0	26.0	61.7	1137	63.2	30.09.
1979	63.6	105.0	148.8	116.8	90.3	185.3	87.8	140.7	156.8	88.4	155.6	164.9	1504	73.9	24.04.
1980	45.5	8.6	65.4	14.0	37.9	115.0	128.4	104.6	44.0	245.7	46.6	55.3	911	60.0	17.10.
1981	8.8	11.5	57.4	52.6	162.7	84.2	206.4	97.8	123.3	146.9	5.1	76.0	1033	95.2	18.07.
1982	20.7	14.1	44.2	7.4	68.1	173.1	119.1	145.1	88.2	146.4	78.5	67.3	972	38.5	06.10.
1983	33.4	28.2	35.8	42.1	161.1	48.0	68.5	63.6	76.0	42.3	14.7	74.0	688	41.6	23.05.
1984	25.8	122.2	44.3	56.8	171.5	90.0	53.4	75.9	137.7	82.3	22.1	56.4	938	63.6	26.02.
1985	61.1	19.0	120.5	46.0	96.5	171.0	99.7	157.1	35.0	16.5	83.3	38.6	944	36.6	25.08.
1986	110.6	32.6	43.6	127.5	76.3	77.9	90.1	148.4	70.1	23.3	28.2	21.6	850	80.2	31.01.
1987	54.3	105.7	49.5	72.4	131.7	64.4	165.4	121.3	70.1	123.5	171.0	10.2	1140	92.1	24.11.
1988	51.6	28.0	39.9	37.4	60.7	89.9	152.3	136.1	72.0	75.6	2.8	30.3	777	61.8	12.10.
1989	0.0	93.4	27.9	193.9	49.9	128.0	189.3	113.4	64.1	9.3	85.1	34.3	989	52.4	04.04.
1990	3.0	39.7	69.6	54.7	67.3	113.9	118.1	118.7	57.9	80.0	193.4	90.7	1007	89.8	25.11.
1991	33.9	16.2	18.9	36.7	101.5	116.3	186.1	49.5	76.1	81.3	149.2	51.9	918	45.1	12.10.
1992	6.0	7.6	110.8	121.6	27.2	116.0	115.3	104.8	65.9	207.6	37.3	116.5	1037	57.6	19.06.
1993	0.8	4.1	28.2	40.2	53.2	96.1	186.4	82.9	107.8	296.6	37.1	37.7	971	76.2	02.10.
1994	29.8	27.1	8.2	70.9	105.2	92.0	120.0	162.6	182.1	44.8	36.8	26.2	906	45.2	14.09.
1995	38.5	32.8	40.1	28.5	99.8	134.8	139.0	96.9	118.1	1.2	11.7	62.4	804	45.8	13.09.
1996	17.8	19.9	14.8	34.4	106.3	89.8	135.2	112.9	44.7	202.0	170.0	28.2	976	75.2	15.10.
1997	32.6	7.8	28.6	53.4	74.3	202.7	128.9	73.7	70.8	11.3	139.1	60.4	884	42.1	12.11.
1998	12.2	7.1	4.8	139.6	42.9	209.9	169.9	91.9	154.0	189.7	28.0	7.0	1057	76.1	07.10.
1999	45.0	17.5	93.6	61.8	155.5	99.1	165.6	166.1	92.8	44.0	43.8	50.4	1035	51.1	20.09.
2000	13.2	7.0	107.2	79.9	65.0	96.4	178.0	123.3	125.4	259.2	267.9	75.5	1398	54.5	07.10.
2001	75.5	14.9	98.0	128.7	29.6	105.6	127.8	98.3	96.5	22.2	28.8	2.0	828	42.9	31.08.
2002	3.7	49.7	45.4	132.0	130.8	140.0	76.4	113.9	107.5	54.1	315.8	64.6	1234	84.3	18.11.
2003	25.9	4.2	2.2	31.0	77.2	76.7	188.9	103.7	25.9	145.5	203.0	66.7	951	69.8	08.11.
2004	10.7	50.5	59.2	61.3	102.6	102.2	130.0	95.4	64.6	131.8	61.3	69.6	939	51.9	26.12.
2005	7.2	11.2	14.1	68.9	102.6	59.6	140.8	103.9	104.8	170.6	34.6	48.6	867	45.1	03.10.
2006	14.2	55.7	46.6	102.9	86.9	74.6	86.6	162.2	80.4	20.7	10.2	47.1	788	50.4	15.09.
2007	71.3	29.9	92.3	12.1	84.0	113.4	146.0	169.8	109.5	42.3	52.8	9.5	933	48.9	23.01.
2008	69.5	18.1	71.8	74.2	72.4	185.5	181.6	131.9	55.8	137.0	173.5	149.4	1321	52.2	11.12.
2009	91.7	56.0	73.1	73.1	21.4	79.5	109.2	97.1	126.0	37.8	114.3	99.8	1027	63.9	30.11.
2010	24.9	48.3	36.3	33.3	112.7	86.6	53.7	169.1	112.3	121.7	135.5	98.0	1032	55.3	23.12.
2011	9.3	18.0	41.7	24.8	115.4	190.1	98.7	59.8	128.1	94.5	17.5	26.2	824	52.9	18.09.
2012	24.0	22.4	25.3	94.9	59.7	91.7	239.7	129.0	147.0	154.4	197.2	26.8	1212	72.7	28.11.
1895 -2012															

Tabelle 6: Monats- und Abschnittssummen der Niederschläge in mm für Sillian, Zeitraum 1895 bis 2012.

Peter Leiter – Maria Huber[1]

Topographie der Marktgemeinde Sillian
Das Zusammenwachsen eines Siedlungsraumes

Die Marktgemeinde Sillian ist der Hauptort des Osttiroler Hochpustertales – auch „Oberland" genannt – und durch das benachbarte Südtirol Grenzgemeinde zu Italien. Mit einer Fläche von 36,26 km² zählt Sillian zu den flächenmäßig kleineren Gemeinden des politischen Bezirks Lienz. Die Bezirkshauptstadt, wirtschaftliches und kulturelles Zentrum Osttirols, ist etwa dreißig Kilometer von der Marktgemeinde entfernt.

Die Pfarrkirche von Sillian liegt auf 1.103 m Seehöhe, der besiedelte Raum erstreckt sich von einer Seehöhe im Talboden von 1.080 m bis auf 1.549 m nach Stalpen, dem höchst gelegenen Hof am Sillianberg, und im Tal von der Gemeindegrenze zu Heinfels im Osten bis zur Staatsgrenze bei Arnbach auf einer Länge von etwas über fünf Kilometern.

Die Bauernhöfe der sonnseitigen Fraktionen des Sillianberges und Köckberges zeugen von der jahrhundertelangen Besiedelung und Bewirtschaftung durch bäuerliche Betriebe, die das Erscheinungsbild der Landschaft immer schon stark geprägt haben. Durch Entwässerungs- und Kultivierungsarbeiten ist der unbebaubare Talboden zum Siedlungsraum geworden, wobei dort der Wohnbau eindeutig überwiegt. Die Gewerbegebiete sind entlang der bestehenden Bundesstraße bzw. Eisenbahnlinie angesiedelt.

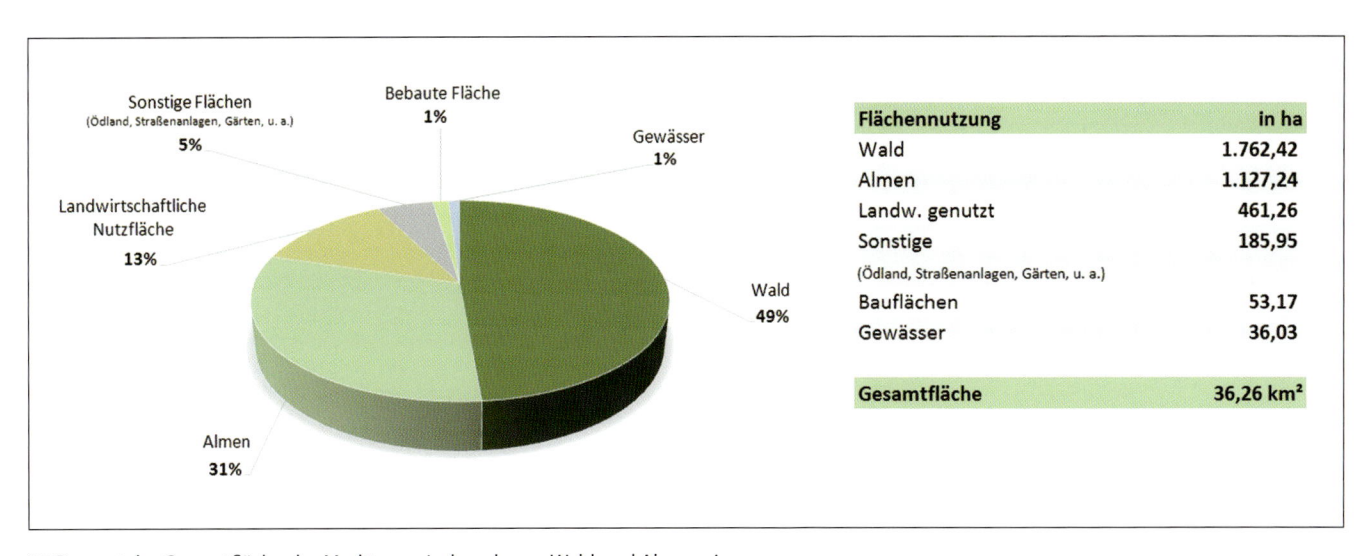

Flächennutzung	in ha
Wald	1.762,42
Almen	1.127,24
Landw. genutzt	461,26
Sonstige	185,95
(Ödland, Straßenanlagen, Gärten, u. a.)	
Bauflächen	53,17
Gewässer	36,03
Gesamtfläche	**36,26 km²**

80 Prozent der Gesamtfläche der Marktgemeinde nehmen Wald und Almen ein.

Entwicklung der Bevölkerungszahl

Die Marktgemeinde zählt mit Stichtag 1. Jänner 2011 in Summe 2.073 Einwohner, wobei sich diese Angabe ausschließlich auf die Anzahl der gemeldeten Hauptwohnsitze bezieht.[2] Die letzte offizielle Volkszählung im Jahr 2001 weist noch 2.082 Einwohner aus. Sillian verzeichnete bis zur letzten Zählung einen steten, wenn auch nicht übermäßig stark ansteigenden Bevölkerungszuwachs, der auf die zunehmend wirtschaftliche Bedeutung der Marktgemeinde, aber auch auf die geographische Lage zurückgeführt werden kann. Seit dem EU-Beitritt und der „Öffnung" der Grenze im Jahr 1998 siedeln sich vermehrt Bürger aus Südtirol an.

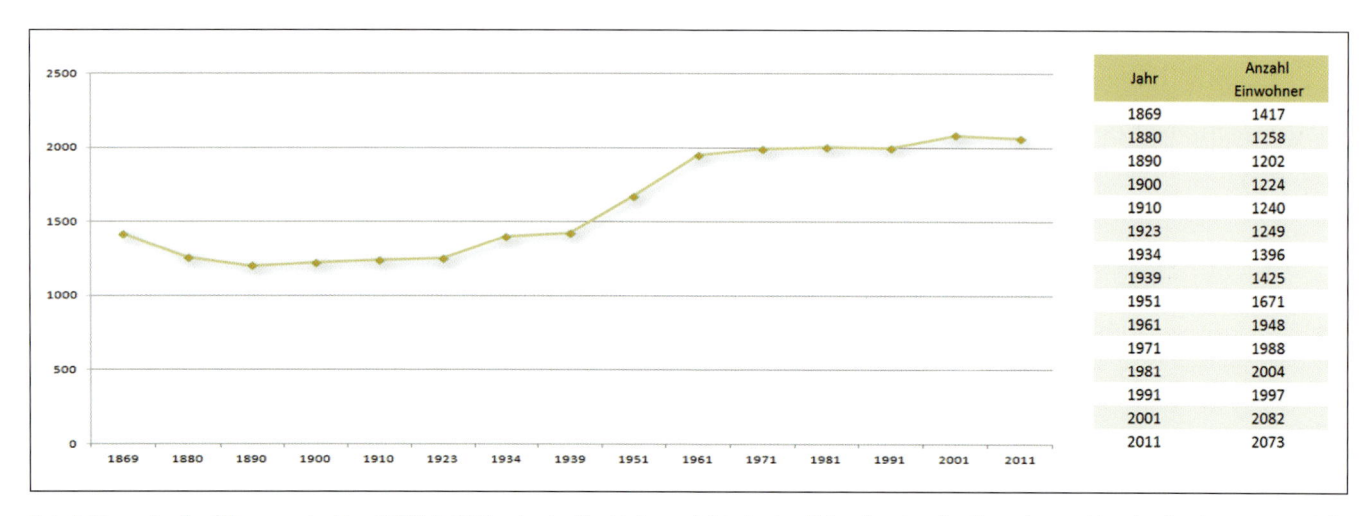

Jahr	Anzahl Einwohner
1869	1417
1880	1258
1890	1202
1900	1224
1910	1240
1923	1249
1934	1396
1939	1425
1951	1671
1961	1948
1971	1988
1981	2004
1991	1997
2001	2082
2011	2073

Entwicklung der Bevölkerungsstruktur 1869 bis 2011. – In der Nachkriegszeit ist ein deutlicher Anstieg der Einwohnerzahl zu beobachten, was auf die geringe Abwanderung und die günstigen Baugründe zurückgeführt werden kann.

Sillian im Wandel eines Jahrhunderts: Die Aufnahmen von 1912 und 2011 zeigen deutlich die Veränderung des Siedlungsraumes.

Gemeindegebiet Sillian in seinen Grenzen (Grenzverlauf)

An der Ostseite grenzt Sillian an die Gemeinde Heinfels; die Gemeindegrenze verläuft zwischen dem Sporthotel Sillian und dem Einrichtungshaus Aichner Richtung Süden entlang der Gemeindestraße. Gäste, die aus Richtung Osten nach Sillian kommen, nehmen die Ortsgrenze heute nicht mehr wahr, weil durch die rege Siedlungstätigkeit beide Gemeinden als zusammengewachsen erscheinen. Bis Mitte der 1980er-Jahre waren Sillian und Heinfels deutlich räumlich voneinander getrennt.

Nach der Überquerung von Bahn und Drau macht der Grenzverlauf einen kleinen Einsprung Richtung Rabland, Ortsteil der Gemeinde Heinfels. Die Gemeindegrenze verläuft dann unterhalb von Gschwendt (Gemeinde Heinfels) und oberhalb der Asthöfe weiter in südwestlicher Richtung. Ab einer Höhenlage von 1.200 m bildet der Sägebach, der bei Rabland in die Drau mündet, auf einer Länge von 600 Metern die Gemeindegrenze zu Heinfels.

Unterhalb der Rieserkaser steigt die Grenze auf das „Zirmrastl" in 1.900 m an und verläuft dann in südlicher Richtung auf dem Gebirgskamm bis zum „Scheibenegge" hinauf zum „Hollbrucker Egge", an dessen Schnittpunkt die Gemeinden Sillian, Heinfels und Kartitsch zusammentreffen. Die kurze, gemeinsame Grenze mit Kartitsch verläuft bis zur „Hollbrucker Spitze" auf 2.580 m Seehöhe, zugleich höchste Erhebung der Marktgemeinde Sillian. Hier blickt man in südlicher Richtung bereits auf die Nemesalpe der Südtiroler Gemeinde Sexten und auf das weltberühmte UNESCO-Weltnaturerbe der Sextner Dolomiten.

Dem Uhrzeigersinn folgend, bewegt man sich am Karnischen Kamm Richtung Nordwesten. Die Gemeindegrenze von Sillian ist nun ident mit der österreichisch-italienischen Staatsgrenze. Hier verlaufen der europäische Weitwanderweg Via Alpina und der viel begangene, beliebte Karnische Höhenweg (Friedensweg – Via della Pace), ein Weg, der aus

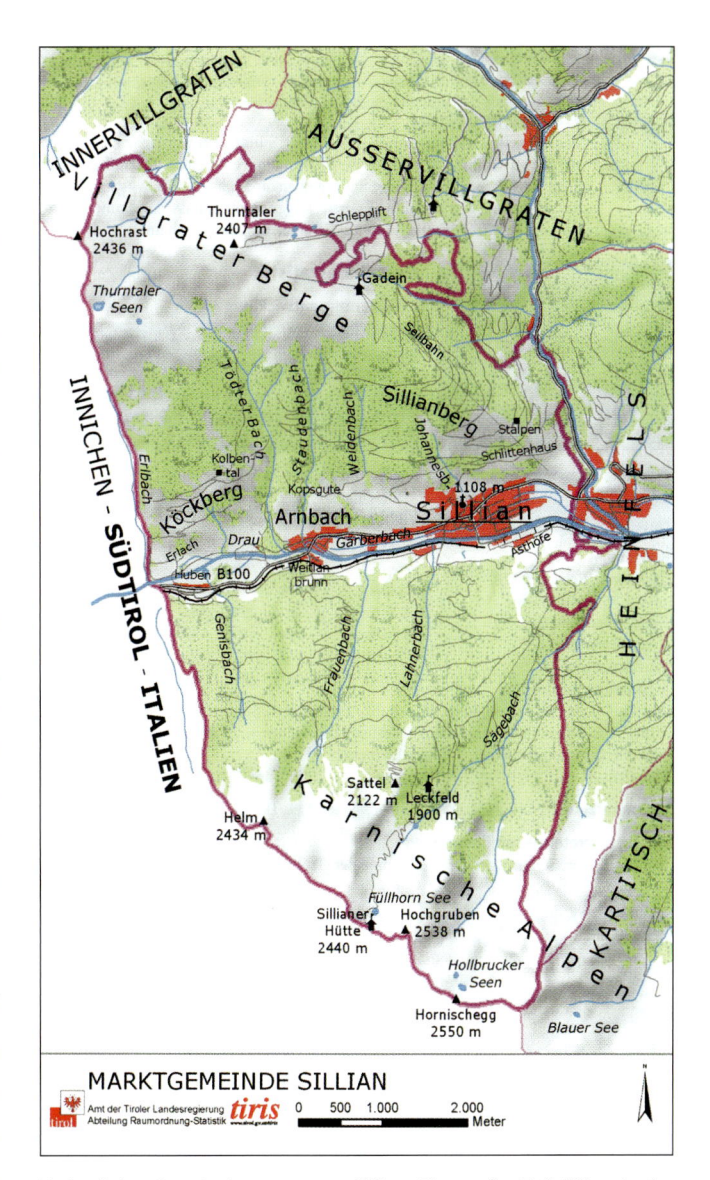

Verlauf der Gemeindegrenze von Sillian. Ein großer Teil fällt mit der Staatsgrenze zusammen.

Frontsteigen des Ersten Weltkriegs in den 1970er-Jahren wieder instand gesetzt wurde.[3]

Beim Hornischegg auf 2.550 m Seehöhe zieht die Staatsgrenze über den Gipfel in Richtung Obermahdsattel, Hochgruben an der Sillianer Hütte vorbei. Der Österreichische Alpenverein errichtete das Schutzhaus 1984 bis 1986 etwas oberhalb der alten Viktor-Hinterberger-Hütte neu.

Auch hier verläuft die Gemeinde- bzw. Staatsgrenze immer dem Kamm entlang südlich des Füllhorns und zielt auf den weitum sichtbaren Helm (2.434 m) zu. Die Helmhütte am Gipfel wurde 1889 als Schutzhaus

Von den Mörben, Ausläufer des Karnischen Kamms, öffnet sich in Richtung Norden ein Blick auf die Marktgemeinde. Vorne die bewirtschaftete Leckfeldalm auf 1.900 m Seehöhe.

mit Aussichtsplattform errichtet, nach dem Ersten Weltkrieg als Zollgebäude verwendet und ist mittlerweile in einem äußerst desolaten Zustand.[4] Die Helmhütte liegt vollständig auf italienischem Staatsgebiet, die Grenze streift die südöstliche Ecke der Ruine. Die Gemeindegrenze zwischen Innichen und Sexten reicht 300 m nördlich des Helmhauses an die Staatsgrenze heran.

In nahezu nördlicher Richtung verläuft nun die Gemeinde- und Staatsgrenze hinunter ins Tal und quert beim ehemaligen italienischen Grenzgebäude die Drau und steigt in nördlicher Richtung entlang des Erlbaches auf den Köckberg an.

Die Staatsgrenze erreicht auf dem Thurntaler wieder hochalpines Gelände und verläuft 500 m westlich der Parggenspitze. Nur wenige kennen den Berg unter diesem Namen, im Allgemeinen heißt es hier beim „Thurntaler Kreuz". Im Jahr 1966 errichtete die Jungbauernschaft/Landjugend Sillian hier das „Jugendkreuz".

Am Thurntaler See vorbei führt die Gemeindegrenze zur Hochrast auf 2.436 m Seehöhe, die zugleich ein gemeinsamer Grenzpunkt mit der Gemeinde Innervillgraten ist. Weiter in Richtung Norden streift die Gemeindegrenze die alte Zollhütte, bevor sie wenige hundert Meter nach Osten hinunter in die Tafinalm abzweigt. Am Anstieg von der „Tafine" zum Kamm grenzen nun die Gemeinden Inner- und Außervillgraten an Sillian.

Die Grenze verläuft dann am Grat nach Süden und „biegt" wenige hundert Meter in Richtung Osten ab. Hier öffnet sich zum ersten Mal der Blick auf das weitläufige Schigebiet am Thurntaler mit der Bergstation und der im Jahr 2010 errichteten neuen 6er-Sesselbahn.

Der Grenzverlauf ist ab hier ziemlich unruhig. Zwar behält die Grenze die östliche Richtung bei, es gibt aber immer wieder größere und kleinere Einsprünge des Gemeindegebietes von Außervillgraten. Das Gadein-Bergrestaurant und die Bergstation der Hochpustertaler Bergbahnen liegen in der Gemeinde Sillian ein, die „Thurntaler Rast" (1.978 m) gehört bereits zur Gemeinde Außervillgraten.

Grenzsteine am Karnischen Kamm markieren die gemeinsame Staatsgrenze mit Italien.

Entlang des Karnischen Kamms bildet der Grat die Staatsgrenze Österreich–Italien; sichtbares Zeichen ist das Helmhaus auf 2.434 m Seehöhe.

Das Gemeindegebiet Sillian reicht im Osten bis oberhalb der Außervillgrater Fraktion Unterwalden. Die Grenze steigt dann aber rasch auf 1.800 Meter an, läuft wieder entlang des Ronebaches nach Außervillgraten talwärts und zweigt oberhalb des Außervillgrater Weilers „Ronebach" nach Osten Richtung Sillianberg ab. Dreihundert Meter nördlich von „Pirch", das bereits zu Sillian gehört, verläuft die Grenze bis hinunter zum Villgratenbach.

Im Tal treffen südlich der Tischlerei Gardener die Gemeindegebiete von Sillian, Heinfels und Außervillgraten zusammen. Der Villgratenbach bildet talauswärts bis auf die Höhe des Hofes „Lueg" die gemeinsame Grenze mit Heinfels, bevor diese auf den „Pietersberg" ansteigt und etwa in halber Höhe in südöstlicher Richtung verläuft. Knapp oberhalb bei „Gödner" in Heinfels und entlang der Landesstraße zieht die Grenze zum Kreuzungspunkt der B 100. Das Schuhhaus Oberthaler gehört bereits zur Gemeinde Sillian, während die Pension Brückenwirt und das Einrichtungshaus Aichner in Heinfels einliegen.

Rund um den Thurntaler erstreckt sich ein weitläufiges Almgebiet, das im Norden an die Gemeinden Inner- und Außervillgraten und im Westen an das Land Südtirol grenzt.

Gewässer

Die Drau fließt ab der Staatsgrenze bei Arnbach in östlicher Richtung mehr als fünf Kilometer durch das Gemeindegebiet. Kaum ein anderes Gewässer hat über die Jahrhunderte den Sillianer Siedlungsraum so stark geformt wie dieser Fluss. Man denke nur an die Verwüstungen der Hochwasserkatastrophen, zuletzt 1965 und 1966. Dies liegt vor allem darin begründet, dass die Drau stellenweise bis zu 1,8 Meter höher als das Siedlungsgebiet liegt und dadurch naturgemäß die Umgebung gefährdet. Durch aufwändige Verbauungen und ein langfristiges Hochwasserschutzprojekt versucht man, der Naturgewalten Herr zu werden und die Drau in ihrem Bachbett zu halten.[5]

Die Wildbäche an den Süd- und Nordhängen der Marktgemeinde entspringen meist im hochalpinen Raum, fließen über natürliche Einschnitte und Geländekammern talwärts und münden großteils in die Drau. Wiederholt richteten bei den Hochwasserkatastrophen kleine „Bachlan" und Rinnsale, die in kürzester Zeit zu Sturzbächen anschwollen, massive Schäden an, verlegten mit Schwemm- und Schuttmaterial die Drau und verwüsteten Ortszentrum und Siedlungsraum.

Hochwasserkatastrophe 1965: Das Johannesbachl tritt aus den Ufern und verwüstet den darunter liegenden Marktplatz.

In der Talsohle ermöglichen die durch die Entwässerungsgenossenschaft in den 1930er-Jahren künstlich angelegten Gerinne wie Gerberbach oder Gratzbach die Bewirtschaftung der Felder und den Wohnbau in den ehemaligen Feuchtwiesen.

Auf der Schattseite, von West nach Ost und orografisch rechts der Drau sind dies der „Karzlerbach" in der Nähe des Zollamtes, der „Genisbach" östlich des Holzhofes Prugger und der „Weitlanbrunnerbach", der über die „Große Riese" auf Höhe der Bahnhaltestelle Weitlanbrunn in die Drau mündet. Östlich von Arnbach, gegenüber der Firma Euroclima, fließt der „Frauenbach" in die Drau. Beim Wichtelpark – im so genannten „Gries" – sucht sich der „Lahnerbach" seinen Weg über die „Grüne Riese" ins Tal. Drei kleinere Gewässer fließen im „Krummbach" zusammen und über den Viadukt der ÖBB rinnt der kaum wahrgenommene „Stenkerbach". Beide Wildbäche münden auf Höhe des Gewerbegebietes der Firmen Viertler, Mair und Schlosserei Walder in die Drau.

Beginnend an der Grenze, zählen der „Erlbach", der auch die Grenze zu Südtirol/Italien bildet, und der „Rauterbach" zu den Wildbächen. Der gefährlichste Wildbach im Gemeindegebiet ist der „Tödterbach" (Töterbach), der beim Thurntaler See entspringt und auf seinem Weg ins Tal besonders bei Starkregen- und Unwetterereignissen Schlamm und Geröll ins

Tal führt. Mit aufwändigen Wildbachverbauungen und dem 2008 fertiggestellten Ausschotterungsbecken bei Arnbach wird versucht, ein Aufstauen im Mündungsbereich der Drau und mögliche Katastrophen zu verhindern. Im Ortszentrum von Arnbach rinnen auch der „Stauderbach" ins Tal, weiter östlich in einem nahezu gleichen Abstand die Gewässer von „Graden-", „Weiden-" und „Wiesenbach".

Direkt durch das Ortszentrum, westlich an der Pfarrkirche vorbei, fließt das berüchtigte „Johannesbachl" – im Unterlauf verbaut – durch den Marktplatz in den Gerberbach. Der Brücken- und Wasserheilige Johannes Nepomuk weist auf die drohende Gefahr hin und erinnert an die Katastrophen, die das kleine Rinnsal wiederholt über den Ort gebracht hat. Genauso oft war auch der „Hoferbach" eine Bedrohung, der östlich der Volksschule und des Stauderhofes in den Gerberbach mündet.

Die Ortsteile im Überblick

Sillian, Sillianberg und Arnbach bilden die Ortsteile die Marktgemeinde Sillian. Bis zur Eingemeindung im Jahr 1939 waren Sillianberg und Arnbach selbständige Gemeinden. Die Katastralgrenzen zeugen heute noch von der historischen Entwicklung der Gemeinde. Während sich in Sillian und Arnbach auch Ortszentren entwickelten („Marktl", „Dörfl"), war Sillianberg von jeher eine ausgedehnte Streusiedlung ohne eigenen Ortskern.

Das Siedlungsgebiet Sillians liegt fast zur Gänze nördlich der Drau, südlich davon und entlang der Bahnlinie neben dem Bahnhof stehen auch einzelne Häuser. In den letzten Jahrzehnten haben sich zudem kleinere und größere Gewerbegebiete entwickelt, sodass sich der Talboden als fast geschlossen bebauter Raum zeigt.

Blick vom Heimkehrerkreuz auf die Ortsteile der Marktgemeinde Sillian: Arnbach mit Köckberg, Sillian und Sillianberg, 2011.

Die Sillianer Schattseite wird in den Tal- und leichten Hanglagen im unteren Bereich landwirtschaftlich genutzt, der größte Teil ist aber – im Gegensatz zu den sonnseitigen Lagen des Sillianbergs und Köckbergs – bewaldet. Oberhalb der Waldgrenze erstrecken sich auf der Sonnseite weite Almflächen um den Thurntaler; am Karnischen Kamm liegen die Weideflächen der „Leckfeldalpe" in insgesamt drei – teils schwer zugänglichen – Geländekammern.

Sillian

Der älteste Teil des heutigen Sillian liegt auf einem Schuttkegel, den das Johannes- und das Hoferbachl infolge von Murbrüchen gegen Süden vorgeschoben haben. Sillian war ursprünglich eine reine Straßensiedlung, die Häuser reihten sich zu beiden Seiten der Straße, die bis heute als die Bundesstraße 100 den Ort teilt. Schon um 1500 war diese Straße, die früher

Sillian liegt auf einem Schuttkegel, die ältesten Siedlungen befinden sich nördlich der Bundesstraße auf den Anhöhen, 2009.

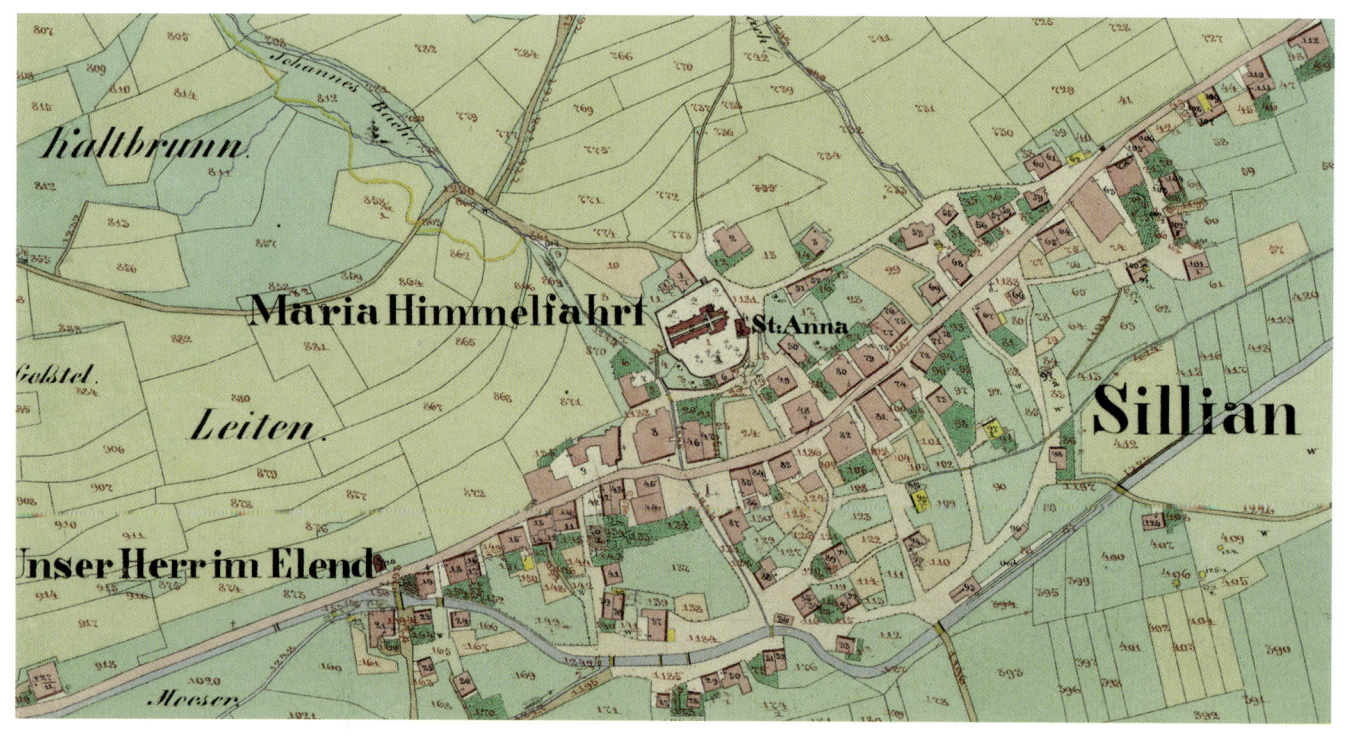

Der Markt Sillian, Ausschnitt aus dem Franziszeischen Kataster („Urmappe"), 1859.

Pustertalerstraße hieß, wegen des Fuhrwerksgewerbes zwischen Lienz und Bruneck immer frequentiert. Weil Ballhäuser und Niederlagsstätten fehlten, wurden Waren oft auch in Wirtshäusern zwischengelagert. Nördlich der Hauptstraße hatten sich deshalb Wirte und Handwerker niedergelassen.

Obwohl sich die Gemeinde Sillian vor allem nach dem Zweiten Weltkrieg nach allen Richtungen ausgedehnt hat, ist der ursprüngliche Charakter des Straßendorfs noch deutlich erkennbar.

Bevor Rodfuhrwesen, Gewerbe und Handel Fuß gefasst hatten, bestimmte die bäuerliche Welt das Leben im Dorf.

Heute gibt es in Sillian Markt im Unterschied zur Zeit vor dem Zweiten Weltkrieg nur mehr wenige landwirtschaftliche Betriebe: Hiasler, Peißer, Baldauf, Gratzer, Mattlweber, Stocker, Stauder, Möster, Schmieder, Fischer, Struzer, Gore, Tagger.

Sillian – Zentrum
Der Marktplatz bildet mit den umliegenden Gebäuden den Ortskern der Marktgemeinde. Er grenzt gegen Norden an die Bundesstraße 100, im Süden reicht er bis zum Ufer des Gerberbachs, der, aus Richtung Arnbach kommend, durch den Ort fließt. An seinem Ufer ließen sich ursprünglich Handwerker wie Schmiede, Gerber u. a. nieder. Heute verbindet der Ortskern die Bereiche Wohnen, Arbeiten und Freizeit.

Aus alten Aufzeichnungen geht hervor, dass sich auf dem Marktplatz immer schon das Geschehen der Gemeinde abspielte. Bereits im Spätmittelalter wurden hier Vieh- und Krämermärkte abgehalten. Gegenwärtig gibt es jährlich noch acht kleine Märkte, die eher bedeutungslos geworden sind. Im 18. Jahrhundert diente der Marktplatz als Kulisse für die Aufführungen der „Sillianer Passion".

Der „obere Marktplatz" mit einer Gedenktafel an den aus Sillian stammenden Tiroler Landeshauptmann Josef Schraffl (1855–1922) am ehemaligen Raika-Gebäude und einem im Gerichtsgebäude ausgegrabenen Römerstein wurde durch die Renovierung des „Nepomuk-Stöckls" 2001 und die Errichtung eines Dorfbrunnens durch den einheimischen Kunstschlosser Hans Walder neu gestaltet. Das Nepomuk-Denkmal, errichtet um 1750 am Johannesbachl, erinnert an die Hochwasserkatastrophen – die letzte war im November 1966 –, durch die Sillian immer wieder schwere Schäden erlitten hat. 1929 wurde das Denkmal aus verkehrstechnischen Gründen von der Hauptstraße auf den heutigen Standplatz verlegt.

Eine Abzweigung der Bahnhofsstraße führt unmittelbar am „Nepomuk-Stöckl" vorbei südwärts zum „unteren Marktplatz", der als Parkplatz dient, ausgenommen bei Festlichkeiten und an Markttagen. Das Forame-Denkmal an der Ostseite erinnert an die Zurückeroberung der Punta Forame 1916 durch die Sillianer Standschützen unter Hauptmann Vinzenz Goller. Den südlichen Abschluss des Marktplatzes bildet der Musikpavillon. In der Weihnachtszeit wird hier die Dorfkrippe aufgestellt. Neben dem Pavillon führen eine Brücke, an der die alte Schmiede steht, und ein schmaler Steg über den Gerberbach. Am südlichen Ufer findet sich mit der Hutmacherei Kiniger ein alteingesessener Handwerksbetrieb. Weiter gegen Westen entstand nach Abriss der „Stauder Säge" die „Rieserfeld"-Wohnsiedlung.

Auch heute noch zeigt Sillian gerne seinen schönen, großen, von Ahornbäumen eingesäumten Marktplatz, sei es bei besonderen Festlichkeiten wie Umzügen, Prozessionen, Festgottesdiensten, Platzkonzerten, Aufmärschen oder auch beim alljährlich im August stattfindenden „Marktlfest", das sich zu einem gesellschaftlichen Höhepunkt für Einheimische und Gäste entwickelt hat.

Im nördlich der Bundesstraße 100 stehenden alten Gerichtsgebäude (das Gericht wurde 1967 aufgelassen) ist heute die Apotheke untergebracht. An der Stelle des östlich davon gelegenen Papprion-Hauses errichtete die Raiffeisenbank 1974 ein neues Gebäude. Zwischen den beiden Häusern führt eine schmale, steil ansteigende Straße, die oberhalb des Bauernmarktes weiter gegen Nordosten schwenkt, vom „Marktl" hinauf zur Pfarrkirche. Alte Linden, zwei sind seit 1962 Naturdenkmäler, säumen den Weg. Ein hohes, hölzernes Missionskreuz, auch Bußpredigerkreuz genannt, mit einem auf einem Steinsockel stehenden Glasschrein mit einer Pietà erinnert an die Volksmissionen, von denen die letzte 1986 stattgefunden hat.

Die Pfarrkirche Mariä Himmelfahrt, umgeben vom Friedhof mit dem im Jahr 2005 renovierten Kriegerdenkmal im Nordwesten, beherrscht den Kirchplatz.

Kirchplatz und Umgebung

Unmittelbar an Kirche und Friedhofmauer schließt im Norden der Widum an, eines der ältesten Gebäude Sillians. Ostseitig des Widums an der Friedhofmauer steht eine große Linde. Früher wurde hier in der Nähe unter einer uralten Linde Gericht gehalten. 1836 soll sie einem Sturm zum Opfer gefallen sein. Heute noch nennen die Einheimischen diesen Platz „Unter der Linde".

Im Zuge der Friedhofserweiterung gegen Westen wurde 1952 eine Totenkapelle in die nördliche Umfassungsmauer integriert. Der Rundbau entstand nach Plänen von Baumeister Heinrich Liener und wurde mit einem Mosaik an der Stirnseite von Dr. Georg Köck versehen. Die Totenkapelle wurde 2012/2013 einer umfangreichen Sanierung unterzogen.

Das Achammer Kreuz stand Jahrzehnte am westlichen Ortsende von Sillian an der Bundesstraße und später an der Ostseite der St.-Anna-Kapelle. 2001 wurde es auf Initiative der Schützenkompanie Sillian restauriert und fand später in der Nähe der Pfarrkirche, gegenüber dem Friedhof, einen „ehrenvollen Platz". Es erinnert an den aus Sillian stammenden Schützenhauptmann und Freiheitskämpfer Josef Achammer, der 1810 von den Franzosen erschossen wurde. Sein Grab befindet sich an der Südmauer der Pfarrkirche.

Bis 2002 stand unweit des Widums die „Hennsteige", ein zum Pfarrhaus gehörendes Futterhaus, das Treffpunkt für Vereine, Chöre, Jugendgruppen usw. gewesen war, 1998.

An den Kirchplatz schließt im Osten das Schulgebäude an, in dem Volksschule, Polytechnische Schule und Landesmusikschule untergebracht sind. Oberhalb des Platzes und westlich davon entstanden in den letzten Jahrzehnten neue Wohnsiedlungen, die Kirchsiedlung und gegen Nordwesten die Schulbodensiedlung.

Nordöstlich der Volksschule bot ein einfacher Schlepplift (Sonnenlift), besser bekannt als „Stöffler-Lift", Kindern und Gästen die Möglichkeit, das Schifahren zu erlernen.

Sillian West

Im Westen des Marktplatzes, nördlich der Bundesstraße 100, liegt das aus zwei Gebäuden bestehende „Hotel Post". Ein altes schmiedeeisernes Hauszeichen, das Posthorn und Hufeisen darstellt, erinnert an die ehemalige Bedeutung des Hauses als Poststation. Vorbei an der „Elendkapelle", 1794 von der Gemeinde Sillian anstelle eines Bildstocks erbaut, – die Einheimischen nennen diese Gegend auch „Elendgasse" – und an den zwei Zollhäusern auf der Südseite führt die Bundesstraße 100 im Westen weiter zu einem Einkaufszentrum mit Hofer-Markt, Drogeriemarkt, Kik, Café West, einigen Wirtschaftsbetrieben und zur Euroclima. Bei der Pension Adelheid zweigt eine Straße von der Bundesstraße nach Süden ab, überquert Gerberbach, Drau und Bahn und führt nach Westen in das Sillianer Naherholungsgebiet, den „Wichtelpark".

Blick auf Sillian in Richtung Osten; Ansichtskarte, 1920.

In unmittelbarer Nähe befindet sich der Schießstand der Schützengilde Hochpustertal. Ein Wanderweg führt durch den Bannwald gegen Westen zum Hotel Weitlanbrunn. Für Spaziergänger interessant ist auch der an der unteren Waldgrenze in Richtung Osten führende Literaturweg „Klaneggele" mit Lesestationen zum Thema Natur. Der Draudamm nördlich des Flusses dient als Spazierweg und besonders in den Sommermonaten auch als Radweg.

Sillian Ost
Die alten Bezeichnungen „Außermarktl" (vom Peißerhof bis zum Stauder Kreuz) und „Innermarktl" (vom Stauder Kreuz bis zur Elendkapelle) sind nur mehr wenigen Sillianern geläufig.

Das Erscheinungsbild Sillians hat sich im Zentrum völlig verändert. An Stelle des Papprion-Hauses steht heute die Raiffeisenbank, auch beim Kaufhaus Webhofer (vorne) erinnert nichts mehr an das alte Gebäude; Aufnahmen aus den Jahren 1940 und 2011.

Die unmittelbare Umgebung des Marktplatzes erfuhr durch den Umbau des „Webhofer-Hauses" eine wesentliche Verbesserung. Die Lienzer Sparkasse, ein Café und ein Restaurantbetrieb bezogen 2009/10 die neuen Räumlichkeiten. Eine Trafik war schon immer im Gebäude untergebracht. Die Straßenseite des Webhofer-Hauses ziert ein Gemälde von Prof. Ernest Pokorny, das das Handelswesen darstellt.

Vom Marktplatz gegen Osten liegt nördlich der Bundesstraße der Gasthof „Schwarzer Adler", in dem, wie eine Gedenktafel an der Hausmauer beweist, der bedeutende Komponist Richard Strauss in den Jahren 1872 bis 1880 seinen Sommerurlaub verbracht hatte. Zwischen dem Gasthof und dem ehemaligen „Weißen Rössl", heute Kaufhaus Linder und Postpartner, führt ein steiler Weg hinauf zum „Kessler", einem alten Handwerkshaus, früher Kupferschmied. In einer Nische der steilen, den Kirchweg stützenden Mauer, steht eine von Hans Walder gestaltete Bronzestatue des Heiligen Franz von Assisi. Die beiden villenähnlichen Gebäude nördlich der Straße, die „Villa Dr. Kunater" und südlich die ehemalige „Leitervilla", stammen aus der Zeit kurz vor bzw. nach dem Ersten Weltkrieg.

Das alte Gemeindehaus südlich der Hauptstraße beherbergte seit seinem Bestehen 1908 als Vereinshaus sehr viele Einrichtungen der Gemeinde wie Gemeindeamt, Standesamt, Volksschule, Lazarett, Tourismusbüro, Wählamt usw. Heute befinden sich in dem 2002/03 renovierten Gebäude die öffentliche Bücherei, das Probelokal der Musikkapelle, das Vereinslokal des Kameradschaftsbundes, das Archiv der Schützenkompanie, eine Arztpraxis, ein Friseurgeschäft und mehrere Wohnungen. Ursprünglich stand hier das „Färberhaus", Heimathaus von Josef Achammer; daran erinnert noch eine Gedenktafel an der straßenseitigen Hausmauer, gewidmet vom Sillianer Veteranenverein 1897.

Beim so genannten „Stallbaumer Eck" steigt die Straße leicht an. Nördlich der Straße in Richtung Osten liegt die „Schraffl-Villa", die ursprünglich der Familie des Sillianer Bürgermeisters und Landeshauptmanns

Blick auf den östlichen Teil von Sillian, 2011.

Josef Schraffl gehört hatte. Lange Zeit wohnten darin die Barmherzigen Schwestern aus Zams, heute ist sie in Privatbesitz. In der „Großen Kaserne" gegenüber der „Schraffl-Villa" und des „Stocker-Platzls" waren die Gendarmerie und der Kino- und Theatersaal mit Nebenräumen untergebracht. Heute nützen Vereine wie z. B. Krippenverein, OeAV, Jungbauernschaft/Landjugend die Räumlichkeiten. Wohnungen und ein Installationsbetrieb sind sowohl hier als auch in der daneben liegenden „Kleinen Kaserne", dem ursprünglichen „Forcher-Haus", eingerichtet. An die Bedeutung dieses Hauses als Wirtshaus, Poststation, Schulhaus, Marktmagistrat usw. erinnert das über dem Haupteingang erkennbare Sillianer Gemeindewappen. An der nördlichen Straßenseite, gegenüber der „Großen Kaserne", steht im Ortsteil „In der Gisse" seit den 1960er-Jahren ein modernes Nepomuk-Denkmal von Architekt DI Josef Scherzer in Erinnerung an die Bergstürze und Murenabgänge früherer Zeiten.

Vorbei am „Sillianer Wirt", ehemals Gasthaus Bernardi, und an der M-Preis-Filiale, liegt südlich der Straße die „Dolomitenresidenz Sporthotel Sillian" im Ortsteil „Am Pietersberg". Nördlich der Straße wurde in den Achtziger-Jahren des vorigen Jahrhunderts nahe an der Gemeindegrenze zu Heinfels die Talstation des Thurntalerlifts errichtet.

Neues Gemeindezentrum

Das moderne Kulturzentrum nördlich des Feuerwehrhauses wurde 2008 fertiggestellt. Außer dem Kultursaal gibt es im Gebäude eine Gastwirtschaft, ein Modegeschäft und einen Jugendraum. Durch die erwähnten Neubauten und die Sanierung des alten Gemeindehauses und des Vorplatzes entstand ein

Auf dem Platz südlich des alten Gemeindehauses entstand 2002 das neue Gemeindezentrum mit dem Tourismusbüro und einem Café.

gepflegtes Kommunikationszentrum. An der nordseitigen Wand des neuen Gemeindehauses ist eine Gedenktafel für Josef Schraffl, auch Mitbegründer des Tiroler Bauernbundes, angebracht.

Südlich des Gerberbachs wurde 1999 der neue Kindergarten mit Kinderbetreuungszentrum errichtet. Das Haus der Lebenshilfe, im Jahr 2000 eröffnet, und das Wohn- und Pflegeheim, 2004 in Betrieb genommen, grenzen im Osten und Westen an das Kindergartenareal.

Bahnhofstraße und Gewerbegebiet Süd

Zu beiden Seiten der Bahnhofstraße entstanden neue Wohnanlagen mit betreutem Wohnen. Die Straße überquert auf Höhe der Gesundheitswelt Jesacher die Drau und führt gegen Osten zum Bahnhof. Im Südwesten der Draubrücke steht auf einem steinernen Sockel das „Papprion-Kreuz". In südwestlicher Richtung führt eine Straße zu einem kleineren Gewerbegebiet.

Wo sich heute Recyclinghof und Fernheizwerk befinden, gab es früher das Holzlager und auf der südlichen Straßenseite das Sägewerk Atzwanger. Am östlichen Ende der Bahnhofstraße stehen die Filiale der Raiffeisengenossenschaft Osttirol und der Bahnhof Sillian mit seinen Nebengebäuden.

Über die Bahnkreuzung führt die Straße ins Gewerbegebiet Süd. Unweit der Tischlerei Kassewalder befand sich der „Schneide"-Lift, der bis Anfang der 1990er-Jahre über Jahrzehnte Wintersportler im schattseitig gelegenen Schigebiet beförderte. Das ehemalige Holzlager der Firma Atzwanger südlich des Bahnhofes wird heute von Transporte Mair, einer Frächterei, als Lager- und Umschlagplatz genutzt.

Wohngebiete

Mit der wirtschaftlichen Umstrukturierung nach dem Zweiten Weltkrieg entstanden um das alte „Marktl" herum neue Wohngebiete mit bescheidener Infrastruktur.

Von der „Villa Alpenrose", der „Furtschegger-Villa", östlich des Marktzentrums führt eine Straße zur

Ein Ort im Wandel der Zeit: Blick von der Bahnhofsstraße Richtung Norden, 1929 und 2011.

Blick auf die Marktgemeinde in nordwestlicher Richtung. Östlich der Neuen Mittelschule erstreckt sich die lang ausgedehnte Wohnsiedlung Aue in Richtung Heinfels, 2011.

„Hiblermoos-Siedlung". Auch die Bereiche nördlich des Gerberbachs und am nördlichen Drauufer sind zum Großteil Wohngebiete. Im Wählamtsgebäude ganz im Osten der Gerberbachsiedlung ist die Polizei untergebracht.

Aue

Die ehemaligen Sumpfwiesen („Möser") im heutigen Ortsteil Aue im Südosten von Sillian zwischen Drau und Gerberbach waren früher im Besitz der Pfarre. In den 1950er-Jahren entstanden hier nach umfangreichen Kanalisierungsarbeiten die ersten Wohnhäuser abseits der Hauptstraße, in ruhiger Lage. Viele Häuslbauer finanzierten sich den Bau ihres Eigenheims durch Vermietungen von Gästebetten. Im Laufe der Jahre entstanden im Ortsteil Aue einige moderne Beherbergungsbetriebe.

Nach Süden hin wurden in den 1970er-Jahren das Hauptschulgebäude und das Hallenbad mit dem Restaurant „Grillalm" errichtet. Da umfangreiche, nicht finanzierbare Sanierungen am Hallenbad notwendig wurden, musste es 2009 geschlossen werden.

Auch die Sportanlagen, wie Fußball- und Tennisplätze, und das 2005 fertiggestellte neue Rote-Kreuz-Gebäude liegen im Ortsteil Aue, unmittelbar angrenzend an die Neue Mittelschule Sillian.

Asthof

Südlich von Drau und Bahnlinie liegt der Weiler Asthof, der urkundlich 1391 erstmals erwähnt wird.[6] Zum Weiler zählen neben Asthof und Asthof-Garber – der östlich gelegene Bauernhof – auch noch zwei weitere Häuser, die in den 1970er-Jahren errichtet wurden.

Zwischen den Höfen steht die Kapelle „Zur Schmerzhaften Muttergottes". Die Kapelle wurde als Dank, dass während der Kriegsereignisse niemand ums Leben gekommen war, an der Stelle errichtet, an der der alte Asthof stand. Am 3. März 1945 brannten nach einem Tieffliegerangriff auf die Bahnlinie beide Höfe mit dem gesamten Inventar und den Tieren,

Die nach dem Zweiten Weltkrieg wieder aufgebauten Asthöfe liegen südlich der Drau auf einer vor Hochwasser geschützten Terrasse, 2009.

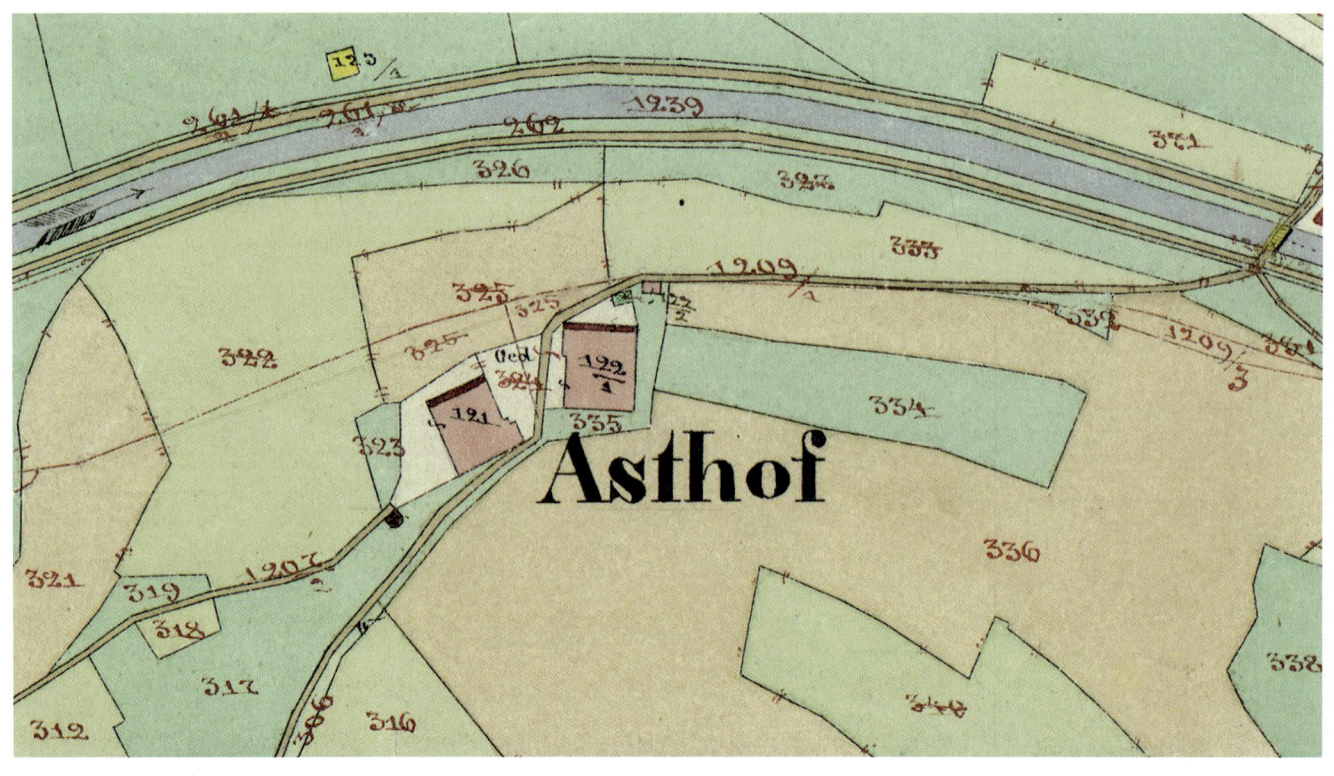

Der Weiler Asthof; Ausschnitt aus dem Franziszeischen Kataster („Urmappe"), 1859.

darunter 18 Stück Rinder, bis auf die Grundmauern ab – als einzige Wohnhäuser der Marktgemeinde während des Zweiten Weltkriegs. Beide Hofstellen wurden nach Kriegsende neu aufgebaut und 1948 fertiggestellt.

Sillianberg

Allgemein

Sillianberg ist eine weit ausgedehnte Streusiedlung, die im Osten an Heinfels grenzt, im Nordosten an Außervillgraten und bis zum Tödterbach westlich von Arnbach reicht. Bis 1939 war Sillianberg eine selbständige Gemeinde. Die Katastralgemeinde Sillianberg beginnt oberhalb des Pietersberges im Osten und nördlich des in den 1920er-Jahren errichteten „Stoffen-Hauses" und der „Schulboden"-Siedlung.

Nicht der gesamte Sillianberg ist vom Ortszentrum aus einsehbar: „Pirch", „Raster", die „Kopsgute" und „Herrnegge" liegen außerhalb des Blickfeldes, wenn man vom Marktl auf den Nordhang der Marktgemeinde schaut. Zwei Zufahrten, die bei der Pfarrkirche in eine Straße münden, führen auf den Sillianberg. Bereits oberhalb des Friedhofs teilt sich der Weg in zwei Richtungen: Der eine führt Richtung Westen zum „Schulboden", dann weiter in die „Haselgrube", „Kopsgute", „Perlung" und in die „Herrnegge". Biegt man oberhalb des Friedhofs rechts ab, gelangt man in

Die Streusiedlungen am Sillianberg erstrecken sich über mehrere Kilometer bis zur Gemeindegrenze zu Außervillgraten, 2011.

Der Thurntaler – im Sommer ein herrliches Almgebiet, in der kalten Jahreszeit Eldorado für begeisterte Wintersportler.

die Fraktionen „Schlittenhaus", vorbei an mehreren Weilern bis zum höchst gelegenen Hof zu „Stalpen". Über eine weitere Straße oberhalb von Schlittenhaus erreicht man „Pirch", „Raster" und gelangt weiter nach Unterwalden in die Gemeinde Außervillgraten.

Oberhalb des besiedelten Sillianberges, aber noch unterhalb der Waldgrenze gelegen, finden sich die Sillianberger „Wiesen" – Felder, die nur einmal im Jahr gemäht werden. Zahlreiche Schupfen geben Zeugnis von der Zeit, als noch ein Großteil des Heus hier gelagert werden musste, weil die Flächen bei den Höfen für die Kornäcker und die Eigenversorgung der Familien genutzt wurden. Der Getreideanbau ist fast verschwunden, einige erhaltene Harpfen am Sillianberg erinnern noch heute daran.[7]

Die weiten Almflächen rund um den Thurntaler werden in den Sommermonaten von Rindern und Pferden der Sillianberger Bauern beweidet. Im Winter nutzen die sportbegeisterten Schifahrer das weitläufige, sonnig gelegene Schigebiet.

Schlittenhaus

Direkt über dem Ortszentrum bilden in einem Band mehrere Höfe die Fraktion Schlittenhaus: Bacher, Kraler, Matzer, Geiger, Simler, Löller, Staffinger – dahinter Höggiler – und Gödner. Die alten Bauernhäuser wurden in den letzten Jahren von ihren Besitzern teils unter großem Aufwand renoviert und an die Erfordernisse einer zeitgerechten Bewirtschaftung angepasst.

Oberhalb von Löller steht die weitum sichtbare, 1956 eingeweihte Kapelle „Zum Unbefleckten Herzen Mariens" (Kapelle zur Jungfrau der Armen, Muttergottes von Banneux). Der alte Gödner Hof war ursprünglich westlich von Staffinger gelegen, fiel aber einem Brand zum Opfer, ausgelöst durch Blitzschlag im Juli 1978. Gödner wurde östlich von Staffinger neu errichtet und ist zugleich östlichster Hof in der Fraktion Schlittenhaus.

In seiner topographischen Beschreibung von Schlittenhaus merkt Johann Jakob Staffler 1844 an, dass „einige derselben [Häuser] an den Rand eines

Schlittenhaus am Sillianberg mit vielen Bauernhöfen, 2011.

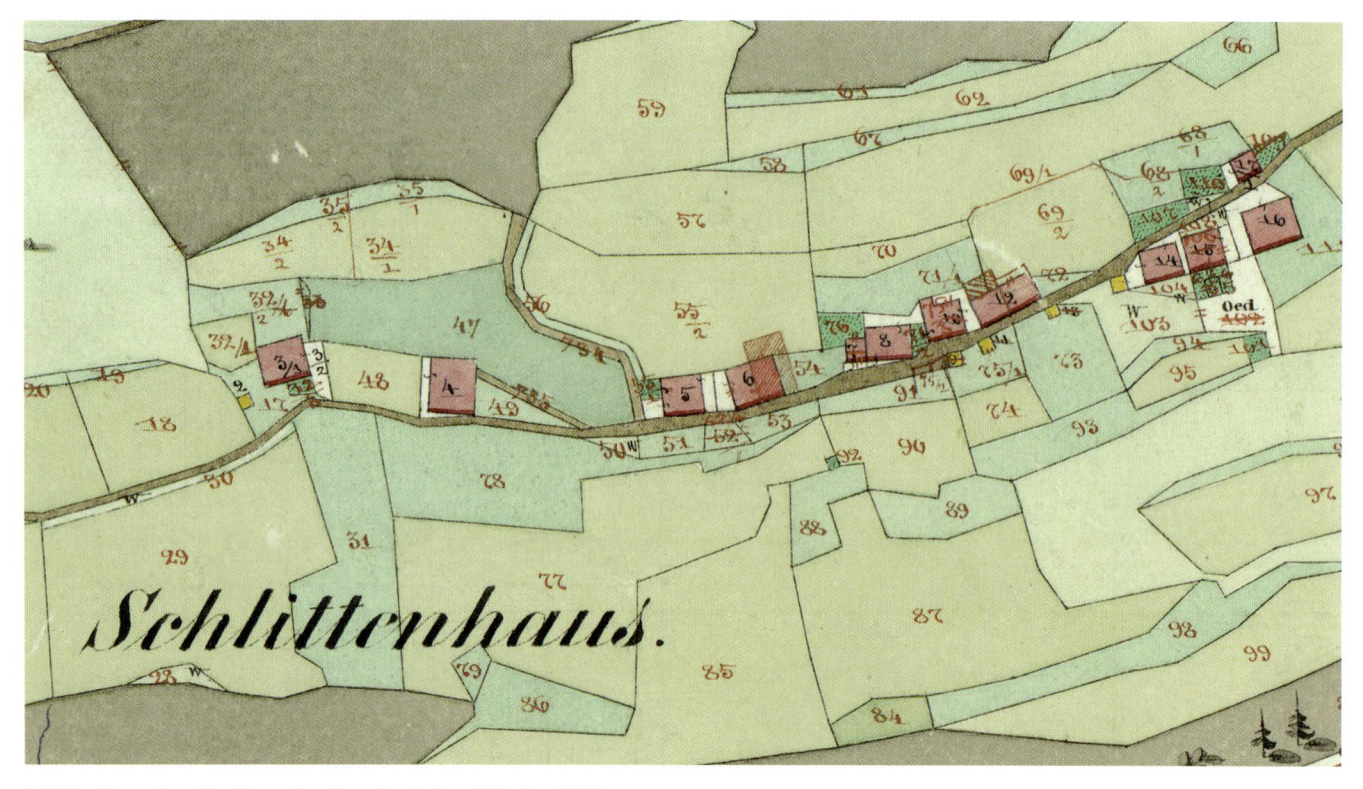

Schlittenhaus; Ausschnitt aus dem Franziszeischen Kataster, 1859.

ziemlich steilen Felsens so keck hingestellt" sind, „dass ihre Giebel zum Theil über den Felsen hinausreichen". Welche Höfe er damit gemeint haben könnte, ist nicht näher bekannt. Gut möglich, dass er auch schlichtweg übertrieben hat.⁸

Der Großteil der Felder und Wiesen der Schlittenhauser Bauern liegt nach Süden und Osten exponiert oberhalb des Pietersberges. Im Winter verläuft ein Teil der Schiabfahrt vom Thurntaler über diese Hänge. Aus wirtschaftlichen und bodenbedingten Gründen, aber auch um Wetterereignissen wie Hagel vorzubeugen, besitzt jeder Schlittenhauser Bauer Felder, die „außen", „in der Mitte" und „herinnen" – also näher Richtung Siedlung liegen.⁹

Die Straße ins Villgratental führte einst direkt an Schlittenhaus vorbei, und über den „Mühlenweg" (bei Ronebach standen mehrere Mühlen) gelangte man weiter in die Gemeinde Außervillgraten.¹⁰

Pirch – Raster

Die Straße ins Pirch zweigt etwas oberhalb von Schlittenhaus Richtung Osten ab. Nach etwa einem halben Kilometer quert die Gemeindestraße in einer Unterführung die Schitrasse. Kurz nach diesem Kreuzungspunkt gabelt der Weg rechts zu Pirch und Raster, während die Straße links weiter in die Fraktion Unterwalden der Gemeinde Außervillgraten führt. Die „Pircher"-Kapelle (Lourdes-Kapelle), 1928 erbaut,

Pietersberg mit Heuschober, 2006.

lädt zur besinnlichen Einkehr ein. Die Hofstelle von Pirch liegt knapp unterhalb der Kapelle. Der alte, renovierte Bauernhof von Raster, heute als Ferienwohnung genutzt, und der 1960 errichtete Raster-Neubau befinden sich unterhalb von Pirch.

Hofer – Wieser – Eder

Bereits nach der ersten Kehre nach Schlittenhaus führt eine Abzweigung zu den vier Bauernhöfen von Hofer, Ober- und Unterwieser und Eder, dem westlichsten Hof am Ende dieser Straße am Sillianberg.

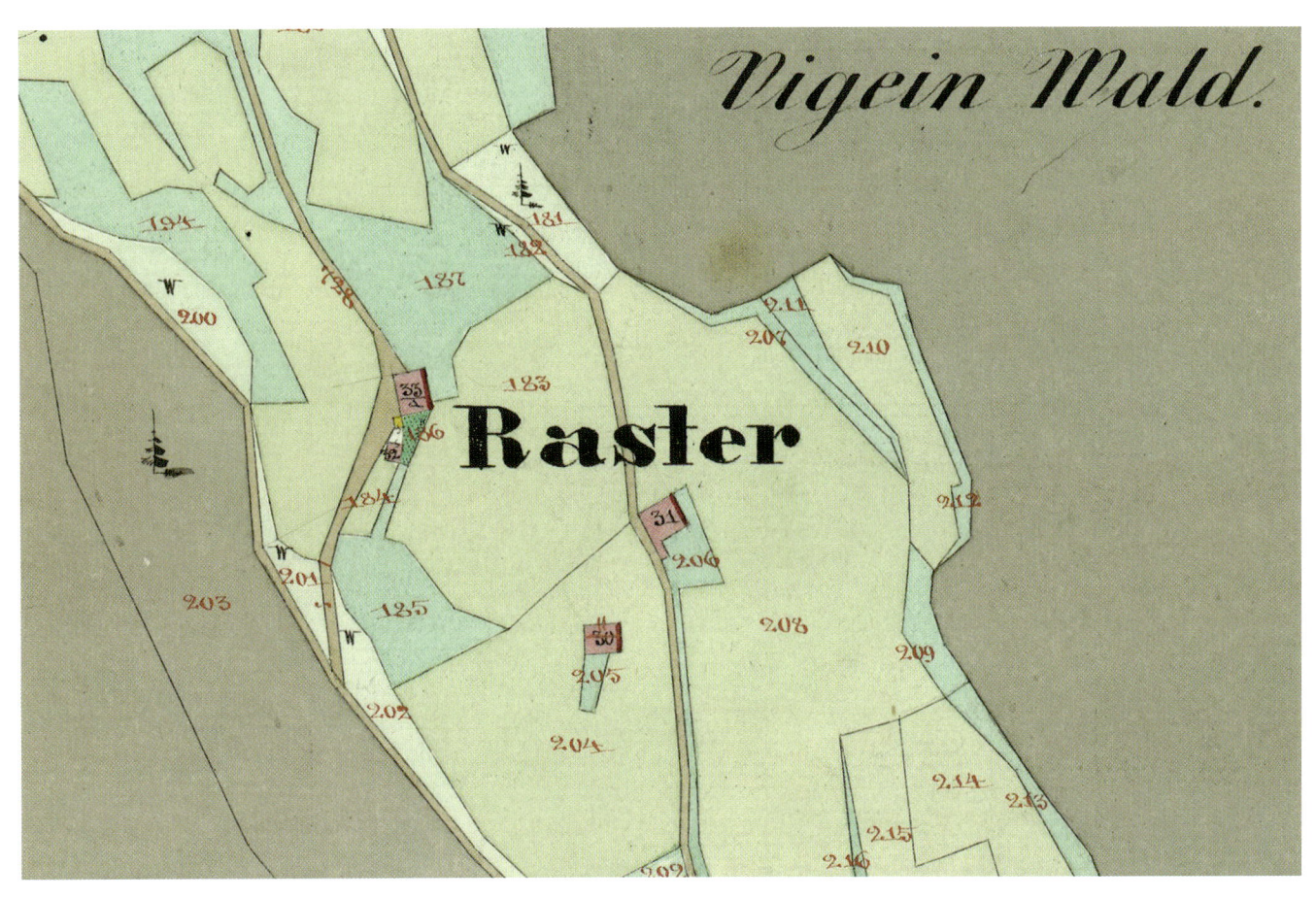

Raster und Pirch, Ausschnitt aus dem Franziszeischen Kataster, 1859.

Raster und Pirch liegen nahe an der Gemeindegrenze zu Außervillgraten, 2011.

Eade (Eder), Ober- und Unterwieser und Hofer (v. l.); im Hintergrund die Parggenspitze am Thurntaler, 2011.

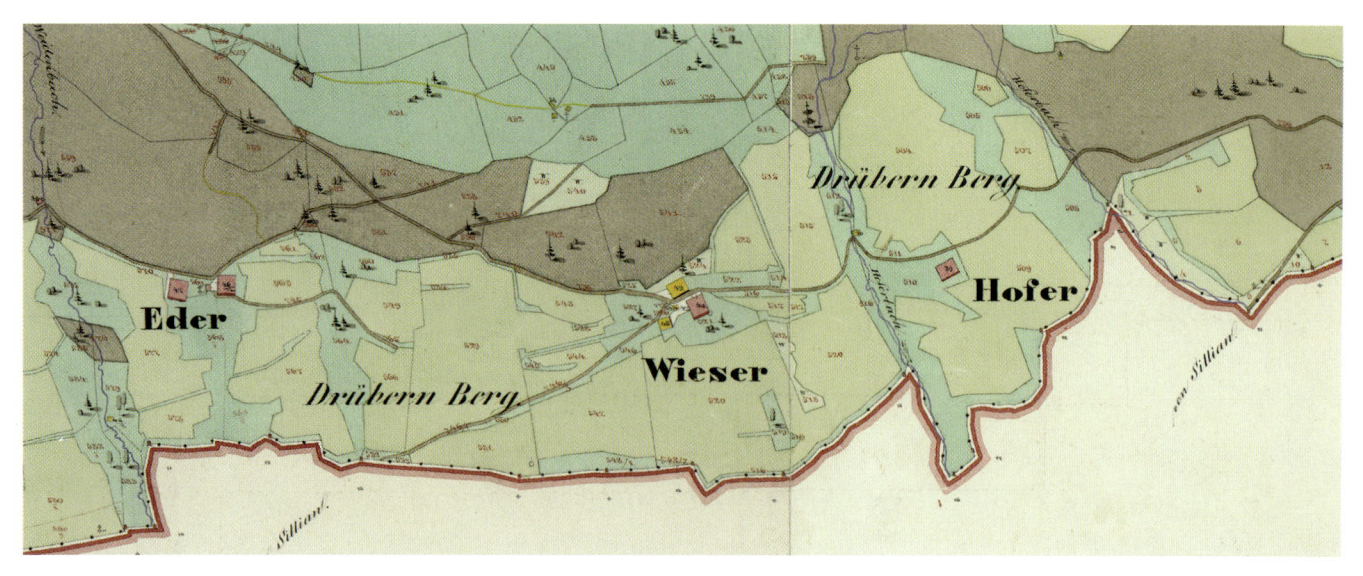

Eder, Ober- und Unterwieser, Hofer; Ausschnitt aus der „Urmappe", 1859.

Zelger – Riedler – Ober- und Untersteidl

Auf dem Weg nach Stalpen zweigen Stichwege zu den Hofstellen von Riedler, Ober- und Unterzelger ab. Ober- und Untersteidl liegen oberhalb von Riedler, einem unweit von der alten Hofstelle in den 1980er-Jahren errichteten neuen Bauernhaus.

Noch vor der Erschließung des Sillianbergs mit Straßen und Elektrifizierung ließen sich die Sillianberger Bauern einiges einfallen, um den harten Arbeitsalltag zu bewältigen. So war östlich von Riedler eine offene „Wasserstube", in der das Wasser in Leitungen talwärts in tieferliegende Felder zu einer Turbine geleitet wurde. Diese trieb wiederum eine Umlenkrolle an, die die Wasserkraft in mechanische Energie umwandelte. So konnte im Stadel zu Riedler gedroschen und Heu von den Feldern hinauf-„gegöppelt"[11] werden. Eine Materialseilbahn versorgte die Menschen mit dem Wichtigsten. Von der „Talstation" Volksschule bis zur „Mittelstation" Riedler, von dort aus weiter zu den anderen Höfen hinauf nach Stalpen wurde praktisch alles transportiert, das sich irgendwie befördern ließ. Neben Sägemehl gelangten so auch Schweine und Kälber auf die unzureichend erschlossenen Hofstellen des Sillianbergs.[12]

Stalpen

Zwei Häuser gehören auf 1.549 m Seehöhe zu den höchst gelegenen, ganzjährig besiedelten Hofstellen

Unterzelger am Sillianberg, dahinter die Hofstelle von Oberzelger, mit Blick in Richtung Haunold, 2011.

Stalpen ist der höchstgelegene Weiler der Marktgemeinde Sillian, 2011.

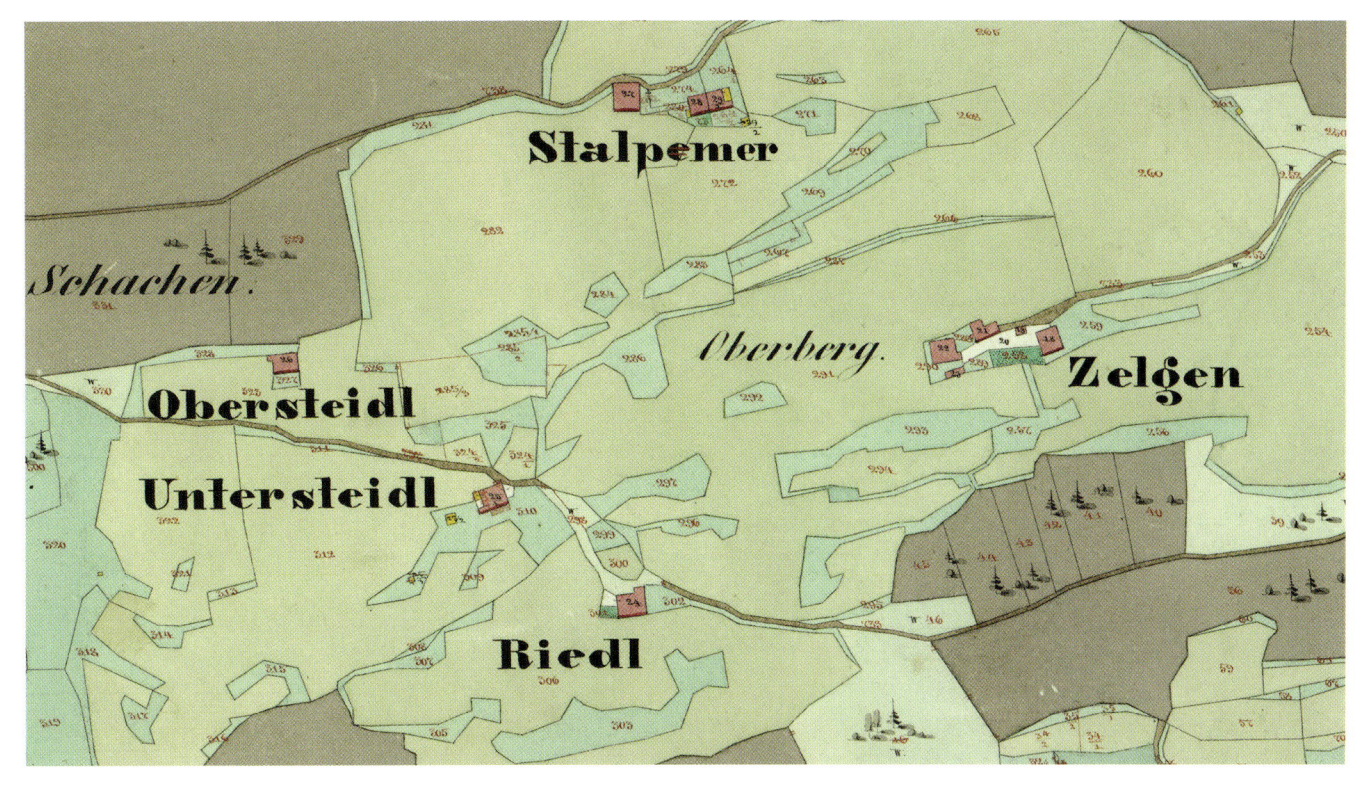

Zelger („Zelgen"), Stalpen („Stalpemer"), Ober- und Untersteidl, Riedler („Riedl"); Ausschnitt aus dem Franziszeischen Kataster, 1859.

von Sillian: Schuistl und Stalpen. Letzterer ist zweigeteilt: Die Hälfte gegen Westen gehört zum Oberwieserhof, die andere zur Familie Kraler vlg. Stalpen, die das Wohnhaus neben dem Hof neu errichtet hat. Als einziger Hof des Sillianbergs blickt Stalpen nicht mit der Firstseite ins Tal. Der gegen Süden vorgelagerte Kornkasten ist Teil des Oberwieser Anwesens.

Westlich vom Schuistlhof nutzen Paragleiter und Flugschüler häufig den Startplatz. Der Landeplatz ist im Talboden in der Nähe des Parkplatzes der Hochpustertaler Bergbahnen.

Ganz unscheinbar am Wegrand liegt das 1978 eingeweihte Bildstöckl zum Hl. Ulrich. Es entstand auf Initiative von Pfarrer Anton Kraler, der von Stalpen stammte. Vom Park- und Wendeplatz aus führen Forstwege in Richtung Thurntaler Alm.

Haselgrube

Eineinhalb Kilometer westlich der Pfarrkirche erreicht man die weitum sichtbare Haselgrube. Auf einer Erhebung, förmlich einer Kanzel gleich, liegen die Bauernhöfe von Unter- und Oberhaselgrube.

Kopsgute

Die Gemeindestraße, die unter der Haselgrube eben weiter verläuft, führt in die Kopsgute, ein Weiler, der aus den Höfen von „Tädler", „Rautlate" und „Lifter" besteht. Das alte Wohnhaus von Lifter ist seit Langem unbewohnt, die Familie hat östlich der Kopsgute ein neues Eigenheim errichtet.

Haselgrube; Aufnahme von 1987.

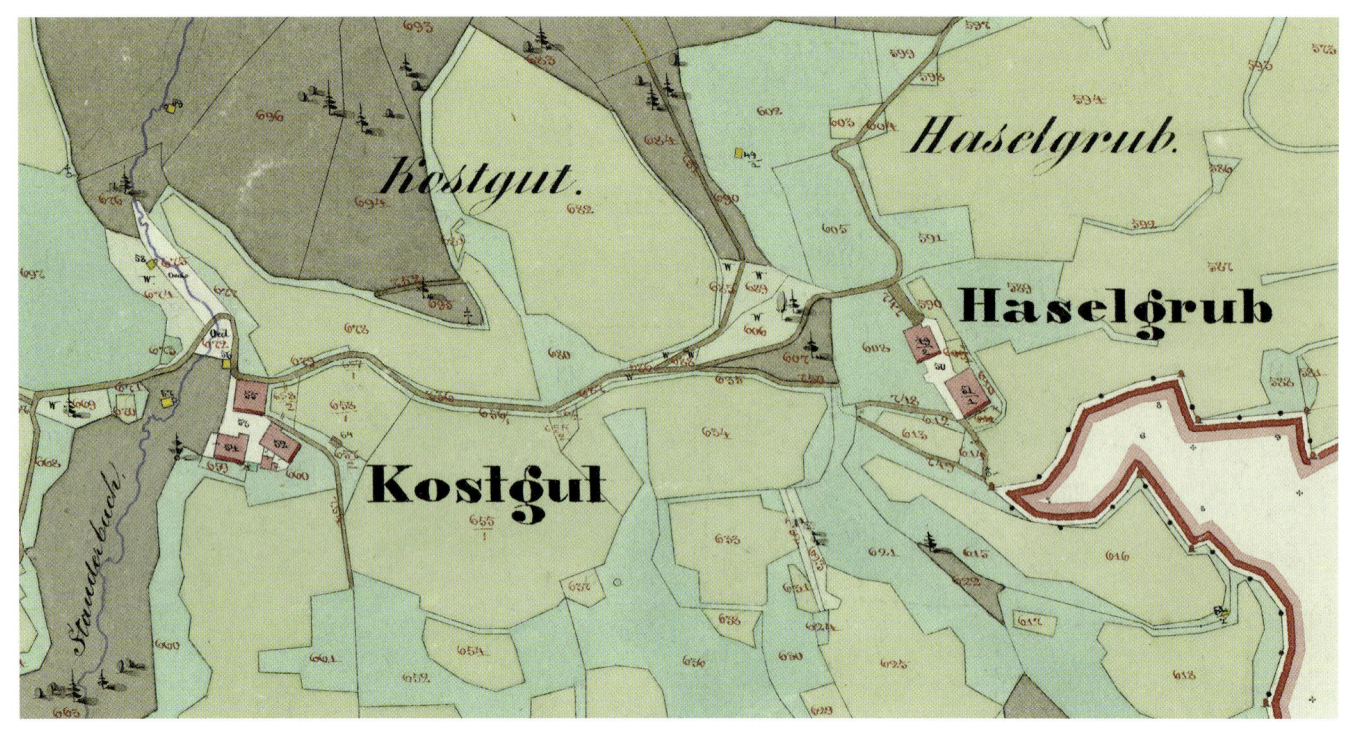

Haselgrube („Haselgrub") und Kopsgute („Kostgut") am Sillianer Berg, Ausschnitt aus dem Franziszeischen Kataster, 1859.

Die Kapelle, „Unserem Herrn im Elend" geweiht, erbaute man nach der Hochwasserkatastrophe 1882, nachdem der Weiler Kopsgute bei einem Murenabgang vor größeren Schäden bewahrt worden war.¹³

Perlung

Überquert man nach der Kopsgute den Stauderbach, erreicht man über die linke Abzweigung nach wenigen hundert Metern den Einschichthof von Perlung.

Vor der Erschließung der Kopsgute in den 1960er-Jahren diente eine Seilbahn zum Material- und Personentransport. Die Talstation befand sich hinter der Arnbacher Kirche, 2001.

Der Hof Perlung am Sillianberg, 2011.

Seit 2005 ist dieser Hof unbewohnt, die Felder sind verpachtet und werden von einheimischen Bauern bewirtschaftet.

Herrnegge

Die Herrnegge ist der westlichst gelegene Hof in der Katastralgemeinde Sillianberg – in sicherer Entfernung vom berüchtigten Tödterbach, der auf seinem Weg vom Thurntaler See bis zur Mündung in die Drau bei Unwettern zu einem reißenden Sturzbach wird. Der Hof steht auf einer Anhöhe und ist vom Tal aus nur schwer einsehbar.

Der Weg in die Herrnegge führt nach der Kopsgute rechts über mehrere Kehren hinauf zum Hof. Noch bis Ende der 1980er-Jahre stand vor dem Haus ein großer, gemauerter Kornkasten, der in den folgenden Jahren abgetragen wurde.

Sehenswert sind die Fresken auf der Hausmauer mit den Abbildungen der Hl. Antonius v. P. und Josef, der Muttergottes mit dem Jesuskind sowie dem Hl. Florian.

Über die Grenzen Österreichs hinaus bekannt ist die „Herrnegge" aus einem anderen Grund: Von 2003 bis 2008 war der Hof Drehort für insgesamt vier Spielfilme der Serie „Im Tal des Schweigens". Im modernen Heimatfilm wird aus der „Herrnegge" der „Christeinerhof", auf dem die resolute Bäuerin Anna (gespielt von Christine Neubauer) zwischen Liebe, Eifersucht, Intrigen, Brand und sogar Mordanschlägen um den Fortbestand ihres Hofes kämpft.

Perlung („Parlung") und Herrnegge; Ausschnitt aus dem Franziszeischen Kataster, 1859.

Die idyllisch und abseits gelegene „Herrnegge" war von 2003 bis 2008 Drehort für die Heimatfilm-Serie „Im Tal des Schweigens".

Aus der mit Malereien geschmückten Herrnegger-Hof-Fassade die Bilder mit Maria und Josef.

Arnbach

Während noch bis in die 1970er-Jahre hinein Arnbach auch räumlich von Sillian klar getrennt war, ist der Ortsteil mittlerweile durch die Ansiedelung von Gewerbebetrieben, aber auch durch privaten Wohnbau entlang der Bundesstraße, mit Sillian zusammengewachsen.

Die B 100 teilt Arnbach in das Ober- und das Unterdörfl; südlich der Bahnlinie liegt Weitlanbrunn, einst legendärer Kurort mit eigener Bahnstation, die heute noch als Haltestelle besteht. Über die Bundesstraße weiter in Richtung Westen führt eine Abzweigung rechts in die „Hube".

Südlich der Bahnlinie liegt der frühere Bauernhof von „Erschbaum", weiter gegen Westen, nördlich der Bundesstraße, befinden sich die Höfe von „Seeber" und „Preindler". Der Holzhof Prugger nutzt ein riesiges Areal als Betriebsgelände sowohl nördlich als auch südlich der Hauptstraße bis zur Staatsgrenze.

Das ehemalige Zollamtsgebäude und die wenige Meter dahinter liegende Staatsgrenze sind das Tor zu Südtirol bzw. Italien. Geschäftiges Treiben, der Geldumtausch in der Wechselstube, das Verzollen von Waren und die aufmerksamen Passkontrollen an der Grenze gehören seit dem Beitritt Österreichs zur EU im Jahr 1995 und dem Inkrafttreten des Vertrags von Schengen (1998) der Vergangenheit an. Zwei Tankstellen sorgen trotzdem für ausreichend Frequenz auf Osttiroler Seite.

Östlich des Zollamtes, das mittlerweile vom Holzhof Prugger genutzt wird, führt eine Abzweigung links

Arnbach, der westlichste Ortsteil der Marktgemeinde Sillian, war bis 1939 wie Sillianberg eine eigenständige Gemeinde. Das Arnbacher Ortszentrum, das „Dörfl", liegt in zwei Kilometer Entfernung zum „Marktl", 2011.

Die Zollstelle bei Arnbach an der Grenze zwischen dem Großdeutschen Reich und Italien; Aufnahme von 1942.

über die Drau in die Fraktion Erlach („Eala") und entlang des Erlbaches, der zugleich auch die Staatsgrenze mit Italien bildet, hinauf auf den Köckberg.

Erlach, Köckberg, Kolbenthal und Huben gehörten bis zur offiziellen Grenzziehung 1920 zur Pfarre Winnebach. Einige Felder von Arnbacher Bauern lagen einst in Winnebach ein. Die mit dem Friedensvertrag von St. Germain (1919) festgelegte Grenze erschwerte massiv die Bewirtschaftung, wodurch infolge auch Flächen zwischen Arnbacher und Winnebacher Bauern ausgetauscht wurden.[14]

Bereits 1556 ist das „gemeinschaftliche Eigentum" von Winnebacher und Arnbacher Bauern urkundlich festgehalten. Bis heute wird auf der „Winnebacher–Arnbacher Alpe" – einer Viehalpe im Bereich des Thurntalers – „der Fortbestand und die Gültigkeit dieser verbrieften Weiderechte trotz Ziehung der Staatsgrenze […] festgehalten."[15]

Arnbach Dorf

Mitte des 19. Jahrhunderts erlebte das bis zu diesem Zeitpunkt überwiegend aus kleineren und größeren bäuerlichen Betrieben bestehende Dorf einen wirtschaftlichen Aufschwung. Südlich der Bahn eröffnete Michael Jesacher im Jahr 1849 das Kurbad Weitlanbrunn mit Unterkünften für 200 Personen. Aufgrund der günstigen Lage entlang der 1871 eröffneten Südbahnlinie durch das Pustertal entwickelte sich das Kurhotel schnell zu einem Anziehungspunkt auch für eine gehobene Gästeschicht aus der Österreichisch-ungarischen Monarchie.[16] Die Gebäude der Familie Jesacher prägen bis heute wesentlich das Ortsbild von Arnbach. Dazu zählen das Gasthaus Dolomitenhof am östlichen Ortseingang, das 1868 errichtete Sägewerk nördlich der Straße und ein Kraftwerk, das 1925 seinen Betrieb als eines der Ersten seiner Art in Tirol aufnahm und Arnbach, Weitlanbrunn, Köckberg und Teile von Sillianberg mit elektrischem Strom versorgte.[17]

Das „Jesacher Futterhaus", ein großes Wirtschaftsgebäude im Unterdörfl, wurde nach der Zerstörung im Zweiten Weltkrieg neu errichtet. Viele Jahre lang beherbergte das Gebäude auf zwei Geschoßen die private Kutschensammlung des Kutschen- und Heimatmuseumsvereins Osttirol, bevor diese aus baulichen und Sicherheitsgründen eine neue Bleibe in Obertilliach fand.

Das Dorfzentrum von Arnbach liegt entlang der in Richtung Südtirol verlaufenden Bundesstraße auf einem Schuttkegel des Tödterbaches. Mittlerweile erstreckt sich die Siedlung über den gesamten Talboden sowohl nord- als auch südseitig der Drau.

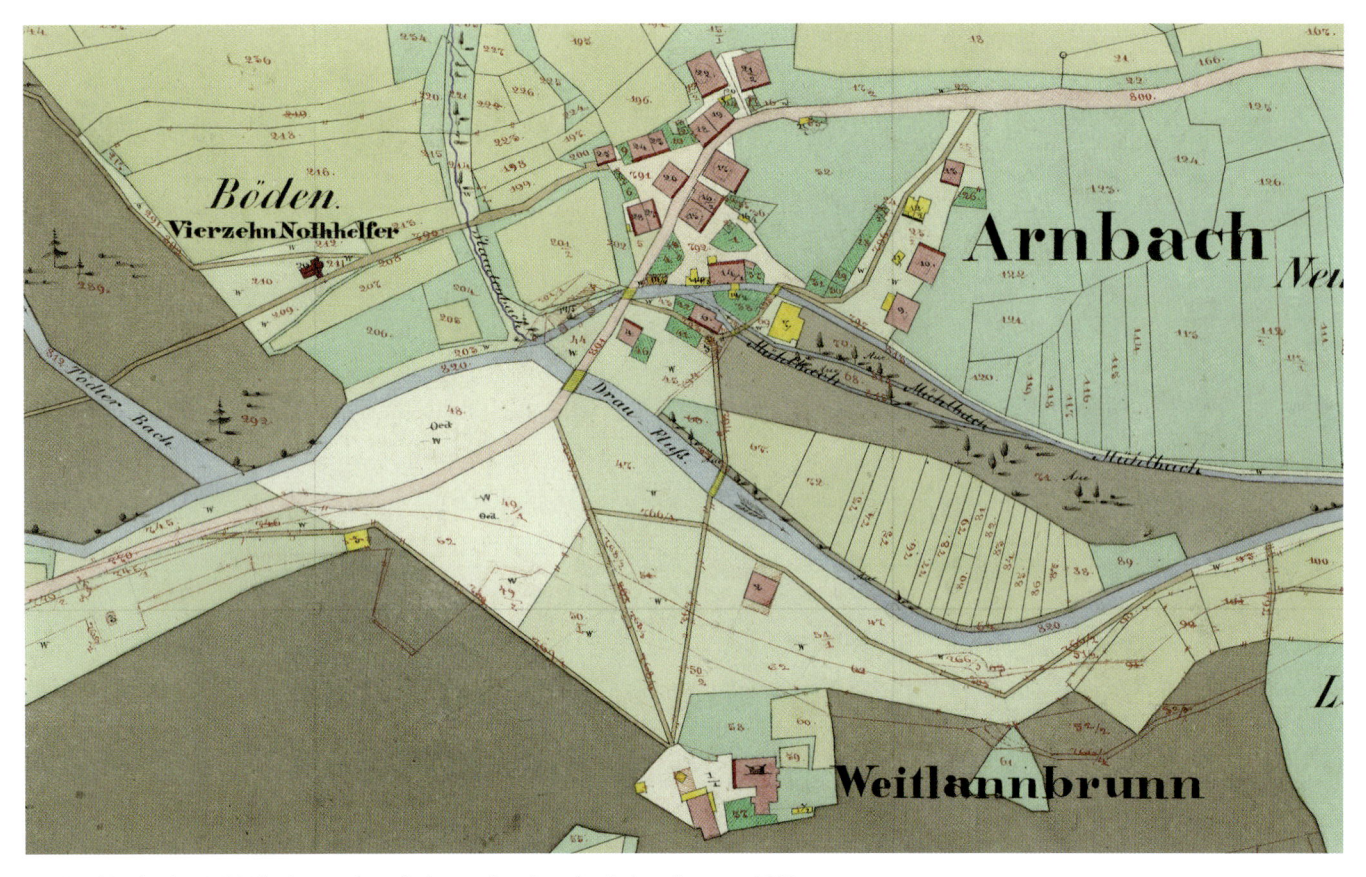

Das Dorf Arnbach mit Weitlanbrunn; Ausschnitt aus dem Franziszeischen Kataster, 1859.

Biegt man auf der Bundesstraße im Dörfl nordwestlich ab, erreicht man über die Gemeindestraße die Arnbacher Kirche mit dem dahinterliegenden Kriegerfriedhof.

Die Kirche ist dem Leidenden Heiland geweiht und wurde im 17. Jahrhundert fertiggestellt. Die Orgel gehört zu den wenigen erhaltenen Werken des einheimischen Orgelbauers Peter Volgger, des wohl

Kriegerfriedhof Arnbach – letzte Ruhestätte für 90 Gefallene und Opfer des Ersten Weltkriegs.

Heutiger Zustand des Alpenhotels „Weitlanbrunn", 2013.

90

Weitlanbrunn war über Jahrzehnte bekanntes und viel besuchtes Kurzentrum. Der Erste Weltkrieg unterbrach jäh die aufstrebende Entwicklung des Ortes; Ansichtskarte aus dem Jahr 1927.

bedeutendsten Vertreters dieser Arnbacher Orgelbauerfamilie.[18] Auf dem 1915 angelegten Kriegerfriedhof, der im Westen an die Kirche grenzt, wurden die Verstorbenen des Lazaretts von Weitlanbrunn bestattet.[19] Südlich des Friedhofs liegt das ehemalige Arnbacher Schulhaus, in dem bis zum Schuljahr 1978/79 Kinder unterrichtet wurden; mittlerweile wird das Gebäude als Jugendherberge genutzt.[20] Westlich, in der Nähe des Schulgebäudes, wurde 2006 ein großes Ausschotterungsbecken im Mündungsbereich des Tödterbaches in die Drau angelegt, das den Ort vor Katastrophen schützen soll. Bereits während der Bauarbeiten hatte dieses Becken mehrere Bewährungsproben zu bestehen: So konnten 30.000 m³ Schlamm und Geröll zurückgehalten werden.

Südlich der Bundesstraße an der Abzweigung nach Weitlanbrunn liegt die 1910 errichtete Villa Pranter, ehemals „Blasinger", die lange Jahre als Gasthof geführt wurde.[21]

Kirche zum Leidenden Heiland in Arnbach, 1910.

Im Tal liegen die Höfe von „Rauter", „Felder" und „Vollgger". Bereits am Hang westlich des Tödterbaches sind die Tödter Höfe sichtbar, 2011.

Westlich der Villa Pranter befindet sich der 2010 fertiggestellte moderne Neubau der Arnbacher Feuerwehr. Außer der Feuerwehr nutzen auch örtliche Vereine die Räumlichkeiten für diverse Veranstaltungen.

Eine Gemeindestraße führt unter einem Durchlass auf die Südseite der Bahn direkt zu dem am Waldrand gelegenen Alpenhotel Weitlanbrunn, das 1990 anstelle des verfallenen, historischen Gebäudekomplexes errichtet wurde.

Hube

Die Einfahrt zum Arnbacher Ortsteil Hube („Huibe") liegt etwa 300 Meter westlich vom Ortszentrum. Das 2011 neu angelegte Gewerbegebiet Arnbach rechts der Bundesstraße bietet für Klein- und Mittelbetriebe Produktions- und Arbeitsplätze. Vorher stand an dieser Stelle der „Knapper-Hof".

Nach der Draubrücke passiert man den Radweg und erreicht über den rechten Stichweg den am Hangfuß liegenden Bauernhof „Vollgger", einst Jagdhaus der Grafen von Görz auf Schloss Heinfels.[22]

„Ober-" und „Untertödter" sind oberhalb von „Vollgger" und über eine eigene, entlang des Tödterbaches verlaufende Straße erreichbar. Die linke Abzweigung nach der Draubrücke führt nach wenigen hundert Metern zu den Bauernhöfen von „Felder" und „Rauter".

Die Drau fließt durch die „Erlauen", die landwirtschaftlich kaum genutzt werden. Das bestehende Retentionsbecken für den Fluss ist zu klein und so wurde im Zuge eines groß angelegten Hochwasser-

Die Erlauen in der Talsohle zwischen Bundesstraße und den Fraktionen „Erlach" und „Huben": Wie hier schaute durch Jahrhunderte der gesamte Talboden im Bereich der Marktgemeinde aus, 2011.

schutzprojektes geplant, ein neues, größeres zu errichten, was aber aus geologischen Gründen derzeit nicht möglich scheint.[23]

„Seeber" und „Preindler" liegen südlich der Drau, direkt an der Bundesstraße. Der Hofname von „Seeber" soll sich von „Seehüter" ableiten und auf die ehemaligen Gefahren, die durch Hochwasserkatastrophen den Ort bedrohten, hinweisen.[24] Südöstlich der Höfe steht die im 19. Jahrhundert errichtete Kapelle zum Hl. Vitus („Veitskapelle"); 2009 wurde sie renoviert.

Die Weiler Hube („Huwe") und Rauter; Ausschnitt aus dem Franziszeichen Kataster, 1859.

Am Fuße des Köckbergs nahe der Staatsgrenze liegt die Fraktion „Erlach" – Blick Richtung Osten, 2011.

Erlach

Zu „Eala", wie die nahe der Staatsgrenze liegende Arnbacher Fraktion genannt wird, gehören neben wenigen Wohnhäusern die Bauernhöfe von „Waber", „Binter", „Pauler", „Portner" und „Lusser".

Unterhalb von „Waber" führt ein Feldweg von Erlach vorbei am „Eala Kreuz" bis zur Grenze. Früher wurde dieser als Kirchsteig nach Winnebach von den Erlachern und Köckbergern genutzt.[25]

Das vor „Portner" stehende Holzkreuz wurde bei der Hochwasserkatastrophe 1882 aus Richtung Südtirol angeschwemmt. Niemand kannte den Herkunftsort, also stellten es die damaligen Besitzer zu Portner vor ihrem Wohnhaus zur Erinnerung an die verheerende Naturkatastrophe auf.

Köckberg

Die Streusiedlung Köckberg erstreckt sich bis hinauf auf 1.460 m Seehöhe. Über mehrere Kehren gelangt man zu den Bauernhöfen von „Gilger", „Raner", „Unterköcker", „Baldele" und „Oberköcker". Eine Straße zweigt rechts in Richtung Osten zum einzeln gelegenen „Steinlamerhof" ab. Ostseitig an der Hofstelle von „Raner" liegt die aus dem 17. Jahrhundert stammende Marienkapelle.

Der Weg hinauf Richtung Kolbenthal führt weiter an den Höfen von „Ober-" und „Unteraigen" und „Winkler" vorbei; ein Stichweg biegt zum „Pfeifer" ab, westlichst gelegener Köckberger Bauernhof nahe der Staatsgrenze am Erlbach. Bis zur Grenzziehung im Jahr 1920 erreichten die Bewohner von Pfeifer über einen Kirchsteig die auf Winnebacher Seite liegende

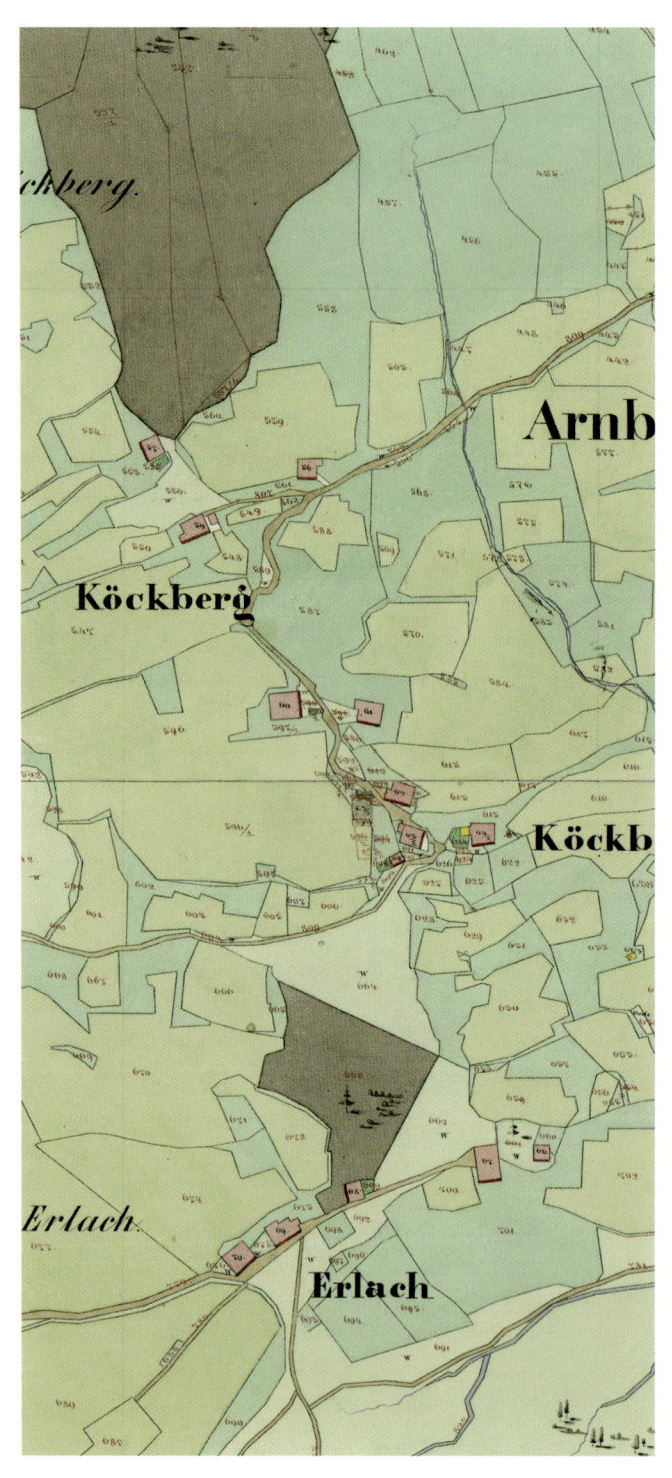

Erlach und Köckberg; Ausschnitt aus dem Franziszeischen Kataster, 1859.

Links der Weiler Kolbenthal, in der Mitte Vollgrube und rechts der Einzelhof Feigental, 2011.

Blick auf den Köckberg mit seinen Bauernhöfen, 2011.

Fraktion „Parggen" und ihre zuständige Pfarre Winnebach.[26] Der höchste Weiler am Köckberg ist Kolbenthal, der aus den Hofstellen von „Hatzer", „Gretler" und „Veidler" – und der Kapelle „Maria Trost", die im Jahre 1838 erbaut wurde – besteht.[27] Wohn- und Wirtschaftsgebäude von Veidler wurden in den 1970er-Jahren neu errichtet. An Stelle der westlich davon gelegenen alten Hofstelle – ein Doppelhof mit Gretler – wurde in den letzten Jahren ein Auszugshaus für den Hofnachfolger gebaut.

Vollgrube – Feigental

Unterhalb von Kolbenthal erreicht man über die Gemeindestraße nach einem halben Kilometer die Vollgrube. „Hieger-Vollgrube" und „Ender-Voll-

Feigental mit Blick Richtung Dreischusterspitze in den Sextner Dolomiten, 2010.

grube" steht bezeichnenderweise für die Lage der Bauernhöfe. So liegt der eine Hof näher bei Kolbenthal („hieger"), der andere weiter draußen („ender").

Einen halben Kilometer weiter liegt Feigental, ein in den letzten Jahren von den neuen Besitzern renovierter Bauernhof.

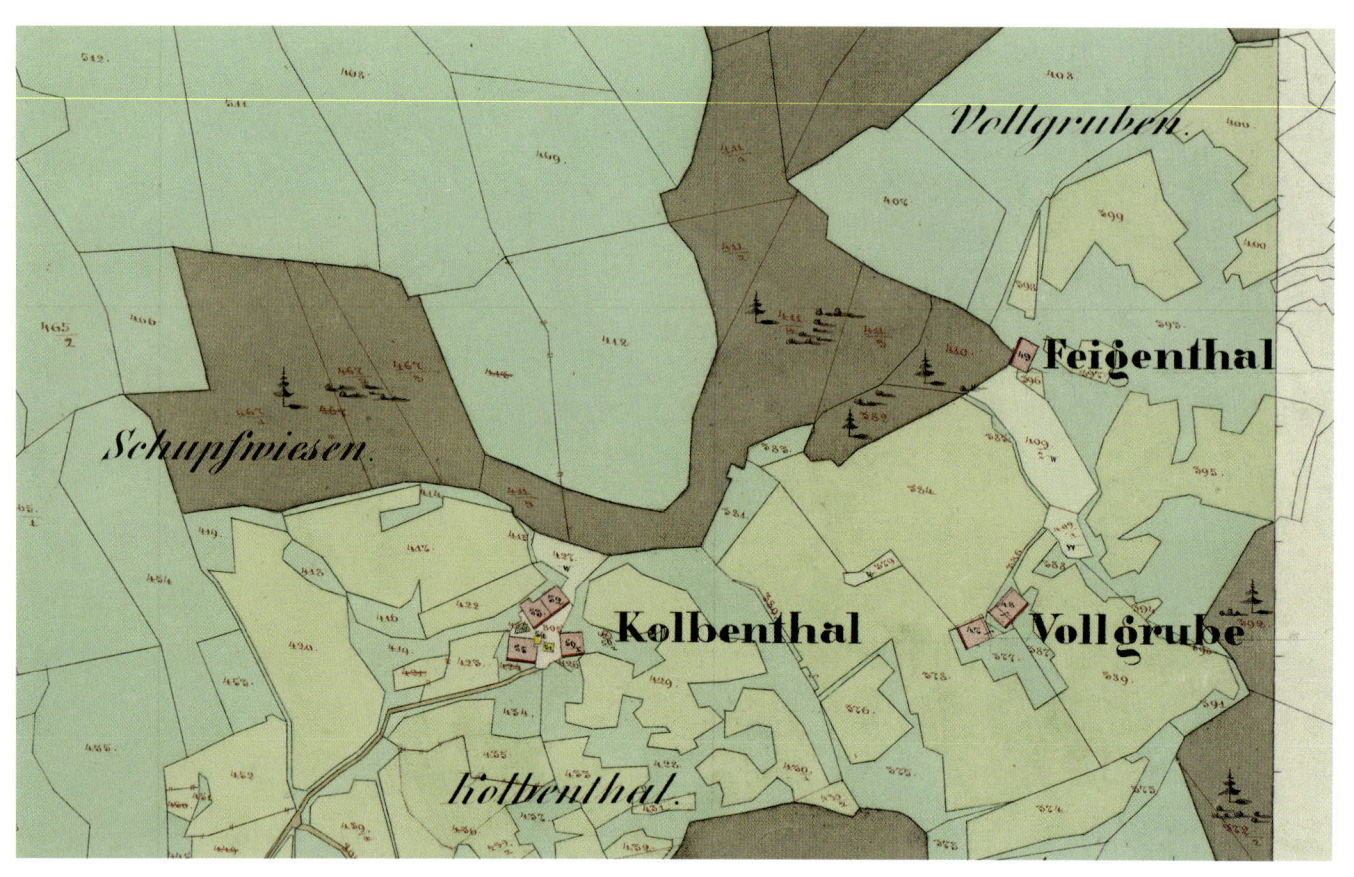

Die Höfe zu Kolbenthal, Vollgrube und Feigental; Ausschnitt aus dem Franziszeischen Kataster, 1859.

Harald Stadler

Sillianer Vor- und Frühgeschichte
Von der Steinzeit zu den Römern

Einleitung

Die West-Ost-Route durch das Pustertal hatte seit jeher eine Bedeutung im Verkehr, der von den Pässen des südöstlichen Alpenraums der Drau und der Rienz ins Eisacktal folgend zum Brenner führt. Wir verfügen weder über Kenntnisse zum genauen urgeschichtlichen noch zum römischen Trassenverlauf[1], für den immer wieder eine Säule aus rotem Gestein[2] in Anspruch genommen wird, die heute vor der Zweigstelle der Lienzer Sparkasse (ehemaliges Gerichtsgebäude) aufgestellt ist. Dieser Meilenstein aus ortsfremdem Buntsandstein[3] ist auch gleichzeitig das älteste Siedlungszeugnis im Kerngebiet des Marktes. Wobei die Kenntnisse zur römischen Besiedlung im Osttiroler Teil des Pustertales trotz einer Reihe von kleineren Untersuchungen[4] nach wie vor noch nicht geeignet sind, ein genaueres Bild zur Erschließung des Raumes zu zeichnen.

In den vorhandenen und viel genutzten Druckwerken, wie der Bezirkskunde Osttirols[5], wird der Siedlungsbeginn von Sillian nach wie vor noch im 8. Jahrhundert n. Chr. angesetzt. Huber beruft sich auf eine Quelle von 769, in der Bayernherzog Tassilo III. an Abt Atto, der später Bischof von Freising wurde, einen Grundbesitz im Pustertal zur Gründung eines Benediktinerklosters übertrug, um von dort aus die Slawen zu missionieren.

Die historische Forschung nimmt für diese Zeit Grenzbauern[6] an, die bewusst in dieser Pufferzone angesiedelt wurden, mit Sonderrechten ausgestattet waren und im Bedarfsfall Kriegsdienst zu leisten hatten. Wir verfügen aber aus dieser Zeit in der Region Sillian über keinen einzigen Bodenbefund in Form etwa eines Grabes, Reste einer Siedlungsstruktur wie Pfostensetzungen oder Mörtelmauern, geschweige denn eines Artefaktes (Waffe, Münze, Keramik, Schmuck etc.).

Auch für die Zeit der ältesten urkundlichen Erwähnung Sillians um das Jahr 1000[7] gibt es bisher noch keinen dinglichen archäologischen Beweis aus dem Gemeindegebiet.

Dies gilt wegen der katastrophalen archäologischen Forschungslage auch für das frühe 14. Jahrhundert, in dem Sillian urkundlich als Dorf aufscheint.[8]

Genauso unerquicklich sieht es für die vorrömischen Epochen der Urgeschichte im heutigen Gemeindegebiet aus.

Erst wenn wir das ehemalige Gericht Heinfels und damit die alte historische Einheit von Sillian und Heinfels betrachten, bringen einige Befunde und Funde etwas Licht in diese frühe Vergangenheit.

Der Ort mit der höchsten Garantie für eine mögliche Erschließung der Ur- und Frühgeschichte des Marktes wurde bedauerlicherweise nie einer archäologischen Untersuchung unterzogen. Es handelt sich dabei um die Pfarrkirche „Zu Mariä Himmelfahrt", die eigentlich ein altes, zumindest bis in das Frühmittelalter reichendes Patrozinium[9] hätte. Christliche Sakralbauten wahren grundsätzlich sehr oft die Platzkontinuität und wie andere Ausgrabungen im Bezirk[10] schon bewiesen haben, können diese eine Fülle von Informationen zur frühen Dorfgeschichte bergen.

Die Höhensiedlung auf Burg Heinfels

Als besonders viel versprechend, ja, geradezu als Schlüssel für die Siedlungsgeschichte des östlichen Pustertales muss der ausgeprägte Burghügel von Heinfels (Abb. 1) angesehen werden. Betrachtet man seine Topographie, dann erfüllt er alle Bedingungen einer Höhensiedlung.

Er liegt auf einer prominenten, im Westen felsig und fast senkrecht zum Villgratenbach abfallenden Kuppe am nördlichen, sonnseitigen Talhang. Der Südhang ist weniger steil und begehbar, Ost- und Nordhang haben eine geringere Neigung und die Kuppe bietet eine günstige Siedlungslage.

Eine ausgedehnte archäologische Untersuchung wäre hier besonders lohnenswert, weil die Menge an umgelagerten Kleinfunden von der Mittleren Steinzeit bis ins Frühmittelalter und die Besetzung des Platzes durch eine mittelalterliche Burg dafür sprechen, dass sich hier ursprünglich ein siedlungsgeschichtliches Zentrum befand, von dem aus sich später die rundum liegenden Dorfsiedlungen entwickelt haben könnten.

Forschungsgeschichte

Bis 1993 fanden nur archäologische Surveys in Form von Begehungen an der Außenseite der Ringmauern statt, die zum Teil Niederschlag in der Literatur[11] gefunden haben.

Im Jahre 1993 erfolgten dann erstmals planmäßige Grabungen im Bergfried von Heinfels[12], die nicht nur Informationen zur Baugeschichte der Burg lieferten, sondern auch zur Entdeckung älterer Siedlungsreste führten, die im folgenden besprochen werden.

Neolithikum

Die während der archäologischen Untersuchung im Bergfried von Heinfels entdeckte Silexpfeilspitze (Abb. 2) mit leicht eingezogener Basis ist im Bezirk eine ausgesprochene Rarität. Dies unterstreicht die Tatsache, dass bisher nur zwei Exemplare bekanntgeworden sind. Diese Geschossspitze kann vorläufig nach wie vor als ältester Begehungsnachweis im Osttiroler Pustertal betrachtet werden.

Abb. 1: Der Burghügel von Heinfels, von Nordosten gesehen.

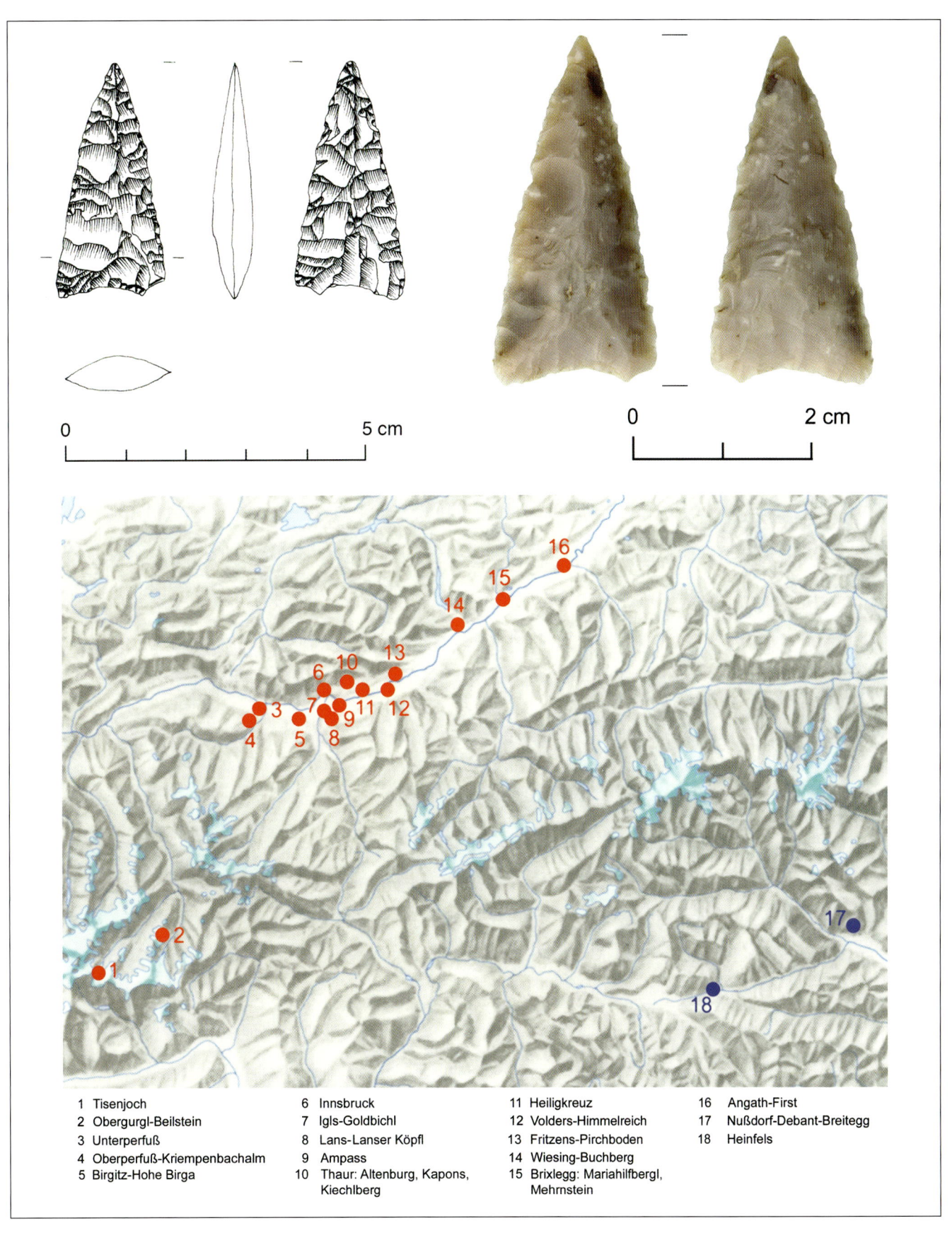

1 Tisenjoch	6 Innsbruck	11 Heiligkreuz	16 Angath-First
2 Obergurgl-Beilstein	7 Igls-Goldbichl	12 Volders-Himmelreich	17 Nußdorf-Debant-Breitegg
3 Unterperfuß	8 Lans-Lanser Köpfl	13 Fritzens-Pirchboden	18 Heinfels
4 Oberperfuß-Kriempenbachalm	9 Ampass	14 Wiesing-Buchberg	
5 Birgitz-Hohe Birga	10 Thaur: Altenburg, Kapons, Kiechlberg	15 Brixlegg: Mariahilfbergl, Mehrnstein	

Abb. 2: Oben: Pfeilspitze aus Silex – unten: Die Fundortverteilung der Silexpfeilspitzen in Nord- und Osttirol, Stand 2008.

Das aus hellbraunem Silex gefertigte Geschoss ist flächig retuschiert und weist eine umlaufende Randretusche auf. Die Schneiden sind leicht konvex gekrümmt, die Basis ist symmetrisch gebildet. Diese Form kommt im alpinen und nordalpinen Raum[13] häufig vor.

Aufgrund von Vergleichen aus gut datierten Fundkomplexen nördlich und südlich der Alpen – die besten Parallelen sind aus Südtirol bekannt – kann das Alter der Geschossspitze von Heinfels in den Zeitraum vom Mittel- zum Spätneolithikum (ca. 4. bis 3. Jahrtausend v. Chr.)[14] gesetzt werden.

Bronzezeit

Aus der Grabung im Bergfried, aber auch aus den verschiedenen Begehungen innerhalb und außerhalb der Burg stammen Keramikbruchstücke (Abb. 3/1–3), vor allem Randformen, die zwar sehr kleinteilig sind, aber durchaus in die Bronzezeit (2200–1300 v. Chr.) datiert werden können.

Urnenfelderzeit: Laugen-Melaun-Kultur

Mehrere ebenfalls in den Auffüllschichten des Bergfrieds, aber auch außerhalb der Ringmauer geborgene Keramikbruchstücke gehören der so genannten Laugen-Melaun-Kultur[15] an. Man versteht darunter eine spätbronzezeitlich-früheisenzeitliche Kulturgruppe (1300–800 v. Chr.), die sich auf das Gebiet Ostschweiz, Südtirol und dem Trentino, Osttirol bis Westkärnten erstreckt hatte und eine spezielle Keramikform (Henkelkrüge mit Schneppen – vgl. dazu die Abbildung 3/6a–b mit einer kompletten Kanne vom Typ Laugen A vom Brandopferplatz Seeberg im Sarntal, Südtirol – und Schüsseln) und -dekor (Stempeldekor) ausgebildet hatte. Weitere Fundplätze mit dieser speziellen Keramik in Osttirol sind das Breitegg, Nußdorf-Debant[16], die Burg in Obermauern, Gemeinde Virgen[17], und der Kirchbichl in Lavant.[18]

Der aber gesichert älteste Keramiknachweis auf dem Heinfelser Burgberg ist ein Randstück mit schräg zueinander gestellten Stempelkerben auf einer aufgelegten Halsleiste.

Dieses Motiv ist typisch für Gefäße der Stufen Laugen-Melaun A bis C und datiert nach Stauffer[19] ins 14. bis 10. Jahrhundert v. Chr. (Abb. 3/4).

Eisenzeit: Fritzens-Sanzeno-Kultur

Cassitti[20] ordnet ein Keramikrandstück aus den Ausgrabungen im Bergfried von Heinfels einer Einzugschale (Abb. 4/1) zu. Er führt aus, dass diese Form im eigentlichen Tiroler Raum erst in der Älteren Eisenzeit stärker vertreten ist und gibt dabei die Gräberfelder von Pfatten und Niederrasen an. Für das Heinfelser Exemplar weist er auf eine breite Datierungsmöglichkeit von Ha B bis zu Ha D (700–450 v. Chr.) hin.

Eindeutig der Fritzens-Sanzeno-Kultur zuweisen kann man das Bruchstück einer frühen Fritzener Schale mit Tannenreismuster (Abb. 4/2–3) sowie ein mit Kammstempel und Riefenzier dekoriertes Bodenstück, das zu einer Schüssel oder Schale mit s-förmigem Profil zu ergänzen ist.

Die metopenartig gegliederte Riefengruppe als Dekor wird ob ihrer Chronologie kontrovers diskutiert[21] und lässt sich allgemein in die Früh- bis Mittellatènezeit (480–320 v. Chr.) datieren.

Auch eine spätlatènezeitliche Lappenschüssel (Abb. 4/6) sowie graphithaltige Kammstrichware (Abb. 4/6–7) derselben Zeitstellung ist mehrfach für den Burghügel von Heinfels belegt.

Römerzeit/Frühmittelalter

Römische Präsenz auf dem Burghügel verraten ein Bruchstück einer Fibel aus Bronze und zwei Keramikfragmente von reduzierend gebrannter Ware, wie sie uns in Aguntum und anderen Stationen derselben

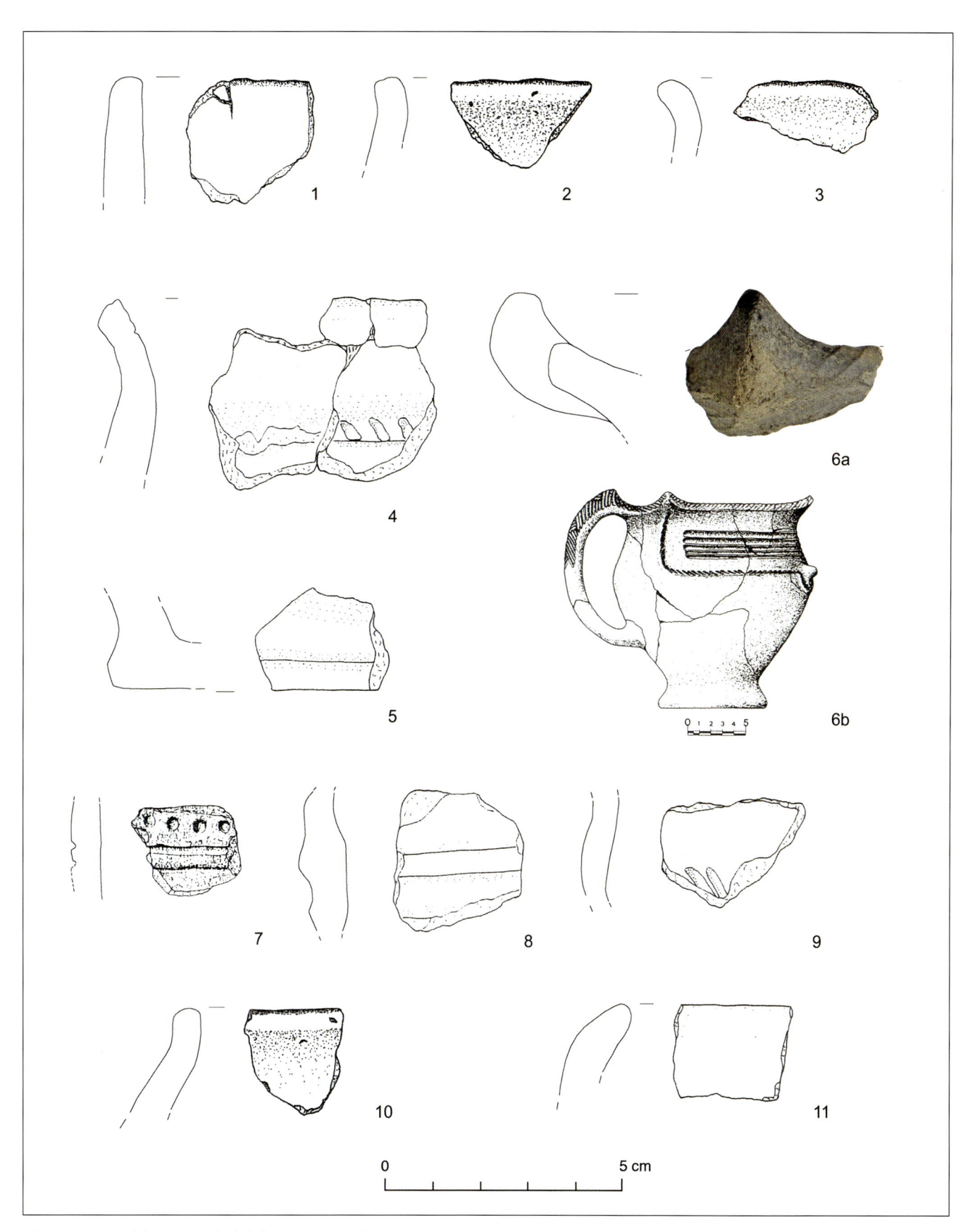

Abb. 3: Burg Heinfels – vorgeschichtliche Keramikfunde.

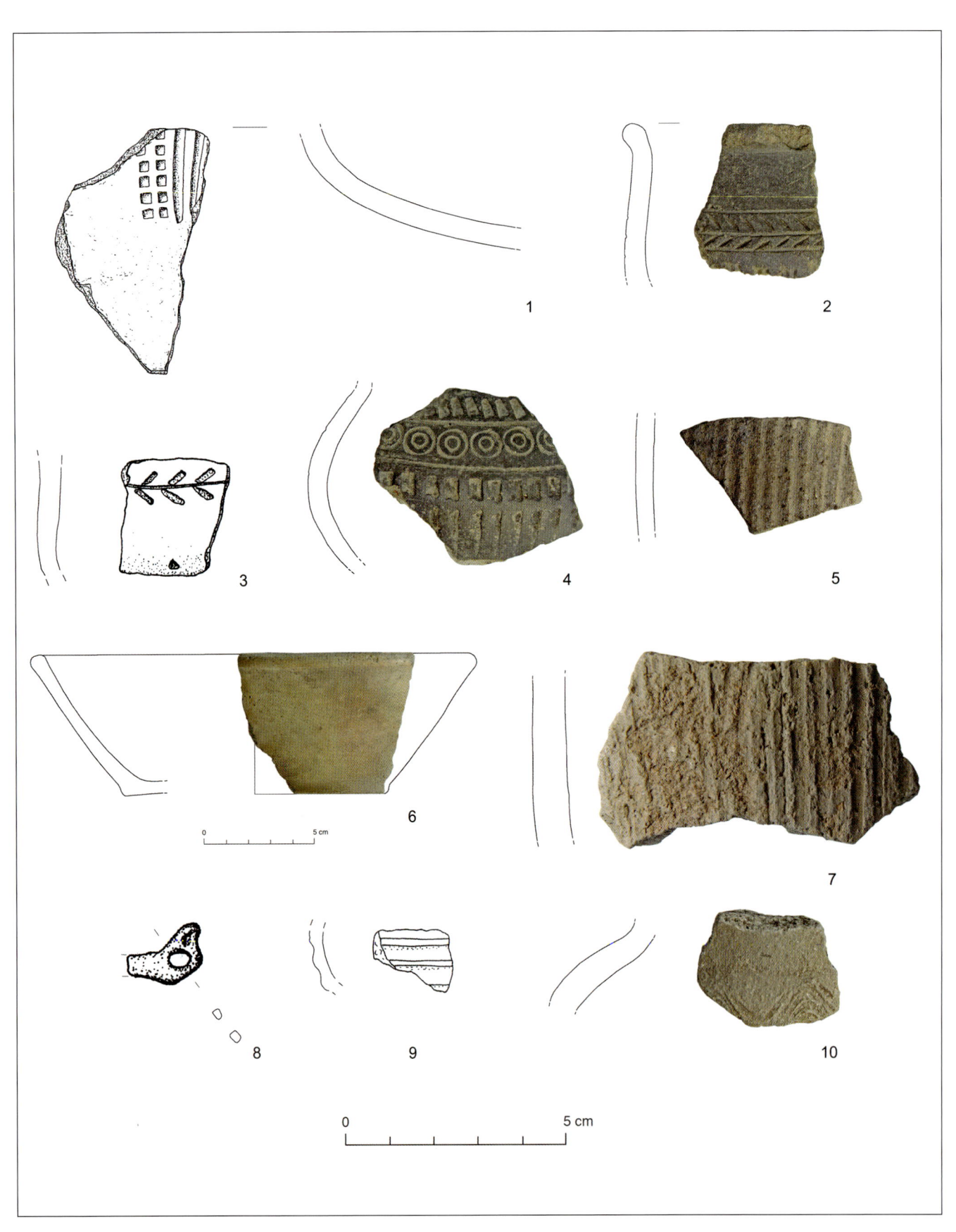

Abb. 4: Burg Heinfels – vorgeschichtliche und römische Keramik sowie ein Metallfund.

Zeitstellung in Osttirol begegnen. Das Nadelfragment einer Hakenscharnierfibel (Abb. 4/8) dürfte aufgrund seiner Größe in die mittlere bis späte Kaiserzeit einzuordnen sein. Cassitti[22] nimmt eine Zwiebelknopffibel oder eine Fibel vom Typ Hrusica[23] an, die im frühen 4. Jh. n. Chr. auftauchen und bis in das 5. Jh. n. Chr. verwendet werden.

Ein Keramikbruchstück mit Wellenbanddekor (Abb. 4/10) findet gute Vergleiche am Lavanter Kirchbichl und belegt, dass die Siedlung auch nach dem 5. Jh. n. Chr. fortbestand.

Die Eisenlanze vom Tessenberger See

Fundgeschichte

Ein deutsches Ehepaar[24], das seit mehr als 40 Jahren in Sillian-Panzendorf Urlaub gemacht hatte und aus Altersgründen nicht mehr nach Osttirol fahren kann, fand in den 80er-Jahren des 20. Jahrhunderts im Uferbereich des Tessenberger Sees auf 2021 m Seehöhe eine Lanzenspitze aus Eisen (Abb. 5). Im Jahr 2010 brachte sie dann Herr Mag. Herbert Ortner[25] in das Institut für Archäologien der Universität Innsbruck zur Begutachtung. Die genauen Fundumstände[26] konnten annähernd rekonstruiert werden. Demnach lag das Objekt am östlichen Ende des Sees, der zu dieser Zeit ziemlich ausgetrocknet war. Das Umfeld war braune Erde, es konnten keine größeren Steine in unmittelbarer Umgebung festgestellt werden.

Beschreibung

Die stark korrodierte Lanze hat eine erhaltene Länge von 19 cm, das Blatt ist schlank und von trapezförmigem Querschnitt. Von der zylindrischen Tülle, an der der Holzschaft befestigt war, fehlt ein größerer Teil. Das durch diese Beeinträchtigungen reduzierte Gewicht beträgt 102,17 g. Im Tülleninneren befinden sich noch Reste von unbestimmtem Holz, dessen Art festgestellt werden könnte, und das auch für Datierungszwecke geeignet wäre.[27]

Höhenfunde

Solche so genannten Höhenfunde sind schon seit Langem bekannt. Sie kommen aber gerade in letzter Zeit durch gezielte Surveys[28] auch in Westösterreich verstärkt zum Vorschein, wobei die Lanzen- oder Speerspitzen aus Bronze und Eisen immer häufiger werden und eine besondere Rolle gespielt haben dürften. Daran anzuschließen ist die Frage, ob es sich um ein bewusstes Opfer an die Götter oder bloß um Verlustfunde von Jägern, Hirten, Erzprospektoren etc. handelt.[29]

Ebenso mit großen Schwierigkeiten verbunden ist die Datierung, weil diese Formen typologisch nicht sehr empfindlich sind und über eine weite zeitliche Distanz streuen. Ohne C-14-Datierung des Holzrestes in der Tülle kann der zeitliche Rahmen für die Verwendung dieser Fern- und Stoßwaffe nur vom 8./7. Jh. v. Chr. bis ins Frühmittelalter (550–1020 n. Chr.) angegeben werden.

Höhenfunde in Seenähe

Schon früh erschloss der Mensch die Regionen oberhalb der klimatischen Waldgrenze. Diese Nutzung ist nur während der schneefreien wärmeren Jahreshälfte möglich und geschieht hauptsächlich durch Jagd und Beweidung. Sie hat Affinitäten zur Viehwirtschaft nomadischer Hirten, deren horizontal ausgerichteter Weidebetrieb in die Vertikale des Gebirges übertragen wird. Wie der Mann vom Hauslabjoch („Ötzi") gezeigt hat, gibt es diese Nutzung bei uns schon seit dem ausgehenden Neolithikum. Aber auch die frühgeschichtliche und mittelalterliche Almwirtschaft wäre ein interessantes und bei uns noch weitgehend unerforschtes Gebiet.

Abb. 5: Tessenberger See – Lanzenspitze aus Eisen.

Hochgebirgsseen genossen besondere Hochschätzung als Rast- und Kultplätze in vor- und frühgeschichtlicher Zeit. So nimmt es auch nicht wunder, dass auch die ältesten Funde in Osttirol aus einer solchen Umgebung stammen. Dazu gehören die mesolithischen Jägerlagernachweise mit vermutlichen Tötungs- und Arbeitsstätten im Bereich der so genannten Planklacke am Hirschbühel, Defereggental[30], genauso wie der Nachweis von Begehung (Erzprospektoren?) in Form von Keramik am Anraser See[31] oder das breit angelegte Forschungsprojekt um den Alkuser See und Pitschedboden in der Gemeinde Ainet mit prähistorischen und römischen Befunden und Funden.[32]

Lanzenspitzen in Osttirol (Abb. 6)

Neben der immer wieder diskutierten Frage nach der Unterscheidungsmöglichkeit zwischen Lanze und Speer[33] versuchen wir, ein Gesamtbild von vor- und frühgeschichtlichen Stangenwaffenspitzen aus Metall in Osttirol zu entwerfen. Dabei sind verschiedene Kontexte zu unterscheiden.

Zu den Höhenfunden gehört eine Lanzenspitze aus Eisen oder Bronze, die uns Anton Roschmann (1694–1760) in einer Zeichnung[34] überliefert. Sie stammt von der Leisacher Alm auf ca. 1.700 m Seehöhe. Nicht weniger als vier Lanzenspitzen verschiedener Form aus Eisen wurden auf dem Pitschedboden in Ainet auf 2.200 m entdeckt.[35]

Als Beigabe innerhalb von Bestattungen sind uns diese Stangenwaffen aus einem Brandgrab am Ende des 6. Jahrhunderts v. Chr. in Matrei, Bruggen[36], bekannt und Formen mit schlankem Blatt und Mittelrippe im Gräberfeld liegen vom Ortsteil Welzelach bei Virgen[37] als typisch männliche Ausstattung vor.

Dazu kommen noch drei gesichert dem Frühmittelalter (6.–8. Jahrhundert n. Chr.) zuzuschreibende Eisenlanzen vom Lavanter Kirchbichl[38] und eine weitere aus Eisen mit Mittelgrat, die 1953 von einem Schüler im Ortsteil Pfister, in der Nähe von Schloss Bruck[39], entdeckt wurde.

Altfunde

Am Schluss wird noch eine weitere Quelle angesprochen, die so genannten Altfunde aus Osttirol, die über eine lange Zeit hinweg, trotz der Gründung des Lienzer Museums „Agunt" im Jahre 1907[40], ins Tiroler Landesmuseum Ferdinandeum[41] eingeliefert wurden. Aus dieser Zeit stammt auch ein 1901 mit der Fundbezeichnung Sillian angekauftes „Gussmodel von Bronze"[42], das in den Sammlungen aber nicht mehr auffindbar ist.

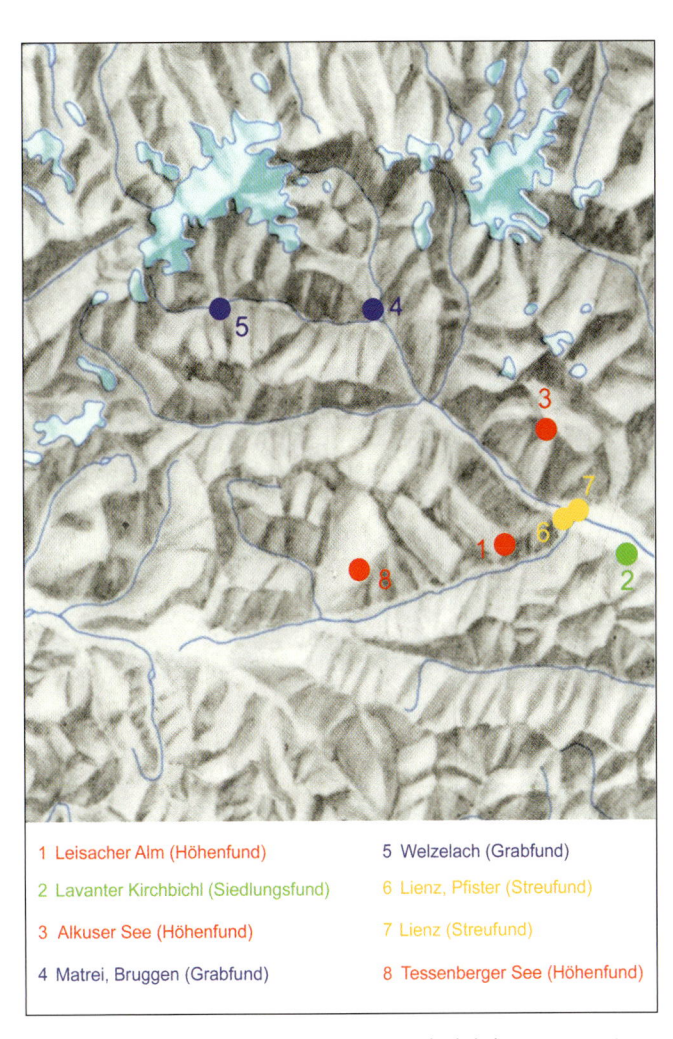

1 Leisacher Alm (Höhenfund)
2 Lavanter Kirchbichl (Siedlungsfund)
3 Alkuser See (Höhenfund)
4 Matrei, Bruggen (Grabfund)
5 Welzelach (Grabfund)
6 Lienz, Pfister (Streufund)
7 Lienz (Streufund)
8 Tessenberger See (Höhenfund)

Abb. 6: Verbreitungskarte vor- und frühgeschichtlicher Lanzenspitzen in Osttirol, Stand 2011; 1 und 7 in Bronze, 2, 3–6, 8 aus Eisen.

Zusammenfassung

Die Vor- und Frühgeschichte von Sillian liegt nach wie vor zum größten Teil im Dunklen. Nur einige wenige Punkte konnten schlaglichtartig vorgestellt werden. Die geringe Anzahl an archäologischen Nachweisen ist mit Sicherheit durch eine Forschungslücke bedingt. Wie schnell sich die Situation in einem Ort ändern kann, wenn man gezielt mittels archäologischer Surveys und mit der Hilfe der Bevölkerung vorgeht, hat in den letzten Jahren vor allem die Gemeinde Ainet mit ihren reichhaltigen Höhenbefunden und Funden um den Alkuser See deutlich unter Beweis gestellt.

Betrachtet man die bekannten und z. T. ergrabenen Funderwartungsgebiete, dann gehört der Burghügel von Heinfels mit dem Lavanter Kirchbichl, dem Breitegg (Nußdorf-Debant), der so genannten Burg bei Obermauern (Virgen) zu den vier Fixsternen innerhalb der vorgeschichtlichen Siedlungen Osttirols, die aufgrund ihres Objektaufkommens und der Baubefunde Anspruch auf eine Kontinuität vom Neolithikum bis ins Frühmittelalter haben.

Das große archäologische Potential für die Siedlungsgeschichte des östlichen Pustertales deutet sich bisher nur an. Vieles an Befunden wird zwar durch die Errichtung der Burg Heinfels in Mitleidenschaft gezogen worden sein. Allein die Flächen, die noch von mittelalterlicher Verbauung frei geblieben sind, bergen noch alle Möglichkeiten in sich, mehr Licht in die Vor- und Frühgeschichte der Region zu bringen.

Egon Kühebacher

Flur-, Hof- und Ortsnamen von Sillian
Denkmäler der Siedlungs- und Sprachgeschichte

Einführung

Der biblische Schöpfungsbericht deutet in einem dichterischen Bild die schöpferische Leistung der Sprache an. Gott führt dem Menschen die gesamte Schöpfung vor und der Mensch gibt ihr und allen ihren Einzelteilen einen Namen. Die geistige Erfassung alles Erschaffenen durch das Medium der Sprache ist somit die schöpferische Leistung des Menschen, die durch die gesamte Menschheitsgeschichte weiterwirkt. Jedes Erforschen und geistige Erfassen eines Gebietes setzt ein Umsetzen des Gebietes in Sprache voraus. Sogar jeder Gedanke wird erst klar und greifbar, sobald er sprachlich genau formuliert ist. Durch die schöpferische Kraft der Sprache bekommt unser Denken erst Zugang zu allen Bereichen und Teilen unserer Lebens- und Arbeitswelt, und je eingehender man sich mit einem Gebiet befasst, desto reicher und vielgestaltiger wird auch der dafür nötige Wortschatz.

Genauso wirkt die schöpferische Kraft der Sprache bei der geistigen Erfassung einer Landschaft. Den Touristen, die in einem ihnen fremden Gebiet eine

Das Hochpustertal in nordöstlicher Richtung vom Heimkehrerkreuz aus fotografiert.

„Ursprung der Trab [= Drau]" westlich von Sillian und Innichen; Ausschnitt aus der Tirol-Karte von Matthias Burgklechner, 1611.

Wanderung machen, genügt die Kenntnis der Namen des Start- und Zielortes und einiger Zwischenpunkte, der Bauer, Förster, Jäger, Hirte und andere, für die dieses Gebiet der Lebens- und Arbeitsraum ist, haben hingegen für alle Geländeteile eine Bezeichnung. Je intensiver ein Gebiet siedlungsmäßig erschlossen und wirtschaftlich genutzt ist, desto enger ist auch sein Namennetz, mit anderen Worten: desto reichhaltiger wird der Wortschatz der Sprache, in die das Gebiet „übersetzt wird".

Die Siedler, die in unseren Tälern sesshaft wurden und im Laufe der Jahrtausende die Urlandschaft in eine Kultur- und Siedlungslandschaft wandelten, prägten Hand in Hand mit diesem Umwandlungsprozess für alle urbar und wirtschaftlich nutzbar gemachten Teile ihres Siedlungsgebietes Namen. Und da die Siedler im Pustertal bis zum Wirkungsbeginn deutscher Grundherrschaften im 7. bis 8. Jahrhundert n. Chr. verschiedenen, nacheinander folgenden Sprachvölkern angehörten, bestehen auch die Namen aus vordeutscher Zeit aus dem Stoff vorkeltischer, keltischer und alpenromanischer Idiome. Jede Siedlerschicht prägte Namen mit dem eigenen Sprachstoff, übernahm aber auch das bereits bestehende Namengut der früheren Siedlungstätigkeit. Auch die Bauern der deutschen, genauer der bajuwarischen/bairischen* Grundherrschaften eigneten sich die bereits bestehenden Namen aus vordeutscher Zeit an.

In den geographischen Namen kann man folglich Denkmäler nicht nur der Siedlungs-, sondern auch der Sprachgeschichte einer Landschaft sehen. Für die Erforschung der Frühgeschichte mancher Teile unseres Gebirgslandes bilden sie nicht selten die einzige Quelle. Archäologen konnten zwar feststellen, dass Menschen schon bald nach der letzten Eiszeit zunächst als Jäger durch unser Pustertal gestreift sind und dann seit dem 2. bis 3. Jahrtausend v. Chr. an siedlungsgünstigen Geländen des Tales auch sesshaft wurden, aber wie diese frühen Siedler gesprochen haben, darüber kann man aus den von ihnen in geographischen Namen hinterlassenen Sprachresten erst seit der im 4. Jahrhundert v. Chr. beginnenden keltischen Siedlungstätigkeit genauere Erkenntnisse gewinnen, da das Keltische noch resthaft auf den Britischen Inseln erhalten und für die Forschung zugänglich ist. Über das Sprachleben vor dieser Zeit kann man aber nur sagen, dass die Siedler bereits Idiome der indogermanischen Sprachfamilie sprachen. Zu den ältesten geographischen Namen gehören in Mitteleuropa die Flussnamen, da sie dem gemeinsamen Wortschatz und der ebenso gemeinsamen Wortbildung des Indogermanischen zuzuordnen sind; dies gilt auch für die Pustertaler Flussnamen *Rienz* (indogerm. *regontiu ergab durch die deutsche Erstsilbenbetonung über *Rionze, Rienze* den Flussnamen *Rienz*, Bedeutung: ‚reißender Bach') und *Drau* (Etymologie ist unklar, zugrunde liegt wohl die indogerm. Wurzel *dreu- mit der Ablautsform *dru-, griechisch *draomai* ‚laufen', hier ‚Flusslauf'). Die häufigsten Namen vordeutscher Herkunft sind alpenromanischer Prägungen, sind also aus dem Stoff der Sprache gebildet, die sich im Laufe der langen Zugehörigkeit unseres Landes (von der Zeitenwende bis ins ausgehende 5. Jahrhundert n. Chr.) zum Römischen Reich durch die Vermischung der bodenständigen keltischen Idiome mit dem Vulgärlatein entwickelt hat und heute noch als Rätoromanisch in Graubünden, als Ladinisch in den Dolomitentälern und als Friulanisch in Friaul gesprochen wird.[1]

Namen vordeutschen Ursprungs

Anders als in den übrigen Gebieten des Landes wurde in unserem der römischen Provinz Noricum zugeteilten Pustertal die von der Antike her reichende Siedlungskontinuität durch die Wirren der Völkerwanderungszeit nahezu zur Gänze abgebrochen, sodass mit der Landnahme durch die bairischen* Herzöge eine Neubesiedlung begann. Vom späten 4. Jahrhundert bis um 500 n. Chr. zogen Hunnen, Vandalen und Westgoten raubend und brandschatzend durch das Tal, wobei nicht nur die bedeutende Siedlung Sebatum (St. Lorenzen) und die Straßenstation Littamum (wahrscheinlich Innichen), sondern auch die blühende Handelsstadt Aguntum (östlich von Lienz) samt der damals bereits bestehenden christlichen Bischofsresidenz gänzlich zerstört und dem Erdboden gleichgemacht wurden. Der Bischofssitz wurde in der Folge auf den Lavanter Kirchhügel verlegt, und dieser letzte Rest der keltisch/römischen Stadt wurde schließlich in den Kämpfen zwischen Slawen und Bajuwaren/Baiern um 610 ausgelöscht. Die Slawen, die, von den Awaren bedrängt, im 6. Jahrhundert in das Pustertal und andere östliche Grenzgebiete des Herzogtums Baiern vorgedrungen waren, konnten bis zur Enns/Salzach-Linie und bis in den Lienzer Raum zurückgedrängt werden. Ihr westlichstes Bollwerk muss vorübergehend die *Gratsch*, das ist die kleine Talstufe zwischen Toblach und Niederdorf, gewesen sein, da dieser Name auf ein slawisches *gradisc-* ‚kleiner, befestigter Platz' zurückgeht (mundartl. *Gratsch*, mit unverdumpftem langen *a*, also Entsprechung für den Sekundärumlaut, entstanden durch das *i* der Folgesilbe in *gradisc-*). Durch die Völkerwanderung wurde das bisherige Siedlungsgeschehen nicht nur im Pustertal, sondern auch in den östlich angrenzenden Gebieten so radikal ausgelöscht, dass nicht nur die Namen der Siedlungen Sebatum und Littamum, sondern auch der bedeutenden Zentren Teurnia (bei Spittal) und Virunum (Magdalensberg/Saalen am Zollfeld) nicht mehr weitertradiert werden konnten und vergessen wurden.[2] Nur aus dem Namen Aguntum (er lautet im Alpenromanischen wohl *Laúntu) wurde im bairischen Munde die heute noch altmundartlich verwendete Lautform *Láuant* für Lavant.[3]

In dieser stürmischen Zeit suchten sich die im Bereich der Pustertaler Haupttalsohle ansässigen Alpenromanen in den Nebentälern und anderen geschützten Geländen des Tales neue Wohnplätze, wo sie ihre Sprache zum Teil noch bis ins Hochmittelalter, im Gadertal und Enneberg sogar bis in die Gegenwart bewahren konnten.[4] Wie wir noch sehen werden, finden sich in diesen einstigen Fluchtzonen noch auffallend viele Flurnamen vordeutscher Herkunft, die im Haupttal nahezu gänzlich fehlen, da es dort nach 610 offenbar keine oder nur mehr so wenige Alpenromanen gab, dass ein Weitertradieren des alpenromanischen Namengutes an die bairischen Siedler nicht mehr möglich war. Weitertradiert wurden lediglich Namen von Geländen entlang der alten Römerstraße wie *Silicana*/Sillian (von Kiesel bedecktes Überschwemmungsgebiet), *Indica*/Innichen (wohl eine einst beliebte Einkehr eines Indius für Durchreisende), *Costa*/Goste (Steilstufe östlich von Olang), *Aulaca*/Olang (Besitz eines Aulos), *Vindojalo*/Vintl (Feld eines Vindos)[5] u. a. Das völlige Fehlen alpenromanischer Namen fällt besonders im Raum von Bruneck auf, wo sich doch einst die bedeutende römische Siedlung *Sebatum* befand. Hier, im Olanger Raum und im westlichen Pustertal, entfalteten nun die Baiern nach 610 im Auftrag ihrer Herzoge eine intensive Rodungs- und Siedlungstätigkeit, aber das Gebiet östlich von Olang sollte zunächst unbesiedelt bleiben, um als Kampfzone zu dienen, da weitere Einfälle der Slawen zu befürchten waren. Aber nachdem Herzog Tassilo III. die Slawen im Jahre 772 endgültig besiegt hatte, war die Gefahr aus dem Osten gebannt, sodass die bairische Rodungs- und Siedlungstätigkeit auch im Talbereich von Welsberg bis Anras in Angriff genommen werden konnte.[6] Die zentrale Leitung dieser Tätigkeit übernahm das Benediktinerkloster Innichen, das Herzog Tassilo III. im Jahre 769 als Eigenkirche des Hochstiftes Freising gründete und mit der Grundherrschaft über den Talbereich vom Gsieser Talbach (*Pidig*) bis zum Kristeinerbach ausstattete. In der Gründungsurkunde wird dieses Gebiet als „öde und seit alters unbewohnt" bezeichnet, was wohl übertrieben, aber doch nicht ganz unwahr gewesen sein dürfte, da ja die Haupttalsohle des gesamten Pustertales, wie bereits ausgeführt, lange Zeit nahezu unbesiedelt war.[7] Der Siedlungsausbau und die Schaffung des Bildes unserer Kulturlandschaft ist ein Werk deutscher Grundherrschaften und ihrer Bauern, im Talbereich vom Kristeinerbach (seit dem 9. Jahrhundert scheint immer der Erlbach bei Abfaltersbach als Ostgrenze auf) bis zum Gsieserbach der Grundherrschaft von Innichen/Freising.[8]

Da in der Gründungsurkunde Herzog Tassilos III. vom Jahre 769 nur die Ausdehnung des Innichner Gebietes gegen Osten und Westen angegeben wurde, mussten in späteren Urkunden (aus den Jahren 788, 965, 974, 1187 u. a.) auch die nördlichen und südlichen Gebietsgrenzen zumindest ungefähr angegeben werden. Dabei finden wir beiderseits Namen von *alpes*, denen zu entnehmen ist, dass die nördlichen und südlichen Nebentäler bis über die Jahrtausendwende herauf großteils nur Almgebiete gewesen waren. Es sind Namen keltischen und alpenromanischen Ursprungs, und zwar im nördlichen Bereich u. a. *Sirminit*/Tschiniet (in Gsies), *Valgra(t)ta*/Villgraten, *Plancho*/Planken (Silvestertal und Außergsies), *Vallesella*/Versell (ober St. Martin in Gsies und in Villgraten), *Alvala*/Alfen (ober Kalkstein), im südlichen Bereich u. a. *Maserola*/Misurina, *Bragas*/Prags, *Plezzes*/Plätz, *Serla*/Sarl (Almgebiete zwischen Höhlensteintal und Prags), *Sexta*/Sexten, *Viscalina*/Fischleinboden (bei Sexten), *Cunasella*/Gsell (bei Sexten), *Nemes*/Nemesalm (Sexten), *Kartitsa*/Kartitsch.[9]

Im Rahmen des vorliegenden Beitrags mag eine Deutung jener Namen vordeutscher Herkunft genügen, die Gebiete im Gemeinderaum von Sillian oder in dessen unmittelbarer Nachbarschaft bezeichnen.

Der Name *Kartitsch*, der nach den genannten Urkunden eine Alm bezeichnet, ist schwer zu deuten. Nach der Volksüberlieferung soll das Gelände von Kartitsch bis ins Hochmittelalter eine Rossalm des Klosters Innichen gewesen sein.[10] Der Name dürfte eine Ableitung von der indogermanischen Wurzel **carra* ‚Fels, steinige Gegend' sein, was für dieses Gelände für die Zeit vor der Urbarmachung wohl zutreffend gewesen sein muss. Es handelt sich um eine Namenprägung alpenromanischer Hirten. Bezeichnenderweise schufen nach der Jahrtausendwende dann deutsche Almbewirtschafter ebenfalls nach dem Fels-Motiv für die Hochweiden über dem steinigen Gelände den Namen *Obstaans* (amtl. Schreibung Obstans), der so viel wie ‚über dem felsigen Gelände' bedeutet und verhochsprachlicht „Obsteins" lauten müsste; mundartlich wird bekanntlich der alte Zwielaut *ei, ai* zu einem langen *a*-Laut, z. B. *Raane* ‚Rain', *Gaas* ‚Geiß' usw.[11]

Der Name *Villgraten* galt ursprünglich nur für den Talteil von Außervillgraten aufwärts. Im Jahre 1140 übergab das Kloster Innichen seinem Vogt Arnold von Morit-Greifenstein einen Wald zu Lehen, der zwischen den Bächen *Swarzaha* (d. i. der aus dem Schwarzsee kommende Staller- oder Villgratenbach) und *Siligana* (d. i. die Sille oder Winkeltalbach) in *Valgratto* liegt, mit dem Auftrag, durch die Eigenleute des Vogtes dort Neurodungen zu schaffen und Höfe zu errichten.[12] Ob damit die Erstbesiedlung dieses Gebietes begonnen hat, ist nicht sicher.

Ich habe in einer anderen Studie[13] nachzuweisen versucht, dass schon vor 1140 das linksseitige Gsieser Tal und Villgraten samt dem dazwischenliegenden Gebirgsgebiet einen in sich geschlossenen Weidewirtschaftsraum bildeten, der gleichzeitig als Rückzugsgebiet der Alpenromanen des Haupttales fungierte. Zudem gehörten zu den Eigenleuten des Vogtes Arnold sicher auch Alpenromanen. Jedenfalls zeigt die Menge der Alm- und Hochweidenamen vordeutschen Ursprungs in Villgraten und im angrenzenden Gsies, dass alpenromanische Hirten schon vor 1140 in dieser Gebirgsgegend gehaust hatten und das alpenromanische Sprachleben hier erst um 1200 gänzlich erlosch, zumal der alpenromanische Name des Tales schon viel früher urkundlich dokumentiert ist. Die intensive Bewirtschaftung begann allerdings erst um

Obstanser See mit Seehütte (2.304 m) am Karnischen Kamm.

Vom Winkeltalbach, als „Siligana" bereits 1140 dokumentiert, soll sich der Name Sillians ableiten.

1140. Die Bevölkerung muss in Villgraten rasch angewachsen sein, da Innervillgraten schon hundert Jahre nach der Beauftragung Arnolds bereits eine eigene Pfarrei wurde, während es im übrigen Stiftsgebiet von Innichen bis ins 17. Jahrhundert nur die Pfarren Niederdorf, Toblach, Innichen und Sillian gab.[14] Der Name Villgraten, der erst später für das ganze bei Panzendorf abzweigende Nebental verwendet wurde – für den äußeren Talteil bestand die Bezeichnung Bruggen[15] –, hat sich nach den urkundlichen Schreibungen aus einem *vallis grata* entwickelt. *Vallis* ‚Tal', für *-grata* gibt es zwei Interpretationen: Es könnte eine Schwundform von lateinisch *acerata*, einer Ableitung von lateinisch *acer* ‚Ahorn' sein, was die Bedeutung ‚Ahorntal' ergeben würde.[16] Einleuchtender ist aber das alpenromanische *grata*, mit dem im Cadorinischen die Krätze und im Gadertal das Reibeisen bezeichnet wird. Der Romanist L. Craffonara schreibt: „Auf der gesamten Länge der orographisch linken Talseite von Innervillgraten ... fallen dem Besucher immer wieder die Stellen auf, wo an den teilweise recht steilen Abhängen nackte, warzenartige Steingebilde aus dem bewachsenen Untergrund hervortreten, oft nur wenige Meter voneinander entfernt, ja von weitem gesehen, scheint manche Stelle damit geradezu übersät zu sein, so dass m. E. eine Assoziation mit verkrusteten Pusteln oder einem Reibeisen etc. ohne weiteres denkbar wäre."[17] Das Benennungsmotiv wären demnach topographisch-geologische Formationen.

Außer diesen früh dokumentierten Namen, die ursprünglich Geländebezeichnungen waren, finden wir in unserem Untersuchungsgebiet noch weitere Reste vordeutscher Namensgebung. Aber vorerst sei eine Anmerkung angebracht, die für den Namen Villgraten und auch andere vordeutsche Namen gilt. Der als *V, v* geschriebene und in vordeutscher Zeit als *W, w* gesprochene Laut wird im deutschen Munde in Namen, die erst nach dem 7. Jahrhundert eingedeutscht wurden, immer zu einem gesprochenen *F, f*, wenn er auch im Anlaut weiterhin durchwegs als *V* geschrieben wird, z. B. *Villgraten, Versell*, im Inlaut findet man hingegen oft die lautlich richtige Verschriftlichung zu *f*, z. B. *Alfen* aus *Alvala*. Nur in vordeutschen Namen, die schon vor dem 7. Jahrhundert in den deutschen Mund gelangten, blieb die vordeutsche Aussprache erhalten, z. B. *Wilten* aus *Veldidena*, *Wipptal* aus *Vibidina*.[18]

Der alte Name *Filpúine* für das von Arnbach zum Füllhorn aufsteigende Frauenbachtal ist nur mehr für einen der obersten Teile dieses Geländes (bereits im Gemeindegebiet von Innichen/Katastralgemeinde Winnebach) erhalten. Der Name gilt auch für eine Alm in Villgraten, auf Karten als *Filpóne* geschrieben, ebenso gibt es auf der Sextner Alm *Nemes* (ein Name keltischen Ursprungs mit der wahrscheinlichen Bedeutung ‚Bergheiligtum'[19]) ein Gelände namens *Filpúine*. Zugrunde liegt ein alpenromanisches *Valbôna*, das ‚gutes Tal' bedeutet. Die alpenromanischen Hirten hatten dieses Tal, in dem sich das weidende Vieh wegen des guten Graswuchses besonders gerne aufhielt, so benannt. Winnebacher Hirten, die das Vieh der aufgelassenen Pojaufer Kaser hüteten, sagten mir: „Wenn das Vieh in der *Filpuine* weidete, brauchte man eine Woche lang nicht mehr nachschauen." Aus dem Namenteil *Val-* wurde wie in *Valgrata*, ein *Vil-* bzw. ein gesprochenes *Fil-*, das hier auch verschriftlicht wird; das *b* von *-bôna* wird im deutschen Mund lautgesetzlich zu *p*, und das lange *ô* vor *n* wird im Pustertal altmundartlich immer zu *ui*, z. B. *Puine* ‚Bohne', *Luin* ‚Lohn', *Kruine* ‚Krone', *Uina* ‚Onach' (Name eines Dorfes im Gemeindegebiet von St. Lorenzen). Dass der aus dem alpenromanischen *Val-* im deutschen Munde zu *Fil-* gewandelte Namenteil später zu *Füll-* umgedeutet wurde, zeigen die Namen des über dem Talschluss aufragenden Gipfels *Füllhorn* und der nach dem Gipfel benannten Wasseransammlung *Füllhornsee*; außerdem sollte die westlich und nordwestlich des Helm sich befindliche Hangverebnung *Fillboden* nicht mit *V-* geschrieben werden.

Wie die bisher besprochenen Namen zeigen auch die nun folgenden die Beibehaltung des alpenromanischen Akzents auf der zweiten Silbe, ein Zeichen, dass das vordeutsche Sprachleben in abgelegenen Gebieten bis um die Jahrtausendwende noch nicht ganz erloschen war. Hingegen setzte sich bei vor dem 11. Jahrhundert eingedeutschten Namen die deutsche und in allen germanischen Sprachen geltende Erstsilbenbetonung durch, sodass z. B. aus dem alpenromanischen *Sigána* die heute noch mundartliche Lautform *Sílgan* wurde. Die neuere Interpretation, dass der Name der frühen deutschen Siedlung Sillian auf ein *(praedium) Siliánum*, das wäre der Besitz eines Römers namens *Silius*, zurückgehe, scheint mir nicht einleuchtend zu sein, denn es ist unwahrscheinlich, dass ein Römer in dieser kalten Gegend ansässig geworden wäre.[20] Freilich ist der Ortsname kaum zu trennen vom Namen *Siligana* des Winkeltales, der in der bereits genannten Urkunde des Klosters Innichen vom Jahre 1140 dokumentiert ist und heute noch als *Sill(e)* gebraucht wird. Da die Gewässernamen durchwegs sehr alt sind, könnte es sich um eine Ableitung des indogerma-

Füllhornsee (Mitte) mit Sillianer Hütte (2.418 m), im Hintergrund die Sextner Dolomiten.

nischen Stammes *sil-, der in mehreren Gewässernamen zu finden ist, handeln, sodass die Siedlung den urkundlich genannten Bachnamen *Siligana* übernommen hätte. Da bleibt noch ein Fragezeichen.[21]

Die in einem starken exspiratorischen Akzent begründete konsequente Erstsilbenbetonung der Wörter ist dem Althochdeutschen eigen, und ohne diese Betonung wäre die Wirkung der althochdeutschen Stabreimdichtung nicht möglich. Durch den Einfluss des melodischen Akzents der romanischen Sprachen und auch des Kirchenlateins nahm die Stärke der exspiratorischen Sprechweise nach der Jahrtausendwende stark ab, sodass die zwei- und mehrsilbigen Namen, die ungefähr nach dem Jahre 1000 aus dem Alpenromanischen ins Deutsche übernommen wurden, ihren Akzent behalten konnten.[22] Im frühen 12. Jahrhundert kam es außerhalb des alemannischen Sprachraumes (Schweiz, Vorarlberg, Baden, Elsass) in den oberdeutschen Mundarten lautgesetzlich zur Verzwielautung der langen Selbstlaute *î*, *û* und *iu* (gesprochen als langes *ü*), die sich zwar in der mittelhochdeutschen Dichtersprache noch nicht durchsetzte, wohl aber in der spätmittelalterlichen bairisch-österreichischen Umgangssprache und schließlich in der neuhochdeutschen Schriftsprache. So blieben die alten Lautformen *mîn niuwes hûs* nur im Alemannischen bis in die Gegenwart bestehen, im übrigen Oberdeutschen wurde daraus nach 1100 *mein neues Haus*; aus einem langen *î* wurde also *ei* (gesprochen *ai*), aus einem langen *û* der Zwielaut *au* und aus einem langen *ü* der Zwielaut *eu*, *äu*, der im Oberdeutschen später zu *ei* (gesprochen *ai*) entrundet wird. Diesem Lautgesetz folgte auch die Lautform der Namen vordeutscher Herkunft. Waren solche Namen nach dem Jahre 1000 ins Deutsche gelangt, so nahmen sie zwar nicht mehr die deutsche Erstsilbenbetonung an, aber ihre Langvokale wurden verzwielautet; kam es zu dieser Verzwielautung nicht, so war im Gebiet dieser Namen das vordeutsche Sprachleben noch vorherrschend.[23]

Hier weitere Beispiele von alpenromanischen Namen mit bewahrtem vordeutschem Akzent, aber mit verzwielautetem langen *î*.: Der Name *Patzlein* (mundartlich *Påzláin*) des kleinen Weilers über Winnebach hat sich aus einem alpenromanischen *picêtu* ‚Gelände mit Föhrenbewuchs' entwickelt. Zur Zeit der bairischen Rodungstätigkeit war hier also noch Wald. Das lange *ê* des vordeutschen Namens war ein geschlossener, langer Laut, der im Deutschen mit einem langen *î* substituiert wurde, und aus dem langen *î* wurde durch die Verzwielautung *ei*, *ai*. Folglich war es zur Übernahme des alpenromanischen *picêtu* zwar wegen der Bewahrung des vordeutschen Akzents erst nach der Jahrtausendwende, aber noch vor der nach deutschen Lautgesetzen wirkenden Verzwielautung des langen *î* zu *ei*, *ai* gekommen. Im Silvestertal blieb hingegen der Name *Kåntschiet* aus alpenromanisch *cannicêtu* ‚Röhricht' vor der Verzwielautung bewahrt; andernorts finden wir dasselbe Etymon als *Kanetschéid*.

Dieselbe Zeit der Eindeutschung haben wir im Namen *Guntscheitl* (mundartlich *Gguntscháitl*), d. i. eine Verkleinerung von *Guntscheit*, für ein Bergmahd am Nordhang des Tales hoch über Sillian, der auf ein romanisches *cannacêtu* ‚Röhricht, Rohrach' zurückgeht.

Durch das geschaffene Schigebiet *Gadein* (gesprochen *G^adáin*) wurde das so bezeichnete Alm- und Wiesengelände nördlich über Sillian weitum bekannt. Es handelt sich um eine mit dem alpenromanischen Verkleinerungssuffix gebildete Ableitung von *cadus* ‚Kessel, muldenartige Geländevertiefung'; aus *cadînu* ‚kleine Gebirgsmulde' wird durch die Verzwielautung des langen *î Gadein*, wobei der unbehauchte romanische Gutturallaut *c* als *G* erhalten ist.

Bezeichnenderweise ist der lange *i*-Laut vom Almnamen *Tofín* im angrenzenden Villgraten nicht verzwielautet, weil dort das alpenromanische Sprachleben eben noch bis um 1200 vorherrschend gewesen sein musste. Der Name hat sich aus alpenromanisch *tovînu* ‚kleine Rinne' (*tovo* ‚Rinne') entwickelt; bei früherer Eindeutschung wäre die Form Tofáin geworden. Ebenso blieb in Villgraten, wo die Verzwielautung überhaupt nicht stattfand, das lange *î* des romanischen

Die "Tafine", Geländekammer im Bereich des Thurntalers; Aufnahme in Richtung Nordwesten.

clîvu im Geländenamen *Gliefen* (gesprochen *gliifn*) nicht verzwielautet.

Das lange *û* wurde im früh eingedeutschten Gebirgsnamen *Gumbriául* verzwielautet, der zwar wegen seiner Abgelegenheit zwischen Villgraten und dem Silvestertal und nördlich über Anras von der deutschen Erstsilbenbetonung verschont geblieben ist, nicht jedoch von der Verzwielautung des langen *û* von galloromanisch *comboro* + *úle*; wir haben hier eine mit dem romanischen Suffix -*ûle* gebildete Ableitung von keltisch *comboros* ‚Schuttanhäufung, Bergsturz, verwittertes Gestein'.[24] Die Übernahme des Namens ins Deutsche muss früh erfolgt sein, weil das alpenromanische lange *û* noch nicht zu *ü* palatalisiert ist, eine Wandlung, die erst im frühen 12. Jahrhundert vor sich ging.

Dass das lange *û* des alpenromanischen Bildungssuffixes, wie eben angedeutet, nach 1100 zu einem langen *ü* wurde, zeigt der Bergmähdername *Tamereil* (gesprochen *Tåmeráil*) im Grenzgelände zwischen Villgraten und dem Sillianer Gemeindegebiet. Das durch die Verzwielautung des langen *ü* entstandene *eu, äu* ergab durch die oberdeutsche Umlautentrundung *ai* (z. B. mundartlich *Lait* ‚Leute', *laitn* ‚läuten'). Zugrunde liegt das alpenromanische *tamara* ‚Hütte' in Verbindung mit dem Häufigkeitssuffix -*üle*, also ein *tamarüle* mit der Bedeutung ‚Hüttenansammlung' (Almdorf).

Dasselbe gilt für den Namen des Bergmahdes *Labasáil* (geschrieben *Labaseyl*) hoch über Sillian am nördlichen Talhang, der sich aus romanisch *lapathiu* + -*üle* ‚Gelände mit breitblättrigem Gras' entwickelt hat (vgl. das mundartliche Wort *Låwase*, das breitblättriges Gras bezeichnet).

Die fehlende Verzwielautung in Villgraten, auf die bereits hingewiesen wurde, gilt dort natürlich auch für das lange *û*, was an vielen Beispielen gezeigt werden könnte, von denen nur *Franúl* genannt sei; aus alpenromanisch *frana* ‚Erdrutsch' + Häufigkeitssuffix *-ûle* ‚Erdrutschgelände'.

Während in der Talniederung des einstigen Stiftsgebietes von Innichen/Freising (von Welsberg bis Abfaltersbach) das aus vordeutscher Zeit stammende Namengut gänzlich fehlt, blieb davon, wie bisher festgestellt werden konnte, in abgelegenen Höhenlagen doch einiges erhalten. Aber in den über dem Talgrund liegenden weiten Geländeverebnungen östlich von Abfaltersbach mit den Siedlungen der Gemeinden Anras und Assling bilden die erhaltenen alpenromanischen Namen ein beachtliches Netz. Hier trifft man fallweise sogar die nicht erfolgte Verzwielautung der Langvokale î, û und iu (langes ü) an, die in Villgraten nahezu gänzlich fehlt, z. B. *Glasír* aus alpenromanisch *clausūra* ‚Einzäunung', *Gardín* aus *cortina* ‚kleiner Hof', neben *Runtscháin* auch *Runtschín* aus *(pratu) rumicīnu* ‚Sauerampferwiese', *Fallatschín* aus *vallicīna* ‚kleines Tälchen', *Stubilíer* aus *stabellîr-* ‚Stallungen' u. a. Das lässt vermuten, dass hier noch neben den deutschen auch alpenromanische Siedler bis ins 12. Jahrhundert gelebt hatten.²⁵

In unserem Untersuchungsgebiet und westlich davon findet man am Sillianer Berg als Gelände- und Hofname den alpenromanischen Flurnamen *Perlung* (aus *pratu longu* ‚lange Wiese') und den Flurnamen *Gampe* (mundartlich *Gåmpe*, aus romanisch *campu* ‚Feld'), am Reiderberg die Höfe *Ober-, Unterparggen* (aus alpenromanisch *baréca* ‚Heuschupfe'), über Winnebach den Gelände- und Hofnamen *Jaufen* (aus vorkeltisch **juvu-* ‚Übergang', hier vom Haupttal ins Silvestertal), am Innichberg den Waldnamen *Refúngge* (aus lateinisch *refungi* ‚sich zurückziehen, fliehen', wohl ein Fluchtort für Herden bei Unwettern) und am südlichen Talhang bei Innichen den Waldnamen *Fumbriáil* (aus alpenromanisch *umbriîlu* mit vorangestelltem *auf*: ‚schattiges Plätzchen für das Almvieh'). Außerdem heißt ein Waldgelände südlich von Toblach *Golfáre* (mundartlich *Golfaare*, auch umgedeutet zu „Kalvarienberg"!). Es handelt sich um eine mit dem Suffix *-aria* abgeleitete Form von romanisch *golfu* ‚busen-, höckerförmige Geländeform'; das bereits in vordeutscher Zeit zu *-aira* gewandelte Suffix ergab in unserer bodenständigen Mundart lautgesetzlich die Form *Golfaare*, da dem alten Zwielaut *ai* mundartlich ein langes *a* entspricht.²⁶ Das romanische *golfu* haben wir auch im Namen *Golfen* für einen höckerförmigen Gipfel im Villgrater/Gsieser Gebirge nördlich von Toblach. Dieselbe Entwicklung haben wir in *Platáre* (mundartlich *Plåtaare*), aus *plata + aira*, die Bezeichnung des ebenen Geländes zwischen Niederdorf und Außerprags. Einen Namen vorrömischen Ursprungs hat *Mélaten* (mundartlich *Mélatn*), ein kleiner Weiler am Berghang ober dem Wallfahrtsort Aufkirchen; das indogermanische **mal-, mel-* mit der Grundbedeutung ‚Berg' bekam in römischer Zeit durch Erweiterung mit dem Suffix *-ata* die Form **Meláta*, in der sich wegen der frühen Eindeutschung schon vor der Jahrtausendwende die deutsche Erstsilbenbetonung durchsetzte; Bedeutung: ‚Bergsiedlung'. Das frühe deutsche Sprachleben im Raum von Toblach lässt auch die Annahme der deutschen Erstsilbenbetonung und die Auswirkung der althochdeutschen Lautverschiebung (D zu T und c zu ch) erkennen: aus keltisch **dublaca* ‚Feucht- Moorgelände' wurde über *Tóblahha* die Lautform *Toblach*.²⁷ Das dem genannten Gipfel *Golfen* benachbarte *Pfannhorn* wurde nach dem tiefer liegenden, einst *Pfanne* genannten Gelände benannt,

Perlung am Sillianberg, 1987.

und diesen Namen finden wir auch in den Geländebezeichnungen *Ober-* und *Unterpfannboden* sowie *Pfannknotten* (zu *-knotten* s. u.) unterhalb des bereits besprochenen *Füllhorns*; es handelt sich hier um eine deutsche Umdeutung von romanisch *vannu* ‚Futterschwinge, flacher Korb' zu Pfanne, und die genannten Gelände haben wirklich sowohl die Form eines flachen Korbes als auch den einer großen Pfanne. Der Name *Wahlen* (mundartlich *Wool*) des Dorfes am westlichen Eingang ins Silvestertal könnte sich aus lateinisch *aquále* ‚Wasserlauf' mit bewahrtem romanischen Akzent entwickelt haben. Westlich von Toblach finden wir auf der Suche nach vordeutschen Flurnamen nur mehr den keltischen Namen *bragas* ‚Sumpf', aus dem sich der Tal- und Siedlungsnamen Prags entwickelt hat, ebenso den Namen *Goale*, mit dem eine enge Waldschlucht südwestlich von Welsberg bezeichnet wird; dem Namen liegt das romanische *gôla* ‚Kehle' zugrunde, die Schlucht ist wirklich kehlenförmig (das lange *ô*, das in der Mundart lautgesetzlich *oa* ergibt – z. B. *hoach* ‚hoch', *roat* ‚rot' –, wurde fälschlich zu *ai* verhochsprachlicht (*Gaile, Geile, Gailhof*). Und eine nahe gelegene Hangverebnung heißt *Pluun* (aus alpenromanisch *plânu* ‚Ebene'); langes *a* vor *n* wird mundartlich zu *uu*, z. B. *Huune* ‚Hahn'; *Fuune* ‚Fahne'; die Berghöfe auf *Pluun* heißen *Vorder-* und *Hinterpluun*.[28]

Endlich sei noch auf den Namen *Blumaue* (mundartlich *Plumáue*) hingewiesen, der nicht nur in Sillian, sondern auch am Waldrand östlich von Obervierschach zu finden ist sowie darüber hinaus im gesamten ostalpinen Raum ein großes Geltungsgebiet hat (dazu gehört auch der Ortsname *Blumau* im unteren Eisacktal). Zugrunde liegt eine Ableitung von lateinischen *pila*, ‚Säule', nämlich romanisch *pilúme*, das ‚Anhäufung aufgeschichteter Baumstämme' bedeutet und dessen Bestimmungswort irrigerweise wegen des

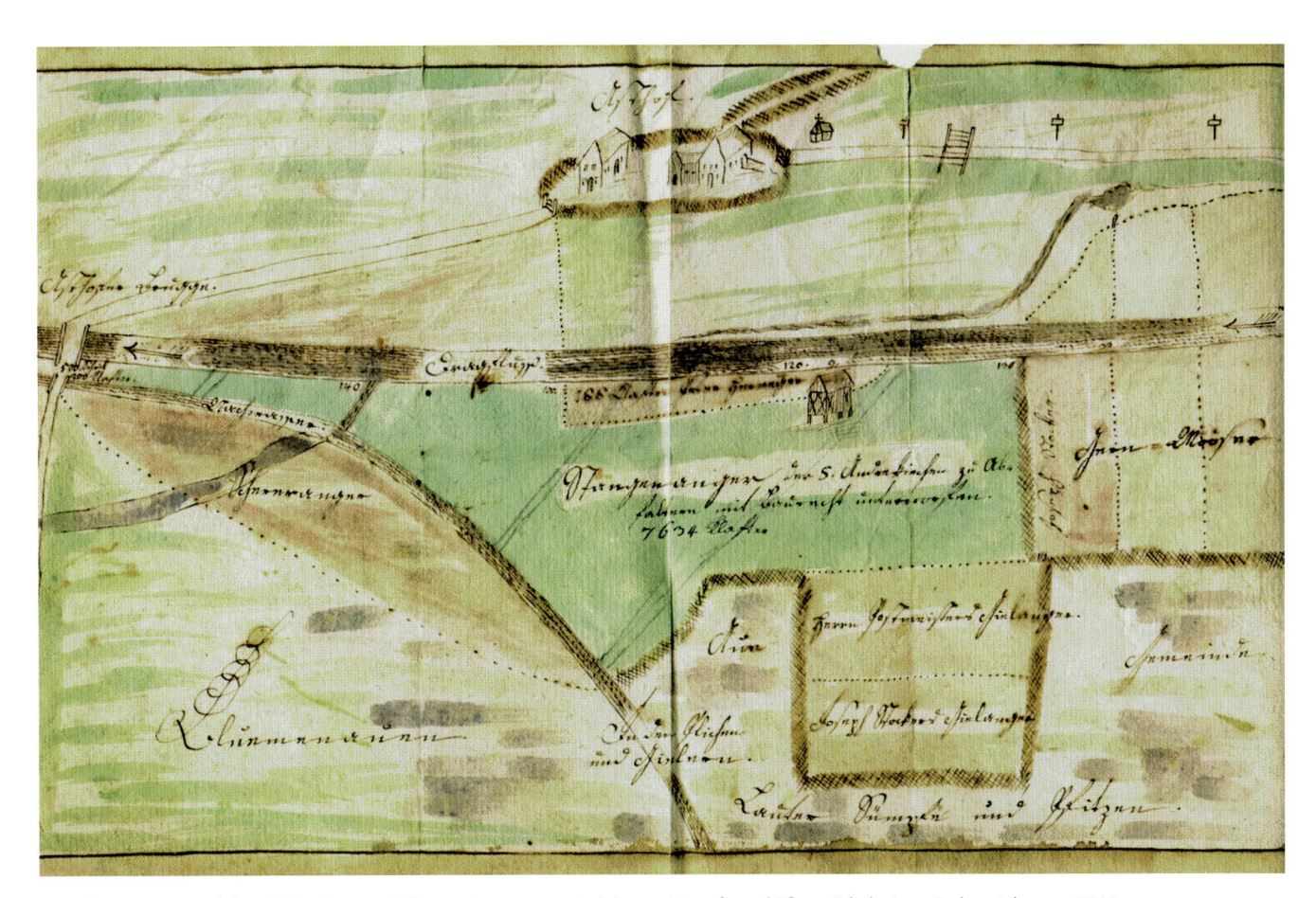

Die „Blumaue" im östlichen Talboden von Sillian – eingetragen sind „lauter Sümpfe und Pfitzen"; kolorierte Federzeichnung, 1830.

Gleichklanges zu *Blume* umgedeutet wurde. Es gibt altmundartlich außer der *Musslplumme* ‚aufgeschichtete zersägte Stämme' auch die *Prigl-* und *Schaiterplumme* ‚Brügel-, Scheiterplumme'. Der Name bezeichnet also eine Aue, auf der das aus dem Wald herabgetriebene Langholz aufgeschichtet wird. Heute ist das Gelände dieses Namens eine östlich an Sillian anschließende Siedlung.[29]

Am Ende unseres Weges können folgende Erkenntnisse über die frühe Siedlungs- und Sprachgeschichte des Sillianer Raumes und der östlich und westlich anschließenden Gebiete zusammengefasst werden: Mit der Gründung des Klosters Innichen als Außenstelle des Hochstiftes Freising durch Herzog Tassilo III. im Jahre 769 kam es im Talbereich zwischen dem Gsieser- und dem Erlbach (den ursprünglich östlich anschließenden Teil bis zum Kristeinerbach hatte bald darauf das Hochstift Brixen seinem Gerichtsgebiet Anras einverleibt[30]) zu einer Neubesiedlung und einem planmäßigen Siedlungsausbau durch bairische Bauern der Grundherrschaft des Freisinger Klosters Innichen. In der Gründungsurkunde Herzog Tassilos III. wird die Missionierung der von Osten vordringenden Slawen als Aufgabe des Klosters Innichen genannt. Aber Missionierung ging damals Hand in Hand mit der Machtausdehnung, Besitznahme, Rodung und Besiedlung neuer Gebiete und nicht zuletzt mit der Germanisierung; religiöse, politische und wirtschaftliche Bestrebungen vermischten sich also, und Religion und Kirche waren Kitt und Bindeglied, durch die alle Interessen zu einer in sich geschlossenen Einheit verbunden wurden.[31] Das Siedlungsnetz der Alpenromanen, die hauptsächlich von der Viehzucht lebten und deshalb, wie dem vordeutschen Namengut zu entnehmen ist, vornehmlich die ausgedehnten Zonen über der Waldgrenze almwirtschaftlich genutzt hatten, wird sicher nur weitmaschig gewesen sein. In der Niederung des Haupttales lebten jedenfalls kaum noch Alpenromanen, von denen die bairischen Siedler die alpenromanischen Namen hätten übernehmen können. Nur die vordeutschen Ortsnamen Toblach,

Innichen und Sillian waren den Baiern bereits seit ihren, oben schon genannten, Kämpfen gegen die Slawen um 600 bekannt und wurden deshalb schon früh nach spracheigenen deutschen Lautgesetzen (Erstsilbenbetonung, 2. Lautverschiebung) umgeformt. Da auch die bairischen Bauern zunächst besonders von der Viehwirtschaft lebten, da die für den Ackerbau notwendigen Böden erst durch harte, den Einsatz aller Kräfte fordernde Rodungsarbeit urbar gemacht werden mussten, dürften im Dienste der Grundherrschaft von Innichen auch einzelne alpenromanische Hirten gestanden sein, von denen alpenromanische Geländenamen in den Almgebieten und den Hochlagen der Talhänge allmählich an die bairischen Siedler weitertradiert werden konnten. Diese „versteckten" Namen werden den bairischen Bauern wegen der fehlenden deutschen Erstsilbenbetonung wohl erst nach der Jahrtausendwende allgemein bekannt geworden sein. In Villgraten blieb aber das vordeutsche Sprachleben noch bis ins späte 12. Jahrhundert vorherrschend, im Gebiet von Anras und Assling kann man ungefähr bis um 1100 ein ortsweises Neben- und Zusammenleben von bairischen und alpenromanischen Siedlern annehmen.

Zeugen aus früher deutscher Siedlungszeit

Dass die bairische Rodungs- und Siedlungstätigkeit gleich nach der im Jahre 769 erfolgten Gründung des Klosters Innichen einsetzte und damit am sonnseitigen Hang knapp über dem Talgrund begonnen wurde, lassen Namenprägungen erkennen, die nur in der frühen deutschen Landnahmezeit nachweisbar sind. Zu diesen Sprachzeugen gehören die Namen *Arnbach* und *Aufkirchen*.

Da dem *A* von *Arnbach* mundartlich ein langes *O* entspricht, hat der Name mit dem Talnamen *Ahrntal*, dessen *A* unverdumpft ist, etymologisch nichts zu tun. Der gleiche Ortsname im Zillertal scheint urkundlich um 1139/1141 als *Narrinpach* auf, und diese Schreibform gibt zweifellos ein gesprochenes *Norre* wieder, das zu den „allerältesten bodenständig-germanischen Sprachresten"[32] gehört und die Grundbedeutung ‚rauer Fels, steiniger Grund' hat. Diese Bedeutung ist für den Schuttkegel im Mündungsgebiet des Töterbaches (Tödterbach) zutreffend.

Wie der Name *Aufhofen* (bei Bruneck) als *Ufhofen* schon vor der Jahrtausendwende urkundlich belegt ist, so findet sich ebenso früh die Schreibung *Ufkirchen* für *Aufkirchen* (bei Toblach). Die Ortsnamenbildung mit dem althochdeutschen *ûf*, dessen *û* im 12. Jahrhundert über *ou* zu *au* verzwielautet wird, findet man nur bis ins 9. Jahrhundert; das *ûf* mit der Bedeutung ‚hoch oben' war bereits im 8. Jahrhundert veraltet und kommt in den althochdeutschen Schriftdenkmälern nur einmal vor, nämlich in dem aus dem 8. Jahrhundert stammenden Wessobrunner Gebet (*ûf himmil* ‚hoch droben im Himmel'). Etymologisch ist *ûf* dasselbe Wort wie englisch und schwedisch *up*, z. B. *Upminster, Uppsala*.[33] Der Name *Aufkirchen* bedeutet somit ‚Kirche hoch oben' (wohl das uralte Heiligtum *St. Peter am Kofel* über dem Dorf Aufkirchen).

In die frühe deutsche Siedlungszeit weisen auch die aus den althochdeutschen Personennamen *Panzo* und *Gôsilo* (deminutive Koseform zu *Gôso*) gebildete Ortsbezeichnungen *Panzendorf* und *Geselhaus*. Das *ô*

Das Dorf Arnbach aus Richtung Süden, 2011.

von *Gôsilo* wird wegen des *i* der Folgesilbe umgelautet, sodass die mittelhochdeutsche Form *Gösel* entsteht, dessen langes *ö* nach der Entrundung mit *ê* zusammenfällt und mundartlich *ea*, also *Geaslhaus*, ergibt. *Panzo* war offenbar der Gründer der dorfartigen Siedlung *Panzendorf* (mundartlich *Pånzndorf*), *Gösel* war der Besitzer des Stammhauses von *Geselhaus*. Der Weilernamen *Heising*, der aus einem älteren *Heusing* (durch Entrundung des *eu*) entstanden ist, bedeutet ‚bei den Angehörigen eines *Heuso*'; *-ing(en)* drückt die Zugehörigkeit aus.

Ebenso in der frühen deutschen Siedlungszeit, in der die Talniederung noch von Nadelwald bedeckt war, wurde der Name *Tassenbach* geprägt; durch die heutige amtliche Schreibung mit Doppel-*s* wurde die etymologisch richtige mundartliche Form *Taasnpåch* mit langem *a* verdrängt. Mit mundartlich *Taasn* ‚Nadelholzzweige' konnte in früheren Zeiten auch ein Gelände mit Nadelholzbewuchs benannt werden; mit *Taasnpåch* wurde ursprünglich der von Kartitsch herabfließende Bach bezeichnet. Das mundartliche *Taasn* hat sich aus keltisch *dagisia* ‚Baumzweig' entwickelt.[34]

Im Ortsnamen *Tessenberg*, der um 880 erstmals dokumentiert ist, steckt der Name des Gründers dieser Bergsiedlung, nämlich *Tessel*; das *a* des Namens *Tassilo* wurde im 8. Jahrhundert durch das *i* der Folgesilbe lautgesetzlich zu einem geschlossenen *e* umgelautet, das sich in der mundartlichen Form *Téssnberk* erhalten hat (Primärumlaut).[35] Bei der Verschriftlichung des Herzognamens Tassilo hielten sich die Schreiber noch an die alte Lautung, obwohl sprechsprachlich bereits *Tessel* galt, das aber wohl, weil von der Schreibsprache abweichend, noch als mundartlich empfunden wurde.

Auch das Alter der von den bairischen Siedlern gegründeten Orte *Niederdorf*, *Winnebach* (mittelhochdeutsch *winnen* ‚wüten' oder *wünen* ‚Weiden', kann also der ‚wütende Bach' oder der ‚aus den Weidegründen kommende Bach' sein; althochdeutsch *winne* ‚Weidefutter') und *Abfaltern* (mittelhochdeutsch *apfalter* ‚Apfel', eher die hier häufige ‚Erlenbeere' der Apfalterstauden), deren Namen aus deutschem Sprachstoff gebildet wurden, reicht noch in die früheste deutsche Siedlungszeit zurück.[36]

Das Namennetz des Gemeindegebietes von Sillian

Nach diesem Überblick über die vordeutsche und die beginnende deutsche Siedlungstätigkeit im gesamten Raum der einstigen freisingischen Herrschaft Innichen widmen wir uns nun der Namenlandschaft des Gemeindegebietes von Sillian. Im Zuge der Schaffung von Kultur- und Siedlungsgeländen wurde das Netz der aus deutschem Sprachstoff gebildeten Namen immer enger. Durch den vom Kloster Innichen und seinen Vögten geleiteten Siedlungsausbau entstand vom 8. bis ins frühe 13. Jahrhundert die Hochpustertaler Kulturlandschaft und damit auch das Bild der Sillianer Kulturlandschaft, das durch das entsprechende Namengitter in Sprache übersetzt und auf diese Weise unserem Denken und geistigen Erfassen zugänglich gemacht wurde (s. o. Einführung).

Im Rahmen dieses Beitrages ist natürlich ein genaues Durchleuchten des engen Namennetzes bis in die feinsten Verästelungen nicht möglich, sodass man sich mit der Anführung einiger Beispiele begnügen muss. Da auch zur genauen Lokalisierung dieser Beispiele nur beiläufige Angaben geboten werden können, ergeht an alle interessierten Sillianerinnen und Sillianer der Aufruf, die genaue Lage der genannten Örtlichkeiten ausfindig zu machen; es handelt sich ja um Namengut ihres engsten Heimatraumes. Auskünfte können außer dem Waldaufseher der Gemeinde auch Waldbesitzer, Holzarbeiter, Jäger und Hirten geben. Zur Behandlung der Themenstellung unserer Studie genügt jedenfalls die getroffene Auswahl.

In welchen aufeinander folgenden Einzelschritten die deutsche Kulturlandschaft entstand, kann man natürlich nur vermuten. Zuerst wurden wohl die siedlungsgünstigen unteren Teile und Geländeverebnungen des sonnseitigen Talhanges sowie die vor Wassergefahren einigermaßen sicheren Teile des Talbodens gerodet und zur Anlage von Wohnstätten gewählt, wobei weite Gelände noch bis in die Neuzeit herein Feuchtgebiete blieben, wie den Bezeichnungen *Aue* und *Moos* (mundartlich *Moss*) und *Möser* (mundartlich *Möiso*) für ‚Moor' zu entnehmen ist. Die Mundart unterscheidet in mittelhochdeutscher Weise noch genau zwischen der Bezeichnung *Moos, Möser* für moorartige Gelände und *Mi^{e}s* für das Moos im Wald (mittelhochdeutsch *mos* ‚Sumpf' und *mies* ‚Moos'). Seit der Jahrtausendwende ergab sich aber wegen der rasch anwachsenden Bevölkerung die Notwendigkeit, den gesamten nördlichen Talhang intensiv zu bewirtschaften und siedlungsmäßig zu erschließen.

Flur- und Hofnamen *über dem Talboden*

Damit entstand die bis in unsere Zeit geltende Teilung des Siedlungs- und Wirtschaftsraumes in Tal- und Berggebiet. Im bodenständigen Sprachgebrauch werden mit dem Wort ‚Berg' niemals die Berggipfel, sondern ausschließlich die besiedelten oder zumindest land- und forstwirtschaftlich genutzten Gelände über der Talniederung bezeichnet.[37] Die Zone über der Vegetationsgrenze und die *Berggipfel* wurden seit alters nach tiefer liegenden Siedlungen, Wäldern, Bergmähdern, Almen u. a. benannt. Als Grundwort für Gipfelnamen kommt folglich *-berg* nie vor, so sind *Sillianberg, Köckberg* und *Erlerberg* nicht Berggipfel, sondern Siedlungen und bewirtschaftete Gelände nördlich über dem Talboden. Grundwörter für Gipfelnamen sind in unserem Untersuchungsgebiet *-horn* (*Füllhorn*), *-eck* bzw. *-egg, -eggele* (*Hornischegg, Hollbruckegg, Scheibenegg, Marcheggele*), *-spitz* (*Hollbruckerspitz*), *-knotte(n)* (*Pfannknotten, Moosknotten, Nagelknotten*) und *-rast, -rastl* (*Hochrast, Zirmrastl*).[38]

Diese Namen sind klar als Prägungen nach tiefer liegenden Geländen erkennbar: das *Füllhorn* nach der einstigen *Filpuine* (s. o.), *Hornischegg* nannten die Hirten von Sillian und Sexten den Gipfel über dem Gelände, in dem die dort weidenden Schafe oft von Hornissen (mundartlich *Hornischn*) geplagt wurden, *Hollbruckegg* und *Marcheggele* geben die Lage über der Siedlung *Hollbruck* bzw. einen Marchpunkt der Gemeindegrenze an, mit *Scheibeneggele* bezeichnete man den Platz, von dem aus einst um Fasnacht die Feuerscheiben ins Tal hinabgeschleudert wurden (der Brauch wurde im 18. Jahrhundert behördlich verboten), *Pfann-*, *Moos-* und *Nagelknotten* sind ebenfalls nach der Geländeform geprägt, in oder über dem sich diese (teils nagelförmigen) Felsen (mundartlich *Knotten*) erheben, *Hoch-* und *Zirmraste* bzw. *-rastl* sind nach dem Zirbenbewuchs benannte Rastplätze für das weidende Vieh, die sich auch auf einer Gipfelkuppe befinden können; das *Bergerrastl* ist kein Gipfel, wohl aber ein Rastplatz für das Vieh der *Berger,* nämlich der Bauern am Sillianberg. Eine *Zirmrast* ist auch am südlichen Talhang.[39] Die Gipfelnamen *Hochrast* und *Hochgruben* mit vorgesetztem *Hoch-* zeigen eine im Ostalpenraum verbreitete altbodenständige Gepflogenheit, die Höhe eines nach tiefer liegenden Gelännden benannten Gipfels besonders hervorzuheben[40]; unterhalb der Gipfelhöhe *Hochgruben* befindet sich das grubenreiche *Gruben*. Die Gipfelkuppe über dem *Thurntal* (dürres, wasserarmes Tal) bekam gleichsam als Wächter dieses Tales die personifizierende Bezeichnung *(der) Thurntaler*. Es könnte sich aber auch um die Bedeutung ‚Donnertal' handeln, aus mittelhochdeutsch *turenen* (im Zillertal als *türnen* ‚donnern' erhalten, der *Turnerkamm* ist der ‚Donnerkamm'). Dem bereits genannten Gipfel *Hochgruben* nördlich vorgelagert ist eine Felsenkuppe, die *Das Wilde Kaarl* genannt wird; *Kaarl* ist die Verkleinerung von *Koor,* das altmundartlich ‚Mulde' bedeutet, hier wohl eine für das Weidevieh gefährliche Mulde. Der Name *Helm* für die erste höhere Erhebung des bei Innichen ansetzenden und ostwärts verlaufenden Karnischen Kammes bezieht sich auf die Form der Gipfelkuppe.

Hornischegg nannten die Hirten den Gipfel (2.550 m) über dem Gelände, in dem die dort weidenden Schafe oft von Hornissen (mundartlich Hornischn) geplagt wurden.

Bis auf *Thurntaler*, *Hochraste* und *Zirmrastl* (nach dem *Zirm*bewuchs benannt) über dem sonnseitigen Talhang sind alle genannten Örtlichkeiten im Bereich des südlich sich hinziehenden Karnischen Kammes.

Wie in anderen deutsch besiedelten Berggebieten finden wir auch hier als Benennungsmotiv die *Geländeform* und *-lage*. So heißen in den gerodeten Teilen des Sillianberges kleine Hangverebnungen *Böden*, stark geneigte Felder und Wiesen *Leiten*.

Diese Namen finden sich auch am südseitigen Talhang: Dort finden wir auch *Höllensteinleiten* und *Höllensteinboden*; das Bestimmungswort bedeutet ‚verborgener unheimlicher Stein'.[41] Ebenso gibt es hier den *Almboden*, eine Hangverebnung des Weidegeländes. Die Lage am sonnseitigen Talhang geben die Namen *Obere* und *Untere Wiesen* (wie auch die danach benannten Höfe *Ober-* und *Unterwieser*) an, ebenso *Eggwiese* für eine hoch am *Egge* (s. o.) liegende Bergwiese und *Drübern Berg* im Grenzsaum gegen das Heinfelser Gemeindegebiet, *Weiden* (mundartlich *Waadn*) heißen Rodungsflächen, die eben nur als Weiden dienen. Eine stattliche Rodungsfläche am Köckberg erhielt den Namen *Großfeld*. An ein alleinstehendes Gehöft erinnert der Name *Eder* (mundartl *Eada* ‚Öder').

Eine breite Hangverebnung nördlich über Sillian ist die *Gissbreite* (mundartlich *Gissprâte*)[42], ein Über-

Ausschnitt aus dem Kataster der Gemeinde Sillian/Mitte (1905), basierend auf dem Franziszeischen Kataster („Urmappe") von 1859. Die Schreibweise der Namen ist nicht immer korrekt.

Die breite Hangverebnung nördlich des Ortszentrums von Sillian ist als „Gissbreite" bekannt.

schwemmungsgelände des einst unverbauten, nach und durch Sillian fließenden Johannesbachls, durch das nach alten Berichten Sillian wiederholt, besonders in den Jahren 1440 und 1599[43] stark vermurt wurde (auch das Hoferbachl hat die Gissbreite als Überschwemmungsgebiet. An einstige Bergmähder erinnern die Namen *Ober-* und *Untermahd* hoch oben am südseitigen Talhang. Ebenfalls am südseitigen Talhang hart an der Grenze gegen das Gemeindegebiet von Heinfels heißt ein Gefälle *Fellriedl*[44], und zwischen *Hornischegg* und *Hochgruben* (s. o.) ist das *Oberloch*. Der Arnbacher Hof *Raner* wurde nach seiner Lage am Rain (mundartlich *Raane*) benannt. Das alte deutsche Wort *Schache* (mundartlich *Schåche*)[45] für eine vorspringende Wald- oder Rodungszunge hat sich mit dieser Bedeutung am sonnseitigen Talhang erhalten. Nach dem in den Villgrater Bach mündenden *Ronebach* ist der *Ronebacher Wald* benannt; im Bachnamen hat sich das althochdeutsche *rono* ‚umgefallener verdorrter Baum' erhalten.[46] Hierher gehört auch die *Weitlahne*, d. i. der weite Lawinenstrich[47] mit dem seit alters geschätzten Heilwasser des *Weitlanbrunns*, dem das nach ihm benannte Hotel seine Entstehung verdankt (hier auch der *Lahnbach*). In der Grenzzone zum Gemeindegebiet von Außervillgraten liegt hoch oben über dem Sillianberg das *Hühnerspiel*, eine weit verbreitete Bezeichnung der Balzplätze von Auer- und Spielhahn. Der Name der Örtlichkeit *Speckenplatz* (mundartlich *Schpeknplåtz*) am südlichen Talhang hat natürlich nichts mit dem geräucherten Schweinefleisch, dem Speck, zu tun; das Bestimmungswort *Specken-* ist das mittelhochdeutsche *specke* ‚Knüppelweg, -brücke'[48], bezieht sich also auf ein (einstiges) sumpfiges Gelände. Der Name *Schlittenhaus* für den mehrere Höfe umfassenden Weiler am Sillianberg (*Bacher, Kraler, Matzer, Geiger, Simler, Löller, Gödner, Höggeler* u. a.) erinnert an das einst rutschige Gelände und hat

Östlicher Teil der Streusiedlung Sillianberg: in der untersten Hofreihe (v. l. n. r.) Bacher, Kraler, Matzer, Geiger, Simler, Löller, Höggeler, Staffinger, Gödner; im Mittelteil (v. l. n. r.) Hofer, Ober-, Unterwieser, Ober-, Unterzelger.

Die Streusiedlung des Köckberges mit den Höfen Pfeifer (ganz oben links), Waber (unten, links außen); im Mittelteil Ober-, Unterköck, Paldele, Pauler, Gilger, Ober-, Unteraigen, Winkler, Gretler, Veider, Hatzer; am Tödterbach (Töterbach) Tödter, darüber Steinlammer, Vollgrube; ganz oben Kolbenthal und Feigental.

mit der etymologisch verwandten Bezeichnung für den Schlitten nur die Grundbedeutung ‚schlüpfrig, rutsch-, gleitgefährlich' gemeinsam.[49]

Angeführt seien auch einige nach *Rodung* und *Bewuchs* geprägte Namen. Hierher gehört der alte Name *Kolbenthal* am Köckberg, dessen Bestimmungswort ‚junge, buschige Bäume', also ‚Jungwald', ist. In einer alten lokalen Beschreibung lesen wir: *„die kolben oder päm darf man nicht hoch schnaiten"*.[50] Hier befand sich also in der frühen Siedlungszeit ein gepflegter Jungwald. Der Hofname *Steinlamer* (mundartlich *Schtaanlåmo*)[51], ebenfalls am Köckberg, bezieht sich auf den steinigen Grund.

Der Name *Erlach* (mundartlich *Eⁱrla*) der östlich von Arnbach gelegenen Siedlung ist eine mit dem Suffix *-ach* gebildete Kollektivbildung[52] und bedeutet ‚Gelände mit Erlenbewuchs' (am Sillianberg gibt es auch die Bezeichnung *Erlerberg*). Eine weitere Kollektivbildung dieser Art ist *Lärchach* (mundartlich *Lärcha*), der Name eines Geländes mit Lärchenbewuchs hoch über dem Köckberg (den Waldnamen *Lärchwald* findet man auch am südlichen Talhang). Das alte deutsche Wort *Schlichte* für Waldblöse[53] finden wir im Namen *Kleinkaserschlichten* am Sillianberg. Nach dem Birkenbewuchs (mundartlich *Pirche*) ist die *Pirchwiese*, wie der danach benannte Hof *Pircher*, ebenfalls am Sillianberg, benannt.

Die *Schupfwiesen* bezeichnen ein im Hochmittelalter durch Rodung geschaffenes Bergmahd mit *Schupfen* für die Lagerung des Bergheues.[54] An durch Brandrodung geschaffenes Wiesengelände erinnert der Name *Brand*, der später auch zur Bezeichnung eines großen Kahlschlages umgedeutet wurde. Eine grubenartige Geländesenke am Sillianberg bekam wegen ihres Haselbewuchses den Namen *Haselgrube,* und der danach benannte Hof *Haselgrube* (später geteilt in *Ober-* und *Unterhaselgrube*) scheint im Zinsverzeichnis des Stiftes Innichen seit dem 12. Jahrhundert auf.

Im östlichen Teil des Sillianberges heißt das Gelände *Bittersberg* (mundartlich *Pittosperk*); der Name wird immer wieder fälschlich als *Pietersberg* verschriftlicht, obwohl er sich auf den bitteren Graswuchs bezieht.

Am südlichen Talhang nannten die Hirten eine raue Geländeverebnung mit einem dürftigen Graswuchs *Rauchboden* (mundartlich *Rauchpoudn*), und unweit davon befindet sich das *Rauchegg* (zu -*egg* s. o.). Da das Futter der Mähfelder am sonnseitigen Talhang und in der Talniederung für eine sechsmonatige Stallfütterung nicht reichte, wurde auch an der Schattseite seit dem Hochmittelalter immer wieder ein *Raut* oder eine *Raute*, d. i. eine durch Waldrodung geschaffene Mähwiese, angelegt.[55] Wegen des Haselbewuchses bekam ein solcher Raut den Namen *Haselraut.* Eine Ansammlung solcher Neurodungen sind die *Neuräuter* (mundartlich *Noiraito*); auch die Kollektivbildung *Rautach* (mundartlich *Rauta*, fälschlich zu *Rauter* verhochsprachlicht, vgl. oben *Erlach*) findet sich. Der Hofname *Rauter* in Arnbach gehört auch hierher, dürfte aber der Familienname eines einstigen Besitzers sein. Dem ursprünglichen Flurnamen *Rautlöd* für einen einst abseits, also *öde* gelegenen kleinen *Raut* verdankt der Hof *Rautlete* (mundartlich *Rautlate*) am Sillianberg seinen Namen. Ein Rodungsname ist auch *Gschwendt*, d. i. eine Kollektivbildung zu schwenden[56], mit dem *Gschwendter Kreuz*.

Der Gelände- und Hofname *Feigental* (mundartlich *Faigntôl*) bezieht sich auf die gefährliche Geländelage. Da das Bestimmungswort das mittelhochdeutsche *veige* ist[57], dessen *ei* hier aber nicht, was lautgesetzlich zu erwarten wäre, mundartlich zu *aa* wurde, muss dieses *Feigen-* dem Sprechen der sozialen Oberschicht, wahrscheinlich der Jägersprache der Herren von Heinfels (Untergebene der Grafen von Görz), entnommen worden sein. Die Bedeutung ist ‚böse, (lebens-)gefährlich' (Siegfried wird im mittelhochdeutschen Heldenepos *veige* ‚todgeweiht' genannt).[58]

Pirch am Sillianberg.

Westlicher Teil der Streusiedlung Sillianberg mit den Höfen (v. l. n. r.): Herrnegge, darunter Perlung, rechts weiter Kopsgute (bestehend aus Lifter, Rautlete, Tädler), Ober-, Unterhaselgrube, Eder, Ober-, Unterwieser, Hofer.

125

Altmundartlich gibt es die Phrase *faige schtian* ‚sich als Ziel(-scheibe) hinstellen' oder *faiga!* ‚ich stehe als Ziel, ich getraue mich'.[59] In das einst herrschaftliche Jagdgebiet passt auch der adelig klingende Name *Hernegge* (*Herrnegge*) für den dort stehenden Hof, der ‚Ansitz eines Herrn' bedeutet.[60]

Auch als Angabe der *Funktion* einer Örtlichkeit wurden manche Namen geprägt. Dazu einige Beispiele: Der Name des Geländes *Vollgruben* und der danach benannten Höfe *Ender-* und *Hiegervollgrube* ist durch eine bedeutungsmäßige Umdeutung zu „Fallgrube(n)" (mundartlich *Fållgruibe, Fålgruibm*) entstanden und erinnert an die Zeit bis um 1800, in der es im Pustertal noch Wölfe (ein *Wolfstal* befindet sich am südlichen Talhang), Bären und andere für Mensch und Vieh gefährliche Raubtiere gab, die durch Fallgruben eingefangen und unschädlich gemacht werden konnten.

Der *Infång* ‚Einfang' am Waldrand südlich von Arnbach ist ein eingezäunter Weideplatz für das Vieh. Nach einem oberen und einem unteren Brunnentrog, also nach zwei Tränken für das Weidevieh, wurden die am südlichen Talhang liegenden Waldgelände *Ober-* und *Untertroge* benannt. Ein gutes Trinkwasser für die Siedler am sonnseitigen Talhang bot und bietet hingegen die dort sich befindliche Quelle *Kaltbrunn* (mundartlich *Kåltprunne*), nach der auch das umliegende Gelände benannt wird. An der Waldgrenze des südlichen Talhanges befindet sich, auf drei Weideflächen aufgeteilt, die Alm *Leckfeld*, deren Namen ursprünglich wohl nur für jenen Teil des Almgeländes galt, auf dem das Weidevieh das von den Hirten ausgestreute Salz auf*leckte*. Wie dieser Name ist auch *Losplatz* (mundartlich *Lousplåtz*) eine Prägung der Hirten für einen *Platz* nahe und nördlich über der Talniederung, auf dem die bis dahin geschlossen geführte Herde *lousgelassen* wurde, d. h., wo sich die Herde auflösen konnte. Die gleiche Funktion hatte die *Loswiese* (mundartlich *Louswiise*) südlich des Marktfleckens. Ebenso finden wir hier wie in allen Wäldern die *Riesen,* das sind die waldfreien Schneisen, über die vor der Schaffung von Forstwegen die zerschnittenen Baumstämme (*Musseln*) ins Tal befördert wurden: *Große Riese*, *Grüne Riese* mit dem dort befindlichen *Grünriesewald*. Das Bestimmungswort *Ast-* des Hofnamens *Asthofer* lautete ursprünglich *Aste* (mundartlich *Aaschte*) und bezeichnete ein Weidegelände für Schafe. Zugrunde liegt ein mittelhochdeutsches *ouwist* ‚Schafpferch, -hürde'[61], das über *ougist ougst*, *aust* lautgesetzlich zur mundartlichen Lautform *Aascht()e* wurde[62]; das einst allnächtliche Versetzen des Schafpferches war ein Düngeverfahren, das eine Form der Schafalmwirtschaft war. Der *Asthof* (mundartlich *Aaschthof*) betrieb diese Wirtschaftsform.[63]

Gschwendt (Gemeinde Heinfels); Aufnahme aus nördlicher Richtung.

Vollgrube am Köckberg.

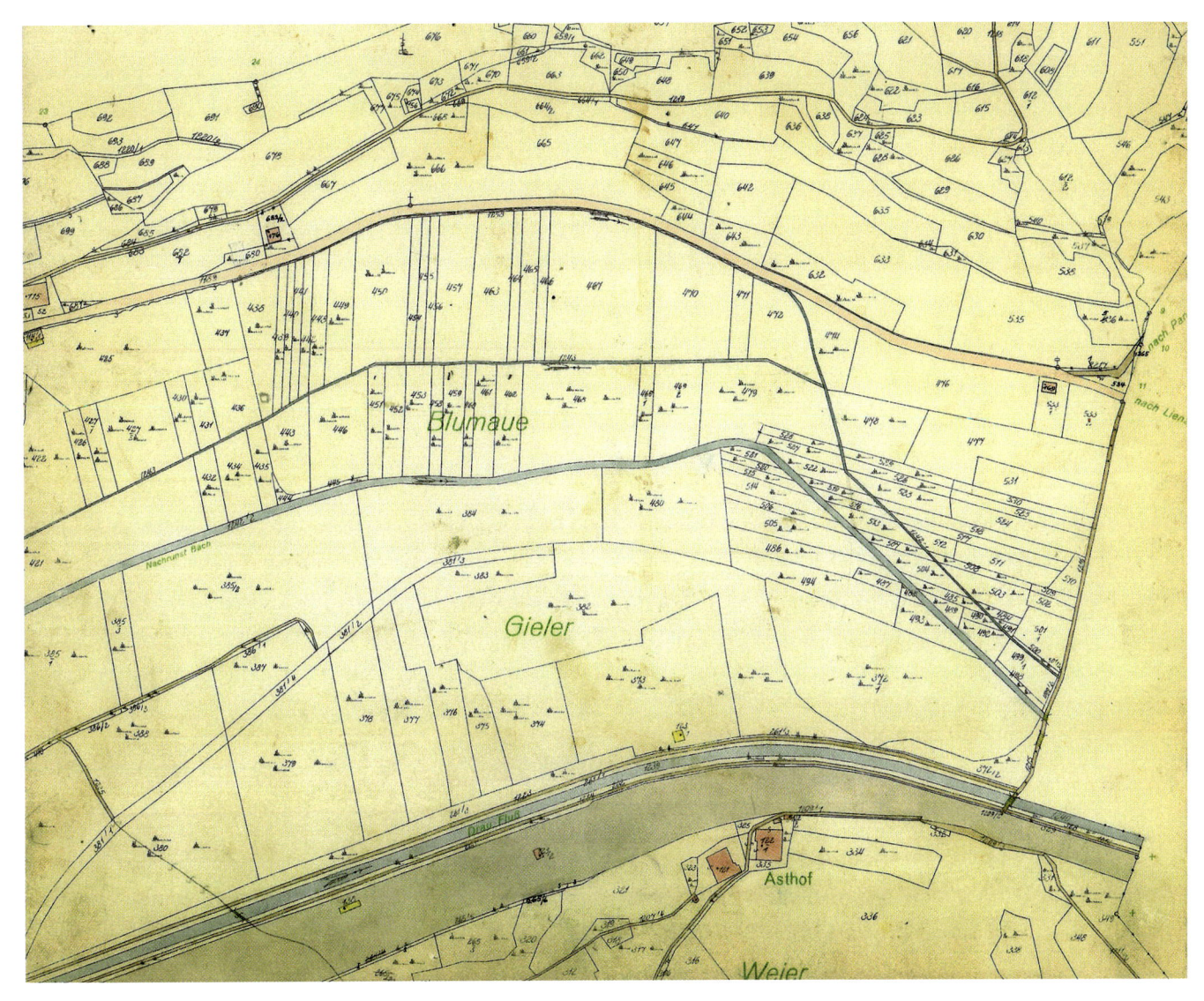

Ausschnitt aus dem Kataster der Gemeinde Sillian/östlicher Teil, 1905.

Nach dem Hof ist auch der *Astrain* (mundartlich *Aaschtrâne*) benannt. Einem ursprünglichen Flurnamen verdankt auch die Hofgruppe *Stalpen* (mundartlich *Schtålpm*) am Sillianberg seinen Namen; urkundlich erwähnt: 1305 *swaiga apud Stalpoum* ‚Schwaighof beim Stallbaum‘, d. i. ein Baum, der als Unterstand für das Weidevieh bei Gewittern dient.[64] Dazu gehören die Höfe *Ober-* und *Unterzelger,* deren Bezeichnung auf den Flurnamen *Zelge* zurückgeht, womit in der mittelalterlichen Dreifelderwirtschaft der jeweils gerade angebaute Teil des Ackerlandes bezeichnet wurde.[65] Der Hofname *Höggeler* (mundartlich *Höggila*) in Schlittenhaus am Sillianberg ist eine Ableitung des alten Mundartwortes *Högl,* das ‚Zuchtstier‘ bedeutet[66]; der als *Höggeler* (in Schlittenhaus) bezeichnete Hofinhaber hielt also den Gemeindezuchtstier. Schwer zu deuten ist der Name *Paukschenplatz* (mundartlich *Pauggschnplåtz*) für ein Waldstück am südlichen Talhang. Im Bestimmungswort *Paukschen-* könnte man eine mundartliche Verballhornung der urkundlich (1341) genannten Bezeichnung *paugeschirre* ‚landwirtschaftliche Geräte‘[67] sehen; wenn diese Vermutung stimmt, wäre ein Platz gemeint, auf dem die Arbeitsgeräte für die Gewinnung des Bergwiesenheues gelagert wurden. Woran kann die Örtlichkeit *Gärberplatz* (so geschrieben; mundartlich

Garbaplåtz) erinnern? Wegen des üblen Geruchs, der durch das Gerben der Felle entsteht, waren die Gerberwerkstätten seit alters immer außerhalb der Siedlungen, doch kann das wegen der großen Entfernung vom Marktflecken hier nicht zutreffend sein; wohl aber kann angenommen werden, dass die Gerber in diesem Teil des Waldes die Gerberlohe aus den Baumrinden gewinnen konnten. Hierher gehört auch das *Schützenmahd,* wo die Schützen das Mährecht haben und über dem die vom Krieg Heimgekehrten gemeinsam mit den Schützen das *Heimkehrerkreuz* errichteten. Zum Schützenwesen gehört auch die Bezeichnung *Alter Schießstand.* Den verbreiteten Hofnamen *Erschbaumer* (auch Familiennamen)[68] finden wir auch in Arnbach. Zugrunde liegt die aus mittelhochdeutsch *êspan* entwickelte mundartliche Bezeichnung *Éaschpån* für eine gemeinschaftlich genutzte Weide; wegen der lautlichen Ähnlichkeit an Kerschbaum angelehnt, entstand die Form *Erschbaum(er).*

An eine einst wichtige Tätigkeit im Dienste der von den Herrn von Heinfels ausgeübten Hochgerichtsbarkeit der Grafen von Görz und ab 1500 der Grafen von Tirol erinnert der Arnbacher Hofname *Waber* (mundartlich W*aaba,* der wohl aus einem älteren *Wabl(er)* verkürzt wurde. Zugrunde liegt das mittelhochdeutsche *weibel*[69], dessen *-ei-* lautgesetzlich zum mundartlich langen *aa* wurde; das mittelhochdeutsche *weibel* bezeichnet den Gerichtsdiener, den Büttel und auch den Helfer eines Henkers. Unweit des Hofes *Waber* befand sich der Galgen, wo die Todesurteile des Heinfelser Richters vollstreckt wurden, wobei der *Waber* einen bestimmten Dienst auszuüben hatte. An das einstige Gerichtswesen erinnert auch der Sillianer Hausname *Tagger* (mundartl. *Tågga*), den wir an mehreren Orten der alten Landgerichtsbezirke von Welsberg und Heinfels/Sillian finden. Der Name hat sich durch Kontraktion aus *Tadinger* ‚Fürsprecher, Verteidiger beim Tading, d. i. beim Gericht' entwickelt. Der *Tagger* fungierte auch als Friedensrichter.[70]

Außerdem gibt es Hof- und Geländebezeichnungen nach *Besitzernamen.* Hier muss zunächst grundsätzlich angemerkt werden, dass es bis um 1600 und im östlichen Pustertal sogar noch länger keine vererbbaren Familiennamen gab, wohl aber wurde schon seit dem Hochmittelalter zur näheren Identifizierung einer Person dem Taufnamen ein Beiname angefügt. Die häufigsten Beinamen sind hier die Hofnamen, außerdem auch Gewerbebezeichnungen und allerlei Übernamen. Es ist deshalb nicht immer genau feststellbar, ob der angegebene Besitzername noch ein auswechselbarer Beiname war (wenn der Inhaber eines Hofes einen anderen Hof übernahm, wechselte er auch den Beinamen) oder bereits als ein vererbbarer Familienname galt.[71]

Der *Köckberg* verdankt seinen Namen den Höfen *Ober-* und *Unterköck,* die wahrscheinlich die ältesten Höfe im Gelände zwischen dem *Reiderberg* (Katastralgemeinde Winnebach) und dem *Töterbach* (nach den Höfen *Ober-* und *Untertöter* benannt) sind. Eine zugewanderte Familie, deren Oberhaupt den Beinamen „Köck" führte, hatte im Spätmittelalter den ersten Hof in diesem Gelände errichtet, der von den Nachkommen in der Folgezeit in *Ober-* und *Unterköck* aufgeteilt worden war. Da es in alten Zeiten östlich von Vierschach das Anerberecht nicht gab[72] und folglich der Hof von den Erben geteilt werden konnte, wurden die benachbarten Höfe allmählich von weichenden Geschwistern der Sippe *Köck* erbaut. Der Beiname

„Waber" im Ortsteil Erlach („Eala") in Arnbach.

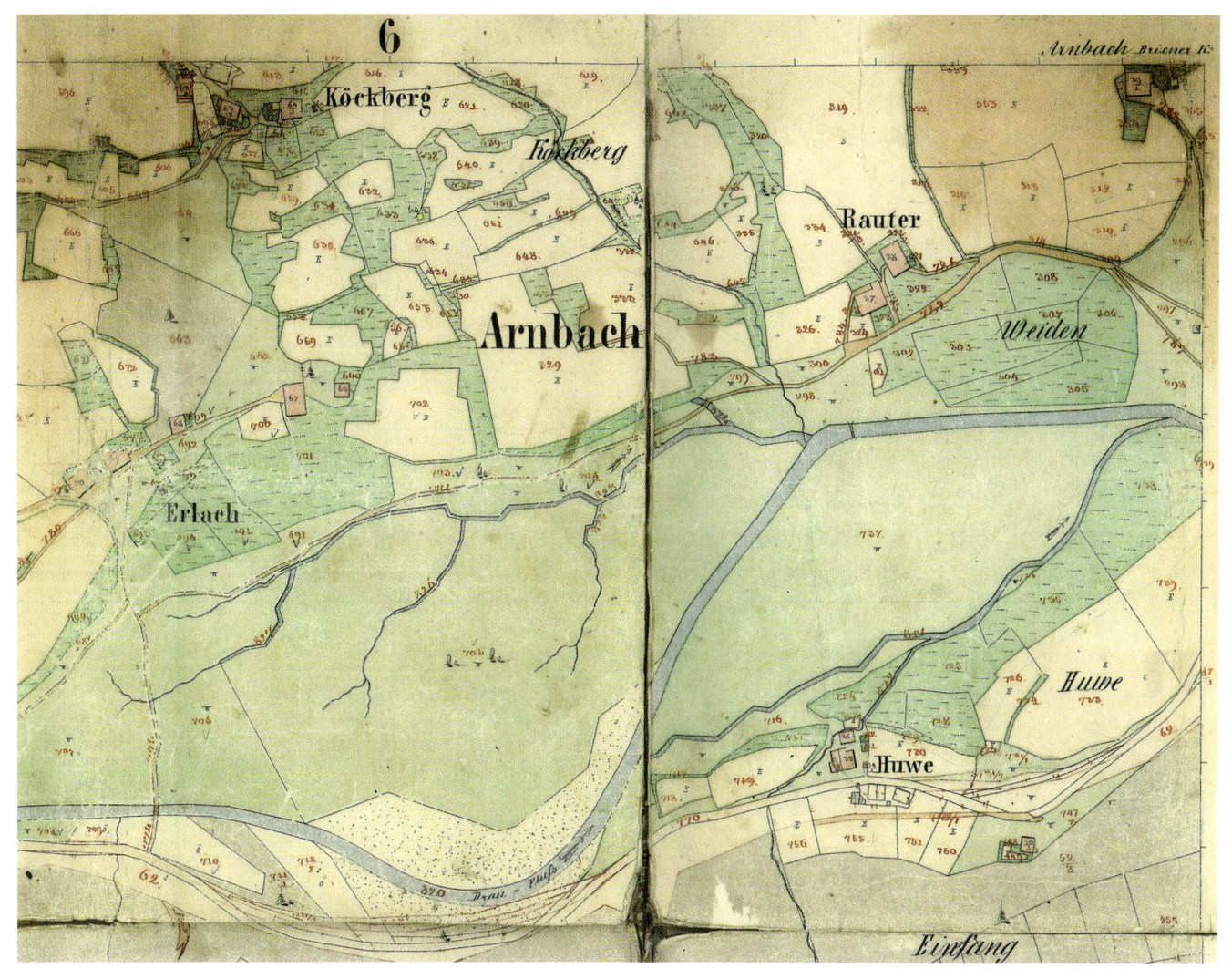

Ausschnitt aus dem Kataster der Gemeinde Sillian/Westteil, 1905.

Köck, der einem kecken, wagemutigen Mann gegeben worden war, wurde um 1600 hauptsächlich in Westtirol und im oberen Zillertal zu einem Familiennamen verfestigt, der heute weit verbreitet ist.[73] Bezeichnenderweise wurden die um die Stammhöfe stehenden Teilhöfe nicht nach einem Beinamen, sondern nach dem Taufnamen des Erbauers benannt: *Pauler* hat als Stammvater einen Paul, *Paldele* einen Balduin, *Gilger* einen Julius, *Ober-* und *Untereiger* einen Eugen, *Veider* einen Veit, *Gretler* eine Margarethe (also eine „Bankltochter"), *Hauser* einen Baltasar, *Hatzer* einen Achatius usw., also alles Taufnamen. Ursprünglich galt die Bezeichnung *Köckberg* nur für das Gelände der Höfe um *Ober-* und *Unterköck,* nicht jedoch für das der Höfe *Pfeifer, Waber, Kolbenthal, Feigental, Steinlamer* und *Töter,* die zudem nicht auf Taufnamen zurückgehen. Der Name *Tödt am Egg,* von dem der Hofname *Töter* stammt, scheint urkundlich schon früher auf; es handelt sich um eine Ableitung *Toti* (das *o* wird wegen des *i* der Folgesilbe lautgesetzlich umgelautet zu *ö*) des althochdeutschen Namens *Toto,* die auch im Vöraner Hofnamen *Töt*[74] vorkommt (als Koseform finden wir den gotischen Namen *Totila*), die Grundbedeutung ist ‚Beschützer' (vgl. das Mundartwort *Töite* ‚Pate'). Der *Töterbach* hatte ursprünglich den Namen *Arnbach*. Alt sind die Weilernamen *Huben* (mundartlich *Huibn* und *Lehen* (mundartlich *Leachn*). Die *Hube* ist in der frühen deutschen Siedlungszeit eine bedeutende Abspaltung von einem Urhof (mittelhochdeutsch *huobe*), ein *Lehen* ist ein von der Grundherrschaft des Stiftes Innichen verliehener Pachthof.

Am Sillianberg finden wir den Namen *Göderle* in den frühesten Abgabenverzeichnissen des Stiftes Innichen, z. B. *1594 Gregory Frizler zinst von Göderlen 1 fl.*, wobei das Grundstück eines *Göderle* (Koseform für Gottfried) gemeint ist. Es handelt sich wohl um den Hof *Gödner* in Schlittenhaus. Den Namen *Göderle* finden wir als Flurname auch südlich des alten Sillianer Ortsweichbildes (heute verbaut), ein Zeichen, dass der frühe deutsche Siedler *Göderle* auch hier einst Besitz hatte. Im Namen *Göstl* (mundartlich *Geastl*) für einen Teil des Talhanges haben wir das häufige frühbairische Männernamenelement *Gös-*, das auf den Volksnamen der Goten zurückgeht.[75] Im genannten Zinsverzeichnis lesen wir: *Kopfßguetter am Perg zinsen 16 alte Khreüzer*. Das Bestimmungswort *Kopf-* ist hier entweder ein Übername für einen „Großkopfigen" oder eher eine Umdeutung vom althochdeutschen Männernamen *Kopo*, einer Kurzform von Jakob, wie im Hochmittelalter auch ein Adeliger des Stiftes Innichen heißt, dessen Güter als *Kopinalen* genannt sind. Die offizielle Lautform Kopsgut, die der genauen Aussprache entspricht, ist die etymologisch richtige.[76] Unklar ist die Bedeutung des Namens *Gelserwiesen* oben am Sillianberg. Das altmundartliche Zeitwort *gelsen* bedeutet ‚heulen, schreien', folglich wären die Wiesen nach einem *Gelser* – wohl einem Marktausrufer des Gerichtes, der diesen Übernamen hatte – benannt. Den einst großen landwirtschaftlichen Besitz der Familien Rieser und Forcher zeigt das Vorhandensein von Weidegeländen mit den dazugehörigen Hütten, die nach diesen Familien benannt sind: *Rieserwiese, Rieserkaser, Forcherbrand* (zu *-brand* s. o. *Brand*), *Forcherkaser* (*-kaser,* -mundartlich *-kasso* bezeichnet im östlichen Tirol eine kleine Almhütte, aus lateinisch *casearia* ‚Käserei'). Die Stammheimat des Namens *Rieser* ist einer der gleichnamigen Höfe, u. a. in Villgraten (urkundlich: *1397 apud Risen*, d. i. bei der Riese).[77] Die Stammheimat des Namens *Forcher* könnte der urkundlich 1423 genannte *Vorchhof* in Sexten[78] sein (nach dem Föhrenbewuchs des Standortes benannt). Hierher gehören auch der nach einem Besitzer namens Nikolaus benannte *Nigeinwald*, das *Hoferwaldele*, der *Napflerwald*, nach einem heute nicht mehr bestehenden Hofnamen *Napfler* (Bezeichnung eines Handwerkers, der Holznapfe, das sind tiefe Milchschüssel, aus Holz drechselte[79]) u. a.

Hierher gehört auch der Name von Burg und Gemeinde *Heinfels*. Die Burg wurde wahrscheinlich im Zusammenhang mit der Mongolengefahr (1241/42) erbaut, aber ihr Alter könnte noch bis ins 8. Jahrhundert zurückreichen und als Bollwerk gegen damals gefürchtete Slaweneinfälle gedient haben. Alle aus dem Osten vordringenden Völker wurden als *huni* bezeichnet (nach den ersten östlichen Invasoren in Europa, den Hunnen). Der Name geht auf ein *Huninfels* zurück; das lange *u* wurde durch das *i* der Folgesilbe lautgesetzlich zu einem langen *ü* umgelautet, das durch die Diphtongierung im 12. Jahrhundert *eu* ergab. Durch die oberdeutsche Entrundung aller Umlaute wurde das *eu* zu *ei*.[80] Dieser Lautung entspricht die heutige Schreibform *Heinfels*. Der Name bedeutet also ‚Abwehrfelsen gegen Hunnen'.

Flur- und Hof- bzw. Hausnamen *am Talboden*

Wie bereits angegeben wurde, blieb der Talboden bis zur Regulierung der Drau weithin ein teils sumpfiges Feuchtgebiet, an das die Bezeichnung *Möser* (mundartlich *Möiso*) erinnert. Der Name *Aue* für das an den Bachlauf angrenzende Gelände gilt heute noch für den Sillianer Ortsteil, der auf diesem Gelände erst in einer späteren Siedlungszeit entstand. Für ertragreiche Felder in Ortsnähe findet sich, wie in vielen anderen Gebieten, die alte deutsche Bezeichnung *Anger* (mundartlich *Ongo*, Mehrzahl *Ango*) und die Ableitung *im Angern* (mundartlich *in Ongon*).

Dem Namen *Kohlanger* ist zu entnehmen, dass in diesem Anger einst Holzkohlen für die Schmiede hergestellt wurden. Für ein in Hausnähe gelegenes Feld gibt es die Bezeichnung *Painte* oder *Pointe*, Mehrzahl *Paintn* (entstanden aus althochdeutsch *biwunti* ‚umzäuntes, genauer umwundenes Grundstück'[81]). Bereits genannte alte Namen von Feldern am Talboden, die man durch Abzugskanäle, u. a. durch den *Garberbach* – so benannt, weil die Gerber (mundartlich *Garba*) darin das von ihnen erzeugte Leder wuschen – zu entwässern versuchte, sind heute Bezeichnungen neuer Siedlungsteile. Das ganze moorige Gelände heißt *Gärbm* (in dieser Bezeichnung hat sich die alte Umlautfärbung erhalten). Nach Wasseransammlungen ist auch die Flur *Weiher* benannt. Für den untersten Teil des sonnseitigen Talhanges gilt durchwegs die bereits genannte Bezeichnung *Leiten*. Während die Höfe am Berg durchwegs nach ihrer Lage (*Kolbenthal, Feigental, Ober-, Unterzelger, Ober-, Unterwieser, Haselgrube* u. a.) oder nach dem Beinamen bzw. Übernamen eines einstigen Besitzers (*Geiger, Simler, Gödner, Paldele,* d. i. Koseform für Balduin, *Tädler,* d. i. Koseform für Taddäus u. a.) benannt sind – einige einschlägige Beispiele wurden bereits erklärt –, erinnern viele Hausnamen im Hauptort des Gemeindegebietes und auch in Arnbach an die Vielzahl der einstigen Sillianer Gewerbe: *Müller, Ober-* und *Außerbäck* (mundartlich *-pök*), *Sulzer* (Hersteller von Säften, auch Medizinen), *Möster* (Mastviehlieferant), *Weber, Außer-, Mattlweber* (Weber namens Matthäus), *Huter, Schneider, Ober-, Untersäckler* (Lederschneider, mundartlich *-söckla*), *Kössler* (Kupferschmied), *Außerschmied, Alte Schmiede, (Ober-)Schlosser, Maurer, Sattler, Jocher* (Anfertiger von Ochsenjochen), *Seiler* (Strickemacher), *Maler, Strutzer* (Gelegenheitsmetzger), *Katzer, Oberkatzer* (mundartlich *Ggåza* ‚Anfertiger von Schöpflöffel aus Holz', italienisch *cazza*, durch die italienische Krämersprache bekannt geworden),

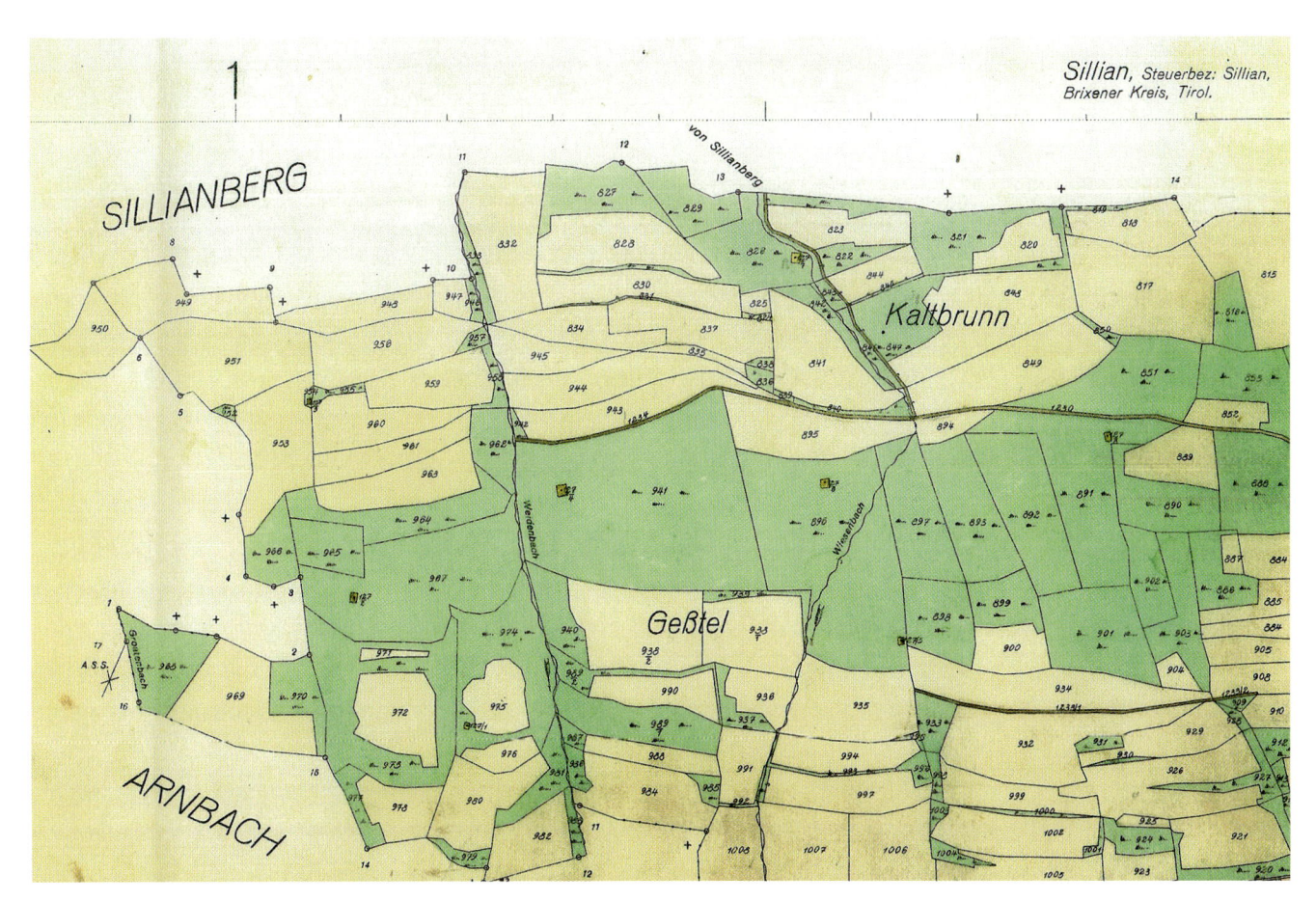

Ausschnitt aus dem Kataster der Gemeinde Sillian/nordöstlicher Teil, 1905.

Ausschnitt aus dem Kataster der Gemeinde Sillian/südlicher Teil, 1905.

Fischer und natürlich auch Gastwirte (*Post, Neuwirt, Schwarzer Adler*); ferner in Arnbach *Garber* (Gerber), *Obergarber, Tischler, Schuster, Schlosser, Binter* (Fassbinder), *Hötscher* (eine Ableitung vom altdeutschen Zeitwort *hödeln* ‚Kleinhandel treiben', also Vieh-, Getreidehändler). Alle Gewerbeinhaber betrieben früher auch eine Landwirtschaft. Gerade wegen des seit alters blühenden Gewerbes verlieh Graf Leonhard von Görz dem Dorf Sillian im Jahre 1469 das Marktrecht, zumal hier auch seit dem 13. Jahrhundert der Sitz des gleichnamigen Landgerichtes war.

Wie der schon besprochene Hofname *Waber* (s. o.) hängt auch der Hausname *Schubile* mit der einstigen Hochgerichtsbarkeit von Heinfels/Sillian zusammen. Das alte Rechtswort *Schub* bezeichnete die gerichtliche Abschiebung von Landstreichern, und der *Schubile* hatte die Aufgabe, die *Schüblinge* (also ‚die auf den Schub Gekommenen') aus dem Gerichtsbezirk zu entfernen. Außerdem verrichtete der *Schubile* auch die Arbeit eines Gerichtsboten.[82] Wie der bereits genannte Bergbauernhofname *Höggeler* (s. o.), der daran erinnert, dass der Inhaber dieses Hofes den gerichtlichen Auftrag hatte, den Zuchtstier zu halten, so kann dem Hausnamen *Peißer* entnommen werden, dass in der einstigen Landwirtschaft dieses Namens der Zuchteber gehalten werden musste; *Peiß* hat sich nämlich aus dem mittelhochdeutschen Wort *bîße*[83], das Zuchteber bedeutet (das lange *î* wurde im 12. Jahrhundert lautgesetzlich zu *ei* verzwielautet), entwickelt, folglich wurde der Betreuer des Zuchtebers *Peißer* genannt.

Die besprochenen Namen enthalten zum Teil heute nicht mehr bekanntes Wortgut und geben zudem etwas Einblick in das einstige Ortsleben von Sillian, sodass sie auch als Denkmäler der lokalen Sprach- und Siedlungsgeschichte angesehen werden können. Außerdem wurden nicht wenige Häuser nach dem Taufnamen eines ihrer Besitzer benannt, der wohl allgemein beliebt gewesen war oder im Ortsleben eine herausragende Rolle gespielt haben könnte. Hier seien als Beispiele nur einige Hausnamen genannt, bei denen nicht mehr auf Anhieb feststellbar ist, aus welchem Taufnamen sie entstanden sind; da von vielen dieser Taufnamen die Koseform verwendet worden war, kann angenommen werden, dass die einstigen Träger solcher Namen offenbar als beliebte Mitbürger gegolten hatten. *Brösler* aus Ambros (genauer aus der Koseform „Ambröslein"), *Gaberle* aus Gabriel, *Gieler* (mundartlich *Gi*ᵉ*la*) aus Vigílio (wahrscheinlich Name eines aus dem Trentino zugezogenen Welschtirolers, dem offenbar ein großes Grundstück an der Drau, südlich der *Plumaue*, gehörte), *Gore* aus Hieronymus, *Gratzer* aus Pankraz, *Hauserle* aus „Baldháuserle" (*Balthàuser* ist die mundartliche Form von Baltasar), *Preindler* aus der Koseform „Brünele" von Bruno (das lange *ü* wurde im 12. Jahrhundert zu *eu* verzwielautet, das durch die lautgesetzliche Entrundung *ei* ergab; der einstige Besitzer wurde *Preindl* genannt), *Rochele* aus Rochus, *Tomele* aus Thomas, *Sofner* aus Sofia (mundartlich *Soffe*). Nach welchen Motiven die ursprünglich als Übernamen geprägten Hausnamen *Löller* (Schlittenhaus) und *Pumserle* entstanden sein könnten, kann nur vermutet werden: das altmundartliche Zeitwort *löllen* (im Pustertal *löll*[84]), aus dem das Hauptwort *Löller* gebildet ist, bedeutet ‚undeutlich sprechen', folglich dürfte der *Löller* sich beim Sprechen schwer getan haben; die liebevolle Bezeichnung *Pumserle* muss wohl ein häufig „Pumsender", vielleicht ein Böllerschießer, bekommen haben (?).

Zusammenschau

Wie bereits angemerkt wurde, ist eine erschöpfende Behandlung des gesamten Sillianer Namennetzes im Rahmen eines Aufsatzes nicht möglich und wird von der gegebenen Themenstellung auch nicht gefordert. Um die Namenlandschaft des Sillianer Gemeindegebietes als Teil des in sich geschlossenen Kulturraumes von Welsberg bis Anras aufzuzeigen, war es zunächst notwendig, das Augenmerk auf das gesamte Pustertaler Oberland vom Brunecker Raum ostwärts bis vor Lienz zu richten. Dabei wurde festgestellt, dass im Namengut des Gemeindegebietes von Sillian wie auch in jenem der westlich und östlich angrenzenden Gemeindegebiete nur spärliche Reste aus dem vordeutschen Sprachgut zu finden sind, in Villgraten und östlich von Abfaltersbach hingegen mehr davon erhalten geblieben ist. Diese ungleiche Streuung wurde durch die Wirren der Völkerwanderung verursacht, die im Pustertal erst im frühen 7. Jahrhundert ein Ende fand, wobei die vordeutschen Siedlungen der Haupttalzone nahezu gänzlich ausgelöscht wurden, sodass mit der bairischen Landnahme eine Neubesiedlung begann und der eigentliche Siedlungsausbau in Angriff genommen wurde. Mit dem Entstehen der deutschen Siedlungslandschaft wurde auch das Netz der aus deutschem Sprachstoff gebildeten Orts-, Flur- und Hofnamen immer engmaschiger. Aus der Vielzahl dieser Namen des Sillianer Gemeindegebietes konnte im vorliegenden Beitrag nur eine beschränkte Auswahl angeführt und besprochen werden, die aber doch genügen dürfte, die mit der Themenstellung verbundene Frage einigermaßen zu beantworten.

Abschließend wird nun das gesamte im Beitrag genannte und größtenteils auch gedeutete Namengut in alphabetischer Reihung angeführt (Abkürzungen: ON = Orts- und Talnamen, FN = Flurnamen, d. s. Wald-, Wiesen-, Feld-, Almnamen, HN = Hofnamen, HsN = Hausnamen, urk. = urkundlich genannt):

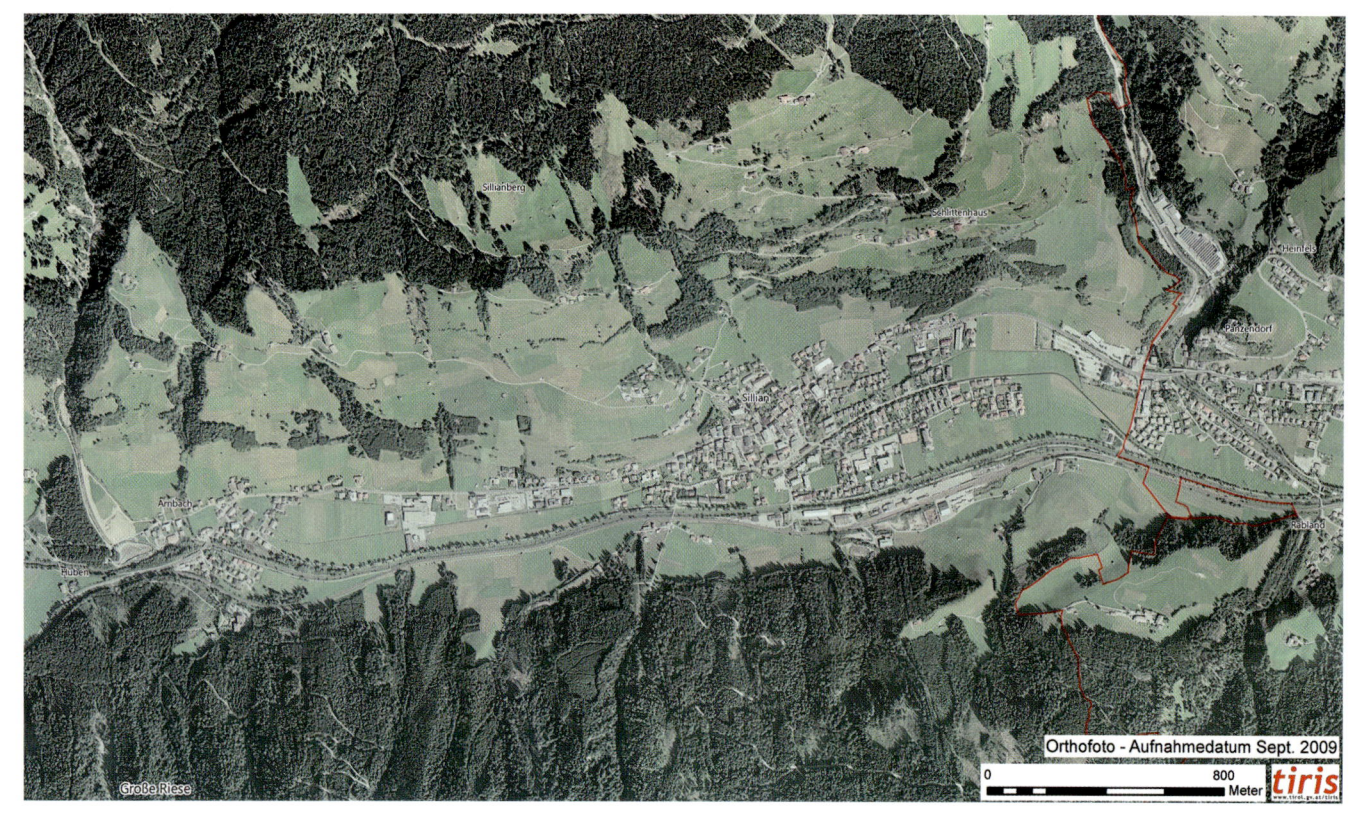

Orthofoto der Marktgemeinde Sillian, September 2009.

Namen vordeutschen Ursprungs

Alfen (urk. *Alvala*, FN, Kalkstein)
Aguntum (ON, Römerstadt, Nußdorf-Debant/ Dölsach)
Blumaue (Sillian)
Drau
Fallatschin (FN, Villgraten)
Filpuine, Filboden (FN, Innichen, Villgraten, Sexten)
Fischlein (FN, urk. *Viscalina*)
Franul (FN, Villgraten)
Füllhorn, Füllhornsee (FN, Sillian)
Fumbriail (FN, Innichen)
Gadein (FN, Sillian)
Gampe (FN, Sillian)
Gardin (FN, Anras)
Glasir (FN, Anras)
Glifen (FN, Villgraten)
Golfare (FN, Toblach)

Golfen (FN, Toblach)
Gole (FN, Welsberg)
Gratsch (FN, ON, Toblach)
Gsell (urk. *Cunasella*, FN, Sexten, Innichen)
Gumbriaul (FN, Innichen, Innervillgraten, Assling)
Guntscheitl (FN, Sillian)
Innichen (urk. *Indica, Intihhe*, ON)
Jaufen (FN, HN, Innichen/Winnebach)
Kantschied (FN, HN, Innichen/Winnebach)
Kartitsch (ON)
Labaseil (FN, Sillian)
Lammer (HN, Köckberg)
Littamum (Römersiedlung, Innichen)
Melaten (FN, HN, Toblach/Aufkirchen)
Misurina (urk. *Maserola*, ON, Auronzo)
Nemes (urk. *Nemes*, FN, Sexten)
Olang (urk. *Olaga*, ON)

Parggen (HN, Innichen/Winnebach)
Patzlein (Weilername, Innichen/Winnebach)
Perlung (HN Sillian)
Pfannhorn (FN, Toblach)
Pfannknotten (FN, Sillian)
Planken (urk. *Plancho*, FN, Innichen/ Winnebach, Gsies/Pichl)
Platáre (FN, Niederdorf)
Plätz (urk. *Plezzes*, FN, Prags)
Plun (HN, Welsberg)
Prags (urk. *Bragas*, ON, Prags)
Refungge (FN, Innichen)
Rienz (Flussname, urk. *Riontiu*)
Runtschein (FN, Anras)
Runtschin (HN, Anras)

Sarl (urk. *Serla*, Toblach)
Sebatum (Römersiedlung, St. Lorenzen)
Sille (Bachname, Außervillgraten, Heinfels)
Sillian (urk. *Silicana, Siligan*, ON)
Stubilier (FN, Assling/Burg)
Teurnia (Römersiedlung, St. Peter i. Holz)
Toblach (urk. *Dublaca*, ON)
Tofine (FN, Innervillgraten)
Tomereil (FN, Sillian)
Tschiniet (urk. *Sirminit*, FN, Gsies)
Versell (urk. *Vallesella*, FN, Gsies)
Villgraten (urk. *Vallisgrata*, ON)
Vintl (urk. *Vintele*, ON)
Virunum (Römersiedlung, Maria Saal/Zollfeld)
Wahlen (ON, Toblach/Wahlen)

Namen aus deutschem Sprachstoff

Abfaltern (ON, Abfaltersbach)
Abfaltersbach (ON)
Alte Schmiede (HsN)
Arnbach (ON)
Asthof(er) (HN)
Astrain (FN)
Aufhofen (ON, Bruneck)
Außerbäck (HsN)
Außerschmied (HsN)
Außerweber (HsN)
Binter (HsN, Sillian/Arnbach)
Brand (FN)
Brösler (HsN)
Drübern Berg (FN, Sillian/Berg)
Eder (HN, Sillianberg)
Egge, Eggwiese (FN, Sillian/Berg)
Einfang (FN, Sillian/Arnbach)
Endervollgrube (HN, Sillian/Köckberg)
Erlach (ON, Sillian/Arnbach)
Erlerberg (ON, Sillian/Arnbach)
Erschbaumer (HN, Sillian/Arnbach)
Feigental (FN, HN, Sillian/Köckberg)

Fellriedl (FN)
Forcher (HsN)
Forcherbrand (FN)
Füllhorn (FN)
Füllhornsee (FN)
Gaberle (HN, Sillian/Arnbach)
Garber (HN, Sillian/Arnbach)
Gärberplatz (FN)
Gärberbach (Bach)
Geiger (HN, Sillian/Berg)
Gelserwiesen (FN, Sillian/Berg)
Geselhaus (ON, Abfaltersbach)
Gieler (FN)
Gissbreite (FN)
Göderle (FN, Sillian/Berg)
Gödner (HN, Sillian/Berg)
Gore (HsN)
Göstl (FN, Sillian/Berg)
Gratzer (HsN)
Großfeld (FN, Sillian/Berg)
Gruben (FN)
Grüne Riese (FN)

Grünriesenwiese (FN)
Gschwendt (FN)
Gschwendterkreuz (in Gschwendt)
Haselbrand, Haselbrandgrube (FN)
Hauserle (HsN, Sillian/Arnbach)
Heinfels (Burg- und Gemeindenamen)
Helm (FN, Sexten–Sillian)
Hernegge (HN, Sillianberg)
Hiegervollgrube (HN, Sillian/Köckberg)
Hochgruben (FN, Sexten–Sillian)
Hochraste (FN, Sillian–Innichen/Winnebach)
Hoferbachl, -waldele (FN)
Höggeler (HN, Sillian/Berg)
Hollbruckeregge (FN)
Hollbrucker Spitz (FN)
Höllensteinboden, -leite (FN)
Hornischegge (FN, Sexten–Sillian)
Hötscher (HsN)
Hühnerspiel (FN, Sillian/Berg)
Huben (ON, Sillian/Arnbach)
Huter (HsN)
Jocher (HsN)
Johannesbachl (Bach)
Kaltenbrunn (FN, Sillian/Berg)
Katzer (HsN)
Kleinkaserschlichte (FN)
Köckberg (Streusiedlung, Sillian/Köckberg)
Kohlanger (FN)
Kolbenthal (FN, HN, Sillian/Köckberg)
Kop(f)sgut (HN, Sillian/Berg)
Kössler (HsN)
Lärchach, Lärchachwald (FN)
Leckfeld (FN)
Lehen (HN)
Leiten (FN)
Löller (HN, Sillian/Berg)
Losplatz (FN)
Loswiese (FN)
Maler (HsN)
Marcheggele (FN)
Mattweber (HsN)

Maurer (HsN)
Moos, Möser (FN)
Moosknotten (FN)
Möster (HsN)
Müller (HsN)
Nagelknotten (FN)
Napflerwald (FN)
Neuwirt (HsN)
Nigeinwald (FN)
Oberbäck (HsN)
Obergarber (HN, Sillian/Arnbach)
Oberhaselgrube (HN, Sillian/Berg)
Oberkatzer (HsN)
Obermahd (FN, Sillian/Berg)
Obere Wiese (FN, Sillian/Berg)
Oberwieser (HN, Sillian/Berg)
Obersäckler (HsN)
Oberschlosser (HsN)
Obertroge (FN)
Oberzelger (HN, Sillian/Berg)
Painte (FN)
Panzendorf (ON, Heinfels)
Pauggschenplatz (FN)
Peißer (HsN)
Petersberg (FN, Sillian/Berg)
Pfannknotten (FN)
Pirchwiese (FN)
Post (HsN)
Preindl(er) (HN, Sillian/Arnbach)
Pumsele (HsN)
Raner (HN, Sillian/Arnbach)
Rauchboden, -egg (FN)
Rautboden (FN)
Raute (FN)
Rauter (HN, Sillian/Arnbach)
Rautlet (HN, Sillian/Berg)
Rieser (HsN)
Rieserkaser, -wiesen (FN)
Rochele (HsN)
Ronnebach (Bach, Sillian/Berg)
Ronnebacher Wald (FN, Sillian/Berg)

Sattel (FN)
Schachen (FN)
Scheibenegg (FN)
Schlichte (FN)
Schlittenhaus (HN, Sillian/Berg)
Schlosser (HsN, Sillian/Arnbach)
Schneider (HsN)
Schubile (HsN)
Schupfwiesen (FN, Sillian/Berg)
Schützenmahd (FN)
Schwarzer Adler (HsN)
Seiler (HsN)
Sillianberg (Streusiedlung am Berg)
Simler (HN, Sillian/Berg)
Sofner (HN, Sillian/Arnbach)
Speckenplatz (FN)
Stalpen (HN, Sillian/Berg)
Steinlamer (HN, Köckberg)
Strutzer (HsN)
Sulzer (HsN)
Tädler (HN, Sillian/Berg)
Tagger (HsN)

Tassenbach (ON, Strassen)
Tessenberg (ON, Heinfels)
Tischler (HsN, Sillian/Arnbach)
Tomele (HsN)
Töter (HN, Sillian/Arnbach)
Töterbach (Bach, Sillian/Arnbach)
Turntal(er) (FN, Sillian–Innervillgraten)
Untermahd (FN, Sillian/Berg)
Untere Weise (FN, Sillian/Berg)
Unterwieser (HN, Sillian/Berg)
Unterhaselgrube (HN, Sillian/Berg)
Untertroge (FN)
Unterzelger (HN, Sillian/Berg)
Vollgrube (FN, HN, Sillian/Köckberg)
Waber (HN, Sillian/Köckberg)
Weiden (FN (Sillian/Arnbach)
Weiher (FN)
Weitlahne (FN, Sillian/Arnbach)
Weitlanbrunn (HsN, Sillian/Arnbach)
Wilde Kaarl (FN)
Wolfstal
Zirmraste, -rastl (FN)

Die Untersuchung der vorliegenden Namenauswahl ergibt folgende Erkenntnisse:

1. Die Haupttalzone des Pustertales von Welsberg bis Anras, nämlich das Gebiet, das dem im Jahre 769 als Außenstelle der Grundherrschaft von Freising gegründeten Kloster Innichen übergeben wurde, war im 8. Jh. durch Auswirkungen der Völkerwanderung nahezu gänzlich unbesiedelt; es lebten hier zumindest nur mehr so wenige Alpenromanen, dass eine Weitergabe des vordeutschen Namengutes an die bairischen Siedler nicht mehr möglich war.

2. Mit der Gründung Innichens begann in diesem Gebiet unter der Leitung der Grundherrschaft von Freising/Innichen die Schaffung einer deutschen Kulturlandschaft, und zwar durch eine intensive Rodungs- und Siedlungstätigkeit bairischer Bauern. Das Namennetz im Haupttal und am sonnseitigen Talhang besteht deshalb zur Gänze aus deutschem Sprachstoff.

3. Im Zuge der hochmittelalterlichen Binnenkolonisation erstreckte sich die bairische Siedlungstätigkeit seit der Jahrtausendwende auch in die Nebentäler und abgelegenen Gelände, in denen noch letzte Reste der alpenromanischen Bevölkerung lebten, die aber rasch im deutschen Siedlerstrom aufgingen, sodass das alpenromanische Sprachleben auch dort bis spätestens um 1200 gänzlich erlosch.

4. Da die bairischen Siedler in den abgelegenen Gebieten vorübergehend gemeinsam mit Alpenroma-

nen lebten, lernten sie auch das dort bestehende vordeutsche Namengut kennen und übernahmen es. In der Form, die alpenromanische Namen im deutschen Munde lautgesetzlich bekamen, kann die Zeit ihrer Eindeutschung festgestellt werden. Der Wortbedeutung dieser Namen kann entnommen werden, dass die Alpenromanen vornehmlich Viehwirtschaft betrieben hatten (Almwirtschaft).

Bemerkungen

* Die Schreibung *Bayern, bayrisch* gilt für den Freistaat Bayern, die Schreibung *Baiern, bairisch* hingegen für den bairischen Stammes- und Dialektraum, zu dem außer einem Großteil des Freistaates auch Österreich (ohne Vorarlberg) und die südlich und südöstlich vorgelagerten deutschen Sprachinseln gehören.

Abkürzungen

bair. = bairisch
ahd. = althochdeutsch (bis ins 11. Jahrhundert)
mhd. = mittelhochdeutsch (vom 11. Jahrhundert bis um 1200)
roman. = romanisch
alpenrom. = alpenromanisch
indogerm. = indogermanisch
mundartl. = mundartlich.
Das Schriftzeichen å gibt das mundartl. verdumpfte a wieder.

Quellen

Namensammlung der Marktgemeinde Sillian, wobei als Gewährsperson der Gemeinde-Waldaufseher fungierte.
Eigene Aufnahmen.
Katasterblätter des Gemeindegebietes von 1855.
Abgabeverzeichnisse (Urbare) des Stiftes Innichen (Stiftsarchiv Innichen).
Topographische Wanderkarte 1:25.000, Tabaco 010.

Martin Steidl

Erzählte Räume – erzählte Kultur[1]
Sagen und Erzählungen aus Sillian und seiner Umgebung

Von bösen Hexern, die den Menschen das Leben schwermachen, könnten die Erzählungen handeln, auch von kämpfenden Riesen oder vielleicht von Schatzsuchern, die ihr Glück in geheimen Gängen der nahen Burg suchen.

Spannende Geschichten erzählte man sich wohl schon öfter an diesem Ort. Es war der Schatten der mächtigen Linde, die einst den Kirchplatz Sillians schmückte, der dazu einlud, denn hier begegneten sich die Bewohner des Dorfes. Kirchtagsfeste und Gerichtsverhandlungen boten dafür ebenso Anlass wie alltägliche Begegnungen, etwa nach dem Kirchgang. Bereits „[i]m Jahre 1580 [… wurde] die Linde neben der Pfarrkirche öfters genannt, [und auch] wie die Leute dabei gesessen seien."[2] Es ist eine Vielzahl von Zusammenkünften ganz unterschiedlicher Art, die den mächtigen Baum als das einstige Zentrum dörflicher Kommunikation kennzeichnen. Irgendwann jedoch fiel der Baum, umgerissen von einem Windstoß. Wenngleich der Ort heute ebenfalls wieder von Linden geschmückt wird, so bleibt von jenem Baumkoloss, der die Sillianer einst mit Stolz erfüllte, nur noch die Erzählung:

„'Die Sillianer Linde'[3]
Vor der Kirchhofmauer gegen Norden [stand] ehemals eine Linde von riesiger Größe, die wohl an [die] 500 Jahre alt sein mochte. Unter ihrem Schattendach saßen einst die Richter von Heinfels zu Gericht. Einen Fuß über der Erde hatte sie 23 ½ und in einer Höhe von 9 Fuß noch 13 ¾ Wiener Ellen im Umfang (eine Elle ~ 1 Drittel [sic!] Meter!) und im ausgehöhlten Stamm konnte eine Familie Wohnung und Obdach finden. Diese alte erhabene Zierde des Marktes hat ein Windstoß am 30. Juni 1836 umgestürzt."

Diese Sage vom Niedergang der einstigen Dorfzierde ist nur eine der vielen Erzählungen, die sich um Sillian und seine Umgebung ranken. Eine Auswahl aus diesem reichhaltigen Repertoire wird im Folgenden vorgestellt. Mit Sicherheit wäre es jedoch zu kurz gegriffen, lediglich die Sagenbelege hintereinander gereiht anzu-

Eine alte Tradition haben die Linden bei der Sillianer Pfarrkirche, 2013.

führen. Denn ohne vieler Worte ist dem verständnisvollen Leser klar, dass jede Erzählung Hörer wie Erzähler braucht – und natürlich auch einen guten Grund, um erzählt zu werden. Auf diesen Sachverhalt werden wir dann bei den einzelnen Sagenbelegen auch immer wieder zurückkommen und entsprechende Fragen stellen. Denn schließlich geht es auch darum, zu dem vorzudringen, was in den Erzählungen zwischen den Zeilen steht und was diese unausgesprochenen Zwischenräume über den Ort und seine Bewohner zu berichten haben. Weiter noch soll eine Vorstellung entwickelt werden, welche große Bedeutung dem Erzählen zukommt, speziell dann, wenn die Frage nach der eigenen Identität gestellt wird. Und schließlich gilt es auch der Frage nachzugehen, was uns die Erzählungen über vergangene Zeiten zu berichten wissen.

Titelblatt der ersten Auflage von Ignaz Vincenz Zingerles Buch „Sagen, Märchen und Gebräuche aus Tirol", 1859.

Die Erzähler

Blättert man in den frühen großen Sagensammlungen Tirols auf der Suche nach Belegen aus Sillian, etwa in den „Deutschen Alpensagen" von Johann Nepomuk Ritter von Alpenburg[4], den „Volkssagen, Bräuche und Meinungen aus Tirol" von Johann Adolf Heyl[5] oder in den „Sagen aus Tirol" von Ignaz Vincenz Zingerle[6], so wird man einigermaßen enttäuscht, denn die Ausbeute dieser Recherche bleibt äußerst spärlich. Kaum eine Hand voll Belege betrifft die stattliche Marktgemeinde im Hochpustertal und von diesen wenigen, das wird dem Ortskundigen ebenso bald klar, gehörte noch einiges in den Nachbargemeinden lokalisiert. Doch wenngleich Sillian und seine Umgebung in dieser ersten Phase Tiroler Sagensammelns (zweite Hälfte 19. Jh.) nur wenig Berücksichtigung fand, so lässt sich daraus keinesfalls schließen, dass hier ein Mangel an Erzählstoffen herrschte.

Dies zeigt dann auch eine zweite und dritte Phase des Sammelns auf, die angeregt durch Karl Maister und die Osttiroler Heimatblätter, die ab dem Jahr 1924 und trotz einiger Unterbrechungen über Jahrzehnte hinweg Erzählungen aus dem Bezirk und natürlich auch aus der Gemeinde Sillian veröffentlichten, ins Laufen kamen. Lokal beteiligte sich eine knappe Hand voll Personen wie Josef Riedler aus Heinfels, Karl Constantini aus Außervillgraten und später auch Viktor Wanner aus Sillian sowie andere mehr – meist die Lehrer der Dörfer – rege an diesem Unterfangen und sorgte so *peu à peu* dafür, dass heute ein reichhaltiges Repertoire des Erzählten für den Raum Hochpustertal vorliegt.

Als Gemeindebürger gebührt dem vielfach verdienten Sillianer Viktor Wanner in dieser Hinsicht Hervorhebung. Vor allem in Erinnerung für seine Tätigkeit im Musikverein, als Dirigent des Kirchenchors[7] und für seine langjährige Funktion als Schuldirektor darf er nun bei dieser Gelegenheit zudem als engagierter Sagensammler des Raumes Hochpustertal vorgestellt werden.[8]

Erzählte Landschaften – erzählte Identitäten

Wer sind wir, wer sind die anderen? Worauf sind wir stolz – und inwiefern heben wir uns damit von unseren Nachbarn ab? Werden Sagen unter einem solchen Blickwinkel betrachtet, so rückt dies die Erzählungen selbst in ein anderes Licht: Sie beginnen Aussagen zu treffen über das Eigene und das Fremde. Denn Sagen verfügen nicht nur über eine räumliche Dimension, in der sie die Orte ihrer Handlung mit dem Erzählten aufladen, sondern sie vermitteln zudem einen Abdruck des Sozialen, in der die Dorfgemeinschaft mit ihren Gepflogenheiten ins Rampenlicht gerät und an ihren Nachbarn Kontrast sucht. So zeigen sie räumlich auf und verzeichnen sozusagen in einer „erzählten Landkarte", wo Grenzen verlaufen, wo gefühlte Gemeinschaft endet und wo die Fremde beginnt. Eine Begrenzung der Erzählstoffe auf das Gemeindegebiet kann unter diesen Bedingungen natürlich kein Kriterium darstellen. Vielmehr geht es ja gerade darum, Begrenzungen aus dem Erzählten und dem Kontext des Erzählens selbst zu erfragen.

Beginnen wir im räumlichen Zentrum unserer Überlegungen, in Sillian – bei der großen Linde – und ziehen von dort aus unsere Kreise weiter, um nach und nach eine solche erzählte Landschaft nachzuzeichnen. Die Wahl dieses Ortes als Ausgangspunkt ist dabei kein Zufall, denn wie bereits erwähnt, stellte der Platz unter der Linde über Jahrhunderte hinweg ein Zentrum lokaler Kommunikation dar. Zudem wird dieser Begegnungsort unter der Linde mehrfach in den Sagen erwähnt und erschien einmal als der Stolz der Sillianer, ein andermal als der Ort an dem Recht und Gerechtigkeit Ausübung fanden. Vorerst ist dabei unerheblich, wie viel oder wenig diese Darstellungen mit realen Begebenheiten gemein haben, es gilt festzuhalten, dass die Erzählungen Ort, Objekt und Dorfgemeinschaft miteinander verweben. Die dabei entstehenden Sinnzusammenhänge berichten in unterschiedlichen Nuancierungen von der Beziehung der Sillianer zu ihrem Kirchplatz und dem, was ihn ausmachte: der charakterisierenden Linde. Dabei übertrugen sie auch ihre Charakteristik aufeinander: Der prächtige Baum etwa avancierte zum Symbol dieses Mittelpunktes und lud darüber hinaus auch die Dorfgemeinschaft mit seinen Attributen auf: mit seiner Stärke und seiner Beständigkeit, seinen Verwurzelungen in alten Zeiten. Mit dem Zeichen der Linde beladen, signalisiert aber auch die Dorfgemeinschaft, allen Wirren und Gefahren der Zeiten zu trotzen und Jahr für Jahr neue Blüten zu treiben. So entsteht ein Bild dauerhafter Geselligkeit[9], das dazu gereichen kann, ein emotionales Fundament für das Gemeinschaftsempfinden des Dorfes zu bieten.[10]

Es war die Frage nach dem Wir und nach dem Eigenen, also die Frage nach der Identität der Sillianer, die durch Erzählungen an die alte Linde geknüpft erscheint. Nun gilt es einen Gegenpol aus dem Repertoire des Erzählens herauszuarbeiten, um damit das Eigene zu kontrastieren. Dafür eignet sich die Sage vom Riesen Haunold, die in mehreren Varianten erzählt wurde und die auch in der Sammlung Wanner einen festen Platz einnimmt:

„Der Riese Haunold"[11]
Von Sillianberg aus ist der graue Dolomit des Haunold ganz prachtvoll zu sehen. Der Berg trägt den Namen vom Riesen Haunold. Als die Stiftskirche erbaut wurde, so geht die Sage, trug dieser Riese die mächtigen Quadern [sic!], aus denen die Säulen zusammengesetzt sind, mit Leichtigkeit herbei. Dafür mußte man ihm täglich ein Kalb und drei Star Puffbohnen als Essen verabreichen. Als die Kirche vollendet war, wurde Haunold umgebracht, weil man außerstande war, ihn zu sättigen. Wer's nicht glaubt, soll sich selbst überzeugen: Im Innenraum zur Vorhalle der Stiftskirche, gerade über der Eingangstüre, hängt heute noch eine Rippe des Riesen Haunold an einer Kette."

Die Art und Weise der Raumeröffnung macht deutlich, wo diese Variante der Haunoldsage erzählt

Der Haunold (2.966 m), eine zackige Bergkette in den Sextner Dolomiten, Hausberg der Marktgemeinde Innichen.

wurde. Vom Dorfzentrum Sillians führt sie hinauf auf den Berg, um dort den Blick entlang des sich eröffnenden Panoramas zu heben. Erst hier zeigen sich die Sextner Dolomiten in all ihrer „Pracht" und mit ihnen tritt auch der Gipfel des Haunold ins Blickfeld. Für den Ausgangspunkt des Erzählens entfaltet diese Kulisse im Raster von „Eigenem und Fremdem" strukturierende Kraft: Dem fernschweifenden Blick von oben sind diese Berge nämlich sehr wohl bekannt und bilden gleichsam seinen Horizont. Erst hinter ihnen beginnt das Uneinsichtige und Unbekannte. Vor ihnen liegen zunächst noch das Eigene, dann aber das Fremde, das aber noch zum Bekannten zählt, es sind ja die Hausberge der Nachbarn. Es ist dieser einsehbare Naturraum, der sich überwiegend mit dem erzählten Raum deckt. Zu ihm besitzt die potentielle Hörerschaft, die Bewohner der Gemeinde, Lebensbezug: Hier spielt ihr Leben, hier handeln ihre Geschichten – vom Thurntaler zum Haunold, vom Schloss Heinfels nach Strassen und zurück zum Karnischen Kamm.

Wenig überraschend definiert sich der Raum aus Sicht Innichens anders und dies spiegelt sich in den dortigen Erzählungen – auch in der entsprechenden Variante der Haunoldsage. Dennoch knüpfen beide Versionen am selben Ort an, dem Gipfel des Haunold. Interessantes Detail am Rande ist dabei, dass nicht der Berggipfel selbst als zentrales und zu erklärendes Objekt in Erscheinung tritt. Vielmehr übernimmt diese Rolle ein Rippenknochen von unglaublicher Größe. Als seltsames Artefakt die Innichner Stiftskirche zierend, verlangt dieser Knochen nach Erklärungen. Unisono erhalten wir diese auch von beiden Varianten der Sage: Die Rippe stammt von einem Riesen namens Haunold. Besagter Riese, so lesen wir, habe den InnichnerInnen mit seinen ungeheuren Kräften beim Bau der Kirche wertvolle Dienste erwiesen. Als Gegenleistung für diese Hilfestellung verpflegten die InnichnerInnen den mit sagenhaftem Hunger gesegneten Riesen. Erst im Folgenden scheiden sich dann die Geister. Während die bei Ignaz Zingerle für Innichen ausgewiesene Variante nur von den Schwierigkeiten berichtet, die das Sättigen des Vielfraßes bereitete, unterstellt die von Sillian ausgehende Erzählversion die gewaltsame Entledigung vom nunmehr nutzlosen Nimmersatt.[12] Damit definiert diese Sagenvariante auch einen Bruch mit den christlichen Konventionen und prangert an, was im eigenen Dorf so nicht sein dürfe und warum eben die anderen doch anders sind. So könnte festgehalten werden, Erzählungen vom Eigenen und vom Fremden weisen die Tendenz auf, all das, worauf man stolz ist, im Eigenen zu verorten, während schambesetzte Handlungen vornehmlich ins Fremde, zu den Nachbarn hin verlagert werden.

Ähnliche Phänomene abgrenzender Identitätsstiftung lassen sich auch in anderen Sagenbelegen aus Sillian nachweisen. Wird der Erzählkorpus als Ganzes ins Blickfeld genommen, so fällt nämlich auf, dass kaum eine der in Sillian gesammelten Sagen von den kleinen moralischen Verfehlungen der Einheimischen berichtet, die mit Sicherheit auch an der Tagesordnung standen. Es scheint beinahe, als sei die Ortschaft eine Insel der Seligen. Dafür finden sich jedoch gleich mehrere Sagen, in denen Bürger der Nachbargemeinden für ihre Vergehen bestraft werden: etwa wegen der Missachtung des Feiertagsgebotes oder für ihren Geiz gegenüber Bedürftigen.

„Die geizige Bäuerin"[13]

In Panzendorf stand ein kleines Haus, in dem eine reiche Witwe wohnte. Bei den Leuten stand sie in sehr schlechtem Rufe. Die Sonn- und Feiertage achtete sie wenig. An einem Pfingstsonntage schickte sie ihre Magd auf die Wiese, um Gras für das Vieh zu mähen. Kaum hatte die Magd auf der Wiese zu arbeiten begonnen, kam eine große Schlange auf sie zu und befahl ihr, aufzuhören. ‚An Feiertagen', sagte sie, ‚darf man keine knechtliche Arbeit verrichten.' Die Magd lief schnell nach Hause und erzählte ihrer Bäuerin, was sich auf der Wiese zugetragen hatte. Diese schimpfte sie eine faule Dirn, die nicht arbeiten wolle. Sie befahl ihr, mit auf die Wiese zu gehen. Als die Bäuerin draußen war, begann sie Gras zu mähen. Sofort kam die Schlange und verbot ihr die Arbeit, ansonsten müsse die Bäuerin es schwer büßen. Die Bäuerin schlug mit der Sense nach der Schlange, da sprang ihr das Tier an die Brust und wand sich um ihren Hals. In ihrer Angst versprach die Bäuerin, an Feiertagen nicht mehr zu arbeiten. Es war zu spät. Die Schlange sagte: ‚Du mußt mich nun sieben Jahre an deinem Halse tragen.' Kurz vor Ablauf der sieben Jahre wurde sie schwer krank. Am Morgen des Pfingstsonntages war sie eine Leiche. Von der Schlange sah man nichts mehr."

Die Sage „Der geizige Bannholzer Bauer" aus der Sammlung Wanner würde in dieselbe Kerbe schlagen. In ihr wird der Bruch christlicher Gebote thematisiert und ebenfalls im Fremden, bei den Nachbarn verortet. Die Sage berichtet von einem geizigen Bauern in Bannholz (Strassen), den ein fremdes altes Weib am Kirchweihsonntag um einen Krapfen bittet. Doch ihr Bitten findet kein Gehör. Dafür verflucht sie den Geizigen – und dies mit Erfolg.[14]

Die bloße Feststellung einer Praxis der Ausblendung sozialer und moralischer Verfehlungen im Eigenen und der Verortung derselben bei Nachbarn und Fremden ließe die Erzähler in einem schrägen Lichte stehen. Man könnte ihnen die Streuung von Zwistigkeit und Ähnlichem unterstellen. Doch handelt es sich bei dieser Verschiebepraxis keineswegs um ein Spezifikum, das so nur in den Erzählungen aus Sillian zum Tragen kommt oder auf eine besondere Konkurrenz-

Historische Aufnahme mit Blick auf Panzendorf und die Burg Heinfels, gegen 1900.

```
S A G E N
=========

  A U S
  =====

S I L L I A N
=============

    U N D
    =====

U M G E B U N G
===============
```

Gesammelt von
VD Viktor Wanner

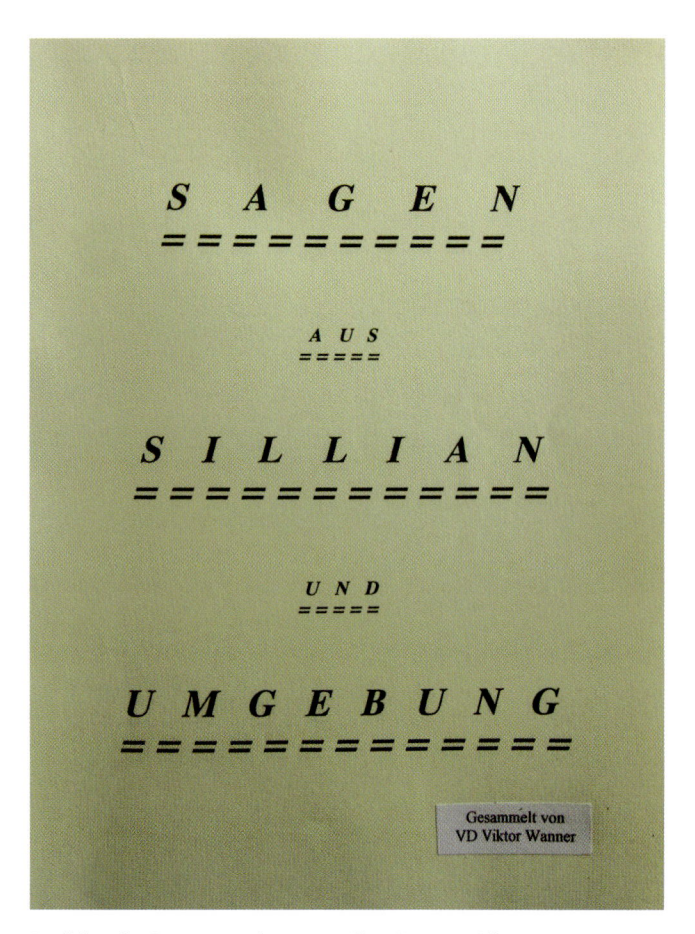

Titelblatt der Sagensammlung von Viktor Wanner, Sillian.

situation zwischen Sillian und seinen Nachbargemeinden weist. Vielmehr stellt diese Art der Inszenierung ein allgemeines Phänomen der Identitätsstiftung dar: Klar begrenzt zeigt es anhand des Fremden auf, was eben nicht das Eigene ist und stellt in diesem Sinne eine Kontrastfolie dar, die Gemeinschaft mit Hilfe von Ausgrenzungen zu festigen sucht.

Erzählungen als unterhaltsame Belehrungen

Man kann und sollte deshalb fragen, ob nicht sehr gute Gründe Ausschlag geben, ja, mehr noch, die Ausblendung der eigenen Verfehlungen vielleicht gar eine Notwendigkeit der umsichtigen Kritikübung am Eigenen darstellt. Schon Aristoteles formuliert in seinen Abhandlungen über das Theater grundsätzlich die Möglichkeit der Katharsis. Dabei geht es um die Annahme, das Publikum könne sich durch seine Anteilnahme am Drama – durch das Miterleben und Nachfühlen seiner eigenen Fehler – ansichtig werden und sich schließlich von ihnen befreien.[15]

Von ähnlich gelagertem Kalkül dürften auch Sagensammler des 20. Jahrhunderts getragen worden sein: Es ist die einfache Idee, auf unterhaltsame Weise zu lehren, aber, und das ist wichtig, unter Verzicht auf den erhobenen Zeigefinger. Um den Zusammenhalt der Dorfgemeinschaft bedacht, trotzdem um Durchsetzung und Wahrung moralischer Standards ringend, könnte diese spezifische Erzählpraxis als wahrgenommener Bildungsauftrag gewertet werden. Selbsterkenntnis und Läuterung erschienen dementsprechend als hintergründiges und filterndes Kalkül der Erzähler. Den Nachbarn zugeschriebene Verfehlungen müssten indes als indirekte Fingerzeige auf die eigenen Missstände gewertet werden, deren doppelte Verlagerung ins Mythische und ins Außen als Umschiffungsstrategie eines Tabus. Konkret würde die Absicht der zwei vorgeführten Sagenbeispiele in folgende Richtung gehend lauten: Innerhalb der Sillianer Dorfgemeinschaft wird weder die Sonntagsarbeit geschätzt noch Hartherzigkeit gutgeheißen.

Damit hätten die lokalen Sammler und Erzähler auf eine sakrale Erzähltradition zurückgegriffen, die durchaus von einem Hauch der Sozialkritik umweht war. Bereits die frühen Wander- und Bettelorden, insbesondere die Franziskaner, hatten Erzählungen und Fabeln als ansprechende Möglichkeit des Predigens erkannt. Unterhaltsam und in einprägsame Geschichten verpackt, fand die ethische Botschaft Gehör des „Volkes". Zeugnisse dieser über Jahrhunderte bewährten Praxis füllen heute ganze Predigtsammlungen und nicht wenige bekannte Sagen wurden derartigen Sammlungen entnommen. Erst die Epoche der Aufklärung beendete mit ihrer ablehnenden Haltung gegenüber allem rationalitätsfern Eingestuften diese über Jahrhunderte anhaltende Tradition der unterhaltsamen Belehrung.[16]

Inwieweit dem Initiator der Osttiroler Heimatblätter, dem Priester Karl Maister[17], diese Praxis bekannt war, und ob sie bewusst aufgegriffen wurde, muss an dieser Stelle offenbleiben. Auffällig häufig werden in den lokal vorliegenden Sagenbeispielen jedoch christlich-konservative Ideen transportiert, wobei insbesondere den Priestern eine tragende Rolle als Heilsbringer zugestanden wird – im folgenden Beispiel etwa, um Flüche aller Art zu bannen:

„**Der Geisterspuk in der Gschwendter Kaser**‘[18]
Eine Stunde südlich von Rabland bei Panzendorf befindet sich die Gschwendter Kaser, die einst dem Gschwendter Bauern gehörte. Dort ging es in der Nacht oft unheimlich zu. Einmal war [sic!] der Senner und sein Zubote schon tief im Schlafe, als sie von einem Lärm im Stalle darunter aufgeschreckt wurden. Das Vieh brüllte und riß an den Ketten. Der Senner erhob sich und schaute nach, was etwa beim Vieh fehlen könnte. Als er in den Stall kam, war alles ruhig und still. Bevor er sich wieder auf sein Heulager begab, schaute er nochmals in die Küche und gewahrte dort zwei Männer auf dem Herde sitzen; der eine ohne Kopf, der andere ohne Beine. Rasch verkroch sich der Senner wieder ins Heu, konnte aber keine Ruhe finden, da der Spuk wieder: [sic!] von Neuem anfing. Dies wiederholte sich öfters. Da erbat sich der Kaserbesitzer einen frommen Pater aus Lienz, um die Geister zu beschwören. Dieser kam und segnete Almhütte und Vieh, worauf für immer Ruhe eintrat."

Erzählte Heimat

Das Zeitalter der Aufklärung hatte diese sakrale Erzähltradition weithin beendet, doch eng damit verbunden war auch die darauf folgende neuerliche Hinwendung zu derartigen Erzählstoffen.[19] Beerbt durch

Die sagenumwobene Gschwendter Kaser, südlich von Panzendorf gelegen.

die Sammler der Romantik, erfuhren die Erzählstoffe vor allem eine alternative Einschätzung: Ihre Annahme ging davon aus, der Volks- und Naturpoesie – also den Märchen, Sagen, Liedern und Schwänken – läge eine direkte mündliche Überlieferungskette zugrunde, die abseits der Städte und besonders in abgelegenen Regionen noch intakt sei. Die Fortführung dieses Gedankens ließ die Romantiker zudem vermuten, aus der Gesamtheit dieser Belege ließe sich ein Blick auf frühe Ausformungen der eigenen germanischen Kultur rekonstruieren, weit über den Horizont der Historie, also der Schriftlichkeit, hinaus.[20] „Genug also ist unserer mythologie unwiederbringlich entzogen; ich wende mich zu den quellen, die ihr verbleiben, und die theils geschriebene denkmäler sind, theils der nie stillstehende fluss lebendiger sitte und sage [hielt Jacob Grimm etwa in der Vorrede zur Deutschen Mythologie fest]. jene können hoch hinauf reichen, zeigen sich aber bröckelhaft und abgerissen, während noch die heutige volksüberlieferung an faden hängt, wodurch sie zuletzt unmittelbar mit dem alterthum verknüpft wird."[21]

Es war dies gewiss ein vielversprechender Forschungsansatz, einer strengen wissenschaftlichen Prüfung hielt er jedoch nicht stand. Etwa fand man heraus, dass nur ein Bruchteil des gesammelten Stoffes aus mündlicher Tradierung stammt. Meist dienten Chronikwerke, Predigtsammlungen und Ähnliches mehr als Quelle der Überlieferung und nicht wie angenommen die „Flamme" mündlicher Tradition. Zudem wurde, um den formalen Kriterien der „Volkspoesie" zu entsprechen, ein Großteil der entnommenen Texte editorisch überarbeitet. Auch Jacob Grimm verzichtete nicht auf diesen Schritt.[22]

Doch wenngleich heute klar ist, dass zu große Hoffnungen in die konservierende Kraft der Volkspoesie gelegt wurden, so war diese Fehlannahme der Wissenschaft doch auch erkenntnistragend. Eingehende Forschung zur Herkunft der Erzählungen sowie Studien zum Erzählen und den Erzählsituationen veränderten ihre Einsichten. Mit gutem Grund kann deshalb auf zweierlei hingewiesen werden: Zum einen, dass aller Erzählstoff über einen Sitz im Leben verfügen muss, also nur so lange mit gutem Grund erzählt und gehört wird, wie er bei Hörer und Erzähler Bedeutung fürs Leben entfalten kann. – Lässt sich ein Erzählstoff nicht mehr in Beziehung zum Leben setzen, folgt das Vergessen. Die Versatzstücke der Volkspoesie bieten ein anschauliches Beispiel derartigen Vergessens beziehungsweise Versinkens, wie es damals genannt wurde. Konfrontiert mit den damals neu aufsteigenden Lichtern von Aufklärung und Fortschrittsdenken, vermochten die „Geister" der alten Stoffe im frühen 19. Jahrhundert nämlich keine Lebensbezüge mehr zu entfalten. Zudem gebrandmarkt als dumme Ammenmärchen, drohten sie so dem Vergessen anheimzufallen, bis eben die Romantiker, voran die Brüder Grimm, sich dem entgegenstellten und die alten Geschichten mit neuem Sinn anreicherten. Die Absicht ihrer mythologischen Schule galt der Stiftung deutscher Kultur, einer gemeinsamen Nation: „Weil ich lernte, dass seine sprache, sein recht und sein alterthum viel zu niedrig gestellt waren, wollte ich das vaterland erheben"[23], hielt Jacob Grimm ganz in diesem Sinne fest. Als Randnotiz darf hierzu noch der Hinweis eingebracht werden, dass die politische Situation jener Tage durch eine Vielzahl deutscher Klein- und Kleinststaaten bestimmt war, gleichzeitig jedoch schon um die Errichtung eines Deutschen Nationalstaates gerungen wurde – etwa wenige Jahre später auf der Frankfurter Nationalversammlung von 1848.

An dieser Idee richteten sich auch nachfolgende, breit angelegte Unterfangen des Sammelns aus, in der auch die Tiroler Sagensammlungen von Alpenburg, Heyl und Zingerle entstanden. In einer autobiographischen Notiz hält Ignaz Zingerle etwa fest: „Seit dem Jahre 1838 kam ich öfters nach Kuens, wo Josef Thaler […] (als Dichter Lertha genannt), segensvoll als Pfarrer wirkte. Er besaß Grimms Werke, las […] Sagen und Märchen vor, theilte ähnliche Sagen aus seiner Heimat Ulten mit. Er lehrte uns, dass viele Sagen nicht Eigenthum der Burggräfler allein, sondern des deutschen Volkes seien und in uralte Zeiten zurück-

Titelseite („Kopf") der ersten Ausgabe der Osttiroler Heimatblätter, 1924, und eine aktuelle Ausgabe, 2014.

reichen."[24] Heute wird das dafür gesammelte volks- und heimatkundliche Wissen als emotionales Fundament für die angedachte Nation gehandelt. Sitten und Bräuche, Feste und Hausformen wurden dafür ebenso fruchtbar gemacht wie Lieder, Märchen und Sagen.[25]

Es bedarf an dieser Stelle wohl einer knappen Erklärung der Zusammenhänge zwischen dem allgemein keimenden Interesse an Sagen und Märchen im 19. Jahrhundert und den lokalen Sammlungsunterfangen der 1920er- und 1930er-Jahre im Bezirk Lienz. Zu lokalisieren ist dieser wohl in der Identitätskrise, unter welcher das gesamte Land Österreich nach dem Ersten Weltkrieg litt, insbesondere aber der Bezirk Lienz, den die definitive Grenzziehung von 1921 in eine extreme Randsituation gedrängt hatte.[26] Um dem entgegenzuwirken, entstanden unter Karl Maisters Federführung die Osttiroler Heimatblätter, deren erklärtes Ziel die Stiftung einer „Osttiroler Identität" war: „Er gründete 1924 dieses Blatt mit der erklärten Absicht, dem dritten Landesteil eine heimatkundliche Zeitschrift zu geben […]. Er verband mit dieser Absicht mit Sicherheit noch eine andere: Osttirol sollte, weil geographisch vollständig vom übrigen Tirol getrennt, seine unveränderte und unveränderliche Zugehörigkeit zum Stammland auf kulturellem und historischem Gebiet wie sämtlichen weiteren Lebensbereichen immer wieder unter Beweis stellen können, damit die Osttiroler Osttiroler bleiben und nicht zu Westkärntnern werden. […]"[27] – Auch hier zählten Sagen und andere Erzählungen zum fixen Bestandteil des Programms. Das Unterfangen, an dem viele, auch die lokalen Sagensammler mitwirkten, gelang und nach zehnjährigem Erscheinungsverlauf der Osttiroler Heimatblätter wurde ihre Herausgabe 1936 mit den Worten „Die Hauptarbeit ist getan"[28] eingestellt. Erst in den Jahren nach dem Zweiten Weltkrieg erfolgte die neuerliche Herausgabe des Blattes.

Ein Artefakt, mehrere Sagen?

Besondere Kraft wohnt dem Erzählen auch deshalb inne, da Orte, handelnde Menschen und verschiedene Objekte in verschiedene Sinnzusammenhänge gestellt werden können. Dabei obliegt es der Erzählung, Sympathien zu verteilen und die Handlungen der Akteure nachvollziehbar zu machen. Dieser Sinnzusammenhang ist jedoch keineswegs festgeschrieben und kann je nach Bedarf auch andere Gestalt annehmen. Dies zeigt etwa die Sage vom Schloss Heimfels auf, die uns noch einmal zur „Riesenrippe" aus der Innichner Stiftskirche führen wird:

„Die Hunnenburg"[29]

… Nach diesem vollbrachten Raubzuge ist ein Rest der Hunnen auf einem Hügel in der Nähe von Sillian zurückgeblieben. Da bauten selbe einen Turm oder ein Wohnungnest, anno 464 ungefähr, und man nannte diese Burg Hunnenfels. Vermutlich war es der mittlere Turm. Die Hunnen verschanzten sich und konnten nicht mehr aus dem Neste vertrieben werden, bis endlich Herzog Thassilo, der bayerische Fürst, 772 die Stiftung Innichen errichtet. Da tat sich unter Thassilo ein gewisser starker Riese, Hanno genannt, in der Gegend von Toblach hervor, die Hunnenburgen zu bestürmen. Dieser streitbare Riese begab sich auf den Monte Thassilonis (Tessenberg) und von dort aus belagerte er die Hunnenburg, wobei seine Truppen von den Bayern unterstützt wurden. Bei finsterer Nacht, im dichten Nebel wurde die Burg auf der Rückseite erstürmt. Lange dauerte der Kampf, bis Hanno, der katholische bayerische Streiter, den Hunnus samt seinen Gefährten überwunden hatte, die Hunnenburg eroberte und sie Hannenfels nannte. Zum Zeichen des geschehenen Sieges riß Hanno dem Hunnus eine Rippe aus dem toten Leibe.

Wird die Raumstrukturierung der Sagen vom Hunnus und vom Haunold verglichen, so findet man zwei vollkommen verschiedene Situationen vor. Was uns in den vorangehenden Überlegungen als Zentrum diente, existierte während der erzählten Zeit dieser Sage noch nicht, denn die Dorflinde in Sillian, ja, mehr noch, das gesamte Dorf steht ja noch Jahrhunderte vor ihrer/seiner Gründung. Und so liest sich die Lokalisierung etwas seltsam, denn „in der Nähe von Sillian" meint sinngemäß, dort, wo damals die Hunnen herrschten und dann irgendwann einmal der Markt Sillian entstehen wird. Die Anfänge, auf die hier angespielt wird, kennen in der angeführten Erzählung nur einen dünn besiedelten Handlungsraum mit einem kleinen Bauernhof und einem Wehrturm, jedoch kein Sillian, kein Italien und kein Österreich. Jene „Sillganerinnen", die in Fanny Wibmer-Pedits Erzählung in Toblach um Beistand bitten, sind fiktiv – aber durch die Einarbeitung von Geschlechterverhältnissen werden aktuelle Fragen behandelt und damit erhält die Sage wieder den Lebensbezug, der sie aktuell lesenswert werden lässt.[30] Dennoch wird dabei auch jenes Trugbild der rückwärtsgewandten Betrachtungsweise offenkundig, das gerne überspielt, dass sich mit zunehmendem zeitlichem Abstand auch die Bezugspunkte zur Gegen-

Der „Hunnenturm" (Mitte), nach der Sage Ursprung der Burganlage von Heinfels.

Angebliche Rippe eines sagenhaften Riesen; Vorhalle der Stiftskirche von Innichen.

wart verlieren.³¹ Denn Sillian, das später als Heimat identifiziert wird und als Orientierungspunkt dient, existiert in der erzählten Zeit der Sage noch nicht.

Bis heute greifbar ist hingegen jene fragenbehaftete Rippe in der Innichner Stiftskirche, die als stofflicher Beleg nach Erklärung verlangt und hier zum Ausgangspunkt eines anderen Erzählstranges avanciert, als dies bei der Haunoldsage der Fall war. Dennoch haften beide Sagen – jene vom Hunnus und jene vom Haunold – an dieser Rippe und umweben das erklärungsbedürftige Artefakt. Dem fraglichen Knochen obliegt dabei die Aufgabe, die Erzählung mit Händen greifbar abzusichern, er ist ihr „wahrer Kern". So gilt, wie schon durch Viktor Wanner formuliert: „Wer's nicht glaubt, der kann sich ja selbst davon überzeugen".³²

Vergleichsweise farblos machen sich auf den ersten Blick hingegen aktuelle Erklärungsmuster aus: „Fossile Tierknochen (Mammutknochen oder andere Skelettreste) wurden oft als Riesenknochen erklärt und in Kirchen (z. B. Innichen) oder in Raritätensammlungen aufbewahrt."³³ Doch auch hier besteht ein gewisses Erzählpotential, das sich auf einen gemeinsamen Nenner, die „fossilen Tierknochen", beruft. Einmal als Mammutknochen beschrieben, ein andermal als Walfischknochen, wirft das Artefakt immer wieder die Frage nach seiner Herkunft auf. In einem Internetauftritt klingt das dann folgendermaßen: „Der Legende den Garaus gemacht wurde […] schon lange, denn es handelt sich um einen Knochen eines Wales. Wie dieser in die Kirche kam – man weiss [sic!] es nicht genau."³⁴

Kurz gefasst kann festgehalten werden: Beim Erzählen handelt es sich um ein gegenwartsbezogenes Phänomen und es ist bezeichnend, dass auch Feststellungen vom Ende der Legende den Grundstein für neue Erzählungen beinhalten. Was dafür jedoch umso interessanter erscheint, ist die Frage, welche Erzählstoffe wann aufgegriffen werden und dazugehörend auch die Gegenfrage nach dem, was unberücksichtigt bleibt oder anders formuliert, ausgeblendet wird.

Dafür sollte noch einmal der Ausgangspunkt des Interesses an Volks- bzw. Naturpoesie beleuchtet werden. Ein schon zuvor erwähnter Leitgedanke volkskundlicher Sammlungstätigkeit war jener der Rettung gewesen, der Bewahrung dessen, was von Industrialisierung und Modernisierung bedroht war. Daraus lässt sich auch nachvollziehen, was die Bildungsbürger der Städte am Lande suchten: die Natur, die Erholung von Lärm und Stress der Großstadt, dazu die urwüchsige Bevölkerung.

Da der romantische Ansatz zudem gezielt gegen aufklärerische Herabwürdigung gerichtet war, ist nicht verwunderlich, dass insbesondere numinose und an die Vorstellung des Aberglaubens gebundene Erzählungen besondere Aufmerksamkeit erregten und Aufnahme in den Korpus der Volkspoesie fanden. Hieran knüpft sich nun ein weiterer Hinweis der Kulturwissenschaften, der festhalten will, dass gerade diese fokussierte Suche nach Relikten einer versinkenden Kultur eine sehr spezielle Auswahl treffen ließ. Sie bestimmte aus einer idealisierten Perspektive urbaner Bildungsbürger, was ins Schema der „Volks- und Naturpoesie" passte und reproduzierte diese Auswahl in ihren Sammlungen. Anderes Erzählgut, etwa mit Industrialisierung und Modernisierung einhergehend entstehendes, blieb dabei weitgehend unberücksichtigt. So wurde mit der Volkspoesie ein Stück Buchrealität geschaffen, das weniger Auskunft über das tatsächlich Erzählte gibt als vielmehr über das, was die Aufmerksamkeit der Sammler erregte.

Der Wetterhexer als eine Erzählung des extremen Fremdwerdens

Die Sage vom Thurn Urban ist eine der bekanntesten Erzählungen des Ortes und ihr Kern bezieht sich auf ein reales Ereignis, einen Hexenprozess am Gericht Heinfels. An sich würde der Stoff eine Diskussion magischer Vorstellungen und der Zauberei nahelegen, spannender erscheint jedoch auch hier eine sozial- und kulturhistorische Deutung. Deshalb wird die Sage im Sinne eines Indikators für das Fremdwerden und die Entfremdung betrachtet – und das in dreifacher Hinsicht: Erstens als ein Akt sozialer Entfremdung, der deshalb eintrat, da der Hauptprotagonist aus dem üblichen sozialen Gefüge schied und diesem ein Leben als „Vagabund" vorzog. Eng damit verbunden ist auch die zweite Entfremdung, welche die Dorfbewohner glauben machte, Urban könne den Gesetzen der Physik spotten, fliegen und über das Wetter herrschen. Die dritte Entfremdung schließlich wird durch die Veränderung in der Kultur selbst hervorgerufen. Sie versetzt den rational denkenden Menschen in Staunen über die dunklen Gräuel im Gefolge solchen „Aberglaubens", der Hexenprozesse und Ähnliches ermöglichte.

Bevor nun der Sagentext präsentiert wird, soll am Rande noch erwähnt werden, dass diese Sage in mehreren Varianten vorliegt, in denen die genannten Aspekte unterschiedliche Betonung finden.[35] Hier vorgestellt wird die Fassung nach Johann Adolf Heyl:

„Der Thurnthaler Urban"[36]

Ungefähr in der Mitte zwischen den beiden Marktflecken Innichen und Sillian, drückt sich Winnebach an die nördliche Berglehne. War da ein gar böser Mensch, der seine Seele dem Teufel verschrieben hatte und dafür in die Geheimnisse der Zauberei eingeweiht wurde, die er denn auch mit teuflischer Schadenfreude sich zunutze machte. Er hauste an den felsigen Ufern des Thurnthaler Sees, eines dunklen, unheimlichen Gewässers auf den Höhen der Winnebacher Alm. Schlug er mit seinem Stock in den See, so zogen sogleich schwarze Wolken ringsum auf, Blitze zuckten durch die Luft, und furchtbar rollte der Donner durch Berg und Tal. Der Thurnthaler Urban aber setzte sich bei solchem Wetterbrausen mit seiner ‚Urschl' auf eine große hölzerne Schüssel; voran saß der ‚Bease' (Teufel); auf diesem Fahrzeug ging's durch die Luft.

Eines Tages begab er sich in das Tal herab, um zu betteln. Da ihn aber die Leute überaus fürchteten, klopfte er überall vergebens an die Tür und mußte ohne Gabe abziehen. Darüber war er fürchterlich erzürnt. Unter gräßlichen Flüchen holte er einen Pickel, stieg zu den Ufern des Thurnthaler Sees empor und fing an, die Wände desselben zu durchbrechen. Ein Hirtenknabe, der ihn bei diesem unheilvollen Unternehmen beobachtete, lief schnell in das Tal hinunter nach Sillian und schlug Lärm. Da eilte nun jung und alt in die Kirche zu inbrünstigem Gebete. Das höchste Gut wurde zur Anbetung ausgesetzt, und alles zog in feierlicher Prozession durch den Markt, wie sonst am Fronleichnamsfeste, wobei der Geistliche die Wettersegen hielt.

Schon war der Thurnthaler Urban mit seiner Arbeit fast zu Ende – noch ein einziger Hieb, und die gewaltigen Wassermassen wären aus ihren Ufern getreten und hätten weiß Gott welch furchtbare Verheerungen angerichtet. Doch da hob der Priester die Monstranz zum letzten Segen, und der Zauberer droben stürzte in demselben Augenblick unter einem weithin schallenden Fluch in die schwarze Flut. Seither sah man ihn nirgends mehr; wenn aber ein Gewitter heranzieht, fangen die Wasser an zu brodeln und zu tosen, daß man es auf der gegenüberliegenden Gebirgskette, dem Helm, ganz deutlich vernehmen kann."

Um nun vom Sagentext ausgehend zu dessen sozialhistorischer Bedeutung vorzudringen, gilt es, ein wenig an der Textstruktur zu rütteln. – Denn bereits die Einleitung der Sage nimmt vorweg, was sie eigentlich zu erklären hätte: die Unterstellung der Hexerei. Zudem soll der Erzählstoff auch in seinem modernen Gewande ansichtig gemacht werden, denn wie Bertolt Brecht treffend formulierte: „… die Zeiten fließen,

Titelseite der Akten des Prozesses gegen Urban Pichler („Thurntaler Urban"), 1637.

und flössen sie nicht, stünde es schlimm für die, die nicht an den goldenen Tischen sitzen. Die Methoden verbrauchen sich, die Reize versagen. Neue Probleme tauchen auf und erfordern neue Mittel. Es verändert sich die Wirklichkeit; um sie darzustellen, muß die Darstellungsart sich ändern. Aus nichts wird nichts, das Neue kommt aus dem Alten, aber es ist deswegen doch neu."[37] Dafür wird ein vielleicht unerwarteter, jedoch jedenfalls lohnender Umweg in Kauf genommen, der über ein Theaterstück von Arnolt Bronnens führt, nämlich: „Anarchie in Sillian". Zur Orientierung soll das Stück hier inhaltlich kurz umrissen werden: Handlungsort des Stückes ist ein Kraftwerk in Sillian, das nur mehr von einem Teil der Belegschaft besetzt ist und an dem die Protagonisten ihre persönlichen Dramen, vor allem aber einen Kampf gegen höhere Gewalt auszufechten haben. Doch nicht Geister, Zauberer und Hexen sind die mythischen Gegenspieler, wie dies im altbackenen Kleide der Sage der Fall wäre. An ihrer Stelle erheben sich die Schreckgespenster der Moderne – zum Streik – und lassen einen faustisch anmutenden Ingenieur so gut wie allein zurück in seinem Kampf um die technische Apparatur. Nun driftet, obwohl als Außenposten der Natur-Unterwerfung und -Entzauberung gezeichnet, die Maschinerie selbst ab. Niemand ist mehr da, um ihr Räderwerk zu steuern – und dennoch, wahrscheinlich aber gerade deshalb, nimmt alles seinen gespenstischen Lauf. Das Kraftwerk hüllt sich in ein verzaubertes Licht, in dem die Dinge ein Eigenleben entwickeln. Deshalb gilt im Stück letztlich: „Die wahren Feinde sind die Dynamos

Blick über den Oberen Thurntaler See (2.324 m) mit den Villgrater Bergen im Hintergrund.

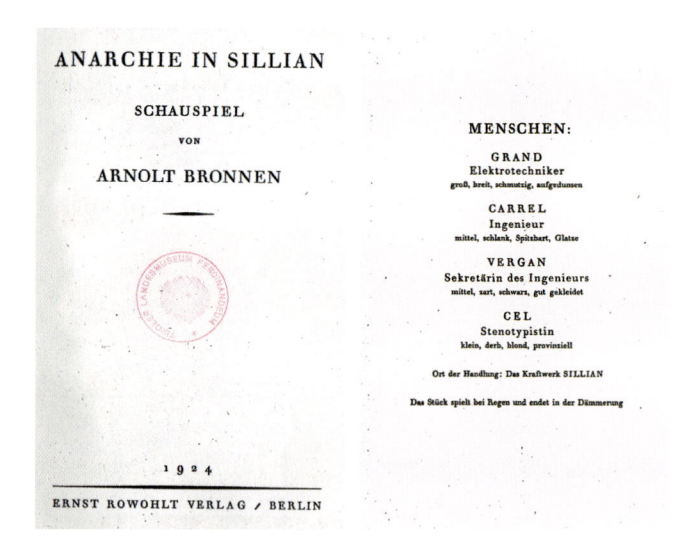

Titelblatt und Darstellerverzeichnis des Schauspiels „Anarchie in Sillian" von Arnolt Bronnen, 1924.

[…] sie machen Wasser zu Feuer, und starre Alpengipfel zu elektrischen Schnellbahnen. Die Arbeiter waren sanfte Tierbändiger dieser unheimlichen und gigantischen Wesen, sie sind gegangen. Der Ingenieur kennt sie [die Maschinen] kaum, er kann sie nur beherrschen […]"[38]

Seinerzeit war Bronnen von Bertolt Brecht dazu angehalten worden, „den schauplatz geographisch festzulegen und zu entgeheimnissen [,] daß er realer wird [; auch dazu,] die figuren […] mehr im lokalen […] anzupflanzen."[39] Erden! würde dazu der stichwortartige Vorschlag im Imperativ lauten, der im konkreten Fall vom Kraftwerk, dem Ort der dramatischen Entfaltung, in ein eigentümliches Spannungsverhältnis gezogen wäre. Bedeutender noch als für das Bühnenstück, das Bronnen sonst noch wo in den Alpen hätte ansiedeln können, ist dieser Akt der „Erdung" für Sagen. Ihr mitunter phantastisches Spiel nutzt reale Orte, tritt mit diesen in Beziehung und gibt dabei nicht selten ursächliche Erklärungen für topographische Besonderheiten.[40]

Weshalb Bronnens Wahl jedoch letztlich auf Sillian fiel, bleibt offen. Unmittelbar vor der Entstehung des Stückes, Anfang der 1920er-Jahre, durchlebte der Ort jedoch prägende Ereignisse: zuerst den Frontverlauf des Ersten Weltkriegs auf Gemeindeboden und dann die Abmarkung der neuen Staatsgrenze. Nach diesen Ereignissen fand sich das Dorf gleichsam ans „Ende der Welt" versetzt, verwandelt in einen Ort des Überganges. Die damit verbundenen Grenzerfahrungen und Überschreitungen stellen einen möglichen Berührungspunkt dar.

Grundsätzlich lässt sich nun festhalten: Beide Male lehnen sich die sozial Schwachen auf. Noch bevor der Vorhang sich hebt, sind die Arbeiter Bronnens bereits im Streik abgezogen und kehren nicht wieder. Da die Beweggründe ihres Handelns im Stück ausgespart bleiben, erscheint die Annahme geradezu zwingend, dass ihr Verlassen der Arbeitsstätte mit einem Ruf nach sozialem Ausgleich verbunden war. Anders und doch ähnlich verhält es sich in der Sage vom Wetterhexer: Denn Thurn Urban war ins Dorf gekommen, um Essen zu erbitten – und dies als „Vagabund" und Bettler. Die Dorfbewohner allerdings, sie verweigerten ihm diese Gabe, so lesen wir.

Was uns Sage und Theaterstück also zunächst näherbringen, ist die Vorstellung eines sozialen Gefüges, das nicht von Gleichheit geprägt ist, sondern von Differenzen in Status, Besitzverhältnissen und Interessen. Proletariat und Bourgeoisie in ihrem Klassenkampf sind es bei Bronnen – die Begegnung zwischen Sesshaften und Fahrenden in der Sage. Jedoch nicht allein die sozialen Schichten stehen sich hier gegenüber. Mit ihnen verbunden prallen ebenfalls widersprüchliche Lebensentwürfe aufeinander. Und damit treffen wir den Kern der Sache: Denn die zentrale Figur der Sage verfolgte ja nicht nur ein anderes Lebenskonzept als die Bewohner des Dorfes. Vielmehr ließ Thurn Urban mit dem Entschluss, ein Leben als Vagant zu führen, sein angestammtes soziales Gefüge hinter sich.[41] Dieses Ausscheiden aus der Gemeinschaft bedingte gleichzeitig das Brechen zentraler Tabus und stellte jene Grundregeln in Frage, die den Wert der Gemeinschaft anerkennen, auf ihren Erhalt abzielen und Erosionen zu vermeiden trachten. Von einem der Eigenen wandelte er sich in einen Fremden und im Gegensatz zu anderen Fremden, die erst kennengelernt werden, bevor das

Urteil fällt, kehrte der Fremdgewordene wieder. In den Blicken der Dorfbewohner jedoch schon vollkommen entfremdet, gewiss böse und womöglich inzwischen gar ein Zauberer.[42]

Sosehr derartige Verhaltensmuster aus gruppendynamischen Gesichtspunkten heraus verständlich sein mögen, erst die Perspektive des Individuellen zeigt die Tragweite der menschlichen Tragödie an. Denn der Entschluss zum Leben als Fahrender könnte heute ja auch als Ruf nach individueller Freiheit gelesen werden. Konfrontiert man die Erzählung mit der Frage nach möglichen Gründen für dieses Freiheitsbedürfnis, so legt sie die Vermutung nahe, dass das Durchsetzen einer verbotenen Liebschaft mit der Gefährtin Ursula den Ansporn hierfür gab.[43] Eine über alles gestellte Liebe erschiene dann als Ausgangspunkt. – Eine freilich, die den Liebenden letztlich nichts als Ächtung und einen gewaltsamen Tode bescherte. Diese erste Art der Entfremdung festhaltend, kehren wir nun noch einmal zurück zu Bronnens entschwundenen Arbeitern und dem bittstellenden Vagabunden. Was bisher nämlich ausgespart blieb, ist die empfundene Ohnmacht, an welche die beiden Erzählstoffe knüpfen. Betrachten wir dieses Moment im anarchistischen Sillian. Eine biographische Notiz zu Bronnens Jugend fügt sich in die Leerstelle des Stücks: „Als Sechzehnjähriger hatte er einmal den Bau eines Kraftwerks in den Alpen gesehen: das düstere Tal der oberen Salza, das kalte, noch unverputzte Gemäuer, darinnen schon grauschwarz, bös, drohend die Ungetüme der Turbinen lauerten; es war aber niemand da, der sie zähmen konnte; so war er angstvoll über die schmalen Steige getastet, alles war feucht, glitschig, drunten brauste der Wildfluß und von oben strömte mit heftigen, peitschenden Güssen der inneralpische, eingesperrte, fast endlose Regen hernieder […]".[44]

Exakt diese Stimmung des Unheimlichen, die Bronnen im verlassenen Werk wahrnahm, übertrug er ins Stück. Er erlaubte den Arbeitern, die ja die untere Ebene des Sozialen bevölkern, einen Aufschrei der Stille. Zu gehen bedeutet für sie auch, nicht mehr zu wissen, woher das Brot für den Abend kommen soll. – Es ist ihr letztes, ihr stillstes und stärkstes Wort im Kampf um soziale Gerechtigkeit. Ihr Schicksal ist jedoch nicht das, was Bronnen bekanntermaßen interessierte. Seine Aufmerksamkeit galt der zurückbleibenden Ohnmacht: Denn ohne diese derben Proleten der Praxis, „Brüder der Maschine" nannte sie Bronnen, ohne diese ölverschmierten Vermittler zwischen Planung und Objekt, wird die Maschinerie fremd – der Ingenieur kennt zwar die Pläne, versteht aber ihr Surren und Ächzen nicht, vermag nicht Hand anzulegen ans Räderwerk.

Die Ohnmacht als Nährboden, das teilt Bronnens anarchisches Schauspiel mit dem zentralen Motiv der

Das Kraftwerk am Villgraterbach; Foto des Maschinenraums, um 1930.

Das Kraftwerk war bis 1990 in Betrieb; Aufnahme aus dem Jahr 1995.

Sage vom Sillianer Wetterhexer, dem Thurn Urban. Hier wie dort ziehen dunkle Wolken auf und hüllen Berg wie Tal in ein düsteres Zukunftslicht. Das Dorf ist bedroht, die Hoffnung auf Rettung hängt am seidenen Faden. Der Zusammenbruch der Energieversorgung, Chaos und Anarchie sind es in Bronnens modernem Bedrohungsszenario, „sündflutähnlich[e] Überschwemmung[en]"[45] und Unwetter hingegen in der Erzählung vom Wetterzauberer.

Zwischen der verweigerten Gabe und dieser unsäglichen Angst der Dorfbewohner fehlt jedoch noch ein entscheidendes Detail. Denn dort wo Heyl lediglich vom Zorn des abgewiesenen Bittstellers berichtet, da erklingt etwa in der Version nach Wanner ein ganzer Reigen von Verwünschungen[46], und das nicht ohne Recht, denn: „Wenn [… die Dorfbewohner den Hilfsbedürftigen] die Türe vor der Nase zusperrten, wußten sie […] nur zu gut, daß sie dem anerkannten ethischen Kodex zuwider gehandelt hatten. Es war ihnen bekannt, daß sie ihre selbstsüchtigen Interessen höher stellten als die gesellschaftlichen Regeln. Wenn anschließend ihnen oder ihren Kindern ein Mißgeschick zustieß, war es ihr eigenes schlechtes Gewissen, das ihnen die Richtung wies, in der sie nach der Ursache für ihr Unglück zu suchen hatten. Die Verweigerung von Almosen war die typischste Form der Pflichtverletzung."[47] Und der Fluch, so weiß man, war eine der wenigen greifbaren Mittel der Armen und Unterprivilegierten, ihren Forderungen Nachdruck zu verleihen.[48] Wie damals also durchaus üblich, rächt sich Urban für die Abweisung mit dem letzten Wort des Machtlosen:[49] Er droht mit Naturkatastrophen – Blitz und Hagelschlag. Und den Bewohnern des Dorfes, die der „teuflischen" Bedrohung des schlechten Gewissens nur mit bigottem Gebet und Glockenläuten entgegentreten können, wird angst und bange beim Anblick des sich verdunkelnden Himmels …

„Galgen mit einem Blitzableiter"[50], warf der Aufklärer Georg Christoph Lichtenberg (1742–1799) dereinst aufs Papier und eröffnet damit mehr als nur den Blick auf eine grotesk anmutende Szenerie. Er, der sich treffend auf satirische Verknüpfung verstand, schlug damit eine Verbindungsbrücke zwischen Zeiten und Stoffen, die wir nun nutzen werden. Allein schon der makaberen Ausstattung gelänge es, einen thematischen Bogen von Bronnens Elektrizitätswerk zur Hinrichtung des Thurn Urban zu spannen. Thema Lichtenbergs Groteske, ebenso wie das der Sage, ist jedoch vielmehr das Fremdwerden der verflossenen Kultur: Es geht um die Zurückdrängung hergebrachter mythischer Anschauungen, die im Lichte der Aufklärung entzauberten, rationalen Erklärungsmustern wichen. Deutlicher noch angezeigt findet sich dieser Kulturwandel in der Figur des „Kruzifix mit Blitzableiter", auf das der Kulturwissenschafter Martin Scharfe wiederholt hinwies.[51] Nebenbei erwähnt, die erste derartige technische Erweiterung zierte das 1799 errichtete Gipfelkreuz am Glockner.[52] So gering die Adaption durch die unscheinbare Apparatur Blitzableiter auch erscheint, ihre Auswirkungen waren weitreichend: „Blitz und Donnerschlag", die seit jeher als Strafgewalt Gottes gedeutet worden waren, galten nun nicht mehr als göttliche Insignien der Macht – denn „ein lächerlicher Kupfer- oder Eisendraht genügte, dem himmlischen Gott seine furchtbare Strafgewalt zu nehmen". Nun galt dafür: „Was einst – als Wetterkreuz – die Fluren vor dem verderbenden Einfluss zu schützen hatte […]: das bedurfte fortan selbst des Schutzes – und zwar einer schützenden Einrichtung aus Menschenhand […]". Am „[…] Ende dieses Prozesses waren die beiden uralten christlichen Strafinstanzen Gewitter und Hölle abgeschafft und das moderne Gewissen entstanden […]".[53]

In der daraus hervorgehenden Ausprägung der Kultur ist eine Strafverfolgung wegen Wettermachens undenkbar geworden, einfach schon deshalb, da derartige Praxen nicht wissenschaftlich belegbar sind.[54] Aus dieser Perspektive ist auch vollkommen klar, dass der Delinquent absolut unschuldig mit hochnotpeinlichem Verhör und Tod bedacht worden war. Allerdings bleibt doch einiges zur Verwunderung stehen: Wenn wir uns angesichts des kulturellen Fremdwerdens über eine Strafverfolgung von „Wettermachern" mokieren, so sollte ebenso gefragt werden, weshalb Vergleichbares, wie etwa die Praxis christlichen Wetterläutens oder die des Wettersegens, nicht mehr vor den Kopf stoßen. Zu Zeiten aufgeklärter Herrschaft war dies noch anders, als ein Verbot derart magisch-religiöser Handlungen von 1782, verordnet durch Joseph II., Bestand hatte.[55]

Wird diese Sage also zur Indikation kulturellen Wandels herangezogen, so finden wir uns nicht nur mit den Irrationalitäten vergangener Zeiten konfrontiert, sondern ebenso mit offen zur Schau getragenen Widersprüchen der Gegenwart.

Ausklänge

Vieles gäbe es noch über die Kultur des Erzählens zu berichten und es wäre gewiss spannend, diversen Frage nachzugehen. – Etwa jener, wie sich das bildungsbürgerliche Naturverständnis, dem für die Entwicklung des modernen Tourismus zentrale Bedeutung zukommt, in die Sagen einschrieb. Weiter könnte und sollte dann auch kritisch hinterfragt werden, welche Bedeutung Erzählstoffen bei der aktuellen Vermarktung des Lokalen beizumessen wäre. Leider würde dies jedoch den hier gesteckten Rahmen sprengen.

Was jedoch durch die Ausführung verdeutlicht werden sollte, ist die Einbettung und Funktion der lokalen Sagenbeispiele im größeren Zusammenhang von Literatur und Kultur. Ebenso wird der aufmerksame Leser jene Verweigerung bemerkt haben, die im Falle mehrerer greifbarer Sagenvarianten der Benennung eines Originals auswich. Der Grund hierfür ist jener, dass eine Geschichte nie nur eine Geschichte ist, weshalb zudem immer gefragt werden sollte: Wer erzählt? Warum wird gerade diese Geschichte erzählt? Wer hört zu? Und was interessiert die Zuhörer an dieser Erzählung? Gewappnet mit einem derartigen Ensemble von Fragen, verliert die leidige Suche nach dem einen Original an Bedeutung, denn jede der Erzählvarianten verfolgt ihr eigenes Ziel und entwickelt in diesem spezifischen Zusammenhang die Kraft des Originals.

Ebenso fand der Sachverhalt Erwähnung, dass durch die zielgerichtete Suche nach Sagenstoffen viele Erzählungen und Erzählstoffe aus dem Gesichtsfeld der Sammler fielen, da sie scheinbar nicht ins enge Korsett der Sage passten. Leider traf dies oft gerade jene Erzählungen, die näher am Leben handelten als das gesammelte Material. Aus diesem Grund soll den Ausklang nun eine solche Erzählung bieten, die zwar nicht in den Sagensammlungen zu finden ist, dafür aber umso mehr Einblick in das historische Zusammenleben und die Gepflogenheiten der Sillianer bietet:

„Die letzte Bärenjagd in der Sillianer Gegend"[56]

… Weil es nun gerade zur Zeit paßt, will ich die letzte Bärenjagd in der Sillianer Gegend schildern.

Es war um das Jahr 1840 im Spätherbst an einem Sonntagnachmittag. Wie üblich gingen die Erwachsenen zur nachmittägigen Andacht in die Kirche. Darunter waren auch die Eltern und Dienstboten des Asthofes. Die sieben Kinder, im Alter von 3–12 Jahren, wurden daheim in der Stube eingesperrt. Während die Kinder nun in der Stube vergnügt spielten, schaute plötzlich ein großer, zottiger Bär beim Stubenfenster herein. Die Kinder erschraken heftig und flüchteten alle auf den Stubenofen. Der Bär ging aber nicht vom Stubenfenster weg, sondern schaute stur auf die furchtsam versammelte Schar auf dem Ofen. Da der Bär nicht hereinzubrechen versuchte, erholten sich die Kinder rasch vom ersten Schreck. Der 12-jährige Bub bekam Mut. Er nahm ein Brett aus dem Ofengeländer, ging zum Fenster und drohte dem zottigen Gesellen mit dem Ofenbrett. Darauf verließ der Bär das Fenster, ging aber dann zum Hoftor und versuchte, dort einzubrechen. Als ihm das nicht gelang, kehrte er wieder zum Stubenfenster zurück. Wieder nahm der älteste Bub das Brett und drohte dem Bär. Diesmal aber ließ sich das Tier nicht mehr so schnell abschrecken, sondern schaute sich ruhig die Lage in der Stube an. Die Stubenfenster waren mit Eisenstäben in den Fenster-

Der in seinem Ursprung weit zurückreichende Asthof, 1905.

stöcken gesichert, sodaß ein Eindringen des Bären durch die Fenster unmöglich war. Nach einer Weile entfernte sich der Bär wieder und versuchte es noch einmal beim Hoftor. Doch dieses war fest verriegelt und hielt dem Kratzen und Poltern des Bären stand. Nun trottete Meister Petz – ohne Beute – wieder dem Walde zu.

Als die Leute von der Kirche nach Hause kamen. [sic!] erzählten die Kinder, was sich zugetragen hatte. Noch am selben Abend wurden die Jäger von Sillian und Umgebung von dem Vorfall informiert. Die Jäger versammelten sich in derselben Nacht und beschlossen für den nächsten Tag eine große Treibjagd.

Es war Montag früh. Über Nacht hatte es – so wird erzählt – ein „Schuichschneabl" (schuhtief Schnee) gemacht. Dies war für die Jäger ein großer Vorteil. Bald kamen sie auf die Spur des Bären und konnten auch sein Versteck am so genannten Schölmberg ausfindig machen. Der Schölmberg liegt etwa eine gute Gehstunde von Sillian, an der Schattseite. Nun teilten sich die Jäger in zwei Gruppen, in die Treiber und Aufpasser. Letztere wurden vom Jagdführer so aufgestellt, wie sie nach Meinung aller Jäger am besten zu Schuß kommen konnten. Den „Schneider Niggl" von Hollbruck, der bei den Jägern als ein etwas feiger Schütze bekannt war, stellten sie an einen Ort, wo sich die Jäger sagten, hier kommt der Bär ja doch nicht vorbei, für alle Fälle sollte aber auch diese Stelle besetzt sein. Nun begannen die Treiber Lärm zu machen. Es dauerte auch nicht lange und der Bär flüchtete aus seinem Versteck. Er lief zwar in die Richtung der Aufpasser, jedoch nicht dorthin, wo die Tapfersten standen, sondern gerade zum Standplatz des Schneider Niggl hin. Dieser begann zu zittern wie Espenlaub. Er getraute sich keinen Muxer zu tun und schon gar nicht zu schießen. Der Bär lief beim Schneider Niggl vorbei und entkam so den Jägern. Da schon später Nachmittag war, mußten die Jäger ohne Erfolg nach Haus gehen. Den armen Niggl aber schimpften sie aus, wie einen Spitzbub. Doch die tapferen Weidmänner gaben ihr Vorhaben nicht auf. Schon am nächsten Tag brachen sie wieder in aller Früh auf. Da sich der Schnee vom Vortag noch gut gehalten hatte, kamen sie bald wieder auf die Bärenspur. Diese führte ins Hollbrucker Tal. Es dauerte nicht lange und die Jäger bekamen den Bären in Sicht und bald darauf zu schießen.

Seither hat nie mehr ein Bär die Gegend von Sillian unsicher gemacht. Diese letzte Bärenjagd wurde aber von Generation zu Generation weitererzählt und blieb lebendig bis auf den heutigen Tag."

Wilfried Beimrohr

Das Landgericht Heinfels oder Sillian

Geschichte der Verwaltung von den Görzern bis ins 20. Jahrhundert

Im Jahr 1923 wurde das Bezirksgericht Sillian aufgelassen, sein Sprengel, der Gerichtsbezirk Sillian, wurde dem Bezirksgericht Lienz zugewiesen. Die österreichische Justizverwaltung reagierte damit nüchtern auf die Tatsache, dass mit dem Abtreten Südtirols 1919/20 an Italien, erzwungen und festgeschrieben im Friedensvertrag von St. Germain, dem Gerichtsbezirk Sillian (und damit dem politischen Bezirk Lienz) die Gemeinden Sexten, Wahlen, Innichen, Innichberg, Vierschach und Winnebach, und dadurch ein gutes Drittel seiner Bevölkerung, verloren gegangen waren. Das Auflassen des Bezirksgerichtes Sillian war eine kühle Verwaltungsmaßnahme, diktiert vom Rechenstift, von der betroffenen Bevölkerung unwillig hingenommen, weil ihr eine vertraute Institution abhandengekommen war. 1923 verschwand für immer eine territoriale Einheit, von Wahlen und Sexten im Westen bis Abfaltersbach im Osten, die ein stolzes Alter von über 600 Jahren erreicht hatte, eine Institution, die als Landgericht Heinfels, seit dem 19. Jahrhundert als Landgericht, Bezirksamt und schließlich als Bezirksgericht Sillian Jahrhunderte überdauert hatte.[1]

Brixen, Freising und Innichen

Als im späten 6. Jahrhundert der germanische Stamm der Baiern oder Bajuwaren als Krieger, vor allem aber als friedliche Siedler in jene Gebiete eindrangen und einwanderten, die später die Grafschaft Tirol ausmachen sollten, um sie in Besitz zu nehmen, setzte eine herrschaftliche Organisation ein, die begleitet war von christlicher Mission und Erschließung neuer Siedlungsräume. Die ansässigen Romanen gerieten angesichts der fremdsprachigen Eindringlinge und Zuwanderer unter Assimilierungsdruck, dem sie hier früher, dort später erlagen. Ihre Sitten und Gebräuche verschmolzen mit denen ihrer bairischen Nachbarn, ihre Sprache, das Romanische, starb aus und lebte fortan nur mehr in Flur- und geographischen Namen weiter.

Es ist ein mühsamer, lang sich hinziehender Prozess, in dem Kirche und hoher Adel, oft in enger Beziehung zueinander, sich positionieren und ihre Machtbereiche festigen und auszudehnen suchen. Die Gebiete nördlich und südlich des Brenners gehören großteils zum Herzogtum Bayern. Die Politik der römisch-deutschen Könige im 11. und 12. Jahrhundert, die diverse Grafschaften südlich der Ziller den hochadeligen Geschlechtern übertrugen, löste zwei Reaktionen aus: Angefacht und befeuert wurde die Machtkonkurrenz zwischen den Bischöfen und ihren gräflichen Amtsträgern, die, den eigenen Nutzen vor Augen, eigenmächtig und selbstherrlich agieren, aber auch zwischen den Grafengeschlechtern untereinander. Das Überlassen von Grafschaften an die beiden Bischöfe schaltet den Herzog von Bayern als Machtfaktor aus, die Bindungen zum angestammten Herzogtum schwinden unaufhaltsam, was wiederum die Chance erhöht, eine Gebietsherrschaft, ein Land, ein Fürstentum zu errichten, das direkt dem Heiligen Römischen Reich angehört.

Es boten sich viele Möglichkeiten und Alternativen, im Laufe des 13. Jahrhunderts wurden aber die für die Zukunft entscheidenden Tatsachen geschaffen. Um 1300 bestanden im „Land im Gebirge" drei Län-

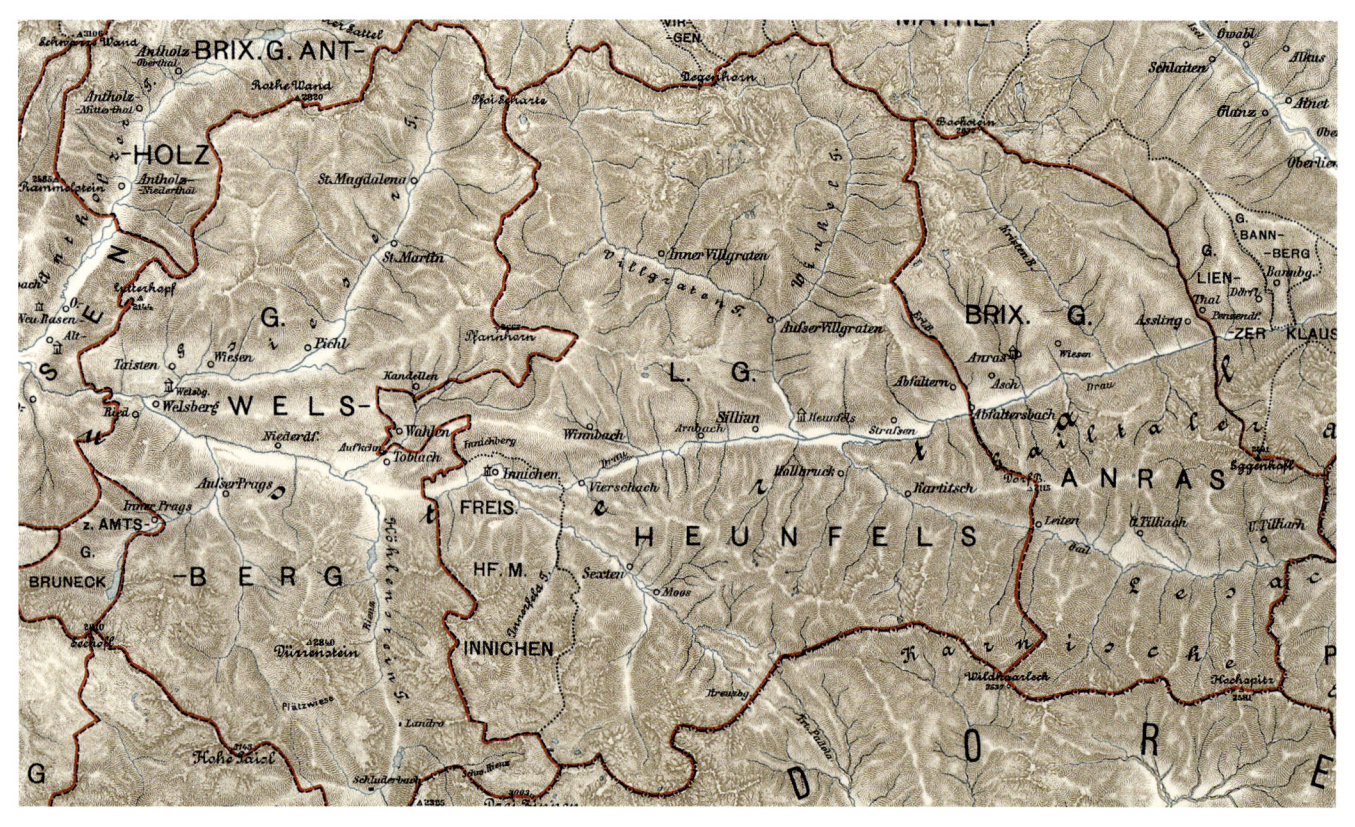

Landkarte mit Eintragung der Gerichtsgrenzen im östlichen Pustertal, zentral das Landgericht Heinfels-Sillian.

der, drei Fürstentümer: Die Grafschaft Tirol, Titel und Namen eines Adelsgeschlechts in ihrem Namen führend, und die beiden geistlichen Fürstentümer oder Hochstifte Brixen und Trient, wo der jeweilige Bischof als Landesfürst regierte. (Mit dem Begriff Hochstift ist im Gegensatz zum Bistum oder der Diözese, dem kirchlichen Sprengel, die weltliche Herrschaft bzw. das Herrschaftsgebiet eines Bischofs angesprochen. Diözesan- und Hochstiftsgebiet müssen sich nicht decken. Im Falle von Brixen war Letzteres wesentlich kleiner als der kirchliche Sprengel.)

Am Beispiel des Pustertals lässt sich zeigen, wie Adelige in ihrer Funktion als Grafen und Vögte zu ihren Gunsten die weltliche Macht eines Bischofs behinderten, beschnitten und aushöhlten. Brixen hätte theoretisch beste Voraussetzungen gehabt, im Pustertal eine Landesherrschaft aufzubauen. Das Pustertal gehörte bis einschließlich Anras zur Diözese Brixen (der Kristeinbach war die „nasse Grenze" zwischen den Diözesen Brixen und Salzburg), Brixen hatte dort seit alters reichen Grundbesitz, den ihm um ihr Seelenheil bangende Adelige hatten zukommen lassen, den es angekauft und im Rahmen der Binnenkolonisation, dem Erschließen neuer Siedlungsräume, erworben hatte, und die Könige hatten dem Bischof 1091 die Grafschaft Pustertal übertragen. Als praktisch, aber für das Hochstift Brixen letztlich verhängnisvoll, erwies sich der Bestellungsmodus, nämlich ein und derselben Person das Amt eines Grafen und zugleich die Funktion eines Vogtes anzuvertrauen. Im Mittelalter bedurften kirchliche Institutionen, gerade weil sie über weltlichen Besitz verfügten, mit dem die Seelsorge, aber durchaus auch politische Ziele finanziert werden konnten, eines Vogtes, eines weltlichen Vertreters aus den Reihen des Hochadels, der über die Macht und die Mittel verfügte, das Bistum oder das Kloster militärisch zu beschützen und ihm die weltliche Aufgabe des Herrschens abzunehmen. Die Vogtei bot, abgesehen davon, dass sich die Vögte ihre Arbeit durch das Überlassen von Amtsgütern und anderen

Einnahmequellen, wozu der von den bäuerlichen Grundholden der kirchlichen Anstalt zu entrichtende Vogteizins zählte, reichlich entlohnen ließen, die günstige Gelegenheit, kirchlichen Besitz „umzuleiten", an sich zu reißen, kirchliche Gefolgsleute abspenstig zu machen und sich diese direkt zu verpflichten.

Die Brixner Grafen und Vögte leisteten ganze Arbeit, profitieren sollten davon in der ersten Hälfte des 13. Jahrhunderts die Grafen von Andechs und vor allem Albert III., der Letzte aus dem Geschlecht der Grafen von Tirol. Für Brixen waren die Folgen hingegen fatal, gemessen an den politischen Ambitionen seiner Bischöfe und den im 12. Jahrhundert durchaus noch vorhandenen realen Chancen, sich machtpolitisch entfalten zu können. Das Hochstift Brixen konnte allein dort Territorien ausbilden, wo es dichten Grundbesitz hatte, und diese von ihm gehaltenen Territorien waren weit auseinandergerissen: Massierten Territorialbesitz und dadurch Anspruch auf Landesherrschaft hatte das Hochstift im Eisacktal im Umfeld der Städte Brixen und Klausen; im Pustertal verteilte er sich auf die Gerichte Bruneck (Amtsgericht Bruneck und Stadt Bruneck), Antholz, Buchenstein und Anras und, allerdings mit Einschränkungen, die Gegend von Tilliach.

Brixen war nicht das einzige Opfer seiner Vögte. Ähnliches widerfuhr dem Hochstift Freising mit seinem Kloster Innichen. Innichen ist die älteste geistliche Anstalt auf dem Boden Alttirols, und die Geschichte des Hochpustertals ist eng mit ihr verwoben. Im Jahr 769 übergab Herzog Tassilo III. von Bayern dem Abt Atto von Scharnitz die Örtlichkeit Innichen, die im Volksmund „Frostfeld" genannt wurde, damit er dort ein Kloster erbaue. Vordringliche Aufgabe der Mönche dieses Klosters sollte es sein, die Slawen zu missionieren, die zu dieser Zeit im Lienzer Becken und in der Iselregion ansässig waren, sie zum Christentum zu bekehren. Ausgestattet wurde das Kloster mit einem Gebietsstrich in der Rienz-Drau-Talfurche, begrenzt vom Taistner Bach (Gsieser Bach) im Westen und dem Anraser Bach (Erlbach) im Osten, eine Gegend, die in der Schenkungsurkunde als „menschenleer" beschrieben wird; zutreffender dürfte aber sein, dass sie, wenn auch spärlich, von Romanen besiedelt gewesen war. Mit der Slawenmission war das Kloster Innichen überfordert, diese betrieben das Erzbistum Salzburg und das Patriarchat Aquileia als zuständige Diözesen. Hingegen waren das Kloster Innichen und das Hochstift Freising im Verein mit den Vögten die wichtigsten Antriebskräfte, um das anvertraute „Stiftungsgebiet" mit Bauern zu bevölkern und zu besiedeln. Und zugleich wurden die Grundlagen für die regionale kirchliche Organisation in Form der Pfarren gelegt.

Abt Atto, der den Stifterwillen Tassilos ausgeführt und ein Kloster gegründet hatte, stieg 783 zum Bischof des Bistums Freising auf und brachte diesem das Kloster Innichen und dessen Besitz zu. Innichen, das von Benediktinern betreut wurde, galt somit als Freisinger Eigenkloster. Kirchlich konnte Innichen seine starke Abhängigkeit von Freising weitgehend abwerfen, als es um 1140 von einem Kloster in ein Kollegiatsstift, eine Vereinigung in Gemeinschaft zusammenlebender Weltgeistlicher, umgewandelt wurde. Aber das hatte seinen Preis. Freising behielt großteils das ehemalige Stiftungsgebiet in der Rienz- und Drau-Talfurche vom Gsieser bis zum Erlbach unter Einschluss der Nebentäler (Gsies, Prags, Wahlen, Sexten, Villgraten, Kartitsch) ein, das Territorium gehörte dem Hochstift Freising und nicht dem Stift Innichen. Um dem bescheidenen Besitzstand des Stiftes und Kapitels Innichen aufzuhelfen, seine spärlichen Einnahmen zu mehren, wurden ihm 1328 bzw. 1392 die im ehemaligen Stiftungsgebiet einliegenden Pfarren Niederdorf, Toblach, Innichen und Sillian inkorporiert.

Dass Kaiser Otto I. im 10. Jahrhundert das Kloster Innichen mit Privilegien ausgestattet hatte, ihm, bezogen auf das Stiftungsgebiet, Immunität, somit herrschaftliche Autonomie, zugestanden hatte, war später von geringem praktischem Wert. Den Zugriffen und Übergriffen der eigenen Vögte waren Innichen und Freising hilflos ausgeliefert und sie mussten zusehen, wie die Vögte ihre Macht- und Herrschaftsbasis untergruben. Wahrscheinlich wurden die Burgen Heinfels und Welsberg auf Betreiben der Vögte erbaut, ob durch sie die Interessen Freisings geschützt werden sollten, darf bezweifelt werden.

Die Grafen von Görz

Jedenfalls waren machtpolitisch durch die Vögte von Brixen und Innichen die Weichen gestellt, als die Grafen von Görz auf den Plan traten. Die Görzer hatten noch in der ersten Hälfte des 13. Jahrhunderts im Pustertal wenig zu bestellen, im Gegensatz zu den Grafen von Andechs oder den Grafen von Tirol, namentlich Albert III. von Tirol. In unmittelbarer Nachbarschaft hingegen waren die Grafen von Görz ein Machtfaktor mit viel Potential, wie sich weisen sollte. Im Bereich des Herzogtums Kärnten waren die Grafen von Görz, seit dem 12. Jahrhundert in Nachfolge der Grafen von Lurn, ab Spittal an der Drau bis herauf in das Lienzer Becken und in das Iseltal hinein die aufsteigende Territorialmacht. Die Görzer waren es auch, die in dem Winkel zwischen Isel und Drau eine Siedlung gründeten, die im Laufe des 13. Jahrhunderts unter dem Namen Lienz zur Stadt emporstieg. Damit nicht genug, es war den Görzern, wie ihr Name unschwer verrät, gelungen, abseits von Kärnten südlich der Karnischen Alpen sich festzusetzen und territorial auszubreiten, vorwiegend auf Kosten des Patriarchats Aquileia, als dessen Vögte sie agierten, in Friaul und Istrien mit der Burg und der Stadt Görz als Mittelpunkt. Der nördliche und der südliche Länderkomplex, der da wie dort territoriale Lücken aufwies, hatten außer dem Herrscherhaus, den Grafen von Görz, wenig Gemeinsames. Auch namentlich waren sie schwer auf einen Nenner zu bringen, im 15. Jahrhundert wurde das nördliche Territorialgebilde mit „Vordere Grafschaft Görz", das südliche mit „Hintere oder Innere Grafschaft Görz" umschrieben.

Eine Heirat ermöglichte den Grafen von Görz den machtpolitischen Vorstoß in das Pustertal. Graf

Reitersiegel des Landesherrn Graf Albert II. von Görz-Tirol, 1295.

Albert III. von Tirol, ein äußerst geschickter Politiker, dessen Expansionslust besonders das Hochstift Brixen zu verspüren bekam, hatte keine Söhne, die seine Nachfolge hätten antreten können, aber er hatte zwei Töchter, die er strategisch verheiratete. Elisabeth nahm Herzog Otto VIII. von Meranien, einen Andechser, zum Mann, Adelheid ehelichte Graf Meinhard III. von Görz. Unerwartet starb der Andechser vor seinem Schwiegervater und mit Otto erlosch das Haus Andechs, wodurch Albert das reiche andechsische Erbe südlich und nördlich des Brennerpasses einstrich. Graf Albert schuf die territoriale und herrschaftliche Basis, an der sein Enkel Meinhard von Görz ansetzen konnte. Meinhard verwirklichte das, was seinem Großvater vorgeschwebt hatte, ein Land und Fürstentum, die Grafschaft Tirol.

Als Albert, letzter männlicher Spross der Grafen von Tirol, 1253 starb, beerbten ihn seine beiden Schwiegersöhne Graf Meinhard III. von Görz und Graf Gebhard von Hirschberg, der die andechsische Witwe Elisabeth geheiratet hatte. Meinhard und Gebhard teilten das schwiegerväterliche Erbe. Die geographische Teilungslinie war in etwa der Alpenhauptkamm, die Herrschaftsrechte und Territorien im Süden, an Etsch, Eisack und Rienz, somit auch im Pustertal, fielen an den Görzer, die im Norden, mit dem Zentralraum mittleres Inntal und der Stadt Innsbruck, an den Hirschberger.

Graf Meinhard III. von Görz sollte seinen Schwiegervater nicht lange überleben. Ihm folgten seine beiden Söhne Meinhard IV. und Albert I. Nachdem sie einige Jahre Geiselhaft überstanden hatten, die ihnen ein 1252 katastrophal endender Kriegszug ihres Vaters und Großvaters eingebrockt hatte, regierten sie einige Jahre gemeinsam. 1271 entschlossen sie sich, das väterliche Erbe zu teilen. Teilungspunkt war diesmal die Mühlbacher Klause, die den westlichen Ausgang des Pustertals bewachte. Alle Territorien und Herrschaftsrechte westlich der Mühlbacher Klause fielen an Meinhard, die östlich dieser Klause gelegenen an Albert, somit die görzischen Stammländer und zusätzlich die Herrschaftspositionen im Pustertal zwischen Mühlbacher und Lienzer Klause, die aus dem großväterlich-tirolischen Erbe herrührten.

Meinhard wählte den schwierigeren, aber, wenn man die Chancen zu nutzen verstand, den lukrativeren Part. Meinhard, gemessen an seinem Geschick und Erfolg, war ein genialer Mann, eisern seine Ziele verfolgend, vor Gewalt nicht zurückschreckend, wenn er etwas für Geld nicht bekam. Nach und nach kaufte er den Hirschbergern ihre Besitzungen in Tirol ab, erwarb auch solche von anderen hochadeligen Geschlechtern, setzte massiv die Hochstifte Brixen und Trient unter Druck und presste ihnen einiges ab. Unter ihm nahm die Grafschaft Tirol, vom Reich als Fürstentum und selbständiges Land anerkannt, konkret Gestalt an. In diesem Sinne ist Meinhard, von den Historikern als Graf Meinhard II. von Tirol-Görz geführt, als erster Landesfürst Tirols anzusprechen. Neben dem Titel eines Grafen von Tirol und eines Grafen von Görz führte Meinhard noch den Titel eines Herzogs, weil ihm das Herzogtum Kärnten als Reichslehen verliehen worden war. Meinhards Enkelin, Margarethe Maultasch, überließ 1363, nachdem ihr wittelsbacherischer Ehemann Markgraf Ludwig von Brandenburg sowie ihr gemeinsamer Sohn Meinhard III. verstorben waren, die Grafschaft Tirol den Habsburgern. Wenige Jahrzehnte vorher, im Jahre 1335, hatten sich die Habsburger das Herzogtum Kärnten gesichert. Mit dem Erwerb von Kärnten und Tirol durch die Habsburger

Die Ruinen der Mühlbacher Klause aus westlicher Richtung; kolorierter Kupferstich von Johann Tinkhauser, 1826.

gerieten die Görzer zwischen Amboss und Hammer, denn jene waren bestrebt, die territoriale Lücke zwischen ihren beiden Ländern, ausgefüllt vornehmlich von görzischen Besitzungen, zu schließen.

Wie sein Bruder Meinhard, der nördlich und südlich des Brenners agierte, war Graf Albert I. von Görz bemüht, seine Macht in den görzischen Stammlanden zu konsolidieren und sie im Pustertal auszubauen. Die wichtigsten Gegenspieler waren hier die Hochstifte Brixen und Freising. Bereits im späten 13. Jahrhundert galt das ehemalige Immunitätsgebiet zwischen Gsieser und Erlbach als görzisches Territorium, Freisings territoriale Ansprüche schrumpften zusammen auf die kleine Hofmark Innichen, ein Gebiet, das später das Gemeindegebiet von Innichen ausmachen sollte. Auch das Kerngebiet der früheren Grafschaft Pustertal, die Gerichte Michelsburg und Altrasen, waren bereits zu Alberts Lebzeiten fest in görzischer Hand. Die Gerichte Schöneck im Pustertal und Uttenheim im Tauferer Tal rundeten in der ersten Hälfte des 14. Jahrhunderts die görzischen Erwerbungen ab. Das Hochstift Brixen vollkommen aus dem Pustertal zu verdrängen, blieb den Görzern versagt, dieses behauptete die Gericht Niedervintl, Bruneck (Stadt und Oberamtsgericht), Antholz und Anras sowie Rechte in Tilliach.

Gegen Ende des 13. Jahrhunderts wurde das ausgedehnte Herrschaftsgebiet zwischen Gsieser und Erlbach, in dem lediglich die Hofmark Innichen eine „fremde" Insel bildete, in zwei Sprengel geteilt, deren Namen jeweils von einer Burg abgeleitet wurden, die Gerichte Heinfels und Welsberg. Bei dieser Teilung orientierte man sich im Großen und Ganzen an den Sprengeln der bereits bestehenden Pfarren, Innichen und Sillian einerseits, Toblach und Niederdorf andererseits, aber auch an den grundherrlichen und vogteiherrlichen Rechten und Einkünften, die mit den beiden Burgen Heinfels und Welsberg verknüpft waren. Den wichtigsten Grenzpunkt am Toblacher Feld, als Grenzstein gesetzt, das „pimerch des chreuzes, das gesezet ist zwischen Toblach und Inchingen" erwähnt bereits ein görzischer Teilungsvertrag aus dem Jahre 1307.[2] Der Sprengel dieses Gerichts Heinfels umfasste fortan Wahlen und Innichberg und alle östlich gelegenen Ortschaften und Siedlungen, mit Ausnahme besagter Hofmark Innichen, unter Einschluss des Sextentales, des Villgratentales und des Kartitscher Tales, bis einschließlich Abfaltersbach. Tilliach war ein Sonderfall. Im Westen grenzte das Gericht Heinfels an das görzische Gericht Welsberg und an die Hofmark Innichen, im Norden an das görzische Gericht Virgen und das salzburgische Gericht Windisch-Matrei,

Blick auf die Altarwand der ehemaligen St.-Laurentius-Kapelle auf der Burg Heinfels.

Stifterfigur des Grafen Albert IV. von Görz auf einem Fresko der Altarwand in der ehemaligen Burgkapelle von Heinfels, vom Landesherrn 1331 mit einer Kaplanei-Stiftung versehen.

im Osten an das brixnerische Gericht Anras und im Süden an das Patriarchat Aquileia, ab dem frühen 15. Jahrhundert an die Republik Venedig.

Das Landgericht Heinfels als Instanz der Justiz

Von einem mittelalterlichen Herrscher wurde vor allem eines verlangt, und dieser Primat galt auch noch für den frühmodernen Staat, er musste Leib und Gut seiner Untertanen schützen und für Rechtssicherheit sorgen. Die Justiz, die Rechtssprechung, stand daher im Vordergrund. Für ihr Gericht Heinfels beanspruchten die Görzer die Hoch- oder Strafgerichtsbarkeit. Unter dieser verstand man das Recht, Verbrechen, Malefiz- oder Inzichtsachen, wie man dazu sagte, das waren Übeltaten vom schweren Diebstahl bis hin zum Mord, zu ahnden, wobei solche Verbrechen mit dem Tod, Verstümmelungen oder zumindest mit dem Landesverweis bedroht waren. Daher besaß jedes Hochgericht seine eigene Hinrichtungsstätte, die heinfelsische stand an der Landstraße beim Ansitz Klettenheim nahe Vierschach. Die Hochgerichtsbarkeit, das Recht, mittels Justiz über Tod oder Leben befinden zu dürfen, war Ausdruck herrschaftlicher Macht und zugleich eine elegante Methode, andere Herrschaftsansprüche einzuschränken. Das zeigt sich bei Heinfels recht deutlich. Seine Hochgerichtsbarkeit erstreckte sich auch auf die Hofmark Innichen und auf einen Teil des Gerichtes Anras. In der Praxis bedeutete das, Personen, die auf dem Gebiet der Hofmark Innichen, in Tilliach und auf dem Gebiet der Gerichts Anras westlich des Kristeinbaches wegen des Verdachts, ein Verbrechen begangen zu haben, gefangen gesetzt wurden, mussten an das Gericht Heinfels ausgeliefert werden, wo sie vor Gericht gestellt und, falls auf Tod erkannt wurde, hingerichtet wurden.

Die Hochgerichtsbarkeit war spektakulär, es ging um Leben oder Tod, über Mord, Totschlag, Raub, Hexerei und Zauberei wurde verhandelt, Hinrichtungen wurden zwecks Abschreckung und Erbauung des Publikums als „Theater des Schreckens" öffentlich zelebriert. Wichtiger für den rechtlichen Alltag der

Der ehemalige Klettenheim-Hof mit der Loretokapelle in Winnebach. In seiner Nähe hatte sich der Richtplatz des Landgerichtes Heinfels befunden; Darstellung auf einem Gemälde von 1784 (Reproduktion).

Der Bereich um Sillian auf der sehr seltenen Karte „Tyrolis Comitatvs" von Johann Martin Gumpp, 1674.

Untertanen, vor allem des größeren Geschäftsumfangs wegen, war die Niedergerichtsbarkeit. Unter diesem Begriff wurden die gesamte Zivilgerichtsbarkeit und jener Teil der Strafgerichtsbarkeit zusammengefasst, der eben nicht auf die Verbrechen, sondern die Vergehen, die leichteren Strafdelikte, abzielte. In diesem Sinne fungierte Heinfels als Hochgericht (mit erweitertem Sprengel) und in seinem eigenen Sprengel und Zuständigkeitsbereich als Niedergericht. Und da es die Hochgerichtsbarkeit innehatte, führte es seit dem Spätmittelalter den Titel „Landgericht". Niedergerichte mussten sich in Tirol mit dem „gewöhnlichen" Titel „Gericht" abfinden. Im Rahmen der „niederen" Strafgerichtsbarkeit wurden Delikte wie leichte Körperverletzungen im Zuge von Raufereien, kleine Diebereien, Verleumdungen, Beschimpfungen, aber auch der unter Strafe gestellte außereheliche Geschlechtsverkehr verhandelt und meist mit Geldbußen, gelegentlichen Züchtigungen oder dem öffentlichen Zurschaustellen am Pranger abgestraft. Der einzige in Tirol erhaltene Pranger, an dem die Delinquenten der öffentlichen Schande preisgegeben worden waren, steht in Sillian am Marktplatz.

Die Tätigkeit der Gerichte als Instanzen der Justiz hatte seit dem Spätmittelalter zugenommen, beschleunigt seit dem 16. Jahrhundert. Das hängt mit zwei Entwicklungen zusammen: Zum einen wurden konkurrierende Gerichtsbarkeiten, die mit der Grundherrschaft zusammenhängen, ausgeschaltet oder man ließ eine solche gar nicht erst aufkommen. Noch im späten 13. Jahrhundert – um ein naheliegendes Beispiel anzuführen – gestand vertraglich Graf Albert von Görz dem Hochstift Freising die niedere Gerichtsbarkeit über die Innichner Grundholden, also jene Bauern, die dem Stift grundherrlich unterworfen waren, zu, und zwar auf dem gesamten Gebiet des Landgerichts Heinfels. Macht schuf Fakten, keine hundert Jahre später ist der Gerichtsstand der Innichner Grundholden Heinfels und nicht Innichen. Eine Gerichtsbarkeit adeliger Grundherren ließen die Görzer nicht zu. Da ist zum einen also die wachsende Schar von Rechtsunterworfenen. Die andere Entwicklung bestand in einer zunehmenden „Verrechtlichung". Symptomatisch dafür war, dass die Grafschaft Tirol auf Drängen der Tiroler Landstände 1526 erstmals in Form einer Tiroler Landesordnung ein umfassendes Gesetzbuch erhielt, in dem weite Bereiche des Strafrechts, vor allem des Zivilrechts, erfasst waren.

Da bei weitem nicht alle, aber viele Gesetzesmaterien schriftlich fixiert waren, erleichterte das den Gerichten die Arbeit, die sich bisher vorwiegend auf das mündlich überlieferte Gewohnheitsrecht hatten stützen müssen, aber auch jenen war geholfen, die ihr Recht suchten, indem sie eine zivilgerichtliche Klage einreichten.

Zivilrechtliche Verfahren und Prozesse, nicht strafrechtliche, wurden das Tagesgeschäft der Gerichte. Es gab nun gesetzliche Vorschriften, dass Vormundschaften, sofern ein Vermögen mit ihm Spiel war, und Verlassenschaften vor Gericht geregelt werden mussten. Auch bürgerte sich seit dem 16. Jahrhundert ein, dass die Bauern und Bürger ihre Verträge aus Gründen der Rechtssicherheit vor Gericht errichten und verbüchern ließen. Die gerichtlichen Protokolle und Niederschriften wurden zwecks sicherer Aufbewahrung chronologisch abgelegt und zu Jahresbänden zusammengefasst. Diese so genannten Verfachbücher sind in Tirol die frühen Vorläufer des Grundbuches und hatten im 19. Jahrhundert bis zur gesetzlichen

Einführung des Grundbuches auch dessen Funktion. Die Verfachbücher des Landgerichts Heinfels reichen bis 1551 zurück. Nicht mehr ab und zu, die Gerichte mussten regelmäßig, mehrmals die Woche, tagen.

Der Justiz im Mittelalter wohnte ein genossenschaftliches Prinzip inne, aufbauend auf der Vorstellung, dass allein Rechts- und Standesgenossen über gerichtlich ausgetragene Streitfälle befinden sollten. Der Richter leitete zwar das straf- wie das zivilgerichtliche Verfahren, führte während dem Prozess den Vorsitz, das Urteil zu finden und zu fällen, auch im Zivilprozess, war den aus der Bevölkerung rekrutierten Geschworenen vorbehalten. Auch das Landgericht Heinfels hatte die gewohnheitsrechtlich fixierte, später gesetzlich vorgeschriebene Zahl von 12 Geschworenen. Mit allen 12 Geschworenen war das Gericht allerdings nur bei hochgerichtlichen Prozessen besetzt. Die Geschworenen wurden nicht etwa durch den Richter oder die Obrigkeit ausgewählt, sondern lediglich bestätigt und auf ihr Amt vereidigt. Durch Tod oder freiwilliges Zurücktreten frei gewordene Geschworenenstellen bestellten die Geschworenen selbst nach aus den Reihen der im Gerichtssprengel ansässigen Bürger und Bauern, wobei bei der Auswahl der Kandidaten auf wirtschaftliche und soziale Reputation geachtet wurde. Auch wurde bei der Zusammensetzung der Geschworenenbank auf regionale Ausgewogenheit Wert gelegt.

Justiz im Mittelalter war auf Öffentlichkeit ausgerichtet. Einmal oder zweimal im Jahr, an festen Terminen im Frühjahr und Herbst, also vor und nach der Erntezeit, versammelte sich das Gericht in Anwesenheit aller Rechtsgenossen, die zum Erscheinen verpflichtet waren, zu einem Landtaiding oder Elichtaiding. Unter freiem Himmel wurde Recht gesprochen, Prozesse eingeleitet und wichtige Rechtshandlungen vorgenommen. Rechtsgenossen in einem solchen Landtaiding waren anfangs nur die Adeligen und sonstigen Freien, nicht die Bauern, die fast durch die Bank damals noch Eigenleute oder Leibeigene waren. Aber die Unfreiheit oder Leibeigenschaft verflüchtigte sich rasch im Laufe des Mittelalters, sodass auch die Bauern zu den Rechts-

Prangersäule mit Details aus der Zeit des Landgerichtes Heinfels am Sillianer Marktplatz; die Steinsäule wurde im Jahr 1697 neu errichtet.

genossen gezählt wurden, hingegen nicht mehr die Adeligen, für die sich ein eigener Gerichtstand durchgesetzt hatte. Auf einem Landtaiding versammelte sich die gesamte Gerichtsgemeinde, die sich aus allen jenen im Gerichtssprengel ansässigen (männlichen) Personen zusammensetzte, die eine selbständige wirtschaftliche Existenz als Bauer, Handwerker usw. aufwiesen. Über die Gerichtsgemeinde wird weiter unten noch zu berichten sein.

Mit der Zunahme der Rechts- und Justizgeschäfte im Laufe des Spätmittelalters verlagerte sich die Rechtsprechung zur Gänze in Richtung Landrichter und Geschworene, die die Prozesse hinter verschlossenen Türen führten, somit unter Ausschluss der Öffentlichkeit. Damit verloren die Landtaidinge ihre ursprünglich wichtigste Funktion, eine Instanz der Rechtsprechung zu sein, und es wandelte sich ihr Charakter zur „politischen" Versammlung, auf der allgemeine Angelegenheiten der Gerichtsgemeinde besprochen, aber auch den Versammelten die wichtigsten obrigkeitlichen Gesetze und Verordnungen in Erinnerung gerufen und verkündet wurden.

In den schriftlichen Quellen hat das Landtaiding nur schwache Spuren hinterlassen. In jener Urkunde von 1469, in der Graf Leonhard von Görz dem Ort Sillian das Recht auf Abhalten eines Jahres- und eines Wochenmarktes verlieh, bekräftige der Landesfürst, dass dort ein Landtaiding abgehalten werden dürfe. In einer Bittschrift aus dem Jahre 1500, in der die „ganz gemaine des gerichts Heunfels" dem neuen Landesfürsten, König Maximilian I., das im Gericht Heinfels geltende Gewohnheitsrecht nahezubringen suchte, damit es auch weiterhin unter dem neuen Herrscher in Geltung bliebe, wurde gefordert: Das Land- oder Elichtaiding solle mindestens zweimal im Jahr, im Herbst und im Frühjahr („minst zwirmalen im jar, ainst im herbst und darnach am langs") abgehalten werden und zu diesem Zweck vorher öffentlich einberufen und verkündet werden, an welchem Tag es stattfinden werde.[3]

Gehalten hat sich das Landtaiding im Landgericht Heinfels nicht, es kam im Laufe des 16. Jahrhunderts ab. Anstelle des Landtaidings, gleichsam der Vollversammlung der Gerichtsgemeinde, trat das flexiblere Instrument des Gerichtsausschusses.

Der Name der Burg, Heinfels, färbte auf den Namen des Gerichts ab, den es bis zu Beginn des 19. Jahrhunderts führte. Dieser Umstand darf aber nicht darüber hinwegtäuschen, dass der Sitz des Gerichtes stets Sillian gewesen ist. Als ältester Pfarrort in zentraler Lage war Sillian dafür prädestiniert. Bis in das Spätmittelalter war es gute Sitte und Brauch, dass das Gericht auf einem öffentlich zugänglichen Platz unter Schutz und Schirm eines Baumes tagte, wobei ein kreisförmig angeordnetes Gestell aus Holzbalken Richter und Geschworene vom übrigen Publikum trennte, das bezeichnenderweise als „Umstand" bezeichnet wurde.

Diese Gerichtsstätte oder Gerichtsschranne war östlich und nahe der Sillianer Pfarrkirche situiert. Obgleich schon Jahrhunderte außer Gebrauch lebte

Die Gerichtslinde am Platz neben der Sillianer Pfarrkirche; Ausschnitt aus einem Ölgemälde der Zeit um 1670.

die Erinnerung an die Gerichtsstätte bis in das frühe 19. Jahrhundert fort. Das letzte dingliche Andenken, den Gerichtsbaum, eine riesige alte Linde, stürzte 1836 der Sturm um.[4] Im Lauf des Mittelalters zog sich das Gericht hinter die Mauern eines Gebäudes zurück, jedenfalls ist die Existenz eines eigenen Gerichts- oder Amtsgebäudes in Sillian erstmals für das Jahr 1433 bezeugt.[5]

Das Landgericht Heinfels als Verwaltungsinstanz

Im Vergleich zur Justiz spielte die Verwaltung im regionalen Rahmen eines Landgerichts wie Heinfels lange Zeit eine Nebenrolle. Abgesehen von den Mitteln fehlte mittelalterlicher Herrschaft und noch dem frühmodernen Staat das Bestreben, möglichst viele Lebensbereiche zu regeln und in diese eingreifen zu wollen. Reglementierend wurde erst dann eingriffen, konkrete Taten erst dann gesetzt, wenn Gefahr in Verzug war, Missernten Hungerkatastrophen auslösten, Epidemien ausbrachen, die Menschen vom „wahren" (katholischen) Glauben abzufallen drohten oder der elende Zustand der Straßen den Handelsverkehr hemmte, um nur einige aus dem Leben gegriffene Beispiele anzuführen.

Die Verwaltung konzentrierte sich, besonders in den Anfängen, auf zweierlei: Burg und Urbar. Die Burg Heinfels musste als Bauwerk instand gehalten und als Verteidigungsanlage militärisch versorgt werden, das kostete Geld. Und das meiste Geld sprudelte aus dem Urbar, daher waren Burg- und Urbarverwaltung gekoppelt. Unter Urbar sind der gesamte Grundbesitz einer Grundherrschaft und die damit zusammenhängenden Bezugsrechte zu verstehen. Nun waren die Grafen von Görz im Sprengel des Landgerichts Heinfels mit Abstand die größte Grundherrschaft. Eine Vielzahl von Bauern saß hier nämlich auf Höfen, insgesamt sicher ein gutes Drittel aller Höfe, die den Görzern als Grundherren gehörten.

Für das Überlassen von Grund und Boden, der von ihnen bewirtschaftet wurde, hatten die Bauern ihrer Grundherrschaft, in unserem Fall die görzisch-heinfelsischen Grundholden an das görzische Urbaramt auf Burg Heinfels, den festgelegten Grundzins zu entrichten. Gezahlt und geliefert wurde im Spätherbst, nach der Ernte und dem Almabtrieb, auf Burg Heinfels, gezinst wurde in Geld und/oder Naturalien, vorwiegend Getreide und Käse. Darüber wurde auch Buch geführt. Aufzeichnungen von Grundherrschaften darüber, wer (Bauer) für was (Hof) wie viel (an Grundzins) zu zinsen habe, wurden als Urbar bezeichnet. In der Masse waren die Urbareinnahmen grundherrliche Einnahmen (Grundzinse). Daneben gab es aber auch Abgaben, die alle Bauern zu leisten hatten, und daher nicht mit der görzischen Grundherrschaft zusammenhingen, vielmehr ihren Ursprung in der görzischen Gerichts- und Landesherrschaft hatten. Im Vergleich zu den Grundzinsen spielten sie finanziell eine marginale Rolle, veranschaulichen aber, wie „öffentliche Dienstleistungen" im Mittelalter finanziert wurden. Die Futterung, ursprünglich eine Abgabe in Hafer, später in Geld umgewandelt, hatte den Zweck, die Pferde des herumreisenden Richters und seines Gefolges mit Kraftfutter zu versorgen. Zu zahlen hatte auch jeder Hof, von Ausnahmen abgesehen, ein jährliches Wachtgeld, das zum Unterhalt einer ständigen Wachmannschaft der Burg Heinfels diente.

Das Urbar war die finanzielle Basis einer Gerichtsherrschaft, und das vom Mittelalter bis an die Schwelle des 19. Jahrhunderts, seine Verwaltung war aufwendig und heikel, weil man sich mitunter mit störrischen Bauern herumschlagen musste, die nicht das Vorgeschriebene zinsen konnten oder wollten, Zinsnachlässe begehrten, Zinsen schuldig blieben und Schulden anhäuften. Die angelieferten Naturalien, besonders das Getreide, mussten in Scheunen eingelagert werden, damit es über Winter und im Frühjahr zu möglichst guten Preisen an den Großhandel weiterverkauft werden konnte. In den durch Missernten ausgelösten Not- und Hungerszeiten, in denen aufgrund des knappen oder nicht vorhandenen Angebots die Getreidepreise in ungeahnte Höhen schnellten, lastete auf Urbarämtern wie Heinfels, die über Tonnen von Getreidereserven verfügten, der Druck, zu moderaten Preisen Getreide als Brotfrucht oder Saatgut an die örtliche Bevölkerung zu verkaufen. Jedenfalls stand das Urbar lange Zeit im Mittelpunkt der Verwaltung, es erforderte den größten Zeitaufwand, erbrachte aber den meisten Erlös, der nach Abzug der Kosten an den görzischen Hof weitergereicht wurde. Andere Verwaltungsgeschäfte liefen nebenher. Das sollte sich in der zweiten Hälfte des 18. Jahrhunderts ändern, recht rasch und gründlich. Unter der Herrschaft Maria Theresias und Josephs II. wurden auf Kosten des bisherigen Eigenlebens der Länder und zugunsten eines finanziell und militärisch möglichst potenten Gesamtstaates Justiz und Verwaltung zentralisiert und vereinheitlicht. Zugleich erschloss sich dieser zentralisierende Staat, um die Wohlfahrt sowie die Steuerkraft seiner Untertanen zu fördern, Aufgabengebiete, die ihn bislang wenig bekümmert hatten. Er begann, Bildungs-, Gesundheits-, Wirtschafts- und Finanz-, Sicherheits- und letztlich auch Sozialpolitik zu betreiben. Im Heranwachsen ist jetzt der moderne Staat, wie wir ihn heute kennen, der einer ausgebauten, spezialisierten und leistungsfähigen Verwaltung bedurfte, um seine vielfältigen Aufgaben wahrnehmen zu können.

Über Jahrhunderte verwaltete ein kleiner Stab von Personen ein Landgericht wie Heinfels: Pfleger, Landrichter, Gerichtsschreiber und Gerichtsdiener, mehr hauptberuflich Beschäftigte hatte das Landgericht Heinfels auch nicht im späten 18. Jahrhundert, als es bereits über 8.000 Einwohner zählte.

Die ältesten und höchsten Funktionen waren die des Pflegers und des Landrichters, die im 14. und frühen 15. Jahrhundert noch in einer Person vereint waren. Beide, der Pfleger wie der Landrichter, wurden vom Landesfürsten, später von der Pfandherrschaft zu Amtsrecht eingesetzt, hatten also einen beamtenähnlichen Status. Zu den anfänglichen Kernaufgaben des Pflegers zählten die militärische Obhut der Burg Heinfels und die Verwaltung des Urbars, später übernahm der Pfleger auch andere Verwaltungsagenden. Burg oder Schloss Heinfels diente ihm als Wohn- und Amtssitz. Der Pfleger war besser besoldet als der Landrichter und hatte den Ehrenvorrang, Befehlsgewalt über diesen besaß er nicht.

Die Rechtsprechung (zusammen mit den Geschworenen) und die sonstigen Justizgeschäfte lagen in der Hand des Landrichters. Hier Justiz, dort Verwaltung, hier Richter, dort Pfleger, ganz so sauber war diese Trennung nicht. Dem Landrichter oblag die „Friedenswahrung", und zwar handfest, er übte die Polizeigewalt aus, indem er etwa durch seine Anwesenheit auf Kirchtagen und Jahrmärkten, wo das Volk es bunt zu treiben beliebte, für Zucht und Ordnung sorgte. Auch die Marktaufsicht, die Kontrolle der auf Märkten verwendeten Gewichte und Maße sowie der Preise und der Qualität der dort angebotenen Waren, besonders der Grundnahrungsmittel Brot und Fleisch, zählte zu den „administrativen" Aufgaben des Landrichters. Sozial gesehen rekrutieren sich die Pfleger und die Landrichter im Mittelalter fast ausschließlich aus der Schicht des Adels, bei den Pflegern oder Pflegsverwaltern war das auch weiterhin so, während die meisten Landrichter seit dem 16. Jahrhundert aus dem Bürgertum stammten.

Seit dem Spätmittelalter war dem Landrichter ein Gerichtsschreiber zur Seite gestellt. Die Geschäftsfälle der Justiz hatten zugenommen, auch gab es vermehrt gesetzliche Vorschriften, was alles schriftlich festzuhalten war, zudem wuchs der Bedarf, zumindest wichtige private Rechtsgeschäfte statt wie bisher mündlich, wenn auch vor Zeugen, nun schriftlich abzuschließen, und hier bot sich das Gericht als vertrauenswürdige und rechtskundige Instanz an. Solche Verträge zu konzipieren und auszufertigen (überprüft und beglaubigt wurden sie vom Landrichter), das Prozessverfahren zu protokollieren, all das fiel in den Aufgabenbereich des Gerichtsschreibers. Die Dienste des Gerichtsschreibers, der einen oder mehrere Schreiber

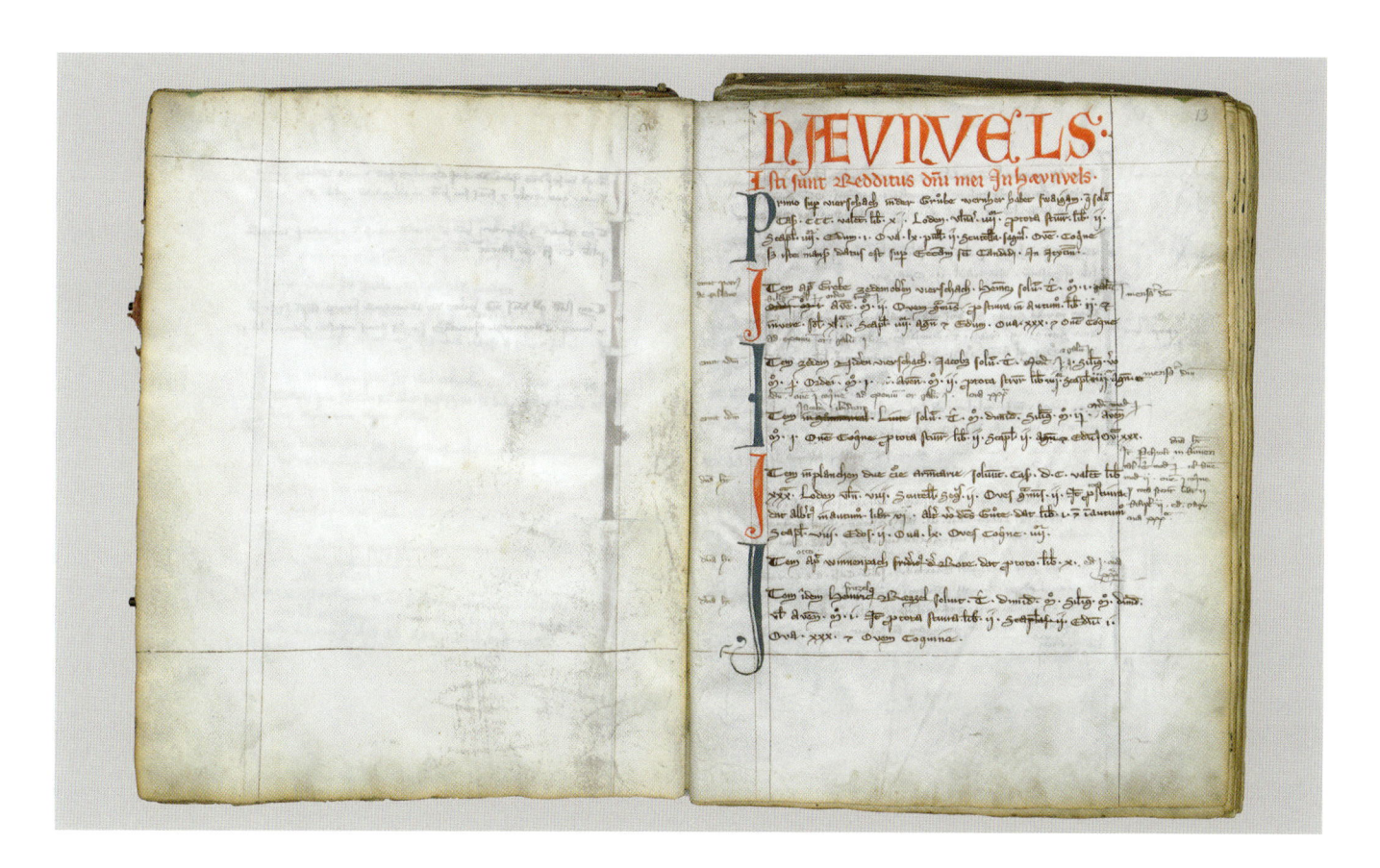

Beginn der Aufzeichnungen über das Landgericht Heinfels („Hevnvels") im Urbar der Vorderen Grafschaft Görz aus dem Jahr 1299.

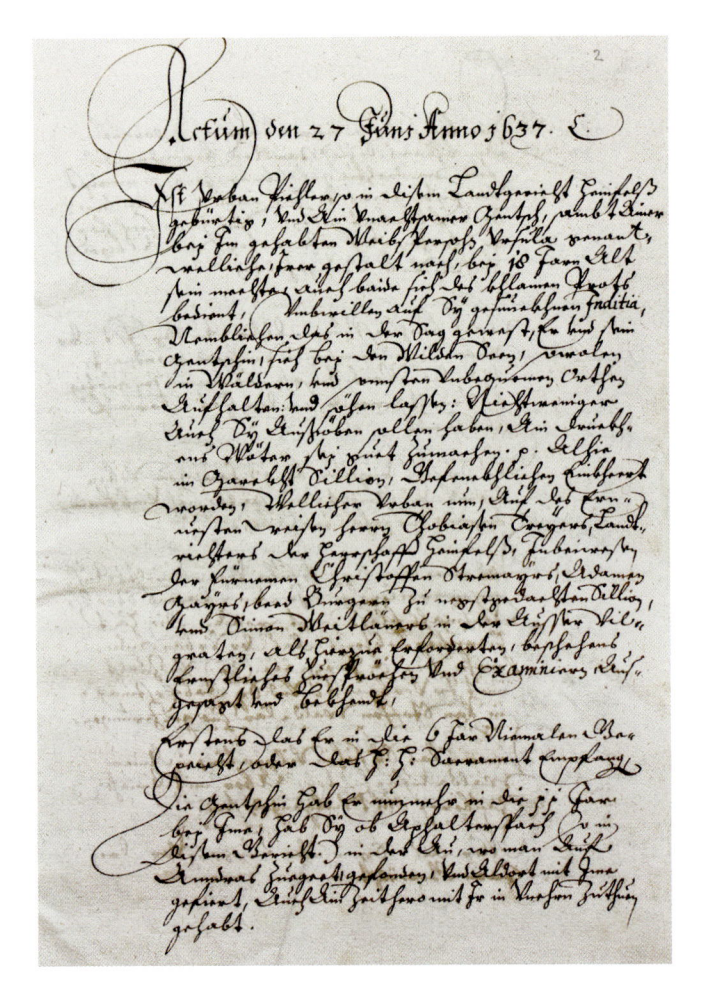

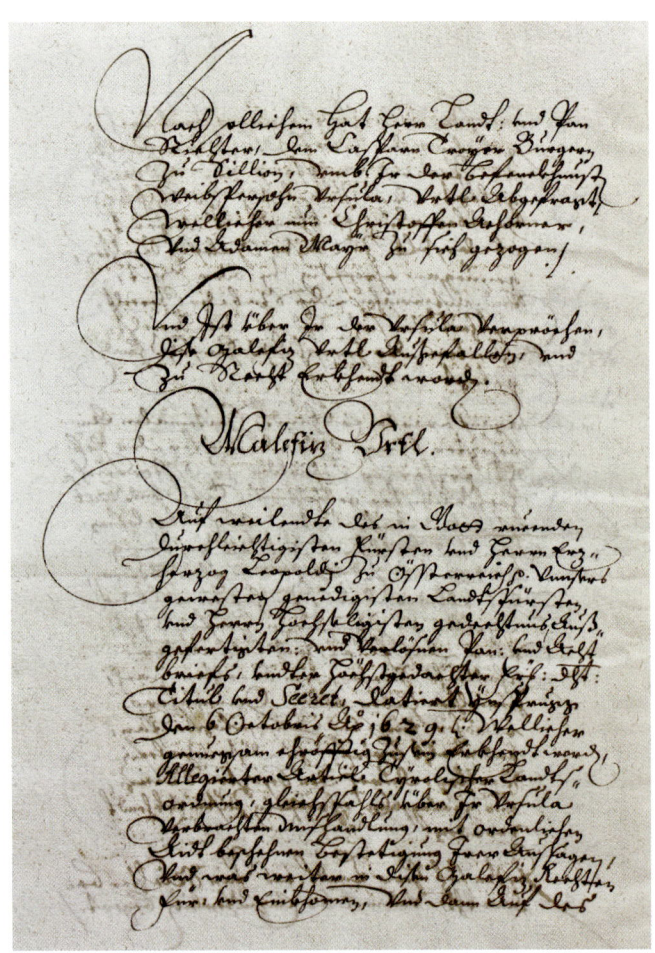

Protokoll des Prozesses gegen den „Zauberer" Urban Pichler („Thurntaler Urban"), beginnend mit 27. Juni 1637, und dem „Malefiz Vrtl" vom 3. September 1637.

beschäftigte und aus eigener Tasche zu bezahlen hatte, beanspruchte auch der Pfleger für seine amtliche Korrespondenz. Aus Sicht des Volkes war der Gerichtsschreiber die wichtigste Anlaufstelle, war er doch der „Herr" der Verträge. Der Posten eines Gerichtsschreibers, auf dem man in der Praxis Rechtskunde sammeln konnte, war daher die wichtigste Karriereleiter für eine höhere Position, zu der eines Richters.

Der Fronbote oder Gerichtsdiener war der Laufbursche eines Gerichts, der Mann für das Grobe, der Mann für handgreifliche Zwangsmittel. Er hatte den Streitparteien die Prozessladungen zuzustellen, war zugegen bei gerichtlich angeordneten Exekutionen und Pfändungen, hatte Übeltäter festzunehmen und zu arrestieren, er war kurz gesagt Amtsbote, Exekutor, Polizist und Gefängnisaufseher in einem. Im Volk waren die Gerichtsdiener nicht allzu angesehen, denn ihr Auftauchen bedeutete selten etwas Gutes und sie waren es auch, die leichte Körperstrafen, das Aufstellen von Delinquenten am Pranger oder deren Züchtigung durchzuführen hatten. Mit der Folter während des gerichtlichen Ermittlungsverfahrens und der Hinrichtung von Verurteilten war der Gerichtsdiener nicht befasst, hiezu wurde ein auswärtiger Spezialist herbeigeholt, der Scharfrichter oder Nachrichter. In der Grafschaft Tirol gab es zwei solcher Scharfrichter, einer war in Hall, der andere in Meran ansässig.

Seit dem 16. Jahrhundert bürgerte sich im Landgericht Heinfels die Einrichtung des Anwalts ein. Das waren aber nicht, wie man aufgrund des Namens meinen möchte, jene rechtskundigen Männer, die Parteien im Zivilprozess vertraten und Beistand leisteten, das waren die so genannten Gerichtsredner oder Gerichtsprokuratoren. Vielmehr waren die Anwälte vom Gericht bestellte ehrenamtliche Funktionäre. Ihre Aufgabe war es in erster Linie, in ihrem örtlichen Bereich das hinterlassene Vermögen der Verstorbenen zu inventarisieren, bei der Bestellung von Gerhaben (Vormunden) und Anweisern (die ledige und verwitwete Frauen in allen Rechtsgeschäften zu vertreten hatten) auszuhelfen. Auch sollten die Anwälte in ihren Ortschaften für Recht und Ordnung sorgen, was aber weniger gern von ihnen wahrgenommen wurde, weil sie damit in die ungeliebte Rolle eines Ortsvorstehers gedrängt wurden.

Ende 1805 ging die Grafschaft Tirol den Habsburgern und ihren österreichischen Ländern verloren, das Land musste an das Königreich Bayern abgetreten werden. 1810 wurde das aufrührerische Tirol bestraft, ein Teil verblieb bei Bayern, je ein Teil wurde den beiden neuen Staaten von Napoleons Gnaden, dem Königreich Italien und den Illyrischen Provinzen des Königreichs Frankreich, zugeschanzt. Für das Landgericht Heinfels brach 1806 die „bayerische" und 1810 die „illyrische" Zeit an. Als die Grafschaft Tirol 1814, kurz danach angereichert mit den ehemals salzburgischen Gebieten im Brixental, Zillertal, Iseltal und Drautal, zu Österreich zurückkehrte, herrschte

Die Burg Heinfels; Bleistiftzeichnung, Pfarrer Ignaz Paprion zuzuschreiben.

ein administratives Wirrwarr, weil jede der drei „Zwischenregierungen" nach Belieben Verwaltung und Justiz umorganisiert hatte. Das ermöglichte aber eine längst überfällige Verwaltungsreform, die unter normalen Umständen nicht so schnell und gründlich durchgezogen worden wäre. Hatte Tirol 1805 noch über 170 Gerichte als Justiz- und Verwaltungsinstanzen, große und sehr viele kleine, so wurde deren Zahl 1817 auf etwas über 80 abgesenkt. Diese Gerichte führten ab 1817 nun alle den Titel „Landgericht" (Landgericht Sillian). Sie agierten weiterhin als Justiz- und Verwaltungsbehörden in einem, hatten aber einheitliche Kompetenzen sowohl im Bereich der Justiz als im Bereich der Verwaltung. Ihre Zuständigkeiten als Zivil- und Strafgerichte waren eingeschränkt zugunsten „höherer" Gerichte, hier ist ein Vergleich mit den heutigen Bezirksgerichten durchaus angebracht. Zugleich dienten die Landgerichte als unterste Instanzen der allgemeinen Verwaltung, und als solche waren sie viel stärker eingespannt als früher, vor allem die Gemeindeaufsicht, ein neues administratives Aufgabengebiet, machte den Landgerichten viel Arbeit. Recht viel mehr Beamte und Bedienstete hatte dieses „neue" Landgericht Sillian (die alte Bezeichnung „Heinfels" hatte weichen müssen, weil die Landgerichte generell nach dem Ort, wo die Behörde ihren Sitz hatte, benannt wurden) auch nicht. In den 1840er-Jahren arbeiteten am Landgericht Sillian, dessen Sprengel 18 Gemeinden umfasste und etwas über 10.000 Einwohner zählte, sechs Personen: ein Landrichter, ein Adjunkt, ein Aktuar, zwei Kanzlisten sowie ein Gerichtsdiener und dessen Gehilfe.

Um 1850 wurden Verwaltungsreformen umgesetzt, die in allen österreichischen Kronländern einheitliche Behörden schufen, in Böhmen, Niederösterreich, Tirol oder wo immer. Seit 1854 amtierten die (Gemischten) Bezirksämter (in Tirol vergleichbar den früheren Landgerichten). 1868 wurden auch auf unterster Ebene Justiz und Verwaltung endgültig entflochten, eine althergebrachte Einheit, verkörpert durch die Bezirksämter. Geschaffen wurden 1868 in der österreichischen Reichshälfte zwei Institutionen, die heute noch existieren: die Bezirkshauptmannschaft im Bereich der allgemeinen Verwaltung und das Bezirksgericht im Bereich der Justiz. In diesem Jahr wurden in Sillian, Lienz und Windisch-Matrei Bezirksgerichte eingerichtet, deren Sprengel jenen der bisherigen Bezirksämter folgten, in Lienz eine Bezirkshauptmannschaft, deren Sprengel (politischer Bezirk) wiederum die Sprengel (Gerichtsbezirke) der Bezirksgerichte Sillian, Lienz, Windisch-Matrei umfasste.

Tirol und die Folgen

Wir sind zeitlich weit vorausgeeilt und müssen nochmals zurück in das späte Mittelalter, um die politische Entwicklung des Landgerichtes Heinfels schildern zu können. Im Jahr 1500 starb mit Graf Leonhard von Görz der Letzte seines Geschlechts. Abgesichert durch Erbverträge fielen die görzischen Lande an König Maximilian. Die vordergörzischen Gebiete westlich des Kärntner Tores – Stadt Lienz, Landgericht Lienz, die Gerichte Virgen, Kals und Lienzer Klause (zusammengefasst als Herrschaft Lienz) sowie die Gerichte Heinfels, Welsberg, Altrasen und Schöneck im Pustertal – wurden provisorisch der Grafschaft Tirol zugesprochen, die Maximilian als Landesfürst seit 1490 regierte.

Aufkeimende Hoffnungen, dieses ehemalige Länderkonglomerat als eigenes Land und Fürstentum weiter unter seiner Herrschaft zu belassen, ließ Maximilian erst gar nicht aufkommen. Diese vorläufige Vereinigung mit der Grafschaft Tirol, die ohne feierliche Zeremonien und Erklärungen vor sich ging, wurde innerhalb weniger Jahre zur unumstößlichen Tatsache. Dafür sorgten vor allem die Tiroler Landstände, die 1508 die ehemals görzischen Gerichte in ihre Reihen aufnahmen und damit zusätzliche Mitglieder gewonnen hatten, die beim Tragen der Lasten und Pflichten, durch Aufbringen von Steuern und Zuzug zur Landmiliz, aushelfen sollten.

Das Aufgehen und die Integration der vordergörzischen Gebiete in der Grafschaft Tirol war, auch aus der Perspektive der görzischen, nun tirolischen Untertanen, durchaus von Vorteil. Im Vergleich zur Grafschaft Görz war die Grafschaft Tirol das „modernere" Staatswesen, ihr staatlicher Charakter war ausgeprägter. Auf zentraler Ebene besaß sie mit Regierung und Kammer in Innsbruck fest gefügte und straffe Behörden, die namens des Landesfürsten die allgemeine (politische) und die Finanzverwaltung besorgten. Ohne Landstände waren auch die Görzer Grafen nicht ausgekommen, aber diese waren noch wenig entwickelt. In Tirol hingegen war die Landschaft (Landstände), die als vorparlamentarisches Gebilde das Land bzw. die Interessen der wichtigsten Machtgruppierungen gegenüber den Landesfürsten vertraten, ein gewichtiger politischer Faktor. In Tirol setzten sich die Landstände, jeweils eine eigene Kurie bildend, aus dem Adel, den Prälaten (die Vorsteher jener Stifte und Klöster, die über größeren Grundbesitz verfügten), den Städten und – das war eine Besonderheit, die Tirol von den meisten anderen Ländern unterschied – den ländlichen Gerichtsgemeinden zusammen. In Tirol waren somit neben den traditionellen Machteliten Adel und hohe Geistlichkeit sowie dem wirtschaftlich wichtigen städtischem Bürgertum die Bauern über die Gerichtsgemeinden in den Landständen vertreten. Die Landstände waren keine der gesetzgebenden Körperschaften, das unterschied sie von den heutigen Parlamenten, sie konnten Gesetze anregen, erlassen wurden diese allein vom Landesfürsten, sie hatten auch nicht das Recht, sich selbst zu versammeln. Offene Landtage, wie die Versammlungen der Landstände genannt wurden, zu denen die Städte und Gerichte Abgeordnete entsandten, einzuberufen, war dem Landesfürsten vorbehalten. Aber auf den Landtagen wurde kritisiert, es wurden aber auch Klagen geführt und Missstände aufgezeigt, ebenfalls Initiativen angeregt und gesetzt. Macht und Einfluss der Landstände, die in die Organisation der Landesverteidigung eingebunden waren, wozu es im Ernstfall zusätzlicher Finanzmittel bedurfte, um Söldner- und/oder Miliztruppen aufstellen zu können, rührten daher, dass sie die Hand auf den Steuern hatten. Nun wurden Steuern, vornehmlich in Form einer Grundsteuer, nur von Fall zu Fall in Ausnahmesituationen

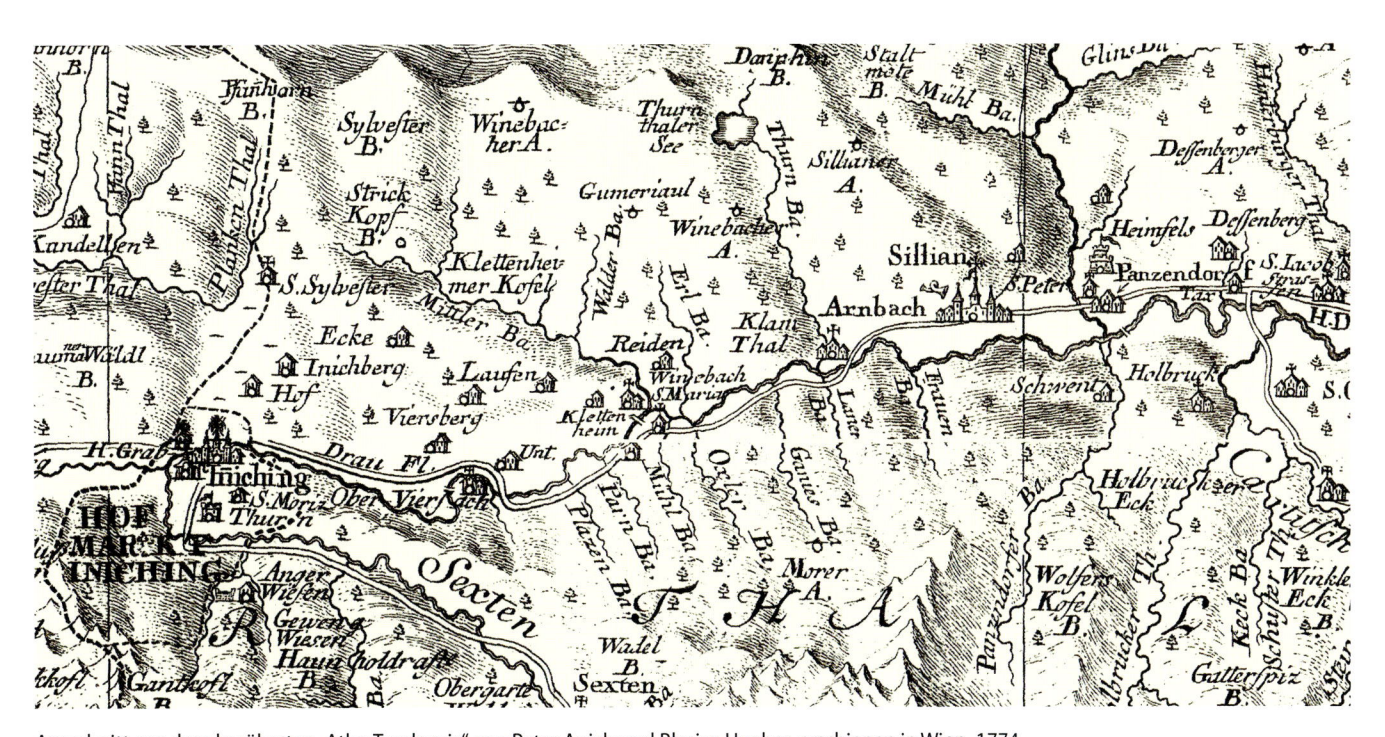

Ausschnitt aus dem berühmten „Atlas Tyrolensis" von Peter Anich und Blasius Hueber, erschienen in Wien, 1774.

wie Kriegsgefahr eingeführt und erhoben. Aber das Recht, Steuern zu beschließen und zu bewilligen, war allein den Landständen vorbehalten. Wenn der Tiroler Landesfürst Steuergelder bedurfte, war er auf seine Landstände angewiesen. Deren Macht und Einfluss schwand allmählich, ihr Steuerbewilligungsrecht wurde aber erst im späten 18. Jahrhundert unterlaufen und gebrochen.

Unter der Herrschaft der Görzer war von einer Landstandschaft der Stadt Lienz, geschweige der ehemals görzischen Gerichte wie Heinfels keine Rede, mit der Zugehörigkeit zu Tirol rückten sie in die Tiroler Landschaft auf, womit sie berechtigt waren, zu den Landtagen ein oder zwei Abgeordnete zu entsenden. Rechten stehen Pflichten gegenüber. An zwei Pflichten, die ihnen die Görzer Grafen nicht abverlangt hatten, mussten sich die neutirolischen Untertanen allerdings gewöhnen: Die eine Pflicht war, falls das Los auf einen fiel, die Musterungen und Waffenübungen der Landmiliz über sich ergehen zu lassen, um im Ernstfall den einfallenden Feind mit der Waffe zu bekämpfen, wofür in der Grafschaft Tirol (unter Einbeziehung der Fürstentümer Trient und Brixen) ein gestaffeltes Aufgebot von 5.000, 10.000, 15.000 und maximal 20.000 Mann vorgesehen war. Das Aufbieten aller waffenfähigen Männer im äußersten Notfall, in Tirol als „Landsturm" eingebürgert, hatten auch die görzischen Länder gekannt, nicht jedoch das System begrenzter Kontingente aus Miliztruppen, die sich ebenfalls aus der männlichen Zivilbevölkerung rekrutierten.

Die andere Pflicht, die gleichfalls keine Begeisterung auslöste, war die, Steuern bezahlen zu müssen. Mit Grund- und anderen Steuern hatten sie, wie die ehemaligen görzischen Gerichte unisono und glaubhaft versicherten, die Grafen von Görz zu Zeiten ihrer Herrschaft verschont.

Im Gegensatz zu Görz hatte Tirol ein solideres und ausgefeilteres Rechtssystem vorzuweisen, weil nicht mehr alles auf mündlich tradierten Rechtsgewohnheiten beruhte, vieles war vielmehr in landesfürstlichen Privilegien und vor allem in Mandaten und Ordnungen, erlassen von den Landesfürsten, schriftlich fixiert worden. Infolge wurden mit den Tiroler Landesordnungen von 1526, 1532 und 1573 (ergänzt durch eine Polizeiordnung) Gesetzesbücher erlassen, die weite Bereiche des öffentlichen (Verwaltungs- und Strafrecht) und des Zivilrechts erfassten. Hier erwies sich die Zugehörigkeit zu Tirol langfristig als durchaus segensreich. Zum Beispiel waren im Spätmittelalter die görzischen Bauern wie die tirolischen Bauern freie Leute in dem Sinne, dass sie keine Leibeigenen mehr waren. Aber die tirolischen Bauern genossen im Rahmen der Grundherrschaft durch die Leiheform des Erbbaurechts wesentlich bessere Besitzrechte an ihren Höfen als ihre görzischen Standesgenossen mit ihrem Freistiftrecht. Dieses blieb auch weiterhin im südöstlichen Tirol vorherrschend, aber es näherte sich zum Vorteil der Bauern stark dem Erbbaurecht an. Im Vergleich zu den Tiroler Städten war die städtische Autonomie, die Selbstverwaltung ihrer Bürger, wenig ausgebaut. Einen von den Bürgern gewählten Rat und Bürgermeister erhielten die Lienzer erst im Laufe des 16. und 17. Jahrhunderts. Mit dem Abgang der Grafen von Görz war es mit der Herrlichkeit einer Residenzstadt vorbei, das bekam Lienz auch wirtschaftlich schmerzhaft zu verspüren, da der Hof und der durch ihn angezogene Adel als finanzkräftige Konsumenten verloren gegangen waren. Ansonsten hatte die Zugehörigkeit zu Tirol, wirtschaftlich gesehen, für die Menschen der früheren görzischen Gebiete keine großen Auswirkungen, weder positive noch negative. Die Menschen lebten auch weiterhin vorwiegend von der Landwirtschaft und die war und blieb auf lokalen und regionalen Austausch angewiesen.

Heinfels als Pfandherrschaft

Die vordergörzischen Gebiete ließen sich problemlos in die Grafschaft Tirol integrieren, zu gering waren die wirtschaftlichen, sozialen und rechtlichen Unterschiede, die das hätten hemmen können. Angst und

Verunsicherung löste König Maximilian aber dadurch aus, dass er sogleich im Jahre 1500 und im Jahr darauf die frisch gewonnen pustertalischen Gerichte an den Bischof von Brixen, die Herrschaft Lienz an die Freiherren von Wolkenstein-Rodenegg verpfändete. Solche Verpfändungen hatte es unter den Grafen von Görz selten gegeben, in der Grafschaft Tirol waren sie inzwischen gang und gäbe, auch wenn sich die betroffenen Untertanen davon wenig begeistert zeigten. Schlichte Geldnot, und die war gerade bei Maximilian mit seinen weit gespannten politischen Ambitionen notorisch, trieb die Fürsten dazu, zum Mittel der Verpfändung zu greifen. Dahinter steckte ein Geldgeschäft. Dafür, dass eine Person, in der Regel ein Adeliger, der der Landesfürst Geld schuldete oder die ihm einen Kredit einräumte, wurde diesem Gläubiger ein Gericht samt dem damit verbundenen Urbar zu Pfand überlassen.

Der Pfandinhaber oder Kreditgeber konnte dieses Pfand, bevor nicht die Schuld beglichen oder der Kredit als Ganzes zurückbezahlt wurde, auch nutzen: Er bestellte den Pfleger, den Richter oder anderes Personal und lukrierte die Einnahmen, hatte aber die Löhne zu zahlen und andere Ausgaben zu tätigen. Die Ausgaben von den Einnahmen abgezogen sollten einen Gewinn abwerfen, die Verzinsung des Schuld- oder Kreditkapitals. Verpfändungen liefen auf bestimmte oder unbestimmte Zeit (mit beiderseitigen Kündigungsfristen), beendet wurden sie durch die einmalige Rückzahlung der Kreditsumme oder des Pfandkapitals. Auch bei Pfandgerichten stand die landesfürstliche Oberhoheit außer Frage, die hergebrachten Rechte der Untertanen durften nicht angetastet werden, gewisse landesfürstliche Hoheitsrechte, die mit Forst, Bergwerken, Steuern usw. zusammenhingen, waren von vornherein ausgenommen. Für finanzkräftige Adelige war der Besitz eines Gerichtes zu Pfand eine schöne Sache, die Prestige einbrachte, immerhin zählte man dadurch zu den „Herrschaften", vor allem aber war das eingesetzte Kapital sicher angelegt und

Grabplatte des Haimerand von Rain und Summeregg, Pfleger auf Schloss Heinfels, in der Lienzer Kirche St. Michael (mit Ausschnitt).

Ein Teil der äußeren Umfassungsmauer von Heinfels mit Sturmpfählen, die das Anlegen von Leitern verhindern.

Erzherzogin Magdalena von Österreich, Gründerin des königlichen Damenstiftes zu Hall im Inntal.

relativ gut verzinst. Die landesfürstliche Finanzverwaltung, die Kammer in Innsbruck, die die Pfandverträge abschloss, visierte im langjährigen Durchschnitt eine jährliche Verzinsung von 4 Prozent an. Im Grunde genommen war die Verpfändung von Gerichten eine Privatisierung staatlicher Gewalt, von den unteren Landständen, den Städten und Gerichten, immer wieder kritisiert und angeprangert, was aber angesichts der stets klammen Landesfinanzen wenig bewirkte. Noch zu Beginn des 19. Jahrhunderts waren die meisten Gerichte in der Grafschaft „Pfandgerichte" oder „Pfandherrschaft". Erst die nach 1816/17 eingeleiteten Verwaltungsreformen sollten damit aufräumen und „verstaatlichten" innerhalb weniger Jahrzehnte die verbliebenen Pfand- und Lehengerichte.

Wie bereits erwähnt, wurde das Landgericht Heinfels bereits im Jahr 1500 um 30.000 Gulden dem Hochstift Brixen verpfändet, das 1516 10.000 Gulden an Pfandkapital nachschießen musste. Brixen musste 1570 die Pfandschaft an Bernhard Freiherr von Künigl abtreten, der sie fünf Jahre später an Wilhelm Freiherr von Wolkenstein-Trostburg weiterrechte. Aber auch dieser behielt sie nicht lange, sondern gab sie 1581 weiter an das Hochstift Brixen. 1612 wurde die brixnerische Pfandherrschaft an die Trostburger Linie der Wolkenstein verkauft. Auch diese behielten die Pfandherrschaft Heinfels keine zwei Jahrzehnte. 1629 übernahm das Damenstift Hall, das 1567 gegründet worden war, um unverheirateten Frauen aus dem Adel ein frommes, nach den Regeln des Jesuitenordens ausgerichtetes, aber auch standesgemäßes Leben zu ermöglichen, weswegen dieses Stift mit reichlichen finanziellen Mitteln ausgestattet war, die Pfandherrschaft Heinfels, deren Wert bzw. Kaufpreis inzwischen auf über 58.000 Gulden gestiegen war. Kaiser Joseph II. hob das Haller Damenstift, das seit 1653 auch die Herrschaft Lienz zu Pfand innehatte, 1783 auf, sein Vermögen und seine Rechte fielen an einen vom Staat verwalteten Fonds. In der Praxis war das Landgericht Heinfels seit 1783 ein vom Staat direkt verwaltetes Landgericht.

Die Gerichtsgemeinde Heinfels

Herrschaft war nicht alles im Mittelalter und in der Frühen Neuzeit. Abseits von Adel und Klerus, die in einer Zeit, deren Sozialstruktur am Ideal einer hierarchisch in Ständen (Adel, Klerus, Bürger und Bauern) gegliederten Gesellschaft ausrichtet war, ohnehin rechtlich und politisch bevorzugt waren, entwickelten sich Freiräume der Selbstorganisation und der Selbstbestimmung, auch bei den „unteren" Ständen, den Bürgern und Bauern. Die Vorhut dieser Entwicklung bildeten die im Hochmittelalter als Standorte für Handel und Gewerbe gegründeten Städte, denen von vornherein gewisse Selbstverwaltungsrechte zugestanden wurden oder diese von der Bürgerschaft den Stadtherren abgetrotzt worden waren. Die Bürger einer Stadt verstanden sich als handelnder Personenverband, der seine Geschicke, soweit das zugelassen wurde, selbst in die Hand nahm und sich möglichst selbst zu verwalten suchte. Die Bürger und Inwohner einer Stadt, also alle Personen, denen das Bürger- oder Inwohnerrecht verliehen worden war oder die es von ihren Vätern ererbt hatten, bildeten eine Gemeinde.

Auch auf dem Land entstehen Gemeinden. Die Gemeindebildung ist hier ein zeitlich sich hinziehender Vorgang, einsetzend im Spätmittelalter, vereinzelt erst im späten 18. Jahrhundert abgeschlossen, denn es gab Faktoren, die sie förderten, aber auch hemmende. Die Gemeindebildung setzt auf zwei territorialen Ebenen ein: auf der Ebene des Gerichtssprengels, in unserem Fall des Landgerichts Heinfels, von Innichberg im Westen bis Abfaltersbach im Osten, und auf Ebene der einzelnen Siedlungen und Ortschaften. Wir haben einerseits die Gerichtsgemeinde Heinfels, die im frühen 19. Jahrhundert als Institution ausgeistete, andererseits die Gemeinden vor uns, wie sie noch heute existieren.

Die Gemeinde war somit ein auf ein konkretes Gebiet bezogener Personenverband. Dieser umfasste keineswegs die gesamte ansässige (männliche) Bevölkerung. Um als vollberechtigtes Mitglied einer Gemeinde anerkannt zu werden, war eines eine unabdingbare Voraussetzung: eine selbständige wirtschaft-

Blick auf das Zentrum der Herrschaft Heinfels; aquarellierte Federzeichnung von Leopold Matthias Spielmann, 1750.

liche Existenz. In die Praxis umgesetzt bedeutete das, auf dem Land setzte sich die Gemeinde aus den bäuerlichen Inhabern der Höfe zusammen, in den Städten und Märkten kamen die Handwerker und Handelsleute, die eigene Betriebe hatten, hinzu. Ausgeschlossen waren und blieben auf dem Land Knechte, Taglöhner, weichende Söhne, auch wenn sie sich auf dem elterlichen bzw. brüderlichen Hof verdingten, in den Städten und Märkten die Handwerksgesellen, die Handels- und Hausdiener. Für Streit und Verunsicherung sorgten die seit dem 16. Jahrhundert da und dort vermehrt auftretenden Söllhäusler oder Untersassen. Darunter verstand man Männer, die zwar ein eigenes Haus oder eine Hütte besaßen, aber sich als Kleinhandwerker, Tagelöhner oder Bergknappen durchs Leben schlugen und, um sich und ihre Familie ernähren zu können, eine winzige Landwirtschaft betrieben. Vom Phänomen der Söll- oder Kleinhäusler waren nicht alle Ortschaften und Siedlungen gleichermaßen betroffen, in den meisten Gemeinden blieben die Bauern unter sich oder waren die Söllhäusler Ausnahmen. Dort aber, wo sie in größerer Zahl auftraten, auch wenn sie eine Minderheit waren, wehrten sich die Bauern, sie als vollberechtigte Mitglieder der Gemeinde zu akzeptieren. Soziale Vorurteile, entsprungen dem bäuerlichen Status- und Standesdenken, und wirtschaftliche Vorbehalte veranlassten die Bauern zu einer ablehnenden oder zumindest abwartenden Haltung. Ob Söllhäusler zu den Mitgliedern der Gemeinde gerechnet wurden oder nicht, wurde jedenfalls recht unterschiedlich gehandhabt. Ortsansässige Adelige und Kleriker zählten nicht zur Gemeinde, und zwar, weil sie einem anderen und „höheren" Stand angehörten. Obendrein waren Adelige und Kleriker, was eben mit ihrer Standeszugehörigkeit zusammenhing, nicht der Gerichtsbarkeit der örtlichen Gerichte, in unserem Fall des Landgerichts Heinfels, unterworfen.

Den Ausdruck „Gemeinde" wird man in schriftlichen Dokumenten, die vor dem 19. Jahrhundert verfasst wurden, selten antreffen, den Ausdruck „Gemeindemitglied" wird man dort vergeblich suchen.

Erst seit dem frühen 19. Jahrhundert wurden die Gemeinde und das Gemeindemitglied per Gesetz auf den Begriff gebracht; Gesetze normieren ihre Aufgaben, Rechte und Pflichten. Bis dahin wurden Kollektivbezeichnungen und Umschreibungen für den Personalverband Gemeinde bevorzugt wie (bei Städten und Märkten) Bürgerschaft oder die Bürger der Stadt oder des Marktes X oder (auf dem Land) die Nachbarschaft X oder die Nachbarn von X, das Mitglied einer Gemeinde wurde daher konkret als Bürger oder Inwohner bzw. als Nachbar angesprochen.

Die Gerichtsgemeinde ist älter als die (politische) Gemeinde. Sie wurzelt in der mittelalterlichen Justiz, die genossenschaftlich orientiert und organisiert ist. Die Justiz beruhte auf zwei Grundprinzipien: Nur Standes- und Rechtsgenossen sollten über ihresgleichen Recht sprechen und möglichst alle im Gerichtssprengel ansässigen Standes- und Rechtsgenossen sollten bei der Rechtsprechung mitwirken: Daher musste das im „Taiding" gefällte Urteil der Urteiler oder Geschworenen von ihnen als „Umstand" bestätigt werden. Noch während des Mittelalters änderte sich die Funktion des Taidings. Recht gesprochen und Prozesse geführt wurden auf ihm nicht mehr, das alles war jetzt einem kleinen Kreis von Geschworenen vorbehalten, die unter dem Vorsitz des Richters tagten. Die Taidinge und Landtaidinge wandelten sich zu allgemeinen Versammlungen der Gerichtsgemeinde, einberufen einmal oder zweimal im Jahr an Terminen im Frühjahr und im Herbst. Ihr Besuch war für den, der der Gerichtsgemeinde zugehörte, Pflicht. Auf diesen Taidingen wurden den Versammelten wichtige Gesetze und Verordnungen zur Kenntnis gebracht und Angelegenheiten von allgemeiner Bedeutung besprochen. Auch die personale Zusammensetzung der Gerichtsgemeinde sollte sich ändern. Anfänglich umfasste sie nur die (niederen) Adeligen und die wenigen bäuerlichen Freien, also Personen, die nicht Eigenleute oder Leibeigene waren. Mit dem vollkommenen Ausgeistern der mit der Grundherrschaft zusammenhängenden Leibeigenschaft in den tirolischen und vordergörzischen Gebieten wurde es zur sozialen Norm, dass alle „freie" Personen waren, ob Bürger oder Bauern. Dadurch wuchsen die Gerichtsgemeinden personell an, da nun alle Bauern zur Gerichtsgemeinde gehörten.

Im Jahre 1500 reichte die Gerichtsgemeinde Heinfels, sich selbst als „ganz gemainde des gerichts Heunfels" bezeichnend, eine Petition bei König Maximilian ein.[6] Es ging der Gerichtsgemeinde darum, die sich in dieser Sache mit Verordneten der Stadt Lienz und anderer görzischer Gerichte abgesprochen hatte, dem neuen Landesfürsten die im Gerichtsbezirk auf dem Weg der Gewohnheit entwickelten Rechtsbräuche ausführlich darzulegen, damit sie Maximilian anerkenne und bestätige (konfirmiere). Auch wirtschaftliche Angelegenheiten kommen zur Sprache, besonders die Organisation des Rod- oder Transportwesens und die Frachtpreise sind der Gerichtsgemeinde eine Herzenssache. Auch die eine oder andere Beschwerde ist in der Petition untergebracht. Hinsichtlich des Land- oder Elichtaidings wird ersucht, dieses solle zumindest zweimal im Jahr, eines im Frühjahr („langs") und eines im Herbst, abgehalten werden und zu diesem Zweck öffentlich einberufen und verkündet werden, an welchem Tag es stattfinde.

Wie in vielen Gerichten Tirols konnte sich das Landtaiding, das gleichsam eine Vollversammlung der Gerichtsgemeinde war, auch in Heinfels nicht halten. Als beratendes und beschließendes Organ und als Versammlung, die hunderte Teilnehmer zählte, war das Landtaiding zu schwerfällig. An seine Stelle trat in Heinfels ein Gerichtsausschuss. Beschickt wurden die Vertreter in das Gremium Gerichtsausschuss von den einzelnen Oblaien, Gemeinden oder Ortschaften, sie mussten vom Pfleger bzw. Landrichter in ihrer Funktion verpflichtet oder bestätigt werden. Der Gerichtsausschuss Heinfels umfasste 17 und mehr (jedenfalls eine ungerade Zahl) Mitglieder.

Die regionale Zusammensetzung des Gerichtsausschusses zeigen die folgenden zwei Beispiele: 1601 gehörten dem Gerichtsausschuss als Mitglieder an: Abel Zingrell und Hans Portner (aus Sillian), Blasi Paller (aus Wahlen), Ruprecht Holzer und Christian Oberkofler (aus Sexten), Christian Geiger und Christian Seelner (aus Oblei Innichberg und Vierschach), Peter Kopsgueter und Hans Holzner (aus Oblei Sillianberg, Hinterheinfels und Tessenberg), Georg Aichner (aus Oblai St. Jakob), Hans Engele und Martin Prugger (aus Oblei St. Andrä und Tilliach), Sebastian Sulzenbacher und Erhart Jungmann (aus Oblai Kartitsch), Leonhard Oberhofer der Ältere (aus Innervillgraten), Hans Hochgasser und Michael Trojer (aus Außervillgraten). Mit dem Aufkommen des Amtes eines Anwaltes oder Gerichtsverpflichteten wurden vornehmlich diese in den Gerichtsausschuss entsandt. 1729 setzte sich dieser zusammen: Josef Achamer v. Färber (Sillian), Jakob Weitlaner v. Zelger (Sillianberg), Gregor Engele der Ältere v. Pichl(er) und Paul Niescher (St. Jakob); Chris-

Entwurf zum Neubau der „Amtsbehausung" des Landgerichtes Heinfels-Sillian; gezeichnet von Johann Franz Pernwerth, aquarellierte Federzeichnung, 1794.

Das für den Gerichtsdiener des Gerichtes Heinfels-Sillian vorgesehene Haus, an der Landstraße gelegen.

tian Moser (St. Andrä), Blasi Leonharter (Tilliach), Georg Kofler v. Klammer und Leonhard Winkler (Kartitsch), Johann Egger v. Obermayr (St. Peter), Michael Tassenbacher (St. Johann), Benedikt Webhofer und Georg Krautgasser (Arnbach und Winnebach), August Mayr (Ober- und Untervierschach), Josef Tölderer und Augustin Mayr (Vierschachberg und Innichberg), Georg Paur (Wahlen und Stadel), Gregor Kofler und Blasi Tschurtschentaler v. Miller (Sexten), Stefan Duracher v. Wurger (Außervillgraten), Georg Lanser und Peter Schmidhofer (Innervillgraten). (Ortschaften wurden nicht ungern nach ihren Kirchen benannt; hinter den heute verschwundenen Ortsbezeichnung St. Jakob versteckt sich daher der Ortsbereich Strassen und Messensee, hinter St. Andrä Abfaltern/Abfaltersbach, hinter St. Peter Panzendorf und hinter St. Johann Tessenberg.)[7]

Unter Tirol wurden die Gerichtsgemeinden der ehemals görzischen Gerichte insofern aufgewertet, als sie nun in die Tiroler Landstände aufgenommen wurden. Wenn der Landesfürst die Landschaft, die vier Landstände Adel, Prälaten, Städte und Gerichte (Gerichtsgemeinden), zu einer Versammlung, den offenen Landtagen, einberief, so war die Gerichtsgemeinde Heinfels berechtigt, Abgeordnete zu entsenden, in der Regel waren es zwei. Berufen und bevollmächtigt wurden die Abgeordneten zum Landtag jeweils vom Gerichtsausschuss. Die nicht unerheblichen Reise- und anderen Spesen ihrer Abgeordneten, mitunter tagten die Landtage über Wochen in Innsbruck, Bozen und anderen Städten, hatte die Gerichtsgemeinde zu tragen.

Östlicher Teil des Pustertales auf der Karte der Gefürsteten Grafschaft Tirol von Johann Walch; kolorierter Kupferstich, 1797.

Die territoriale Basis für das Umlegen und Einheben der Grund- und anderer Steuern sowie für die Musterung und Rekrutierung der Landmiliz war in Tirol der Gerichtssprengel, hiezu war der Gerichtsausschuss organisatorisch eingebunden. Die Gerichtsgemeinde bzw. deren Gerichtsausschuss erwiesen sich zunehmend als probater Ansprechpartner, um die finanziellen Mittel für den Erhalt des Hauptverkehrsweges im Bereich des Gerichtssprengels, der so genannten Landstraße (sie entspräche der heutigen Bundesstraße), aufzubringen oder beizusteuern. Aufgebracht wurde das dazu nötige Geld durch Aufschläge auf die Grundsteuer. Eine andere Möglichkeit, die Landstraße instand zu halten, war, die Gerichtsuntertanen von Fall zu Fall zu „Gerichtsroboten" aufzubieten, sie zu Arbeitseinsätzen zu verpflichten. In großen Gerichtsbezirken erwies sich aber diese Methode als umständlich und ineffizient. Es war besser, für die einzelnen Streckenabschnitte der Landstraße Wegmacher anzustellen und zu entlohnen. Was dem Gerichtsausschuss besonders seit dem 18. Jahrhundert zu schaffen machte, war die Marschkonkurrenz. Truppen des stehenden österreichischen Heeres mussten auf ihrem Durchzug in privaten Häusern einquartiert und verköstigt werden, Pferde und Ochsen, eventuell auch Fuhrwerke mussten von den Bauern gestellt werden, damit der Tross weiterbefördert werden konnte. Dass die unfreiwilligen Quartiergeber und Transporteure nicht allzu lange auf ihr Geld warten mussten, dafür sorgte die Gerichtsgemeinde, die das Ganze vorfinanzierte und ihrerseits schauen musste, dass sie zu ihrem Geld kam, vom Staat, von der Landschaft und, wenn das nicht reichte, was oft genug der Fall war, musste das fehlende Geld mittels einer Umlage hereingebracht werden.

Das Wort „Konkurrenz" bedeutete damals nicht „Wettbewerb" sondern „Beitrag". („Konkurrenzstraßen" sind im 19. Jahrhundert daher in Tirol jene Verkehrswege, welche die anliegenden Gemeinden zu unterhalten hatten.) Von der Landstraße und ihren wirtschaftlichen Segnungen profitierten in erster Linie die an ihr gelegenen Hauptorte wie Sillian, umgekehrt litten diese besonders unter den mit der Marschkonkurrenz verbundenen lästigen Verpflichtungen. Hier war es am Gerichtsausschuss, einen finanziellen Lastenausgleich zwischen den profitierenden und minder profitierenden, belasteten und nicht belasteten Gemeinden herzustellen, was zweifellos eine heikle Angelegenheit gewesen sein musste.

Im späten 18. Jahrhundert versuchte der Staat, die Gerichtsgemeinden in die Armenversorgung einzuspannen. Das ist nicht überall geglückt, in Heinfels schon. Hier wurde ein Gerichtsarmenfonds eingerichtet, der Armen Unterstützungsgelder zahlte. Da finanzielle Belange eine große Rolle spielten, ist es nicht verwunderlich, dass der wichtigste Amtsträger der Gerichtsgemeinde bzw. des Gerichtsausschusses der Gerichtskassier gewesen war.

Nach heutigen Maßstäben ist die Gerichtsgemeinde, wie wir sie in Heinfels relativ ausgeprägt vorfinden, am ehesten als Gemeindeverband zu begreifen. Im frühen 19. Jahrhundert hauchte die Gerichtsgemeinde ihr Leben aus. Das lag vor allem daran, dass ab 1817 in Tirol im Zuge der Verwaltungsreformen (Land-)Gerichte fusioniert worden waren; mit den aufgelassenen Gerichten hörten auch die Gerichtsgemeinden zu existieren auf. Zwar schuf der Gesetzgeber im 19. Jahrhundert für die (politische) Gemeinde mittels Gemeindegesetzen oder Gemeindeordnungen einen gesetzlichen Rahmen, aber Gemeindeverbände waren darin nicht vorgesehen.

Nachbarschaft, Oblei und Gemeinde

Die Gerichtsgemeinde verschwand, was blieb, war die Gemeinde, wie wir sie heute noch kennen und hoffentlich schätzen. Auch hier ist Gemeindebildung als Prozess zu begreifen, der sich in Raum und Zeit vollzieht, hier früher, dort später abgeschlossen ist. Auf diesen Prozess wirken Faktoren ein, die ihn begünstigen und beschleunigen oder gar hemmen können. Sillian und Sillianberg waren im 19. Jahrhundert beides

Gemeinden, Sillian ist zweifellos wesentlich früher als Gemeinde anzusprechen als Sillianberg, Gemeinde im Sinne eines (bäuerlichen) Personen- und Siedlungsverbandes, der sich untereinander absprach, zusammenwirkte und gemeinsam handelte.

Der Raum bzw. der Siedlungstypus spielte in diesem Zusammenhang eine nicht unwesentliche Rolle. Im Falle von Sillian ließ das Gelände am Talboden eine Dorfsiedlung zu, konkret ein Straßendorf, dessen Häuser sich links und rechts der Landstraße auffädelten. Das am Berg liegende Sillianberg war eine typische Streusiedlung, überall Einzelgehöfte, da und dort verdichtet zu einem kleinen Weiler. Das Dorf, eine mehr oder weniger geschlossene Anhäufung von Häusern und Höfen, verlangte ein gemeinschaftliches Vorgehen und Zusammenwirken. Es gab gemeinsame Wege, Straßen, Brunnen und Brücken, Wasserleitungen, die für alle von Nutzen waren und daher von allen unterhalten werden mussten. Im Gegensatz zur Streusiedlung lagen im Dorf die zu den einzelnen Höfen gehörigen Äcker und Wiesen nicht geschlossen beieinander, sondern verteilten sich auf mehrere Fluren. Im Verein mit der Dreifelderwirtschaft – ein Feld wird abwechselnd im mehrjährigen Rhythmus im Frühjahr mit Sommergetreide, im Herbst mit Wintergetreide und als Brache (Wiese oder Weide) genutzt – schloss das eine individuelle Bewirtschaft aus. Es bedurfte des Flurzwangs. Es musste Absprachen und Regeln geben, koordiniertes Vorgehen bei der Bewirtschaftung war unabdingbar. Es musste geregelt sein, welches Feld zu welchem Zeitpunkt mit welchem Getreide (Sommer- oder Wintergetreide) durch die einzelnen Bauern, die dort Grundstücke hatten, bestellt und abgeerntet werden durfte. Nach der Saat musste das Feld gemeinsam eingezäunt werden, um es vor dem Weidevieh zu schützen. Nach der Ernte im Herbst wurden die Zäune wieder abgeräumt und das Vieh der Bauern durfte auf den abgeernteten Äckern und Wiesen frei weiden. Gemeinsame Infrastruktur (Wege, Brücken usw.) und Flurzwang waren für die Streusiedlung unerheblich, dieser wichtige Ansatzpunkt zur Vergemeinschaftung fehlte ihr.

Ein zentrales Element in der Gemeindebildung ist die „Gemain", die Gemeinde, sich herleitend vom Eigenschaftswort „gemain" in der Bedeutung „allgemein". Der bekanntere Begriff Allmende entspricht der Gemain, nur ist Letzterer in Tirol wesentlich gebräuchlicher. Unter Gemain ist jener Grund und Boden zu verstehen, der von den Bauern gemeinsam genutzt und bewirtschaftet wurde. Von jeher stand es den Bauern frei, die umliegenden Wälder und Weiden, die Hutweiden im Tal, die Hochweiden (Almen oder Alpen) in den Bergen zu nutzen, sich daraus das nötige Brenn-, Nutz- und Bauholz zu holen und auf die Weiden das Vieh aufzutreiben, wodurch das kostbare Wiesenland entlastet wurde, das für die Heuproduktion vorgesehen war. Das Recht, eine bestimmte Gemain zu nutzen, „Wunn und Weid" zu haben, haftete an der bäuerlichen Grundbesitzeinheit „Hof". Es war ein dingliches Recht, losgelöst vom Hof konnten Nutzungsrechte an der Gemain nicht weitergegeben oder veräußert werden. Die wichtigsten Nutzungsrechte an der Gemain waren Holzbezug (Brenn-, Nutz- und Bauholz) und Streubezug (mangels Stroh wurden die abgefallenen Nadeln und Blätter eingesammelt und als Einstreu in den Ställen verwendet) und das Auftreiben und Sömmern des Nutzviehs auf die Hutweiden und Almen. Der Umfang der Nutzung war bei Wäldern ausgerichtet nach der Gewohnheitsregel „Hausnotdurft", auf den wirtschaftlichen Bedarf des jeweiligen Hofes, damit verbot es sich von selbst, in den gemainen Wäldern Holz zu schlagen und es zu verkaufen. Bei den Weiden galt in der Regel der Grundsatz, es durfte nur jenes Vieh aufgetrieben werden, das über Winter in den Ställen durchgefüttert worden war. Für die Bauern war die Gemain und ihre Nutzung eine Frage des wirtschaftlichen Auskommens und Überlebens, das galt besonders für Gebiete wie das Hochpustertal, wo der Schwerpunkt der Landwirtschaft auf der Viehzucht lag. Höfe, die vorwiegend von der Viehzucht und nicht vom Ackerbau lebten, benötigten Weideland, und sei es im lichteren Niederwald, brauchten Streu und hatten wegen der vielen

Zäune, welche die Äcker und Wiesen vor dem Weidevieh schützten, einen höheren Holzverbrauch.

Wo eine Gemain existierte, gab es den Nachbarn. Im Begriff „Nachbar" stecken die Wörter „nahe" und „Bauer", was seine ländliche und landwirtschaftliche Herkunft verrät. Unter Nachbar ist aber vornehmlich nicht im heutigen Sinne der „nebenan Wohnende" zu verstehen. Nachbar war vor allem ein rechtlich aufgeladener Begriff, dem Bürger in der Stadt entspricht auf dem Land der Nachbar. Der Nachbar ist jener Bauer und Hofbesitzer, der berechtigt war, die Gemain, also die gemeinsamen Wälder und Weiden eines bestimmten Siedlungsverbandes, der als Nachbarschaft bezeichnet wurde, zu nutzen. Gemeinsamer Besitz an Grund und Boden, kollektiver an der Gemain, individueller am Hof und der Personenverband Nachbarschaft bedingten sich gegenseitig. In der Nachbarschaft steckte eine Vorform der heutigen Agrargemeinschaft (im 19. Jahrhundert stehen dafür Begriffe wie Realgemeinde, Fraktion und Interessentschaft) und der politischen Gemeinde.

Hier ist viel die Rede von Nutzung und Besitz. Das Wort Eigentum ist noch nicht gefallen, und das ist kein Zufall. Das Gros der Bauern war nicht Eigentümer seiner Höfe, da diese grundherrschaftlich gebunden waren. Erst die Grundentlastung im Jahre 1849, die das System der Grundherrschaft auflöste, machte alle Bauern zu Eigentümern ihres Grundes und Bodens.

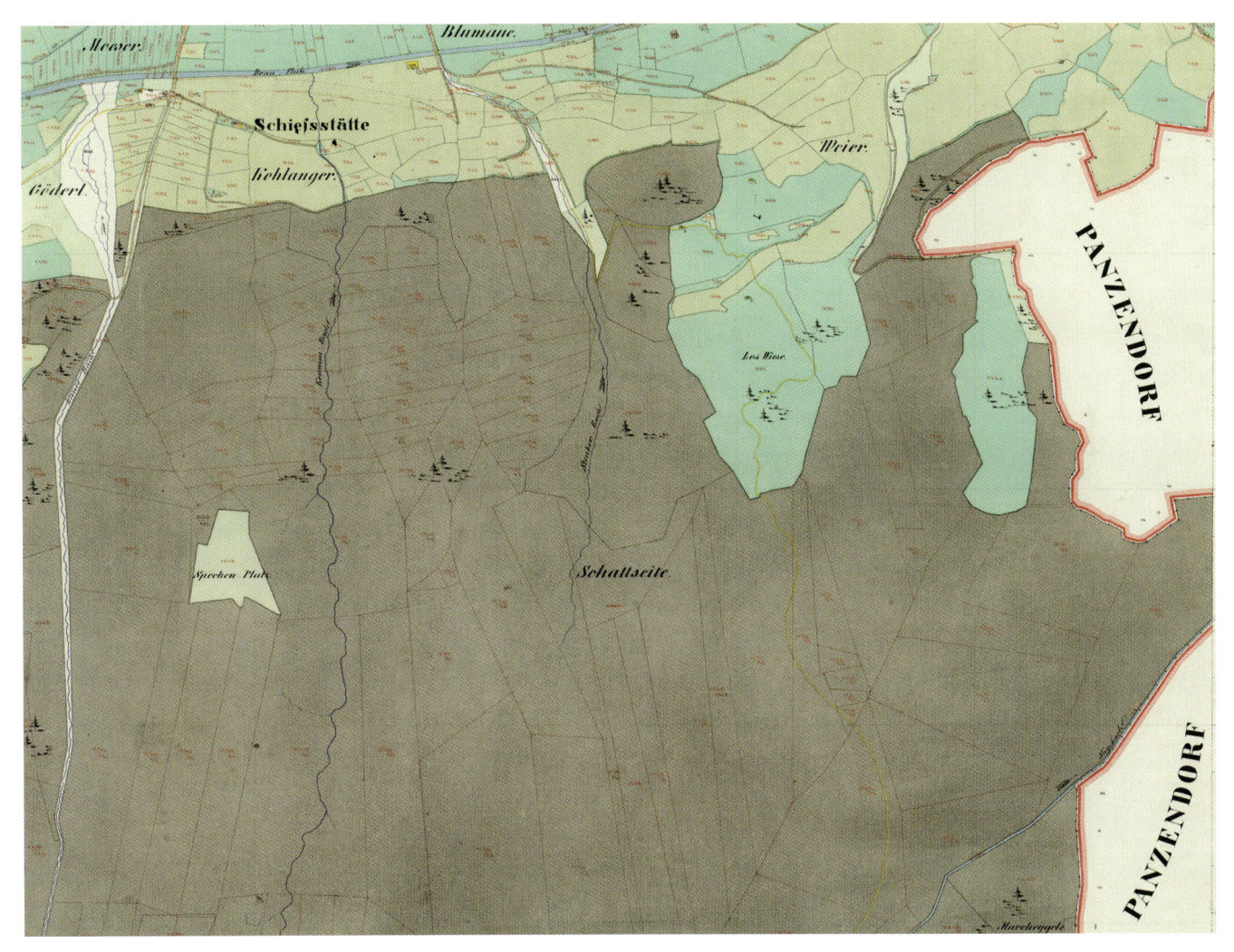

Wirtschaftlich bedeutsame Waldflächen auf der Schattseite des Pustertales im Bereich von Sillian; Ausschnitt aus dem Franziszeischen Kataster („Urmappe"), 1859.

Ebenso wenig waren die Nachbarschaften Eigentümer ihrer Gemain. Denn in Tirol wurde ein dem Landesfürsten zustehendes Hoheitsrecht, das Forstregal, rigoros angewandt. Das hing letztlich damit zusammen, dass der Landesfürst ein wirtschaftliches Interesse an den Wäldern hatte, weil er den Bergbau und die Schmelzhütten, die einen riesigen Holzbedarf hatten, mit Holz versorgt wissen wollte. In Tirol behauptete der Landesfürst ein Obereigentum an allen Wäldern, welche die Nachbarschaften besaßen. Wie die Nachbarschaft im Einzelnen ihre gemainen Wälder und Forste nutzte und bewirtschafte, das war der Nachbarschaft überlassen. Substantielle Eingriffe in die Gemain, deren Aufteilung unter den Nachbarn, das Roden von Wald, um Wiesen oder Weiden anzulegen, oder gar deren Verkauf als Ganzes oder von einzelnen Grundstücken waren daher an die Genehmigung der landesfürstlichen Behörden gebunden.

Die seit dem Hochmittelalter einsetzende Zunahme der Bevölkerung, die wiederum durch Teilung der Höfe einen stetigen Zuwachs an bäuerlichen Betrieben bewirkte, besonders expansive Phasen waren das späte 15. und das 16. und dann wiederum das 18. Jahrhundert, machte die Gemain, die anfangs noch ausreichend vorhanden gewesen war, zu einem knappen wirtschaftlichen Gut. Hinzu trat als Konkurrenz der Landesfürst, der im Interesse der Holzversorgung der Bergwerke und Schmelzhütten Wälder in Beschlag nahm, die so genannten Amts- oder Reservatwälder, wo bäuerliche Nutzung ausgeschlossen oder nur beschränkt geduldet wurde.

Die Gemain wurde zur Konfliktzone: Zwischen Bauern und landesfürstlichen Forstbehörden wegen der genannten Amts- oder Reservatwälder, wobei es nicht an gegenseitigen Vorwürfen mangelte, die Forste auszuplündern und zu vernachlässigen; zwischen Nachbarschaften, die sich in angrenzenden Wald- und Weidebereichen um die Nutzung stritten; innerhalb der Nachbarschaften, weil sich Einzelne nicht an die Regel des Haus- und Hofbedarfs hielten oder unterbäuerliche Schichten, wie die Söllhäusler, Nutzungsrechte an der Gemain beanspruchten. Um diesen Dilemmas zu entgehen, aber auch in der vagen Hoffnung, die Wälder besser zu hegen und zu pflegen, wurden seit dem 16. Jahrhundert vermehrt Waldteilungen vorgenommen, wodurch die so genannten Teilwälder geschaffen wurden. Der bisher gemeinsam von der Nachbarschaft bewirtschaftete und genutzte Wald oder ein Teil desselben wurde geteilt oder parzelliert und jedem bisher berechtigten Hof bestimmte

Weidevieh am „Kammerboden", der zur Gemeindealpe gehört und von der heutigen Agrargemeinschaft Leckfeldalpe mitbewirtschaftet wird.

Parzellen zum ausschließlichen Holz- und Streubezug zugewiesen. Davon ausgenommen waren alle anderen Nutzungsrechte wie Weide, Wasserbezug usw., die weiterhin von der Nachbarschaft ausgeübt werden durften. Trotz individueller Nutzung, Holz- und Streubezug auf einer bestimmten Waldparzelle, die am Hof haftete und nicht ohne diesen veräußert werden konnte, war der Teilwald wegen der anderen gemeinsamen Nutzungsrechte weiterhin Gemain.

Die komplizierten Besitz- und Nutzungsverhältnisse an den Wäldern, ganz abgesehen von der Eigentumsfrage, konnten erst im Laufe des 19. Jahrhunderts einigermaßen entwirrt werden. Ein erster und wichtiger Schritt war die „Waldzuweisung", die auf einem speziell auf Tirol zugeschnittenen Gesetz aus dem Jahre 1847 beruhte. Innerhalb weniger Jahre wurde zum einen geklärt, welche Wälder dem Staat gehörten (Reichs- oder Staatsforste, heute Bundesforste). Zum anderen wurden die bisherigen „Gemeindewälder" (die ungeteilten und, mit Ausnahmen, die Teilwälder) großteils den jeweiligen politischen Gemeinden, unbeschadet der darauf lastenden Nutzungsrechte der „eingeforsteten" Höfe oder Stammliegenschaften, in deren Eigentum übertragen.

Die Nutzungsgemeinschaft Nachbarschaft war ein starkes Band der Vergemeinschaftung. Vielerorts deckte sich im ländlichen Bereich bei geschlossenen Siedlungen die Nachbarschaft mit der späteren Gemeinde. Bei Streusiedlungen war das oft nicht der Fall, besonders wenn sich diese weithin erstreckte und sich da und dort zu Hofgruppen und Weilern verdichtete. Hier entwickelten sich gleich mehrere Nachbarschaften, die ihre partikularen wirtschaftlichen Interessen hinsichtlich ihrer Gemain verfolgten und sich gegenseitig ins Gehege kamen. Außervillgraten und Innervillgraten, wo jeweils mehrere Nachbarschaften existierten, sind als Beispiel zu nennen. Bei Streugemeinden war es die Steuergemeinde, die verband, was nicht verbunden war bzw. nicht verbunden sein wollte.

Die Steuergemeinde brachte der Anschluss an Tirol. In der Grafschaft Tirol ließen die Landstände dem Landesfürsten ab und zu Steuern zukommen, vor allem in Gestalt einer Grundsteuer, die bis in das 19. Jahrhundert die wichtigste Steuerquelle gewesen war, weswegen sie auch schlechthin als „Landsteuer" bezeichnet wurde. Diese Abgabe besteuerte einerseits die auf Grund und Boden lastenden Abgaben wie (grundherrschaftlichen) Grundzins, Vogteizins, Zehnt usw. („Adelssteuer") und andererseits den Hausbesitz und den landwirtschaftlich genutzten Grund und Boden („Rustikalsteuer"). Die Adelssteuer berappten in der Hauptsache der Adel und die Kirche als Inhaber (grund-)herrschaftlicher Rechte, die Rustikalsteuer die städtischen und bäuerlichen Grundbesitzer. Die Grundsteuer in Tirol war eine Repartitionssteuer, das bedeutete, der Tiroler Landtag bewilligte dem Landesfürsten eine fixe Summe, zum Beispiel 180.000

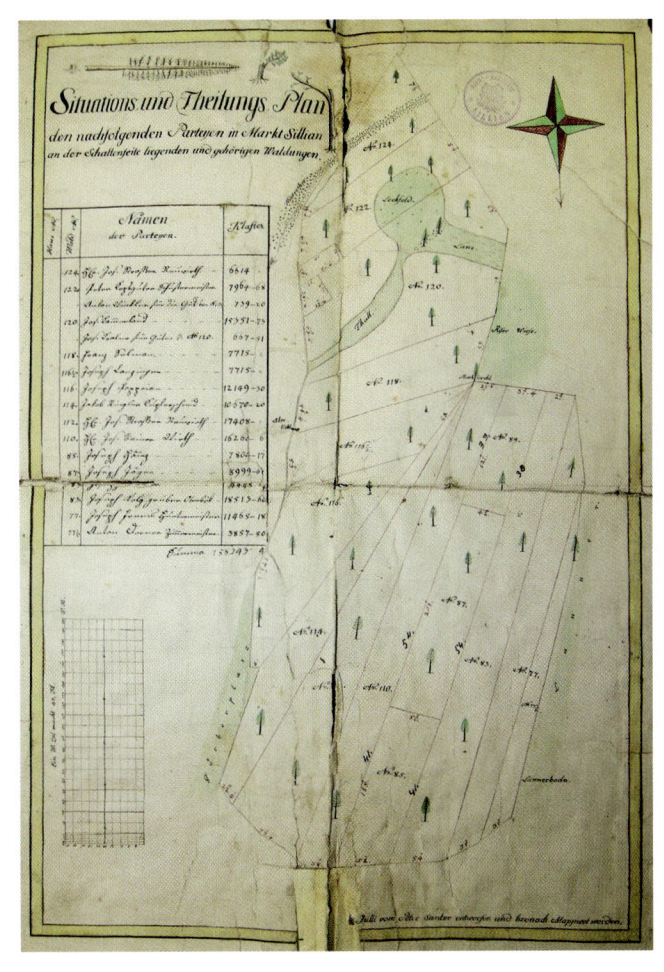

„Situation und Theilungs Plan" der schattseitigen Sillianer Wälder; gezeichnet von Peter Santer, wahrscheinlich Juli 1840.

185

Gulden. Als Verteilungsschlüssel (der auch beim Aufgebot der Landmiliz angewendet wurde) diente das Normalkontigent von 5.000 Steuerknechten, das wiederum in ein Adelssteuerkontingent und ein Rustikalsteuerkontingent zerfiel. Innerhalb des Rustikalsteuerkontingents wurden jedem Gericht, dessen Sprengel als Steuerbezirk fungierte, Steuerknechte zugewiesen. Seit 1574 hatten etwa das Landgericht Heinfels 32 ½ (vorher 34), die Hofmark Innichen 4 ½, das Landgericht Lienz 34 (vorher 41) und die Stadt Lienz 9 (vorher 12).[8] (Bei einer aufzubringenden Grundsteuer von 180.000 Gulden entfielen auf einen Steuerknecht 36 Gulden, das Landgericht Heinfels bzw. dessen grundbesitzende Steuerträger hatten auf Grundlage der 32 ½ Steuerknechte 1.170 Gulden an Grundsteuer aufzubringen.)

Eine Besteuerung von Grund und Boden setzte dessen Erfassung voraus. Die herkömmliche und ungerechte Methode, die „Feuerstätten" (gleichzusetzen mit den Höfen und bäuerlichen Betrieben) zu erfassen und mit dem gleichen Steuersatz zu belegen, wurde in den neutirolischen Gebieten gar nicht erst angewandt. Seit dem 16. Jahrhundert wurden in Tirol zwecks Besteuerung die Liegenschaften individueller erfasst. Zumindest die Größe eines Hofes, mitunter auch unter Berücksichtigung der Lage und der Qualität des Bodens, waren ausschlaggebend, um den Steuerwert, der sich ungefähr am Verkehrswert orientierte, festzulegen. Diese Erfassung in den Grundsteuerkatastern erfolgte innerhalb der Gerichtssprengel nach Siedlungseinheiten, die wir heute als Steuergemeinden oder Katastralgemeinden bezeichnen würden. Den Begriff Steuergemeinde wird man allerdings in den Grundsteuerkataster und anderen Schriftquellen vor dem späten 18. Jahrhundert vergeblich suchen. Hier bürgerten sich je nach Region unterschiedliche Begriffe ein, im Landgericht Heinfels steht für die Steuergemeinde die „Oblei", im Landgericht Lienz die „Rotte". (Abgleitet ist die Oblei von einem mittellateinischen Wort, das so viel wie Abgabe bedeutet.) Durch die Grundsteuerkataster wurden Höfe, Häuser und Liegenschaften einer konkreten Steuergemeinde oder Oblei zugeschrieben, die damit, zumindest was die Steuerleistung betraf, zu einer Schicksals- und Lastengemeinschaft verschmolzen wurde.

Im Landgericht Lienz erwiesen sich die Steuergemeinden (Rotten) vom 16. bis in das 18. Jahrhundert von erstaunlicher Konstanz, sodass diese im frühen 19. Jahrhundert problemlos in politische Gemeinden transformiert werden konnten. Im Landgericht Heinfels ist ein gegenteiliges Phänomen zu beobachten. Von Bestand waren hier nur die Obleien in den Seitentälern (Sexten, Kartitsch, Außervillgraten, Innervillgraten), im Haupttal waren die meisten Obleien keine fixen Größen. Um die Mitte des 16. Jahrhunderts zählte das Landgericht Heinfels 10 Obleien, die zum Teil recht künstliche Gebilde waren. Zum Beispiel wurden Sillian, Sillianberg und Panzendorf, was ja noch anginge, aber auch das weit abgelegene Wahlen zu einer Oblei zusammengezogen.[9] Die etwas theoretisch angehauchte Grundüberlegung war gewesen, zehn Obleien einzurichten, von denen jede ein Zehntel der Steuerlast zu tragen habe. Das konnte nicht funktionieren, im 17. Jahrhundert wuchs die Zahl der Obleien auf 29 an, pendelt sich aber gegen Ende des 18. Jahrhunderts auf 18 oder 19 ein. Wollte man in diesem Zusammenhang eine Gesetzmäßigkeit formulieren, so müsste diese lauten: Wo sich Steuergemeinde und Nachbarschaft decken, ist das von vornherein kein Problem. Es war leichter, mehrere „kleine" Nachbarschaften als zwei oder drei „größere" Nachbarschaften zu einer Oblei zusammenzuführen.

Kirchliche und weltliche Organisation beeinflussten sich wechselseitig. Dass Innervillgraten und Außervillgraten zwei Obleien bildeten, hängt zum Gutteil damit zusammen, dass Innervillgraten eine eigene Pfarre hatte, während Außervillgraten kirchlich zur Pfarre Sillian gehörte. Aus eigenen Mitteln eine Kirche zu erbauen und zu unterhalten, war eine gemeinsame Kraftanstrengung und stärkte das Zusammengehörigkeitsgefühl. Es entstanden somit „Kirchengemeinden", deren „Mitglieder", die Bauern und Höfebesitzer, sich freiwillig verpflichteten, für den

Unterhalt ihrer Kirche zu sorgen, indem sie temporäre (wenn das Kirchengebäude erweitert oder ausgestaltet werden sollte) oder gar ständige Umlagen ihren Mitgliedern abverlangten sowie Kollekten starteten. Das damit entstehende Kirchenvermögen, in das auch die Geld- und Sachmittel (Liegenschaften, Grundrenten oder Bezugsrechte) einflossen, die Gläubige „ihrer" Kirche geschenkt, testamentarisch verfügt und gestiftet hatten, wurde von einem von der Kirchengemeinde bestellten Kirchpropst verwaltet.

Die Sprengel der im Hochmittelalter gegründeten Pfarren wie Sillian und Innichen waren, gelinde gesagt, großräumig. Bei Sillian reichte dieser Pfarrsprengel von Vierschach bis Abfaltersbach und schloss Außervillgraten und Kartitsch mit ein. Gläubige mussten lange Fußmärsche auf sich nehmen, um in der Pfarrkirche ihre neugeborenen Kinder taufen zu lassen, dort den Bund der Ehe zu schließen oder einen Gottesdienst, zumindest an den hohen Feiertagen, besuchen zu können. Auch dem Pfarrer und seinen Hilfspriestern wurde einiges abverlangt, sie waren ständig unterwegs, zu Fuß und zu Pferd, um an den Außen- oder Filialkirchen eine vorgeschriebene Messe zu lesen, Verstorbene christlich zu begraben, Sterbenden die Letzte Ölung zu spenden. Im Laufe des 17. Jahrhunderts zeigte die katholische Reform, womit die Kirche auf die Herausforderungen von ihr abgespaltener protestantischer und evangelischer Konfessionen und Kirchen, die auch im tief katholischen Tirol als Lutheraner, vor allem als Täufer ihre Anhänger gefunden hatten, offensiv reagierte, erste Früchte ihrer brachial vorgetragenen Bemühungen um das Seelenheil der ihr anvertrauten Menschen. Um näher an die Gläubigen heranzukommen, sie intensiver betreuen zu können, wurden wieder neue Pfarren und Kuratien gegründet, wo vor Ort ein Priester sich um die Seelsorge kümmerte. Dieser Vorgang lässt sich am Beispiel des Landgerichts Heinfels gut erkennen, wobei zweierlei zu beachten ist: Dieser Vorgang setzte in den Außenbereichen der Pfarrsprengel ein und die Initiative, eine Seelsorge einzurichten, ging vielfach von „unten", von den Kirchengemeinden, aus. Zwischen 1652 und 1684 wurden in Abfaltersbach, Sexten, Kartitsch, Außervillgraten und Winnebach Kuratien eingerichtet, 1715 folgte Strassen, 1754 Wahlen als Nachzügler. Dieses nun schon recht engmaschige Netz von eigenständigen Seelsorgen wurde in den letzten beiden Jahrzehnten des 18. Jahrhunderts noch enger gezogen, nun aber meist auf staat-

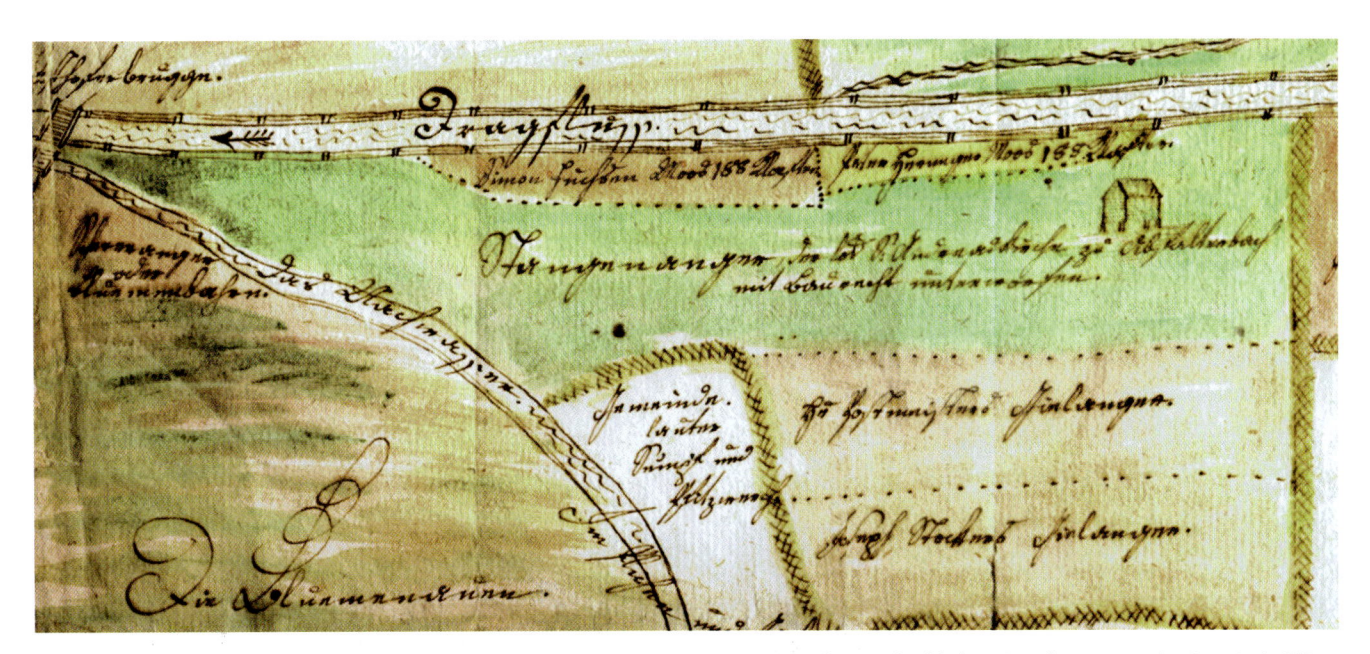

Skizze des Sillianer Talbodens im Bereich der bereits regulierten Drau von ca. 1830, mit Erfassung kirchlichen Grundbesitzes in der Gemeinde Sillian: „Stangenanger der St. Andreaskirche zu Abfaltersbach mit Baurecht unterworfen"; lavierte Federzeichnung.

liche Initiative hin, die aber durchaus auch von der Bevölkerung getragen wurde. Vierschach, Tessenberg, Panzendorf, Hollbruck und Kalkstein wurden eigene Seelsorgen. Bis auf Innichberg (Pfarre Innichen), Arnbach und Sillianberg (Pfarre Sillian) bildeten um 1800 alle Gemeinden des Landgerichts Heinfels zugleich einen kirchlichen Seelsorgesprengel, Innervillgraten (Pfarre Innervillgraten und Pfarrexpositur Kalkstein) und Kartitsch (Kuratie Kartitsch und Lokalkaplanei Hollbruck) sogar zwei. Steuergemeinde und kirchliche Gemeinde (Kirchengemeinde und die daraus hervorgehende Seelsorgegemeinde) hatten dazu beigetragen, die Gemeinde territorial und als Personenverband zu konsolidieren.

Obertilliach und Untertilliach waren als Gemeinden ein Sonderfall. Tilliach war ein staatsrechtliches Unikum. Territorial gehörte Tilliach weder zum Hochstift Brixen noch zur Grafschaft Tirol, es war gemischtes Hoheitsgebiet. Anfänglich war Tilliach, wo das Hochstift Brixen Bauern angesiedelt hatte, brixnerisches Gebiet gewesen, im späten 13. Jahrhundert reklamierten sich aber die Grafen von Görz hinein und ließen ihre dortigen Besitz- und Herrschaftsrechte nicht mehr aus, ebenso beharrte Brixen auf die seinen. Das führte über kurz oder lang zu einer eigenartigen Konstellation. Die Bauern und ihre Angehörigen jener zwei Drittel der auf Tilliach verstreuten Höfe, die dem Hochstift als Grundherrschaft unterworfen waren, zählten zum Gericht Anras bzw. zum brixnerisch-anrasischen Untertanenverband. Hingegen gehörten Bauern und Angehörige, also das restliche Drittel, die auf görzischen, dann tirolischen Höfen saßen, zum Landgericht Heinfels bzw. tirolischen (vorher) görzischen Untertanenverband. Es bedurfte komplizierter Absprachen und Regelungen, damit die beiden Staatsgewalten sich nicht in die Quere kamen oder von den Tilliachern geschickt ausmanövriert werden konnten. Jedenfalls gab es zwei Steuergemeinden: Tilliach-Heinfels und Tilliach-Anras. Abgesehen vom Dorf im oberen Tilliach, mit Abstand die größte Siedlung, war dieses Gebiet eines der Streusiedlungen. Daher existierten hier mehrere Nachbarschaften. Die einzige Gemeinsamkeit war die Seelsorge. Tilliach gehörte zur Pfarre Anras, seit dem späten 14. Jahrhundert wirkten eigene Seelsorger an der Kirche im Dorf Obertilliach. Die dortige Kaplanei wurde im späten 16. zur Kuratie erhoben. 1716 wurde der Seelsorgesprengel geteilt. St. Ingenuin im unteren Tilliach erhielt seine eigene Kuratie. Erst im frühen 19. Jahrhundert waren die Voraussetzungen geschaffen, nachdem das Hochstift Brixen 1803 aufgehoben und seine Gebiete, unter anderem das Landgericht Anras, an die Grafschaft Tirol gefallen waren, den „politischen" Sonderfall zu beseitigen. In den nächsten Jahren wurden, da nun alle rechtlichen Hindernisse beseitigt waren, auf administrativem Weg die Gemeinden Obertilliach und Untertilliach geschaffen.

In der Gemeinde, ob sie nun eine Nachbarschaft darstellte oder uns als komplexeres Gemeinwesen begegnet, steckte immer ein Personenverband, der sich im Normalfall aus den Bauern oder Inhabern der Höfe zusammensetzte. In sich war dieser Personenverband, in dem jedes Mitglied gleiche Rechte und Pflichten hatte, demokratisch organisiert. Nach heutiger Ansicht, die das allgemeine Wahlrecht als etwas Selbstverständliches begreift, dieses zu den demokratischen Grundrechten zählt, war es eine elitäre und zugleich egalitäre Demokratie von Besitzenden. Aber als genauso selbstverständlich wurde es damals empfunden, und noch im 19. Jahrhundert von den Konservativen heftig verteidigt, da politische Teilhabe und Mitsprache von Stand und Besitz abzuhängen hätten. Die Gemeinden waren alles andere als einheitlich organisiert. Es herrschte ein Grundprinzip, zumindest anfänglich. Alle wichtigen Angelegenheiten hatte die Versammlung der Gemeindegenossen zu entscheiden, die einmal im Jahr oder unregelmäßig, wenn es dringender Anlass erforderte, zusammentrat. Mit der Zeit gingen die meisten Gemeinden dazu über, sich nicht mit Versammlungen zu begnügen, es wurden für längere Zeit, manchmal für eine besondere Aufgabe, Ausschüsse gewählt und bestellt. Diese Ausschüsse, wegen der Zahl ihrer Mitglieder Vierer, Sechser oder Achter usw. genannt, handelten namens der Gemeinde, sie waren aber mehr Exekutivorgan als Willensorgan, entsprachen somit mehr dem heutigen Gemeindevorstand als dem Gemeinderat.

Die gleichsam basisdemokratische Organisation der Gemeinde, in der alle wichtigen Entscheidungen von allen Gemeindegenossen oder Nachbarn zu treffen waren und diese, sofern vorhanden, von einem Ausschuss umgesetzt wurden, behinderte und verzögerte das Ausbilden einer Spitzenfunktion, dass also ein Einzelner als oberster Amtsträger die Gemeinde vertrat und nach außen repräsentierte. Jenes Amt, jene Funktion, für das oder die seit dem 19. Jahrhundert die gesetzliche Bezeichnung Gemeindevorsteher oder (in Städten) Bürgermeister vorgeschrieben war, setzte sich daher relativ spät durch. Den Gemeinden reichte oft ein Ausschuss oder, wenn es das Amt des Vorstehers überhaupt gab, es wurde, wie in Sillian, doppelt mit zwei Männern besetzt. Bevorzugt wurden diese Männer im Landgericht Heinfels als „Gewalthaber" benannt. An dem einen „Gewalthaber" in der Gemeinde war die Obrigkeit interessierter als die Gemeinden selbst, denn die Obrigkeit bedurfte fester Ansprechpartner und wollte sich nicht mit irgendwelchen Ausschüssen oder gar Versammlungen herumschlagen. Im Landgericht Heinfels, wo die Funktion des „Gemeindeoberhaupts" nicht gänzlich unbekannt, aber recht schwach verankert war, führte das im Laufe des 17. und 18. Jahrhunderts dazu, dass diese Funktion den Anwälten angehängt wurde, die wir bereits als vom Landgericht Heinfels eingesetzte Funktionäre kennengelernt haben und vielfach auch im Gerichtsausschuss vertreten waren. Die bayerische Verwaltung behauptete jedenfalls im Jahre 1807, in den 17 „Hauptgemeinden" des Landgerichts Heinfels besorgten die Gemeindevorsteher oder Anwälte die „Dorfpolizei". Die vom Landgericht eingesetzten und bestellten Gemeindevorsteher und Anwälte kämen allerdings der Pflicht, sich in ihren Gemeinden um die öffentliche Sicherheit und Ordnung zu kümmern, mehr schlecht als recht nach, da sie dafür nicht extra bezahlt werden.[10]

Die Gemeinde war bis in das späte 18. Jahrhundert in Tirol ein hybrides Gebilde. Auch innerhalb ihrer Gerichtssprengel ist bei den Gemeinden nicht alles gleich geordnet und gestaltet, es gibt Unterschiede in der Organisation und im Wahrnehmen von Aufgaben. Beides speist sich aus Tradition und orientiert sich an den lokalen Bedürfnissen. Soweit gemeinsames Vorgehen erforderlich war, regelte und organisierte die Gemeinde den wirtschaftlichen (agrarischen) Alltag und die dafür nötige Infrastruktur. Darum kümmerte sich kein Landesfürst, kein Staat, das war jener bescheidene Freiraum der Selbstbestimmung und Selbstverwaltung, den wir heute als Autonomie bezeichnen. Dieses Erbe lebt in der heutigen Gemeinde weiter. Ein anderes Erbe ist jünger. Im späten 18. Jahrhundert entdeckte der Staat die Gemeinde als Verwaltungseinheit, der bestimmte Aufgaben zugedacht werden sollten, die sie, unter Aufsicht selbstredend, zu erfüllen hatte: für Sicherheit und Ordnung zu sorgen, die eigenen Armen zu versorgen und die Lokalitäten für die in den 1770er-Jahren eingeführten Trivial- oder Volksschulen zu stellen. Dieser Aufgabenkatalog sollte später noch angereichert werden.

Das Gemeindewesen in Tirol, um 1800 noch immer zersplittert und trotz aller Gemeinsamkeiten unterschiedlich organisiert, war jedenfalls alles andere als einheitlich, war nicht dazu geeignet, dass der Staat die bestehenden Gemeinden als administrative Ebene einsetzen konnte. Mit dem Gemeindegesetz von 1819 für die Grafschaft Tirol wurde daher ein kühner Schritt gesetzt in Richtung moderner Gemeinde: Den Städten einerseits und den Landgemeinden andererseits wurde ein fester und einheitlicher Ordnungsrahmen verpasst. Jede Gemeinde hatte aus ihrer Mitte einen Gemeindevorsteher, zwei Gemeindeausschüsse (die zwei Stellvertreter des Gemeindevorstehers), einen Gemeindekassier und einen Steuereintreiber zu wählen. Der Gemeindekassier hatte das Gemeindevermögen zu verwalten, aber unter Aufsicht des Gemeindevorstehers und seiner zwei Stellvertreter. Alle anderen Verwaltungsagenden, etwas unbestimmt mit „die

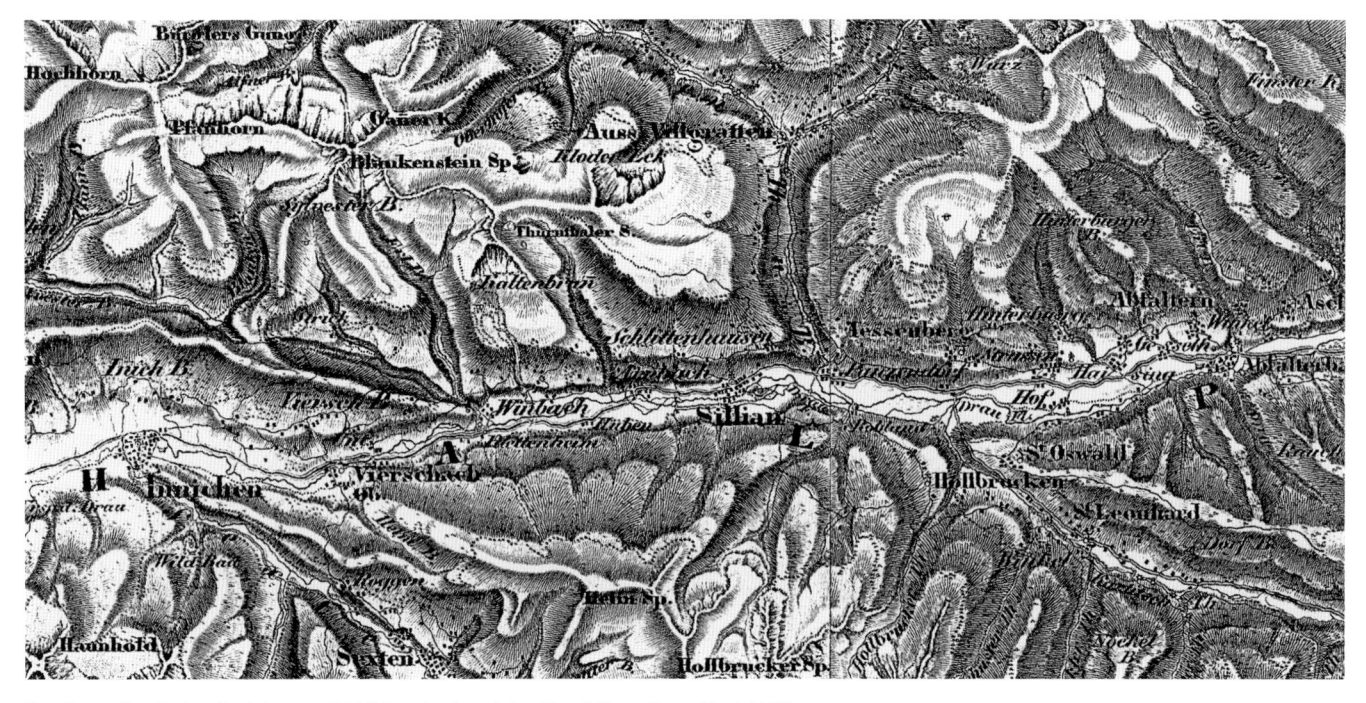

Das Drautal zwischen Innichen und Abfaltersbach auf der „Spezialkarte" von Tirol, 1823.

Ordnung und Polizei handzuhaben" umschrieben, waren dem Gemeindevorsteher anvertraut. Das „Bürgerrecht" in der Gemeinde, woran das aktive und passive Wahlrecht hing, bisher meist beschränkt auf die Bauern, wurde zugunsten der Nichtbauern ausgeweitet. Mitglied der Gemeinde war, wer Haus und Hof besaß, ein Gewerbe betrieb oder einen sonstigen Erwerb ausübte.

Das Verdienst des Tiroler Gemeindegesetzes von 1819 war es vor allem, dem bislang verworrenen Gemeindewesen eine einheitliche Basis, was innere Organisation und Aufgaben betraf, zu verschaffen. Ansonsten ließ es viele Fragen offen. Für die staatlichen Behörden, vor allem die unmittelbar zuständigen Landgerichte, wurde die Aufsicht über die Gemeinden zu einem ihrer wichtigsten Tätigkeitsfelder. Vor allem versuchten die Behörden den Gemeinden etwas beizubringen, was bisher wegen fehlender regelmäßiger Einnahmen nicht sehr verbreitet gewesen war: das ordnungsgemäße Führen eines Finanzhaushaltes. Mangels verwertbaren Vermögens, mangels Zuwendungen von außen begannen sich die Gemeinden mit Aufschlägen auf staatliche Steuern innerhalb des Gemeindegebietes Einnahmen zu verschaffen, eine Art der Finanzierung, die noch in der Zwischenkriegszeit üblich gewesen war.

Abschließend sind noch die 18 Gemeinden des Landgerichts Sillian namentlich vorzustellen. Das Erhebungsjahr ist 1836, in Klammer ist jeweils die Zahl der Einwohner und Wohnhäuser angegeben: Innichen (907/128), Innichberg (217/30), Vierschach 836/48), Winnebach (301/44), Arnbach (390/54), Sillian (582/91), Sillianberg (247/36), Panzendorf (346/53), Tessenberg (186/26), Strassen (722/107), Abfaltersbach (457/70), Sexten (1369/158), Wahlen (259/42), Kartitsch (820/106), Obertilliach (838/85), Untertilliach (481/61), Außervillgraten (937/144), Innervillgraten (901/180).[11] Bestrebungen in den 1830er-Jahren, die Gemeinde Wahlen dem Landgericht Sillian abzunehmen und dem Landgericht Welsberg zuzuteilen, scheiterten am Widerstand der betroffenen Gemeinde. Nur eine Gemeinde „zerbrach" im 19. Jahrhundert: 1864 schied Hollbruck (das eine eigene Steuer- oder Katastralgemeinde war) auf eigenes Betreiben aus der politischen Gemeinde Kartitsch aus und wurde als Gemeinde verselbständigt.

Wilfried Beimrohr

Sillian in alter Zeit
Vom Dorf zur Marktgemeinde

Das Dorf

Wie alt Sillian als Siedlung oder Ortschaft ist, wissen wir nicht. Archäologische Befunde, die besagten, eine Siedlung habe in römischer oder gar vor dieser Zeit existiert, liegen nicht vor. Es ist davon auszugehen, dass eine gezielte und nachhaltige Besiedlung erst im späten Frühmittelalter, im 9. und 10. Jahrhundert, vor sich gegangen ist, wobei das 769 gegründete Kloster Innichen und seine Vögte als Initiatoren und Finanziers kräftig mitgemischt haben dürften. Um das Jahr 1000 taucht Sillian aus dem Dunkel der Geschichte auf; erstmals bezeugt eine schriftliche Quelle, eine Urkunde des Hochstifts Brixen, verewigt in dessen Traditionsbuch, die Existenz einer Ortschaft namens Sillian. Ansonsten erzählt diese lateinische Urkunde eine recht banale Geschichte: Bischof Albuin von Brixen tauscht um das Jahr 1000 von den Brüdern

Ansichtskarte mit dem Zentrum von Sillian mit Marktplatz und Pfarrkirche, um 1900.

Urso, Frowin und Azaman, die zu den Freien zählen, den Ackerzins eines bei Sillian gelegenen Feldes („loco Siliano") gegen eine kleine Wiese namens Pullo ein.

In einer Urkunde des Klosters oder Stifts Innichen aus dem Jahre 1140 ist der ähnlich klingende Name „Siligana" bezeugt, angesprochen wird damit aber nicht ein Siedlungsname, vielmehr ein Gewässername. Konkret gemeint ist der Villgratenbach. Nun fließt im Winkeltal die Sille. Diesen Namen dürfte früher auch der Unterlauf des Villgratenbachs getragen haben. Das lässt die Sprachforscher vermuten, dass sich der Ortsname Sillian vom Gewässernamen Sille herleitet. Der Name, in dem der Stamm *Sil- steckt, ergänzt durch ein Suffix, ist weder deutsch noch romanisch, es stammt aus einer vorrömischen Sprachschicht.[1]

Im Urbar der Grafen von Görz von 1299 tritt uns im Zuständigkeitsbereich des Amtes Heinfels Sillian bereits als Dorf („villa Silian") entgegen.[2] Nun war „Dorf" im Hoch- und noch im Spätmittelalter, einem Zeitalter der Klein- und Kleinstsiedlungen, ein inflationär gebrauchter Begriff, angewandt auf jede einigermaßen geschlossene Siedlung, und sei sie noch so klein wie das, was wir heute als Weiler bezeichnen. Dieses Dorf zählte aber immerhin 12 Höfe, die alle – ansonsten wären sie im Görzer Urbar nicht erwähnt – der görzischen Grundherrschaft unterlagen. Elf dieser Höfe oder Bauerschaften waren „quartalia", von denen jeder die gleiche Anzahl von Metzen Getreide (Roggen, Weizen, Gerste oder Hafer) als Grundzins zu leisten hatte sowie im Herbst als Steuer 1 Pfund Geld, 1 Schweinsschulter und 20 Eier. Der zwölfte Hof war ein so genanntes Saumlehen. Unter Saum ist die Last zu verstehen, die ein Tragtier, in der Regel ein Pferd, zu transportieren vermochte. Der Bewirtschafter dieses Saumlehens, Konrad Chunzel, hatte also Tragtiere zu halten für den Warentransport. Naturalien musste er keine abgeben, alle Abgaben waren bereits in Geld umgewandelt worden. Drei Pfund waren im Jahr zu zahlen. Die „quartalia" waren Hofeinheiten ungefähr gleicher Größe oder ähnlicher

Franz Anton Rangger, Plan zur Regulierung der Drau von Arnbach bis Hof (Strassen), Ausschnitt mit Bereich von Sillian; kolorierte Federzeichnung, 1764.

Wirtschaftskraft, der eingedeutschte Begriff lautete später „Viertel" oder „Viertelbau", wenngleich eine recht grobe Maßeinheit, um Abgaben und Arbeitsverpflichtungen umlegen zu können. Das Wort Viertel bezeugt sprachlich den im Hochmittelalter dynamisch ablaufenden Landesausbau. In den Seiten- und Hochtälern und auf den Steilhängen der Berge wurden Wälder gerodet und neue Höfe angelegt, in den Ebenen, auf den Schuttkegeln und den Terrassen der Haupttäler, die bereits mit Siedlungen erschlossen waren, wurde intensiver kultiviert und vor allem wurden die bereits bestehenden Höfe geteilt, um die wachsende Bevölkerung, und die war fast ausschließlich bäuerlich, wirtschaftlich versorgen zu können. Ein Viertel ist nichts anderes, das sagt das Wort schon aus, als der vierte Teil eines ursprünglich recht großen Hofes.

Sillian hatte gute Voraussetzungen, als Siedlung aufzublühen und zu gedeihen. Auch die geographischen Bedingungen passten, es lag in einem Haupttal und an der Schnittstelle zweier Seitentäler, im Norden das Villgratental und im Süden das Tiroler Gailtal, früher Kartitschertal und Tilliach genannt. Für die Landwirtschaft war der Standort Sillian nicht gerade optimal, obgleich hier das Pustertal sich breit ausdehnt. Die Ressourcen an Grund und Boden waren begrenzt, weil die mäandernde Drau die südlichen Talgefilde in Sümpfe und Auen verwandelt hatte, die sich besten Falls als Weide verwenden ließen.

Dass sich neben der Landwirtschaft Handel und Gewerbe etablierten, dafür hatte Sillian hingegen gute strukturelle Voraussetzungen. Diese lassen sich mit den Stichworten Pfarre, Landgericht und Landstraße kurz umschreiben, alle drei sorgten an Sonn- und Feiertagen, aber auch unter der Woche für Zulauf von potentiellen Kunden und Konsumenten aus nah und fern, denen die ortsansässigen Handwerker und Wirte ihre Produkte und Dienstleistungen anbieten konnten.

Zuerst war es die Pfarre, also eine kirchliche Einrichtung, die – wirtschaftlich gesehen – für ein großes gewerbliches Einzugsgebiet sorgte. Im Hochmittelalter wurde Sillian zum Sitz einer Pfarre auserkoren.

Der Sprengel, innerhalb dessen der Sillianer Pfarrer die Gläubigen seelsorglich zu betreuen hatte, war ausgedehnt, er erstrecke sich, begrenzt von den benachbarten Pfarren Innichen und Anras, im Pustertal über das Siedlungsgebiet von Vierschach bis Abfaltersbach, in den Seitentälern Kartitsch und Außervillgraten (Innervillgraten hatte seine eigene Pfarre) mit einschließend. Erst seit dem 17. Jahrhundert, mit der Errichtung eigener Seelsorgen im Rang von Kuratien an anderen Orten, schrumpfte dieser Seelsorgebezirk zusammen. Bis dahin strömten die Gläubigen aus allen Richtungen nach Sillian, um in der Sillianer Pfarrkirche, zumindest an den hohen Feiertagen, die Heilige Messe zu feiern, ihre Kinder taufen und firmen zu lassen sowie als Brautleute den Bund der Ehe zu schließen. Die christlichen Pflichten und Freuden lockten Menschen ins Dorf, in kleinen und großen Gruppen, die feierten, sich entspannten und die Gelegenheit wahrnehmen wollten, Anschaffungen zu machen und Geschäfte zu erledigen.

Burg oder Schloss Heinfels war Sitz des Pflegers und damit Verwaltungsmittelpunkt des Landgerichts Heinfels. Die Rechtsprechung, die Justiz, war aber in Sillian beheimatet. Dort traten die Geschworenen unter dem Vorsitz des Landrichters zusammen, tagte das Gericht im engeren Sinne, wurden große Gerichtsversammlungen in Form der Landtaidinge abgehalten. Wer immer aus dem Bereich des Landgerichts Heinfels als Kläger einen Prozess anstrengte oder als Beklagter oder Zeuge in einen solchen verwickelt war oder als Käufer, Verkäufer, Schuldner, Gläubiger, Erbe, Vormund, Anweiser schriftliche Verträge aufzurichten hatte, musste „zu Gericht" nach Sillian. Auch das Gericht zog die Leute von weither in das Dorf.

Von der Anlage her war Sillian ein typisches Straßendorf. Seine Häuser und Höfe fädelten sich links und rechts entlang der Landstraße auf, umstanden den kleinen Platz, auf dem die Jahr- und Wochenmärkte abgehalten wurden, über allem thronte die auf einem Hügel gelegene Pfarrkirche. Nun waren Landstraßen nicht irgendwelche Straßen, sie waren die Hauptver-

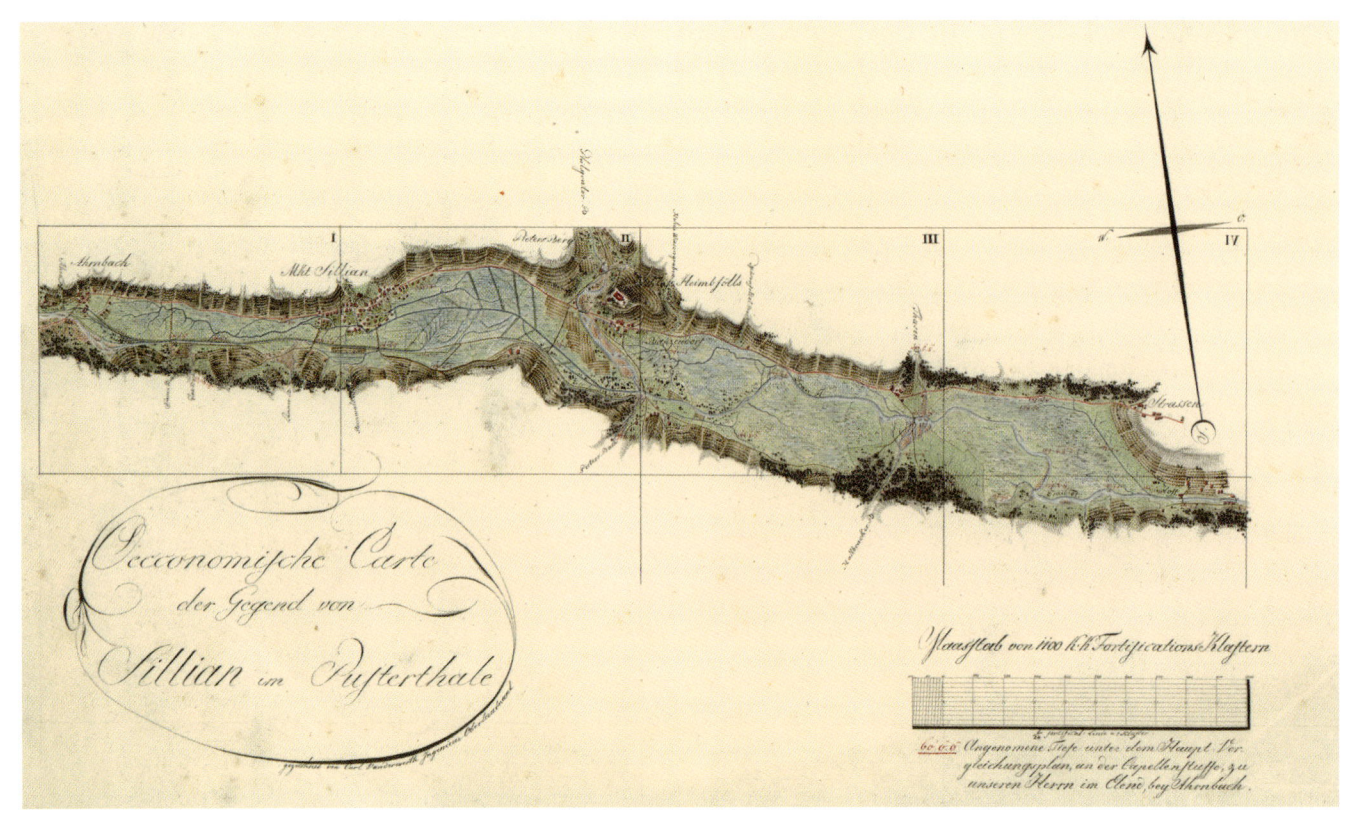

„Oecconomische Carte der Gegend von Sillian im Pusterthale", gezeichnet von Carl Vanderwerth, um 1830.

kehrswege früherer Zeiten, vergleichbar den heutigen Bundesstraßen, und zumindest so ausgebaut, dass auch schwere Gespanne und Lastwägen sie benutzen konnten. Die über das Drautal heraufziehende und über das Pustertal weiterführende Landstraße, mit Anbindungen nach Süden und über die Brennerstraße nach Oberitalien und Oberdeutschland, war eine wichtige Ost-West-Transversale. Die Lage an einer Landstraße war immer von Vorteil, rastende Reisende und pausierende Fuhrleute gaben Geld aus.

Der Markt

Dass in der kleinen Ortschaft, abseits der Landwirtschaft, sich wirtschaftlich etwas rührte, darf nicht verwundern. Ab dem späten 14. Jahrhundert tauchen in den Urkunden immer wieder Gewerbetreibende auf: Gastgeben oder Wirte, Krämer, Schmiede, Schuster, Schneider und Kürschner. Das sind Indizien dafür, dass sich Sillian neben dem administrativen zum wirtschaftlichen Mittelpunkt einer Region mauserte, langsam, aber stetig. Der Aufstieg vom bäuerlichen Dorf zum Marktort war schon vorgezeichnet.

Die mittelalterliche und frühneuzeitliche Wirtschaftspolitik der Landesfürsten war bis in das späte 18. Jahrhundert bestrebt, Handwerk und Handel auf wenige Orte, Städte und Märkte, zu konzentrieren. Für den Handel war Öffentlichkeit vorgesehen, er sollte auch zwecks besserer Kontrolle der Preise und der Qualität der angebotenen Waren auf eigens dafür geschaffenen Plätzen (Markplätzen) vor sich gehen. Zwischenhandel, so genannter Fürkauf, der besonders bei Vieh und Getreide unter Verdacht stand, spekulativ betrieben zu werden und die Versorgung der ansässigen Bevölkerung zu gefährden, war verboten.

Auf diesem Hintergrund ist folgende Privilegierung und Auszeichnung von Sillian zu sehen: Graf Leonhard von Görz verbriefte und verlieh „unserem Markte zu Sillian" 1469 in einer feierlichen Urkunde eine Reihe von Rechten: Auf immer und ewig darf Sillian am Heiligkreuztag (3. Mai) jeden Jahres einen Jahrmarkt veranstalten nach den in den vordergörzischen Gebieten („Herrschaften und Gebieten hiervorn zu Lande") üblichen Rechten, Freiheiten und Gewohnheiten. Die Pfleger oder Richter von Heinfels sind angewiesen, diesen Jahrmarkt, für den drei Tage vor und drei Tage nach dem Heiligkreuztag Fürstenfreiung gilt, öffentlich auszurufen und zu verkünden. (Fürstenfreiung bedeutet, der Landesherr übernahm die Friedens- und Rechtsgarantie für einen ordnungsgemäßen und sicheren Ablauf der Handelsveranstaltung.) Zudem darf in Sillian am Dienstag („Pfinztag") jeder Woche ein Wochenmarkt abgehalten werden. Zum Schutze dieses Wochenmarktes verfügt der Landesfürst, dass außerhalb dieses Wochenmarktes auf dem Lande (gemeint ist das Gebiet des Landgerichts Heinfels) jeder Fürkauf verboten sei. Wer etwas zu verkaufen habe, solle es ausschließlich während des Wochenmarktes tun. Zudem gestattet Graf Leonhard den Untertanen von Sillian, dass sie jährlich zur üblichen Zeit ein Landtaiding nach den Gewohnheiten seiner Herrschaften und Gebiete abhalten dürfen.

Jahrmärkte waren Großereignisse, die Kaufleute, Händler und Verkäufer aus nah und fern und massenhaft neugieriges und kaufwilliges Publikum anzogen. Es wurden, und darin lag ihre Attraktion, Waren angeboten, die es während des Jahres nicht oder nicht in dieser reichen Auswahl zu kaufen gab. Kamen auf den Jahrmärkten auch Güter des gehobenen Bedarfs wie Stoffe, Schmuck oder seltene Gewürze zum Verkauf, wurden auf den Wochenmärkten vorwiegend Waren für den täglichen Bedarf umgesetzt. An dem hier stattfindenden Warenumschlag war die breite Bevölkerung aus dem Marktort und seiner Umgebung beteiligt, als Hersteller, Anbieter, Käufer und Verbraucher. Darüber hinaus waren die Jahres- und die Wochenmärkte wichtige Umschlagplätze für den regionalen Getreide- und Viehhandel. Das Recht Märkte, besonders Wochenmärkte, abhalten zu dürfen, brachte einem Ort wirtschaftliche Vorteile, weil viele in der

Landesfürst Graf Leonhard von Görz-Tirol, der im Jahr 1469 Sillian Marktrechte verliehen hat; Detail aus der Votivstatue, gestiftet für die Wallfahrtskirche St. Sigmund im westlichen Pustertal, um 1470.

Umgebung des Marktortes erzeugte und zum Verkauf bestimmte Waren und Produkte auf diesen umgeleitet wurden, unter ihnen lebenswichtige wie Getreide und Vieh. Dieser Handel belebte auch das Gewerbe des Marktortes, von ihm profitierten aber auch die ortsansässigen Bauern.

Mit seinem Gunsterweis von 1469 an die Sillianer dürfte Graf Leonhard offiziell und feierlich etwas abgesegnet haben, was in Sillian schon länger im Gange war, dass hier nämlich Handel getrieben wurde. Es gab zwar schon einen Marktort in nicht allzu großer Entfernung, aber Innichen lag auf freisingischem, somit fremdem Territorium. Die Entscheidung, Sillian wirtschaftlich aufzuhelfen und zu stärken, indem ihm hochformell Marktrechte zugesprochen wurden, richtete sich indirekt gegen Innichen, das sich schon seit Längerem und erfolgreich als Markt positioniert hatte. Die insgeheim hereinspielende Überlegung, die heinfelsischen Untertanen sollten lieber ihr Geld ins görzische Sillian als ins freisingische Innichen tragen, dürfen wir einem Görzer Landesfürsten durchaus zutrauen.

Welcher Kauf nun unter den verbotenen Fürkauf falle oder nicht, diese Frage ließ sich nicht so leicht beantworten, denn es bestand die Gefahr, dass jeder direkte Kauf beim Produzenten abseits der Märkte als Fürkauf gewertet wurde. 1536 beschweren sich die „Leute zu Sillian", dass sie durch „unordentlichen" Fürkauf bei Wein, Salz, Vieh und anderen Waren geschädigt würden. König Ferdinand I. erließ darauf, im Hinblick auf die görzische Gewährung von Marktrechten aus dem Jahre 1469, ein zehn Punkte umfassendes Mandat:

1. Aller Fürkauf ist gemäß den Sillian verliehenen und bestätigten Freiheiten bei Strafe verboten.

Feierliche Urkunde Graf Leonhards von Görz-Tirol, ausgestellt in Lienz, am 28. Juni 1469. Damit verlieh der Landesherr Sillian das Recht, Jahrmarkt und Wochenmärkte abzuhalten.

Verleihung der Marktrechte 1469

(Transkription a. o. Univ.-Prof. Dr. Robert Büchner)

Wir Leonnhart von gotes gnaden Phallennczgraf in Kernnden, Graue zu Görcze vnd zu Tyrol etc. Bechennen offenlich mit dem briefe fur vnns, vnnser Erbenn vnd Nachkommen, das wir vnns furgenomen vnd betracht haben von vnnsers, auch der vnnseren vnd annder kchunftiges vnd gemaines aufnemmens, Nütczes vnd frummens willen in vnnserem Gericht, Herrschafft vnd gebiete vnnseren vntertanen vnd gemaingklich in vnnserem Markchte zu Sÿlian, neben Hewnnfels gelegen, ainen stäten vnwiderrueflichen vnd ewigen freyen jarmarkcht, järlichen albeg an des heyligen krewtczes tag am Lannges, zesetczen, zeordnen, zu machen vnd stät zuhaldenn mit allen den Eerenm freyhaitten, Rechtten vnd guten gewonnhaitten, so dann darczue gehoren, nicht ausgenomen, wie die dann in annderen vnnseren herrschefften vnd gebieten hieuornn zu Lannde vnd annderswo genüczt vnd gepraucht werdenn, Recht vnd gewonnhait ist vngeuärlich.

Vnd darauf so vrlauben, vergünnen, maynnen, setczen, ordnen, schaffen vnd wellen wir ernstlich, das nü der obberurte jarmarkcht yecz an dem obgem[e]lten heyligen krewcztes tag am Langis nachstkunftig nämlich durch vnnseren phleger oder Richtter zu Hewnnfels daselben in dem Markcht zu Sylian offennlich, ordennlich verchündet, berüefft vnd angefengt vnd fursten Freyung drey tag vor vnd drey tag hynnach hinfur ewigklich vund in guetem emczigen vleiss mit allerlay sachen, geberben, kaufmanschefften vnd hanndelen, nicht ausgenomen, wie das alles genannt oder gehaÿssen seÿ, vonwann die dahin chommenn vnd pracht, praucht vnd gehanndelt sol werden, in aller der mass vnd formm, als dann soliches obberurten freyen jarmarkchtes vnd freyung recht vnd gewonnhait ist, als oben in dem briefe namlich geschriben stet, getrewlich vnd vngeuarlich.

Auch so haben wir den obgenannten vnseren vntertanen zu Sylian vnd allen iren erben vnd Nachkommen wissenlichen vnd in kraft dicz briefes geaygent vnd gegebenn, hinfur alle wochen auch ewigklich an Eritag daselben im Markcht zu Sylian ainen wochenmarkcht zuhalden, wie dann auch pillichen vnd in vnnseren obberurten herrschefften vnd gebieten vnd annderhalben gewonnhait vnd herchomen ist.

Wir haben in auch vergünnet vnd die gnad getan, das sy järlich vnd zu gewonndlichen zeiten, als vnd wie auch in den benannten vnseren herrschefften vnd gebieten gewonnhait ist, lanndtaiding halden vnd die in derselben maynung prauchen sullen vnd mügen, nach dem vnd sich gepüret angeuarde, vnd das auch aller furchauff auf dem Lannde aiswenndig des bemelten wochenmarckhttes ainem yedem verpoten seÿ, sunder was ain yeder hingeben vnd verchauffen will, der oder dieselben sullen das auf den benanten wochenmarkt gen Sylian bringen vnd daselben hingeben vnd verchauffen, getrewlich vnd vngeuarlich.

Vnd darüber so beuelhen wir vnnseren getrewen allen vnd yegliichen yecz vnd kchunftigen vnseren phlegernn vnd Richtternn daselben zu Hewnnfels fur und fur ernstlich vnd wellen, das sy vnuerczogenlich solhen obberürten jarmarkt vnd wochenmarkt vnd all obgeschriben sachen offenlich berüeffen vnd verchundenn lassen vnd auch, wann oder wie oft des notturft wirdet, mit emczigem vleiss gen denselben allen vnseren obbemelten Gerichtsleutten vnd ainen yeden daselben zu Sylian vnd Hewnnfels ernstlich darob sein vnd schaffen, damit solher obberurter jarmarkt vnd wochenmarkt järlich vnd wöchennlichen zu yeden obbestimbten tägen vnd zeitten in gueter ordnung vnd fride ordenlich gehalten vnd versehen werde, als sich zu solhem geburet vnd oben geschriben stet, pey der peen wir [offensichtlich verschrieben für „wie"] dann in vnnser stat hie zu Luencz vnd sunst anderswo allenthalben in vnseren oftgemelten herrschefften vnd gebieten hieuoren zu Lannde ob vnd vnder vnnsrer Klausen ob Luencz aufgeseczt ist vnd oder noch hinfur verchündet, berüeffet vnd zu vnseren handen genomen wirdet, alles getrewlich vnd vngeuarlich, wann das alles maynnen wir gar ernstlich gehabt haben.

Zu vrchundt des briefs versigelt mit vnserm anhanngundem sigil. Geben zu Luencz nach Cristi vnnsers lieben herren gepurde vierczehenhundert jar vnd darnach in den newnvndsechczigkisten jarenn an Sand Peter vnd Pauls abennt der heyligenn Zwelfpoten.

Commissio domini comitis propria
vel per Johannem Luenczen

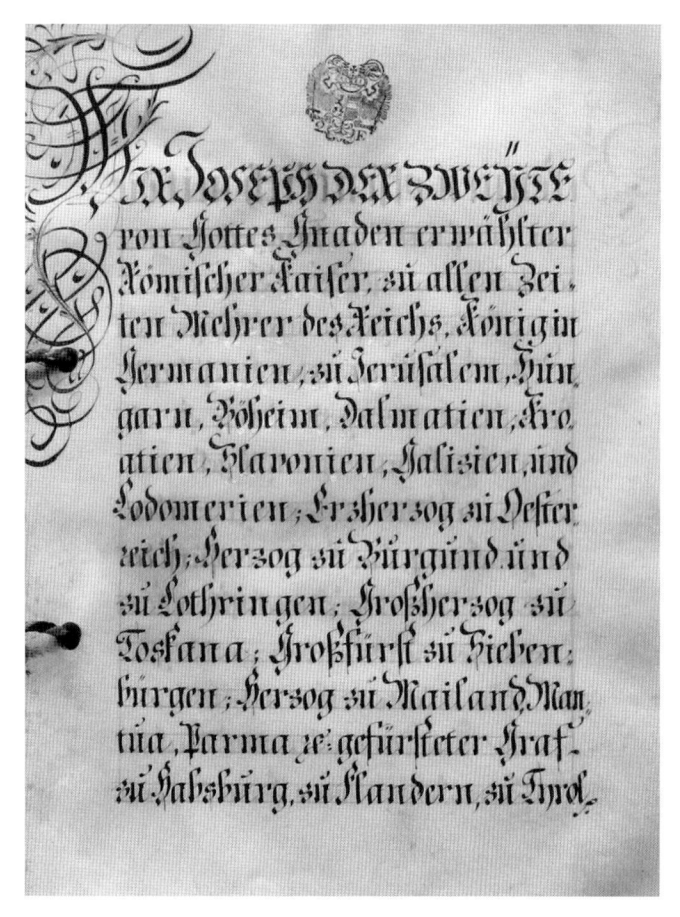

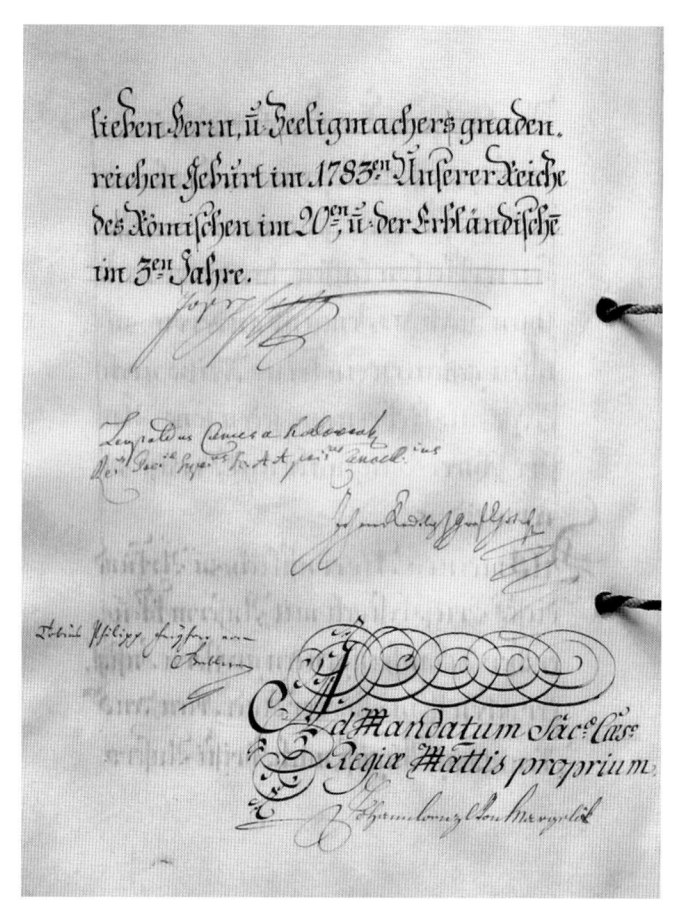

Letztmalige Bestätigung der Sillianer Marktrechte durch Kaiser Joseph II.; Wien, 9. August 1783.

2. Es darf jeder im Gericht Heinfels Ansässige (Gerichtsmann) Vieh, das er für sich selbst benötigt, außerhalb des Jahrmarktes kaufen und tauschen. Davon ausgenommen ist Großvieh, konkret Pferde, Ochsen, Terzen (Jungochsen) und Stiere (diese müssen dann, wie im 5. Punkt erläutert wird, am Wochenmarkt zum Verkauf angeboten werden).

3. Es ist jedem Gerichtsmann erlaubt, Handwerker, Gesinde („Ehehalten"), Lidlöhner (in keinem festen Arbeitsverhältnis stehende Personen wie Taglöhner), Erben, Wirte und Schuldner, sofern diese damit einverstanden sind, an Stelle von Geld mit „Pfennwerten" (Sachwerten in Form von Naturalien) zu bezahlen. Doch ist jeder, der solche Pfennwerte entgegennimmt, verpflichtet, diese, sofern er sie nicht selbst benötigt, entweder direkt einem Gerichtsmann oder auf dem Wochenmarkt zu verkaufen.

4. Es sollen die Sillianer, damit es im Gericht Heinfels daran nicht mangle, mit dem Salz sparsam umgehen.

5. Das Großvieh, Pferde usw., hat jeder Gerichtsmann auf dem Wochenmarkt zum Verkauf anzubieten, er kann es einem anderen Gerichtsmann oder einem „alten Fremden", einem bekannten, vertrauenswürdigen Auswärtigen, verkaufen.

6. Es dürfen alle Pfennwerte, große wie kleine, die auf den Wochenmarkt gebracht, dort öffentlich feilgeboten, aber nicht verkauft worden sind, an anderen Orten und auf anderen Märkten verkauft werden. Bietet aber jemand im Frühjahr magere Ochsen auf dem Wochenmarkt an, könne sie dort nicht an den Mann bringen, treibe sie daher wieder heim, um sie wieder aufzufüttern, bis sie fett geworden, ja, dann müsse er

diese „feisten" Ochsen, wenn er sie verkaufen wolle, wieder auf den Wochenmarkt bringen.

7. Laut der Tiroler Landesordnung und ausgegangenen Anordnungen ist dafür zu sorgen, dass es in den Gemeinden und Ortschaften („Oblaten", richtig wäre Obleien) an Wein nicht mangle. Die neu errichteten Wirtshäuser an Orten, die ihrer gar nicht bedürfen, sind abzuschaffen.

8. Viele arme und notdürftige Gerichtsleute sind zu Zeiten, wenn die Grund- und andere Zinse fällig sind, oder aus anderen Notlagen heraus gezwungen, Geld auszuleihen und zur Sicherstellung „wachsende Pfennwerte" (gemeint sind Getreide, aber auch Vieh) einsetzen müssen. Die Sillianer dürfen solche Pfandkredite ausgeben und gewähren. Wenn sie sich darüber nicht hinaussehen, können andere heinfelsische Gerichtsuntertanen das übernehmen.

9. Alle, die Wein und Getreide auf dem Wochenmarkt anbieten, können das, was sie dort nicht verkaufen können, andernorts verkaufen.

10. Der Gerichtsmann hat nicht immer und zu jeder Zeit das Geld, um Großvieh zu kaufen. Daher ist es ausnahmsweise erlaubt, auch bereits auf der Alm weidendes Vieh zu kaufen. Jedoch ist jeder solcher Kauf der Obrigkeit anzuzeigen. Sollte aber durch dieses Zugeständnis der Fürkauf gefördert oder wider dieses Gebot gehandelt werden, so ist die Obrigkeit zu Heinfels ermächtigt, diesen Artikel 10 zu kassieren.

Das görzische Marktprivileg von 1469 haben sich die Sillianer von allen tirolischen Landesfürsten, angefangen von Kaiser Maximilian bis Kaiser Joseph II., bestätigen lassen. Im Laufe des 16. und 17. Jahrhunderts wuchsen dem Markt drei weitere Jahrmärkte zu, die zu Allerheiligen, Neujahr und Lichtmess abzuhalten waren. Da es auf den Jahrmärkten hoch herging und die Obrigkeiten durch die dort grassierende „Luderei" die kirchlichen Feiertage entwürdigt sahen, wurden sie auf die nächstfolgenden Werktage verlegt: vom 1. auf den 3. November (Tag nach Allerseelen), vom 1. auf den 2. Jänner und vom 2. auf den 3. Februar.[3] In der ersten Hälfte des 19. Jahrhunderts zählte Sillian sieben Jahrmärkte: am 2. Jänner, 3. Februar, Montag nach Sonntag Laetare (4. Fastensonntag), Osterdienstag, 3. Mai (Heiligkreuztag), Pfingstdienstag und 3. November.[4] Dazu kamen einige Wochenviehmärkte.

Über Jahrhunderte waren die Jahr- und Wochenmärkte äußerst wichtige Einrichtungen, um die Bevölkerung in Stadt und Land mit Waren und Gütern versorgen zu können. Diese Geschäftsgrundlage der Wochen- und Jahrmärkte (sofern sie nicht in Hauptsache Viehmärkte waren) zerbröckelte im Laufe des 19. Jahrhunderts. Der Handel zog sich in den Städten und Märkten in die Häuser zurück, spezialisierte sich, bot in den Geschäftslokalitäten ein immer breiter werdendes Warensortiment an, das zunehmend über den Großhandel von weither bezogen wurde und in Fabriken produziert worden war.

Bürgerschaft und Gemeinde

Sillian war, wie wir gesehen haben, ein privilegiertes Gemeinwesen. Es besaß wirtschaftliche Vorrechte, die allen anderen Ortschaften, Nachbarschaften, Gemeinden und Obleien des Landgerichts Heinfels eben nicht zugestanden worden waren. Es trug mit Stolz den Titel „Markt", aber davon konnte es sich, politisch gesehen, nichts abbeißen. Ein höheres Maß an Autonomie und Selbstbestimmung wurde allein den Städten zugestanden. Städte bildeten immer einen eigenen Rechts- und Verwaltungsbezirk, die von der Bürgerschaft gewählten und eingesetzten Organe – Rat, Stadtrichter und Bürgermeister – leiteten nicht nur die Geschicke der Stadt, sie wurden von den landesfürstlichen Zentralbehörden, gleich Pflegern und (Land-)Richtern in den

Hochzeitsdoppeltaler mit den Bildnissen des Tiroler Landesfürsten Erzherzog Leopolds V. und seiner Gattin Claudia de' Medici, wohl 1626.

ländlichen Gerichten, als lokale Obrigkeit akzeptiert. Wirtschaftlich gesehen, als Standort für Gewerbe und Handel, lag der Markt näher bei der Stadt, politisch gesehen aber, was die Selbstgestaltungsrechte betraf, unterschied sich der Markt nicht von der ländlichen Gemeinde. (Die wirtschaftlichen Vorrechte von Städten und Märkten erledigten und verflüchtigten sich von selbst, als der Staat seit dem späten 18. Jahrhundert auf eine liberalisierte Wirtschaftspolitik einschwenkte. Die rechtlichen Unterschiede zwischen Städten und Landgemeinden wurden vom staatlichen Gesetzgeber im 19. Jahrhundert eingeebnet. Stadt- und Marktgemeinde sind seit damals Ehrentitel und ansonsten nichts mehr.)

Übernommen wurde allerdings das städtische Bürger- und Inwohnerrecht, so auch in Sillian im Verlauf des 16. Jahrhunderts. Bürger waren die vollberechtigten, Inwohner die minderberechtigten Mitglieder einer Stadt und eines Marktes als Gemeinde. Das Bürger- und Inwohnerrecht wurde durch Aufnahme verliehen und vererbte sich an die Nachkommen. Wer in Sillian als Auswärtiger sich niederlassen und dort einem selbständigen Erwerb als Gewerbetreibender nachgehen wollte, musste das Bürger- oder Inwohnerrecht erwerben. Wurde es ihm zugesprochen, zählte er zum Gemeindeverband, zur Bürgerschaft, mit allen damit verbundenen Rechten und Pflichten. Dem Bürger in den Städten und Märkten entsprach in den ländlichen Gemeinden der Nachbar als Mitglied der Gemeinde, wobei hier der Vorgang ein recht einfacher war: Als Nachbar wurde angesehen und gewertet, wer im Besitz eines ererbten oder ankauften bäuerlichen Betriebes, eines Hofes, war.

In noch einem Punkt eiferten Märkte den Städten nach. Sie legten sich wie diese Wappen zu. Akzeptiert wurde das Führen von Wappen im Bereich der Gemeinwesen nur bei Städten und Märkten, und das war noch so im 19. Jahrhundert und bis zum Ende der Monarchie im Jahr 1918. Zu diesem Zeitpunkt hatte das Stadt- oder Marktwappen seine althergebrachte Bedeutung als Rechtssymbol schon eingebüßt, aber es war noch immer, und das hatte stets im Vordergrund gestanden, ein kräftiges bildliches Zeichen kommunalen Selbstbewusstseins und bürgerlicher Würde. Wappen und Siegel führte Sillian seit dem ausgehenden 17. Jahrhundert. Als Wappenmotiv wurde die Siele, das Geschirr der Zugtiere, gewählt, weil damals angenommen wurde, der Ortsname Sillian leite sich von der Siele ab, und zudem war Sillian eine Rodstation für den Handelsverkehr auf der Landstraße, auf der Zugtiere für den Weitertransport der Waren eingespannt werden mussten. Wegen seiner verbildlichten etymologischen Ableitung des Ortsnamens (darüber, dass sie die falsche ist, hat uns erst die moderne Sprachforschung aufgeklärt) fällt das Sillianer Gemeindewappen in die Kategorie der „sprechenden Wappen".

Wie aber funktionierte ein Gemeinwesen wie Sillian, wie war es organisiert, welche Aufgaben nahm deren Bürgerschaft selbst in die Hand, um was kümmerte sich die Gemeinde, mit welchen Problemen hatte sie zu kämpfen? Diese sich aufdrängenden Fragen lassen sich schwer und niemals vollständig beantworten. Gemeinwesen wie Sillian lebten nach althergebrachten Bräuchen und Gewohnheiten, was im Alltag nach mündlich tradierten Regeln funktionierte, bedurfte keiner schriftlichen Fixierung.

Wichtige Dokumente, Privilegien und Verträge, wurden als allfällige Beweismittel gehütet und aufbewahrt, aber ansonsten haben Gemeinden wenig Schriftliches produziert und hinterlassen. Zum Glück für die Historiker gerieten die mündlich weitergegebenen Gewohnheiten und Regeln, gespeichert im kollektiven Gedächtnis, mitunter gehörig ins Wanken: Manches drohte in Vergessenheit zu geraten, manches an guter Gewohnheit hatte die Zeiten längst überholt, über anderes war der Streit ausgebrochen, die Gemeinde sah sich mit neuen Tatsachen konfrontiert, für die noch keine Normen bestanden. Eine „Ordnung", ein schriftlich festgehaltenes Regelwerk, sollte Abhilfe schaffen. 1606 war es in Sillian so weit: „Nachdem zwischen der ehrsamen burgerschaft und gmein in dem markt Sillian unter der herrschaft Haimfels allerlei unordnung und beschwer eingerissen und fürgefallen, dass die notdurft erfordert, eine gute ordnung fürhanden zu nehmen und zu beratschlagen, so ist demnach eine solche ordnung und vergleichung für gut angesehen, beratschlagt und beschlossen worden."

Diese Bürgerschaftsordnung wurde von allen, auch namentlich aufgeführten Bürgern und Inwohnern Sillians, 49 an der Zahl, beschworen und vom Heinfelser Landrichter Sigmund Mohr in Form einer Urkunde zu Papier gebracht, beglaubigt unter dem Datum vom 9. Jänner 1606. 1648 wurde diese Bürgerschaftsordnung in einigen Punkten abgeändert. Auch diese Ergänzung wurde von Sillianer Bürgern und Inwohnern beschworen, nun 42 Männern, wovon vier schon 1606 dabei gewesen waren. Wiederum stellte der amtierende Heinfelser Landrichter, Ambrosius Kirchmair zu Ragen, eine Urkunde darüber aus, datiert mit 17. Mai 1648.

Die Bürgerschaftsordnung ist alles andere als ein streng strukturiertes Regelwerk. Nach heutigem Verständnis wirkt sie unvollständig und bruchstückhaft. Dem ist aber entgegenzuhalten, dass den Text juristische Laien ausgearbeitet haben und in ihm ausschließlich das thematisiert und normiert worden war, was die Bürgerschaft als wichtig oder regelungsbedürftig erachtete. Das, was sich von selbst verstand, obendrein unbestritten war, wurde ausgespart. Die Abfolge der Themen folgt keiner inneren Logik, sie ist beliebig und sprunghaft.

Das Wappen von Sillian auf der von Hans Christoph Löffler 1565 gegossenen Glocke, in einem Wappenbuch von 1894 und auf dem heute offiziell verwendeten Briefpapier des Gemeindeamtes.

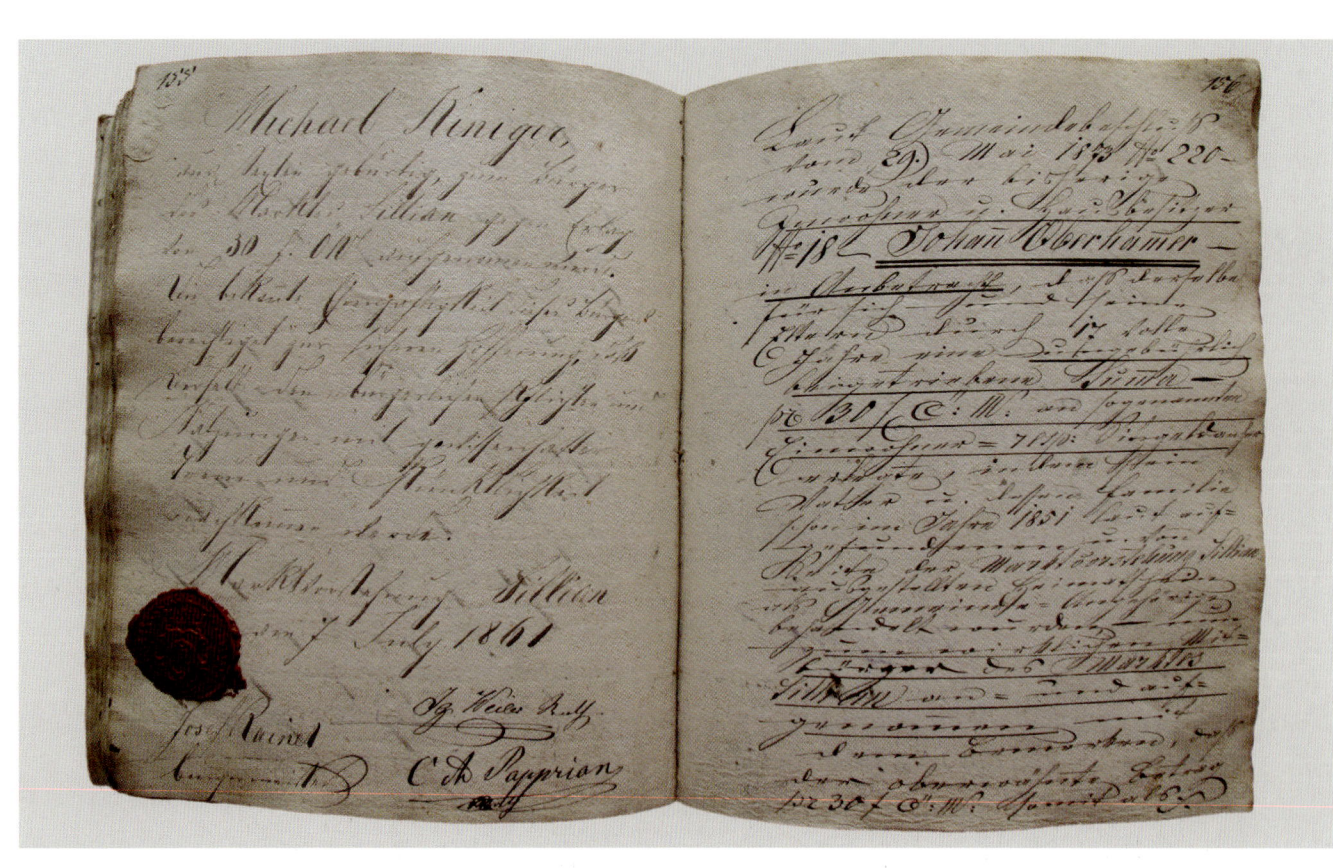

Matrikelbuch der Sillianer Bürger, in Verwendung von 1668 (oben) bis 1861.

Was wurde in dieser Bürgerschaftordnung von 1606 (abgeändert und ergänzt 1648) angesprochen und geregelt? Mit der inneren Organisation der Gemeinde hält sie sich nicht lange auf: Jedes Jahr um Georgi (23. April) ist die Bürgerschaft, die Gesamtheit der Bürger und Inwohner, mit Wissen der Obrigkeit zu einer Versammlung einzuberufen. Den versammelten Bürgern und Inwohner ist die Bürgerschaftordnung zu verlesen. Eventuelle Probleme sind anzusprechen, zu beraten und durch Beschlüsse zu lösen.

Diese Versammlung, die einmal im Jahr zusammentrat, war in erster Linie eine Wahlversammlung, auf der die gemeindliche Exekutive gewählt wurde. Zum einen wurden zwei „Gewalthaber" gewählt, die im laufenden Jahr namens der Bürgerschaft die täglichen Geschäfte zu erledigen hatten. Gewählt wurden weiters sechs Ausschussmänner. Handlungen zu setzen und Entscheidungen zu fällen, über die sich die beiden Gewalthaber nicht wagten, waren Sache dieses Ausschusses. 1648 ist nicht mehr von zwei Gewalthabern die Rede, sondern von einem Verordneten oder Vorsteher der Bürgerschaft. Ihm sollten durch Wahl vier Ausschussmänner zur Seite gestellt werden, die ihn beraten und bei den Amtsgeschäften helfen sollten, gegebenenfalls konnten zwei weitere Ausschussmänner gewählt werden.

Die Bürgerschaftordnung sah auch einen eigenen Steuereintreiber vor, der die Steuern einkassierte und gegenüber dem Marktausschuss verrechnete, der wiederum die übernommenen Steuergelder quittierte und in der Kasse hinterlegte.

Über die Schulden und Außenstände, über die Einnahmen und Ausgaben der Gemeinde sollte jemand Buch führen; die Gelder einnehmen bzw. auszahlen und verwahren sollten hingegen zwei andere Personen. 1648 wurde empfohlen, ein Bürgerschaftsbuch oder -protokoll zu führen, in das die Aufnahme der Bürger und Inwohner, aber auch Rechnungen und andere Aufzeichnungen eingetragen werden konnten.

1606 war die Bürgerschaft voller Hoffnung, Räumlichkeiten aufzutreiben, um dort die wichtigen schriftlichen Dokumente sowie die Kassa sicher unterzubringen. Als Archiv- und Gelddepot hatten die Sillianer einen ausgedienten Kornkasten im Auge, den sie auf ihre Kosten baulich adaptieren wollten. Ob dieses Projekt angegangen worden war, wissen wir nicht, jedenfalls 1648 war es noch nicht realisiert, weil es offensichtlich an Geld fehlte.

Ein zentrales Thema ist die Aufnahme von neuen Bürgern und Inwohnern. Es dürfte ein heißes Thema gewesen sein, weil jeder Auswärtige, der sich in Sillian niederlassen und dort ein Gewerbe betreiben wollte, auf die Verleihung des Bürger- oder des Inwohnerrechts angewiesen war, wobei die bereits Etablierten ihn als beruflichen Konkurrenten empfinden konnten. Wer gewillt war, sich in Sillian niederzulassen und daher das Bürger- oder Inwohnerrecht zu erwerben, musste sich sowohl bei der Obrigkeit wie bei der Bürgerschaft anmelden. Wurde er positiv beschieden, musste er eine Aufnahmetaxe, Büger- oder Inwohnergeld, zahlen. Wurde er negativ beschieden, musste er aus Sillian wieder abziehen. Neubürger, die erst jüngst das Sillianer Bürgerrecht erworben hatten, aber durch Verkauf von Liegenschaften oder Betrieben dafür sorgten, dass sich der Käufer als Bürger in Sillian niederließ, verloren ihr Bürgerrecht und mussten Sillian verlassen. 1648 wurden, um weitere Diskussionen zu vermeiden, Richtsätze für die Aufnahmegebühren fixiert: für die Bürgerrechtsverleihung an Personen, die ein Gewerbe betreiben, 25 fl. (Gulden), für die Bürgerrechtsverleihung an Personen, die kein Gewerbe betreiben (gemeint sind hier auswärtige Käufer von in Sillian gelegenen Höfen) 15. fl.; für die Inwohnerrechtsverleihung von Personen, die bessergestellt sind, 7 fl. 30 kr. (Kreuzer), die schlechter gestellt sind, 4 fl. Zur Festsetzung und Einziehung dieser einmaligen Aufnahmegebühren hatte der jeweilige Vorsteher zwei oder drei Bürger heranzuziehen. Dass sich das einmal erworbene Bürger- oder Inwohnerrecht auf die (männlichen) Nachkommen übertrug, gleichsam auf die Söhne „vererbt" wurde, verstand sich ganz von selbst.

Darauf brauchte die Bürgerschaftordnung daher nicht einzugehen.

Letztlich war der Gemeinde daran gelegen, den Zuzug von Leuten, die sich in Sillian niederlassen wollten, unter Kontrolle zu halten. Was aber der Unterschied zwischen dem Bürgerrecht und dem Inwohnerrecht gewesen war, darüber steht in der Bürgerschaftsordnung kein Wort. Zu vermuten ist, dass die Inwohner bei den Versammlungen der Bürgerschaft, an denen sie teilzunehmen offensichtlich berechtigt waren, das aktive Wahlrecht ausüben durften, aber dass ihnen das passive verwehrt war: Inwohner konnten nicht in das Amt des Vorstehers, Ausschusses oder wie immer gewählt werden.

Gemeinden wie Sillian, relativ zentral und an der Landstraße gelegen, lebten zunehmend in der Angst, es könnten sich Dauergäste einnisten, noch dazu arme, die dann der Gemeinde auf der Tasche zu liegen drohten. Daher schrieb die Bürgerschaftsordnung von 1606 vor, dass niemand in seinem Haus ohne Zustimmung der Obrigkeit und der Bürgerschaft auswärtige Personen beherberge. Auch das Unterteilen der Häuser, um mehrere Unterbringungsmöglichkeiten zu schaffen, war ohne Bewilligung von Obrigkeit und Bürgerschaft verboten. 1648 wurde das Verbot, ohne die erforderlichen Bewilligungen Fremde zu beherbergen, nochmals eingeschärft und Quartiergeber, die sich nicht daran hielten, mit empfindlicher Strafe bedroht.

Auf der Landstraße war allerlei Volk unterwegs, manche Leute unter ihnen waren zu arm oder zu krank, um über Nacht ein Dach über dem Kopf zu finden. Für sie sollte, zumindest war das 1606 beabsichtigt, ein Armenhaus hergerichtet oder eigens erbaut werden.

Gemeinden verlangten ihren Nachbarn, Bürgern und Inwohnern selten finanzielle Opfer in Form von Umlagen ab, die so genannten Wustungen. Sich selbst zu besteuern, lag nicht in ihrem Sinn. Geld wurde den Gemeindemitgliedern nur dann abgefordert, wenn es nicht anders zu bewerkstelligen gewesen war. Waren Landstraße, Wege, Brücken oder Wasserschutzbauten (Archen) auszubessern und war bei Überschwemmungen, Murbrüchen und Bränden Katastrophenhilfe zu leisten, so mussten die Nachbarn, Bürger oder Inwohner selbst mit Hand anlegen und anpacken oder Arbeitskräfte abstellen. Sie waren verpflichtet, Arbeitsschichten zu machen, so genannte Roboten. Die Bürgerschaftsordnung enthält den Passus, die notwendigen Roboten sollen jährlich zur gewissen Zeit verrichtet werden, die beiden Gewalthaber haben das zu kontrollieren und jene anzuzeigen, die sich der Arbeit entzogen haben, damit sie gestraft werden können. 1648 wurde dieser Punkt etwas ausführlicher behandelt: Da je nach Art der Roboten einmal mehr, einmal weniger Männer benötigt werden, sei es sinnvoll, zu diesem Zweck Sillian auf drei Gebiete aufzuteilen. Um niemanden zu bevorzugen oder zu benachteiligen, weil jeder dieser Robotgebiete eine nicht gleiche Zahl an Feuerstätten (Wohnhäusern) habe, ist grundsätzlich festgelegt, dass bei wichtigen Roboten, wenn etwa die Wege und Straßen beschüttet oder Mur- oder Überschwemmungsschäden beseitigt werden müssen, jeder Viertelbau (ganze Hofeinheit) zwei Rösser und einen Knecht zu stellen habe. Wer dem nicht nachkomme, soll bestraft werden.

Vor Bränden hatten die Menschen eine Heidenangst, ein Brand konnte ein ganzes Dorf verheeren und vernichten. Daher ermahnte die Bürgerschaftsordnung eindringlich, mit offenem Feuer sorgsam umzugehen. Mit Ermahnen allein war es nicht getan, Kontrolle war allemal besser. Einmal im Jahr sollten zwei eigens beauftragte Männer unangekündigt eine Feuerbeschau in den Häusern vornehmen. Eine permanente Gefahrenquelle waren die privaten Badstuben, in denen der Flachs gedörrt wurde. Die Gemeinde wollte daher auf ihre Kosten eine Badestube oder zwei Badstuben errichten, wo die Bevölkerung gegen Entgelt den Flachs dörren konnte. Mit Verweis auf die gemeindeeigenen zwei Bad- und Brechlstuben wurde 1648 das Flachsdörren in den Häusern und den eigenen Badstuben unter Strafe von zwei Talern verboten.

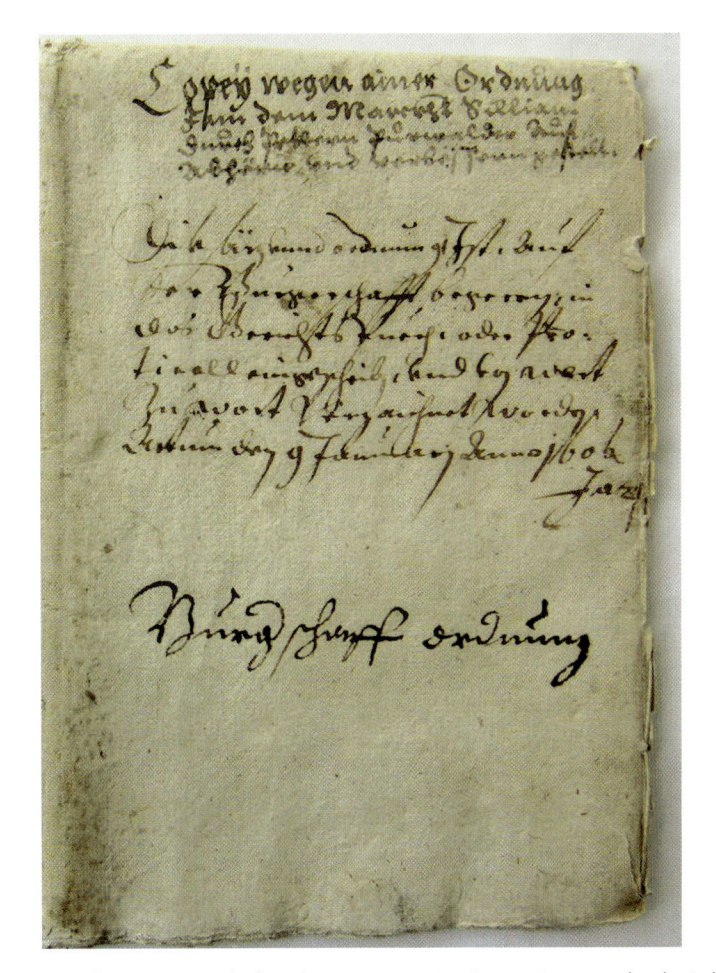

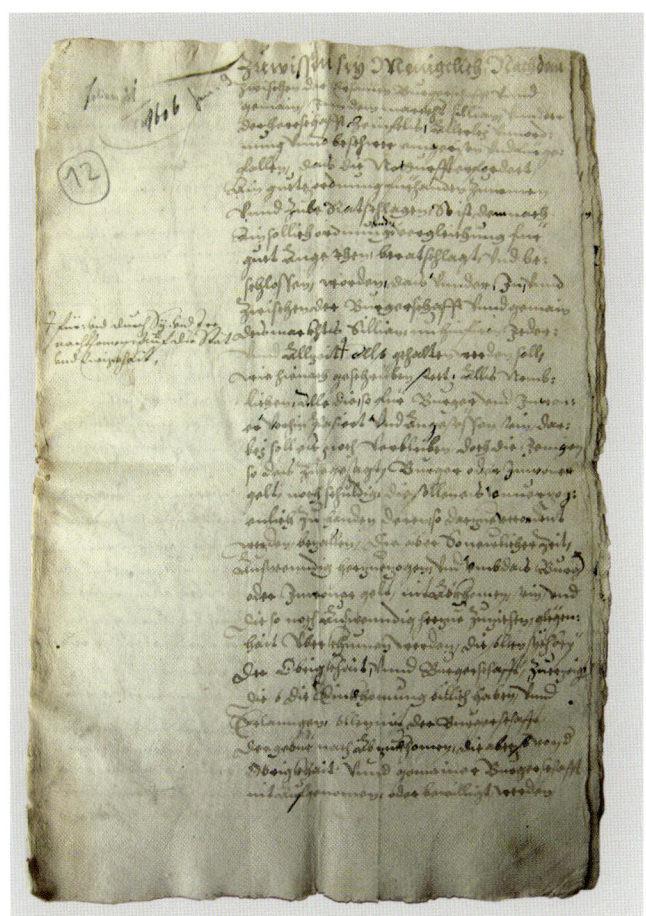

Die Sillianer Bürgerschaftsordnung von 1606, später ergänzt, regelte das Leben innerhalb der Gemeinde; Abschriften aus späterer Zeit.

Der Markt Sillian war, trotz seiner vielen Handwerker, stark landwirtschaftlich und bäuerlich geprägt. Das zeigt sich auch an der Bürgerschaftsordnung, sie widmet sich ausführlich Problemen und Themen, die um die Landwirtschaft kreisen.

Die Aufgaben des Eschers, des Flurwächters, werden des Langen und Breiten zur Sprache gebracht. Der Escher war eine gemeindliche Amtsperson, kein Bediensteter der Gemeinde, gewählt und bestellt von der Bürgerversammlung. Die Funktion war alles andere als beliebt, dafür gibt es zwei Indizien. Zum einen mussten sich jene Bürger und Inwohner für das Amt des Eschers zur Wahl stellen, die als Letzte sich in Sillian niedergelassen hatten (nach dem Motto: Den Letzten beißen die Hunde), zum anderen wurde dem, der die Annahme der Wahl zum Escher verweigerte, angedroht, er habe aus Sillian abzuziehen.

Die undankbare Aufgabe des Eschers war es, ein wachsames Auge auf die Felder, Äcker, Wiesen und die Weiden zu haben, damit dort nicht, etwa durch ausgerissenes Vieh, Schäden angerichtet wurden. Aber er war auch als Kontrollorgan bei den Gemeinderoboten dabei und hatte die Straßen und Wege wegen ihres Erhaltungszustandes in Augenschein zu nehmen. Dieses konfliktanfällige Amt wurde entlohnt mit 5 Gulden im Jahr. Auch war der Escher berechtigt, Strafgelder zu kassieren, von jedem Sillianer, dessen Pferd oder Rind Schaden angerichtet hatte, 4 bzw. 3 Kreuzer, die Strafsätze für nichteinheimische Gutsbesitzer und Viehhalter lagen jeweils um einen Kreuzer höher. Fremde, hier ist in erster Linie an auswärtige Fuhrleute zu denken, deren Rösser dabei ertappt wurden, auf den Sillianer Fluren zu grasen, hatten 12 Kreuzer und das bisher übliche Krautregal zu bezahlen.

Eingehend thematisiert die Sillianer Bürgerschaftsordnung die Gemain (Gemeinde). Unter Gemain ist jener Grund und Boden zu verstehen, der gemeinsam bewirtschaftet und genutzt worden war. Das waren zum einen die Wälder und zum anderen die Weiden, ob es sich um die siedlungsnahen Heim- oder Hutweiden oder die über der Waldgrenze liegenden Almen handelte. Das Nutzungsrecht an der Gemain, das Recht, Holz und Streu aus den gemeinen Wäldern zu beziehen, das Vieh auf die gemeinen Weiden aufzutreiben, haftete am bäuerlich betriebenen Hof, war untrennbar mit diesem verbunden und konnte ohne ihn nicht veräußert oder erworben werden. Die Gemain war eine äußerst konfliktreiche Zone. Innerhalb der Nutzungsgemeinschaft drohte stets die Gefahr, dass einzelne sich zu Lasten aller anderen nicht bescheiden wollten und zu viel anmaßten. Bei der Gemain war immer auch mit einem konfliktbehafteten Außenfaktor zu rechnen, weil die Gemain der einen Siedlung an die einer anderen grenzte oder sich die beiden sogar überlappten.

Nicht von ungefähr ist daher in der Bürgerschaftsordnung festgehalten, auf die Grenzen (Kohärenzen und Marchen) der Gemain gegenüber den „Auswendigen" (anliegenden Nachbarschaften) habe man gut achtzugeben und jährlich dort, wo diese Grenzen missachtet werden, eine Versammlung einzuberufen, um zu widersprechen und auf das Recht der Sillianer zu pochen. Der Escher und auch die Hirten waren aufgefordert, wachsam zu sein.

Verankert ist in der Bürgerschaftordnung der Grundsatz, bei Strafe dürfe niemand ohne Bewilligung der Obrigkeit und der Bürgerschaft eine Liegenschaft aus der Gemain für seine Zwecke beanspruchen. Das dürfte eine latente Gefahr gewesen sein, denn 1648 wurde dieses Verbot wiederholt: Keiner dürfe aus der Gemain etwas, ob wenig oder viel, „einfangen".

Auch in Sillian wurde die für das Ausmaß der Nutzung durch den einzelnen Bauern wichtige eiserne Faustregel angewandt: Auf die gemeine Weide durfte nur jenes Vieh aufgetrieben werden, das über Winter in den Ställen durchgefüttert worden war. Selbst Kleinvieh wie Schafe oder Ziegen, das nicht „gewintert", vielmehr zugekauft worden war, durfte höchstens zwei, drei Tage auf der Gemain sich satt fressen. Auswärtige, die in Sillian landwirtschaftlichen Besitz

Die Landwirtschaft besaß im Sillianer Raum immer größte Bedeutung; Bauern beim Pflügen in Schlittenhaus/Sillianberg (Herrnegger vlg. Bacher), 1937.

hatten, durften allein jenes Vieh, das sie in Sillian hielten und züchteten, auf die Weiden auftreiben, nicht aber jenes, das sie außerhalb von Sillian hatten.

1647 wurde das Verbot ausgesprochen, auf den gemeinen Weiden zu mähen und zu heuen, wie auch den Dünger dort einzusammeln und diesen gar außerhalb des Marktes zu verkaufen. Beanstandet wurde, seit einiger Zeit habe sich der Missbrauch eingeschlichen, dass Bürger und Inwohner, die keinen landwirtschaftlichen Grund und Boden besitzen, über Sommer Ziegen halten, die den Jungwald verbeißen und die Weiden überstrapazieren. Daher wurde beschlossen, jeder grundbesitzlose Bürger und Untersasse (Söll- oder Kleinhäusler) dürfe maximal zwei Geißen halten, um sich etwas Milch zu beschaffen.

Alprechte, das Recht, Vieh auf den gemeinen Alpen zu sömmern, stand nur jenen Höfen zu, die es seit alters besessen hatten. Wer Alprechte ausübte, ohne solche zu besitzen, war zu strafen. Alprechte konnten verpachtet werden, aber ausschließlich an Personen aus der Bürgerschaft, keinesfalls an Auswärtige.

Wie diese Bestimmungen zeigen, deckte sich der Personenverband der Gemeinde, die Bürger und Inwohner, weitgehend, aber nicht ganz mit der Nutzungsgemeinschaft. Von Letzterer war ausgeschlossen, wer keinen nennenswerten landwirtschaftlichen Besitz hatte.

Das auf den Heim- wie auf den Hochweiden weidende Vieh sollte möglichst von eigens bestellten Hirten gehütet werden. Für deren Kost und Lohn kamen die Nutzungsberechtigten anteilig auf. Selbst derjenige, der sein Vieh nicht auf die gemeinen Alpen auftreiben wollte, weil er es über Sommer anderswo unterbrachte, hatte sich mit der Hälfte an den Kosten für die Hirten zu beteiligen. An gemeinen Weiden behandelt die Bürgerschaftsordnung die Rieder auf der Sonnseite und die Weide im Winkel auf der Schattseite (im Bereich des später abgekommenen Gatterhofes), beide waren den Kälbern vorbehalten, sowie auf der Sonnseite die Oberalm und die Unteralm. Auf der Oberalm durften nur Fohlen und Füllen, auf der Unteralm Pferde und Ochsen sömmern.

Im Gegensatz zu den Weiden lässt sich die Bürgerschaftsordnung über die Wälder wenig aus, was darin liegen dürfte, dass es wegen der Nutzung wenig Probleme gegeben hat. Es ist lediglich angemerkt, dass

Auf der Thurntaler Alpe.

man gegenüber den „Bergern" und den Schlittenhausenern aufpassen müsse, damit diese sich nicht an den Sillianer Forstrechten vergriffen. Da sie dort kein Forstrecht haben, brauchen sie sich nicht an den Roboten zu beteiligen. Was aber den mit der Ausbesserung der Landstraße zusammenhängenden Robot betrifft, diesem dürfen sie sich nicht entziehen. Allgemein galt, dass der Wald nach Holzarbeiten aufzuräumen und ordentlich zu hinterlassen, der Jungwald zu schonen war. Der Wald in der Nähe der bei Hochwettern gefährlich anschwellenden Seitenbäche, auf der Sonnwie auf der Schattenseite, stand unter Bann, es durfte kein Holz dort gefällt werden, um Überschwemmungen und Murenabgängen vorzubeugen.

Auch bei Sillian herrschte der bei Dörfern übliche Flurzwang. Da die Acker- und Wiesenparzellen in einem Feld verschiedenen Bauern gehörten, musste beim Bestellen dieser Felder koordiniert vorgegangen werden. Bei der in Sillian praktizierten Egartenwirtschaft musste abgesprochen sein, wie viele Jahre ein Feld als Ackerland und, damit sich der Boden wieder erholen konnte, wie viele Jahre es als Wiesenland genutzt wurde. Um keine Schäden auf Nachbars Grund anzurichten, mussten die Äcker von allen Grundbesitzern gleichzeitig gepflügt, gesät und abgeerntet werden, auch auf den Wiesen hatte die Heumahd gleichzeitig vor sich zu gehen. Während der Wachstumsperiode waren die Äcker und Wiesen durch Zäune vor dem Weidevieh zu schützen. Nach der Bürgerschaftsordnung war es in Sillian üblich, jene Felder, die als Ackerland verwendet wurden, in drei große Blöcke einzuteilen: In einem wurde Weizen, im zweiten Hafer (als Sommergetreide), im dritten Roggen (als Wintergetreide) und als Nachfrucht Kraut angebaut. (Sommergetreide wird im Frühjahr ausgesät und im Herbst geerntet; Wintergetreide im Herbst ausgesät und im Sommer nächsten Jahres geerntet.) Nach der Getreideernte und Heuung wurden die Zäune geöffnet für den freien Weidegang, das Vieh konnte frei streunen und sich sein Futter suchen, wo immer es welches fand.

Die Wirtschaft

Handel und Gewerbe konzentrierten sich seit alters im Hochpustertal in Sillian und in Innichen. Ansonsten lebte die Bevölkerung ausschließlich von der Landwirtschaft, die im Pustertal selbst, besonders aber in den hochgelegenen, steilen und engen Seitentälern gegen schwierige Bedingungen anzukämpfen hatte und den Bauern ein hartes und entbehrungsreiches Leben bescherte. Der Besitzstruktur nach herrschten die mittleren und kleinen bäuerlichen Betriebe oder Höfe vor, weil über Jahrhunderte die Höfe immer wieder geteilt worden waren. Diese Höfe waren grundherrschaftlich gebunden, allode (im Eigentum der

Beschluss über die Bestellung des Hirten Josef Bachmann aus Tessenberg für die „schattseitige Alpe", 9. Mai 1887.

Bauern stehende) Höfe waren selten. Wie überall in der Grafschaft Tirol war das Besitzrecht der Bauern an ihren grundherrschaftlich gebundenen Höfen und Liegenschaften ein ausgezeichnetes, dieses kam dem Eigentum nahe. Die Juristen versuchten diesen Umstand mit bäuerlichem Untereigentum und grundherrschaftlichem Obereigentum zu umschreiben: Letzteres berechtigte die Grundherrschaft, einen jährlichen Grundzins abzuverlangen und zu beziehen, der aber in der Höhe fixiert und unabänderlich war. War die Stellung der Grundherrschaft im Frühen und Hohen Mittelalter im wahrsten Sinne des Wortes eine „herrschaftliche" gewesen, so war diese bis um 1800 abgesunken auf die eines Grundrentenbeziehers. Aber es dominierte im südöstlichen Tirol, wo früher die Grafen von Görz geherrscht hatten, das Freistiftrecht, in anderen Teilen Tirols hingegen das Erbbaurecht oder Baurecht, eine für die Bauern besonders günstige Form der grundherrschaftlichen Leihe. Das Freistiftrecht schränkte zwar (nicht mehr) das bäuerliche Besitzrecht ein, aber es hatte gewisse Nachteile: Es hielten sich häufiger als beim Baurecht Naturalzinsen statt der Geldzinsen, was die Bauern insofern benachteiligte, als der Geldzins durch die schleichende Inflation deutlich an Wert verloren hatte. Vor allem machten aber den Bauern die hohen Besitzwechselgebühren zu schaffen, die bei jeder Veräußerung und Besitzübertragung, auch beim Erbgang von Vater auf Sohn, anfielen.

Agrarwirtschaftlich gesehen betrieben die Bauern Höfe, die als Wiesen-Alp-Betriebe zu typisieren sind. Die Viehwirtschaft war hier von zentraler Bedeutung, der Ackerbau besaß lediglich ergänzende Funktion und diente vorwiegend der Eigenversorgung. Im Dauersiedlungsraum wurden daher die Felder möglichst als Fettwiesen genutzt, damit das Heu für das Winterfutter gewonnen werden konnte. Den Sommer über waren die Vieh züchtenden Bauern auf die Hutweiden, auf die Wälder und auf die Almen in den Bergen als Weideplätze angewiesen, alles Weiden, die zur Gemain gehörten. Wegen der Eigenversorgung konn-

Die bäuerliche Familie vor dem Bacherhof am Sillianberg, um 1937.

ten und wollten, auch in Ungunstlagen, die Bauern nicht auf den Ackerbau verzichten. Betrieben wurde dieser als Egartenwirtschaft: Die dafür geeigneten Felder wurden abwechselnd einige Jahre als Äcker und Wiesen bewirtschaftet.

Erst seit dem späten 18. Jahrhundert liegen Zahlen, Fakten, statistische Erhebungen und Berichte vor, die einen tieferen Einblick in das wirtschaftliche Geschehen gewähren. Zu verdanken war das einem Staat, dem das Wohlergehen seiner Untertanen angelegen war, der aber auch besorgt um seine finanzielle und militärische Stärke war, Steuern und Soldaten benötigte, und daher im Volk Nachschau halten ließ, seine Behörden mit allerlei wirtschaftlichen Untersuchungen und Erhebungen beauftragte.

Ein interessanter und engagierter Bericht stammt aus der Feder von Jakob Spielmann, dem Landrichter der Herrschaft Heinfels. Der amtliche Bericht Spielmanns, der sich auftragsgemäß ausschließlich auf die Landwirtschaft in seinem Gerichtsbezirk konzentriert, soll hier zusammengefasst wiedergegeben werden.[5] Spielmanns nüchterne und alles andere als beschönigende Darstellung aus dem Jahr 1773 verdient das: Nach Spielmann war die Viehzucht mit Rindern zweigeteilt. Es gab Gebiete, Tilliach und Villgraten, wo die Bauern auf die Aufzucht von Jungtieren spezialisiert waren, andere Gegenden hingegen, Kartitsch und Sexten, fütterten Mastrinder, meist Ochsen, auf. Mit dem Viehstand, so Spielmann, sei es schlecht bestellt, die Tiere seien eher kleinwüchsig. Er führte das vor allem auf die aus der Not geborene schlechte Fütterung der Tiere zurück: Da es zu wenig Heu gab, fütterten die Bauern hinzu Stroh, Baummoos und -flechten, zerriebene Baumnadeln und Laub. Wegen des schlechten Futters seien auch die da und dort in eigener Initiative unternommenen Versuche, die Schafzucht zu verbessern, gescheitert.

Die Alpen (Almen) fallen meistens in die Besitzkategorie der Gemain, und es dürfen nur die Gutsinhaber eine gewisse Anzahl von Vieh aufkehren. Die meisten Alpen sind, ausgenommen die im Villgraten, für das Galtvieh, die Pferde und Schafe reserviert. Auf ihnen finden sich keine Unterstände für das Vieh, ja es fehlt selbst an Unterkünften für die Hirten. Die Hutweiden in den Talsohlen, ebenfalls zur Gemain zählend, sind meist saure und sumpfige Möser oder von Stauden überwachsende unfruchtbare Auen, die immer wieder überschwemmt werden. Auch die Alpen sind mit Zotten und Stauden überwachsen, hier gäbe es einiges zu verbessern. Spielmann zitiert ein lateinisches Sprichwort: „Quod communiter possidetur, communiter negligitur" (Was gemeinsam besessen wird, wird gemeinsam vernachlässigt) und zielt damit auf die gemeinen Weiden und Wälder. „In gemainen Wayden ist hier durchgehends diese Abtheilung bis anhero beobachtet worden, daß das Melchvieh in denen Waldungen ihre Nahrung den Somer hindurch suchet, wo hingegen die Pferde auf der Ebene, die Schafe aber in den gebürgigen Wiesen und Allpen aufgetrieben worden." Spielmann spricht hier nebenbei ein heikles Thema an, dass nämlich seit alters die siedlungsnahen Wälder als Weidegründe für das Vieh, besonders für die Milchkühe, herhalten mussten. Diese Praxis stieß

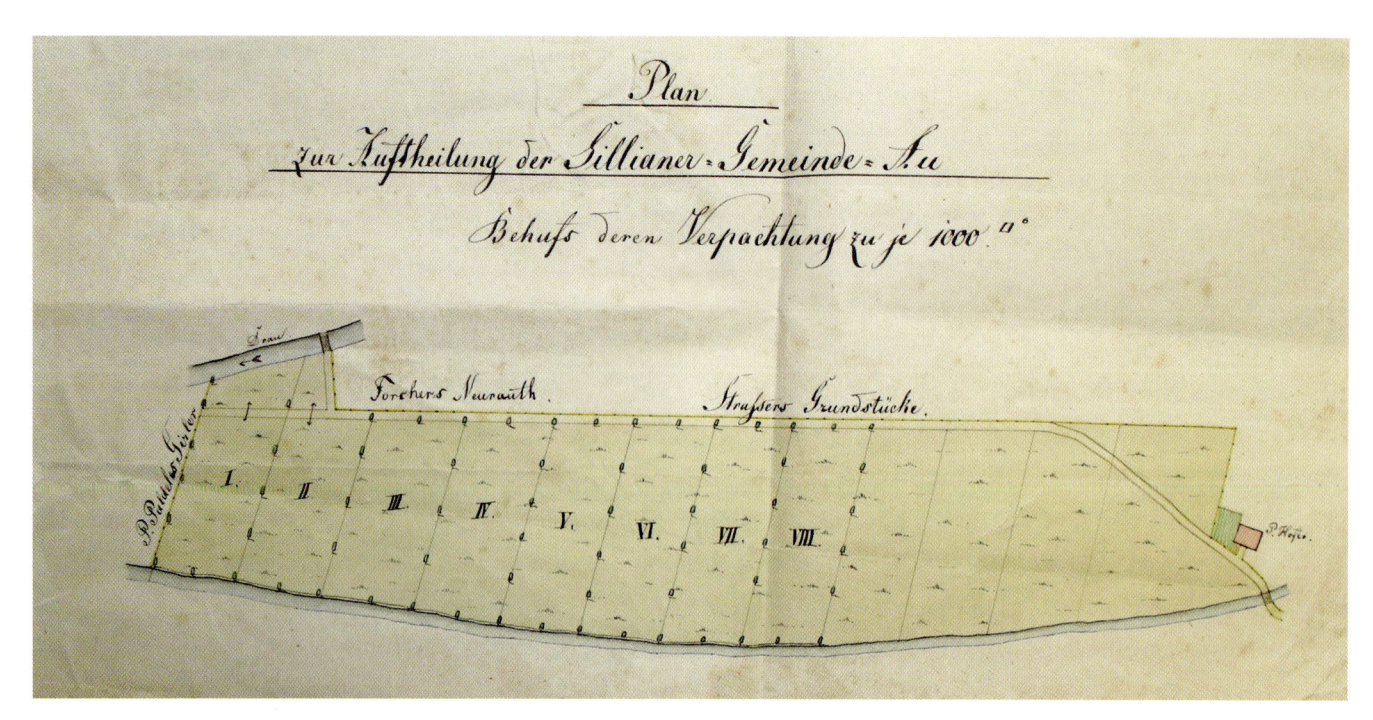

„Plan zur Auftheilung der Sillianer Gemeinde-Au Behufs deren Verpachtung", 1847.

seit dem späten 18. Jahrhundert auf den Widerspruch der um die Waldkultur besorgten Forstleute.

Auch auf den Ackerbau kommt Spielmann zu sprechen: In den meisten Orten kann nur Hafer und Gerste angebaut werden, in Tilliach, Villgraten und in großen Teilen von Kartitsch. Dort aber, wo neben Hafer und Gerste auch Weizen und Roggen gedeiht, wird oft nur eine dieser Getreidesorten angebaut, was das Risiko bei Missernten erhöht. Plenten (Buchweizen), Türken (Mais) und Kern (Dinkelweizen) werden nicht angebaut.

An vielen Orten lässt man ein Drittel des Ackerlandes brach liegen und nützt es als Wiese. Spielmann führt für diese Methode der Landnutzung drei Gründe an: Die Bauern haben zu wenig „Bemeierung", um die Äcker düngen zu können, sie brauchen ohnedies mehr Wiesen und der Boden ist nicht geeignet für ständigen Ackerbau. Der Wechsel von Wiese auf Acker und umgekehrt erfolgte alle drei bis fünf Jahre.

Die Militärkonskriptionskommission warf von außen einen Blick auf die wirtschaftlichen Verhältnisse im Landgericht Heinfels. Da es ihre Aufgabe war, das Potential an wehrfähigen jungen Männern auszuloten, die für die kaiserliche Armee rekrutiert werden konnten, thematisierte sie die Abwanderung, auch die saisonale, und die Auswanderung.[6] 1786 wurde nach Innsbruck berichtet: Das Landgericht Heinfels ist stark bevölkert. Daher suchen viele Knechte und Mägde Arbeit in den benachbarten Gerichten Anras, Lienz und Welsberg, wo sie auch gefragt sind, weil sie als arbeitsam und kräftig gelten und von Kindheit an schlechte Kost gewöhnt sind. Außer diesen Knechten und Mägden verlassen wenige Personen den heimatlichen Gerichtsbezirk, am ehesten noch Handwerker wie Schuhmacher, Schneider usw., die bevorzugt ins Salzburgische abwandern.

Es gab auch, und darauf kommt der Bericht ebenfalls zu sprechen, das Phänomen der Saisonarbeit: Einige Weberknechte (Webergesellen) wandern um Lichtmess ins Etschtal und in den Vinschgau ab, um dort zu arbeiten. Um Johannis kehren sie wieder zurück, um wieder in den Dienst der hiesigen Bauern zu treten. Leute aus Tilliach verdingen sich im Venezianischen als Holzarbeiter, vor Weihnachten suchen sie wieder ihre Heimat auf.

Ganze Familien wandern selten aus, in den letzten Jahren waren es sieben, darunter fünf, die einen Konkurs hinter sich hatten. Hingegen verlassen viele einzelne Personen für immer den Gerichtsbezirk, besonders die Sextener ins Venezianische, die Villgrater ins Salzburgische, aus anderen Teilen des Gerichtsbezirks nach Kärnten und in die Steiermark.

Nach Ansicht der Kommission finden sich im Landgericht Heinfels nur wenige reiche Bauern und Bürger. Das wiederum hängt mit der dominierenden Landwirtschaft zusammen, die unter mehreren Gebrechen zu leiden habe: Die Preise für Höfe sind in den letzten 30 Jahren stark gestiegen und halten ein hohes Niveau; auf den bäuerlichen Gütern lasten hohe Abgaben und Zinse; in den letzten zehn Jahren hat es neun schlechte Erntejahre gegeben, verursacht durch Frühjahrskälte, Hochwetter und Überschwemmungen; für die Erntearbeiten benötigen die Bauern relativ viele Arbeitskräfte.

Im Gerichtsbezirk Heinfels wird zu wenig Getreide erzeugt, um die Versorgung der einheimischen Bevölkerung sicherstellen zu können. Es muss Getreide aus den benachbarten Gebieten, von St. Lorenzen bis Lienz und bis nach Kärnten hinunter, aber auch aus dem Venezianischen angekauft und importiert werden. Die hiesigen Bauern sind bestenfalls, und das auch nur in guten Erntejahren, Selbstversorger, lediglich die „Berger" auf der Sonnseite bauen etwas mehr Getreide an, als sie verbrauchen können.

Die Bauern sind vielfach auf Nebeneinkünfte angewiesen. So handeln die Sextener mit Leder, die Villgrater mit Schmalz (Butterschmalz) und Hafer, die Kartitscher schalten sich in den Viehhandel mit Kärnten ein.

Orte wie Vierschach, Winnebach, Arnbach und Strassen leben vom Fuhr- und Frachtwesen. Überhaupt, so der Bericht, bringt das „Straßengewerbe"

Mühle in Rabland, um 1933.

Getreidebau am Sillianberg, 1988.

Eines der heute wenigen Kornfelder, 2007.

das meiste Geld ein, denn es verschafft den Handwerkern Arbeit, Bauern setzen Heu und Hafer ab, und die Wirte verdienen am Beherbergen und Verköstigen der Fuhrleute. Armut wäre die Folge, wenn im Landgericht Heinfels das Straßengewerbe aufhörte.

Im Generalkataster wird die wirtschaftliche Situation des Landgerichts Heinfels, aufgrund von lokalen Rückmeldungen aus dem Jahre 1781, in aller Kürze so charakterisiert:[7] Das Landgericht muss sich großteils aus dem Welschland, Kärnten und dem Inntal mit Getreide versorgen. Die Untertanen leben hauptsächlich von dem Straßengewebe (an der Landstraße) und der Viehzucht. Die Alpen reichen für den Eigenbedarf gerade so hin, besser ist es in dieser Hinsicht mit den Wäldern bestellt. Die Drau und einige Seitenbäche verwüsten andauernd Kulturboden, betroffen sind hier vor allem die Gemeinden Winnebach, Sillian, Sexten, Wahlen und Arnbach. Das Landgericht zählte 1781 8.206 Einwohner und 1.181 Wohnhäuser.

Die vielen Fragen zur „Staatsgüterbeschreibung", initiiert von Wien aus, beantwortete 1802 Landrichter Johann Neuner.[8]

Zum Fragepunkt „kommerzielle Beschaffenheit" schreibt er: Der Haupterwerbszweig im Landgericht Heinfels, das rund 9.000 „Seelen" zählt, ist die Viehzucht. Gewonnen werden an landwirtschaftlichen Produkten Futter, Flachs und etwas Getreide. „Mit unbeschreiblicher Müheseligkeit muß wegen bergichten und felsichten Boden, dann wegen der Kälte und Missgunst der Witterung die Frucht erobert werden." Außer Vieh, Futter und Schmalz sind wenige Produkte, die in den Handel gehen können. Das Getreide reicht für den Eigenbedarf nicht aus, Hauptgetreide ist der Hafer. Kartoffeln werden keine angebaut. (Der Kartoffelbau war damals die große Hoffnung, um Ernährungskrisen abwenden zu können). Manufakturen (große, arbeitsteilige Betriebe, die die Rohstoffe großteils in Handarbeit verarbeiteten) existieren hier nicht und sind auch nicht notwendig (weil, ist hier zu ergänzen, die Rohstoffbasis für solche Betriebe fehlte).

Leinen, Loden und Hüte werden von Handwerkern hergestellt, andere Fabrikate müssen von auswärts eingeführt werden. Ein Frachtunternehmen betreibt nur der Postmeister Michael Forcher in Sillian, der zu diesem Zweck 20 Pferde in seinen Ställen stehen hat. Selbst in Sillian existiert kein Krämerladen, auch keine Salzniederlage. Salz wird von Fuhrleuten in Hall beschafft und auf der Retourfahrt mitgenommen und verkauft.

Das Gesagte bestätigen auch Berichte aus dem Jahre 1807, zu dieser Zeit stand Tirol schon unter der Herrschaft Bayerns.[9] Von Viehzucht und Ackerbau leben im Landgericht Heinfels hauptsächlich die Menschen. Der Ertrag aus dem Ackerbau reicht in normalen Jahren für den Bedarf der bäuerlichen Betriebe aus, mehr aber auch nicht. Gewinn und bares Geld verschaffen sich die Bauern mit der Viehzucht.

Es wurde auch nicht mit guten Vorschlägen gegeizt: Dem eifrig und überall dort, wo es nur anginge, betriebenen Ackerbau könnte durch besseren Dünger aufgeholfen werden, in der Viehzucht sollte man sich einer größeren Reinlichkeit befleißigen.

Zeitgenössische Beobachter aus der ersten Hälfte des 19. Jahrhunderts wie Beda Weber und Johann Jakob Staffler waren sich darin einig, dass im Landgericht Heinfels die Viehzucht als wichtigste Einnahmequelle anzusehen ist. Im zweiten Band von Webers Werk „Das Land Tirol", erschienen 1838, ist nachzulesen:[10] „Der Haupterwerbszweig ist die bekannte und berühmte Viehmastung, worin die Hochpusterthaler noch von keinem andern Volksstamme in Tirol übertroffen worden sind. Die Einwohner besitzen dazu Gelegenheit, Fleiss und Geschicklichkeit, und die Frucht ihrer Anstrengung bewirkt, dass die Mastochsen von Pusterthal weit und breit versendet werden, und überall geneigte und theuerzahlende Abnehmer finden. Man kauft mageres Vieh von mittlerem Alter aus Defereggen und Kärnten, treibt dasselbe im Sommer auf die zahlreichen fetten Alpen, und mästet es dann im Stalle mit gutem Heu, Salz, Mehl aus Roggen und Hafer. […] Das

Josef Leiter vlg. Wurzer (Außervillgraten) beim Ausladen einer Kuh am Sillianer Bahnhof.

gemästete Vieh wird theils auf den pusterthalischen Märkten verkauft, wo die Metzger aus dem Etschlande und Innthale fleissig erscheinen, theils nach Bozen, Trient, Rovereto und Venedig sehr vortheilhaft im unmittelbaren Verkehre abgesetzt."

Nach Staffler hatte der Gerichtsbezirk Sillian über Winter einen beträchtlichen Viehstand von über 9.000 Rindern, fast 450 Pferde und über 3.000 Mastochsen wurden jährlich auf die Märkte gebracht.[11]

Der Ackerbau wurde überall dort, wo immer es Boden und Klima zuließen, betrieben, damit die Bauern sich und ihre Familien möglichst selbst mit dem Lebensnotwendigen versorgen konnten. „Das Getreide besteht grösstentheils in Hafer, Gerste, Roggen, und in wenigem Weizen auf den Sonnenbergen. Alle Getreidesorten sind grobfaserig und wenig mehlreich. Kälte, Reif und Hagel verderben es oft, und auch in den besten Jahren reicht es kaum für zwei Drittel des Jahres aus", bemerkt unser Gewährsmann Beda Weber.[12]

Schon im 16. Jahrhundert wurde in den grenznahen Regionen, Tilliach und Sexten, Holz geschlagen und nach Venedig verkauft. Damit sich die Mühe und die hohen Transportkosten lohnten, wurde nur Qualitätsholz, das zum Beispiel im Schiffsbau verwendet wurde, exportiert. Beim Holzexport gab es ein Auf und Ab, weil er nicht nur von der ausländischen Nachfrage, sondern auch von den außenpolitischen Verwicklungen abhängig war. Im frühen 19. Jahrhundert kam dieser Holzhandel wieder in Schwung. Nach Weber hatte der Holzhandel in den letzten Jahren wieder zugenommen, er wurde von den Gemeinden Niederdorf, Innichen, Sillian und den Grenzgemeinden (Ober- und Untertilliach und Sexten) betrieben. „Man liefert das Holz in Stücken von bestimmter Grösse, Musel genannt, über Sexten und Ampezzo nach Venedig. Von dort geht es dann an alle Küsten des Mittelmeers, sogar nach Egypten und Konstantinopel, wo es zum Schiffsbau und anderen Werken mit Vorliebe verwendet wird."[13]

Der Handelsverkehr auf der Landstraße war für die anliegenden Ortschaften ein wirtschaftlicher Segen, besonders für solche, wo die Fuhrleute mit ihren Frachtwägen und Fuhrwerken Station machten. Am Handelsverkehr naschten viele mit, Wirte, Handwerker wie Sattler, Seiler, Schlosser, Schmiede und andere, aber auch die Bauern, die Futter wie Heu und Hafer absetzten und auf den steilen Straßenstrecken ihre Pferde und Ochsen für Vorspanndienste anboten. Die von Villach durch das Drautal und weiter über Lienz durch das Pustertal führende Landstraße, nach Mühlbach in die „untere Straße" (Brennerstraße) einmündend, war eine wichtige Ost-West-Verbindung. Über sie lief der überregionale Handel aus der Steiermark und Kärnten in Richtung Tirol. Durch Anbindungen in Kärnten und in unmittelbarer Nähe, Ampezzo und Cadore, nach Oberitalien mit den Seehäfen Venedig und Triest war die Drautaler und Pustertaler Landstraße Bindeglied einer Süd-Nord-Transversale, über die auch der Fernhandel lief. Dieser war aber ein etwas schwankendes Glück, weil „unsere" Landstraße als Süd-Nord-Route der Konkurrenz anderer Landstraßen ausgesetzt war, die kürzer und mitunter besser ausgebaut waren.

In Tirol etablierte sich seit dem 14. Jahrhundert, im görzischen Herrschaftsbereich seit dem 15. Jahrhundert im Transport von Handels- und Kaufmannswaren das System der Rod, das auf landesfürstlichen Privilegien beruhte. An bestimmten Orten, den Rodstationen, waren Fuhrunternehmer, in der Praxis Bauern, die über Zugtiere und entsprechende Fuhrwerke

Arbeiter im Sägewerk der Familie Atzwanger, 1934.

verfügten, berechtigt und verpflichtet, die Warenlieferungen auf einer bestimmten Strecke, bis zur nächsten Rodstation, zu transportieren. Unter den angemeldeten Fuhrunternehmern oder Rodleuten waren die Transporte nach der festgelegten Reihenfolge (Rod) abzuwickeln. Für die Koordination und Organisation vor Ort war der Aufleger verantwortlich, was den Spediteuren der Disponent, war den genossenschaftlich organisierten Rodleuten der von ihnen bestellte Aufleger. Eine Rodstation war, bereits um die Mitte des 15. Jahrhunderts existierend, Sillian. Auf der Ost-West-Route waren Rodstationen Lienz, Sillian, Niederdorf, Bruneck und Mühlbach (Toblach war auch Rodstation, aber nur nach bzw. von Ampezzo).

Die Kaufleute hatten als Auftraggeber die Rodleute nach amtlich festgesetzten Tarifen zu bezahlen, nach Gewicht (Zentner) und Strecke.

Die Sillianer hatten die Waren bis Niederdorf und in Gegenrichtung bis Lienz zu befördern. 1580 gab es in und um Sillian 29 Rodleute. Im Fern- und Großhandel spielte das Rodwesen niemals eine Rolle, da es die Handelsgesellschaften vorzogen, eigene Wagen auf die Straßen zu schicken oder sich der Dienste professioneller Spediteure zu bedienen. Noch in der ersten Hälfte des 18. Jahrhunderts geisterte das Rodwesen aus, das ohnedies nur mehr als Hindernis für einen zügigen Transport erachtet wurde, bevor es von Kaiserin Maria Theresia in den 1750er-Jahren abgeschafft wurde.

Die Menschen und ihre sozialen Strukturen

Wie, in welchem Beruf, und wie viel Geld Menschen durch ihre Arbeit verdienen, diese Lebensumstände bestimmen ihre Stellung in der Gesellschaft. Zumindest sind Beruf und Einkommen bzw. Vermögen neben Bildung, sozialem Ansehen und Wertvorstellungen die wichtigsten Kriterien, um eine Gesellschaft

Der letzte Seilermeister von Sillian, Josef Trojer, mit Enkel Sepp Straganz, 1942.

In der Hufschmiede: Josef Schranzhofer vlg. Fischer und Josef Kraler vlg. Schmieder, um 1960.

215

in das moderne soziologische Raster von Unter-, Mittel- und Oberschichten einpassen zu können. Für frühere „traditionelle" Gesellschaften, noch nicht berührt von der Industrialisierung und dem von ihr angestoßenen Trend zur „nichthändischen" Dienstleistung, hat dieses soziale Gliederungsschema der Schichten eine gewisse Unschärfe, weil es etwas nicht berücksichtigt, was früher, und das wirkte durchaus noch im 19. Jahrhundert nach, eine große Rolle gespielt hatte: Herkunft und Stand als Adeliger, bürgerlicher Kaufmann und bürgerlicher Handwerksmeister oder als Bauer. Im Gegensatz zu heute war die Gesellschaft geprägt von Selbständigen, Bauern in erster Linie, aber auch von Gewerbetreibenden. Und in der Wirtschaft dominierte der Familienbetrieb, der keine oder nur wenige Arbeitskräfte beschäftigte: Knechte und Mägde bei den Bauern, Lehrlinge und Gesellen bei den Handwerkern, Handelsgehilfen bei den Kaufleuten, Hausknechte und Servierpersonal bei den Wirten. Ärzte waren noch im 19. Jahrhundert rar auf dem Land, Rechtsanwälte nur in den Städten zu finden. Die Personalnachfrage des Staates ist erst im 19. Jahrhundert stark angestiegen, weil er Beamte und Bedienstete für die diversen Dienststellen, Lehrer für die allerorts eingerichteten Volksschulen, Berufssoldaten für die Armee, Polizisten für die 1849 aufgestellte Gendarmerie benötigte. Die Südbahngesellschaft, welche die 1871 eröffnete Pustertalbahn betrieb, war mit Abstand der größte private Arbeitgeber im Bezirk Lienz. Mit den Eisenbahnen zogen auch hier die industriellen Arbeiter und Angestellten und mit ihnen die Sozialdemokratie ein. Von dem am Ende des 19. Jahrhunderts aufkommenden Tourismus, der auf betuchtes Publikum abzielte, das sich, untergebracht in den neu erbauten mondänen Hotels, der Kur und der Erholung hingab oder sich gar auf alpinistische Abenteuer einließ, gingen wichtige wirtschaftliche Impulse aus, auch hinsichtlich der Arbeitsmöglichkeiten.

Werfen wir, bevor wir ins Detail gehen, einen Blick auf die Bevölkerungsentwicklung. Diese ist aus zwei Gründen von Interesse. Zum einen ist es grundlegend zu wissen, wie groß die Bevölkerung gewesen war, von der hier die Rede ist. Zum anderen lässt der Umstand, ob die Bevölkerung wächst, stagniert oder gar zurückgeht auf positive oder negative wirtschaftliche Faktoren schließen. Ob die Bevölkerungszahl steigt oder fällt, kann mit der Geburtenrate, aber auch mit Zu- oder Abwanderung zusammenhängen.

Die Bevölkerungszahl im Gerichtssprengel Sillian pendelt im 19. Jahrhundert zwischen 10.000 und 11.000, es gibt keine signifikanten Zuwächse. Der Markt Sillian legte an Bevölkerung zu, aber recht schwach, von 577 Einwohnern im Jahre 1807 auf 644 im Jahre 1900. Arnbach stagnierte, es zählte 1807 343, im Jahr 1900 349 Einwohner; Sillianberg, die bäuerlichste unter den drei Gemeinden, verlor Einwohner; es hatte 1817 (die Zahlen für 1807 sind nicht verfügbar) 284, 1900 nur mehr 209 Einwohner. Was wir hier vor uns haben, ist ein für Tirol im 19. Jahrhundert typisches Phänomen. Es steigen durch Zuwanderung die Einwohnerzahlen der Städte und dadurch die des Landes Tirol, das recht ansehnlich an Bevölkerung zulegt, in den ländlichen Regionen bewegt sich, trotz hoher Geburtenraten, demographisch gesehen wenig bis nichts. Dahinter verstecken sich erste Anzeichen einer stillen Landflucht, weil die Möglichkeiten, auf dem Land in der Landwirtschaft, aber auch im Gewerbe Arbeit zu finden, sich erschöpft hatten. Junge Erwachsene, Söhne, die nicht den elterlichen Hof oder den Gewerbebetrieb übernehmen konnten, suchten Erwerb und Glück in der Ferne, in Lienz, in Tirol, in Österreich und mitunter in Übersee. Früher, bis in das späte 18. Jahrhundert, hatte man die langsam, aber stetig anwachsende Bevölkerung – das Landgericht Heinfels/Sillian hatte im 17. Jahrhundert an die geschätzten 7.000, der Markt Sillian etwa bei 400 Einwohner – durch die Teilung von Höfen, durch Abwanderung ins Handwerk, das sich nun auch abseits der Städte und Märkte in den Dörfern niederließ, abzufangen versucht. Saisonarbeit, Wanderhandel, bäuerliches Hausgewerbe, wie die Weberei etwa, das vermehrte Aufkommen von Söll- oder Kleinhäuslern – das alles waren Anzeichen dafür, dass die Heimat nicht mehr alle Söhne und Töchter ernähren konnte.

Es war eine agrarische Gesellschaft, und das ist kein Gemeinplatz der Historiker. Nach der Berufsstatistik von 1900, die erste Erhebung dieser Art in Österreich, arbeiteten im Bezirk Lienz 72 Prozent der Berufstätigen in der Land- und Forstwirtschaft (zum Vergleich: in Tirol waren es 63 Prozent).[14] Anders herum: Der Bezirk hatte damals rund 30.000 Einwohner, davon war jeder Zehnte Bauer. Diesen Anteil der Land- und Forstwirtschaft können wir, je weiter wir in der Zeit zurückschreiten, anheben, für die Zeit um 1800 vorsichtig auf rund 80 Prozent.

Arnbach und noch ausgeprägter Sillianberg waren bäuerliche Gemeinden. Sillian war das auch, wenngleich stark gewerblich unterschichtet. Der Markt hatte schon im 17. Jahrhundert an die 30 Gewerbetreibende, Handwerker und Wirte, die für einen lokalen Kundenkreis arbeiteten. Mithilfe einer frühen Berufsstatistik, sie stammt aus dem Jahr 1836, soll das illustriert werden: Unter den Berufstätigen des Marktes Sillian waren 49 Bauern, 95 Dienstboten (Knechte und Mägde), die 25 Taglöhner können wir großteils ebenfalls der Landwirtschaft zuschlagen; weiters wurden in Sillian gezählt 46 Gewerbetreibende (darunter 4 Wirte, 3 Krämer, 2 Hausierer, alles andere waren Handwerker) und 46 Gesellen und Lehrlinge, dazu kamen noch 3 Priester und 13 „Beamte". In Arnbach: 53 Bauern, 69 Dienstboten und 9 Taglöhner; 13 Gewerbetreibende (davon 1 Krämer, 2 Sägemüller, alles andere Handwerker). In Sillianberg: 31 Bauern, 35 Dienstboten und 2 Taglöhner; 1 Gewerbetreibender (Vieh- und Lederhändler) und 4 „Gewerbeleute".[15]

In den ländlichen Regionen Tirols, abseits der großen Städte und der wenigen industriellen Standorte, ging der im 19. Jahrhundert sich anbahnende soziale Wandel recht gemächlich vor sich. Die Zahl jener Menschen, die von der Landwirtschaft lebten, stagnierte oder war leicht rückläufig, während zunehmend Menschen im verarbeitenden Gewerbe und im Dienstleistungsbereich Arbeit fanden. Die diese Entwicklung anstoßenden und befördernden Faktoren waren der aufkommende Tourismus und der expandierende Öffentliche Dienst im weitesten Sinne einschließlich Post und Eisenbahn. Dieser schleichende

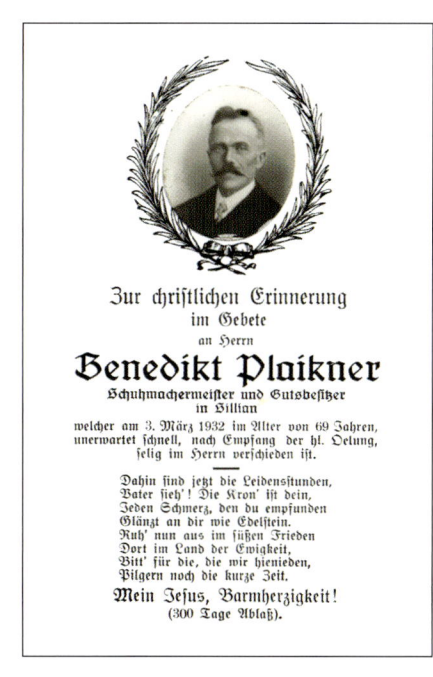

Sterbebildchen bieten Beispiele für Sillianer Berufsstände: Benedikt Plaikner († 1932), Schuhmachermeister – Johann Müller († 1936), Schneidermeister – Johann Kohs († 1914), Sohn eines Färbers.

Bäuerliche Großfamilie Leiter, Asthof, 1955.

Wandel zeigt sich auch in Sillian. Erstmals ermöglicht dies die Volkszählung von 1934, weil sie nach Gemeinden (und nicht wie bisher nach Gerichtsbezirken und politischen Bezirken) die dort lebende Bevölkerung (Berufstätige und deren Angehörige) nach beruflichen Kategorien erfasst. Das realisiert sie nach dem modernen und noch heute gängigen sozioökonomischen Muster, die drei „Wirtschaftssektoren" Land- und Forstwirtschaft, Produktion (produzierendes Gewerbe und Industrie) sowie Dienstleistung zusammenzufassen und aufzugliedern. 1934 hatten die drei Gemeinden Sillian, Sillianberg und Arnbach zusammen 1.396 Einwohner (Wohnbevölkerung). Davon entfielen auf den Wirtschaftssektor Land- und Forstwirtschaft immerhin 46,8, Produktion 22,8 und Dienstleistung 23,3 Prozent (mit starken Anteilen in den Bereichen Handel und Verkehr sowie Öffentlicher Dienst). (Rentner und Arbeitslose wurden, im Gegensatz zu heutigen statistischen Gepflogenheiten, in einer eigenen Kategorie der „Berufslosen" ausgewiesen. Auf sie entfielen 6,6 Prozent.) Beschleunigt, und zwar rasant, hat sich der soziale Wandel erst nach dem Zweiten Weltkrieg. Zwei Zahlen sollen das verdeutlichen: Bei der Volkszählung 1961 war der Anteil des Wirtschaftssektors Land- und Forstwirtschaft auf 26,4 und bei der von 1991 auf 7,1 Prozent zurückgegangen. Die wirtschaftlichen und gesellschaftlichen Realitäten sind heute ganz andere als früher. Vorbei die Zeiten, in denen die wirtschaftliche Existenz ganzer Landstriche auf der Landwirtschaft beruhte, Arbeit, Lebensformen, Mentalität, Sitten und Gebräuche von Bauern (und wie im Markt Sillian auch von Handwerkern) das gesellschaftliche Umfeld und den Alltag prägten. Wie es einst gewesen ist in Sillian, vom Mittelalter herauf bis in das 19. Jahrhundert, mit Blick auf Regierung und Verwaltung, Wirtschaft und Gesellschaft, was sich änderte und wandelte, warum es sich geändert hat, das wurde hier versucht zu erzählen.

Egon Kühebacher

Geschichte der Pfarre Sillian
Seelsorge im Wandel der Zeiten

Der Bischofssitz Aguntum als frühes christliches Missionszentrum

Vom Bischofssitz Aguntum aus war sicher schon im 5. Jahrhundert eine Missionierung der damals im Pustertal gebietsweise siedelnden Alpenromanen erfolgt, über die wir uns jedoch wegen der mangelnden Quellenlage nur mit Vermutungen begnügen müssen. Wir können jedenfalls mit Recht annehmen, dass der Bischof von Aguntum Priester beauftragt hatte, auch im Pustertal zu missionieren und christliche Gemeinden zu gründen.[1] Die wohl im Raum von Littamum (Innichen), Dublaca (Toblach) und Sebatum (St. Lorenzen) entstandenen christlichen Gemeinden hatten aber nicht die nötige Lebenskraft, die Stürme der Völkerwanderung zu überdauern. Nach der mündlichen Überlieferung sei das Kirchlein „St. Peter am Kofel" über Aufkirchen ursprünglich eine heidnische Opferstätte gewesen, die von den Missionären aus Aguntum in ein dem Apostelfürsten Petrus geweihtes christliches Heiligtum umgewandelt worden wäre. Man ist jedenfalls berechtigt, dieser überlieferten Erzählung Beachtung zu schenken.[2] Auch das Silvesterkirchlein auf der Alm hoch über Winnebach dürfte eine verchristlichte heidnische Kultstätte gewesen sein.[3] Ebenso wird das Laurentius-Patrozinium von St. Lorenzen auf das einstige Sebatum zurückgehen.

Wie an anderer Stelle dieses Buches (S. 109–120) ausgeführt ist, war die Haupttalzone des Pustertales von Welsberg bis Anras infolge der bis ins 7. Jahrhundert wiederholt entbrannten Kampfhandlungen der Bajuwaren gegen die Slawen bis ins 8. Jahrhundert nahezu menschenleer. Unter der Leitung des von Anfang an zur Grundherrschaft des Hochstiftes Freising gehörenden Benediktinerklosters Innichen, das von Herzog Tassilo III. im Jahre 769 gegründet wurde, begann hier eine Neubesiedelung durch intensive Rodungs- und Bautätigkeit der vielen Eigenleute dieses freisingischen Klosters, zu dem der gesamte Talbereich vom Pidig (Gsieser Talbach) bis zum Anraser Berg samt den nördlich und südlich angrenzenden Zonen gehörte.

Der Seelsorgsbereich des Klosters Innichen bis ins 12. Jahrhundert

Das Herzogtum Baiern, das sich schon im 6. Jahrhundert dem fränkischen Reichsverband angeschlossen hatte, aber sich nahezu unabhängig entwickeln konnte, hatte die Aufgabe, das Reich vor den Gefahren aus dem Osten zu schützen. Die größte Gefahr bildeten die seit dem späten 6. Jahrhundert nach Westen vordringenden Slawen, die zwar bis zur Linie Enns–Lienzer Klause zurückgedrängt werden konnten, aber bis zu ihrer endgültigen Besiegung durch die Streitmächte Herzog Tassilos III. im Jahre 772 weiterhin bedrohlich blieben.

Als Hauptaufgabe übernahm das Kloster Innichen nach den Worten der Gründungsurkunde die Verpflichtung, das heidnische Volk der Slawen zu missionieren. Mit der Verkündigung der christlichen Frohbotschaft gingen aber Gebietserwerb, Ausdehnung weltlicher Macht und letztlich auch Germanisierung Hand in Hand, sodass die slawisch besiedelten

Der Text der von Herzog Tassilo III. im Jahr 769 ausgestellten Gründungsurkunde von Innichen wurde um 800 vom Mönch Cosroh in den Freisinger Traditionsbüchern festgehalten; die Urkunde selbst war schon um die Jahrtausendwende verloren. Zeilen 12 bis 14 beschreiben den Umfang des Territoriums: vom Taistner Bach bis zur Grenze der Slawen, dem Bächlein am Anraser Berg („a rivulo quae vocatur Tesido usque ad terminos Sclavorum id est ad rivolum montis Anarasi").

Gebiete östlich der Lienzer Klause und Kärntens allmählich ein Teil des deutschen Sprachraumes wurden; nur in Südkärnten konnten sich gebietsweise bis in die Gegenwart slawische Idiome halten. Nach der von dem aus Innichen stammenden Jesuiten Matthäus Rader (geb. 1561) aufgeschriebenen Legende wirkte der selige Batho, ein Mönch des Klosters Innichen, im 11. Jahrhundert als „Apostel Kärntens".[4]

Außer der Slawenmission oblag dem Kloster Innichen aber auch die seelsorgliche Betreuung der Siedler im Hochpustertaler Stiftungsgebiet. Die in den Nebentälern und entlegenen Geländewinkeln lebenden Alpenromanen, die seit dem um 610 erfolgten Ende der von Aguntum ausgegangenen Christianisierung wahrscheinlich wieder in ihr altes Heidentum verfallen waren, mussten erneut für das Christentum gewonnen werden. Zudem hatte auch bei den bairischen Siedlern das christliche Denken im 8. Jahrhundert wahrscheinlich noch keinen Tiefgang. Aber mit der seelsorglichen Betreuung des gesamten Gebietes von Welsberg bis Anras war das Kloster Innichen, das 816 urkundlich als „cellula" aufscheint[5] und folglich nur eine kleine Ordensniederlassung gewesen sein kann, zweifellos überfordert. Die Klostergemeinschaft bestand höchstens aus fünf Priester- und fünf Brudermönchen. Da nach der benediktinischen Ordensregel das tägliche Stundengebet im Kloster von wenigstens drei Priestermönchen gemeinsam verrichtet werden musste, konnten jeweils nur zwei Patres im großen Stiftungsgebiet als Seelsorger unterwegs sein. Bei einer solchen pastoralen Tätigkeit, die nur mangelhaft sein konnte, werden sicher viele heidnische Vorstellungen und Bräuche neues Leben bekommen haben, sodass nicht nur das angrenzende slawische Siedlungsgebiet, sondern selbst das zum Kloster gehörige Hochpustertal zu einem Missionsgebiet wurde.

Nach der endgültigen Beseitigung Herzog Tassilos III. durch König Karl d. Gr. im Jahre 788 wurde vom Salzburger Erzbischof Arno die nun fränkisch-bairische Missionstätigkeit neu gestaltet, wobei den Bistümern Regensburg, Passau und Salzburg genaue Aufgabenbereiche zugewiesen wurden: Regensburg sollte in den böhmischen Raum hinein, Passau die Donau abwärts und Salzburg nach Südosten hinab missionieren.[6] Damit hängt sicher auch die vorübergehende Zuweisung der Grundherrschaft von Freising/Innichen an Salzburg zusammen. Da sich aber Freising ebenfalls an der Südostmission beteiligen wollte, bekam es mit der eben genannten Urkunde von 816 seine Rechte im Pustertal wieder zurück. Um ihrer Aufgabe im Rahmen der fränkisch-bairischen Mission gerecht zu werden, musste die Konventgemeinschaft des Klosters Innichen durch weitere Mitglieder verstärkt werden. Dafür hatte Freising zu sorgen.

Innichen war also ein Eigenkloster des Freisinger Grundherrn und die Verbindung zwischen Freising und Innichen beruhte auf dem germanischen Eigenkirchenrecht. Karl Wolfsgruber schreibt: „Eine Kirche gehört dem, der sie auf seinem Grund und Boden gebaut hat. Der Grundherr ist Eigentümer der Kirche, deren Einrichtung, des der Kirche von ihm überlassenen Gutes und deren Einkünfte. Allerdings ist die Kirche mit ihrem Besitz ein Sondervermögen des Grundherrn, das er nur für die Kirche verwenden darf. Der Eigenkirchenherr stellt den Geistlichen an und sorgt für diesen durch die Benefizialleihe; seit Karl d. Gr. aber hat die Anstellung des Geistlichen mit Zustimmung des Diözesanbischofs zu erfolgen [...]."[7] Der Charakter des Eigenklosters ist aus Schenkungsurkunden des 9. und 10. Jahrhunderts klar ersichtlich. Alle Schenkungen an Innichen gingen nämlich durch die Hände des Freisinger Bischofs oder dessen Vogtes. Als Rektor und eigentlicher Abt verfügte der Bischof von Freising nach freiem Ermessen über Leibeigene und Stiftsgüter Innichens.[8] Güter und Leibeigene waren sein Eigentum; er konnte sie verkaufen, verschenken oder als Lehen vergeben.

Das Eigenkirchenrecht wurde in der Zeit der sächsischen Kaiser ab 965 bestätigt und ausgebaut. Die Kaiser Otto I. und Otto II. erhoben Innichen zu einem eigenen geistlichen Fürstentum, das sie durch großzügige Schenkungen weiterer Ländereien vergrößerten. Der Bischof von Freising war geistlicher und weltlicher Herr dieses Fürstentums.[9] Als geistlicher Herr ließ er sich in Innichen durch ein Mitglied des Klosters, als weltlicher Herr durch einen als Vogt eingesetzten Adeligen vertreten. Die Diözesanrechte übte jedoch in Innichen nie der Bischof von Freising, sondern der Bischof von Säben bzw. Brixen aus.

Durch das Eigenkirchenrecht blieben der Kirche viele materielle Sorgen erspart und zudem war, vom Eigenkirchenherrn gefördert, eine rasche Evangelisierung des gesamten Herrschaftsraumes gewährleistet. In religiöser Hinsicht hatte jedoch das Eigenkirchenwesen in zunehmender Weise arge Nachteile. Josef Gelmi schreibt: „Die Nachteile des Eigenkirchenwesens bestanden vor allem in einer rasant zunehmenden Abhängigkeit der Kirche von den weltlichen Herren und in einer immer gefährlicher werdenden Verfilzung mit den materiellen Dingen dieser Welt. Die Eigenkirchen büßten folglich ihr kirchliches und soziales Gesicht völlig ein."[10]

Als Bischöfe von Freising gab es u. a. auch Männer, die sich um ihr geistliches Amt wenig kümmerten und sich vornehmlich als weltliche Herren fühlten. So findet z. B. Bischof Drachholf (907–926) bei Geschichtsschreibern recht unterschiedliche Anerkennung und manche machten ihm die Verschwendung von Kir-

Ansicht der freisingischen Hofmark Innichen, 1699; Kopie (1880) nach dem originalen Aquarell von Valentin Gappnig.

chengütern zum Vorwurf. Nicht im besten Ruf stand Bischof Nitger (1056 – um 1110), der im Investiturstreit zur Partei Kaiser Heinrichs IV. (1056–1106) hielt und gegen Rom heftig agitierte. Vom Kaiser als Gesandter nach Ravenna geschickt, soll er in seinem Unmut ausgerufen haben: „Meine Gurgel soll mir abgeschnitten werden, wenn ich den Papst nicht absetze!" Von Bischof Heinrich (1099–1137) meldet eine alte Schrift, er sei „wie ein Wolf in den Schafstall eingetreten". Es war notwendig, ihm seit 1137 Matthaeus als Gegenbischof entgegenzustellen. Es ist verständlich, dass es auch in der freisingischen Herrschaft Innichen und nicht zuletzt im Kloster Innichen zu einem erschreckenden geistlichen Verfall kam. In den Wirren des Investiturstreites war das religiöse Leben sowohl beim Klerus als auch beim Volk auf einen bedenklich tiefen Stand herabgesunken.[11]

Diesem Niedergang folgte aber ein neuer Aufschwung. Erzbischof Konrad I. von Salzburg (1106–1147) war der erste Träger der Reform nach dem Investiturstreit. In der Diözese Brixen begann das Reformwerk unter Bischof Reginbert (1125–1140) und besonders in der Amtszeit des seligen Bischofs Hartmann (1140–1164). Mit dem Amtsantritt des seligen Bischofs Otto (1137–1158), eines Sohnes des heiligen Markgrafen Leopold von Österreich, begann das Reformwerk dann im Hoheitsgebiet von Freising und damit auch in der freisingischen Herrschaft Innichen.[12]

Abbildung des Bischofssiegels Ottos von Freising in einer Urkunden-Abschrift.

Entstehung der Pfarre Sillian

Wie bereits angeführt wurde, musste das gesamte Innichner Stiftsgebiet von Welsberg bis Abfaltersbach jahrhundertelang vom Kloster Innichen aus seelsorglich betreut werden. Man kann sich lebhaft vorstellen, wie ungenügend diese pastorale Tätigkeit gewesen sein muss, zumal das Kloster Innichen immer mehr an den Abgaben der zinspflichtigen Untertanen als am Seelenheil der Bevölkerung Interesse hatte. Um dem Übel abzuhelfen, hatte Bischof Otto von Freising bald nach seinem im Jahre 1137 erfolgten Amtsantritt, wahrscheinlich während seines Aufenthaltes in Innichen im Jahre 1140[13], die Hochpustertaler Urpfarren Innichen, Sillian, Toblach und Niederdorf errichtet. Die Pfarre Innichen umfasste außer Innichen samt Innichberg auch Sexten, zur Pfarre Toblach gehörten die Siedlungen des Toblacher Raumes und das orographisch linksseitige Gsieser Tal, die Pfarre Niederdorf bildeten Niederdorf samt Eggerberg, Welsberg bis zum Pidig (Talbach von Gsies) und Außerprags, und das gesamte Stiftsgebiet von einschließlich Vierschach bis Abfaltersbach gehörte zur Pfarre Sillian.[14]

Auffallend ist, dass der Bereich westlich von Innichen auf zwei Pfarreien aufgeteilt wurde, während der mehr als doppelt so große Talbereich östlich von Innichen von einem einzigen Pfarrsitz aus betreut werden musste. Da in dieser Großpfarre noch um 1590 nur 3.000 Seelen gezählt worden waren[15], kann angenommen werden, dass das Siedlungsnetz im östlichen Stiftsgebiet von Innichen im 12. Jahrhundert noch recht weitmaschig gewesen sein musste. Obwohl es durch eine nun verstärkte Seelsorgtätigkeit mit dem religiösen Leben in den folgenden Jahrzehnten erfreulich aufwärtsging und die frommen Gläubigen auch in Randbereichen des Pfarrgebietes Kapellen mit Messlizenz[16] errichteten, gab es einen Friedhof nur bei der Pfarrkirche und ebenso durften Tauf-, Firmungs- und Trauungsfeiern nur in der Pfarrkirche stattfinden, sodass die Leute von Abfaltersbach, Kartitsch, Villgraten und Vierschach einen weiten Kirchweg hatten. Die Großpfarre blieb nun in ihrer Ausdehnung ungeteilt über ein halbes Jahrtausend lang bestehen und musste von Sillian aus verwaltet werden. Da ein Priester allein dazu nicht imstande war, mussten ihn Hilfspriester unterstützen, aber von einer Kooperatorenstiftung, die es in Toblach gab[17], ist in Sillian nichts bekannt, wenn es auch eine solche gegeben haben dürfte. Bis ins frühe 16. Jahrhundert können jeweils zwei Kooperatoren ausgemacht werden, dann findet man bis ins 19. Jahrhundert (Amtszeit von Pfarrer Bachmann) nur mehr einen.

Der selige Bischof Otto von Freising reformierte aber nicht nur die seelsorgliche Praxis, sondern auch und vor allem das weithin arg verwilderte Leben in den Klöstern, zumal er selbst seit 1132 Mitglied des neuen Reformordens der Zisterzienser war. Eine Reform hatte sicher auch das Kloster Innichen nötig.[18] Da es Bischof Otto als eigentlichen Rektor dieses Eigenklosters vom fernen Freising aus nicht möglich war, die klösterliche Ordnung zu überwachen, und er gleichzeitig um eine nachhaltigere seelsorgliche Tätigkeit bemüht war, dürfte er sich veranlasst gefühlt haben, um 1140 das Kloster in ein Kollegiatstift für Weltgeistliche umzuwandeln, dessen Gemeinschaft aus 20 Chorherren bestehen sollte, die von einem Dekan und einem Propst geleitet wurden. Als erster Propst des Kollegiatstiftes ist 1144 Ulrich Graf von Scheyern und Wittelsbach urkundlich genannt.[19]

Damit beginnt ein völlig neues Verhältnis zwischen Freising und Innichen, denn die alte Basis des absoluten Eigenkirchenwesens hörte nun auf. Das Kollegiatstift wird in geistlicher Hinsicht und in seiner internen Verfassung vom Freisinger Bischof unabhängig. Nur die Einsetzung des Propstes behielt sich Freising bis ins frühe 16. Jahrhunderts vor. Der Propst war der Verwalter der Güter, die für den Unterhalt des Stiftes von den Gütern der freisingischen Grundherrschaft abgetrennt wurden; da er auf diese Weise eine Schlüsselfigur für die Grundherrschaft Freisings war, legte der Grundherr Wert darauf, den Propst selbst

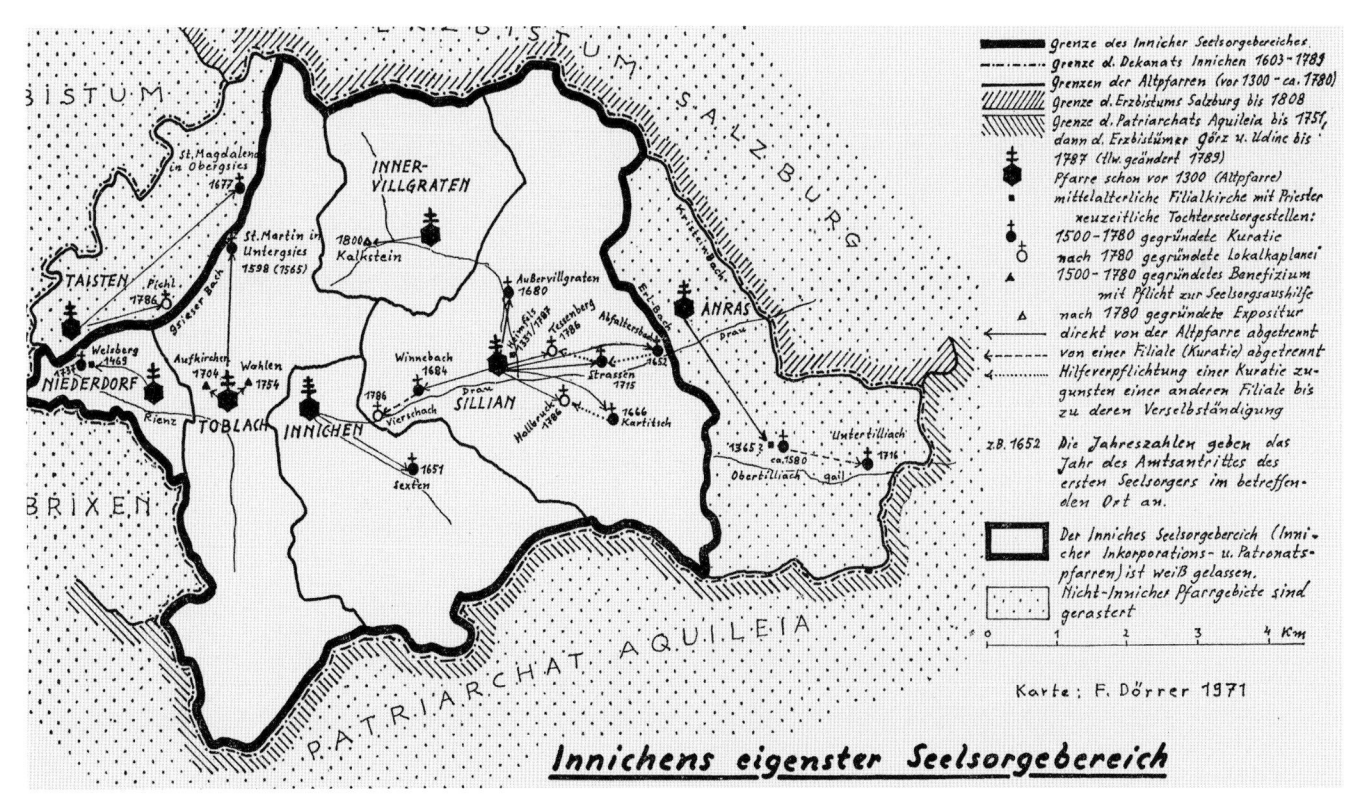

Die seelsorgliche Erschließung des Gebietes zwischen Welsberg und Abfaltersbach von Innichen aus um die Mitte des 12. Jahrhunderts und Eintragung der Urpfarren Innichen, Sillian, Toblach und Niederdorf, später Innervillgraten; von den Urpfarren abgespaltete Kuratien und Lokalien.

223

zu ernennen. Das Eigenkirchenrecht der Freisinger Bischöfe blieb somit auch weiterhin fühlbar.[20]

Zudem behielt Bischof Otto die übrigen Güter zwischen Welsberg und Abfaltersbach als eigene Grundherrschaft, die ihm aber schon im Laufe des 13. Jahrhunderts an die Vögte verloren ging, sodass schließlich von der einstigen freisingischen Herrschaft Innichen nur mehr die Ortschaft Innichen, die seit 1280 als „Hofmark" aufscheint, übrig blieb. Und dieser letzte Rest konnte sich bis zur Auflösung aller geistlichen Grundherrschaften im Jahre 1803 halten. Bis ins 14. Jahrhundert wurden die Pfarreien Innichen, Sillian, Toblach und Niederdorf immer noch als Eigenkirchen Freisings behandelt, indem für sie der Freisinger Bischof die Pfarrer bestellte und diesen Kirche, Altar, Temporalien und Spiritualien übertrug. Obwohl die Pfarre zum Hl. Michael in Innichen immer und die Pfarren Sillian, Toblach und Niederdorf meistens mit Chorherren des Kollegiatstiftes besetzt wurden, gab Bischof Konrad IV. von Freising im Jahre 1328 die Zustimmung, die Pfarre Innichen dem Kollegiatstift einzuverleiben und versprach gleichzeitig, die drei anderen Pfarren nur an Stiftsherren zu verleihen. Aber im Jahre 1393 hatte der Freisinger Bischof Berchtold auch diese drei Pfarren dem Stift Innichen inkorporiert. Der Brixner Bischof Friedrich bestätigte 1393 diese Einverleibung, und zwar unter der Bedingung, dass die Einsetzung des Pfarrers in die Spiritualia dem Brixner Diözesanbischof vorbehalten bleibe, dem Stift hingegen die Präsentation.[21] Seit 1520 hatte der Frei-

Innenansicht der romanischen Stiftskirche von Innichen.

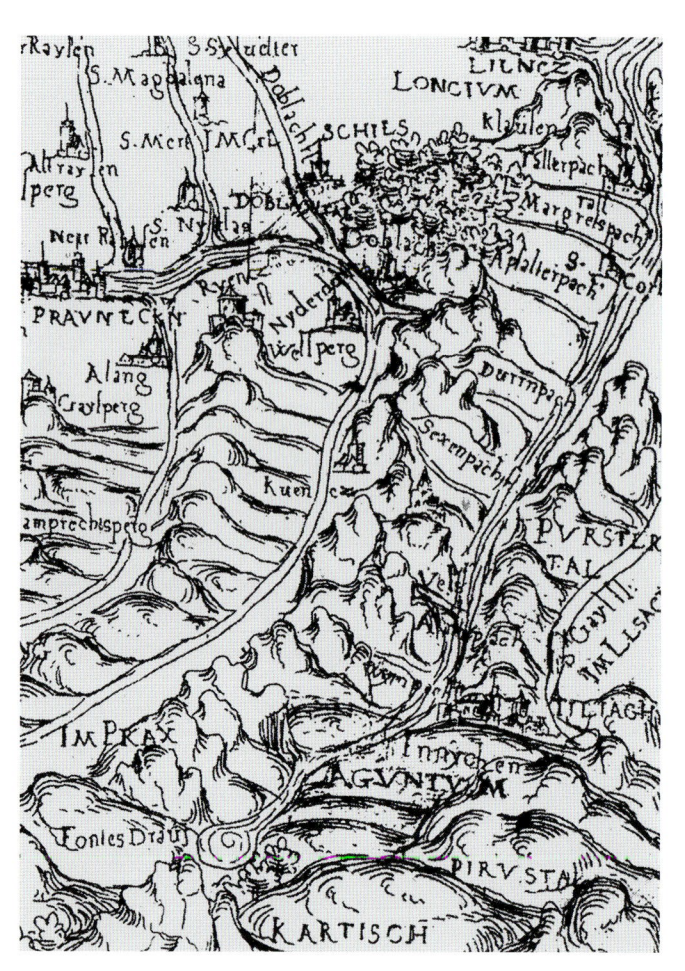

Das östliche Pustertal auf der ersten Karte des gesamten Landes Tirol, geschaffen von Wolfgang Lazius, Kupferstich von 1561; neben „Innychen" findet man die Bezeichnung „Agvntvm" vor, da die Ursprünge des Marktes irrtümlich auf die Römerstadt zurückgeführt worden waren.

singer Bischof auch keinen Einfluss auf die Besetzung der Propstei; dieses Präsentationsrecht übernahm zunächst der Bischof von Brixen, dann, ab 1674, der Landesfürst und ab 1918 der Papst.[22] Seit dem 16. Jahrhundert hatte also Freising auf das Stift Innichen und die vier Stiftspfarreien keinen Einfluss mehr.

Die Pfarrer von Sillian bis um 1650

Eine lückenlose Reihe der Pfarrer vom 12. Jahrhundert bis in die Zeit der Gegenreformation zusammenzustellen, ist erst ab dem frühen 14. Jahrhundert möglich, und zwar ab 1311. Die folgende Aufzählung ist hauptsächlich der handschriftlichen Chronik der Pfarre Sillian (als Pf. abgekürzt) entnommen, die von Dekan Albert Steinringer und Josef Rauter in den siebziger Jahren des vergangenen Jahrhunderts aus Akten des Sillianer Pfarrarchivs erarbeitet wurde; als besonders ergiebige Quelle dienten dabei die vielen Aufschreibungen von Pfarrer Ignaz Paprion (1806–1813, s. u.), der noch u. a. aus Quellenmaterial schöpfen konnte, das inzwischen verloren gegangen ist. Als Ergänzungen dienen fallweise die Angaben im *Catalogus et Series Decanorum* und *Catalogus et Series Canonicorum* des Stiftes Innichen, verfasst von Stephan von Mayrhofen (seit 1775 Stiftskanonikus) und ergänzt von Jakob Walder (seit 1805 Stiftskanonikus).[23] Die Angaben, die zusätzlich zu diesen Quellen geliefert werden, sind mit dem entsprechenden Quellenvermerk versehen.[24] Die Pfarrchronik enthält auch die Namen aller nachweisbaren Kooperatoren (ausgearbeitet von Josef Rauter). Wie in den Stiftspfarren Innichen, Toblach und Niederdorf kam natürlich auch in Sillian nur ein Chorherr (Kanonikus) des Kollegiatstiftes Innichen als Pfarrer in Frage.

Engildin ist bei der Weihe der ersten Kirche von Vierschach im Jahre 1212 als Pfarrer von Sillian genannt. 1190 scheint er als Pfarrer von Innichen und nachher als Dekan des Stiftes auf, dessen Kanonikus er seit ungefähr 1180 war.

Altmann, ein Sohn des Ritters Heinrich von Anras, stirbt am 7. April 1268 als Pfarrer von Sillian. Zu seiner Zeit machte der Brixner Bischof Bruno dem Freisinger Bischof Konrad II. das Präsentationsrecht streitig, entfernte sogar die Pfarrer von Innichen und Sillian und den Priester der damals bereits bestehenden Kuratie Innervillgraten und setzte dafür andere Priester ein. Aber dem Bischof von Freising gelang es, sein altes Recht wieder zu erkämpfen. Dazu kam es im Jahre 1268, in dem auch die Pfarre Innervillgraten errichtet und von der Urpfarre Sillian abgetrennt wurde; über diese Pfarre übte seither der Propst des Stiftes Innichen das Patronatsrecht aus, und zwar unabhängig von seinem Chorkapitel.[25]

Wilhelm, Sohn des Rudger von Niederdorf, scheint in der eben genannten Auseinandersetzung mit Bischof Bruno von Brixen und ebenso in den Jahren 1271 und 1281 als Pfarrer von Sillian auf. Er ist schon 1261 in Sillian nachweisbar und soll ein großer Wohltäter des Stiftes gewesen sein.

Otto von Matrai (1311–1334), Hofkaplan des Grafen von Görz, dann Vikar in Sillian und 1341 Dekan des Stiftes Innichen, wo er am 16. September 1348 starb. Mit seinem Kooperator Heinrich finden wir ihn 1311 als Zeuge im Testament, das Stefan von Schlittenhaus vor seiner Abreise ins Heilige Land machte, in welchem er der Pfarrkirche zwei Güter in Niederdorf zur Abhaltung eines Jahrtages mit vier Priestern für sich übergab.

Die als „Gesellpriester" bezeichneten Kooperatoren gingen damals wie die Handwerksgesellen auf die Wanderschaft, um sich ihren Dienst- und Brotherrn zu suchen. Ihre Anstellung erfolgte bis ins späte 18. Jahrhundert nicht durch ein bischöfliches Amt, sondern durch einen Pfarrer, der seinem Gesellen außer Unterkunft und Kost kaum eine weitere Entlohnung bot.[26] Den Pfarrern befahl allerdings der Bischof seit dem 17. Jahrhundert wiederholt, die um eine Kooperatorenstelle ansuchenden jungen Priester erst nach genauer Prüfung ihrer Fähigkeiten und notwendigen Kenntnisse als Mitarbeiter anzunehmen.

Berchtold Alrasch (1324–1328), in seiner Amtszeit wurden am 6. Juli (Ulrich) 1326 Chor und linker Seitenaltar der Pfarrkirche „*Zu Ehren der glorreichen Jungfrau Maria*" von Johann, Vikar des Brixner Bischofs Albert, geweiht; daher der Sillianer Kirchtag am Sonntag nach Ulrich.

Konrad von Lienz (1328–1346), Sohn des Burggrafen Hugo von Lienz. Er wurde 1341 Stiftsdekan, blieb aber zugleich Pfarrer von Sillian und bestellte vier Vikare als Mitarbeiter (Vertreter), darunter Heinrich und Johannes.

Johannes de Susato (1351–1370) wurde am 12. Jänner 1368 Stiftsdekan und starb am 3. Februar 1379. Nach Eintragung im genannten Verzeichnis des Stiftsarchives war er Magister der Freien Künste, wohlerfahren in der Theologie und Baccalaureus der Medizin. Mit seinen Chorherren hatte er anscheinend wiederholt Zwistigkeiten wegen seiner eigenmächtigen Güterverwaltung und Verleihung der Stiftspfarren. Am St. Leonhardstag 1364 schenkte ein Nikolaus aus dem Sedelhof der Pfarrkirche mehrere Güter, wofür dieser für sich, seinen Vater und Großvater die Abhaltung von Jahrtagen verlangte. Im Jahre 1351 schenkte der Heinfelser Richter Jakob von Tessenberg der Pfarrkirche ein Gut in Außervillgraten und verordnete aus Besitzungen in Schlittenhaus der Pfarrkirche „*ein Lägl Wein*", das am Gründonnerstag unter den Kommunizierenden verteilt werden sollte.

Heinrich Hämmerle (1370–1379) aus Stufels/Brixen. 1340 war er Pfarrer in Kals und 1344 Stadtpfarrer und Domherr in Brixen. Er überließ die Pfarre einem Lienhard, Pfarrer von St. Stefan/Kärnten und starb am 19. März 1379 in Brixen. Auch einen „*Gsöllpriester*" Konrad findet man 1370.

Johannes, Vikar des Bischofs Albert von Brixen, bestätigt die Weihe des Chores und des linken Seitenaltars der Pfarrkirche von Sillian; die Weihe erfolgte zwischen 30. Juni und 6. Juli („in octava Petri et Pauli") 1326.

Thomas Hann (1379–1390) aus Bruneck. Im Jahre 1390 vertauschte er die Pfarre Sillian mit der Pfarre Antholz.

Jakob Hann (1390–1397) war Pfarrer von Antholz und wurde durch den eben genannten Tausch Pfarrer von Sillian.

Johann Risse (1397–1427), Stiftskanonikus seit 1390, dann Vikar von Toblach und ab 1397 von Sillian.

Im 15. Jahrhundert wurden beinahe alle Filialkirchen der Pfarre Sillian erneuert, vergrößert und neu geweiht: 1452 in Außervillgraten und St. Oswald, 1479 in Kartitsch, 1471 in Tessenberg, 1479 in Vierschach.[27]

Christian Redermayr (1427–1435) von Tilliach begann einen Kirchenneubau; Heinrich und Hans Walker waren Bauführer.

Jakob Meixner von Rothenthurn, ein Kärntner (1435), ist als Stiftskanonikus und Vikar von Sillian nachweisbar und stirbt dort im Antrittsjahr 1435.

Stephan Weisel (1435–1449) aus Tilliach, Stiftskanonikus seit 1442, stirbt am 23. Dezember 1461 in Sillian. Laut Pf. wurde in seiner Amtszeit am 25. Juli 1441 der Kirchenneubau vom Ordensbischof Johannes, Suffragan des Trientner Bischofs, geweiht. Er war ein guter Vater der Armen und der Priester, ein Wohltäter der Kirche und Erbauer der Priesterwohnung. Als Mitarbeiter finden wir Peter Frizler.[28]

Michael Wegsell (1449–1473) aus Tilliach. 1460 sind als Kooperatoren Michael und Niklas Meixner genannt. Der Pfarrer starb am 20. Juni 1473. Als Kooperator ist 1464 bis 1465 Niklas Ortner genannt. Als Kooperatoren scheinen ferner auf: Hans Meixner (1481) und Niklas Wyss (1488). Im Jahre 1465

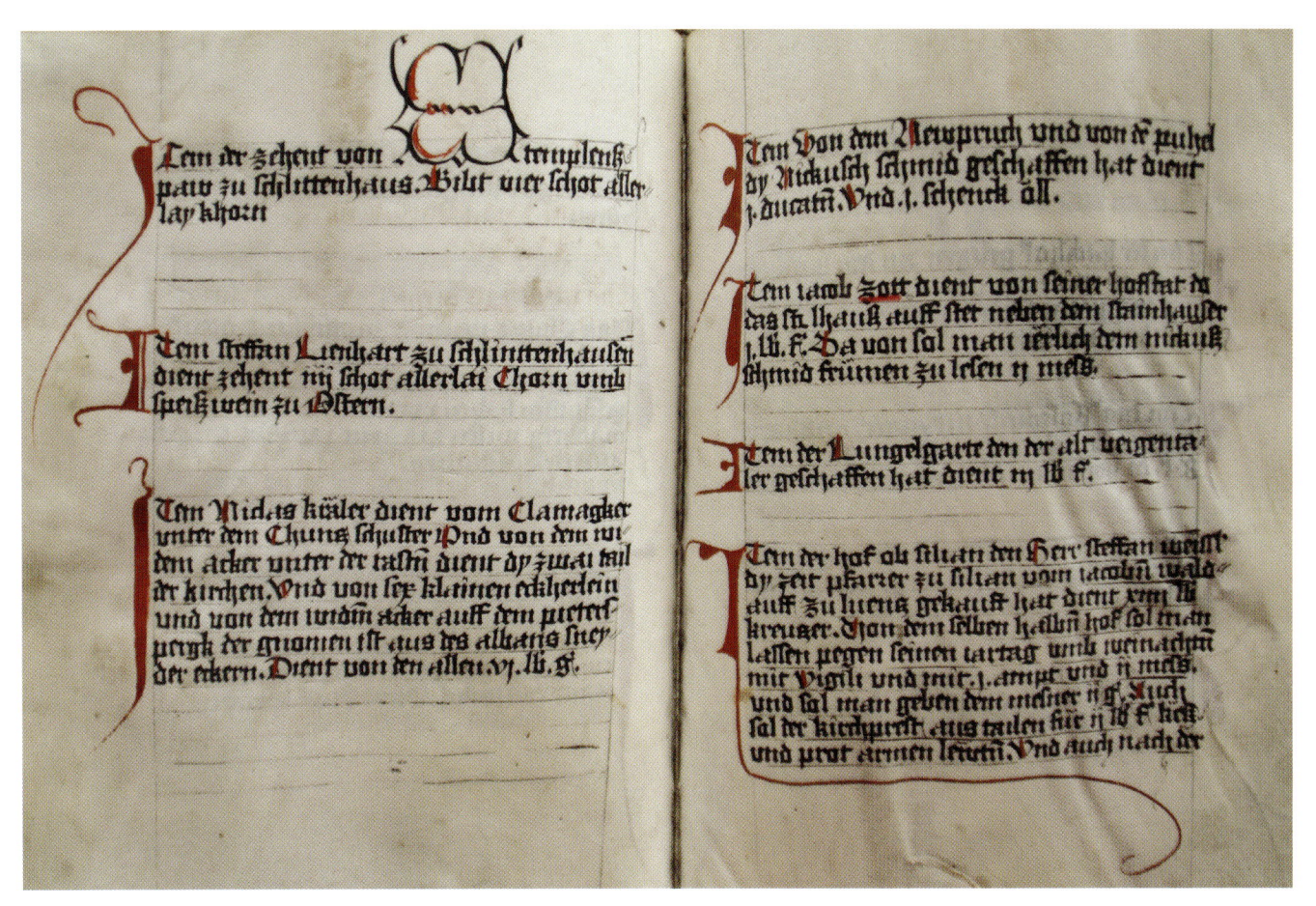

Zwei Seiten aus dem Kirchenkalendarium mit Verzeichnis der zu haltenden Gottesdienste und den der Pfarre zustehenden Abgaben; angelegt von Pfarrer Christian Hölzl, 1494.

schenkte Graf Leonhard von Görz der Pfarrkirche ein Gut „*am Hof ob Sillian*".

Nikolaus Meixner von Rothenthurn (1473–1490), ein Kärntner, Stiftskanonikus seit 1469, stirbt als Pfarrer von Sillian am 10. November 1490.

Christian Hölzl (1490–1506), ein Sillianer, Sohn des Bartlmä Hölzl und der Barbara Meixner, scheint 1488 als Kooperator auf. Als seine Kooperatoren wirkten Martin Pasl (1494), Urban Payrl (1501) und Georg Lipp (1501/05). Vorher war er Kaplan Kaiser Maximilians. Im Jahre 1500 erbaute er die St.-Anna-Kapelle am Friedhof, deren Weihe 1502 erfolgte. Als er am 31. Jänner 1506 starb, wurde er in dieser Kapelle bestattet. Sein Bruder Blasius war Kaiserlicher Rat und Sekretär Maximilians I., sein Bruder Augustin war Wechsler und Landrichter von Gastein und erhielt für sich und seine Brüder den Adelsstand (Familie von Hölzl zu Thierburg); der Bruder Hans war Kämmerer in St. Peter/Salzburg; namentlich bekannt sind auch die Schwestern Veronika, Dorothea und Margaretha. 1506 findet sich ein Ambrosius Hölzl als Kooperator.[29]

Heinrich Staudenreich (1506–1508) aus Regensburg war seit 1506 Kanonikus und starb am 4. August 1508 an der Pest. Der Pfarrkirche Sillian vermachte er einen silbernen Kelch, ein Kreuz und Kleinodien.

Georg Gaiser (1509–1538), ein Innichberger, seit 1497 Stiftskanonikus. Von seinen Kooperatoren sind namentlich bekannt: Leonhard Leb (1509/13), Pankraz Prugel (1509/10), Augustin Mardner (1510), Hans Frizler (1512), Hans Meixner (1512/13), Leonhard Stainhauser (1513), Hans Lusner (1514), Wolfgang Sittich (1519/20), Christian Posthl (1523/28) und Hans Wampl (1523/26). Gaiser starb als Senior der im Stift residierenden Kanoniker am 14. März 1542 in Innichen.[30]

Gabriel Maus (1538–1541) aus Innichen, Stiftskanonikus seit 1533. Im Jahre 1541 kehrte er ins Stift zurück und starb dort am 23. September 1555.

Johann Wampl (1541–1543), seit 1538 Stiftskanonikus. Er war 1535 Kaplan auf Schloss Heinfels und von 1540 bis 1541 Pfarrer in Innervillgraten. Im Jahre 1543 kehrte er wieder auf Schloss Heinfels zurück und starb dort am 30. November 1547. Aus dem Jahre 1543 ist als Kooperator Georg Glaser dokumentiert.

Valentin Fercher (1543–1552), ab 1541 Stiftsdekan. Im Jahre 1543 ereignete sich ein großer Murbruch, durch den Felder und mehrere Häuser im Markt unter Schutt begraben wurden. Im Jahre 1552 wurde Fercher Pfarrer in Lienz und starb dort am 21. Juni 1559. Ein Hanns Forcher scheint 1550 als Kooperator auf.

Kolumban Pranter (1552–1560), Stiftskanonikus seit 1539. Als Kooperator ist 1543 Georg Glaser genannt. Im Jahre 1560 wurde er Pfarrer von Lienz und 1562 verzichtete er auf das Kanonikat, verließ den geistlichen Stand und heiratete.

Eberhard Prey (1560–1566), ein Innichner, Stiftskanonikus seit 1543. Durch seine Bemühungen wurde der Buchbestand der Stiftsbibliothek durch den Erwerb der Pol-Bibliothek stark erweitert.[31] Im Jahre 1565 wurde die Löffler-Glocke in Arnbach gegossen. Prey starb am 23. April 1584 als Stiftsdekan.

Max Gassmayr (1566–1568) aus Rasen, Stiftskanonikus seit 1565. Im Jahre 1568 wurde er Pfarrer von

Pfarrwidum, in seinem Kern spätgotischer Bau mit drei Geschoßen und Krüppelwalmdach, 2013.

Taisten und starb dort am 3. Juni 1573. Als Kooperator wirkte im Jahre 1568 ein „*Herr Georg*".

Im 16. Jahrhundert hatte das religiöse Leben auch im Kollegiatstift Innichen und in dessen Hochpustertaler Wirkungsbereich erneut einen traurigen Tiefpunkt erreicht. Erschreckende Nachrichten über den Lebenswandel mancher Priester werden uns vermittelt. Wir hören von Kanonikern, die dem Trunke ergeben waren, den Zölibat nicht beachteten u. a.[32] Auch der nun folgende Pfarrer von Sillian führte nachweislich lange Zeit kein Musterleben:

Hieronymus Sighard, Stiftskanonikus seit 1556, wirkte als Pfarrer von Sillian von 1572 bis 1580 und starb als Senior der residierenden Kanoniker in Innichen am 8. Jänner 1599. Über ihn und einige weitere Kanoniker des Stiftes wird wenig Rühmliches überliefert. Sighard habe allerdings „*in Sack und Asche gebüßt*" für sein Leben als „*concubinarius et stuprator*"; Konkubinarier, Schänder und Trunkenbolde waren auch andere Kanoniker, einer habe die Absolutionsformel nicht gekannt und einer sei ein Falschmünzer gewesen.[33] Kanonikus Peter Ryst, der im Jahre 1592 Dekan des Stiftes wurde, berief 1593 eine Kapitelversammlung ein, in der die Stiftsstatuten neu verfasst und Wege zur Reform des religiösen Lebens festgelegt wurden. Bei der Visitation im Jahre 1594 und neun Jahre später bei der Brixner Diözesansynode zeigte sich bereits auch im Wirkungsraum des Stiftes Innichen eine merkliche Besserung.[34] Pfarrer Sighart hatte nur einen einzigen Kooperator und war mit der Betreuung seiner Großpfarrei überfordert. Sinnacher schreibt: „Weil der Pfarrer versprochen hatte, auf eigene Kosten ein Schulhaus zu bauen, erließ man ihm den größern Theil der Strafe, wozu er wegen seiner Aufführung hätte verurtheilt werden sollen."[35]

Virgil Stainhauser (1580–1585), ein Sillianer, seit 1566 Stiftskanonikus, starb am 7. September 1585. Im Jahre 1580 schlichtete er einen Raufhandel zwischen Hanns Fasching, Hanns Widerer, Christoph Scharlinger und Georg Frizler, der sich unter der Linde am

Johann Fercher, ein Verwandter des Sillianer Pfarrers Valentin Fercher, wirkte durch einige Jahre (1585 bis 1588) als Stiftsdekan von Innichen; Wappen im ehemaligen Kapitelsaal von Innichen.

Sillianer Kirchtag zugetragen hatte; die Linde bei der Kirche stand bis 1836.[36]

Nikolaus Gatterer (1585–1588) aus Pladen, Stiftskanonikus seit 1565, stand in Verdacht, ein Geldfälscher zu sein, und musste das Kanonikat am 13. Juni 1595 abgeben.[37]

Thomas Morbo (1588–1602), seit 1587 Stiftskanonikus, wurde bei der Visitation im Jahre 1594 als Pfarrer von Sillian lobend erwähnt, obwohl er immer wieder ohne Kooperator arbeiten musste. Dokumentiert sind als solche: 1593 Johann Moser, 1597 Jakob Anrater. Er begann mit der Führung der Matrikelbücher. Am 4. Juli 1591 wurde der Ortsteil „*Auf der Gisse*" vermurt. Morbo starb am 19. April 1614 als im Stift Residierender.³⁸ Er hatte die Ehre, die von der Chorherrengemeinschaft 1593 beschlossenen neuen Kapitelstatuten des Stiftes nach Brixen bringen zu dürfen, um dafür die bischöfliche Bestätigung zu bekommen.³⁹

Veit Hofer (1602–1609) war vorher Benefiziat auf der Sonnenburg bei St. Lorenzen. Als Kooperator ist 1604 Hieronymus Hainz dokumentiert.

Florian Gasser (1609–1612), von ihm wissen wir nur, dass er 1612 als Pfarrer resignierte und nach Dölsach zog.

Martin Gasteiger (1612–1615), ein Sillianer. Er hatte 1615/16 Konrad Bieler als Kooperator. Wir lesen in der Pfarrchronik: „Ein gewisser Kaufmann und Ambros Schmidhofer lockten den Pfarrer eines Nachts durch Klopfen heraus. Als er aus dem Tore trat, packte ihn Schmidhofer an der Gurgel und würgte ihn. Die Übeltäter kamen kurz darauf in die Lawine und fanden so den Tod."

Baltassar Stolz (1615–1625), erhielt ein Kanonikat im Jahre 1615 und übernahm gleichzeitig die Pfarre Sillian. Nach zehn Amtsjahren zog er nach Taisten, wirkte dort als Pfarrer und starb am 6. Juni 1661. Als Kooperatoren scheinen bis 1625 auf: Adam Bacher (1616/18), Michael Krassnig (1619/21), Christian Brugger (1621), Barlmä Rueß (1621/25).

Christian Brugger (1625–1630) aus Kartitsch, nach 1630 Pfarrer von Taisten. Als Kooperatoren wirkten Paul Götschler (1525/26) und Peter Gostner (1627/31). Aus einem Schreiben des bischöflichen Ordinariates in Brixen geht hervor, dass der Generalvikar Bedenken trug, einen Kooperator nach Sillian zu schicken, da dort *„böse Weiber"* seien.

Johannes Johanneser (1630–1644) aus St. Johann i. A., Dr. theol., seit 1627 Kanonikus und Pfarrer von Toblach bis 1630. Ab 1644 residierte er im Stift und starb dort am 9. April 1671. In seiner Amtszeit

Pfarrkirche, St.-Anna-Kapelle und Widum auf einem Ölgemälde von ca. 1670.

wurde 1641 die Rosenkranzbruderschaft eingeführt. Als Kooperatoren finden wir in dieser Zeit: Christian Paller (1631), Jakob Walder (1631/33), Johannes Prey (1633/34), Thomas Forcher (1634/36), Blasius Niedersint (1636/37), Georg Lazari (1637/39), Thomas Rogger (1639/40), Anton Mair (1641), Paul Agerle (1642/43), Gregor Ortner (1644) und Martin Turner (1644/45).

Kaspar Goldwurm (1644–1658), ab 1633 Stiftskanonikus und ab 1658 wirkte er als Pfarrer von Innichen. Bei einem Bittgang um Regen, den er von Innichen aus zur 1650 geweihten Loretokapelle begleitete, starb er im Gasthaus Klettenheim am 28. Mai 1661 durch Sonnenstich.[40]

Georg Angerer, Kooperator in Sillian, war geistig verwirrt und nahm sich 1667 das Leben. Als ein vom Teufel „Besessener" wurde er mit Hörnern und Geißfüßen auf dem Ölgemälde (Ausschnitt) von ca. 1670 verewigt.

Seelsorger von Sillian seit Schaffung der Kuratien bis zur Aufhebung des Stiftes Innichen im Jahre 1785

Zur Intensivierung der seelsorglichen Tätigkeit und damit zur Festigung des Glaubenslebens wurden im Zuge der gegenreformatorischen Bemühungen ab 1650 die Urpfarren des Stiftes Innichen in Kuratien aufgelöst. Die Kuratien waren nicht etwa Hilfsstationen der Pfarre, sondern vollwertige Seelsorgestationen, deren Priester eigene Cura zukam, und die nur mehr ganz lose der Mutterpfarre zugeordnet waren. Jede Kuratie hatte nicht nur eine eigene Kirche mit eigener Gottesdienstordnung, sondern auch einen eigenen Friedhof. Damit waren auch die weiten Kirchwege zur Urpfarre nicht mehr notwendig.[41]

In der Urpfarre Sillian entstanden folgende Kuratien: 1652 Abfaltersbach, 1666 Kartitsch, 1680 Außervillgraten, 1684 Winnebach und 1715 Strassen; außerdem 1786 in der Kuratie Abfaltersbach die Lokalie Hollbruck, in der Kuratie Strassen die Lokalie Tessenberg und in der Kuratie Winnebach die Lokalie Vierschach, ebenso als nahezu eigene Seelsorgestationen, aber zunächst ohne eigenen Friedhof.[42] Wie die Urpfarren, die ältesten Pfarreien des ganzen Bereichs, waren auch alle Kuratien und Lokalien dem Stift Innichen einverleibt und wurden nahezu ausschließlich von Stiftsmitgliedern betreut. Zudem gehörten alle Seelsorgestationen von Welsberg bis Abfaltersbach zum Seelsorgsdekanat Innichen, das vom Ruraldekan geleitet wurde; Ruraldekan war immer ein Pfarrer der Urpfarren des Stiftes. Eigenartigerweise gehörten zum Dekanat auch die Kuratien Ober- und Untertilliach, obwohl ihre Mutterpfarre Anras war.[43] Das Gebiet des Dekanates deckte sich bis 1920 fast genau mit dem der Schenkung Herzog Tassilos III. und der einstigen freisingischen Herrschaft Innichen. Die Stiftskirche von Innichen, die vom Volk seit alters *Tuim* (Dom) genannt wurde, war die gemeinsame Kirche aller Angehörigen des Dekanates.[44]

Als Pfarrherren von Sillian, deren Arbeitsgebiet nun stark verkleinert war, wirkten bis zur Aufhebung des Stiftes Innichen im Jahre 1785 folgende Stiftsmitglieder:

Michael Mitteregger d. Ä. (1658–1662) kehrte 1662 wieder in das Stift zurück, wurde 1670 Pfarrer von Innichen und starb dort am 3. August 1671.

Kaspar Schranzhofer (1662–1668), ein Innichner, seit 1661 Stiftskanonikus, war seit 1668 in Innichen residierender Kanonikus und starb dort am 18. Mai 1676. Als Kooperatoren finden wir ab 1645: Abraham Zingerle (1645/46), Karl Haid (1646/48), Bartholomäus de Laurentiis (1648/51), Michael Walker (1651/53), Blasius Mitteregger (1653/56), Michael Brunell (1656/62), Michael Holprugger (1662/64),

Anton Jakob Egger (1664/65), Simon Fischnaller (1665/66), Georg Angerer (1666/67), Anton Rupfl (1667/68), Georg Klausner (1668), Johann Puzer (1668/71). Georg Angerer war geistig verwirrt und endete am 15. Mai 1667 mit Selbstmord.

Bernhard Patzleiner (1668–1670), ein Innichner, war ab 1663 Stiftskanonikus, nach 1670 Kurat von Kartitsch und starb 1672 in Innichen.

Michael Mitteregger d. J. (1670–1675), ein Innichner, war seit 1668 Stiftskanonikus und starb in Sillian am 15. Dezember 1675. In der Reihenfolge der Kooperatoren sind genannt: Florian Kammerlander (1670/71) als Vize-Pfarrer), Franz Lamp (1671/73), Dominikus Comployer (1673/79) und Georg Strobl (1675/76) als Provisor).

Johann Kaspar Trojer (1676–1683) aus Niederdorf, ab 1671 Stiftskanonikus. In seiner Amtszeit wurde die Kirche „Zum leidenden Heiland" in Arnbach 1679 geweiht. Er war der eigentliche Gründer der Kuratie Winnebach.[45] Er starb als residierender Kanoni-

Grabstein des Sillianer Pfarrers Bonaventura von Geilberg an der nördlichen Krypta-Mauer der Stiftskirche von Innichen: „Allda ruhet in Gott der Hochwürdig Wohl=Edl und Hochgelehrte Herr Bonaventura von Geilberg des Kaiserl. Collegiatstifts Chorherr, Rural Dechant und Pfarrer allhie. Ist Todts verblichen in 70. Jahr seines Alters den 30. Mertzen 1725".

Grabstein des Sillianer Pfarrers Johann Hattler an der nördlichen Krypta-Außenmauer der Stiftskirche von Innichen: „Allhie liget der hoch Ehrwürdig Edl, und hochgelehrte Herr Jonnes [!] Hatler deß Kayserl. Collegiat Stüfts Can(oni)^{cus} Senior, auch zu Sillian und Niderdorff gewester Pfaar Herr, ist abgleibt in den 64 Jahr seines alters 1734".

kus am 9. November 1719. Als Kooperatoren findet man: Peter Stauder (1678/80), Markus Anton Januser (1679/82), Georg Egartner (1682) und Martin Tallmann (1682/84).

Florian Kammerlander (1683–1705), ein Tilliacher, ab 1671 Stiftskanonikus, dann Kurat in Kartitsch. Er war Magister der Philosophie. Im Jahre 1705 zog er sich in das Stift zurück und starb dort im Februar 1718. Kooperatoren von 1684 bis 1705: Peter Aigner (1684), Andrä Köller (1685), Johann Hochmayr (1685/90), Franz Karl Recordin, Johann Anton Puechberger (1691/93), Franz Rauter (1693/94), Franz Cantinpolet (1694/97), Anton Siessl (1697/98), Michael Khecht (1698/1702), Michael Kerschbaumer (1702) und Johann Möst (1702/05).

Bonaventura von Geilberg (1705–1716) war seit 1688 Stiftskanonikus und nach seiner Amtszeit als Pfarrer von Sillian Pfarrer von Innichen und Ruraldekan. Er starb am 30. März 1725 in Innichen.[46] Kooperatoren von 1705 bis 1716: Anton Pedevilla (1705/09), Marc Aurel Manucredo (1707), Peter Schraffl (1709/15), Johann Weiler (1711/13), Anton Felix Geiler (1714), Gregor Steidl (1715), Blasius Zerhofer (1715/21) und Johann Hellenstainer (1716).

Johann Hattler (1716–1725), seit 1699 Stiftskanonikus, dann bis 1716 Kurat in seinem Heimatdorf Kartitsch und in Abfaltersbach, nach 1725 Pfarrer in Niederdorf. Er starb als residierender Stiftskanonikus am 22. März 1734 in Innichen.[47] Kooperatoren von 1721 bis 1724: Franz Anton Söll (ab 1720 Kanonikus, 1721/22), Karl Vinzenz Hippolit (1722/23), Dominikus Schraffl (ab 1725 Kanonikus, 1723/29)[48], Ambros Pircher (1723/24) und Johann Trojer (Provisor, 1724). Am 28. Juli 1717 wurde in Panzendorf und wohl auch in Sillian ein Frühmessbenefizium unter dem Patronat der Sillianer Bürgerschaft gegründet bzw. erneuert, denn einzelne Frühmesser finden sich schon vorher.[49]

Josef Thaddäus von Klebelsberg (1725–1741), seit 1713 im Alter von 28 Jahren Stiftskanonikus, 1719 Pfarrer in Niederdorf und ab 1725 Pfarrer und Ruraldekan in Sillian. In seiner Amtszeit wurde die

In der Amtszeit von Pfarrer Josef Thaddäus von Klebelsberg wurde die St.-Anna-Kapelle neu errichtet und 1731 eingeweiht.

St.-Anna-Kapelle neu errichtet und am 23. Juli 1731 von Fürstbischof Graf Künigl geweiht. Da man den Widum nicht restaurieren wollte, zog Klebelsberg nach Stilfes und starb als Pfarrer dort am 14. Dezember 1765. Kooperatoren von 1727 bis 1741: Josef Höfer (1727), Andreas Riedler (1727/29), Ambros Pircher (1729/32), Josef Grueber (1730), Josef Tschurtschenthaler (1730), Johann Ludwig von Klebelsberg (1731/32), Josef Güsser (1732/34), Josef Christoph Barath (1732/33), Josef Vollgruber (1733), Johann Wagner (1733), Franz Singlsperger (1734/37), Nikolaus Isidor Vicelli (1735/36), Leonhard Franz Waldreich (1737/41), Michael Paur (1738/39) und Johann Kolbenthaler (1741).

Barthlmä Strele (1741–1754) aus Innichen, ab 1723 Stiftskanonikus, er war Dr. theol.; er starb als Pfarrer in Sillian am 26. Mai 1754. Kooperatoren bis 1754: Johann Mösner (1741/49), Josef Anton Peintner (1744), Paul

Unter Pfarrer Joseph Anton Perathoner wurde im Zuge der Gesamtrestaurierung der Pfarrkirche auch ein neues Uhrwerk angeschafft, das bis 1972 in Betrieb stand. Das handwerkliche Meisterstück schuf Veit Johann Forstlechner „statt uhrmacher zu Innsbrugg" im Jahr 1756. Seine Familie war zeitweise im Sillianer Raum ansässig.

Mairwieser (1746/49), Peter Mulser (1747), Franz Kofler (1748), Jakob Alex Sprenger (1748/57), Josef Tallmann (1748), Anton Kunater (1752/54) und Bernhard Franz Waldreich (Provisor, 1754).

Joseph Anton Perathoner (1754–1790), Dr. theol.; geboren 1704 in Gais, wurde schon im Alter von 20 Jahren Stiftskanonikus, war von 1728 bis 1754 Pfarrer in Niederdorf, dann Pfarrer in Sillian, wo er auch ab 11. April 1763 als Ruraldekan wirkte. In seiner Amtszeit wurde 1759 die Verlängerung und die Barockisierung der Pfarrkirche durchgeführt, außerdem die Aufsetzung eines Stockes im Pfarrhaus. Zudem errichtete er 1761 zwei neue Seitenaltäre, die von Fürstbischof Leopold Graf Spaur geweiht wurden. Im Jahre 1766 führte er das „Vierzigstündige Gebet" an den drei

Grabstein des Pfarrers Joseph Anton Perathoner (1754–1790) an der südlichen Außenmauer der Pfarrkirche von Sillian. Unter ihm wurde die gotische Pfarrkirche dem Zeitgeschmack entsprechend barockisiert und viel für die Glaubenserneuerung getan. Der lateinische Text des Grabsteins ist nur teilweise leserlich. Pfarrer Perathoner wurde 86 Jahre alt.

Blick auf die Pfarrkirche zu Mariae Himmelfahrt, die unter Pfarrer Joseph Anton Perathoner verlängert und barockisiert wurde.

letzten Faschingstagen ein, im Jahre 1769 gründete er die Bruderschaft von der christlichen Lehre und, wie schon in Niederdorf, war Perathoner auch in Sillian ein großer Förderer des Passionsspieles, das in der Karwoche in der Kirche aufgeführt wurde.[50] Im Jahre 1780 zog er sich in das Stift zurück und überließ die Arbeit in Sillian den Kooperatoren, von denen uns folgende bekannt sind: Josef Schwaiger (1757/61), Georg Alois Mair (1761/63), Georg Josef Hölzl (1763/76), Josef Stocker (1763/68), Josef Alois Perathoner (seit 1781 Stiftskanonikus, 1788/89) und Johann Kann (1790). Pfarrer Perathoner starb am 9. Jänner 1790 in Innichen, wurde aber in Sillian begraben (Grabstein an der Südmauer der Pfarrkirche).

Seelsorger der Pfarre Sillian in der Zeit der Aufhebung und seit der Wiedererrichtung des Kollegiatstiftes Innichen

Kaiser Joseph II. verfügte mit Hofdekret vom 22. Jänner 1785 die Aufhebung des Stiftes, wobei dem Stiftsdekan und den sechs residierenden Kanonikern der lebenslängliche Genuss ihrer Präbenden aus dem Stiftsfonds belassen wurde.[51] Die als Seelsorger in den Pfarreien, Kuratien und Lokalien des Stiftes tätigen Kanoniker verloren ihre Zugehörigkeit zum Stift und folglich auch ihre Kanonikatsrechte. Auf Bitten der Tiroler Landstände ordnete Kaiser Franz II. mit Hofdekret vom 22. September 1798 die Wiedererrichtung des Stiftes in folgender Form an: Die Stiftsgemeinschaft bildeten fortan der Propst, der zugleich Pfarrer von Innichen sein soll, und vier residierende Kanoniker mit Verpflichtung zur Seelsorgshilfe, außerdem die dreizehn Domizelaren der ehemals stiftischen Seelsorgsstationen, nämlich die Pfarrer von Niederdorf, Toblach, Innervillgraten und Sillian, die Kuraten von Abfaltersbach, Kartitsch, Sexten, Winnebach, St. Martin in Gsies und Außervillgraten, der Expositus von Aufkirchen und die Lokalkapläne von Vierschach, Tessenberg und Hollbruck. Im Jahre 1787 wurde auch eine Expositur in Heinfels geschaffen. In dieser Form wurde das Stift von der Königlich-Bayerischen Regierung am 10. Dezember 1808 erneut aufgehoben und konnte erst nach der Wiedervereinigung Tirols mit Österreich wieder im Zustand von 1798 eröffnet werden.

Die Pfarrer von Sillian waren also von 1798 bis 1808 und ab 1818 Domizelaren des Stiftes Innichen. Ab 1790 wirkten folgende Pfarrer und Kooperatoren:

Josef Anton Leo (1790–1796), geboren 1732 in Bürs/Vorarlberg. Schon im Jahre 1796 resignierte er auf die Pfarre Sillian mit Vorbehalt einer Pension von 300 Gulden und zog nach Mähren, wo er in großer Armut starb. Von 1790 bis 1806 wirkten folgende Kooperatoren: Josef Herrnegger (1792/96), Josef Mair (1796), Valentin Felder (1797, 1801/04), Josef Tasser (1800/01), Andrä Brugger (1804/06) und Anton Rogen (1806/11).

Ignaz Mantinger (1797–1806), geboren im Jahre 1749 in Villnöß. Er war vorher Pfarrer in Dornbirn. Als k. k. Schulinspektor für Tirol erwarb er sich große

Pfarrer Ignaz Mantinger (1797–1806), später Pfarrer und Propst von Innichen, in einem Porträt von Josef Wach.

Verdienste um die Volksschule. Im Jahre 1806 wurde er Kanonikus des Stiftes und Pfarrer von Innichen, wo er die zweite Aufhebung des Stiftes erlebte und als Pfarrer bis 1818 wirkte, in welchem Jahre er der erste Propst des wiedererrichteten Stiftes wurde. Er starb schon am 25. Mai 1819 bei einer Sitzung des Tiroler Landtages, dessen Präsident er war. Der Bischof ernannte ihn zum Geistlichen Rat. Ihm verdankt das Stiftskapitel die notwendig gewordene Rekonstruktion. Sein Nachlass bildete den Grundstock der „Mantingerstiftung" zur Unterstützung armer Priesterstudenten und Priester, die bis in die Zeit des Ersten Weltkrieges bestand. Während seiner Amtszeit als Pfarrer in Sillian übernahm er auch die Aufgabe des Ruraldekans. Ein Porträt dieses bedeutenden Priesters besitzt das Museum des Stiftes Innichen.[52]

Ignaz Matthias Paprion (1806–1812) wurde in Sillian als Sohn des Matthias und der Katharina Strasser am 14. Februar 1752 geboren. In seinen Studienjahren war er ein Schüler des großen Tiroler Historikers Joseph Resch, der ihn für die Geschichtsforschung begeisterte. Nach seiner im Jahre 1774 erfolgten Priesterweihe diente er als Hilfspriester und Schullehrer in seinem Heimatort, wurde 1786 Kurat in Winnebach, 1798 Stiftskanonikus, 1801 Pfarrer in Toblach und 1806 Pfarrer in Sillian. Als glühender Patriot bemühte er sich mit Erfolg um die Aufstellung und Ausrüstung der zwei Sillianer Schützenkompanien. Am 4. Jänner 1810 begleitete er die vom französischen General Broussier zum Tode verurteilten Landesverteidiger Josef Achammer, Josef Gasteiger und Georg Wurzer zur Richtstätte. Als Geschichtsforscher erwarb er sich einen beachtlichen Ruf, obwohl er kaum etwas publizierte. Leider ist von seinen Arbeiten nur mehr ein kleiner Teil im Sillianer Pfarrarchiv und in der Bibliothek des Tiroler Landesmuseums Ferdinandeum in Innsbruck erhalten. Paprion war nämlich sehr jähzornig und soll in einem Zornanfall viele seiner Manuskripte verbrannt haben.[53] Am 11. August 1812 beschloss Pfarrer Paprion sein bewegtes und rastlos tätiges Leben. Kooperatoren von 1806 bis 1812: P. Aurelian Vilgrater OFM (1811), Peter Sint (Provisor, 1811/13), Balthasar Bergmann (1812) und Andrä Mariner (1812/13).

Josef Herrnegger (1813–1837), ein Sillianer, geboren am 3. März 1768. Er wirkte ab 1802 zunächst als Provisor, dann als Kurat in Winnebach und übernahm am 1. Juni 1813 die Pfarre Sillian. Er war besonders ein Freund der Armen und Kranken. Wegen seines freundlichen Wesens und seiner segensreichen Tätigkeit war er allseits beliebt. Er starb am 17. Juli 1837. Kooperatoren von 1813 bis 1837: Josef Webhofer (1813/14), Johann Wieser (1814), Josef Kann (1815/16), Karl Lanzinger (1817/21), Anton Fuchs (1621/27), Johann Pircher (1828), Felizian Kraler (1828/32), P. Karl Latzi OFM (1832/36), Josef Huber (1834), Franz Ganzer

Grabtafel für Pfarrer und Heimatforscher Ignaz Paprion (1806–1812) beim Priestergrab an der Ostseite der Pfarrkirche.

(1834/35), P. Hugolin Eder OFM (1834), Michael Rienzer (1835/38) und Johann Gogl (1837).

Andreas Bachmann (1837–1850) aus Toblach, war vor seinem in Sillian am 1. November 1837 erfolgten Einstand Kurat in Außervillgraten. Am 24. April 1850 wurde er Kanonikus in Innichen und starb dort schon am 13. Juni desselben Jahres. Mit seiner Stiftung von 6.000 Gulden ermöglichte er für Sillian eine zweite Kooperatur und eine Aufbesserung der Pfarrpfründe.[54] Kooperatoren dieses Pfarrers: Georg Lechner (1838/39), P. Peter Lechner OFM (1839), P. Ferdinand Egartner OFM (1839), Franz von Kemptner (1839/42), P. Thaddäus Guggenberger OFM (1841), P. Gregor Mayr OFM (1842), Josef Huber (1842/48), Simon Moriggl (1843/44), Johann Webhofer (1845/49), Johann Baumgartner (1848/52) und Peter Plank (1850/52).

Felizian Kahler (1850–1851), geboren 1797 in Asch. Er war vorher Lokalkaplan in Vierschach und Kurat in Kartitsch. Er hielt am 13. August einem Mitbruder in Anras die Primizpredigt, kehrte am Abend nach Sillian zurück und starb während der Nacht.

Johann Assmayr (1851–1893), geboren am 4. März 1809 in Virgen. Bis zu seinem Einstand um Martini 1851 in Sillian war er Lokalkaplan in Vierschach. Sein besonderes Verdienst war gewesen, dass es ihm mit nicht geringer Mühe gelang, die Barmherzigen Schwestern als Schulschwestern nach Sillian zu bringen. Er starb am 17. Februar 1893. In seiner langen Amtszeit hatte er folgende Kooperatoren: Jakob Enz (1652), Josef Annewandter (1853), P. Johannes Krapl OFM (1853), Johann Mayr (1853/57), Peter Valtiner (1853/54), Josef Außerlechner (1854/56), P. Franz Paul Kolb OFM (1856), Anselm Vinatzer (1856), P. Guido Küchl OFM (1856/57), Thomas Gatterer (1856/58), Johann Paulmichl (1857), Anton Ammos (1857/62), Johann Ebner (1858/61), Josef Walder (1862/63), Johann Mayrl (1862/63), P. Ignaz Raggl OFM (1862/63), Josef Obersanner (1863/68), Michael Niederwolfsgruber (1863/64), Georg Kahn (1865/71), Johann Gebaur (1868/71), P. Josef Kern OFM (1870/71), P. Antonin

Johann Assmayr (1851–1893) wirkte über 42 Jahre lang als Pfarrer.

Tinkhauser OFM (1871/74), Georg Köll (1872/76), P. Damasus Sax OFM (1874/75), P. Johann Scheiber OFM (1875), P. Ezechiel Keller OFM (1876), Michael Stadler (1876), Valentin Massl (1876/79), Heinrich Mayr (1876/79), Franz Niederwanger (1880/82), P. Hugolin Silbergasser OFM (1880), Josef Kalser (1880/84), Heinrich Mayr (1882/84), Virgil Wibmer (1884/87), Ignaz Steiner (1884/86), P. Franz Karl Guggenberger OFM (1887), Valentin Astner (1887), Leopold Sader (1887/89), P. Nikosius Peer OFM (1887/91), Vinzenz Tinkhauser (1889/93), P. Wilhelm Altenburger OFM (1891/93), Jakob Mayr (1893/95) und Franz Obersanner (1893/95).

Da im 19. Jahrhundert auffallend häufig Franziskaner als Kooperatoren aufscheinen, muss es am Nachwuchs von Weltpriestern gefehlt haben. Mit der Errichtung des Brixner Knabenseminars Vinzentinum durch Fürstbischof Vinzenz Gasser in den 1870er-Jahren kam es diesbezüglich zu einer deutlichen Besserung.[55]

Im Jahre 1891 wurden alle Kuratien und Lokalien des Dekanates Innichen zu Pfarreien erhoben.

Georg Köll (1893–1900), geboren am 24. April 1834 in Windisch-Matrei. Vor seiner Amtszeit in Sillian war er ab 1876 Lokalkaplan in Tessenberg. Er war ein angesehener, allgemein beliebter und pflichteifriger Priester und Verwalter. Köll starb am 15. April 1900. Als Kooperatoren wirkten in dieser Zeit: Franz Kaser (1895/97), Johann Unterleitner (1895/98), Franz Walder (1897/99), Johann Passler (1898/1900) und Ignaz Ausch (1900/01).

Thomas Hintner (1901–1922) aus Pichl/Gsies, wo er am 21. Dezember 1848 geboren wurde. Nach seiner Priesterweihe im Jahre 1875 wirkte er nach Kooperatorenjahren durch sechs Jahre als Kurat in Obertilliach, dann zehn Jahre lang als Pfarrer in Kals. Am 9. Februar 1901 trat er sein Amt in Sillian an. Brachte der 1914 ausgebrochene Erste Weltkrieg schon viel Leid, so geriet durch die Kriegserklärung Italiens an Österreich im Mai 1915 das Gebiet von Niederdorf bis Sillian ganz nahe an die Frontlinie und damit ins Schussfeld des Gegners. Da besonders Kirche und Widum der größten Gefahr ausgesetzt waren, mussten Pfarrer und Kooperatoren längere Zeit in geschützteren Quartieren untergebracht werden. Der Gottesdienst wurde in Arnbach und Heinfels gehalten. Im Oktober 1915 machten der Pfarrer und die Gemeindevertretung das Gelöbnis, zehn Jahre den Schmerzensfreitag als Festtag zu halten. Außerdem versprachen die Hausväter, ein Jahr lang für das tägliche Rosenkranzgebet in ihren Häusern zu sorgen. Sillian konnte glücklicherweise diese schwere Zeit ohne größere Schäden überstehen. Pfarrer Hintner war nicht nur ein frommer Priester, sondern auch ein gewissenhafter Verwalter.

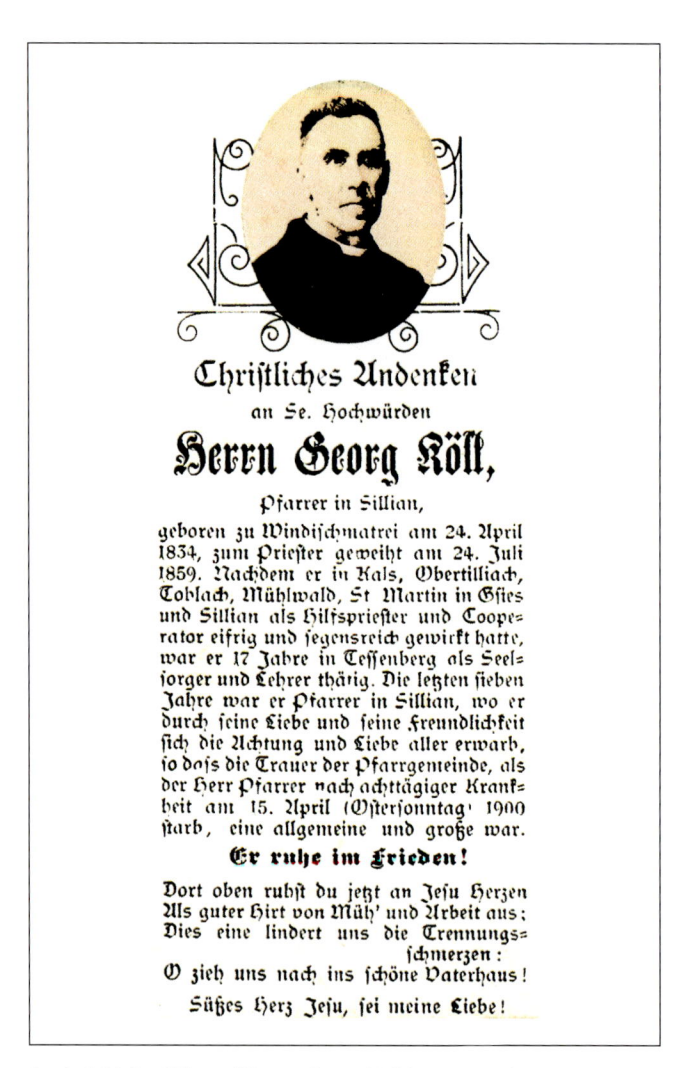

Sterbebild des Sillianer Pfarrers Georg Köll (1893–1900).

Pfarrer Thomas Hintner (1901–1922).

Zweimal wurde die Pfarrkirche restauriert, zudem kam ein neues Geläute (mit einer in B gestimmten Glocke) dazu und schon im Jahre 1906 hatte die Kirche eine neue Orgel bekommen; außerdem ließ der Pfarrer neue Kirchenstühle anschaffen schaffen und bereicherte den Sakristeifond durch den Ankauf von rund zwanzig Messkleidern. Die Geldsumme für alle diese Arbeiten wurde größtenteils durch Sammlungen und Spenden aufgebracht. Als Kooperatoren unterstützten den Pfarrer: Konrad Bergmeister (1900/01), Leonhard Amort (1901/02), Johann Schmidhofer (1901/04), Johann Köll (1903/08), Ferdinand Fritzer (1908/11), Josef Koller (1908/11), Johann Ragginer (1911/12), Ludwig Veider (1912/14), David Eppacher (1912/18), Barthlmä Hechenplaickner (1914/16), Josef Aschbacher (1917/21), Heinrich Grießer (1918/19), Sigmund Kofler (1919/21), Julius Egger (1921/23) und Christoph Wurzer (1920/25).

Da durch die endgültige Festlegung der österreichisch-italienischen Staatsgrenze zwischen Arnbach und Winnebach im Herbst 1919 die Verbindung zum Dekanatssitz Innichen sehr erschwert wurde[56], musste Pfarrer Hintner zunächst als Prodekan für die Pfarreien des östlich der neuen Staatsgrenze liegenden Innichner Dekanatsteiles amtieren. Im Dezember 1921 wurde das Dekanat Sillian geschaffen. Pfarrer Hintner war somit in den letzten drei Monaten seines Lebens Dekan dieses neuen Dekanates. Er starb am 6 März 1922. Im großartigen Begräbnis kamen seine große Beliebtheit und Wertschätzung zum Ausdruck.

Die Dekane des Dekanates Sillian und ihre Kooperatoren

Obwohl das Dekanat Innichen durch die neue Staatsgrenze einen großen Gebietsteil verloren hatte, blieben doch die Pfarrer der einstigen Seelsorgsposten des Stiftes Innichen auch östlich der Staatsgrenze kirchenrechtlich weiterhin Domizelaren des Stiftskapitels. Freilich kümmerte man sich um dieses Recht im Laufe der zweiten Hälfte des 20. Jahrhunderts immer weniger, sodass es gänzlich vergessen wurde. Kirchenrechtlich bestand auch die große Diözese Brixen bis 1964, wenn auch bis dahin für die Leitung des Gebietes der Diözese im österreichischen Teil Tirols ein dem Vatikan direkt unterstellter Administrator zuständig war. Erst 1964 wurde die Diözese Innsbruck geschaffen.

Das Dekanat Sillian wurde von folgenden Priestern geleitet:

Josef Fuchs (1922–1940) aus Asch, wo er am 12. August 1870 geboren wurde. Nach seiner Priesterweihe am 29. Juni 1894 in Brixen war er Kooperator in Obertilliach, Kals, Strassen, Welsberg und St. Lorenzen, von 1910 bis 1916 Pfarrer in Bannberg und von 1916 bis 1922 Pfarrer in Uttenheim. Am 1. November 1922 trat er sein Amt als Dekan und Pfarrer in Sillian an. Im Jahre 1923 ließ er sechs neue Glocken gießen, die am 20. Oktober desselben Jahres von Msg. Gottfried Stemberger, Dekan in Lienz, geweiht wurden. Im Alter von 70 Jahren zog er sich nach Abfaltersbach zurück, wo er am 15. Jänner 1954 starb: Seinem Wunsch gemäß wurde er im Priestergrab des Sillianer Friedhofes beigesetzt. Seine Kooperatoren waren: Christoph Wurzer (bis 22.10. Provisor, 1921/25), Franz Mayr (1923/25), Anton Kofler (1925/26), Franz Josef Sint (1926/27), Friedrich Kurzthaler (1927/29), Alois Plunser (1929/31), Josef Niederwieser (1931/33), Thomas Innerhofer (1933/38), Hermann Nocker (1938) und Josef Jungmann (1938/41).

Josef Hanser (1940–1975) wurde am 19. März 1900 als zwölftes Kind von vierzehn Geschwistern beim Wurler in Kals geboren. Das Gymnasialstudium machte er bis 1914 am Vinzentinum in Brixen und setzte es in Sarns fort, da das Vinzentinum als Lazarett beschlagnahmt wurde. Noch vor der Matura wurde er am 1. März 1918 zum Militär eingezogen, konnte aber nach Brixen zurückkehren, nachdem er in Bosnien an der Spanischen Grippe erkrankt war, und die Kriegsmatura ablegen. Nach dem Theologiestudium am Priesterseminar in Brixen empfing er am 29. Juni 1923 die Priesterweihe und feierte am 11. Juli in Kals

Dekan Josef Fuchs (1922–1940). Dekan Josef Hanser (1940–1975).

seine Primiz. Als Kooperator wirkte er von 1923 bis 1926 in Obertilliach, von 1926 bis 1934 in Lienz/St. Andrä und von 1934 bis 1935 in St. Nikolaus/Innsbruck. Von 1935 bis 1939 war er Religionsprofessor an der Oberschule und am Staatsgymnasium in Innsbruck und von 1939 bis 1940 Propsteibenefiziat unter Propst Dr. Josef Weingartner. Am 13. Oktober 1940 trat er als Dekan und Pfarrer in Sillian sein Amt an. Eigentlich war Pfarrer Josef Stocker als Dekan vorgesehen, aber als ihn der Auftrag des Bischofs erreichte, starb er plötzlich.

Den gütigen Dekan Hanser, dessen Lebensphilosophie zwischen Tradition und Fortschritt angesiedelt und folglich dessen seelsorgliche Linie gemäßigt war, haben noch alle Sillianerinnen und Sillianer im Alter von vierzig und über vierzig Jahren in dankbarer Erinnerung. In gemäßigter Form hielt er sich auch an die Bestimmungen des Vatikanischen Konzils, das in seine Amtsperiode fiel.

In der schweren Zeit bis zum Ende des Zweiten Weltkrieges verstand er es in geschickter Weise, die Gläubigen trotz vielfacher Behinderungen seitens der NS-Machthaber auf sicherem Weg zu führen. Großartiges leisteten er und sein Kooperator Anton Draxl aus Inzing in der Jugendseelsorge. Draxl war von den NS-Größen verfolgt und aus dem Gau Tirol-Vorarlberg vertrieben worden; er starb 1973 als Dekan von Silz. Als nach Kriegsende die Heimkehrergeneration sich um eine Lebensexistenz und die Errichtung von Wohnheimen bemühte, stellte Dekan Hanser Baugründe aus dem Kirchengut, vor allem in der Aue, um lächerlich billige Preise zur Verfügung.

Schon am Kirchweihfest 1940 regte er die Restaurierung der Pfarrkirche an. Im Jahre 1943 erfolgte die Restaurierung der St.-Anna-Kapelle und der Arnbacher Kirche. 1951/52 nahm er die Renovierung der Pfarrkirche in Angriff, wobei er von der beauftragten Firma leider nicht immer gut beraten wurde. Nach dem Hochwasser von 1965 musste die Elendkapelle renoviert werden, außerdem kam es in dieser Zeit zur Friedhofserweiterung auf Kirchengrund. Des Weiteren versuchte der Dekan – mit wenig Glück – ein Pfarrheim zu errichten, das freilich keinen längeren Bestand haben konnte. Als weitere Anschaffungen sind neue Glocken, eine Weihnachtskrippe für den Hochaltar der Pfarrkirche, ein Ostergrab (beides von Seelos in Zirl) und die Heizung der Kirchenbänke zu nennen.

Seine Gemeinde erzog er nach Kräften zur Liebe für Caritas und Mission. Er war zweifellos ein großartiger Mensch, ein idealer, heimatverbundener und auch sehr musikalischer Priester. Als Kalser hatte er vierundvierzigmal den Glockner bestiegen. Aus gesundheitlichen Gründen musste er 1975 sein Amt zurücklegen. Am 31. August verabschiedete sich Sillian vom Dekan mit einem feierlichen Gottesdienst und einem Festakt in der Aula der neuen Hauptschule, wobei ihm die Ehrenbürgerschaft der Marktgemeinde verliehen wurde. In der Nähe des Pfarrhauses richtete sich Hanser eine Wohnung ein, nachdem es ihm wegen allerlei negativer Umstände nicht möglich war, ins Frühmesshaus zu ziehen. Dem neuen Dekan half er immer bereitwillig aus. Im März 1977 kam er ins Sanatorium der Kreuzschwestern in Innsbruck und starb dort nach langem Leiden am 20. Juni 1977. Am 24. Juni wurde er im Priestergrab des Sillianer Friedhofes begraben. Der Landesbischof, rund 70 Priester und eine unübersehbare Menschenmenge gaben ihm das letzte Geleit.

Angeführt seien noch die letzten Sillianer Kooperatoren von 1941 bis 2001: Anton Draxl (1941/49), Johann Innerhofer (1949/55), Julius Nussbaumer (1955/61), Alfons Senfter (1961/63), Gottfried Melzer (1963/68), Otto Berktold (1968/69), Benjamin Calovi (aus Kartitsch, 1969/70), Josef Wieser (aus Strassen, 1975/75), Herbert Asper (aus Prutz 1975/81), Stefan Hauser (1981/82), Josef Ahorn (1982/84) – seit 1983 ist auch der Diakon Hans Huber tätig, seit 2001 zudem Michael Nocker –, Alfons Lanser (1984/87) und Bruno Haider (1987/01), der letzte Kooperator.

Albert Steinringer (1975–1991) aus Tessenberg, dort geboren am 6. September 1917 als sechstes und letztes Kind der Reiterleute Josef und Maria Bachmann (aus Winnebach). Nach Gymnasialstudien am Paulinum in Schwaz begann er das Theologiestudium in Brixen und schloss es nach sechsjähriger Unterbrechung wegen des Wehrdienstes in den Kriegsjahren (1939–1945) am Canisianum in Innsbruck ab. Am 29. Mai 1948 empfing er in Landeck die Priesterweihe. Als Kooperator wirkte er in Neustift/Stubai (1948/51), Innsbruck/Dreiheiligen (1951/54) und in der Propsteipfarre St. Jakob/Innsbruck. Anschließend war er von 1957 bis 1975 Pfarrer in Umhausen/Ötztal. Durch zwanzig Jahre war er Diözesanreferent der Mesner. Am 6. September 1975 führte ihn Bischof Paulus Rusch in die Pfarre Sillian ein. In seiner Amtszeit als Pfarrer von Sillian wurde der Priestermangel immer bedenklicher. Am 1. Fastensonntag 1977 (27. Februar) war zum Abschluss der Gebetstage Bischof Paulus Rusch in Sillian und stellte in der Predigt besorgt fest, dass die Zahl der Jungmänner, die sich für den Priesterberuf entscheiden, erschreckend abnimmt. Im Jahre 1987 musste der Dekan auch Kartitsch und Hollbruck übernehmen. Nur bis 1991 konnte, wie erwähnt, noch ein Kooperator dem Pfarrer behilflich sein. Seit 1983 war zudem der Diakon Hans Huber tätig. Auch aus Sillian stammende Neupriester wurden selten, wie der genannten Pfarrchronik zu entnehmen ist: von 1900 bis 1958 gab es 22 Primizen, also durchschnittlich eine jedes zweite Jahr (1903 und 1952 sogar 3, 1937 2), dann erst wieder jeweils eine in den Jahren 1970 und 1978. Wie schon sein Vorgänger bemühte sich auch Dekan Steinringer um gottesdienstliche und seelsorgliche Neuerungen im Sinne des Vatikanischen Konzils, vor allem regte er die Laien zur aktiven Mitarbeit an. Als verantwortungsvoller Verwalter der Kirchengüter ließ er erneut bei der Pfarrkirche, der St.-Anna-Kapelle und dem Arnbacher Kirchlein Schäden ausbessern und Restaurierungsarbeiten durchführen. Im Jänner 1979 wurden Verbesserungen an der großen Glocke und am Glockenstuhl notwendig, der Kirchenraum bekam eine neue Beleuchtung, u. a. zwei schmucke Silberampeln, im Jahre 1983 wurde die nicht mehr

Unter Dekan Josef Hanser erhielt die Pfarrkirche eine Weihnachtskrippe für den Hauptaltar, gemalt von Franz Seelos in Zirl, 1952.

reparierbare alte Orgel durch eine von der Firma Pircher/Steinach errichtete neue Orgel ersetzt u. v. a. Mit viel Kunstsinn wurde der Widum restauriert, in gefälliger Weise das Pfarrheim und die Pfarrkanzlei errichtet und zudem das reichhaltige Archiv geordnet. Außerdem konnte der Bestand der Pfarrbücherei vermehrt und in einem geeigneten Raum der Gemeinde untergebracht und zugänglich gemacht werden. Seine Tüchtigkeit wurde durch die Verleihung des Titels eines Monsignore anerkannt. Es ist verständlich, dass die Arbeitsüberlastung den Kräften des nun bereits vierundsiebzigjährigen Priesters zu sehr zusetzte, sodass er sein Amt einem jüngeren Mitbruder überlassen musste. Weiters war noch im Jahre 1990 eine schwierige Knieoperation dazugekommen; im langen Heilungsprozess musste er mehrere Monate mit Krücken gehen. Er lebte nur mehr ein Jahr als Pensionist in einer dem Pfarrhaus nahe gelegenen Wohnung und starb am 17. Februar 1992, fünfzehn Jahre nach seinem Bruder, dem im Alter von erst vierundsechzig Jahren verstorbenen Msg. Dr. theol. Johannes Steinringer, Stadtdekan in Lienz. Die konziliare Kirche war für beide ein wichtiges Arbeitsziel.

Augustin Ortner (1991–2002) wurde am 22. März 1949 in Außervillgraten geboren und wuchs mit fünf Geschwistern auf. Die Eltern betrieben eine kleine Landwirtschaft und eine Gastwirtschaft. Er besuchte fünf Jahre die Volksschule in seinem Heimatdorf, anschließend das bischöfliche Gymnasium Paulinum in Schwaz, wo er im Jahre 1968 maturierte. Nach eini-

Anbetung der Hirten, Detail aus der Weihnachtskrippe in der Sillianer Pfarrkirche.

V. l. n. r.: Dekan Albert Steinringer (1975–1991); Dekan Augustin Ortner (1991–2002); Dekan Franz Hofmann (2002–2010); Pfarrer Dr. Anno Schulte-Herbrüggen (seit 2010), seit September 2014 Dekan.

gen Überlegungen entschied er sich für den Priesterberuf und trat in das Priesterseminar in Innsbruck ein. Nach Abschluss der Studien wurde er am 23. Mai 1974 von Bischof Paulus Rusch in der Stiftskirche Wilten in Innsbruck zum Priester geweiht. Am Pfingstmontag, dem 3. Juni 1974, feierte er in seiner Heimatgemeinde Außervillgraten die Primiz – ein Fest für die ganze Gemeinde. Mit dem Primizspruch „Herr, mach mich zu einem Werkzeug deines Friedens" begann er seine priesterliche Tätigkeit als Kooperator in Matrei am Brenner und später in Seefeld. Nach Ablegung der Pfarrbefähigungsprüfung übernahm er die Pfarre Umhausen im Ötztal. Nachdem Dekan Albert Steinringer von Sillian schwer erkrankt war, ereilte Pfarrer Ortner der Wunsch des Generalvikars, nach Sillian zu übersiedeln. Also trat er im September 1991 seinen Dienst in der Pfarre Sillian an, wo er auch gleich zum Dekan gewählt wurde. Er war der erste Pfarrer von Sillian, der keinen Kooperator zur Seite hatte. Er verwirklichte u. a. die noch nicht ausgeführten Planungen seines Vorgängers. In der Zeit als Dekan von Sillian, die bis zum August 2002 dauerte, erfolgte 1995/97 die gelungene Innenrenovierung der Pfarrkirche. Seit 2002 ist Augustin Ortner Pfarrer und Dekan von Matrei am Brenner.

Franz Hofmann (2002–2010), Consiliarius, wurde 1941 in Außervillgraten als ältestes von fünf Kindern geboren. Seine Kindheit und Jugendzeit waren von harter Arbeit geprägt. Er besuchte die Volksschule in Außervillgraten und später das Gymnasium zunächst in Innsbruck und dann in Stams. Das Theologiestudium absolvierte er an der Universität Innsbruck. Durch den unerwartet frühen Tod seines Vaters musste Franz neben dem Studium auch die väterliche Landwirtschaft in Außervillgraten betreuen. Im Jahre 1969 erfolgte die Priesterweihe in Innsbruck und anschließend die Primiz in der Heimatpfarre Außervillgraten. Seine seelsorgliche Tätigkeit begann er als Kooperator in Inzing im Oberinntal und war anschließend in Innsbruck-Dreiheiligen, Ehrwald, Absam und Lienz/St. Andrä tätig. Dann wirkte Franz Hofmann als Pfarrer in Weißenbach im Lechtal, in Kals am Großglockner, als Pfarrer und Dekan von Matrei i. O. und dann als Pfarrer in Tristach. Im September 2002 wurde er Pfarrer und Dekan von Sillian. Als solcher war er auch für Heinfels und Tessenberg zuständig. Weiters betreute er für drei Jahre auch die Pfarren Ober- und Untertilliach. „Für die Menschen da zu sein" sah Franz Hofmann immer als seine große Aufgabe und Herausforderung. Er wirkte auch viele Jahre als Präses der Kolpingfamilie Lienz. Trotz aller pastoralen Verpflichtungen ging er auch seinem Hobby, dem Amateurfunken, nach. Seit September 2010 ist Franz Hofmann Pfarrer von Terfens im Unterinntal.

**Gedenket eurer Seelsorger –
Pfarrer und Dekane von Sillian.**

IGNAZ PAPRION aus Sillian, Pfarrer von 1806 bis 1812.
JOSEF HERRNEGGER aus Sillian, Pfarrer von 1813 bis 1837.
ANDREAS BACHMANN aus Toblach, Pfarrer von 1837 bis 1850.
FELIZIAN KAHLER aus Asch, Pfarrer von 1850 bis 1851.
JOHANN ASSMAYR aus Virgen, Pfarrer von 1851 bis 1893.
GEORG KÖLL aus Matrei, Pfarrer von 1893 bis 1900.
THOMAS HINTNER aus Pichl im Gsies,
Pfarrer und 1. Dekan von 1901 bis 1922.
JOSEF FUCHS aus Asch, Pfarrer und Dekan von 1922 bis 1940.
JOSEF HANSER aus Kals, Pfarrer und Dekan von 1940 bis 1975.
ALBERT STEINRINGER aus Tessenberg, Monsignore,
Pfarrer und Dekan von 1975 bis 1991.

R. I. P.

**Gedenket der Kapläne von Heinfels
und anderer Priester, die hier begraben sind.**

JOSEF VÖSTNER aus Lorenzen, Kaplan v. Heinfels, gest. 1917.
ANTON MESNER aus Antholz, Kaplan v. Heinfels, gest. 1929.
ANTON STALLBAUMER aus Heinfels, Kaplan v. Heinfels, gest. 1959.
FRANZ KASER aus Lüsen, Frühmesser, gest. 1931.
GEORG AUSSERHOFER aus Luttach, Frühmesser, gest. 1943.
THOMAS TEMBLER aus Kals, Pfarrer i.R. Strassen, gest. 1949.
FRANZ SCHEGERER aus Atzenzell, BRD, Frühmesser, gest. 1963.
MICHAEL BALDAUF aus Sillian, Pfarrer i.R. gest. 1964.
KONRAD WEBHOFER aus Sillian, Josefsmissionär, gest. 1965.
NIKOLAUS L'HOSTE aus dem Saarland, Frühmesser, gest. 1965.
JOHANN LERCHER aus Sillian, Pfarrer i.R. gest. 1970.
ANTON KOFLER aus Heinfels, Pfarrer i.R. gest. 1972.
JOHANN BERGMANN aus Heinfels, Pfarrer i. Kalkstein, gest. 1991.

Namenstafeln des Sillianer Klerus am Priestergrab an der Ostseite der Pfarrkirche.

Dr. Anno Schulte-Herbrüggen (Pfarrer seit 2010, Dekan seit September 2014), im Jahr 1965 in Münster (BRD) geboren, absolvierte er das Theologiestudium in Innsbruck. Die Homepage der Pfarre Sillian (http://www.pfarre-sillian.at/dekan.html) stellt den beliebten Pfarrer, der als aktives Mitglied auch die Freiwillige Feuerwehr Sillian unterstützt, kurz vor: „Pfarrer Anno Schulte-Herbrüggen wurde am 12.6.1994 in Innsbruck von Bischof Stecher geweiht. Als Kooperator wirkte er in der Pfarre St. Paulus in der Innsbrucker Reichenau. Danach war er während dem Doktorat Kaplan in der Stadtpfarre St. Nikolaus, Hall. Ab 2001 wirkte er in den Pfarren Zams und Zammerberg, ab 2005 leitete er den ersten Seelsorgeraum der Diözese mit den Pfarren Zams, Zammerberg und Schönwies/Starkenbach/Obsaurs. Von 2009 bis 2010 baute er den Seelsorgeraum Pius–Neu-Rum–Rum im Osten von Innsbruck auf. Seit dem 1.9.2010 ist Pfarrer Anno Pfarrer von Sillian, Heinfels und Tessenberg. Pfarrer Anno ist gleichzeitig Landesfeuerwehrkurat für Tirol und in dieser Funktion immer wieder auch im ganzen Land unterwegs." Bezeichnend, wenn Pfarrer Schulte-Herbrüggen vorher Feuerwehrmann in Kauns, Zams und Rum gewesen war!

Ergänzend sei noch angeführt, dass die seit dem Hochmittelalter bestehende Benefiziatenstelle auf Heinfels nur zeitweise besetzt war und auch derzeit vakant ist. Die letzten Inhaber dieser Stelle waren Gottfried Melzer bis 1979 und anschließend Dr. Harald Erhardt (vom Volke liebevoll „Don Camillo" genannt), der vorübergehend auch Tessenberg seelsorglich betreute. – Inhaber des Frühmessbenefiziums war im späten 18. Jahrhundert u. a. Joseph Hainz (Grabplatte über dem Priestergrab im Friedhof); die letzten Frühmesser waren Franz Kaser († 1931), Georg Außerhofer († 1943) und Franz Schegerer († 1963).

Zum Wirken der Barmherzigen Schwestern des Mutterhauses von Zams in Sillian

Es handelt sich um die einzige Ordensniederlassung in Sillian. In den folgenden Ausführungen werden in knapper Form die diesbezüglichen Angaben aus der genannten Pfarrchronik wiedergegeben, die von Josef Rauter und Dekan Albert Steinringer auf der Grundlage von Akten des Pfarrarchivs ausgearbeitet wurden.

Wir haben bereits gehört, dass es dem Dekan Assmayr geglückt ist, die Barmherzigen Schwestern vom im Jahre 1821 gegründeten Mutterhaus in Zams hierher zu bringen. Am 23. September 1886 schloss die Gemeinde Sillian mit dem Mutterhaus einen bindenden Vertrag, und am 22. Oktober desselben Jahres kamen die Schwestern Sr. Germana, Sr. Bernardetta und Sr. Hortulana und wurden vom Dekan Assmayr, dem Bürgermeister Josef Schraffl und dem vollzähligen Gemeinderat am Bahnhof willkommen geheißen. Die Schwestern wohnten zunächst im Hibler-Haus, dann im Forcher-Haus. Eine Schwester wirkte im Volksschuldienst, die anderen beiden Schwestern widmeten sich der Armenpflege und betrieben eine Nähschule. Für die drei Ordensfrauen wurde auch eine Hauskapelle mit Allerheiligstem eingerichtet. Dekan Assmayr spendete den Altar mit Leuchtern, der Pfarrer von Winnebach ein silbernes Altarkreuz und Frau Maria Wurzer das Ziborium; Fürstbischof Simon Aichner, der die Schwestern im Jahre 1887 besuchte, gab einen Kelch als Geschenk.

Im Jahre 1887 kam eine vierte Schwester als weitere Volksschullehrerin dazu und am 23. Jänner 1890 wurde die Gemeinschaft auf fünf Schwestern aufgestockt, nachdem die Schwestern in diesem Jahre einen von Frau Katharina Hibler gestifteten Kindergarten eröffnet hatten. Da im Jahre 1912 im Forcher-Haus

Die Erstkommunionkinder im Jahre 1924 mit Dir. Viktor Wanner, Sr. Wenefrieda Wolf, Sr. Cajetana Wolf (hinten v. l.), in der Mitte Kooperator Christoph Wurzer.

Militär einquartiert wurde, mussten die Schwestern ins neu gebaute große Vereinshaus übersiedeln.

Nachdem im Kriegsjahr 1915 der Kindergarten geschlossen werden musste und das Schulgebäude als Lazarett diente, waren nur mehr drei Schwestern tätig, von denen die Verwundeten betreut wurden. Am 10. Oktober 1915 verließen alle Schwestern Sillian, kehrten aber bald wieder zurück und wohnten in der Villa Pranter in Arnbach. Im Jahre 1918 bestand die Gemeinschaft wieder aus vier Schwestern.

Frau Maria Hibler, die Gemahlin von Landeshauptmann Josef Schraffl, hatte einen Teil ihrer Villa dem Mutterhaus von Zams testamentarisch geschenkt. Nach ihrem Tode kaufte das Mutterhaus mit Vertrag vom 23. Juli 1935 das ganze „Schraffl-Haus". Dort zogen nun die Schwestern ein.

Obwohl den Schwestern von den NS-Behörden der Schuldienst 1938 verboten und 1940 auch die Armenpflegestelle aufgelöst wurde, bestand die Gemeinschaft noch aus sechs Schwestern. Im Jahre 1940 übernahmen die Schwestern die Hostienbäckerei für alle Dekanatspfarreien und 1942 die Kirchenwäsche. Ab 1943 gab es noch vier Schwestern, von denen eine wieder im Schuldienst tätig war. Am 11. Oktober 1946 starb Sr. Wenefrieda Wolf, eine der beliebtesten und tüchtigsten Schulschwestern, nach sechsundvierzigjähriger Tätigkeit in Sillian.

Seit den 1970er-Jahren waren noch zwei Schwestern im „Schraffl-Haus" segensreich tätig. Am 23. September 1990 wurden die letzten Schwestern, Sr. Maria Luise und Sr. Rebecca verabschiedet. Seither gibt es diese Ordensniederlassung in Sillian nicht mehr.

Hier seien die Namen der besonders verdienstreichen Schwestern wiedergegeben: Sr. Germana, Sr. Bernardetta Knitel, Sr. Hortulana Haueis, Sr. Liveria Reindl, Sr. Wenefrieda Wolf, Sr. Pinosa Matheid, Sr. Cajetana Wolf, Sr. Belnia Schöpf, Sr. Theodeberta Riezler, Sr. Engelmunda Schalber, Sr. Isabella Rainer, Sr. Almerida Hasenmaile, Sr. Cautiana Walch, Sr. Bertilla Wild, Sr. Ruperta Heiß, Sr. Monika Gogl, Sr. Beate Dünser.

Bruderschaften

Am frühesten nachweisbar ist die *Mariä Reinigungsbruderschaft*, die in einem Gewährsbrief, ausgestellt am „Unsere[n] lieben Frauen Kirchtag 1360", und ebenso in einem Ablassbrief vom 7. August 1489 genannt ist.[57] Man kann wohl annehmen, dass sie im Zusammenhang mit der um 1325 erfolgten Weihe des Chores und des linken Seitenaltares der Pfarrkirche „Zu Ehren der glorreichen Jungfrau Maria" (s. o.) gegründet worden war. Die Hauptaufgabe der Mitglie-

Titelblatt des Namenbuches der Mariä Reinigungsbruderschaft, die am 2. Februar 1727 „ordentlich erneueret und neu aufgericht worden" war.

der war neben der Marienverehrung die Mitarbeit zur Instandhaltung und Verschönerung der Pfarrkirche, die seit ihren Anfängen der Gottesmutter geweiht ist. Dass die Förderung der Marienverehrung auch ein Anliegen der Mutterkirche des gesamten Stiftsgebietes von Innichen war, zeigt die Tatsache, dass das Stift die Gottesmutter als ihre Patronin genauso innig verehrte wie den alten Stiftspatron Candidus und ihre Feste besonders feierlich gestaltete. Die Bruderschaft gelangte besonders im 16. Jahrhundert zu einem ansehnlichen Vermögen, konnte sich einen eigenen Kaplan leisten und steuerte zum Ausbau der Pfarrkirche kräftig bei (1760 mit 4.000 Gulden). Im Jahre 1590 wurde mit Mitteln der Bruderschaft ein Schulhaus gebaut. Außerdem genossen die Armen ständig reiche Unterstützung.[58]

Das Hauptfest der Sillianer Bruderschaft, das alljährlich am Jahrestag der Gründung gefeiert wurde, fand am Lichtmesstag (2. Februar), dem Titelfest der Bruderschaft, statt. Älter als die Kerzenweihe war wohl seit dem frühen Mittelalter allgemein die Lichterprozession; die Weihe der dabei mitgetragenen Kerzen kam erst später dazu. Bei gutem Wetter führte die Prozession vor die Kirche hinaus, sonst ging sie vom Hochaltar, wo die Kerzenweihe stattfand, durch den Kirchenraum bis zum Hauptportal und wieder zurück. Das Brixner Ritual von 1710 sieht noch vor, dass bei Prozessionen um die Kirche auch das ganze

Landesfürst Erzherzog Leopold V. verleiht der Mariä Reinigungsbruderschaft am 4. Juni 1621 Wappen und Siegel.

Volk mitgehen sollte.⁵⁹ Die Mitglieder der Bruderschaft werden sich jedenfalls immer beteiligt haben. Wie die Mitglieder anderer Bruderschaften waren sie auch einheitlich mit einem kuttenartigen Gewand bekleidet. In der Fronleichnamsprozession gingen die Bruderschaftsmitglieder nach der im Sillianer Pfarrarchiv erhaltenen Beschreibung von 1768 hinter der „Maria Reinigungsfan", ebenso bei allen anderen Prozessionen. Eine Gruppe der Bruderschaftsmitglieder zog wahrscheinlich zeitweise als büßende Geißelbrüder *(Flagellanten)* in den Prozessionen mit.⁶⁰

Das Wirken dieser angesehenen Bruderschaft schätzte der Tiroler Landesfürst Erzherzog Leopold offenbar so sehr, dass er dieser religiösen Vereinigung mit einer am 4. Juni 1621 ausgestellten Siegelurkunde Wappen und Siegel verlieh. Im Auftrag der Bruderschaft wurde im Jahre 1657 ein den Markt Sillian darstellendes Votivbild mit dem Bruderschaftswappen geschaffen, zum Dank für die Wiedererrichtung der Ortschaft nach einer vernichtenden Feuersbrunst.

Wie bereits angeführt wurde, hatte im Jahre 1641 Pfarrer Johannes Johanneser die *Rosenkranzbruderschaft* eingeführt. Die Türkengefahr zu Beginn der Neuzeit förderte besonders das gemeinsame Rosenkranzgebet und führte nach dem Seekrieg bei Lepanto 1571, dessen siegreiches Ende man dem Rosenkranzgebet zuschrieb, zur Einführung des Rosenkranz-

Ausschnitt aus der Verleihurkunde mit der als Bruderschaftswappen zu verwendenden Marien-Darstellung.

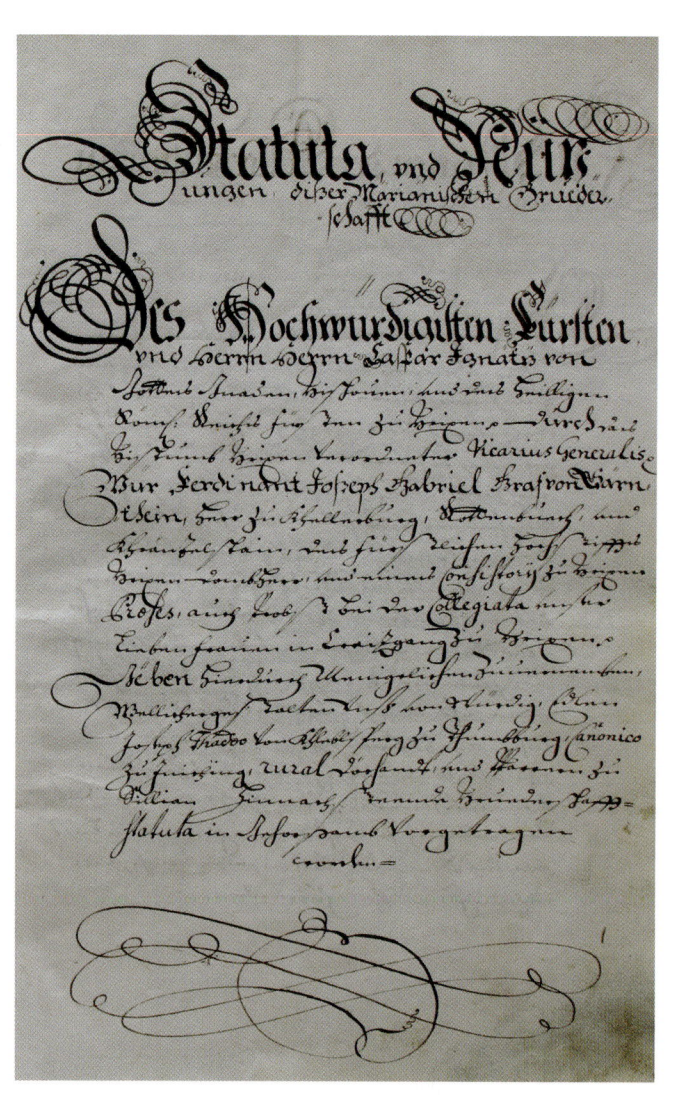

Statut der Mariä Reinigungsbruderschaft, 1727.

Von der Mariä Reinigungsbruderschaft gestiftetes Votivbild: „Aus Verlobnuß bey der im Markt Sillian 1657 entstandenen Feiersprunst". Das Bild zeigt die älteste Ansicht des Marktes Sillian.

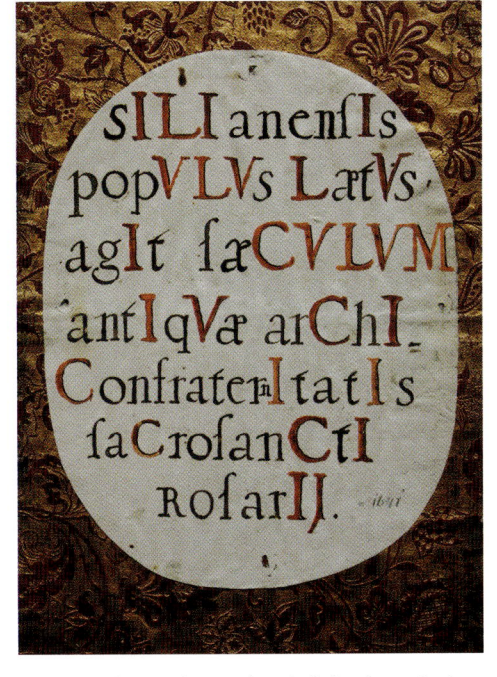

Titelbild und Titelseite der Statuten der Rosenkranzbruderschaft zu Sillian, 18. Jahrhundert. – Rechts: Rückseite des Bruderschaftsbuches mit einer Inschrift als Chronogramm, das die Jahreszahl 1741 ergibt, was sich wohl auf die Gründung der Bruderschaft vor 100 Jahren bezieht.

festes in den ersten Oktobertagen. Zur Zeit der Bruderschaftsgründung sind wir bereits in der Epoche der Gegenreformation, in der das religiöse Leben nach einem bedenklichen Tiefstand im ausgehenden 16. Jahrhundert wieder langsam an Kraft gewann. Es war wohl ein Verdienst der Bruderschaften, dass die religiöse Haltung im Volke diesen Tiefstand einigermaßen überlebte. Die Bruderschaftsmitglieder verpflichteten sich, durch ein möglichst tägliches gemeinsames Rosenkranzgebet die gegenreformatorischen Bemühungen zu stärken. Die Bruderschaftmitglieder bildeten vornehmlich eine zusammengeschworene Gebetsgemeinschaft.

In der Beschreibung der Sillianer Fronleichnamsprozession von 1768 sind die mitgehenden Mitglieder genannt, und zwar hinter *„dem gelben Rosaryfandl"* und hinter *„der groß Rosaryfan"* sowie *„der Rosarybildnus mit Portischen"* (Bild der Rosenkranzkönigin auf einem Holzgestell). Alle Bruderschaftsmitglieder waren mit Kutten und Kapuzen bekleidet und trugen Stäbe.

Wie andernorts veranstalteten wohl auch die Bruderschaften von Sillian in regelmäßigen Abständen die Bruderschaftsprozessionen, zumindest monatlich einmal die Monatsprozession um die Kirche.[61]

Eine besonders fruchtbare Zeit begann für die Bruderschaften infolge der von den Jesuiten durchgeführten Volksmissionen im 18. Jahrhundert, durch die eine religiöse Erneuerung bewirkt wurde, „die in der gesamten Kirchengeschichte Tirols einmalig ist"[62], wenn auch die Behauptung, die Volksmissionen hätten aus Tirol ein „Heiliges Land" gemacht, übertrieben sein dürfte. Im Zuge dieses religiösen Aufschwungs entstanden neben einer Vielzahl von Andachts- und Frömmigkeitsformen auch an allen Orten neue Bruderschaften.

Wie bereits angemerkt wurde, errichtete in Sillian Pfarrer Perathoner im Jahre 1769 die *Bruderschaft von der christlichen Lehre*, deren Hauptaufgabe es war, die Gläubigen zu einer immer gründlicheren Kenntnis der Glaubenswahrheiten und der christlichen Sittenlehre zu führen und den religiösen Unterricht nicht nur bei den Kindern, sondern auch bei den Erwachsenen zu fördern. Die Bruderschaft trug zum Bau der Schule ganz wesentlich bei und sorgte für eine erfolgreiche Entwicklung des von Maria Theresia im Jahre 1770 verpflichtend angeordneten Volksschulunterrichtes.

Geradezu erbittert war der Kampf, den der josephinische Zeitgeist der Aufklärung gegen die Bruderschaften führte. Mit einer Verordnung Kaiser Josephs II. vom 24. November 1783 wurden nahezu alle Bruderschaften[63], in Sillian die „Mariä Reinigungsbruderschaft" und die „Rosenkranzbruderschaft", abgeschafft und deren Vermögen dem neugeschaffenen Religionsfonds zugewiesen. Die „Bruderschaft von der christlichen Lehre" konnte zwar weiterhin bestehen und sich für die religiöse Bildung einsetzen, aber für den weiteren Unterricht der Volksschulen sollte fortan ausschließlich der Staat zuständig sein, eine Bestimmung, die in Tirol erst hundert Jahre später gänzlich verwirklicht werden konnte[64], denn ohne Mitarbeit des Klerus war der Volksschulunterricht in Tirol nicht möglich (s. o. Pfarrer Mantinger).

Im Laufe des 20. Jahrhunderts traten die Bruderschaften, die im 19. Jahrhundert wieder erneuert worden waren, im religiösen Leben des Volkes mehr und mehr in den Hintergrund.

Volksmissionen

Die Volksmissionen sind in Tirol unlösbar mit dem Brixner Fürstbischof Kaspar Ignaz von Künigl (1702–1747) verbunden. Die Volksmissionen, die Künigl von Jesuiten durchführen ließ, führten, wie bereits angedeutet wurde, auf allen religiösen Ebenen zu einer grundlegenden Erneuerung. Die erste Mission wurde von italienischen Jesuiten in Brixen abgehalten. Obwohl die Missionäre die deutsche Sprache nicht beherrschten und eines Dolmetschers bedurften, war

Der Jesuitenpater und Volksmissionar Christoph Müller auf dem Sterbebett im Pfarrhaus von Kiens.

das Volk restlos begeistert. Um die Predigten noch wirkungsvoller zu gestalten, „schlugen sich die italienischen Missionäre vielfach mit eisernen Ketten und organisierten Bußprozessionen, zu denen die Leute barfuß erschienen, und dazu auf dem Haupte eine Dornenkrone trugen".[65] Die deutschen Missionäre, die den italienischen bald folgten, lehnten diese übertriebenen Bußübungen ab, hatten aber nicht weniger Erfolg. Fürstbischof Künigl errichtete 1719 in Brixen ein ständiges Missionszentrum mit einem Stiftungskapital von 20.000 Gulden (er selbst steuerte 5.000 Gulden bei, der Rest stammte vom Kaiser und der Haller Saline) und übergab es der oberdeutschen Provinz des Jesuitenordens. In allen Pfarreien und möglichst auch allen Kuratien sollten nun Volksmissionen gehalten werden, die mit einem „außerordentlichen Ablaß zur Verhütung von Pest, Hunger und Krieg"[66] verbunden waren. Besonders segensreich wirkte P. Christoph Müller S. J., ein Brixner, der vierzig Jahre lang die Mission leitete.

In der Zeit von 1719 bis zum Jahr 1773, in welchem der Jesuitenorden aufgehoben wurde, entfalteten die „Bußprediger" eine intensive Missionstätigkeit, über die wir durch eine anschauliche – wohl etwas übertriebene – Beschreibung von Franz Hattler[67] gut unterrichtet sind. Überall sei „der Zudrang des Volkes" sehr groß gewesen, „nicht nur zu den Predigten, sondern auch zum Beichtstuhl".[68] Wie im Pfarrbereich von Sillian wünschten viele andere Tiroler Orte nach der ersten Mission noch eine zweite und dritte, obwohl manche volksnahe Seelsorger – wohl aus verständlichen Gründen – mit den strengen Methoden der Jesuiten nicht ganz einverstanden waren und sich beim Bischof beklagten, die Missionäre würden von den Leuten zu

251

viel verlangen. Aber Fürstbischof Künigl hatte für diese Klagen kein Ohr.⁶⁹

Eine erste neuntägige Mission in Sillian fand im Jahre 1721 statt, von den Jesuiten P. Christoph Müller, P. Johann Bapt. Hofer, P. Ignaz Gaiselmayr und P. Michael Bauer geleitet. Nach einem Bericht hätte „schon die erste Predigt gegen den Aufschub der Buße eine solche Aufregung hervorgerufen, dass nicht nur die Tränen reichlich flossen, sondern die starke Stimme des Predigers durch das laute Schluchzen und Jammern der Zuhörer nicht mehr durchzudringen vermochte".⁷⁰ Als die Patres im folgenden Jahr 1722 mit der Mission in Außervillgraten beschäftigt waren, wurde einer der dortigen „Bußprediger" ersucht, am Kirchtag in Sillian zu predigen. Der herbeigeholte Pater predigte „gegen die schändlichen Missbräuche, durch die die gottgeweihten Tage so häufig entheiligt werden".⁷¹ Die Predigt war offenbar so gewaltig, dass eine große Schar von Sillianern trotz starken Regens dem rückkehrenden Missionär bis Außervillgraten folgte und dort den Abschluss der Mission mitmachte. Man staune! Am Kirchtag war „weder auf der Gasse, noch bei den fünf Wirten Sillians das geringste Zeichen von gewohnten Unterhaltungen zu sehen oder zu hören".⁷²

Nach erfolgreichen Missionen in Innichen und Abfaltersbach (1731) sowie in Winnebach, Kartitsch und Strassen (1736) folgte im Jahre 1744 eine strenge Missionswoche in Innichen, Kartitsch, Innervillgraten, Strassen und Sillian, abgehalten vom beliebten P. Müller sowie von P. Xaver Stocker, P. Anton Faber und P. Jakob Socrella.⁷³ Bei einer im Jahre 1731 von P. Müller, P. Angelus Catenati, P. Josef Baumann und P. Ignaz Gaiselmayr in Innichen gehaltenen „Nachmission" wurde der letztgenannte Missionär während der Predigt von einem heftigen Fieberanfall ergriffen und war anschließend längere Zeit arbeitsunfähig.⁷⁴ Dieser Pater, der im Jahre 1767 erneut bei Missionen in Sillian, Innichen, Inner- und Außervillgraten, Kartitsch, Strassen und Winnebach mitwirkte, setzte sich besonders für die Heiligenverehrung ein, zeigte sich sehr leutselig und verteilte zahlreiche Bildchen von Heiligen.⁷⁵

Bei allen diesen Missionstagen standen für die „Bußprediger" vornehmlich folgende Probleme im Vordergrund: Förderung der Nächstenliebe und der christlichen Gerechtigkeit, wobei sie sich mit Erfolg bemühten, alte Nachbarschaftsstreite und Feindschaften wegen unlösbar scheinender Konflikte einvernehmlich zu schlichten. Ein wichtiges Anliegen bildete die Ausrottung von Aberglauben und aller Reste noch vorhandenen ketzerischen Denkens, wobei alles Protestantische als Ketzerei galt; damals nahm die Bezeichnung „luthrisch" die bis heute geltende mundartliche Bedeutung von ‚ungläubig' an. Außerdem wurde auf allen Gebieten, besonders in der standesgemäßen Keuschheit, eine äußerst strenge Moral ge-

Missionskreuz mit Pietà aus dem 18. Jahrhundert, von Linden flankiert, am Weg südlich der Pfarrkirche.

fordert. In diesem Zusammenhang verboten die Missionäre weite mehrtägige Wallfahrten, an denen Frauen und Männer teilnahmen, außerdem war besonders bei den Frauen eine züchtigere Kleidung erwünscht. Um letztlich dem gesamten religiösen Leben zu einem Aufschwung zu verhelfen, wurden die Standesbündnisse eingeführt und die marianischen Jugendbündnisse gefördert. Wie bereits angeführt wurde, erlangten die Bruderschaften eine neue Blüte.[76]

Im Jahre 1753 erlebten neben Sillian auch Toblach, Innichen, Winnebach, Außer- und Innervillgraten erneut eine Mission, abgehalten von P. Müller, P. Jeremias Gaßmayr, P. Columban Savelsperg und P. Jakob Socrella. Das Volk raufte sich geradezu, die Predigten der Jesuiten zu hören. Zur Mission in Toblach kamen auch die Welsberger und Niederdorfer und zu der in Sillian die Leute von Sexten, Villgraten, Kartitsch und Tilliach so zahlreich, dass es unmöglich war, die Beichte aller anzuhören, obwohl aus Innichen vier Franziskaner und aus den Nachbargemeinden mehrere Geistliche bei Tag und Nacht im Beichtstuhl saßen.[77] In Abfaltersbach musste deshalb im folgenden Jahr 1754 von denselben Patres eine weitere Mission abgehalten werden.[78]

Der im gesamten Bereich der Pfarre Sillian und darüber hinaus beliebte P. Christoph Müller starb im Jahre 1766 in Kiens. Der Missionierung im Pustertal fehlte nun die stärkste Triebkraft. Die im Jahre 1767 stattgefundenen Missionen in Sillian, Innichen, Inner- und Außervillgraten, Kartitsch, Strassen und Winnebach wurden von P. Anton Volland, P. Johann Nep. Schnell, P. Johann Nep. Fischer und vom bereits genannten P. Ignaz Gaiselmayr gestaltet.[79]

Neben dem Bild des gerechten Gottes, der alle Verletzungen der von den „Bußpredigern" aufgezeigten Ordnung bestraft, wurde aber auch auf den liebenden Gott hingewiesen, der sich im Heiligsten Herzen Jesu am sinnfälligsten zeigt. Die Herz-Jesu-Verehrung rückte nun in den Mittelpunkt der Volksfrömmigkeit und führte im Jahre 1796 zum Bund der Tiroler mit dem unendlich liebenden Herzen Gottes.

Mit der Aufhebung des Ordens der Jesuiten im Jahre 1773 endete die große Welle der Volksmissionen des 18. Jahrhunderts, deren gewaltige Erfolge lange nachwirkten. Erst in der zweiten Hälfte des 19. Jahrhunderts kam es in Sillian und anderen Orten wieder zu einer Missionstätigkeit, die von Kapuzinerpatres in einer zeitgerechteren Form durchgeführt wurde, aber bei weitem nicht mehr das Echo der Jesuitenmissionen erreichte. Das um 1860 errichtete Missionskreuz erinnert an eine in Sillian abgehaltene Mission. Einen Anlass bot die allerorts begangene Feier zum 100-jährigen Jubiläum des Bündnisses mit dem Heiligsten Herzen Jesu im Jahre 1896. Die bereits genannte und im vorliegenden Beitrag ausgiebig genutzte Pfarrchronik berichtet darüber nichts, weshalb dieses Kapitel mit den wenigen einschlägigen Angaben seit 1970 abgeschlossen werden soll. Dekan Msr. Albert Steinringer holte den aus Innichen stammenden und in Graz wirkenden Jesuiten P. Franz Jud nach Sillian, der vom 15. bis zum 20. November 1977 eine „Mini-Mission" abhielt. Die Predigten am Morgen um 8:30 Uhr und abends um 19:00 Uhr und die Wortgottesdienste mit anschließenden Meditationen seien zwar gut besucht gewesen und die fünf Gasthausgespräche über religiöse Themen hätten viel Interesse gefunden, aber eine alle Bevölkerungsschichten erfassende religiöse Erneuerung, die mit der des 18. Jahrhunderts auch nur annähernd vergleichbar gewesen wäre, sei wohl nicht erzielt worden. Dekan Steinringer schrieb in der Pfarrchronik: „Viele sind nicht da!! Die Scheidung der Geister ist auch schon in unseren Dörfern. Man merkt deutlich, wie es für die Religion und Kirche schwerer wird. Es gibt sicher viele gute Leute, aber daneben Abstehende, Zivilverheiratete usw. – eine Entwicklung wie überall! Caveant consules!"

Außerdem berichtet die Pfarrchronik von einer „Glaubensmission", die für Sillian und Heinfels gemeinsam in den Tagen vom 16. Oktober bis zum 2. November von den Redemptoristen P. Anton Schmoemüller, P. Hermann Fischler und P. Wilhelm Schindler gehalten wurde. In der ersten Woche fanden an den Nachmittagen und abends täglich Gespräche mit den Missionären statt, und zwar jeweils für die Jugend bis zum 17. Lebensjahr, für die Jugend ab dem 17. Lebensjahr, für Ledige, Eheleute, Akademiker, Lehrer, Senioren u. a. In der zweiten Woche wurden gute Glaubenspredigten geboten, außerdem gab es eine Kindersegnung, eine Marienfeier, eine Eucharistiefeier und eine eindrucksvolle Bußfeier. Die Chronik meldet, die Gespräche mit den Missionären seien „mittelmäßig bis gut", die Predigten „gut bis sehr gut" besucht gewesen. Ungefähr zwanzig Prozent der Sillianer wären leider der Mission ferngeblieben, obwohl für das Mittun intensiv geworben worden war. Immerhin kam es zu rund 1.200 Beichten von Erwachsenen und zahlreichen persönlichen Aussprachen mit den „Bußpredigern". Der Chronist schließt den Bericht mit dem Wunsch: „Möge die Mission auch Tiefenwirkung haben, uns im Glauben erneuern, begeistern!"

Gestaltung von kirchlichen Festen

Im Rahmen dieses Beitrages soll nur über die lokale Gestaltung der repräsentativsten und beim Volk beliebtesten kirchlichen Festformen, nämlich die Prozessionen, berichtet werden, wobei hauptsächlich Angaben aus der Studie „Das Prozessionswesen in Osttirol" von Johannes Steinringer[80] entnommen werden. Als Prozession („Umgang") bezeichnet man heute noch die Prozessionen mit dem Allerheiligsten, die Prozessionen, die aus dem engeren Kirchenbezirk hinausführen, hingegen als Kreuzgänge (mundartlich „Kreuz"); die Prozessionen im Kirchenraum oder um die Kirche, von denen bereits einige erwähnt wurden, bleiben beim Volk ohne Namen.

Die Feier des Fronleichnamsfestes ist in der Diözese Brixen und somit auch in Sillian zwar seit dem ersten Viertel des 14. Jahrhunderts nachweisbar, jedoch die wichtigste Prozession im Kirchenjahr, nämlich die Fronleichnamsprozession, nicht. Im ältesten Kalender der Pfarre Sillian vom Jahre 1491 ist das Fest wohl genannt, aber von einer Prozession ist keine Rede.[81] Wahrscheinlich gab es schon vor ihrer Einführung einen Flurumgang zur Abwehr gefährlicher Gewitter; schließlich diente dann auch die feierliche Prozession hauptsächlich diesem Anliegen, da neben der Verehrung des eucharistischen Christus von fast gleicher Wichtigkeit der Wettersegen wurde, der bei den in die Prozession eingebauten vier Evangelien auch heute noch mit dem Allerheiligsten gegeben wird.

Zu einer Verzögerung der Prozessionseinführung in Landgemeinden kam es wohl wegen der erforderlichen Geldmittel zur Bezahlung der nötigen Aufmachung und der Dienstbeteiligten.

In Rechnungen von 1575 und 1599 sind jeweils die Ausgaben aufgelistet, worüber an anderer Stelle (Seite 256) berichtet wird. Somit ist in Sillian die Fronleichnamsprozession seit der zweiten Hälfte des 16. Jahrhunderts nachgewiesen. An ihr beteiligten sich bis um 1900 Leute aus allen Orten von Vierschach bis Abfaltersbach.

Im 18. Jahrhundert erreichte die Gestaltung der Fronleichnamsprozession die reichste Prachtentfaltung. Dem Verkündbuch von 1705 ist zu entnehmen, dass die Sillianer Prozession nach St. Peter (Schloss Heinfels) ging.[82] Der farbenfrohe Zug der Beter, bei dem alles mittat, alle Stände, die Adeligen, der Pfleger, der Bürgermeister, die Handwerkszünfte und Bruderschaften, Jung und Alt, muss einen herrlichen Anblick geboten haben, wie aus der im Pfarrarchiv erhaltenen Prozessionsordnung von 1768 sowie auch aus der Interpretation von volkskundlicher Seite hervorgeht. Auch eine biblische Szene wurde vor Augen geführt, nämlich Christus mit den Aposteln.[83]

In der nüchternen Zeit der Aufklärung kamen immer wieder behördliche Vorschriften zur Vereinfachung der Prozessionen. So verbot ein Generalmandat vom 1. August 1781[84] alle Gattungen von „Aufzügen, Paradierungen, Salven, die zwar üblich gewesen, aber mit der Majestät und der Ehrenabsicht der hl. Religion sich nicht vertragen und außerdem der Jugend zu gaffender Sinnlosigkeit, den Erwach-

Im Wind wehende Fahnen, teils mit alten Bildern geschmückt, verschönern die Prozessionen in der Pfarre Sillian.

senen aber zum Gelächter Anlaß geben". Verboten wurde auch das Mittragen hoher Fahnen und Statuen ebenso die farbigen Kleider u. v. a. Aber man hielt in Sillian trotzdem an der alten Prachtentfaltung noch lange fest.[85]

Allerdings ist das Bild in der zweiten Hälfte des 19. Jahrhunderts etwas blasser geworden, da die kostümierten Gruppen und biblischen Gestalten, die Zunftstangen und die farbigen Himmel- und Fahnenträgerröcke u. v. a. nun zunehmend fehlten. Dafür haben sich Vereine und Formationen eingereiht, und in der Kleidung der Schützen und der Musikkapelle werden alte Orts- und Taltrachten wieder lebendig. Seit dem frühen 19. Jahrhundert geht die Prozession nicht mehr nach St. Peter, sondern bleibt im Bereich des Marktfleckens. Noch heute ist die prächtig gestaltete Fronleichnamsprozession von Sillian eine Sehenswürdigkeit ersten Ranges, die viele Gäste beeindruckt.

Auf weitere Prozessionen an Festtagen, wie dem Patroziniumsfest, den Marienfesten, Jubiläen, Feiern zum Erntedank u. a. oder am Palmsonntag, zu Ostern und Christi Himmelfahrt, die ebenfalls prächtig gestaltet waren, kann hier nicht näher eingegangen werden. Wir werfen noch einen Blick auf die Bittprozessionen und die Wallfahrten.

Hier sind vor allem die Bittprozessionen am Markustag (25. April) und an den Bittagen vor dem Fest Christi Himmelfahrt zu nennen. Der Hauptzweck dieser Prozessionen war die Bitte um eine gute Ernte und um Abwendung von Unwetter, Katastrophen und Krankheiten. Durch diese Intentionen haben sich diese Umgänge in der harten Arbeitswelt unserer Bergbewohner schon früh einen raschen Eingang verschafft. Ihr Alter reicht jedenfalls bis in die früheste Siedlungszeit zurück.

Das Calendar von Sillian aus dem Jahre 1508 meldet[86], dass der Bittgang am Markustag nach St. Peter/Heinfels ging und nach einer Messfeier dort wieder zurück zur Pfarrkirche. Hinter dem Kreuzträger schritten in geschlossenen Gruppen die Kinder, die Jungmänner, die Männer, der Priester und Ministranten, die Jungfrauen und die Frauen; der Priester trug ein kleines Reliquiar.

Die Zielorte bei den Kreuzgängen an den Bitttagen vor Christi Himmelfahrt blieben immer innerhalb der Grenzen des alten Pfarrgebietes. Am ersten Tag ging man nach Angabe eines „Calendars" aus dem 17. Jahrhundert ursprünglich nach Innervillgraten und dann nach Vierschach[87], wohl deshalb, weil Innervillgraten im Jahre 1268 eine eigene Pfarrei geworden war. Die Ziele an den folgenden Tagen waren St. Jakob in Strassen und Arnbach.

Aber dieses eifrige Bittwandern genügte den Bauern mit ihren Brotsorgen noch lange nicht. Man hat den Eindruck, dass die Leute in den Bitttagen erst den richtigen Schwung zum Wallfahren bekommen haben. Da sind die vielen verlobten Kreuzgänge zu nennen, deren Alter weit zurückreicht, jedenfalls in die Zeit vor 1500.

Das älteste Calendar von Sillian aus dem Jahre 1491[88] verzeichnet nur eine Wallfahrt, und zwar um Georgi (24. April) „ad S. Georgium in die Innervillgraten". Dieser Kreuzgang, an dem laut späteren Berichten die ganze Großpfarrei teilnahm, war nach der Tradition schon früh gegen Frost und Kälte verlobt worden, die Ende April und Anfang Mai die kaum aufgegangene Saat gefährden. Er wurde bis um 1930 gehalten.

Nach einer Sillianer Kirchenrechnung aus dem Jahre 1575 meldete der Pfarrer: „Mer hab ich einem Vilgrater geben, der das Kreuz hat getragen wie man gen Aufkirchen Kirchfahrten ist gangen, 4 kr." Dieser Kreuzgang, an dem die ganze Pfarrei teilnahm, wurde am Fest Maria Heimsuchung (2. Juli) nur jedes zweite Jahr gehalten, das andere Jahr ging man nach Abfaltersbach.[89] Von der Wallfahrt nach Aufkirchen vom Jahre 1667 verrechnet eine Kirchpropstrechnnung: „als man mit der Prozession gen Aufkirchen ist gangen, den Singern und Funtragern zalt 2 fl."[90] Es gingen also auch Sänger mit, die auf dem weiten Weg manchmal sangen, besonders wenn in Kirchen eingekehrt wurde. Auch die Fahnenträger erhielten ein Geld. Der Kreuzgang scheint noch in einer Kirchpropstrechnung von 1851 auf: „Item an unser Liebfrauentag fir die Singer und fanentrager zu Toblach bezalt 2 fl."[91]

Ein sehr weiter Kreuzgang war der nach Obermauern, der in einem Bericht von 1680 als uralte Andacht bezeichnet wird. Dabei gingen die Sillianer gemeinsam mit den Außervillgratern. Dieser Kreuzgang von Sillian aus wurde aber offenbar aufgelassen, da er im Verkündbuch von 1705 nicht mehr genannt ist.[92]

In einer Sillianer Kirchenrechnung von 1650 wird auch ein Kreuzgang nach Heiligenblut im Mölltal erwähnt. Es muss schon ein großes Anliegen gewesen sein, das die Sillianer zu dieser Wallfahrt bewegte, denn die Wanderung dorthin ist weit und mühsam. Auch 1696 ist dieser Kreuzgang erwähnt: „dem Fantrager 16 kr., dem Messner zu Hl. Bluet für die Körzen anzinten 4 kr."[93]

Noch weiter war der Weg bei der alten Wallfahrt nach Säben über Klausen, die von den Sillianern gemeinsam mit den Anrasern unternommen wurde. Als Abmarschtag wird der Pfingstfreitag angegeben. Die Sillianer Pfarre musste dabei 46 Mann stellen. In einer Kirchenrechnung von 1675 lesen wir: „zur Creizfahrt nach Söben dem Fantrager, für die neue Kerzen auch dem Trager sambt fürs anzinten der Kerzen 36 kr." Dieser Kreuzgang wurde um 1700 aufgelassen.[94]

Sehr alt ist auch die Wallfahrt zum Hochverehrten Kreuz der Stiftskirche von Innichen, die bis ins späte 17. Jahrhundert am Dreifaltigkeitssonntag[95], dann um Bartlmä (24. August) stattfand.[96] An diesem Kreuzgang beteiligte sich außer der gesamten

Pfarrmenige (Pfarrgemeinschaft) von Sillian auch die Pfarre Anras samt ihren Kuratien Ober- und Untertilliach. Gleichzeitig kamen „die Kreuz" aus den Pfarrgebieten Toblach und Niederdorf nach Innichen, sodass an diesem Tag die altehrwürdige Pfarrmenige von Innichen im Tuim, der Kirche des Mutterstiftes, beisammen war.[97]

Merkwürdig ist, dass man im Pfarrarchiv von Sillian nichts über einen Kreuzgang nach Maria Luggau findet, einem seit dem 16. Jahrhundert viel besuchten Wallfahrtsziel. Die Pfarrchronik vermerkt nur, dass der Herr Dekan mit ca. 80 Sillianern an 8. September 1986 (Fest Mariä Geburt) zum Heiligtum von Maria Luggau wallfahrtete, das an diesem Tage in feierlicher Form zur Basilika erhoben wurde.

Das Sillianer Passionsspiel

Wie bereits kurz angedeutet wurde, gehörte Pfarrer Johann Andreas Perathoner zu jenen klugen Seelsorgern, die das mittelalterliche Tiroler Passionsspiel in den Dienst ihrer gegenreformatorischen Bemühungen stellten. In einer spielerischen Darstellung sollten Leiden und Sterben Jesu als Erlösungstat dem Volke möglichst erlebbar gemacht werden.[98] Pfarrer Perathoner beschäftigte sich mit den alten Spieltexten des 15. und 16. Jahrhunderts und formte daraus um 1740 eine Fassung für eine zeitgemäße Inszenierung. Noch in seiner Amtszeit als Pfarrer von Niederdorf (1728–1754) wurde diese Fassung in Niederdorf wiederholt aufgeführt.

Auf dem Titelblatt des Spielbuches lesen wir, die „Tragoedie von Leiden und Tod Christi" sei „vor uhralters her zu drei Jahren alda zu Niederdorf von hiesiger Gemeinde in der h. Carwochen auf offendlicher Schaubühne vorstöllen gepflegt" worden, und weiter: „Nunmehro vermehrt und abermahlen an Weihenpfinstag und Dominica in albis angeordnet und vorgestellet durch Ihro Hochw. Herrn Pfarrer Joseph Perathoner […] anno 1743".[99] Dieser Spieltext hatte

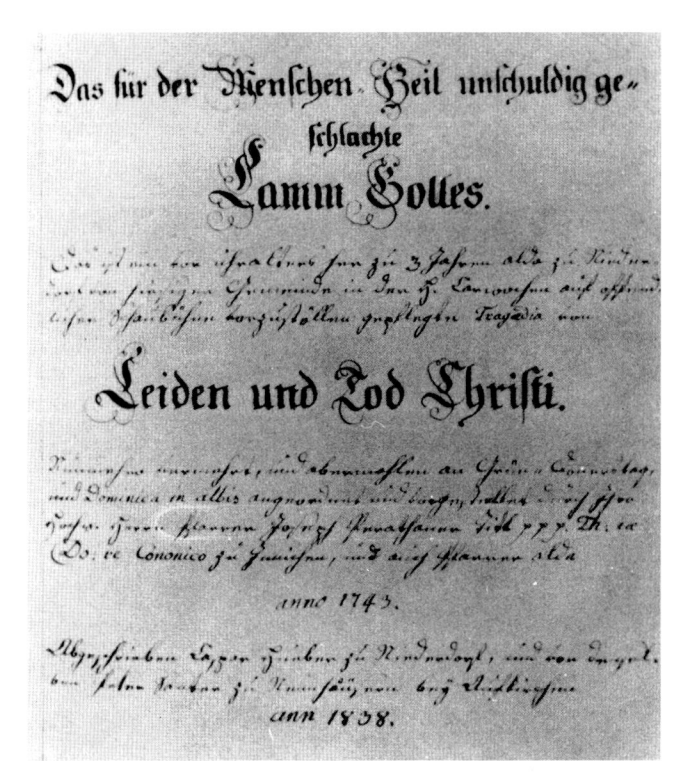

Titelblatt der Niederdorfer Passion, geschaffen von Pfarrer Joseph Anton Perathoner: „Das für der Menschen Heil unschuldig geschlachte Lamm Gottes", 1743.

wohl auch in Sillian für die urkundlich nachgewiesenen Aufführungen in den Jahren 1740, 1741, 1743 und 1749 gedient, also vor der Übernahme der Sillianer Pfarrei durch Perathoner im Jahre 1754. Perathoner hat an den Texten weiterhin gefeilt und schließlich eine Form geschaffen, die bei den dokumentierten Aufführungen in den Jahren 1765 und 1766 verwendet wurde.[100]

Die Passion wurde damals an vielen Orten gespielt, aber Sillian könnte die Pflegestätte der großartigsten barocken Inszenierungen im südlichen Tirol gewesen sein. Das allgemeine Verbot dieser Spiele wird nach 1766 auch Sillian betroffen haben. Dieses Verbot ist verständlich, da es mancherorts bei Aufführungen von Passionsspielen zu argen Ausschreitungen gekommen sein soll. Zumindest in der Amtszeit Perathoners gab es in Sillian aber keinen Anlass, das Spiel zu verbieten, da es als Teil der Liturgie in der Kirche zum gottesdienstlichen Veranstaltungsprogramm der Pfarrei gehörte.[101] Man kann vielleicht in den Kulissen des

Hl. Grabes von Sillian noch etwas von der gewaltigen Bühnengestaltung entdecken, die einst zur Aufführung der Passion in der Kirche errichtet wurde. Es war wahrscheinlich eine zweistöckige Bühne, die den ganzen Altarraum ausfüllte. Da eine solche Bühne eigentlich für eine Aufführung im Freien besser geeignet gewesen wäre, ist die Annahme nicht unberechtigt, dass das Spiel in der Zeit vor dem Wirken Perathoners in Sillian, so wie in Niederdorf, auf dem Marktplatz aufgeführt worden sein könnte. Aber Perathoner verlegte die Aufführung in die Kirche, den ursprünglichsten Spielort, da dieses heilige Spiel ja aus der spielerisch gestalteten Liturgie herausgewachsen ist. Da zudem Geistliche als Regisseur und Christusdarsteller mitwirkten, blieb der feierliche und würdige Rahmen erhalten. Die rund 80 übrigen Spieler waren Leute aus Sillian, Sillianberg, Arnbach, Köckberg, vielleicht auch aus Innichen und Panzendorf.

Bei der Aufführung am Palmsonntag und am Karfreitag des Jahres 1765 spielten nach einem im Sillianer Gemeindearchiv verwahrten Verzeichnis[102] folgende Leute: „Kooperator Georg Josef Hölzl (Christus), Andreas Mayr (Petrus), Matthias Paprion (Johannes), Agnes Möst (Maria), Anna Möst (Magdalena), Balthasar Hibler (Kaiphas), Michael Achammer (Annas), Anton Kraler (Nikodemus), Mayr (Pilatus), Johann Schranzhofer (Herodes), Johannes Hibler (Hauptmann), Thomas Weitlaner (Malchus), Josef Walder (Dacus), Josef Wistaler (Barabbas), Sebastian Hueber (Acheron), Matthias Bachmann (Cerberus), Martin

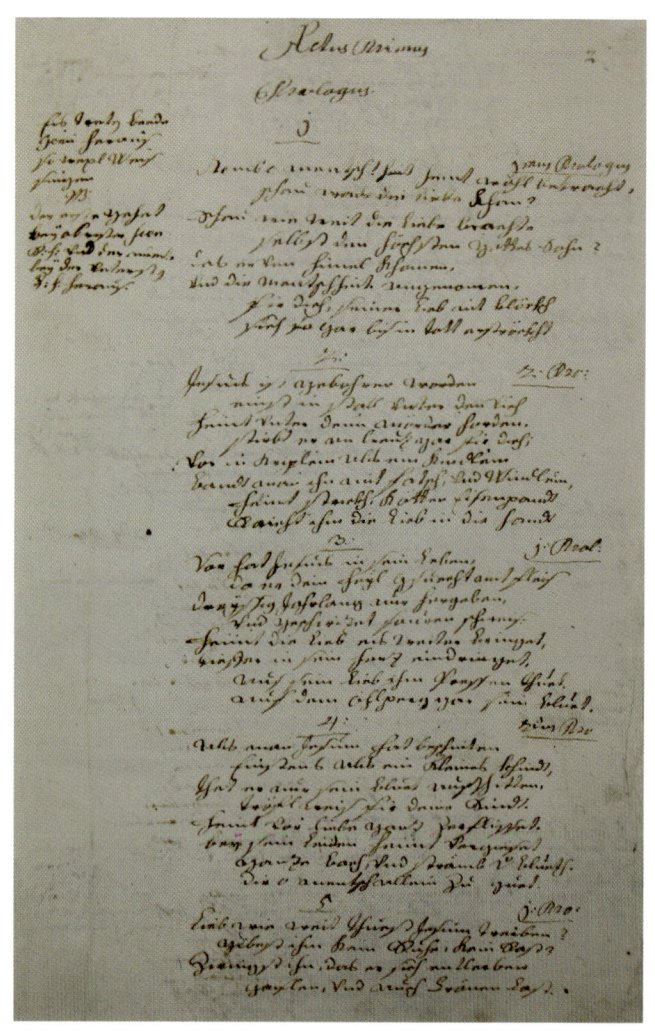

Titelblatt (links) und Prolog des Sillianer Passionsspieles von 1763, das von der Bevölkerung mit großer Ergriffenheit aufgenommen worden war.

Schett (Prolog)". Weitere Spieler und Komparsen tragen die Familiennamen Baldele, Blaikner, Gatterer, Hackhofer, Härung, Hanser, Hofer, Hofmann, Kopsgut, Rainer, Riedler, Rogger, Senfter, Strasser, Troyer, Weber und Zelger. Es handelt sich um Familiennamen, die heute noch in Sillian bestehen.

In Sillian hatte es sich gezeigt, wie sehr der in eine barocke Form umgegossene kraftvolle Spieltext aus dem Spätmittelalter alle Bevölkerungsschichten ansprach und zu einer spielerischen Umsetzung begeisterte. Mit diesem heiligen Spiel, das im wahrsten Sinn des Wortes ein Volksschauspiel ist, wurde das Volk von Darstellern aus dem Volk auf die Auferstehung Christi vorbereitet. Die Passion ist ein zeitloses Thema, denn zu allen Zeiten wurde und wird einer, der die Obrigkeit angreift und die Wahrheit sagt, verfolgt, gefoltert und sogar getötet, trägt jedoch in christlicher Sicht zur Vollendung des letztlich siegreichen Erlösungswerkes bei. Die im Jahre 1969 gebotene Aufführung des von Norbert Hölzl neu bearbeiteten Spieltextes in der Sillianer Pfarrkirche hat gezeigt, dass dieses Spiel auch heute noch das Volk genauso beeindruckt wie vor zweihundert Jahren. Auch die Inszenierung des von Egon Kühebacher erarbeiteten Textes in der Stiftskirche von Innichen (1981) und in der Pfarrkirche von Außervillgraten (1991 und 2009) war erfolgreich.

Infolge der behördlichen Spielverbote, gegen die man sich in Tirol hartnäckig zur Wehr setzte, hörte schließlich die Pflege des Passionsspieles auch in Sillian auf.[103] Einen Ersatz für das verbotene Passionsspiel bildete nun das Melodrama „Abraham et Isaak – Das Sinnbild des Erlösers", ein Singspiel, das ein *Doctor Erharter*[104] um 1820 nach einem Libretto von Pietro Metastasio (1698–1782) geschaffen hatte, natürlich nicht in der höfischen Art des Rokoko, sondern in einer derben Weise des volkstümlichen Geschmacks. Abraham ist Abbild des Gottvaters und Isaak, der ohne Zögern den Willen des Vaters erfüllt und sich für den geforderten Opfertod bereitwillig zeigt, von Christus; die trauernde Maria wird von der

Aufführung der von Norbert Hölzl bearbeiteten „Sillianer Passion" in der Pfarrkirche zu Sillian, März 1970.

altbiblischen Sara vertreten und der Lieblingsjünger Johannes von einem Gomoris. Die Marienklage der Passion findet sich im Jammern der Mutter Sara, und die Rückkehr Isaaks nach der Opferung des Widders löst den Jubel der Auferstehung aus.

Die erst um 1965 in Sillian entdeckte Handschrift dieses Spiels dokumentiert eine einzigartige Kontinuität heimischer Volksschauspiele. Ob es in Sillian wirklich aufgeführt wurde, ist nicht nachweisbar. Wohl aber wurde in Sillian um Ostern weiterhin gespielt, zwar nicht mehr die alte Passion, sondern die große Jedermann-Trilogie *„Drey sterbende Menschen"* des heimischen Dichters Adam Purwalder (bekannt ist nur sein Todesdatum, 24. Mai 1651), dem es gelungen ist, eine volkstümliche Dichtung zu schaffen, die der humanistischen Grundtendenz des „Speculum vitae humanae" Erzherzog Ferdinands II. (1584) nicht fern ist.[105]

Damit schließt in Sillian die lange Traditionskette des Volksschauspieles: von der mittelalterlichen Tiroler Passion über das humanistische Spiel wieder zur Passion der gegenreformatorischen Frömmigkeit, die schließlich von einem biblischen Spiel abgelöst wird.

Zusammenschau

Zum Abschluss unseres Ganges durch die Geschichte der Pfarrei Sillian fassen wir das Geschaute zusammen. Im Zuge der vom Benediktinerkloster Innichen im 8. Jahrhundert begonnenen und vom Kollegiatstift fortgesetzten seelsorglichen Erschließung des Gebietes von Welsberg bis Abfaltersbach entstand um die Mitte des 12. Jahrhunderts die Großpfarre Sillian, die das gesamte Gebiet von Vierschach bis Abfaltersbach umfasste. Nach einem religiösen Tiefstand im 11. und frühen 12. Jahrhundert konnte durch eine stärkere seelsorgliche Betreuung von Sillian aus in diesem Großraum die christliche Frohbotschaft erst richtig Fuß fassen. Aber im ausgehenden Mittelalter erlebte das kirchliche Leben seit der Zeit um 1500, bedingt durch die Reformation, erneut ein bedrohliches Ende. Durch das große Konzil von Trient (1545–1563) konnte diese Bedrohung durch gegenreformatorische Bemühungen abgewendet werden. Aber eine Erneuerung an Haupt und Gliedern der Kirchengemeinschaft ging nur langsam vor sich, obwohl ab 1650 die Großpfarre Sillian in mehrere Kuratien aufgelöst wurde. Erst durch die von den Jesuiten im 18. Jahrhundert mit aller Strenge durchgeführte Missionstätigkeit wurde auch das Pustertal ein Teil des „Heiligen Landes Tirol". Die liberalen Ideen der Aufklärung und der Drang zur Säkularisierung des christlichen Lebens gewinnen seit dem 19. Jahrhundert auch in Tirol zunehmend an Boden, obwohl durch weitere Volksmissionen und verbesserte seelsorgliche Methoden versucht wird, das neue Gedankengut geistig zu verkraften. Wie in der Vergangenheit dem Wellental ein Wellenberg gefolgt ist, so wird die Kirche Christi auch in unserer Zeit alle Krisen überdauern und, zwar in gewandelter Form, immer wieder neu erstehen.

Maria Huber

Der Kirchenchor
Singen zur Ehre Gottes

Der Kirchenchor unterstützt nicht nur die Liturgie, sondern ist vor allem auch ein wesentlicher Bestandteil des kulturellen Lebens einer Gemeinde. Es ist nicht bekannt, seit wann es in Sillian einen Kirchenchor gibt. Jedenfalls hatte die Mariä Reinigungsbruderschaft schon im 15. Jahrhundert einen Kaplan, der auch für die musikalische Gestaltung der Gottesdienste zuständig gewesen war. Die Knaben wurden in der lateinischen Sprache unterrichtet und für den Kirchengesang ausgebildet (siehe Schulwesen S. 299).

Aus dieser Zeit sind im Pfarrarchiv Aufzeichnungen über Jahresstiftungen von Messen und Ämtern vorhanden. Ein Beispiel ist die Stiftung von Stefan Weissel aus dem Jahr 1464 „um weihnachten mit vigill unnd ainem ampt unnd 2 messen", ein anderes bietet die Stiftung des Heinrich Wynnbach aus dem Jahre 1489: „[…] sie solen auch ewiklich in der osterwochen oder anden nächsten tag danach, so man das bekennen mag ungefehrlich ausrichten ein jahrtag mit ainem gesungenen selampt unnd mit drey gesprochenen messen […]".[1]

Um die Mitte des 16. Jahrhunderts übernahm die Leitung der Schule ein weltlicher Lehrer. Dieser war auch für den Kirchengesang zuständig. 1598 wurde ein neues Orgelpositiv angeschafft und vorne „bei dem Chor [Presbyterium]" aufgestellt. Peter Faber, dem „Schuelmaister", wurde 1599 eine Aufbesserung von 6 fl. gewährt, „da er das Positiv schlagt".

In den Bruderschaftsaufzeichnungen werden immer wieder Ausgaben für die Reparaturen des Positivs genannt. Es gibt Belege, dass auch schon im 16. Jahrhundert „eine einfache Instrumentalmusik ausgeübt wurde". Im Jahre 1568 wurden „zwey Pfeiffer" und 1587 „drey Geigger" um ein geringes Entgelt zum Spiel bei der Fronleichnamsprozession angestellt.

Über das Liedgut dieser Zeit sind keine Aufzeichnungen vorhanden. Wahrscheinlich enthielt das Repertoire neben lateinischen Texten auch „teitsches" Liedgut. Die ersten „teitschen singer" werden in Sillian erst 1642 erwähnt, doch ist anzunehmen, dass bei den diversen Kreuzgängen, die schon im 16. Jahrhundert nachweislich stattfanden, auch auf Deutsch gesungen wurde.

Die so genannten „Kirchensinger" – nicht mit dem Kirchenchor zu vergleichen – gab es früher im ganzen Alpenraum, vor allem auf dem Land, so auch in Sillian. Es handelte sich dabei um einige Männer, Frauen waren ausgeschlossen, die von der Empore herunter ohne Instrumentalbegleitung sangen, nur nach dem Gehör; sie kannten auch keine Noten, sondern beherrschten Melodien aus dem Gedächtnis. Sie benutzten nur Texthandschriften. Diese „Kirchensinger" sollen für mundartliche Texte geistliche Melodien verwendet haben und umgekehrt, was oft zu geringschätzigen Urteilen führte. Die Zugehörigkeit zur „Zunft der Kirchensinger" wurde in der Familie weitervererbt. Aus den Jahren 1630 und 1633 sind Kirchensinger namentlich bekannt. Es waren dies „Joachim Keck, Peter Reider, Georg Windegger und Mathias Kopsgueter".[2]

1646/47 bekam die Kirche eine Herz-Orgel, für die an der Westseite der ursprünglich gotischen Kirche ein eigener Chor auf „zwey seillen" (zwei Säulen) errichtet wurde. Die Chorknaben, die vor allem Choräle sangen, und das Orgelpositiv blieben vorne in der Nähe

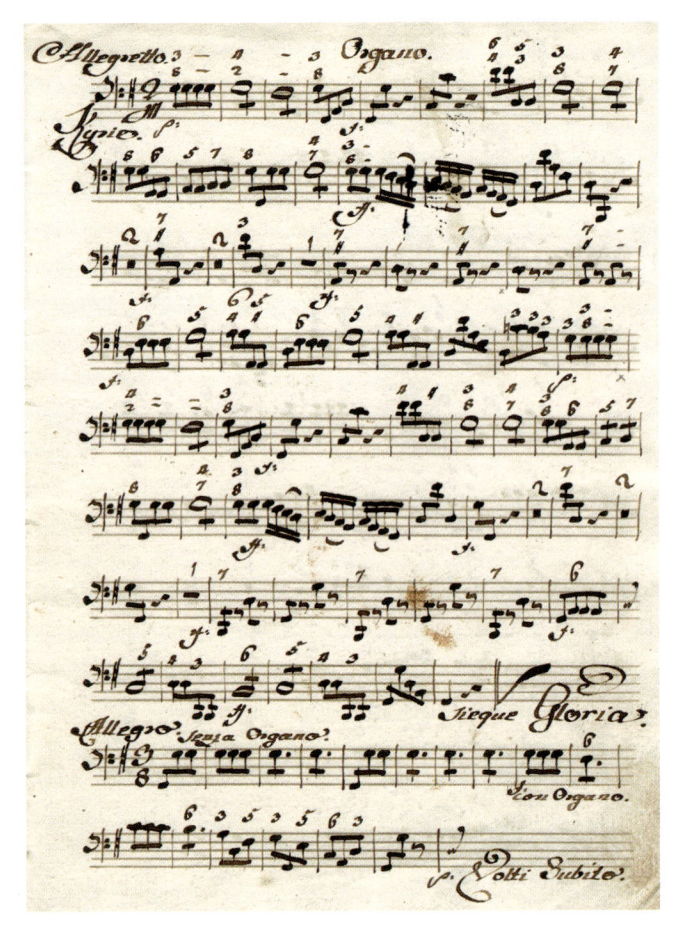

Orgelstimme im bezifferten Bass; eine Notenseite aus der „Missa brevis in G" von Anton Sandbichler, 1790.

des Altars. Aus dem Jahre 1792 gibt es ein Verzeichnis, in dem Anton Sandbichler alle der Pfarrkirche gehörenden Musikalien, wie „Messen, Offertorien, Vespergesänge, Lytanaien, alle Blas- und Streichinstrumente (ein großer Violon und eine alte Viola, die Herrn Keck am Kapaun gehören soll), Bücher" usw. aufgezeichnet hat.[3] Sandbichler komponierte auch selbst; eine Messe in seiner Handschrift aus dem Jahr 1790 ist noch erhalten.

Gründung des Musikvereins

Ein neuer Abschnitt für Musik und Pfarrchor begann mit der Gründung des Musikvereins Sillian im Jahre 1833. Der Verein sollte durch den Zusammenschluss der Kirchenmusik mit der „Türkischen Musik" und Tanzmusik eine Verbesserung des musikalischen Lebens in der Gemeinde erzielen. Zu diesem Zweck wurden Statuten ausgearbeitet, an die sich Sänger und Musiker zu halten hatten.

Die Vereinsverwaltung bildeten: „Ein Präses, zwey Vereinsausschüsse, der Musick- Director, welcher jeweiliger Pfarrorganist sein soll, ein Unterlehrer bzw. ein Schul-Adjunkt zur Ertheilung des Unterrichts, ein Secretär zur Controllierung des Vereinsfonds, ein Cassier, ein Oeconom für die Anschaffung der nöthigen Requisiten und ein Musicdiener", der die Proben ansagen musste.

Auszug aus den Statuten, die den Kirchenchor betreffen: „Alle Sonn- und gebothenen Feiertage ist bei dem vormittägigen Gottesdienste der Chor zu besuchen, dergleichen bei feyerlichen Litaneyen, Vespern usw. Ebenso werden an diesen Tagen nach 12 Uhr Mittags im Schulzimmer bis zum nachmittägigen Gottesdienste Proben abgehalten, wobey alle Dilletanten zu erscheinen haben. Ausbleiben vom Chor und den Proben muss entschuldigt werden, widrigenfalls es eine Strafe von 6 Kreuzer nach sich ziehen würde. Sollte sich der Verein auflösen, so fallen die Gelder wie auch alle Instrumente, Musicalien und Requisiten der löblichen Sillianer Pfarrkirche zu."[4]

Das „Actum Sillian vom 24. November 1833" wurde unterschrieben von Alois Sandbichler, Direktor und Organist. Erwähnt sind Herr Franz Anich als Ausschussmitglied und Sänger und Anna Oberthaler, Maria Herrnegger, Elisabeth Fürhapter, Elisabeth Rofreider als Sängerinnen. In Hinkunft führte der jeweilige Schulleiter den Verein. Über die Chorliteratur ist wenig bekannt.

Im Jahr 1896 wurde der Musikverein neu konstituiert, die Leitung übernahm Lehrer Franz Schwab aus Baumkirchen. Leider war ihm keine lange Dienstzeit gegönnt, er starb 25-jährig im Jahre 1900. Auf seinen Nachfolger, Johann Evangelist Warscher, der verunglückte, folgte dessen Bruder Alfons Warscher, der den Kirchenchor bis 1913 leitete. Ob er auch dem Musikverein vorstand, ist nicht bekannt.

Der Cäcilianismus

Neue Impulse erhielten die Kirchenchöre durch das Aufkommen des Cäcilianismus, der von Brixen ausging. Initiator dieser Bewegung war der Brixner Domorganist Josef Gregor Zangl. Kirchenchöre organisierten sich als Cäcilienvereine; sie pflegten die Rückbesinnung auf die Anfänge der Kirchenmusik, den einstimmigen Gregorianischen Choral, aber auch die Vokalpolyphonie. Für Lienz und Sillian bestand ein gemeinsamer Cäcilienverein. Über ihn heißt es in der deutschen Zeitschrift „Musica sacra" 1876: „Der Verein besitzt vorzügliche und thätige Kräfte."[5] Bedeutende Vertreter dieser kirchenmusikalischen Bewegung waren neben Josef Georg Zangl auch Ignaz Mitterer, Vinzenz Goller, Moritz Brosig, Michael Haller, Johann Höllwarth, Arsenius Niedrist, Johann Obersteiner u. a. Ihre Werke wurden vom Kirchenchor besonders vor dem 2. Vatikanischen Konzil häufig aufgeführt.

Nach der Grenzziehung von 1919 wurde Sillian ein eigenes Dekanat, und dem Kirchenchor erwuchsen neue bedeutsame Aufgaben. 1921 versuchte Schulleiter Josef Kirchmair mit Musik- und Chorfreunden, den Musikverein wieder zu aktivieren. In der Vereinschronik ist zu lesen: „Wie wichtig der Bevölkerung Gesang und Musik waren, zeigt sich in der Tatsache, daß sämtliche Gemeinden der Pfarre Sillian Holz spendeten, durch deren Verkauf Musikinstrumente für den Kirchenchor angekauft werden konnten." Als Kirchmair 1923 nach Zell am Ziller übersiedelte, übernahm Schulleiter Viktor Wanner die Leitung des Kirchenchors und den Organistendienst.

„St. Cäcilienlied", komponiert von Viktor Wanner, Sillian, datiert mit 22. November 1931.

Albert Steinringer schreibt über ihn: „Mit viel Einsatz und großer Begeisterung studierte er mit dem Chor Werke großer Komponisten, wie Händel, Mozart, Haydn, Schubert u. a., ein und gestaltete festliche Gottesdienste, z. B. Primizen, Jubiläen, Patroziniumsfeste usw. Er war ein wahrer Meister auf der Orgel und in der Improvisation. Unzählige Stunden verbrachte er auch damit, junge Sänger und Kirchenmusiker heranzubilden, für die er, je nach Besetzung, eigene Gesänge komponierte. Bedingt durch die Kriegswirren des Zweiten Weltkriegs und die finanziellen Schwierigkeiten schrieb er aus alten Partituren Sing- und Orchesterstimmen heraus, transponierte sie je nach Bedarf und studierte sie mit seinem Chor ein."[6]

Seine Nachfolge als Chorleiter trat Heinrich Klammer an, der ab 1950 am Dirigentenpult stand, als

Sängerehrung im Gasthaus Oberbäck, 1978.

Der Sillianer Kirchenchor am Dreikönigstag 1999.

Der Kirchenchor Sillian im Jahr 2011 (v. l. n. r.): Johanna Aichner, Maria-Luise Kofler, Heinrich Krautgasser, Maria Walder, Theresia Senfter, Gertraud Inwinkl, Maria Niedertscheider, Bernadette Duracher, Gottfried Sint, Notburga Grüner, Maria Steidl, Josef Walder, Christine Bürgler, Christine Senfter, Anton Steidl, Christine Fürhapter, Helene Niedrist, Andreas Moser, Christa Brida, Johann Walder, Maria Huber-Wanner, Thomas Walder, Chorleiter: Anton Walder.

Organistin folgte Maria Huber-Wanner. In dieser Zeit kam zu dem bestehenden Repertoire neues, modernes Liedgut hinzu, so auch rhythmische Messen usw. „Klammer verstand es, sowohl aus einfachen Sonntagen wie auch aus Feiertagen kirchenmusikalische Festtage zu machen."[7]

Mit den Kirchenchören des Dekanates Innichen gestalteten die Kirchenchöre des Dekanates Sillian gemeinsame Gottesdienste in Sillian, Innichen, Aufkirchen, Sexten, Obertilliach usw. Die so genannten „Chöretreffen" waren besondere kirchenmusikalische Feste. Auch die Aufführungen im Rahmen der Chorausflüge nach Elbigenalp, Bamberg, Großmehring (BRD), Altötting, Mariazell, Innsbruck, Ossiach usw. bleiben als musikalische und gesellschaftliche Erlebnisse in guter Erinnerung. – Über die Aktivitäten des Kirchenchors innerhalb eines Jahres gibt folgende Aufzeichnung aus dem Jahre 1977 Aufschluss: „48 Proben und insgesamt 108 Aufführungen (72 Gottesdienstgestaltungen, 16 Aufführungen mit Orchester, 20 Beerdigungen). Neueinstudierung: Missa brevis in D-Dur von Mozart und eine rhythmische Messe."[8]

Da die Kirche nach dem 2. Vatikanischen Konzil großen Wert auf die Mitfeier durch das Volk legte, wurde immer mehr der Volksgesang bevorzugt. Heute gestaltet der Kirchenchor nur mehr einige Festtagsgottesdienste, Beerdigungen usw. Im Jahre 2002 mit der Verabschiedung von Dekan Ortner beendete Heinrich Klammer seine Tätigkeit als „regens chori", sein Nachfolger wurde Anton Walder.

Die Orgel

In den Aufzeichnungen der Pfarre Sillian aus dem 16. Jahrhundert findet man Hinweise auf so genannte Orgelpositive und deren Verwendung bei Gottesdiensten, Prozessionen, Passionsspielen usw. Im Gründungsjahr der Sillianer Rosenkranzbruderschaft 1641 wurde von Jakob Taller aus Lienz ein neues Positiv „erstellt". Dies dürfte ein transportables Instrument gewesen sein, weil auch von zwei „Regaltragern" die Rede ist. In den Jahren 1646/47 erbaute Daniel Herz eine einmanualige Orgel, sein Gehilfe war Jakob Köck aus Sillian. Das Gehäuse der Orgel stammte vom Lienzer Maler Johann Hofmann. Auch ein Orgeltreter wird erstmalig genannt: Jakob Perkher, der für seine Tätigkeit eine Jahresbesoldung von 4 fl. erhielt.

Auf Anregung von Lehrer und Organist Jakob Sandbichler (1740) wurde „Orgelmacher" Johann Schweinacher aus Windisch-Matrei (in Osttirol) beauftragt, ein neues Instrument zu bauen. Die Fassung des Gehäuses übernahm der Lienzer Maler Thomas Valtiner. Im Zuge der Barockisierung der Pfarrkirche wurde diese Orgel vom Orgelbauer Johann Götz aus Toblach umgebaut. Am Prospekt arbeiteten einheimische Tischler. Die Kosten beliefen sich auf 595 fl. und wurden aus Spenden und aus Kirchen- und

Grabplatte des Orgelbaumeisters Daniel Herz († 1678), der 1646/47 für die Pfarrkirche Sillian ein Orgelwerk erstellt hatte.

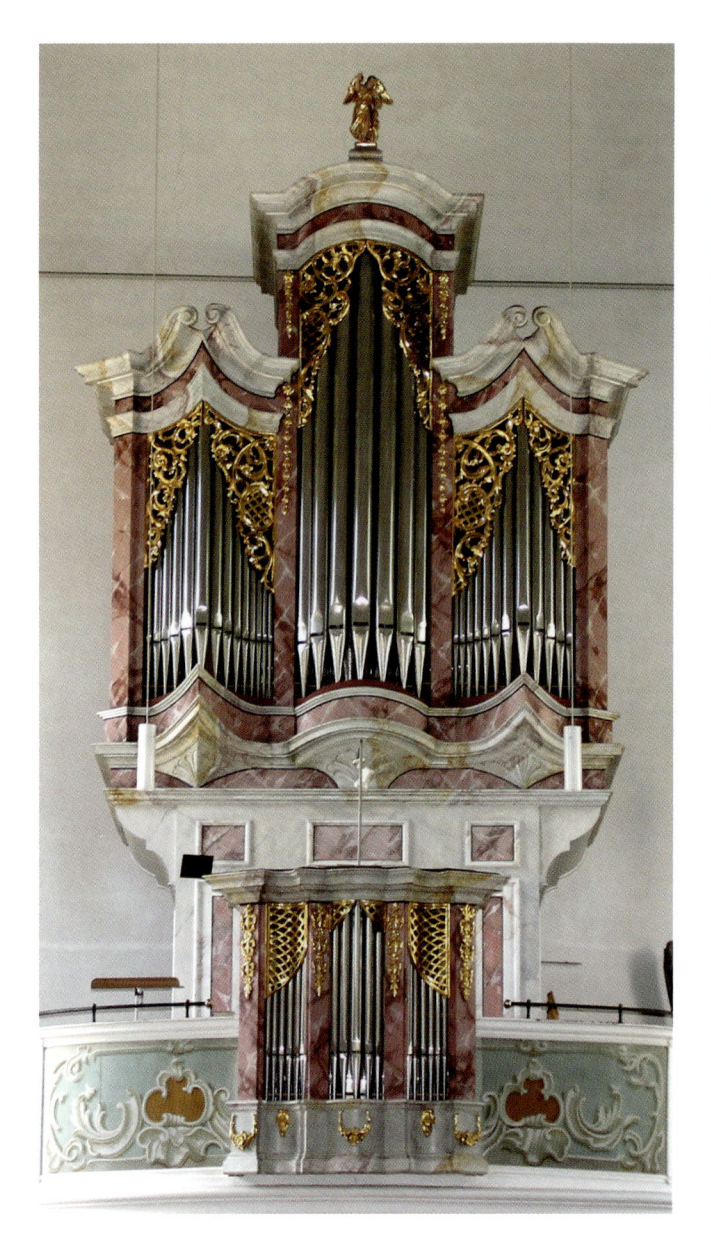

Orgel mit barockem Gehäuse von 1766 in der Pfarrkirche Sillian.

Spieltisch der zweimanualigen Orgel.

Bruderschaftsmitteln beglichen. 1789 wurde der Spieltisch von der oberen Empore auf die untere verlegt.

Im Jahre 1906 baute die Firma Gebrüder Mayer aus Feldkirch eine neue pneumatische Orgel in das bestehende Orgelgehäuse. Sie hatte 25 Register und kostete 7.000 Kronen. Es waren immer wieder größere Reparaturen notwendig, daher entschloss man sich 1981, die obere Chorempore abzutragen und auf der unteren eine neue Orgel mit Rückpositiv zu errichten.

Seit 1985 besitzt die Pfarrkirche Sillian eine neue mechanische Schleifladenorgel aus der Werkstätte der Tiroler Orgelbaufirma Pirchner aus Steinach am Brenner. Die Fassung des Orgelgehäuses besorgte die Firma Campidell aus Feistritz/Drau. Die Königin der Instrumente erklingt nicht nur zu den Gottesdiensten, sondern wird auch gerne bei Orgel- und Kirchenkonzerten gespielt.

Das Klangbild der Orgel – die Disposition:

Hauptwerk: C – f'''		Rückpositiv: C – f'''		Pedal: C – f'		Koppeln:
Gedeckt	16'	Copel	8'	Subbass	16'	HW.-Ped.
Prinzipal	8'	Rohrflöte	4'	Oktavbass	8'	R.-Pos.-Ped.
Rohrflöte	8'	Prinzipal	4'	Oktav	4'	R.-Pos.-HW.
Viola da Gamba	8'	Flöte	2'	Posaune	8'	
Oktav	4'	Sesquialter	2 2/3'			
Flöte	4'	Zimbel	1'			
Quint	2 2/3'	3-fach				
Oktav	2'					
Mixtur	1 1/3' 4-fach					
Trompete	8'					

Rudolf Ingruber

Kirchliche Kunst in Sillian

Marktgemeinde im Zeichen des Barock

Einleitung

Gotik kontra Barock: So könnte man die unterschiedlichen Ausformungen kirchlicher Kunst im Raum Sillian auf einen gemeinsamen Nenner bringen – mit der Einschränkung allerdings, dass dieser nur die heute bestehenden, historisch gewachsenen Denkmäler charakterisiert. Einen Verdrängungswettbewerb zwischen den beiden Epochen anzunehmen, wäre schon aus zeitlichen Gründen verfehlt. Die Gotik gilt spätestens um die Mitte des 16. Jahrhunderts als international abgeschlossen, während die frühestens gegen Ende des Säkulums einsetzenden Gehversuche der Barockkunst von Sillian räumlich wie zeitlich noch sehr weit entfernt sind.

Für die je nach Kulturraum im 15. oder 16. Jahrhundert einsetzende, umfassende Kunsterneuerung nach der Gotik gibt es in Osttirol vergleichsweise wenige und in Sillian so gut wie überhaupt keine Zeugnisse, sodass die Periode nur durch ein kunsthandwerkliches Beispiel illustriert werden kann. Die älteste erhaltene Glocke der Pfarrkirche wurde 1565 von Hans Christoph Löffler gefertigt.[1] Der in Innsbruck ansässige Glockengießer hatte im selben Jahr die väterliche Werkstatt in Hötting übernommen, und die im Flachrelief ausgeführten Darstellungen einer Kreuzigungsgruppe und der Immaculata lassen möglicherweise schon den Einfluss des flämischen Renaissancebildhauers Alexander Colin erahnen, mit dem Löffler am Grabmal von Kaiser Maximilian I. in der Innsbrucker Hofkirche zusammengearbeitet hatte.

In die Fensterlaibung im Erdgeschoss des Turmes der Sillianer Pfarrkirche wurde gegen Ende des 15. Jahrhunderts[2] das rundbogig gerahmte Brustbild eines bürgerlich gekleideten Mannes gemalt. Wenn es sich dabei auch um nicht mehr als eine unbewiesene Überlieferung handelt, so ist wenigstens der allgemeine Konsens, das Bild als Porträt des mittelalterlichen Baumeisters anzuerkennen, Ausdruck einer historischen Realität. Der gotische Architekt führte selbstbewusst Regie über die Repräsentanten der subordinierten anderen Künste. Ausgehend von den Kathedralbauten in Paris und Umgebung wurde die Gotik ab etwa 1200 zum internationalen Ereignis, das über mehrere Jahrhunderte hinweg in verschiedenen Kulturlandschaften Europas durchaus eigenständige Entwicklungen erfuhr. Spitzbogen, in den Außenraum verlagerte Strebepfeiler und vor allem die Gewölberippen im Inneren des Gebäudes sind nicht nur gemeinsame Stilelemente, sondern zugleich der sichtbare, puristische Ausdruck der baulichen Konstruktion. Erst in der Spätgotik bieten sie auch Formgelegenheiten für Schmuck oder sie werden, wie am Gewölbe der Kirche von Arnbach, selber zum Ornament.

Mit dem so genannten Bischofszimmer im ersten Obergeschoß des Dekanatswidums besitzt Sillian eines der seltenen erhaltenen Beispiele eines gotischen Wohn- und Repräsentationsraums. 2007 wurde der unter mehreren, aus verschiedenen Jahrhunderten stammenden Malschichten verborgene Originalzustand freigelegt und wiederhergestellt. Besonders die Kerbschnitzereien an der Balkendecke bedienen sich mit ihren Maßwerksverzierungen, Rosetten,

Blattranken und Taufriesen des reichhaltigen Repertoires gotischer Ornamentik. Aufgrund ihrer Ähnlichkeit mit zwei Stuben im Tiroler Volkskunstmuseum in Innsbruck – aus dem ehemaligen Gerichtshaus in Niederdorf und aus dem Johannserhof in Villanders – wird eine Datierung um 1500 nahegelegt.[3]

Das Metier, das der Barock zur höchsten Vollendung führt, die Wand- und vor allem Deckenmalerei, streckt seine Wurzeln noch weiter aus. Nach Andrea Mantegnas Ausmalung der Camera degli Sposi des Palazzo Ducale in Mantua (1465/74), die trotz der Verbindung der Fürstenhäuser von Görz und Gonzaga für Osttirols Kunst so gut wie folgenlos blieb, bereiteten Michelangelo und Raffael in Rom den weiteren Entwicklungen einen zeitlos gültigen Nährboden. Ihre unmittelbare Nachfolge im Manierismus trieb sie zu teilweise extremen Auswüchsen, die das „di sotto in su", die allein aus dem Ort des Bildes über den Köpfen seiner Betrachter zu verstehende perspektivische Untersicht, manchmal so heftig forcieren, dass man zum Beispiel von einem himmelwärts fahrenden Christus nur mehr die Fußsohlen zu sehen bekommt. Erst die Brüder Carracci konnten diese schwindelerregenden Illusionen, die meist zulasten der Information und der Verständlichkeit der Motive gingen, wieder beruhigen. Ihre Ausgestaltungen des Palazzo Magnani in Bologna (1588/91) und der Galleria Farnese in Rom (1595/1605) gelten als Inkunabeln des Frühbarock.

Auch die weitere Entwicklung vollzog sich zur Hauptsache in der Ewigen Stadt. Pietro da Cortona gelang in dem 1639 vollendeten Deckenfresko im Palazzo Barberini die Zusammenfassung von illusionistischer Architektur, Scheinplastik und Malerei zu einem riesigen Bildganzen. Von größter mittelbarer Bedeutung für die Kunst nördlich der Alpen,

Zeugen gotischer Baukunst in Sillian: Aufgang zum Glockenturm (links) und spitzbogiger Torbogen im Pfarrwidum.

für Süddeutschland, Tirol und eben auch Sillian, war schließlich Andrea Pozzo, der eigene Erfahrungen und Erkenntnisse in diesem Fach durch sein zwei Bände umfassendes Lehrbuch „Perspectiva Pictorum et Architectorum" zugänglich machte. Deutsche Ausgaben erschienen unter dem Titel „Der Mahler und Baumeister Perspectiv" seit Beginn des 18. Jahrhunderts in Augsburg.

Die Verzögerung, mit der in Osttirol – und hier als Erstes im Pustertal – der barocken Deckenmalerei nach der Mitte des 18. Jahrhunderts der Durchbruch gelang, ist nicht zuletzt auf die Nachhaltigkeit der Gotik zurückzuführen bzw. auf deren regelrechte Wiederbelebung zu einem Zeitpunkt, an dem die wesentlichen Paradigmen dieser Kunst schon verhandelt waren. So ist das Gewölbe der 1668 errichteten Kapelle zum Leidenden Heiland in Arnbach überzogen von Rippen, die vor allem im Chor ein engmaschiges Netz ausbilden. Ihr zwischen Schlusssteinen eingeschriebenes Rautenmuster ist in seiner Grundstruktur zwar dem damals noch existenten gotischen Gewölbe der Sillianer Pfarrkirche abgeschaut, in seiner Vielteiligkeit jedoch redundant. Seine Funktion ist weit weniger eine tektonische als eine dekorative, und es wird nun verständlich, dass sich die Vorstellung einer bebilderten Decke nur schwer gegen diese in unserem Kulturraum so beliebten pseudogotischen Reminiszenzen durchzusetzen vermochte.

Zwar kennt auch die Gotik durchaus die Möglichkeit, ein Gewölbe mit Fresken zu schmücken, worüber die von Leonhard Scherhauff freskierte Pfarrkirche zum Hl. Jakobus d. Ä. in Strassen noch heute ein beredtes Zeugnis ablegt. Wie die Plastik jedoch in erster Linie Bauplastik war – und das gilt auch noch für den architektonischen Mikrokosmos des spätgotischen Flügelaltars – so war in der Gotik die Wand-

Das sog. Bischofszimmer im Pfarrwidum ist ein hervorragendes Beispiel für die qualitätsvolle Vertäfelung eines besonderen Raumes in der Zeit der Spätgotik.

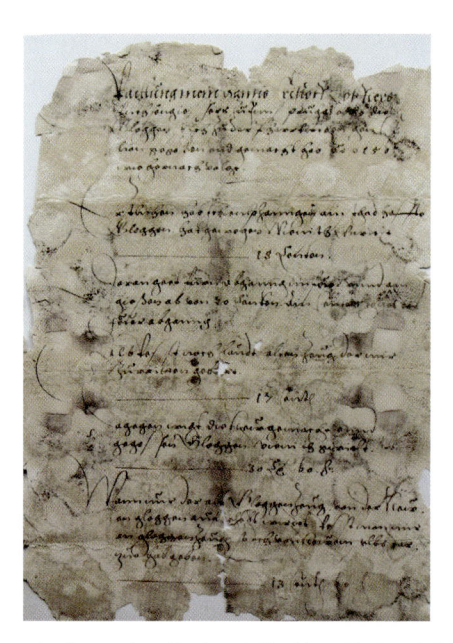

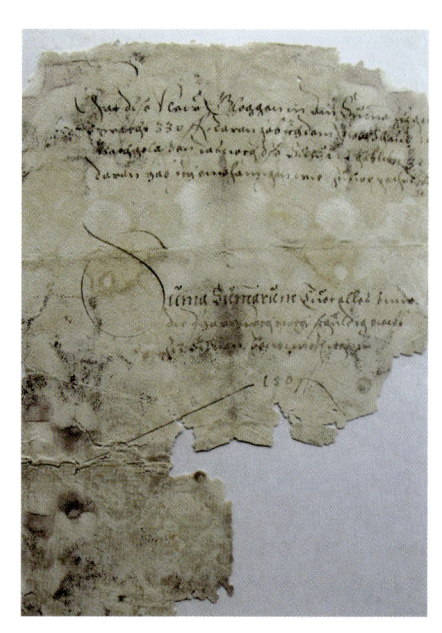

Die älteste Glocke Sillians, die „Löfflerin", wurde vom bedeutenden Glockengießer Hans Christoph Löffler aus Innsbruck 1565 in Arnbach gegossen. – Erste und letzte Seite der von Hans Christoph Löffler ausgestellten Rechnung für den durchgeführten Glockenguss, der der Pfarre 320 Gulden kostete.

oder Deckenmalerei zuerst Wand oder Decke und erst dann Malerei.

Der barocke Geschmack aber verlangte nach Bildern, deren Format nicht von den konstruktiven Bedingungen der Decke abhing, und hatte daher zunächst einmal deren Beschränkungen zu entwerten. So verdrängen an dem gegen Ende des 17. Jahrhunderts stuckierten Gewölbe der Kirche St. Petrus und Paulus in Heinfels zierliche Perlstäbe, Laubkränze und Engelsköpfchen die gotischen Rippen. Ganz ähnliches, teilweise sogar identes Dekor ist in der etwa gleichzeitig errichteten Antoniuskapelle in Panzendorf auf eine Kuppel bezogen, in deren acht Sektoren nun auch wieder Bilder, vierpassförmig gerahmt und mit schriftlichen Kommentaren versehen, Platz finden. Zugleich sind mit diesen Bauten die Anfänge der Barockkunst im Seelsorgegebiet Sillian datiert. Den entscheidenden Impuls aber gab der 1688 benedizierte Neubau der damals ebenfalls zur Pfarre Sillian gehörigen Wallfahrtskirche Maria Himmelfahrt in Hollbruck. Ihr von Georg Holzmeister[4] stuckiertes Tonnengewölbe ist durch insgesamt zehn nach inhaltlichen und dekorativen Erwägungen unterschiedlich dimensionierte Felder gegliedert, die der Bozner Gabriel Kessler zusammen mit seinem Sohn bemalt hat. Von „quadri riportati", den Prinzipien von Tafelbildern gehorchenden Kompositionen begleitet, probiert der zentrale Gemäldespiegel erstmals an manchen Motiven die perspektivisch verkürzte Untersicht aus. Sie ist bezeichnenderweise nicht genuin barocken, sondern venezianischen Vorbildern der zweiten Hälfte des 16. Jahrhunderts verpflichtet.

Brustbild eines bürgerlich gekleideten Mannes, nach der Volksmeinung der Baumeister der gotischen Kirche; Fresko am Aufgang zum Glockenturm der Pfarrkirche, Ende 15. Jahrhundert.

Waren es im ausgehenden 17. Jahrhundert also zwei Neubauten, die durch barockes Empfinden der Malerei eine veränderte Stellung einräumten, so gab nicht viel mehr als ein halbes Jahrhundert darauf die Architektur, was die innovative Leistung anlangt, einen beträchtlichen Teil ihrer führenden Rolle an die Bildkünste ab. 1759 fiel Rudolf Schraffl aus Toblach die Aufgabe zu, die 1441 geweihte gotische Pfarrkirche in Sillian um 31 Werkschuh nach Westen zu erweitern.[5] Als „Vice unterstöllter Paumeister" war er dabei dem als Generalunternehmer beauftragten Maler Joseph Adam Mölk (Mölck, Mölckh) untergeordnet.[6] Schraffl scheint Spezialist für solche Projekte gewesen zu sein, denn zur selben Zeit verlängerte er auch die Filialkirche St. Oswald in Kartitsch.[7] Allerdings schloss das Bauvorhaben hier keine Barockisierung des nur rund zehn Jahre jüngeren Sakralraums, den man zumindest stilistisch im originalen Zustand beließ, ein. Einiges spricht dafür, dass dieser sein Sternrippengewölbe und die gekehlten Wanddienste mit den halbrunden Säulenvorlagen dem Vorbild der gotischen Sillianer Pfarrkirche schuldet.

Dass auch in der zweiten Hälfte des 18. Jahrhunderts der Barock über die Gotik nicht einfach triumphierte, sondern sich erst in der Auseinandersetzung mit dieser formierte, wird im literarischen bzw. dramatischen Schaffen durch eine bemerkenswerte Parallelerscheinung belegt. Das Sillianer Passionsspiel von 1765 ist eine „organische Weiterformung" der im Zuge der Aufklärung verbotenen Tiroler Passion aus dem frühen 15. Jahrhundert und damit „Musterbeispiel einer barockisierten Spätgotik in Tirol".[8] Zu der seit dem Mittelalter tradierten Angst um das Seelenheil tritt die Lust an Bilderreichtum und Schauspiel. Eine betont antiaufklärerische Haltung bildet den geistigen, kulturellen und sozialpsychologischen Hintergrund, den die katholische Kirche zwar nicht entwirft, wohl aber zu regulieren und zu integrieren bemüht ist. Er lässt sich unter dem Titel der Volksfrömmigkeit subsumieren und ist in Sillian zu einem nicht zu unterschätzenden Teil durch die Bruderschaft

Langhausgewölbe mit Rippenstruktur in der Kirche von Arnbach.

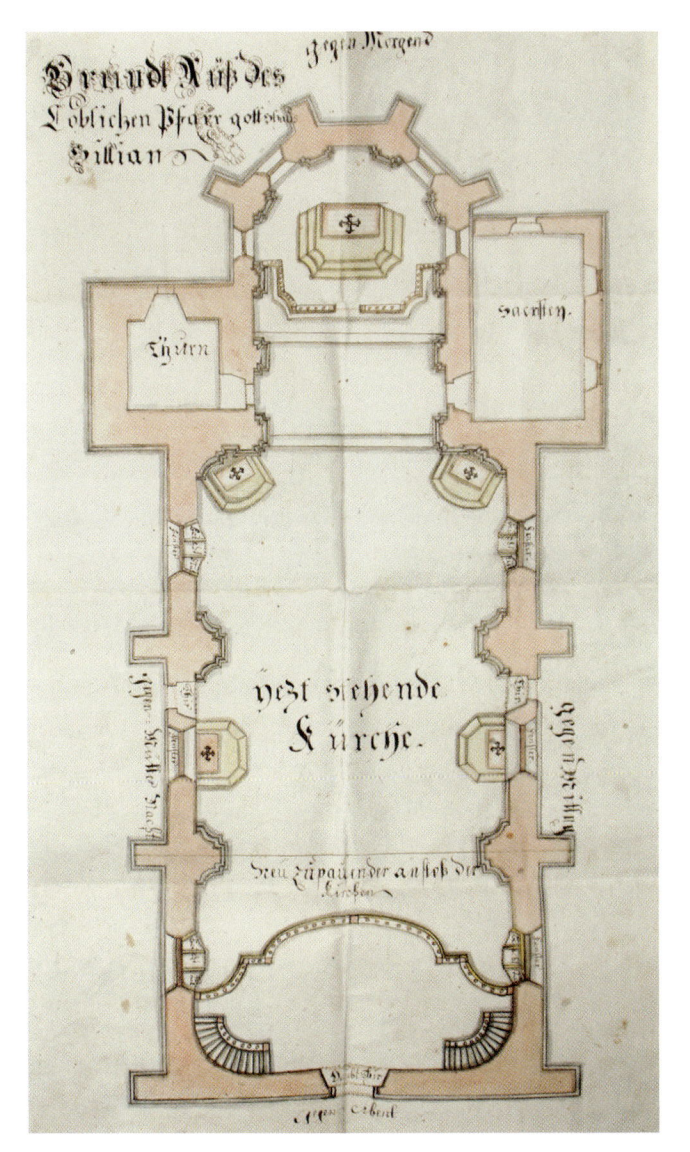

„Grundt Rüß des Loblichen Pfarr gottshaus Sillian" mit Eintragung der geplanten Verlängerung: „Neu zu pauender anstoß der Kirchen", 1759.

271

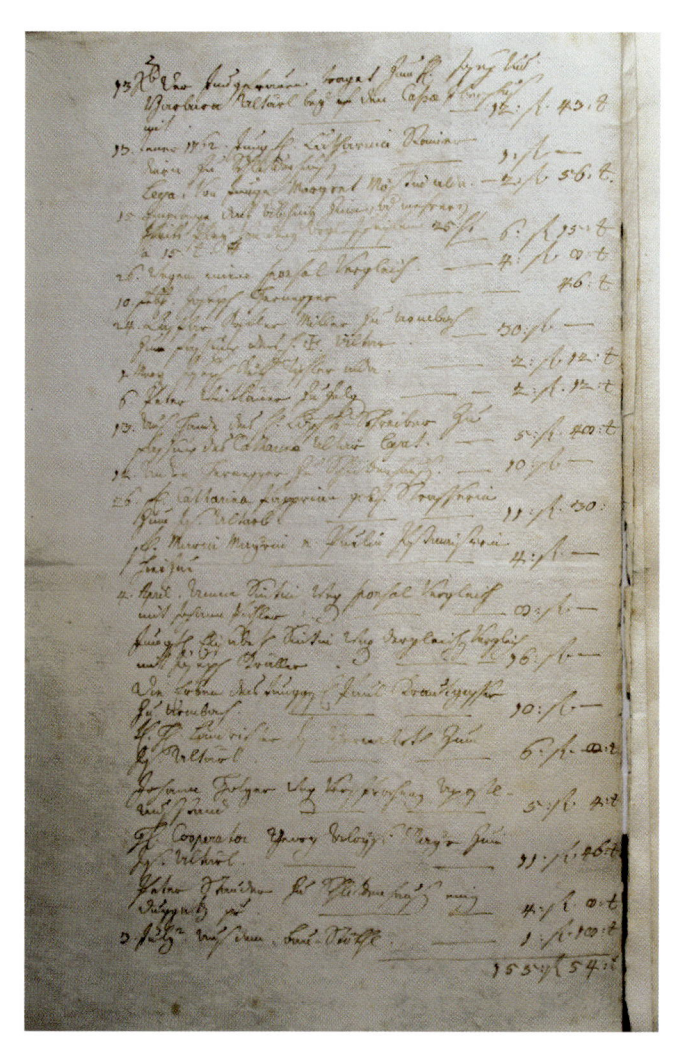

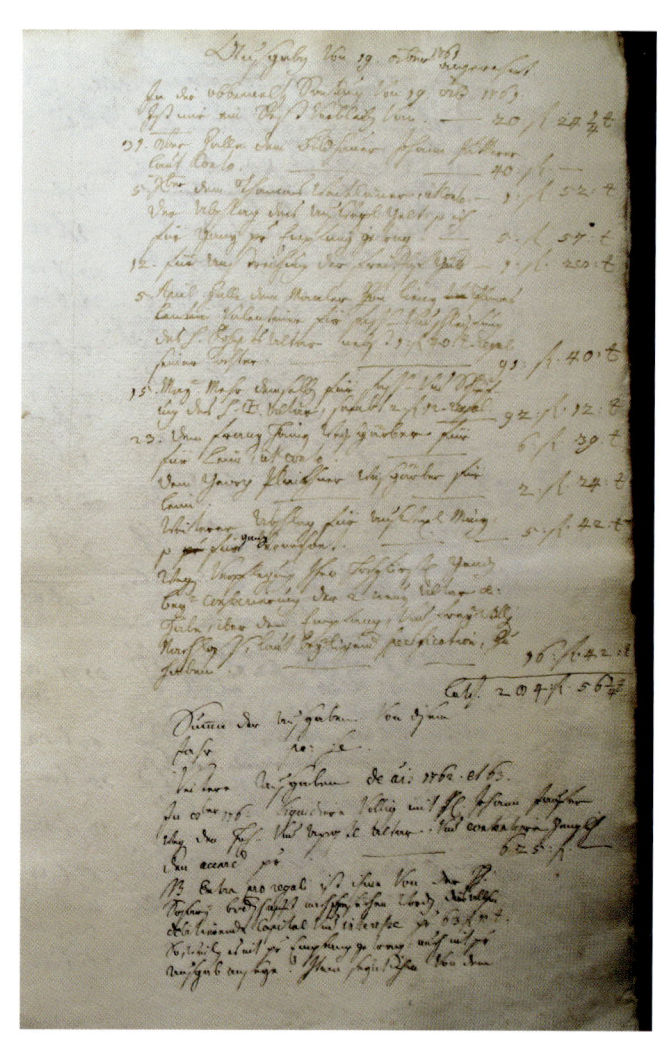

Zwei Seiten aus der Kirchenbaurechnung über die Erweiterung und den barocken Umbau der Pfarrkirche „von 1759 bis zur Vollendung 1761".

zu Mariä Reinigung und die Rosenkranzbruderschaft personalisiert. Um die Ortskirche nicht zu belasten, verfügten diese über ein eigenes Kapital und hatten sich an genaue Statuten zu halten.[9] Bei der Barockisierung der Pfarrkirche dürften jedenfalls beide Kongregationen nicht nur ihren finanziellen Beitrag geleistet, sondern auch das Programm mitbestimmt haben.

Die Pfarrkirche zu Mariä Himmelfahrt

Nähert man sich der Kirche über die Auffahrt von Osten und dann über die schmale Stiege zum Friedhof, bietet sie sich durch den hoch aufragenden Turm mit dem spitzen Helm, den polygonal geschlossenen Chor und ihre glatten, von Strebepfeilern gegliederten Mauern als schlichtes, wenn auch in seinen Dimensionen recht ansehnliches Bauwerk der Spätgotik dar.[10] Der Eindruck aber täuscht, und Täuschung ist auch einer der Schlüssel zur Interpretation dieses Gesamtkunstwerks.

Die Gotik war hinsichtlich der Konstruktion ihrer Gebäude und der Verschränkung von Innen und Außen sehr offen: Anhand der Strebepfeiler konnte man die Joche ablesen und auf die Struktur des Gewölbes schließen. Durch die hohen und schlanken Fenster flutete, meist von bunten Gläsern gefiltert, natürliches Licht als geradezu konstitutives Merkmal in ihre Räume. Die geschweiften Fensterformen der Sillianer Pfarrkirche sowie die bloß gemalte

Mit dem Zugang über die schmale Stiege an der Südostseite bietet sich ein interessanter Blick auf die Pfarrkirche.

Pfarrkirche zu Unserer Lieben Frau Mariae Himmelfahrt, Innenansicht.

und damit undurchdringliche Verglasung im ersten Chorjoch aber geben einen unübersehbaren Hinweis auf die grundlegende Umgestaltung, die der Spätbarock an dem Gebäude vornahm. Dazu gehört auch die durch gemalte Pilaster instrumentierte Fassade im Westen, die mit ihrem geschwungenen und wiederum ein vorgetäuschtes Fenster umschließenden Giebel das Innere mehr verschleiert als vorwegnimmt. Auch wenn die steinernen Skulpturen zweier Engel und des Hl. Johannes v. Nepomuk die Westwand bekrönen, ist hier bereits angedeutet, dass das Konzept des Neubaus zur Hauptsache von einem Maler bestimmt wird.

1759 versprach der aus Rodaun bei Wien gebürtige Joseph Adam Mölk (1718–1794), das gotische Gotteshaus in einer Weise zu renovieren, „das solches Werckh kheiner Khirchen in Landt Tyrol an Herrlichkeit weichen soll."[11] Er musste es wissen, denn in den 1750er-Jahren hatte der als zwölfjähriges „Wunderkind" an der Kaiserlichen Kunstakademie in Wien ausgebildete Maler in ganz Tirol bereits über ein Dutzend Kirchen – u. a. in Hall, in der Gegend um Kufstein, in Sterzing und in Schlanders – mit Fresken und Altarbildern geschmückt und dafür den Titel eines k. k. Hofkammermalers erhalten. In Sillian hatte er laut Vertrag „die Freydhofmauern und Dach mit Gewölben und Fenster, die Porkirche [= Empore] mit zwey Säulen und Stiege herzustellen, die alte Grade und Halbrundung der Pfeiler abzunehmen, die ganze Kirche zu mahlen und mit Stoggator zu zieren".[12]

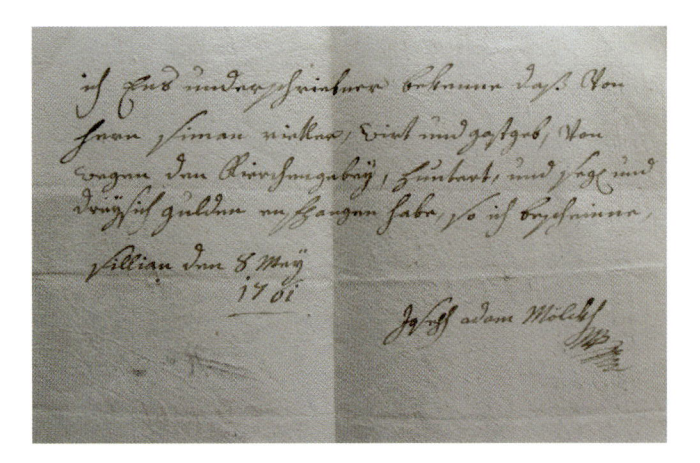

Rechnung über die Malarbeiten in der Pfarrkirche, ausgestellt von Joseph Adam Mölk; Sillian, 8. Mai 1761.

Mit „Joseph Mölkh Pinxit" verewigte sich der Künstler selbst unter einem der Gemälde im Langhaus der Kirche.

Die Wand- und Deckengemälde

Echte Stuckaturen, angefertigt vom Innsbrucker Simon Wachter und seinem Sohn[13], spielen in der Dekoration des Kirchenraumes allerdings eine eher untergeordnete Rolle, während Mölk selbst am Gewölbe, an den Wänden und an den Fensterrahmungen und -laibungen plastischen Schmuck mit dem Pinsel vortäuscht. Dabei ist die Malerei im Grunde nichts weiter als eine moderne Deutung der gotischen Raumstruktur unter den Vorzeichen des Illusionismus und eines wohl auch didaktisch verstandenen Bildprogramms, das unmittelbar über den neu gestalteten Pfeilern ansetzt: Schildbögen überspannen entlang der durchfensterten Wände jeweils ein Joch. Konsolen stützen kürzere Gurte, welche die Scheitel gegenüberliegender Stichkappen verbinden und in der Mitte durch besondere Ornamente die ehemalige Position der Schlusssteine auszeichnen. Anstelle der dazwischen zu erwartenden, von den gotischen Rippen umschriebenen Raute öffnen sich großformatige Bilder, gerahmt durch ein von Modilons (kleinen „Konsölchen") unterfüttertes Kranzgesims, dessen scheinbare Last Volutenkonsolen an der Verkröpfung auffangen und wiederum in die gemauerten Pfeiler ableiten.

An den Enden des Langhauses stellt dieser jochübergreifende Rhythmus den Bildern allerdings nur jeweils die Hälfte der Fläche der beiden mittleren zur Verfügung, dem Engelreigen vor dem Triumphbogen am Eingang zum Chor und dem obligatorischen Konzert der Hl. Cäcilia über der Empore im Westen aufgrund ihrer konzentrischen Form gar nur ein Viertel. Dafür sind diese aber von Rollwerkkartuschen mit alttestamentarischen Grisaillen flankiert. Diese ausschließlich in monochromen Nuancen gehaltene Malerei soll hier keine Skulpturen vortäuschen, sie ist – dem Stilmittel der Rückblende im Medium Film vergleichbar – Ausdruck eines früheren Geschehens, das als Vorgeschichte die farbig gestaltete Jetztzeit erklärt. Die Gemälde lassen sich allesamt typologisch auf den marianischen Themenkomplex, genauer noch auf die Darstellungen der Immaculata und der Verlobung Mariae mit Josef beziehen. „Josefsehe" ist ein noch heute geläufiger Ausdruck für die rituell zwar beglau-

Stuckaturen im Chorraum, angefertigt vom Innsbrucker Simon Wachter und seinem Sohn.

Bilderzyklus im Langhaus der Kirche mit den zwei großen Deckengemälden.

bigte, in letzter und entscheidender Konsequenz jedoch nicht vollzogene Vereinigung von Mann und Frau. Die Abstammung Jesu aus dem Haus Davids war eine genealogische, keine genetische!

Aber auch David musste dem Priester Ahimelech glaubhaft versichern, sich von den Frauen ferngehalten zu haben, ehe ihm dieser die heiligen Brote aushändigen konnte. Die Szene ist in der nordwestlichen Ecke des Langhauses festgehalten. Die Erzählung von Davids Flucht vor der Missgunst des Königs Saul stellt sie dem Moment, in dem Ahimelech ihm das Schwert überreicht, mit dem er als einfacher Hirtenjunge einst Goliath enthauptet hatte, unmittelbar voran. Damit ist auch die Verbindung zu den heroischen Taten der biblischen Frauen pointiert, von denen die weiteren Bilder berichten, und die alle den Feinden des Gottesvolkes auf grausame Weise den Kopf kosteten: Sisera, dem kanaanitischen Heerführer, wurde der seine von Jael mit einem Zeltpflock zertrümmert, und aufgrund Esthers Intervention bei Ahasver wurde Haman, der die Ausrottung der Juden beabsichtigt hatte, an einen fünfzig Ellen hohen Galgen geknüpft. Judith bekennt, als sie dem Volk das Haupt des von ihr getöteten Holofernes zeigt: „Zwar hat ihn mein Anblick verführt, aber er hat mich durch keine Sünde befleckt …"

So deutlich fällt der in seinem Beziehungsreichtum unüberbietbare Wink aus, dass die Erscheinung der Unbefleckten Empfängnis zur reinen Formsache wird. Die Feindschaft, die Gott nach dem Sündenfall zwischen die Schlange, das Urbild des Bösen, und die Frau, die ihr den Kopf zerstören wird, setzt, hat in der mittleren nördlichen Stichkappe Gestalt angenommen. Auch die Evangelisten sind, sofern ihre Ikonographie es gestattet, mit Maria in Verbindung gebracht. Lukas

„Memento-mori"-Uhr mit Tierkreiszeichen am Triumphbogen am Eingang zum Presbyterium.

Blick vom Chorraum zur Orgel, die besonders gut zur Wirkung kommt, da die obere Empore im Jahr 1981 abgetragen wurde.

wird uns als erster und einzig authentischer Porträtist der Hl. Jungfrau vorgestellt und Johannes, den die Überlieferung nicht nur als Verfasser des Evangeliums, sondern auch der Apokalypse kennt, mit seiner Vision der sonnenbekleideten Frau assoziiert.

Die beiden großen Rundbilder im Langhaus sind ikonographisch im Kontext der damals so einflussreichen Bruderschaften zu lesen. Im ersten übergibt Maria, auf Wolken thronend, den Rosenkranz an den Hl. Dominikus, der als Stifter dieses Gebets gilt. Der Hund zu seinen Füßen mit der brennenden Fackel im Maul geht zurück auf einen Traum der Mutter des Heiligen, lässt sich jedoch auch auf ein lateinisches Wortspiel beziehen, mit dem man die Mitglieder des Dominikanerordens scherzhaft als „Domini canes – Hunde des Herrn" titulierte. Engel überbringen den Armen Seelen im Fegefeuer den freuden-, schmerzen- und glorreichen Rosenkranz in Gestalt von weißen, roten und goldenen Blüten. Den Lebenden aber, die, wenn auch in höchsten Nöten, noch selbst zu beten imstande sind, wird eine Gebetsschnur gereicht. Durch den untersichtigen Engel in der Bildmitte, der in den Betrachterraum hinabzuschweben scheint, ist auch ein Appell an den Kirchenbesucher gerichtet: Er soll für die Betroffenen beten und zugleich sich selber vor deren Leiden bewahren. „REG*I*NA ROSAR*II* CONSTANTER AFF*L*ICT*I*S *M*EDET*V*R" – die Inschrift am rechten Gebäude fasst die Bildaussage

„Jael tötet den schlafenden Sisara", alttestamentarische Darstellung im Langhaus.

„Maria übergibt St. Dominikus den Rosenkranz", Rundgemälde im Langhaus.

Inschrift am Rundgemälde mit verschlüsseltem Hinweis auf die Fertigstellung der Malereien im Jahr 1760.

Hund mit brennender Fackel als Attribut des Hl. Dominikus.

zusammen und verschlüsselt mit der Jahreszahl 1760 den Zeitpunkt, zu dem das Gemälde vollendet war.

Während die horizontale Reihung der Motive wenigstens annähernd der gerundeten Bildgrenze folgt, wird das vertikale Kontinuum, das ja nicht wie in einem Tafelgemälde in die Tiefe des Raumes, sondern in die Höhe geführt ist, durch eine Stiege akzentuiert. So konnte Mölk, ohne einen kompositorischen Bruch zu riskieren, das Bildfeld in eine himmlische, eine irdische und sogar eine unterirdische Zone einteilen. Das Schema dürfte er während seiner frühen Tätigkeit im süddeutschen Raum an Beispielen Johann Georg Bergmüllers und Matthäus Günthers kennengelernt haben.

Das zweite Bild zeigt die Darstellung Jesu im Tempel. In einem Kuppelbau komponiert der Maler ohne überflüssige Einzelheiten sämtliche Aspekte des entsprechenden Berichtes im Evangelium nach Lukas, demzufolge Maria und Josef ihre männliche Erstgeburt vorschriftsmäßig dem Herrn weihen und außerdem ihr Opfer in Gestalt zweier Tauben darbringen. Die auf den Stufen am unteren Bildrand sitzende Mutter mit den beiden Kindern illustriert das Gesetz. Während im Hintergrund Josef dem Priester seine Gabe überreicht, kniet in der Mitte Maria vor dem greisen Simeon, der, den Jesusknaben im Arm und erfüllt von dem aus der Kuppelöffnung dringenden „Licht, das die Heiden erleuchtet", seine Weissagungen kundtut. Links davon spricht die Prophetin Hanna „zu allen, die auf die Erlösung Jerusalems warteten" und bestätigt mit ihrer zugleich auf das Allerheiligste in der Bildmitte und auf Jesus gerichteten Geste die göttliche Abkunft des Kindes. Der aufgestützte Unterarm eines Zuhörers in Rückenansicht lässt sich vielleicht als Hinweis auf eine Maßangabe in Ezechiels Beschreibung des Salomonischen Tempels verstehen: „Vor dem Allerheiligsten war etwas, das aussah wie ein Altar aus Holz, drei Ellen hoch, zwei Ellen lang und – zwei Ellen breit."

Für die Gestaltung des Schauplatzes greift Mölk einen damals schon alten Gedanken auf, den der Maler, Architekt und Laienbruder der Societas Jesu, Andrea Pozzo, erstmals 1684 in der Kirche S. Ignazio in Rom und zwanzig Jahre später in der Universitätskirche in Wien formuliert hatte: Eine Kuppel, die einen flachen Gewölbespiegel allein durch die perspektivische Raffinesse des Malers wie die hoch aufragende Fortsetzung der gebauten Architektur aussehen lässt. Mölk war das Beispiel sicher aus eigener, wiederholter Anschauung bestens vertraut und er dürfte darüber hinaus die präzise Anleitung zu seiner Konstruktion in dem von Pozzo verfassten Traktat studiert haben. Schließlich war zehn Jahre zuvor auch Paul Troger in einem heute verlorenen Fresko des Brixner Doms auf ähnliche Weise verfahren.

Bei aller Übereinstimmung mit diesen Vorbildern aber bringt Mölk seine Kuppel in keinen illusionistischen Kontext mit dem Realraum. Auch wenn ihre Dimensionierung exakt mit der Rahmengrenze zusammenfällt, versteht er sie von vornherein als Kulisse eines an die Decke verbrachten Erzählbilds. Die der Empfehlung Pozzos folgende Ausrichtung der Perspektive auf einen außerhalb des Rahmens gelegenen Augpunkt dient allein dazu, dass „die, so dieselbe anschauen, sich weniger bemühen dörffen; und man auch von der Architectur und der Kunst mehrers zu sehen bekomme"[14] – salopp ausgedrückt: Der Kirchenbesucher muss bei der Betrachtung des Deckengemäldes sich nicht den Nacken verrenken. Ein genuines Merkmal barocker Kunst, abseits der Täuschung des Auges, ist ihre ausgesprochene Rücksichtnahme auf den Betrachter. Verlässt dieser den ihm zugewiesenen Standort, verliert das Bild seine Wirkung.

Joseph Adam Mölk hat solche Kuppeln noch in weitere Kirchenausstattungen integriert, ohne ihr Schema jedoch nennenswert zu bereichern: 1766 im Zisterzienserstift Rein, 1771 im Darbringungsfresko der Weizbergkirche in der Steiermark und vermutlich auch im Fresko über der Empore der Pfarrkirche von Oberlienz (um 1762), das Christoph Brandstätter d. Ä. 1824 – nach der schweren Beschädigung während der Franzosenkriege – durch eine stark ver-

Das vordere große Rundgemälde im Langhaus zeigt die Darstellung des Jesusknaben im Tempel.

einfache Variante ersetzt hat. Gerade an letzterem Beispiel lässt sich erahnen, dass Andrea Pozzos Instruktionen auch für minder begabte Maler handhabbar waren und einen so viel beschäftigten, rastlos schaffenden Künstler wie Mölk in die Lage versetzten, ihre Durchführung auch Gehilfen zu überlassen. Weit davon entfernt, nach neuen, originellen Lösungen zu suchen, trug diese von einem ausgeprägten Geschäftssinn charakterisierte Haltung ihm seitens seines Kollegen und Konkurrenten Anton Zoller, dem 1757 in der Pfarrkirche von Telfes im Stubaital die überzeugende Verbindung eines figurenreichen Szenariums mit der illusionistischen Erhöhung des Raumes durch eine Scheinkuppel gelang, die wenig schmeichelhafte Bezeichnung „Windbeutel" ein.[15]

Im Chor, nach der barocken Liturgie ausschließlich dem Klerus vorbehalten, wird dem Volk, das auf seinem Platz im Kirchenschiff an der Messfeier nur passiv beteiligt war, durch Mölks Malerei ein im wahrsten Sinne blendendes Schauspiel geboten. Ein großes Bild, das die Krönung Mariae im Himmel darstellt, fasst die drei Joche zusammen. Die tragenden Elemente sind in zartes Rokokoornament aufgelöst und die in grün und rosa Pastelltönen gehaltenen Farben durchwegs heller und leichter als im Langhaus. Zwar wird die szenische Malerei mit einem geschweiften Rahmen vom Dekorationssystem des Gewölbes geschieden, doch verwischen Gewanddraperien, Wölkchen und Scheinplastik die Grenzen zwischen Bild und Realraum. Durch die geschickte Nutzung der hauptsächlich von den östlichen Fenstern beleuchteten Wangen und die Verbindung von natürlichem und gemaltem Licht gelingt Mölk ein Meisterstück der Beleuchtungsregie: Anstelle von Gurten scheint das Gewölbe von zwei Lichtbögen getragen, die einmal über die Wolkenbank, auf der Maria kniet, und ein weiteres Mal über die nahezu alle Farbe verschlingende Gloriole zu ihren Häuptern gespannt sind.

Koloristisch und ikonologisch in die Szenerie eingebunden ist der fast bis zum Scheitel der östlichen Gewölbekappe ragende Hochaltar, den Johann Jaufer aus Innsbruck nach Mölks Entwurf ausgeführt hat.

Hinter der frei stehenden Mensa erheben sich auf hohen Sockeln vier Säulen mit vergoldeten Kanneluren und Kompositkapitellen, flankiert von den ebenfalls vergoldeten Standbildern der Hll. Dominikus und Katharina von Siena. Beide gehörten nicht nur demselben Orden an – Katharina ist die Patronin der Dominikaner-Tertiarinnen –, der Tradition nach bekamen auch beide den Rosenkranz durch Maria verliehen. Die Gottesmutter selbst erscheint in Gestalt eines Gnadenbildes, das als einziges Überbleibsel der spätgotischen, anlässlich der Renovierung 1761 an die Pfarrkirche von Liesing verkauften Altarausstattung in den neuen Aufbau integriert wurde.[16] 1780 entsprach seine feierliche Wiedereinsetzung dem Wunsch des „schon eine geraume Zeit ein sähnliches Verlangen"[17] hegenden Kirchenvolks, dessen Traditionsbewusstsein sich an prominentester Stelle der Modernisierung zu widersetzen erlaubte. Das einer oberschwäbischen Werkstatt

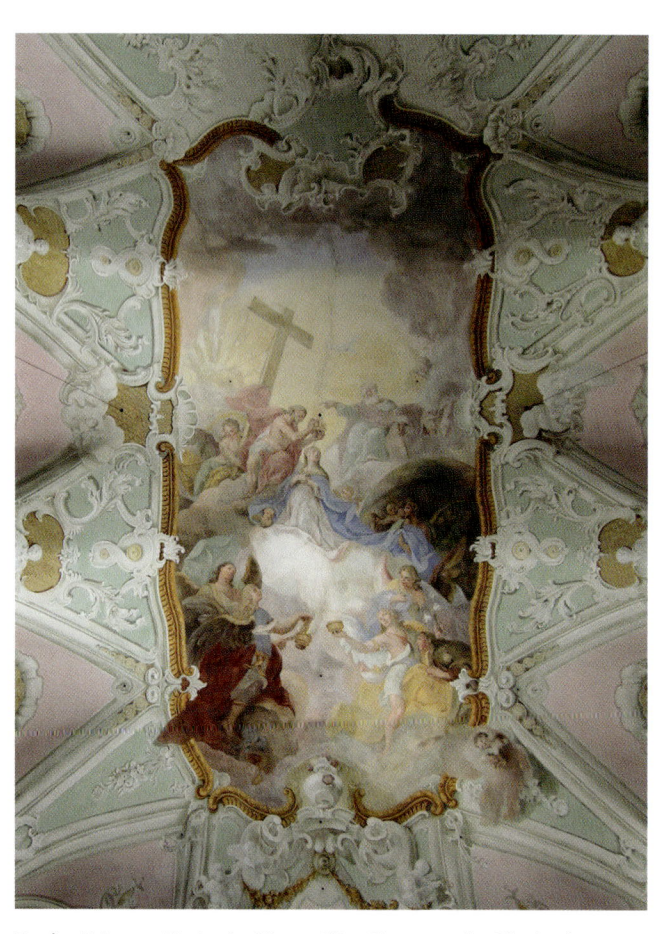

Fresko „Krönung Mariae im Himmel" im Chorraum der Pfarrkirche.

Das Gnadenbild der Madonna mit dem Kind ist Mitte des 15. Jahrhunderts in einer oberschwäbischen Werkstatt entstanden.

der zweiten Hälfte des 15. Jahrhunderts zugeordnete Schnitzwerk wurde dabei mit einem Strahlenkranz hinterlegt und von Wolkenbändern und Engelsputten umrahmt. Die Kronen des Jesuskindes und seiner Mutter, welche zum Zeichen geistlichen und weltlichen Machtanspruchs Bügelkrone und Mitra kombinieren, entstammen ebenfalls dem Barock. Über dem ausladenden Gebälk erhebt sich ein zweigeschossiger Auszug mit Heiliggeisttaube und Auge Gottes, womit die im Deckengemälde dargestellte Dreifaltigkeit in der Senkrechten noch einmal variiert ist. Das als Präludium zur Krönung Mariens von Mölk gemalte und exakt der Rahmung des Schreins eingepasste Altarblatt aber wird nur mehr zum Fest Mariae Himmelfahrt und zu Allerheiligen aufgezogen.[18]

Architektur, Malerei und Bildhauerei – eine heilige Allianz

Mölk entwarf auch die Seitenaltäre und malte bis auf die Hl. Familie, die der Spätnazarener Karl Blaas 1865 nach dem Verlust des Originals beisteuerte, die Bilder dazu: eine Kreuzigung mit Maria, Johannes und Maria von Magdala, die Schlüsselübergabe an Petrus sowie eine Almosenspende des Hl. Johannes v. Nepomuk. Die Altäre bilden zwei Paare, die voneinander vor allem im Schwung des Gebälks und in der Farbigkeit ihrer Marmorierung abweichen. Durch die raumgreifende Architektur bieten sie reichlich Platz für geschnitzte Figuren, die uns ein ausgesprochenes „Who is who" der damals populären Heiligen vorführen. Ehemals einheitlich weiß polimentiert, erhielt ihr Inkarnat erst im Zuge einer Restaurierung des 19. Jahrhunderts seine farbige Fassung. Die klug durchdachte Abstimmung von Skulptur und Gemälde blieb dennoch erhalten: Der Chorrock des Hl. Johannes v. Nepomuk, das Gewand des Auferstandenen am Apostelaltar und das Kleid Mariae unter dem Kreuz korrespondieren mit dem Weiß der dreidimensionalen Figuren, und das Verblassen der Farbe lässt die unterschiedlichen Realitätsgrade zwischen den Kunstgattungen sowie die Hierarchie ihrer Inhalte offenbar werden. Am „Nepomuk-Altar" ist die Hauptperson selbstverständlich der Hl. Johannes v. Nepomuk, am Kreuzaltar der Gekreuzigte usw. Die Skulpturen sind Nebendarsteller, Vermittler, Kommentatoren des gemalten Geschehens und überbrücken dessen Distanz zum Betrachter.

Der Hl. Sebastian am Familienaltar und der Hl. Stephanus am Apostelaltar tragen die Signatur Johann Paterers.[19] Ihm wird aus stilistischen Gründen mit Ausnahme der Figuren im Auszug des Kreuzaltars der plastische Schmuck der Seitenaltäre zugeschrieben.[20] Paterer wurde in Hopfgarten i. D. 1712 geboren, war also nur wenige Jahre älter als Mölk. Trotzdem ist seine Karriere ganz anders verlaufen als jene des Malers, was nicht nur auf die verschiedene Herkunft, sondern vor allem auf das Ansehen und die Erfordernisse der Metiers, die beide bedienten, zurückführbar ist. Während das nur vor Ort auszuführende Fresko Künstler wie Mölk zu ständiger Wanderschaft zwang, war für einen Bildhauer ähnlicher Reputation die Unterhaltung eines Werkstattbetriebes im Zentrum eines mehr oder minder begrenzten Wirkungsbereiches geboten. Als Paterer von seinem Meister Matthias Schranzhofer in Innichen nach dreijähriger Lehrzeit freigesprochen wurde, musste er diesem daher auch versprechen, ihn bei der Ausübung seines Handwerks beizuziehen und ihm „in dieser Gegend keinen Eintrag zu tun."[21] Inwieweit der durch Werke kaum fassbare Schranzhofer den Stil seines Schülers zu prägen vermochte, bleibt unklar. Die Feststellung aber, dass Paterers Schaffen für den Raum Sillian erst nach Schranzhofers Tod (1758) eingesetzt hat, erlaubt zumindest die Frage, ob Skulpturen wie jene in der St.-Anna-Kapelle, die noch zu Lebzeiten des Innichner Meisters datieren, nicht auch in der einen oder der anderen Form mit diesem in Verbindung zu bringen sind.

Zwischen 1735 und 1738 hält Paterer sich in Trient und Venedig zur weiteren Ausbildung auf und gründet nach seiner Rückkehr in Lienz ein eigenes Atelier.²² Von dort aus beliefert er zunächst hauptsächlich Kirchen im Iseltal und in Oberkärnten. Ob der „mittelmäßige Meister in Lienz"²³, bei dem der ebenfalls aus dem Defereggen stammende Josef Bergler d. Ä. (1718–1788) seine erste bildhauerische Schulung erhielt, mit Paterer identifiziert werden darf, ist wegen des geringen Altersunterschieds zu bezweifeln. Dass Bergler aber seinen Wirkungsbereich nach Salzburg und Passau verlegte, hatte sicherlich auch mit Paterers führender Stellung in seiner Heimat zu tun.

Das Wechselverhältnis zwischen Architektur, Malerei und Bildhauerei wird in der weiteren Kirchenausstattung noch enger als an den Seitenaltären – und stößt dabei an seine Grenzen. Entlang der nördlichen und der südlichen Wand sind rundbogig abgeschlossene, muschelbekrönte Nischen gemalt, deren Augentrug so gut gelungen ist, dass es schwerfällt, sie nicht als echte Vertiefungen in der Mauer zu sehen. In jedem dieser Gehäuse steht die Figur eines lebensgroßen Apostels, aus Holz geschnitzt, in Polierweiß gefasst und an den Attributen vergoldet. Dass durch die Bemalung einerseits weißer, andererseits roter und stark geäderter Marmor imitiert werden soll, liegt auf der Hand; dass dies nur aus Gründen der Kostenersparnis oder mangels edler Materialien geschah, ist vom Standpunkt des Zeitgeschmacks, der die Arbeit des Malers gewöhnlich höher bewertet als die zu veredelnde Bildhauerarbeit, schon nicht mehr so sicher. Wie sehr die Gestaltung auf optische Täuschung abstellt, lässt der Vergleich mit ihrem wohl prominentesten Vorbild ermessen, den Aposteln in der römischen Basilika S. Giovanni in Laterano, die als echte Marmorskulpturen sich in wirklichen Nischen aus Marmor bewegen.

„Familienaltar", rechter hinterer Seitenaltar mit dem Gemälde „Hl. Familie und Schutzengel" von Karl Blaas, 1865. – Rechts: „Kreuzaltar", linker hinterer Seitenaltar.

Das aus den zu Lebzeiten Jesu Berufenen und dem nach Christi Himmelfahrt erwählten Matthias bestehende Dutzend ist in Sillian um Paulus und Barnabas, die anlässlich ihrer ersten Missionsreise „Apostel" genannt wurden, erweitert. Ob dies als Konsequenz der Verlängerung des Kirchenschiffes zu werten ist[24], sei dahingestellt, in jedem Fall unterscheiden sich beide von den übrigen Statuen: Paulus vor allem durch seine Orientierung, die ihn als Einzigen auf das Kirchenvolk blicken lässt und dessen stark verkürzter linker Arm perspektivisch auf dieses berechnet ist; Barnabas aber aufgrund seiner überragenden Qualität, die durch Paterers Signatur auf der Rückseite einen Namen erhält und das Bildwerk als eigenhändige Arbeit ausweist. Das Gefälle zu den anderen Statuen wird mit der Beteiligung von Gehilfen begründet, die Scheidung einzelner Hände jedoch durch das Fehlen von Namen erschwert.[25] Angesichts der großen Differenzen in Paterers Œuvre wurde sogar die Frage gestellt, ob nicht der Wille, ihn in die Rolle des lokalen Monopolisten zu drängen – welche schon von der Tatsache, dass ähnlich begabte Bildhauer seiner Generation fast ausnahmslos in der Fremde ihr Auskommen fanden, nahegelegt wird –, über sein Ziel weit hinausschießt.[26] Nicht allein die Qualitätsschwankungen, sondern vor allem die Fülle der ihm zugewiesenen Werke sei einem noch so großen Atelier und erst recht einem einzelnen Künstler kaum zumutbar. Johann Fasching, der nach Matthias Schranzhofers Tod dessen Innichner Werkstatt weiter betrieb[27], scheidet für das Projekt der Sillianer Pfarrkirche aus stilistischen Gründen wohl aus. Sein Hl. Johannes v. Nepomuk in dem ursprünglich am Johannesbach, heute im Marktzentrum aufgestellten Säulenbildstock hat in seiner fast klassizistisch ausgewogenen Proportionierung wenig mit der physischen Präsenz und dem Pathos der Apostelfiguren gemein.

Das Standbild des Barnabas zeichnet sich vor allen anderen aus durch sein Gefühl für die Körperlichkeit, die trotz der massiven Drapierung überall spürbar bleibt, ja, von dieser durch ihre logische Ponderation zwischen Bewegung und Schwerkraft noch unter-

Die Figur des Barnabas ist ein Beispiel der herausragenden bildhauerischen Fähigkeiten von Johann Paterer.

stützt und verstärkt wird. Oberschenkel und Knie des frei beweglichen Spielbeins drücken sich im Gewand ab und sind durch scharfgratige Falten, die Paterer in späteren Werken oft nur noch durch Kürzel andeutet, umrissen. Formal auf das Engste verwandt, wenn auch von geringerer Qualität, ist der Hl. Joachim an der 1764 datierten Fassade der Kirche Mariae Himmelfahrt in Asch (Pfarre Anras), doch finden sich diese Stileigenheiten auch in dem von Paterer signierten plastischen Schmuck an den Sillianer Seitenaltären und werden ebenso in etlichen weiteren Apostelfiguren variiert. Wo deren Schwächen zu suchen sind, lässt sich am besten anhand der allen gemeinsamen Aufgabe prüfen.

Ihre Standflächen sind auf die konvex ausschwingenden Postamente begrenzt und ihre Aktionsradien, die sich nur scheinbar in die konkaven Nischen erstrecken, an der Rückseite durch die flache Wand abgeschnitten. Der darauf projizierte Raumgrund gestattet den Körpern nur ein Heraustreten vor den architektonischen Rahmen. Die Figur des Barnabas ist daher fast rundplastisch durchgeformt und ihr linker Fuß zur Optimierung ihrer Beweglichkeit auf eine leichte Erhöhung gestellt. Ein ganz ähnliches Standmotiv entartet bei Bartholomäus beinahe zur Kniebeuge und bei Thomas sind Fuß und Knie in einer anatomisch wenig plausiblen Weise verschoben, weshalb man beide, auch wegen der etwas grobschlächtig ausgearbeiteten Hände, getrost als Werkstattarbeit bewerten wird dürfen.

Die kritische Zone verläuft aber dort, wo die dreidimensionale Bildhauerarbeit auf das zweidimensionale Gemälde stößt und das Standbild in seiner Negativform zu verschwinden vorgibt. Der Figur entlang ihrer größten Breitenausdehnung parallel zur Projektionsebene die Rückseite abzutrennen ist die einfachste, zugleich jedoch am wenigsten überzeugende Lösung, da sie den Schwindel aus jeder von der Frontalansicht abweichenden Betrachtung auffliegen lässt. Trotzdem sind etwa Matthäus, Petrus und Paulus, am auffälligsten aber Jakobus d. Ä., dem noch dazu seine extravagante Serpentinata völlig missglückt, in eben dieser Manier an die Wand angeklebt. Paterers Autorschaft gerade für Letzteren zu bezweifeln scheint legitim.

Wenige Schritte von seinem Standort entfernt bietet sich in der St.-Anna-Kapelle die Möglichkeit, diese Vorbehalte zu präzisieren. Der Hl. Jakobus d. Ä. weist mit einer dort aufgestellten gleichnamigen Altarfigur bis in Details – wie das bogenförmig und flach an den Körper gedrückte Buch – verblüffende Übereinstimmungen auf, sodass man geneigt ist, ein gemeinsames Modell anzunehmen. Vielleicht sind beide Figuren Abkömmlinge eines Prototyps, der in Gestalt der Jakobusstatue in der Pfarrkirche von Obertilliach tradiert ist und dessen Adaptierung im jeweils unterschiedlichen Kontext, der beiden das entschiedene Schrittmotiv und die raumgreifende Bewegung ihres Vorbilds versagte, entsprechend zu bewältigen versucht wurde. Während sich der Apostel der Sillianer Pfarrkirche als die seitenverkehrte Variante der Obertilliacher Plastik erweist, ist bei jenem der St.-Anna-Kapelle lediglich der Oberkörper gespiegelt und die Körperdrehung damit auf die veränderte Stellung der Beine abgestimmt. Dadurch wird der unmotivierte Hohlraum zwischen Gewand und Körper, Schale und Kern vermieden, den auch eine noch so plastische Drapierung der Skulptur in der Pfarrkirche nicht zu schließen vermochte und diese zuletzt am Problem ihrer begrenzten Standfläche scheitern ließ.

Statue des Apostels Petrus, Detail mit zwei Schlüsseln als sein Attribut.

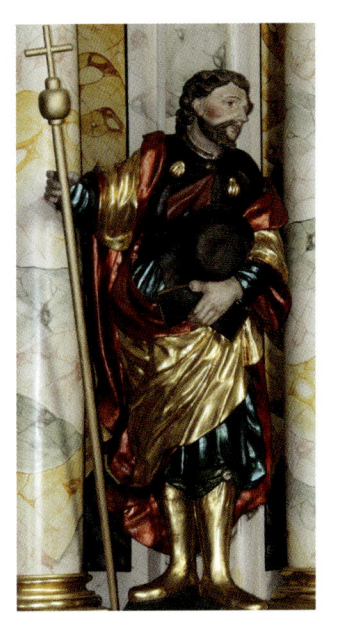

Vergleich der Statuen von Jakobus dem Älteren (v. l. n. r.): Pfarrkirche Sillian – St.-Anna-Kapelle – Kapelle zur Hl. Familie in Gschwendt/Heinfels – Pfarrkirche Obertilliach.

Die Figur des ebenfalls am Altar aufgestellten Hl. Johannes und die Wellenbewegung, mit der ihr vorgestelltes Bein vom Saum des Gewandes umspielt wird, findet genauso ihre spiegelbildliche Entsprechung in der gleichnamigen Plastik der Pfarrkirche. Ob in dem „Umkreis Paterers"[28], dem die Skulpturen des Anna-Altares zugeordnet werden, die Werkstatt des Meisters oder jene, aus der er selber hervorging, zu sehen sei, ist ohne genauere Kenntnis der Letzteren nicht zu entscheiden. Man kann jedoch annehmen, dass der in kurzer Zeit zu bewältigende Umfang des Auftrags für die Pfarrkirche Paterer einerseits zum Rückgriff auf bewährte Modelle und andererseits zur Beschäftigung mehrerer Bildhauer zwang, die bei der Übersetzung seiner Entwürfe in die plastische Form ihre eigenen Vorstellungen und ihr unterschiedliches Können realisierten.

Mode, Moderne und Modernisierung

Vom künstlerischen Aspekt ist der Umbau der Sillianer Pfarrkirche als Interpretation der gotischen Bausubstanz unter dem Primat eines Malers verständlich. Der Baumeister hingegen ist Techniker, dessen Beitrag, sieht man von den geschweiften Fenstern, die als Stilmittel Rudolf Schraffls auch andere seiner Bauten charakterisieren, einmal ab, im Erscheinungsbild nicht explizit ausgedrückt ist. Die Unterordnung des Bildhauers aber, zumal der starken Persönlichkeit Johann Paterers, gestaltet sich nicht so konfliktfrei. Ein rein ästhetisches Urteil kann freilich nur aus der Position der Moderne gefällt werden, die eine Rangordnung der Künste nicht anerkennt, dem einzelnen Werk ebenso wie seinem Schöpfer Autonomie sichern will und keine außerkünstlerischen Maßstäbe anzulegen bereit ist.

Der Barock wird auch „Kunst der Gegenreformation" genannt. Zwar verstellt die Bezeichnung den Blick auf eine Vielzahl für die Epoche nicht minder bedeutsamer Phänomene, doch richtet sie dafür den Fokus auf die aus heutiger Sicht gern vernachlässigten Kräfte abseits des Schaffenden: auf Förderer, Auftraggeber, Ideologen und nicht zuletzt auf die Adressaten von Kunst. Die katholische Kirche hatte im Misstrauen gegenüber Bildern die verwundbare Stelle ihres konfessionellen Widersachers erkannt und war nach dem 1563 abgeschlossenen Konzil von Trient auch bereit, im Kampf gegen den Protestantismus Kunst einzusetzen. Allerdings war diese vorläufig noch nicht barock, und andererseits sicherte die Reform allen liturgischen Bräuchen, die eine mehr als zweihundertjährige Tradition vorweisen konnten, ihren Fortbestand zu. Erst die Stärkung der Rolle des Kirchenvolks, das sich in Bruderschaften formierte, außerliturgische Andachten abhielt und die Volksheiligen Georg, Sebastian, Florian, Antonius, Isidor, Notburga und vor allem den erst 1729 kanonisierten Johannes von Nepomuk verehrte[29], verlangte schließlich auch nach einer den veränderten religiösen Bedürfnissen genügenden Kunst.

Die im Anschluss an das Zweite Vatikanum vollzogene Liturgiereform war in gewisser Hinsicht weniger konziliant: Der einst seines Amts mit dem Rücken zum Publikum waltende Priester bekam einen Volksaltar vorgesetzt, von dem aus er die Kirchenbesucher anschauen und nicht länger auf Latein, sondern in deren eigener Sprache anreden sollte. Der Volksaltar der Pfarrkirche wurde anlässlich einer umfassenden Restaurierung 1997 von dem aus Sillian gebürtigen Künstler Jos Pirkner gestaltet. Die Mensa aus hellgrauem Marmor hat die Form eines überdimensionalen Kelchs, um dessen Fuß ein Bronzerelief geführt ist, welches das Letzte Abendmahl darstellt. Im Verzicht auf eine dezidiert ausgewiesene Hauptansicht des nur in der Bewegung um den Altartisch herum vollständig erlebbaren Figurenensembles und im skizzierenden Vortrag der gelängten Körper bedient sich der Bildhauer jener nachtridentinischen Formensprache, die man heute als „Manierismus" bezeichnet. Dass dieser ursprünglich einen intellektuell verfeinerten Kunstgeschmack bedienende Stil weniger als 200 Jahre später im Zeichen barocker Volksfrömmigkeit ein erstes Revival erfuhr, spricht für seine Wandlungs- und

„Letztes Abendmahl", Bronzeplastik von Jos Pirkner am Volksaltar der Pfarrkirche.

Anpassungsfähigkeit, die offenbar auch im 20. Jahrhundert noch tragfähig war.

Angesichts eines nicht sehr überzeugenden „Aggiornamento" kirchlicher Bildkunst erscheint die Fortsetzung bewährter Traditionen nur konsequent. Daneben gilt auch die Maxime der Denkmalpflege, das Gesamtbild historisch gewachsener Bauten nicht durch pseudomoderne Interventionen zu stören. Als der Innsbrucker Wolfram Köberl die um 1800 errichtete Kapelle Unser Herr im Elend 1953 virtuos im Stil der spätbarocken Tiroler Deckenmalerei mit Fresken verzierte, war die Frage, ob damit – um mit Umberto Eco zu sprechen – die Ursache eines geschichtlich schon sanktionierten Effektes nicht zum Effekt einer möglichen Ursache verkam, völlig sekundär.

Auch die Integration des barocken Grabliegers und der Büste der Schmerzensmutter in den Altar der Kapelle Zur Schmerzhaften Muttergottes bei den Asthöfen verbindet gottesdienstliche Überlieferung mit konservatorischer Absicht. Raimund Wörles Fresko an der Fassade des 1964 errichteten Neubaus aber knüpft an die zwischen Expressionismus und Neuer Sachlichkeit ausgespannten Optionen der Kunst vor dem Zweiten Weltkrieg an. Das Porträt der Heiligen Familie ist auch eine figurative Deutung der vom Bildformat abgeleiteten abstrakten Kompositionsgesetze und als solche vom Auftraggeber ausdrücklich gewünscht: Die Malerei sollte nicht zuletzt das architektonische Missgeschick eines unverhältnismäßigen Giebels kaschieren.[30]

Eine Regotisierung der Pfarrkirche, die man im 19. Jahrhundert ins Auge gefasst hatte, kam nie zustande.[31] Mit ihr war aber sicherlich keine Wiederherstellung des Zustandes vor 1759 beabsichtigt, sondern vielmehr eine Anpassung an den retrospektiven Geschmack jener Zeit. Unter den historisierenden Stilen galt damals, anders als im restaurativen Bemühen der Denkmalpflege unserer Tage, die Neugotik als die Sakralräumen angemessene Form. Kaum ein Jahrhundert später gerieten ihre Manifestationen selbst in Misskredit und vielerorts unter die Räder einer neuerlichen Modernisierung. Mit der 1888 geweihten Kapelle in der Kopsgute aber hat auf dem Sillianberg ein intaktes Denkmal der Neugotik, mit Netzrippengewölbe, buntfarbigen Fenstern und einem fialen- und maßwerkgeschmückten Altar den Wandel der Moden bis heute unbeschadet überdauert.

Außen- und Innenansicht der Kapelle zur Schmerzhaften Muttergottes bei den Asthöfen – Innenansicht der Kapelle – Ölgemälde „Taufe Jesu" von Caspar Jele, 1854.

Die im Stil der Neugotik errichtete Kapelle in der Kopsgute wurde 1888 eingeweiht.

Filialkirche Zum Leidenden Heiland in Arnbach, ab 1668 erbaut.

Die Filialkirche Zum Leidenden Heiland und die „Kunst der Gegenreformation"

Die mittelalterliche Praxis, alle an einem Bauwerk beteiligten Künste der Regie eines Baumeisters zu unterstellen, änderte sich erst, als durch die Verselbständigung ihrer Merkmale und deren Anwendung auf neue Gestaltungsaufgaben die Gotik den eigenen Abgesang intonierte. Im Pustertal hatte er mehrere Strophen, und eine davon bezieht sich auf Arnbach.

Die spätesten Ausläufer der Gotik, repräsentiert durch die Architektur, und die Anfänge der Barockmalerei treffen in Arnbach zur gleichen Zeit und im selben Gebäude zusammen. Ein seit 1647 bestehender Bildstock hatte bereits durch „außerordentliche Gebetserhörungen"[32] im Ort eine gewisse Bedeutung erlangt, ab 1668 wurde die Filialkirche Zum Leidenden Heiland erbaut. Inwieweit auch die in dem am rechten Seitenaltar aufgestellten Votivbild geschilderte Auffindung eines Kreuzes inmitten nicht identifizierter Sakralbauten in diesem Kontext zu sehen ist, bleibt unklar. Das „Le depento ao 1837"[33] beschriftete Gemälde datiert die Legende in das Jahr 1540. Wahrscheinlich aber bezieht sich die über dem heute vermauerten Südportal in einem rundbogig überdachten Baldachin exponierte Kreuzigungsgruppe auf eine entsprechende Tradition. Symbolisch vereint das Ensemble die beiden für Sillians sakrale Kunst bestimmenden Stilepochen: Die Assistenzfiguren Maria und Johannes stammen aus der Zeit um 1500, der Kruzifixus aber ist um die Mitte des 18. Jahrhunderts zu datieren und aufgrund der an seiner Rückseite angebrachten Signatur „P" wohl Johann Paterer zuzuschreiben.[34]

Dass die Errichtung der Kirche auf Initiative eines Baumeisters erfolgt war, der sich als Einziger der beteiligten Künstler dort mit seinem Namen verewigt hatte, ist für das Fortwirken spätmittelalterlichen Geistes kein Zufall. Die Initialen Hanns Webers waren im Chor angebracht[35], und auch die Stifterwappen, mit Zirkel, Meißel und Winkel, am heute deponierten Gemälde der Kreuzigung dürften sich auf dessen Familie beziehen. Die 1696 datierte Komposition bezieht ihre Motive aus zwei verschiedenen Kreuzigungsdarstellungen, die der Münchner Hofmaler Christoph Schwartz (ca. 1548–1592) in der zweiten Hälfte des 16. Jahrhunderts verfasste und durch Kupferstiche verbreiten ließ. Der das Bildfeld symmetrisch ordnende Kruzifixus und Maria sind einer auf drei Figuren beschränkten Momentaufnahme entnommen, während Maria Magdalena zu Füßen des Gekreuzigten und Johannes sowie die in der Ferne schon auf dem Rückweg nach Jerusalem befindlichen Reiter aus einem Ereignisbild stammen, das den Kalvarienberg mit ungleich höherem Personalaufwand schildert.

Die individuelle Leistung des Arnbacher Malers ist also weit weniger in der Erfindung als in der Auswahl der Vorbilder und deren Anpassung an die spezifische Bildaussage zu suchen. Von der aufmerksam den letzten Worten Jesu lauschenden Gottesmutter über das verhaltene Pathos der Maria von Magdala bis hin zur privaten Trauer des Lieblingsjüngers wird eine Skala von Andachtsbeziehungen vorgeführt, an denen nicht nur die respektvoll verkleinerten Stifterfiguren, sondern vor allem die Betrachter des Bildes teilhaben sollen. Die gefalteten Hände Mariens und der Trauergestus des Apostels Johannes weichen zwar von der Vorlage ab, sie finden jedoch ihre mehr oder minder genaue Entsprechung in der plastischen Gruppe über dem Südportal: Es scheint, als hätte der Maler mit diesen Änderungen noch einmal den Anschluss an die späte Gotik und an eine möglicherweise in diese Zeit datierende Gründungslegende gesucht.

Die drei Joche des Langhauses sind mit einer Stichkappentonne gedeckt. Dem Chorgewölbe jedoch liegt der Gedanke einer achtteiligen Kuppel zugrunde, welche durch den Schleier der pseudogotischen Rippen hindurch allerdings erst erkannt werden will. Wie nah Alt und Neu hier beieinanderliegen, wird im Vergleich mit dem ebenfalls oktogonalen Zentralbau der

Um mit Kunst möglichst viele Gläubige zu erreichen, konnte sich die katholische Propaganda der Gegenreformation nicht auf Unikate beschränken. Mit Bildern das Volk in die Kirche zu locken war eine, Bilder unter das Volk zu verteilen eine andere Strategie. Durch den Druck von Flugschriften, Andachtsbildern und religiösen Traktaten fanden aber nicht nur Glaubensinhalte, sondern auch große Kunstwerke weite Verbreitung. Das bevorzugte Medium war der Kupferstich, der eine Vervielfältigung durch etwa tausend Abzüge erlaubte, und einige Künstler waren geradezu darauf spezialisiert, ihre eigenen oder die Ideen anderer in dieser Technik zu reproduzieren. Die Berufskollegen in der Provinz verstanden daraus ihren Nutzen zu ziehen und nahmen die Neuerun-

Nordseitige Schildwände im Langhaus mit den Seccomalereien „Dornenkrönung" und „Kreuztragung", ca. 1670 – Detail aus der „Dornenkrönung".

St.-Antonius-Kapelle in Panzendorf deutlich. Zudem fiel, wie schon angesprochen, dem Beharrungsvermögen der Gotik die Idee einer barock bebilderten Decke zum Opfer. Dafür schmücken Malereien die Schildwände im Langhaus, nordseitig in Secco-Technik, also im Gegensatz zum Fresko auf den trockenen Putz aufgetragen, südseitig in Gestalt von zwei Ölbildern, von denen die Kreuzigung jedoch nicht mehr am ursprünglichen Platz zu bewundern ist. Die vier Gemälde berichten vom Leiden des Herrn und fassen in gewisser Weise den damals gewöhnlich in sieben – statt wie später in 14 oder 15 – Stationen behandelten Kreuzweg zusammen. Motivisch und zum Teil auch stilistisch rezipieren sie das, was nach dem Konzil von Trient als modern und vorbildlich galt.

„Dornenkrönung", Kupferstich von Hendrick Goltzius, 1597.

gen, wenn auch in der Regel um Jahrzehnte verzögert, bereitwillig an.

Der bis zu Dürers „Kleiner Passion" und weiter bis in das Spätmittelalter zurückzuverfolgende Typus der Kreuztragung an der nordseitigen Schildwand des dritten Joches ist gekennzeichnet durch seinen Figurenreichtum, der simultan eine ganze Reihe für den Leidensweg Jesu relevanter Motive erfasst. Zumal ihn die verfügbaren Wandflächen nicht in Einzeldarstellungen aufzuschlüsseln erlaubten, war er auch für den Maler des Wandbilds verpflichtend. Das integrative Moment wird von den Balken des Kreuzes bezeichnet, in deren Schnittpunkt das Haupt Jesu die Beziehungen zu den weiteren Protagonisten bestimmt: zu Maria und den weinenden Frauen, zu Veronika mit dem Schweißtuch und zu Simon von Cyrene, aber auch zu den Folterknechten und den Soldaten. Sie erzeugen die für das Thema konstitutive Dynamik, welche die Kräfte des Vorwärtsstrebens und des Verweilens in ein äußerst labiles Gleichgewicht bringt. Zugleich aber ist die Erzählrichtung in der von der Via Crucis gezeichneten Bahn festgelegt. Im Arnbacher Wandgemälde verläuft sie traditioneller Weise parallel zum vorderen Bildrand von links nach rechts, während die Vorlage, die der Maler benutzte, sie in die Tiefe und auf das steil aufragende Golgatha führt.

Um den Erzählfluss nicht zu gefährden, verzichtet die von Aegidius Sadeler II. nach dem Entwurf Hans von Aachens (1552–1615) gestochene Komposition auf die Ausführlichkeit der Erzählung. Was die Malerei bis ins Einzelne genau kommentiert, ist hier in wenigen Motiven elegant zusammengefasst. Der Kupferstich appelliert offenbar an die Vorstellungskraft und das Wissen, das Arnbacher Wandbild hingegen an die Gewohnheit seiner Betrachter. Dass auch sein Autor sich mit der neuen Anschauung schwertut, lässt sich vor allem an der räumlichen Disposition der Figuren ablesen: Jesus ist im Verhältnis zu Simon von Cyrene, mit dem er sich doch auf ungefähr gleicher Höhe aufhalten müsste, ein ganzes Stück bildeinwärts gerückt und wird dort von den mächtigen Beinen der Schergen am Vorwärtskommen gehindert. Der Maler hat getreu nach der Vorlage die im traditionellen Bildtyp gewöhnlich zu Fall gekommene Hauptfigur aufgerichtet, ohne gleichzeitig den von ihr eingenommenen Raum zu vergrößern. In der damit gestifteten Verwirrung ist ein noch unentschiedener, für Zeit und Ort jedoch charakteristischer Konflikt zwischen Altem und nicht mehr ganz Neuem zur Anschauung gebracht.

Im Unterschied zur Kreuztragung reduziert die Dornenkrönung das von der Druckgrafik angebotene Personal auf drastische Weise. Hendrick Goltzius (1558–1617) zählte zu den bedeutendsten Kupferstechern seiner Generation und wurde sogar als der beste seit Albrecht Dürer gerühmt. Obwohl in der für Arnbach maßgeblichen, 1596/97 entstandenen Passionsfolge die Auseinandersetzung mit dem großen Deutschen durchaus evident ist, bereichert Goltzius sein Vorbild um viele originelle, fast malerisch modellierte

„Kreuztragung", Kupferstich von Aegidius Sadeler nach Hans v. Aachen, 1590.

Details, die er virtuos in die Bildtiefe staffelt, wobei er jedoch die von der Architekturkulisse erzeugten, zur Hauptsache mit innerbildlichen Zuschauern bespielten Nebenschauplätze nur indirekt an der vordergründigen Handlung beteiligt und diese auch einer vom Gesamtzusammenhang abstrahierenden Betrachtung zugänglich macht. Er weist sich damit als Repräsentant einer niederländischen Tradition aus, die dem Zugriff der Pustertaler Provinz gewiss weniger Widerstand leistete als der höfische Manierismus, den Hans von Aachen zur selben Zeit kultivierte. Der Wille zu Klarheit, Eindringlichkeit und Eindeutigkeit drückt sich daher in der Arnbacher Dornenkrönung nicht durch zusätzliche Kommentare, sondern durch die Beschränkung auf das Notwendigste aus und durch das, worauf es dem Bildprogramm letztlich ankommt: auf die Präsentation des Leidenden Heilands, auf den man sein „Mitleid übertragen und in Trost umtauschen kann".[36] Um diesen Gedanken und wohl auch das Dekorum, die Regeln des Anstands, im öffentlichen Sakralraum zu wahren, verhält sich der Künstler zwar volkstümlich, jedoch in keiner Weise vulgär: Über das Hinterteil, welches einer von Goltzius' Schergen gegen Jesus entblößt, wird von einer Rückenfigur, die der Maler einem weiteren Blatt des Niederländers entwendet, züchtig der Mantel gebreitet.

Die beiden Wandbilder sind an der einzigen nicht durchfensterten Schildwand im Süden durch ein Ölgemälde mit der Geißelung Jesu ergänzt. Auch hier ist das Personal auf wenige Figuren beschränkt, deren formatfüllende Körper weiteren Details auch keinen Raum lassen. Ihre Rotation um die von der Geißelsäule gebildete Achse ist immer noch manieristischen Idealen verpflichtet, die rechts aus dem Dunkel heraus modellierte Gestalt aber zitiert ein barockes Motiv: Der Henker aus Peter Paul Rubens' „Urteil Salomons", um 1630 von Boetius à Bolswert in Kupfer gestochen, wurde ab der zweiten Hälfte des 17. Jahrhunderts im südlichen Tirol vor allem durch Stephan Kessler (1622–1700) popularisiert, und es ist vorstellbar, dass der Autor des Arnbacher Bildes Beziehungen zu dessen Brixner Werkstatt unterhielt. Auf jeden Fall aber ist, spät genug, nun auch im Raum Sillian die Malerei im Barock angekommen.

Tradition und Innovation in Sillians Kapellen

Mit dem Einfluss der Rubensgrafik ist das Fortwirken der internationalen Kunst des späten 16. Jahrhunderts aber noch nicht beendet. Im Pfarrwidum befindet sich ein monumentales Gemälde der Grablegung Christi, flankiert von bedeutungsperspektivisch verkleinerten Familienmitgliedern des Stifters Franz Karl Maria von Wieser und seiner Gemahlin Maria Walburga, geb. Fenner.

Das kaum vor 1700 zu datierende Werk geht zurück auf ein von Federico Barocci 1582 gemaltes Altarbild. Der nach diesem gegen Ende des 16. Jahrhunderts angefertigte Kupferstich wurde von Aegidius Sadeler (1570–1629) dem Mailänder Kardinal Federico Borromeo, einem der bedeutendsten Kunstförderer der Gegenreformation, per Inschrift gewidmet, und die letzte Tafel des Kreuzweges in der Pfarrkirche von Oberlienz ist ein schöner Beleg dafür, dass die Komposition auch in der zweiten Hälfte des

Ölbild „Geißelung Jesu" auf der südlichen Schildwand der Arnbacher Kirche, 2. Hälfte 17. Jahrhundert.

18. Jahrhunderts nichts von ihrer Anziehungskraft eingebüßt hatte.

Das Jüngste Gericht an der Nordwand der St.-Anna-Kapelle beruft sich auf einen Stich Johann Sadelers, der seinerseits wiederum auf ein Gemälde des Christoph Schwartz und damit auf den süddeutschen, venezianisch geschulten Manierismus zurückgeht. Seine Übertragung stellte den Maler vor die Aufgabe, ein Rundbild dem Breitformat eines Kreissegments anzupassen, und er verstand es, aus der formalen Not eine barocke Tugend zu machen: Er ergänzt die Motivik nach rechts um den Höllenschlund in Gestalt eines Feuer speienden Drachens, mit dessen effektvollem Kolorit kein Kupferstich konkurrieren kann. Vor allem jedoch fasst er die konzentrische, die Grenze zum Kunststück berührende Figurenbewegung des Vorbilds in einer auf Christus zugespitzten Dreieckskomposition auf übersichtliche Weise zusammen. Am unteren Bildrand wird durch die Art, wie ein menschlicher Körper im Akt der Befreiung über die ästhetische Barriere hinaus in den Raum des Betrachters greift, die Auferstehung des Fleisches weniger als Gegenstand künstlerischer Gestaltung, denn als handfeste Realität vorgeführt. Beinahe etwas verschämt deutet der Maler damit ein Stilmerkmal an, welches im spätbarocken Illusionismus seine virtuose Steigerung erfahren wird.

Mit der Inschrift *ISTA VETUS CAPELLA DIVAE MATRIS ANNAE RENOVATA FUIT*[37] war die Erneuerung der 1500 errichteten St.-Anna-Kapelle im Jahre 1729 unter dem Gemälde verzeichnet.[38] Nur kurze Zeit vorher, am 10. Oktober 1726, fassten Repräsentanten der damals nur mehr „ein sehr dinnes heufflein von mitglieder in ihrer schoß" einbegreifenden Lieb-Frauen-Bruderschaft den Beschluss, sich „unter dem glorreichen Titul und Patrocinio der Rainigung der allerheiligsten Jungfrauen und Muetter Gottes Maria" neu zu konstituieren.[39] Man verspürte den Konkurrenzdruck der Rosenkranzbruderschaft und erkannte im Fehlen von Ablässen und ordentlichen Statuten den eigenen Wettbewerbsnachteil. Zu Maria Lichtmess des darauf folgenden Jahres war das Vorhaben in die Tat umgesetzt.[40]

„Grablegung Christi", monumentales Gemälde im Erdgeschoß des Sillianer Widums, gestiftet von Franz Karl Maria von Wieser und seiner Frau Maria Walburga, geb. Fenner, um 1700.

Das wichtigste Anliegen der Kongregation, „ein glickseeliges Sterbstindlein fir die Lebentigen, und die ewige himblisch Ruhe fir die christlich abgeleibte Brüder und Schwöstern von Gott zu erpithen"[41], ist in den Fresken der Kapelle verbildlicht. Mit dem Tod Mariae und jenem des Hl. Josef wird uns das Ideal eines glücklichen Ablebens exemplarisch vor Augen gestellt. In einem weiteren Bild erscheint Maria einem Sterbenden, der durch den Priester die Sakramente empfängt, während sein Dämon von einem Engel aus dem Raum gescheucht wird. Als ihre Fürbitterin lässt Maria schließlich den Armen Seelen noch Rosenkranz und Skapulier, die Insignien der Bruderschaft, überbringen. In den Vierpässen des Gewölbes sind die Krönung Mariae durch die Dreifaltigkeit und der Sturz Luzifers dargestellt. Damit stellt sich die Malerei des Barock noch einmal in den Dienst der Kontinuität, denn der Hochaltar der gotischen Pfarrkirche war Maria *und* dem Erzengel Michael geweiht.[42] Das Bildprogramm der St.-Anna-Kapelle ist nicht nur Ankündigung dessen, was Mölks Projekt so großartig ausformuliert, es ist ebenso der Garant für die örtliche Tradition.

Die für das heutige Erscheinungsbild von Sillians kirchlicher Kunst maßgebliche Entwicklung war innerhalb eines einzigen Jahrhunderts vollzogen. Sie lässt sich anhand der erwähnten Kuppeln zusammenfassend rekapitulieren: Von Arnbach, wo ein pseudogotisches Rippennetz die Kuppelschale verschleiert, über das bebilderte Klostergewölbe der Antonius-Kapelle in Panzendorf bis hin zu Mölks Ausgestaltung der Sillianer Pfarrkirche, in deren Kontext die Kuppel selbst zum Bild wird, ist eine Tendenz vom Primat der Architektur zu jenem der Malerei abzulesen und der Fortschritt vom frühen zum späten Barock durch das jeweils verschiedene Verhältnis zur Gotik motiviert.

Außen- und Innenansicht der um 1500 errichteten und 1729 erneuerten St.-Anna-Kapelle am Sillianer Friedhof.

Vollständig ist diese Darstellung allerdings nicht. Was die „echte" Gotik angeht, müssen wir uns an außerhalb der Marktgemeinde – nicht unbedingt aber auch außerhalb der historischen Pfarrgemeinde! – situierten Objekten orientieren. Die Erinnerung an St. Oswald mag hier genügen. Die Lücke aber, die vom Ende des 17. bis zur Mitte des 18. Jahrhunderts unser Bild noch entstellt, wäre am Beispiel des Altarbaus zu schließen.

Der laut Inschrift am 12. Juni 1675 vollendete Hochaltar in der Filialkirche Zum Leidenden Heiland steht am Anfang einer Entwicklung, die im Gegensatz zu Mölks „Importkunst" und über diese hinaus deutliche Spuren des Lokalkolorits aufweist. Über der Sockelzone erhebt sich das Hauptgeschoß, in dem zwei von Weinranken umwundene Säulen eine Figurennische flankieren, und dessen Dreiecksgiebel von einem Auszug gesprengt ist, der diese Gliederung in kleinerem Maßstab wiederholt. In beiden Zonen folgt das Gebälk dem noch relativ einfachen Relief des Retabels, ist den vorspringenden Säulen entsprechend verkröpft und im Hauptgeschoß durch die Rahmung des Kultbildes zum Teil unterbrochen. Die Skulptur Unseres Herrn im Elend stammt aus der Zeit um 1900, die Seitenfiguren der Hll. Joachim und Anna wurden um die Mitte des 18. Jahrhunderts gefertigt. Original aber sind die beiden Engelsputten mit den ausgebreiteten Armen am Giebel des Hauptgeschosses.

Nur wenige Jahre später übersetzt das 1679 datierte Altärchen der Marienkapelle beim Raner auf dem Köckberg das frühbarocke Vokabular in die heimische Mundart. Dabei wird, wie an den Wolken des Maria-Hilf-Bildes besonders deutlich erkennbar, die organische Plastik zum Ornament stilisiert. Das Motiv des durchbrochenen Gebälks wird – zumal es im Auszug unterhalb der Figurennische, an einer Stelle, wo diese Unterbrechung nur schwer zu begründen ist, vor-

Die Außenfassade der Kapelle zu Unserem Herrn im Elend („Elendkapelle") wurde 2014 generalsaniert. – Rechts: Innenansicht der Kapelle mit Skulptur des leidenden Jesu („Elendvater") am Altar.

wiegend der Symmetrie halber verdoppelt erscheint – mehr als Zierform denn als statisches Element interpretiert, und auch die bewegte Drapierung der seitlichen Statuetten von Petrus und Paulus ist alles andere als die Folge ihrer erstarrten Haltung. Wenn es aber stimmt, dass der Künstler umso weniger auf Naturtreue und äußere Ähnlichkeit achten muss, je stärker der andächtige Betrachter die verehrten Personen mit deren Abbildern gleichsetzt[43], dann dürfen wir diese schematisierten Formen nicht nur einer naiven Kunst, sondern vor allem einem naiven Glauben anrechnen. Oder, von der anderen Seite gesehen: Was der bildenden Kraft des Künstlers versagt bleibt, das leistet die Einbildungskraft des gläubigen Menschen. Diesem kommt auch die Objekthaftigkeit der Skulpturen entgegen, die, wenngleich an besonders ausgezeichneter Stelle, seinen privaten Existenzraum besetzen, und die er nicht nur anschauen, sondern aufgrund der geringen Distanz zumindest der Möglichkeit nach auch anfassen kann. Das Altarbild überträgt den von Lucas Cranachs Gemälde initiierten Maria-Hilf-Typus in ein Relief, welches allerdings im Vergleich zu den fast rundplastisch ausgearbeiteten Figuren Gottvaters und des Guten Hirten im Auszug sowie zu den seitlichen Aposteln und Engeln der Bildhaftigkeit des Sujets wiederum Vorschub leistet.

Der wesentliche (Fort-)Schritt, den 1693 der Seitenaltar der Arnbacher Kirche setzt, ist deshalb weniger in dessen straffer Architektur und ihrer kunstreichen Verzierung zu suchen als in der Verdrängung der plastischen Figuren durch ein Gemälde. Dessen Rahmen trägt nun, zum sichtbaren Zeichen dieser Veränderung, das vormals um die Säulenschäfte gewundene Rankendekor. Das Bild, das die Vierzehn Nothelfer souverän um die zentrale Gestalt des Hl. Christophorus arrangiert, stammt vom Sillianer Maler

Marienkapelle bei Raner am Köckberg. Der kleine Altar mit dem Bildnis „Maria-Hilf" stammt aus dem Jahr 1679.

Franz Vicelli. Es ist wohl das erste barocke Altarblatt vor Ort, und in der Folge wird in diesem Metier der Ton von der Malerei angegeben, die gleichzeitig auch die Funktion der Skulpturen neu definiert: Die biblische Historie und die Heiligenviten bereichern das Altarbild um Inhalte, die von sich aus nicht notwendigerweise die Andacht der Gläubigen stimulieren. Eine adäquate Begegnung mit ihnen wird aber von den geschnitzten Figuren vermittelt, deren Bewegung und Ausdruck nun den Betrachter auf die Bildthemen einstimmen.

In der Arnbacher Kirche erfüllen seit der Mitte des 18. Jahrhunderts Joachim und Anna diese Aufgabe an einem Retabel, das, wie wir sahen, viel früher entstanden und daher noch vergleichsweise einfach gebaut ist. Der Altar der St.-Anna-Kapelle verdoppelt die Säulen und indem er die äußeren diagonal stellt, entfaltet er die vormals geschlossene Schauwand als ein offenes Gehäuse in den Raum des Betrachters. Er unterscheidet auch zwischen der vermittelnden Rolle der Heiligen links und rechts des Altarbilds und jener der ganz im Sinne der gotischen Schreinwächter an den Flanken postierten Skulpturen. Auch diese Entwicklungsstufe, die vermutlich noch vor der Mitte des 18. Jahrhunderts erreicht war, wurde unverzüglich von einer sehr qualitätsvollen Volkskunst assimiliert. Als engste Verwandte des Anna-Altares erweisen sich der Altar der Maria-Hilf-Kapelle in Tassenbach und jener des „Gschwendter Kirchls" in Panzendorf. Da Letzterer das Andachtsmotiv ohnehin durch die Protagonisten der Hirtenanbetung im Altarbild vermittelt, konnte auf die inneren Figuren verzichtet und das Retabel selbst wieder als Schauwand aufgefasst werden. Dafür aber ist der Zusammenhang mit dem Altar der St.-Anna-Kapelle an der rechten Außenseite durch einen Hl. Jakobus d. Ä. hergestellt, der als verkleinerte und vereinfachte Version der gleichnamigen Obertilliacher Statue stilistisch von der für St. Anna tätigen Werkstatt abhängt. Allem Anschein nach war auch die heute isoliert dastehende 140 cm hohe Apostelfigur in Obertilliach einst Teil eines Altares, der aber größer und wohl auch bedeutender gewesen sein muss als die eben erwähnten Altäre.

Die Funktion der spätbarocken Altarplastik als Vermittlerin der für das Kirchenvolk nur visuell erreichbaren Inszenierung im Chor lässt sich nun auch auf die Apostelstatuen der Sillianer Pfarrkirche übertragen, um den Preis allerdings, dass die Schwierigkeiten, die der Bildhauer zu bewältigen hatte, nur

Das Gemälde „Vierzehn Nothelfer" von Franz Vicelli aus dem Jahr 1693 am Seitenaltar der Arnbacher Kirche gilt als das erste barocke Altarblatt vor Ort.

noch schärfere Konturen erhalten. Das Zusammenwirken von Architektur, Malerei und Bildhauerei, mit all dem darin enthaltenen Konfliktpotenzial, stellt sich am Ende als wichtiger Motor der eingangs unter dem Leitgedanken „Gotik kontra Barock" charakterisierten Sillianer Kunstgeschichte heraus. Die Altäre der Pfarrkirche sind zweifellos Höhepunkte einer Entwicklung, der Mölk und Paterer ihren Stempel aufdrückten, die aber auch Ausdruck einer nicht zuletzt im privateren Rahmen der Kapellen geübten Frömmigkeit war. In Sillian ist diese – fast könnte man sagen ausschließlich – an Maria und den leidenden Heiland adressiert.

Die feierliche Wiedereinsetzung der gotischen Madonna am Hochaltar der Pfarrkirche gibt den Anstoß zu einer nahezu bedingungslosen Rückkehr zum dreidimensionalen Kult- oder Andachtsbild, das sich bis in die jüngste Vergangenheit durchsetzt. Die „Herrgottsruh" oder „Unser Herr im Elend" wird am frühklassizistischen Altar der gleichnamigen Kapelle um 1800 aufgestellt[44], Christus an der Geißelsäule, ein Abkömmling des seit den 1730er-Jahren verehrten „Wies Heilands", ziert den neugotischen Altar der 1888 geweihten Kapelle in der Kopsgute. Im 20. Jahrhundert geben die rezenten Marienerscheinungen von Lourdes (1858) und Fátima (1917) der örtlichen Frömmigkeitspraxis neue Impulse, die auch im Altarbild ihren Niederschlag finden: 1928 wird die Lourdeskapelle in Pircha errichtet und ihre Chornische als Tuffsteingrotte mit den Figuren der Muttergottes und Bernadette Soubirous – vielleicht noch vor deren Heiligsprechung am Tag der Unbefleckten Empfängnis des Jahres 1933 – von dem in Anras/Asch gebürtigen, bei Toni Kirchmair und Hans Pontiller in Innsbruck ausgebildeten Bildhauer Anton Kollreider gestaltet.[45] Eine moderne Interpretation des von den Apostelstatuen der Pfarrkirche aufgeworfenen Problems ist die gemalte Altarnische mit der Gipsfigur der Fátima-Muttergottes in der 1956 geweihten[46] Kapelle zum Unbefleckten Herzen Mariens in Schlittenhaus.

Neue Kunst, das wurde bereits aus dem Verhältnis Gotik – Barock deutlich, ist stets auch als Stellungnahme zu der in den Denkmälern überlieferten Vergangenheit zu verstehen, und Sillians Kapellen leisten dazu den quantitativ vielleicht bedeutendsten Beitrag. Er ist die wandlungs- und anpassungsfähige Gestalt einer Frömmigkeit, die der Begegnung mit kirchlicher Kunst durch die Geschichte hindurch den verlässlichsten Angelpunkt bietet.

Maria Huber

Das Sillianer Schulwesen
Die Schulen einst und jetzt

Von der Pfarrschule zur öffentlichen Einrichtung

In der Pfarrchronik finden wir Hinweise, dass es in Sillian schon sehr früh, nämlich um die Mitte des 14. Jahrhunderts, eine schulische Einrichtung gegeben hatte, vermutlich eine so genannte Pfarrschule. Als Lehrer wirkten Kapläne, die auch die lateinische Sprache beherrschten. Unterrichtet wurden nur Knaben, die für den Kirchengesang und den Altardienst herangebildet werden sollten.

Besondere Bedeutung für die Entwicklung des Schulwesens in Sillian hatten die Bruderschaften bzw. Kongregationen. Die Mariä Reinigungsbruderschaft – Mariä Reinigung ist der alte Name für Maria Lichtmess – entstand um 1360 und brachte es dank zahlreicher Stiftungen im Laufe der Zeit zu einem bedeutenden Vermögen. Sie hatte von der Mitte des 14. bis zur Mitte des 15. Jahrhunderts einen eigenen Kaplan, der auch für den Schulunterricht zuständig war. Der erste Bruderschaftskaplan wird urkundlich 1448 erwähnt als „dominus Nicolaus, capellanus fraternitatis".[1] Im Jahre 1554 wird ein Kaplan namens Hieronymus Sieghard als Lehrer in Sillian genannt.[2] Die Bruderschaft steuerte auch einen erheblichen Teil zum Bau eines Schulhauses bei. 1576 wurde der Bau beschlossen und 1598 seiner Bestimmung übergeben. Bis dahin erfolgte der Unterricht in verschiedenen Bauernstuben, auch im Pfarrhaus.

Das erste Sillianer Schulhaus stand unterhalb der Pfarrkirche und des Friedhofs (heute Haus Rauter). Später hieß es Organistenhäuschen, weil es zugleich als Wohnhaus für Lehrer und Organisten diente. Um die Mitte des 16. Jahrhunderts wurde der Unterricht einem weltlichen Lehrer anvertraut, für dessen Bezahlung zum Teil weiterhin die Mariä Reinigungsbruderschaft aufkam. 1573 schloss sie mit Mathias Alban, der den Schuldienst übernehmen wollte, einen Vertrag. Er war der Sohn jenes Sillianer Bürgers Lorenz Alban, der ein Jahr zuvor die dann nach ihm benannte „Albanische Wirtstaverne" gekauft hatte (später Gasthof Schwarzer Adler). Im Dienstvertrag wird Mathias Alban verpflichtet, „… das er sich der Schuel annemen unnd sollicher Schuel alhir mit pöster weisung der kinder, so ihm in die schuel geschickt werden auch der Chor so vil unnd wie ainem schuelmaister gebührt, unnd bisher gebreichig gewest treulich unnd bestes fleis versteen sol".[3] Außerdem wurde ihm verboten, während des „schuelunterrichts" in seiner Albanischen Wirtstaverne „Ausschank zu halten".

Bei der bischöflichen Visitation 1577 gab ein Schullehrer in Sillian an, dass er in Hall studiert habe, jetzt 30 Kinder unterrichte und auch die lateinische Sprache lehre. Viele Lehrer waren zugleich als Organisten tätig und konnten so ihr Gehalt aufbessern. Laut einer Kirchenrechnung von 1566 erhielt Lehrer Johann Chunther für „die Spielung des Positivs" von der Kirche 26 Gulden und 2 Mass Psalterwein. Balthasar Zingrell erhielt 1613 wegen „Abhaltung der Schuel, Lernung des Singens und für Schlagung des Positivs" jährlich 26 Gulden.[4]

Allmählich entstanden in den größeren Dörfern Tirols auch „Teutsche Schuelen". Im Jahre 1630 wird in Sillian Georg Piffrader ausdrücklich als „teutscher

Schuelmaister" genannt. Zur Unterstützung des „Schullehrers" wurden gelegentlich so genannte „Aspiranten" oder „Hilfslehrer" beschäftigt. Sie hatten ein geringeres Gehalt und wechselten häufig die Dienstorte. 1586 erließ Erzherzog Ferdinand II. die erste Tiroler Schulordnung, die besagte, „dass die Schulmeister die Kinder in Religion, Gesang, Schreiben, Lesen und etwas Rechnen" unterrichten sollten. Sie sollen die Kinder auch „in aller Tugend, Zucht und Ehrbarkeit erziehen". Allerdings wurde kein Schulzwang ausgeübt, und viele Kinder, besonders die von entlegenen Weilern, blieben ohne schulische Ausbildung.

Allgemeine Schulpflicht

Unter Maria Theresia wurde im Jahre 1774 eine Schulreform durchgeführt, die die Schulpflicht für alle Kinder von 6 bis 13 Jahren vorsah. Die Gemeinde Sillian schickte, wie in der Schulchronik nachzulesen ist, 1776 auf ihre Kosten eine taugliche Lehrperson – wahrscheinlich Casparus Sandbichler – nach Wien zur Ausbildung in der damals neuen Schulmethode.[5] Sillian besaß ab 1776 eine Trivialschule, die besonders durch das Zusammenwirken der beiden Schulaufseher mit dem Landrichter Spielmann und dem Pfarrer Perathoner gute Erfolge erzielte und weitum bekannt wurde.

Die Bruderschaft von der „christlichen Lehre", gegründet am 10. Dezember 1769, bemühte sich um eine Verbesserung des Schulwesens. Sie unterstützte auch die Übersiedlung in ein neues Schulhaus. „Im Jahre 1783 wurde sodann aus der Behausung, welche vormals die jährlich zur Abhaltung der Fastenpredigten dafür gekommenen P. P. Kapuziner bewohnt haben, nämlich im ‚Lipperthurm' [vermutlich ein

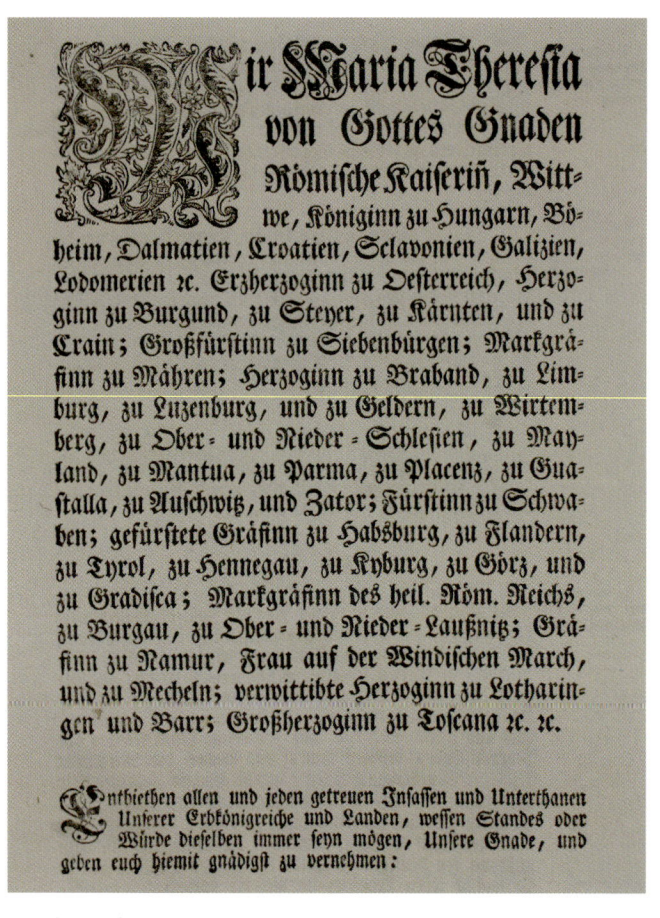

Die „Allgemeine Schulordnung" der Kaiserin Maria Theresia, die den Schulbesuch der Kinder vorschrieb, ist mit 6. Dezember 1774 datiert.

Ansitz], ein Schulhaus eingerichtet"⁶, heute Haus Schranzhofer Jakob. „Zu den Kriegsjahren wurde besagte Behausung als Militärspital verwendet und die Schule sodann im Benefiziaten- bzw. Frühmesshaus im 2. Stock [heute Raika-Gebäude] untergebracht."⁷

Eine besondere Entwicklung nahm das Schulwesen in Sillian durch die Gründung des „Volksschulzweigvereines" im August 1872, der sich bald vom Stammverein in Innsbruck für „unabhängig" erklärte und den Namen auf „Volksschulverein Sillian" änderte. 1875 zählte der Verein 67 Mitglieder. Dem Ausschuss gehörten an: Dr. Albert Kogler als Vorstand; Benedikt Trojer, Seilermeister, als Vorstandsstellvertreter; Franz Hafner, k. k. Steuereinnehmer, als Kassier; Johann Sandbichler, Oberlehrer, als Sekretär; Franz Forcher-Mair, Postmeister, und Michael Jesacher, Badbesitzer.

Der Verein veranlasste die Ausstattung der Klassenzimmer, den Kauf von Lehrmitteln und den Ankauf von Büchern, die den katholischen Prinzipien entsprechen mussten.

„Das Ergebnis der Jahresrechnung zeigt nach Abzug von 40 fl., welche zur Beischaffung von Schulrequisiten und Schulbüchern für arme Kinder und zur Vermehrung der Lehrer- und Schülerbibliothek verwendet wurden, einen Kassastand von 232 fl. Das neu angelegte Schulinventar weist mit wenigen Ausnahmen sämmtliche für Volksschulen vorgeschriebenen Lehrmittel nach", zitiert Schulchronist Sandbichler für das Jahr

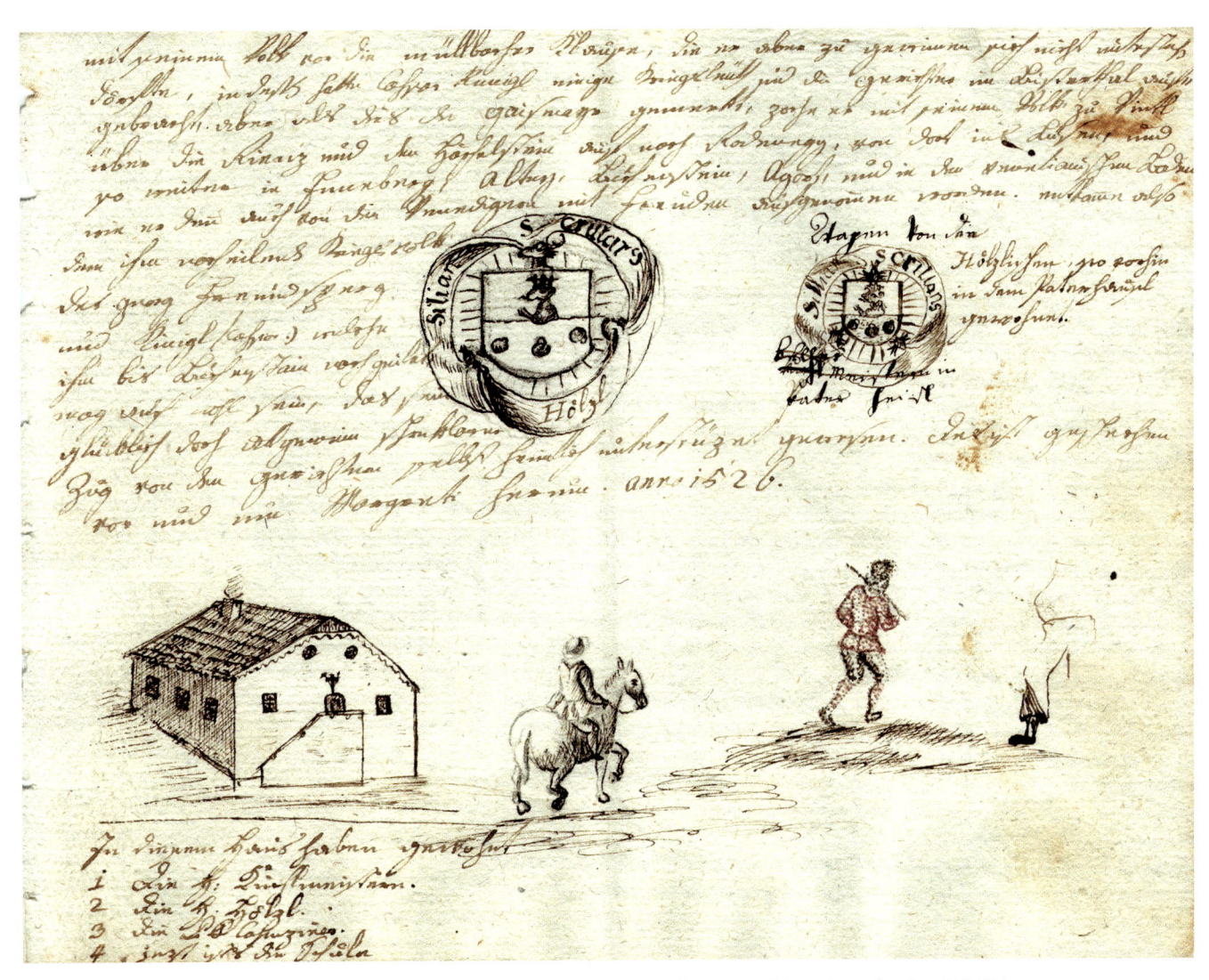

Der sog. Lipperthurm, das zweite Sillianer Schulhaus, ab 1782 benützt, in einer Zeichnung von Pfarrer Ignaz Paprion, 1785/86.

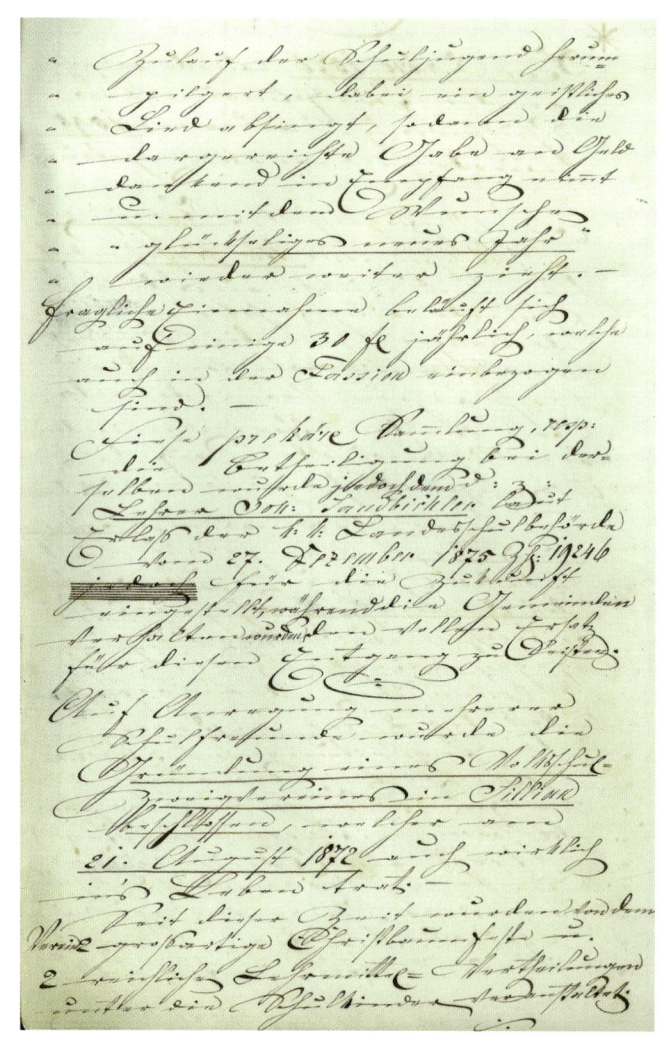

Gründung eines Volksschulzweigvereins für Sillian im Jahr 1872; Auszug aus der Schulchronik.

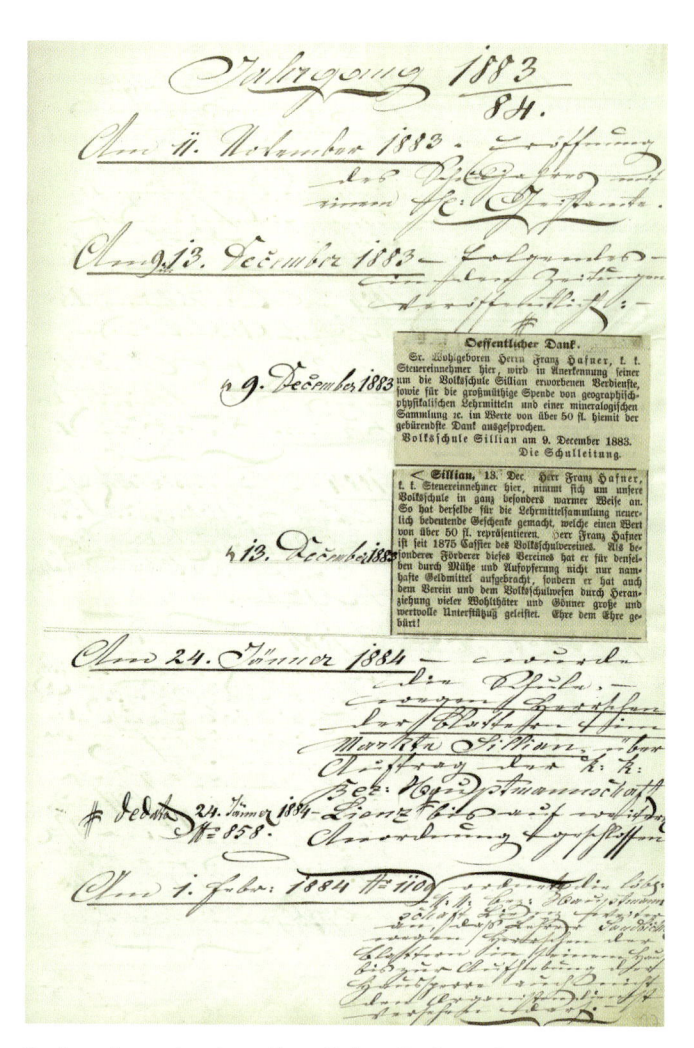

Dank an Steuereinnehmer Franz Hafner für die großzügige Unterstützung bei der Anschaffung von Lehrbehelfen, 1883; Auszug aus der Schulchronik.

1875 eine nicht näher genannte Quelle.[8] Auch diverse Aktivitäten wurden vom Verein unterstützt: „20 fl. erhielten Schulkinder als Prämie für geleistete Beihilfe bei Forstanpflanzungen und für das Abfangen schädlicher Schmetterlinge (Kohlweißling), was auch Bürgermeister Forcher mit 5 Gulden aus eigenen Mitteln unterstützte."[9] Außerdem veranstaltete der Verein jährlich Christbaumfeiern für die gesamte Schuljugend.

Die Volksschule wird mehrklassig

Im Herbst 1886 entstand in Sillian eine Filiale der Barmherzigen Schwestern aus dem Mutterhaus Zams. In der Chronik ist zu lesen: „Der Herr Pfarrer und Herr Bürgermeister mit Gemeinderat begrüßten dieselben am Bahnhofe und begleiteten sie mit eigener Equipage von dort in den Markt zur Wohnung hin."[10] Die Schwestern übernahmen die „Mädchen- und Industrieschule", die in dem von der Gemeinde angekauften „Post-Gasthaus", früher Forcher-Mair, heute kleine Kaserne, untergebracht war. Bis 1979 unterrichteten Barmherzige Schwestern an Sillianer Schulen, zuletzt am Polytechnischen Lehrgang. (Die letzte Lehrschwester war Sr. Monika Gogl, gestorben am 6. Juli 1980.)

Auszug aus der Schulchronik vom 17. Oktober 1887: „Mit heutigem Beginn des Schuljahres 1887/88 wurde die hiesige Volksschule mit 2 Klassen eröffnet, nämlich eine 1. Klasse als gemischte Klasse und eine 2. Klasse, in der Knaben und Mädchen getrennt unterrichtet werden. Die Schülerzahl beträgt 130. Die 1. Klasse unterrichtet Schwester Anna Bernadette Knitel, die 2. Klasse Knaben Lehrer Johann Sandbichler, die 2. Klasse Mädchen Schwester Aurea Tappeiner."[11]

Am 16. Oktober 1887 erließ die k. k. Bezirkshauptmannschaft Lienz eine Schuldienstausschreibung mit folgendem Inhalt: „An der zweiklassigen Volksschule in Sillian ist die Stelle eines Lehrers mit dem Einkommen von 400 fl. zu besetzen. Bewerber wollen ihre gehörig belegten Gesuche bis 1. November einbringen und weiters wird bemerkt, dass solche Bewerber, welche musikalische Befähigung nachweisen können, den Vorzug haben."[12]

In den Lehrerkonferenzen, an denen Lehrer und Katecheten aus der Umgebung teilnahmen, kamen folgende Themen zur Sprache: „Führung der Amtsschriften – Sprachunterricht und die Behandlung der Lesestücke als Aufsatzthemen – Das Verhältnis zwischen Lehrer und Katechet – Wie können die Kinder gewonnen werden für die Liebe zur Schule und zu den Vorgesetzten? – Wie kann man die 7 Gaben des Heiligen Geistes auf praktische Weise erklären?"[13]

Am 23. Juni 1890 wurde die „Kleinkinder-Bewahranstalt", also ein Kindergarten, eröffnet. Die Barmherzigen Schwestern übernahmen die Betreuung der Kleinkinder.

Die Kirche hatte einen großen Einfluss bei der Besetzung der Dienstposten in der Schule und überprüfte auch die Lerninhalte und -fortschritte. Religionslehrer waren immer Priester. Die jährlichen Religionsprüfungen nahm im Beisein der Gemeindevertretung der Propst von Innichen ab.

Im Schuljahr 1893/94 betrug die Gesamtschülerzahl 136: 1. Klasse gemischt – 62 Kinder: Schwester Blanda Hasler; 2. Klasse Mädchen – 35 Kinder: Schwester Anna Bernadette Knitel; 2. Klasse Knaben – 35 Kinder: Lehrer Franz Schwab. Vier Kinder waren körperlich zu schwach für den regelmäßigen Schulbesuch.

1893 wurde der Ortsschulrat neu konstituiert, bestehend aus den Herren: Hochw. Georg Köll, Pfarrer; Franz Schwab, Schulleiter; Johann Stocker, Schulaufseher; Josef Schraffl, Bürgermeister; Franz Niederegger und Johann Schönhuber, Vertreter der Marktgemeinde Sillian; Franz Michael Jesacher für Arnbach; Franz Walder für Sillianberg.

1894 wollte die k. k. Bezirkshauptmannschaft Lienz die nach Knaben und Mädchen getrennte 2. Klasse zu einer gemischten Klasse zusammenlegen. „Nachdem Bürgermeister Josef Schraffl einen Rekurs eingelegt hatte, blieben ab dem Schuljahr 1895/96 die alten Verhältnisse erhalten. Der Unterricht wurde weiterhin in den 3 bisherigen Klassen erteilt, jedoch mit dem Unterschiede, daß die Parallelklasse der Mädchen nicht mehr zur öffentlichen Volksschule gehörte. Diese wurde durch eine Zuschrift des k. k. Bezirksschulrates Lienz vom 20. Jänner 1895, Zl. 205, ausgegliedert und als Privatschule unter dem Patronate des Hochw. Hr. Pfarrers Georg Köll genehmigt."[14]

1895 wurde der neue Ortsschulrat bestätigt. Die drei „eingeschulten Gemeinden" entsandten neue Vertreter: für Arnbach Johann Volgger, für Sillianberg Josef Bodner, für Sillian Andrä Ringler und Franz Niederegger.

Der Ortsschulrat von Sillian erließ am 18. Jänner 1899 folgende Schulordnung, die die Schul- bzw. Unterrichtszeit regelte:

„A) Werktagsschule: Die ‚Winterschule' beginnt am 1. November und endet am 30. April. Die ‚Sommerschule' beginnt am 8. Mai und endet am 8. August. 18 Unterrichtsstunden pro Woche sind vorgeschrieben. Zum Besuche der Sommerschule werden die Kinder bis zum 12. Lebensjahr verpflichtet.

Schulferien sind an den besonderen Festtagen des Schulortes, das ist der 5. Jänner Nachmittag, Aschermittwoch Vormittag, der 25. April Vormittag, in der Bittwoche Montag und Mittwoch, Pfingstsamstag, der 27. und 31. Dezember, die Beicht- und Kommuniontage der Kinder, und zwar Fastnacht Samstag, Krummittwoch[15], Herz-Jesu-Freitag, Portiunkulasamstag und der 23. Dezember. Der Wochenferialtag ist der Donnerstag.

B) Wiederholungs- bzw. Feiertagsschule: Die Wiederholungsschule beginnt am 2. Sonntag im November und endet am letzten Sonntag im April. Sie wird am Sonntag Nachmittag von 14.30 bis 16.00 Uhr abgehalten".[16]

Ab 1739 prägte durch 153 Jahre die Sandbichler-Dynastie das Schulwesen in Sillian: Jakob-Christoph (1739–1755), Casparus (1755–1785), Anton (1785–1831), Alois (1831–1864) und Johann Sandbichler (1864–1892) wirkten als Lehrer, Chorleiter, Organisten und Komponisten[17], Johann Sandbichler wirkte ab 1875 auch als Schulchronist.

Sterbebildchen für den Lehrer Johann Sandbichler (1838–1892).

Johann Evangelist Warscher, der nur für einige Monate des Jahres 1902 den Dienst als Lehrer versehen konnte.

Die Schulordnung von 1898 definierte „Gottesfurcht, Sauberkeit und Pünktlichkeit" als Voraussetzungen „für einen ordentlichen Unterricht".[18]

Im Mai 1902 begann Johann Evangelist Warscher seinen Dienst an der Volksschule Sillian. Aber schon am 28. August desselben Jahres verunglückte er tödlich auf einer Radtour nach Ampezzo. Statt ihm kam sein Bruder Alfons Warscher, geboren 1882 in Assling, der am 1. Oktober 1902 den Dienst als Lehrer, Chorleiter und Organist in Sillian antrat. Im September 1913 ließ er sich beurlauben, um in Klosterneuburg an der k. u. k. Musikakademie Kirchenmusik zu studieren.

1914 musste er einrücken und erlitt gleich zu Kriegsbeginn so schwere Verwundungen, dass er zeitlebens hinkte und auf einem Ohr taub war. 1916 übersiedelte er nach Kufstein, wo er Leiter der Musikschule wurde. Später unterrichtete er an der Lehrerbildungsanstalt Bozen. Nach deren Schließung übernahm er

"Entlassungszeugnis" aus der Volksschule Sillian für Alois Rainer, geb. 1896; Sillian, 30. April 1911.

eine Lehrstelle in Innsbruck-Mariahilf, wurde Organist in der Pfarrkirche von St. Jakob in Innsbruck und Chormeister der Innsbrucker Liedertafel. Er starb 1932 in Innsbruck.[19]

Wie sich die räumliche Situation der Sillianer Schule nach 1900 entwickelte, erfahren wir aus der inzwischen von Sr. Wenefrieda Wolf geführten Schulchronik: „Am 1. Jänner 1912 kaufte die Gemeinde vom hiesigen Arbeiterverein das sogenannte Vereinshaus. Daraus sollte ein Gemeindehaus mit Spital, Kloster und Schule werden. Nach den wichtigsten Adaptierungsarbeiten übersiedelte die Schule bereits am 18. November 1912 in das neue Haus"[20]; es ist das heutige alte Gemeindehaus, Sillian 84.

Die Volksschule während des Ersten Weltkriegs und in der Zwischenkriegszeit

Während des Ersten Weltkriegs (1914–1918) gab es häufigen Lehrerwechsel. Schwester Wenefrieda Wolf – sie war von 1898 bis 1936 Lehrerin in der Volksschule Sillian – vertrat den abwesenden Schulleiter Warscher, daher mussten die Mädchen und Knaben der 2. Klasse zu einer gemischten Klasse zusammengelegt werden. Es unterrichtete Sr. Rosa Kolmer in der 1. Klasse 70 Schüler und Sr. Wenefrieda Wolf in der 2. Klasse 68 Schüler.

In den Kriegsjahren 1915/16 fielen 776 italienische Granaten im Raum Sillian. Weil die Schulklassen als Lazarett dienten, wurde der Unterricht nach Arnbach verlegt. 1918 entstand nach Auflassung der Privatschule für Mädchen eine Volksschule mit drei gemischten Klassen, die von Sr. Rosa Kolmer (1. Klasse), Sr. Wenefrieda Wolf (2. Klasse) und von Lehrer Alois Maas (3. Klasse) unterrichtet wurden.

Die großen politischen Umwälzungen, die das Ende des Ersten Weltkriegs mit sich brachte, wirkten sich auf das Sillianer Schulwesen nur insoweit aus, als auf Anweisung des Bezirksschulrates Lienz vom 17. Jänner 1919 alle Kaiserbilder aus den Schulklassen entfernt werden mussten.

Ab 1920 gab es eine Ausspeisung für bedürftige Kinder in der Leiter-Villa (heute Haus Walder-Kessler), später im Arbeiter-Vereinshaus und in der Forcher-Kaserne.

Am 2. November 1921 begann erstmals der Unterricht an der ländlichen Fortbildungsschule für die 14- bis 16-Jährigen mit insgesamt jährlich 90 Unterrichtsstunden. Der Unterricht erfolgte in der Zeit der Winterschule jeden Donnerstag von 8 Uhr bis 12 Uhr.

Mädchenschule Sillian mit Schulschwester Sr. Wenefrieda Wolf, 1908.

1923 wechselte Oberlehrer Josef Kirchmair – er unterrichtete zwei Jahre in Sillian – nach Zell am Ziller. Sein Nachfolger als Schulleiter und Chorleiter, Viktor Wanner, beschreibt ihn als „Lehrer der alten Schule; er verlangte fast militärische Disziplin, ein tüchtiger Musiker, leitete den Kirchenchor, war Organist und Kapellmeister, gründete einen Obstbauverein. Wegen seiner Heftigkeit verlor er das Vertrauen der Eltern und schied verbittert aus Sillian."[21] Viktor Wanner, geboren in Mittewald an der Drau, Studium in Mezzo-

Rast am Weg zur Leckfeldalm beim Wandertag der Oberstufe der Volksschule Sillian; 1930er-Jahre.

f. Ehrung einer Lehrerin. Vor kurzem wurde in Sillian der ehrw. Schwester Wenefrida Wolf, die durch volle 33 Jahre pflichteifrig und mustergültig ihre Lehrtätigkeit ausgeübt hat, eine Ehrung zuteil. Zu diesem Zwecke hatten sich die Bürgermeister der vier Schulgemeinden, die Ortsgeistlichkeit, der Ortsschulrat und der gesamte Lehrkörper im Schulhaus eingefunden. Bürgermeister Niederegger von Sillian gedachte in warmen Worten des rastlosen und selbstlosen Wirkens im Dienste der Kinder und überreichte der Gefeierten namens der vier Schulgemeinden ein Ehrendiplom. Oberlehrer Wanner erinnerte an der Geehrten Arbeiten und Mühen während des Krieges, wo sie als einzige Lehrperson mit ihren Schulkindern nach Arnbach flüchten mußte (Grenzgebiet), um Schule halten zu können. Weiters sprachen Vizebürgermeister Leiter und Bürgermeister von Sillianberg. Schwester Wenefrida dankte für die überraschende Ehrung, die sie sichtlich erfreute.

Undatierter Zeitungsbericht von 1931 über die Ehrung von Sr. Wenefrieda Wolf, die sich um das Sillianer Schulwesen große Verdienste erworben hatte; Auszug aus der Schulchronik.

lombardo und Innsbruck, war von 1910 bis 1923 Volksschuldirektor und Chorleiter in Untertilliach. 1923 übernahm er in Sillian den Posten als Volksschuldirektor, Organist, Chorleiter und arbeitete einige Jahre auch als Standesbeamter und staatsanwaltlicher Funktionär beim Bezirksgericht in Sillian. Nach seiner Pensionierung als Volksschuldirektor im Jahr 1955 unterrichtete er bis 1960 Italienisch an der Hauptschule Sillian.

Für die 1924 eingeführten neuen Grundschullehrpläne galten folgende Grundsätze: Bodenständigkeit, Selbsttätigkeit, Konzentration. „Die Schule ist nicht nur eine Unterrichtsschule, sondern auch eine Erziehungsschule."[22]

In der Zwischenkriegszeit besuchten einige Schüler aus Mittewald und Thal die Volksschule Sillian, weil die für sie zuständigen Schulen in Anras und Assling fahrtechnisch nur schwer erreichbar waren.

1927 bekam die Schule elektrisches Licht, pro Klasse eine Lampe und eine am Schulgang. „In der Schule wird's hell", kommentiert die Schulchronik.[23]

Weil die Schülerzahlen immer höher wurden, erwirkte der Bezirksschulrat beim Ortsschulrat die Schaffung einer 4. Volksschulklasse, die in der großen Kaserne eingerichtet wurde.

Die Volksschule während des Zweiten Weltkriegs und in der Nachkriegszeit

Im Schuljahr 1938/39 wurde auf Antrag von Schulinspektor Erwin Goltschnigg eine neue Klasseneinteilung getroffen: Die 1. Klasse umfasste demnach das 1. und 2. Schuljahr; die 2. Klasse das 3. und 4. Schuljahr; die 3. Klasse das 5. und 6. Schuljahr, die 4. Klasse das 7. und 8. Schuljahr. Es gab ständigen Lehrerwechsel, die Barmherzigen Schwestern wurden vom Dienst enthoben. So unterrichteten oft nur für ein paar Wochen Edith Schagar, Hugo Graser, Maria Richter, Elfriede Sulz, Christine Pipp, Friederike Markowitz, Karl Krei-

Ansichten von Sillian aus der Feder zweier langjähriger Volksschullehrer: Buntstiftzeichnung von Johann Sandbichler, 1858 (oben), und Bleistiftzeichnung von Viktor Wanner, 1923.

ner, Elfriede Siegl, Martha Deubner u. a. Wegen des großen Lehrermangels unterrichteten zeitweise drei Lehrpersonen 238 Kinder: Frau Maria Wunderer in der 1. Klasse, Frau Olga Brunner in der 2. Klasse, Schulleiter Viktor Wanner in der 3. und 4. Klasse mit über 100 Schülern im Halbtagsunterricht.

Immer mehr Kinder aus deutschen Großstädten wie Bremen, Essen, Berlin, Duisburg u. a. fanden im Rahmen der Kinderlandverschickung Aufnahme in Sillianer Gastfamilien und besuchten die hiesige Volksschule. Sport spielte im Unterricht eine große Rolle. So gab es „Leistungsprüfungen aus Leibesübungen" und Sportwettkämpfe der Hitlerjugend.

Die Schüler wurden aufgefordert, Altstoffe wie Lumpen, Knochen, Papier, Schuhe u. a. zu sammeln und in der Schule abzugeben. Insgesamt 1.900 kg

Volksschule Sillian, Unterstufe 1941/42, mit Lehrerin Edith Schagar.

Letztes Schuljahr im alten Volksschulgebäude, Sillian Nr. 84, VS-Oberstufe mit Direktor Viktor Wanner.

waren es im Jahre 1944. „Am 13. 2. 1945 wurden die Schulräumlichkeiten für Lazarettzwecke in Beschlag genommen. Der Unterricht musste in den Kinosaal und Kinokassenraum der großen Kaserne verlegt werden. 2 Räume für 4 Klassen!"[24]

In den letzten Kriegswochen entfiel der Unterricht häufig wegen Fliegeralarms und Bombenangriffen. Mitte Mai 1945 erfolgte auf Befehl der englischen Besatzungsmacht die Schließung der Schule.

Die Nachkriegsjahre waren geprägt von hohen Schülerzahlen, ungeeigneten Räumlichkeiten, Lehrmittelmangel usw. Mit Februar 1948 begann die UNICEF-Kinderausspeisung, an der insgesamt 170 Kinder mit den Lehrpersonen teilnahmen. Die Gemeinde hob im Monat vier Schilling pro Kind für die Ausspeisung ein. 10 % der Kinder waren vom Beitrag befreit. Nach Auflassung des Lazaretts übersiedelte die Schule vom Kinogebäude wieder zurück ins Schulhaus, das nach all den Kriegsereignissen äußerst renovierungsbedürftig war. Langsam kam auch wieder Leben in den Schulbetrieb. Es wurden Lehrbücher angekauft, eine Schülerbücherei eingerichtet, Mai-Singen auf dem Marktplatz und Muttertagsfeiern organisiert, Schulfilme vorgeführt.

Im Schuljahr 1949/50 wurde die Schule fünfklassig. Die Lehrpersonen waren: Sr. Cajetana Wolf in der 1. Klasse, Waltraud Pechlaner in der 2. Klasse, Sr. Apollonia Mariacher in der 3. Klasse, Olga Brunner in der 4. Klasse, Schulleiter Viktor Wanner in der 5. Klasse, der Volksschuloberstufe.

Religionsunterricht erteilten Kooperator Anton Draxl, Kooperator Hans Innerhofer, Dekan Josef Hanser, die Frühmesser und aushilfsweise Pfarrer aus den umliegenden Gemeinden.

Neubau des Schulhauses

Nur wenige SchülerInnen aus Sillian besuchten damals die Hauptschule oder das Gymnasium in Lienz. 1950 erließ die Stadt Lienz eine gänzliche Aufnahmesperre

Fotos vom Bau der neuen Volksschule am heutigen Standort, 1951.

in die Hauptschule für Kinder aus Gemeinden westlich der Lienzer Klause. Aus diesem Grund und wegen der akuten Raumnot überlegte man sich in Sillian seitens der Gemeindeführung den Bau eines neuen Schulhauses, in dem Volks- und Hauptschule untergebracht werden sollten.

Auf einer Fläche von 1.332 m² entstand in kurzer Bauzeit ein Neubau, der 4,3 Millionen Schilling kostete. Mit Schulbeginn 1953 zogen die ersten Schü-

Die neu errichtete Volks- und Hauptschule Sillian kurz nach der Fertigstellung.

ler in das neue Schulgebäude ein, „das, oberhalb des Marktes, in sonniger Lage, dem Verkehrslärm entrückt, steht, und mit 10 Klassenzimmern, Physik- und Handarbeitssaal, Zeichen- und Turnsaal, sanitären Anlagen und einer Hausmeisterwohnung ausgestattet ist."[25]

Die Volksschüler mit VD Viktor Wanner zogen im Herbst 1953 im Erdgeschoss ein, die Hauptschüler mit HD Georg Großlercher im ersten Stock. 1973/74 erfolgten die Auflösung der Volksschuloberstufe und die Einweisung der Schüler in die Hauptschule und in den Polytechnischen Lehrgang.

Die Grafik zeigt: In den Schuljahren, die mit * gekennzeichnet sind, gibt es keine genauen Angaben über die Schülerzahlen. Die hier angeführten Zahlenwerte sind geschätzte Mittelwerte.

Während des Zweiten Weltkriegs schwankten die Schülerzahlen auch während des Jahres, weil wegen der Kriegsereignisse Kinder aus deutschen Großstädten im Rahmen der Landverschickungen nach Sillian kamen und hier die Volksschule besuchten.

Der Rückgang der Schülerzahlen am Ende des Krieges ist in der Rückkehr der Landverschickungskinder in ihre Heimatstädte und der Neugründung der Volksschule in Arnbach begründet.

Die Volksschule heute

1973 bezog die Hauptschule das neue Schulhaus in der Aue; Polytechnischer Lehrgang und Sonderschule verblieben im Volksschulgebäude. Dieses wurde in den Jahren von 1989 bis 1994 generalsaniert. Somit waren die Voraussetzungen für einen modernen Unterricht geschaffen.

Im Zuge der Schulreformen kamen verschiedene Neuerungen auf die Schule zu, so z. B. die Integration

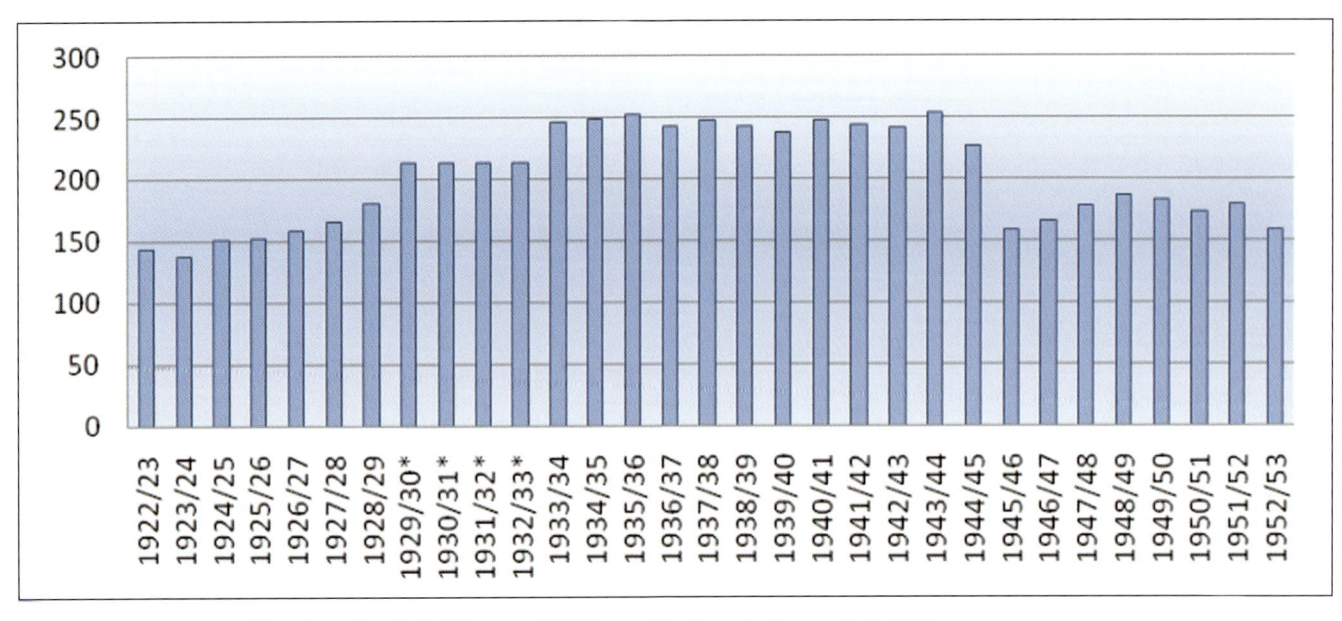

Entwicklung der Schülerzahlen der Volksschule Sillian von 1922 bis zur Gründung der Hauptschule 1953.

und Betreuung lernschwacher Kinder in der Normalschule, die Einführung des Förderunterrichts, die Legasthenikerbetreuung usw. Eine weitere Neuerung war die Einbeziehung der Eltern ins Schulgeschehen und die Schaffung von Klassen- und Schulforen. Eltern stehen besonders im außerschulischen Bereich bei verschiedenen Anlässen den Lehrpersonen zur Seite.

Auch die Bildungsangebote wurden erweitert. So haben Volksschüler die Möglichkeit, Grundkenntnisse in Englisch und Italienisch zu erwerben, was ihnen beim Übertritt in eine weiterführende Schule zugutekommt. Ein Schwerpunkt ist die Leseerziehung, die durch verschiedene Projekte wie Lesenacht, Lesefeste u. a. gefördert wird. Außerdem gibt es an der Volksschule einige Klassen mit dem Schwerpunkt Musik. Die Kinder verschönern durch Gesang und Spiel schulische wie kirchliche Feste. Theater- und Musicalaufführungen, Projekte im Bildnerischen Bereich, Sportwettkämpfe u. v. a. sind weitere Aktivitäten der Volksschule Sillian.

Schüler der Volksschule Sillian als Teilnehmer bei der ZDF-Rateshow „1, 2 oder 3", 2005 in München.

Innsbruck-Aktion 2009: 4. Klasse der VS Sillian mit der Klasse des Sonderpädagogischen Zentrums (SPZ) mit Lehrer Andreas Moser, Lehrerin Sandra Wieser und Betreuerin Maria Theurl (rechts außen).

Bezirksjugendsingen 2010 mit Lehrerin Rosa Waldauf im Lienzer Stadtsaal.

Im Mittelpunkt allen schulischen Geschehens steht aber die Aufgabe, den Kindern von sechs bis zehn Jahren ein solides Grundwissen für ihren weiteren Bildungsweg zu vermitteln.

In der Schulchronik gibt es eine nahezu lückenlose Aufzeichnung aller Sillianer Schulleiter von 1572 bis 1955. Der folgende Überblick beschränkt sich auf die der letzten 110 Jahre.

Leiter der Volksschule Sillian ab 1900:	
Franz Schwab	1892–1900
Alois Lercher	1900–1901
Joh. Schmidhofer	1901–1902
Johann Warscher	1902
Alfons Warscher	1902–1913
Matthias Kobald	1913–1914
Sr. Wenefrieda Wolf	1914–1916
Sr. Rosa Kolmer	1916–1919
Max Mitterer	1919–1921
Josef Kirchmair	1921–1923
VD Viktor Wanner	1923–1955 (bis 1960 Italienisch in der HS)
VD OSR Anton Furtschegger	1955–1981
VD OSR Helmut Schneider	1981–2011
VD Mag. Renate Kollnig	seit 2012

Franz Schwab.    Sr. Wenefrieda Wolf.

Die Erwachsenenschule

In den Räumlichkeiten der Volksschule gibt es auch für Erwachsene eine Möglichkeit der Fortbildung. Die Erwachsenenschule wurde 1975 ins Leben gerufen und stand bis 1987 unter der Leitung von HD Josef Mair. Im Jahre 1993, nach der Renovierung des Volksschulgebäudes, übersiedelte sie in die neuen Räumlichkeiten. Heute steht sie unter der Leitung von VD Mag. Renate Kollnig. Die Kursangebote werden mit den örtlichen Vereinen und Bildungseinrichtungen abgesprochen und entsprechend koordiniert. Informatik, Fremdsprachen, digitale Fotografie, aber auch Frauenturnen oder Kochkurse u. a. sind nur einige Beispiele aus dem erweiterten Bildungsangebot für Erwachsene.

Viktor Wanner.    Anton Furtschegger.    Helmut Schneider.    Renate Kollnig.

Schulgeschichte von Arnbach

Vor dem Ersten Weltkrieg zerfiel Arnbach in zwei Schulsprengel: Köckberg, Kolbenthal, Feigental, Vollgrube, westliches Erlach und Hube gehörten zum Schulsprengel Winnebach. Die Schulkinder besuchten in Winnebach die Volksschule; die übrigen Schüler gehörten zum Schulsprengel Sillian. Die Schulwege waren weit und beschwerlich, besonders im Winter, sodass der Schulbesuch nicht sehr ernst genommen wurde.

Während des Ersten Weltkriegs, als Sillian von der italienischen Front aus beschossen wurde, übersiedelten das Bezirksgericht, das Gemeindeamt und die Schule aus Sicherheitsgründen nach Arnbach. Mit 22. November 1915 begann dort der Unterricht. Es wurde in zwei Klassen unterrichtet; eine Klasse war bei Schlosser/Krautgasser, die 2. Klasse bei Obergarber untergebracht. In der Zeit der Winterschule, die von November bis April dauerte, gab es zeitweise nur Halbtagsunterricht. Die 2. Klasse hatte Vormittagsunterricht, die 1. Klasse Nachmittagsunterricht. Schließlich fielen auch in Arnbach, nordwestlich von Weitlanbrunn, Granaten, die letzten am 7. Oktober 1916, sodass der Unterricht mit Schulbeginn 1916 wieder nach Sillian verlegt wurde.

Mit Ende des Ersten Weltkriegs 1918 änderte sich auch die Zugehörigkeit der Arnbacher Schüler zum Schulsprengel Winnebach. Die Schulchronik der VS Sillian berichtet: „Da die italienische Reichsgrenze zwischen Winnebach und Arnbach entstand, so müssen die in Winnebach eingeschulten Kinder der Weiler und Fraktionen Vollgrube, Kolbenthal, Feigental, Köckberg und Erlach bis auf weiteres in Sillian die Schule besuchen. 1920 erfolgte die Zustimmung der Schulbehörde zu dieser Entscheidung."[26]

Die Schulzeit im Gerichtsbezirk Sillian wurde generell neu geregelt: Die Schüler der ersten und zwei-

Volksschule Arnbach, Aufnahme um 1965.

VS Arnbach, Schuljahr 1957/58, mit Katechet Kooperator Julius Nussbaumer.

VS Arnbach, Schuljahr 1961/62, mit Lehrerin Johanna Gridling, geb. Bodner.

ten Klasse (sie umfassten mehrere Schulstufen) hatten zehn Monate Unterricht, die Schüler der dritten Klasse konnten nach acht Monaten Unterricht um befristete Befreiung ansuchen, weil sie zur Mithilfe in der Landwirtschaft gebraucht wurden. Für die Schüler mit weiten Schulwegen gab es vor allem in den Wintermonaten so genannte „Kostplätze" bei Bekannten oder Verwandten in Sillian. Wegen des Platzmangels im Sillianer Schulhaus (altes Gemeindehaus) und der widrigen Umstände während des Zweiten Weltkriegs (häufiger Lehrerwechsel, Klassenzusammenlegung, Unterrichtsentfall, Fliegeralarm) entschloss sich die Gemeinde Sillian 1943, in Arnbach eine eigene Volksschule einzurichten. Der Unterricht erfolgte bis zum Bau eines eigenen Schulhauses in der „Sofner Stube" durch Lehrer Flatscher.

Im Schuljahr 1944/45 wurden die Arnbacher Schüler erstmals in Arnbach unterrichtet.

Nach Kriegsende wurde der Neubau eines Schulhauses in Arnbach realisiert. Die Gemeinde Sillian, vertreten durch Bürgermeister Johann Herrnegger,

VS Arnbach, Schuljahr 1974/75, mit Lehrerin Rosa Mairer, verh. Bachmann, zugleich letzte Direktorin dieser Schule.

suchte mit Eingabe vom 10. Oktober 1947 bei der Bezirkshauptmannschaft Lienz um die baubehördliche Genehmigung zum Bau einer einklassigen Volksschule an. 1948 entschloss man sich dann doch für den Bau einer zweiklassigen Schule. 1949/50 wurde das neue Schulhaus fertiggestellt. Der Unterricht begann mit 76 Schülern in zwei Klassen mit Abteilungsunterricht.

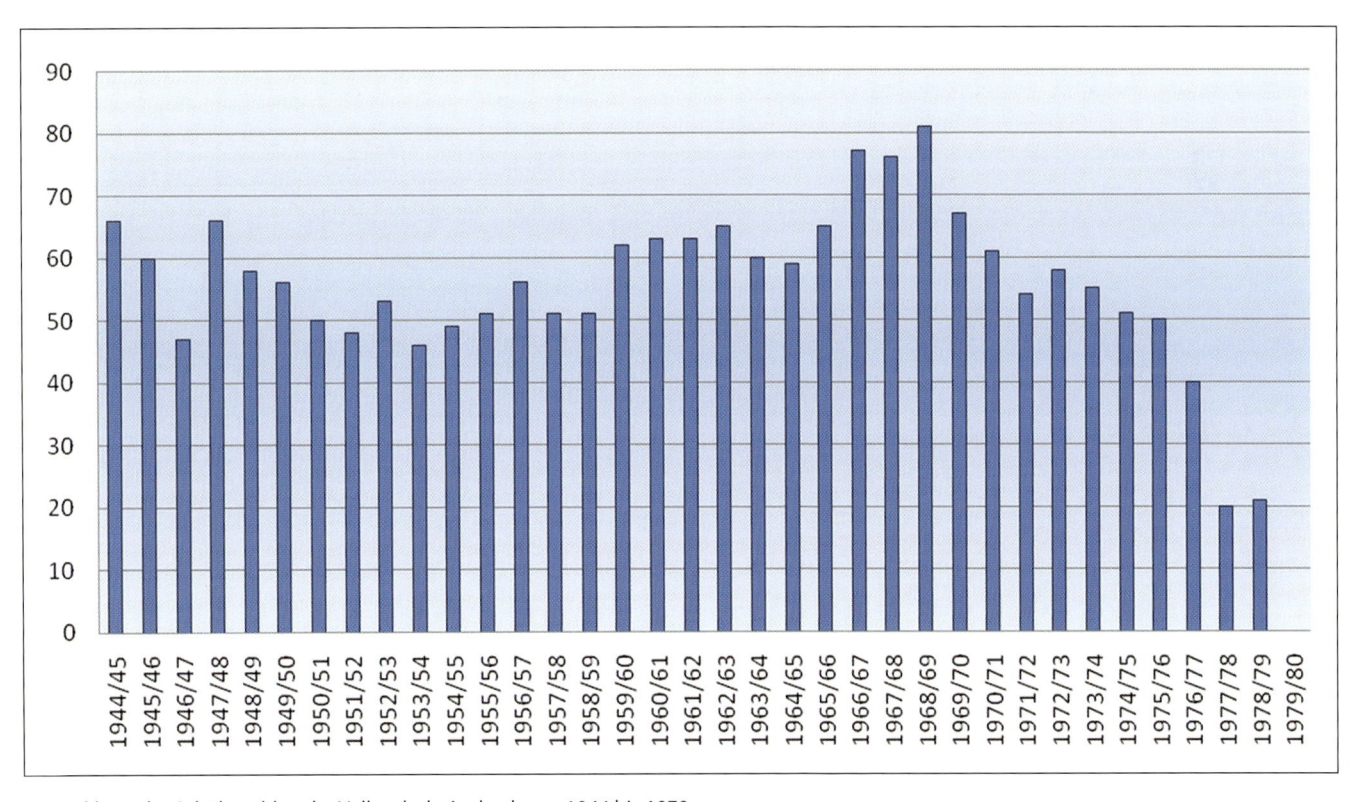

Entwicklung der Schülerzahlen der Volksschule Arnbach von 1944 bis 1979.

Lange Zeit stand die Schule unter der Leitung von VD Alois Gridling. Er gründete 1965 auch den MGV Sillian, der lange Jahre sein Probelokal im Arnbacher Schulhaus hatte. Nach VD Gridlings Pensionierung 1976 leitete VD Rosa Bachmann, geb. Mairer, die Schule bis zu deren Schließung mit Ende des Schuljahres 1978/79.

Weiters unterrichteten an der Volksschule Arnbach VL Johanna Gridling, geb. Bodner, bis zu deren Tod 1969, VL Maria Grogger, VL Elisabeth Kozubowski, geb. Frank, von 1970 bis 1973, VL Maria Rizzoli, geb. Unterweger, von 1976 bis 1979.

Ab 1973 sank die Schülerzahl ständig, 1977/78 gab es nur mehr die 1. bis 3. Schulstufe.

Im Schuljahr 1979/80 wäre die Schülerzahl auf 13 gesunken. Weil man in den folgenden Jahren wieder mit einem Anstieg der Schülerzahlen rechnete, beantragte die Gemeinde Sillian zuerst eine Stilllegung der Schule, die 1979 erfolgte. Im Jahre 1983 wurde die Arnbacher Volksschule jedoch endgültig geschlossen. Seither werden die Arnbacher Kinder in die Sillianer Schulen gebracht. Heute ist in den Räumlichkeiten des Schulhauses eine Jugendherberge untergebracht.[27]

Die Anfänge der Hauptschule Sillian

Unter der Leitung von HD Georg Großlercher wurde 1953 erstmals die Möglichkeit geschaffen, Kindern der zehn Oberländer Gemeinden auf freiwilliger Basis eine erweiterte Pflichtschulausbildung an einer Hauptschule zu ermöglichen. Die Hauptschule war im damals neuen Volksschulgebäude von Sillian untergebracht. Begonnen wurde mit zwei Klassen, in denen SchülerInnen aus dem ganzen Oberland zusammenkamen. Sogar Kinder aus Maria Luggau in Kärnten, aus Anras, Mittewald und Assling besuchten die Hauptschule Sillian. Weil die Verkehrsbedingungen

Abschlussklasse der Hauptschule Sillian, 1956/1957.

enormen Zustrom in die Hauptschule Sillian führte. Die starken Geburtsjahrgänge der Nachkriegszeit verschärften zusätzlich die Situation. So musste man in den Jahren 1966 bis 1973 teilweise in Holzbaracken unterrichten, die nördlich des Volksschulgebäudes aufgestellt waren.

Direktor Großlercher pflegte schon in den 1960er-Jahren Kontakte über die Staatsgrenze hinaus zu Schulen im Südtiroler Pustertal. Es kam zu einem Erfahrungsaustausch besonders mit Kollegen aus Innichen, Toblach, Welsberg und Prags, zu gemeinsamen Ausflügen, Sportveranstaltungen und zu geselligem Beisammensein. Als 1967 HD Georg Großlercher zum Bezirksschulinspektor ernannt wurde, trat Josef Mair die Direktornachfolge an. Unter seiner Führung besuchten anfangs 212 Schüler die Hauptschule, aber bereits vier Jahre später, im Schuljahr 1971/72, hatte sich die Schülerzahl mit 535 mehr als verdoppelt, die durch einen Lehrkörper von nur 26 Lehrpersonen unterrichtet werden musste. Aufgrund der unzumut-

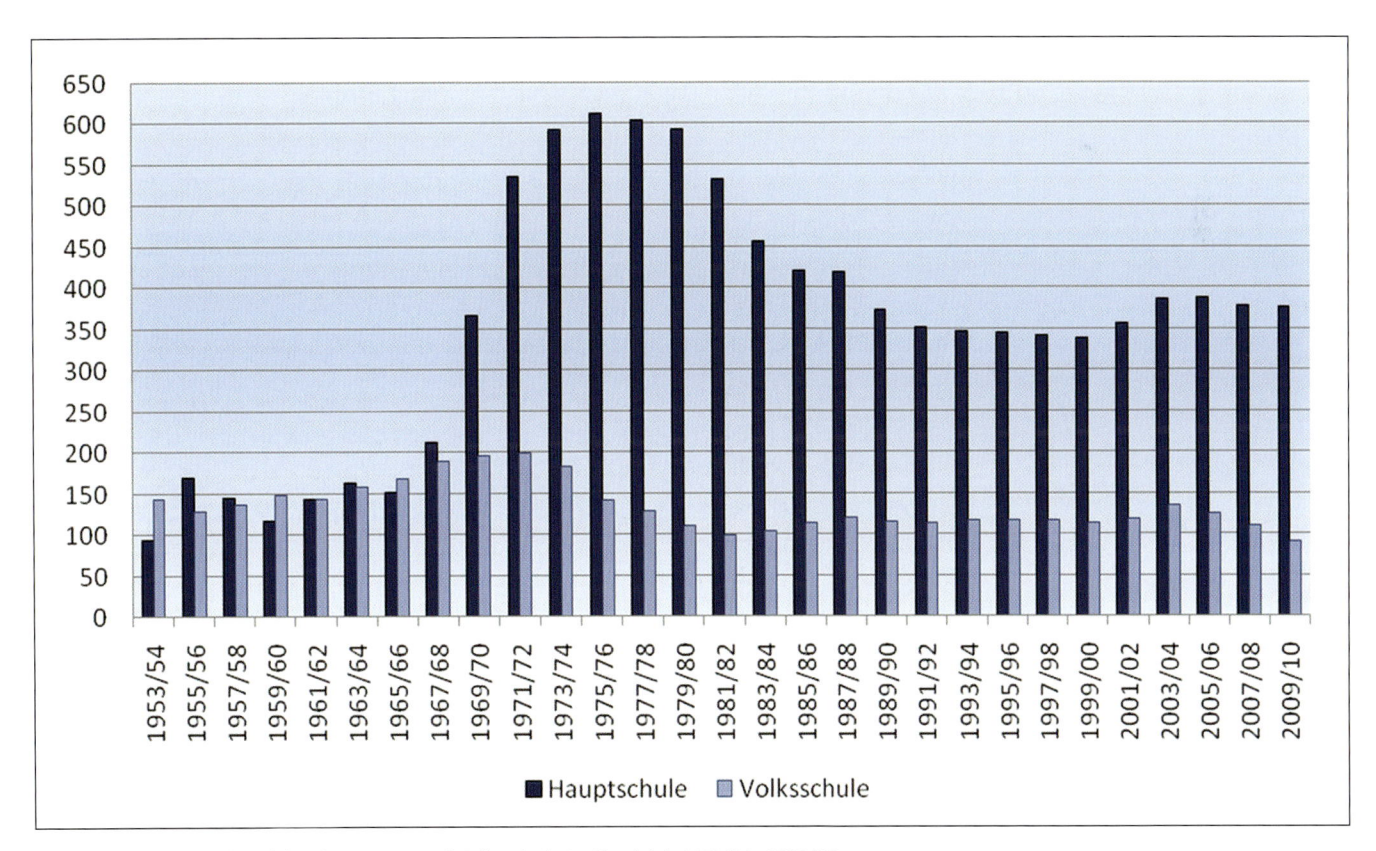

Preisverteilung im Turnsaal der Volks- und Hauptschule, 1967, mit (v. l. n. r.) Dir. Josef Mair, Bezirksschulinspektor Georg Großlercher und Lehrer Alfred Bodner.

tägliche Schulfahrten unmöglich machten, verblieben viele Fahrschüler die Woche über bei Gastfamilien in Sillian. Infolge der Schulgesetznovelle 1962 wurde der Hauptschulbesuch verpflichtend, und auch die Fahrmöglichkeiten wurden geregelt. Die Volksschuloberstufen wurden sukzessive aufgelöst, was zu einem

Entwicklung der Schülerzahlen der Haupt- und Volksschule im Vergleich 1953/54–2009/10.

baren räumlichen Situation war enormer Handlungsbedarf gegeben.

Die Tabelle vergleicht die Schülerzahlen der Volksschule mit denen der Hauptschule Sillian von 1953 bis 2010. In den Schuljahren 1953/54 bis 1965/66 gab es in Bezug auf die Schülerzahlen keine großen Unterschiede. Erst mit der sukzessiven Auflösung der Volksschuloberstufe, dem verpflichtenden Hauptschulbesuch aller 10- bis 14-Jährigen und der Einrichtung von zwei Klassenzügen schnellten die Schülerzahlen der Hauptschule rapide in die Höhe. Sie erreichten 1974/75 mit 613 SchülerInnen den Höchststand. Ab den 1990er-Jahren gibt es sowohl in der Volksschule als auch in der Hauptschule geringe Schwankungen in den Schülerzahlen.

Der Neubau der Hauptschule 1972/73

Unter großem persönlichem Einsatz von Gründungsobmann Alt-Bürgermeister Michael Perfler aus Außervillgraten gelang es, die Gemeinden Außervillgraten, Innervillgraten, Kartitsch, Obertilliach, Heinfels und Sillian 1971 zum Gemeindeverband „Hauptschule Sillian" zusammenzuschließen. Ziel war die Errichtung eines neuen, zeitgemäßen Schulgebäudes für ca. 650 Schüler. Die Gemeinden Abfaltersbach, Anras und Strassen verließen den Hauptschulverband Sillian, um im Herbst 1972 am Standort Abfaltersbach den Hauptschulbetrieb neu zu beginnen.

Aus einem vom Hauptschulsprengel ausgeschriebenen Architektenwettbewerb ging die Architektengemeinschaft Buchrainer–Cede–Scherzer–Thielmann als Sieger hervor. Wesentliches Merkmal der Planung war es, Wert auf die zukünftige Entwicklung des Schulwesens zu legen. Besonders das koedukative Führen von Schulklassen, die Schaffung von Gruppenräumen für diverse Differenzierungen im Unterricht, zeigt sich aus heutiger Sicht als Weitblick. Auf dem Grundstück der Marktgemeinde Sillian entstand ein Gebäude mit 3.000 m² verbauter Fläche und 29.000 m³ umbauten Raumes. Das 40-Mio.-Schilling-Projekt wurde im April 1972 in Angriff genommen und in einer Bauzeit von 18 Monaten fertig gestellt. Der großdimensionale Atriumbau wirkte zunächst von außen ungewohnt, ja, befremdlich. Die großzügige Raumgestaltung um die zentrale Aula, für verschiedene Veranstaltungen der Schule und Gemeinde gut nutzbar, ermöglichte jedoch günstige Bedingungen für den Unterricht.[28]

Im Schuljahr 1973/74 konnte der Schulbetrieb im neuen Gebäude aufgenommen werden. Durch den großzügigen Bau, der ein großes finanzielles Opfer der beteiligten Gemeinden bedeutete, war die langjährige Raumnot endgültig beseitigt. Im Schuljahr 1974/75 besuchten 613 SchülerInnen die Hauptschule Sillian, der absolute Höchststand war damit erreicht worden.

Mittlerweile war dieses Schulgebäude auch in die Jahre gekommen, sodass eine umfangreiche Sanierung, der Schulentwicklung entsprechend, notwendig wurde. Der Umbau wurde 2012 begonnen und im Sommer 2013 abgeschlossen.

Die Schwerpunktschule

In den 1990er-Jahren entwickelte sich die Hauptschule Sillian, dem allgemeinen Trend der Spezialisierung und Profilierung des Schultyps Hauptschule folgend, zur Schwerpunktschule.

Hauptschule Sillian vor der Generalsanierung, 2008.

Musikhauptschule Sillian mit Peter Pedarnig und Schülerinnen, 2004.

Die Musikhauptschule

Mit Beginn des Schuljahres 1987 wurde Franz Wieser als schulfester Leiter bestellt. Unter seiner Führung, und mit großem Engagement vorangetrieben, wurde die Schule 1990 zur Musikhauptschule. Eine Klasse pro Jahrgang wurde mit Schwerpunkt Musik eingerichtet, um den SchülerInnen sowohl eine umfassende musikalische Grundausbildung als auch gemeinschaftliche Erlebnisse zu ermöglichen. Die jährlichen Projekttage – im Kloster von Maria Luggau, im Osttiroler Bildungshaus in Lienz oder in Obertilliach usw. – mit vertieftem Musikunterricht und den Abschlusskonzerten wurden und werden von den MusikschülerInnen begeistert angenommen. Bei diversen Veranstaltungen überzeugten sich die ZuhörerInnen von den Leistungen der Chöre und MusikerInnen, die auch mehrfach ausgezeichnet wurden.

Italienisch als zweite Fremdsprache

In den Anfangsjahren des Hauptschulbetriebes in Sillian wurde im Unterschied zu anderen Tiroler Hauptschulen als Fremdsprache Italienisch unterrichtet. Später wurde österreichweit Englisch als erste lebende Fremdsprache eingeführt. Damit endete auch der Italienischunterricht an der Hauptschule. Mit der Einführung der Leistungsgruppen wurde 1987 Englisch für Schüler aller drei Leistungsgruppen verpflichtend. Gleichzeitig erkannte man aber die Notwendigkeit des Italienischunterrichtes für unsere Grenzregion; daher bekamen interessierte und sprachbegabte Schüler die Möglichkeit, neben dem obligaten Englischunterricht auch Italienisch zu lernen. Ab 1991/92 wurde Italienisch zunächst als Wahlpflichtfach, ab dem Schuljahr 1995/96 als Freigegenstand angeboten.

Gerüstet für die Anforderungen der Gegenwart

OSR Franz Wieser trat im Sommer 2002 in den Ruhestand. Nach einer zunächst provisorischen Leitung wurde SR Herbert Lukasser am 1. April 2003 zum Schulleiter bestellt.

In den 1990er-Jahren hielt der EDV-Unterricht Einzug in die HS Sillian.[29] Die zunehmende Bedeutung der Informationstechnologie erforderte neue Weichenstellungen. Auch die Lehrpersonen mussten für den Umgang mit den Neuen Medien eingeschult werden. Direktor Lukasser als „Master Teacher" leitete in einer „schulinternen Lehrerfortbildung" einen INTEL-Lehrgang mit 40 Präsenzeinheiten, denen ein

Lesequiz im Mehrzwecksaal der Hauptschule, 2009.

abschließendes Projekt folgte. Die HS Sillian bekam ihre erste Homepage. Im Sommer 2003 wurde ein zusätzlicher Informatikraum eingerichtet, um die gesteigerten Anforderungen in diesem Bereich erfüllen zu können.

Eine weitere Herausforderung stellte die forcierte Integration von SchülerInnen mit physischen und psychischen Defiziten dar, da diese vermehrt auch Einlass in die Hauptschule fanden.

Die von Bundesministerin Gehrer vorgeschlagene Reduktion von sieben Wochenstunden (aufgeteilt auf die vier Hauptschuljahrgänge) und die Einführung der Fünftagewoche ab dem Schuljahr 2003/04 waren weitere Reformen, die die Zustimmung des aus Lehrer- und Elternvertretern bestehenden Schulforums erhielten.[30]

Interreg-Projekte

Eine interkulturelle Bereicherung stellen die von der EU unterstützten Interreg-Projekte dar. SchülerInnen bekommen die Möglichkeit, an grenzüberschreitenden Projekten teilzunehmen. Das Programm Interreg III, das 2004 endete, diente der Verbesserung der Sprachkenntnisse in Italienisch. Die Partnerschule für die HS Sillian war die Mittelschule Sappada/Comelico. Die Schüler besuchten sich gegenseitig, nahmen an verschiedenen gemeinsamen Veranstaltungen teil und lernten sich so besser kennen.

„Energiesparen leicht gemacht" heißt das zurzeit laufende Projekt. Peter Peinstingl, seit Sommer 2005 Direktor der Hauptschule Sillian, und der Lehrkörper unterstützen die Zusammenarbeit der an diesem Umweltprojekt beteiligten SchülerInnen aus Sillian und Innichen. Treibhauseffekt, Energiesparen, Klimawandel, alternative Energien sind aktuelle Themen, die von den Jugendlichen behandelt werden. Die ausgebildeten Energiemanager aus Ost- und Südtirol werden angeleitet, die erworbenen Kenntnisse auch im täglichen Leben umzusetzen.

Direktor Peter Peinstingl organisierte auch die Einrichtung einer neuen Schulbibliothek, die Erneuerung eines Informatikraumes mit modernen Geräten und die Renovierung des Turnsaals. Neben den Schwerpunktklassen für Musik, in denen Chorgesang und Instrumentalmusik verpflichtend sind, gibt es eine Reihe von Zusatzangeboten, die in Form von Projekten durchgeführt werden, z. B: erweitertes Lernen, Deutsch mit Schwerpunkt Lesen, Mountainbike und Langlauf, Bildnerisches Gestalten (Krippenbau, Schnitzen), digitale Fotografie und Bildbearbeitung, Schulspiel, Natur und Technik u. a. Auch die zweite Fremdsprache – Italienisch – erhielt einen größeren Stellenwert. Jedes Kind kann nun in jeder Klasse Italienisch als alternativen Pflichtgegenstand wählen.

Buddy-Projekt

Weil gesellschaftliche Veränderungen eine entsprechende Anpassung im Schulleben erfordern, startete im 2. Semester des Schuljahres 2008/09 das „Buddy-Projekt", ein Sozialprojekt, in dem es nicht in erster Linie um die Vermittlung von Wissen geht, sondern in dem SchülerInnen lernen, Verantwortung zu übernehmen und Gewalt zu verhindern. Ältere SchülerIn-

Interreg-Projekt der HS Sillian mit der Mittelschule Sappada/Comelico, 2003.

Buddy-Projekt, Experimentier-Nachmittag, 2010.

nen helfen und unterstützen schwächere und jüngere, besonders in der Schuleingangsphase. Dies fördert ein gutes Klassenklima und bessere Lernfähigkeit.

LCCI-Diplom

Die Hauptschule Sillian wurde im Schuljahr 2008/09 als erste Hauptschule Tirols ausgewählt, quasi als Pilotschule, eine Zusatzqualifikation in Englisch anzubieten. SchülerInnen des 1. Klassenzugs der 3. und 4. Klasse erhalten die Möglichkeit, für ihre Sonderleistungen ein international gültiges Diplom der Londoner Handelskammer (LCCI – London Chamber of Commerce and Industry) zu erwerben.

Einladung nach Brüssel

Im Schuljahr 2007/08 durften auf Einladung der Landeshauptleute des Bundeslandes Tirol und von Südtirol, DDr. Herwig van Staa und Dr. Luis Durnwalder, SchülerInnen der 4. Klasse Hauptschule, die zuvor ein EU-Wissensquiz gewonnen hatten, die Europahauptstadt Brüssel besuchen.

Kreativität, musische Bildung, Sport

Auf Kreativität und musische Bildung wird in der HS Sillian weiterhin großer Wert gelegt. Dies zeigt sich in zahlreichen musikalischen Darbietungen wie Konzerten, Theateraufführungen (auch das Musical „Schwere Zeit" wurde einstudiert und erfolgreich in verschiedenen Gemeinden aufgeführt) und Chorwettbewerben, in Erfolgen bei Zeichenwettbewerben, in der Gestaltung von Ausstellungen usw. Bei sportlichen Wettkämpfen erzielen Sillianer HauptschülerInnen immer wieder schöne Erfolge.

Erfolgreiche Teilnahme am LCCI-Projekt: Philipp Strasser, Kartitsch, 2009.

Modellbau-Projekt im Rahmen des Unterrichtsfaches Werken, 2010.

Die Neue Mittelschule Sillian nach Umbau und Sanierung im Jahr 2013.

Offen für Neues

Die heutige Wissensgesellschaft verlangt auch neue Lehr- und Lernmethoden. Im Schuljahr 2013/14 wurde aus der Hauptschule die Neue Mittelschule mit dem Lehrplan des Realgymnasiums. Die moderne Schule muss offen für Neues sein, so werden Angebote von außen, wie die Einbeziehung schulfremder Personen und Institutionen, z. B. Arzt, Polizei, Dichterlesungen, Umweltberater, Bankberater usw., genützt. Auch Kontakte zu Handwerk und Wirtschaft werden gepflegt.

Wesentliche Aufgabe des Unterrichts bleibt aber, begabten wie lernschwächeren SchülerInnen, die in der modernen Schule nebeneinander Platz gefunden haben, eine gediegene Ausbildung als Rüstzeug für den Übertritt in eine höhere Schule bzw. Berufsausbildung mitzugeben. Die Hauptschule Sillian hat maßgebend die Bildung und Erziehung der Kinder in der Region geprägt. Die hohe Akzeptanz der Schule zeigt sich darin, dass Volksschulabgänger in der Regel vollzählig an die HS Sillian wechseln.[31]

Die Direktoren der Hauptschule Sillian:	
BSI RR Georg Großlercher	1953–1967
OSR HD Josef Mair	1967–1987
OSR HD Franz Wieser	1987–2002
SR HD Herbert Lukasser	2003–2005
OSR DadNMS Peter Peinstingl	seit 2005

Josef Mair (links) und Georg Großlercher.

Franz Wieser.

Herbert Lukasser.

Peter Peinstingl.

Die Polytechnische Schule

Im Jahre 1966/67 wurde der Polytechnische Lehrgang als 9. Schulstufe eingeführt. Seine pädagogische Aufgabe besteht darin, einen behutsamen Übergang von der Schule ins praktische Leben zu schaffen.

Der Bezirksschulrat Lienz bestellte 1966 Johann Senn, Lehrer an der Hauptschule Sillian, zum Leiter. Mit viel Geschick und Weitblick richtete er den neuen Schultyp in Sillian ein. Die ersten SchülerInnen, ca. 65, wurden, getrennt nach Geschlechtern, in zwei Klassen unterrichtet. Sie kamen aus den Gemeinden Sillian, Panzendorf, Tessenberg, Strassen, Abfaltersbach, Anras, Assling, Kartitsch, Obertilliach, Außervillgraten und Innervillgraten. Hauptprobleme in der Eingangsphase ergaben sich aus der Differenziertheit in der Vorbildung, einige SchülerInnen kamen aus der Hauptschule, die meisten noch aus der Volksschuloberstufe.

Die Klassenräume waren im Keller und Parterre des Volks- und Hauptschulgebäudes untergebracht. In der Schulchronik schreibt Direktor Senn: „Der Arbeitseifer war verschieden, im allgemeinen gut. Man war bedacht, eine Partnerschaft zwischen Schülern und Lehrern herzustellen. Die Schüler verstanden diese Einstellung und bedankten sich mit guten Leistungen."[32] Besonders gut kamen die in Zusammenhang mit dem Unterrichtsfach Berufskunde durchgeführten Betriebsbesichtigungen an.

Im Schuljahr 1971/72 wurden erstmalig Leistungsklassen eingeführt, woraus sich bedeutende Vorteile für den Unterricht, besonders in Deutsch und Mathematik, ergaben. Mit 1. September 1974 trat ein neues Schulunterrichtsgesetz in Kraft, das für die innere Organisation des Polytechnischen Lehrganges folgende Änderungen brachte: Verordnung für Schulveranstaltungen, Verordnung über die Leistungsfeststellung, Einführung eines Schulgemeinschaftsausschusses am Polytechnischen Lehrgang, bestehend aus je drei Vertretern der SchülerInnen, LehrerInnen und Eltern.

Zehn Jahre nach dem Start des Polytechnischen Lehrganges, im Schuljahr 1977/78, absolvierten 97 SchülerInnen das 9. Schuljahr in dieser Schultype. Die Volksschuloberstufe wurde allmählich aufgelassen, sodass nur mehr Haupt- und einige SonderschülerInnen den Polytechnischen Lehrgang besuchten.

Im Schuljahr 1978/79 startete der Schulversuch „Schnupperlehre". Die Jugend sollte eine lebens- und berufsnahe Information über die Arbeitswelt und die Lehrberufe in Osttirol erhalten. Auch der Schulversuch „Hauswirtschaft" für Knaben wurde im selben Jahr eingeführt.

Projekt Leinwandmosaik für das Stiegenhaus der Polytechnischen Schule; gemeinsame Arbeit von PTS-Schülern und Kindern der Lebenshilfe Sillian, 2012.

Schüler des ersten Polytechnischen Lehrgangs, 1966/67.

Polytechnischer Lehrgang, Mädchenklasse, 1970/71.

Im September 1981 gab es einen neuen Lehrplan für den „Neuen Polytechnischen Lehrgang" mit folgenden Möglichkeiten: Trennung nach Leistungsgruppen in Deutsch und Mathematik – Seminare, z. B. Berufsorientierung u. a. – Wahlpflichtgegenstände, z. B. Fremdsprache, Buchhaltung u. a. – Unverbindliche Übungen, z. B. Informatik u. a. – Förderunterricht.

Diese Neuerungen werteten den Polytechnischen Lehrgang auf und führten ihn auf den Weg zu einer modernen, zeitgemäßen Schule.

Im Schuljahr 1989/90 kam Englisch als Pflichtgegenstand dazu. 1997/98 wurde der in umfangreichen Schulversuchen erprobte „Polytechnische Lehrgang 2000" zur Regelschule: Die Polytechnische Schule hat durch die Spezialisierung in die Fachbereiche Holz- und Baugewerbe, Metall und Elektroberufe sowie Tourismus-, Handels- und Dienstleistungsberufe enorm gewonnen. Um die Vorgaben des Lehrplans erfüllen zu können, mussten erhebliche Neuanschaffungen getätigt werden: eine neue EDV-Anlage mit Vernetzung und Internetanschluss und ein Elektroraum. Das Investitionsvolumen betrug ca. 1,3 Millionen Schilling. Dass sich die Investitionen ausgezahlt hatten, zeigte sich an den großartigen Ergebnissen der SchülerInnen bei Bezirks- und Landeswettbewerben in den verschiedensten Fachbereichen.

Volksschule Sillian mit den neuen Erweiterungsbauten der Polytechnischen Schule, 2008–2009.

Für polytechnische SchülerInnen besteht die Möglichkeit, in den letzten Schulwochen eine befristete Befreiung zur Mithilfe am elterlichen Bauernhof zu erhalten.

In den Jahren 2008/09 erfolgten umfangreiche bauliche Maßnahmen; so entstanden an das Schulhaus nach Süden angebaut Werkräume für Holz und Metall sowie die Schulküche. Im Zuge des Erweiterungsbaus wurde auch die gesamte Hardware der Schule erneuert; zwei Klassen und ein Gruppenraum konnten mit PC und Beamer ans Netzwerk angeschlossen werden.

Metallbearbeitungsraum im neuen Zubau der Polytechnischen Schule, 2009.

Michael Lusser, Sieger beim Landeswettbewerb der Polytechnischen Schulen Tirols im Fachbereich Bau, 2012.

Johann Senn.    Josef Klammer.    Johann Sint.    Andrä Geiler.

Direktoren der Polytechnischen Schule:	
DPS OSR Johann Senn	1967–1987
DPS Ing. Josef Klammer	1987–1993
DPS OSR Johann Sint	1993–2000
DPS OSR Andrä Geiler	seit 2000

Die Georg-Großlercher-Schule Sillian–Oberland

Auf Anregung von Bezirksschulinspektor Georg Großlercher wurde 1969 eine Schwerstbehindertenklasse an der VS Sillian eingerichtet.

Die Eröffnung als eigenständige Allgemeine Sonderschule Sillian erfolgte im Jahre 1973 mit vier Klassen unter der Leitung von SD Andreas Mitterdorfer. In den Jahren von 1976 bis 1981 umfasste die Sonderschule vier Klassen ASO (= Allgemeine Sonderschule) und zwei S-Klassen (= Schwerstbehinderten-Klassen).

Die S-Klasse unter der Leitung von SOL Johanna Walder blieb als selbständige Schule erhalten, während die Allgemeine Sonderschulklasse 1990 aufgelöst wurde. 1991 wurde die S-Klasse an die HS Sillian angeschlossen – die Selbständigkeit der Schule war erloschen. Im Kellergeschoss des Hauptschulgebäudes wurden Räumlichkeiten für die S-Klasse adaptiert. 1993 wurde neuerlich eine Allgemeine Sonderschulklasse eingerichtet, allerdings an die VS Sillian angeschlossen, sodass es keine gemeinsame Schule gab.

Seit September 2000 ist die Allgemeine Sonderschule mit zwei Klassen wieder selbständig und wird auch als Sonderpädagogisches Zentrum unter der Leitung von SOL Bernhard Fast geführt. Allerdings musste die getrennte Unterbringung in den zwei doch

Aufnahme anlässlich der Eröffnung der „Georg-Großlercher-Schule"; Schüler und Schülerinnen des Sonderpädagogischen Zentrums (SPZ) mit Lehrpersonen, 2008.

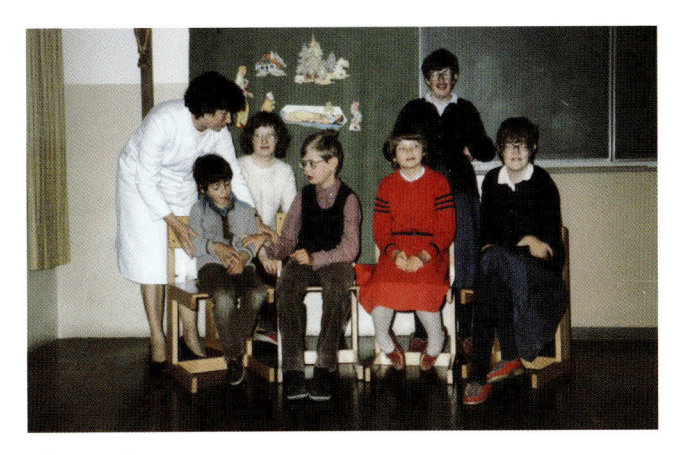

S-Klasse, 1985.

weit auseinander liegenden Schulgebäuden (Volks- bzw. Hauptschule) noch sieben Jahre aufrecht erhalten werden.

Dies war – auch angesichts des engagierten Unterrichts, der viele gemeinsame Aktivitäten wie Schwimmen, therapeutisches Reiten, Kochen u. v. a. m. beinhaltet – nicht mehr zeitgemäß, sodass sich der Schulsprengel zu einem Neubau entschloss, der als Zubau an die Hauptschule geplant wurde.

Der Spatenstich für das von der Architektengemeinschaft Grissmann–Scherzer–Mayr, Lienz, geplante Gebäude erfolgte 2007, die Einweihung konnte unter Beisein von Landeshauptmann DDr. Herwig van Staa im Mai 2008 gefeiert werden. Nun sind endlich beide Klassen in einem schönen, hellen Gebäude untergebracht, in dem sich SchülerInnen und Lehrkörper sehr wohl fühlen.

Andreas Mitterdorfer.

Bernhard Fast.

Schulerhalter sind die Mitgliedsgemeinden des Schulsprengels Oberland (Sillian, Heinfels, Außervillgraten, Innervillgraten, Kartitsch, Obertilliach, Untertilliach, Strassen, Abfaltersbach, Anras und Assling) unter der Leitung der Gemeinde Außervillgraten.[33]

Direktoren der Sonderschule bzw. SPZ Sillian:	
SD Andreas Mitterdorfer	1974–1990
SOL Bernhard Fast	seit 2000

Die Landesmusikschule Sillian–Pustertal

Die Anfänge der Musikschule reichen in die 1960er-Jahre zurück. Der damalige Hauptschuldirektor Georg Großlercher und Bürgermeister Franz Kofler von Panzendorf ermöglichten den SchülerInnen der Hauptschule Sillian, auf privater Basis ein Musikinstrument zu erlernen. „Musik macht das Leben lebenswerter", davon waren sie überzeugt. Die beliebtesten Instrumente waren Blockflöte, Gitarre, Zither, Klavier und Blasinstrumente. Unterricht erteilten LehrerInnen der Volks- und Hauptschule und vor allem MusikerInnen aus den Blaskapellen. Nach kurzen Unterbrechungen übernahm Hauptschullehrer Franz Wieser diese „private Musikschule" und baute sie erfolgreich aus. Unter LHStv. und Kulturreferent Dr. Fritz Prior wurde sie zur „regionalen Musikschule". Immer mehr SchülerInnen aus den umliegenden Gemeinden erlernten ein Instrument. Im Laufe der Jahre wurden nahezu alle Instrumente unterrichtet. Besonderen Wert legte man auf das Erlernen von Blasinstrumenten als Vorbereitung für den Einstieg in die Musikkapellen und auf die Hausmusik. Zur Umrahmung von Schulfesten hatte man die Musik praktisch im Haus und heimste viel Lob ein.

Nach Einführung der Musikhauptschule im Schuljahr 1990/91 änderte sich der Status der Musikschule nur geringfügig. Dann beschloss 1992 der Tiroler

Streichorchester der LMS Sillian, 2010.

Landtag einstimmig das Tiroler Musikschulwerk, und „gerade einmal sechs Jahre später wurde im Osttiroler Pustertal die Landesmusikschule Sillian ins Leben gerufen und dadurch eine solide Basis für neue Möglichkeiten der musikalischen Entwicklung einer ganzen Region geschaffen".[34] Von 1998 bis 2000 war die Landesmusikschule im Hauptschulgebäude untergebracht. Im Juni 2000 konnte sie in die Volksschule übersiedeln, wo im Keller neue Räumlichkeiten, wie Büro und Lehrerzimmer, für die Musikschule geschaffen wurden. „Nicht nur aufgrund ihres umfassenden Fächerangebotes und ihres engagierten Lehrerteams genießt die Landesmusikschule Sillian–Pustertal mit ihren bereits über 400 SchülerInnen einen ausgezeichneten Ruf, sie hat sich auch als innovatives Weiterbildungszentrum etabliert. Durch die enge Zusammenarbeit mit anderen Kultureinrichtungen konnten zahlreiche Impulse für das Kulturleben der Region gesetzt werden."[35]

Der Musikschulsprengel reicht über Unter- und Obertilliach, Kartitsch, Heinfels, Sillian, Außer- und Innervillgraten, Strassen, Abfaltersbach bis einschließlich Anras. Der Unterricht findet aktuell in den Klassenzimmern der VS Sillian statt. In den Sprengelgemeinden werden die SchülerInnen entweder in den dortigen Volks-/Hauptschulen (Abfaltersbach) oder in den Proberäumen der jeweiligen Musikkapellen bzw. Chöre unterrichtet.

Die erfreulichen Ergebnisse bei Musikwettbewerben wie „Prima la Musica", beim „Spiel in kleinen Gruppen" oder in verschiedenen Orchestern zeugen von gut geleisteter Arbeit und lassen die Teilnehmer neben der Freude am Musizieren auch Gemeinschaft erleben.

Musikschulleiter:	
Mag. Sabine Senfter	1998/99 bis WS 2000
Johann Mair	SS 2001 (ab 1. Februar 2001) bis 2005/2006
Johann Pircher	WS 2005 bis 2008/2009
MA Christian Schönegger	seit WS 2009

Sabine Senfter.

Johann Mair.

Johann Pircher.

Christian Schönegger.

Martin Kofler

Sillian in neuerer Zeit
Von der Eröffnung der Pustertalbahn 1871 bis in die Gegenwart

Einleitung

Dieser chronologisch angelegte Übersichtsbeitrag stellt erstmals die jüngere Sillianer Lokalgeschichte in den größeren Kontext, um dadurch Brüche und Kontinuitäten im Vergleich zur (Ost-)Tiroler[1] und österreichischen[2] Entwicklung herausarbeiten zu können. Unerlässlich hierzu war die Auswertung der Gemeinderatsprotokolle vom späten 19. Jahrhundert bis in die 1950er-Jahre hinein, inklusive jener der Nachbarorte Arnbach und Panzendorf, sowie dementsprechend korrespondierender Dokumentenbestände des Gemeindearchivs Sillian.[3] Die Ausführungen zur jüngsten Zeit fußen besonders auf Zeitungsberichten, Literatur und einzelnen Zeitzeugeninterviews.

Das lange 19. Jahrhundert – Sillian ca. 1870 bis 1914

Den ersten zentralen Einschnitt des dargestellten Zeitraums bildet die Auflösung der (abseits der Napoleonischen Ära) seit 1754 existierenden Kreiseinteilung des Landes Tirol und gleichzeitigen Einführung der Bezirkshauptmannschaften im Jahre 1868 – wurde damit doch überhaupt erst der politische Bezirk Lienz geschaffen, der fortan nicht mehr Teil des „Kreises Pustertal und am Eisack" mit dem Zentrum Bruneck war, sondern eine eigene Einheit mit der neuen Zentrale Lienz bildete und grob die Region östlich der Wasserscheide Toblacher Feld bis zur Kärntner Grenze und bis zum Alpenhauptkamm umfasste. Die grundsätzliche geographische Zuordnung zum Pustertal blieb allerdings weiterhin bestehen.[4] Die Schaffung der politischen Gemeinde ist ebenfalls im 19. Jahrhundert zu verorten: Auf der Grundlage des Gemeindegesetzes von 1817 gab letztlich die Gemeindeordnung von 1866 die dezidierten Rahmenbedingungen vor, stellte die Landgemeinden den Städten und Märkten gleich, inklusive eigene Vermögens-/Finanzverwaltung, örtliche Sicherheit, „Armenpflege" (Sozialhilfe), Schulwesen etc.[5]

Die zweite entscheidende Zäsur der damaligen Zeit bedeutete die Inbetriebnahme der Pustertalbahn, sprich, die Verbindung der 1863/64 bereits bis Kärnten reichenden Südbahn mittels 210 km eingleisigem Verbindungsstück Villach–Lienz–Franzensfeste mit der seit 1867 existierenden Brennerbahn: am 20. November 1871.[6] Für das direkt an der Strecke gelegene Sillian hieß dies ein Mehrfaches: vordergründig eine Unzahl an Grundablöseverhandlungen, intensive Bauarbeiten an den Gleisanlagen und am ortseigenen Bahnhof[7], hintergründig den „Anschluss an die große Welt" mit dem beginnenden Tourismus auch in dieser Gemeinde sowie eine Erhöhung der eigenen Mobilität, ob in die Landeshauptstadt Innsbruck oder gen Osten in die jetzige Bezirkshauptstadt Lienz und darüber hinaus.

Ein Ansuchen Karl Papprions 1869 um Detailverkauf von geistigen Getränken, „vorzüglich um Schnaps", wurde vom Gemeinderat unter Bürgermeister Ignaz Weiler (1866–1872) übrigens abgelehnt: einerseits, weil der Bahnbau „bei uns wahrscheinlich nur eine kurze Zeit" dauern dürfte, andererseits, weil den „8 gut bestellten Gasthäusern" kein Nachteil entstehen sollte. Und man bezog klar Stellung: „Überhaupt hat die Erfahrung gelehrt, daß das überhand nehmende Schnapstrinken nur zur Unsittlichkeit führt und daß durch dasselbe einzelne Partheien u. hie und da ganze Familien zu Grunde gerichtet wurden."[8]

Die für Sillian und Umgebung kolportierten Einwohnerzahlen 1855–1934 lauten:[9]

	1855	1873	1882/85	1893	1900	1910	1920	1934
Sillian	625	740	663	630	644	685	661	838
Sillianberg	–	224	218	213	203	206	183	209
Arnbach	–	453	377	359	377	349	302	349
Panzendorf	173(?)	324	449	366	344	400	372	387

In den Zusammenhang des Bahnbaus bzw. der vorauseilenden Eröffnung der Telegraphenhauptlinie Franzensfeste–Villach 1867 ist auch die Errichtung der Telegraphenstation Sillian am 4. August 1866 zu stellen, übrigens der allerersten in Osttirol (Lienz kam fünf Tage später). Die ersten Fernsprechlinien Matrei–Virgen–Prägraten und Sillian–Kartitsch–Obertilliach folgten 1902, die Fernleitung Spittal an der Drau–Lienz–Sillian ging 1921 in Betrieb. Kurz die weitere private Sprechstellenentwicklung in Sillian, eine öffentliche blieb konstant bestehen: 10 (1924), 23 (1934), 26 (1938), 49 (1949, davon 14 Wahlsammelanschlüsse).[10]

Kehren wir wieder in das späte 19. Jahrhundert zurück: Das fatale Hochwasser von September/Oktober 1882[11] verursachte immense Schäden – das Defereggen-, Isel- und Villgratental wurden stark verwüstet, fünf Menschen kamen durch den Gödnacherbach ums Leben, in Sillian war „sehr viel von grobem Schoder [Schotter] übermuhrt". Arnbach wurde durch den Johannesbach arg in Mitleidenschaft gezogen, fast sämtliche Bahnbrücken und auch Teile der Gleisanlagen zwischen Lienz und Franzensfeste wurden durch die Drau und die Rienz weggerissen –, das sollte aber aufgrund der intensiven Wiederaufbauarbeiten bis Anfang 1883 nur einen kurzen „Dämpfer"

für die wirtschaftliche Weiterentwicklung der Region Bezirk Lienz/Südtiroler Pustertal bedeuten. Nachfolgend kam es zu diversen Bachverbauungen u. a. bei Arnbach und Sillian; während des Hochwassers war es besonders dem Einsatz der 1874 unter Bürgermeister Franz Forcher-Mayr (1872–1881) gegründeten Freiwilligen Feuerwehr Sillian zu verdanken, dass im Ort kein Haus weggerissen wurde und kein Todesopfer zu beklagen war.[12] 1882 war Alois Rainer Bürgermeister (1881–1885), und sofort am 26. September hatte man telegrafisch in Innsbruck um Hilfeleistung gebeten, war aber selbst auch keinesfalls untätig und stellte etwa ein eigenes Hilfskomitee zur Verteilung von Lebensmitteln, Kleidern und Geldspenden auf.[13]

Die 1868 begründeten Bezirke Bruneck und Lienz, besonders die Orte im oberen Pustertal Innichen, Toblach, Niederdorf, Sillian, verzeichneten aufgrund der neuen Bahnverbindung einen mitunter stark ansteigenden Fremdenverkehr durch Gäste aus Triest oder Wien – auch die Werbung setzte hier erste

Dampflok auf der Pustertalbahnstrecke bei Lienz, um 1900.

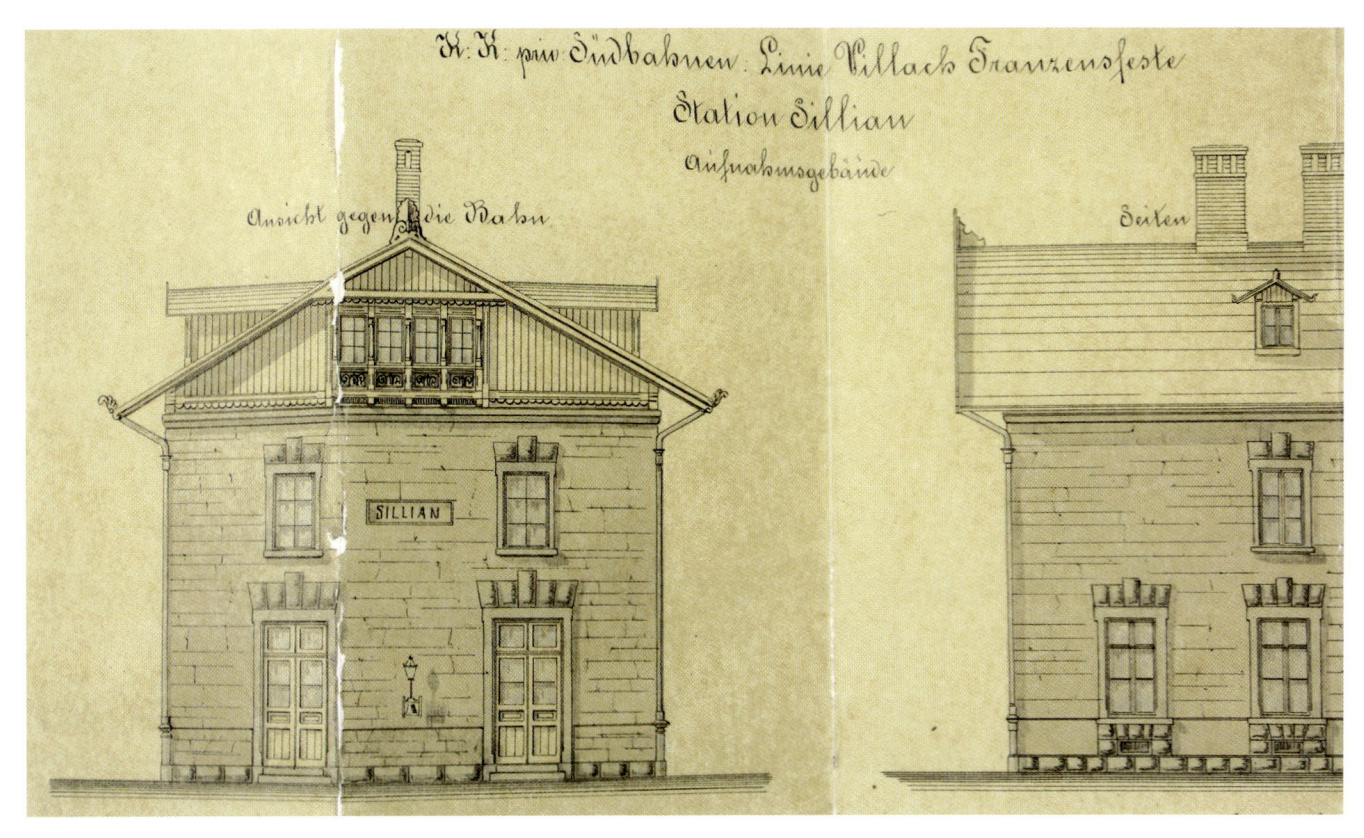

Plan des Sillianer Bahnhofs.

Maßstäbe – sowie einen schlagartig zunehmenden Güterverkehr mit Getreide, Holz, Kohle oder Vieh. Die Gründung der „Lienzer Sparkasse" 1878 und des „Fremdenverkehrsvereins für Deutsch-Süd- und Osttirol" 1889 sind ebenfalls in diesen Kontext zu stellen. Abseits der durch Zuwanderung sehr stark wachsenden Stadt Lienz profitierte die gesamte, durch und durch von der bäuerlichen Landwirtschaft und Lebenswelt geprägte Region enorm.[14]

Mit der ab 1886 erscheinenden liberal-deutschfreiheitlichen „Lienzer Zeitung. Osttiroler Wochenblatt" gab es ein neues regionalspezifisches Presseorgan, das in Konkurrenz zum konservativen Brunecker „Pusterthaler Boten" (ab 1850) trat. Gründer, Schriftleiter und Namensgeber war Tourismuspionier und Toblacher Hotelbesitzer Josef Anton Rohracher, 1885–1893 Obmann der Alpenvereinssektion, späterer Bürgermeister von Lienz 1900–1913 und 1919–1922, der beim k. u. k. Kartographischen Institut in Wien und damit auf allen künftigen Landkarten sogar die zukunftsweisende Umbenennung der „Unholden" in „Lienzer Dolomiten" erreichte.[15]

Der Fremdenverkehrsbetrieb „Bad Weitlanbrunn", bereits 1849 von Michael Jesacher errichtet, konnte sich nicht zuletzt aufgrund der Bahnanbindung – der Schnellzug Wien–Meran hielt extra in Weitlanbrunn[16] – gegen eventuelle neue (Grand)Hotels im nahen Südtiroler Pustertal mehr als behaupten. Im Gasthof „Schwarzer Adler" in Sillian hielt sich der junge Richard Strauss während der Sommerurlaube 1872–1880 auf.[17] Leo Woerls Reisehandbuch zur „Pusterthal-Kärntnerbahn" von 1891 preist nicht nur ebendieses freundliche „Bad Weitlanbrunn" an, sondern skizziert zudem eigenwillig: „Sillian, ein uralter Marktflecken, oft wegen seiner vielen Überschwemmungen und der unpassierbaren Zufahrtsstrasse vom Bahnhof ab ‚Klein-Venedig' genannt. Der 1.097 m hoch liegende Ort wird als Sommerfrische besucht. Man findet hier allerhand merkwürdige Erinnerungen aus althistorischer Zeit."[18]

Hochwasser 1882, das große Landschaftsschäden in Arnbach angerichtet hat.

Politischerseits sollte besonders der Tiroler Bauernbund, 1904 in Sterzing unter maßgeblicher Beteiligung des Sillianers Josef Schraffl aus der Taufe gehoben, tonangebend werden:

Während die Revolution von 1848 dem Staate Österreich kurzfristig eine vom Liberalismus geprägte Staatsverfassung gebracht hatte, bedeutete die Niederlage von 1859 gegen Piemont-Sardinien und Frankreich zum einen den Verlust der Lombardei und zum anderen wieder das Ende des erstarkten Habsburger Absolutismus unter dem jungen Kaiser Franz Joseph. Der Weg hin in Richtung einer modernen Demokratie konnte sodann nur über die Bildung von politischen Parteien führen, wobei die beiden ideologischen Stoßrichtungen „konservativ" und „liberal" zu unterscheiden sind. 1901 spaltete sich eine Gruppe von der „Konservativen Partei" ab, die sich den Namen „Christlichsoziale Partei" Tirols gab. Schärfere Akzente setzen wollend und basierend auf der kirchlichen Soziallehre unter Papst Leo XIII. initierte man 1904 den Tiroler Bauernbund. Erst 1918 kam es wieder zum Zusammenschluss dieser zwei rivalisierenden Schwesterparteien unter dem Namen „Tiroler Volkspartei".[19]

Der einzige je aus dem heutigen Bezirk Lienz stammende Tiroler Landeshauptmann, und zwar 1917–1921, war Josef Schraffl (1855–1922) – vom Brotberuf her Bauer, Gastwirt, Krämer. Er war übrigens nicht nur 1885–1908 Bürgermeister seiner Heimatgemeinde, 1897 Begründer und erster Obmann der örtlichen Raiffeisenkasse und 1901–1918 als christlich-sozialer Abgeordneter „Südtirols" im Reichsrat in Wien, sondern vor allem eifriger Mitbegründer und erster Obmann des alsbald mächtigen Tiroler Bauernbunds (1904–1922). Nach dem Tod von Landeshauptmann Theodor Kathrein 1917 ernannte ihn Kaiser Karl zu dessen Nachfolger, was er nach dem Ende der Monarchie gewähltermaßen blieb. 1918 bis 1920 saß

Sillian im Jahr 1891.

Unterschrift Josef Schraffls als Bürgermeister von Sillian, 1888.

er zudem als Mandatar im Wiener Parlament der Ersten Republik Österreich.[20]

1907 veröffentlichte das „Interessante Blatt" in Wien unter Äußerungen bekannter Politiker folgende programmatische Eingabe des Parlamentariers Schraffl zu seinem Antrieb und seinen Absichten, dem besonders der Tiroler Bauernstand am Herzen lag und der der „geborene Volksredner" war: „Für die Wohlfahrt des Volkes zu kämpfen und gegen den Fortbestand verjährter Privilegien zu streiten, stellte ich mir zur Aufgabe. Ich begrüße deshalb das Morgenrot der Volksrechte in Österreich und erwarte von der politischen Umwälzung (der Einführung des allgemeinen Wahlrechtes) die Kräftigung des Mittelstandes, Gerechtigkeit gegen die Arbeiter, friedlichen wirtschaftlichen Wettbewerb und dadurch die Erstarkung des Staates."[21]

Hinsichtlich des technischen Fortschritts in Richtung eines durch Maschinen betriebenen Wagens hinkte man der Eisenbahntechnik zunächst um einiges hinterher; dies erklärt auch den späten Beginn des Straßen(aus)baus. 1885/86 bauten Gottfried Daimler und Carl Benz die ersten „Automobile", sprich, die ersten „Wagen ohne Pferde" mit Benzinmotor. In den 1890er-Jahren gingen einzelne Modelle bereits in Serienproduktion. In Sillian und im gesamten Bezirk Lienz „regierte" um 1900 noch der von einem Pferdegespann gezogene Stellwagen. Eine der frühesten „Anwesenheiten" eines Autos im Bezirk Lienz dürfte der Besuch von Thronfolger Franz Ferdinand 1906 in Lienz gewesen sein.[22] Die täglichen Postautobusfahrten setzten im Bezirk zwar schon vor dem Ersten Weltkrieg ein, die ersten privaten Osttiroler Autobesitzer gab es aber wohl erst in den 1920er-Jahren. Sehr wohl ein Thema auch im Sillianer Gemeinderat unter Langzeit-Bürgermeister Franz Niederegger (1908–1932) war die Wahl der Trassenführung für die geplante Straße vom Pustertal hinauf nach Kartitsch, allgemein diskutiert bereits seit 1886. Während Obertilliach eine Linie Hollbruck–Panzendorf–Sillian bevorzugt hätte, konnten sich Kartitsch, Panzendorf und Sillian mit der Linie Kartitsch–Tassenbach–Sillian durchsetzen. Mit dem Bau des ersten Teilstücks begann man endlich 1911.[23]

Josef Schraffl aus Sillian, einer der „Väter" des Tiroler Bauernbunds und späterer Landeshauptmann von Tirol 1917–1921, Aufnahme 1919.

K. u. k. Truppen in Sillian, Feldmesse zum Geburtstag von Kaiser Franz Joseph, 1913.

Neben Gas und Petroleum hielt gegen Ende des 19. Jahrhunderts die Elektrizität ihren Einzug in Tirol – als Lichtquelle im Alltag und als Energiequelle in der Wirtschaft. Während das Zentrum der Stadt Lienz (nach ersten vergeblichen Bemühungen 1889) ab Dezember 1909 am Abend und in der Nacht hell erstrahlte – in Matrei etwa war es 1913/19 so weit –, sollte all dies im übrigen Bezirk oft bis in die 1920er- und 1930er-Jahre andauern. In Sillian bis 1926/27, doch dazu später.

Der „Große Krieg" 1914–1918

Mit der Ermordung des österreichisch-ungarischen Thronfolgers Erzherzog Franz Ferdinand und seiner Frau Sophie in Sarajewo am 28. Juni 1914 als Auslöser, der Kriegserklärung Österreich-Ungarns an Serbien mit voller Rückendeckung durch das Deutsche Kaiserreich exakt einen Monat später sowie den weiteren Kriegserklärungen und Mobilmachungen begann der „Große Krieg", der aufgrund seiner langfristigen Auswirkungen als „Urkatastrophe" des 20. Jahrhunderts bezeichnet werden kann und mit dem Zweiten Weltkrieg als „Erster Weltkrieg" in die Geschichte eingegangen ist.[24] Der Ausgang des Krieges sollte aufgrund der Abtrennung Südtirols auch das Schicksal Sillians nachhaltig bestimmen!

Tiefste Trauer herrschte Ende Juni 1914 im Bezirk wie in ganz Österreich-Ungarn; Lienz wurde schwarz beflaggt. In der Sillianer Gemeindekanzlei fand eine außerordentliche Trauersitzung statt; man bekundete „aufrichtig innigstes Beileid und seine tiefste Entrüstung" ob dieses „ruchlosen Mordattentats".[25] Die Tiroler Kaiserjäger- und Landesschützenregimenter wurden rasch zum Kampf gegen Russland nach Galizien und gegen Serbien auf den Balkan transferiert. In kurzer Zeit erlitten diese Verbände Verluste von über 10.000 Mann. Die einrückenden jungen Soldaten aus dem Bezirk Lienz waren anfänglich von Begeisterung bestimmt, wenn auch Angstgefühle stets eine gewisse Rolle spielten. Kaisertreue und Patriotismus sollten an der Front aber bald der Ernüchterung weichen.[26] Die über 500 Standschützen des Bataillons Sillian, das Männer von Anras bis Toblach samt Seitentälern umfasste und dem auch der bekannte Bergführer Sepp Innerkofler angehörte, leisteten in der zweiten Augusthälfte 1914 in Toblach bzw. Sillian den Treueeid auf Kaiser Franz Joseph als Obersten Kriegsherrn.[27]

Mit dem Kriegseintritt des zunächst neutral gebliebenen Italiens auf der Seite der Entente-Mächte Russland, Frankreich und Großbritannien am 23. Mai 1915 – nachdem ihm u. a. ganz Südtirol bis zur Brennergrenze als Kriegsbeute versprochen worden war – wurde das „Hinterland" Tirol zum direkten Kriegsgebiet. Damit geriet auch der Bezirk Lienz in die unmittelbare Nähe des Kriegsgeschehens, zumal seine Gemeinden im Westen und Süden (von Sexten über Sillian bis Untertilliach) direkt an der „Dolomitenfront" zu Italien lagen. Da die regulären Tiroler Truppen im Osten gebunden waren, hatte ein kaiserlicher Befehl bereits am 18. Mai die Aufstellung der Standschützenabteilungen in Tirol und Vorarlberg angeordnet. Allerdings war nur rund die Hälfte der 35.000 in Tirol verbliebenen, den frühen und späten Jahrgängen zugehörigen Standschützen felddienstfähig. Sie wurden in der Folge an der Tiroler und teils Kärntner Front eingesetzt, dies unter Rückgriff auf den Kampfeswillen unter Andreas Hofer von 1809, als quasi „letztes Aufgebot". Die 1. Standschützen-Kompanie Sillian unter Kommandant Josef Jesacher konnte etwa im September erfolgreich Durchbruchsversuche der Italiener auf Eisenreich (Karnischer Kamm) abwehren.[28]

Die italienischen Artillerieangriffe auf den Bezirk 1915–1917 konzentrierten sich besonders auf die Pustertalbahn als wichtigsten Transportweg für Kriegs-

Das Helmhaus am Karnischen Kamm, Ansichtskarte um 1900.

Feldwache zwischen Eisenreich und Schöntalhöhe, 1915.

material in die östlichen Dolomiten (massiver Ausbau der Gleisanlagen, teilweise Vervierfachung der Frequenz, 1915 Schaffung einer neuen Haltestelle Tassenbach), doch zu einer Unterbrechung kam es nie. Da die Bahnlinie aber in Reichweite der italienschen Kanonen lag, wurde nach Treffern auf Innichen und Toblach dort im Sommer 1916 eine fast völlige Neutrassierung vorgenommen.

Acht Tage nach dem Kriegseintritt Italiens, also am 31. Mai 1915, wandte sich Bürgermeister Franz Niederegger an die Sillianer Bevölkerung mit der inständigen Aufforderung, fortan die Häuserbeleuchtung einzuschränken, „um das Anschleichen von feindlichen Patrouillen und Fliegern möglichst zu verhindern"[29]. Doch die besagten „Feinde" zogen es vor, von weiter weg die Kanonen abzufeuern: Von 18. August 1915 bis Oktober 1916 sollen rund 1.100 Granaten von den italienischen Stellungen am Kreuzberg auf Sillian nieder-

Hotel Bad Weitlanbrunn/Arnbach – Lazarett während des Ersten Weltkriegs.

gegangen sein, die dort und an der Bahnlinie nur geringen Schaden anrichteten. Zwei Personen, die Tochter des Schustermeisters Benedikt Plaikner, Anna, und ein Landsturm-Zugführer, wurden getötet. Die Einwohner flüchteten allerdings wiederholt ins benachbarte Arnbach – „daß an manchen Tagen keine 30 Einwohner im Markte weilten"[30] –, das aber nach einer Beschießung 1916 auch nicht mehr als sicher galt. Dorthin, also nach Arnbach, war zeitweise das Bezirksgericht übersiedelt, selbst der Sillianer Pfarrgottesdienst wurde dort wiederholt abgehalten. Dem im November 1916 nach 68 Regierungsjahren 86-jährig verstorbenen Kaiser Franz Joseph folgte Karl I. nach.

Neben dem Pustertal und dem 1915 schwerst getroffenen Sexten – auch hier hatte die Bevölkerung den Ort früh genug verlassen/aufgeben müssen und kehrte erst im Frühjahr 1918 zurück – lag auch das obere Tiroler Gailtal im Visier der italienischen Stellungen am Kamm der Karnischen Alpen. Für Obertilliach sollte sich die Besetzung des Porze-Gipfels durch die Italiener im Juni 1915 als besonders folgenschwer erweisen, der 7. Angriff am 10. September 1917 war der mit Abstand massivste. Die zahlreichen Brände konnten jedoch allesamt gelöscht werden. Kartitsch bekam in diesen Jahren gleichfalls mehrfach Granatentreffer ab.

In Tirol errichtete man ein eigenes Luftwarnsystem mit zahlreichen Flugwachen wie auf dem Dorfberg bei Sillian. Mit der erfolgreichen „Südfront"-Offensive der k. u. k. Streitkräfte im Oktober 1917 war wenigstens die Gefahr eines Einfalls der Italiener in den Bezirk Lienz gebannt.[31]

1918 regierte der Hunger. Am 7. September sollte es sogar zu einem Luftangriff von drei italienischen Flugzeugen auf den Lienzer Bahnhof kommen (ein Toter und vier Verletzte)[32] – das Ende der Donaumonarchie nahte. Der im Vorjahr zum Landeshauptmann ernannte Sillianer Josef Schraffl hatte ein schweres Erbe anzutreten.[33] Die Standschützengruppe Pustertal, im Mai 1918 aus den Bataillonen Sillian und Welsberg gebildet, stand bis zum Kriegsende im November des Jahres am Monte Pasubio und geriet dann aufgrund der widersprüchlichen Waffenstillstandsbedingungen in italienische Gefangenschaft. Das Bataillon Sillian hatte im Krieg insgesamt 60 Tote zu beklagen, 9 davon in Gefangenschaft; 83 Männer waren bei Kampfhandlungen verletzt worden.[34]

Die neue Grenze – Sillians Randlage 1918 ff.

„Um 3 h nachm. zogen bereits itl. Sturmtruppen mit einer Radfahrerabteilung in Sillian ein, welche bis Tassenbach, Gemeinde Strassen vordrangen u. dort eine Sperre errichteten. Den Sturmtruppen folgte ein Alpiniregiment, welches Sillian besetzte u. die Militärkaserne bezog."[35]

Dieser Eintrag in der Gendarmeriepostenchronik der Marktgemeinde markiert den Beginn der italienischen Besetzung des westlichen Bezirks Lienz, die – wie in Nordtirol – fast zwei Jahre und damit bis zum Inkrafttreten des Vertrags von St. Germain mit seiner endgültigen Zuteilung Südtirols zu Italien andauerte. In Sillian soll sich die Bevölkerung nicht feindselig gezeigt haben, die Besatzer zogen bereits im Juli 1920[36] wieder ab. Allerdings häuften sich die Probleme mit den Italienern – einmarschiert in „vollstem Siegeswahne"[37]. Abtransport von Kriegsmaterial, Abschießen von Leuchtraketen, Entwendung bzw. Schmuggel von Holz bis hin zu lärmendem Verhalten in betrunkenem Zustand führten zu Einreichungen beim italienischen Abschnittskommando in Innsbruck Ende 1919, sodass die Sillianer Garnison nach einer dementsprechenden Untersuchung versetzt wurde. Danach nahm die Beteiligung der neuen italienischen Soldaten am Schmuggel deutlich ab.[38] Nichtsdestotrotz waren damals in den nachfolgenden Jahren Grenzzwischenfälle betreffend Schmuggel, Schießereien (auch mit Todesfolge) und illegale Übertritte fast an der Tagesordnung.[39] Anfang 1919 hätte das Abfeuern von Gewehrsalven durch Arnbacher Bauernburschen im Rahmen einer nächtlichen Brautkastenfuhr in der Tat verhängnisvoll werden können, hätte das vorbeifahrende italienische Militär nicht verschreckt die Flucht ergriffen.[40]

Österreich-Ungarn zerfiel, was auch für viele Sillianerinnen und Sillianer ein totaler Schock war: Am 12. November 1918 wurde die kleine Republik „Deutsch-Österreich" ausgerufen. In Innsbruck hatte sich ein „Tiroler Nationalrat" gebildet; im isolierten und auf sich gestellten Bezirk initiierte Josef Anton Rohracher, damals Vizebürgermeister der Deutschfreiheitlichen, einen eigenen „Lienzer Nationalrat" aus Vertretern der lokalen politischen Parteien, der bis Feber 1919 das auch in Sillian herrschende Chaos zu Kriegsende mit Hunderttausenden von der Südfront zurückströmenden Soldaten beseitigte und die Nahrungsmittelversorgung sicherte. Offiziell hatte man sich umgehend dem „Tiroler Nationalrat" unterstellt.

Der Vertrag von St. Germain vom 10. September 1919, der im Sommer 1920 in Kraft trat, besiegelte das Schicksal Südtirols. Alle Tiroler Bestrebungen für einen Erhalt der Landeseinheit waren umsonst gewesen. Italien war vom ursprünglichen Prinzip der Wasserscheiden-Grenze, sprich 1918er Waffenstillstandsgrenze Toblacher Feld, abgegangen: Die Engstelle des Tales zwischen Winnebach und Arnbach, so die Meinungsänderung der römischen Vertreter in Paris, wäre im Falle des Falles militärisch wesentlich besser zu halten.[41] Wie der Chronist des im September 1919 notgedrungen von Innichen nach Arnbach verlegten österreichischen Gendarmeriepostens – konkret wurde die Grenze am 24. September urplötzlich nach Winnebach vorgeschoben[42] – bedrückt notierte, hatte Rom sogar Propagandisten in die grenznahen Orte bis Sillian geschickt und dort pro-italienische Stimmung gemacht.[43] Das OK der Kriegsgewinner in Paris bedeutete die schmerzhafte Abtretung der größeren Hälfte Tirols südlich des Brenners an Italien: Das geschrumpfte „Land Tirol" bestand nun aus zwei geographisch getrennten Teilen, für die sich die Bezeichnungen „Nordtirol" und „Osttirol" einbürgerten. Tirol war de facto dreigeteilt worden. In Erinnerung an die Annexion Südtirols beging man in Tirol bis in die 1930er-Jahre hinein den 20. Oktober jedes Jahr als „Landestrauertag".

Für den Bezirk Lienz als quasi letztem Teil Südtirols bei Österreich war diese Entwicklung folgenschwer, sie kam einer „Sturzgeburt" „Osttirols" in den heutigen Grenzen gleich: Die Randlage wurde extrem verstärkt und damit die wirtschaftliche Not erheblich verschärft. Mit der Durchtrennung der Verbindungslinien nach Westen, sprich Südtirol, durch die plötzliche Aufspaltung des jahrhundertealten Kulturraums des Pustertales musste sich nicht nur das „Oberland" bis Sillian/Arnbach nach Lienz ausrichten, sondern auch der ganze Bezirk notgedrungen verstärkt Kärnten zuwenden. Die Pustertalbahn war unterbrochen bzw. wurde zu einer unwichtigen Nebenbahn degradiert. Zwar unterstützte die Tiroler Landesregierung grundsätzlich eine Eingabe der Stadt Lienz in Wien von Mitte 1919 nach Wiederaufnahme der Verbindung über den Brenner nach Innsbruck[44], realpolitisch war aber mit den italienischen Besatzern nichts zu erreichen. Außerdem verunmöglichten deren umständliche Pass- und Zollkontrollen in den Zügen der Pustertalbahn die Fahrt derart,

Der Verlust Südtirols – Trauersitzung des Tiroler Landtags am 16. November 1920 unter dem Vorsitz des aus Sillian stammenden Landeshauptmanns Josef Schraffl.

dass sich die Osttirolerinnen und Osttiroler anstelle der Route Sillian westwärts mühsam über Spittal/Drau und die Tauernbahn Mallnitz–Gastein in ihre Landeshauptstadt aufmachten.[45] Der Bezirk hatte zudem seine sechs westlichen Gemeinden Sexten, Innichen, Innichberg, Wahlen, Vierschach und Winnebach eingebüßt.

Während der Südtiroler Publizist Claus Gatterer dies eine „weltgeschichtliche Schlamperei"[46] gegen den Willen der Bevölkerung nannte, bezeichnete Günter Bischof Osttirol als ein „Bauernopfer" Roms, auch eines des wachsenden französischen und britischen „Zynismus vis-à-vis dem Selbstbestimmungsrecht" sowie der „Naivität amerikanischer ‚Staatskunst'".[47] Im Gegensatz zum Gerücht, es waren, „eigennützige Innichner und Sextener Gastwirte"[48], die in Rom erfolgreich für Italien eingetreten waren, akzeptierte die Bevölkerung die neue Grenzziehung halbwegs, schielte man eben schon auch auf die wesentlich bessere Versorgung innerhalb Italiens.

Manche Bürger werden sich wohl für die Verteilung der aus dem Süden eingetroffenen Tonnen an Reis- und Lebensmittellieferungen engagiert haben.[49]

Eine Folge der neuen Grenzziehung war ebenfalls, dass das Schmugglerwesen im ganzen Bezirk Lienz aufblühte: Vieh(-Haut), Zucker und Salz aus Osttirol gegen Wein, Textilien und Polentamehl aus Südtirol.[50] Und ab sofort unterstanden die „Osttirolerinnen" und „Osttiroler" in allen Landesbelangen direkt Innsbruck, während zuvor das Kreisgericht Bozen, die Finanzlandesdirektion Brixen und die Handelskammer Bozen zuständig gewesen waren. Das Grenzregime der Faschisten sollte die Lage Mitte der 1920er-Jahre verschärfen, als Südtirol als befestigtes Grenzgebiet bzw. Militärzone eingestuft wurde.[51]

Abseits der Pustertalbahn wurden auch kirchliche[52] und ökonomische Bande durchtrennt. In langer Kleinarbeit hatte zunächst einmal ein der Wiener Zentralgrenzkommission unterstelltes Innsbrucker Landesbüro zusammen mit den Italienern bis zum

Das Zollamt an der neuen österreichisch-italienischen Grenze, um 1925.

Gäste beim Sillianer „Gasthof Post", um 1930.

14. Oktober 1920 den genauen Grenzverlauf fixiert (Marchkinkele–Hauptgrenzstein „Passo Dravo" Winnebach/Arnbach–Helmspitze). Dadurch wurde etwa die Helmhütte italienisch, dafür eine Brücke im Tal („Bergerbrücke") österreichisch. Alsbald kam es zu ersten Zerstörungen bzw. Entfernungen der Grenzpfähle durch die lokale Bevölkerung in Ost- wie Nordtirol.[53] Das erfolgte im „Hasse gegen Italien"[54] noch 1930, und zwar im Bereich Obertilliach und Innervillgraten.[55]

Kirchlich waren Teile des späteren Bezirks Lienz (bis Abfaltersbach, Strassen, Untertilliach) seit jeher dem Dekanat Innichen zugeordnet gewesen, das änderte sich nun erzwungenermaßen; ein Teil der Pfarre Winnebach lag jetzt überhaupt jenseits der Grenze im Gemeindegebiet von Arnbach[56] – bis zur Schaffung eines eigenen Dekanats in Sillian im Jahr 1921.

Vor allem aber brachte die Grenze einen dramatischen dauerhaften Einschnitt im regionalen Wirtschaftsleben.[57] Südtiroler Gewerbe wie Landwirtschaft hatten ihre alten Absatzmärkte eingebüßt. Das österreichische Staatsamt für Finanzen stufte die von Italien besetzten Bereiche sehr rasch als Zollausland ein.[58] Die italienischen Behörden wiederum beschlagnahmten alle Güter von Österreichern, also hauptsächlich jene von Nord- und Osttirolern.[59] Der Fremdenverkehr kam erst in den 1930er-Jahren wieder in Fahrt, als durch erste bilaterale Abkommen der Grenzübertritt für Wanderer bei Arnbach/Sillianberg-Winnebach ohne Reisepass erlaubt wurde – abseits der bereits existierenden, nicht konfliktfreien Grenzpassierschein-Regelung.[60] Der seit der zweiten Hälfte des 19. Jahrhunderts weitum bekannte Kurort Bad Weitlanbrunn, jetzt direkt vor der Grenze auf Osttiroler Seite gelegen, büßte mit dem Untergang der Habsburgermonarchie und der neuen Staatsgrenze stark an touristischer Bedeutung ein.[61]

Das im Vertrag von St. Germain ebenfalls festgeschriebene Verbot eines Anschlusses Österreichs an Deutschland führte zur Verlagerung der Angliederungsbestrebungen auf die regionale Ebene, weil man das „kleine Österreich" für „nicht lebensfähig" hielt. Bereits Ende 1918 und erneut im März 1919 hatte sich allerdings Rohracher mit seiner Deutschfreiheitlichen Partei in Lienz für den Anschluss Osttirols an Kärnten bzw. zusammen mit Oberkärnten und Salzburg an Bayern stark gemacht. Da aber bei den alsbald folgenden Wahlen die Tiroler Volkspartei im Bezirk Lienz (und in Nordtirol) mit über 80 % der Stimmen zur mit Abstand stärksten politischen Kraft aufstieg, blieben diese Ambitionen bedeutungslos. Auch die Erklärung des gesamten Landes von Kufstein bis Salurn zum „Freistaat Tirol", und zwar durch die gewählte „Provisorische Tiroler Landesversammlung" im Mai 1919, konnte nichts ausrichten.[62] Dann, am 16. Oktober 1920 – nur wenige Tage vor dem Inkrafttreten des St.-Germain-Kontrakts –, verkündeten die Anhänger des sich im Nationalratswahlkampf gegen Ämilian Schöpfer befindlichen Josef Schraffl von der Volkspartei den Anschluss des Bezirks als „Deutscher Gau Osttirol" an Deutschland. Dieser „Spuk" war aber nur von kurzer Dauer – die deutsche Regierung winkte ab. Schließlich gab es in Tirol am 24. April 1921 über 98 % „Ja"-Antworten auf folgende Frage: „Wird der Anschluß an das Deutsche Reich gefordert?" In Osttirol lag das Ergebnis sogar bei 99 % „Ja". In Sillian gab es mit 385 „Ja"-Stimmen sogar 100 %-Zustimmung.[63] Ein paralleles Votum in Salzburg mit ungefähr gleich starker Zustimmung blieb aber ebenso folgenlos wie jenes in Tirol. Der Anschluss an Deutschland blieb durch die Siegermächte untersagt.

Argumentativ wurde der Verlust Südtirols wiederholt aufs Tapet gebracht, so auch im Kampf um die Erhaltung des Bezirksgerichts Sillian. Proteste von Bürgermeister Franz Niederegger, Dekan Josef Fuchs, Landeshauptmann Franz Stumpf, Tiroler Bauernbund und Handelskammer etc. gegen diese Auflassung 1923, die als Einsparungsmaßnahme der Regierung gedacht war, bewirkten eine Verlängerung der Gerichtstätigkeit um zwei Jahre und anschließend zumindest die Führung eines Provisoriums mit demselben Personal in Sillian, aber als Abteilung IV des Bezirksgerichtes Lienz. Osttiroler Politiker hatten immer wieder gegen die Aufhebung des Gerichtes mit der Hoffnung auf die Rückkehr Südtirols argumentiert und festgehalten, dass für den „durch den Friedensvertrag ohnehin arg zugerichteten und verstümmelten Grenzbezirk" eine derartige Veranlassung eine Rückstellung „um Jahrhunderte" bewirken würde.[64] Der Gerichtsbezirk Sillian hatte durch die Abtrennung der sechs Gemeinden im Westen ja einen großen Teil des Zuständigkeitsbereichs eingebüßt.

Der von Innichen nach Arnbach verlegte Gendarmerieposten wurde hingegen 1925 vollständig aufgelassen. Daran hatte auch ein Beschluss des Arnbacher Gemeinderats unter Bürgermeister Johann Fuchs nichts ändern können, wonach die „Nähe der Grenze und deshalb reger Grenzverkehr" in die Waagschale zu werfen seien. Bestehe doch der „Durchzug vieler zweifelhafter Elemente und demzufolge große Gefahr für die Sicherheit von Person und Eigentum der Einwohner".[65]

Die anlässlich der Einweihung des Bezirkskriegerdenkmals in Lienz 1925 erschienene Festschrift „Osttirol" verwies nicht nur auf die nunmehrige Grenzstation Arnbach mit der „baracca provvisoria" der italienischen Finanzieri und dem „hübschen" österreichischen Straßenzollamt, sondern auch auf die zeitlich „junge" Zerreißung Tirols: „Osttirol ist ein verstümmelter Landesteil, ein losgerissenes Stück Land, und verdankt sein Dasein nur der diplomatischen Willkür der in Paris versammelten Staatsmänner, es ist ein neugeschaffener Bezirk, für dessen heutigen Umfang [nach Abtrennung der sechs Bezirksgemeinden seit 1868 Sexten, Innichen, Innichberg, Wahlen, Vierschach und Winnebach, d. V.] weder in der Geschichte noch in der Geographie eine Begründung gefunden werden kann."[66]

An dieser Stelle sei kurz auf das Theaterstück „Anarchie in Sillian" des Wiener Dramatikers Arnolt Bronnen aus dem Jahre 1924 verwiesen – das zwar bei einem Kraftwerk in Sillian angesiedelt ist, ansonsten aber keinerlei Lokalbezug hat. Interessant ist jedoch, dass der Villgrater Feldforscher, Publizist und Literat Johannes E. Trojer ebendieses Werk 1981 in den „Osttiroler Heimatblättern" besprochen und damit aus der Versenkung geholt hatte. Seiner Vermutung nach hatte Bronnen wohl im sehr bekannten Badhotel Weitlanbrunn geurlaubt, von den dortigen Zerwürfnissen in punkto Kraftwerk erfahren und sich dadurch inspirieren lassen.[67]

Um „endlich" zu einem elektrischen „Licht" zu kommen, schloss Sillian Ende 1924 einen Stromlieferungsvertrag mit Michael Jesacher/Arnbach ab, den die Tiroler Landesregierung 1925 aber ablehnte, weshalb man gezwungenermaßen und dann mit Zustimmung Innsbrucks ein eigenes Werk baute.[68] Schlussendlich wurde am 16. Jänner 1927 das bei der Luegsäge am Villgratenbach neu errichtete Oberpustertaler Elektrizitätswerk (Obmann Germano Zeni, Sillian) feierlich eröffnet (Inbetriebnahme bereits

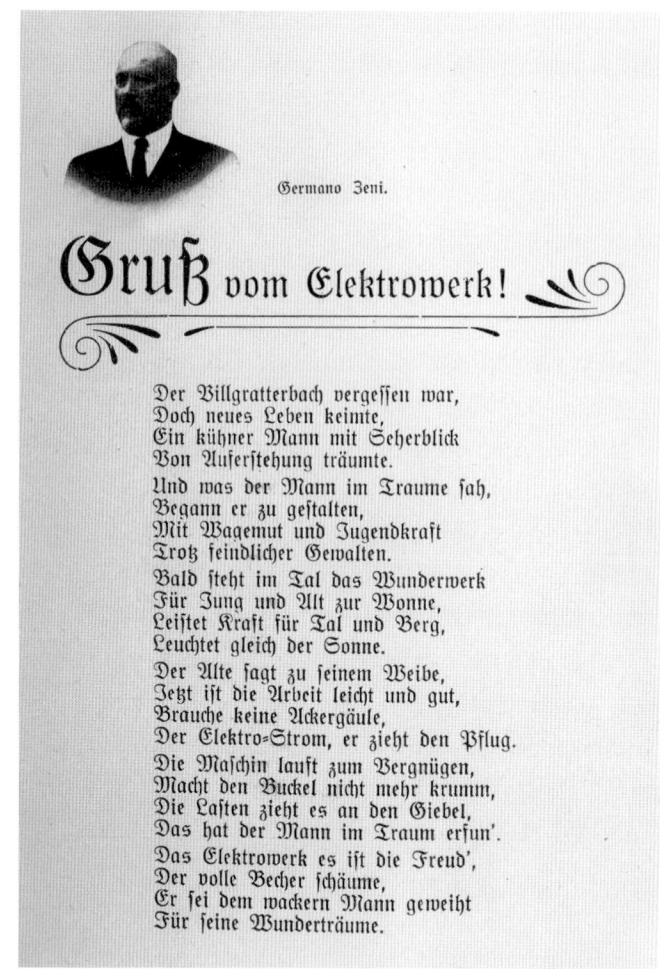

Das Sillianer Kraftwerk am Villgraterbach – in Bau, am Tag seiner Einweihung und ein „Gruß vom Elektrowerk" in Gedichtform, 1927.

7. Dezember 1926). Es versorgte fortan über eine 11 km lange Hochspannungsleitung neben Sillian auch Panzendorf, Abfaltersbach und teilweise Strassen.[69]

Heimatwehr, Weltwirtschaftskrise, aufkommender Nationalsozialismus, autoritärer Ständestaat – Sillian von den 1920er-Jahren bis 1938

Die Radikalisierung der politischen Verhältnisse in Österreich und der Aufstieg der Heim(at)wehr in Tirol stehen mit einem Ereignis in Verbindung: Nach dem Freispruch eines Vertreters der rechten Frontkämpfervereinigung von der Erschießung u. a. eines Vertreters des sozialdemokratischen paramilitärischen Republikanischen Schutzbundes kam es in Wien am 15./16. Juli 1927 zu großen Unruhen. Der Justizpalast ging in Flammen auf. Die Polizei erschoss mindestens 85 Demonstranten; auch vier Polizisten wurden getötet. Über 500 Polizisten und dieselbe Zahl an Demonstranten wurden zum Teil schwer verletzt.

In Nord- und Osttirol blieb es trotz des von den Sozialdemokraten ausgerufenen Verkehrsstreiks ruhig. Gendarmerie, Bundesheer und paramilitärische Heimatwehr (als Gendarmerieassistenz) sicherten besonders die Bahnhöfe von Nikolsdorf über Lienz bis Sillian.[70] Am 19. Juli öffneten die Italiener dann wieder die Grenze bei Arnbach, die sie zwei Tage zuvor für den gesamten Verkehr gesperrt hatten. Zwischenfälle gab es keine.[71] Generell soll man sich in Sillian mit einer „Begeisterung" wie anno 1914 für das „Vaterland"⁷² eingesetzt haben.

1928 wird für den Heimatwehr-„Gau Osttirol" bereits die Zahl von 1.682 Heimatwehr-Mitgliedern genannt (Heimatwehrbezirke Sillian, 477, Lienz 715 und Iseltal 490). Bei der Gau- und Bezirksführerwahl einen Monat später wurde der Landtagsabgeordnete Gottfried Hassler zum Gauführer bestimmt, Theodor Hibler zu seinem Stellvertreter, Kaufmann Johann Webhofer zum Bezirksführer in Sillian.⁷³

Die Heimatwehr, die ein starkes Naheverhältnis zur Tiroler Volkspartei hatte und auch vom Tiroler Bauernbund unterstützt wurde, sollte sich immer mehr am faschistischen Italien Benito Mussolinis orientieren. Am 17./18. August 1929 kamen in Lienz über 3.000 Heimwehrler aus Osttirol, Nordtirol und Kärnten zu einer Großdemonstration zusammen. 1930 wollte die Heimwehr die Macht in Österreich an sich reißen. Die kommenden Jahre – als bereits die Weltwirtschaftskrise ihren Schatten auf das Land gelegt hatte – bestand die größte Rivalität in Tirol zwischen der Heimatwehr und den erstarkten Nationalsozialisten Adolf Hitlers.

Im Oktober 1931 unternahmen die Heimatwehren der Gemeinden Sillian, Sillianberg, Panzendorf, Arnbach und Außervillgraten beim Schloss Heinfels Geländeübungen mit Gewehr- und Maschinengewehrfeuer. Dem stand Bezirkshauptmann Franz Kundratitz im Schreiben an das Präsidium des Amtes der Tiroler Landesregierung äußerst wohlwollend gegenüber. Er hatte die Aktion genau deshalb nicht verboten, weil „die geografische und politische Lage des Bezirkes mit seiner langen Grenze gegen Italien sowie wegen seiner notorischen [sic!] Isoliertheit im Falle irgendwelcher Ereignisse Vorkehrungen verlangt, welche über das sonst vielleicht übliche Mass

Sillian in der Zwischenkriegszeit, 1929.

hinausgehen müssen; hiezu gehört vor allem auch die Schaffung militanter Formationen (…)."[74] Im Anschluss wählte man den Panzendorfer Guts- und Sägewerksbesitzer Alois Rainer zum neuen „Gauführer" der Osttiroler Heimatwehr.[75]

Damals waren auch im Bezirk bereits Automobile regelmäßig in die entlegenen Täler Osttirols unterwegs. Nicht nur für die Gäste, erst recht für die Einheimischen brauchte es jetzt einen Ausbau des Straßennetzes. Abseits der Umsetzung der Straße von Huben nach Kals Ende der 1920er-Jahre sollte der anspruchsvolle Bau der Virgentalstraße mit fünf Tunnels 1924–1933 eine Meisterleistung darstellen – wenn auch das Pferd grundsätzlich nach wie vor, ob beim Fuhrwerk oder auf dem Feld, unverzichtbar blieb. In Sillian beschloss man 1928/30 nicht nur den Bau einer neuen Wasserleitung, sondern auch unter starker finanzieller Landesbeteiligung die Asphaltierung der Bundesstraße.[76] Während Touristen im Sommer 1929 groß ausplakatiert in ganz Osttirol vor dem „Halb- u. Ganznacktgehen" gewarnt wurden – 1923 hatte der Arnbacher Gemeinderat bereits das Baden in der örtlichen Drau „aus Gründen der Sittlichkeit strengstens"[77] verboten –, versprach der erste Gebiets-Werbeprospekt im „Hochpustertal" 1932 besonders „Ruhe und Erholung". Neben Bergtouren-Tipps war ebenfalls ein Gaststätten- und Privatzimmer-Verzeichnis enthalten, wobei mit 100 die meisten Betten im wieder in Schwung[78] gekommenen „Hotel Bad Weitlanbrunn" von Adolf Schlanitz zu finden waren, gefolgt vom „Hotel Post" des Nikolaus Atzwanger mit 60.[79]

Die bedeutende Errichtung des Bezirkskrankenhauses war aufgrund der nicht möglichen Vergrößerung des öffentlichen Lienzer Spitals mehr als notwendig geworden. Bezirkshauptmann Erich Kneußl und die vier christlich-sozialen Osttiroler Landtagsabgeordneten Jakob Annewanter, Gottfried Haßler, Franz Henggi und Natalis Obwexer setzten sich in Innsbruck erfolgreich für den Neubau ein – Bauzeit 1929–1931. Die Kosten trugen zu 75 % Bund und Land, ein Viertel übernahmen die Osttiroler Gemeinden selbst. Auch Sillian beteiligte sich an dieser Grundinstitution der medizinischen Versorgung.

Bei den Tiroler Landtagswahlen 1921, 1925 und 1929 sollten die Christlich-Sozialen mit ihrer Tiroler Volkspartei die klare Vormachtstellung zementieren, ob in Sillian, im Bezirk Lienz oder in ganz Tirol. Gefolgt mit dementsprechendem Abstand von den Sozialdemokraten und ganz am Ende den Deutschfreiheitlichen (Großdeutsche Volkspartei).[80] Die Hyperinflation der Währung wurde erst 1924 mit der Einführung der Schilling-Währung (10.000 Kronen für einen Schilling) beendet; nichtsdestotrotz zeigt

Eine Kundmachung mahnt im Sommer 1929 eindringlich vor „Halb- und Ganznacktgehen" der Touristen; der „Unfug" werde abgestellt.

die Tatsache, dass die Erste Republik Österreich von Oktober 1918 bis Juli 1934 23 Regierungen mit zwölf Kanzlern „verbraucht" hatte, die krasse politische Instabilität des Staates auf.[81]

Die entscheidende Phase des Aufstiegs der Nationalsozialistischen Deutschen Arbeiterpartei (NSDAP) in Österreich fiel in die Jahre 1931 bis 1933. Adolf Hitlers Wahlerfolge für den Reichstag in Deutschland, die massiven Auswirkungen der Weltwirtschaftskrise und die Neuorganisation der NS-Partei in Österreich waren die Hauptgründe. Der eklatante Preisverfall der landwirtschaftlichen Produkte und die darauf folgenden Zwangsversteigerungen ihrer Höfe machten selbst manche Osttiroler Bauern für den Nationalsozialismus empfänglich. Am 30. Jänner 1933 wurde Hitler zum Deutschen Reichskanzler ernannt. Im Bezirk Lienz grassierte der NS-Aktivismus besonders im Lienzer Talboden, in Sillian, Matrei und St. Jakob in Defereggen: Flugzettelaktionen, Ausstreuung von gestanzten Hakenkreuzen, Hakenkreuzschmierereien auf Wände und sogar Kühe, Sprengkörperexplosionen etc. Neben Nationalsozialisten wurden aber auch Osttiroler Sozialdemokraten inhaftiert.

In Sillian lässt sich die erste Versammlung der NSDAP im Mai 1932 festmachen, kurz nach dem Großaufmarsch von Kärntner Nationalsozialisten in Iselsberg und gleichfalls mit Unterstützung aus dem benachbarten Bundesland.[82] Anfang 1933 bestanden in Osttirol erst in gewissen Gemeinden NS-Ortsgruppen, die Gesamtzahl der Mitglieder betrug maximal 200; davon rund 25 in Sillian unter der Führung des Zollwachkontrollors Franz Krammer.[83] Der eigentliche Boom erfolgte in der ersten Jahreshälfte: Zur Zeit des Verbots der NSDAP in Österreich am 19. Juni bezifferten die Behörden die Anhängerschaft Hitlers im Bezirk bereits mit circa 500. In dieser Phase entstand in Sillian eine eigene NS-Ortsgruppe, die 25 bis 30 Personen umfasst haben soll, rund 3–4 % der damaligen Wohnbevölkerung.[84] Rund 20 Nationalsozialisten hatten dort am 20. April 1933 feierlich den Geburtstag des „Führers" begangen.[85] Das Parteiverbot tat den Aktivitäten keinerlei Abbruch, für Sillian ist etwa für Anfang 1934 die Durchführung einer NS-Flugzettelstreuaktion belegt.[86]

Der Feber 1934 war dann ein folgenschwerer für Österreich: Nach einem Putschversuch der Heimatwehr im Vormonat in Innsbruck brach der offene Bürgerkrieg zwischen den Sozialdemokraten und den Konservativen unter Bundeskanzler Engelbert Dollfuß aus. Letztere schlugen den Aufstand blutig nieder, mehrere sozialdemokratische Anführer wurden standrechtlich erschossen, ihre Partei verboten. Im Bezirk Lienz hatten die Behörden umgehend die Parteispitzen verhaftet, Hausdurchsuchungen durchgeführt – die Heimatwehr besetzte das Lienzer Arbeiterheim. Rund 300 Gewehre wurden beschlagnahmt.[87]

Schon seit der „Selbstausschaltung" des Parlaments im März 1933 hatte Dollfuß nur mehr über Notverordnungen regiert, immer stärker bekämpft von den Nationalsozialisten; das Verbot der NSDAP im Juni 1933 hatte deren Terror nur noch verstärkt. Im Juli 1934 wollten die Nationalsozialisten die Machtübernahme von innen erzwingen, was kläglich scheiterte; dem NS-Putschversuch fiel aber in Wien Kanzler Dollfuß zum Opfer. Osttiroler Heimatwehr und Bundesheer beteiligten sich an der Niederschlagung des NS-Aufstands im benachbarten Oberkärnten, darunter 46 Mann mit zwei Maschinengewehren der Heimatwehr-Sturmkompanie Sillian unter Gauführer Alois Rainer.[88] Den weiteren Aufbau des im Mai 1934 verfassungsmäßig fixierten christlichen autoritären „Ständestaats" als „besseren deutschen Staat" – Symbol war das Kruckenkreuz – setzte nach Dollfuß' Tod der Tiroler Kurt Schuschnigg als Bundeskanzler fort. Dollfuß wurde zum Märtyrer hochstilisiert, neben Ainet, Unteralkus, Gwabl oder Tristach entschloss sich Sillian unter Bürgermeister Josef Schranzhofer (1932–1935), auf Anregung der „Vaterländischen Front" einen Bereich der Gemeinde in Kanzler-Dollfuß-Platz umzubenennen, und zwar den oberen Marktplatz.[89] Bereits im Oktober hatte man dem „Führer" Dollfuß in einer Gemeinderatssitzung offen „gehuldigt" und wohl im Lichte des stark aufkommenden Nationalsozialismus konstatiert: „Wir sind Österreicher und bleiben Österreicher."[90]

Der im Bezirk stark verankerte Ständestaat hatte jedoch kaum Chancen auf eine dauerhafte Existenz: Außenpolitisch lehnte er sich stark an das faschistische Italien an, doch dieser Verbündete ging verloren, als sich Mussolini bereits ab 1935/36 Hitler annäherte. Innenpolitisch war mit Sozialdemokraten, Kommunisten und Nationalsozialisten die Hälfte der Bevölkerung von jeglicher politischer Mitsprache ausgeschlossen; die wirtschaftliche Notlage der Menschen nahm teilweise sogar noch zu. Der Ständestaat versuchte ebenfalls, an die Großmachtzeiten der Monarchie anzuknüpfen, was die zahlreichen Ehrenbürgerernennungen für Otto Habsburg im ganzen Land – Sillianberg/Arnbach/Tessenberg/Panzendorf ja, Sillian nein[91] – oder etwa der Bau einer kleinen Kaiser-Karl-Gedächtnis-Kapelle in Lienz 1936 belegen. Erzherzogin Adelheid, eine Schwester Otto Habsburgs, und Erzherzog Eugen reisten für die Einweihung extra an und tourten im Anschluss durch den gesamten Bezirk; Aufenthalt in Sillian, am Arnbacher Kriegerfriedhof und Mittagessen im Hotel „Bad Weitlanbrunn" inklusive.[92] Und, das sei nur nebenbei bemerkt: 1936 verkaufte die Gemeinde Sillian mit Bürgermeister Josef Lercher (1935 – März 1938) an der Spitze – nach Ersteigerung des Rustikalgerichtsfonds, sprich, der Anteile der anderen Gerichtsbezirksgemeinden – Schloss Heinfels um 6.000 Schilling an den Kaufmann Alois Stallbaumer.[93]

Arbeitslosigkeit, Bauernverschuldung und Zwangsversteigerungen „regierten" weiterhin den Alltag. Die Anfang 1935 eröffnete wichtige Großglockner-Hochalpenstraße, die einer besonders vom konservativen Landtagsabgeordneten und Bürgermeister von Matrei in Osttirol Natalis Obwexer forcierten Felbertauernstraße vorgezogen worden war, hatte im benachbarten Osttirol keinen wirklichen wirtschaftlichen Aufschwung bewirkt. Die Errichtung der so genannten „Mehlstraße" von Matrei bis zum Matreier Tauernhaus war lediglich eine späte Arbeitsbeschaffungsmaßnahme des „Ständestaats" gewesen. Manch einer blickte mit gewisser Sehnsucht nach Norden, wo der „Führer" Adolf Hitler dem Großdeutschen Reich (durch Forcieren von Rüstungsproduktion und Bauwirtschaft) die Vollbeschäftigung gebracht hatte.

Streiflichter auf Sillian in der NS-Zeit 1938–1945

Das nachfolgende Kapitel kann und will keine Gesamtgeschichte der „Hitlerzeit" in Sillian sein. Basierend auf meinen Forschungen zu „Osttirol im Dritten Reich"[94] habe ich in den 1990er-Jahren zahlreiche Zeitzeugeninterviews geführt, die in die nachfolgende auf Akten und Zeitungen basierende schwerpunktartige Darstellung einfließen:

Auch in Sillian wird man gebannt an den wenigen öffentlichen Radios die Rücktrittsrede Bundeskanzler Schuschniggs am 11. März 1938 vernommen haben. Die von ihm angekündigte Volksbefragung „für Österreich" war abgesagt. Für so manchen brach eine Welt zusammen. Andere entpuppten sich als „illegale" Nationalsozialisten. Dritte gehörten zu den sog. „Märzgefallenen", also jenen, die ihr Fähnlein nach dem Wind drehten, und das war ab dem März 1938 mit dem „Anschluss" Österreichs an das Großdeutsche Reich eine Hakenkreuzfahne.

„Ja!" für Schuschnigg und ein freies Österreich; Plakat für die (nie stattgefundene) Volksbefragung, März 1938.

Der „Anschluss von außen", sprich der Einmarsch der Deutschen Wehrmacht, ging im Süden Österreichs erst verspätet vonstatten; der am 16. März in Sillian eintreffenden Abteilung Deutsche Schutzpolizei aus dem Deutschen Reich wurde ein „herzlicher Empfang"[95] bereitet. Der „Anschluss von unten" und „oben" folgte in Osttirol aber sehr wohl den Ereignissen in ganz Österreich: So versammelte sich nach der Radioansprache Schuschniggs am Abend des 11. März etwa spontan eine jubelnde Menschenmenge vor dem Lienzer „Hotel Post". Nach einem Fackelzug wurde die Hakenkreuzfahne auf der Liebburg, dem damaligen Sitz der Bezirkshauptmannschaft Lienz, gehisst. Anton Stremitzer, früherer Lienzer Finanzsekretär und NSDAP-Mitglied schon in den 1920er-Jahren, wurde noch um 2 Uhr früh von Gauleiter Edmund Christoph zum ersten NS-Bezirkshauptmann Osttirols ernannt. Mitte März wurden allein in Lienz 24 Personen sofort verhaftet – darunter vor allem führende Persönlichkeiten aus der Zeit des Ständestaates sowie die Lienzer Juden Samuel und Agnes Bohrer und Oskar Braun; Militär, Pressewesen und Schule im Bezirk wurden „gleichgeschaltet", Verwaltung und Gendarmerie „gesäubert". In Sillian enthob man Bürgermeister Josef Lercher sofort seines Amtes und, mit Einverständnis der lokalen NSDAP unter Ortsgruppenleiter Hermann Rainer, wurde Kaufmann Karl Webhofer (März – Dezember 1938) zum Bürgermeister bestellt.[96]

Das neue NS-Regime setzte dann grundsätzlich umgehend auf „Zuckerbrot" und „Peitsche" im Rahmen der Vorbereitung der Abstimmung über den (bereits vollzogenen) „Anschluss" am 10. April 1938. Eine gigantische Propagandamaschinerie überzog den gesamten Staat mit zahlreichen Veranstaltungen und zahllosem Material. Arbeitsbeschaffungen, Bauernentschuldung und Bauprogramme wurden versprochen, die Empfehlungen der Bischöfe und des sozialdemokratischen Kanzlers nach 1918 Karl Renner für ein „Ja", die propagandistische Verwendung von Andreas Hofer oder der Anschluss-Abstimmung von

„Alles für Deutschland" – Propaganda am Ortseingang von Arnbach für die „Volksabstimmung" über den (bereits vollzogenen) „Anschluss" Österreichs an das Großdeutsche Reich am 10. April 1938.

1921 taten das Übrige. 360.000 Personen und damit 8 % aller Stimmberechtigten, besonders Juden und in Haft befindliche politisch Andersdenkende, waren von der Abstimmung ausgeschlossen. Das Ergebnis überraschte deshalb kaum: 99,73 % der Österreicher stimmten mit „Ja", in Gesamt-Tirol 99,3 % – das Tiroler Schlusslicht, der Bezirk Lienz, hatte mit seinen 98,68 % „Ja"-Stimmen das Tiroler Ergebnis gedrückt. Neben 22 so genannten „Hitler-Gemeinden" mit 100 %-„Ja" in Osttirol hielt das beharrend katholisch-ständestaatstreue Innervillgraten mit seinen 73,7 % „Ja" sogar den Minusrekord in ganz Österreich. Das Abstimmungsergebnis in Sillian lautete: 512 „Ja", 1 „Nein".[97]

Ende Juni 1938 verfasste Kreisgeschäftsführer Anton Wachtlechner eine „Geheim!"-Liste mit 71 Personen und Personengruppen, die im „Mobilisierungsfall sofort in Schutzhaft" zu nehmen wären, darunter

„Atzwanger, Gastwirt und Holzhändler in Sillian" sowie „Zeni Holzhändler in Sillian". Einen Monat später schickten das Bezirksgendarmeriekommando und der neue NS-Bezirkshauptmann Anton Stremitzer eine Liste mit 23 „Staatsfeinden" an die Geheime Staatspolizei (Gestapo) in Klagenfurt: darin vermerkt gleichfalls der italienischstämmige Sillianer Hausbesitzer und Holzhändler Germano Zeni („Spionage") sowie der Panzendorfer Sägebesitzer, Holzhändler und ehemalige Heimatwehrführer Alois Rainer („zu überwachen").[98]

Die „Ruckzuck-Angliederung" Osttirols als „Kreis Lienz" des „Gaues Kärnten", im Sommer/Herbst 1938 von oben trotz diverser Einsprüche durchgedrückt, machte erste Ernüchterung. Der Name „Osttirol" verschwand – erst als der neue Gauleiter von Kärnten, Friedrich Rainer, beim ersten Besuch im „Kreis Lienz" Anfang 1942 öffentlich die Bevölkerung „Osttirols" als „das lebendige Bindeglied zwischen dem Gau Kärnten und dem Gau Tirol" bezeichnete, wendete sich das Blatt.[99] Eine direkte Folge dieser reaktivierten Linie Klagenfurt–Lienz–Innsbruck bildete die Teilnahme von 86 Standschützen aus Lienz, Sillian und Dölsach am 5. Landesschießen in Innsbruck Anfang Juli 1942, bei dem auch Rainer, nebst Schützen aus Südtirol, anwesend war.[100]

Weiters erboste die Sillianer Bevölkerung im August 1938 das Umschneiden mehrerer Bäume durch „unbekannt" im Garten des Gasthofes „Schwarzer Adler" (Besitzer Josef Leiter). Man vermutete hier Zollbeamte aus dem „Altreich" oder Gestapo-Beamte als Täter. Wie ein Bericht des Sillianer Gendarmeriepostenkommandos an die BH Lienz klarstellte: „Die hiesige Bevölkerung ist über diese Tat sehr erbost und äussert sich dahin, dass sie nichts mehr tut für den Nationalsozialismus, wenn nicht Ordnung geschaffen wird."[101] Es folgten Erhebungen, aber keine Verurteilung des beschuldigten Zollbeamten Max Leindl.[102] Ähnlich stark verärgerte wohl auch der spätere ominöse Autounfall des NSV-Kreisamtsleiters Franz Steiner mit so „prominenten" Mitfahrenden wie Gestapo-Chef Herbert Weimann im April 1941 (Ostersonntag auf Ostermontag), kam dieser doch auf der Rückfahrt von Sillian von der Straße ab, überschlug sich und blieb dann im Straßengraben liegen. Die Insassen wurden leicht verletzt. Die Hauptverhandlung wurde aber erneut aufgerollt, da sich die Dienstfahrt nach Sillian/Weitlanbrunn aufgrund von späteren Zeugenaussagen zu einer „im Krieg verpönten Vergnügungsfahrt" zu Dr. Hubert Kunater mit großem Alkoholkonsum entpuppte. Steiner zahlte 100 RM Strafe, Weimanns Verfahren wurde an die Sicherheitspolizeistelle Salzburg

Gauleiter Friedrich Rainer (rechts) und Reichsschatzmeister Franz Xaver Schwarz (links) auf Besuch in Sillian, 1942.

Adolf Hitlers Geburtstag am 20. April – Feier am Sillianer Marktplatz, wohl 1939.

abgetreten (Prozess oder Verurteilung ist nicht dokumentiert), die übrigen Mitfahrenden sowie Kunater wurden freigesprochen.[103]

Den nächsten dritten Konfliktstoff bildeten die angeordneten Gemeindezusammenlegungen – Ende 1938/Anfang 1939 von insgesamt 50 in Osttirol auf ganze 25. Die bisherigen Gemeinden Sillian, Sillianberg, Arnbach und Panzendorf wurden zur Großgemeinde Sillian zwangsfusioniert.[104] Ähnlich wie im Villgraten[105] regte sich Protest. Während allerdings die Villgrater trotz aller Gegenargumente auf Granit bissen, kam Landrat Albrecht Dittmar im Juni 1939 wenigstens extra nach Sillian, um ausführliche Gespräche mit den Gemeindevertretern zu führen. Dies war ein gewisses taktisches Entgegenkommen, an der längst gefällten Grundentscheidung wurde aber schon gar nicht mehr gerüttelt.[106] Bereits im Feber 1939 war beschlussmäßig aus dem Marktplatz der „Adolf-Hitler-Platz", aus dem Stauderplatz der „Platz der Saarpfalz" sowie aus Teilen der „Reichsstraße" die „Horst-Wessel"- und die „Hubert-Klausner-Straße" geworden.[107]

Neuer Bürgermeister der Großgemeinde Sillian wurde der Kaufmann Alois Pfeifhofer (1939–1942). Als er dann krankheitshalber aus dem Amt abtrat, folgte ihm SA-Sturmführer Johannes Paul Müller (1942–1945) nach.[108] Die Ortsgruppenleiter der NSDAP waren Hermann Rainer (1938–1944) und Sepp Müller (1944/45). Abseits von Lienz und Matrei wurde Ende 1940 in Sillian erneut ein Amtsgericht eingerichtet; Vorstand war Dr. Heinrich Hammer.[109] Das Sillianer Gericht wurde schlussendlich 1967 „völlig unerwartet" und unter nachfolgenden harschen Protesten aufgelöst.[110]

Der mit dem deutschen Angriff auf Polen im September 1939 entfesselte Krieg schockte die Bevölkerung, auch in Sillian wurden nun Lebensmittelkarten ausgegeben und nächtliche Verdunkelung angeordnet[111] – aufgrund der raschen militärischen Erfolge des Reiches gegen Dänemark und Norwegen sowie Frankreich 1940 hielt sich die Zahl der Toten und Verwundeten jedoch in Grenzen. 1941 wurde

NS-Appell in Sillian, um 1940.

mit dem deutschen Überfall auf die Sowjetunion im Juni sowie dem japanischen Angriff auf Pearl Harbor und den nachfolgenden Kriegserklärungen der USA an Japan und NS-Deutschlands an die USA der Krieg zum Weltkrieg. Die „Blitzkrieg"-Taktik Berlins scheiterte bereits Ende 1941 im „russischen Winter" vor den Toren Moskaus. Während immer mehr Sillianer einrücken mussten und grundsätzlich die Zahl der Gefallenen rapide anstieg, zudem auch das verbotene Abhören ausländischer Rundfunksender und die Kritik am Staat zunahmen, ging es dem Regime parallel um die Konstruktion eines zweiten „bunten" Kriegsalltags. Rundfunk und Film – etwa durch den „Gaufilmwagen" oder die Sillianer „Grenzlandlichtspiele"[112] – waren die perfekten Medien, um vom „grauen" Kriegsalltag abzulenken und zugleich die totale Ideologisierung der Bevölkerung und ihre Mobilisierung für den Kriegseinsatz zu versuchen. Aus der Sicht der Nationalsozialisten sollten die Front und das Hinterland als so genannte „Heimatfront" möglichst eng für den „Endsieg" zusammengeschweißt werden. Dazu diente auch das ab Dezember 1943 erscheinende NSDAP-Lokalblatt „Osttiroler Heimat", das die Osttiroler Frontsoldaten über Geschehnisse an der „Heimatfront" im „Kreis Lienz" informierte. Eigene Leserbriefe aus den Gemeinden sollten den Zusammenhalt im (bald aussichtslos gewordenen) Krieg stärken, wie etwa jener des Sillianer Ortsgruppenleiters Sepp Müller für die Weihnachtsnummer 1944 als „Enko Poschtmeischto" an die lieben „Sillgina Soldotn!" Die Wehrmachtsangehörigen an der Front erfragten dabei u. a., dass „Do Schranzhofa Franz hot sie foscht gonz alane a Häusl augsttellt. Isch recht schian wortn. […] So in Gonzen und Groassen san die Leit holbwegs gsund und die Dokta müssn la zifriedn san. […] So ban Kühbacher isch a Bui kemm usw."[113]

Mögen am Anfang des NS-Regimes etwa die Errichtung von Entwässerungsanlagen in Sillian-Arnbach und Obertilliach sowie einer Wasserleitung in Außervillgraten als gezielte Modernisierungsmaßnahmen Teile der Bevölkerung wohlgestimmt[114] und speziell für Sillian die NS-Zeitung „Der Deutsche Osttiroler" im Juni 1938 die Beseitigung der Arbeitslosigkeit durch verschiedene Bauvorhaben ausposaunt haben[115], so zeigten der vom Zaun gebrochene Krieg an (noch) fernen Fronten und besonders die argen Verfolgungsmaßnahmen samt Gestapo-Terror das wahre Gesicht der NS-Diktatur:

Grabkreuz von Michael Dzula am Lienzer Kriegerfriedhof.

Wurde bereits im Herbst 1938 das Arnbacher Haus des Wiener Juden Felix Kornfeld „arisiert", sprich, geraubt und in „arischen Besitz" übergeführt (restituiert 1952)[116], so stellte doch die genaueste Kontrolle der „Heimatfront" die Basis des Systems dar. Jegliche Abweichung wurde scharf verfolgt. Verhaftung, Folter, Einweisung in ein Konzentrationslager und dortige Ermordung konnten die Folge sein. Bäuerliche, gewerbliche und industrielle Betriebe wurden genau erfasst, um die Versorgung der Bevölkerung sicherzustellen. Im Geheimen bespitzelte der Sicherheitsdienst der SS die Bevölkerung; in Sillian etwa der Gendarm Peter Hopfgartner von circa 1940 bis Kriegsende 1945, unter der Leitung wohl von Zahnarzt und SS-Führer Hermann Stauder, der im Mai 1945 Selbstmord beging.[117]

Der Überwachung durch die Geheime Staatspolizei – Kerninstrument des NS-Terrors – und einem ausgedehnten Spitzelwesen stand eine eklatante Flut an Veranstaltungen unter propagandistischer Instrumentalisierung von althergebrachtem Brauchtum, besonders des Schützenwesens, gegenüber. Im April 1941 notierte der Chronist des Sillianer Gendarmeriepostens: „Alle öffentlichen Lustbarkeiten wie Tanz usw. wurden während des Krieges verboten."[118] Innerhalb der Gestapo-Organisation im Gau Kärnten besaß Osttirol ein Grenzpolizeikommissariat in Lienz mit einem Grenzpolizeiposten in Sillian, letzterer übrigens auch zuständig für das Villgratental und verantwortlich etwa für die Verhaftungen eines Vinzenz Schaller oder der Mitglieder der Widerstandsgruppe Winkeltal. In der Erinnerung aller befragten Zeitzeuginnen und Zeitzeugen[119] ist dabei der erst 1913 geborene Georg König, Leiter des Grenzpolizeipostens von April 1942 bis Frühjahr 1943[120], in genauer Erinnerung: Neben zahllosen gewalttätigen Verhören ist König besonders die Verbringung mehrerer Personen ins Konzentrationslager anzulasten, die Juden zur Flucht hatten helfen wollen; darunter Anton Stallbaumer, Michael Weitlaner sowie Gertraud und Georg Schneider. Stallbaumers Ehefrau Rosa wurde am

350

23. November 1942 im Vernichtungslager Auschwitz ermordet. Sie ist das einzige Todesopfer der NS-Verfolgung der damaligen Großgemeinde Sillian.[121] Dass damals die Grenze Osttirols zu Italien eines der letzten Schlupflöcher für Juden auf der Flucht aus dem Deutschen Reich war, zeigt u. a. folgende Kurznotiz in der NS-„Lienzer Zeitung" vom 13. Mai 1942:

„Sillian. Juden auf der Flucht festgenommen. Auf dem Bahnhof in Sillian wurden vier Juden aus Wien, die nach Italien flüchten wollten, von der Gendarmerie festgenommen und dem Amtsgericht in Lienz übergeben."

In Sillian und Umgebung waren, wie in ganz Osttirol, Kriegsgefangene und Zwangsarbeiter eingesetzt. Die Soldaten stammten vor allem aus Frankreich, für März 1944 ist allerdings die Flucht von 87 sowjetischen Offizieren aus einem dortigen Kriegsgefangenenlager dokumentiert.[122] Im Rahmen des im Bezirk/Kreis auffällig zahlreichen Delikts des „verbotenen Umgangs" mit Kriegsgefangenen gibt es einen Fall in Arnbach: Nachdem mehrere Einheimische im dortigen „Gasthaus Rainer" mit Franzosen Billard gespielt hatten, griff Gestopo-Leiter König hart durch – die Franzosen wurden versetzt, die Arnbacher verhaftet und zu einer Woche bis vier Monaten Gefängnis verurteilt.[123] Die Bevölkerung hielt sich oft einfach nicht an die NS-Gesetzgebung, sondern versuchte, die Kriegsgefangenen in ihr Alltagsleben einzubinden.

Dies war bei den Zwangsarbeitern nicht viel anders. Intime Beziehungen endeten allerdings im Regelfall mit der Todesstrafe für den Zwangsarbeiter sowie der Einweisung in ein KZ für die inländische Frau. Um ein Exempel zu statuieren, wurde der in Iselsberg überführte ukrainische Zwangsarbeiter Michael Dzula Mitte 1942 nach Sillian verbracht und in Anwesenheit der dortigen Zwangsarbeiter an der Hauptstraße nach Arnbach durch König gehängt. Die Stimmung in der Sillianer Bevölkerung dazu war gedrückt, man empfand das Vorgehen als „Schmähung".[124] Außerdem sind schwerste Misshandlungen von zivilen Zwangsarbeiterinnen und Zwangsarbeitern durch die Sillia-

Die russischen Zwangsarbeiterinnen Marie Zelluiko (rechts) und ihre Cousine Dania, untergebracht am Asthof und in Panzendorf.

ner Gestapo-Beamten belegt, so etwa an der am Asthof untergebrachten Russin Marie Zelluiko.[125]

Der Hauptgegner der Nationalsozialisten in der gesamten „Ostmark" war die katholische Kirche, und zahlreich waren die Schikanen und Verfolgungsmechanismen in diese Richtung. Abseits der konstanten Einschüchterung des Sillianer Klerus (Dekane Josef Fuchs und Josef Hanser, Kooperator Anton Draxl)[126] entließ man zum Beispiel zu Beginn des Schuljahres 1938/39 zwei Klosterschwestern aus der Volksschule in Sillian. Um Missstände hintanzuhalten, stellte Bezirksschulinspektor Erwin Goltschnigg kurzerhand die pensionierte Berta Goller wieder ein. Die Gestapo wiederum veranlasste dann die Entlassung dieser ehemaligen Anhängerin des Ständestaates, und Goltschnigg, der von Haus aus NS-gesinnte Lehrkräfte als dringendst erachtete, stellte sie aufgrund der Notsituation bis zur ersatzweisen Ablöse wieder ein, zumal weder Ortgruppen- noch Kreisleiter etwas dagegen einzuwenden hatten.[127] Den Barmherzigen Schwestern kündigte man Anfang 1940 die Arbeit in der Sillianer Pflegestelle für die Armen.

Als etwa Anfang 1939 das Gerücht die Runde machte, dass der Staat den Geistlichen keine Bezahlung mehr zukommen ließe, wandte sich Ortsgruppenleiter Hermann Rainer in einem harschen Schreiben an den Sillianer Dekan Josef Fuchs. Dieser konterte mit existierenden, die Kirche zum Teil heftig verunglimpfenden Aussagen der jüngsten Zeit (NS-Gesang am Marktplatz in Sillian: „stellt die Schwarzen – die Pfaffen [also ihre Priester] an die Wand"), was die tief religiöse Bevölkerung sehr erschüttern würde. Zur Lösung dieser Probleme, zur Bekämpfung dieser verbalen Wirtshaus-Ausgeburten verwies er auf die große Machtbefugnis Rainers als Ortsgruppenleiter.

Nach der zwangsweisen Ablieferung aller Glocken (bis auf eine) als notwendige Metallreserve Anfang 1942 (wie schon 1917) mussten ein Jahr später alle weiteren „entbehrlichen" kirchlichen Metallgegenstände, also jene ohne künstlerischen Wert, abgegeben werden. Die Listen für das Dekanat Sillian enthalten dabei vor allem Leuchter, Ampeln und die kleinen Altarglocken.[128] Mitte 1949 konnte man auf dem Sillianer Marktplatz feierlich die neu gegossenen und u. a. durch private Spenden finanzierten Glocken weihen.[129]

Im Zusammenhang mit der Besetzung Italiens durch deutsche Truppen Anfang September 1943 (nach dem Sturz Mussolinis und Italiens Kriegsaustritt) war der Kreis Lienz dann erstmals direkt vom Kriegsgeschehen betroffen. An der Grenze des Deutschen Reiches zu Italien bei Sillian hatte sich schon ein Bataillon der „Brigade (Generalleutnant) Doehla" gesammelt gehabt, das nun vorrückte.[130] Bei kleineren Gefechten mit italienischen Grenztruppen wurden drei italienische Soldaten getötet und einer verletzt, die Sillianer Landwacht zur Bewachung der circa 1.000 Gefangene umfassenden Transporte sowie des Wehrmachtsmaterials eingesetzt.[131] Den Ausstieg Italiens sah man in Osttirol als „Verrat" an, die Bevölkerung reagierte laut Gendarmeriechronik-Vermerken mit „Empörung und Verachtung".[132]

Mit der Errichtung der zweiten Luftfront durch die Westalliierten in Süditalien Ende 1943 waren die Gaue Tirol-Vorarlberg und Kärnten keine Überfluggebiete mehr – aufgrund der enormen Aufwertung der Brennerstrecke und der benachbarten Pustertalbahn Lienz-Sillian-Franzensfeste als militärische Versorgungslinien der Wehrmacht in Italien gerieten Nord-, Ost- und Südtirol ins „Zielvisier" der alliierten Luftwaffe.[133] Abseits der bereits seit 1939 laufenden Verdunkelungspflicht ging es ab Mitte 1943 um den verstärkten Luftschutzkeller(aus)bau. In Sillian zogen sich die weiteren Arbeiten an den zwei Stollen

Glockenabnahme in Sillian, 29. Jänner 1942.

am östlichen bzw. westlichen Ende des Marktes, nach ersten Grabungen mit 45–50 Metern Tiefe als Schutz für 400–500 Personen, von August 1943 bis fast zu Kriegsende 1945 hin.[134]

Neben vielen Notabwürfen folgten die ersten gezielten Angriffe auf Osttirol in der ersten Novemberhälfte 1944 und trafen Lienz sowie eine Straßenbrücke bei Sillian.[135] In der Folge wurden bis zum April 1945 besonders die Eisenbahnanlagen und Bahnhöfe von Lienz und Sillian von US-Bombern und Tieffliegern beschossen. Sechs Flugzeuge griffen am 3. März 1945 einen Güterzug der Wehrmacht bei Weitlanbrunn an, wobei außer dem Zug zwei Wirtschaftsgebäude in Arnbach in Brand geschossen wurden. Anschließend flogen die Maschinen nach Sillian weiter und nahmen den dortigen Bahnhof ins Visier. Dabei wurden zwei nahe Bauernhöfe („Asthöfe") getroffen, die mit sämtlichem Inventar niederbrannten. Da die Familien Leiter und Kraler die Häuser verlassen hatten, kamen keine Menschen zu Schaden, aber je 9 Stück Vieh und einige Hennen kamen in den Flammen jämmerlich um.[136] Am Ende waren insgesamt, besonders wegen der Attacken auf die Kreisstadt am 19. und 26. April, 18 Todesopfer zu beklagen.[137]

Die Aufstellung des „Deutschen Volkssturmes", sprich aller waffenfähigen Männer von 16 bis 60 Jahren als „letztes Aufgebot" im Herbst 1944, brachte militärisch rein gar nichts mehr. Adolf Hitler beging am 30. April 1945 im „Führerbunker" in Berlin Selbstmord. Die sehr spät gebildete kleine katholisch-konservative Widerstandsbewegung der NS-Verfolgten Theodor Hibler und Hermann Pedit hatte die Lage in Lienz vor der Ankunft der Briten so gut als möglich gesichert. Mit deren Einmarsch in Osttirol am Nachmittag des 8. Mai 1945 wurde die dortige Bevölkerung vom Nazijoch befreit. Das „Tausendjährige Reich" hatte bedingungslos kapituliert. In Panzendorf etwa wurden die britischen Verbände mit Fahnenschmuck als Befreier begrüßt.[138] Der 10. Mai „wird ewig in Erinnerung bleiben", so ist in der Sillianer Gendarmeriepostenchronik nachzulesen: „Gegen 08.30 Uhr fuhr ein britischer Tank [Panzer] mit 6 Mann Besatzung aus der Richtung Luggau kommend in Sillian bis zum Postamt." Am Nachmittag trafen 300–500 weitere britische Soldaten ein, die ebenfalls nach Weitlanbrunn und Arnbach weiterfuhren. In Sillian sollten die „Freiheitskämpfer der österreichischen Widerstandsbewegung" Walter Jesacher/Arnbach und der KZ-Überlebende Georg Schneider/Perlunger-Sillianberg die britische Militärpolizei bei den Verhaftungen der NS-Funktionäre unterstützen.[139]

Neubeginn – Entnazifizierung, Grenzsperrzone, britische Besatzung 1945–1955

Vorab sei für die Zweite Republik Österreich vermerkt, dass in Osttirol und Sillian[140] seit 1945 bis in die Gegenwart (Stand 2014) die Österreichische Volkspartei die maßgeblich dominierende politische Kraft darstellt. Wenngleich innerbündische Konflikte, ÖVP-nahe Ortslisten und das zeitweise lokalspezifische Erstarken der FPÖ oder SPÖ diese Hyperdominanz – besonders seit dem Abtritt von ÖVP-Langzeit-Landeshauptmann Eduard Wallnöfer und den für die Volkspartei verlustreichen Landtagswahlen von 1989 – geschmälert haben.[141] Ein Manko muss für Sillian konstatiert werden: dass die Marktgemeinde seit Franz Niederegger, der 1919–1921 für die Tiroler Volkspartei im Tiroler Landtag Platz genommen hatte, nie mehr im Innsbrucker Landesparlament vertreten war.[142]

Nachdem sich der Ring der Roten Armee um Berlin immer enger geschlossen hatte, war zur gleichen Zeit, am 27. April 1945, mit dem Einverständnis der Sowjets in Wien eine österreichische Provisorische Staatsregierung unter Kanzler Karl Renner gebildet worden – erst im Herbst gab es die ersten demokratischen Wahlen der Zweiten Republik, aus denen eine Große Koalition aus ÖVP und SPÖ hervorgehen sollte; in Sillian[143] mit 774 Stimmen ÖVP, 95 SPÖ, 0 KPÖ.

Mitten im Chaos zu Kriegsende – durch das Pustertal und Sillian auf dem Rückzug befindliche Wehrmachtsverbände[144], Baracken-Plünderungen bei Arnbach und Panzendorf, Selbstmorde ideologietreuer Sillianer Nationalsozialisten[145] – erreichte Anfang Mai der große Tross der mit dem Dritten Reich verbündeten Kosaken den Lienzer Talboden: rund 25.000 Männer, Frauen und Kinder mit Sack und Pack, mehreren tausend Pferden und sogar einigen Kamelen (Osttirol hatte damals 35.000 Ew., Lienz 8.000 Ew.). Ihr Schicksal war aber bereits durch die „Großen Drei" Roosevelt, Churchill und Stalin in Jalta fixiert worden. Die Briten „übererfüllten" dieses Abkommen sogar, indem sie alle Kosaken (und nicht nur ehemalige Sowjetbürger) an die UdSSR – und damit in todbringende Zwangsarbeitslager – auslieferten. Beim ersten brutalen Abtransport durch die Briten am 1. Juni 1945 in der Lienzer Peggetz dürften u. a. durch Panik und Selbstmord mehrere 100 Kosaken den Tod gefunden haben. Bis Mitte Juni hatte man bereits über 22.000 Kosaken zwangsrepatriiert.[146]

Die Briten besetzten gleich nach ihrer Ankunft ganz Osttirol – die US-Panzer hatten am 2. Mai an der Arnbacher Grenze Halt gemacht, da der Bezirk zur Zone Londons gehörte[147] –, aber ihr Schwergewicht lag zum einen auf Lienz und Matrei und zum anderen auf der Grenzregion bei Arnbach. Durch die britische Feldpolizei – FSS (Field Security Service) – wurden u. a. folgende Personen von Sillian in das Entnazifizierungslager Wolfsberg (Kärnten) gebracht: die Gestapo-Beamten Fritz Höller und Josef Steiner, die Mitarbeiter des Sicherheitsdienstes (SD) der SS Gendarm Peter Hopfgartner sowie Kaminfegermeister Johann Linder, NS-Bürgermeister, Arzt und SA-Sturmführer Johannes Paul Müller sowie die Ortsgruppenleiter Hermann Rainer und Josef Müller.[148]

Neben dem Wiederaufbau des Lienzer Hauptplatzes und Bahnhofs stand besonders die Sicherung der Nahrungsmittelversorgung im Vordergrund. Dafür zeichnete ab 11. Mai 1945 der neue Bezirksbauernobmann, Leiter des Ernährungsamtes und spätere langjährige ÖVP-Parlamentarier Franz Kranebitter verantwortlich. Und während in der Steiermark, Kärnten und Osttirol für die nächsten zehn Jahre der Besatzungszeit London das Sagen haben sollte, wurde Nordtirol zunächst von den US-Amerikanern befreit; dann folgten dort und in Vorarlberg jedoch alsbald die Franzosen als Besatzungsmacht nach. Der Weltkrieg endete erst nach der Kapitulation Japans am 2. September 1945, besonders erzwungen durch die beiden ersten Atombombenabwürfe auf Hiroshima und Nagasaki am 6. bzw. 9. August.

Sillian etwa war nach dem Ende der Kampfhandlungen im Mai fast ein ganzes Jahr völlig isoliert, zumal noch Anfang 1946 die Grenze nach Südtirol „wie das Höllenschloß" versperrt war, „kommt niemand hinüber und niemand herüber"[149], und erst mit 3. März 1946 die ersten Züge zwischen Sillian und Lienz verkehrten, womit Ersteres wieder Anschluss an den „Weltverkehr"[150] gefunden hatte. Ebendiese Grenze ignorierte vollends der nach dem Zweiten Weltkrieg aufblühende Viehschmuggel zwischen Kartitsch/Sexten, Arnbach/Winnebach, Villgraten/Gsies.[151]

Im Sommer 1946 kam es dann zu schweren Spannungen in Sillian. Dort stießen nicht nur Gendarmeriebeamte wiederholt mit Angehörigen der Besatzungsmacht zusammen, sondern der britische Ortskommandant verdächtigte die Bevölkerung offen der „Sabotage" und drohte in einer Gemeinderatssitzung mit Geldbußen, Ausgehverbot und sogar Standrecht! Nachdem die Briten kurz darauf aber aus Sillian abzogen, konnte der Chronist des Gendarmeriepostens sein „erhebendes Gefühl" darüber nicht mehr zügeln, „wieder frei durch die Straßen des Marktes zu gehen, ohne Spießruten laufen zu müssen".[152]

Im Mai 1945 war im ehemaligen Reichsarbeitsdienst-Maidenlager bei Sillian ein Russenlager eingerichtet worden, das bereits im Juni in den Markt übersiedelte und bis zum Sommer 1946 bestand. Die dort Untergebrachten, die hauptsächlich Kosaken aus dem Lager in der Lienzer Peggetz gewesen sein dürften, waren zu verschiedenen Arbeiten eingeteilt und bauten unter anderem den ersten Schilift in Osttirol.¹⁵³ Dieser war im Auftrag der Londoner Militärregierung von der Marktgemeinde Sillian auf der Schattseite errichtet und Anfang 1946 feierlich eröffnet worden – und gleich wurden Schikurse für die britischen Besatzungstruppen organisiert.¹⁵⁴ Im darauf folgenden September wurde der als „unrentabel" eingestufte Lift an vier Sillianer Privatbetreiber verkauft.¹⁵⁵

Wie ging man in Sillian mit dem zeitlich nahen lokalspezifischen Schatten der NS-Zeit um? *Erstens*: Die Besetzung des Bürgermeisterpostens lief so ab, dass sich in der konstituierenden Sitzung des Gemeindeausschusses am 1. April 1946 alle Gemeinderäte für den bisherigen kommissarischen Bürgermeister Alfons Niederegger entschieden, der dieses Amt seit 10. Mai 1945 bekleidet hatte. Niederegger gab aber an, als ehemaliges NSKK-Mitglied nicht wählbar zu sein, worauf die Angelegenheit vertagt wurde. Zwei Monate später entschied man sich dann für die Bestellung Johann Herrneggers (1946–1962) zum neuen Sillianer Gemeindeoberhaupt. Am 14. November 1946 scheint der spätere Langzeitbürgermeister Anton Gesser das erste Mal als Schriftführer auf.¹⁵⁶ *Zweitens*: In punkto zumindest teilweise Wiedererrichtung der 1938/39 zwangsweise vereinigten Osttiroler Gemeinden durch den Tiroler Landtag Ende 1948/Anfang 1949 wurde Panzendorf aus einstimmigem Antrieb aus Sillian „herausgelöst", die Arnbacher wählten den Verbleib.¹⁵⁷ *Drittens:* die Entnazifizierung: Von Ende 1946 in ganz Osttirol 2.454 registrierten ehemaligen Nationalsozialisten (circa 7 % der Bezirksbevölkerung) waren 442 „Illegale", was rund 18 % entspricht. Sillian wies 117 Registrierte auf, darunter 35 „Illegale" (24 Männer, 11 Frauen) – und war damit bezirksintern zahlenmäßig im Spitzenfeld, neben den anderen Gemeinden mit „umtriebigen" Hitler-Anhängern in den 1930er-Jahren: Lienz, Dölsach, Matrei, Nußdorf.¹⁵⁸

Der erste Schilift in Osttirol auf der Sillianer Schattseite.

Unterschrift von Schriftführer Anton Gesser.

Um die Bevölkerung mit den zentralen Anliegen in punkto Flüchtlingswesen, Wiederaufbau, Entnazifizierung und besonders Bekämpfung der Versorgungsnot zu erreichen, begründete Franz Kranebitter, mittlerweile Landtagsabgeordneter der Tiroler ÖVP, mit dem Sanctus der Briten Anfang 1946 den „Osttiroler Boten". Das Schicksal Südtirols bestimmte damals – auch emotional – Österreich, Tirol, Osttirol, Sillian. Den Siegermächten des Zweiten Weltkriegs lag ein zukünftiger Partner Italien allerdings weit näher, man wollte keine Änderung des Grenzverlaufs von 1919/20 zugunsten des wiedererstandenen Österreich. Der Vorschlag einer Minimalvariante der „Pustertallösung" (Rückgabe wenigstens dieses Tales als Verbindung zwischen Nord- und Osttirol – was Sillian von der misslichen Grenzlage befreit hätte!) durch den österreichischen ÖVP-Außenministers Karl Gruber als quasi erster Schritt einer Gesamtlösung im Mai 1946 war letztlich kontraproduktiv. Auch aufgrund der massiven Ablehnung seitens der Südtiroler Volkspartei.[159] Am Ende stand die Autonomielösung im von Gruber und dem italienischen Ministerpräsidenten Alcide De Gasperi am 5. September 1946 unterzeichneten „Pariser Abkommen" – eine vorläufige „Abklärung", wie der gewaltsame Ausbruch des Konflikts in den 1960er-Jahren mit Südtiroler Sprengstoffattentaten und italienischer Folter zeigen sollte.

Vom Emotionalen her war die letztlich im Herbst 1947 umgesetzte Loslösung Osttirols von Kärnten und die „Heimkehr" zu Tirol eine endlich erreichte Herzensangelegenheit. Nach der Wiedervereinigung der beiden Landesteile ging es sogleich um eine (wieder) durchgehende Verkehrsverbindung Lienz–Innsbruck durch das Pustertal, die besonders für Sillian so zentral war. Wie im „Gruber-De Gasperi-Abkommen" vom September 1946 als Art. 3c[160] festgelegt, schlossen Wien und Rom Ende 1948 ein Regierungsübereinkommen für den freien Personen- und Güterdurchgangsverkehr zwischen Nord- und Osttirol auf dem Schienen- und Straßenwege[161] – damit wurde die Pustertalbahn „reaktiviert". Der allererste weiß-blaue Triebwagen setzte sich am 16. November 1948[162] in Bewegung. Ein Lichtbildausweis für die Benutzung der Strecke Sillian–Franzensfeste–Brenner war mitzunehmen und der Aus- und Einstieg in Südtirol untersagt. 1950 war auch – in punkto Verbot, (Tausch-) Güter oder Gepäckstücke aus den Waggonfenstern herauszureichen – im „Osttiroler Boten" zu lesen: „Im Innsbrucker Triebwagen ist eine stickige Luft. Die Fenster dürfen nicht geöffnet werden, offenbar weil sich die Herren denken, derfroren sind schon viele, aber derstunken ist noch niemand."[163] Die „Öffnung" des in Südtirol „versperrten" Triebwagens erfolgte erst 1996.

Das Verhältnis zwischen britischer Besatzungsmacht in Form schottischer Verbände und Einheimischen war gut – die Basis stellte das positive Einvernehmen zwischen Bezirkshauptmann Theodor Hibler und dem ersten lokalen Befehlshaber Major Barton dar. Abseits der geschilderten Probleme in Sillian Mitte 1946 gab es noch höchstens vereinzelte Klagen wegen „angeheiterten" Briten, die für den Heimweg von der „Brauerei Falkenstein" Fahrräder entwendeten. Die von der Besatzungsmacht in Lienz belegten elf Wohnungen, vier Hütten und die „Haspingerkaserne" wurden mit der frühzeitigen Auflösung der britischen Garnisonen in Osttirol und Oberkärnten frei. So verließen die schottischen „The Queen's own

Cameron Highlanders" Osttirol im Oktober 1953 für immer.¹⁶⁴ Die Einziehung des „Union Jack", also der britischen Fahne, die seit 1945 bei der Grenzkontrollstelle Sillian wehte, erfolgte am 8. September 1955, 20:10 Uhr.¹⁶⁵ Zu diesem Zeitpunkt hatte Österreich seit Mai, und damit nach zehn Jahren im Kalten Krieg „versunkenen" Verhandlungen, endlich den Staatsvertrag „in der Tasche" und damit Unabhängigkeit und Souveränität wiedererlangt. Und man erklärte sich – wie mit den Sowjets ausverhandelt und von den Westmächten abgesegnet – am 26. Oktober per Gesetz immerwährend neutral.

In der Gemeinderatssitzung im Juni 1955 hatte Bürgermeister Herrnegger nicht nur die Bezahlung von 150.000 Schilling an die Zammer Barmherzigen Schwestern für die „Villa Bauernheim" (Schraffl-Villa) verkündet, sondern man sprach sich ebenfalls für das Vorantreiben der Wiederaufnahme des Bergwerks Panzendorf aus. Zudem diskutierte man – als letzten Einblick in den Gemeindealltag an dieser Stelle – das dringende Auswechseln des Gemeindestiers, „da er nicht mehr sprungfähig ist"¹⁶⁶.

Da war das Verteilnetz des E-Werks Sillian (Oberpustertaler Elektrizitätsgesellschaft am Villgratenbach) bereits längst, genau gesagt mit 1.1.1950, per Stromlieferungsvertrag an die Tiroler Wasserkraftwerke AG. verkauft, die zwei Jahre vorher Osttirol energiewirtschaftlich übernommen hatte. Die Gemeindevertretung hatte versucht, sich zu wehren, musste aber vor dem übermächtigen Gegner – Vollendung des in Bau befindlichen Debant-E-Werks im Winter 1949, Inbetriebnahme des neu errichteten Kalserbach-Kraftwerks 1950, langfristige Stromlieferungsverträge mit Oberdrauburg, Assling und Matrei in Osttirol, forciertes Verbundnetz – letztlich auch aus gemeindeinternen budgetären Gründen kapitulieren.¹⁶⁷

Die Gemeinderatswahlen des März 1950 hatten in Sillian zu einer Aufspaltung der örtlichen ÖVP in einen rechten Flügel unter Amtsinhaber Briefträger Johann Herrnegger und in einen linken mit drei Wählergruppen unter Alfons Niederegger, Heinz Kofler und Georg Schneider geführt. Die Liste Herrnegger erzielte die Mandatsmehrheit; die SPÖ erhielt ein Mandat, das der Malermeister Ferdinand Kühbacher ausübte. Bei der Bürgermeisterwahl wurde Herrnegger bestätigt.¹⁶⁸

Ohne das wieder herausgelöste Panzendorf und inklusive Sillianberg und Arnbach kann man folgende Bevölkerungsentwicklung der Marktgemeinde Sillian 1951–2001 auflisten:¹⁶⁹

Sillian	1951	1961	1971	1981	1991	2001
	1.669	1.948	1.988	2.004	1.997	2.080

Die ereignisreichen 1960er-Jahre – Südtirolfrage, Hochwasser, Grenzkontakte, Habsburg

In den 1960er-Jahren hatte sich Osttirol, und mit ihm Sillian, mit dem Terrorismus im benachbarten Südtirol auseinanderzusetzen. Die Grenze stellte dabei den Hauptfokus bzw. ein Nadelöhr dar. Im September 1960 zum Beispiel fanden Beamte der Zollwache Innervillgraten in einem APE-Dreirad vier Kisten mit 100 Kilogramm Sprengstoff, die für Südtirol bestimmt gewesen waren. Schon vorher waren sieben derartige Kisten mit dem Wissen des Ortspfarrers im Pfarrhof von Kalkstein im Villgratental deponiert und dann über die Grenze geschmuggelt worden. Die „Täter" gehörten zur Pustertaler Gruppe des „Befreiungsausschusses Südtirol" (BAS), der dort seit den späten 1950er-Jahren Sprengstoffanschläge durchführte.¹⁷⁰ Abseits ihrer Schmuggeltätigkeit hatten die Innsbrucker BAS-Angehörigen im Winter 1959/60 ihre Südtiroler „Mitkämpfer" übrigens auch in einem Ausbildungsort in Osttirol nahe der Grenze zu Kärnten in Sachen Sprengstoff trainiert.¹⁷¹

Nach der „Feuernacht" von 11. auf 12. Juni 1961, in der in ganz Südtirol 37 Masten gesprengt wurden, passierte im Bezirk Lienz ein Grenzzwischenfall. Ende Juli nahmen zwei bewaffnete italienische Grenzbeamte

Die vom Bergisel-Bund aufgestellte Tafel vor und nach der Zerstörung.

die drei Arnbacher Bauernburschen Johann Fuchs, Johann Mitteregger und Michael Oberhofer, die ihr Vieh zusammentreiben wollten, fest, obwohl sie die Grenze nicht (!) übertreten hatten. Nach Bozen überstellt, wurden sie wegen des Verdachts des Sprengstoffschmuggels verhört. Mangels Beweisen ließ man sie wieder frei und brachte sie über die Grenze retour.[172] Im Sommer/Herbst 1961 wurden die Gendarmerieposten Sillian, Kartitsch und St. Jakob in Defereggen zur besseren Überwachung der Grenze verstärkt.[173] Im Juni 1962 entdeckte man dann nahe der Bahnstrecke zwischen Sillian und der Grenze zu Italien eine nichtexplodierte Sprengladung mit der italienischen Verpackungsaufschrift samt Tricolore-Umrahmung: „Wir bestimmen die Grenze".[174]

Eine im Juli 1961 vom Lienzer Bezirkshauptmann Othmar Doblander bewilligte grenznah aufgestellte Bergisel-Bund-Tafel mit der Aufschrift „Niemals vergessen – *ein* Tirol" auf Deutsch/Französisch/Englisch und drei zerrissen aufgezeichneten Tirol-Teilen war von Anfang an „gefährdet": Bereits Mitte August fand man am Fuß der Tafel eine Sprengladung, die aber aufgrund mangelhafter Anbringung nicht explodiert war. Die Sillianer Gendarmerie tippte auf Täter aus Italien.[175] In der Nacht zum 26. August 1963 sollte die Tafel beim Versuch, sie mit einer Winde auszuheben, zersplittern und in die nahe Drau geworfen werden. Täter unbekannt. Im Schlussbericht der Gendarmerie Sillian konstatierte man „wenig Verständnis" diesseits und jenseits der Grenze für den Zweck der Tafel, die bloß „aufreizend" wirkte und die „bestehenden Spannungen" vertiefte. Deshalb glaube man eher an Täter aus Österreich. Die Tafel wurde trotz Bewilligungsansuchen des Bergisel-Bundes nicht mehr erneuert.[176]

Der schwerwiegendste Zwischenfall ereignete sich in der Nacht zum 25. Juni 1967 auf der Porzescharte an der Grenze zwischen Osttirol und der italienischen Provinz Belluno, als vier italienische Erhebungsbeamte wohl durch zwei vergrabene BAS-Tretminen getötet, ein weiterer schwer verletzt wurden. Der blutige Vorfall führte einerseits zum Einsatz des Bundesheeres an der österreichisch-italienischen Grenze bis Ende 1967 und andererseits zur Blockade der EWG-Verhandlungen Österreichs in Brüssel durch Rom.[177]

1965/66 wurde Osttirol von drei verheerenden Naturkatastrophen getroffen, deren Schadensbehebung nur durch große finanzielle Hilfe von Bund und Land sowie den Einsatz des Bundesheeres – zum Teil unter Verwendung der Maschinen aus dem glücklicherweise parallelen TAL-Ölpipeline- und Felbertauernstraßenbau – möglich war. Der bereits durchbrochene Felbertauerntunnel diente sowohl als Transportweg für einen zerlegten Hilfshubschrauber in den Bezirk Lienz als auch als Ausreiseroute für Touristen aus dem Bezirk. Muren, Hangrutschungen und Überschwemmungen kosteten in Osttirol tragischerweise insgesamt 23 Menschen das Leben (64 in zeitgleichen Katastrophen in ganz Österreich). Unzählige Wohnobjekte, Äcker, Wälder, Brücken und Straßen wurden zerstört oder beschädigt: Im zu St. Veit in

Sillian „unter Wasser", August und November 1966.

Defereggen gehörenden Weiler Gassen wurden sechs Menschen durch eine schreckliche Mure getötet. Das Iseltal bei St. Johann im Walde glich einem Flussbett, der dortige Friedhof und ein Teil der Kirche wurden zerstört. Die Pustertalbahn war von Anfang September bis Mitte November 1965 und erneut Mitte August bis Ende September 1966 unterbrochen. Anfang November 1966 war Osttirol zum dritten Mal von der Außenwelt vollkommen abgeschnitten und nur mehr über Hubschrauber erreichbar; die Gegend in und um Sillian war aufgrund des Draudammbruchs oberhalb der Bahnhofsbrücke und bei der Schinterbrücke in Arnbach zu einem großen See geworden, mit 127 von 268 Häusern (für mehrere Wochen) im Wasser, das stellenweise eine Standhöhe von 1,70 Metern hatte. Es mussten mehrere 100 Menschen evakuiert werden. 16 Rinder, zwölf Schweine, zwei Ziegen und diverses Kleinvieh ertranken in den eiskalten Fluten.[178]

1967 war dann nicht nur das Jahr der Inbetriebnahme der TAL-Ölpipeline Triest–Osttirol–Ingolstadt, der Eröffnung der lang herbeigesehnten und hart erkämpften Felbertauernstraße und des bereits erwähnten heimtückischen Porzescharte-Attentats, sondern auch jenes der Rundreise von Otto Habsburg im Bezirk. Der Sohn des letzten Habsburger Kaisers hatte vorher einen Thronverzicht abgegeben, sodass der Landesverweis/das Einreiseverbot aufgehoben worden war.[179] 1983 sollte sich die frühere Kaiserin und Mutter Ottos, Zita, für einen Tag in Osttirol aufhalten; mehrere 1.000 Menschen fanden sich zur Begrüßung am Lienzer Hauptplatz ein.[180] Dass bei Zitas Begräbnis sechs Jahre später zwei Schützenoffiziere aus Innervillgraten und Sillian das erste Paar der Sargträger bildeten, hatte der Bezirksobmann der Paneuropa-Bewegung, der Sillianer Gottfried Kiniger, veranlassen können.[181] So auch die Beteiligung eines Sillianer Schützen beim Begräbnis von Otto im Juli 2011 in Wien.[182]

Diese Häufung der Ereignisse des Juni/Juli 1967 betraf Sillian zwar nicht direkt, jedoch wurde die Relevanz für ganz Osttirol allgemein sehr wohl registriert.

Das Aufbrechen der Isolation nach Norden durch die winterfeste Nord-Süd-Verbindung durch die Hohen Tauern stellt wahrlich eine der bedeutungsvollsten Zäsuren innerhalb der Geschichte des Bezirks dar. Der Berichterstatter im „Osttiroler Boten", Gottfried Rainer, hielt dazu mit spitzer Feder fest: „Über die Felbertauernstraße klug zu referieren, hieße fürwahr Eulen nach Athen tragen oder Monarchisten nach Osttirol einschmuggeln. […] Desgleichen wirken die Tälerfahrt Dr. Otto Habsburgs und die damit verbundene Aufregung auch für weniger Einsichtige im Rückblick nunmehr wie eine fröhliche Sommeroperette."[183]

Abseits dieser großen Entwicklungen bildeten die Treffpunkte jenseits der Grenze in jenen Jahren doch auch so etwas wie einen persönlichen „Wallfahrtsort" für die Osttiroler Jugendlichen, wie sich Josef Rauter erinnert. Die Burschen seien mit dem Moped zur Unterhaltung nach Innichen gefahren; Verbandelungen von Sillianerinnen mit Italienern seien keine Seltenheit gewesen und hätten zu Konflikten geführt.[184] Als besonderer Begegnungsort bildete sich unmittelbar auf beiden Seiten der Grenze ein eigener Nahbereich mit Tankstellen, Imbissstuben und Gasthäusern heraus, der sich ganz auf die Grenzgänger ausrichtete – als einer der bekanntesten Treffpunkte etwa das „Ristorante al confine" von Rudolf Hörmann.[185]

Mit großen Schritten in die Gegenwart: Umbrüche vor Ort kontra das lange Warten auf Umfahrung und Schischaukel

Seit den 1970er-Jahren hat sich Sillian zunehmend verändert, was nicht zuletzt mit den Begriffen „Modernisierung" und „Globalisierung" gefasst werden kann. Es wurde ein Teil des von Marshall McLuhan konstatierten „globalen Dorfes". Unaufhaltsam stellten sich soziale und wirtschaftliche Veränderungen von lange konstant gebliebenen Werten ein. Demographisch gesehen geht es um ein Sinken der Geburtensterblichkeitsrate, eine höhere Lebenserwartung und niedrigere Geburtsraten. Dies korrelierte mit dem Fortschritt der medizinischen Versorgung und besserer Ernährung. Mobilität und Bildungsgrad stiegen. Die traditionellen Familienrollen weichten sich auf, die Religion verlor an Bedeutung. Immer weniger Leute arbeiteten in der Landwirtschaft, immer mehr in Industrie und Dienstleistungssektor. Satellitenfernsehen und Internet lassen die Randlage verschwinden.[186]

Diese herausfordernden Jahrzehnte fallen in die „Ära Gesser": Anton Gesser sollte 1968–1998 die Geschicke der Marktgemeinde als ÖVP-Bürgermeister leiten, nachdem er bereits vorher 22 Jahre lang als Sekretär seine Vorgänger Alfons Niederegger (1945/46), Johann Herrnegger (1946–1962) und Johannes Paul Müller (1962–1968 plus bereits 1942–1945) unterstützt hatte. Die Liste der umgesetzten Projekte ist lang und kann hier nur gestreift werden: Drauverbauung, 1. Hallenbad in Osttirol (Eröffnung

Eröffnungsfeier des Hallenbads mit Ansprache von Bürgermeister Anton Gesser, 23. Dezember 1971.

Werbeprospekt für das Ozon-Hallenbad Sillian, um 1975.

23.12.1971), Neubau der Haupt- und Renovierung der Volksschule, Thurntaler-Lift sowie die Niederlassung diverser Betriebe (Euroclima 1980) samt Siedlungsbau – also die wertvolle Schaffung von Arbeitsplätzen samt Wohnmöglichkeiten.[187] Die konstante Übermacht der Volkspartei bei den Gemeinderatswahlen in diesen Jahrzehnten sei durch das Ergebnis von 1983 verdeutlicht: ÖVP 896, SPÖ 224, FPÖ 47, Vereinte Grüne Österreichs 10, Alternative Liste Österreich 3, Österreich-Partei 13.[188] Die „Bürgermeisterliste Gesser" wurde schlussendlich bei den Gemeinderatswahlen im Frühjahr 1998 von der „Gemeinschaftsliste der ÖVP" klar überholt – und Erwin Schiffmann in der Folge zum neuen Bürgermeister gewählt.[189]

Am Beginn von Gessers Amtszeit sollte Sillians Jubeljahr 1969 stehen: 500 Jahre Markterhebung. Die Festlichkeiten begannen mit der Aufführung der alten Sillianer Passion, adaptiert von Norbert Hölzl, im März und fanden ihren Höhepunkt zum einen mit dem Marktplatz-Festgottesdienst am Jahrestag der Marktbrief-Ausstellung (29. Juni) und zum anderen mit dem großen historischen Festumzug (20. Juli). Zahlreiche Wägen aus Sillians bunter Vergangenheit und Gegenwart mit über 200 Akteuren begeisterten rund 8.000 Besucherinnen und Besucher. Gemäß Chronistin Maria Huber-Wanner erinnert man sich noch „heute" gerne an dieses „großartige Ereignis".[190]

Erstaunlich ist zu konstatieren, dass der das Weiterkommen lange lähmende Osttiroler Megakonflikt der Jahre 1971 bis 1989/91 Sillian praktisch nicht einmal gestreift hatte: Nationalpark Hohe Tauern kontra Dorfertal-Kraftwerk. Aufgrund der geographischen Entfernung hatte die Marktgemeinde keine Wasserableitungen zu befürchten, ist mit der Installation des Nationalparks ab 1.1.1992 aber auch nicht in den Genuss des im Landtag für die Parkgemeinden beschlossenen Sonderförderungs- und Infrastrukturnachfolgeprogramms (1991–2001, 2003–2007) gekommen.

Das grenzüberschreitende Zusammengehörigkeitsgefühl etwa zwischen Sillian/Innichen oder dem Osttiroler/Südtiroler Pustertal versuchten Politiker in der Neu-Beschwörung der Landeseinheit einzuhauchen: ob durch die Betonung der nach wie vor zusammenführenden Funktion der Pustertalbahn durch

Großer Festumzug anlässlich 500 Jahre Markterhebung von Sillian, 1969.

100-Jahre-Pustertalbahn, 1971 – Eintreffen der Jubiläumslokomotive am Sillianer Bahnhof.

den Südtiroler Landeshauptmann Silvius Magnago und den Tiroler Landeshauptmann Eduard Wallnöfer anno 1971 anlässlich der 100-Jahr-Feier der Eröffnung[191] (den nächsten feierlichen grenzübergreifenden Anlass bei der Bahn stellte die Inbetriebnahme der elektrifizierten Pustertalverbindung 1989 dar[192]); durch die vom Lienzer Bezirkshauptmann Othmar Doblander und dem Pustertaler Talschaftspräsidenten Josef Jud initiierten, seit 1970[193] regelmäßig zweijährig stattfindenden Bürgermeistertreffen Pustertal–Osttirol; auch die Eröffnung des neuen Grenzübergangs Staller Sattel zwischen dem Osttiroler Defereggen- und dem Südtiroler Antholzertal 1974 ist in diesen Kontext zu stellen.[194]

Nachdem die Südtirolfrage mit „Paket" und „Operationskalender" 1969 stark an Brisanz verloren hatte, hielten im Bezirk gegenüber dem westlichen Nachbarn eher Neid bzw. Gleichgültigkeit Einzug. Johannes E. Trojer hatte u. a. mit seiner Kulturzeitschrift „Thurntaler" 1977–1987 stets versucht, die „Grenzlandmentalität aufzubrechen und die Grenze durchlässiger"[195] zu machen. Die vielschichtige Auseinandersetzung des Villgrater Forschers mit diesem Thema sei an zwei Beispielen kurz aufgezeigt: zum einen durch die nachstehende Wiedergabe der im „Osttiroler Boten" am 26. Jänner 1978 abgedruckten literarischen Glosse „Grenzlandkoller", die eine gelungen umrissene, kritische Gesamtschau von Österreich/Italien – Tradition/Instrumentalisierung bietet; zum anderen durch Trojers Engagement – ebenfalls anhand einer Glosse, und zwar vom Herbst 1978 –, den von den Monarchisten kritisierten Landeshauptmann Josef Schraffl in Schutz zu nehmen und zugleich aber auch ein Schweigen über dessen Rolle rund um den Untergang Österreich-Ungarns und den Verlust Südtirols 1918/20 abzulehnen. „Nachhilfe in Zeitgeschichte tut uns allen not", schrieb er aufklärerisch und zutreffend.[196]

Grenzlandkoller

Der Helm
Die Helmhütte
Die Helmschutzhütte
Der Helmschutzhüttenherd

Ein Alpinihut
Eine Alpinihutfeder
Ein Spielhahnstoß
Mitten durch den Helmhüttenherd
Feldhügelbunkerschlitzaugen
Obszöne Wände erbrochener
Grenzkammbunker
Einerseits trockene Latrinengruben
Andererseits schwelende Grenzlandgesinnung

Schmugglerheldenzeitalter vorbei
Schlagwort Grenzlandpokal
Schlagwort Grenzlandloipe
Schlagwort Grenzlandchor
Schlagbaum zu

Importgüter Rosengartengluten
Prozessionsromantik Mortadella
Andrä Hofer Paschtaschutta
Treueschwüre Verbrüderungsräusche
Schlagbaum zu

Die Leibesfrucht ist durch die
Nabelschnur mit dem Mutterkuchen
Verbunden
Fern dem Landesvater
Abgeschnitten vom Mutterland nörgeln
Und an der eigenen Placenta nagen

Export Museln Trachtenträger
Einsatzflaschen
Erinnerungstränensäcke
Erinnerungstränen
Erinnerungen
Ein untergeordnetes
Aber höherstrebendes Zollwacheorgan
Amtswaltet
Schlagbaum zu
Schlagwort auf
Echt & ewig Schrot & Korn Pflicht &
Einsatz zu bewährten Mitteln greifen
Eng zusammenstehen & zufrieden sein

Schlagwort zu
Und eine Handvoll Heimaterde
Zornig zerkrümeln
Fernlastfahrerflüche
Damit die Schlagwortbäume nicht
In den Himmel wachsen

Während die Sillianer Gendarmerie sowohl für die Ermittlungen um den gewaltsamen Tod des Villgrater Wilderers Pius Walder 1982, über den kindermissbrauchsverdächtigen Mesner von Außervillgraten 1990 als auch beim Brand des für die Villgrater Kulturwiese vorgesehenen Bauernhauses 1996 zuständig war[197], kommt in diesem Zeitabschnitt dem Jahr 1988/89 eine besondere Bedeutung zu. Nicht so sehr das international selbstverständlich pivotale Ereignis, der Fall der Berliner Mauer, sondern die Eröffnung des vollerschlossenen Thurntaler-Schigebiets (Einseilumlaufbahn, Vierersessellift) unter der Ägide von Bürgermeister Gesser und Betriebsinhaber Heinrich Schultz.[198] Die neuen Herausforderungen für die rund 30 bis 40 österreichischen Zollbeamten wiederum waren zur gleichen Zeit. Neben der regulären Reiseverkehr- und LKW-Abfertigung mit punktuell gigantischem Ansturm bei Anti-Transit-Blockaden am Brenner oder in Tarvis einerseits das Entdecken illegaler Grenzgänger besonders aus dem Osten (Schlagwort „Zusammenbruch des Ostblocks"), andererseits der Ansturm italienischer Pilzesammler; waren an geraden Tagen 2 kg pro Kopf erlaubt, so nahm man an einem ungeraden Tag einmal 400 kg Schwammerln ab.[199] Und zum touristischen Quantensprung: 1990 wurde anstelle des Kurhotels „Bad Weitlanbrunn" ein 4-Sterne-Hotel (ab 1998 mit Namen „Alpenhotel Weitlanbrunn"), 1992 nahe der Thurntalerlift-Talstation das „Sporthotel" in Betrieb genommen (Erweiterung/Neueröffnung 2003).[200]

Zentrale Bedeutung für die Neuakzentuierung des Sillianer Grenzlandschicksals kommt dem österreichischen EU-Beitritt mit 1.1.1995 und dem am 1.4.1998 in Kraft getretenen Schengener Abkommen zu. Die Abstimmung über den Beitritt Österreichs zur Europäischen Union vom 12. Juni 1994 zeigte die Eigenwilligkeit der Bezirksbevölkerung. Zwar lag man mit 65,67 % „Ja"-Stimmen knapp unter dem österreichweiten Schnitt von 66,39 %, aber deutlich über dem Gesamttiroler Ergebnis von 56,42 %. Die Bandbreite reichte von nur 49,9 % „Ja" in Innervillgraten bis zum absoluten Tiroler Spitzenreiter Prägraten mit 79,36 % Stimmen für den EU-Beitritt. Sillian war mit 61,53 % Zustimmung unter dem Osttiroler/Österreich-Durchschnitt. In Nordtirol dürfte die Transitproblematik mehr „Nein"-Stimmen gebracht haben, die Osttirolerinnen und Osttiroler erhofften sich von Brüssel kurz- wie langfristig wohl: eine weitere Abschwächung der Randlage des Bezirks, EU-Fördergelder sowie mehr Aufträge für die Wirtschaft und mehr Touristen.[201] Mit 1. Jänner 1995 wurde Österreich – neben Schweden und Finnland – neues Mitglied der EU.

Mit dem am 1. April 1998 in Kraft getretenen „Schengener Abkommen" verzichteten Österreich, Italien und die Bundesrepublik Deutschland auf Kontrollen im Personenverkehr an ihren gemeinsamen Grenzen (Identitätsausweise, Zoll). Das große Grenzzollamt wurde österreichischerseits aufgelassen. Wenn damit natürlich nicht die staatlich-politische Grenze gefallen war, so ermöglichte „Schengen" doch einen wesentlichen Schritt in Richtung engeres Zusammenwachsen von Osttirol und Südtirol, besonders des gesamten Pustertales. Die Bandbreite möglicher Kooperationen reicht dabei von Tourismus, Kultur und Wirtschaft bis hin zur Anti-Transit-Bewegung.[202]

Die daraus resultierende neue Basis zwischen Südtirol und Osttirol lässt sich auch durch Firmenniederlassungen aus Richtung des „Nachbarn im Westen" festmachen. Das Jahr 1999 brachte die Eröffnung von gleich zwei Zweigbetrieben, die nicht nur vor Ort Arbeitsplätze schafften, sondern den Bezirk Lienz in einer globalisierten Welt aus seiner Randlage heraus vorwärts brachten. Neben der großen Waffelfabrik von Loacker in Heinfels besetzt besonders Durst Phototechnik AG mit dem Werk in Lienz eine wichtige Nische in der Inkjet-Technologie. Der Konzern mit Niederlassungen bis in die USA und Singapur verhilft der Bezirksstadt weltweit zu Renommee. In der im Mai 2011 erschienenen Ausgabe des Südtiroler Wochenmagazins ff subsumiert die Titelstory dagegen

Werbeprospekt für das Schigebiet am Thurntaler, 1988/89.

Abriss der Überdachung des ehemaligen österreichischen Zollamtes, 21. Mai 2014.

eher eine Konkurrenz zwischen den beiden Landesteilen, wenn es hinsichtlich der Loacker-/Durst-Nachfolge mit Lorenz Pan in Lienz und Rubner-Tochter Nordpan in Strassen lautet: „Die Flucht aus Südtirol. Warum unsere Unternehmer lieber bei den Nachbarn investieren".[203]

Empfindlichkeiten gab es indessen weiterhin: Jene offiziellen Schilder des Landes Tirol direkt an der Arnbacher Grenze, welche die besuchenden Südtiroler Anfang 2002 großflächig mit „Grüß Gott in Tirol" willkommen hießen, ließen im Pustertal die Wogen hochgehen, was man in Innsbruck wiederum so gar nicht verstand. Die „Tiroler Tageszeitung" titelte auf ihrer „Osttirol-Seite": „Tirol hört nicht bei Arnbach auf". Auf der neuen Tafel mit Frühlingsmotiv stand einige Monate später noch immer der idente Spruch, obwohl der Marketingchef des Landes Tirol die Abänderung auf „Grüß Gott in Osttirol" zugesagt hatte. Ein anonymer Sprayer nahm sich dann der Sache an und platzierte ein fettes „*Ost*" vor „Tirol". Der Tragödie letzter Teil sechs Wochen später: Das Land Tirol ließ das Plakat abnehmen – sodass dem westwärts Fahrenden wie gehabt ein „Willkommen in Südtirol" begrüßte, er aber bei einem Blick in den Rückspiegel jetzt ein „weißes Nichts" erblickte.[204]

Im gleichen Jahr, 2002, konnte man im Juli feierlich die Übersiedlung in das neue Sillianer Gemeindehaus sowie dessen Einweihung begehen. Auch der Neubau der Wasserversorgungsanlage (zwei Hochbehälter plus Sanierung der Hirschlaken- und Rieserkaserquellen) wurde zu dieser Zeit abgeschlossen.[205] Ein Höhepunkt für die ganze Marktgemeinde sollte zwei Jahre später der große Festzug anlässlich 100 Jahre Bauernbund sein, bei dem als Auftakt eine Gedenktafel für den aus Sillian stammenden Mitbegründer und ersten Obmann Josef Schraffl enthüllt wurde.[206]

2008 folgte die feierliche Eröffnung des neuen Sillianer Kulturzentrums, dessen Herzstück der große Kultursaal mit rund 450 Sitzplätzen darstellt.[207]

Ehe die Aspekte Umfahrung und Schischaukel näher zur Sprache kommen, die sich schon über Jahre, ja, in ersterem Fall, Jahrzehnte hinziehen, ein Wort zur Ausdünnung der Pustertalbahn in der allerjüngsten Zeit: 2001/02 strichen die ÖBB zwei Zugspaarverbindungen Lienz–Innsbruck – die „Sillianer Deklaration" aller Osttiroler Bürgermeister hatte lediglich die erwogene Auflassung von vier Zugshaltestellen zwischen Lienz und Sillian verhindern können, eine Fahrzeitverkürzung um jeden Preis sollte es nämlich auch nicht sein. Damit standen nur mehr zwei (!) Tagesverbindungen Lienz–Innsbruck und retour zur Verfügung. Der ÖBB-Fahrplanentwurf vom Oktober 2003 enthielt weiterhin nur zwei Direkt-Zugpaare Lienz–Innsbruck pro Tag – einzig am Freitag bzw. Sonntag gab es ab Mitte Dezember 2003 doch zusätzlich einen Nachmittagszug Innsbruck–Lienz bzw. Lienz–Innsbruck. Diese gewisse Verbesserung war auf Gespräche zwischen ÖVP-Landeshauptmann Herwig van Staa und ÖBB-Vorstand Rüdiger vorm Walde zurückzuführen.[208] Heute, Stand 2014, steht dem Ende 2013 durch die Schwarz-Grüne Tiroler Landesregierung abgeschafften Direktzug Lienz–Innsbruck (unter Einführung eines Doppeldeckerbusses stattdessen) ein neuer Dreier-Landtagsbeschluss Tirol/Südtirol/Trentino auf Eben-Wiedereinführung des Direktzuges 2015/16 (?) gegenüber.[209]

Das Thema „Osttirol und (Anti-)Transit" setzte zirka in den 1970er-Jahren ein mit den Diskussionen um den Ausbau der Pustertaler Straße zu einer Schnellstraße als Zubringerstrecke zur Brennerautobahn. Dazu gesellten sich Zwistigkeiten um Ortsumfahrungen (Lienz, Abfaltersbach, Sillian) sowie um eine eventuelle Anbindung an die nahe Belluneser Alemagna-Autobahn, etwa durch einen Kärntner Plöckentunnel oder den Cavallinotunnel nach Kartitsch. Gegen die Alemagna sprachen sich dann u. a. die beiden Landeshauptleute von Südtirol und Tirol, Luis Durnwalder und Wendelin Weingartner, 1996 aus. Auch die Unterzeichner der „Alpenkonvention" (EU und Alpenanrainerstaaten) wandten sich 2000/02 gegen den Bau neuer alpenquerender Hauptrouten. Eine Weiterführung der Alemagna-Autobahn seitens Italien ist aber nach wie vor nicht ausgeschlossen bzw. auszuschließen. Die Umfahrung Abfaltersbach wurde Ende 2000 fertiggestellt – hier hatte die ÖVP im Alleingang gegen den Widerstand von Transitgegnern, Bürgerinitiativen und die Bezirksorganisationen von SPÖ, FPÖ und den Grünen das „OK" gegeben.[210]

Wie ist es nun um die *Umfahrung Sillian* bestellt? Das seit den 1960er-Jahren immer wieder diskutierte Thema steht nach unzähligen Varianten (einmal mit, einmal ohne zusätzlicher Umfahrung von Arnbach –

Eröffnung des Sillianer Gemeindezentrums 2002 mit den Schützen und prominenten Teilnehmern (v. l. n. r.): DI Günther Csaba Drégelyvári (Geschäftsführer TIGEWOSI), Bürgermeister Erwin Schiffmann, Landesrat Konrad Streiter.

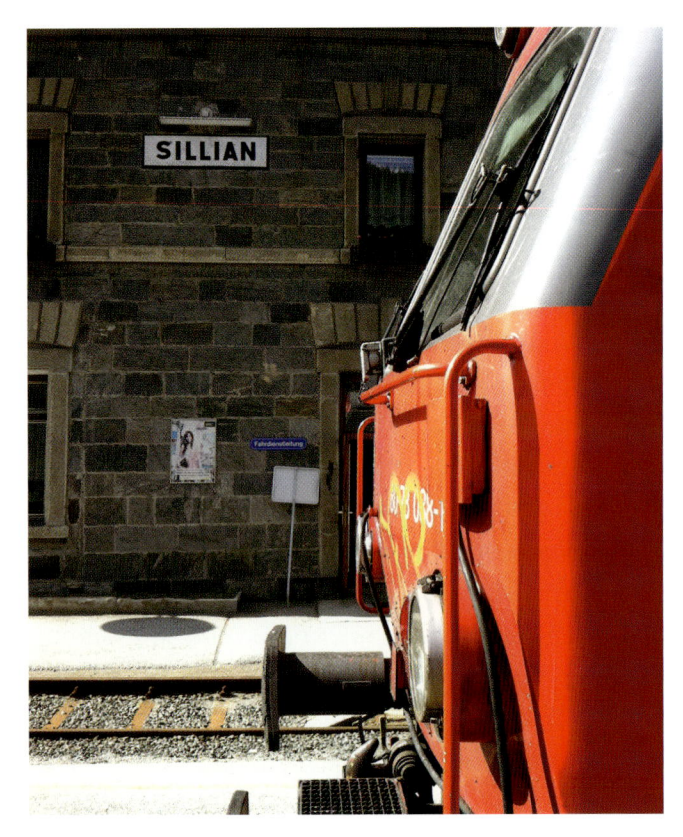

Was wird aus der Pustertalbahn?

ein Zeitungsbericht von 2007 spricht von 44 Projekten in 42 Jahren![211]), Berechnungen, Zerwürfnissen nach wie vor in den Sternen. 1982 wurde der Antrag des Osttiroler ÖVP-Abgeordneten Leo Gomig im Landtag in Innsbruck einstimmig angenommen, wonach Landeshauptmann Wallnöfer beim Bautenminister in Wien den umgehenden Baubeginn für die Umfahrung Sillian erwirken möge – aufgrund der Vervielfachung der LKW-Frequenz durch die Ausweitung der Zollabfertigung am Grenzübergang Sillian-Arnbach „unter allen Umständen noch im Jahr 1983". 1999 hieß es an gleicher Stelle – im Widerstreit mit dem Grünen Georg Willi sowie dem Defregger FPÖ-Abgeordneten Gerald Hauser, dessen Antrag hinsichtlich der Projektierung einer Nordumfahrung abgelehnt wurde – seitens des Osttiroler Mandatars von der Volkspartei Helmut Krieghofer mehrfach, dass innerhalb von zwei Jahren eine Entscheidung fallen werde, ja, müsse. Passiert ist nichts, wenn auch ÖVP-Landeshauptmann Weingartner im März 2000 auf Anfrage Hausers betonte, dass die Sillianer Verkehrsfrage „eines der ganz dringenden Probleme in unserem Land" sei.[212]

Im Juni 2004 forcierte man mit mehrheitlichem Gemeinderatsbeschluss in Sillian – aber nur mit Forderungskatalog sowie einer Umweltverträglichkeitsprüfung – die Südvariante um 28 Millionen Euro im Gegensatz zur als teurer eingestuften Tunnelvariante im Norden.[213] Die Südumfahrung Sillian-Heinfels war für den zuständigen Tiroler Landesrat Konrad Streiter seit dem Frühjahr/Sommer 2005 ausgemachte Sache, und der Bau sollte 2006 beginnen.[214] Dazu kam es aber auch wieder nicht. Nach einer weiteren Verschiebung – laut Landeshauptmann Herwig van Staa Einsatz dieser finanziellen Mittel zum Wiederaufbau nach den so schweren Hochwasserschäden im Paznauntal[215] – erbrachte die unter Landesrat Anton Steixner bei der Landesbaudirektion in Auftrag gegebene Detailplanung sage und schreibe Gesamtkosten von circa 50 Millionen Schilling für die Südvariante. Dies sei laut Steixner nicht finanzierbar, eine Billigvariante wurde seitens Sillian abgelehnt. Für Bürgermeister Erwin Schiffmann waren damit in punkto „leidiges" Thema Umfahrung sieben ganze Jahre mit fünf verschiedenen Entscheidungsträgern in Innsbruck (Lugger, Weingartner, Hosp, Streiter, Steixner) anscheinend umsonst gewesen.[216]

Die „Never-ending Story" fand ihre Fortsetzung: Im Frühling 2009 legte die Landesbaudirektion gemäß Auftrag Steixners eine neue finanzierbare und technisch durchführbare Südumfahrungsvariante (32,5 Millionen Euro) vor, die sich auf Sillian beschränkte – laut Schiffmann wäre das Scheitern dieser Variante aus der Sicht des Landes das Ende für eine mögliche Sillianer Verkehrsentlastung „auf Jahrzehnte".[217] Nichtsdestotrotz deponierten im Spätsommer 17 betroffene Grundeigentümer ihr schriftliches „Nein" bei Steixner. Die „TT" titelte: „Definitives Aus für Umfahrung". Schiffmann und Steixner taten in einer gemeinsamen Erklärung kund, aufgrund fehlender Einigung in eine „längere Nachdenkpause" einzutreten.[218] Also alles wieder und erneut aufgeschoben – bis?

Die zweite Großentscheidung in Sillian ist der seit den 1970er-Jahren mehr oder weniger forcierte grenzübergreifende *Anschluss der Sillianer Schattseite*[219] *an eine Schischaukel mit Sexten* und an das mit der Zeit gigantisch gewordene Dolomiti-Schigebiet. Dem standen seit 2005 Haltungen im Tiroler Landtag samt dementsprechender Gesetzgebung[220] diametral entgegen, wonach fürs Erste keine neuen Lifte gebaut werden dürfen. Ein schwerer touristischer Rückschlag für die Region.[221] Der Südtiroler Landeshauptmann Luis Durnwalder meinte etwa im September 2006, dass er „grundsätzlich für" die Schischaukel Sexten-Sillian sei.[222] Die Gemeinderäte von Innichen, Sexten und Sillian gaben (in Ergänzung früherer Beschlüsse) Ende 2007 für die Schischaukel das „grüne Licht".[223] Tirols ÖVP-Landeshauptmann Günther Platter konnte sich dann im April 2010 eine „spezielle Beurteilung" für das „so abgeschiedene" Osttirol vorstellen, etwa im Rahmen einer Spezialregelung für grenzüberschreitende Projekte.[224]

Die Neubegutachtung der Seilbahngrundsätze durch das Land Tirol, verkündet im Frühsommer 2011 – die „letzte Chance, hier [in Sillian] touristisch aufzuholen"[225], so der Sillianer ÖVP-Bürgermeister Schiffmann bereits ein Jahr zuvor – ergab: Die Schischaukel Sillian-Sexten ist nunmehr offiziell grundsätzlich möglich. Eine Verbindung mit bestehenden Schigebieten gilt fortan nicht mehr als Neuerschlie-

Sillian wartet weiterhin auf eine Umfahrung.

Eröffnung der neuen 6er-Sesselbahn im Schigebiet Thurntaler, März 2011 (v. l. n. r.): LA Bürgermeister von Matrei in Osttirol Andreas Köll, Bürgermeister von Außervillgraten Josef Mair, Landeshauptmann Günther Platter, Heinz Schultz, Bürgermeister Erwin Schiffmann, Andrea Doppelmayr.

ßung. Voraussetzung wäre aber die Erweiterung des Sextner Schigebiets bis zur Grenze.[226] Und es braucht zusätzlich außerdem die Aufnahme in den Südtiroler Schipistenfachplan und eine gedeihliche Lösung mit dem Eigentümer der Thurnthaler „Hochpustertaler Bergbahnen": Heinrich Schultz.[227] Zunächst gibt es jetzt ab Winter 2014/15 die brandneue ski-technische Verbindung Helm-Rotwand, und damit Vierschach (mit neuem Bahnhof!) und Sexten. Wegen Sillian wird man sehen …

Die grundsätzlich guten Beziehungen zu Innichen, Sexten wie Toblach und auch jüngste Bestrebungen zur Wiederbelebung der Grenzregion hebt Schiffmann im Gespräch hervor. Seit Schengen hätten außerdem vermehrt Südtiroler ihren Hauptwohnsitz nach Sillian verlegt bzw. würden arbeitsmäßig entweder etwa zu Loacker nach Heinfels oder über die Grenze retour pendeln.[228] Loacker hat übrigens 2005 Schloss Heinfels käuflich erworben, das u. a. in Koordination mit den Gemeinden Heinfels und Sillian nach dementsprechender Restaurierung ca. 2018 öffentlich zugänglich gemacht werden soll.[229]

Wichtig ist das von Sillian gemeinsam mit Inner- und Außervillgraten ausgewiesene Gewerbegebiet mit 17.000 m² für Betriebsansiedlungen, das neben den alten Zollgebäuden und der Grenzlinie liegt. Auf italienischer Seite besteht seit Ende 2004 auf dem ehemaligen Zollabfertigungsplatz ein großer Standplatz für Camping- und Wohnwägen.[230] Mittlerweile hat gleich hinter der Grenze die Pizzeria „Tempele" aufgesperrt – eine gewisse Nachfolge des „Ristorante" eines „Rudi von der Grenze" Rudolf Hörmann, das mit dessen Tod 2009 die Pforten geschlossen hat. Während der von Lienz kommende Bus mit der Anschrift „Arnbach Grenze" genau an derselben bzw. an der letzten österreichischen Tankstelle kehrtmacht, ist es der 2008 eingeführte und vollends vom Land Südtirol finanzierte Bus Innichen–Winnebach–Sillian[231], der die Staatsgrenze sang- und klanglos überquert. Mit der Wintersaison 2010/11 wurde der rund 40 Jahre alte Schlepplift am Thurntaler durch eine moderne Sechser-Sesselbahn mit beheizten Sitzen ersetzt, eine Schigebietserweiterung ist in Planung bzw. in Schwebe.[232]

Fazit

Sillians Randlage an der Grenze hat sich in den letzten 10 bis 20 Jahren stark verändert, ob durch Schengen oder die Neuentwicklungen in punkto Schiene oder Straße – vom Einstieg ins globale Zeitalter gar nicht zu reden. Gab es vormals die Besuche beim Stegener Markt und in Innichen, so erfolgte eine Umkehr des Einkauf-Tourismus, sodass die Südtiroler herunter nach Sillian zu Hofer, KIK und MPreis fahren (oder bis zum H&M nach Lienz).

Wird Sillian vor Lienz seine Umfahrung haben? Grundsätzlich wohl eher vielleicht als Erstes seine eigene Schischaukel(-Anbindung). Das (Ozon-)Hallenbad Sillian nahm 1971 noch vor dem Dolomitenbad Lienz seinen Betrieb auf; hinsichtlich Umbau und Neueröffnung in diesem Belang hat die Bezirkshauptstadt die Nase vorn – nachdem Sillian mit knappem Mehrheitsbeschluss im Gemeinderat seine Schwimmbadpläne 2012 von selbst „begraben" hat. Und daneben gibt es für die Hochpustertaler ja soundso noch das Erlebnisbad Innichen.

Für die Marktgemeinde Sillian spielte und spielt die Grenzlage eine ganz entscheidende Rolle – mit einer vermehrten Orientierung nach Westen wird einiges, wenn nicht gar vieles möglich sein. Während die Bande zwischen Lienz und Bruneck in den kommenden Jahren weit enger werden, liegt eine Zukunft Sillians sicher im engeren Austausch mit Innichen und Sexten.

Sillian, 2013.

Martin Steidl

Sillian und die Grenze
Eine Trennung und ihre Überwindung

„Schau, was daraus geworden ist …"

„Schau, was daraus geworden ist …", hielt ein Anwohner der Grenze schon wenige Jahre nach Einstellung der Kontrollen fest: „… der Grenzstein [steht] halt noch, sonst nichts mehr"[1] Dass die Grenze wohl insgesamt eine zum Nachdenken sei, hob er dabei besonders hervor.

Vieles war mit dieser Feststellung angerissen: Etwa der Verfall der verwaisten Grenzabfertigungsstellen oder die rostigen Reste eines Schlagbaums, der schon lange niemandem mehr Schranken aufzeigte. – In einem schneereichen Winter räumte ein Schneepflug sie dann klanglos beiseite. Einhergehend mit diesen Bildern langsamen Verfalls bot sich hier auch Raum für Innovation. Strategien der Nachnutzung verwandelten den ehemaligen Grenzübergang im Laufe der Jahre in ein hybrides Gebilde von Raststätte und Gewerbegebiet. So dient der frühere Parkplatz in Winnebach inzwischen als Stellplatz für Wohnmobile und auf Seiten Arnbachs prägen meterhohe Holzstöße das Bild des ehemaligen „Inselzollamtes". Eingestreut dazwischen finden sich die Tankstellen, eine Pizzeria, Souvenir-Shops und ein Wettbüro. Inmitten dieser Szenerie, und doch abseits, prägt der „ausgediente" Grenzstein nach wie vor den Ort. Er rückt ihn in die Nähe von anderen verwitterten Marksteinen, die wie am nahen Kreuzbergpass als stumme, steinerne Zeugen an verflossene Grenzen von 1758 erinnern. Damit geben die ausgedienten Steine noch einen zweiten Hinweis: Sie heben die Veränderungen an Grenzen und deren Vergänglichkeit hervor und gewähren überdies Einblick in den Wandel hintergründiger Vorstellungen, die an Errichtung und Erhalt der Grenzen beteiligt waren.

Natürliche Grenzen

Um die Eigen- und Besonderheiten der Grenze zwischen Italien und Österreich aufzuzeigen, wäre es sicher zu kurz gegriffen und auch einseitig, nur auf die „schmerzvolle Teilung" Tirols und die Annexion Südtirols nach dem Ersten Weltkrieg zu verweisen. Dabei bliebe jener tragende Leitgedanke der natürlichen Grenze verdeckt, der sich nachhaltig im Grenzverlauf verfestigte. Unter dem Begriff der natürlichen Grenze werden allerdings verschiedene Konzepte gehandelt: Zum einen wird darunter die Grenzziehung anhand naturgegebener topographischer Besonderheiten verstanden. Grenzverläufe entlang von Flüssen oder

Am Grenzübergang Arnbach; Blick in Richtung Osten.

Helmhaus am Grenzverlauf Österreich–Italien; im Hintergrund die Dreischusterspitze in den Sextner Dolomiten.

Gebirgskämmen bieten Beispiele dafür.[2] Das zweite Konzept orientiert sich hingegen grundlegend an der Vorstellung natürlicher Gemeinschaft. Im Prozess der zunehmenden Demokratisierungsbestrebungen gewann diese Perspektive vor allem deshalb an Bedeutung, da sie alternativ zu monarchischen Herrschaftsformen nicht mehr den Regenten, sondern die Sprachgemeinschaft als konstituierende Größe der demokratischen Gesellschaftsordnung verstand. Vorschub erhielt in diesem Zusammenhang auch die Idee, dass Sprachgemeinschaften grundsätzlich auch Kulturgemeinschaften wären. Logisch gefolgert führte dies zur Überzeugung, Sprachgrenzen seien die natürlichen Grenzen von Kulturen.[3] Daher verweist die zweite Konzeption natürlicher Grenzen auf die Ränder der Sprachräume. Italiener, Deutsche, Franzosen, Ungarn ... kurzum, die erwachenden Nationen des 19. Jahrhunderts verfolgten alle dasselbe Ziel der sprachlich homogenen Territorien für die Völker.

Als tragende Prämisse bewies sich das Konzept natürlicher Grenzen auch bei der Grenzziehung zwischen Italien und Österreich. Oberste Priorität galt bei diesem Unterfangen der Vereinigung der Argumentationslinien. Der italienische Senator Ettore Tolomei nahm dabei eine federführende Rolle ein und gilt daher als einer der eifrigsten Verfechter der „Brennergrenze". Diese rekurrierte auf die Vorstellung natürlicher Grenzen an Wasserscheiden und reklamierte das gesamte Einzugsgebiet der Etsch für Italien. Bei den Friedensverhandlungen von Paris 1919 wurde dieser Standpunkt von der italienischen Delegation dann auch erfolgreich argumentiert. Das zweite Argument, welches Sprachgrenzen als natürliche Grenzen handelte, wackelte angesichts der drei Sprachgruppen Tirols jedoch. Tolomei kam daher nicht umhin, ein wenig nachzuhelfen, um die Gegebenheiten ins Schema des homogenen Kulturraums einzupassen. Begegnet wurde der Problematik pragmatisch auf

Ebene der Sprache: Tolomei übersetzte, soweit nur deutsche Orts- und Flurnamen vorhanden waren, ins Italienische. Damit fand auch das Argument vom homogenen italienischen Kulturraum südlich des Alpenhauptkamms Verstärkung.[4]

Am Ende der Welt wackelt das Selbstverständnis

Auf diese Konzepte natürlicher Grenzen bauend, folgte die Grenzabmarkung des Jahres 1919 weitgehend der Topographie des Alpenhauptkammes und damit der Wasserscheide zwischen Adria und Nordsee. Lediglich der Grenzverlauf im Hochpustertal bildete eine markante Ausnahme von dieser Regel. Nachdem die italienischen Truppen 1918 bereits am Toblacher Feld nahe dem Drauursprung eine provisorische Grenzabfertigungsstelle eingerichtet hatten, wurde diese wenige Wochen später an jene Engstelle des Pustertals zwischen Arnbach und Winnebach verlegt, an der bis heute die Staatsgrenze verläuft. Weitere sechs Gemeinden rund um Innichen fielen dadurch an Italien und befeuerten die Bildung von Mythen, die davon berichten, Geschäftsleute hätten diese Angliederung an Italien für einen Waggon voll Reis unterstützt.[5] Tolomei, der durch dieses Vorgehen sein argumentatorisches Gesamtkonzept in Frage gestellt sah, legte zwar Protest ein[6], aber dieser fruchtete ebenso wenig wie die Ansicht der Anwohner, die zunächst noch davon ausgingen, dass diese Grenzziehung nur vorübergehenden Bestand haben würde.

Für die Bewohner der Region brachte die Grenzziehung weitreichende Konsequenzen mit sich. Die durch Heirats- und Handelsbeziehungen eng verflochtene Talschaft zerfiel in einen italienischen und einen

Straßenzollamt bei Arnbach, um 1927.

österreichischen Teil. Kirchgängern aus Arnbach wurde seitens der Bürokratie ein Besuch der Heiligen Messe in ihrer angestammten Pfarre Winnebach verwehrt.[7] Bauern, deren landwirtschaftliche Güter sich nun im anderen Staatsgebiet wiederfanden, mussten zur Bewirtschaftung ihrer Felder und Äcker schikanöse Kontrollen und enorme Umwege auf sich nehmen.[8] Auch der noch schwach ausgeprägte Tourismus litt unter den Folgen der Grenzziehung. Die prächtige Aussicht, die die Panoramaplattform der Helmhütte bot und mit der Ansichtskarten geworben hatten, war nun verwehrt.[9] Und die Unterbrechung des Durchgangsverkehrs auf Schiene und Straße trug das Ihre dazu bei, die Region ans Ende der Welt zu versetzen.

Besonders schwer lastete auf den Anwohnern der Grenze jedoch der Verlust des Selbstverständnisses als Tiroler. Die einen waren ungeachtet ihrer Sprachzugehörigkeit über Nacht zu Italienern geworden, während die bei Österreich verbleibende Bevölkerung sich sowohl von ihrem Bundesland als auch von ihrer Landeshauptstadt abgeschnitten wiederfand. So mündete der derbe Schicksalsschlag in eine veritable Krise der Identität, vor der auch die Osttiroler nicht gefeit waren. Das österreichische Selbstverständnis bot diesbezüglich keine Abhilfe, da im Schatten der zusammengebrochenen Habsburgermonarchie kaum jemand an die Existenzfähigkeit eines Restösterreichs glaubte, dessen Nachkriegsjahre von Not und Entbehrungen geprägt waren.

Tolomeis diplomatische Finte sorgte unter der ansässigen Bevölkerung allerdings für Empörung und verhinderte, dass die Tiroler Binnengrenze je als Grenze von Nationen in das allgemeine Bewusstsein einging. „Ich sag nicht so gerne Italiener, das sind ja Südtiroler!"[10], lautet dementsprechend eine typische Äußerung der Grenzanwohner. Sie ist spezifisch für diese Grenze, die als Nationengrenze unglaubwürdig blieb und für lange Jahre als eine Grenze des nationalen Unrechts ins Bewusstsein einging.

Neuorientierung

Noch bis zum Inkrafttreten des Annexionsgesetzes vom 10. Oktober 1920, das Südtirol offiziell an italienisches Staatsgebiet angliederte, schwelte die Hoffnung auf eine Wiedervereinigung Tirols. Doch die ausbleibenden Erfolge der österreichischen Diplomatie forderten schließlich, den Tatsachen ins Auge zu blicken. Der Name Osttirol stand deshalb für einen Neuanfang

Grenzstein am Karnischen Kamm in der Nähe der Sillianer Hütte.

des Bezirks Lienz, der als einziger südlicher Tiroler Bezirk bei Österreich verblieben war.¹¹ Ganz neu war die Bezeichnung Osttirol jedoch nicht. Bereits gegen Ende des 19. Jahrhunderts hatte es im Rahmen touristischer Werbung wiederholte Bemühungen gegeben, den Namen Osttirol für den Bezirk Lienz zu etablieren. Doch erst nachdem der Bezirk zu einer Enklave geworden war, wurden diese Bestrebungen breitenwirksam aufgegriffen. Medienformaten, wie den Osttiroler Heimatblättern, kam bei dem Unterfangen, das als Stiftung der Osttiroler Identität bezeichnet werden kann, federführender Anteil zu. Fürs Erste war den Intellektuellen rund um Karl Maister damit gelungen, die Zugehörigkeit Osttirols zu Tirol namentlich zu verankern und die Tiroler Identität zu stärken.¹²

Es sollten jedoch nicht die letzten Bemühungen dieser Art bleiben. Bereits 1938, während der Herrschaft des NS-Regimes, wurde der Bezirk Lienz dem Reichsgau Kärnten unterstellt. Damit war Osttirol, das wie ein Mahnmal von der Tiroler Teilung zeugte, von der Landkarte verschwunden. Kurzfristige Auswirkungen auf die verkehrstechnische Isolation brachte während dieser Zeit der 1943 erfolgende Einmarsch

Das zerrissene Tirol; Ansichtskarte nach einer Originalgraphik von Anton Massak, Wien, 1920.

Das Titelbild des Werbefolders „Besuchet Hochpustertal, das Grenzgebiet Osttirols", herausgegeben vom Verkehrsverein Hochpustertal um 1937; gezeigt werden ein Grenzstein und die ehemalige Viktor-Hinterberger-Hütte (heute Sillianer Hütte) mit den Sextner Dolomiten im Hintergrund.

Grenzverkehr bei Winnebach/Arnbach in den Nachkriegsjahren, von der italienischen Seite aus gesehen.

Die Natur macht vor Grenzen nicht Halt: Hochwasser bei der Staatsgrenze im August 1965.

deutscher Truppen in Norditalien, aufgrund dessen das Pustertal vorübergehend für den Durchgangsverkehr geöffnet wurde. Nach Kriegsende wurde die Verbindung wieder unterbrochen. Gleichzeitig erhoben sich in Osttirol gewichtige Stimmen, die sich für eine Wiedervereinigung mit Tirol engagierten. Diese Anliegen waren von Erfolg gekrönt und so konnte am 19. Oktober 1947 schließlich die „Heimkehr Osttirols" gebührend mit einem Volksfest in Lienz gefeiert werden.[13]

Eine nachhaltige Entschärfung erfuhr die Grenzsituation erst nach Ende des Zweiten Weltkriegs. Für die deutschsprachige Bevölkerung Südtirols ergaben sich zunächst Verbesserungen durch das erste Autonomiestatut von 1948. Die Osttiroler Bevölkerung profitierte hingegen besonders vom erleichterten Durchgangsverkehr auf der Schiene, der mit 16.11.1948 in Kraft trat.[14] Erstmals seit Jahrzehnten war damit ein Korridorverkehr von Innsbruck über den Brenner nach Lienz möglich. Damit war das Ende der dramatischen Isolation Osttirols eingeläutet, die einen Zugreisenden des Jahres 1947 noch zur Äußerung veranlasst hatte: „Auf dass man lebend von Lienz nach Innsbruck gelangen kann!"[15]

Eintrübung erfuhr diese Politik der Annäherung durch die Bombenanschläge der BAS (Befreiungsausschuss Südtirol) in den 1960er-Jahren. Der Sprengstoff für die Attentate – eines davon forderte am Plöckenpass vier Menschenleben – war nachweislich über das Villgratental nach Südtirol geschmuggelt worden. Italien sah sich deshalb dazu veranlasst, die Grenze zu remilitarisieren und die Fortifikationsanlagen zu reaktivieren. Außerdem wurden in Folge ebenso Österreichs Bemühungen um einen Assoziierungsvertrag mit der EWR blockiert.[16] Umso wichtiger war deshalb die Fertigstellung der Felbertauernstrecke im Jahr 1967. Als innerösterreichische Verbindung ermöglichte sie einen von Außenpolitik unabhängigen Durchgang nach Innsbruck.[17]

Ausbaupläne für die Alemagna-Autobahntrasse von Venedig nach München sowie die steigende Auslastung des bestehenden Straßennetzes führten Ende der 1970er-Jahre zum Entschluss, das Gebäude der österreichischen Grenzabfertigung zu erneuern.[18] Doch nicht einmal zwei Jahrzehnte fungierte das so genannte Inselzollamt als Ersatz für die „kleine Holzbaracke", in der die Grenzwachbeamten zuvor ihren Dienst verrichtet hatten. Mit Inkrafttreten des Schengener Abkommens und der feierlichen Entfernung des Grenzbalkens am 1. April 1998 kam dem Gebäude sein Zweck abhanden, dafür wurde ein neues Kapitel des Miteinanders von Österreich und Italien eröffnet.

Die Grenze war einmal

Heute, Jahre nach Beendigung der Grenzkontrollen, erzählen die befragten Anwohner kaum mehr von Repressalien und leidvollen Erfahrungen. Jene nationalen Ressentiments, welche die Anfangszeit dieser

Ein Tag der Freude: Am Grenzübergang Arnbach feierten Südtiroler und Osttiroler am 2. April 1998 gemeinsam die Öffnung der Grenzen. Prominenter Gast war Südtirols Landeshauptmann Dr. Luis Durnwalder. Das Bild zeigt ihn beim Abschreiten der Formationen mit dem Pustertaler Bezirkspräsidenten Dr. Manfred Schmid und dem Lienzer Bezirkshauptmann HR Dr. Herbert Kunz im Bereich zwischen den beiden ehemaligen Grenzstationen.

Viertelkommandant Major Hermann Huber, Sillians Bürgermeister Erwin Schiffmann, Bürgermeister Dr. Josef Passler (Innichen), Schützenmajor Klaus Riepler, Südtirols Landeshauptmann Dr. Luis Durnwalder, Bezirkshauptmann Dr. Herbert Kunz und Schützenmajor Mag. Anton Wolsegger.

Grenze so nachhaltig prägten, verlieren angesichts der europäischen Integrationspolitik zunehmend an Bedeutung. Dafür sorgen jedoch nicht nur die wegweisenden Entscheidungen der europäischen Politik, sondern vor allem die vielen kleinen Annäherungen der letzten Jahre. Die grenzüberschreitenden öffentlichen Verkehrsanbindungen tragen ebenso bei wie der sich reorganisierende grenzüberschreitende Arbeitsmarkt und der ergiebige grenznahe Handel.

Ebenfalls verbindend wirkt sich die Ansiedlung von Südtirolern und Südtiroler Firmen im Hochpustertal aus. Ganz allgemein kann so eine Öffnung in Richtung Italien festgestellt werden, die mit Kooperationen, wie von Osttirol Werbung und dem Giro d'Italia, gezielt Gäste aus Italien anzusprechen versucht.[19] Besondere Hervorhebung verdient ebenfalls der italienische Sprachunterricht an den Hauptschulen Osttirols. Seit Mitte der 1990er-Jahre steht er allen interessierten Schülern als Angebot offen und fördert damit mehr als nur das Verständnis über die Sprachgrenzen hinweg. Es ist die besondere Mittlerrolle zwischen den Sprachgruppen, die bereits dem historischen Tirol zugekommen war und der man sich nun, abseits des nationalen Säbelrasselns, wieder zu entsinnen vermag.

Was die Bewohner der Grenzregion selbst angeht, wirklich gerne erinnern sie sich bis heute an die vielen kleinen Abenteuer, die ihnen die Grenze einst bescherte. Anekdoten über erfolgreiche oder vereitelte Schmuggeltouren werden dabei wieder und wieder zum Besten gegeben und vermitteln der jungen Generation ein etwas anderes, ein spannendes und erlebnisreiches Bild vom einstigen Leben an der Grenze. Nicht immer entsprechen die dabei erweckten Eindrücke den historischen Tatsachen. Gern wird auch einmal etwas dicker aufgetragen. Und dennoch wirken diese Bilder, die davon handeln, wie Weinfässer als Treibgut der Drau die Grenze passierten und darüber schmunzeln, wie gestrenge Zollwachbeamten trotz ihres Eifers genarrt wurden.[20] Sie lenken die Aufmerksamkeit auf Aspekte, die Grenzen als allgemeine Hindernisse ausweisen, die überwunden sein wollen. In der Ökonomie der Aufmerksamkeit entziehen sie damit – und das kann nur gutgeheißen werden – den Grenzen im Kopf den Nährboden.

Karl C. Berger

Von der Tradition der Erneuerung

Volkskundliche Betrachtungen zur Kultur in Sillian

Typisch Sillian?

Am 1. März 1863 wurde in Arnbach Maria Moser geboren. Am 19. Juni des gleichen Jahres erblickte in Sillian Vinzenz Ringler das Licht der Welt. Viele Jahre später schritten die beiden gemeinsam vor den Traualtar. Das junge Ehepaar verließ ihren Heimatort und zog nach Innsbruck, wo Vinzenz als Schuhmacher arbeiten wollte. 1893 kam in der Landeshauptstadt ihr gemeinsamer Sohn auf die Welt.

Josef, so der Name des Sprösslings, scheint ein wissbegieriger, intelligenter und neugieriger Bursche gewesen zu sein, weshalb er das Gymnasium in Neustift bei Brixen besuchen durfte und dort auch die Matura absolvierte. Anschließend inskribierte er an der Innsbrucker Universität Kunstgeschichte. Bereits als Student engagierte er sich beim „Krippenfreund" – einer bis heute bestehenden Fachzeitschrift zu den Krippentraditionen. Durch den Ersten Weltkrieg musste er sein wissenschaftliches Streben zurückstellen, als Kaiserjäger verteidigte er die österreichische Südfront. Unmittelbar nach dem Krieg nahm er sein Studium wieder auf und wurde von der Tiroler Handelskammer beauftragt, die eingelagerten Bestände des Museums für Volkskunst und Gewerbe zu betreuen. Im Jahr 1929, nachdem die Sammlung als „Tiroler Volkskunstmuseum" eröffnet worden war, wurde Josef Ringler dessen erster Direktor. Er blieb es bis zu seiner Enthebung 1938 und wurde 1945 mit der Leitung erneut betraut.[1]

Ringler blickte auf seine Pustertaler Herkunft zeitlebens mit Stolz, dementsprechend wird auch in seinen zahlreichen Nachrufen immer wieder darauf verwiesen. Tatsächlich stand sein Heimattal zwischen Mühlbacher und Lienzer Klause regelmäßig im Mittelpunkt seiner wissenschaftlichen Tatkraft. Es mag deshalb zunächst verwundern, weshalb er sich niemals ausschließlich mit Sillian befasst hatte. Die Erklärung dafür ist ebenso einfach wie einleuchtend: Ringler versuchte stets, in Zusammenhängen zu denken. Sillian floss deshalb immer wieder in seine wissenschaftlichen Betrachtungen ein, doch nur im Zusammenhang mit überregionalen Phänomenen. Für den Kaiserjägerveteran, der die Innertiroler Grenze niemals als kulturelle Trennung verstanden wissen wollte, gab es dementsprechend keine „Sillianer Volkskultur". Die volkskundlichen Phänomene in der Gemeinde betrachtete er vielmehr als Pustertaler Variante mit besonderen Eigenheiten aufgrund historischer Entwicklungen. Dies zeigt sich beispielsweise bei der Tracht. Gerade weil Ringler auch ein ausgesprochener Kenner der Trachten Tirols war und sich auch in der Trachtenberatung engagierte, gab es seiner Meinung nach nur eine Hochpustertaler Variante. Außerdem waren für Ringler die „seelischen Voraussetzungen" viel bedeutender als formelle Kriterien, sei die ländliche Bevölkerung doch durch das „Schwinden bäuerlichen Stolzes und Selbstbewusstseins" gekennzeichnet. Ohne solche Gefühle sei historische Kultur lediglich „zur Maskerade entweiht".[2]

Es ist nicht überliefert, ob der Wissenschaftler Ringler, damals sicherlich eine wichtige Autorität für Fragen der Tiroler Kultur, den Aktivitäten der „Tiroler National-Sänger- und Schuhplattler-Gesellschaft

‚Ringler' aus Sillian" deshalb skeptisch gegenüberstand. Die Gruppe, von seinen Verwandten gegründet und geleitet, gehörte zu Beginn des 20. Jahrhunderts zu den populärsten Sängergesellschaften. Durch ihren regionsbezogenen Namen waren sie zu Botschaftern der Tiroler Kultur im Allgemeinen und der Pustertaler bzw. Sillianer Kultur im Speziellen geworden.

Auf einer erhaltenen Fotografie erkennt man aber, dass die weiblichen Mitglieder Phantasietrachten tragen, die ein alpines Flair ausstrahlen sollten. Die Männer der Sillianer Gesellschaft aber sind in Tiroler Tracht gekleidet – doch ist es keine aus dem Pustertal. Zweifelsohne handelt es sich um Trachten aus dem Meraner Burggrafenamt. Neben dem Zillertal waren vor allem die Kurstadt Meran und das sie umgebende Burggrafenamt in der zweite Hälfte des 19. Jahrhunderts durch die Sommerfrische zum Idealbild des Tirolischen geworden, weshalb sich einige der um 1900 entstandenen Sängergesellschaften an Meran orientierten. Bei der Sillianer Sängergruppe aber scheint die Übernahme dieser Tracht auch mit der Biographie des Gründers Florian Ringler (1856–1934) zusammenzuhängen. Sein Vater Jakob, Kupferschmied in Sillian, schickte den 15-Jährigen zur Lehre nach Meran. Nach beendeter Ausbildung und Wanderschaft ließ er sich in Salzburg nieder, wo er sich der ebenfalls aus dem Pustertal stammenden Sängerfamilie Pitzinger (die zumeist in einer Zillertaler Tracht auftrat) anschloss.

Nachdem er diese als Zithervirtuose auf einer Tour durch ganz Europa begleitet hatte, lebte er einige Jahre als Zitherlehrer in England – damals eines der wichtigsten Länder des boomenden Alpinismus. Florian Ringler komponierte zahlreiche Musikstücke, von denen sich aber nur wenige erhalten haben. Nach seiner Rückkehr nach Tirol gründete er 1890 seine Nationalsängergesellschaft. Obwohl in Innsbruck situiert und in Burggräfler Tracht gekleidet, wollte sich die Gruppe stets als eine „aus dem Pusterthale" oder „aus Sillian" verstehen.

„Tiroler National-Sänger- und Schuhplattler-Gesellschaft ‚Ringler' aus Sillian" in einer Aufnahme des Fotografen Julius Schär, um 1890.

Dieser Zusatz blieb auch bestehen, als sein Bruder Franz die Sängergesellschaft übernommen hatte und sie zu einer der populärsten Gruppen Tirols formte, die im In- und Ausland „wahre Triumphe gefeiert" habe. So war 1904 in der Österreichischen Alpenpost zu lesen:³ „Ringlers Ensemble weist auserlesene, vorzüglich geschulte Stimmen auf und zeichnet sich durch einen exakten, bis in die feinsten Details durchgebildeten Vortrag aus. […] Trotzdem ist aber der Gesang seiner Gesellschaft durchaus kein gekünstelter, sondern stellt gewissermaßen eine Interpretation der einzelnen Volks-Lieder dar. […] Der Besuch eines Ringler-Konzertes […] kann jedermann nur wärmstens empfohlen werden." Bei ihren Aufführungen bekam man „einen schneidigen Schuhplattler" zu sehen, man konnte „Xylophon-Vorträge" hören oder den „Tyroler National- und Jodl-Liedern" lauschen. Mitunter war übrigens auch die damals noch als „Tiroler Volkslied" bezeichnete „Stille Nacht" im Programm. Damit tru-

Visitenkarte von Florian Ringler, um 1890.

Florian Ringler (1856–1934) in Zillertaler Tracht; Foto aufgenommen in Liskeard im Südwesten von Cornwall, England.

Programm für ein Konzert von Florian Ringler in Islington, einem nördlichen Stadtteil von London, 1886.

gen die Ringler'schen Nationalsänger zur Verbreitung des heute bekanntesten Weihnachtsliedes bei. Wie das Äußere und das gesangliche Repertoire zeigen, ging es der Sängergesellschaft mehr um Tiroler Appeal, der die Erwartungshaltung des Publikums zufriedenstellen sollte. In ihren genauestens choreographierten Auftritten wurden alpine Sehnsüchte nicht nur bewusst angesprochen, man bediente sich zahlreicher Tirol-Klischees, um das zahlende Publikum zu unterhalten. Die tatsächliche Kultur im Pustertal war also zweitrangig: Obwohl mit Sillian geworben wurde, war wenig „Sillianerisches" dabei.

Neubewertung von Kultur

Was aber könnte das Charakteristische von Sillian sein? Folgt man den Überlegungen Josef Ringlers, müssten es in erster Linie volkskundliche Elemente der historisch gewachsenen Kultur, denen in der Gegenwart eine identitätsstiftende Wertschätzung entgegengebracht wird, sein. Ringler hätte deshalb wohl die Kleidung, die „zweite Haut des Menschen", als wichtigen Baustein einer regionalen Identität genannt. Wenngleich, wie auch in andern Orten Tirols, die Jeans im Sillian der Gegenwart das wohl populärste Kleidungsstück sein dürfte, meint die Frage nach der regionalen Kleidung freilich das Aussehen der „historischen" Tracht. Doch was ist damit eigentlich gemeint? Am Ende des 19. Jahrhunderts war jene Kleidung, die wir heute als Trachten bezeichnen, zunehmend unmodern geworden. Schnürmieder waren überholt, Knöpfe wurden auch bei Frauenkleidern verwendet. Die bunte Vielfalt der Mieder, Leibchen und Joppen wich auch in Sillian dem „Bäuerischen Gewand", der schwarzen Frauenkleidung, zu der häufig ein schwarzer „Unterinntaler Hut" mit langen Borten getragen wurde.

Die Männer wiederum hatten etwa seit dem letzten Drittel des 19. Jahrhunderts begonnen, sich nach städtischer Mode (und damit in Anzug) zu kleiden. Betrachtet man die ältesten Fotos Sillians, ist von einer traditionellen Tracht, wie sie heute von der Musikkapelle und der Schützenkompanie getragen wird, keine Spur zu sehen. Waren die alten Kleidungsgewohnheiten für die damaligen Sillianer lediglich überholte und altmodische Formen, so wollte das von der Industrialisierung gezeichnete Bildungsbürgertum in den Städten die historischen Trachten als einen Garant für eine dauerhafte Beständigkeit wissen: „Es ist also", resümiert der Sagensammler und Heimatforscher Alois Menghin 1886, „durchaus nicht so gleichgiltig [sic!], ob der Mensch in diesen oder jenen Kleidern steckt. Mit der Aenderung der Kleidung geht unzweifelhaft eine Umgestaltung der Sinnesart, ja man kann sagen, eine Aenderung der Nationalität hervor."[4] In die überholte und unmodern gewordene Tracht wurden solchermaßen Idealvorstellungen eingewoben, die vom Wunsch nach ursprünglicher Natur, über einen ehrlichen Charakter bis hin zu patriotischen Bekenntnissen reicht. Dies schwingt beispielsweise bei der kurz gehaltenen Beschreibung über Josef Rainer, damals Bürgermeister von Sillian, mit. Er hatte 1863 bei der Feldmesse aus Anlass der Vereinigung Tirols mit Österreich vor 500 Jahren die Fahne des Kreishauptschießstandes Bruneck hochgehalten und wurde als „stattliche Gestalt" in „ältester Pusterthaler Tracht" gekleidet beschrieben, der mit seinem Vollbart „dem Andreas Hofer auffallend ähnlich" sei.[5] Die Forderung nach Festhalten bzw. Wiedereinführen der Tracht war eine Antwort auf ungebremste Modernisierung, kulturelle Gleichmacherei oder das Gefühl von Heimatverlust. Bei der „Jahrhundertfeier" 1909 in Innsbruck zum Andenken an die Freiheitskämpfe des Jahres 1809 marschierten die von Hans Webhofer angeführten Schützen des „Bezirks Sillian" erstmals in einer, wie es damals hieß, „Nationaltracht". Der Ablauf des gesamten Umzugs wurde damals akribisch vorbereitet und inszeniert. Mitverantwortlich zeichnete Albin Egger-Lienz, der auch die imposante Kreuzträgergruppe zusammenstellte. Vor allem die Schützenkompanien sollten sich in einer Kleidung „wie zu Zeiten Andreas Hofers" zeigen. Noch vorhandene Trachtenteile wurden gesammelt, mit Darstellungen auf Votivbildern verglichen, neue Elemente dazugefügt und schließlich zu einem Vorbild kombiniert. Auch wenn schriftliche Quellen hierfür fehlen, dürfte dies auch in Sillian geschehen sein.

Dies deutet eine Fotografie der beim Festumzug 1909 marschierenden Schützen an. Die dort zu erkennende Tracht weicht sowohl von den historischen Formen als auch von der jetzt getragenen Variante ab. Diese neuerliche Verwendung historisch anmutender Kleidung blieb vorerst eine einmalige Angelegenheit – war für die weitere Geschichte der Tracht doch entscheidend. Denn erstmals wurde die einst von allen Bevölkerungsschichten getragene Kleidung den Veteranen bzw. Schützen überantwortet. Gemeinsam mit der Musikkapelle wurden sie nach dem Zweiten Weltkrieg zu den wichtigsten Trägern der Tracht. Doch sollte dies noch einige Jahrzehnte dauern. Bei feierlichen Anlässen, wie bei Prozessionen, trugen selbst Schützen und Musikanten des frühen 20. Jahrhunderts den Sonntagsanzug – jene Kleidung also, die am nobelsten und für den religiösen Kontext am passendsten erschien. Das, was heute als Tracht bezeichnet wird, war in dieser Zeit bei solchen Anlässen nicht mehr bzw. noch nicht akzeptiert. Erst in den späten 1920er-Jahren wollte man auch in Sillian durch Tragen der Tracht ein Bekenntnis zu Heimat und Religion[6] abgeben.

Dementsprechend waren es vor allem patriotische sowie später auch kirchliche Gelegenheiten, in denen man sich in Tracht begab. Im Hinblick auf die

Hochzeitsbild aus dem Jahr 1904 – Franz Schneider vlg. Peißer und Anna geb. Pranter.

Zwei Sillianer im Sonntagsanzug: Peter Herrnegger (Asthof) und Josef Trojer (Seilermeister), um 1890.

schmerzvoll gezogene Grenze zwischen Winnebach und Arnbach sollte die auf beiden Talseiten angelegte Tracht auch die Zusammengehörigkeit ausdrücken. Als 1934/35 Josef Ringler durch einen Fragebogen „die heute noch lebende, wenn auch nur als Festkleid in Erscheinung tretende Tracht"[7] im Bundesland Tirol dokumentieren wollte, erhielt er durch Viktor Wanner auch Antwort aus Sillian. Wanner hatte die Fragebögen an seine Lehrerkollegen in Kartitsch, Luggau, Strassen, Außer- und Innervillgraten, Abfaltersbach und Panzendorf verteilt, die sie innerhalb kürzester Zeit beantworteten. Tatsächlich befinden sich diese auch heute noch im Archiv des Tiroler Volkskunstmuseums – nicht jedoch jener aus Sillian. Wanner sah dies offensichtlich nicht für notwendig an, denn in seinem Schreiben erklärt er:[8] „Von der neuen Panzendorfertracht gestatte ich mir, diesem Briefe vier Aufnahmen beizulegen. Diese Tracht wurde erst 1929 angeschafft. Vorher war keine vorhanden, da die Panzendorfer Musik erst in diesem oder im vorhergehenden Jahre gegründet wurde. Die Panzendorfer tragen aber nicht rote, sondern braune Röcke. Der breite Hemdkragen fehlt bei den Sillianern, wie auch die Verzierung an der Vorderseite der Hose. Sonst finde ich keinen Unterschied." Und er endet mit den pathetischen Worten: „Stets bereit, der Tiroler Volkskunst zu dienen und Ihren werten Aufträgen und Wünschen nach Möglichkeit zu entsprechen […]."

Die Musikkapelle Sillian vor der Fleischhauerei Leiter, Sillian 1907.

Reduktion der Vielfalt

Die von Wanner angeführten roten und braunen Röcke – gemeint sind hier die Joppen bzw. Jacken der Männer – sind bereits im späten 19. Jahrhundert mehrmals dokumentiert. Sie scheinen damals parallel in Sillian getragen worden zu sein. Im Österreichischen Volkskundemuseum in Wien hat sich ein Votivbild erhalten, das 1780 entstand und sich einst in der Kapelle zum Leidenden Heiland in Arnbach befand. Auf einer einfachen Fichtentafel ist ein Votant gemalt, der vor dem Gnadenbild kniet. Seine Kleidung besteht aus einer schwarzen Kniebundhose, einer rote Weste und einer braunen Joppe.

Auch ein schwarzes Florhalsband, weiße Strümpfe sowie niedere Schuhe sind zu erkennen. Diese Grundkombination ist auch durch Zeichnungen von Karl von Lutterotti (1783–1872) dokumentiert. Die Bilder stammen aus der Mitte des 19. Jahrhunderts und befinden sich heute in der Bibliothek des Tiroler Landesmuseums Ferdinandeum.[9]

Obgleich die Gemeinsamkeiten mit dem Votivbild dominieren, zeigen die detailreichen Darstellungen auch Unterschiede. Besonders eigentümlich wirken die blau gemalte (Fazzel-)Haube eines Mannes, ein ebenfalls blau gehaltenes Gilet sowie mittelhohe Stiefeletten. Der grün gefasste Saum der braunen Joppen findet sich hingegen auch bei anderen Darstellungen der Sillianer Tracht. Weitere Details sind etwa die durch ein schwarzes Schnürband gebundenen Wollstrümpfe, das schwarze Florhalsband oder der breite Bauchgurt, der seit dem ausgehenden 18. Jahrhundert populär wurde. Eine ebenfalls von Lutterotti gemalte Variante der Männertracht aus dem „Gericht Silian"[10] zeigt einen gelb-grünen Hut sowie weiße Strümpfe, die durch ein aufwändiges Strickmuster verziert sind. Braune Joppen dürften im 19. Jahrhundert in der Gegend um Sillian überwogen haben, sind sie doch auch in Nachbargemeinden, wie Panzendorf oder Niederdorf, dokumentiert worden. Dennoch: Idealbild der Pustertaler Tracht wurden die rote Weste und der gelb-grüne Hut.

Solchermaßen tritt der „Pusterthaler" in zahlreichen Stichen und Drucken des späten 19. Jahrhunderts auf: Die Abbildungen zeigen meistens eine weiße „Pfoad", eine rote Weste (Gilet) mit grünem Hosenträger sowie eine schwarze oder dunkelbraune Kniebundhose, weiße Strickstrümpfe und niedere Schuhe. Außerdem ist immer der breite Ledergürtel dargestellt – verziert durch Federkielarbeit oder Zinnnieten. Diese Grundkombination setzte sich im Laufe der ersten Hälfte des 20. Jahrhunderts durch. Der Grund für die voneinander abweichenden Trachtenvarianten liegt einerseits sicherlich in den unterschiedlichen finanziellen Möglichkeiten: Nicht jeder konnte sich beispielsweise Seide oder Brokat leisten, nicht immer waren diese Stoffe auch in der gewünschten Farbe zu bekommen. Gewänder wurden selbst in finanziell potenten Familien weitervererbt und geflickt, bis der Stoff vollständig verschlissen war. Gleichzeitig scheint hier die ständische Gesellschaftsstruktur ihre letzten Spuren hinter-

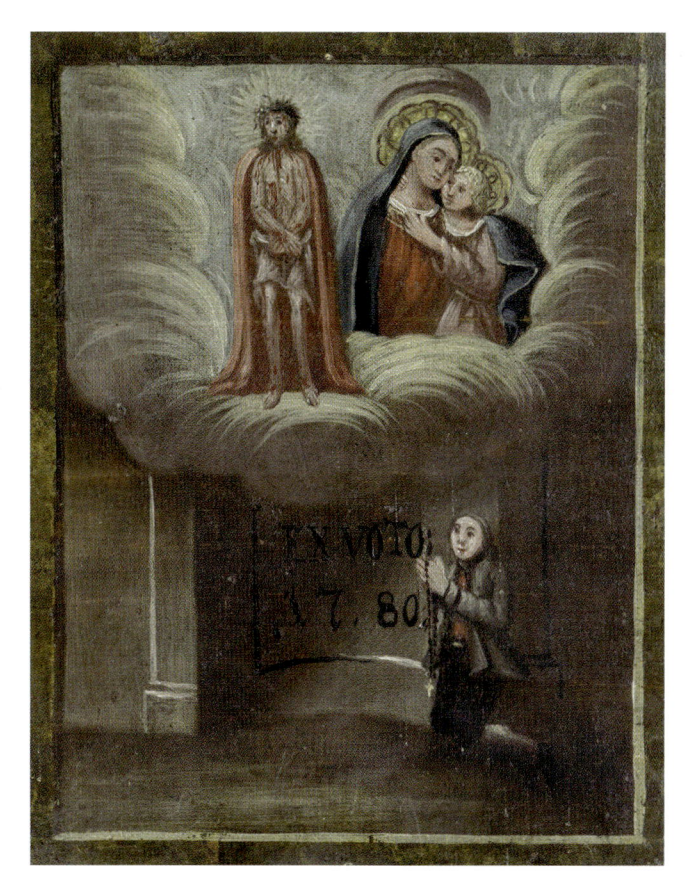

Votivbild aus der Kirche zum Leidenden Heiland in Arnbach, 1780.

Männliche und weibliche Trachtenfigurinen aus Sillian; Aquarell von Karl von Lutterotti, um 1840.

Trachtenfigurinen aus Sillian; Aquarelle von Karl von Lutterotti, um 1840.

Trachtenpaar aus Sillian; Aquarelle von Karl von Lutterotti, um 1840.

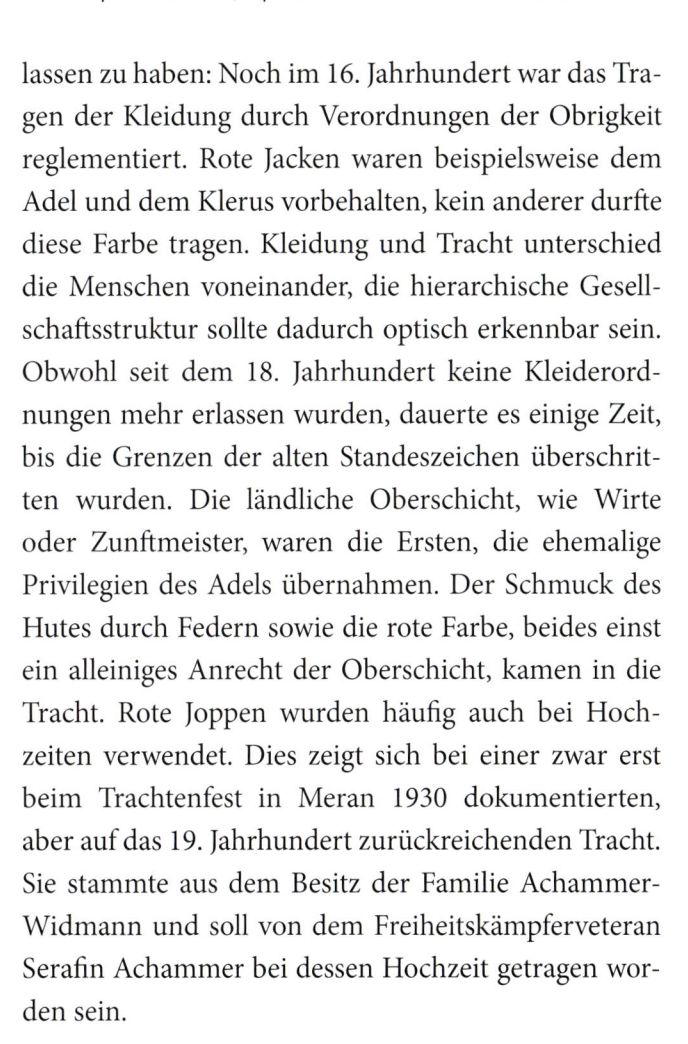

Bäuerin und Bauer aus dem Pustertal; Aquarelle von Lutterotti, um 1840.

lassen zu haben: Noch im 16. Jahrhundert war das Tragen der Kleidung durch Verordnungen der Obrigkeit reglementiert. Rote Jacken waren beispielsweise dem Adel und dem Klerus vorbehalten, kein anderer durfte diese Farbe tragen. Kleidung und Tracht unterschied die Menschen voneinander, die hierarchische Gesellschaftsstruktur sollte dadurch optisch erkennbar sein. Obwohl seit dem 18. Jahrhundert keine Kleiderordnungen mehr erlassen wurden, dauerte es einige Zeit, bis die Grenzen der alten Standeszeichen überschritten wurden. Die ländliche Oberschicht, wie Wirte oder Zunftmeister, waren die Ersten, die ehemalige Privilegien des Adels übernahmen. Der Schmuck des Hutes durch Federn sowie die rote Farbe, beides einst ein alleiniges Anrecht der Oberschicht, kamen in die Tracht. Rote Joppen wurden häufig auch bei Hochzeiten verwendet. Dies zeigt sich bei einer zwar erst beim Trachtenfest in Meran 1930 dokumentierten, aber auf das 19. Jahrhundert zurückreichenden Tracht. Sie stammte aus dem Besitz der Familie Achammer-Widmann und soll von dem Freiheitskämpferveteran Serafin Achammer bei dessen Hochzeit getragen worden sein.

Da der Schnitt der Tracht auf das Biedermeier hinweist, ist dies allerdings anzuzweifeln. Doch zeigt dieses Beispiel, dass rote Farbtöne noch im 19. Jahrhundert als Ausdruck von Prestige und Ansehen gewertet wurden. Ähnliches gilt für den Bauchgurt, der im späten 18. Jahrhundert noch ein teurer Ledergurt mit Zinnnieten gewesen war und seit dem frühen 19. Jahrhundert mit Federkiel verziert wurde. Im frühen 20. Jahrhundert hatte sich die rote Joppe gegenüber der braunen durchgesetzt.

Im Laufe der 1930er-Jahre wurde schließlich die heutige Schützentracht in Sillian in mehreren Schritten eingeführt. Auf deren Grundlage überarbeitete die Firma Lodenbauer in Innsbruck 1955 die Tracht der Schützen. Die Initiative ging von Schützenhauptmann Georg Schneider aus, Ratgeber für dieses Arbeiten war Josef Ringler. Gegenwärtige Materialien ersetzten die kratzigen Lodenjacken, die alten Blechknöpfe wurden durch gemusterte ersetzt. Durch diese Arbeit wurde auch versucht, sich durch Details von Nachbarorten zu unterscheiden. Nach der ersten Begutachtung schrieb Schneider deshalb an Ringler:[11] „Die Trachten vom Lodenbauer habe ich erhalten[,] sie sind sehr schön, möchte fragen, haben Sie die grünen Einfaßbänder bestätigt? Wie ich draußen wahr[,] [sic!] sagten sie mir beim Lodenbauer[,] das [sic!] Sie die Villgrater Tracht auch mit die grünen Bänder [sic!] einfassen würden[.] In zwei Gemeinden grüne Einfassung […] würde nicht passen, weil die Villgrater Musig [sic!] gelbe Einfassung hat." Unterschiede zu den anderen Orten wurden wichtiger und betont. Die einst uneinheitliche, sich stets wandelnde und sogar der Mode verpflichtete Kleidung wurde dadurch als lokale Uniform konserviert.

Auch die historischen Darstellungen von Frauentrachten zeugen von einer einstigen Variation. Die Zeichnungen Lutterottis dokumentieren einen gelben oder schwarzen Lodenwifling, der um das Gesäß verstärkt wurde, ein rot-grünes oder blau-grünes Miederleibchen sowie einen mehrfarbigen Brustlatz. Die Strümpfe waren rot oder weiß, der Schalk, sofern überhaupt dargestellt, violett, die auf einer Zeichnung zu erkennenden Winterärmel schwarz. Ebenfalls schwarz ist das Florhalsband, das im 18. Jahrhundert von der spanischen Mode übernommen wurde und nicht, wie öfters geschildert, auf die Teilung Tirols hinweisen soll. Die Schürze, einst auch Fürtuch genannt, ist blau oder weiß – Letztere dürfte wohl ein Hinweis auf den Ledigenstand der Trägerin gewesen sein. Als Kopfbedeckung dokumentiert Lutterotti eine Fazzelkappe aus Wolle sowie den gelb-grünen Hut. Bei der heutigen Tracht hat freilich ein bequemerer „Kittel" den kratzigen Loden ersetzt, die bunten Mieder aus Wollbrokat (oder Seide) sind einheitlicher geworden und auch sonst gibt es einige Unterschiede: Trotzdem

Männertracht und Frauentracht aus Sillian; Farbtafeln der „Mittelstelle Deutsche Tracht", 1943.

war die Frauentracht beständiger als jene der Männer, weist die Grundstruktur doch in die Neuzeit zurück. Indiz dafür ist auch das Testament der Maria Stadlerin vom 19. März 1685.[12] In ihrer Hinterlassenschaft vermachte sie

zwei schenigsten Kitl
zwei paar die schenisten Leillacher
das Breit Wames
ain paar kinigferbe hamburger Strimpf
ain grienes Caprollenes neues Mieder
und die silbernen Gürtl
Item Irer Schwagerin, Maria Kochlerin,
    geb. Papprianin
ain rot tiechens hemat
1 rots kluegs Mieder
kron Rässens Wameser,
2 peyrische tiechene Roeck
2 rassene Kitl
mer 1 rot und 1 plab Bürgerliche Kitl,
    Welser Mässeläne,
2 Büergerische Mieder
deren welche Kranzlzeug machen 2 Pfeite,
1 paar Camesin und ain paar gelb tiechene Strimpf
1 harbenes und ain rumpfenes firtuch

Die Bilder, die Lutterotti von Sillianer Trachten anfertigte, waren im Übrigen Grundlage für spätere Kopien und Farbdrucke, die beispielsweise mit „Ein Pusterthaler", „Eine Pusterthalerin" oder „Bauer aus dem Pusterthale" bzw. „Bäuerin aus dem Pusterthale" bezeichnet wurden.[13] Sillian lieferte in diesem Fall ein

Sillianer Tracht aus dem Besitz der Familie Achammer-Widmann, Sillian.

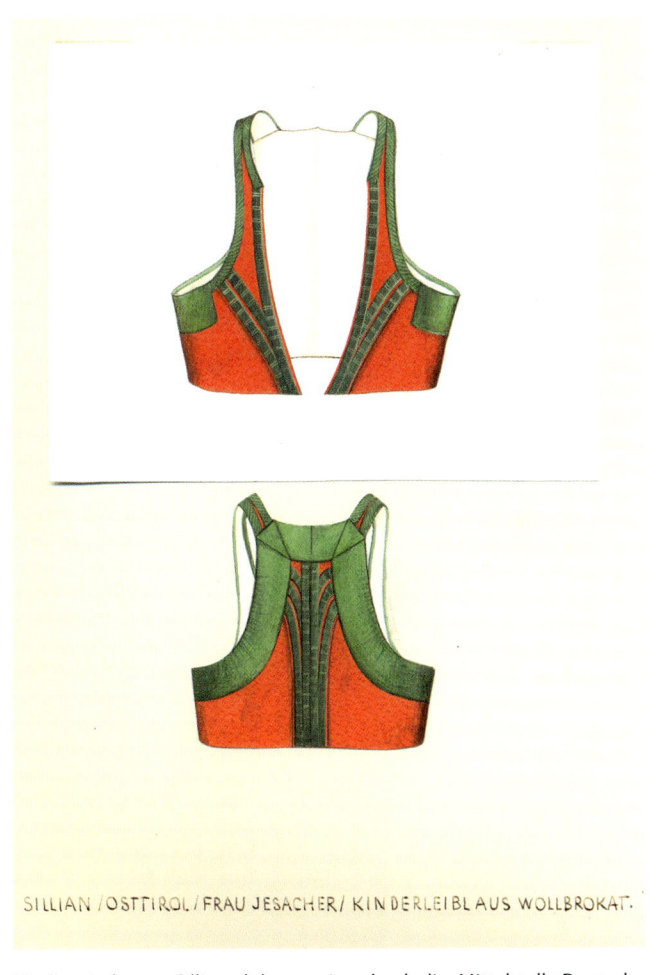

Kindermieder aus Sillian, dokumentiert durch die „Mittelstelle Deutsche Tracht", 1943.

Vorbild für das gesamte Tal zwischen Lienzer und Mühlbacher Klause. So verwundert es nicht, dass auch die Figurine des Pustertaler Paars, welche 1929 von Bildhauer Virgil Rainer für das Tiroler Volkskunstmuseum geschaffen wurde, den Gesichtszügen zweier (heute leider unbekannten) Sillianer nachempfunden worden sein soll.

Die einst ständisch strukturierte Tracht mutierte zu einer regional verstandenen Kleidung: Herkunft (und nicht gesellschaftlicher Status) wurde als wesentlich angesehen. Noch in der Mitte des 19. Jahrhunderts wurde die Gemeinschaft des Ortes durch die Kleidung differenziert und voneinander getrennt. Just in dieser Zeit aber strömten die von der Romantik beseelten Intellektuellen auf der Suche nach ursprünglicher Kultur in die Tiroler Täler. Sie interessierten sich nicht nur für die ländliche Bauweise, magische Vorstellungen oder Erzähltraditionen wie Sagen oder Märchen, sondern sie dokumentierten auch erstmals die in den Orten getragenen Kleidungen. Im Vergleich zu anderen Tälern wurde das scheinbar Typische hervorgehoben und durch die damals populären Trachtenbilder (später auch durch Trachtenpostkarten) reduzierte sich die einstige Vielfalt auf einen Idealtypus.

Solchermaßen war eine Tracht gar in der Lage, gesellschaftliche Unterschiede zu nivellieren. Diese Idee verband Gertrud Pesendorfer, die zwischen 1938 und 1945 das Volkskunstmuseum leitete, mit der NS-Ideologie. Ihre „Erneuerte Tracht" wollte Basis „für die zukünftige Gestaltung unserer Lebensform"[14] sein und „durch das Einsetzen unserer besten volksbindenden Kräfte unsere Art"[15] erhalten. Die historische Tracht sollte vereinfacht bzw. der Zeit angepasst wer-

Sillianer Trachtenpaar; Figurinen, geschnitzt von Virgil Rainer, zur Präsentation der Pustertaler Tracht im Tiroler Volkskunstmuseum, 1928/29. – Links: fotografisches Vorbild der männlichen Figurine.

den. Ihre Überlegungen, die sie erstmals 1938 publizierte, erhielten durch das Buch „Lebendige Tracht in Tirol" seit 1966 große Popularität. Die derzeit von den Musikantinnen getragene (und 2013 von der Firma Puschtra Trachten in Arnbach neu produzierte) Tracht geht, trotz Anpassungen, im Wesentlichen auf ihre Vorstellung einer Pustertaler Taltracht zwischen Innichen und Lienz zurück. Diese ebenso unbeachtete wie prekäre Verbindung bedeutet freilich nicht, dass damit die reaktionäre Gesinnung Pesendorfers fortgeführt wird, im Gegenteil: das kesse, modische, selbstsichere und weltoffene Auftreten in der Tracht bildet einen starken Kontrapunkt ihrer Ideale.

Dauer und Veränderung

Die Geschichte der Tracht in Sillian macht deutlich, dass nicht nur Dauer oder eine starre Überlieferung für eine Tradierung wichtig sind; auch Vergänglichkeit, Veränderung oder Anpassung können wichtige Faktoren sein. Dies zeigt sich beispielsweise bei der jährlichen Fronleichnamsprozession, einem religiösen Höhepunkt der Pfarrgemeinde.

Die wesentlichen Quellen zur Prozessionsgeschichte konnte bereits 1941 Johann Steinringer, Bruder des langjährigen Sillianer Dekans, erschließen:[16] 1575 seien an „unserer Herrn Fronleichnamstag zween pfeifern, zween geigern, so den großen fahn haben tragen, auch dem Christof Prunner in geschwenndt, so den kleinen fahn hat tragen und dem Christian Rader so die Jungfrauen hat gfiert, jedem das mal geben ain mal." Ähnliches berichtet eine Rechnung aus dem Jahr 1599. Auch wenn weder Geiger noch Pfeifer – es dürften wohl Schwegelspieler gewesen sein – die heutige Prozession begleiten, die Vergütung wichtiger Prozessionsteilnehmer ist bis in die Gegenwart geblieben. Die Gemeinde, die mittlerweile diese Aufgabe übernommen hat, führt damit eine über vierhundert Jahre alte Tradition fort. Es zeigt sich hier, dass nicht nur „große" und öffentlich zelebrierte Kultursegmente weit in die Geschichte zurückreichende Spuren hinterlassen können, häufig sind es gerade scheinbar kleine und unbeachtete Gepflogenheiten, in denen die Vergangenheit bis heute präsent geblieben ist. Die äußerlichen Umstände haben sich freilich geändert: Damals war diese Art der Bezahlung zweifelsohne auch ein Anreiz, an der Prozession teilzunehmen. Denn die Unkenntnis der katholischen Lehre war im 16. Jahrhundert auch in Sillian verbreitet, außerdem hatten Reformationsbewegungen das Pustertal erreicht und ihre Blüten entfaltet. So soll im Jubiläumsjahr 1576 von den (laut Visitationsbericht von 1594) dreitausend Seelen niemand am kirchlichen Fest teilgenommen haben.[17] In der zweiten Hälfte des 16. Jahrhunderts machte die Kirche auch in Sillian eine große Krise durch. Eine „ungebildete, nachlässige und entsittlichte Geistlichkeit" war für eine „verwahrloste Gemeinde" zuständig.[18] Die Gegenreformation – die Jesuitenmission war 1721, 1744, 1753 und 1767 in Sillian nachhaltig tätig – sorgte hingegen für eine neue Verankerung des Katholischen. Die Prozessionen wurden in Sillian wichtiger denn je. Am Ende des 18. Jahrhunderts war die Sillianer Fronleichnamsprozession ein zentrales gesellschaftliches wie religiöses Ereignis – für Sillian und auch für die Nachbarorte. Dies deutet auch die Prozessionsordnung von 1768 an. Solche Prozessionsordnungen waren damals durchaus üblich und sollten möglichen Streitereien, Statuskämpfen oder Ähnlichem vorbeugen, gleichzeitig die gesellschaftliche Hierarchie verdeutlichen. Aus der Zeit des Barock, aus dem Jahr 1768, hat sich im Sillianer Pfarrarchiv eine Prozessionsordnung erhalten:[19]

1. Das Pfarr Vorfanl mit dem Klein Knaben von der ganzn Pfarr
2. Der große Vorfahn mit den nit hochzeitlich gekleideten Mannsbildern von den Filialkirchen und Gemeinden
3. Ein Fan und dergleichen Mansbilder von der Kurasia Straßen
4. Dergleichen von der Kurasie Abfaltersbach

Prozession anlässlich einer Primiz in Sillian im Jahr 1903.

Trägerinnen der Jungfrauenstatue bei einer Prozession, 1966.

Prozessionsfahnen am Sillianer Marktplatz, 2013.

5. Ebenfalls von der Kuratia Kartisch
6. Gleichmäßig von der Curatia Vilgraten
7. Sodann von der Kuratia Winnpach
8. Das weiße Rosaryfandl mit fünf Brüder
9. Das kleine Bandfanl mit denn Klein Madlen von der ganzen Pfarr
10. Ein Fanl und die Jungfraun von der Straßen
11. Ein Fanl und die Jungfraun von Abfatersbach
12. Ein Fanl und die Jungfraun von Kartitsch
13. Ein Fanl und die Jungfraun von Villgraten
14. Ein Fanl und die Jungfraun von Hollöbruggen, Arnbach und deren Bergen
15. Ein Fanl und die Jungfraun von Winnpach
16. Ein Fanl und die Jungfraun von Tessenberg und Panzendorf
17. Das Pfarrenbandfanl samt dem Marianischen Rath und bürgerlichen Jungfrauen
18. Das rote Rosaryfanl mit fünf Brüder
19. Die rothgekleideten Mansbilder von denen 5 Curatien mit ihrer Fan und Sängern
20. Die Arnpacherfan samt dortigen Rothgekleidten Mansbildern
21. Das Tessenbergerfanl samt dortigen und Panzendorferischen Rothgekleidten Mannsbildern
22. Die Junggesellenfan mit den Bundsgenossen von der Pfarr und die Bildnus des Herrn Domini
23. Das gelbe Rosaryfanl mit 5 Brüder
24. Die nit hochzeitlich roth angethanen Mansbilder von den Curatien mit ihren übrigen Fahnen
25. Der groß Rosaryfan mit den gleich Mansbildern von der Pfarr und Filialgemeind samt den übrigen Fan und der Rosarybildnus mit Portischen
26. Die Handwerkszünft nach der Ordnung
27. Die Maria reinigungsfan mit 12 Brüder
28. Das rechte Chorfanl
29. Christus mit den Aposteln
30. Die Miliz und die Schützen
31. Portlaternfanlen und der Chor
32. Die Clerisey
33. Das höchste Gueth
34. Portlatern
35. Der Adel und die Herrn Beamten und andere Vürnehme
36. Ein Fahn
37. Die adelig Fürnehmeren und bürgerlichen Weibsbilder
38. Die Bauernweiber in grünen Sameter
39. Die übrigen Weibsbilder nit hochzeitl. gekleidt.

Diese Auflistung ist es wert, sie etwas genauer anzuschauen. Zwar finden sich auch hier Elemente, die bis in die Gegenwart nachwirken – die verheirateten Frauen gehen beispielsweise nach wie vor nach dem Allerheiligsten am Ende des Zuges –, doch bietet diese Ordnung auch die Möglichkeit, fremd wirkende Elemente zu entdecken. Die Sillianer Fronleichnamsprozession war auch für die umliegenden Orte, die sich in die Prozession einreihen mussten, ein wichtiger Festtag. Dies hängt wohl mit historischen Verpflichtungen und kirchenpolitischen Zugehörigkeiten zusammen. Selbst das Ziel der gemeinschaftlichen Bittprozessionen oder Wallfahrten war in historischer Zeit nicht zufällig, zumeist handelt es sich um vorgegebene Pflichtgänge oder Pflichtprozessionen. So musste die Pfarre Sillian ihr Gebet am Kreuzmontag in der St.-Jakobs-Kirche von Strassen, am darauffolgenden Dienstag in Hollbruck und am Mittwoch schließlich in Sillian verrichten. Die großen Wallfahrten der Pfarre aber gingen beispielsweise nach Obermauern (dort befindet sich heute noch eine so genannte Tarze für die Kerze aus „Silgen") und nach Säben. Prozessionen und Wallfahrten hatten solchermaßen nicht ausschließlich einen religiösen Charakter; die mitgebrachten Weihegaben dienten auch der regelmäßigen Bestätigung von Anhängigkeiten. Die gesellschaftliche Struktur war damals durch eine hierarchische Gliederung gekennzeichnet, wie sie durch die Prozessionsordnung widergespiegelt wird. Dies kommt insbesondere durch „Beamte und andere Vürnehme" zum Ausdruck, die unmittelbar hinter dem Allerheiligsten schreiten durften. Die Handwerkszünfte aber gingen nach den „Mansbildern von

Truhe einer Handwerkszunft, heute im Widum Sillian.

der Pfarr und Filialgemeind" als 26. Gruppe: Den Schmieden folgten die Tischler, die Müller und Bäcker, Weber und Hutmacher, schließlich die Schneider und Schuster. Die einst stolzen Zünfte präsentierten sich durch ihre Zunftfahnen, Wandelstangen und Kerzen. Einst wurde der gesellschaftliche Rang selbst in privaten Feierlichkeiten berücksichtigt.

Noch zu Beginn des 20. Jahrhunderts war es beispielsweise bei Hochzeiten in Sillian üblich, dass Verheiratete und Ledige getrennt saßen.[20]

Typisch für eine barocke Fronleichnamsprozession war das Darstellen biblischer Gestalten: Damals wurden noch wenige Statuen und Bildnisse durch den Ort getragen. Vielmehr verkleidete sich eine Gruppe als „Christus mit den Aposteln". Solche theaterhaften Inszenierungen waren ganz im Sinne der Gegenreformation. Üppiges Pendant ist beispielsweise die Hl. Kreuzprozession von Innichen aus dem Jahre 1748. Erstaunlicherweise waren es gerade diese einst gewünschten Überformungen, die im späten 18. Jahrhundert zu einer Reihe von Verboten und Beschränkungen führten. Wenngleich diese nicht immer pflichtgemäß befolgt wurden, veränderte die Aufklärung die Prozession nachhaltig. 1786 wird in Wien verordnet, dass die großen Zunftfahnen durch kleinere Schwungfahnen ersetzt werden sollten. Die besondere Kleidung der Fahnenträger, die großen Federn auf den Hüten und anderer Zierrat wurden ebenfalls untersagt. Selbst das Mittragen von Bildnissen und Statuen ließ Kaiser Joseph II. unterbinden, um es aber kurze Zeit später wieder zu erlauben. Weitere Einschränkungen brachten die bayerische Herrschaft und die politische Zugehörigkeit zu den Illyrischen Provinzen, bevor die Rückkehr zu Österreich auch die Rückkehr zu einer tiefen Religiosität erlaubte.

Dies führte im Laufe des späteren 19. Jahrhunderts zu einer von der Kirche forcierten Stärkung der verbliebenen Elemente. Solchermaßen blieb die Fronleichnamsprozession ohne gravierende Veränderungen bis heute.

Erneuern des Alten

Die barocke Religiosität entfaltete sich auch in Sillian zu einer üppigen Blüte: Die Geißlerbruderschaft bäumte sich vor ihrem Niedergang noch einmal auf, indem sie sich neue Statuen anschaffte. Die Rosenkranzbruderschaft mag im 1760 entstandenen Deckengemälde der Pfarrkirche, die die Rosenkranzmuttergottes zeigt, eine Bestätigung ihres Tuns erfahren haben. Seit 1752 wurde das Prager Jesukind, gefördert vom Haller Damenstift, in der Pfarrkirche verehrt. Die Filialkirche zum Leidenden Heiland in Arnbach wurde für ein knappes Jahrhundert Ziel von Wallfahrern.

Erst die Aufklärung unter Maria Theresia und Joseph II. rüttelte an der Fülle öffentlicher Formen der Frömmigkeit. Trotz des Niedergangs der Passionsspiele und des nur unzureichenden Ersatzes durch das Nachfolge-Christi-Spiel „Abraham et Isack" sowie anderer Einschränkungen blieb die Bevölkerung mit der Religion eng verbunden. Der Landrichter von Sillian schrieb 1802 dementsprechend:[21] „Die Bevölkerung wird als gut geschildert. Sie seien sehr religiös und dem Klerus ergeben. Davon zeugen auch zahlreiche Kirchen und Kapellen. Es gebe keine leichtfertigen Tänze und Lieder, nur geistlige [sic!] Lieder. Abends wird in der Stube der Rosenkranz gebetet. Wo dies unterlassen werde, stehe das Haus nicht im guten Rufe. [...] Die jungen Männer, die studieren, werden meistens Priester [...]" Freilich, der Landrichter verallgemeinerte sicherlich sehr stark und es gab auch religiöse Zweifler und aufgeklärte Skeptiker; doch zeichnet sich das frühe 19. Jahrhundert durch eine große Präsenz des Übernatürlichen aus – eine Präsenz, die sich nicht nur auf offizielle Glaubensinhalte bezog. So erklärt der Richter weiter:[22] „Der Arzt und die Wundärzte von Sillian erhielten nicht stets Zutritt in kranke Ställe; man traute ihnen nicht, weil sie selbst kein Vieh besäßen. Das Vieh konnte auch verhext sein und Priester mußten [sic!] das Vieh segnen." Bereitwillig unterstützten die Geistlichen durch ihre Segnungen magische Vorstellungen, welche die Aufklärung eigentlich ausrotten wollte. So ist es nicht verwunderlich, dass das 19. Jahrhundert eine neue, konservativ ausgerichtete Konjunktur der Frömmigkeit brachte. Brennpunkt dieser Entwicklung war das Herz-Jesu-Fest: Vor dem Hintergrund einer befürchteten französischen Invasion, beschlossen am 1. Juni 1796 die Landstände Tirols in Bozen, das Land dem „Heiligsten Herzen Jesu" zu weihen. Das kirchliche Fest wurde zu einem der wichtigsten im Kirchenkalender. Das Entzünden von Bergfeuern gilt seither als Erinnerung an dieses Gelöbnis. Da sie im direkten Zusammenhang mit den heroisierten Jahren 1797–1809 standen, wurden sie nach der Teilung Tirols zu einem Zeichen der Landeseinheit – war es doch der einzige Brauch, den es nördlich wie südlich des Brenners bzw. östlich und westlich der Pustertaler Grenze flächendeckend gab. Seither mischen sich unter die religiösen Symbole wie dem IHS-Monogramm auch patriotische Anspielungen wie der Tiroler Adler.

Um den Helm brennen so jedes Jahr mehrere Feuer, heute organisiert beispielsweise von der Landjugend-Jungbauernschaft. Dass das Herz-Jesu-Fest auch in der Gegenwart ein wichtiger Feiertag geblieben ist, zeigt sich in der jährlichen Prozession, im Herz-Jesu-Konzert der Musikkapelle oder durch die Erneuerung der Herz-Jesu-Glocke 2012. Nachdem der Klang der alten Glocke durch einen Riss beeinträchtigt gewesen war, sollte eine neue gegossen werden. Sie ist mit einem prestigeträchtigen Gewicht von 3 Tonnen und einem Durchmesser von 176 cm die derzeit größte Glocke des Bezirkes Lienz.

Die Feuer um das Herz-Jesu-Fest sind Umformungen älterer Bräuche, die bereits in früheren Zeiten zwischen religiöser Bedeutung und funktionalem Nutzen standen. Die einst auch im Pustertal abgebrannten Osterfeuer waren zwar auch Ausdruck des Glaubens, indem der Auferstandene als Licht der Welt gepriesen wurde; gleichzeitig dienten diese Feuer auch der Reinigung der Fluren nach dem Winter. Die frühesten Belege von Bergfeuern in Sillian führen in das Jahr 1594 zurück, wie ein Eintrag vom Heinfelser Verfachbuch vom 9. November dieses Jahres zeigt. Einige Burschen hatten damals ein Sonnwendfeuer entfacht.[23] Tatsäch-

Seit 1752 wird in der Pfarrkirche das Prager Jesukind verehrt.

Herz-Jesu-Feuer mit religiösen und patriotischen Motiven, entzündet beim Heimkehrerkreuz und am Helm, 2011.

Weihe der neuen Herz-Jesu-Glocke am 8. Juli 2012 durch Pfarrer Dr. Anno Schulte-Herbrüggen und Aufziehen der Glocke auf den Turm.

lich wurden Feuer zu unterschiedlichen Zeiten abgebrannt, etwa zu Ostern oder als Kreydefeuer, welche die Landesverteidigung mobilisieren sollten. Im Verzeichnis der „Kreyden–Fewr in der fürstlichen Graffschaft Tyrol" wird das Schloss Heinfels als zentraler Ort für das Alarmierungsfeuer genannt. Diese Warnfunktion des Feuers nahm die Aktion „Feuer in den Alpen" auf, die sich seit 1986 bzw. 1991 formierte. Mit dem „völkerverbindenden Feuer" am zweiten Samstag im August sollte ein loderndes Zeichen gegen die als Bedrohung aufgefassten Auswüchse eines unkontrollierten Wirtschaftswachstums auf Kosten der Natur gesetzt werden. Zwischen Nizza und Slowenien brennen die Feuer, die Lücke in Sillian zur „Erhaltung und Schutz des Lebensraums der Villgrater Berge und des Karnischen Kamms" schlossen die örtliche Sektion des Alpenvereins, die Bergrettung sowie Bürgerinitiativen des Hochpustertals.[24] Wie die Feuer in den Alpen zeigen, kennzeichnen sich Bräuche vor allem dadurch, dass sie historische Formen weiterentwickeln und der jeweiligen Zeit anpassen. Eines der jüngsten Beispiele dafür ist die 2000 von den „Panther Bikers" erstmals organisierte Motorradweihe. Bleiben Bräuche unverändert, mutieren sie zu einem theaterhaften Klamauk oder werden gänzlich aufgegeben. Wird irgendwo eine Lücke erkannt, werden neue Bräuche eingeführt.

So entpuppen sich viele „uralte" Bräuche beim genauen Hinsehen als Entwicklung des 20. Jahrhunderts. Dies gilt etwa für den für den Christbaum, der sich erst seit den 1920er-Jahren in Sillian langsam durchsetzte, für den erst nach dem Zweiten Weltkrieg populär gewordenen Adventkranz, aber auch für das Heilige Grab, welches jährlich in der Sillianer Pfarrkirche aufgestellt wird. Alle diese Elemente sind heute fester Bestandteil der jeweiligen Feierlichkeit.

Das derzeitige Grab geht auf den Zirler Maler Franz Seelos zurück. Als freie Interpretation eines barocken Ostergrabs zeichnet es sich sowohl durch eine eindrucksvolle Farbgebung als auch durch seine künstlerische Qualität aus – und entstand doch erst 1951/52. Es ist also im Tiroler Vergleich ein sehr junges Grab. Die Kulissenbögen, in welche Passionsszenen integriert sind, wurden in Temperatechnik gemalt, werden am Beginn der Karwoche aufgestellt und sind bis Samstag nach Ostern zu sehen: Im Zentrum ist am Gründonnerstag der Blut schwitzende Christus

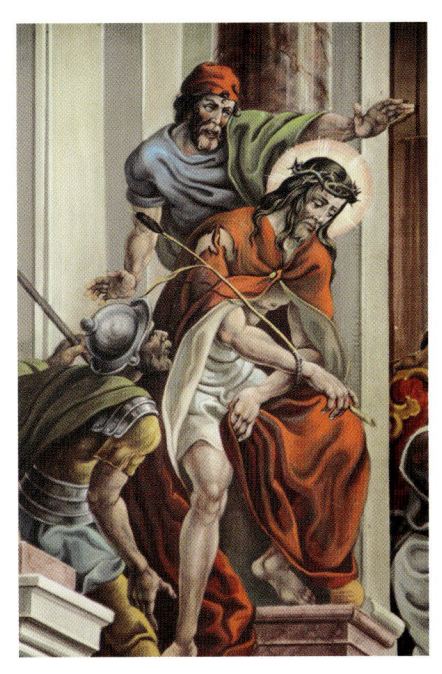

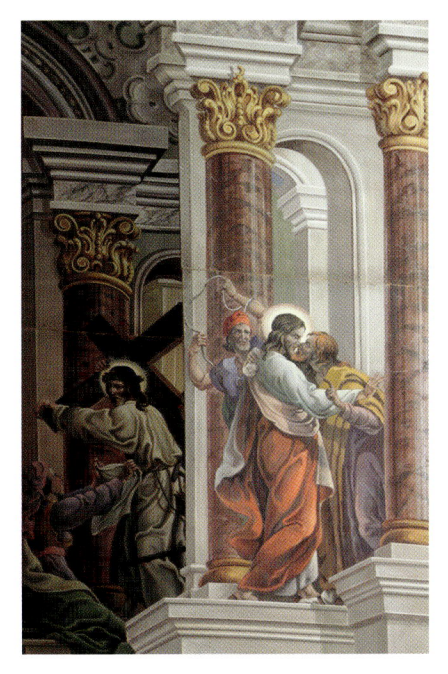

Das Heilige Grab („Ostergrab"), gemalt von Franz Seelos in Zirl im Jahr 1953, nimmt die ganze Breite des Altarraumes der Pfarrkirche ein. – Gesamtaufnahme und als Details „Dornenkrönung" und „Judaskuss".

am Ölberg, am Karfreitag der Gekreuzigte mit Maria und Johannes und am Karsamstag die Grablegung zu sehen. Nach dem Auferstehungsgottesdienst wird der Auferstandene dargestellt. Das materielle Zeugnis der Frömmigkeit ist Ziel von Anbetungsstunden am Karfreitag und Karsamstag.[25] Bis in die Gegenwart ist das Religiöse (bzw. die Volksreligiosität des 18. und 19. Jahrhunderts) von großer Bedeutung geblieben. Selbst die unchristlich anmutenden Krampusse sind einer ursprünglich katholischen Intention entwachsen. Ihren historischen Vorläufer finden sie in den Nikolausspielen, die im 18. Jahrhundert wohl auch in Sillian gezeigt wurden. Das zumindest deutet ein Bericht des Sillianer Landgerichtes an. Nikolausspiele waren eigentlich von Jesuiten im Zuge der Gegenreformation eingeführte Stubenspiele, die einen kirchlich-pädagogischen Zweck hatten. Sie sollten den Menschen den richtigen Weg zur Erlösung, aber auch den drohenden Weg in die Verdammnis vor Augen führen. Nachdem das Aufführen in den Stuben verboten worden war, verlagerten sich letzte Reste des Nikolausspiels auf die Gassen des Ortes. 1816 aber bestanden die Umzüge hier „nur darin, [dass] die im Ornate gekleideten Individuen, welche den heil. Nickolaus und seine Diener vorstellen sollen", die Kinder befragten. Die guten wurden belohnt, die „bösen" durch einen „Wauwau" – eine in Urkunden zu findende Bezeichnung für den Klaubauf bzw. den Krampus – erschreckt.[26] Wie dieser „Wauwau" ausgesehen hatte, wird zwar nicht überliefert; er dürfte sich aber wenig von jenen anderer Orte unterschieden haben. Man kann also davon ausgehen, dass er mit alten Fetzen bekleidet gewesen war und eine einfache Larve aus Stoff, Lederresten oder Holz getragen hatte, wie sie auch bei Perchtenbräuchen üblich gewesen waren. Die historischen Masken waren sehr einfach und schlicht. Dies ist wohl der Grund dafür, weshalb es auch im einzigen Beleg von der Aufführung eines Perchtenbrauchs in Sillian keinen Hinweis auf die genaue Vermummung gibt: In der Nacht auf den 2. Jänner 1837 sollen 50 Burschen aus Assling und Umgebung für den Propst von Innichen in „Weiberkostümen" nach Sillian gekommen sein, um das so genannte „Percht-Spiel" zu geben. Es bestand aus verschiedenen Szenen, die der Geistliche als langweilig empfand. Unter anderem soll eine Faschingshochzeit aufgeführt worden sein.[27] Dabei handelt es sich um die Parodie einer Heirat, wie sie noch heute in einigen Fasnachten Tirols zu finden ist. Eine solche Spielhochzeit wurde üblicherweise nur dann aufgeführt, wenn über das Jahr niemand geheiratet hatte – es ist also eine Art der sozialen Kontrolle im Zuge der „Verkehrten Welt". Solche gesellschaftlichen Aspekte sowie andere rechtshistorische Elemente waren einst Grundlage für alle Bräuche. Viele winterliche Maskenumzüge waren beispielsweise durch ein Heischerecht – das Sammeln von Lebensmitteln oder Geld – gekennzeichnet. Dafür gab es zwischen Allerheiligen und Aschermittwoch mehrere Termine, in Sillian sollen beispielsweise Burschen am Stefanitag im Ort herumgezogen sein, um auf beladenen Schlitten Gaben für die Armen zu heischen.[28] Da es dabei – aus der Sicht der Obrigkeit – immer wieder zu Ausschweifungen gekommen war, wurden die meisten dieser öffentlichen Schaubräuche verboten oder zurückgedrängt, bis sie mehr oder weniger verschwunden waren. Erst in der zweiten Hälfte des 20. Jahrhunderts wurde

Krampusse und St. Nikolaus in Sillian; die Aufnahme entstand in der alten „Hennsteige" (Pfarrstadl), 1950.

Der traditionelle Faschingsumzug der Narrengilde lockt jährlich einige Tausend Schaulustige nach Sillian, 2010.

– durch den Einfluss des Klaubaufgehens in Matrei i. O. – der Krampusbrauch in Sillian populär. Sukzessive wurde der Brauch wieder heimisch gemacht, mit dem Nikolaus als im Prinzip ranghöchste Figur.

Die grotesk geschnitzten Larven oder das übergezogene Fell verliehen dem Brauch archaische Züge. Die eindrucksvollen Masken, die von Gerald Rauter, Hermann Walder oder auswärtigen Schnitzern hergestellt werden, sind für den heutigen Brauch bestimmend geworden. So archaisch die Krampusse aber auch anmuten, sie sind trotz historischer Vorläufer eine junge Erscheinung. Die gegenwärtige Konjunktur des Krampusgehens fußt auf Wünschen nach Ursprünglichkeit oder Originalität oder der Suche nach einer regionalen Identität. Obwohl mit neuen Bedeutungen und Intentionen verbunden, bedient man sich der historischen Formensprache oder will sich gar bewusst mit einem altertümlichen Kleid umgeben. Der Rückgriff auf historisch anmutende Erscheinungsformen dient der Legitimation. Trotzdem: Weder in der Vergangenheit noch in der Gegenwart fehlte die wichtigste Motivation: Freude, Übermut, Feierlaune oder Ausgelassenheit. Es wundert deshalb nicht, dass, wie das Verfachbuch von Heinfels berichtet, beim letzten Sillianer Kirchtag vor dem Wirtshaus Scharlinger am 12. Februar 1580 mit „blossen Wöhren gescharnitzlt" worden sei. Bürger und Bauern seien mit den Hofierern (= Spielleuten) im Markt herumgezogen. „Bei der Linden" – damals allgemeiner Versammlungs- und Tanzplatz, der mit der Gerichtsstätte östlich der Pfarrkirche gleichzusetzen ist – habe sich Hans Widerer schließlich „auch mausig gemacht, wie der jungen Gesellenbrauch" gewesen sei.[29] Wenngleich sich der Humor in Sillian seither gründlich geändert haben mag, Heiterkeit und Frohsinn sind hier bis heute wichtig geblieben, werden sie doch seit 1981 gar öffentlich zelebriert: Der Sillianer Fasching der Narrengilde mit dem Ruf „Rante Putante!" ist von engagierten Witzbolden wie Gerhard Holzer, Werner Stibellehner, Gernot Vinatzer, Erwin Ortner oder Petra Lanser aufgebaut worden und wurde zu einem Spiegel der Eigenarten der Gemeinde und ist wohl gerade deshalb über die Gemeindegrenzen hinweg der sicherlich bekannteste Brauch Sillians.

Gegenwart des Vergangenen

Die Landschaft der Gemeinde Sillian wird durch die verbliebenen Relikte einer historischen Baukultur wesentlich bestimmt – jedoch muss man sich fragen, wie lange dies noch so sein wird. Die heute bestehenden landwirtschaftlichen Häuser zeigen auf den ersten Blick ein relativ einheitliches Bild: Vorherrschend ist der Einhof, bei dem Wohn- und Wirtschaftsgebäude unter einem Dach vereint sind. Die Konstruktion der Höfe zeigt üblicherweise einen Mischbau: Über einem rechteckigen Grundriss ist das Erdgeschoss in Bruchsteinmauerwerk errichtet, der weitere Aufbau sowie der Wirtschaftsteil ist im verschroteten Vierkantblockbau ausgeführt.[30] Einzelne Höfe am Sillianberg zeigen außerdem einen Bohlenständerbau: Bei dieser Holzkonstruktion wird die Last vor allem von senkrecht stehenden Ständern, die mit den waagrecht eingenuteten Bohlen verbunden sind, getragen. Eine Pfettenkonstruktion trägt das Satteldach. Die Fassaden sind durch eine klare Gliederung der Fenster gekennzeichnet. Ein Söller läuft um ein, zwei, oft sogar um drei Seiten des Hofes. Das Giebeldreieck kragt

Typisches Beispiel eines „Osttiroler Einhofes": „Bacher" am Sillianberg, Erbhof seit 1933, mit nebenliegendem Kornkasten.

von der Fassade hervor und ist verschalt. Im Inneren erschließt ein Mittelflur die weiteren Räume: Küche, Speis sowie Stube und gegebenenfalls eine Stubenkammer. Der Hof ist zumeist in den Hang gebaut und quergeteilt: Im der Sonne zugewandten Teil befindet sich der Wohnteil, im hinteren der Wirtschaftsteil. Dieses Idealbild des so genannten „Osttiroler Einhofs" findet sich heute in Sillian beispielsweise beim Möster oder Fischer, am Sillianberg beim Bacher, Kraler, Pircher, Tädler, Herrnegg oder Raster, in Arnbach beim Obergarber, Gaberle, Feigental oder Oberaigen.[31]

Dieser Hoftyp ist das Ergebnis eines entwicklungsgeschichtlich bis ins Spätmittelalter zurückreichenden Prozesses, der durch den Zusammenbau von Wohn- und Wirtschaftsteil entstanden ist. Relikt dieser Entwicklung ist der Vorstall. Dieser Erschließungshof liegt am Übergang vom Wohn- zum Wirtschaftsteil und ist aus dem Zusammenschluss der beiden Teile hervorgegangen. Dieser Hoftypus hatte im Vergleich zum Paarhof einige Vorteile: Er benötigte nicht nur weniger Baumaterial, sondern brachte auch Vorteile bei der Wärmedämmung. Heute ist er im gesamten Pustertal und seinen Nebentälern anzutreffen. Nur wenige Gebäude in Sillian weichen von diesem Typus ab. Die Wohngebäude vulgo „Tomele" (heute Familie Troyer, Hauptstraße), „Lenzler" (Josef Goller) sowie Natzer/Katzer (westlich anschließend an Hotel Bergland) zeigen einen Seitenflur. Im Gegensatz zum Mittelflur ist dieser Grundriss für die so genannte Realteilung der Höfe vorteilhafter. Die Realteilung ist eine ältere Erbsitte, die im 16. Jahrhundert noch verbreitet war. Dabei wurde der Grundbesitz – nach Zustimmung des Grundherrn – zu gleichmäßigen Teilen auf alle Erbberechtigten aufgeteilt. Dies konnte zur Aufteilung der Urhöfe führen. Diese behielten üblicherweise ihren Hausnamen, jedoch kam beispielsweise der Zusatz „Ober-" oder „Unter-" dazu – wie beim Oberaigen und Unteraigen in Arnbach. Wurden die Höfe zu oft geteilt, drohte die Gefahr der Zerstückelung. Deshalb wurde die Realteilung durch das jüngere Anerbrecht abgelöst, welche die Übergabe eines Hofes an einen einzigen Erben vorsah. Bereits im 17. Jahrhundert hatte sich diese Erbsitte durchgesetzt. Die hochinteressante Bürgerschaftsordnung von Sillian sah 1801 vor, dass die „zerthailung, oder noch weniger neue hauser zu bauen nicht bewilligt werde".[32] Dies führte kurzzeitig zu einem Verharren an der bestehenden Bausubstanz, die erst durch die Grundentlastung durchbrochen wurde. Bis zur wohltuenden Reform 1848/49 waren die Bewohner de facto Besitzer ihres Hofes, doch formell unterstanden sie noch immer ihren Grundherren. Dies war sehr häufig die Gerichtsherrschaft Heinfels, wie beim Ober- und Unterköcker in Arnbach oder beim Bacher bzw. Unterteidl am Sillianberg; der Hof vulgo Hofer wiederum war der Pfarrkiche Sillian – ebenfalls ein einst bedeutender Grundherr – abgabenpflichtig. Viele dieser Höfe waren als Freistiftsgüter organisiert: Ein Bauer hatte kein Eigentums-, sondern nur ein Nutzungsrecht, das er durch die Ablieferung der jährlich geforderten Abgaben zu einem bestimmten Termin um ein weiteres Jahr verlängern konnte. Neubauten bedurften ebenfalls der Bewilligung des Grundherrn und waren selten. Mit der Aufhebung der Grundherrschaft ging der Hof in das Eigentum der Bauern über.

Dies geschah freilich nicht kostenneutral, die Grundherren ließen sich ihren Verlust abgelten; dennoch kam es in weiterer Folge zu einer regen Bautätigkeit. Es war die Zeit eines relativen Wohlstandes der besitzenden Bauern, die damals gemachten Um- und Neubauten prägen das Erscheinungsbild der Gemeinde bis heute. Hatten die Großfeuer im 17. Jahrhundert und 1798 im Markt sowie die Feuersbrunst 1832 in Arnbach dazu geführt, dass die frühneuzeitliche Bauschicht fast vollständig getilgt worden war, wurden durch die Neu- und Umbauten der zweiten Hälfte des 19. Jahrhunderts fast alle älteren Schichten eliminiert. Lediglich am Sillianberg finden sich heute noch ältere Spuren. Beispiel dafür ist der Lifter-Hof, der mit wenigen Änderungen an der Fassade vollständig ein Produkt des 18. Jahrhunderts ist. Das Gebäude zeugt davon, dass sich der heute vorherrschende Einhoftypus im 18. Jahrhundert bereits durchgesetzt und ältere Hoftypen zurückgedrängt hatte. Das vollständig gemauerte Erdgeschoss des Hofes war nicht nur statische Fortführung des Fundaments, es sollte auch die Brandsicherheit erhöhen.

Das zum Fenster abgeschrägte Mauerwerk ließ mehr Licht in das Haus einfallen. Anders zeigt sich der Raster-Hof. Zwar hat auch er das Erscheinungsbild des für das Pustertal typischen Einhofs, beim genaueren Studium kann man aber einen Baukern entdecken, der sogar in das 17. Jahrhundert zurückreicht. Das zum Keller ausgebaute Fundament des Hofes lässt ihn zwar optisch ähnlich erscheinen, doch ist das Erdgeschoss mit Küche und Stube noch vollständig aus Kantholz gezimmert. Tatsächlich aber führen behördliche Feuerschutzverordnungen (die jedoch nicht immer befolgt wurden) im Laufe der zweiten Hälfte des 17. Jahrhunderts dazu, dass zumindest das Mauerwerk um die Küche massiv ausgeführt, der Küchenboden gestampft und der Kamin mit Steinen gemauert werden musste. Dies bedeutete für einen

Kopsgute mit der Kapelle „Unser Herr im Elend", links der Hof „Tädler", rechts „Lifter".

Der alte Rasterhof vor dem Umbau von 1991.

Harpfe am Sillianberg, 2008.

Bauherren damals jedoch einen größeren Aufwand, weshalb der Unmut darüber nicht gering gewesen sein musste. In der gleichen Zeit kam es zu einer großen Verbesserung der Wohnqualität dank des erschwinglicher gewordenen Tafelglases: Während man bis ins 16. Jahrhundert die (unverglasten) Fenster der Bauernhäuser sehr klein gestaltete, um den Wärmeverlust gering zu halten, konnte man sie seit dem 17. Jahrhundert mit Glas auskleiden und so größer gestalten.

Vier bis sechs kleine, viereckige Scheiben wurden durch Bleinutstäbe verbunden und schließlich in einem Holzrahmen fixiert. Ein Schiebebrettchen erlaubte das Öffnen des unteren Teils. Durch dieses Glas musste die Wandöffnung im Winter nicht mehr durch einen Holzschuber geschlossen werden, man hatte das ganze Jahr über (etwas) Licht in der Stube oder Kammer. Dies bedeutete freilich einen finanziellen Mehraufwand und nicht jeder konnte sich diese Errungenschaft auch sofort leisten. Wärme und Licht im Haus zu haben, war damals kostbar. Jeder Bau richtete sich deshalb nach der Sonne aus. Wie beim Raster-Hof wurden die meisten Bauernhäuser mit der unbewohnten Giebelseite in den Hang gebaut, während der vordere Wohnteil stets der Sonne zugewandt ist. Das Gefälle des Hangs nützte man als Zufahrt für den hinten liegenden Wirtschaftsteil. Zwei übereinanderliegende Tennenzufahrten deuten, wie beim Lifter-Hof, auf eine nachträgliche Aufstockung des Gebäudes hin. Mit den Gebäuden der „grundbesitzenden" Bauern, die Lehen oder Huben bewirtschaften, waren hingehen auch bestimmte Weide- und Wasserrechte

An der „Betgarbe" wird für die Ernte gedankt; Aufnahme vom Sillianberg, August 1965.

Ansichtskarte, die Sillian im Jahr 1925 zeigt. – An den Fluren erkennt man, dass der Acker- bzw. Getreidebau noch eine wichtige Rolle spielte.

verbunden. Zum Hof gehörten einige Nebengebäude wie Harpfen, Kornkästen oder Mühlen (die zumeist gemeinschaftlich betrieben wurden und auch mehrere Besitzer haben konnten). Alle diese Gebäude stehen im Zusammenhang mit dem Getreidebau und wurden durch den Strukturwandel in der Landwirtschaft seit dem letzten Drittel des 20. Jahrhunderts und dem damit verbundenen Rückgang des Getreideanbaus eigentlich überflüssig. Dementsprechend haben sich nur mehr wenige dieser Gebäude am Sillianberg bzw. in Arnbach erhalten. Die in Vierkantholz errichteten Kornkästen zu den Höfen vulgo Untersteidl (bereits abgerissen) bzw. Bacher dürften noch im 17. Jahrhundert entstanden sein, während ihre gemauerten Gegenstücke zu den Höfen Unterzelger und Pircher im 19. Jahrhundert errichtet wurden.

Wohl ins 18. Jahrhundert weist der Kornkasten zum Hof vulgo Gredler am Köckberg. Umso erstaunlicher ist es, dass sich, wie von Peter Leiter dokumentiert[33], eine beträchtliche Zahl an Harpfen erhalten hat. Dies mag damit zusammenhängen, dass viele von ihnen erst im zweiten Drittel des 20. Jahrhundert – in der letzten Phase des einst lebensnotwendigen Getreideanbaus – erneuert wurden und die Zeit bis zur Rückbesinnung und bewussten Erhaltung der landwirtschaftlichen Relikte Ende des 20. Jahrhunderts gut überstanden haben.

Baulicher Status

Ein gänzlich anderes Erscheinungsbild als die dominierenden Einhöfe zeigt der Paarhof vulgo Peißer am östlichen Ausgang des Marktes. Paarhöfe sind entwicklungsgeschichtlich älter als Einhöfe. Tatsächlich führt das Wohngebäude ins späte 16. Jahrhundert zurück. Der dreigeschossige Bau, 1596 bzw. 1618 bezeichnet, ist über einem Mittelflurgrundriss errichtet. Prägend ist das Krüppelwalmdach, eine im Vergleich zum Satteldach aufwändigere Dachform. Der Hof erhielt seinen Namen durch die Familie (von) Peißer.

Der „Peißerhof" am östlichen Ortsausgang von Sillian mit einem für einen Bauernhof auffallenden Aussehen, da er zur Gänze aus Mauerwerk besteht.

Florian Peißer wird 1593 als Gerichtsschreiber genannt. Während Sillianberg und Arnbach bis heute bäuerlich geprägt sind, zeugt der Peißer-Hof davon, dass die Bevölkerung im Markt in ihrer Sozialstruktur höchst uneinheitlich gewesen war.

Auf dem 1657 datierten Votivbild, welches den Markt zeigt, sind unterschiedliche Hausformen und Gebäudetypen zu erkennen: Während größere Gebäude vollständig gemauert scheinen, handelt es sich bei den kleineren um einfache Holzbauten. Dabei dürfte es sich insbesondere um Gebäude von Kleinhäuslern, in Sillian einst Untersassen genannt, handeln. Als Untersassen wurden jene Personen bezeichnet, die als Kleinhäusler oder Mietwohner von der Gemeinde Grundstücke gepachtet hatten und nur Kleintiere halten konnten. In der 1801 aufgezeichneten Gemeindeordnung von Sillian heißt es:[34] Unter „Ainem ieden burger und untersässl, so keine güter hat, damit sie sich in etwas einer milch zu bedienen, zwai gais, aber mehrers nit, zu halten bewilligt sein solle." Untersassen gehörten der bäuerlichen Unterschicht an. Dementsprechend waren ihre in Blockbau errichteten Wohngebäude, die sie nur als Mieter bewohnten, klein und einfach und standen oftmals in schattigen Ortsteilen. Ihre wirtschaftliche Situation war trist. Bereits seit der zweiten Hälfte des 19. Jahrhundert wurde begonnen, diese Gebäude zu schleifen. Ihnen gegenüber stehen stattliche Gebäude, die teilweise bereits im 15. Jahrhundert erwähnt sind. Sie orientierten sich an der Durchzugsstraße oder wurden nordöstlich des Marktplatzes errichtet. Vor allem Wirtshäuser mit ihren Nebengebäuden, die Gebäude der Handwerker sowie Gewerbebetriebe prägen das Erscheinungsbild des Marktes. Wirte und die in Zünften organisierten Handwerker hatten einen ungleich höheren gesellschaftlichen Status als die Untersassen, die oftmals in der unmittelbaren Nachbarschaft wohnten.

Der Kern der Gasthäuser Post und Schwarzer Adler reicht jeweils ins 16. Jahrhundert zurück – einer der wirtschaftlichen Blütezeiten von Sillian. Beide Gebäude sind seither stark verändert worden, zeigen aber äußerlich noch ihre historische Dimension. Schon am Sillianer Votivbild von 1657 erkennt man die Doppelhäuser des Gasthofs Post mit den großen Torbögen und den Stallungen sowie den massiv errichteten und urkundlich 1545 erstmals erwähnten Schwarzen Adler. In unmittelbarer Nähe befindet sich das Kessler-Haus, welches auf das Kesslerhandwerk hinweist. Seit 1682 war dieses Gebäude im Besitz der Familie Ringler, aus der der spätere Direktor des Volkskunstmuseums, Josef Ringler, hervorging. Der Grundriss des Hauses zeigt einen Seitenflur. Bemerkenswert das historische Stichkappengewölbe sowie der Keller aus dem 16. Jahrhundert, der die Werkstatt bildete. Wie das Kessler-Haus waren die Handwerks- und Gewerbegebäude den Erfordernissen der jeweiligen Arbeiten angepasst. Nur selten änderte sich, wie beim Kininger, das im Gebäude betriebene Gewerbe: Das 1645 urkundlich genannte Haus beherbergte damals einen Schneider. Nach dem Verkauf 1817 an Josef Frena wurde es zu einer Hutmacherei, welches es auch nach dem neuerlichen Verkauf an Michael Kininger blieb.[35] Der Kern des Gebäudes weist ins

17./18. Jahrhundert zurück. Handwerk und Gewerbe und das damit verbundene Verkehrswesen prägen die Kultur in Sillian nachhaltig. Das vielleicht bemerkenswerteste Denkmal der historischen Wohnkultur findet sich jedoch im Widum. Das im Kern mittelalterliche Bauwerk wurde mehrmals umgebaut und zeigt sich heute in seinem Erscheinungsbild als vom 18. Jahrhundert geprägt. Dies wird vor allem durch das mächtige Krüppelwalmdach oder die regelmäßige Fassadengliederung deutlich.

Neben einigen gotischen Baudetails hat sich hier vor allem ein getäfeltes Zimmer erhalten. Das so genannte „Bischofszimmer" ist eine rare Kostbarkeit Tirols und erscheint seit seiner Restaurierung, bei der mehrere Übermalungen entfernt wurden, seit 2007 wieder in seinem gotischen Zustand.[36] Die Ausmaße des Raumes sind sehr überraschend. Üblicherweise waren gotische Stuben eher klein ausgeführt, um die Wärme im Gebäude zu halten. Im Gegensatz dazu hat der fast quadratische Raum nicht nur eine Gesamtfläche von fast 66 m², seine Raumhöhe beträgt 2,85 m. Während die Wandtäfelung aus Fichten- und Zirbenholz einfach und ohne Ornamente gearbeitet ist, wurde die Balkendecke reichlich verziert. Fein gearbeitete Kerbschnitte zeigen florale und geometrische Ornamente wie Blattranken, Maßwerk, Palmetten sowie ein Akantuswellenband und andere Muster. Die drei äußeren Balken sind etwas tiefer und schief eingesetzt. Die Decke ist so an beiden Seiten etwas herabgezogen und deutet eine Wölbung der Decke an. Bemerkenswert sind die Deckenbalken, die in der Mitte ein breites, herzförmig endendes Ornamentfeld besitzen sowie die seitlichen Kranzbalken. Der Ofenbereich wurde bereits beim Bau aus Brandgefahr nicht getäfelt, der originale Ofen hat sich nicht erhalten. Über das Alter des Getäfels gibt es keine gesicherten Hinweise, doch zeigt der Vergleich zu Stuben im Tiroler Volkskunstmuseum erstaunliche Parallelitäten. Die abgeschrägten Balken sind auch bei der ursprünglich aus Niederdorf stammenden Gerichtsstube sowie bei jener Stube, die einst im Friedhofer-Haus in Ober-

rasen stand, zu sehen. Die Zierelemente der Decke hingegen finden ihre Entsprechung in der Stube des Johannser-Hofes in Villanders. Alle diese Stuben sind um 1500 oder früher datiert.[37] Auch die eindrucksvolle Balkendecke im Pfarrhof von St. Lorenzen, ein weiteres Vergleichsbeispiel, dürfte ebenfalls etwa zu dieser Zeit entstanden sein. Tatsächlich brachte das 15. Jahrhundert Sillian eine erste wirtschaftliche Blüte, 1441 wird ein Kirchenneubau konkretisiert, 1469 erhielt der Ort bekanntlich das Privileg, Jahr- und Wochenmärkte abzuhalten. Die Dimension des Raumes, seine Höhe und ornamentale Ausstattung waren wohl schon in der Entstehungszeit außergewöhnlich und weisen auch auf damals vorhandene finanzielle Möglichkeiten der Pfarre hin. Auch bei den angeführ-

Gasthaus „Zum Rieser" (Hotel Post); um 1900; kolorierte Postkarte, um 1900.

Das sog. Bischofszimmer im Sillianer Pfarrwidum ist mit seiner Vertäfelung aus der Zeit um 1500 eine rare, handwerklich hochstehende Kostbarkeit.

Alte Sillianer Handwerkerhäuser: Kiniger vlg. Huter (li.) und Bäckerei Oberthaler, Gasthof Oberbäck, zu Beginn der 1920er-Jahre.

ten Vergleichen aus Niederdorf und Villanders handelt es sich nicht um bäuerliche Stuben, sondern um eine Gerichtsstube bzw. eine Stube, die sich in einem ehemaligen Ansitz befand. Zwar wurde das Bischofszimmer sicherlich (wie die Niederdorfer Gerichtsstube) auch als Wohnstube und Schlafraum der Geistlichkeit genutzt, es erfüllte aber zweifellos auch einen repräsentativen Charakter. Gesellschaftlicher Status und Prestige spielten nicht nur in der Kirche des 16. Jahrhundert eine große Rolle, auch das ehemalige Gerichtsgebäude, das Feistenauer- und Forcher-Haus oder Wirtshäuser, wie die Post, der Schwarze Adler oder das Bernardihaus (Gasthaus zur Sennerei), sind damals bereits als stattliche Bauwerke errichtet worden. Diese Bauwerke zeugen von der damaligen Blüte des Marktes.

Gemeinsam mit den Handwerkshäuser (z. B. Kessler, Kiniger) prägten diese Gebäude das Erscheinungsbild des Marktes dauerhaft. Erst das 20. Jahrhundert änderte das Ortsbild Sillians grundlegend, beginnend mit den Bau repräsentativer Villen um 1900.

Bemerkenswertes

So sehr der durchströmende Transit heute eine Belastung für Sillian ist, in historischer Zeit brachten Straße und Verkehr einigen Wohlstand – zumindest für einen Teil der Bevölkerung. Durch Handel und Durchzug aber wurde die Gemeinde stets unterschiedlichsten Einflüssen ausgesetzt. Historische Entwicklungen und kulturelle Tendenzen, jeweiliger

Mehrere Sillianer Villen entstanden kurz nach 1900: Villa Bauernheim (Schraffl-Villa) und Villa Pranter in Arnbach (rechts).

Zeitgeist oder gesellschaftliche Stimmung sind Wegbereiter, letztendlich sind es aber engagierte Einzelpersonen, die gebaut und ihre Ideen in Taten umgesetzt haben. So erweist sich die Kultur hier als vielfältig und vielschichtig und ist nicht zufällig so geworden, wie sie sich heute gibt. Was aber könnte nun das Charakteristische für jenen Ort sein, der offiziell Sillian heißt, den die Einheimischen aber Silgan und die Ladiner des Gadertals *Jorián* nennen? So wie der Ort in das herrliche Pustertal eingebettet ist, so ist auch die Kultur des Ortes überregional (heute sogar global) verwoben. Die in die Öffentlichkeit getragenen Erscheinungsformen sind auch anderswo in ähnlicher Weise zu finden. So sind es nicht unbedingt die äußerlichen oder formellen Charakteristika, die das Sillianerische ausmachen; es ist die Fähigkeit, aus unterschiedlichen Einwirkungen etwas Bemerkenswertes zu formen.

Tanja A. Kraler

Sillianer Persönlichkeiten
Das Wirken verdienter Menschen

In der Marktgemeinde Sillian finden sich einige interessante, wenn auch für die heutige Zeit zum Teil unbekannte Persönlichkeiten, die für die Geschichte der Gemeinde von Bedeutung sind und nicht vergessen werden sollten. Aus diesem Grund widmet sich der folgende Abschnitt diesen Persönlichkeiten, die in der Zeit vom 16. bis ins 20. Jahrhundert lebten und entweder am Hofe Kaiser Maximilians I., als Dichter, Geschichtsforscher, Landespolitiker, „Freiheitskämpfer" oder Fluchthelfer im Zweiten Weltkrieg in Erscheinung traten oder unsere Kulturlandschaft durch ihr Kunstschaffen wesentlich prägten.

Blasius Hölzl – der „Finanzer" Kaiser Maximilians I.

Mit dem Namen Blasius Hölzl ist eine interessante Persönlichkeit am Hofe Kaiser Maximilians I. verbunden, aus sozialgeschichtlicher Perspektive ein Aufsteiger, der für die maximilianische Zeit nicht übersehen werden darf. Sein ausgesprochen gewandtes Finanzgeschick brachte ihm allgemeine Achtung und hohes Ansehen bei seinen Vorgesetzten wie seinen Freunden ein.

Blasius Hölzl stammte aus kleinen Verhältnissen. Sein Vater, Bartlme Hölzl, war ein kleiner görzischer

Blasius Hölzl, Sekretär und Rat Maximilians I., mit seinem Sohn und dem Familienwappen als Stifter auf dem Gemälde „Navicula Petri" (Ausschnitt) in der heutigen Theresienkirche in Götzens, die er als Begräbnisstätte für seine Familie ausgestalten ließ, vor 1508.

Der nach der Überlieferung aus der Götzener Theresienkirche stammende Grabstein des Blasius Hölzl, der seit langer Zeit als Mensaplatte des Franz-Xaverius-Altares in der dortigen Pfarrkirche dient.

Das von Blasius Hölzl gestiftete und von Stefan Godl gegossene sog. Schwarze Kreuz, heute am Seitenaltar der St.-Blasius-Kirche in Völs.

Lokalbeamter bäuerlicher Herkunft, der in Sillian ein Haus besaß. Mit seiner Frau Barbara Maxnerin hatte Bartlme zehn Kinder, sieben Söhne (Blasius, Christian, Augustin, die Zwillinge Conrad und Simon, Hans, Ambrosius) und drei Töchter (Veronica, Dorothea und Margret). Augustin Hölzl erhielt für sich und seine Brüder den Adelsstand, weshalb sich die Familie in der Folge Hölzl von Thierburg nannte.[1]

Das genaue Geburtsjahr von Blasius ist leider nicht bekannt, aber es dürfte um 1460 anzusetzen sein. Ursprünglich zum geistlichen Stand entschlossen, war er wohl schon in den späten 1480er-Jahren unter Erzherzog Sigmund in die Tiroler Kanzlei eingetreten und begleitete 1490 Maximilian nach Ungarn. Nach längerer Probezeit wurde er 1494 in den königlichen Dienst aufgenommen, trat als *secretarius* der kaiserlichen Kanzlei auf und war bis 1510 am reisenden Hof Maximilians tätig. 1498 hielt er sich als einer der leitenden Sekretäre der Hofkammer, der im gleichen Jahr geschaffenen zentralen Finanzverwaltungsinstanz, in Freiburg auf. Von 1500 bis 1503 war er hauptsächlich in Linz beschäftigt. Zu seinem Aufgabengebiet zählten unter anderem die österreichischen Kammersachen und die Reichssteuern.[2]

Während seiner Tätigkeit als Sekretär und später als kaiserlicher Rat war Hölzl mit vielfältigen Finanzangelegenheiten Maximilians betraut. Während des Pfälzerkrieges 1504 war er als Leiter der obersten Kriegskammer für den Sold und für die Verpflegung der Truppen verantwortlich. Trotz leerer Kassen bei Kriegsausbruch gelang es ihm, Geld zu besorgen. Auch beim Ungarnfeldzug 1506, bei dem Hölzl Maximilian ebenfalls begleitete, musste er Geld herbeischaffen und die Verbindung zur Finanz in Innsbruck halten. Beim Venezianerkrieg 1508 war er Verwalter der Kriegskammer in Lienz. Gleichzeitig führte er die Geschäfte für Michael von Wolkenstein und Erich von Braunschweig, die sich bald um die Dienste Hölzls stritten, da beide ihn ganz für sich allein beschäftigen wollten. Sowohl bei diesem als auch beim Feldzug im Sommer 1509, wo Hölzl wiederum in der Kriegskammer in

Lienz und Trient beschäftigt war, hatte er mit Geldsorgen aufgrund ständig wachsender Ausgaben zu kämpfen.³ Diese kritische Finanzlage führte dazu, dass Maximilian Hölzl mit dem Verkauf der Herrschaft Schmiechen, die infolge des Landshuter Erbfolgekrieges an Maximilian übergegangen war, an Jakob Fugger betraute.⁴ In den Folgejahren wurde der „Finanzer" Hölzl immer öfter mit Darlehens- und Anleihegeschäften beauftragt, da dem Kaiser mit den kleinen Geldsummen von 1.000-Gulden-Raten nicht geholfen war. Hölzl wurde speziell für Finanzverhandlungen mit den großen Geschäftshäusern der Fugger, Höchstetter, Paumgartner und Welser eingesetzt.⁵ Als einer der kaiserlichen Bevollmächtigten führte er wenigstens von 1515 bis 1525 mehrfach Verhandlungen mit dem Hause Fugger.⁶ 1515 musste das Geld für den Wiener Kongress aufgetrieben werden. 1516 galt es, die Hilfsgelder für die erhoffte Kriegsentscheidung in Italien zu besorgen und 1518 wurde mit den Fuggern über die Finanzierung des Augsburger Reichstags und der Wahlwerbungen für die Wahl Karls V. verhandelt.⁷ Bei diesen Verhandlungen sowie bei anderen Gelegenheiten bewährte sich Hölzl immer wieder als geachteter Vertrauensmann. Dieser Faktor könnte unter Umständen ausschlaggebend dafür gewesen sein, dass Maximilian ihn mit Sonderaufträgen zur Erledigung verschiedenartigster Schuldengeschäfte nach Augsburg, Straßburg, Köln, Wien, Graz, Pettau oder in die Niederlande sandte, um beispielsweise die Schulden der Königin der Niederlande oder jene der Hofküche zu tilgen oder um die berittenen Begleitmannschaften in den Wirtshäusern auszulösen.⁸

Hölzl war in den Finanzgeschäften wohl auch deshalb so erfolgreich, weil er Zähigkeit und Ausdauer besaß. Trotz häufiger Abfuhren ließ er nicht locker. Der Augsburger Kaufmann Adler äußerte sich im Zuge einer Finanzverhandlung über Hölzl: Dieser wäre ein „anhebiges Finanzerli und zäpfet ihn in allen Wegen an". Seiner Verhandlungskunst war es zu verdanken, dass er von den Kreditfirmen Geldsummen

Hände als Wegweiser nach Völs („vells") und zur Burg Vellenberg („velle[n]berg") auf der Vorderseite des Schwarzen Kreuzes und Stifterinschrift des Blasius Hölzl auf der Rückseite, 1522; Abdrücke des Originals.

im 100.000-Gulden-Bereich erhielt, obwohl die kaiserliche Kreditwürdigkeit längst fraglich geworden war.⁹

Der ständige persönliche Kontakt mit dem Kaiser brachte es mit sich, dass er von diesem immer wieder auch zu anderen als reinen Hofkammergeschäften herangezogen wurde. Maximilian ließ Hölzl geographische Informationen beschaffen und – da er offenbar eine gute Feder führte – Berichte über die Kriegsereignisse schreiben. Im kaiserlichen Auftrag hatte er mehrfach an den Augsburger Stadtschreiber Konrad Peutinger zu schreiben.¹⁰ Peutinger wurde von Maximilian beauftragt, eine Darstellung über seine Taten im Landshuter Erbfolgekrieg zu verfassen. Zu diesem Zweck sandte ihm Hölzl am 19. Oktober 1504 die „veldmer" (den Bericht) über die Eroberung Kufsteins, die ebenfalls Gegenstand des nach Venedig zu sendenden Berichtes sein sollte. Bei der Verfassung sollte sich Peutinger aber an die Tatsachen halten, die ehr-

Die Burg Vellenberg bei Götzens, aus nördlicher Richtung gesehen; Bleistiftzeichnung von Caspar Großrubatscher, 1830.

lich genug seien, sodass über den Text keine Glossen gemacht werden müssten: „Und ist der ku. Mt. Befelh, daz ir die handlung von der slacht und desgleichen von Kueffstain schreibet und anzaiget, wie ir wol zu tun wisst, doch nit anders, dann wie die baid an inen selbst ergangen seien; dann beid sahen sein an inen selbst hochloblich und erlich genueg, also daz nit not ist, uber den text kain glos zu machen."[11] Peutingers Kriegsbericht fand bei Kaiser Maximilian „gnedigs gefallen", so das Schreiben Hölzls vom 14. November aus Innsbruck.[12]

Da Hölzl mit Peutinger auch freundschaftlich verkehrte, hielt er diesen auch aus eigenem Antrieb über die Ereignisse auf dem Laufenden, wie aus dem Briefwechsel hervorgeht. Bereits am 7. Oktober schickte Hölzl einen Bericht über die Beschießung Kufsteins durch Maximilian an Peutinger: „Item gegen den abent hat ku. Mt. aufgehort schießen und zunacht ges-

sen [...] und umb die mittnacht widerumb angefangen schießen [...]. Aber die im schloß haben sich so still gehalten und so wenig wider heraus geschossen, daz man gedenkt, es mocht sein, daz gester im tag etwer namhafter im sloß erschossen were."[13] Die „veldmer" vom 2. November dagegen enthielt die Kriegsereignisse seit der Eroberung Kufsteins: „[...] daz wir seit Kopffstain erobert haben anfenglich ein sloß, ein meil von Rosenhaim, genant Altpeurn, item darnach die klausen am Grassertal [...] und gester auf den abent haben wir uns gelegert in und umb ain kloster, das haist Baunburg. Da sein wir heut still gelegen."[14]

Für seine Dienste, und da er oft genug unbezahlt blieb, erhielt er vom Kaiser verschiedene Lehen übertragen. Am 1. August 1500 bekam der „liebe Blasi Hölzl" in Sillian, in der Nähe des Hauses seines Vaters, einen Baumgarten mit jungen Bäumen, der zum Schloss Heinfels gehört hatte, als freies Eigentum. Im

Juni 1501 schenkte ihm Maximilian für seine „fleißigen, unterthänigen und getreuen Dienste", die er lange Zeit geleistet hatte, ein Grundstück „unter Luvez ob Lawend und Cristach", bestehend aus Mahd und Gereut (gerodeter Platz im Wald) mit all seiner „Obrigkeit, Herrlichkeit, Gerechtigkeit, alten Gewohnheiten und Zugehörungen", die Lienhart (Leonhard) von Görz innegehabt hatte.[15] 1508 wurde Hölzl Viztum in Kärnten und Pfleger auf Burg Karlsberg, 1509 wiederum erhielt er verschiedene Lehen in Oberösterreich, die nach dem Tode des Pflegers an den Kaiser zurückgefallen waren.[16] Ende Dezember 1510 gestattete der Kaiser Blasius Hölzl von den Breysacher'schen Erben, den noch unmündigen Kindern des früheren und verstorbenen Pflegers Breysacher, die im südlichen Mittelgebirge gelegene Burg Vellenberg (bei Götzens/Nordtirol) abzulösen. Hölzl zahlte den Erben eine Abfindung von 1.125 Gulden, der Kaiser den Betrag von 5.500 Gulden, die ihm Hölzl gegen Verzinsung vorstreckte. Maximilian wollte Vellenberg in den Händen eines geschickten Pflegers wissen, der ihn bei seinen Aufenthalten gut zu unterhalten wusste und auch das Schloss instand hielt, was im Bestallungsdekret vom Dezember 1511 festgelegt war: „Er soll auch das gemelt unser Schloss peulich [im baulichen Zustande, d. Verf.] und wesentlich halten und was merklicher und nothdürftiger [notwendiger, d. Verf.] Bau wäre, den soll er an uns, unser Regiment oder Kammer bringen und die mit unserem oder derselben Wissen und Befehl thun. Er soll uns auch dasselbe unser Schloss Vellenberg zu allen unsern Nothdurften und Geschäften offen halten, uns und die Unsern, so wir dazu schaffen werden darin und daraus auch darin enthalten lassen, doch in unserer selbst Kosten und Zehrung und ohne seinen merklichen Schaden."[17]

Bereits in diesem kurzen Auszug aus dem amtlichen Dekret wird ersichtlich, dass das Schloss Vellenberg einiger Restaurierungs- und Umbauarbeiten bedurfte. Mit ausführlichen kaiserlichen Instruktionen ausgestattet, ließ Hölzl die Burg in den nächs-

Fresko „Navicula Petri" an der Altarwand der heutigen Theresienkirche in Götzens, auf dem Blasius Hölzl als Stifter aufscheint, vor 1508. – Das Gemälde, heute durch den Altar verdeckt, wurde erst im Jahr 1969 freigelegt.

Josef Grünpeck, „Prodigiorum" für Blasius Hölzl. Der Humanist Grünpeck deutet Hölzl verschiedene Wunderzeichen, 1502.

413

Innenraum der St.-Theresien-Kirche in Götzens, ursprünglich den Hll. Peter und Paul geweiht.

ten drei Jahren zu einem prunkvollen Herrensitz mit Schlosskapelle ausbauen. Da Vellenberg wie die Zirler Burg für Maxmilian ein beliebter Aufenthaltsort bei Jagden in der Umgebung seiner Residenz war, hatte ihm Hölzl eine eigene Wohnung mit einer Schreibstube einrichten lassen. Obwohl der Kaiser seine vollste Zufriedenheit über die durchgeführten Bauarbeiten äußerte, wünschte er sich noch zusätzlich einen „hüpschen Lustgarten" unter der nächsten Vogelhütte „mit gruenen Selbstgewachsen gänngen, pennckhen [Bänken, d. Verf.], Stiegen auch Sumerhäuslen".[18] Da die umfassenden Baumaßnahmen die finanziellen Mittel der Kammer überstiegen, musste Hölzl diese größtenteils selbst aufbringen.[19]

Infolge der Übernahme des Schlosses Vellenberg wechselte Hölzl in die Innsbrucker Raitkammer. Als Viztum in Kärnten hatte er bereits die Pflege der ländlichen Burg Karlsberg inne. Diese gab er nun auf, um sich endgültig in Tirol niederzulassen und sich mit seiner Familie auf Vellenberg etablieren zu können, denn er habe es satt, sein Leben lang ein „zygeyner" zu sein.[20]

Tatsächlich fand Hölzl erst nach Ablauf der ersten schweren Kriegsjahre und bei Übernahme der Burg Vellenberg Zeit, eine Frau heimzuführen. Bereits 1504 beabsichtigte er zu heiraten. In den Briefen an den schon erwähnten Augsburger Stadtschreiber Peutinger brachte Hölzl neben den kaiserlichen Angelegenheiten auch persönliche, mitunter intimste Fragen vor. Beharrlich bedrängte er Peutinger, dieser solle ihm in Augsburg eine Frau suchen, da er der „puebenschuech", des Junggesellenstandes, überdrüssig sei, wie es am Ende von Hölzls Brief aus Kufstein vom 19. Oktober 1504 heißt: „Damit tue ich mich euch befelhen, also, daz ir mich schier mit ainem frummen weib versehet, die mir und ich ir gemes sei, als der meins bedunkens zu Augspurg wol weren. So will ich warlich die puebenschuech als ferr von mir werfen, als ir tan habt."²¹ Seine Heiratspläne gingen jedoch erst 1511 in Erfüllung. Allerdings wählte er keine Augsburgerin, sondern Maria, die Tochter des Präsidenten der Tiroler Kammer Peter von Rummel-Lichtenau und Thierburg aus Nürnberg, der 1488 die Thierburg (in Fritzens) neu erbaute und in deren Besitz Hölzl 1519 durch den Tod von Rummel kam.²²

Gemeinsam mit seinem Schwiegervater leitete er die Rechenkammer, doch wenn er dachte, dass er auf Vellenberg das Familienleben genießen könnte, so hatte er sich getäuscht. Im Jahr 1513, bereits drei Jahre nach seiner Niederlassung in Innsbruck, wurde er von Maximilian als Umreiter (zumindest für wenige Wochen) eingesetzt, um die niederösterreichischen Salzämter zu überprüfen, wogegen seine Frau heftig protestierte.²³

Als sein Schwiegervater 1519 starb, wurde Hölzl dessen Nachfolger als Tiroler Kammerpräsident und fand dort eine Million Schulden vor, die er zu bewältigen hatte. Im selben Jahr starb Maximilian. Seitdem wirkte Hölzl als Rat Kaiser Karls V. Erzherzog Ferdinand übernahm ebenfalls den vielfältig bewährten Mann, der als Kanzler der beiden „Königinnen" Anna und Maria auftrat, wohl eine Art Anerkennung für die jahrzehntelangen treuen Dienste.²⁴

Durch seine Stellung hatte Blasius Hölzl Verbindung mit zahlreichen bedeutenden Vertretern der Kirche, der Politik, des geistigen und künstlerischen Lebens. Er verkehrte mit den führenden Augsburger Kaufleuten, Anton Welser und Jakob Fugger, ebenso wie mit Augsburger Goldschmieden und Plattnern. Freundschaftlich verbunden war er mit dem Salzburger Erzbischof Leonhard von Keutschach sowie mit dem bereits mehrfach erwähnten Augsburger Stadtschreiber Konrad Peutinger. Außerdem pflegte Hölzl Kontakt mit bekannten Humanisten, die Kaiser Maximilian nahestanden, wie dem kaiserlichen Rat Johann Fuchsmagen, dem Reiseprediger und Dichter Konrad Celtis sowie mit anderen Gelehrten und Künstlern.²⁵ Er selbst war ein ausgezeichneter Kunstkenner und vor allem ein Freund der Dichtkunst, der die literarischen Unternehmungen Maximilians mit großer Anteilnahme verfolgte. Außerdem besaß er eine schöne und bedeutende Bibliothek: als einer der Ersten in Tirol ließ er in seine Bücher gedruckte Exlibris mit seinem Wappen einkleben. Zwei davon haben sich erhalten und stammen aus der Vellenberger Zeit nach 1511.²⁶

Hölzl nahm unter den Humanisten seiner Zeit offensichtlich eine geachtete Stellung ein. Dies kann einerseits daraus geschlossen werden, dass er Mitglied der Augsburger Sodalitas litteraria Augustana und der Wiener Sodalitas litteraria Danubiana gewesen war. Andererseits weisen die ihm gewidmeten Gedichtsammlungen bzw. Publikationen darauf hin. Der Humanist Josef Grünpeck widmete ihm bereits sein 1502 erschienenes Buch seltener Naturerscheinungen, die sich zur Zeit Kaiser Maximilians zugetragen hatten. Im Sammelband mit Gedichten für Johann Fuchsmagen (um 1500) finden sich ebenfalls Widmungen für Hölzl, wo er als „Patron der Musen" bezeichnet wird. In der Anthologie von Petrus Bonomus aus dem Jahr 1518 wird der „doctus Blasius" als Mäzen gefeiert. Die darin enthaltenen Gedichte sind alle Hölzl gewidmet und stammen von führenden Vertretern des Humanismus, wie Heinrich Bebel, Riccardo Bartolini, Konrad Celtis usw., die seine ihn mit der übrigen „sodalitas eruditorum" verbindenden Fähigkeiten hervorheben. In einem in die Sammlung aufgenommenen Brief von Konrad Peutinger spricht sich dieser hocherfreut über die ihrem „communi amico" Hölzl gewidmete Publikation aus, da er den „zuvorkommenden und gebildeten" Hölzl sehr lieben und schätzen würde. Auch wenn die Gedichte nicht so sehr Aufschluss über die Persönlichkeit Hölzls geben, zeigen sie dennoch deutlich, welch großer Wertschätzung er sich unter den Humanisten im Kreise Maximilians erfreute. Trotzdem es von ihm selbst nur wenige Verse – enthalten im oben erwähnten Gedichtsammelband – gibt, wurde er durchaus als einer der Ihren betrachtet.²⁷

Über die letzten Lebensjahre des Blasius Hölzl können nur wenige Aussagen getroffen werden. Eine davon nimmt auf ihn als Stifterfigur Bezug. 1522 ließ Hölzl auf ein Gelübde hin das „schwarze Kreuz von Völs" anfertigen. Der Sage nach ging die Stiftung auf ein Gelöbnis des Ritters Hölzl zurück, der auf dem Wege nach Vellenberg von einem Gewittersturm überrascht worden war und die Orientierung verlor. Er gelobte, dass er „ein Kreuzbild aus Erz so schwer, als er und sein Pferd" gießen lassen und dieses an der Wegscheidung Völs–Vellenberg als Wegweiser aufstellen wolle, wenn er der vermeintlichen Lebensgefahr entkäme.[28] Tatsächlich stand das 300 kg schwere Kreuz, das vom Bildhauer Leonhard Magt entworfen und von Stefan Godl in der Mühlauer Gusswerkstätte in Bronze gegossen wurde, zusammen mit den Statuen Maria und Johannes in einer Kapelle an jener Weggabelung. Als 1786 die beiden Statuen gestohlen wurden, wurde das Kreuz in die Blasiuskirche auf dem Völser Blasienberg übertragen.

Blasius Hölzl starb am 21. Juli 1526 in Innsbruck und wurde in der St. Jakobs-Pfarrkirche beigesetzt. Nach einer anderen Überlieferung wurde er in der heutigen Theresienkirche in Götzens unweit Vellenberg bestattet. Bei der Mensaplatte des Franz-Xaverius-Altars der Götzener Pfarrkirche soll es sich um seinen – sehr stark abgetretenen – Grabstein handeln. Er hinterließ seiner Familie ein stattliches Erbe. Neben dem Pfand Vellenberg besaß er das Schloss Thierburg und ein Anwesen in der Silbergasse (heute Universitätsstraße) in Innsbruck. Das Haus mit der Salvatorkapelle in der Silbergasse, das bereits Hölzls Vater besessen haben dürfte, erfuhr 1506 eine erhebliche Erweiterung durch einen Zubau und trug den Charakter eines Ansitzes. Seine Witwe, Maria Rummel, führte die Pflege von Vellenberg weiter, bis 1532 der Mann ihrer ältesten Tochter Anna, Wolfgang Vollandt von Vollandseck und Thierburg, diese übernahm. Hölzl hatte 10 Kinder, 9 Töchter und einen Sohn. Sein Sohn Ferdinand war offenbar das jüngste Kind und starb 1545, wahrscheinlich noch unmündig.[29]

Hölzl zählt durchaus zu den Aufsteigern am Hofe Kaiser Maximilians. Aus kleinen Verhältnissen stammend, brachte er es zu ansehnlichem Wohlstand. Er war einer der gewandtesten „Finanzer" des Kaisers, der sich durch Ausdauer, Treue und Diplomatie auszeichnete und wohl aufgrund dieser Charaktereigenschaften zeit seines Lebens das in ihn gesetzte Vertrauen rechtfertigte. Auch wenn er sich nicht mit den „ganz Großen" vergleichen konnte, so fügte er sich doch in seiner Vielseitigkeit und universalen Bildung in die Reihe der am Hof Maximilians wirkenden Humanisten ein.

Adam Purwalder – der unbekannte Dichter

Nicht nur die Namen hochgebildeter Persönlichkeiten in der Umgebung Kaiser Maximilians I. beweisen, dass auch das abgelegene Pustertal mehr als nur „Provinzkultur" hervorbringen kann. Adam Purwalder, ein Jahrhundert später als Blasius Hölzl wirkend, ist Beweis dafür, zu welch reichem Schrifttum ein damals durchschnittlich gebildeter Bürger Tirols Zugang hatte. Er war ein Bürger, der dichtete, zwar kein origineller, fantasievoller und kreativer Dichter, aber einer der ganz wenigen Namen in der Tiroler Literatur seines Jahrhunderts, dessen Werke für die Geschichte des neuzeitlichen Dramas in Tirol, insbesondere aber für die kulturelle Bedeutung des Tiroler Volksschauspiels zur Zeit des 30-jährigen Krieges eine äußerst wichtige Quelle darstellen.

Bis heute sucht man nach einem Dichter dieses Namens in vielen, auch namhaften deutschen Literaturgeschichten vergebens, obwohl ihn der Innsbrucker Germanistikprofessor Eugen Thurnher bereits in den 1960er-Jahren in seinem Werk „Tiroler Drama und Tiroler Theater" als bedeutenden und bahnbrechenden Vertreter des neuzeitlichen Dramas in Tirol gewürdigt hat.[30]

Der erste Hinweis auf die Existenz des Tiroler Dichters und Dramatikers stammte vom Prager Germanistikprofessor Ferdinand Josef Schneider, der 1912 in der Bibliothek des königlichen Böhmischen Landesmuseums durch Zufall einen nicht ganz vollständigen Sammelband mit Stücken eines gewissen Adam Purwalder, der sich „burger zu Sillian" nennt, entdeckte. Die zwei umfangreichen geistlichen Lieder wurden 1609, die zwei Dramen hingegen 1616 und 1621 bei Daniel Paur in Innsbruck, dem bekannten Vorgänger der Wagnerschen Universitätsbuchhandlung, gedruckt. Daneben enthält der Prager Sammelband noch eine anonyme, in Augsburg gedruckte geistliche Liedersammlung aus dem Jahr 1627 mit dem Titel „Geistlich neu Liedl über die Historia von Jona, dem H. Propheten". Ob dieses Werk auch von Purwalder stammt, ist bis heute noch nicht eindeutig geklärt. Fakt ist, dass Schneider eine unerwartete interessante Entdeckung gelungen war, denn seine Nachforschungen in den deutschen Literaturgeschichten, Nachschlagewerken und Spezialarbeiten über den Tiroler Dichter Adam Purwalder waren zu seiner großen Verwunderung ergebnislos. Deswegen veröffentlichte er in der im ganzen deutschen Sprachraum angesehenen Fachzeitschrift „Euphorion" einen Aufsatz über den für die Nachwelt „toten" Dichter.[31] Er stellte die Werke vor, beschrieb sie und versuchte bereits eine erste kritische Wertung. Trotz seines ihm verpflichtenden wissenschaftlichen Auftrages „mit einer Charakteristik der […] Komödien einen nicht unerwünschten Beitrag zur Geschichte des Theaters in Tirol zu liefern"[32], blieb Purwalders Name ebenso wie Schneiders Arbeit von fast allen literaturwissenschaftlichen Publikationen der folgenden Jahrzehnte unberücksichtigt. Erst gegen Ende der sechziger Jahre des 20. Jahrhunderts rückte Purwalder wieder in den Mittelpunkt der Aufmerksamkeit, nicht zuletzt anlässlich der 500-Jahr-Feier der Marktgemeinde Sillian 1969. Bereits ein Jahr vorher erschien in den Osttiroler Heimatblättern ein Beitrag von Anton Dörrer zu Adam Purwalder und seiner Bedeutung für die Tiroler Volksschauspiele, in dem der Autor die Hoffnung zum Ausdruck brachte, dass „junge, bodenständige Forscher in ihren nahe stehenden amtlichen Sammelschriften und in Einzeldokumenten aus der ersten Hälfte des 17. Jahrhunderts und bei Dachentrümpelungen alter Höfe sich umsähen, um […] die Gesamtschau tirolischer Volkskultur aus der denkwürdigen ersten Hälfte des 17. Jahrhunderts allmählich wenigstens mit Hinweisen auf etliche typische Einzelleistungen versehen zu können und auf diesem Wege allmählich ein Vollbild der damaligen alpenländischen Volksleistungen zurückzugewinnen".[33] Infolge der im Auftrag des Altbürgermeisters von Sillian, Johannes Müller, vom Lienzer Norbert Hölzl angestellten Nachforschungen über den mysteriösen Dich-

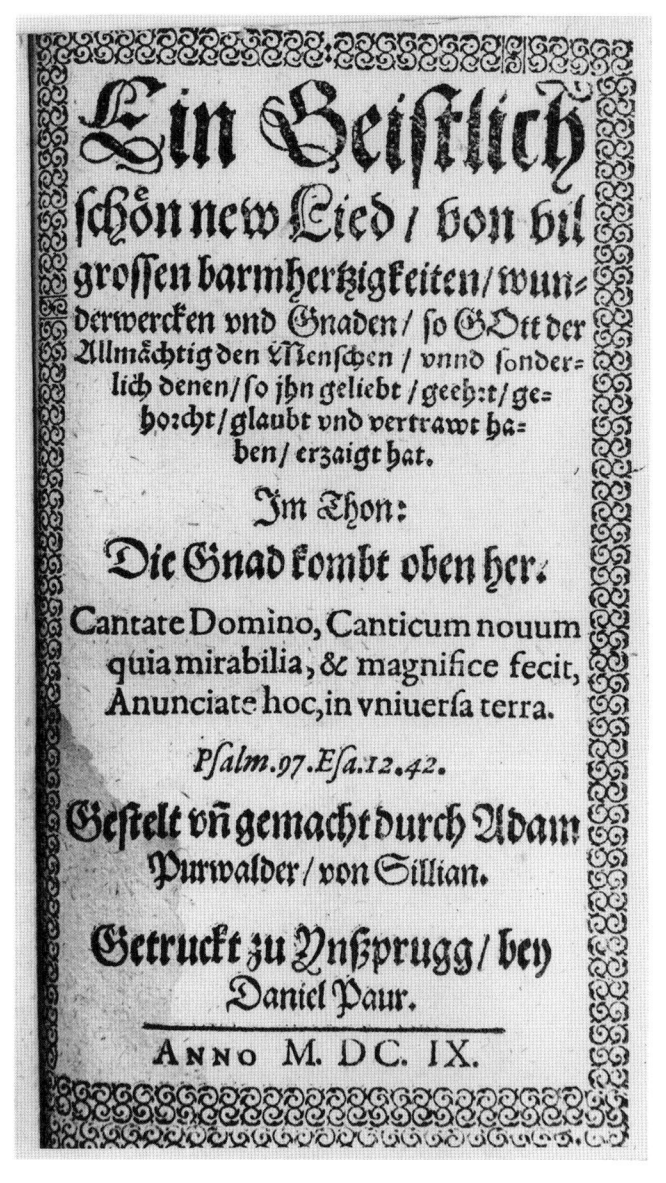

Eine Sammlung geistlicher Lieder, verfasst von Adam Purwalder „von Sillian", gedruckt bei Daniel Paur in Innsbruck, 1609.

ter kamen die sich im Besitz des Nationalmuseums in Prag befindlichen gedruckten Werke Purwalders als Fotokopien nach Tirol bzw. nach Innsbruck ins Landesmuseum Ferdinandeum. In mehreren Zeitungsartikeln, wie in den Dolomiten, in der Tiroler Tageszeitung sowie in den Osttiroler Heimatblättern machte Hölzl auf diese Neuentdeckung aufmerksam.[34] Diese Purwalder gewidmete öffentliche Aufmerksamkeit hatte jedoch keine größeren wissenschaftlichen Forschungen außerhalb des Tiroler Sprachraumes zur Folge, worauf schon eingangs hingewiesen wurde. 1983 beschäftigte sich Rosa Rubner-Röd in ihrer Dissertation mit Adam Purwalder und dessen Werk[35], 2001 erschien ein Aufsatz von Konrad Rabensteiner über Purwalder als Richter von Villanders.[36] Demzufolge versteht sich dieses biografische Porträt als Zusammenfassung und Wiedergabe der schon vorhandenen Forschungsergebnisse mit dem Ziel, den „toten" Tiroler Dichter und Dramatiker wieder ins Bewusstsein seiner Heimatgemeinde Sillian zu bringen.

Über das Leben von Adam Purwalder sind nur spärliche Nachrichten vorhanden. Dass sein Heimat-

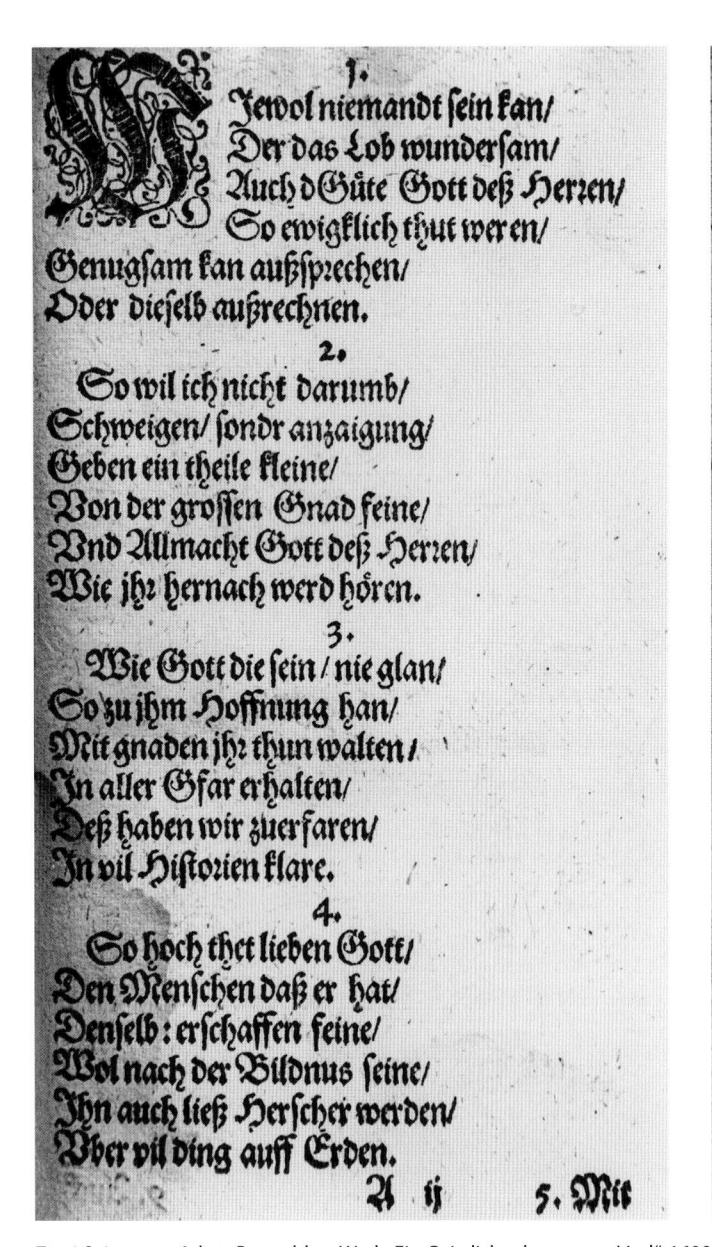

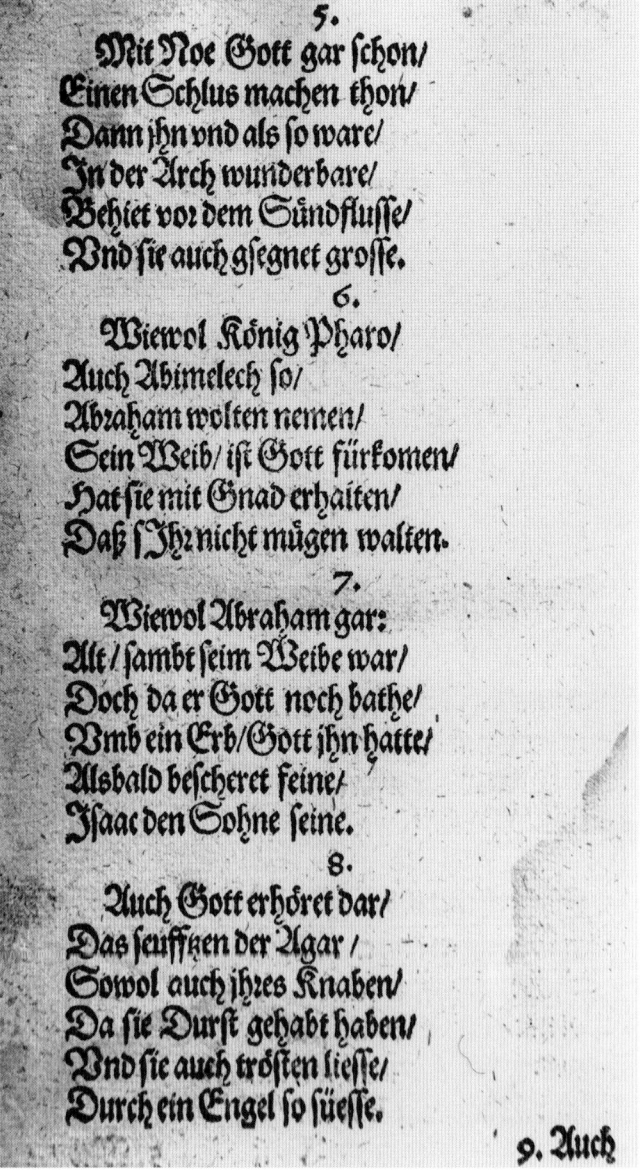

Zwei Seiten aus Adam Purwalders Werk „Ein Geistlich schoen new Lied", 1609.

ort Sillian ist, steht außer Zweifel, da er sich auf den Titelblättern seiner Werke immer als „burger zu Sillian" bezeichnet. Es ist auch sicher, dass die Familie Purwalder schon länger in Sillian ansässig war. Am 1. März 1598 wird nämlich eine Johanna, Tochter des „Puriwald, Civis in Silian", Bürgers in Sillian, und der Barbara getauft. Adam Purwalder selbst scheint erst 1617 auf, als am 3. Februar 1617 „Katharina, Tochter des Adam Purwalder und der Barbara Aichholzer" in Sillian getauft wird.[37] Insgesamt war Purwalder viermal verheiratet. Mit seiner ersten Frau hatte er vier Kinder, und zwar die schon erwähnte Tochter Katharina sowie die Söhne Isaias, Johannes Adamus und Georg Ludovikus. In zweiter Ehe vermählte er sich mit der Witwe Anna Prunerin von Hirschenprunn. Der Name der dritten Frau ist nicht bekannt, wohl aber derjenige der vierten, und zwar der Brixner Witwe Magdalena Reinerin.[38] Sein Vater, Peter Purwalder, war zur Zeit seiner Geburt Gerichtsschreiber in Sillian, der 1572 gemeinsam mit seinen Brüdern Christoph und Blasius von Erzherzog Ferdinand II. einen Wappenbrief verliehen erhielt. Ferner war er Steuereintreiber, Forst- und Waldmeister, Richter und Amtmann und ein angesehener Besitzer von Lehensgütern in Innichen und Anras.[39] Purwalders genaues Geburtsjahr ist nicht bekannt, aber es kann mit ziemlicher Sicherheit das Jahr 1588 angenommen werden, da er in der Vorrede zu seinem ersten Gedichtband, der geistlichen Liedersammlung, festhält, dass er 1608, zur Zeit von deren Entstehung, zwanzig Jahre alt war:

„Dencket, daß ich sey kein Poet /
Sonder was ich gedicht hab dar /
Im Sechzehnhundert achten Jar /
Nur als ein Knab von zwanzig Jarn /
Vnd keiner hohen Schuel erfarn /
Doch weil mein erst Gdicht ist diß Gsang /
Vnd schwer ist aller anfang /
Nachs Sprichworts laut / so hoff auch ich /
Er wird deß mehr entschuldigen mich."[40]

Aus diesen an den Leser gerichteten, um Nachsicht werbenden gereimten Zeilen geht nicht nur das Geburtsjahr hervor, sondern auch, dass er keine „hohe Schuel" besucht hat. Trotz fehlender akademischer Ausbildung folgte er seinem Vater im Sillianer Landgericht als Gerichtsschreiber nach, hatte später das Richteramt von Villanders inne und wurde 1630 vom Fürstbischof von Brixen zum Kammerfiskal und Prokurator der fürstlichen Kanzlei zu Brixen ernannt. Für jemanden, der wie Adam Purwalder das Richteramt anstrebte, war ein ordentliches Studium der Rechtswissenschaft nicht unbedingt erforderlich. Vielmehr erschienen den Grundherren die Rechtgläubigkeit, sittliche Korrektheit und weltanschauliche Zuverlässigkeit des Bewerbers meist wichtiger als eine akademische Ausbildung. Und diese konnte Purwalder durch seine geistlichen Lieder und Theaterstücke ebenso beweisen wie durch seine Lateinkenntnisse und seine sprachliche Gewandtheit. Mit seinen Werken suchte er Anschluss an die Bildung seiner Zeit zu finden. Indem sich Purwalder als strenggläubiger Verfasser von religiösen Stücken hervortat, gelang ihm, dem strebsamen Beamten, der berufliche Aufstieg.[41]

Der erste auffindbare Akt, den er als Richter von Villanders unterzeichnete, stammt aus dem Jahr 1622. Über sein Leben als Richter ist jedoch so gut wie nichts bekannt. Tatsache ist, dass er eine verantwortungsvolle Arbeit zu leisten hatte. Damals waren die Gerichte nicht nur Ämter der Rechtspflege, sondern der gesamten politischen Verwaltung. Von der Einhebung der landesfürstlichen und landschaftlichen Steuern, über wirtschaftliche Angelegenheiten und Erhaltung der Verkehrswege bis hin zur Armenpflege und Rechtgläubigkeit der Bewohner reichte der Zuständigkeitsbereich der Gerichte und als dem Richter von Villanders oblagen auch Adam Purwalder diese Aufgaben. 1624 suchte er beim Landesfürsten um die Besserung des 1572 verliehenen Familienwappens an, aber sein Gesuch wurde abgelehnt.[42] 1626 bewarb er sich für das dem Hochstift von Brixen unterstehende Stadtrichteramt von Klausen und wies in seinem Gesuch darauf hin, dass bereits ein Vorfahre von ihm in Diensten der Brixner Bischöfe gestanden hatte und sein Vater als fürstlicher Kanzleidiener, dann als Gerichtsschreiber in Anras, in Sillian und auf Heinfels tätig gewesen sei. Deshalb möge man auch ihn mit solchen Ämtern oder einem anderen „ehrlichen' Dienst betrauen, den er ‚mit wahrer Affektion, Begierde und Lust' und ‚mit Gottes Hilfe und Gnade' zu verrichten sich getrauen dürfe, obwohl er, wie er gestehen müsse, ‚ungelehrt, unverständig und unerfahren' in manchen Dingen sei".[43] Purwalder machte sich wohl auch deshalb Hoffnungen, da er mit dem Bruder des Bischofs, dem Hofdrucker von Innsbruck, Daniel Paur, befreundet war. Allerdings erhielt er diese Stelle nicht, weil das Amt des Stadtrichters von Klausen aufgrund des Stadtrechts von 1485 nur einem ansässigen Bürger übertragen werden konnte. Auch wenn er die Richterstelle von Klausen nicht bekam, so wurde er bald darauf anderweitig belohnt. 1630 wurde Purwalder vom Fürstbischof Wilhelm von Welsberg als Kammerfiskal

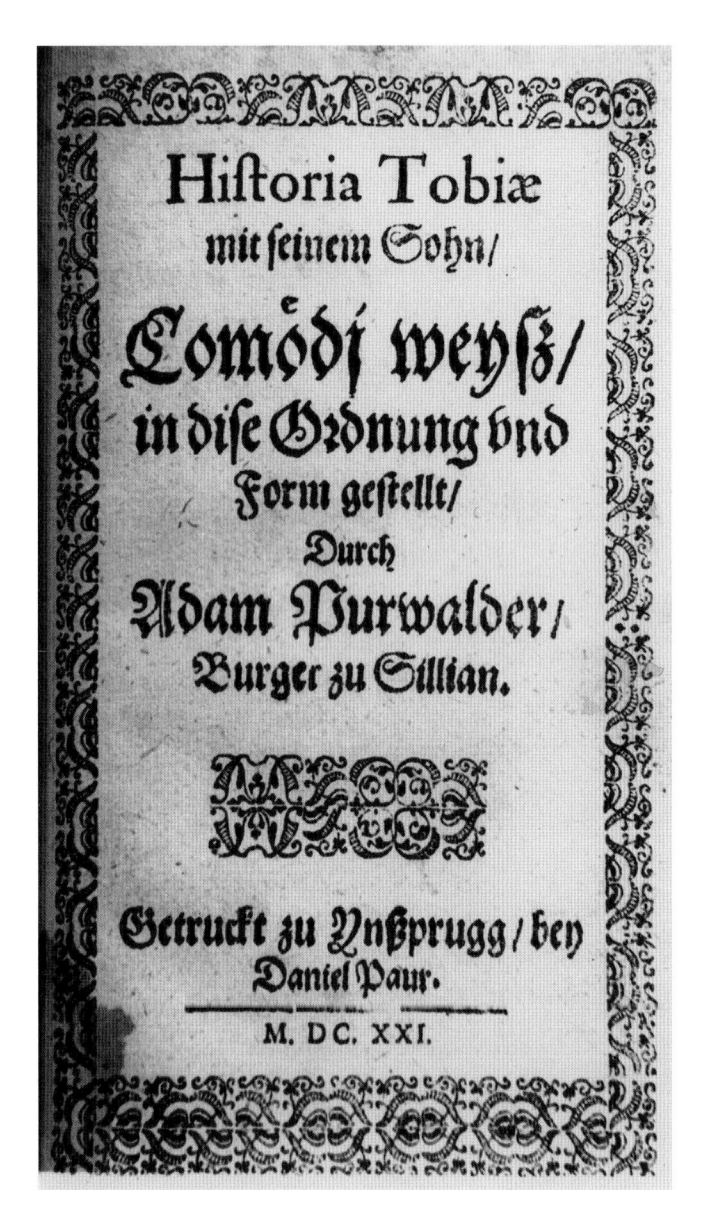

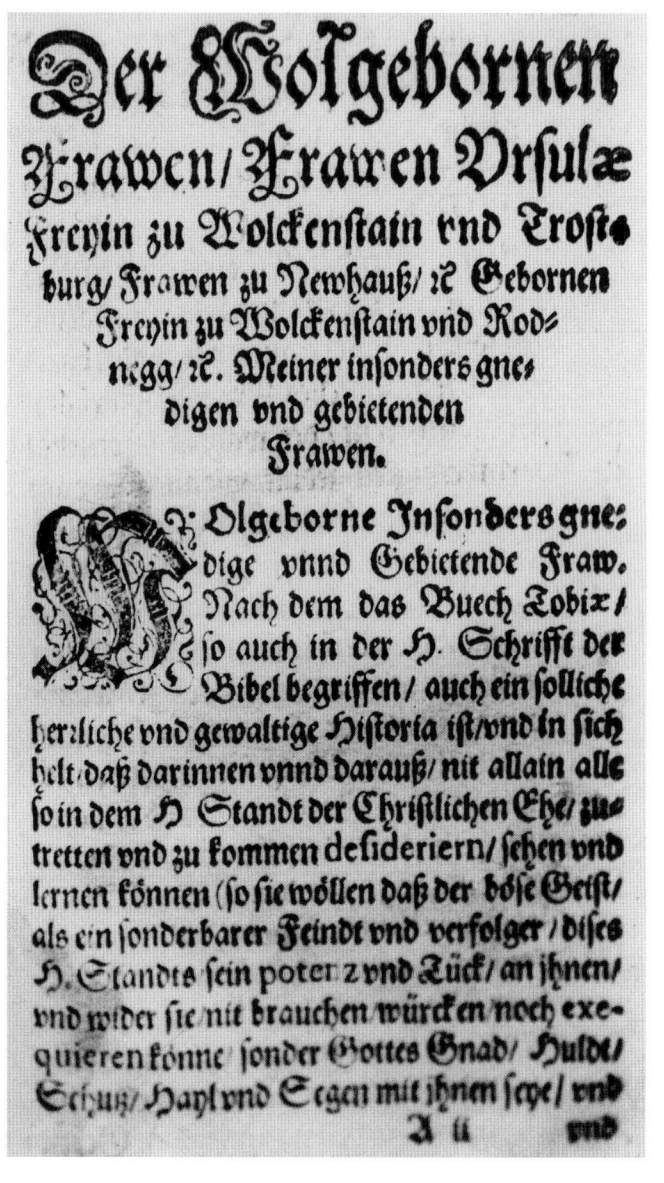

Das zweite Bühnenstück von Adam Purwalder, „Burger zu Sillian", ein Tobias-Drama, 1621 bei Daniel Paur in Druck erschienen, ist Ursula Freifrau von Wolkenstein-Trostburg gewidmet.

und Prokurator der fürstlichen Kanzlei zu Brixen eingesetzt, weshalb er nach Brixen übersiedelte und seine Richterstelle in Villanders aufgab. Zu seinen Aufgaben zählte sowohl die Überwachung der fürstlichen Stiftskasse und des religiösen Lebens der Untertanen im Hochstift als auch die Einziehung von fälligen Lehen, die Vornahme von Enteignungen oder die Festsetzung von Strafen. Dieses durchaus einträgliche und hohe Amt hatte er vermutlich bis kurz vor seinem Tod 1651 ausgeübt. Während seiner Amtszeit brachte er es zu großem Ansehen und Reichtum. So konnte er einige Stadthäuser sein Eigen nennen und besaß in der näheren Umgebung von Brixen eine Anzahl von Liegenschaften.[44]

Die vier von Purwalder bekannten Werke entstanden in den Sillianer Jahren. Sie stellen Jugendwerke dar, die in den Jahren zwischen 1609 und 1621 entstanden. Wie oben schon gesagt, war er kein Dichter aus innerer Berufung.[45] Schneider war erstaunt darüber, dass „sich ein schlichter, ungelehrter Tiroler Bürger aus dem Pustertal an die Bearbeitung dieses tiefsinnigen, halb theologischen, halb philosophischen Stoffes wagt".[46] In seinen Werken beschäftigte er sich mit Fragen nach Schuld und Erlösung, nach Tod und Gericht und – was äußerst beeindruckend ist – stellte er sich immer wieder Fragen nach Wert und Unwert seiner Dichtungen.[47]

Die schon erwähnten zwei geistlichen Lieder mit den Titeln „Ein Geistlich schoen new Lied / von vil grossen barmhertzigkeiten / so Gott der Allmächtig / den Menschen / vnnd sonderlich denen / so ihn geliebt / geehrt / gehorcht / glaubt vnnd vertrawt haben / erzaigt hat" und „Ein Geistlich schoen new Lied / von der unaußsprechlichen Lieb / Trw und Gnad / so Gott der Allmächtig uns Menschen erzaigt und than / in deme / daß er uns von so schweren Erbschuld / darinn uns unser erste Eltern / Adam vnnd Eva durch ihre erste Sünd im Paradeyß brachten / mit so mancherley Leyden / Blutergiessung / vnd letztlich gar mit dem allerbitterst- vnd schmächlichsten Todt / am Stamm deß H. Creutz erlößt hat" sind Purwalders Erstlingswerke und beschreiben in Reimen neben Ereignissen aus dem Alten Testament auch das Leben Jesu von den Wundern bis zu Kreuzestod und Auferstehung.[48]

„Die Comedy von drey sterbenden Menschen" aus dem Jahr 1616 gilt als Purwalders Hauptwerk und stellt das einzige dreiteilige Jedermann-Drama der deutschen Literatur in der Tradition der niederländischen Moralitäten dar. Anders als die gewohnten Stücke der Jedermann-Tradition vom Tod des bußfertigen Sünders, der zur Gnade geführt wird, schildern die drei Akte dieses Dramas das Ende eines Gerechten, eines reuigen und eines verstockten Sünders. Damit führt Purwalder in seinem Stück den Vorgang weiter fort. Wie viele der Dichter seiner Zeit war Purwalder kein Neuschöpfer, sondern ein Bearbeiter bereits vorhandener Vorlagen. So dienten ihm holländische und Münchner Spielvorlagen oder die Werke des Nürnbergers Hans Sachs als Vorlagen, die er ausgiebig benutzte und teilweise wortwörtlich übernahm. Der Vorwurf eines „Plagiats", wie er heute wohl vorgebracht werden würde, greift hier hingegen nicht. Damals galt es mitunter als Zeichen von Bildung und Belesenheit, Textstellen aus verschiedenen Werken zu entlehnen. Auch ein Hans Sachs schöpfte wie viele seiner Zeitgenossen aus verschiedenen Quellen und Traditionen.[49]

Das 1621 gedruckte „Historia Tobiae mit seinem Sohn, Comoedy weiß in diese Ordnung und Form gestellt durch Adam Purwalder, Burger zu Sillian" ist das biblische Tobias-Drama, das die poetische Verherrlichung des Ehestandes zum Inhalt hat, den der Ehemann Purwalder vor der „Tück des bösen Geists" beschützen will. Dieses Werk widmete er „gantz unterthenig" seiner Patronatsherrin Freifrau Ursula von Wolkenstein-Rodenegg, der Gemahlin seines Dienstherrn Engelhard Dietrich von Wolkenstein-Trostburg. In der Widmung bat er sie, sie möge sich als „Defensor" und „Patronin" seiner Arbeit annehmen, denn er sei überzeugt, dass sie „die Göttlich Ehr, gueten Christlichen Tugenden und dergleichen geistliche opera und exercitia auch insbesonderes und gnedig lieben" werde.[50]

Dieses Tobias-Drama von 1621 ist das letzte Werk, das von Purwalder bekannt ist, vom anonymen, im Sammelband enthaltenen „Jonas-Lied" abgesehen. In den darauf folgenden dreißig Jahren seines Lebens scheint der Dichter dem Beamten Purwalder gewichen zu sein.

Johann Vicelli – Begründer einer Malerdynastie

Albin Egger-Lienz und Franz von Defregger sind wahrscheinlich die berühmtesten Tiroler Maler. Weit über die Grenzen Osttirols hinaus sind ihre Werke bekannt. Aber es gibt in unseren Tälern und Dörfern auch Künstler, die – wenn auch nicht so bekannt – unsere Kulturlandschaft durch ihre Werke wesentlich prägten und für das Kunstschaffen des Hochpustertales von herausragender Bedeutung waren. Vor allem in der Malerei bildeten sich seit dem 17. Jahrhundert lokale Traditionen heraus. Das künstlerische Zentrum war Innichen, Verbindungen nach Sillian, das als Marktgemeinde eine gewisse Anziehungskraft besaß und Ausweichort für Innichner Künstler gewesen zu sein scheint, waren üblich.[51] In diesem Milieu des 17. Jahrhunderts lebte eine bedeutende Künstlerfamilie, deren Wirkungskreis sich über das Pustertal hinaus bis in den bayerischen Raum erstreckte: die Vicelli.

Wie der Name schon vermuten lässt, stammen die Vicelli ursprünglich aus Italien. Ihre Spuren können bis ins 13. Jahrhundert zurückverfolgt werden. Der Stammvater der Vicelli war der aus Venetien stammende Tommaso Guecello, der als Notar in Pozzale wirkte und in der zweiten Hälfte des 13. Jahrhunderts nach Pieve di Cadore zog. Ein Nachfahre war der berühmte italienische Maler Tiziano Vecelli(o), der 1477 in Pieve di Cadore geboren wurde und 1576 in Venedig starb. Somit gehörten die Vicelli aus Sillian zum Verwandtschaftskreis des berühmten Tizian.[52]

Erstmalig tauchte der Name Vicelli in Sillian im Jahr 1617 auf. Ein gewisser Franz Vicelli, geboren um 1592, tritt in den Verfachbüchern als Krämer Franzischg Ficellio (Ficelio, Vicelga) auf. Bereits im Sommer 1608 hielt sich der aus Auronzo stammende Franz Vicelli gemeinsam mit seinem Bruder Thomas und seinem Vetter Johann „als reisender Händler" in Innichen auf. Durch die Jahre hindurch arbeitete er auch als Wirt und kaufte gelegentlich auch Schulden auf. Der ursprüngliche Familienname „Ficellio" wich im Laufe der Jahre der Form „Vicelli".[53]

Franz Vicelli war zweimal verheiratet. 1619 war er bereits Witwer von seiner ersten Frau Agnes Glögl. In zweiter Ehe war er mit Maria Kröllin, aus dem benachbarten Niederdorf, verheiratet. Er selbst starb wahrscheinlich 1673 in Bruneck, seine Frau zwei Jahre früher. Gemeinsam hatten sie sechs Kinder, und zwar zwei Töchter und vier Söhne. Während von der Tochter Agnes dokumentiert ist, dass sie 1649 einen Karl Fritzler aus Sillian heiratete, sind von Maria keine näheren Angaben vorhanden.[54] Die Söhne sind alle als Kunsthandwerker in verschiedenen Orten Österreichs nachweisbar. Franz lebte 1661 als Maler in Wien. 1664 malte er die Uhrscheibe an der Rainkirche in Bruneck und erhielt im gleichen Jahr 50 fl. für die Fassung zweier Altäre in Georgenberg. 1666 malte er für den Stadtrat von Bruneck eine Madonna mit Kind. Blasius war zur selben Zeit Orgelbauer in Innsbruck, während Augustin im gleichen Jahr als Goldschmied in Linz tätig war, später aber, 1673 als Bürger und Goldschmied in St. Veit in Kärnten in Erscheinung trat. Johann, geboren 1624, war Bürger und Maler zu Sillian.[55] Mit ihm beginnt die eigentliche Malerdynastie der Vicelli, wobei sie neben der Malerei auch als Vergolder arbeiteten und Altäre und Figuren fassten.

Johann selbst erlernte das Malerhandwerk zwischen 1638 und 1643 bei Johann Hofmann in Lienz, „Bürger des Rats und Maler zu Lienz".[56] Nachdem er von der

Wanderschaft zurückgekommen war, heiratete er im Sommer 1650 „Eva, eheliche Tochter des Gregor Fritzler, Bürgers und Gastgebs in Sillian und dessen Ehewirtin Eva Schissler".[57] Am 28. Oktober 1662 kaufte er das Haus in Sillian von seinem Vater um 388 fl. Im Kaufvertrag steht zu lesen: „Verkhaufft der Erbar Francischgg Vicelli, Burger zu Sillian, für sich unnd seine Erben, seinen freundtlich eheleiblich lieben Sohn, Herrn Johannasen Vicelli, ebenfahls Burger und Mallern alda, unnd all dessen Erben, auf ewig frei nach Lanndtsrechten".[58] Die Eltern behielten sich bloß das Herbergsrecht, zwei Krautbeete und eine Winterkuh vor.

Als „Bürger zu Sillian" wurden Johann Vicelli wichtige Aufgaben des Gemeinwesens übertragen. So war er wiederholt Vormund und Gerichtsbeisitzer und wurde 1681 Obmann der älteren Bruderschaft zu Unserer Lieben Frau in Sillian.[59] Auffällig ist, dass er eher als Marktbürger, denn als Maler aufscheint. Die Quellen geben nur über wenige Malerarbeiten von ihm Aufschluss. Beispielsweise hätte er 1660 dem Vater eine Schuld von 220 fl. an Jakob Kurz in Niederdorf durch Malerarbeit an der dortigen Spitalskirche „abdienen" sollen, „welches aber nit gehalten worden".[60] 1673 ist die Rede davon, dass Vicellis Schwager Thomas Prinsthofer, ehemaliger Gerichtsschreiber in Kötschach, einer Malerarbeit in der Herrschaft Pittersberg in Kärnten Einhalt gebot.[61] Eine andere Notiz belegt, dass er gemeinsam mit seinem Sohn Joachim an der Kanzel in Anras arbeitete und 1653 die Sakristei der Stiftskirche in Innichen ausmalte.[62] Immerhin ist ein Lieferungsvertrag aus dem Jahr 1677 in seinem ganzen Wortlaut im Gerichtsbuch Heinfels dokumentiert, der zwischen Vicelli und der Gemeinde Vierschach abgeschlossen wurde, mit dem Auftrag, dass Vicelli sowohl

Werke zweier Künstler aus der Malerfamilie Vicelli: „Mariae Vermählung" von Peter Vicelli, um 1720, und „Anbetung der Heiligen Drei Könige" von Anton Vicelli, um 1730.

Bildhauerarbeiten bemalen als auch den Choraltar der Pfarrkirche zu Vierschach fassen sollte: „Zum andern ist dem Maller Johann Vicelli eingedingt worden, nit allain zu solchen Altar ob den vier Seiten 2 begwante Engel nach der Manier wie berait ainer verhanden, so das obere ob den Seilen steende ganze Werckh halten, sondern auch zween kleinere Engel bei den Seiten des obern und ain steende S. Saluatoris Pidlnus mit der Weldtkugl zu obrist des ganzen Werckhs, iedes in seiner proportionierlichen Grösse, bei den Pildhauer verferigen zu lassen, sondern auch den veligen Altar den Grundt schwarz, die Ziraten und das Geschnizwerch aber verguldt und etwas wenigs lasiert, die vier Seilen mit gelben Sprengglaß alles auf das Felißigist zu fassen, yber das auch in das obere Thail ain Maria Hilff Plat und alles bis auf negste Kirchenraitung alles fertig zu machen."[63]

„Mariae Himmelfahrt" von Peter Vicelli, um 1720.

Allerdings hatte ihm seine Kunst nicht viel eingetragen. Nach dem Tod von Johann Vicelli, „gewester Bürger und Maller zu Sillian", 1684 war die Vermögenslage derart, dass der Konkurs nur durch die Hilfe des Heinfelser Landrichters, Balthasar Achorner, abgewendet werden konnte, auch um Vicellis „gueten Namben zu erhalten".[64]

Wie schon erwähnt, war Johann Vicelli der Begründer der Malerdynastie. Seine sechs Söhne arbeiteten ebenfalls als Maler, denen er „die Malereykhunst gelernet und dieselben auf die Wanderschaft abgefertigt" hatte.[65] Dieses Kunsthandwerk setzte sich dann bei seinen Enkeln und Urenkeln fort.

Auch Johann war zweimal verheiratet. Aus seiner ersten Ehe mit Eva Fritzler aus Sillian stammen drei Töchter (Anna, Maria und Elisabeth) sowie die vier Söhne: Johann (1650–1720), der nach Erlernung der Malerkunst sich 1670 im „churfürstlichen Markt Aibling im Oberland Bayrn verheiratete und haushablich niederließ". Joachim (1655–1702) ließ sich in Innichen als Maler nieder. Josef wurde in Wien ansässig und Anton verließ das Pustertal und folgte seinem Bruder Johann nach Aibling.[66]

Aibling in Bayern zog immer wieder Maler an, die sich dadurch künstlerisch angeregt fühlten. So traten im weiteren Umkreis von Aibling insgesamt drei Vicelli als Künstler in Erscheinung. Die bereits erwähnten Brüder Anton und Johann arbeiteten in Ebersberg bei München, wo sie die Altarbilder der Hll. Isidor und Josef in Frauenchiemsee 1696 malten. Von Johann selbst stammen die Deckenbildchen am Chorgewölbe in der Wallfahrtskirche Heiligblut am Wasen (Rosenheim). Johanns Sohn, Johann Blasius, malte Ende des 17. Jahrhunderts die Heiligen für die Seitenaltäre der Pfarrkirche von Aibling (Hl. Simon Stock und Martyrium des Hl. Stephanus) sowie sechs Bilder mit Szenen aus der Legende der Hll. Marinus und Anianus. Fast alle ihre Werke lassen sich auf den Zeitraum 1630 bis 1730 einschränken.[67]

Aus der zweiten Ehe Johann Vicellis mit Magdalena Achorner sind uns nur die Söhne Franz (1667–1708) und Andrä bekannt, beide Bürger und Maler zu Sillian. Franz, der mit Katharina Sießlin, der Tochter des Sillianer Schulmeisters, verheiratet war, ist vor allem als Fassmaler nachweisbar und war vermutlich ein Schüler seines Stiefbruders Johann. Von ihm wurde das linke Seitenaltarbild, das so genannte 14-Nothelfer-Bild, in der Arnbacher Kirche 1693 malerisch gestaltet, das eine gute handwerkliche Schulung verrät.[68] Es ist das einzige Werk, das sich von den Vicelli in unserer Gegend erhalten hat.

Nach dem Tod von Johann Vicelli d. Ä. begegnen uns von seinen Söhnen vor allem Joachim und Franz. Als 23-Jähriger heiratete Joachim die Innichner Wirtstochter Maria Hatler. Wie schon oben erwähnt, arbeitete Joachim bereits mit seinem Vater an der Kanzel in Anras, wobei er für seine Mithilfe ein Drittel der Entlohnung für sich forderte.[69] 1684 führte er gemeinsam mit dem Maler Christof Treyer die Malerarbeiten des neu errichteten Apostelaltares in der Pfarrkirche seiner Heimatgemeinde aus, wie im Vertrag vom 21. Dezember 1684 dokumentiert: „[…] der neugemachte Apostelaltar selbigen in Grund, ausser der Seilen, so grien zu lasieren, schwarz und alles, was geschniten ist, vellig zuvergulden, die 2 Pilder St. Florian und St. Rochus aber auf den Dachungen ebenfahl mit Gold und Lasur zu fassen vnb benentlich ainhundert sechzig Gulden und ieden 3 fl., mer den jungen Franz Viceli, welcher seinen Brueder zu helffen, ain Taler zu Leitkhauff verdingt. […] Und solche Arbeit solle biß auf negskhomend Ostern verfertigt und in der Pfarrkhirchen aufgesezt und alles mit hechsten Fleiß gearbeitet werden."[70] Die beiden Altarbilder dürften im Zuge der Barockisierungsarbeiten des k. k. Hofkammermalers Joseph Adam Mölk Mitte des 18. Jahrhunderts übermalt worden sein. Von Joachim sind keine weiteren ihm eindeutig zuzuordnenden Arbeiten bekannt. Als er 1702 starb, hinterließ er seine hochschwangere Frau, zwei Töchter sowie die Söhne Peter (1684–1725), Anton (1686–1742) und Josef (?–1717). Während Peter und Anton bei ihrem Vater die Malerkunst erlernten und archivalisch als

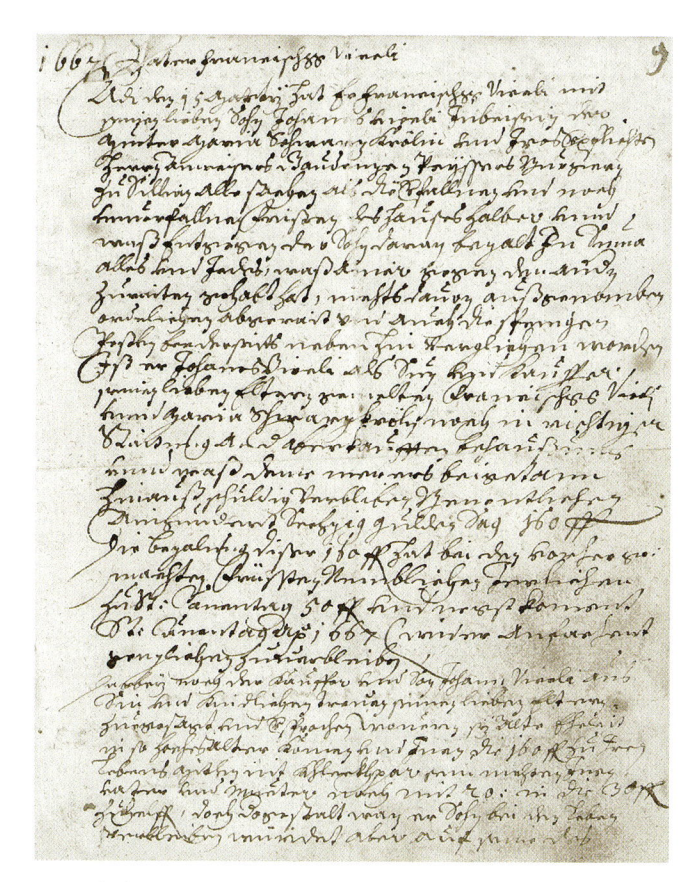

Die Malerfamilie Vicelli ist nicht nur durch künstlerische Werke, sondern auch durch schriftliche Quellen dokumentiert. – Mit einem Vertrag vom 15. März 1667 verkaufte Franz („Francischgg Viceli") seinem „lieben Sohn Johannes" ein Haus in Sillian.

Maler und Bürger in Innichen nachweisbar sind, arbeitete Josef als Dorfbader und verstarb bereits 1717 unverheiratet an der „herrschenden Contagion [Seuche, d. Verf.]".[71] Peter und Anton schufen um 1710 eine Malerwerkstatt in Innichen, in der mehrere Gesellen arbeiteten. Obwohl die Werkstatt nach dem Tod Antons von seiner Tochter Anna Notburga und ihrem Mann Franz Schweiggl, einem Gesellen aus Haiming im Oberinntal stammend, weitergeführt wurde, ist von dieser aber seit ca. 1770 nichts mehr zu hören.[72]

Aus der Malerwerkstatt von Peter und Anton Vicelli stammen verschiedene Werke, insbesondere zahlreiche Bilder einer Jahreskrippe, die heute im Stiftsmuseum von Innichen besichtigt werden können. Ferner soll Anton Vicelli ebenfalls die Verzierungen am nördlichen Friedhofseingang sowie die heute noch erhaltenen Reste von Malereien um den Chorbogen in der Innichner Stiftskirche gefertigt haben. Einer anderen Notiz zufolge soll Anton verschiedene Malerarbeiten am neu hergestellten Missionskreuz verrichtet haben.[73]

Obwohl die Vicelli im 17. Jahrhundert eine nicht nur für unseren Kulturbereich bedeutende Künstlerdynastie darstellten, sondern auch die Barockmalerei im Ausland entscheidend prägten, sind weder ihre Werke – zumindest von den Sillianer Vicelli sind wenig bis keine mehr vorhanden – noch ihr Name in Sillian, Innichen und in Aibling erhalten geblieben.

Peter Volgger – der Orgelbauer aus Arnbach

Während die Malerfamilie Vicelli aus Sillian bereits Ende des 18. Jahrhunderts aus unserem Kulturbereich verschwand, rückte eine andere Künstlerfamilie, deren Begabung sich auf das Tischler- und Orgelbauhandwerk konzentrierte, in den Blickpunkt des Kunstschaffens im Hochpustertal. Sie zählte zu jenen Meistern, die mehr auf die religiöse Wirkung ihrer gebauten Orgeln bedacht waren als auf den klingenden Gewinn.

Die „Volgger" in Arnbach waren die erste eigentliche Orgelbaufamilie Osttirols mit sechs Orgelbauern in drei Generationen. Ihre Spuren in Arnbach lassen sich bis 1545 zurückverfolgen. Hauptsächlich gehörten sie im 16. und 17. Jahrhundert dem Bauernstand an, nur vereinzelt werden verschiedene Handwerksberufe erwähnt. So ist in den Quellen von einem Schneidermeister Thomas Volgger um 1670 und einem Tischler Mathes Volgger um 1690, der nach Krems in Niederösterreich ausgewandert war, die Rede. Erst seit der Mitte des 18. Jahrhunderts widmete sich die Familie Volgger dem Orgelbau, der in der dritten Generation eine Steigerung der kunsthandwerklichen Fähigkeiten erfahren sollte.[74]

Die erste Erwähnung eines Volggers als „Tischlermeister und Orgelbauer" bzw. als „Schreiner und Organarius" findet sich einerseits im Verfachbuch des Landgerichtes Heinfels vom 30. April 1783, andererseits in der Trauungsmatrikel von Sillian vom 7. Mai 1783 anlässlich der Heirat von Peter Volgger mit der Mesnertochter Maria Kühepacher: „Erscheinet Peter älterer Volgger ob armbach und dessen Sohn Peter junger Volgger Tischlermeister daselbs, dann Maria Kühepacherin eine ehel. erzeigte Tochter des Peter Kühepacher sel. und Maria Keckin".[75]

Über die Tischler- bzw. Orgelbauarbeiten von Peter Volgger (1752–1797) ist leider nur wenig bis gar nichts bekannt. Ab 1781 ist er mit Reparaturen nachweisbar. Neubauten von ihm sind keine bekannt. Allerdings arbeitete er von 1794 bis 1795 an den Orgeln der Pfarrkirche Sillian, des Doms und der Frauenkirche in Brixen mit, wobei sein Bruder Joseph Domenikus (1769–1828) als Geselle genannt wird. Mündlichen Überlieferungen zufolge sollen die Orgeln in der Antoniuskapelle in Panzendorf und jene in der Schlosskapelle in Heinfels von einem Volgger stammen. Da beide Orgeln dem Gehäuse nach gegen Ende des 18. Jahrhunderts gebaut wurden, müssten sie demzufolge Peter oder seinem Bruder Joseph Domenikus zugeschrieben werden. Joseph Domenikus war zunächst Geselle bei seinem Bruder und führte nach dessen Tod die Werkstatt weiter. Er errichtete einige Neubauten in Osttirol, wie z. B. St. Johann im Walde (1808), Arnbach (1815), Nikolsdorf (1816), Obertilliach (1823). Seine Arbeiten führten ihn auch nach Kärnten. Nach seinem Tod setzte sein Neffe Johann die Tradition fort.[76]

Beim Tod seines Vaters Peter war Johann (1791–1879) erst fünf Jahre alt, weshalb sein Onkel Joseph die Werkstatt übernahm. Als Jugendlicher erlebte er die Napoleonischen Kriege. So beteiligte er sich als Freiwilliger bei den Kämpfen an der Lienzer Klause und wurde 1811 zum französischen Heer einberufen. Seiner Ausbildung in Lyon folgte die Zuteilung zur Armee, die gegen Russland zog. Während des Marsches, der durch Deutschland führte, desertierte er und schloss sich der österreichischen Armee an. Nach

Kriegsende 1814 kehrte er wieder in seine Heimat zurück und widmete sich seiner Ausbildung im Orgelbau. Dazu ging er nach Marburg in die Lehre beim Orgelbaumeister Ebner, der selbst bei Johanns Vater, Peter Volgger, ausgebildet worden war. In den folgenden Jahren arbeitete er dort als Lehrling und Geselle. 1820 arbeitete er an der großen Orgel im Dom von Marburg mit, weshalb diese Orgel durchaus als ein Werk der Volgger-Schule bezeichnet werden kann. Nach den Lehr- und Wanderjahren verblieb Johann Volgger hauptsächlich in seiner engeren Heimat Osttirol und baute 1826 die Orgel für die Pfarrkirche in Nikolsdorf sowie 1830 jene für die Kirchen in Anras, Abfaltersbach und Abfaltern.[77]

Johann Volgger heiratete 1840 Anna Gietl aus Arnbach. Nach ihrem Tod heiratete er in zweiter Ehe Anna Kolbenthaler. Aus erster Ehe hatte er die drei Söhne: Peter (1841–1896), Johann (1842–1927) und Josef (1845–1906).[78] Alle drei waren als Orgelbauer tätig, vermutlich erlernten sie bei ihrem Vater dieses Kunsthandwerk. Allerdings hatte der älteste Sohn Peter die größte Begabung und wurde zum bedeutendsten Orgelbauer seiner Familie. Zudem erreichte das Orgelbauhandwerk mit ihm seinen Höhepunkt. Obwohl er keine musikalische Ausbildung genossen hatte, war er ein Meister im Klavier- und Orgelspiel. Ebenso zeigte er großes Interesse und Geschick für technische Neuerungen. 1864 erfand er ein Repetiergewehr, das er jedoch nicht der Öffentlichkeit präsentierte. Diese Erfindung hätte ihm sicherlich einen gewissen finanziellen Erfolg und Ansehen eingebracht. Entweder war es zu große Bescheidenheit oder einfach nur ein Grauen, das ihn vom Schritt in die Öffentlichkeit abhielt.[79] Seine erste Kirchenorgel baute er für die St.-Anna-Kapelle in Sillian um 1860. Insgesamt können ihm 17 Orgelbauten in Ost- und Südtirol nachgewiesen werden, wie die Kirchenorgeln in St. Jakob in Defereggen, Strassen, Innervillgraten, Obertilliach, Asch (Pfarre Anras), in der Kapelle in Arnbach, St. Chrysanten (Nikolsdorf) oder in Oberdrauburg. Die Kirchenorgel von Kartitsch baute er

Orgel von Peter Volgger in der Kirche von Arnbach von 1870/90 und ein Blick in das Innere des Instruments.

um. Die größte Orgel, die er aufstellte, war jene in St. Johann im Ahrntal in Südtirol. In Südtirol stammen die Orgeln von Niederdorf, Aufkirchen, Innichen, Rodeneck und in der Ursulinenkirche in Bruneck von ihm. Viele der Orgeln vom „Hauptmeister" des Orgelbaus Peter Volgger sind nicht mehr erhalten oder wurden durch Umbauten in späteren Jahren so verändert, dass von der künstlerischen Eigenart kein abgerundetes Bild mehr gegeben werden kann.[80]

Peter Volgger verstarb 1896 ledig. Sein Bruder Josef übernahm die Werkstatt, der bereits 10 Jahre später, 1906 verstarb. Der letzte der Volgger-Brüder, Johann, starb mit 85 Jahren. Mit seinem Tod 1927 erlosch die Orgelbauerdynastie der Volgger.[81]

Es ist bemerkenswert, dass eine Familie über drei Generationen hinweg das Orgelbauhandwerk in Osttirol und im benachbarten Südtirol für sich in Anspruch nehmen konnte. Dadurch war es ihr möglich, ihre künstlerischen Fertigkeiten in diesem Fach unter Beweis zu stellen sowie die Orgelbaulandschaft Osttirols durch ihre Schule zu prägen. Denn verhältnismäßig wenige andere Meister zu Beginn des 20. Jahrhunderts traten neben dieser einheimischen Orgelbauerdynastie in Erscheinung.

Ignaz Paprion – der „merkwürdige" Geschichtsforscher und „populäre" Pfarrer

„Eine merkwürdige Figur zu Beginn des 19. Jahrhunderts war in Osttirol der populäre Pfarrer Paprion"[82], so lautet der erste Satz eines Aufsatzes von Rudolf Granichstaedten-Czerva über Ignaz Paprion in den Osttiroler Heimatblättern. Was aber meinte der Autor damit, wenn er Paprion als „merkwürdige Figur" bzw. als „populär" bezeichnete? Im Nachfolgenden soll diesen Fragen auf den Grund gegangen werden.

Ignaz Matthias Paprion wurde 1752 als Sohn des Bürgers Mathias und der Katharina Strasser in Sillian geboren. Nach dem Besuch des Gymnasiums in Brixen widmete er sich dem Priesterstand, studierte Philosophie in Innsbruck und Theologie in Brixen und wurde 1774 zum Priester geweiht. Mehrere Jahre hindurch war er als Hilfspriester und Religionslehrer in seiner Heimatgemeinde Sillian tätig. Da er aufgrund seines „Temperamente[s] zu allem andern eher, als für das Amt eines Schullehrers sich eignete"[83], wurde er 1786 Kurat in Winnebach. 1798 erhielt Paprion durch kaiserliche Verleihung ein Kanonikat in Innichen und wurde Chorherr des dortigen Kollegiatstiftes. Nachdem er 1801 Pfarrer von Toblach geworden war, kehrte er 1806 in seine Heimatgemeinde zurück, wo er bis zu seinem Lebensende 1812 als Pfarrer wirkte.[84]

1809 erwies sich Ignaz Paprion als „markanter Patriot". Im April empfing er den erkrankten Intendanten Josef von Hormayr, brachte ihn im Pfarrhof unter und pflegte ihn gesund. Für diese Hilfe zeigte sich Hormayr erkenntlich, indem er ihn im August desselben Jahres zum Mitglied der Pustertaler Schutzdeputation ernannte, wo er für die Aufstellung und Ausrüstung der beiden Sillianer Schützenkompanien unter den Hauptleuten Stanislaus Hibler und Josef Achammer zuständig war und für Ruhe und Ordnung in der Gemeinde zu sorgen hatte. Als im September 1809 der Oberkommandant im Pustertal seine Vollmachten überschritt, beantragte Paprion dessen Absetzung, die schließlich durch Andreas Hofer erfolgte. Nach Kriegsende schlug ihn Hormayr beim Kaiser für die Verleihung des „Ehrenkreuzes für Geistliche" vor. Jedoch blieb ihm die Auszeichnung verwehrt, da Tirol den Bayern übergeben wurde. Ein weiteres – in der Geschichte des Tiroler Aufstandes – trauriges Ereignis spielte sich am 4. Jänner 1810 ab, als der Hauptmann der zweiten Sillianer Schützenkompanie, Josef Achammer, mit drei weiteren Kampfgefährten von den Franzosen zum Tode verurteilt wurde. Paprion begleitete die vier Verurteilten zur Richtstätte, konnte aber die Zurschaustellung von Achammers Leichnam nicht verhindern.[85]

Schon in seinen Jugendjahren beschäftigte er sich mit Geographie und Geschichte, besonders mit der vaterländischen Geschichte. Er machte Reisen nach Freiburg, Augsburg und nach Italien; aus mehreren Geschäftsreisen war ihm so das ganze obere Pustertal bekannt. Als Liebhaber der Geographie sammelte er Karten und als solcher der Geschichte viele Hunderte bis dahin unbekannte Urkunden, teils in Abschriften, teils in Auszügen, die er chronologisch in mehreren Heften zusammenfasste.[86] Obwohl er sehr viel „exzerpirt, abgeschrieben und selbst entworfen" haben soll, ist über Veröffentlichungen nichts bekannt. Den Quellen zufolge soll er aufgrund seines aufbrausenden, fast jähzornigen Temperamentes sogar einen Großteil seiner Schriften „in einer Anwandlung seiner Hastigkeit" verbrannt haben.[87] Teile seiner Arbeiten, namentlich Regesten aus Gemeindearchiven, befinden sich im Tiroler Landesmuseum Ferdinandeum, einiges soll er der „Bürgschaft" von Sillian übergeben haben. Die wertvollste Arbeit dürfte jene über die Burg Heinfels gewesen sein, in der die Grafen von Görz vorübergehend residierten; sie hat sich jedoch nicht erhalten, ebenso wenig wie die Geschichte des Pustertales und ihrer Herren, der Grafen von Görz, die er nach Äußerungen seinen Freunden Stephan von Mayrhofen und Johann Roßbichler gegenüber angeblich schrieb und die er zum Gegenstand seiner Forschungen machte. Umfangreiche Forschungen stellte er außerdem über das St.-Johannes-Kirchlein in Tessenberg, über den Martertod der vierjährigen Ursula Pöck in Lienz (1448) sowie über die Geschichte von Schloss Bruck bei Lienz in den Archiven von Lienz und Innichen an. Seinen bereits erwähnten Freunden

Papierblatt mit Darstellung des Geburtshauses von Ignaz Paprion (heute „Schlosser") in einer eigenhändigen Zeichnung des Pfarrers und weiters familiengeschichtliche Notizen.

Mayrhofen und Roßbichler lieferte er Material für deren Forschungsarbeiten, wobei sich der Wert des Quellenmaterials in Grenzen hielt.[88] Johann Staffler zufolge sollen „seine gründlichen Forschungen allgemein rühmlich anerkannt" worden sein. Dieser Meinung schließt sich ebenfalls ein Freund von Paprion, der Pflegrichter von Innichen Joseph Cassian Huber an, der in einem Bericht anführt, dass von Roschmann und Baron von Hormayr in ihren Werken über Tirol Paprion öfters „rühmlich" erwähnen.[89] Diese „rühmliche" Anerkennung dürfte sich wohl vor allem darauf beziehen, dass Paprion der Erste war, der den Namen „Pustertal" vom slawischen Wort „pust" (öde,

unfruchtbar) herleitete, eine Ansicht, der sich später bedeutende Historiker anschlossen, wie z. B. der schon genannte Josef von Hormayr oder Franz Anton Sinnacher. In den Werken von Hormayr, Sinnacher, Georg Tinkhauser oder Beda Weber wurde Paprion mehrfach zitiert, wobei ihm insbesondere Beda Weber kein günstiges Zeugnis über seine Forschungen ausstellte: „Seine Schriften, unleserlich und verwirrt, soweit sie nicht von ihm selbst verbrannt worden sind, enthalten für die Profangeschichte fast nur Urkunden, für die Kirchengeschichte ein Verzeichniss der Bischöfe von Brixen, eine Sammlung von Urkunden des Stiftes Innichen, und seiner Pfarre Sillian mit

Ansicht von Burg Heinfels und der Kirche zu den Hll. Peter und Paul; Zeichnung in einer Handschrift von Ignaz Paprion.

Nachrichten über einige Seelsorgsposten von Oberpusterthal."[90] Hierbei bezieht sich Beda Weber auf die im Tiroler Landesmuseum Ferdinandeum befindlichen Arbeiten, wie „Ignaz Paprions Exzerpte und andere gesammelte Nachrichten zum Behufe der tirolischen Geschichte"[91], „Urkunden des Stiftes Innichen aus dem 14. Jahrhundert in Auszügen"[92] oder „Nachrichten von Aguntum und Innichen", in einem Sammelband enthalten.[93] In seinem Nekrolog wird ebenfalls auf die Qualität seiner Arbeiten Bezug genommen: „Überhaupt sind diese Handschriften wenig brauchbar. Es ist darin meistens alles so unordentlich zusammen geschrieben, daß man oft nur errathen muß, was der Verfasser sagen wollte; auch ist selten die Quelle angegeben, woraus er geschöpft hat."[94]

Ignaz Paprion stellt somit an seinen Forschungsarbeiten gemessen zweifelsohne einen etwas sonderbaren und merkwürdigen Mann dar, der trotz eines immensen Schaffensdrangs keine Aufsätze publizierte, im Gegenteil, sogar den Großteil seiner Arbeiten vernichtete. Er ist auch kein „großer" Geschichtsforscher und Historiker. Sein Verdienst gebührt dem eines Urkundensammlers, der einen Behelf für zukünftige Historiker zusammenstellte. Was die eingangs erwähnte Zuschreibung „populär" betrifft, so bezieht sich diese mit Sicherheit auf seine Rolle im Tiroler Aufstand.

Josef Achammer – Färbermeister und „Freiheitskämpfer"

Zur gleichen Zeit wie Ignaz Paprion lebte in Sillian ein Mann, der ebenso wie Paprion in der Geschichte des Tiroler Aufstands von 1809 eine Rolle spielte. Josef Achammer stammte aus einer alten Schwarzfärberfamilie, deren Spuren sich bis ins 16. Jahrhundert zurückverfolgen lassen. Ursprünglich waren die Achammer (auch Achamer und Ahamer geschrieben) in Rattenberg, Hall und Innsbruck zu finden. Als Erzherzog Leopold das Handwerk des Schwarzfärbens zur Zunft mit dem Hauptsitz Hall in Tirol erhob, übten viele Mitglieder der Familie dieses Handwerk aus. Wie kamen nun die Achammer nach Sillian? Franz Achammer, Schwarzfärber zu Hall und Innsbruck, kam als wandernder Färber nach Sillian und trat dort in die Färbermeisterwerkstätte des Tobias Lebold ein. Nach dem Tod von Lebold heiratete er dessen Witwe Susanna Fiechterin und führte die Färbermeisterwerkstatt weiter. Seit 1680 war er als Bürger zu Sillian nachweisbar. Er war insgesamt zweimal verheiratet und starb 1720. Sein Sohn Josef übernahm die Färberei und heiratete die Metzgerstochter Helene Riedlerin. Das Ehepaar hatte 8 Söhne und 5 Töchter, darunter den späteren Schützenhauptmann Josef Raimund, der älteste Sohn, geboren am 31. August 1762.[95] Seit Februar 1797 war er mit der Bauerntochter Anna Strasserin aus St. Oswald verheiratet. Aus der Ehe gingen 9 Kinder, 2 Töchter und 7 Söhne, hervor: Josef (1797–1873), Johann Nepomuk (geb. 1799 – vermutlich bald nach der Geburt gestorben), Johann Nepomuk (1800–?), Michael (1802–1804), Peter Franz (1803–1804), Peter Thomas (1804–?), Franz Johann (1806–?), Anna (1808–1809) und Maria (Juni 1810 – Nov. 1810).[96]

Beim Tiroler Aufstand 1809 war Achammer einer der Beteiligten. Als Hauptmann der zweiten Sillianer Schützenkompanie, der hauptsächlich Landstürmer aus Sexten angehörten, war er vor allem im Kampf um die Lienzer Klause am 8. August 1809 involviert. Als die französischen Truppen unter General Rusca von Kärnten her nach Tirol marschierten und ins Land einzudringen versuchten, verteidigten die Schützenkommandanten Anton Steger, Georg Hauger und Adam Weber die bedrohte Lienzer Klause. Unterstützt wurden sie dabei von Josef Achammer und Markus Hibler mit ihren Sextener und Sillianer Schützen, welche noch rechtzeitig erschienen, um einen Einmarsch der Franzosen zu verhindern. Durch diesen Abwehrsieg war General Rusca zum Rückzug gezwungen, da er seine Truppen nicht mehr durch das Pustertal und Wipptal nach Innsbruck bringen konnte, wo am

Vorder- und Rückseite des Kreuzes, vor dem Schützenhauptmann Josef Achammer im Jahr 1809 den Schwur abgelegt haben soll, alles für die Befreiung Tirols zu unternehmen.

13. August 1809 die dritte Bergiselschlacht stattfinden sollte.[97]

Nach Ende des Tiroler Aufstandes war der französischen Besatzung daran gelegen, das Land von allen revolutionären Elementen zu säubern. Der französische General Broussier griff dazu zu einem sehr wirksamen, aber barbarischen Mittel. Eine Reihe von Anführern der Pustertaler waren in seine Hände geraten und zum Tode verurteilt worden. Die Betroffenen wurden in ihrer Heimatgemeinde standrechtlich erschossen. Danach wurden ihre Leichen über dem Haustor drei Tage lang für alle sichtbar aufgehängt.[98] Auch Josef Achammer ereilte dieses Schicksal, da er bei den Franzosen als einer der „gefährlichsten Rebellen" galt. Am 2. oder 3. Jänner 1810 wurde er verhaftet, vor ein Kriegsgericht gestellt und zum Tode durch Erschießen verurteilt. Pfarrer Paprion begleitete ihn, Georg Wurzer aus Tassenbach, Joseph Gasteiger aus Panzendorf und Rupert Auer aus Strassen am 4. Jänner zur Richtstätte. Achammers Frau fuhr nach Welsberg, wo General Broussier weilte, und bat ihn um Begnadigung ihres Mannes, währenddessen aber sandte dieser einen Kurier nach Sillian mit dem Befehl, Achammer sofort zu erschießen. Um 2 Uhr Nachmittag wurde Achammer im Hofe des Landgerichtes in Sillian (heute Spar-Markt) hingerichtet. Seine Leiche wurde außerhalb des Marktes, beim Tagger-Kreuz, 48 Stunden aufgehängt.[99] Als seine Frau aus Welsberg zurückkehrte, war ihr Mann schon tot. Der Fuhrmann, der die Frau Achammers zurückbrachte und der die Leiche schon von weitem hängen sah, soll ihr eine Decke über den Kopf geworfen haben, damit sie ihren hingerichteten Mann nicht sehen konnte.

Sein ältester Sohn Josef war ebenfalls Färbermeister und Bürgermeister von Sillian. Sein jüngster Sohn Franz Johann führte die Färberei weiter. Dessen ältester Sohn Josef (1842–1906) übernahm das Färberhaus und verkaufte es stückweise. 1897 wurde es vom Katholischen Arbeiterverein erworben, abgetragen und als Vereinshaus neu aufgebaut. Das Färberhaus stand dort, wo heute das alte Gemeindehaus Nr. 84

Gedenktafel zu Ehren Josef Achammers am alten Sillianer Gemeindehaus, im Jahr 1897 vom Veteranenverein Sillian gestiftet. – Rechts: Grabstätte des bedeutenden Tiroler Landesverteidigers Josef Achammer auf der Südseite der Sillianer Pfarrkirche.

steht. Eine Gedenktafel, die 1897 vom Veteranenverein Sillian am Geburts- und Wohnhaus Achammers angebracht wurde, sein Grab an der Südmauer der Pfarrkirche von Sillian ebenso wie das Achammer Kreuz mit Gedenktafel, früher bei „Tagger" und heute beim Parkplatz neben der Pfarrkirche stehend, erinnern noch heute an die Ereignisse von 1809, insbesondere aber an den Sillianer „Freiheitskämpfer".[100] Auch das in den Tiroler Nachrichten 1969 veröffentlichte „Achammerlied", verfasst von Anton Sandbichler, dem Lehrer von Sillian und einem Zeitgenossen, erinnert an Josef Achammer.[101]

Josef Schraffl – Bürgermeister, Landeshauptmann und Mitbegründer des Bauernbundes

Anlässlich des Jubiläums „100 Jahre Tiroler Bauernbund" im Jahr 2004 wurden die Verdienste eines Sillianers für Land und Volk wieder in Erinnerung gerufen und entsprechend gewürdigt. Die Rede ist vom langjährigen Bürgermeister von Sillian, Landeshauptmann von Tirol sowie Mitbegründer und ersten Obmann des Tiroler Bauernbundes Josef Schraffl.

Schraffl wurde als Sohn des Bauern, Gastwirts und Kaufmanns Josef Anton Schraffl und der Maria Barbara Walder am 13. Juni 1855 in Sillian geboren. Vom Vater zur kaufmännischen Laufbahn bestimmt, besuchte er zwar nur die Volksschule und arbeitete dann drei Jahre als Volontär im Innsbrucker Bankhaus Riedl, bildete sich aber im Selbststudium im kaufmännischen Bereich weiter. Nach dem Tod seiner Eltern übernahm er 1874 die kleine Landwirtschaft und die mit der Gastwirtschaft verbundene Gemischtwarenhandlung seines Vaters. Als Haus- und Waldbesitzer, als Wirt und Kaufmann konnte er die erworbenen Kenntnisse gut einsetzen. Der in seiner Gemeinde angesehene, redegewandte und volksverbundene Schraffl wurde nicht nur bald zum Obmann des Sillianer Bauernvereines und der dortigen landwirtschaftlichen Bezirksgenossenschaft, son-

433

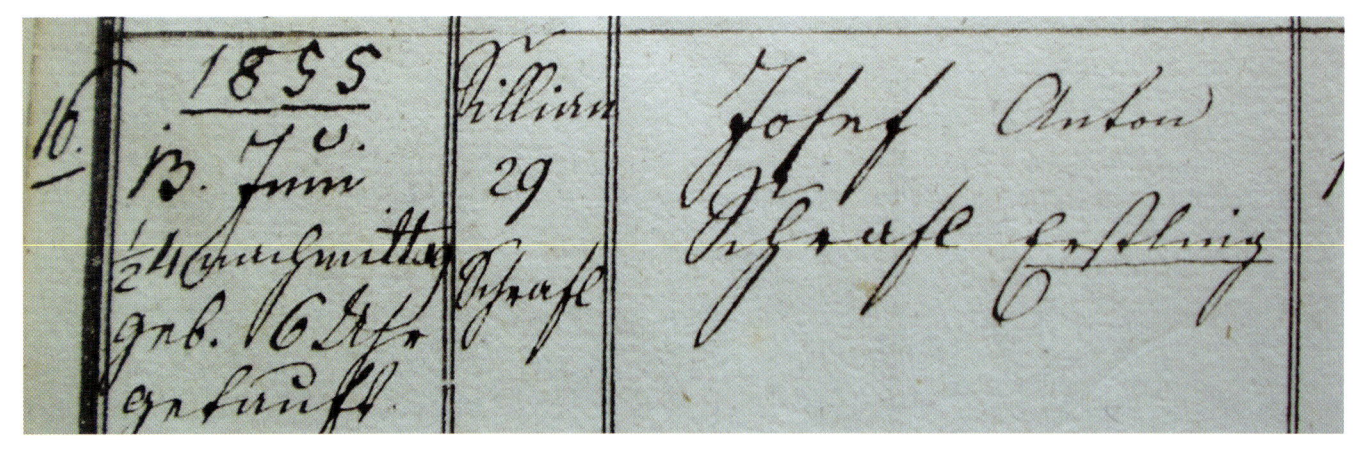

Eintragung von Geburt und Taufe von Josef Anton Schrafl [sic!] im Taufbuch der Pfarre Sillian am 13. Juni 1855: geboren um ½ 4 Uhr nachmittags, getauft um 6 Uhr.

dern auch bereits 1884 – als 29-Jähriger – zum Bürgermeister seiner Heimatgemeinde gewählt, in dessen Funktion er 24 Jahre hindurch, bis 1908, völlig unumstritten blieb und sich vor allem mit den wirtschaftlichen Problemen seiner Gemeinde auseinandersetzte. Im Dezember 1897 wurde er in den Tiroler Landtag gewählt, dem er bis zu seinem Tod angehörte. Dadurch wurde der bis dahin über Osttirol hinaus noch wenig bekannte Schraffl weiteren Kreisen ein Begriff. Dieser Bekanntheitsgrad brachte es mit sich, dass er bei den Reichsratswahlen 1901 kandidierte. Bei den Wahlen am 3. Jänner konnte er sich gegenüber seinem katholisch-konservativen Konkurrenten, dem ehemaligen Handelsminister Baron Josef Di Pauli, mit knapper Stimmenmehrheit – 76 zu 73 Stimmen – durchsetzen. Bis zu den Neuwahlen 1919 hatte er einen Sitz im Abgeordnetenhaus des Reichsrats.[102] Wie im Tiroler Landtag machte sich auch hier seine politische Gewandtheit bemerkbar. In einigen aufwühlenden, im Parlament gehaltenen Reden über die dringenden Anliegen der Bauern zeigte sich der Reformeifer des dynamischen, sozial gesinnten Politikers.[103]

Seine schon im Wahlkampf gezeigten politischen Fähigkeiten, sein Redner- und Organisationstalent sowie seinen unermüdlichen Arbeitseifer konnte er erneut im Jahr 1904 unter Beweis stellen, als es darum ging, die Tiroler Bauern in einer großen Standesorganisation zusammenzufassen. Am 4. Juni wurde am Sterzinger Bauerntag die Gründung des Tiroler Bauernbundes trotz des Widerstandes der katholisch-konservativen Landtagsmehrheit und des hohen Klerus beschlossen. Zu den Vorkämpfern und Gründern zählten neben Josef Schraffl vor allem der Brixner Theologieprofessor Aemilian Schöpfer als auch der Volksschriftsteller Sebastian Rieger, besser bekannt als „Reimmichl". Schraffl, der den Bauerntag durch eine ungeheure Versammlungstätigkeit eingeleitet hatte, wurde zum ersten Obmann des Tiroler Bauernbundes gewählt und behielt dessen Führung bis zu seinem Tod.[104]

Er bekleidete aber auch noch andere Ämter: Von 1908 bis 1914 war er Mitglied des Tiroler Landesaus-

Eine der ersten Ausgaben der „Lienzer Nachrichten", die ab November 1911 erschienen und als Sprachrohr der christlichsozialen Partei mit Josef Schraffl fungierten.

schusses, in dem er die Referate für Verkehr und Straßenbau übernahm. Dabei zählte die Erweiterung des Tiroler Landtagswahlrechts durch die Schaffung einer allgemeinen Kurie (1914) zu seinen größten politischen Erfolgen. Als Präsident des Landeskulturamtes von 1914 bis 1918 hatte er die dominierende Stellung im Tiroler Agrarwesen inne. Während des Ersten Weltkriegs war er Vizepräsident der Kriegsgetreideverkehrsanstalt und der Futtermittelzentrale in Wien, Vertreter Tirols im Ernährungsamt in Wien sowie Mitglied der Landesviehverkehrskommission in Innsbruck.[105]

Die Wahl von 1901 leitete den Siegeszug der Christlichsozialen in Tirol ein. Schraffl gelang es, gemeinsam mit seinem Gesinnungsgenossen Schöpfer eine stetig wachsende Zahl von Tiroler Politikern um sich zu scharen, die sich dem neuen christlichsozialen Programm Luegers zuwandten. Die Landtagswahlen von 1908 machten schließlich die Christlichsozialen zur bestimmenden Kraft in Tirol. Der Wahlsieg war vor allem Schraffl zu verdanken, der die Tiroler Bauernschaft für sich gewinnen konnte. Schraffl stieg somit als Mitbegründer und Führender in der Leitung der christlichsozialen Partei Tirols, neben Schöpfer, in der Folge zu einem der bedeutendsten Tiroler Politiker vor dem Ersten Weltkrieg auf. Demzufolge stellte den Höhepunkt seiner politischen Karriere die Ernennung zum Landeshauptmann von Tirol 1917 dar.[106] Allerdings erforderten die schweren Kriegszeiten als auch die kommenden Jahre nach dem Ersten Weltkrieg den ganzen Einsatz seiner Persönlichkeit. Nach dem Zusammenbruch der Monarchie schlossen sich die Christlichsozialen und Katholisch-Konservativen zur Tiroler Volkspartei zusammen und bestimmten Schraffl zu ihrem ersten Obmann. Als Präsident des Tiroler Nationalrats, der damaligen kurzzeitigen Landesregierung, vereinigte er das Amt des Landeshauptmanns und des Statthalters in einer Person. Sein Einsatz für eine neutrale Republik Tirol zur Rettung Südtirols scheiterte aufgrund der realpolitischen Situation, auch war er den Anforderun-

Bauernbundobmann Josef Schraffl zur Zeit seiner Silberhochzeit, 1912.

gen der politischen Neugestaltung nicht mehr ganz gewachsen. Obwohl er nach den Landtagswahlen im Juni 1919 erneut als Landeshauptmann bestätigt wurde, lehnte er 1921 enttäuscht seine Kandidatur zum Landeshauptmann ab, weil er bei den Nationalratswahlen im Oktober 1920 seinem früheren Freund und Förderer und nunmehrigen Parteigegner Schöpfer unterlegen und auch im folgenden Frühjahr nicht mehr als Listenführer für das Landeshauptmannamt aufgestellt worden war. Diese für Schraffl schweren und persönlich sicher schmerzlichen Krisenzeiten schwächten seine große Popularität, und er selbst erkannte die Aussichtslosigkeit seiner Kandidatur zum Landeshauptmann, weshalb er für die Wahl von Franz Stumpf als seinen Nachfolger eintrat. Sein Bundesratsmandat, das er seit 1920 innehatte, übte er bis zuletzt aus. Einer der letzten Höhepunkte seiner Amtszeit als Landespolitiker war die Tiroler Volksabstimmung

Gründungsversammlung des Tiroler Bauernbundes im Jahr 1904; Grisaille-Tempera-Malerei von Albin Egger-Lienz, 1904/1908.

1921 über den Anschluss Österreichs an das Deutsche Reich.[107]

In den Jahren als Landespolitiker trat Schraffl vor allem für die Demokratisierung des politischen Lebens und gegen veraltete Privilegien ein. Insbesondere für die Mittel- und Unterschichten vertrat er soziale und wirtschaftliche Forderungen. Sein besonderer Einsatz galt jedoch den Bauern. Er machte den Bauernbund zu einem maßgebenden Faktor der Tiroler Landespolitik, nicht nur in wirtschaftlicher, sondern auch in politischer Hinsicht. Als Bauernbundobmann konnte er viel für die materielle und soziale Besserstellung der Bauern erreichen. Dabei richtete er sein Augenmerk insbesondere darauf, die Bauern von der Herrschaft der kapitalistischen Geldmächte zu befreien und den Bauernstand wirtschaftlich selbständig zu machen.[108] In einem Artikel im Tiroler Volksboten vom April 1905 wurde Schraffl ein „besonderer Dank" für seine „Riesenarbeit" hinsichtlich der bäuerlichen Belange ausgesprochen.[109] Zur strafferen Organisation des Bauernbundes gründete er 1902 die Tiroler Bauernzeitung und gab den Bauernkalender heraus. Da er wusste, dass Geld im politischen Leben eine durchaus wichtige Rolle spielte, gründete er eigene Kreditinstitute: 1906 setzte er die Errichtung der „Tiroler Bauernsparkasse" durch, der er einige Jahre danach einen Kreditverein angliederte. 1918 erhielt er die Genehmigung zur Gründung der „Agrarbank für die Alpenländer", welche den Höhepunkt seiner wirtschaftlichen Unternehmungen bildete. In allen diesen

Projekten hatte er die Obmannstelle bis zu seinem Tod inne.[110]

Josef Schraffl konnte auf ein reiches politisches Leben zurückblicken. Sein ganzes Leben stellte er in den Dienst der Allgemeinheit, während sein Privatleben zurückstehen musste. Seine Ehe mit Maria Hibler (1854–1933) blieb kinderlos. In seiner Heimatgemeinde Sillian, wo er um die Jahrhundertwende ein Fachwerkhaus, eines der wenigen in Osttirol, erbaute, verbrachte er nur die Urlaubstage. Die übrige Zeit des Jahres lebte er in Innsbruck. Heute erinnert nur mehr der Name „Schraffl-Villa" an die ehemaligen Besitzer. Nach dem Tod seiner Frau ging das Haus testamentarisch an die Barmherzigen Schwestern in Zams, dann an die Gemeinde Sillian. Schließlich kaufte es die Familie Wilhelmer, die es stilgerecht renovierte.[111]

Letzte Ruhestätte von Josef Schraffl in einem Ehrengrab am Innsbrucker Westfriedhof.

Das politische Leben war Josef Schraffl im Laufe der Zeit zum Bedürfnis geworden. Er brauchte Arbeit und Spannung. Er hatte Freude am Einfluss, am Erfolg und am Sieg. Schraffl besaß einen praktischen und nüchternen Sinn. Er zeichnete sich durch Klugheit und Vielseitigkeit aus, so war er ein tüchtiger Unternehmer, ein ausgezeichneter Geschäftsmann und Organisator. Diese Eigenschaften und sein unermüdlicher Arbeitseifer brachten ihm zeit seines Lebens viele Ehrungen ein. 1913 wurde er vom Kaiser mit dem Franz-Josephs-Orden für seinen Einsatz für das Tiroler Landesverteidigungsgesetz ausgezeichnet. Zahlreiche Gemeinden ernannten ihn zum Ehrenbürger, so auch seine Heimatgemeinde Sillian.[112]

Allerdings hatte der Einsatz im Dienste der Öffentlichkeit auch seine Folgen. Im Alter von 67 Jahren starb Schraffl am 11. Jänner 1922 an einem Schlaganfall. Das Begräbnis am 15. Januar war sein letzter Triumph. Die ungeheure Teilnahme an seinem Leichenbegräbnis in Innsbruck zeigte, wie sehr die Tiroler Bauernschaft den Gründer ihrer Standesorganisation und unermüdlichen Vertreter der bäuerlichen Interessen verehrte[113], wie aus dem Artikel anlässlich seines Begräbnisses in der Tiroler Bauernzeitung hervorgeht: „Unter den Trauerklängen von 14 Musikkapellen geleitete ein langer Zug die Leiche zu Grabe." Unter den Trauergästen befanden sich neben der Familie und Verwandten des Verstorbenen Vertreter des Bauernbundes aus allen Teilen des Landes, der Bischof als Vertreter des Klerus, die Tiroler Landesregierung, Nationalräte und Landtagsabgeordnete, Vertreter der Stadtgemeinde, mehrere Landeshauptmänner sowie Vertreter der Reichswehr, Finanzwache, Gendarmerie, Rettungsabteilung und anderer Korporationen.[114]

Im Zuge der Feierlichkeiten „100 Jahre Tiroler Bauernbund" wurde 2004 am neuen Gemeindehaus in Sillian eine Gedenktafel für den Ehrenbürger Josef Schraffl angebracht und somit die Erinnerung an eine bedeutende Persönlichkeit in der Geschichte Tirols lebendig erhalten. Eine weitere Gedenktafel befindet sich am alten Raiffeisengebäude.

Rosa Stallbaumer – Die „vergessene" Fluchthelferin

In den Jahren 1938 bis 1941 nahm in Österreich die organisierte Verfolgung und Deportation der Juden durch die Nationalsozialisten stark zu. Mit der wachsenden Bedrohung einer „Umsiedlung in den Osten" und seitdem mit Ende 1941 eine legale Auswanderung aus der „Ostmark" nicht mehr möglich war, gab es für viele Juden als einzigen Ausweg nur mehr die Flucht. Dabei war der Weg von Osttirol bei Sillian/Arnbach über die Grenze nach Italien eine der letzten Möglichkeiten, das Deutsche Reich zu verlassen. Bereits 1938 soll hier ein kleiner Flüchtlingsstrom von Juden bestanden haben, der sich in den Jahren 1941/42 verstärkte.[115]

Bei den Fluchthelfern handelte es sich um eine Gruppe von vier Frauen und vier Männern, unter ihnen Rosa und Anton Stallbaumer.

Rosa Stallbaumer kam am 30. November 1897 in Innichen als Tochter von Philomena Hofmann zur Welt. Sie wuchs bei ihrer Tante in Arnbach auf, da ihre Mutter sie nicht aufziehen konnte. Am 25. November 1924 heiratete sie Anton Stallbaumer aus Sillian. Aus der Ehe stammten zwei Töchter: 1928 Aloisia und 1933 Edith. Daneben zogen sie auch Erich Ebner als Ziehkind auf.[116]

Das Jahr 1942 veränderte das Leben der Familie Stallbaumer schlagartig. Im April 1942 kamen über Vermittlung der in Wien lebenden Schwester Anton Stallbaumers, Hedwig Valyi, zwei jüdische Frauen von Wien nach Lienz. Dort wurden sie von Anton Stallbaumer abgeholt und am nächsten Tag – nach einer Übernachtung bei der Nachbarin Aloisia Bürgler – von Michael Weitlaner, vulgo Pfeifer, aus Arnbach über die Grenze nach Italien gebracht. Allerdings erfuhr der eben neu ernannte Leiter des Gestapo-Grenzpolizeipostens Sillian, Georg König, über einen V-Mann von der Aktion und erreichte Mitte Mai 1942 die Verhaftung und Auslieferung der beiden jüdischen Schwestern, Kornelia und Irene Sputz, in Franzensfeste sowie die Verhaftung aller an der Fluchthilfe beteiligten Personen. Nach dem Verhör im Mai folgte die Hauptverhandlung am 26. Juni 1942 in Klagenfurt. Die zwei Jüdinnen wurden nach dem Prozess

Rosa Stallbaumer, Fluchthelferin in der NS-Zeit (1897–1942). – Rechts: In der Auflistung der für die Freiheit Österreichs in der NS-Zeit Gestorbenen am Befreiungsdenkmal am Eduard-Wallnöfer-Platz (Landhausplatz) in Innsbruck scheint auch der Name von Rosa Stallbaumer auf.

der Gestapo übergeben und dann am 17. August 1942 von Wien in das Vernichtungslager Minsk deportiert, von dessen Transport keine Überlebenden vermerkt sind.[117] Wegen Hilfe zum illegalen Grenzübertritt wurden Anton Stallbaumer zu sechs Monaten und 1.600 RM Strafe und Michael Weitlaner zu zwei Monaten Haft verurteilt. Hedwig Valyi erhielt vier und Aloisia Bürgler aus Sillian zwei Monate. Anton Stallbaumer kehrte nach Verbüßung seiner Strafe wieder nach Sillian zurück, wurde aber von der Gestapo sofort verhaftet und im Oktober 1942 ins KZ Dachau eingeliefert, wo er „wegen Judenfreundlichkeit"[118] bis Dezember 1943 inhaftiert war.[119]

Was geschah aber mit Rosa Stallbaumer? Sie wurde am 21. Mai ebenfalls verhaftet, aber nicht mitangeklagt. Das Verfahren gegen sie wurde nach § 90 STPO eingestellt, und zwar aus Mangel an Beweisen. Obwohl sie in die ganze Aktion eingeweiht gewesen war, hatte sie keine aktive Fluchthilfe geleistet. Trotzdem wurde Rosa Stallbaumer ins KZ nach Auschwitz transportiert. Dort verstarb sie am 23. November

Grabstätte der Familie Stallbaumer-Bodner am Sillianer Friedhof.

1942, Todesursache unbekannt. Für die Einlieferung Rosa Stallbaumers trug wahrscheinlich der Sillianer Gestapo-Chef König die Verantwortung, wenn man die Aussage von Anton Stallbaumer von 1947 betrachtet. So hätte ihm König in einer Unterredung mitgeteilt, dass seine Frau Rosa ihre Heimat nie mehr sehen würde, für ihn jedoch gäbe es noch Hoffnung, nach Sillian zurückzukehren.[120]

Eine Woche nach der Verhaftung von Rosa und Anton Stallbaumer wurde ihr Haus von der Gestapo durchsucht und ein Teil des Hausinventars beschlagnahmt bzw. zerstört. Die beiden Töchter, Aloisia und Edith – vierzehn und neun Jahre alt –, wurden aus Sillian weggebracht und zunächst in Kärntner Kinderheimen untergebracht. Aloisia kam dann als „Pflichtjahrmädchen" in ein Heim nach Waiern bei Feldkirchen. Die jüngere Edith sowie der Ziehsohn Erich kamen zuerst in die NS-Erziehungsanstalt Harbach bei Klagenfurt und anschließend als Arbeitskräfte zu einem slowenisch sprechenden Unterkärntner Bauern. Zu Weihnachten 1943 waren Vater und Töchter zwar wieder in Sillian vereint, doch der Tod der Mutter sowie die teilweise Beschlagnahme und Verwüstung des Hausinventars setzten der Familie sehr zu.[121]

Von Tochter Aloisia Stallbauer, verehelichte Reider, stammt die Schilderung des schrecklichen Schicksals ihrer Mutter. Ihren Aussagen zufolge hat es einen

In Anerkennung ihrer Verdienste um jüdische Flüchtlinge wurden für Rosa Stallbaumer aus Sillian im Jahr 2008 in den Bergen Jerusalems zehn Bäume gesetzt, was die Israelitische Kultusgemeinde in Österreich mit einer „Urkunde" bestätigte.

Abschiedsbrief ihrer Mutter gegeben, der an sie adressiert war, aber leider verlorenging. Darin hatte ihre Mutter geschrieben, dass es ihr sehr leidtue, die Kinder alleinlassen zu müssen. Sie sorge sich sehr und werde für sie beten.[122] Der Vater, Anton Stallbaumer, verstarb am 20. Oktober 1960 in Sillian.

2008 wurden im Gedenken an Rosa Stallbaumer und in Anerkennung ihrer Verdienste um die Rettung der jüdischen Flüchtlinge 1941/42 in Tirol in den Bergen Jerusalems zehn Bäume gepflanzt. Dies wurde in einer Urkunde von der Israelitischen Kultusgemeinde für Tirol und Vorarlberg bestätigt.[123] Die Bäume in Jerusalem sind das einzige Gedenken an Rosa Stallbaumer, wie auch Bischof Manfred Scheuer bei dem Symposium „Martyrium als religions-politische Herausforderung" in Telfs im Oktober 2009 mit Bedauern feststellte. Das Interesse nicht nur an ihr, sondern insgesamt an den Opfern des Nationalsozialismus in Tirol wäre sehr schwach, beklagte Scheuer.[124] Im Fall von Rosa Stallbaumer gibt es leider auch in Sillian keinerlei Gedenken mehr. Mit diesem Beitrag soll die Erinnerung an die „vergessene" Fluchthelferin und das NS-Opfer Rosa Stallbaumer wieder ins Gedächtnis der Tiroler, insbesondere aber der Sillianer Bevölkerung gerufen werden.

Sillianer der Gegenwart

Auch wenn sich die hier dargestellten Biographien bzw. Lebensbilder auf längst verstorbene Sillianer beziehen, so soll an dieser Stelle die Gelegenheit genützt werden, auch einigen „prominenten" Sillianern der Gegenwart eine gewisse Aufmerksamkeit zu schenken und ihnen eine – wenn auch nur kurze – Erwähnung zu widmen.

Zu diesen zählt beispielsweise der in Sillian am 18. September 1928 geborene Günther Goller. Der Sohn eines Tierarztes trat, nachdem er zunächst die wissenschaftliche Laufbahn als Orientalist am „Orientalischen Institut" in Wien eingeschlagen hatte, 1956 in den Dienst der Landesparteileitung der ÖVP-Wien, wo er zwischen 1959 bis 1983 als Klubsekretär fungierte. 1969 wurde Goller in den Wiener Landtag und Gemeinderat gewählt, dem er bis 1990 ununterbrochen angehörte. 1973 wurde er in die Wiener Landesregierung gewählt und bekleidete das Amt eines Stadtrates bis 1983. Nach seinem Ausscheiden aus dem Stadtsenat war er bis 1990 ÖVP-Klubobmann in Gemeinderat und Landtag. Aufgrund seiner jahrelangen Tätigkeit wurden ihm mehrfach Ehrungen zuteil, wie die Verleihung des Malteser-Ritterordens und des „Großen Goldenen Ehrenzeichens für Verdienste um das Land Wien" 1986 oder die Auszeichnung mit dem Ehrentitel „Bürger ehrenhalber der Stadt Wien" im Jahr 1996. Heute lebt er in Wien und in seinem Zweitwohnsitz Stockerau.[125]

Ein anderer gebürtiger Sillianer, der im Tourismus Karriere machte, ist der am 29. Juni 1930 geborene Joseph Flatscher. Der vielseitige und sprachgewandte Tourismusexperte – er spricht acht Sprachen fließend – hielt weltweit Vorträge, war Berater für Umwelt- und Tourismusentwicklung in verschiedenen Ländern der Welt wie Saudi-Arabien, USA, in südamerikanischen und afrikanischen Staaten oder in den Arabischen Emiraten und machte sich einen Namen als Hotelmanager im Libanon, in Italien, Tunesien, Südafrika, Bayern und Salzburg. Von 1978 bis 1995 war Flatscher Kur- und Tourismusdirektor von Bad Gastein, gleichzeitig bis 2008 Geschäftsführer des Forschungsinstituts Gastein-Tauernregion. Seine Liebe für den Tourismus machte sich auch in zahlreichen Mitgliedschaften bemerkbar: So war Flatscher Mitglied im Bundesverband „Erfahrener Touristiker Österreichs" und in der Internationalen Hoteliervereinigung, Gründungsmitglied der Europäischen Arbeitsgemeinschaft der Radon-Heilbäder sowie 1. Gründungsmitglied der Association Internationale pour la Sauvegarde de Tyr (AIST) in Wien und Österreich-Präsident, bis 1997 Obmann des Bergbaumuseums Altböckstein-Bad Gastein und bis 1998 Vizepräsident des ÖHKV (Österreichischer Heilbäder- und Kurorteverband).

Für sein touristisches Wirken und Schaffen erhielt Flatscher zahlreiche Ehrungen und Auszeichnungen, wie beispielsweise den Officier de l'Ordre National du Cèdre (Libanon), den Parlamentsorden von Japan oder das Goldene Ehrenzeichen für Verdienste um den Salzburger Tourismus. 2003 verlieh ihm Ministerin Elisabeth Gehrer den Titel „Professor" als Zeichen für seine Verdienste um den Tourismus in der Gastein-Tauernregion. Außerdem wurde ihm in den USA die Ehrenbürgerschaften des Staates Texas, von Atlanta (Georgia) und New Orleans (Louisiana) verliehen.[126]

Auch dem Künstler Jos Pirkner soll eine kurze Erwähnung gewidmet werden. Der am 2. Dezember 1927 in Sillian geborene und mittlerweile seit den 1970er-Jahren in Tristach bei Lienz lebende und wirkende Bildhauer ist weit über die Grenzen Osttirols hinaus bekannt. Nach seinem Abschluss der Kunstgewerbeschule in Klagenfurt sowie der Meisterschule für angewandte Kunst in Graz zog es den Künstler 1951 in die Niederlande, wo er sein eigenes Atelier eröffnete. 1978 kehrte er nach Osttirol zurück. Für sein künstlerisches Schaffen wurde er mehrfach ausgezeichnet: 1995 erhielt er den Berufstitel „Professor h. c." verliehen, 2001 erfolgte die Auszeichnung mit dem Ehrenzeichen des Landes Tirol, 2002 verlieh ihm seine Heimatgemeinde Tristach den Ehrenring.[127]

Abschließend soll noch eine Persönlichkeit in der Rubrik „Sillianer der Gegenwart" ihren Platz finden, die sich derzeit auf dem Sprung zum internationalen Bestsellerautor befindet. Die Rede ist von Bernhard Aichner, geboren 1972 in Innsbruck und aufgewachsen in Sillian. Mit 17 Jahren brach er das Gymnasium in Lienz ab, ging nach Innsbruck und arbeitete dort als Kellner und Fotolaborant. 1992 machte Aichner die Abendmatura und studierte anschließend Germanistik. In den 1990er-Jahren veröffentlichte er bereits erste Texte in Literaturzeitschriften und hielt erste Lesungen. Parallel dazu machte er sein Hobby, die Fotografie, zum Beruf. So wirkte er an zahlreichen Kunstkatalogen mit, arbeitete fünf Jahre lang als Fotograf für die österreichische Tageszeitung Kurier und eröffnete 2000 sein eigenes Fotoatelier.

Im selben Jahr erschien auch Aichners erster Erzählband „Babalon". Es folgten drei Romane – „Das Nötigste über das Glück" (2004), „Nur Blau" (2006) und „Schnee kommt" (2009) – sowie mehrere Theaterstücke und Hörspiele. 2010 veröffentlichte er seinen Ersten der insgesamt drei Max-Broll-Krimis („Die Schöne und der Tod"), dem 2011 „Für immer tot" und 2012 „Leichenspiele" folgten.

Im März 2014 erschien Aichners Thriller „Totenfrau", mit dem er seinen internationalen Durchbruch schaffte. Als „literarische Sensation" gehandelt, wurden die Übersetzungsrechte bereits vor Erscheinen

Günther Goller.

Joseph Flatscher.

Jos Pirkner.

Bernhard Aichner.

an Verlage in zahlreichen Ländern verkauft, unter anderem in die USA, nach England und Italien. Auch die Filmrechte wurden vergeben, ein Kinofilm ist in Planung und ein Hörbuch ist produziert. Der nächste Roman ist fast fertig. Für sein schriftstellerisches Schaffen erhielt Aichner bereits mehrere Auszeichnungen und Preise, wie 1995 den ÖH-Literaturpreis, 1998 den Brachland-Literaturpreis, 2002 den Kunstpreis der Stadt Innsbruck, 2006 den Christoph-Zanon-Literaturpreis sowie 2008 das Österreichische Staatsstipendium für Literatur und das Tiroler Landesstipendium für Literatur.[128]

Meinrad Pizzinini

Pustertal-Reisende im Lauf der Jahrhunderte

Wie Sillian erlebt und beschrieben wurde

Der Markt Sillian zählt zu den größeren Orten im Pustertal, das – geographisch gesehen – von der Mühlbacher Klause am westlichen Talende bis zur rund 100 km östlich davon entfernten Lienzer Klause am Eingang in das weite Lienzer Talbecken reicht. Eigentlich ist das Pustertal, ein typisches ostalpines Längstal, eine Talschaft, die aus dem Tal der Rienz und dem Tal der Drau besteht.[1] Die höchste Stelle wird am Toblacher Feld mit einer Seehöhe von etwas mehr als 1.200 m erreicht. Sillian liegt im Tal der Drau, die auf der Schattseite des Toblacher Feldes entspringt und in Richtung Osten fließt. Beim Markt Sillian noch als bescheidener Bach wirkend, konnte die Drau allerdings in Zeiten eines Hochwassers der Bevölkerung Schrecken einjagen und große Schäden verursachen.

Zur frühen Besiedlung des Pustertals

Das ganze Pustertal, dessen Name noch immer nicht definitiv erklärt werden kann, ist seit urgeschichtlicher Zeit besiedelt[2], wovon zahlreiche archäologische Funde künden. Diese setzen mit der Mittleren Steinzeit (ca. 9.500–5.500 v. Chr.) ein. Nicht nur im Hauptal, sondern auch in den Seitenregionen wird man fündig. Für die Jungsteinzeit (ca. 5.500–2.200 v. Chr.) sind bereits Ackerbau und Viehzucht nachweisbar. Der Bergbau auf Kupfer, der mit der Bronzezeit (ca. 2.200–800 v. Chr.) einsetzt, dürfte sich auf die wirtschaftliche und gesellschaftliche Entwicklung der Talbevölkerung stark ausgewirkt haben. Aus vielen Funden geht hervor, dass das Pustertal der sog. Fritzens-Sanzeno-Kultur angehörte, die in den zeitlichen Rahmen der Eisenzeit (ca. 800–16/15 v. Chr.) fällt.

Abgesehen von der fehlenden archäologischen Forschungstätigkeit im Bereich der heutigen Marktgemeinde Sillian dürfte der weiter östlich liegende Burghügel von Heinfels als markanter Punkt in der Landschaft von vorne herein an Fundstücken weit ergiebiger sein, was eine Fülle an Artefakten vermuten lässt.

Ursprung der Drau am Toblacher Feld, Abbildung in Heinrich Noës Abhandlung über die „Kärntner-Pusterthaler Bahn", um 1884.

Während ein großer Teil des Gebirgslandes, in dem später Tirol entstehen sollte, von Truppen des Römischen Reiches in den Jahren 16/15 v. Chr. unterworfen worden war, blieb u. a. dem Pustertal dieses Schicksal erspart. Bereits im zweiten Jahrhundert v. Chr. hatten sich 13 keltische Stämme zum Königreich Norikum zusammengeschlossen, dem auch das Pustertal angehörte. Nach der friedlichen Einbindung in das Römerreich erfolgte in der ersten Hälfte des ersten nachchristlichen Jahrhunderts die Umwandlung in die römische Provinz Norikum.[3] Mit der Römerherrschaft nahm ganz allgemein die Mobilität zu, die wiederum den Ausbau des Straßennetzes zur Folge hatte. Beamte, Militär und Händler benützten die relativ gut ausgebauten Wege. Im Bereich des heutigen Bezirks Lienz sind einige römische Meilensteine gefunden worden. Wenn auch in Sillian ein Meilenstein aufgetaucht ist, darf wohl angenommen werden, dass hier immerhin eine kleine Siedlung bestanden hatte. Er trägt keine Beschriftung, weshalb er sich nicht genauer datieren lässt. Die nächstgelegenen Meilensteine sind in Strassen und Innichen (Littamum) erhalten.

Die Römerstraße durch das Pustertal wird auch fassbar als Nebenzweig der bedeutenden Nord-Süd-Verbindung, der Via Claudia Augusta. Im sog. Itinerarium Antonini, einem Verzeichnis römischer Stationen, das nach der Überlieferung auf den Kaiser Marcus Aurelius Antoninus (211–217 n. Chr.), genannt Caracalla, zurückgehen soll, wird der Weg von der Metropole Aquileia im östlichen Oberitalien durch Friaul, den Plöckenpass, das Pustertal und den Brennerpass als günstige Abkürzung nach Veldidena, dem wichtigen Militärlager im Inntal, angegeben.[4] Dieses war ein wichtiger Stützpunkt auf dem Weg in die Hauptstadt von Rätien, Augusta Vindelicum (Augsburg). Als Stationen sind Loncium (in der Nähe von Dellach im Gailtal, Kärnten), Aguntum (bei Lienz), Littamum (Innichen) und Sebatum (bei St. Lorenzen) angeführt. Auf ihrem Weg mussten die Reisenden natürlich auch den Bereich der heutigen Gemeinde Sillian passieren.

Auch nach dem Ende des Weströmischen Reiches erfüllte das Pustertal seine verkehrsgeografische Mittlerrolle. Ein mit Namen bekannter Reisender, der auch durch Sillian gezogen war, war Venantius Fortunatus (um 540–600/610).[5] In der Nähe von Treviso zur Welt gekommen, hoch gebildet, wurde er als Dichter sehr geschätzt; in seinen späten Lebensjahren wirkte er als Bischof von Poitiers im südlichen Frank-

Römischer Meilenstein aus der Regierungszeit des Kaisers Gordianus III. (238–244 n. Chr.), heute im Museum Innichen.

reich. Im Jahr 565 durchreiste er das Tal in westlicher Richtung und konnte noch von „castella", im Tal der Drau gelegen, berichten; Aguntum hob er ausdrücklich hervor. Vielleicht ist ihm auch eine Befestigungsanlage am heutigen Heinfelser Burghügel aufgefallen.

Die Wirren der Völkerwanderungszeit hatten sich auch auf das Pustertal ausgewirkt.[6] Gegen Ende des 6. Jahrhunderts zogen die Bajuwaren über den Brenner nach Süden und ein Teil von ihnen wandte sich durch das Pustertal, wo die von Osten heraufziehenden Slawen abgewehrt und zurückgedrängt werden sollten. Zeitweise reichte ein gewisser Einfluss der Slawen bis gegen Innichen. Eine wichtige Entscheidung fiel mit der Schlacht bei der Römerstadt Aguntum um 610. Als Folge der militärischen Niederlage der Bajuwaren bildete sich im östlichen Pustertal die Grenze zwischen dem bayerischen Stammesherzogtum im Westen und dem slawischen Fürstentum Karantanien im Osten, im Jahr 976 zu einem Reichsherzogtum erhoben.

In dieses Grenzgebiet hinein stiftete Bayernherzog Tassilo III. im Jahr 769 das Benediktinerkloster Innichen. Zu seinen Aufgaben gehörte – entsprechend der Gründungsurkunde –, das ungläubige Volk der

Die romanische Stiftskirche von Innichen, einst bedeutendes seelsorgliches Zentrum im Pustertal.

Slawen auf den Weg der Wahrheit zu führen.[7] Gut hundert Jahre später wurde das Kloster dem Hochstift Freising unterstellt und in ein Kollegiatstift umgewandelt. Neben Aquileia und Salzburg haben sich im Zuge der zweiten Christianisierung Mönche des Klosters und dann Geistliche aus dem freisingischen Innichen an der Bekehrung der viel weiter östlich siedelnden Slawen beteiligt und auf ihrem Weg Sillian passiert, das in kirchlicher Hinsicht Innichen unterstellt war.

Das Pustertal und Sillian unter den Grafen von Görz

Durch Jahrhunderte sind viele Menschen durch Sillian gezogen, ohne dass sie in schriftlichen Quellen fassbar wären. Besonders mit der zweiten Hälfte des 13. Jahrhunderts änderte sich die politische und verwaltungsmäßige Situation im Tal, als sich die Grafen von Görz im größten Teil des Pustertals als Landesherren durchsetzten und die Landeshoheit ausbauen konnten. Auch die Grafschaft Tirol gelangte unter ihre Herrschaft. Schließlich teilten die gräflichen Brüder Meinhard und Albert am 4. März 1271 auf Schloss Tirol den gewaltigen Besitz, der vom Inntal bis an die Adria reichte. Als Grenze wurde die Haslacher bzw. Mühlbacher Klause festgelegt. Während Meinhard das neu gewonnene Tirol übernahm, verblieben Albert die bisher görzischen Bereiche, wozu eben auch der größte Teil des Pustertals gehörte.

Der Görzer Graf Meinhard II., Begründer der sog. Meinhardinischen Linie, war vom Reichsoberhaupt König Rudolf von Habsburg mit Kärnten belehnt worden; damit stieg er in den Rang eines Herzogs auf. Auch seine Söhne konnten sich in dieser Position behaupten. Die Tochter von Herzog Heinrich, der seine Brüder lange überlebte, Margarete „Maultasch", wurde nach dem Tod des Vaters (1335) jedoch nicht mehr mit Kärnten belehnt.[8] Margarete und ihr Gemahl, der Luxemburger Johann Heinrich von Böhmen, wollten dies nicht akzeptieren und unternahmen, unterstützt von dessen Bruder, Markgraf Karl von Mähren, dem späteren Kaiser Karl IV., im Frühjahr 1336 einen Feldzug durch das Pustertal zur Rückgewinnung von Kärnten, der erst an der Lienzer Klause gestoppt werden konnte. Die Görzer unterstützten nämlich nicht den meinhardinischen Zweig ihrer Familie, sondern die Habsburger. Aus Rache wurde das görzische Pustertal verheert, wovon Karl in seinen Lebenserinnerungen berichtet.[9] Auch das damalige Dorf Sillian dürfte in große Mitleidenschaft gezogen worden sein.

Im Jahr 1363 gelang den Habsburgern, die sich inzwischen im Bereich des heutigen Österreich längst festgesetzt hatten, die Erwerbung der Grafschaft Tirol. Herzog Rudolf IV. der Stifter, der über den schlechten Gesundheitszustand von Margaretes Sohn Meinhard III. gewiss unterrichtet worden war, unternahm im Jänner 1363 eine Reise nach Tirol, hielt sich am 16. Jänner in Lienz auf und passierte am nächsten Tag Sillian. Am 26. Jänner 1363 wurde der Übergabsvertrag zu Bozen ausgestellt. Nach seinem für ihn sehr erfolgreichen Auftritt in Tirol verließ der Herzog durch das görzische Pustertal wieder Tirol. Mitte August kehrte Herzog Rudolf nach Tirol zurück, um die neue Herrschaft nach innen und außen zu sichern. Mitte Dezem-

Siegel Herzog Rudolfs IV. des Stifters, der im Jänner 1363 zur Erwerbung der Grafschaft Tirol durch das Pustertal reiste.

ber verließ er die Grafschaft wieder, wobei er Margarete gleich mitnahm. Man besuchte den Wallfahrtsort St. Sigmund und Rudolf tätigte eine fromme Stiftung. Auf dieser im Winter sicherlich beschwerlichen Reise passierte man wieder das Pustertal mit Innichen, Sillian und die görzische Residenzstadt Lienz.

Nachdem Kärnten (1335) und Tirol (1363) „österreichisch", also habsburgisch geworden waren, galt das Pustertal als idealer Verbindungsweg von Innerösterreich aus nach Tirol und in die habsburgischen Besitzungen in der Schweiz und am Oberrhein. Um in den Besitz des görzischen Pustertals zu kommen, mussten die Habsburger allerdings noch längere Zeit warten. Erst im Jahr 1500 war es soweit! Zwischen Graf Leonhard von Görz, letzter Landesfürst aus dem Haus Görz, und dem Römischen König Maximilian I., dem späteren Kaiser, aber bereits seit 1490 Regent der Grafschaft Tirol, bestand ein sehr gutes Verhältnis. Es war naheliegend, dass Maximilian als „Universalerbe" des Görzers, der am 12. April 1500 auf Schloss Bruck bei Lienz starb, vorgesehen war.

Kaiser Maximilian I. und weitere prominente Reisende

Die neu erworbenen Landgerichte im Pustertal und die ehemals görzische Haupt- und Residenzstadt Lienz besuchte Maximilian I. zum ersten Mal im Juli 1501.[10] Der Verhandlungen mit Frankreich halber musste Maximilian im Herbst nach Trient reisen, kehrte aber im November wieder zurück ins Pustertal, wobei sich seine Aufenthalte aufgrund ausgestellter Urkunden genau eruieren lassen: 11. bis 13. November Bruneck,

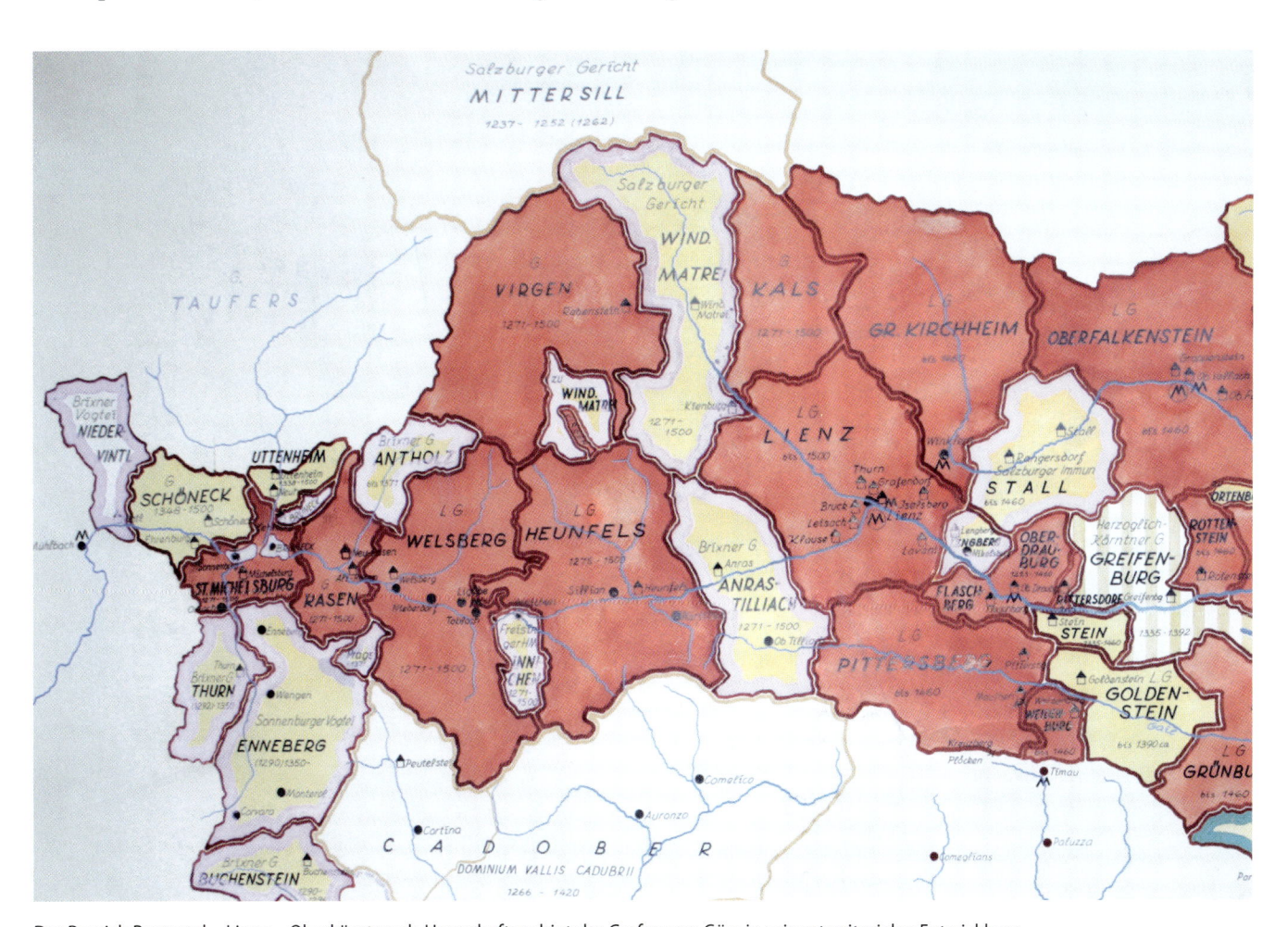

Der Bereich Pustertal – Lienz – Oberkärnten als Herrschaftsgebiet der Grafen von Görz in seiner territorialen Entwicklung.

447

Kaiser Maximilian I.; Seccomalerei in der Lerschach-Kapelle (Toblach), 1519.

14. November Toblach und Heinfels, 15. November Heinfels, 17. bis 23. November Lienz; als nächster Aufenthaltsort ist Bruneck ab 25. November bekannt.

Am 4. Februar 1508 wurde Maximilian, am Zug nach Rom zur Krönung durch den Papst gehindert, im Dom von Trient zum „Erwählten Römischen Kaiser" ausgerufen. Gleich darauf nahm der Krieg gegen die Republik Venedig seinen Anfang.

Mitten im Venezianerkrieg hielt sich Maximilian 1511 im Hochpustertal in unmittelbarer Nähe des Kriegsschauplatzes Cadore mit der Burg Peutelstein auf. Am 24. September war er in Toblach, vom 25. bis 29. September auf Heinfels und im Markt Sillian, anschließend bis 6. Oktober in Lienz, kehrte wieder zurück und befand sich am 7. Oktober in Sillian, am 8. Oktober in Innichen, vom 9. bis 15. Oktober in Sillian und Heinfels, am 16. Oktober in Innichen, dann einige Zeit in Toblach.

Im November desselben Jahres, 1511, begab sich Kaiser Maximilian in die östlichen Erbländer und nahm seinen Weg von Innsbruck aus eilig über den Brenner und wieder durch das Pustertal: Am 23. November passierte er Bruneck, am 24. Toblach, am 25. Sillian und am 26. war er in Lienz.

Im Juni des Jahres 1500 ließ Maximilian eine regelmäßige Postverbindung durch das Pustertal mit dem Markt Sillian zwischen Lienz und Innsbruck einrichten, die freilich nicht der breiten Bevölkerung zur Verfügung stand, sondern der Kommunikation zwischen der Regierung in Innsbruck und den neu erworbenen Gebieten diente.[11]

Immer wieder bereisten bedeutende Fürsten das Pustertal und mussten somit Sillian passieren: Maximilians Enkel Ferdinand im Rang eines Erzherzogs, der Bruder Kaiser Karls V., passierte Anfang November 1521 Sillian. Bei seiner nächsten Durchreise Ende September 1536 war er bereits „Römischer König", der später seinem Bruder als Reichsoberhaupt nachfolgen sollte.

Kaiser Karl V., um die Einheit der Christenheit bemüht und daher in kriegerische Auseinandersetzungen mit protestantischen Fürsten verwickelt, war im Mai 1552 gezwungen, vor Kurfürst Moritz von Sachsen zu fliehen. Der Weg führte ihn von Innsbruck aus über den Brenner, Bruneck, Innichen, Sillian nach Lienz, wo er am 24. Mai einlangte.[12] Am Tag zuvor oder vielleicht sogar am selben Tag muss der Kaiser im Markt Sillian gewesen sein. Als Gefangene wurden mitgeführt Johann Friedrich von Sachsen und dessen Freund, der berühmte Maler Lucas Cranach d. J. Am nächsten Tag erreichte Karl Kärnten.

Es ist müßig, alle „hohen Herrschaften" aufzuzählen, die das Pustertal bereisten und damit auch Sillian kurz kennenlernten.[13] Schriftlich lassen sich diese „Kurzbesuche" nicht belegen. Nur einige Namen und Jahreszahlen sollen erwähnt werden: die Erzherzoge Maximilian, der spätere Kaiser Maximilian II., und sein Bruder Ferdinand, später als Ferdinand II. Tiroler Landesfürst (1541), Erzherzog Karl von der Steiermark mit seinen Brüdern (1564), Erzherzogin Margherita als Braut König Philipps III. von Spanien (1598), Eleonore von Mantua, Braut Kaiser Ferdinands III. (1651) usw.

Die Herrschaft Heinfels und der Markt Sillian in den ältesten Tiroler Geschichtswerken

Sieht man vom „Tiroler Landreim" des Georg Rösch von Geroldshausen, einer sozusagen ersten Landesbeschreibung Tirols, die im Jahr 1568 gedruckt wurde, ab, dann setzen in der ersten Hälfte des 17. Jahrhunderts landeskundliche Beschreibungen Tirols vom Karwendelgebirge bis zum Gardasee ein. Das ganze Land wird – nach den Gerichten gegliedert – topographisch erfasst, meistens in Verbindung mit historischen Angaben über Entwicklung und Landesfürsten. Insgesamt nimmt die Historiographie nun einen großen Aufschwung. Besonders bemerkenswert sind die Landesbeschreibungen von Marx Sittich von Wolkenstein, Matthias Burgklechner und Maximilian Graf Mo(h)r. Da der Markt Sillian nicht von der Herrschaft bzw. dem Gericht Heinfels mit seiner Burg zu trennen ist, können auch die wiedergegebenen Zitate betreffend Sillian und Heinfels nicht auseinandergehalten werden.

Die älteste dieser Topographien verfasste Marx Sittich Freiherr von Wolkenstein-Trostburg (1563–1620). Er entwickelte keinen politischen Ehrgeiz wie sein Vater Wilhelm, sondern widmete sein Leben der Abfassung einer Landesbeschreibung unter dem Titel „Tirolische Chronik", wobei er selbstverständlich das Land bereisen musste. Der Abschnitt, der sich auf die Herrschaft Heinfels bezieht, entstand um 1613.[14] Sein Bruder Engelhard Dietrich war von 1612 bis 1629 Inhaber der Herrschaft Heinfels und dürfte Marx Sittich mit Informationen gedient haben:

„Nun will ich hie auch was beschriben, von der herschaft Hey[n]fels, (…) und find nit, dass es ein aigens geschlecht gehabt hat, sunder ainst der grafen von Görz uralte vestung und haus gewest ist, sy auch bisweilen da gewont und gehaust haben, die weil es ein schons und lustige ort, zimblich fruchtbar, auser den wein ist, aber was ungesunde und besse Luft von mosern hat. Und sunder so liegt nit weyt von markt Syllian auf ein schon ruenden bichel das zimbliche veste und schone schlos Hey[n]fels. (…)

Ist dise ein herliche und nutzreiche herschaft und ain stattliches einkumben hat. Het herliche geiader vom gamsen, lixs und andern wilt, und sunderlichen ein herliche schnabelweyd von fliget allerley wiltbret. Erzeuch auch grosse anzal von fich klain und gross und sunderlich von castreinen; das bisthumben Prigsen mit fleisch versicht. Hat auch schonen grosse alm und geburg von holzwerk von allerley; halt larchen grosse menge und anzal. Sowol haben sy in dieser herschaft grosse anzal ruben, scherreuben, kabaskraut und har zigelt ein grosse anzal und gut losung davon haben und hin und wider im Etschland verkauft wird. (…)

Der mark Syllian, allda ain pfar, da rast unser frau, und hat 9 vilialkirchen zue oder 11, und dorfer, (…)

Es solt sich in diser herschaft noch bey mansgedenken zugetragen haben bey den dorf Arnpach genant, ober Syllian gelegen, und darbey ein perg herabgesunken, wellicher die Thrab dermaßen geschwelt hat, dass in kurzen tagen ein grosser see ist worten, wellicher die schensten visch gehabt von ferchen und huchten, ist also wider von imb selbs wider ausprochen on schaten, und anjetz daselb schone wissen und acker jetz seint."

Matthias Burgklechner von Thierburg und Vollandsegg (1573–1642) stand im Dienst der Grafschaft Tirol und stieg in den Rang des Vizekanzlers auf. Ein

Eingangsbereich der Burg Heinfels, geschützt mit Gusserker und Sturmpfählen.

landesfürstliches Stipendium hatte ihm das Studium der Rechtswissenschaften in Padua ermöglicht, das er mit dem Doktorat abgeschlossen hatte. Neben seiner Tätigkeit als Beamter hatte er sich Verdienste als Geograph und Historiker erworben. Dabei war ihm zugutegekommen, dass er das ganze Land auf seinen dienstlichen Reisen kennenlernen konnte. Auf Burgklechner gehen drei Landkarten des Landes Tirol zurück, darunter die berühmte und sehr dekorative „Aqvila Tirolensis" von 1609/1620. Sein mehrbändiges Werk „Tiroler Adler" bietet das Wissen der Zeit um die Grafschaft Tirol und ihre Geschichte. Im großen Abschnitt über „Märkte, Herrschaften und Gerichte", verfasst um 1625/30, kommt selbstverständlich auch die Herrschaft Heinfels mit dem Markt Sillian vor:[15]

„Von der Herrschafft Heimföls. Ist die letste und greste Herrschaft im Pusterthal, viert inmitten hindurch die Draa, nimbt Iren Namen von dem Schloß Heinfelß, so nit weit von dem Markht Sillian, an der Lingen hanndt, Sonnen halber, gleich ob der Lanndtstraßen gelegen."

Nun wird der Bereich der Herrschaft kurz beschrieben, beginnend mit dem Dorf Wahlen im Westen; es folgen das Sextental, Vierschach und Winnebach, jeweils mit ihren Kirchen bzw. Patrozinien. – „Ob Sillian ist ain Dörfel, haist zue Arnbach, Im Marckht Sillian ist die Pfarr bey unnsre lieben Frawenn." – Dann folgt die Aufzählung der Orte und ihrer Kirchen östlich vom Markt. Der offizielle Gerichtssitz Burg Heinfels wird hervorgehoben: „In dieser Herrschafft ist allein das Schloß Heinfölß, darinnen ain Capellen bey St. Lorenzen, mit vil ansehenlichen Hailthumben, Gleich undter dem Schloß ist ain Kürchen bey St. Peter, wie auch ain klaines Dörfl genannt zue Panzendorf, so in den Burggfriden gehört." Daraufhin folgen noch einige historische Bemerkungen über die Görzer Grafen, Maximilian I. und die Pfandinhaber bis Engelhard Dietrich von Wolkenstein-Trostburg.

Ein drittes sehr umfangreiches landeskundliches Werk über die Gefürstete Grafschaft Tirol geht auf Maximilian Mo(h)r (1588–1659) zurück. In Mals im Vinschgau geboren, wirkte er ab ca. 1614 für einige Jahre in Luzern als Sekretär der spanischen Gesandtschaft. Es war ihm möglich, in den Tiroler Landesdienst einzutreten, was ihm eine gewisse Karriere erlaubte. Bezeichnend für seinen Aufstieg ist seine Erhebung in den Freiherren- (1631) und in den Grafenstand (1650). Von 1620 bis 1634 wirkte er als Regimentsrat, wobei

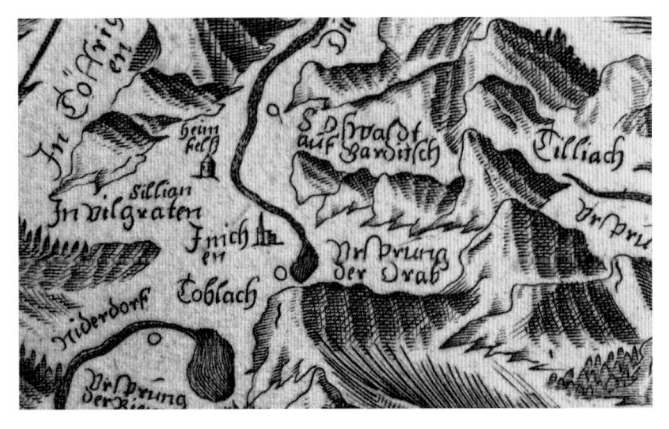

„Aqvila Tirolensis", eine Karte des Landes Tirol in Adlerform, geschaffen von Matthias Burgklechner, 1609/1620. – Ausschnitt mit dem Bereich des Hochpustertales.

er diplomatische Missionen auszuführen hatte, die ihn u. a. nach Wien, Holland und Spanien führten. Von 1635 bis zu seinem Ableben war Mo(h)r als Geheimer Rat in Innsbruck zwar sehr engagiert, dennoch verliefen diese Jahre ruhiger, so dass er sich leichter seinen landeskundlichen Arbeiten widmen konnte.

Maximilian Mo(h)rs umfangreiche, in acht Teile gegliederte landeskundliche Arbeit „Beschreibung der fürstlichen Grafschaft Tirol" wurde in den 1640er- und 1650er-Jahren verfasst. Im Vergleich zu den vorhergehenden Werken enthält sie kaum etwas Neues, dennoch muss man Maximilian Mo(h)r in die Reihe der großen Tiroler Historiographen des 17. Jahrhunderts stellen.[16] Bezeichnend ist ein Vergleich der Beschreibung der Herrschaft Heinfels mit dem „Tiroler Adler" von Matthias Burgklechner; dabei stellt sich eine teils wörtliche Wiederholung heraus.[17] Als Regierungsbeamten war es ihm sicherlich möglich, in dessen Manuskripte Einsicht zu nehmen:

„Diese Herrschaft, so die letzte unnd gröste im Pusterthal ist, nihmt ihren Anfang von dem Schloss Heimfels, so nicht weit von Markt Silian gleich ob der Landstrassen gelegen, die Trag rinnt mitten dadurch (…)"

Das Bedürfnis, historische Forschungen über das eigene Land anzustellen, nimmt allgemein zu. Es werden auch schriftliche Quellen zur Geschichte Tirols gesammelt. Jakob Andrä Brandis (1569–1629), Franz Adam Brandis (1639–1695) oder etwas später Josef Resch (1716–1782) sind gute Beispiele.

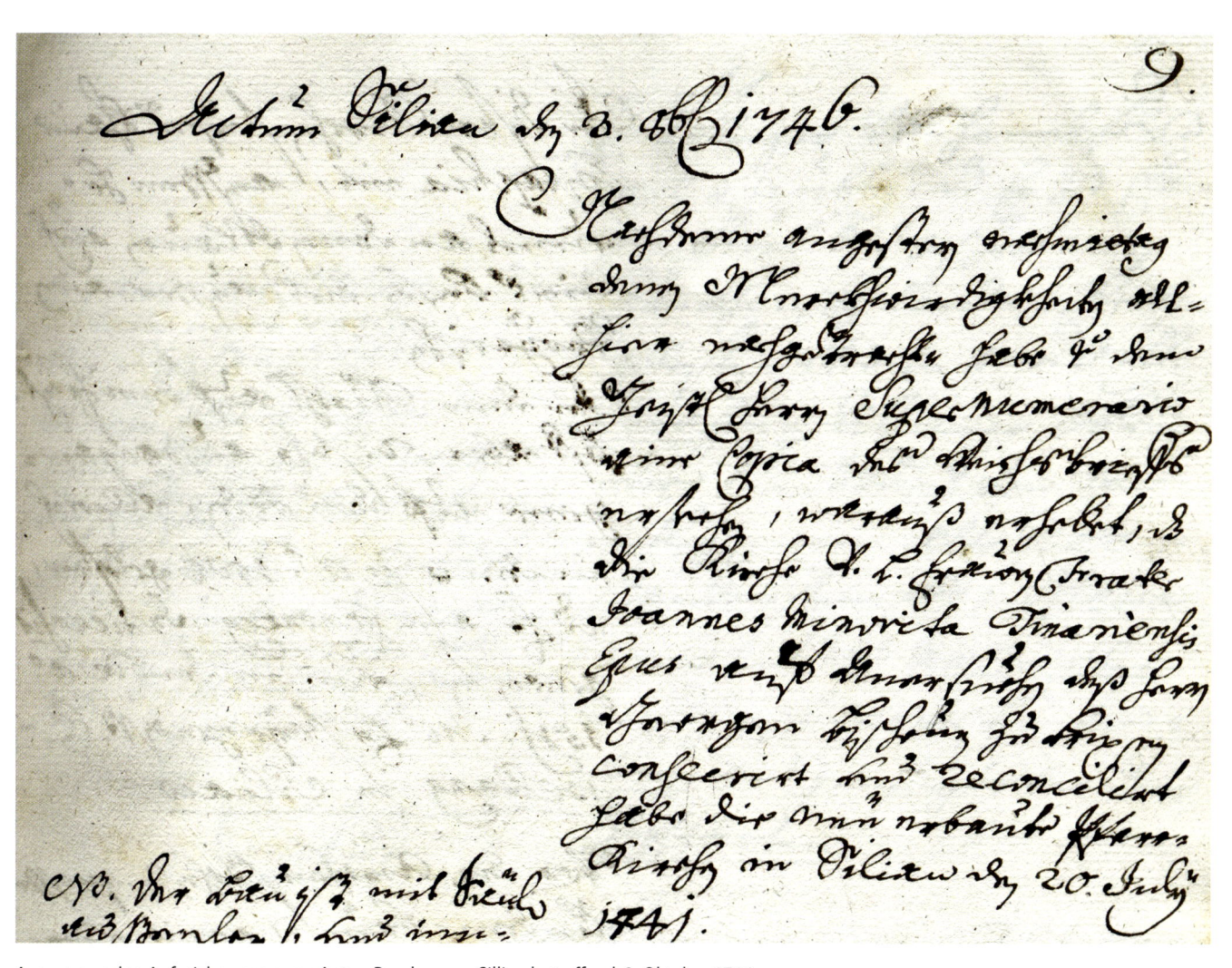

Auszug aus den Aufzeichnungen von Anton Roschmann, Sillian betreffend, 3. Oktober 1746.

Der Historiker Anton Roschmann und Sillian

Unter die frühen einheimischen „Historiker" reiht sich auch Anton Roschmann (1694–1760). Er studierte an der Innsbrucker Universität Philosophie, Theologie und Rechtswissenschaften. Als erster „Historiker" in Tirol befasste er sich auch mit der Antike und trug u. a. römische Inschriften zusammen. Er zählte auch zu den Initiatoren der Innsbrucker Gelehrtenakademie, der „Academia Taxiana" (um 1738), und wurde zum ersten Leiter der neuen Innsbrucker Universitätsbibliothek ernannt. Auf allen seinen Reisen nützte er die Gelegenheit, Detailwissen über die einzelnen Orte zu erfassen und die Archive zu besuchen. Alle diese Notizen verarbeitete er in seinen fast 200 Studien. Als Anton Roschmann im Jahr 1746 nach Lienz geschickt wurde, um das „Zwergen-Gebäu" östlich von Lienz zu untersuchen, hatte er sich auf seiner Fahrt am 2. und 3. Oktober in Sillian aufgehalten, um den Ort ein wenig kennenzulernen:[18]

„Actum Silian den 3. 8bris [= Oktobris] 1746.

Nachdeme angestern nachmittag denen Merckhwirdigkeitn allhier nachgetracht, habe v(o)n dem geistl(ichen) Herrn Supernumerario aine Copia des Weichsbrieffs ersehen, woraus erhellet, d(a)s die Kirche U. L. Fraw(e)n Frater Ioannes Minorita Tinanensis Ep(iscop)us auf Anersuch(e)n des Herrn Georgen Bischov(e)n zu Brixen consecrirt und reconcilirt habe die neu erbaute Pfarrkirch(e)n in Silian den 20. July 1441.

NB. Der Bau ist mit Säul(e)n außenher, und innwendig mit dreien rund(en) (…) Säule(n), so oben auß einander in Winckhel gehen.

In diser Kirchen solle ein Graff v(o)n Görz begrab(en)en ligen, und gewisse Gütter, so dermal(en) der Liechtl Bau genen(n)t wer(den), müss(en) d(a)s ewige Liecht zum Grab erhalten.

Ober der Thir ist im Stain ausgehauet d(a)s görzische und das Marckhts Wapp(e)n allso des Marckhts ist ain so genanntes Sill[e]r Sayl bey den(e)n Strangen [?] Pferdten. In dieser Kirch(e)n seynd khaine Epitaphia nit, außen herumb an dene(n) Maure(n) auch nichts besonders, außer ainen Troyerisch(e)n.

In dem Kirchl auf dem Freythoff aber 2 sehr außgegangene auf dem Bod(e)n, allwo ich in dem de A(nn)o 1508 gelesen, d(a)s Er ain Canonic(us) Inticensis gewes(e)n, und in dem de a(nn)o 1511, das Er seye gewesst Capellan(us) in Silian.

Vor der Kirchen steh(e)n 2 große Linden-Bäum, so mit zween stainernen Stäpfl(e)n völlig umbgeb(e)n, der gressere hat in dem Umbfang seiner Wurz geg(en) 50 Schuch beyläuffig, wie ich es mit meinem spanisch(e)n Rohr abgemess(en).

Der Marckht solle seinen Ursprung v(o)n der Rott-Fuhr hab(en), und sein(en) Nahmen v(o)n der Sill, od(er) dem unweit vorbey flüssend und sehr gefährlich(e)n Bach aus Villgrat(e)n (…) so Sill haiss(en) solle: Mithin der Orth: an der Sill in Sillian verändert word(e)n."

Der Verständlichkeit des äußerst interessanten Textes halber bedarf es einiger Erklärungen. Roschmann erhielt eine Kopie des Weihebriefes der gotischen Sillianer Pfarrkirche, die durch den Weihbischof von Trient, einen Ordensbischof, am 25. Juli 1441 eingeweiht wurde. Roschmann hatte noch diese Kirche

Die ehemals über dem Eingang zur Pfarrkirche befindlichen Wappensteine der Grafen von Görz und des Marktes Sillian in einer Skizze von Anton Roschmann, 1746.

gesehen, die wenig später, in den Jahren von 1759 bis 1761 erweitert und barockisiert wurde. Er erwähnt auch, dass ein Graf von Görz in diesem Gotteshaus bestattet sei, was zutreffend ist. Zur Erhaltung eines Ewigen Lichtes am Grab stiftete Graf Leonhard am 6. Juni 1465 ein Gut am Sillianer Berg. Nach diesem Stiftungsbrief dürften mehrere Mitglieder des Hauses Görz in der Sillianer Pfarrkirche ihre letzte Ruhestätte gefunden haben, wobei die sicherlich einst vorhandenen Grabplatten – so wie die erwähnten oberhalb der Türe angebrachten Wappen der Görzer und des Marktes Sillian – bei der Barockisierung der Kirche verlorengingen. Die beiden gewaltigen Linden, die von steinernen „Stäpflen", also Stufen, umgeben waren, sind auf einem Ölgemälde von 1637 zu sehen. Dass der Ursprung des Ortes Sillian auf das Rodfuhrwesen, also den geregelten Frachtenverkehr durch das Pustertal, zurückzuführen sei, trifft allerdings nicht zu, sondern geht viel weiter zurück.

Die ehemalige Gerichtslinde neben der Pfarrkirche, abgebildet am Votivbild von 1657, genau beschrieben von Anton Roschmann, 1746.

Der Hof und das Militär im Pustertal

Im 18. Jahrhundert wird die Registrierung bedeutender durchreisender Persönlichkeiten noch dichter. Hervorzuheben ist Maria Theresia, Tochter Kaiser Karls VI. Zum ersten Mal passierte sie mit ihrem Gemahl Franz Stephan von Lothringen auf der Fahrt nach Florenz am 23. Dezember 1738 den Markt Sillian. Das zweite Mal, inzwischen Regentin, ging es im Juli 1765 in Begleitung ihres Gemahls, weiters Erzherzog Josephs und zweier Prinzessinnen, durch das Pustertal nach Innsbruck zur Hochzeit des Sohnes Leopold mit der spanischen Infantin Maria Ludovica; Sillian erreichte man am 14. Juli.

Großes Aufsehen erregte die Fahrt der Prinzessin Isabella von Bourbon-Parma im Jahr 1760.[19] Die Braut des späteren Kaisers Joseph II. wurde in Italien abgeholt und nach Wien geführt, wo am 6. Oktober die Hochzeit gefeiert werden sollte. Nach der Übernachtung in Niederdorf traf der Konvoi, bestehend aus zahlreichen Kutschen und Reitern, am 23. September in Sillian ein und am selben Tag erreichte man Lienz, wo eine große Festlichkeit inszeniert und wo wiederum genächtigt wurde.

Kaiser Joseph II. und sein Bruder und Nachfolger, Kaiser Leopold II., bereisten mehrfach das Pustertal. Auch ausländische Persönlichkeiten kamen durch dieses Tal. Als Kuriosität mag die Fahrt eines arabischen Prinzen im Juni 1774 gelten, der über Sillian und Anras am 5. Juni Lienz erreichte.

Bereits seit dem 16. Jahrhundert hatten sich Militärdurchmärsche durch das Pustertal gehäuft. Immer war auch der Markt Sillian betroffen, wenn das Militär verpflegt und einquartiert werden musste; vielfach brauchte es auch Vorspanndienste. Bei Truppeneinsätzen auf einem Kriegsschauplatz auf der italienischen Halbinsel war immer die Bevölkerung des Pustertals betroffen. Der Spanische Erbfolgekrieg, der von 1701 bis 1714 dauerte, bedeutete mit seinen zahlreichen Durchmärschen für die Pustertaler eine besondere Belastung. Vom Militär bzw. Staat wurden die nicht geringen Kosten meistens nicht zur Gänze abgegolten.

Am Ende des 18. Jahrhunderts brach eine besonders kriegerische Zeit an, letztlich ausgelöst durch die Französische Revolution von 1789. Durch mehr als zwei Jahrzehnte wurde der europäische Kontinent mit Krieg überzogen. Die Habsburger entwickelten sich zum Hauptgegner Frankreichs und Napoleons. Die Grafschaft Tirol wurde zum ersten Mal im Jahr 1796 in das kriegerische Geschehen einbezogen. Über die Reise des jungen Erzherzogs Johann, mit der Landesverteidigung Tirols betraut, geben Akten im Sillianer Postmeisterarchiv Auskunft.[20] Seine Fahrt von Innerösterreich aus nach Tirol wurde mit einer „Currenda" vom 16. April 1804 angekündigt: Die Ritt- und Vorspanngelder würden von Wien aus bezahlt werden. Das Landgericht Heinfels informierte am 21. April den k. k. Postmeister Michael Forcher über die Ankunft Erzherzog Johanns mit Gefolge in Sillian für den 26. April 1804. Er wird angewiesen, 31 „gute Pferde" bereitzuhalten. Der „durchlauchtigste Prinz" werde am folgenden Tag nach Toblach und von dort aus ins Cadore weiterreisen.

Nach der Niederlage der kaiserlichen Truppen im Dritten Koalitionskrieg und der Besetzung Tirols durch französisches und bayerisches Militär Anfang

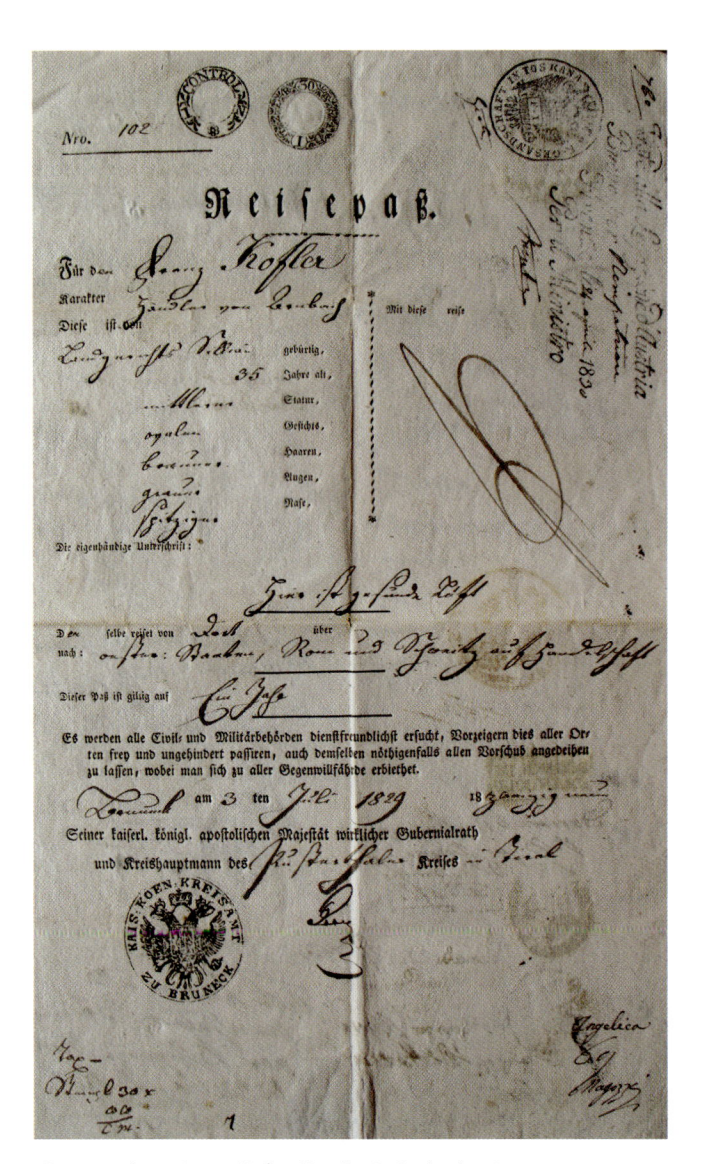

„Reisepass" von Anton Kofler, Händler in Arnbach, 1829.

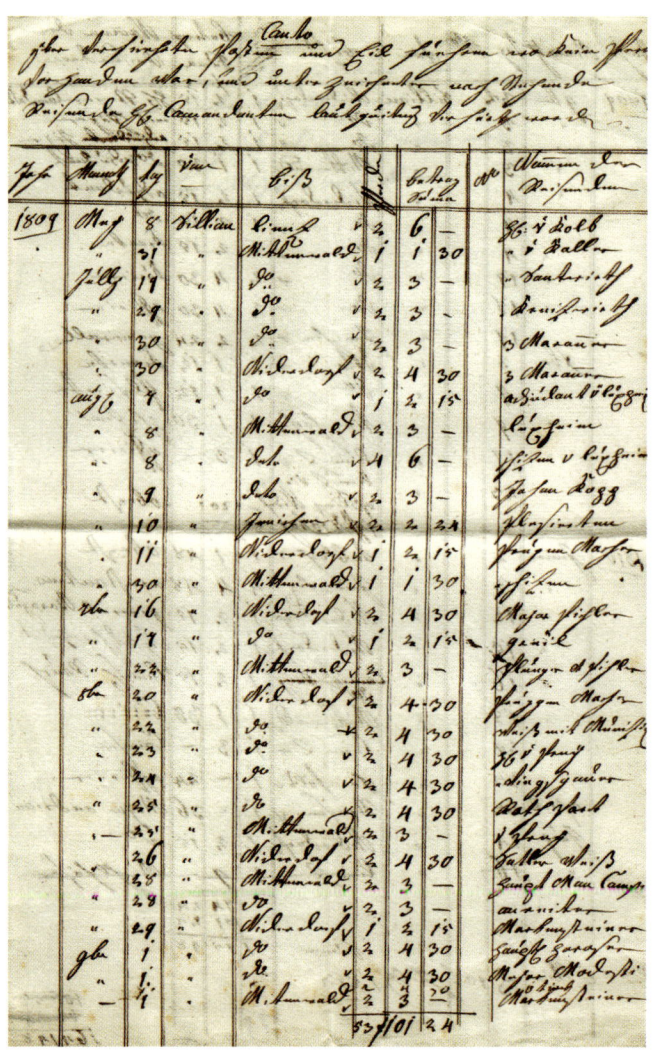

Aufstellung der durch Sillian Reisenden im Jahr 1809. Unter dem 19. Juli (3. Zeile) ist angeführt der „Santwirt" Andreas Hofer, der sich auf dem Weg nach Lienz und weiter nach Sachsenburg in Kärnten befand.

November 1805 zogen Erzherzog Johann und das österreichische Militär durch das Pustertal und Sillian in östlicher Richtung ab. In der folgenden Zeit und besonders im Jahr der Tiroler Erhebung 1809 erlebten Sillian – und natürlich das ganze Pustertal – unzählige Aufmärsche von „Freund und Feind". Unvergesslich wird den Sillianern das Auftreten des französischen Generals Broussier im Dezember 1809 gewesen sein, als das Militärgericht Todesurteile gegen die „Rebellen", derer man habhaft werden konnte, fällte und zum Teil in Sillian vollstreckte.[21] Mit der offiziellen Wiedervereinigung Tirols mit dem Kaiserstaat Österreich, die am 24. Juli 1814 im ganzen Land gefeiert wurde, nahm die unselige Zeit ein Ende.

Die ersten „Touristen" kommen nach Sillian

In der für Europa verhältnismäßig langen Friedenszeit des Vormärz nahm die Mobilität der Bevölkerung insgesamt zu. Es setzte der Tourismus ein, wobei die Engländer die Ersten waren, die Tirol besuchten. Sie hatten – als Feinde Napoleons – den Aufstand der Tiroler auch finanziell unterstützt und wollten nun das mutige Gebirgsvolk und bedeutende historische Stätten wie den Bergisel oder den Sandhof kennenlernen. Einer der ersten Touristen aus England war Sir Thomas Dyke Acland, der bereits 1819 das Pustertal bereiste und über Lienz bis Kals vordrang und den Großglockner in einer Federzeichnung festhielt.

Seit den 1830er-Jahren mehrten sich die Besuche von Engländern in Tirol, die nun auch das Hochgebirge entdeckten und ihre Eindrücke in Reiseerinnerungen festhielten. Einer von ihnen war Sir Henry David Inglis, dessen Bericht sogar in deutscher Sprache unter dem Titel „Tyrol und ein Blick auf Baiern" noch vor der englischen Ausgabe im Jahr 1833 erschien. Von der Sillianer Gastronomie war Inglis bitter enttäuscht:[22]

„Sillian ist nicht gewöhnt, von den Reisenden zum Nachtquartier erkoren zu werden. Ich erkundigte mich bei einem der wenigen auf der Straße sichtbaren Bewohner, einem Bauer, nach dem besten Wirtshause. Er berichtete mich [!], dass nur ein einziges vorhan-

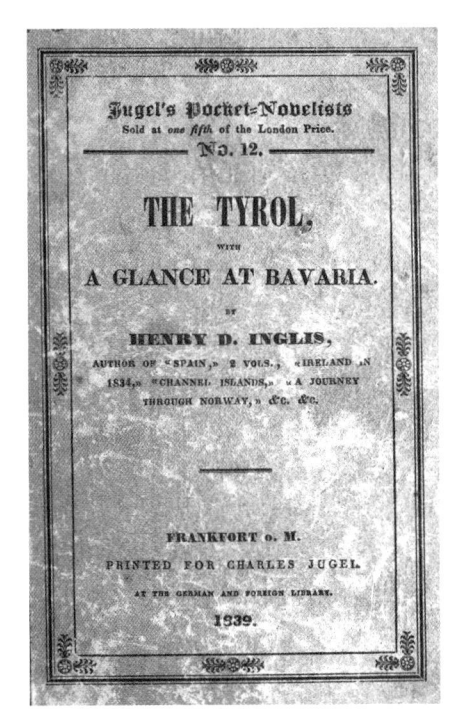

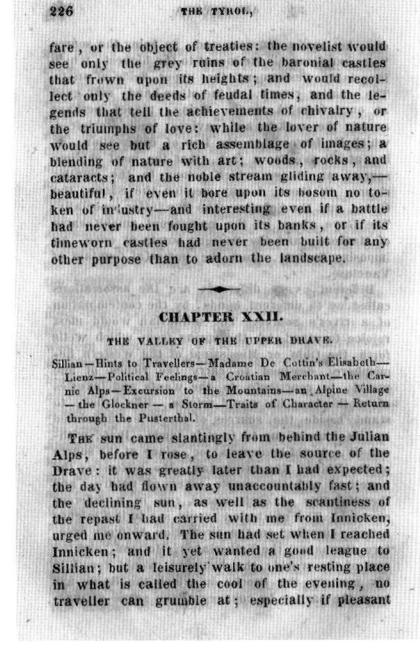

In der Reisebeschreibung von Henry David Inglis (1833, 1839) scheint auch Sillian auf, von dessen Gastronomie er sehr enttäuscht war. Sein Bericht erschien auch in deutscher Sprache.

den sei, und geleitete mich zuvorkommend dahin. Es war wahrlich das geringste aller Gasthäuser, welches ich in Tyrol gefunden hatte; die Leute waren jedoch höflich und bemüht, zu thun, was in ihrem Vermögen stand. So kam denn mit der Zeit Etwas wie ein Abendessen zum Vorschein; sehr lecker war es freilich nicht, allein reichlich. Mit gutem frischem Brod und frischer Milch kann übrigens ein Wandersmann sich füglich behelfen. Daß der Käse fehlt, ist aber in Tyrol ein empfindlicher Mangel. In der Schweiz ist überall vortrefflicher Käse zu haben, die Mahlzeit zu vermehren, aber der Tyroler Käse, wenn ja welcher vorhanden, ist ungenießbar. … War in Sillian das geringste aller Wirthshäuser, so war es zugleich auch das wohlfeilste. Meine Zeche für Abendessen und Nachtquartier betrug noch keinen Schilling (weniger als neun Groschen). Frühstücken, hatte ich mir vorgenommen, wollte ich im nächsten Dorfe, durch das mein Weg führte."

Sir Inglis kam in die Stadt Lienz, deren Umgebung ihn begeisterte. Nicht nur das, auch mit dem aufgesuchten Gasthaus war er voll zufrieden:[23] „In Lienz fand ich einen vortrefflichen Gasthof, und entschädigte mich vollauf für die Entbehrungen in Sillian."

Englische Touristen waren wesentlich an der „Entdeckung" der Tiroler Gebirge bzw. des Alpinismus beteiligt, zunächst durch landeskundliche und wissenschaftliche Forschungen und dann auch durch Besteigungen der Berge.[24] Den beiden Geologen Josiah Gilbert und G. C. Churchill fällt dabei eine bedeutende Rolle zu. Zu Fuß und beritten durchwanderten sie ab den 1850er-Jahren speziell die Dolomiten und hielten sich im Jahr 1856 für einige Zeit in Lienz auf und sprachen erstmals von den „Lienzer Dolomiten" („Lienz Dolomites").[25] In ihrem Reisebericht wird auch Sillian erwähnt. Es wird kurz die Straße von Lienz ins Pustertal beschrieben, die zunächst wie durch eine Schlucht verlaufe.[26] „Weiter bei Sillian öffnet sich das Thal und könnte rauh genannt werden, wenn nicht glänzende Kornähren und anmutige Ortschaften diesen Eindruck schwächten."

Auf einer anderen Fahrt kamen die beiden Forscher von Westen durch das Pustertal, waren im Sextental und in Innichen und dann ging es weiter auf Lienz zu: „Sillian war der erste Postwechsel, Mittewald, wo wir zu Mittag aßen, der zweite. Bevor man Mittewald erreicht, beginnen sich die Lienzer Dolomitberge in schönen Umrissen zu zeigen (…)"

Forscher und Reisende im 19. Jahrhundert

Von wissenschaftlichem Interesse geprägt ist das fünfbändige Werk „Die Deutschen Alpen" des aus Meiningen stammenden Geographen und Alpenforschers

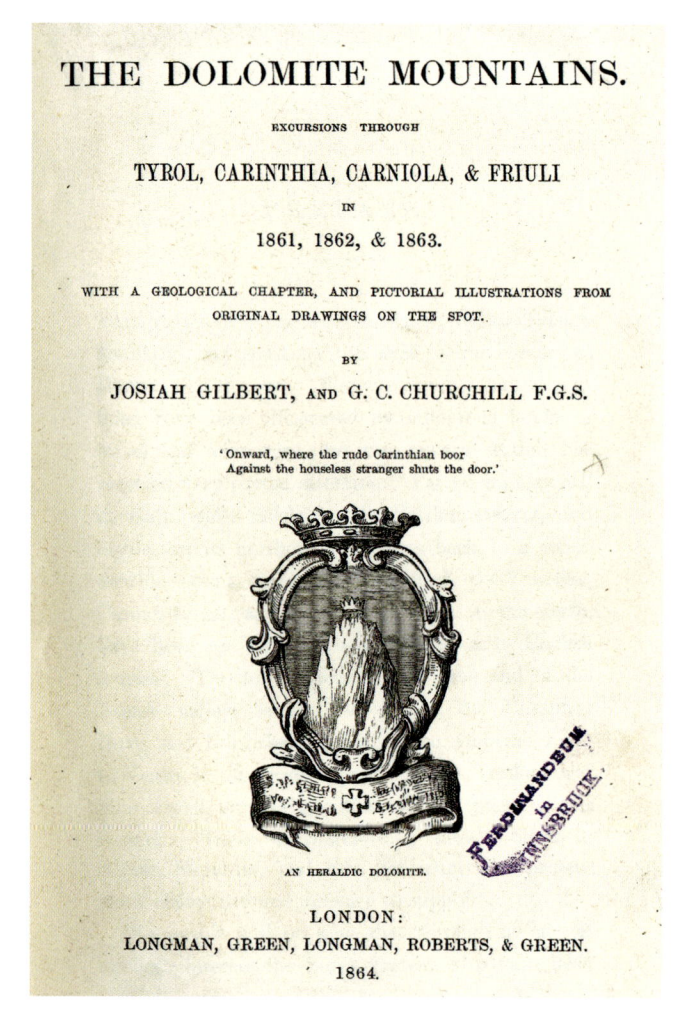

Titelseite der viel beachteten Reisebeschreibung von Josiah Gilbert und G. C. Churchill, in der Original-Ausgabe im Jahr 1864 erschienen.

Adolph Schaubach (1800–1850). Er unternahm ausgedehnte Fußreisen durch die Mittelgebirge Deutschlands und die österreichischen Alpenländer sowie Dalmatien, Bereiche, die damals noch wenig erforscht waren. Vorwiegend auf seiner ersten Reise in die Alpen im Jahr 1824 basiert das fünfbändige Werk „Die Deutschen Alpen", das in erster Auflage in Jena 1845 bis 1847 erschien.[27] Diese umfangreiche Publikation richtete sich an Reisende und Forscher. Sie hatte auf jeden Fall zur wesentlichen Verbesserung der alpinen Topographie beigetragen und fand deshalb auch entsprechende Verwendung. Das Zitat über Sillian ist dem fünften Teil entnommen:[28]

„Das eben sich verdüsternde Drauthal lacht uns bald nochmals mit einem seiner heitersten Landschaftsbilder im Pusterthale entgegen, indem wir nach Sillian (3462 F[uß]) kommen, einem Markte. Seine 91 H(äuser), eine lange Reihe bildend, bewohnen 593 E(inwohner). 11 Stunden von Bruneck, Postwechsel zwischen Niederndorf 5 ⅜ Stunden, und Mittewald 4 Stunden, 1 Schule, Districtsarzt, 2 Wundärzte; Armenhaus; die Kirche ausgemalt von Mölk. 7 Jahrmärkte. Schießstätte des Landgerichtes von 10 ½ Q. M. 10.315 E. in 1465 H. 1000 Ctr. Flachs, 10.000 Ctr. Futter verkauft, 3000 Mastochsen, 450 Pferde, 9000 Stück Rindvieh ausgeführt. 1400 Dutzend Handschuhe, 40.000 Hüte. Ursprünglich dem Stifte Innichen gehörig, kam es später an die Grafen von Görz. Die Post und der Neuwirth sind die besten Gasthäuser. – Unglücksfälle erlitt der Markt zu verschiedenen Zeiten: 1440 begrub ein Murbruch vom Nordgebirge die meisten Häuser; 1590 erfolgte ein ähnlicher, weßhalb noch jetzt am 4. July eine Procession; 1500 und 1536 Pest, daher die Procession am 17. August; 1605 und 1798 großes Brandunglück. Überschwemmungen der Drau, deren Bett viel höher als der Markt liegt. Ein aus dem Villgrattenthal vorgeschobener Schuttberg schuf die Gegend in einen Sumpf um, welchem Übel erst neuerer Zeit die Fürsorge des Erzherzogs Johann abhalf. Seinen Namen hat der Ort von dem Villgrattenbach, welcher sonst Sill hieß."

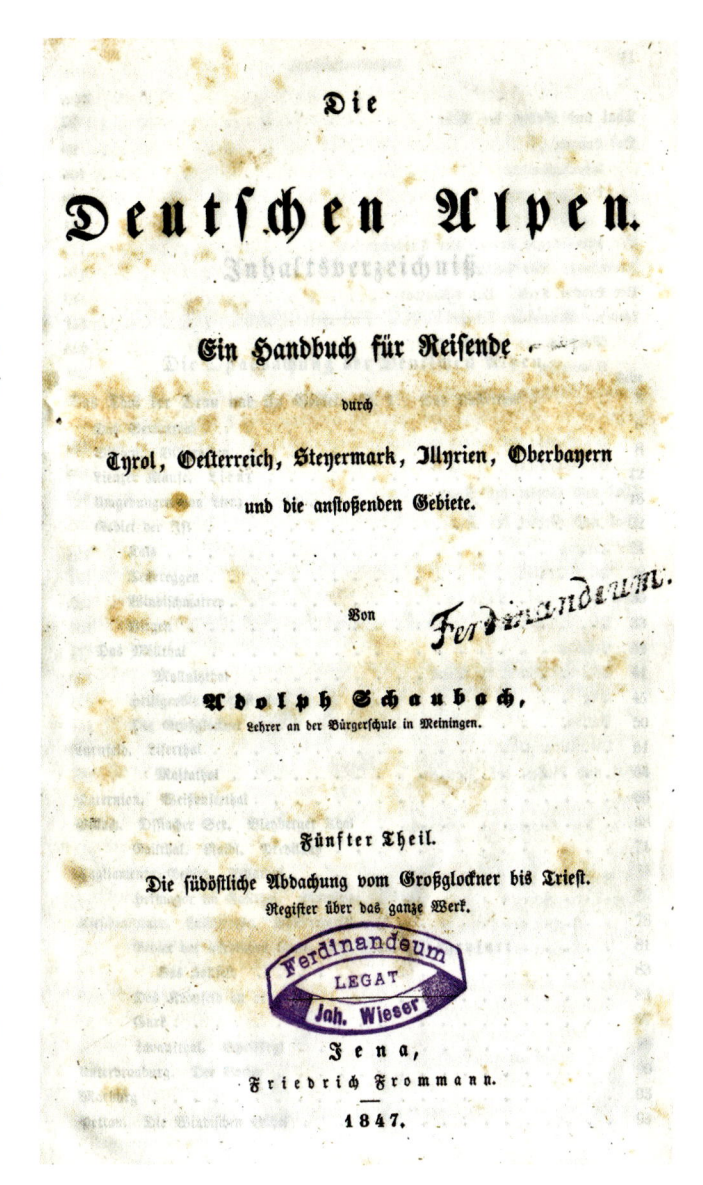

Titelseite und Ausschnitt mit Bemerkungen über Sillian in der Publikation „Die Deutschen Alpen" von Adolph Schaubach, 1847.

In der ersten Hälfte des 19. Jahrhunderts bereisten freilich auch Franzosen und v. a. Deutsche ohne jeden „wissenschaftlichen Spürsinn" das Land Tirol und brachten ihre Beobachtungen zu Papier. August Lewald (1792–1871) aus Königsberg war Schriftsteller, Schauspieler und Regisseur, schrieb Novellen, Erzählungen, Romane und gab Zeitschriften heraus. Er bereiste in den 1830er-Jahren Tirol und berichtete darüber. Im Buch „Tyrol vom Glockner zum Orteles, und vom Garda- zum Bodensee" (1835) kam das östliche Pustertal eher schlecht weg: „Eine Partie durch das ganze Pusterthal ist nicht sehr belohnend, und unangenehm wird es, dass man den Weg zweimal machen muss, der bis Lienz, an der Gränze von Kärnthen, ziemlich weit und langweilig wird."

In der zweiten Auflage von Lewalds Bericht unter dem neuen Titel „Handbuch für Reisende durch Tirol" (1839) gibt er sich im Abschnitt „Abstecher in's Pusterthal" versöhnlicher. Er nennt einzelne Orte, hebt auch Sehenswürdigkeiten hervor und zählt die vielen Bauernbäder auf. Sillian wird immerhin auch genannt: „Auf der Strasse von Innichen nach Silian [!] kommt man bei einem sehr guten Wirthshause Klettenheim vorüber. Wo die Strasse von Hoch-Pusterthal nach Nieder-Pusterthal sich senkt, eine Stunde unter Silian, liegt das Dorf Strassen, und von hier erstreckt sich nun ein enger Felsenpass bis in die Gegend von Lienz."

Auf seiner Pilgerfahrt nach Rom passierte ein gewisser Dr. F. J. Felsecker aus Bayern zunächst Innsbruck, das Oberinntal, den Vinschgau, kam nach Bozen, Brixen, schließlich ins Pustertal und gelangte weiter nach Triest, um sich dort nach Ancona einzuschiffen. In seinem Bericht, den er im Jahr 1847 in gedruckter Form vorlegte, bringt er ein für Sillian interessantes kulturgeschichtliches Detail. Im Franziskanerkloster von Innichen hatte er freundliche Aufnahme gefunden. Von hier brach er in Richtung Lienz auf:[29]

„Etwas Merkwürdiges kam mir hier gleich 2 Stunden von Innichen im Markte Sillian vor, nämlich dieses, zu erfahren, daß auch die Bäcker einen Heiligen im Himmel haben. Ich war, auf ein paar Augenblicke auszuruhen, in einem Bäckerhause, mit welchem zugleich eine Schenke verbunden, eingekehrt. Da bemerkte ich auf einem an der Wand hängenden alten Bilde einen Bäcker mit Heiligenschein gemalt und erfuhr von der Hausfrau, die anfangs zu meinem gutmüthigen Staunen fast böse geworden wäre, daß dieser Heilige Paulus hieße, der aus einem Bäcker nachher ein Bischof geworden wäre. Den Namen: ‚St. Paulus, ein Bäcker', las ich bei genauerer Recognoscirung auch auf dem Bilde, davon aber, daß er ein Bischof geworden, nichts. Ich war übrigens bei der in diesem Hause gemachten Entdeckung umso vergnügter, als ich da gar gutes, mit Weinbeeren vermischtes Waizenbrod erhielt. – Eine Viertelstunde vom Marktflecken ist das alte Schloß Heinfels. Sillian ist es übrigens, von wo aus einst die Colonisirung jenes Sappada oder Pladen ausging, eines großen Dorfes auf der (…) Route über den Monte croce (…)"

Der Markt Sillian in topographischen Werken des 19. Jahrhunderts

Landesbeschreibungen, um die Mitte des 19. Jahrhunderts entstanden, topographisch gegliedert und stark historisch ausgerichtet, sind den einheimischen Autoren Beda Weber, Johann Jakob Staffler und Georg Tinkhauser zu verdanken. Diese landeskundlichen Arbeiten haben bis heute einen kulturgeschichtlichen Wert bewahrt, indem sie zahlreiche Details von Ortsgeschichten wiedergeben und auch volkskundliche Aspekte berücksichtigen.

Das dreibändige Werk von Beda Weber (1798–1858), einem gebürtigen Lienzer und Benediktinerpater zu Marienberg im oberen Vinschgau, nimmt bewusst auf den in der ersten Hälfte des 19. Jahrhunderts zunehmenden Tourismus Bezug, wenn es im Untertitel als „Handbuch für Reisende" bezeichnet wird. Entsprechend seinen Interessen beschäftigte er sich – abgesehen vom Beruf des Priesters – als Historiker, Volkskundler, Germanist usw. und war auch literarisch tätig. Beda Weber darf zu den führenden Männern im Geistesleben des vormärzlichen Tirol und den Pionieren der Landeskunde gezählt werden. Über Sillian schreibt Beda Weber:[30]

„(…) die Feste Heimfels, die Königin des ganzen Bezirkes, steigt in die Lüfte, und ohne dass man sich dessen versieht, steht man im Markte Sillian.

Er liegt am linken Ufer der Drau langzeilig zu beiden Seiten der Hauptstrasse, mit 1218 Einwohnern in 189 Häusern. Er gehörte in ältester Zeit dem Stifte Innichen, kam aber später durch Gewalt und Verträge an die Grafen von Görz, die ihn von Heimfels aus als den grössten Ort der Gegend vorzüglich begünstigten. Die in Heimfels verstorbenen Mitglieder ihres Geschlechtes fanden in der Pfarrkirche zu Sillian ihre Begräbnisse, und wohlwollende Stiftungen folgten den Todten nach zur Ruhe ihrer Seele. Das hier angesiedelte Landgericht Sillian (oder Heimfels) II. Kl(asse), eine ehemalige Pfandschaft des Hallerdamenstiftes, nach dessen Aufhebung es an den Landesfürsten zurück fiel, begreift in sich das eigentliche görzische Landgericht Heimfels, die k. k. Hofmark Innichen, einst zu Freysing gehörig, und den früher brixnerischen Antheil des Thales Tilliach. Die Seelsorge des Marktes wird von drei Priestern besorgt, deren Vorstand zugleich Domizellar des Stiftes Innichen ist. Die Pfarrkirche, ein heiteres Gebäude, steht auf einer kleinen Erhöhung über den Häusern des Marktes. Unter den acht Wirthshäusern verdienen die Post und der Neuwirth besonderen Zuspruch.

(…) Sillian ist der beste Ausgangspunkt zu Ausflügen ins Thal Villgratten, und nach Kartitsch, Tilliach und Luckau."

Die Beschreibung der „Bevölkerung von Hochpusterthal" trifft natürlich auch auf die Einwohner des Marktes Sillian zu und soll deshalb wiedergegeben werden:

„Der Menschenschlag ist im allgemeinen mittlerer Grösse, oft ins Kleine hinüber spielend. Die Männer zeigen scharf ausgeprägte Züge von Kraft, Beharrlich-

Der aus Lienz stammende Benediktinerpater Beda Weber verfasste u. a. das viel benützte Werk „Das Land Tirol. Ein Handbuch für Reisende", das in drei Bänden in den Jahren 1837/38 im Druck erschien.

keit und Geduld, ohne jene Fülle der sinnlichen Form, ohne jene gefällige Volksthümlichkeit, wie in Zillerthal und bei Lienz. Anstatt der lebendigen Phantasie waltet bei ihnen die Ruhe des Gedankens, und macht ihre Persönlichkeit gesetzt, ihr Wort gefürchtet, ihre That hartnäckig. Daraus entspringt ihre Tapferkeit in den Franzosenkriegen, in welchen sie mit der grössten Ausdauer bis zum letzten Augenblick auf das rühmlichste kämpften. Rechthaberei, Streitsucht, kleine Uebervortheilungen in den Geschäften des Lebens und Marktes, trifft man aus dem nämlichen Grunde bisweilen an, besonders bei der viehhandeltreibenden Menschenklasse, die auf stäter Wanderung begriffen ist. Die Weiber sind schöner als die Männer gebildet, in kleiner vollrunder Form, wo man das Schlanke, die Zier des Geschlechtes, gewöhnlich vermisst, rasch in Geschäft und Arbeit, schnell in Gang und Bewegung. Die Kleidung hat bei beiden Geschlechtern wenig Ausgezeichnetes, und noch weniger Anmuthiges;

desto eigenthümlicher ist ihre Sprache, oder vielmehr die mundartliche Aussprache ihres Idioms, die jeden Hochpusterthaler in der Fremde den ersten Augenblick verräth."

Wenige Jahre nach Beda Webers Veröffentlichung über das Land Tirol erschien das fünfbändige Werk „Tirol und Vorarlberg", das schriftstellerische Hauptwerk von Johann Jakob Staffler (1783–1868), aus dem Passeiertal gebürtig. Im Jahr 1843 wurde er zum Gubernialrat und Kreishauptmann im Pustertal ernannt. Neben seiner politischen Tätigkeit befasste er sich auch in topographischer Hinsicht mit seinem Heimatland. Er berücksichtigte immer auch die verwaltungsmäßigen Einrichtungen. Sillian wird ausführlich beschrieben:[31]

„Der Markt Sillian, am linken Ufer der Drau in der Ebene der Thalsohle, hat 89 Häuser und 571 Einwohner, in seiner Mitte das Landgericht, eine Unterförsterei, ein Marsch-Commissariat, ein Postamt als Station zwischen Niederdorf und Mittewald; dann eine Schule, an der auch die Gemeinden Arnbach und Sillianberg theilnehmen. Für die Krankenpflege bestehen zu Sillian ein Distriktsphysiker und zwei Wundärzte, dann ein Armenhaus für erwerbsunfähige Arme. – Die Pfarrkirche zu Maria-Himmelfahrt steht an der Nordseite des Marktes auf einem allseitig bebauten Hügel in freier Ansicht des Marktes und der Umgegend. Sie ist ein zierlich ausgeschmücktes, mit sehr guten Stukkatur-Arbeiten bekleidetes Gebäude, welches aber durch eine spätere Verlängerung an der Symmetrie auffallend verloren hat. Altarblätter und Plafond sind vom Hofmaler Mölk. Sie hat das Collegiat-Stift Innichen zum Patrone und untersteht dem Propste jenes Stiftes als Dekan. Im Friedhofe, der die Kirche umgibt, steht die St.-Anna-Kapelle, und am westlichen Ende des Marktes eine Kapelle zu unserm Herrn im Elende. Vor der Kirchhofmauer gegen Morgen stand ehemals eine Linde von riesiger Größe, die wohl an 500 Jahre alt gewesen sein mag. Unter ihrem Schattendache saßen einst die Richter von Heimfels zu Gerichte. Einen Fuß über der Erde hatte sie 23 ¼ und in einer Höhe von 8 Fuß 13 ¾ Wiener Ellen im Umfange, und in dem ausgehöhlten Stamme konnte eine Familie Wohnung und Obdach finden. Diese alte, erhabene Zierde des Marktes hat ein Windstoß am 30. Juni 1836 umgestürzt.

Sillian ist ein wohlgebauter Markt mit einer langen Gasse ziemlich in freier Lage gegen Süden hin, wo dies- und jenseits der Drau hübsche Feldungen sich ausbreiten. Unter mehreren guten Gebäuden zeichnet sich das treffliche Post-Gasthaus am östlichen Ende des Marktes ganz vorzüglich aus. Übrigens findet man hier noch zum Überflusse 6 Wirths-Tabernen. Jahrmärkte werden in Sillian 7 gehalten, und zwar am 2. Jänner, am 3. Feber, am Montage nach Lätare, am Osterdienstage, am 3. Mai, am Pfingstdienstag, und am 3. November. Vom Markte ¼ Stunde südlich am rechten Drauufer befindet sich die hübsch angelegte Schießstätte für die Scheibenschützen des alten

Johann Jakob Staffler, Verfasser des umfangreichen landeskundlichen Werks „Tirol und Vorarlberg", in dem er 1844 ausführlich über den Markt Sillian schreibt.

Gerichtes Heimfels. In der Chronik der späteren Zeit steht manches Unglück aufgezeichnet, das über diesen Ort hereingebrochen ist. Um das Jahr 1440 ergab sich ein Murbruch am nördlichen Berge ober dem Markte, der die Mehrzahl der Häuser und weite Strecken der Felder unter seinem Schutte begrub. Ein ähnlicher Erdsturz ergab sich 1590; daher die kirchliche Prozession, welche jährlich am 4. Juli zur Abwendung eines dergleichen Unglückes in der östlichen Marktgasse gehalten wird. – In den Jahren 1506 und 1636 richtete die Pest große Verwüstungen an; darum ist der sog. Pest-Kreuzgang am 17. August noch immer in Übung. Das Feuer zerstörte 1665 an der Ostseite des Marktes 20 Häuser, und ein gleiches wiederholte sich 1798, das 15 Häuser in Asche legte. Die Drau trat oft aus ihren Ufern, und setzte die tief liegenden Felder und selbst theilweise den Markt unter Wasser, da dieser 8 Fuß unter dem Niveau der Drau liegt. Die Schuttmassen, welche der Villgratnerbach hervorschob, erhöhte die Thalsohle unter Sillian so sehr, daß die östlich vom Markte liegenden Gründe in einen seeartigen Sumpf verwandelt wurden, der fast ½ Stunde lang und ebenso breit war. Erst vor 15 Jahren gelang es, jenes Terrain zu entwässern, und zu Wiesengrund zu kultivieren. Sr. Kais. Hoheit dem Erzherzoge Johann, Höchstwelcher die Nivellierung und Anfertigung der Pläne Selbst huldvollst besorgte, verdankt die Gemeinde vorzugsweise die Ausführung dieses so segenreichen Unternehmens."

Georg Tinkhauser (1811–1873) muss unter die bedeutenden Tiroler Topgraphen eingereiht werden, wenn sein fünfbändiges Werk auch der Diözese Brixen gewidmet ist, die damals allerdings einen sehr großen Teil des Landes Tirol umfasste. Er wirkte als Regens am fürstbischöflichen Priesterseminar Cassianeum in Brixen und war zugleich Conservator der Baudenkmäler im Brixner Kreis. Es ging ihm in erster Linie darum, ein historisch-kulturgeschichtliches Bild der einzelnen Orte und letztlich der ganzen Diözese zu entwerfen. Er selbst konnte nur einen Band verfassen. Den vorgegebenen Weg verfolgend, setzte in erster Linie Ludwig Rapp das Werk fort. Im ersten Band seiner „Beschreibung der Diözese Brixen", der 1855 erschien, schreibt Georg Tinkhauser mehr als fünf Seiten über Sillian, wovon hier nur ein kleiner Teil wiedergegeben werden kann:[32]

„Der Pfarrbezirk Sillian gehört zu den weitläufigsten unserer Diözese. Er hat der Landstraße entlang von Westen nach Osten eine Ausdehnung von mehr als 3 Stunden, (…) Der Hauptort und Sitz des Pfarrers ist der ansehnliche Markt Sillian, mit 625 E(inwohnern) und 89 H(äusern) am linken Ufer der Drau

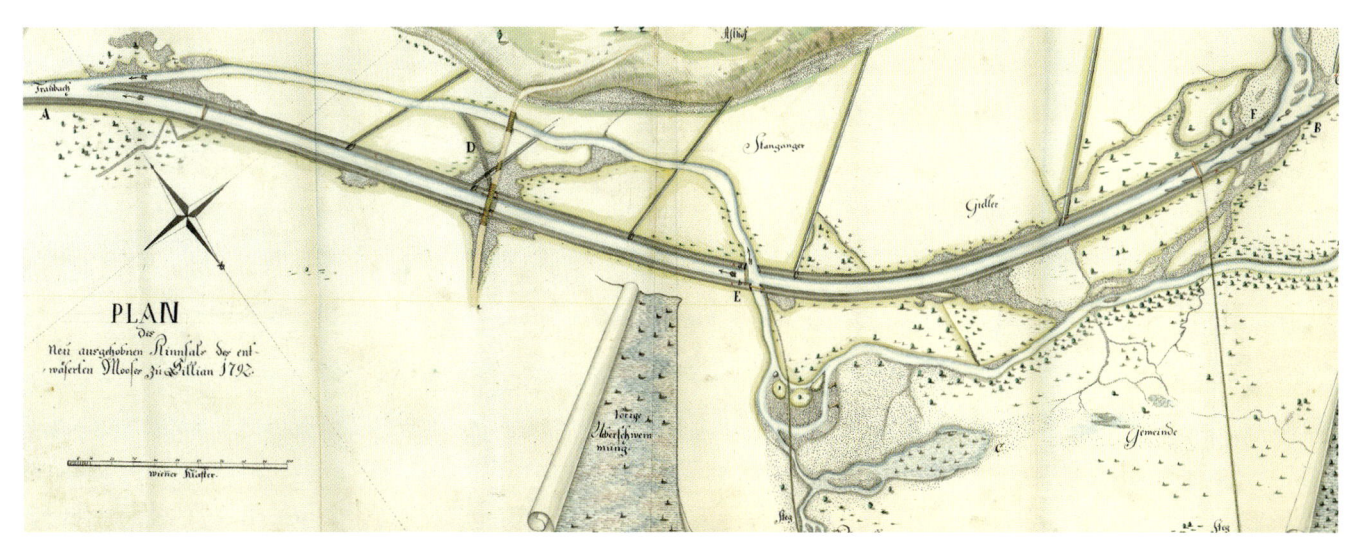

„Plan der Neu ausgehobnen Rinnsal der entwäserten [!] Mooser zu Sillian 1792". Dieser Entwässerungsplan wurde gezeichnet von Peter von Buechenberg.

in der Ebene des Thales gelegen und 2 Stunden östlich vom Sitze des Decanates [Innichen] entfernt."

Nun folgen Angaben zur Pfarrgeschichte unter Betonung der Missstände im 16. Jahrhundert, sowohl die „ungebildete, nachlässige und entsittlichte Geistlichkeit" als auch „eine verwahrloste Gemeinde" betreffend.

Daraufhin bespricht Tinkhauser ausführlich das Zentrum der Seelsorge: „Die Pfarrkirche zu Maria-Himmelfahrt, in welcher sich fünf Altäre befinden, erhebt sich auf einem Hügel an der Nordseite mitten im Markt und gewährt eine freie Aussicht über den Markt ins freundliche Thal. Sie reicht in ein hohes Alter zurück, von welchem man aber seit der letzten Restauration nur mehr wenige Spuren entdeckt. Auch der Grabstein der Grafen von Görz, deren einige hier die Ruhestätte gefunden haben, wurde bei dieser Gelegenheit zertrümmert."

Tinkhauser berichtet ausführlich über die Bruderschaften und erwähnt auch das Passionsspiel, das mit Erfolg aufgeführt und in den 1960er-Jahren wiederbelebt worden ist. Dann geht er auf das Schulwesen ein:

„Die Schule zu Sillian, welche von den Kindern des Marktes und der Ortschaften Asthof, Arnbach, Hube, Kolbenthal (zum Theil), Schlittenhaus, Sillianerberg und Gschwent besucht wird, reicht wahrscheinlich bis zu einer alten Pfarrschule hinauf. (…) Gegen Ende des vor(igen) Jahrhunderts hat die Schule eine wesentliche Verbeßerung und ein neues Haus erhalten. Den gesetzlichen halbjährigen Unterricht ertheilen zwei Lehrer. Damit ist eine Sommer- und Industrieschule verbunden. Die Auslagen werden aus dem Schulfond und aus Localmitteln geschöpft. Die Gemeinde besitzt zu Schulzwecken einen kleinen Fond, welcher sich aus Beiträgen einzelner Wohlthäter nach und nach gesammelt hat."

Der Verfasser fügt nun Informationen über die St.-Anna-Kapelle neben der Pfarrkirche und das Kirchlein Zum leidenden Heiland in Arnbach an, um dann einen Sillianer Geistlichen besonders hervorzuheben:

„Zum Schluße muss ich noch eines Mannes erwähnen, welcher in der Seelsorge zu Sillian mehrere Jahre hindurch eine segensvolle Wirksamkeit entfaltet und durch seine geschichtlichen Forschungen in unserm Vaterlande bleibenden Ruhm sich gegründet hat. Dieser Mann ist Ignaz Matthias Paprion, (…)"

Die Eisenbahn erschließt das Pustertal

Von einer Bahnlinie durch das Pustertal war schon längere Zeit gesprochen worden, doch erst nach Fertigstellung der Eisenbahn von Innsbruck über den Brennerpass nach Bozen (1867) wurde die Zustimmung des Handelsministeriums zum Bau der Strecke Franzensfeste – Lienz – Villach durch die k. k. priv. Südbahn-Gesellschaft erteilt. Ende November 1869 wurde mit dem Bau der Pustertalbahn begonnen und bereits zwei Jahre später, am 20. November 1871, erfolgte die Eröffnung. Die große Bedeutung der neuen Bahnlinie lag darin, dass sie mit ihrer Fortsetzung bis Marburg in der damaligen Untersteiermark Anschluss an die Nord-Süd-Linie fand und damit die erste Schienenverbindung Tirols mit der Reichshauptstadt Wien darstellte. Die große Beachtung, die man der neuen Bahnlinie schenkte, spiegelt sich in der Literatur wider.

Die Südbahn-Gesellschaft selbst gab das „Panorama für die Fahrt von Franzensfeste nach Lienz" als 5,65 Meter langes Faltblatt heraus, auf dem man bemerkenswerte Orts- und Landschaftsbilder zu beiden Seiten der Strecke als graphische Abbildungen erkennen konnte. Ein weiteres Panorama fädelte die Strecke in umgekehrter Richtung auf (5,85 m).

Noch vor der Bahneröffnung erschien von F. J. Gaßner die Broschüre „Ein Reisebegleiter für Einheimische und Fremde", die die Ortschaften an der Strecke und in der näheren, vom Zug aus sichtbaren Landschaft, kurz beschreibt. Über Sillian wird notiert:[33]

„Sillian ist ein großes, freundliches Dorf in lieblicher Gegend und mit guten Gasthäusern, wie man solche in jeder größern pusterthalischen Ortschaft findet. Eine kleine Strecke unter Sillian führt zur rechten Hand der Weg über Kartitsch nach Ober- und Untertilliach (…) Westlich von der erwähnten Thalabzweigung liegt die eine Stunde von Sillian entfernte Berggemeinde Hollbruck, welche einen interessanten Ausblick in das Gail- und Pusterthal ermöglicht und sich als Wallfahrtsort einer gewissen Berühmtheit erfreut."

Als „Vademecum" wird die Beschreibung der Strecke bezeichnet, die Anton Oberkofler im Jahr nach der Bahneröffnung verfasst hat. Darin sind auch interessante technische Angaben über die gesamte Strecke enthalten. Bei den einzelnen Orten wird auf die historischen Hintergründe eingegangen:[34]

„Die nächste Bahnstation nach Innichen heißt Sillian, das 10 ⅞ Stunden östlich von Bruneck liegt und von Innichen aus durch die Locomotive in 33 Minuten erreicht wird.

Unterhalb Innichen wird das Thal immer enger, die bewaldeten Thalwände steigen ziemlich steil auf, selten stehen in sonniger Lage Wohnungen, bis bei Sillian die grüne Schlucht von Villgraten sich auftut und die Gegend wieder lieblicher wird. (…)

Sillian ist ein großer, freundlicher Ort, Sitz des gleichnamigen Gerichtsbezirkes. Die 9862 Bewohner des Bezirkes leben in 1710 Häusern und sind in 19 Gemeinden vertheilt. Von ihnen gehören 143 dem Handels- und 323 dem Gewerbstande an. Der Ertrag der forstwirthschaftlichen Produktion im Jahre 1870 bezifferte sich auf 150.200 Gulden.

Die Gründung Sillians kann nicht geschichtlich nachgewiesen werden. Eine Urkunde wegen Beurbarung des Villgratenthales vom Jahre 1140 spricht von einem Silligana, aus welchem Worte später Sillian geformt wurde. In der Chronik der spätern Zeit steht manches Unglück verzeichnet. (…)

Der Bahnzug fliegt nun von Sillian weg in ziemlich gerader Linie unfern der Thalmündung von Villgraten vorbei; (…)"

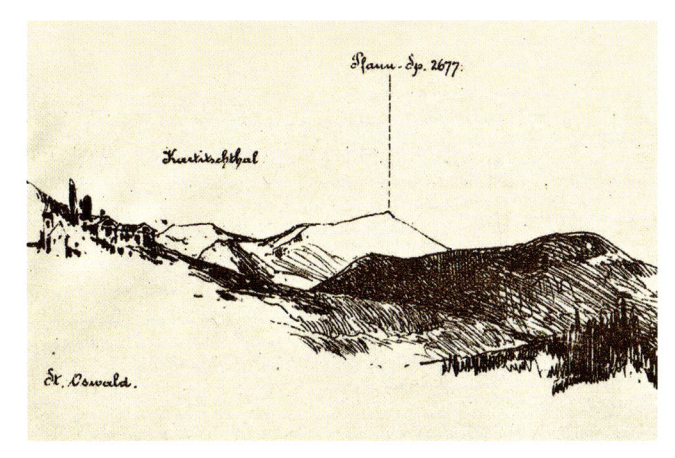

Teilansichten aus dem „Panorama für die Fahrt von Franzensfeste nach Lienz"; nach Zeichnungen von Tony Grubhofer, 1880.

Wohl auch noch in die 1870er-Jahre zu datieren ist der „Führer für die Pusterthal-Kärntnerbahn" in der Reihe „Woerl's Reisehandbücher". Die Reise geht wieder von Westen nach Osten:[35]

„Die Bahn passiert nun den Ort Ahrnbach mit dem vom schönen Lärchenwald umgebenen freundlichen Bade Weitlahnbrunn, welches sich am Fusse der Helmspitze ausbreitet (Haltestelle der Bahn) und fährt nun in die Station Sillian ein, uralter Marktflecken, oft wegen seiner vielen Überschwemmungen ‚Klein-Venedig' genannt.

Der 1097 m hoch liegende Ort wird als Sommerfrische besucht. Man findet hier allerhand merkwürdige Erinnerungen aus althistorischer Zeit."

Titelseite eines Panoramas, das einen großartigen Rundblick vom Aussichtsberg Helm aus bietet.

Als Ausflugsziele werden empfohlen 1. der Helm, wegen seiner „einzigen Thalaussicht" auch der „Rigi Tirols" genannt; 2. der Pieterberg („Petersberg") wo man – dem Schloss Heinfels gegenüber – ein „zwanzigsilbiges Echo" hören könne, „frappant wegen der Schärfe und Deutlichkeit, mit welcher ganze Sätze unverkürzt wiedergegeben werden"; 3. das Villgratental.

Die 1871 neu eröffnete Eisenbahn gab Anlass zur Aufnahme des Pustertals in die allgemeine Reiseliteratur, wie sie in der zweiten Hälfte des 19. Jahrhunderts verbreitet war.

Nicht als ausgesprochener Führer, sondern mehr als literarische Streckenbeschreibung war der Aufsatz „Pusterthaler-Bahn" in der Zeitschrift „Der Tourist" vom September 1872 gedacht, wo es über Sillian heißt:

„Die Drau übersetzend geht es nun bei Vierschach, Klettenheim und dem Bade Weitlanbrunn in Arnbach vorbei nach Sillian (3388'). Es ist dies ein großes freundliches Dorf hart an der Drau gelegen. Auch die hier verfertigten Handschuhe sind sehr gesucht. (…) Gasthäuser des Franz Forcher-Mayr zur Post und des Joseph Rainer. Eine kleine Strecke unterhalb Sillian erhebt sich nördlich über Panzendorf ein bewaldeter Felshügel, der die alte noch wohl erhaltene Burg Heimfels trägt; (…)"

Ludwig Steub (1812–1888) in Aichach in Oberbayern geboren, studierte zwar zunächst Philologie und dann Rechtswissenschaften, fand aber in diesen Fächern keine Befriedigung, sondern verlegte sich vielmehr auf das Reisen und wurde literarisch tätig. Zum Broterwerb hatte er dann doch den Beruf eines Juristen ergriffen und war seit 1863 als Notar tätig. Aus seinen zahlreichen literarischen Werken sprechen scharfe Beobachtungsgabe und Humor. Eine besondere Spezialität sind die vielfach geschilderten Reiseeindrücke aus Tirol, wo er bei Freunden viele schöne Tage verbrachte. Die Publikationen „Drei Sommer in Tirol" (1846) und „Lyrische Reisen" (1878), Sammlungen von Aufsätzen, haben nicht wenig zur Tourismus-Werbung für das Land beigetragen. Der Beitrag XIV. in „Lyrische Reisen", verfasst im Mai 1875, ist betitelt

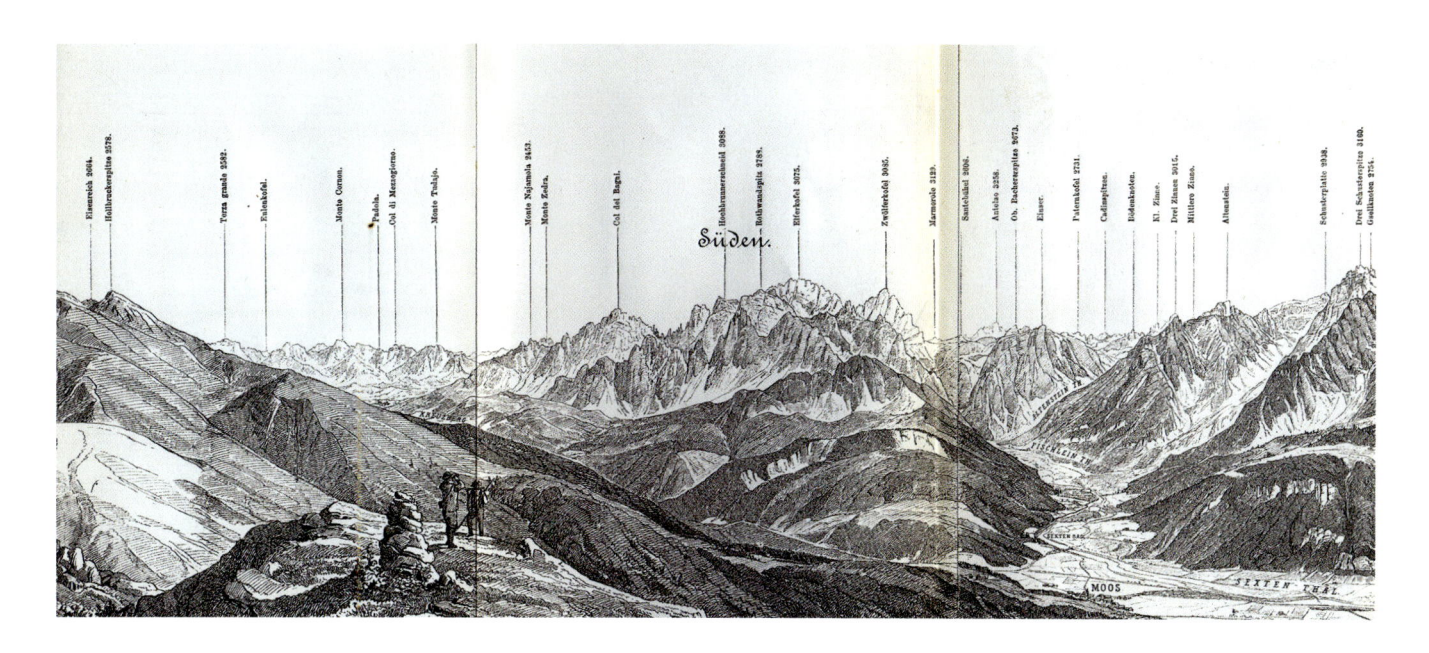

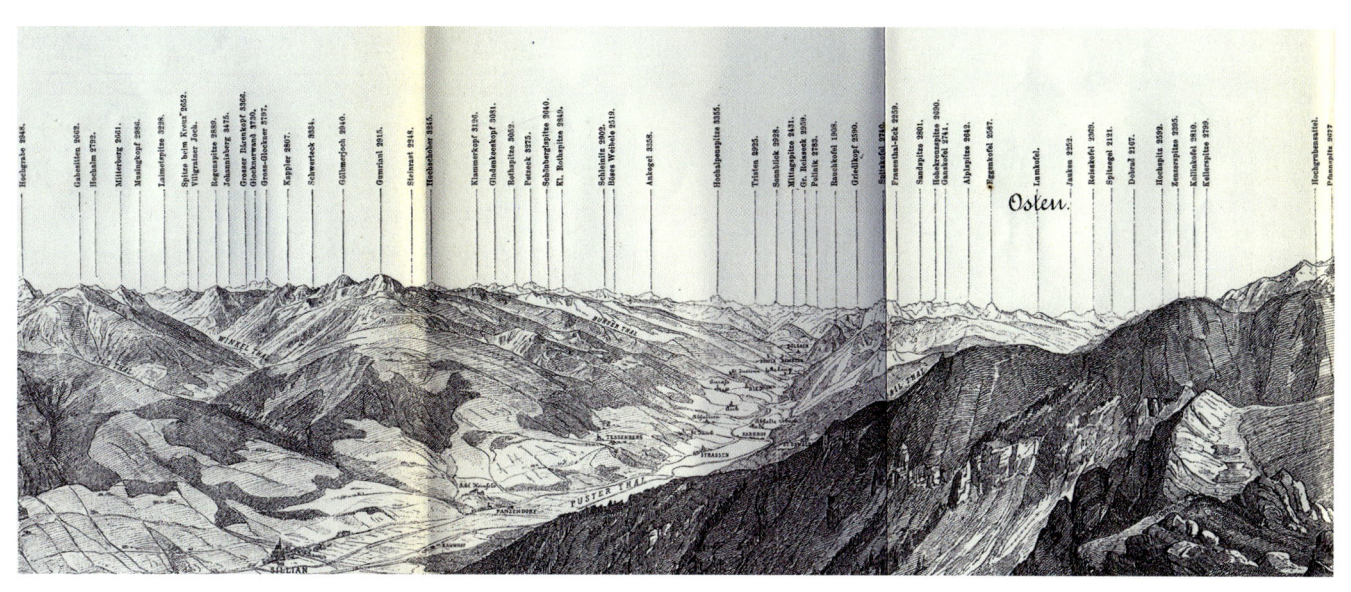

Ausblicke gegen die Sextner Dolomiten und ins östliche Pustertal; Ausschnitte aus dem Helm-Panorama, „nach der Natur gezeichnet" von A. Baumgartner, 1882.

„Im Pusterthal"; er beginnt mit dem Satz „Die ganze Welt wirft sich jetzt, seit die Bahn eröffnet ist, auf das Pusterthal, (…)" Auch der Markt Sillian kommt in sehr positivem Sinne darin kurz vor:[36]

„Auch Sillian mit seinem ehrwürdigen und sagenreichen Schlosse Heunfels sind gutbeleumundete Sitze gediegener Gastwirtschaft. – Bis Sillian hatte sich im letzten Herbst eine kleine Gesellschaft von Münchnern vorgeschoben, sozusagen als Plänkler oder Eclaireurs, welche von ihrer Entdeckungsreise so zufrieden heimkehrten, daß sie dieselbe heuer wahrscheinlich wiederholen werden."

Der bedeutende bayerische Reiseschriftsteller Dr. Heinrich Noë (Noé, 1835–1896), als dessen Vorbild Ludwig Steub anzusehen ist, war speziell in den Alpen viel zu Fuß unterwegs und hatte für seine Berichte immer gründlich recherchiert. Noë hatte für den „Fremdenverkehr" in Tirol insgesamt viel geworben und durch zahlreiche Publikationen in durchwegs wohlwollender Art und Weise manche auch abgelegenere Gegend den Reisewilligen schmackhaft gemacht, darunter auch Orte im Pustertal. In seinem Aufsatz „Die Kärntner-Pusterthaler Bahn" in der Publikation „Europäische Wanderbilder" (um 1884) beschrieb Noë speziell die den Markt Sillian umgebende Landschaft:[37]

„Mit Staunen bemerkt derjenige, der sich Sillian nähert, erstlich: dass jenseits der Einmündung des Villgraten-Baches die Drau klein genug ist, um, wie ein Kind in der Wiege, so in einem von Menschenhänden gegrabenen und ausgepflockten Pfahlbette zu fliessen. Zweitens dass schier die ganze Thalsohle versumpft ist und zahlreiche Hütten, wie auf einem Hochmoore, herumstehen, um die Schilfstengel und das saure Riedgras aufzunehmen, die hier das Erträgniss des Bodens vorstellen. Hat er die Gegend vor 1882 gesehen, so wird er noch dazu sich wundern, indem er jetzt eine andere Vertheilung von Land, Flussläufen, Inseln und Schotterbänken vorfindet, wie vor jenem Jahre des Unheils.

Was den versumpften Boden, an dessen Rand ‚Klein-Venedig', Sillian, sich gegen die Berglehne drückt, anbelangt, so ist daran der Villgraten-Bach schuld. Derselbe mündet rechtwinklig in die noch kleine und innerhalb ihres Dammes ziemlich erhöht fliessende Drau hinein. Die Drau, hier noch in ihrer Kindheit, hat mitunter ein geringeres Wasservermögen, als ihr Tributpflichtiger. Dann wird sie von diesem zurückgedrängt, aufgestaut. Leicht verfolgt man, einen Blick auf die Auen von Sillian werfend, den alten Flusslauf. So ist dieser Villgraten-Bach Herr in der Gegend, ja Sillian selbst hat von ihm, der in alten Urkunden als Silligana genannt wird, den Namen übernommen. Durch die Aue winden sich krystallklare Wasser, Nebenbäche der Drau oder aus ihr durchgesickert, und in den Halmen des Rohrwuchses lassen sich in Frühsommernächten zahlreiche Stimmen der Wasserrallen und Wachtelkönige vernehmen. Trotz der vielen Wasser ist hier keine Ahnung von Sumpfluft, der Einfluss der hohen Lage und die Strömung von den Hochgebirgen herab lässt davon niemals etwas aufkommen. Es gibt in dieser Höhe keine Sommerhitze, die Hundstage gehen dahin wie Frühlingsmorgen.

Sillian hat zwei vortreffliche Gaststätten, den Adler und die Post. Dort regiert noch alttirolische Biederkeit. Das nahe Weitlahnbrunn und die Wälder an der Südseite spenden Schatten, der übrigens an nicht gar vielen Tagen aufgesucht zu werden braucht.

Köstliche Quellen fliessen zu Weitlahnbrunn und längs des Weges auf den Helm hinauf, der hier eine Warte darstellt, von der aus man weit in die Dolomit-Gebirge und das grüne Pusterthal entlang in die weissen Tauern hinaufblicken kann. Die Thalansicht ist sehr ausgedehnt, man erblickt 72 Kirchen und Kapellen. Längs der Häupter, die an der Piave stehen, schaut man bis zu den Gipfeln von Tre Ponti, (…) Gegen Westen sieht man noch Meransen, das Dorf, das über

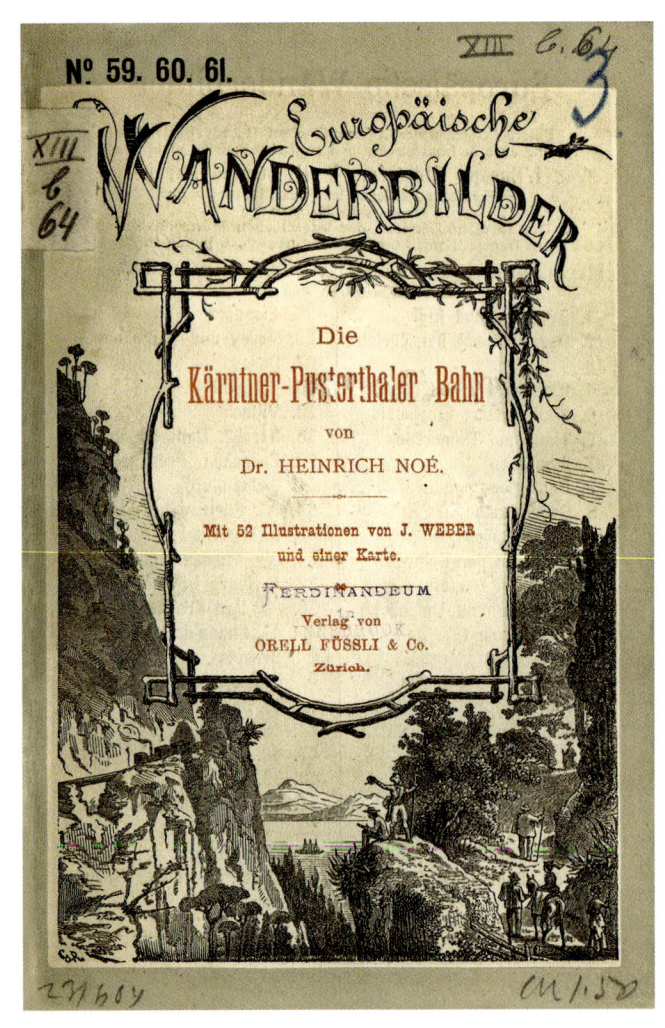

Titelblatt der Publikation „Die Kärntner-Pusterthaler Bahn", verfasst von Heinrich Noë, um 1884; die Sillianer Gegend nimmt darin einen breiten Platz ein.

Mühlbach und Franzensfeste liegt, schon nahe dem Zielpunkte unserer Fahrt, gegen Osten die Villacher Alpe, so dass sich Anfang und Ende dieser Reise vom Helm aus schier zusammenschliessen. Noch schönere Aussicht gewährt auf der Nordseite von Sillian der Thurnthaler, etwas niedriger, als der Helm. Was diesen letztern anbelangt, so wird er weit angenehmer durch die kühlen Lärchwaldwege von Sillian aus bestiegen, als vom Sextener-Thale, auf welch' letzterem Wege kein Schatten zu finden ist und der sich viel zu steil hinanzieht. Dagegen ist dieser der Kürze halber als Abstieg zu empfehlen.

Auch die sonnseitige (Nord-)Halde des Gebirges ober Sillian bietet manches Merkwürdige. Es findet sich dort eine Anzahl von hochgelegenen, sagengefeierten Bergseen auf der Winnbacher-Alpe um den Thurnthaler herum, deren grösster unter die Wetterseen gerechnet wird, von denen [sich die] volksthümliche Meinung hält, dass sie vor einem Ungewitter zu kochen und aufzuwallen beginnen. Es ist ein finsteres, aber in seinen Felsenbecken wundersames Gewässer. In anderer Hinsicht ist die Bergseite des Thurnthale[r]s merkwürdig durch zahlreiche Spuren alten Bergbaues und durch Schätze, welche sie dem Botaniker spendet.

Von Sillian aus steigt die Bahn längs der südlichen bewaldeten Bergseite allmälig, an den schönen Lärchenbäumen des gastlichen Bades Weitlahnbrunn vorüber, gegen Innichen hinauf."

Die Erinnerungen eines Soldaten

Der folgende Beitrag hat nichts mit einer systematischen Abhandlung, Wissensvermittlung oder Tourismuswerbung zu tun, sondern vermittelt private Erlebnisse bzw. Erinnerungen eines Soldaten. Bis man im Markt Sillian in den Jahren 1906/1907 eine Kaserne errichtete, hatte die Burg Heinfels – damals freilich noch in weit besserem Zustand als heute – zur Unterbringung von Militär gedient. Ende März 1880 rückte eine Kompanie der Tiroler Kaiserjäger

Häuser von Panzendorf, darüber die Burg Heinfels; Ansichtskarte, um 1905.

in Sillian ein und wurde auf Heinfels stationiert.[38] Außerdem wurde dort ein Landsturm-Waffendepot untergebracht. Meldungen, die teils Heinfels, teils den Markt betreffen, sind nicht voneinander zu trennen. Folgende Beschreibungen gehen auf Leutnant Josef Kerausch (1859–1934) zurück. Aus Imst im Oberinntal stammend, besuchte er die Realschule in Rovereto und schlug 1879 die Laufbahn eines Berufssoldaten ein. Als solcher diente er bei den Tiroler Kaiserjägern und war u. a. auf Schloss Heinfels bei Sillian stationiert. Aus seinen Lebenserinnerungen unter dem Titel „Auf Irr- und Kreuzwegen", die zwar erst nach seinem Tod 1935 erschienen sind, wurde der Abschnitt herausgegriffen, der sich auf Sillian bzw. Heinfels bezieht, also auf die Jahre 1884 bis 1886.[39] Er berichtet darin auch, wie es zum Pseudonym „Sepp Heimfelsen" gekommen ist. Er war nämlich bereits zu dieser Zeit literarisch tätig. Nach dem Ausscheiden aus dem Militärdienst wirkte er als Schriftleiter einiger Zeitungen wie der „Gardasee-Post" und erntete ansehnliche Erfolge als Schriftsteller und Mundartdichter. Er wirkte u. a. als Reiseschriftsteller und schrieb Erzählungen und Bühnenstücke.

Nun der Ausschnitt aus den Lebenserinnerungen, der sich auf die Sillianer Gegend bezieht:

„Im Sommer 1884 wurde ich aus Vahrn nach Schloß Heimfels in Osttirol versetzt, Kommandant war dort Hauptmann Ferdinand Pallang, ein echter, biederer Tiroler. In der Kompanie dienten mit mir der Oberleutnant Ignaz Verdroß, die Kadettoffizierstellvertreter von Salvadori und von Kriegshaber.

Es war im Spätherbst. Wolkenbrüche über Wolkenbrüche, die tagelang andauerten, brachten für das Pustertal große Überschwemmungsgefahren, besonders für Sillian. Der damalige Bürgermeister des Ortes, der spätere Landeshauptmann von Tirol, Schraffl, hatte um Hilfsmannschaften in Lienz bei der Bezirkshauptmannschaft angesucht, erhielt jedoch keinen Bescheid. Da die Gefahr schon bis auf das äußerste gestiegen war, so begab er sich auf Schloß Heimfels, um von dort Hilfe zu erbitten. Hauptmann Pallang, der krank war, alarmierte sofort die ganze Kompanie, die unter dem Befehl des Oberleutnants Verdroß sofort zur Drau hinabmarschierte, um die Rettungsarbeiten zu beginnen. Zwei Tage und zwei Nächte arbeiteten wir, Offiziere und Mannschaft, unter großen Gefahren, um den Damm nicht zusammenbrechen zu lassen, was uns auch gelang. Die Kompanie wurde daraufhin von der Gemeinde Sillian, dem Draubauverein, vom Pfarramt Sillian und noch anderen kleinen Gemeinden mit Dankesbriefen bedacht, außerdem gingen von diesen Stellen Anträge nach Innsbruck ab, auch militärischerseits Offiziere und Mannschaft zu beloben. Oberleutnant Verdroß, ich und die beiden Kadetten erhielten eine Belobung auf ‚besserem Papier geschrieben', wie in der Zuschrift stand. Verursacht wurde diese etwas geringschätzende Art der Anerkennung von Seite des Korpskommandos durch einen Brief des Bezirkshauptmannes von Lienz, der gemeldet hatte: ‚Der Damm sei ja vom Wasser nicht durchbrochen worden'. Daß wir dies mit Lebensgefahr verhindert hatten, Davon sprach man aber nicht.

Ich hatte bereits in Vahrn kleine Feuilletons für die ‚Innsbrucker Nachrichten' unter meinem Familiennamen geschrieben. Da erschien eines Tages der Befehl des Korpskommandos, daß ich meine schriftstellerischen Arbeiten unbedingt vorher dieser Stelle vorzulegen hätte, ehe sie im Druck erscheinen. Ach Gott, wie herzlich, wie aufrichtig war dort die Kameradschaft eingestellt, das gegenseitige Verhalten und Benehmen im Dienst stets korrekt, selbst dann, wenn ‚Nasen' auszuteilen oder einzustecken waren. Auf Heimfels lebte auch ein Kaplan Ebner als Benefiziat, der in den Jahren 1859 und 1866 mit den Sillianer Schützen als Feldkurat die Kämpfe gegen Italien mitgemacht hatte. Kam er aus seinem Widumhäuschen zu uns aufs Schloß herüber, dann trug er immer seine alte Feldkappe mit dem Spielhahnstoß auf seinem breiten Schädel. Es war angeordnet, daß auch ihm von den Torposten die Ehrenbezeugung zu leisten sei.

Der Schriftsteller Josef Kerausch, der als Soldat bei den Tiroler Kaiserjägern diente. In seinen Lebenserinnerungen spielt die Burg Heinfels bei Sillian eine große Rolle.

Erker auf der Südseite von Heinfels; der dahinter liegende Raum wurde von Leutnant Josef Kerausch bewohnt.

Im Schloß war auch die Kompaniemannschaft einquartiert. Dies hatte zur Folge, dass Offiziere und Mannschaft auch außerdienstlich sehr oft ins Gespräch untereinander kamen, sich auch als Menschen, nicht nur als Vorgesetzte und Untergebene kennen lernten. So kam es, daß oft Wochen hindurch keine Strafen zu geben waren. Der Dienst wickelte sich vollkommen reibungslos ab.

Wir Offiziere und die Kadetten blieben abends zumeist daheim. Es kam auch der Burgkaplan öfters zu uns herüber. Bei echtem Burggräfler Rötel, qualmenden Zigarren und Pfeifen, prasselnden Holzscheitern in wuchtigen alten Kachelöfen ging's oft recht lustig her. Zither-, Gitarrespiel und Gesang wechselten mit gemütlichem Plaudern ab. Mitunter gab es, dem Hauptmann Pallang zulieb, ein ‚Tarockerl' oder es erzählten er und Kaplan Ebner Kriegsbegebenheiten aus den Jahren 1859 und 1866.

An Samstagen gingen wir zumeist nach Sillian hinab, um im Gasthof ‚Schwarzer Adler' im Kreise der Familie Leiter einige gemütliche Stunden zu verbringen. Bei diesen Anlässen kreiste ein prächtiger großer Silberpokal, den mir Kamerad Emil von Pappenhagen aus München zugesandt hatte. Wir Jüngsten erzählten sehr oft von Erlebnissen aus den Insurgentenkämpfen des Jahres 1882 in der Krivosije und in der Herzegowina.

Ich bewohnte ebenerdig ein großes Erkerzimmer. Hier kamen wir zumeist nach dem gemeinsamen Abendessen zusammen. Mitunter las ich eine Dichtung oder eine andere Arbeit vor, die ich auf Burg Heimfels verbrochen hatte. Es hieß dann Lob oder Tadel dafür einstecken, wie es gerade kam. Verdroß sagte beim Tadel meist mit leichtem Schmunzeln: ‚Kanst nix mach'n, Dichterle!'

Aber eines Abends wurde das große Erkerzimmer des dichtenden Leutnants zum Konferenzzimmer für eine recht ernste Angelegenheit. Den Anlaß dazu hatte ich durch kleine Gedichte und Erzählungen gegeben, die ohne Erlaubnis des Korpskommandos in Zeitschriften abgedruckt wurden.

Ein dunkles Ende.
Eine Erzählung aus dem Bocchesen-Aufstande.
Von Heimfelsen.

I.

Es war noch Nacht. Nur einzelne graue Gestalten huschten in dem kahlen Karstgesteine der österreichisch-montenegrinischen Grenze dahin. Der Mond hatte sich zum Theile mit einem Wolkenmantel überzogen, hinter welchem er nur mit einem Auge vorsichtig hervorzugucken schien, was unter ihm die Menschen trieben.

Bis jetzt hatte eine lautlose Stille geherrscht. Ein langgedehntes „Juro" mit doppeltem Echo von den Bergen niederhallend, unterbrach dieselbe. „Ocharko" war die ebenso hinausgezogene Antwort, dann war es wieder ruhig rings umher.

Der Mond hatte sich ganz hinter seinen Wolkenschirm geschoben, da kroch aus einer Felsspalte ein kleiner, buckliger Mann hervor. Hätte man ihn näher sehen können, so würde Jeder einen teuflischen Zug um seine ohnehin schon verzerrten Gesichtszüge bemerkt haben. „Ach," sagte er zu sich selbst, „da habe ich Euch. Den buckligen Niko wolltet Ihr nicht, der war nicht werth dazu, an der Befreiung vom Schwaben

Die erste Erzählung von Josef Kerausch, die unter dem Pseudonym [Sepp] Heimfelsen erschien, 1886.

In der Zuschrift an das Bataillonskommando stand: ‚Im Wiederholungsfalle ist der Leutnant strengstens zu bestrafen.'

‚Jetzt hast's', schmunzelte Verdroß, die anderen Kameraden lachten.

‚Ja, ja, wahr ist's: Wer's nicht edel und nobel treibt, lieber fern vom Handwerk bleibt!'

‚Was willst Du damit sagen?' rief ich erregt zurück.

‚Na, sei doch g'scheit', entgegnete Verdroß lachend.

‚Du hast dich über gewisse Vorschriften und Verordnungen dichterisch hinweggesetzt. Dies war nach Auffassung des Kopskommandos weder edel noch nobel. Befehle müssen, geht's krumm oder g'rad, befolgt werden.' Alle lachten hellauf, schließlich stimmte ich auch mit ein. Der Kompaniekommandant Hauptmann Pallang gab mir den Rat: ‚Schreiben Sie künftighin als Bewohner von Heimfels ihre Gedichtchen oder, was Ihnen sonst noch einfällt, unter dem Decknamen ‚Heimfelsen', dann findet die ganze Sumserei damit ihren endgültigen Abschluß.'

Dieser Vorschlag gefiel allen Kameraden und ich wurde mit Meraner Rötl ausgiebig als ‚Heimfelsen' getauft. Pallang lud mich ein, gerade in dieser Stunde meine jüngste Erzählung ‚Ein dunkles Ende' vorzulesen. Es geschah. Die Arbeit fand Beifall. Der Hauptmann sandte sie seinem Verwandten Ellmenreich für die ‚Meraner Zeitung' und zu Ostern erschien sie dort abgedruckt, gezeichnet mit I. Heimfelsen. Für mich bleibt dies Erlebnis auf Burg Heimfels zeitlebens unvergeßlich."

Der Markt Sillian in alten Reisehandbüchern

Erklärbar aus der ständig steigenden Mobilität der erholungs- und bildungswilligen Bevölkerungskreise, erschienen seit ungefähr der Mitte des 19. Jahrhunderts Reihen von Reiseführern, herausgegeben von verschiedenen Verlagen. Den Touristen standen nun z. B. der „Baedecker", der „Amthor", der „Grieben", der „Trautwein" zur Verfügung. Geschichtliche und kulturelle Informationen sind meistens von unbedeutender Kürze, breit gefächert hingegen praktische Hinweise bezüglich Gasthäusern, Verkehrsbedingungen, Tourenvorschlägen, Bergführertarifen usw. Vielfach ist das Tiroler Alpenland in der Publikation kombiniert mit Vorarlberg, Salzburg oder Oberbayern.

Ein Führer besonderer Qualität, der allerdings nur den südwestlichen Teil Tirols behandelt, stammt vom Wiener Josef Rabl (1844–1923), bekannt als bedeutender Alpinist und Fachschriftsteller. Er war führendes Mitglied beim Österreichischen Touristenclub und gab die Zeitschrift „Touristische Blätter" heraus. Besonders gerne hielt er sich im südöstlichen Tirol auf, erwarb sich um Dölsach besondere Verdienste und wurde dort zum Ehrenbürger ernannt. Besonders geschätzt wurden Rabls Glockner-Führer und der Führer durch das Pustertal und die Dolomiten, erschienen 1882. Darin informiert er ausführlich über Sillian und seine Umgebung, wobei er die Sagenwelt einarbeitet und auch die bisher erschienene Literatur verwertet. Durch diese Passagen wurden die Touristen ausgezeichnet in die Natur, die Geschichte und die Kulturgeschichte des Sillianer Raumes auf geradezu unterhaltsame Art eingeführt:[40]

Der Wanderer kommt durch Panzendorf und an Schloss Heinfels vorbei. „(…) Etwa eine Viertelstunde weiter im Pusterthale liegt Sillian in nahezu ebener, theilweise sumpfender Thalfläche.

Der (…) riesige Schuttkegel des Hinterburgthales oberhalb Abfaltersbach, die ebenfalls bedeutenden Geröllmassen, welche der Villgrattenbach hervorgeschoben hat und in welchem der Draufluss auf einem höheren Niveau als das vieler Häuser des Marktes dahinströmt, haben durch Aufstauung des Wassers die weitreichenden Moore des Sillianer Beckens verschuldet, welche nur durch gründliche Regulierung der Drau beseitigt werden können. Bis dahin gilt der Volkswitz, welcher Sillian als Klein-Venedig bezeichnet. Sillian ist ein grosser Ort mit freundlichen Gassen, ein vergnüglicher Ort mit ‚nahrhaften Wirthshäusern', wie Noé sagt, und zugleich ein alter Markt mit mancherlei historischen Erinnerungen. Wann, wie und von wem Sillian gegründet wurde, ist nicht bekannt. Es will sogar einmal ein römisches Sullianum gewesen sein. Auch wird behauptet, dass der Villgrattenbach einst Sill hiess und dem nächst seiner Mündung gelegenen Orte den Namen gegeben habe. Eine Urkunde wegen Beurbarung des Villgrattenthales vom Jahre 1140 spricht von einem Silligana. Jedenfalls muss Sillian im Jahre 1212 schon ein bedeutenderer Ort gewesen sein, weil zu dieser Zeit ein Pfarrer von Sillian urkundlich constatirt erscheint. Ursprünglich gehörte Sillian dem Stifte Innichen, später kam es an die Grafen von Görz. Die Chronik des Marktes verzeichnet viele Elementarunfälle, von denen das Thal betroffen ward. 1440 und 1560 verschütteten Erdlawinen vom nördlichen Berge viele Häuser und weite Strecken des Thales. Zur Erinnerung und um ein ähnliches Unglück zu beschwören wird noch immer am 4. Juli eine Bittprocession abgehalten. 1506 und 1636 wüthete die Pest, in Folge dessen der sog. Pestkreuzgang am 17. August eingeführt wurde. 1665 und 1798 brannte der Markt theilweise ab. Unzählbar häufig setzte die Drau nicht allein die Felder von Sillian, sondern auch Theile des Ortes unter Wasser und der Villgrattnerbach erhöhte mit seinen Schuttmassen fortwährend die Thalsohle. Auch die Sage erweist sich in der Umgebung von Sillian ziemlich lebendig. Am Sillianer Berg hört man oft nächtliches Schiessen. Das rührt von einem Geiste her, der sich zur Strafe daselbst herumtreiben muss. Als er noch in Fleisch und Bein auf Erden wandelte, pirschte er nämlich in fremden Revieren und da man ihn zur Verantwortung ziehen wollte, schwur er auf das Sacrament, dass die Beschuldigung unwahr sei. Eine andere Sage knüpft sich an die auf theils felsigem, theils wald- und grasumgrüntem Schlosshügel gelegene Veste Heimfels, deren Geschichte mit der Chronik von Sillian natürlich eng verbunden ist. Da sollen sich einst die Hunnen festgesetzt und den ersten Thurm der Burg erbaut haben; aber unter Herzog Tassilo II. erschien der Riese Hanno von Toblach vor dem Thurme, erstürmte ihn,

unterstützt von den Bojaren und riss dem besiegten Hunnus (?) eine Rippe aus dem Leibe. In alten Urkunden heisst das Schloss Hunnenfels, später Heunfels und gewiss war es einst eine mächtige Schutzveste gegen die von Osten anstürmenden Hunnen und Slaven, sowie auch eine drohende Zwingburg für die ihren Herren unterworfene Bevölkerung. (…)

In Sillian beginnen, wie schon angedeutet, die trefflichen Gasthäuser, welche beigetragen haben, das Pusterthal so berühmt und besucht zu machen; hier beginnt die Reihe der pusterthalerschen Sommerfrischen und Touristen-Standquartiere.

An grösseren und kleineren Spaziergängen, sowie an weiteren lohnenden Berg- und Thaltouren ist in der reizenden Umgebung von Sillian kein Mangel. Eine Viertelstunde oberhalb Sillian, bei Ahrnbach, wo der bösartige Tödtenbach aus den nördlichen Gebir-

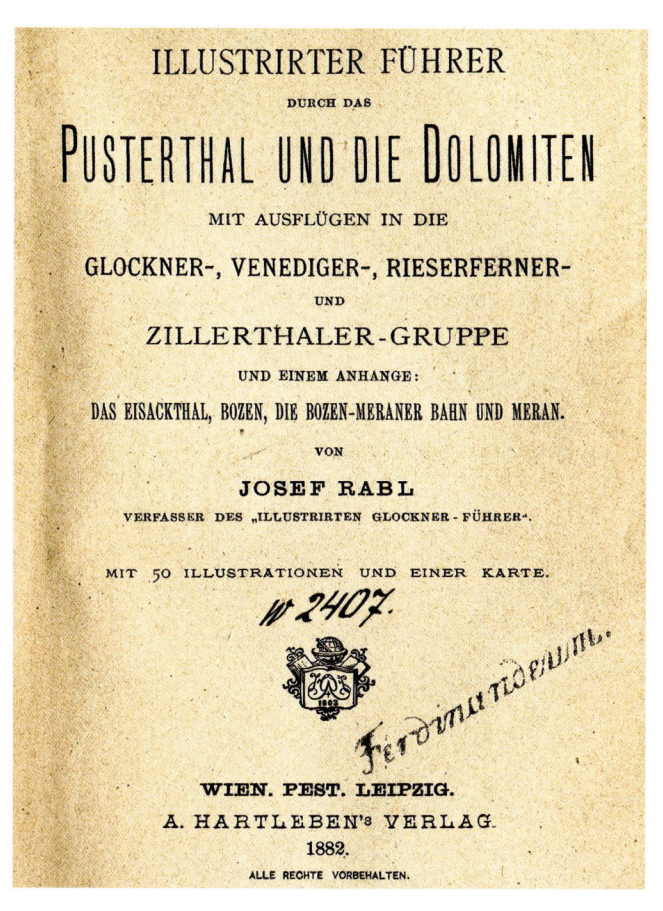

Titelseite des viel benützten Führers durch das Pustertal und die Dolomiten von Josef Rabl von 1882, in dem auch Sillian einen großen Platz einnimmt.

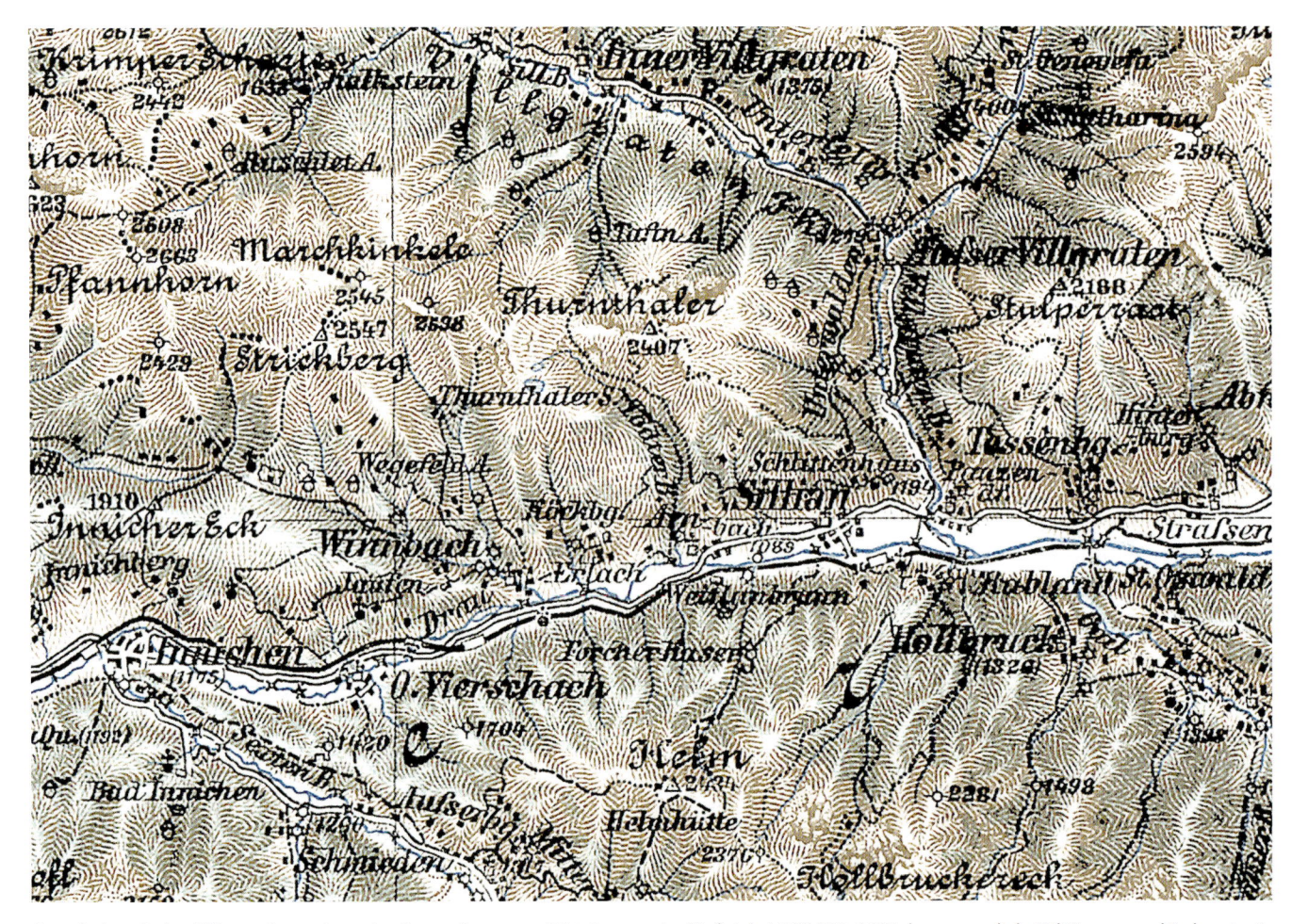

Ausschnitt mit der Sillianer Gegend aus der Generalkarte von Mitteleuropa im Maßstab 1:200.000, 1896, hrsg. vom k. k. Militärgeographischen Institut, Wien.

gen herabstürzt und wo die Pusterthalerstrasse den jugendlichen Draufluss überbrückt, am rechten Drauufer, liegt das in neuerer Zeit als Sommerfrische sehr beliebt gewordene und viel besuchte Bad Weitlanbrunn, ein Säuerling.

Außer der reinen kühlen Luft eines den Semmering noch mehr als um 200 Meter überhöhenden Ortes und außer dem köstlichen Wasser, welche gesuchten Artikel dem Hochpusterthale überhaupt eigen sind, ist es hier vorzüglich die unmittelbare Nähe des Waldes, welche den Aufenthalt so angenehm und anziehend macht.

Nördlich von Sillian erhebt sich der Thurnthaler, ein von Sonklar gerühmter Aussichtspunkt. (…) Die Aussicht vom Thurnthaler ist von hoher Schönheit. Dem gegen Süd gewendeten Blicke liegt das Kartitschthal offen da, auf beiden Seiten, besonders auf der südlichen, von furchtbaren Felshörnern umstellt. Im Südwesten erhebt sich die mächtige Dreischusterspitze mit unglaublicher Wildheit und weiter westlich der Birkenkofl, Dürrenstein, Seekofl und andere weissblinkende, von zahllosen Felsstacheln strotzende Dolomitberge.

Dem Thurnthaler gegenüber, auf der Südseite des Drauthales, in dem Glimmerschieferrücken zwischen dem Kartitsch- und dem Sextenthale erhebt sich der Helm, ein durch seine weit in's Pusterthal vorgeschobene Stellung sehr günstiger Aussichtsgipfel, der gleich vielen andern Bergen durch Vergleichung mit dem Rigi geehrt wird. Die Rundschau ist ebenso lieblich als grossartig und hat ihren Reiz vorzugsweise in dem Gegensatz zwischen Nord und Süd. … herrlich ist die Ueberschau des Pusterthales gegen Osten und Westen; der fromme Tiroler, der die Schönheit der

Aussicht nach der Anzahl der bewohnten Ortschaften schätzt, zählt hier mit Befriedigung 74 Kirchthürme. Der Helm, bis hoch hinauf begrünt, kann so ziemlich von allen Seiten bestiegen werden. (…) Auf das heitere Landschaftsbild von Sillian erscheint die bei Wimbach [Winnebach] beginnende Thalkehle von Vierschach wieder etwas düster."

Josef Rabl führt auch den „Führer-Tarif für Sillian" an, von dem hier beispielhaft nur einige Tarife für Ziele in der Umgebung des Marktes angeführt werden sollen.[41] Die Bergführer Johann Schett sen. und Anton Schett jun. verlangen bei jeweils einer „mittleren Marschzeit", angegeben in Stunden, eine entsprechende Entlohnung:

nach Schlittenhaus (am Sillianerberg) –
   1 Stunde – fl. 0.60;
nach Tessenberg – 1 Stunde – fl. 0.60;
nach Hollbruck – 2 Stunden – fl. 1.-;
auf den Helm (2430 Meter) und zurück –
   6 ½ Stunden – fl. 2.50;
auf den Helm mit Abstieg nach Sexten –
   6 Stunden – fl. 3.50;
zu den Thurnthaler-Seen und zurück –
   3 Stunden – fl. 1.5;
auf den Thurnthaler (2404 Meter) und zurück
   – 6 ½ Stunden – fl. 2.50.

Bad Weitlanbrunn – ein geschätzter Kurort

Es sollten nicht bloß Wanderer und Bergsteiger in die Sillianer Gegend kommen, sondern auch Erholungssuchende, die sich die gesundheitsfördernde Kraft des speziellen Wassers von Bad Weitlanbrunn in Arnbach zu Nutze machen konnten. Aus einem alten sog. Bauernbadl hervorgegangen, erfolgte in den Jahren 1843/1844 ein großzügiger Ausbau zu einem geradezu feudalen Hotel mit Badebetrieb. In einem Einblattdruck mit reizender Ansicht informierte der „Gutsbesitzer" Michael Jesacher ausführlich über die neue Errungenschaft:[42] Nach der Beschreibung des Komforts im neuen Badhaus und der detaillierten Schilderung der wissenschaftlichen Analyse des Wassers empfiehlt der Verfasser die ganze Gegend gleichsam als Gesundheitsquell:

„Mit den Heilkräften des Mineralbades, der gesunden Luft und des heilsamen den Magen stärkenden sehr frischen reinsten Trinkwassers wetteifern auch die Wunder der in jedem Thale erscheinenden großartigen Alpennatur, welche hier überall die Badgäste und andere Fremde umgeben, ihren Körper und Geist mächtiger ergreifen, und in beiden erhöhtere Thatkraft und erneute Regsamkeit schaffen. (…)"

Nach einer in der Presse veröffentlichten Statistik besuchten im Jahr 1868 Bad Weitlanbrunn immerhin 680 Badegäste.[43] Nach Eröffnung der Pustertalbahn stieg ihre Zahl an, wobei es sich nun hauptsächlich um nichttirolische Gäste handelte. Dem Besuch nach lag Weitlanbrunn im Spitzenfeld unter den zahlreichen Bädern im Pustertal. Lange Zeit konnte Sillian/Arnbach mit der Entwicklung der berühmten Fremdenverkehrsorte im Hochpustertal wie Niederdorf, Toblach und Innichen Schritt halten.[44] Der bedeutendste Tourist in Sillian war wohl der Komponist Richard Strauss (1864–1949), der in den Jahren 1872 bis 1880 mehrmals mit seiner Familie in Sillian beim „Schwarzen Adler" logierte[45], wo heute noch eine Gedenktafel daran erinnert.

Erinnerungstafel an den Komponisten Richard Strauss als Gast im Schwarzen Adler, gesetzt im Jahr 1964.

Ansichten auf einer Postkarte von Bad Weitlanbrunn, 1911.

Der „Almanach der Bäder, Sommerfrisch- und Luftcurorte Tirols" erschien in mehreren Ausgaben und bot immer auch Weitlanbrunn als idealen Kurort an. Der Ausgabe 1896/1897 ist folgender Text entnommen:[46]

„Weitlanbrunn. – 1100 M. – (Nächste Post, Telegrafen- und Bahnstation Sillian)

Weitlanbrunn liegt im Pusterthale zwischen den Stationen Innichen und Sillian u. zw. 2 km von der letzteren Station entfernt, rings umgeben von dichten Nadelholzwaldungen, knapp an der Bahn in reizender Umgebung. – Da das Bad vollkommen windgeschützt in staubfreier Lage sich befindet, so eignet es sich besonders zum Aufenthalte für Nervöse, Blutarme, Reconvalescenten, ferners für Patienten, die mit Catarrhen behaftet sind. Der Kohlensäuerling von Weitlanbrunn enthält neben kohlesaurem Kalk und kohlensaurer Magnesia auch noch etwas kohlesaures Eisenoxydul, wodurch seine Wirkung bei Blutarmen eine besonders günstige sein dürfte. Reizend gelegene Ausflüge in der Nähe, sowie auch in einiger Entfernung machen den Aufenthalt daselbst sehr angenehm. – Preise mäßig. Täglich 2malige Postverbindung mit Sillian. Auskünfte ertheilt der Badinhaber Peter Jesacher."

Die repräsentativen Bände, vielfach in Reihen erschienen, die die ganze Österreichisch-Ungarische

Lithographische Ansicht des neu ausgebauten Kurhauses von Weitlanbrunn und Blick in das östliche Pustertal; nach einer Zeichnung von F. Stemberger, gedruckt bei „J. Oberer sel. Witwe" in Salzburg, 1848.

Monarchie vorstellen sollten, enthalten meistens nur großzügige Schilderungen einzelner Regionen bzw. Täler. Der Markt Sillian wird durchwegs auch erwähnt, meistens als „freundlich" charakterisiert und mit dem Aussichtsberg Helm in Zusammenhang gebracht. Als Beispiel dient der Band „Tirol und Vorarlberg in Wort und Bild" (1893) in der Reihe des 24-bändigen sog. Kronprinzenwerks, initiiert von Kronprinz Rudolf. – Die Beschreibung des Pustertales erfolgt – wie meistens – von Westen nach Osten; man gelangt ins Tal der Drau. Erwähnt werden Innichen mit der Stiftskirche und dem Hausberg Haunold und dann die Einmündung des Sextentales. – „Bald hernach erreicht man im hübschen Anblick des weithin dominierenden Helm das Dörfchen Sillian, am Fuße dieses Berges gelegen; (…)"[47]

Köstlich ist die Formulierung im großen und reich bebilderten Band „Tirol und Vorarlberg. Neue Schilderung von Land und Leuten" von Arthur Achleitner und Emil Ubl (1894), das Bad Weitlanbrunn betreffend:[48] „Zwischen den Orten Innichen und dem nächstgelegenen Markte Sillian liegt südlich der Drau das Bad Weitlahnbrunn, dem wir die Kränkung nicht antun wollen, es nicht zu nennen, da es mindestens einen angenehmen Spaziergang von beiden Orten aus abgiebt."

Kunsthistorische Forschungen über Sillian

Man darf Hans Semper (1845–1920) als den Begründer der tirolischen wissenschaftlichen Kunstgeschichte-

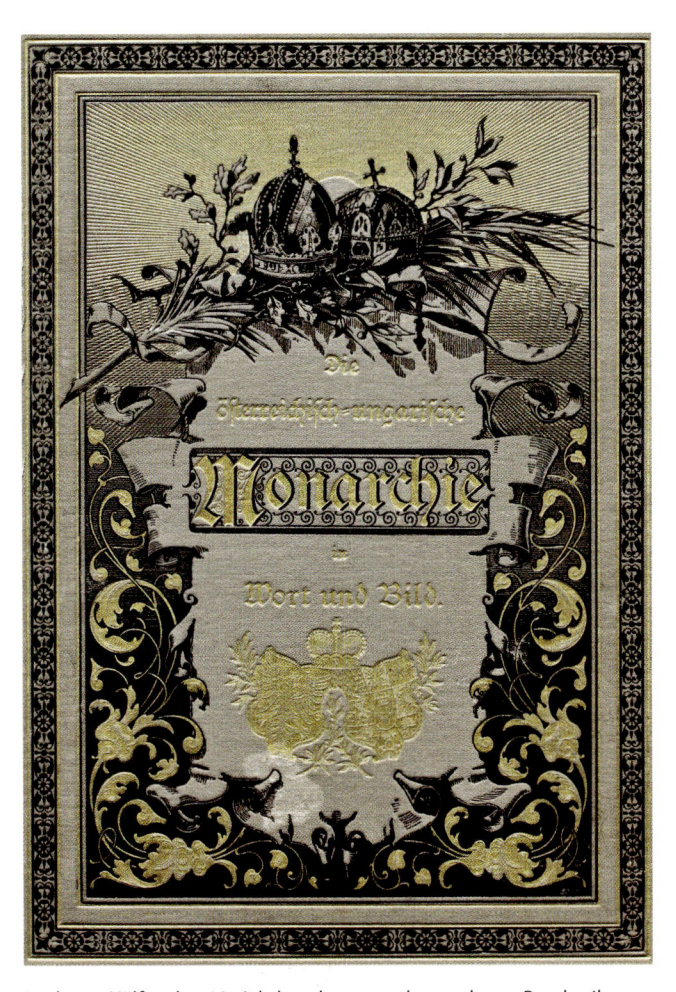

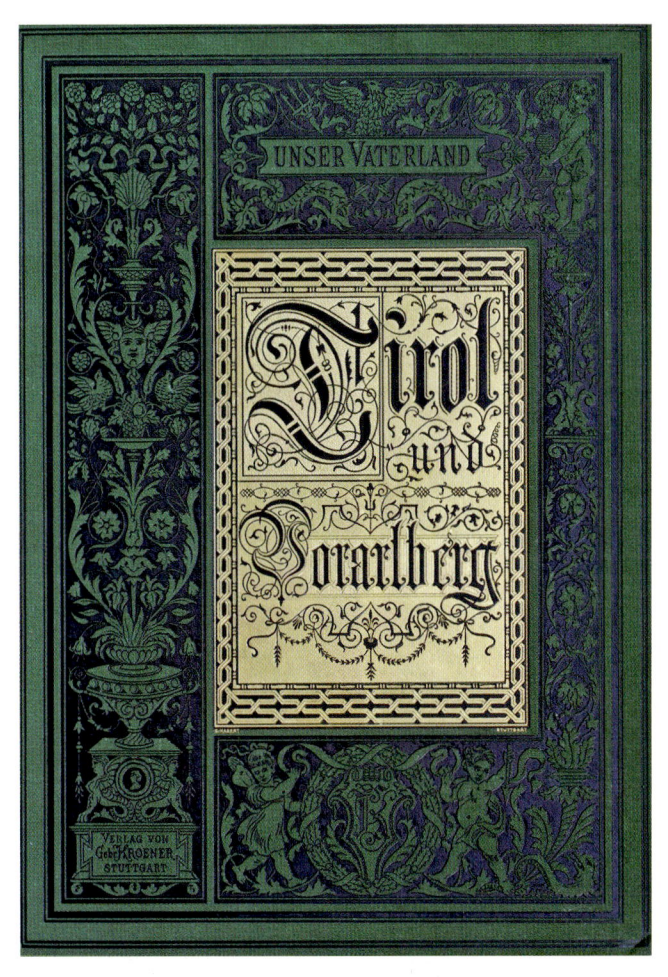

In der 2. Hälfte des 19. Jahrhunderts wurden mehrere Beschreibungen der österreichischen Kronländer verfasst. In diesen Reihen waren selbstverständlich immer auch Tirol und Vorarlberg vertreten: Tirol-Band im sog. Kronprinzenwerk (1893) und die repräsentative Publikation „Wanderungen durch Tirol und Vorarlberg" (2. Aufl. 1889), verfasst und illustriert von mehreren Autoren.

475

forschung bezeichnen. Gebürtig aus Dresden, studierte er in Berlin, München, Zürich und habilitierte sich an der Innsbrucker Universität für Kunstgeschichte, wo er ab 1879 als außerordentlicher Professor, ab 1885 als erster ordentlicher Professor am Institut für Kunstgeschichte wirkte. Seine Spezialgebiete blieben immer die Kunst Italiens und Tirols. Dieses Land und seine Sehenswürdigkeiten bzw. kunstgeschichtlichen Denkmäler lernte er auf zahlreichen Wanderungen kennen.

Im Markt Sillian, den er natürlich auch besuchte, dürfte er sich besonders wohl gefühlt haben, denn er scheint sich nicht nur für die Kunstwerke interessiert zu haben:[49]

„In Sillian, das eine Viertelstunde thalaufwärts liegt, wird mir der gastliche Schwarze Adler mit seinen Riesenforellen in guter Erinnerung bleiben. Bemerkenswert ist dort auch der schöne Schlag des weiblichen Geschlechtes, im Gegensatz zum Rienzerthal.

Die auf einer Anhöhe liegende Pfarrkirche zu Maria Himmelfahrt daselbst ist wieder ein stattlicher, einheitlicher Rococobau, wiewohl derselbe in den Jahren 1759 und 1760 aus der Umgestaltung einer gotischen Kirche hervorging, wie die Außenseite des Chores, sowie die im Durchschnitt rechtwinkligen, abgestuften Strebepfeiler der Außenseite noch verrathen. Ja der an der Nordseite gelegene, schlanke Thurm zeigt sogar noch dreifach gekuppelte romanische Schallöcher, während sein oberer Abschluß und Spitzhelm gothisch ist."

Dieser nur kurze Ausschnitt aus der fast vier Druckseiten umfassenden Beschreibung der Sillianer Kunstdenkmäler soll die professionelle, im Prinzip wissenschaftliche Art der Erfassung der tirolischen Kulturgüter durch Hans Semper zeigen. Es verwundert nicht, dass spätere Autoren Sempers Broschüre bzw. seine Erkenntnisse in ihre Publikationen einfließen ließen.

Sillian mit Blick gegen Westen; Ansichtskarte von ca. 1910.

Sillian-Beschreibungen im 20. und 21. Jahrhundert

Eine Reisebeschreibung ganz im alten Stil, nämlich in topographischer Ordnung mit Hervorhebung der wichtigeren Orte mit ihrer Geschichte und den Sehenswürdigkeiten sowie der sie umgebenden landschaftlichen Besonderheiten, hat der Bayer Alfred Steinitzer (1862–1938) unter dem Titel „Geschichtliche und kulturgeschichtliche Wanderungen durch Tirol und Vorarlberg" im Jahr 1905 vorgelegt. Im Vorwort meint der Verfasser, es handle sich „nur um ein populäres Werkchen". Im Abschnitt XIII. „Das Pustertal und die nördlichen Nebentäler" kommt natürlich auch Sillian vor:[50]

„Die Chronik von Sillian verzeichnet nahezu ausnahmslos Unglücksfälle, teils Feuersbrünste, teils Überschwemmungen durch die Drau, da der Markt 2 Meter unter deren Niveau liegt. Erst 1832 wurde durch Regulierungsarbeiten dieser ständig drohenden Gefahr vorgebeugt. Die Pfarrkirche ist eine 1759 zum zierlichsten Rokokobau umgewandelte alte gotische Kirche; die Außenseite des Chors (1326) und der Turm haben noch den ursprünglichen Stil bewahrt. Das rechtsseitige Altarbild ‚von tiefer Empfindung und meisterhafter Technik' ist von Karl Blaas aus Nauders. Eine Viertelstunde talabwärts liegt Schloß Heimfels, dessen Ursprung in Sagen gehüllt ist; (…)"

In Fortsetzung der Reiseführer, die in Reihen erschienen sind, verfasste Karl Felix Wolff (1879–1966) für das Internationale Reisebureau Schenker & Co., Bozen, „Schenkers Führer durch Südtirol mit internationalem Hotelanzeiger". Die dritte, überarbeitete Auflage erschien 1913. Die Familie des Autors war im Jahr 1881 nach Bozen zugezogen, wo dieser sich als Erwachsener dem Journalismus und der Schriftstellerei zuwandte; er pflegte das Feuilleton und die Lyrik, wurde zunächst aber vor allem durch seine Südtiroler Reisehandbücher bekannt. Er widmete sich intensiv der Erforschung der Sagen und Märchen, die sich speziell im ladinischen Bereich der Dolomiten erhalten haben. Sein Werk „Dolomitensagen" erlebte zahlreiche Auflagen.

In der Neuauflage seines Südtirol-Führers von 1913 hob der Autor im Vorwort hervor, dass er vom „gebräuchlichen Regionalprinzip" abgewichen sei und eine „ungewöhnliche Anordnung" bevorzugt habe, die mit „Verkehrswesen" beginnt und fortgesetzt wird mit „Topographische Übersicht", mehrfach unterteilt, „Höhenstationen und Bäder", „Kurorte", „Die vier Jahreszeiten in Südtirol", „Der Wintersport" und „Fahrten und Wanderungen". Auf diese Weise kommt Sillian mit seiner Umgebung mehrfach vor. Herausgegriffen sei die Kurzbeschreibung von Bad Weitlanbrunn:[51]

„(1120 m, Badehotel) zwischen Vierschach und Sillian, jedoch näher bei diesem im östlichen Pustertale gelegen, hat eigene Bahnhaltestelle und muratisches (chlorhaltiges) Quellwasser. Prächtige Nadelwälder bedecken weithin die Berglehne und in 4 Std. kann man den Helm ersteigen."

Nach dem Ende des Ersten Weltkriegs „zerlegte" eine neue Staatsgrenze das Pustertal in zwei Teile. In der Zeit des Faschismus in Italien verlor das Pustertal seine Bedeutung als Durchzugstal, so wie überhaupt die Verbindung zwischen dem Bezirk Lienz und Nordtirol über Südtirol mehr oder weniger unterbrochen wurde. Nun erschienen weniger Reiseführer, weil die Mobilität der Menschen insgesamt eingeschränkt war.

Mehr landeskundlichen Wert besitzt die Publikation „Wanderungen um Inn und Etsch" von 1936, verfasst von Franz Zangerl, die sich in erster Linie mit dem deutschsprachigen Tirol befasst, bei statistischen und ähnlichen Angaben aber zwangsläufig zwischen dem Bundesland Tirol und Südtirol unterscheidet. In einem „besonderen Teil" werden dann die einzelnen Regionen durchbesprochen. Unter dem östlichen Pustertal wird auch Sillian kurz erwähnt:[52]

„Von Innichen senkt sich das Tal langsam, an der heutigen Staatsgrenze vorbei, nach dem stattlichen Markte Sillian. … Von hier können das Villgratental

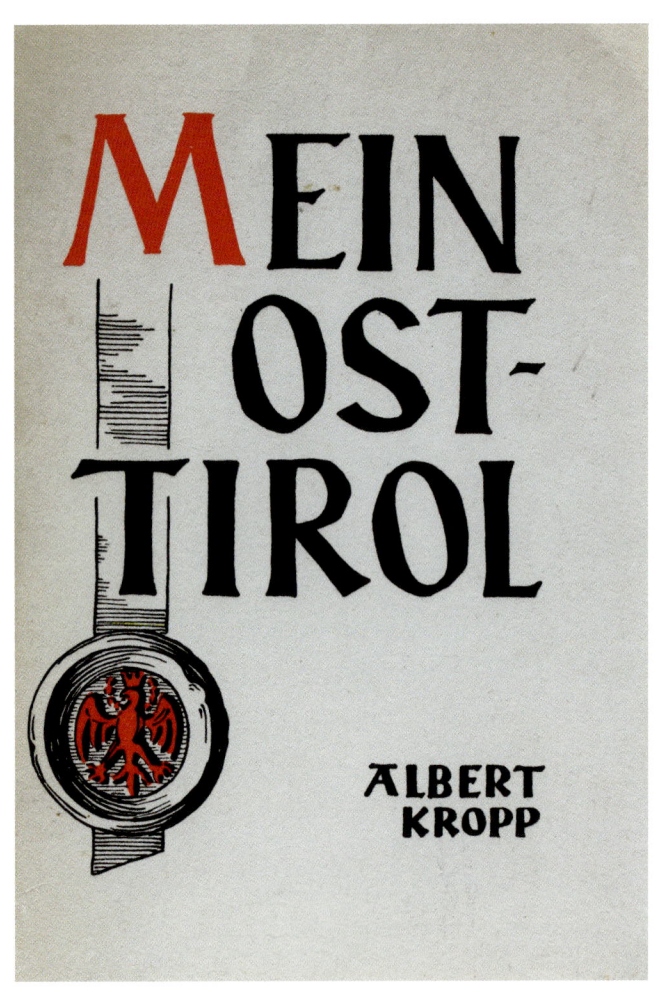

Titelseite des im Jahr 1956 neu erschienenen Osttirol-Führers.

und das abseits gelegene Kartitschtal besucht werden, (…)"

Nach dem Zweiten Weltkrieg kam der Tourismus wieder langsam in Schwung, was sich auch in der Edition von Reiseführern niederschlug. Vielfach beschränkte man sich diesbezüglich aber auf das Bundesland Tirol, wie in „Sehenswürdigkeiten in Tyrol", herausgegeben vom Landesfremdenverkehrsamt für Tirol im Jahr 1948. Die Beschreibung des Marktes Sillian ist dabei sehr kurz gehalten, ebenso wie in „Tirolerland. Kleiner Reiseführer", ebenfalls vom Landesfremdenverkehrsamt ediert (ca. 1950).

Der kleine Führer „Mein Osttirol" von 1956 geht schon etwas genauer auf den Markt Sillian ein:[53]

„Mit Sillian, 1102 Meter hoch, ist fast die Grenze erreicht. Die ‚Prangersäule' auf dem großen Marktplatz mahnt an Zeiten, da der Ort noch eigene Gerichtsbarkeit hatte. Ein paar Schritte bergauf und wir stehen auf einem sehr gepflegten Friedhof mit schöner Kirche. Die Höhe lockt weiter, die Hänge des Thurntaler empor, wo die prachtvollen Schiabfahrten sind, mit wunderbaren Fernblicken: Dort im Westen das Dörflein? – Arnbach! – Und fast im Walde verborgen, am Fuße der Nordhänge der Sextner Dolomiten: Weitlanbrunn! – Alles gehört zusammen. Es liegt an der Grenze, wo es immer einen Stop gibt und damit auch Fremde, die zu bewirten sind. Das tun die Sillianer in vorbildlicher Weise! – Die ‚Oberländer', – wie kann es anders sein, – sind aufgeschlossene, freundliche Menschen."

Sehr beliebt waren die verschiedenen *Autorama*-Führer von Gunther Langes, die sich mit Südtirol, Tirol und auch den Bundesländern Vorarlberg und Salzburg befassten und ab ca. 1960 herausgegeben wurden und dem stark zunehmenden privaten Pkw-Verkehr Rechnung trugen: „Das *Autorama*" – schreibt der Verfasser im Vorwort – „soll ein Reisehandbuch für anspruchsvolle Menschen sein und darüber hinaus ein hilfreiches Programmbuch, ein umfassender Bild-Autoführer, ein schönes Erinnerungswerk." Die beschriebene Route von Lienz bis Sillian führt immerhin bis Toblach weiter:[54]

„Sillian, 1080 m, 2000 Einw., 500 B(etten), ein vielbesuchter Sommerfrischort in sehr hübscher Lage. Der Marktort und gleichzeitig Hauptort des österreichischen Pustertales bietet ein schmuckes Ortsbild. Sehenswert die Pfarrkirche von 1435, innen barockisiert.

Sessellift. Talstation Sillian, 1097 m, Bergstation Schneide, 1230 m, Höhenunterschied 133 m (im Bau).

2 km nach Sillian durch Arnbach und dann 1,5 km zur österr. Grenzstelle, nach 0,5 km zur ital. Grenzstelle."

Hermann Schreiber, der einige Hallwag-Landschaftsmonographien verfasst hatte, widmete den Band „Tirol. Bergland am grünen Inn" (1976) dem Bundesland Tirol. Im letzten Abschnitt, „Ein Restchen

Sillian gegen Nordwesten; Ansichtskarte von ca. 1960.

Südtirol", geht der Verfasser auf den Bezirk Lienz ein, wobei selbstverständlich auch der Markt Sillian vorkommt:[55]

„Am Reichtum des Tiroler Bezirks Lienz läßt sich am besten und am leichtesten ermessen, was der kleinen Alpenrepublik mit dem südlichen Tirol verlorenging. (…) Glücklich dem Grenzstau entronnen, fährt heute alles durch Sillian durch, ohne der alten Pfarrkirche zu Unserer Lieben Frau Maria Himmelfahrt einen Blick zu gönnen. Ein Deckenfresko zeigt uns die in Osttirol häufig anzutreffende Rosenkranzkönigin. Hier waren sehr gute Kirchenmaler am Werk, Josef Adam Mölk, der kunstreiche Meister barocker Scheinarchitektur aus Wien, und Karl Blaas, der große Maler aus Nauders. Daß die Leute von Sillian auch sonst nicht zu sparen brauchten, beweisen neben den Apostelstatuen des Osttirolers Johann Paterer die Löffler-Glocken [!] von 1565."

Als letztes Beispiel der Erwähnung von Sillian in der Reiseliteratur sei der „Reiseführer Tirol" von Anton Prock genannt, in 2. erweiterter und aktualisierter Auflage im Jahr 2012 erschienen:[56]

Ansichtskarte von Arnbach, 1978.

„Sillian (1103 m, 2073 Einwohner)

Der Hauptort des Tals war bereits um 1400 ein wichtiger Warenniederlageplatz für durchreisende Kaufleute und ist heute wirtschaftliches Zentrum der Region. (…)

Auf häufige Überschwemmungen und Muren weisen mehrere Darstellungen des Wasser- und Brückenheiligen Johannes Nepomuk hin, so etwa das barocke Nepomuk-Stöckl auf dem Marktplatz. An die Römer erinnert ein Meilenstein an der Bundesstraße im Bereich des Marktplatzes. Zu den schönsten Häusern im Ort zählt das Widum, um 1400 entstanden und im Barock vergrößert. Von Sillian aus ist auch das Schigebiet Hochpustertal bequem zu erreichen. Im Sommer bietet sich für Familien der Abenteuerpark an."

Der Autor geht noch auf die Pfarrkirche und die Friedhofskapelle zur Hl. Anna als besondere Sehenswürdigkeiten ein und gibt noch einige Freizeittipps.

Rückblickend ist die Vielfalt in den Erwähnungen und Beschreibungen des Marktes Sillian und seiner Umgebung bemerkenswert; sie reichen Jahrhunderte zurück. Vielfach steht der historische Aspekt im Vordergrund, dann sind es „wissenschaftliche Erkenntnisse", die festgehalten werden. Beschreibungen, die mit dem Tourismus zusammenhängen, wollen nüchterne Informationen bieten und sind vielfach auch unterhaltsam.

Was werden wohl Sillian-Beschreibungen in Zukunft über diesen bedeutenden Ort im Pustertal berichten?

Die Marktgemeinde Sillian mit Burg Heinfels im Vordergrund, 2013.

Maria Huber

Das Sillianer Vereinsleben
Vereine als Bereicherung gesellschaftlichen Lebens

In der Marktgemeinde Sillian erfüllte das Vereinswesen schon immer eine bedeutende kulturelle und gesellschaftliche Aufgabe. Ungefähr die Hälfte der Bewohner gehört einem oder gleich mehreren Vereinen an. Wie gut sich ein Verein entwickelt, hängt von seiner Notwendigkeit ab, auch von der Akzeptanz der Bevölkerung und dem Einsatz der Obleute. Vereine verfolgen kulturelle, soziale, wirtschaftliche und sportliche Ziele. Die *Traditionsvereine* wie z. B. Musikkapelle und Schützenwesen, die *gemeinnützigen Vereine* wie die Freiwillige Feuerwehr – dem Gesetz nach eine Körperschaft öffentlichen Rechts – und das Rote Kreuz sowie die *Sportvereine* mit ihren zahlreichen Nebenorganisationen ergeben ein buntes Bild des Sillianer Gemeindelebens.

Neben den in den Statuten festgesetzten Zielen darf auch die Pflege der Gemeinschaft nicht zu kurz kommen. Verständlicherweise ist die Mitgliedschaft bei einem Verein auch in Sillian schwieriger geworden, da viele Arbeitsplätze außerhalb der Gemeinde liegen, und das Vereinsleben meistens nur mehr am Wochenende stattfinden kann. Schwierigkeiten ergeben sich auch durch das mediale Überangebot.

Musikkapelle, Beize, Chöre und andere kulturelle Vereine

In einer Aufzeichnung der Musikkapelle Sillian aus dem Jahre 1618 wird von einer Instrumentalmusik berichtet, die zur Umrahmung kirchlicher Feste diente. Im Jahre 1826, dem eigentlichen Gründungsjahr der Musikkapelle Sillian, entstand neben dieser „Kirchen-Harmonie" die „Türkische Musik". Aus der Kirchen-Harmonie, der Türkischen Musik und der Tanzmusik entstand 1833 der *Musikverein Sillian*, der sich 1877 mit der Sillianer Feuerwehrmusik zusammenschloss, die bereits eigene Statuten und eine eigene Vereinskassa besaß. Der Ausbruch des Ersten Weltkriegs führte zur Auflösung des Musikvereins, der sich aber 1920 neu konstituierte.

Während des Zweiten Weltkriegs konnte die Musikkapelle ihre Tätigkeit fortsetzen, musste sich aber verpflichten, auch bei politischen Veranstaltungen auszurücken. Seit der Statutenänderung von 1985 spielen auch Frauen in der Musikkapelle mit. Marschierproben fließen in den letzten Jahren immer mehr in die Probenarbeit ein. Die Musikkapelle präsentiert diese Marschiervorführungen im Rahmen der Marschmusikkonzerte am Sillianer Marktplatz. Zusammen mit den Sillianer Chören brachte die Musikkapelle 1999 eine CD heraus mit dem Titel: „G'sungen und g'spielt in Sillian". Aus der Musikkapelle entwickelte sich 1999, getragen von 14 jungen und jung gebliebenen Musikern, die Sillianer *Beize*. Sie verschrieb sich der böhmisch-mährischen Blasmusik und feierte viele Erfolge im In- und Ausland. Ein Höhepunkt war sicher die Ausrichtung der 11. Europameisterschaft der böhmisch-mährischen Musik in Sillian mit über 6.000 Besuchern. Aus privaten und beruflichen Gründen löste sich diese Gemeinschaft 2011 auf.

Zum Musikleben in Sillian liefert auch der *Pustertaler Harmonikaverein* einen wertvollen Beitrag. Er

Die Musikkapelle Sillian anlässlich ihres 100-jährigen Bestandsjubiläums im Jahr 1926.

Mitglieder der Volkstanzgruppe Sillian bei einer Veranstaltung in Innichen, 2007.

entstand 1991, die Mitglieder kommen aus Ost-, Süd- und Nordtirol, weiters aus Kärnten und Slowenien. Besonders stolz ist der Verein auf die zwei Harmonika-Weltmeister aus seinen Reihen, nämlich Jakob Bergmann und Markus Oberleitner.

Neben der Instrumentalmusik spielt auch die Vokalmusik, der Chorgesang, eine wichtige Rolle. Der *Männergesangsverein* wurde im Jahre 1965 vom Arnbacher Volksschuldirektor Gridling gegründet und ist Mitglied des Tiroler Sängerverbandes. Zum Repertoire des Chores zählten vor allem Volkslieder, volkstümliche Lieder, aber auch klassische und sakrale Werke. Da die Ansprüche immer höher wurden und die Chormitglieder berufsbedingt immer weniger Zeit für die Probenarbeit aufbringen konnten, beschloss man, ab 2013 einige Zeit zu pausieren. Ein ähnliches Schicksal ereilte auch den seit 1993 bestehenden *Frauenchor*, der 2009 seine Aktivitäten auf unbestimmte Zeit einstellte.

Im Jahr 1984 gründeten einige sangesfreudige Arnbacher auf Anregung von Renate Pradella den Singkreis Arnbach. Nicht als Verein organisiert, gilt er doch als Bereicherung des Sillianer Musiklebens. Das Repertoire umfasst weltliches und geistliches Liedgut. Frau Pradella leitete den Chor bis 2013; seither ist Karoline Tabernig Chorleiterin.

Zu einem gelungenen Tiroler Abend gehört neben Musik und Gesang auch der Volkstanz. Die *Volkstanzgruppe Sillian* entwickelte sich nach dem Zweiten Weltkrieg aus der Katholischen Jugend heraus. Die ersten Auftritte gab es 1950 in Arnbach. Kaum eine Gästeehrung, ein Bunter Abend ging ohne die Vorführungen der Volkstanzgruppe über die Bühne. Auch im Südtiroler Pustertal, in Schluderbach und am Villacher Kirchtag zeigten die Sillianer ihre Tänze.

Theatergruppe Sillian

Die Begeisterung der Sillianer für das Theaterspielen reicht bis ins 17./18. Jahrhundert zurück. Aus dieser Zeit stammen die Passionsspiele, die in Sillian all-

Aufführung „Der fidele Hansl" durch die Theatergruppe Sillian, 1998.

jährlich unter großer Beteiligung der Bevölkerung auf dem Marktplatz aufgeführt wurden. Wichtige Impulse erhielt das Theaterspiel durch die Gründung des Katholischen Arbeitervereins im Jahr 1906. Erst nach den beiden Weltkriegen entwickelte sich wieder eine rege Theatertätigkeit. In den 1960er-Jahren wagte man sich sogar an anspruchsvollere Literatur, wie z. B. Johann Nestroys „Lumpazivagabundus". Bis 2008 wurde im Theatersaal der Großen Kaserne gespielt, seit 2009 finden die Aufführungen im Kultursaal der Marktgemeinde statt. Die Theatergruppe bestreitet immer auch gelungene Auftritte beim Sillianer Fasching.

Narrengilde

Einige Idealisten gründeten 1981 die Narrengilde mit dem Ruf „Rante Putante!", die sich zunächst um die Herausgabe der Faschingszeitung und den Faschingsumzug bemühte. 1986 organisierte dieser Verein die erste Sillianer Faschingssitzung, die ab 1995 unter neuer Führung mit der Bezeichnung *Sillianer Narrengilde* zur ständigen Einrichtung wurde. Die Originalität und Professionalität dieser Auftritte ist einzigartig in Osttirol. Jährlich verfolgen Tausende von Zuschauern auch den Faschingsumzug am Faschingsdienstag mit der traditionellen Hexenverbrennung am Marktplatz.

dieHITTE

Einer der aktivsten Sillianer Vereine ist dieHITTE – der Name stammt von dem Ort, an dem alles begonnen hatte. dieHITTE wurde 2004 als Jugendverein gegründet mit dem Ziel, durch diverse Veranstaltungen etwas Abwechslung in das monotone Nachtleben der Jugendlichen zu bringen. 2010 fand eine Änderung der Vereinsstatuten statt, und der Verein wurde in *dieHITTE – Kultur- und Freizeitverein* umbenannt. Zuerst gab es Veranstaltungen hauptsächlich für junges Publikum, in Hinkunft organisiert man auch Veranstaltungen wie Konzerte, Kabaretts usw. für eine breite Zuschauerschaft. Das soziale Engagement des Vereins zeigt sich in der Ausrichtung der „dieHITTE Winter- und Sommerspiele" gemeinsam mit der Lebenshilfe.

Krippenverein Sillian

Als interessanter Hobbyverein gilt der seit 1996 bestehende Krippenverein Sillian. Neben dem Bau von 10 bis 15 Hauskrippen jährlich stammt aus der Hand vieler geschickter Bastler die Dorfkrippe, die in der Weihnachtszeit im Musikpavillon zu bewundern ist. Jährlich organisiert der Verein eine Krippenausstellung im Kulturzentrum.

Krampusverein

In das vorweihnachtliche Geschehen lässt sich auch der Krampusverein einordnen. Das Krampuslaufen hat in Sillian eine lange Tradition, allerdings verlief es lange Zeit ungeordnet. Im Jahr 1950 organisierte der damalige Kooperator Hans Innerhofer erstmals einen Nikolaus- und Krampusumzug. In den 1970er-Jahren lebte das Krampuslaufen – immer am 5. Dezember – wieder auf. Die Mitglieder des Krampuskomitees sorgen für einen geordneten Ablauf und wollen verhindern, dass der Brauch zu einem Event verkommt, sondern so gepflegt wird, wie es in Sillian Brauch ist.

Schützenkompanie Sillian

Als alter, typischer Traditionsverein gilt die Schützenkompanie Sillian. Das Bestehen des Schützenwesens in Sillian geht wie im gesamten Hochpustertal auf die Zeit Kaiser Maximilians I. zurück. Das Landlibell von 1511 schuf die verfassungsmäßige Grundlage für eine eigenständige Landesverteidigung. Durch das Üben mit der Schusswaffe sollten tüchtige Landesverteidiger herangebildet werden. In den Kämpfen von 1809 gegen die bayerisch-französische Fremdherrschaft zeichneten sich die zwei Sillianer Kompa-

Die Schützenkompanie Sillian im Jahr 2014.

nien mit 120 Mann an der Lienzer Klause besonders aus. Der bekannteste Hauptmann war der Sillianer Färbermeister Josef Achammer, der nach Kriegsende von den Franzosen verhaftet und 1810 hingerichtet wurde.

Während des Ersten Weltkriegs verteidigte das Sillianer Standschützenbataillon, das alle Gemeinden zwischen Toblach und Anras umfasste, den Karnischen Kamm und die Sextner Dolomiten bis zum Pragser Seekofel gegen den italienischen Ansturm. Die Erstürmung der Punta Forame und der Schimpke-Kuppe stand unter dem Kommando von Hauptmann Vinzenz Goller, der auch ein bedeutender Kirchenmusiker gewesen war. Durch die Grenzziehung nach dem Friedensvertrag von Saint Germain 1919 verlor die Schützenkompanie Sillian den Einzugsbereich von Sexten, Innichen und Toblach.

Ein wichtiger Schritt in der Entwicklung des Sillianer Schützenwesens war die Gründung des Jungschützenzuges 1959 durch Josef Schett.

Heute verfolgen die Schützen vor allem auch gemeinnützige Ziele. Bei den Ausrückungen anlässlich kirchlicher und weltlicher Feste erfreuen sie sich in ihrer farbenfrohen Tracht zahlreicher Bewunderer.

Der Ausschuss der Freiwilligen Feuerwehr Sillian, Juli 2013.

Schützengilde Hochpustertal

Eine alte Tradition im Pustertal wurde 1973 durch die Gründung der Schützengilde Hochpustertal wiederbelebt. Am Schießstand im Griespark, der 1974 bis 1981 errichtet wurde, finden seit 1975 jährlich am Pfingstwochenende Jäger- und Gästeschießen statt. Im Zuge von Sanierungsarbeiten 2013 erweiterte der Verein den Schießstand um eine Bogensportanlage mit 3-D-Parcours.

Freiwillige Feuerwehr Sillian, Rotes Kreuz, Bergrettung

Gemeinnützige Vereine mit ihren freiwilligen Helfern leisten wertvolle Dienste an der Gemeinschaft.

Die Chronik berichtet von verheerenden Bränden, die Sillian immer wieder heimgesucht hatten. Die Brandbekämpfung war infolge geringer technischer Möglichkeiten unzureichend. Eine gewisse Beruhigung erfuhr die Bevölkerung, als im Jahre 1874 in Sillian die Freiwillige Feuerwehr gegründet wurde. Die Einsätze der Wehr in den ersten Bestandsjahrzehnten waren vor allem Brandeinsätze, später Hochwassereinsätze, wie in den Jahren 1882, 1965 und 1966. Im Zweiten Weltkrieg war die Freiwillige Feuerwehr als Teil der Polizei organisiert. Im „Steigerturm" in der Aue waren die Geräte untergebracht, bis 1952 ein neues Gerätehaus im Süden des Marktplatzes errichtet und 1985/86 durch ein modernes am Gerberbach ersetzt wurde. Die vielfältigen Einsätze der Freiwilligen Feuerwehr, des Roten Kreuzes und der Bergrettung werden heute durch moderne technische Hilfsmittel unterstützt.

Auch im Ortsteil Arnbach gibt es seit 1933 eine eigene Feuerwehr. Trotz der Gemeindezusammenlegung von Sillian und Arnbach blieb die Wehr in ihrer Selbstständigkeit bestehen. Im Jahr 2010 wurde ein neues Gerätehaus errichtet, das auch verschiedene andere Vereine beherbergt.

Die Rot-Kreuz-Ortsstelle Sillian

Einige freiwillige HelferInnen bildeten die Kerngruppe der im Jahre 1976 eingerichteten Rot-Kreuz-Stelle in Sillian. Nach Ankauf eines Rettungsautos konnte 1978 der Rettungsdienst aufgenommen werden. In den folgenden Jahrzehnten wurde das Rettungswesen ausgebaut und verbessert. Eine Rot-Kreuz-Jugendgruppe wurde gegründet, das Ersthelfersystem installiert, der Besuchsdienst eingeführt und man richtete verschiedene Wettbewerbe aus. Im Jahr 2005 konnte das neue Rot-Kreuz-Heim in der Sillianer Aue bezogen werden. Die Aufschaltung auf die Leitstelle Tirol 2012 brachte die Schließung der Bereichsleitstelle Osttirol.

Die Bergrettung

Einsätze in schwierigem Gelände übernimmt die Bergrettung. Sie wurde 1924 im Rahmen des Österreichischen Alpenvereins, Sektion Sillian, gegründet. Das Einsatzgebiet umfasst sieben Gemeinden im Hochpustertal: Sillian, Inner- und Außervillgraten, Heinfels, Strassen, Abfaltersbach und Anras.

Kameradschaftsbund Sillian

Aus dem Grund- und Ehrenbuch des Veteranenvereins „Ritter Gustav Amon von Treuenfels Veteranenverein Sillian" geht als Gründungsjahr 1879 hervor. Die Mitglieder waren Veteranen aus den Feldzügen von 1848, 1859 und 1866. Der Verein hatte sich zum Ziel gesetzt, den Patriotismus unter der Bevölkerung zu heben und in Not geratenen Familien zu helfen. Nach dem Zweiten Weltkrieg 1948 errichteten Heimkehrer das Kreuz am „Schützenmahd" am Karnischen Kamm. Viele ehemalige Kriegsteilnehmer schlossen sich dem 1962 neu gegründeten Kameradschaftsbund an. Die Mitglieder organisieren jährlich am Seelensonntag nach Allerheiligen eine Heldenehrung am Arnbacher Kriegerfriedhof.

Der Katholische Arbeiterverein

Dieser entwickelte sich aus dem katholischen Jünglingsverein und wurde nach dessen Auflösung 1906 als Katholischer Arbeiterverein Sillian und Umgebung konstituiert. Während der beiden Weltkriege ruhten die Aktivitäten, erst 1946/47 erfolgte eine Neugründung durch den späteren Bürgermeister Anton Gesser. Der Verein betrieb viele Jahre in Sillian ein Kino in der Großen Kaserne und organisierte Theateraufführungen.

Der Bauernbund

Einen besonderen Bezug zu Sillian hat der Bauernbund, weil der Mitbegründer und erste Obmann der Land- und Gastwirt, Bürgermeister und Landeshauptmann von Tirol Josef Schraffl aus Sillian war. Die Organisation wurde 1904 in Sterzing gegründet mit dem Ziel, die Interessen der bäuerlichen Bevölkerung zu vertreten. Das 100-jährige Bestehen des Bauernbundes wurde 2004 in Sillian mit großen Festlichkeiten begangen. Nach Auflösung während der Herrschaft des Nationalsozialismus nahm der Bauernbund 1945 seine Tätigkeit wieder auf und beteiligte sich auch am politischen Geschehen des Landes. In Sillian geht auf die Initiative des Bauernbundes unter anderem die Errichtung des Bauernladens 1994 zurück. 2004 schlossen sich die Ortsgruppen Sillian und Sillianberg zusammen, Arnbach blieb selbstständig. Die Tiroler Jungbauernschaft – Landjugend gilt als größte Jugendorganisation im Bezirk Lienz und lässt immer wieder durch besondere Aktivitäten aufhorchen. Seit ihrer Gründung im Jahr 1948 ist die Jungbauernschaft – Landjugend Sillian ein sehr aktiver Verein. Mit vielen Veranstaltungen in sozialen und kulturellen

Verleihung der Wanderfahne im Jahr 1997 an die aktivste Ortsgruppe der Jungbauernschaft/Landjugend des Bezirks Lienz; in der Mitte Ortsleiterin Priska Tempele mit Obmann Michael Bachlechner vlg. Geiger.

Bereichen und in der Pflege der Gemeinschaft beleben sie das Sillianer Dorfleben.

Sillianer Bäuerinnen

Es gibt kaum eine Veranstaltung im Dorf ohne das von den Bäuerinnen bereitete Bauernbuffet. Die Sillianer Bäuerinnen wählten 1962 erstmals ihre Ortsvertretung. Themen wie Lebensraum, Umwelt, Gesundheit, Bildung und Soziales zählen zu ihren Schwerpunkten.

Österreichischer Alpenverein, Sektion Sillian

Für die wirtschaftliche Entwicklung der Region ist der Österreichische Alpenverein, Sektion Sillian unentbehrlich. Er zählt zu den größten Vereinen der Marktgemeinde. Neben der touristischen Ausrichtung ist ihm auch der Naturschutz ein besonderes Anliegen. Die Gründung des Vereins 1889 fällt zusammen mit der Errichtung des Helmhauses als Unterkunft für Bergwanderer. Während des Ersten Weltkrieges im Kampfgebiet gelegen, kam das Haus 1925 in italienischen Staatsbesitz, diente bis 1970 als Zollhaus und wurde 1999 vom Land Südtirol übernommen. Als Ersatz diente der Sektion Sillian die „Sillianer Hütte", heute „Volkzeiner Hütte", im Winkeltal. Im Jahr 1986 entstand am Karnischen Kamm die neue „Sillianer Hütte". Der Alpenverein organisierte unter fachkundiger Leitung die Ausstellung über „Geschichte und Kultur am Karnischen Kamm", errichtete 2009 den grenzüberschreitenden „Heimatsteig" von Sillian nach Sexten und unterstützt das Projekt „Bergsteigerdörfer". Auch die Jugendarbeit ist ihm ein wichtiges Anliegen.

Sportvereine

Durch seine geographische Lage war und ist Sillian eine Gemeinde, die ganzjährig günstige Rahmenbedingungen für verschiedenste sportliche Aktivitäten bietet. So entstanden über die Jahre auch zahlreiche Vereine, die das sportliche Leben fördern und junge Talente heranbilden.

Skiclub Sillian und Sportunion Sillian

Die Gründung des ersten Sportvereins in Sillian fällt in das Jahr 1931. Dieser neu gegründete Verein veranstaltete auch das erste Schirennen in Sillian. Während des Zweiten Weltkriegs ruhten die Vereinsaktivitäten. Im Jahr 1947 erfolgte die Gründung des „Skiclub Sillian" und mit ihm auch die erste „Sillianer Liftgesellschaft". Sie machte es sich zur Aufgabe, den dritten Schilift in Sillian zu errichten, der zwölf Jahre in Betrieb sein sollte. Der erste Schilift war 1937 entstanden, der zweite im Jahr 1945 auf Anregung englischer Besatzungssoldaten.

Als eine der bedeutendsten Veranstaltungen des „Skiclub Sillian" gilt das Helmpokalrennen, das ab 1959 von der in diesem Jahr gegründeten „Turn- und Sportunion Sillian" weitergeführt wurde. Am 7. März 1948 fand dieser Abfahrtslauf erstmals statt, und im Winter 1969/70 wurde das Helmpokalrennen zum ersten Mal als ÖSV-Punkterennen ausgetragen, wodurch es schlagartig an Attraktivität gewann. Im Jahr 1985

Eine Aufnahme vom oft durchgeführten, fast legendären Helmpokalrennen.

kam nach dem 30. Helmpokalrennen aufgrund der neuen verschärften Sicherheitsbestimmungen das Aus für diese traditionsreiche Veranstaltung. Die 1948 in Betrieb genommene Sprungschanze musste 1969 der Umgestaltung der Helm-Abfahrtstrecke weichen.

Gründung der Turn- und Sportunion Sillian im Jahr 1959

Im Jahr 1953 wurde Sillian Hauptschulstandort. Außer der Sprungschanze und einem Hornschlitten, der mithilfe eines Drahtzuges zur Lifthütte auf die „Schneide" gezogen wurde, gab es keine sportlichen Einrichtungen. Im Turnsaal der neuen Hauptschule trafen sich zum wöchentlichen Fitnesstraining Gendarmerie- und Zollbeamte, etliche Lehrer, sportsinnige Unternehmer und Angestellte. Diese Mannschaft und die Mitglieder des Schiclubs bildeten den Grundstock zur Gründung der Turn- und Sportunion Sillian am 7. Februar 1959. Gründungsobmann war Hauptschuldirektor Georg Großlercher. In diesem Verein waren mehrere Sportarten vertreten. Zwecks Finanzierung des Sportbetriebes wurde im Jahr 1978 ein Sponsorvertrag zwischen der Werbegemeinschaft der Osttiroler Raiffeisenbanken und der TSU Sillian abgeschlossen. Dies machte auch die Abänderung des Vereinsnamens auf „Sportunion Raika Sillian" notwendig.

Die verschiedenen Sportarten, die zunächst in der Sportunion Sillian vertreten waren und zum Teil zu eigenen Vereinen heranwuchsen, sind: Fußball, Stockschießen, Frauenturnen, Schwimmen, Leichtathletik, Rodeln, Wandern, Schi alpin, Langlauf, Schach.

Schwimmunion Raika Sillian

Der Schwimmverein wurde im Jahre 1994 gegründet und als Sektionssparte in die Sportunion Raika Sillian eingegliedert. Innerhalb kürzester Zeit gelang es, eine Kindermannschaft aufzustellen, die bald bei verschiedensten Bewerben, darunter auch bei den diversen Tiroler und Österreichischen Meisterschaften, überdurchschnittlich viele Medaillen errang. Im Juli 2000 gliederte sich die Sektion Schwimmen aus dem Trägerverein aus und wurde unter dem Namen „Schwimmunion Raika Sillian" eigenständig. Die sehr erfolgreiche Schwimmunion Raika Sillian wurde insbesondere wegen der Schließung des Schwimmbades im Jahr 2011 aufgelöst.

Skiclub Hochpustertal

Auch die Schifahrer gliederten sich aus und gründeten aus den Gemeinden Sillian, Heinfels, Strassen und Abfaltersbach am 15. November 2002 den „Skiclub Hochpustertal", der sich mittlerweile zu einem der besten im Bezirk entwickelt hat. Die Wintersportschule Hochpustertal unterstützt die Aktivitäten des neuen Vereins. Schwerpunkte der Vereinsarbeit sind Schikurse, Nachwuchstraining und Rennveranstaltungen.

FC Union Raiffeisen Sillian-Heinfels

Konsequenterweise wurde nun, da sich die „Sportunion Raika Sillian" zum Einspartenverein für Fußball entwickelt hatte, bei der Jahreshauptversammlung 2009 der Vereinsname auf „FC Union Raiffeisen Sillian-Heinfels" geändert und ein neuer Vereinsvorstand aus Sillianer und Heinfelser Funktionären gewählt. Der neue Kunstrasenplatz in Heinfels verspricht gute Trainingsbedingungen und eine kontinuierliche Weiterentwicklung für die kommenden Jahre. Die Sparte Fußball war seit der Gründung 1959 in der Sportunion Sillian vertreten. Durch den Bau des Schwimmbades 1970 stand der Verein 1970/71 plötzlich ohne Fußballplatz da. Fünf Jahre lang spielte man auf einem provisorischen Sandplatz westlich des Ortes. Nach der Saison 1975/76 wurde der Spielbetrieb in Sillian eingestellt, einige Spieler wechselten nach Lienz und Obertilliach. Die Errichtung eines neuen Sportzentrums mit Fußballplatz erfolgte 1978/79. Im Jahr 1982 nahm erstmals wieder eine Sillianer Mannschaft an der Meisterschaft der 2. Klasse A des Kärntner Fußballverbandes teil, wo sie seither vertreten ist und auch den Aufstieg in die Unterliga West mehrmals schaffte.

Tennisunion Sillian

Mit der Errichtung eines Sportzentrums mit Fußballplatz, Asphaltbahnen und Tennisplätzen war 1978/79 die Grundlage für die Gründungsversammlung der Tennisunion gegeben. Der Tennisverein wurde als eigenständiger Unions-Verein gegründet, um die sportliche und finanzielle Handlungsfreiheit zu behalten. Das Vereinsheim für Tennisspieler, Fußballer und Stockschützen wurde 1982 fertig gestellt. Die Tennisunion Sillian sieht ihre wichtigste Aufgabe im Heranführen der Kinder und Jugendlichen zum Tennissport, in einem fachkundigen Training und in der Einführung in das Turniertennis.

Radclub Hochpustertal – Sillian (RCH)

Der Verein wurde 1991 zunächst als reiner Mountainbike-Club gegründet. Der Club ist fachverbandsmäßig im ÖRV (Österreichischer Radsportverband) und in

Fußballspiel der Union Raika Sillian gegen die Union Raika Matrei i. O. im September 2006 in Sillian.

Start zur Helm-Trophy in Rabland/Heinfels, 24. August 2014.

der *Union* als Dachverband organisiert. Bei der Jahreshauptversammlung 2000 wurde aufgrund der steigenden Anzahl der Rennradfahrer der Name auf „Radclub Hochpustertal" (RCH) geändert.

Durch die vielen gelungenen Veranstaltungen seit den Anfangsjahren (hier ist besonders die „Helm-Trophy" zu erwähnen) und die Teilnahme an vielen auswärtigen Veranstaltungen verschaffte sich der RCH innerhalb kürzester Zeit einen guten Namen in der Rad-Szene Ost- und Südtirols.

ESV Hochpustertal – Eisarena Sillian

1996 entstand, angeregt vom damaligen Verein ESV Heinfels, auf dem Areal des oberen Lagerplatzes der Firma Atzwanger ein Eislaufplatz samt Vereinskantine. Der ESV Heinfels wurde in „*Eis- und Stocksportverein Hochpustertal*" umbenannt. Mittlerweile findet jedes Jahr ein internationales Eisstockturnier mit bis zu 26 Mannschaften statt. Der ESV Hochpustertal konnte schon viele sportliche Erfolge feiern. Die größten waren der Weltmeistertitel von Rosemarie Strieder und mehrere Europameistertitel von Romana Waldner. Schüler aus Sillian und Heinfels wie auch Gäste der umliegenden Hotels und Pensionen nützen den Platz zum Eislaufen, „Lattlschießen" und „Stockschießen". 2010 wurde die Eisarena Sillian erweitert und saniert, so dass sie nun auch vom „*Eishockey-Club Sillian Bulls*" genutzt werden kann. Dieser wurde Anfang 2010 gegründet.

YellowSNOW – Verein für Snowboarder und Freeskier

Seit dem Jahr 2000 ist YellowSNOW – zu Beginn noch als reiner Snowboardverein – im Hochpustertal aktiv. Die Sportler errichteten damals den Yellow SNOWPARK im Skizentrum Hochpustertal. Seit der Wintersaison 2013/2014 wird der Park vom Skizentrum Hochpustertal betrieben. Es werden Events durchgeführt, Fotoshootings mit dem „Who is who" der Szene veranstaltet und die verschiedensten Workshops für die Mitglieder organisiert. Der Verein fördert außerdem ein junges Snowboard- und Freeskiteam – das YellowSNOWTEAM. Seit wenigen Jahren sind die Freeskier Teil des Vereins.

Sillianer Drachenflieger Club

Im Jahr 1976 wurde der SDFC (Sillianer Drachenflieger Club) gegründet. In den 1980er-Jahren entwickelte sich Sillian zu einem wahren Flugmekka. Lokale und nationale Wettbewerbe wurden ausgetragen. Ende der 1980er-Jahre wurde die Trennung zwischen Gleitschirmfliegern und Drachenfliegern im Verein vollzogen. Der SDFC errichtete einen neuen Landeplatz mit zugehöriger Clubhütte in Heinfels; seit 2013 befindet sich dieser in Strassen.

Modellflieger Hochpustertal

Seit 2004 gibt es auch den Verein der Modellflieger Hochpustertal. Mit Unterstützung der Agrargemeinschaft entstand am Sillianberg nach einigen Grabungs-, Holz- und Begrünungsarbeiten ein geeigneter Platz, um das Hobby ausüben zu können.

Anhang

Ein Blick auf die Gemeinde Sillian

Bundesland:	Tirol
Politischer Bezirk:	Lienz
Gerichtsbezirk:	Lienz
Kfz-Kennzeichen:	LZ
Fläche:	36,26 km²
Koordinaten:	46° 44′ 54,3290″ N, 12° 25′ 3,1749″ O (Pfarrkirche)
Höhe:	1103 m (Pfarrkirche)
Einwohner:	2.073 (1. Jänner 2011)
Postleitzahl:	A-9920
Vorwahl:	+43 4842
Gemeindekennziffer:	7 07 28
Adresse der Gemeindeverwaltung:	Sillian Nr. 86, 9920 Sillian
Website:	www.marktgemeinde-sillian.at

Katastralgemeinden:

Sillian, Sillianberg, Arnbach

Die Bürgermeister seit der Vereinigung von Sillian mit Sillianberg und Arnbach (1939):

Alois Pfeifhofer (1939–1942) – Johannes Paul Müller (1942–1945) – Alois Niederegger (1945/46) – Johann Herrnegger (1946–1962) – Johannes Paul Müller (1962–1968) – Anton Gesser (1968–1998) – Erwin Schiffmann (seit 1998)

Ehrenbürger der Marktgemeinde Sillian:

Johann B. Assmayr, Pfarrer (1885) – Josef Schraffl, Bürgermeister (1896) – Josef Rossi, Bezirkshauptmann (1918) – Franz Stumpf, Landeshauptmann (um 1930) – Franz Niederegger, Bürgermeister (1930) – Hubert Kunater, Sprengelarzt (1951) – Josef Hanser, Dekan (1975) – Anton Gesser, Bürgermeister (1999)

Erbhöfe (mit Jahr der Verleihung):

Herrnegger vlg. Bacher (seit 1933), Schönegger vlg. Oberaigen (1934), Köck vlg. Oberköcker (1934), Rainer (heute Tempele) vlg. Unterköcker (1934), Walder vlg. Untersteidl (1934), Bodner vlg. Mattlweber (1935), Mitteregger (heute Mair) vlg. Unteraigen (1977), Wieser vlg. Hofer (1978), Kraler vlg. Unterschmied (1979), Fuchs vlg. Rauter (1993), Leiter vlg. Asthof (2005)

Mitgliedschaft in Gemeindeverbänden:

- Standesamts- und Staatsbürgerschaftsverband Sillian (mit den Gemeinden Heinfels, Innervillgraten, Außervillgraten, Kartitsch)
- Sanitätssprengel Sillian (mit allen 10 Oberländer Gemeinden)
- Planungsverband 35 (Sillian und Umgebung – Villgraten – Tilliach)
- Gemeindeverband Neue Mittelschule Sillian
- Abwasserverband Oberes Pustertal
- A.Ö. Bezirkskrankenhaus Lienz
- Bezirksaltenheime Lienz
- GV Bausachverständige und Steuerprüfer
- Öffentlicher Personennahverkehr Osttirol
- Allgemeine Sonderschule mit SPZ Sillian-Oberland
- Tierkörperentsorgungsanlage Oberes Pustertal
- Abfallwirtschaftsverband Osttirol
- Wasserverband Osttirol

Öffentlicher Personennahverkehr:

- Haltestellen der ÖBB (Zugverbindungen) am Bahnhof Sillian und Station Arnbach/Weitlanbrunn
- Haltestellen der ÖBB und des Postbusses (Busverbindungen) am Marktplatz, bei der Staatsgrenze und Arnbach (Abzweigung Weitlanbrunn)

Wirtschaft:
66 bäuerliche, viehhaltende Betriebe, 45 Handels- und Gewerbebetriebe, 61 Tourismus- und Gastronomiebetriebe

Poststellen, Banken, öffentliche Sicherheit:
2 Post-Partner in Sillian und Heinfels (bis 2010 eigenes Postamt in Sillian), 2 Banken, Polizeiinspektion Sillian

Öffentliche Einrichtungen:
Öffentl. Bücherei Sillian, Kulturzentrum Sillian, Sportstätten (Tennis- u. Fußballplatz, Funcourt), Jugendraum

Tourismus:
Nächtigungsentwicklung Sillian:

Jahr	Anzahl
2000	138.803
2005	167.975
2010	175.087
2013	166.100

Kirchliche Strukturen:
Dekanat Sillian
(10.183 EinwohnerInnen, 9.717 KatholikInnen)
Seelsorgeraum Sillian/Villgraten
(5.386 EinwohnerInnen, davon 5.168 KatholikInnen)
4 Pfarren (Sillian, Innervillgraten, Außervillgraten, Tessenberg) – 2 Exposituren (Kalkstein, Heinfels)

Kinderbetreuungseinrichtungen und Schulen:
- Osttiroler Kinderbetreuungszentrum (OK-Zentrum) – gemeinnütziger Sozialverein
- Kindergarten Sillian
- Volksschule
- Neue Mittelschule
- Polytechnische Schule
- Sonderpädagogisches Zentrum Sillian-Oberland (Georg-Grosslercher-Schule)
- Landesmusikschule Sillian-Pustertal

Touristische Infrastrukturen und Freizeitangebote:

Liftanlagen (am Thurntaler)
- 1 Einseilumlaufbahn (6er-Kabinen-Gondeln)
- 2 Schlepplifte
- 2 4er-Sessellifte
- 1 6er-Sessellift

Freizeitmöglichkeiten
- 2 Eislaufplätze, Langlaufloipen, Rodelbahn
- Weitwanderweg (Karnischer Höhenweg)
- Drauradweg, Mountainbikerouten
- Kinderspielplatz Wichtelpark mit Minigolfanlage und Hochseilgarten (Griespark)
- Schießstand, Flugschule, Fitness-Studio mit Physiotherapie
- 2 Schischulen
- Tennisplätze (3 Sandplätze)
- Fußballplatz

Gesundheitswesen, Veterinärmedizin:
4 Ärzte (Allgemeinmedizin, Notfall), 2 Zahnärzte, 1 Apotheke, 1 Drogerie, Österreichisches Rotes Kreuz – Ortsstelle Sillian, 2 Tierärzte (Praxisgemeinschaft)

Soziale Einrichtungen:
Wohn- und Pflegeheim Sillian (seit 2004), Gesundheits- und Sozialsprengel Osttiroler Oberland (Gründung 1987, seit 2004 Sitz in Sillian), Lebenshilfe Tirol – Werkstätte Sillian (seit 2000)

Quellen:
Marktgemeindeamt Sillian; Amt der Tiroler Landesregierung (Abteilung Repräsentationswesen); Tourismusverband Osttirol; Bezirkslandwirtschaftskammer Lienz; Diözese Innsbruck (Homepage); Wohn- und Pflegeheime Osttirol; Osttiroler Kinderbetreuungszentrum (Homepage); Gesundheits- und Sozialsprengel Osttiroler Oberland (Homepage); Maria Huber, Sillian, in: Bezirkskunde Osttirol, hrsg. vom Katholischen Tiroler Lehrerverein, Innsbruck–Bozen 2001, S. 375–381

Literatur und Anmerkungen

Im gesamten Anhang verwendete Abkürzungen

Abb. = Abbildung
Anm. = Anmerkung
Bd., Bde. = Band, Bände
ders. = derselbe
Dip. = Dipauliana, besonders wertvoller Bücherbestand in der Bibliothek des Tiroler Landesmuseums Ferdinandeum
ebd. = ebenda
f. = folgende (Einzahl)
ff. = folgende (Mehrzahl)
Fasz. = Faszikel
FB = Ferdinandeums-Bibliothek, Innsbruck
fol. = folio (lat. Blatt), mit Blattzählung
GP = Grundparzelle
GP = Gendarmerieposten
hrsg. = herausgegeben
Hrsg. = Herausgeber, Herausgeberin

Inv. Nr. = Inventar-Nummer
MS = Manuskript
OB = Osttiroler Bote, Lienz
OHBl = Osttiroler Heimatblätter, Lienz
pag. bzw. unpag. = mit bzw. ohne Seitenzählung
S. = Seite
Sp. = Spalte
TAP = Tiroler Archiv für photographische Dokumentation und Kunst, Lienz–Bruneck
TLA = Tiroler Landesarchiv, Innsbruck
TLM bzw. TLMF = Tiroler Landesmuseum Ferdinandeum, Innsbruck
TT = Tiroler Tageszeitung, Innsbruck
TVKM = Tiroler Volkskunstmuseum, Innsbruck
vgl. = vergleiche
vlg. = vulgo

Alois Heinricher
Die Natur im Oberland

Literatur (Auswahl)

Aichner A. (1994): Bergbau im Pustertaler Oberland bis 1953 – OHBl, 62. Jg. (1994), Nr. 11.

Aichner A. (1997): Die Antimon-Buntmetall-Erzlagerstätte Abfaltersbach–Strassen – OHBl, 65. Jg. (1997), Nr. 9.

Bahr S. (1997): Felsfluren am Schlosshügel von Heinfels u. a., Manuskript.

Dalla Torre K. W. von (1913): Junk's Naturführer. Tirol, Vorarlberg und Liechtenstein, Berlin.

Deutsch H. / E. Lexer (1991): Beitrag zur Lepidopterenfauna Osttirols – Carinthia II, Jg. 101, Teil 2: 563–572.

Deutsch H. (2003): Beitrag zur Lepidopterenfauna Osttirols, Österreich – Teil V (Insecta: Lepidoptera), Beitrag zur Entomofaunistik 4: 3–26.

Egger A. (1955): Die Geologie der südöstlichen Venedigergruppe – OHBl, 23. Jg. (1955), Nr. 7–12.

Egger A. (2001): Geologie – Bezirkskunde Osttirol, Innsbruck–Bozen 2001: 101–106.

Gattermayr W. (2011): Hydrologische Übersicht 2011. Hydrologischer Dienst, Innsbruck.

Hauser C. (1995): Geologie von Osttirol. Arbeitstagung der Geologischen Bundesanstalt Wien.

Heinricher A. (1988): Der Vogelzug durch Osttirol – OHBl, 56. Jg. (1988), Nr. 3–7.

Heinricher A. (1988): Die Vegetation der Kristeiner Möser – OB, 43. Jg. (1988), Nr. 34: 18–20.

Heinricher A. (1989): Geologie Osttirols – Bezirkskunde Osttirols, hrsg. vom Bezirksschulrat Lienz, Lienz.

Heinricher A. (1995): Kleine Oberländer Naturgeschichte. Forschen macht Freude!, Lienz 1955: 38 ff.

Heinricher A. (1999): 10 Jahre Kraftwerksanlage Strassen-Amlach. – OHBl, 67. Jg. (1999), Nr. 10: 1–2.

Heinricher A. (1999): Die Vogelwelt am Tassenbacher Speicher und in seiner Umgebung – OHBl, 67. Jg., Nr. 10.

Heinricher A. (2000): Die Entwicklung der Flora und Fauna seit 10 Jahren in der Uferlandschaft des Kraftwerkspeichers Tassenbach. – Carinthia II, 190. Jg., Teil 1: 145–160.

Heinricher A. (2010): Das Vogeljahr in Osttirol – Osttiroler Heimatblätter, 78. Jg. (2010), Nr. 5–6.

Holler H. (1947): Bericht über montan-geologische Untersuchungen der drei Bergbaue Tessenberg, Panzendorf und Villgraten. Betriebsinterner Bericht.

Kirchner J. (1964): Die Geologie der westlichen Lienzer Dolomiten, Phil. Diss., MS, Innsbruck.

Kofler A. (1963): Interessante Käferfunde aus Osttirol – Koleopterologische Rundschau, Nr. 40/41: 23–44.

Kofler A. (1970): Faunistik der Weichtiere Osttirols – Berichte des Naturwissenschaftlich-Medizinischen Vereins in Innsbruck, Bd. 58: 155–218.

Kofler A. (1972): Die Grabwespen Osttirols (Insecta: Hymenoptera, Sphecidae) – Berichte des Naturwissenschaftlich-Medizinischen Vereins in Innsbruck, Bd. 59: 103–118.

Kofler A. (1972): Die Libellenfauna Osttirols (Insecta, Odonata) – Mitteilungen der Zoologischen Gesellschaft Braunau, Bd. 1, Nr. 13 (30.12.1972): 331–338.

Kofler A. (1975): Die Faltenwespen Osttirols (Insecta: Hymenoptera, Vespidae und Eumenidae) – Berichte des Naturwissenschaftlich-Medizinischen Vereins in Innsbruck, Bd. 62: 105–120.

Kofler A. (1975): Die Goldwespen Osttirols (Insecta: Hymenopter, Chrysididae) – Carinthia II, Jg. 85: 343–356.

Kofler A. (1975): Oberforstrat Dipl.-Ing. Karl Koneczni † – Carinthia II, Jg. 85: 367–370.

Kofler A. (1978): Faunistik der Ameisen (Insecta: Hymenoptera, Formicoidae) Osttirol (Tirol, Österreich) – Berichte des Naturwissenschaftlich-Medizinischen Vereins, Bd. 65: 117–128.

Kofler A. (1980): Zum Vorkommen von Fischen in Osttirol – Carinthia II, Jg. 90: 495–516.

Kofler A. (1984): Faunistik der Weberknechte Osttirols (Österreich) (Arachnida: Opiliones) – Berichte des Naturwissenschaftlich-Medizinischen Vereins in Innsbruck, Bd. 71: 63–82.

Kofler A. (1986): Naturkundliche Raritäten in Osttirol. Verschleppte und eingebürgerte Schneckenarten – OHBl, 54. Jg. (1986), Nr. 6.

Kofler A. (1988): Über die Pflanzen- und Tierwelt des Niedermoores „Schwalen" bei Leiten/Obertilliach – OHBl, 56. Jg. (1988), Nr. 5.

Kofler A. / M. Madl (1990): Über Evanioidea von Osttirol (Hymenoptera, Evaniidae, Gasteruptiidae, Aulacidae). – Linzer biologische Beiträge 22/2: 319–324.

Kofler A. (1991): Blattflöhe (Homoptera, Psylloidea) aus Osttirol (Österreich) – Berichte des Naturwissenschaftlich-Medizinischen Vereins in Innsbruck, Bd. 78: 103–109.

Kofler A. (1994): Farnpflanzen und ihre Bastarde – OHBl, 63. Jg. (1994), Nr. 9/10.

Kofler A. / H. Wolf (1995): Wegwespen aus Tirol und Kärnten (Hymenoptera: Pompilidae) – Berichte des Naturwissenschaftlich-Medizinischen Vereins in Innsbruck, Bd. 82: 269–279.

Kofler A. / W. Schacht (2009): Zum Vorkommen von Bremsen in Osttirol und Kärnten und angrenzenden Gebieten (Diptera, Tabanidae) – Entomofauna 22: 353–364.

Kofler A. (2000): Bekanntes und Neues über die drei Kastanienbäume – OHBl, 68. Jg. (2000), Nr. 6–7.

Kofler A. (2002): Zum Vorkommen des Deutschen Skorpions *Euscorpius germanus* C. L. KOCH, 1837 in Osttirol – Gredleriana, Vol. 2: 137–146.

Kofler A. / P. Mildner (2004): Dritter Nachtrag zur Molluskenfauna Osttirols (Mollusca: Gastropoda: Bivalvia) – Berichte des Naturwissenschaftlich-Medizinischen Vereins in Innsbruck, Bd. 91: 129–155.

Kofler A. / J. Neumayer (2005): Stein-Hummel (*Bombus lapidarius*): Insekt des Jahres 2005 – OHBl, 73. Jg. (2005), Nr. 7–8.

Kofler A. (2005): Ausgewählte adventive Tierarten in Osttirol – Ingruber R. (Hrsg.): Osttirol. Geschichte–Volkskunde–Kunst, Innsbruck 2005: 167–195.

Kofler A. (2005): Neue Mitteilungen über Keulenwespen, Rollwespen und Echte Wespen aus Osttirol (Österreich) (Hymenoptera: Sapygidae, Tiphiidae, Vespidae) – Berichte des Naturwissenschaftlich-Medizinischen Vereins in Innsbruck, Bd. 92: 141–160.

Kofler A. (2005): Zur Hummelfauna des Bezirkes Lienz (Osttirol, Österreich) (Hymenoptera: Apidae *Bombus*) – Linzer biologische Beiträge, Jg. 37/1: 671–699.

Kofler A. (2005): Zur Laufkäferfauna im Bezirk Lienz: Osttirol (Österreich) (Coleoptera: Carabidae) – Berichte des Naturwissenschaftlich-Medizinischen Vereins in Innsbruck, Bd. 92: 189–220.

Kofler A. (2008): Zur Kenntnis der Käferfauna Osttirols (Teredilia, Heteromera) (Coleoptera: Lyctidae bis Tenebrionidae) – Carinthia II, Jg. 118, Teil 2: 449–480.

Kofler A. (2009): Zur Kenntnis der Käferfauna Osttirols (Österreich): Teil V (Coleoptera: Elateridae, Eucnemidae, Lissomidae, Throscidae) – Carinthia II, Jg. 119, Teil 2: 505–524.

Kofler A. (2009): Zur Kenntnis der Käferfauna Osttirols (Österreich): Teil VI (Buprestidae; Fossipedes, Macrodactyla, Brachymera) – Carinthia II, Jg. 119, Teil 2: 525–542.

Kofler A. (2011): Dunkler oder Schleicher-Erdrauch (Fumaria schleicheri) – OHBl, 79. Jg., Nr. 8–9.

Kreutzer S. (1992): Zur Geologie des östlichen Thurntaler Quarzpyllitkomplexes und zu seiner tektonischen Einbindung in das Ostalpin der südöstlichen Defereggen Alpen, Osttirol – Geologische Bundesanstalt Wien.

Kuntscher H. (1986): Höhlen, Bergwerke, Heilquellen in Tirol und Vorarlberg. Berwang: 362 ff.

Leiter P. (1962): Die letzte Bärenjagd in der Sillianer Gegend – OB, 17 Jg., Nr. 47 (22. November 1962): 14.

Lederbogen D. (2003): Vegetation und Ökologie der Moore Osttirols, Dissertation, Stuttgart 1988.

Moritz D. / A. Bachler (2001): Die Brutvögel Osttirols. Ein kommentierter Verbreitungsatlas, Lienz.

Mutschlechner G. (1952): Vorkommen von Glimmer-Kersalit in den Lienzer Dolomiten – Österreichische Akademie der Wissenschaften, 161. Bd.

Niederegger N. (2011): Temperatur-Maxima und -Minima von 1965 bis 2006, schriftliche Aufzeichnungen (Sillian).

Oberleitner I. / G. Dick (1996): Feuchtgebietsinventar Österreich. Grundlagenerhebung. Tirol: 81.

Perdacher B. (1989): Vegetationskundlicher Bericht, innerbetrieblich.

Polatschek A. / M. Maier / W. Neuner (1997–2013): Flora von Nordtirol, Osttirol und Vorarlberg, hrsg. vom Tiroler Landesmuseum Ferdinandeum bzw. der Tiroler Landesmuseen Betriebsgesellschaft m.b.H., 7 Bände, Innsbruck.

Polatschek A. (2010): Protokolle von botanischen Erhebungen im Thurntaler Schigebiet und Arnbacher Auwald, unveröffentlicht.

Riedler P. (1970): Die Flora in der Umgebung von Heinfels – OB, 25. Jg. (1970): 32.

Rietzler H. (1929): Die Molluskenfauna Tirols – Veröffentlichungen des Museum Ferdinandeum 9: 1–215.

Saurwein R. (1962): Auszüge aus der Jagdgeschichte Osttirols – OB, 17. Jg. (1962), Nr. 24: 6–7.

Schadler J. (1929): Geologische Beobachtungen am Ostrand des Defereggengebirges (Michelbachtal), in: Mitteilungen des Naturwissenschaftlichen Vereines für Steiermark, hrsg. vom Naturwissenschaftlichen Verein für Steiermark, Bd. 66, Graz: 64–71.

Schedl K. E. (1947): Zum Auftreten des grauen Lärchenwicklers in Kärnten und Osttirol – Allgemeine Forst- und Holzwirtschaftliche Zeitung, 58. Jg., Folge 17/18.

Schulz B. (1991): Deformation und Metamorphose im Thurntaler Komplex (Ostalpen) – Jahrbuch der Geologischen Bundesanstalt, Bd. 134, Heft 2: 369–391.

Spitzenberger F. (2001): Die Säugetierfauna Österreichs. Grüne Reihe des Bundesministeriums für Land- und Forstwirtschaft, Umwelt und Wasserwirtschaft, Bd. 13: 895 ff.

Thenius E. (1993): Entstehung und Wandel der Landschaft Osttirols während der Erdgeschichte – OHBl, 61. Jg. (1993), Nr. 1–2.

Thurner J. (1948): Die Schmetterlinge Kärntens und Osttirols – Suppl. X, Carinthia II: 220 ff.

Tollmann A. (1977): Der Drauzug, in: Geologie von Österreich – Die Zentralalpen, Bd. 1, Wien: 579–669.

Tomquist A. (1935): Die hochmetamorphe Kieslagerstätte von Tessenberg-Panzendorf in Osttirol, Wien–Leipzig.

Walder C. / A. Vorauer (2011): Die Fledermäuse Tirols. Natur in Tirol – Amt der Tiroler Landesregierung, Abteilung Umweltschutz: 168 ff.

Waschgler H. (1965): Die Hochwasserkatastrophe im September 1965 – OHBl, 33. Jg. (1965), Nr. 12 (Sondernummer).

Werner F. (1933): Beiträge zur Kenntnis der Tierwelt von Ost-Tirol. II. Teil Insekten, Spinnen- und Krebstiere. – Veröffentlichungen des Museum Ferdinandeum 13: 357–388.

Wieser F. (1998): 45 Jahre Hauptschule Sillian, Sillian 1998.

Wikus E. (1961): Die Vegetation der Lienzer Dolomiten – Stabilimento Tipografico Valbonesi, Forlì.

Peter Leiter – Maria Huber
Topographie der Marktgemeinde Sillian

[1] Maria Huber verfasste die Beschreibung des Ortsteils Sillian-Markt (ohne Asthof).
[2] Statistik Austria, http://sdb.statistik.at/superwebguest/login.do?guest=guest, Stand 1.1.2011.
[3] Chronologie, http://www.karnische-alpen.com/
[4] Rudl *Holzer*/Gerhard *Holzer*, Geschichte der Helmhütte, http://www.oeav.at/sillian/Geschichte/2004_01_10_2011.php.
[5] Kristina *Pranter-Kreuzer*, Sillian schützt sich vor Hochwasser, in: Kleine Zeitung, 26.8.2007.
[6] Ersterwähnung als „Ougsthof", Pfarrarchiv Sillian, A. B. 3, n. 2902.
[7] Vgl. Peter *Leiter*/Johanna *Schneider*/Maria *Huber*, Sillianer Harpfen. Erhebung und Dokumentation 2008–2009, Eigenverlag Marktgemeinde Sillian, 2009.
[8] Johann Jakob *Staffler*, Tirol und Vorarlberg, II. Theil, II. Bd., Innsbruck 1844, S. 375.
[9] Interview mit Hans Walder, vlg. Kraler, Sillianberg, 24. Juli 2011.
[10] Interview mit Josef Herrnegger, vlg. Bacher, 5. September, 2011.
[11] „göppeln" – Dialektwort für Heulieferung mittels Seilzug.
[12] Interview Leonhard Walder, vlg. Riedler, 25. Juli 2011.
[13] Homepage der Pfarre Sillian, Hofkapellen http://www.pfarre-sillian.at/hofkapellen.html.
[14] Egon *Kühebacher*, Die italienisch-österreichische Staatsgrenze zwischen Arnbach und Winnebach in ihren ersten Bestandsjahren, in: EinBLICK – Gemeindezeitung Sillian, Ausgabe 20, Dezember 2009, S. 26.
[15] Abteilung Landwirtschaft, Amt für bäuerliches Eigentum, Autonome Provinz Bozen-Südtirol, Schreiben 9. Juni 2004.
[16] Maria *Huber*, Sogar einen Weitlanbrunner Walzer gibt's, in: EinBLICK – Gemeindezeitung Sillian, Ausgabe 8. Juni 2003, S. 28 f.
[17] Thomas *Gergely*, Mühlen, Sägen und Kraftwerk der Jesachers, Schreiben vom 2. August 2011.
[18] Meinrad *Pizzinini*, Osttirol. Eine Bezirkskunde, Innsbruck–Wien–München–Würzburg 1971, S. 76.
[19] Innsbruck, Tiroler Kunstkataster, Inv. Nr.: 18992; Norbert *Hölzl*, 500 Jahre Markt Sillian 1469–1969, in: OHBl, 37. Jg. (1969), Nr. 3 (unpag.).
[20] Maria *Huber*, Beitrag zur Geschichte der Volksschule Arnbach, in: EinBLICK – Gemeindezeitung Sillian, Ausgabe 22.7.2010, S. 21.
[21] Innsbruck, Tiroler Kunstkataster, Inv. Nr.: 82133, Aufnahme am 3.2.2011.
[22] *Huber*, Volksschule Arnbach (wie Anm. 20), S. 21.
[23] Catharina *Oblasser*, Hochwasserexperten sind in Sillian extrem gefordert, in: TT, 29.10.2010, S. 37.
[24] *Huber*, Volksschule Arnbach (wie Anm. 20), S. 21.
[25] *Kühebacher*, Staatsgrenze (wie Anm. 14), S. 25.
[26] *Kühebacher*, Staatsgrenze (wie Anm. 14), S. 23.
[27] Hans *Kramer*, Beiträge zur Geschichte des Landgerichtes Sillian von ungefähr 1750 bis 1850, in: OHBL, 32. Jg. (1964), Nr. 8–12 (unpag.), 33. Jg. (1965), Nr. 1–4 (unpag.).

Harald Stadler
Sillianer Vor- und Frühgeschichte

[1] Wie reich der Ertrag solcher Spezialforschungen sein kann vgl. Gerald *Grabherr*, Zur so genannten Via Decia, Bayer. Vorgeschbl. 61, 1996, S. 229–244; oder Johannes *Pöll*, Der Verlauf der Via Claudia Augusta zwischen Biberwier und Lermoos/Bezirk Reutte. Unpublizierte Diplomarbeit, Innsbruck 1994.
[2] Stefan *Karwiese*, Der Ager Aguntinus. Lienz 1975, S. 59 u. Abb. 32.
[3] Freundliche Mitteilung Peter Gstrein, Tarrenz.
[4] Vgl. den ausgezeichnet zusammengefassten Forschungsstand von Anton *Höck*, Die ländliche Besiedlung Osttirols in der Römerzeit (16/15 v. – 610 n. Chr.), in: Veröffentlichungen des Tiroler Landesmuseums Ferdinandeum, 85. Jg. (2005), S. 61–96, zum Meilenstein vgl. S. 64–65 mit Abb. 5.
[5] Maria *Huber*, Sillian, in: Bezirkskunde Osttirol, hrsg. vom Katholischen Tiroler Lehrerverein, Innsbruck–Bozen 2001, S. 375.
[6] Irmtraut *Heitmeier*, Das Inntal. Siedlungs- und Raumentwicklung eines Alpentales im Schnittpunkt der politischen Interessen von der römischen Okkupation bis in die Zeit Karls des Großen (Studien zur Frühgeschichte des historischen Tiroler Raumes 1), Innsbruck, 2005, S. 299.
[7] Zur Belegwürdigung und Etymologie des Ortsnamens vgl. Peter *Anreiter*/Christian *Chapman*/Gerhard *Rampl*, Die Gemeindenamen Tirols. Herkunft und Bedeutung (Veröffentlichungen des Tiroler Landesarchivs Bd. 17), Innsbruck 2009, Anm. 391 und 463–465; ein von den Ortschronisten Osttirols unter der Leitung des Institutes für Sprachen und Kulturen der Universität Innsbruck in Durchführung begriffenes Projekt zu den Flurnamen der Region Sillian verspricht Toponyme mit siedlungsgeschichtlicher Relevanz, denen es sich mit archäologischen Methoden nachzugehen lohnte.
[8] Zu den wenigen bauarchäologischen Begleitmaßnahmen vgl. Johannes *Pöll*, Baubeobachtung auf GP 774, Denkmalbericht, in: Kulturberichte aus Tirol, 2000, Nr. 413/414) S. 137; 70 m nördlich der Pfarrkirche „Zu Mariä Himmelfahrt", Mauerreste aus dem 15./16. Jh. n. Chr.; vgl. auch Fundberichte aus Österreich 38, 1999, S. 58; verschiedene Keller wie im Widum und im Sillianer Hof wurden zwar begutachtet, haben aber keine Ergebnisse zu romanischer Bausubstanz ergeben; freundliche Mitteilung Walter Hauser, Landeskonservatorat Tirol.
[9] *Heitmeier*, Inntal (wie Anm. 6), S. 280–281.
[10] Wilhelm *Sydow*, Kirchenarchäologie in Tirol und Vorarlberg: Die Kirchengrabungen als Quellen für Kirchen- und Landesgeschichte vom 5. bis in das 12. Jahrhundert. Fundberichte A, 9 Horn, 2001, S. 41–52, 94–96, 102–105, 115, 159 und 170; Johannes *Pöll*/Michael *Huber*, Die Pfarrkirche zum Heiligen Vitus in

St. Veit in Defereggen. In: Heimat Defereggen, hrsg. von der Gesellschaft für Kultur und Wirtschaft, Innsbruck 2002.

[11] Oswald *Menghin*, Archäologische Forschungen in Osttirol 1943 und 1944, in: Der Schlern, 23 Jg. (1949), S. 290; Harald *Stadler*, Die eisenzeitlichen Gräber im Virgental und zur Ostausbreitung der Fritzens-Sanzeno-Gruppe, in: Die Räter im Alpenraum, Ausstellungskatalog Chur 1992, S. 560 mit Abb. 4/5–6.8; ein von Peter Egartner, Glanz, entdeckter Abfallplatz mit Massenfunden an Keramik und Eisengegenständen am felsigen Westhang von Heinfels ist zwar dokumentiert, harrt aber nach wie vor der Veröffentlichung; die im Jahre 2010 durchgeführten Sicherungsarbeiten am Felsen zum Schutz der darunterliegenden Häuser wurden bedauerlicherweise archäologisch nicht begleitet.

[12] Auch die bisher einzige Forschungsgrabung, nämlich in Burg Heinfels, die Artefakte vom Neolithikum bis ins 20. Jahrhundert erbrachte, hat der Verfasser geleitet und durchgeführt. Der Bericht wurde dem Verfasser des Abschnittes „Heinfels" des Tiroler Burgenbuches zur Verfügung gestellt und ist abgedruckt bei Meinrad *Pizzinini*, Heinfels, in: Tiroler Burgenbuch Bd. IX (Pustertal), Bozen–Innsbruck–Wien 2003, Anm. 107, S. 419–420; die Ausgrabungsergebnisse der Universität Innsbruck von 1993 wurden in einer Diplomarbeit behandelt und später teilpubliziert, vgl. Patrick *Cassitti*, Archäologische Untersuchungen auf Heinfels, in: OHBl, 74 Jg. (2006), Nr. 5, S. 1–4.

[13] Vgl. dazu auch Esther *Scheiber*, Neolithische und frühbronzezeitliche Pfeilspitzen aus Stein in Nord- und Osttirol. Unpubl. Bakk.-Arbeit, Innsbruck, 2008, S. 15–16, 25; für die Übernahme der Verbreitungskarte sei Frau Esther Scheiber, Umhausen/Ötztal herzlich gedankt.

[14] Wolfgang *Sölder*, Die prähistorische Besiedlung Osttirols – ein Überblick, in: Veröffentlichungen des Tiroler Landesmuseums Ferdinandeum, Jg. 85 (2005), S. 185–225, hier S. 190 mit Abb. 3.

[15] Paul *Gleirscher*, Die Laugen-Melaun-Gruppe, in: Ingrid R. *Metzger*/Paul *Gleirscher* (Hrsg.): Die Räter/I Reti. Eine Übersicht zum Forschungsstand der „Räter" aus Anlass der vom Rätischen Museum Chur erarbeiteten gleichnamigen Wanderausstellung (Schriftenreihe der Arbeitsgemeinschaft Alpenländer, hrsg. von der Kommission III [Kultur]. Neue Folge, Bd. 4), Bozen 1992, S. 117–134.

[16] Wilhelm *Sydow*, Die Grabung auf dem Breitegg (Gemeinde Nußdorf-Debant), in: Nußdorf-Debant in Osttirol. Aus Vergangenheit und Gegenwart einer Osttiroler Marktgemeinde, hrsg. von der Marktgemeinde Nußdorf-Debant, Nußdorf-Debant 1995, S. 37–64; und *Sölder*, Osttirol (wie Anm. 14), S. 199–201 mit Abb. 17 u. 18.

[17] Hans *Ransmayr*, Die Burg bei Obermauern, Osttirol. Ein Beitrag zur Siedlungskeramik in Tirol. Ungedruckte Magisterarbeit (Innsbruck 1997).

[18] *Sölder*, Osttirol (wie Anm. 14), S. 201 mit Anm. 68.

[19] Lotti *Stauffer-Isenring*, Die Siedlungsreste von Scuol-Munt Baselgia (Unterengadin GR) Basel 1983, S. 98.

[20] *Cassitti*, Heinfels (wie Anm. 12), S. 38; ders., Archäologische Untersuchungen auf Heinfels. In: OHBl, 74. Jg. (2006), Nr. 5, S. 1–4; der Bereich südlich unterhalb der Umfassungsmauer hat in den 1980er-Jahren eine kleine Konzentration von urgeschichtlichen Kleinfunden erbracht, vgl. *Stadler*, Eisenzeitliche Gräber (wie Anm. 11), S. 560 mit Abb. 4, 5, 6 und 8; beim Bau des neuen Friedhofs, der diese Stelle auch berührte, wurden keine baubegleitenden archäologischen Untersuchungen durchgeführt, sodass man nach wie vor nicht weiß, ob es sich bei den an dieser Stelle aufgelesenen Keramikbruchstücken um umgelagertes Material oder um gestörte Siedlungsschichten gehandelt hatte. Zu endbronzezeitlicher und eisenzeitlicher Keramik in Osttirol vgl. auch Helgard *Rodriguez*, Endbronze- und eisenzeitliche Keramikfunde aus dem Osttiroler Drautal, in: Andreas *Lippert*/Konrad *Spindler* (Hrsg.), Festschrift zum 50-jährigen Bestehen des Institutes für Ur- und Frühgeschichte der Leopold-Franzens-Universität Innsbruck. (Universitätsforschungen. Prähist. Arch. 8), Bonn 1992, 497–509.

[21] *Cassitti*, Heinfels (wie Anm. 12), S. 39 mit Anm. 135–142.

[22] *Cassitti*, Heinfels (wie Anm. 12), S. 47.

[23] Anton *Höck* Archäologische Forschungen in Teriola 1 (FÖMat A 14) 2003, S. 47.

[24] Der Familie Renate und Werner Diehl aus Niederlemp/Ehringshausen, Nordrhein-Westfalen, BRD, sei für die Rückgabe des Osttiroler Kulturgutes, wenn auch mit zeitlicher Verzögerung, hier herzlich gedankt.

[25] Herrn Mag. Roland Stadler, Lienz, wird für die Vermittlung des Fundes zur wissenschaftlichen Bearbeitung herzlich gedankt.

[26] Dazu gehören genaue Lage – Spitze nach oben oder nach unten – des Objektes, genauer Abstand zum See, Fundumgebung, Steinansammlung, Holzkohle oder Knochenreste etc.

[27] Vgl. Harald *Stadler*, Höhensiedlungen der Spätantike und des frühen Mittelalters in Osträtien und Noricum (5.–7. Jahrhundert n. Chr.) mit einem Corpus germanischer Kleinfunde in Tirol, in: Romanen und Germanen im Herzen der Alpen zwischen 5. und 8. Jahrhundert, 2005, S. 277, wo über die Datierung der Holzreste (Laubholz) ein Alter zwischen 560 und 720 n. Chr. festgestellt werden konnte.

[28] Harald *Stadler*/Christoph *Walser*/Elias *Flatscher*/Martin *Gamon*, Die „Schlacht" auf der Alpe Spora, Gem. Tschagguns, Vorarlberg. Ergebnisse eines archäologischen Surveys, in: Jahresbericht des Zentrums für Alte Kulturen Innsbruck, 2011, S. 36; Harald *Stadler*/Christoph *Walser*, Die „verlorene Schlacht" auf der Alpe Spora, Gem. Tschagguns, Vorarlberg. Ergebnisse eines archäologischen Surveys, in: Jahresbericht 2010 (Montafoner Museen, Heimatschutzverein Montafon, Montafon Archiv) S. 12–15 mit Abb. 6,4; Cornelia *Klocker*, Archäologischer Survey Alkuser See, in: Jahresbericht des Zentrums für Alte Kulturen 2010, S. 60–61; eine Lanzenspitze aus Eisen wurde auch in einer Kluft eines Felsens in Hinterbichl, Gem. Prägraten, entdeckt; freundliche Mitteilung von Herrn Ludwig Berger vlg. Islitzer, Hinterbichl; vgl. dazu auch Andreas *Lippert*, Die jüngere Eisenzeit in Osttirol und Oberkärnten, in: MUAG XXVII Wien 1977, S. 8.

[29] Thomas *Stöllner*, Verloren, versteckt, geopfert? Einzeldeponate der Eisenzeit in alpinen Extremlagen und ihre bronzezeitlichen Wurzeln, in: Kult der Vorzeit in den Alpen, Bozen 2002, S. 567–589.

[30] Walter *Leitner*, Ein mesolithisches Jägerlager auf dem Hirschbichl, Gem. St. Jakob im Defereggen, Osttirol, in: Arch. Austriaca 82/83, 1998/99, S. 65–102; im Rahmen eines archäologischen Survey am Karnischen Kamm wurden in den letzten Jahren auch Bereiche um den Füllhorn und Hollbrucker See, bedauerlicherweise ohne Erfolg, prospektiert; vgl. dazu Claus-Stephan *Holdermann*, Archäolog. Survey Karnischer Kamm, unpubliziertes Manuskript, 2008.

[31] Dominik *Markl*, KG Anras, in: Fundberichte aus Österreich 48 (2009), S. 389.

32 Vgl. *Klocker*, Alkuser See (wie Anm. 28), Abb. 60–61.
33 Die Lanze wurde mehr als Stoßwaffe, der Speer für den Wurf und den Stoß verwendet. Eine sichere ergologische Abgrenzung gibt es nicht.
34 *Sölder*, Osttirol (wie Anm. 14), S. 203, mit Anm. 82 und Abb. 24; eine weitere Lanzenspitze aus Bronze mit schmalen Flügeln, Geschenk an Prof. Goller an das fürstbischöfliche Gymnasium Vinzentinum, Brixen, mit dem Fundort Virgen erwähnt Oswald *Menghin* Osttirol (wie Anm. 11), S. 295, in seiner Zusammenstellung Osttiroler Funde. Das Stück ist leider verschollen. Zu einer weiteren Lanzenspitze mit geschweiftem Blatt aus Bronze aus dem 13./12. Jh. v. Chr. mit der Fundortangabe Lienz vgl. *Sölder*, Osttirol (wie Anm. 14), S. 202 mit Abb. 22.
35 *Klocker*, Alkuser See (wie Anm. 28), Abb. 6, 7, 12, 56.
36 *Sölder*, Osttirol (wie Anm. 14), Abb. 37.
37 Andreas *Lippert*, Das Gräberfeld von Welzelach (Osttirol). Eine Bergwerksnekropole der späten Hallstattzeit. (Antiquitas 3, Bd. 12), Bonn 1972, S. 21–22, mit Taf. VIII/4, XII/5, XVI/1, XVII/5, XVIII/7, XIX/5, XXII/6, XXXV/2), wobei von dort auch kantige Exemplare mit Tülle, Taf. XLI/3–4 bekannt sind.
38 *Stadler*, Höhensiedlungen (wie Anm. 27), S. 274, 1–3.
39 Harald *Stadler*, Alte und neue Entdeckungen in Osttirol, in: OHBl, 61. Jg. (1993), Nr. 7–8, Abb. 5; dort noch als mittelalterlich eingestuft.
40 Anton *Wurnig*, Katalog des Lienzer Museum „Agunt" 1. Folge 1913, Lienz 1913; vgl. auch Franz *Kollreider*, Geschichte des Lienzer Museums, in: OHBl, 36 Jg. (1968), Nr. 8. Die Sammlung war ursprünglich im ersten Stock des Bräustübls, heute Gebäude der Lienzer Sparkasse, aufgestellt. Die Inventarauflistung beschreibt 297 Objekte.
41 Die archäologischen Objekte werden seit 1825 in den jährlichen Zuwachsverzeichnissen des Tiroler Landesmuseums Ferdiandeum verzeichnet. Der Objektbestand aus Osttirol umfasst knapp 410 Inventarnummern, manche Inventarnummer ist als sog. Sammelnummer einem Fundkomplex zugewiesen, dessen Objekte zum größten Teil nicht publiziert sind; freundliche Mitteilung von Kustos Mag. Wolfang Sölder, Innsbruck. Eine vom Autor in den 80er-Jahren des 20. Jahrhunderts geplante Dissertation mit der Vorlage aller vor- und frühgeschichtlichen Funde aus Osttirol wurde von der damaligen Kustodin mit dem Hinweis abgelehnt, dass sie ein solches Vorhaben selbst plane. Bis heute ist von ihr diesbezüglich nichts erschienen.
42 *Menghin*, Osttirol (wie Anm. 11), S. 290.

Egon Kühebacher
Flur-, Hof- und Ortsnamen von Sillian

1 Karl *Finsterwalder*, Tiroler Ortsnamenkunde. Gesammelte Aufsätze und Arbeiten, 2 Bde. (Bd. 1 S. 1–447; Bd. 2 S. 448–925), hrsg. von Hermann *Ölberg* und Nikolaus *Grass* (Schlern-Schriften 285, 286), Innsbruck 1990, S. 15–28.; Egon *Kühebacher*, Ladinisches Sprachgut in den Tiroler Mundarten, in: Ladinien Land und Volk in den Dolomiten (Jahrbuch des Südtiroler Kulturinstitutes 58), Bozen 1963/64, S. 222–244; Egon *Kühebacher*, Zur vorgermanischen Siedlungsgeschichte und Sprachgeographie Tirols, in: Studien zur Namenkunde, Festschrift für Karl Finsterwalder, hrsg. von Hermann *Ölberg* und Hans *Schmeja* (Innsbrucker Beiträge zur Kulturwissenschaft 16), Innsbruck 1974, S. 61–81.
2 Claudia *Fräss-Ehrfeld*, Geschichte Kärntens, Bd. 1: Das Mittelalter, Klagenfurt 1984, S. 41–54.
3 Eberhard *Kranzmayer*, Einige Osttiroler Ortsnamen, in: Kleine namenkundliche Schriften (1929–1972), gesammelt und hrsg. von Maria *Hornung* (Schriften zur diachronen Sprachwissenschaft 5), Wien 1997, S. 251–254.
4 Karl *Finsterwalder*, Tiroler Ortsnamenkunde. Gesammelte Aufsätze und Arbeiten, Bd. 3, hrsg. von Hermann *Ölberg* und Nikolaus *Grass* (Schlern-Schriften 287), Innsbruck 1995, S. 1014–1018.
5 Karl *Finsterwalder*, Pustertaler Ortsnamen, Zeugen von Vorgeschichtszeiten an bis ins Frühmittelalter, in: Der Schlern, 35. Jg. (1965), S. 451–455.
6 *Fräss-Ehrfeld*, Kärnten (wie Anm. 2), S. 63 f.
7 Reimo *Lunz*, Urgeschichte des Oberpustertales (Archäologisch-historische Forschungen in Tirol 2, hrsg. von Reimo *Lunz*), Bozen 1977, S. 38.
8 Franz *Huter*, Kloster Innichen und die Besiedlung Tirols, in: Stifte und Klöster (Jahrbuch des Südtiroler Kulturinstitutes 2), Bozen 1962, S. 11–26; Karl *Wolfsgruber*, Die Beziehungen des Bistums Freising zu Innichen, in: Der Schlern, 45. Jg. (1971), S. 467 f.
9 *Huter*, Innichen (wie Anm. 8), S. 21–28; Tiroler Urkundenbuch, Abt. II: Die Urkunden zur Geschichte des Inn-, Eisack- und Pustertales, Bd. 1: bis zum Jahre 1140 bearb. von Martin *Bitschnau* und Hannes *Obermair*, mit Register von Claudia *Schretter* und Gertraud *Zeindl*, Innsbruck 2009, S. 99–102.
10 Leonhard *Wiedemayr*, Die „Hofmark Innichen!", 1. Teil, Innichen 1908, S. 14.
11 Eberhard *Kranzmayer*, Historische Lautgeographie des gesamtbairischen Dialektraumes, Wien 1956, S. 60.; Tirolischer Sprachatlas, hrsg. von Karl Kurt *Klein* und Ludwig Erich *Schmitt*, Bd. 1 (Deutscher Sprachatlas. Regionale Sprachatlanten, hrsg. vom Forschungsinstitut „Deutscher Sprachtlas" Nr. 3), unter Mitberücksichtigung der Vorarbeiten Bruno Schweizers bearbeitet von Egon *Kühebacher*, Innsbruck–Marburg 1965, Karten 41–43.
12 *Huter*, Innichen (wie Anm. 8), S. 27–29.
13 Egon *Kühebacher*, Orts- und Flurnamen vordeutscher Herkunft als Zeugen der mittelalterlichen Siedlungsgeschichte des Gsieser Tales in: Das Gsieser Tal, hrsg. von Klaus *Fischer*, Gsies–Taisten 1987, S. 87–97.
14 Fridolin *Dörrer*, Die geistige und geistliche Aufgabe Innichens, in: Der Schlern, 45. Jg. (1971), S. 491 f.
15 Johann Jakob *Staffler*, Tirol und Vorarlberg, statistisch und topographisch mit geschichtlichen Bemerkungen, II. Theil, 2. Bd., Innsbruck 1844, S. 401.
16 *Finsterwalder*, Ortsnamenkunde 1995 (wie Anm. 4), S. 207–210.
17 Lois *Craffonara*, Bemerkungen zu den ladinischen Exonymen in Osttirol, in: Ladinia et Romania. Festschrift für Guntram A. Plangg (Mondo Ladino 21), 1997 S. 207 f.
18 *Finsterwalder*, Ortsnamenkunde 1990 (wie Anm. 1), S. 662 f.
19 *Finsterwalder*, Ortsnamenkunde 1995 (wie Anm. 4), S. 973 f.
20 Peter *Anreiter*/Christian *Chapman*/Gerhard *Rampl*, Die Gemeindenamen Tirols, Herkunft und Bedeutung, Innsbruck 2009, S. 463–465.
21 *Craffonara*, Exonymen (wie Anm. 17), S. 205.
22 *Finsterwalder*, Ortsnamenkunde 1990 (wie Anm. 1), S. 665.
23 *Finsterwalder*, Ortsnamenkunde 1995 (wie Anm. 4), S. 942 f.

24 Egon *Kühebacher*, Die Ortsnamen Südtirols und ihre Geschichte, Bd. 1, 2. Auflage (Veröffentlichungen des Südtiroler Landesarchivs, Bd. 1), Bozen 1995.
25 *Finsterwalder*, Ortsnamenkunde 1990 (wie Anm. 1), S. 52.
26 Tirolischer Sprachatlas 1965 (wie Anm. 11), Karten 41–34.
27 *Finsterwalder*, Ortsnamenkunde 1995 (wie Anm. 4), S. 967.
28 Tirolischer Sprachatlas 1965 (wie Anm. 11), Karten 4, 6.
29 Josef *Schatz*, Wörterbuch der Tiroler Mundarten, 2 Bde. (Bd. 1, S. 1–401, Bd. 2 bis S. 574), für den Druck vorbereitet von Karl *Finsterwalder* (Schlern-Schriften 119, 120), Innsbruck 1955/1956 S. 93.
30 *Huter*, Kloster Innichen (wie Anm. 8), S. 12.
31 Karl *Bosl*, Die Gründung Innichens und die Überlieferung, in: Der Schlern, 45. Jg. (1971), S. 408.
32 *Finsterwalder*, Ortsnamenkunde 1990 (wie Anm. 1), S. 632.
33 *Finsterwalder*, Ortsnamenkunde 1990 (wie Anm. 1), S. 667.
34 *Schatz*, Tiroler Mundarten (wie Anm. 29), S. 633.
35 *Kranzmayer*, Historische Lautgeographie (wie Anm. 11), S. 32–35.
36 Matthias *Lexer*, Mittelhochdeutsches Taschenwörterbuch, 30. Auflage, Leipzig 1962, S. 7, 323; *Schatz*, Tiroler Mundarten (wie Anm. 29), S. 27.
37 Egon *Kühebacher*, Die Ortsnamen Südtirols und ihre Geschichte, Bd. 3 (Veröffentlichungen des Südtiroler Landesarchivs, Bd. 3), Bozen 2000, S. 12–15.
38 *Schatz*, Tiroler Mundarten (wie Anm. 29), S. 473.
39 Wie Anm. 38.
40 *Kühebacher*, Ortsnamen Südtirols 3 (wie Anm. 37), S. 13.
41 *Schatz*, Tiroler Mundarten (wie Anm. 29), S. 287.
42 *Schatz*, Tiroler Mundarten (wie Anm. 29), S. 266.
43 *Staffler*, Tirol und Vorarlberg (wie Anm. 15), S. 374.
44 *Finsterwalder*, Ortsnamenkunde 1990 (wie Anm. 1), S. 315–318.
45 *Schatz*, Tiroler Mundarten (wie Anm. 29), S. 507.
46 *Schatz*, Tiroler Mundarten (wie Anm. 29), S. 490.
47 *Schatz*, Tiroler Mundarten (wie Anm. 29), S. 372.
48 *Schatz*, Tiroler Mundarten (wie Anm. 29), S. 583.
49 Vgl. dazu *Anreiter*, Gemeindenamen (wie Anm. 20), S. 576 f.
50 *Schatz*, Tiroler Mundarten (wie Anm. 29), S. 348.
51 *Kühebacher*, Vorgermanische Siedlungsgeschichte (wie Anm. 1), S. 63. Die *Lammer*, ein Relikt aus vorrömischer Zeit, ist eine Steinhalde.
52 *Kühebacher*, Ortsnamen 3 (wie Anm. 37), S. 352.
53 *Schatz*, Tiroler Mundarten (wie Anm. 29), S. 532.
54 *Schatz*, Tiroler Mundarten (wie Anm. 29), S. 557.
55 *Schatz*, Tiroler Mundarten (wie Anm. 29), S. 475.
56 *Schatz*, Tiroler Mundarten (wie Anm. 29), S. 564.
57 *Schatz*, Tiroler Mundarten (wie Anm. 29), S. 160.
58 *Finsterwalder*, Ortsnamenkunde 1990 (wie Anm. 1), S. 376.
59 *Schatz*, Tiroler Mundarten (wie Anm. 29), S. 160.
60 *Finsterwalder*, Ortsnamenkunde 1995 (wie Anm. 4), S. 326.
61 *Kühebacher*, Ortsnamen (wie Anm. 24), S. 42 f.
62 *Schatz*, Tiroler Mundarten (wie Anm. 29), S. 32; die Schreibungen *ougist, ougsthof* von 1391 (Archivberichte aus Tirol von Emil von *Ottenthal* und Oswald *Redlich*, 4 Bände, Wien–Leipzig 1888–1912, 3. Bd., Nr. 1902) zeigen den im östlichen Pustertal häufigen Wechsel von *w* und *g*, z. B. *Proogis* und *Proowis* für Prags (keltisch *Pragas*), altmundartlich *Trooge* für Drau (aus *Drawe*), Oberdrauburg hieß noch im 18. Jh. *Tragburg*.
63 *Finsterwalder*, Ortsnamen 1995 (wie Anm. 4) S. 1027; ders. 1990 (wie Anm. 1), S. 589.
64 *Schatz*, Tiroler Mundarten (wie Anm. 29), S. 594.
65 *Schatz*, Tiroler Mundarten (wie Anm. 29), S. 151.
66 *Schatz*, Tiroler Mundarten (wie Anm. 29), S. 286.
67 *Schatz*, Tiroler Mundarten (wie Anm. 29), S. 52.
68 Karl *Finsterwalder*, Tiroler Familiennamenkunde (Schlern-Schriften 284), Innsbruck 1994, S. 263.
69 *Lexer*, Taschenwörterbuch (wie Anm. 36), S. 311. – Ich glaube nicht, dass Waber ursprünglich ein Übername für einen aus Waben/Obervellach Zugezogenen war.
70 *Finsterwalder*, Familiennamen (wie Anm. 68), S. 227 f.
71 *Finsterwalder*, Familiennamen (wie Anm. 68), S. 139, 362.
72 Egon *Kühebacher*, Die Linie Mühlbacher Klause–Zillermündung im dialektgeographischen Bilde Tirols, in: Franz *Hye*, Der alte Markt Mühlbach, Mühlbach 1979, S. 190–193.
73 *Finsterwalder*, Familiennamen (wie Anm. 68), S. 362.
74 *Finsterwalder*, Familiennamen (wie Anm. 68), S. 242.
75 *Finsterwalder*, Familiennamen (wie Anm. 68), S. 300.
76 *Finsterwalder*, Familiennamen (wie Anm. 68), S. 367; der Familienname, dessen Stammheimat dieser Hof ist, lautet *Kopfsguter*.
77 *Finsterwalder*, Familiennamen (wie Anm. 68), S. 446.
78 *Finsterwalder*, Familiennamen (wie Anm. 68), S. 282.
79 *Schatz*, Tiroler Mundarten (wie Anm. 29), S. 445.
80 *Anreiter*, Gemeindenamen (wie Anm. 20), S. 419–422.
81 *Finsterwalder*, Familiennamen (wie Anm. 68), S. 194.
82 *Schatz*, Tiroler Mundarten (wie Anm. 29), S. 555.
83 *Lexer*, Taschenwörterbuch (wie Anm. 36), S. 22.
84 *Schatz*, Tiroler Mundarten (wie Anm. 29), S. 384.

Martin Steidl
Erzählte Räume – erzählte Kultur

1 Kultur wird an dieser Stelle nicht als essentialistischer Begriff gebraucht, sondern im Sinne eines Dispositivs.
2 Christoph *Wurzer*, Die Pfarrer von Sillian, nebst bemerkenswerten Ereignissen aus der Pfarrgeschichte, in: OHBl, 2. Jg. (1925), Heft 6, S. 87–89 u. Heft 7, S. 98–100, hier Heft 6, S. 88.
3 Johann Jakob *Staffler*, Das deutsche Tirol und Vorarlberg topographisch mit geschichtlichen Bemerkungen, Bd. 2. Enthält die Kreise Pusterthal und am Eisack und an der Etsch, Innsbruck 1847, S. 375, zitiert nach OHBl, 2. Jg. (1925), Heft 9, S. 144. Vgl. hierzu auch: Urban der Wettermacher, in: Johann Nepomuk Ritter von *Alpenburg* (Hrsg.), Deutsche Alpensagen, Wien 1861, Nr. 321.
4 *Alpenburg*, Deutsche Alpensagen (wie Anm. 3).
5 Johann Adolf *Heyl* (Hrsg.), Volkssagen, Bräuche und Meinungen aus Tirol, Brixen 1897.
6 Ignaz Vincenz *Zingerle* (Hrsg.), Sagen, Märchen und Gebräuche aus Tirol, Innsbruck 1859.
7 *Freiwillige Feuerwehr Sillian*/Hans *Viertler*/Alois *Kraler*/Josef *Rauter* (Hrsg.), 150 Jahre Musikkapelle Sillian. 1826–1976. Festschrift, Sillian 1976, S. 22.
8 Im Nachlass *Wanner* finden sich folgende Sagenbelege: Die geizige Bäurin; Die Sage vom geizigen Bannholzerbauern; Die Sillianer Schlangen; Der Turn Urban; Die Schlangen von Bannholz; Der Schatz im Schloss Heimfels; Das Gespenst in der Gschwendter Kaser und Der Riese Haunold (freundlich zur Verfügung gestellt von Maria *Huber-Wanner*).
9 Vgl. hierzu die Ideen, wie sie bezüglich fiktiven Gemeinschaftsempfindens der Nation entwickelt wurden, in: Etienne *François*/

9   Hagen *Schulze*, Das emotionale Fundament der Nationen, in: Monika *Flacke* (Hrsg.), Mythen der Nationen. Ein europäisches Panorama. Ausstellungsbegleitpublikation, Deutsches Historisches Museum 20.3.–9.6.1998, München–Berlin 1998, S. 17–32.
10 *Wurzer*, Die Pfarrer von Sillian (wie Anm. 2), S. 88.
11 Der Riese Haunold, in: *Wanner* MS (wie Anm. 8); vgl. auch *Zingerle*, Sagen, Märchen und Gebräuche aus Tirol (wie Anm. 6), S. 94.
12 Vom Tourismusverband Hochpustertal wird dieselbe Sage in einer Beschreibung der Innichner Stiftskirche mit dem Verweis wiedergegeben: „So hat man dann dem Riesen eine Falle gestellt und er stürzte zu Tode. Als Erinnerung an ihn wurde der Berg hoch über Innichen nach ihm benannt.", in: dreizinneninfo, online unter: http://www.dreizinnen.info/urlaub/stiftskirche-innichen-drei-zinnen.aspx (Stand: 3.7.2011).
13 Die geizige Bäurin, in: Wanner MS (wie Anm. 8).
14 Der Bannholzer Bauer, in: Wanner MS (wie Anm. 8).
15 „Die Tragödie ist die Nachahmung einer Handlung […] und bewirkt durch Mitleid und Furcht die Reinigung derartiger (oder: von derartigen) Leidenschaften", hält Christian Wagner als Kernsatz fest. Vgl. hierzu: Christian *Wagner*, „Katharsis" in der Aristotelischen Tragödiendefinition, in: Matthias *Luserke* (Hrsg.), Die Aristotelische Katharsis. Dokumente ihrer Deutung im 19. und 20. Jahrhundert, Hildesheim–Zürich–New York 1991, S. 423–443, hier S. 423. Insgesamt bietet dieser Sammelband historischer Aufsätze einen guten Überblick über die unterschiedlichen Deutungsansätze des Katharsiskonzeptes im 19. u. 20. Jahrhundert.
16 Vgl. hierzu: Albert *Calssen*, Die deutsche Predigtliteratur des Spätmittelalters und der Frühneuzeit im Kontext der europäischen Erzähltradition: Johannes Paulis Schimpf und Ernst (1521) als Rezeptionsmedium, in: Fabula. Zeitschrift für Erzählforschung. 44. Bd. (2003), Heft 3–4, S. 209–236.
17 Vgl. hierzu: Hans *Waschgler*, Pfarrer Karl Maister †, in: OHBl, 20. Jg. (1952), Heft 1 (unpag.); ebenso: Hans *Waschgler*, Zur Geschichte der Osttiroler Heimatblätter, In: OHBl, 59. Jg. (1991), Heft 6 (unpag.).
18 Gespensterspuk in der Gschwendter Kaser. Mitgeteilt von Victor *Wanner*, in: OHBl, 16. Jg. (1948), Heft 3 (unpag.), (S. 3); vgl. auch: Das Gespenst in der Gschwendter Kaser, in: *Wanner* MS (wie Anm. 8).
19 Für diesen spezifischen Zugriff auf die Erzählstoffe, wie sie von den Brüdern Grimm lanciert wurden, ist heute der Begriff der mythologischen Schule der Erzählforschung gängig.
20 Vgl. hierzu die Vorrede zu den Deutschen Sagen in: Jacob *Grimm*/Wilhelm *Grimm* (Hrsg.), Deutsche Sagen, Berlin 1816, S. V–XXVI.
21 Jacob *Grimm*, Deutsche Mythologie, 1. Bd., Göttingen 1844 (Zweite Ausgabe), S. X.
22 In diesen Überformungen durch die Bearbeitungsschritte finden vor allem schichtspezifische Zuschreibungen ihren Ausdruck: Insbesondere das Gefälle zwischen der städtisch bürgerlichen Schicht, die an der Volkspoesie interessiert war und dem bäuerlichen Milieu, dem man die Tradierungskette unterstellte. Vgl. hierzu etwa: Rudolf *Schenda*, Von Mund zu Ohr. Bausteine zu einer Kulturgeschichte volkstümlichen Erzählens in Europa, Göttingen 1993, S. 247; zur Herkunftsfrage der Sagen: Leander *Petzoldt*, Einführung in die Sagenforschung, Konstanz 2002 (3. Aufl.), S. 37–40.
23 *Grimm*, Deutsche Mythologie (wie Anm. 21), S. XLVIII.
24 Ignaz Vincenz *Zingerle*, Sagen aus Tirol. 2. und vermehrte Auflage, Innsbruck 1891, S. 689.
25 Vgl. hierzu: Etienne *François*/Martin *Schultze*, Das emotionale Fundament der Nationen (wie Anm. 9), S. 17–31.
26 Vgl. zur Geschichte der Bezeichnung ‚Osttirol': Martin *Kofler*, Osttirol. Ein Grenzbezirk – zweiter Landesteil – „drittes Tirol", in: Geschichte und Region/Storia e regione, 9. Jg. (2000), S. 209–225.
27 Hans *Waschgler*, Zur Geschichte der Osttiroler Heimatblätter, in: OHBl, 59. Jg. (1991), Heft 6 (unpag.).
28 Osttiroler Presseksortium und Redaktion der „Lienzer Nachrichten": An die Leser und Freunde der „Osttiroler Heimatblätter", in: OHBl, 11. Jg. (1934), Heft 6/9, S. 25.
29 Die Hunnenburg, mitgeteilt von Josef *Riedler*, Heinfels, in: OHBl, 2. Jg. (1925) Heft 2, S. 28–29.
30 Vgl. hierzu auch die Sage von der Burg Heinfels, bearbeitet und erzählt von Fanny Wibmer-Pedit, in der die Sillianer Bewohner den Riesen Hanno um Hilfe bitten. Fanny *Wibmer-Pedit*, Schloss Heimfels, in: Dieselbe (Hrsg.), Die Dolomitenkrone und andere Sagen, Innsbruck 2008, S. 133–156.
31 Vgl. hierzu Martin *Steidl*, Anfangen oder aufgreifen? Zwischen endlicher Sprache und unendlicher Zeit, in: Thomas *Gimesi*/Werner *Hanselitsch* (Hrsg.), „Ursprünge und Anfänge" (rationalpark series / plateaus, 3. Bd.), Münster–Wien 2009, S. 149–156.
32 Der Riese Haunold, in: *Wanner*, MS (wie Anm. 8).
33 Monika *Ramoser*, Von Riesen und groszen [sic!] Leuten in Tirol, oder: Riesen sind auch Menschen, in: Leander *Petzoldt* (Hrsg.), „Und wenn sich nicht gestorben sind …". Historische und gegenwärtige Aspekte der Volkserzählung in Tirol. Ausstellungskatalog, Innsbruck 1988, S. 71–74, hier S. 71; eine der bedeutendsten Raritätensammlungen dieser Art, die Kunst- und Wunderkammer, befindet sich im Schloss Ambras bei Innsbruck. Zwischen Laboratorium und Wissensspeicher einzuordnen, sammelten diese Speicher neuzeitlichen Denkens nicht nur bunt gemischt Artefakte und Wissen aus einer sich neu eröffneten Welt, sondern fertigten auch ganz gezielt Fabelwesen wie Einhörner, so wie sie in antiken Erzählungen beschrieben wurden. Vgl. auch: *Olbrich*: Fossilien, in: Handwörterbuch des deutschen Aberglaubens. Bd. 2, Berlin–New York 1987, S. 1706–1723.
34 Vgl. hierzu den Südtirol-Blog. Online unter: http://www.lana-suedtirol.de/lana/die-rippe-des-riesen-von-innichen. Stand: 14.8.2011.
35 Urban der Wettermacher. In: *Alpenburg*, Alpensagen (wie Anm. 3), Nr. 321; Der Thurnthaler Urban, in: *Heyl*, Volkssagen, Bräuche und Meinungen aus Tirol (wie Anm. 5), S. 672–674; Vom Thurntaler See, in: *Zingerle*, Sagen aus Tirol (wie Anm. 6), S. 455 [Nr. 789]; Der Turn Urban, erzählt von Karl *Constantini*, in: OHBl, 2. Jg. (1925), Heft 5, S. 75–76; Der Turn Urban, in: *Wanner* MS (wie Anm. 8).
36 *Alpenburg*, Alpensagen (wie Anm. 3), Nr. 321.
37 Bertolt *Brecht*, Volkstümlichkeit und Realismus, in: Hans *Mayr* (Hrsg.), Deutsche Literaturkritik. Vom Dritten Reich bis zur Gegenwart (1933–1968), Frankfurt am Main 1978 (gekürzte Lizenzausgabe, 1. Aufl. bei Henry Goverts: Stuttgart 1971 u. 1972), S. 164–177, hier S. 169.
38 Friedbert *Aspetsberger* (Hrsg.), Arnolt Bronnen. Werke. 2. Bd., Klagenfurt o. J., S. 276.
39 Arnolt *Bronnen*, Tage mit Bertolt Brecht. Geschichte einer unvollendeten Freundschaft, Wien–München–Basel 1960, S. 113.
40 Dass Sagen an verschiedenen Orten in verschiedenen Varianten auftreten, ist häufig. Anhand der Haunoldsage(n) wurde dies ja vorgeführt und zudem mit der Perspektive angereichert, dass

im Kontrast der Belege nicht nur Merkmale des geographischen Raumes zum Vorschein treten, sondern ebenso die Merkmale des sozialen Raumes. Ebenfalls kurz erwähnt soll werden: Sagen, die sich um topographische Besonderheiten ranken, werden ätiologische Sagen genannt.

41 Andere Sagenvarianten nennen Thurn Urban mit seinem bürgerlichen Namen, Urban Pichler. Vgl. hierzu: Der Turn Urban, in: *Wanner* MS (wie Anm. 8). – Hansjörg *Rabanser*, Der „Thurntaler Urban" – Der Hexenprozess gegen Urban Pichler und seine Lebensgefährtin Ursula im Gericht Heinfels (1637) und die Tradierung in der Sage, in: Tiroler Heimat, 78. Bd. (2014).

42 An der Wende vom 15. zum 16. Jahrhundert verzeichnet die Literatur über fahrende Schüler eine Hochkonjunktur. Beschrieben werden sie als Schwindler und Landstreicher, die ihren Lebensunterhalt durch das Feilbieten diverser magischer Artefakte oder Dienstleistungen bestritten. Den gängigen Vorstellungen entsprechend, erlernten die fahrenden Schüler ihre magischen Fähigkeiten vom Teufel. Vgl. hierzu auch: *Weise-Aall*, Fahrende Schüler, in: Handwörterbuch des Deutschen Aberglaubens. 2. Bd., Berlin–New York 1987, S. 1123–1124.

43 In der angeführten Sagenvariante lautet der Name der Gefährtin Urschl.

44 *Aspetsberger*, Arnolt Bronnen (wie Anm. 38), S. 273.

45 *Alpenburg*, Deutsche Alpensagen (wie Anm. 3), Nr. 321.

46 Die Version aus dem Nachlass *Wanner* Victor (erzählt von einem nicht näher bestimmbaren A. P.) lautet: „Er stieß die wildesten Verwünschungen aus, zum Beispiel: ‚Es soll euch Roan (Rain) und Wiesen verbrennen!' oder ‚Der Hagel soll euch alles erschlagen!'"

47 Thomas *Keith*, Die Hexen und ihre soziale Umwelt, in: Claudia *Honegger* (Hrsg.), Die Hexen der Neuzeit. Studien zur Sozialgeschichte eines kulturellen Deutungsmusters, Frankfurt am Main 1978, S. 256–308, hier S. 281, zitiert nach: Norbert *Schindler*, Die Entstehung der Unbarmherzigkeit. Zur Kultur und Lebensweise der Salzburger Bettler am Ende des 17. Jahrhunderts, in: Bayerisches Jahrbuch für Volkskunde 1988, S. 61–130, hier S. 67.

48 Vgl. ebd. S. 68.

49 Vgl. die Kapitel ‚Wetterzauber' und ‚Wettersegen, Wetterläuten und andere Schutzmittel', in: Margarethe *Ruff*, Zauberpraktiken als Lebenshilfe. Magie im Alltag vom Mittelalter bis heute, Frankfurt–New York 2003, S. 108–121.

50 Georg Christoph *Lichtenberg*, Aphorismen. In einer Auswahl hrsg. und mit einem Nachwort versehen von Kurt *Batt*, Frankfurt am Main 1976, S. 242.

51 Vgl. Martin *Scharfe*, Kruzifix mit Blitzableiter, in: Österreichische Zeitschrift für Volkskunde, LIII/102 (1999), S. 289–336.

52 Nicht nur ein Blitzableiter schmückte das Kreuz am Kleinglockner, sondern zudem waren in seinem Inneren messtechnische Instrumente installiert – wenngleich verschämt hinter einem Türchen versteckt. Diese Instrumentarien geben in anderer Richtung noch Auskunft über den Kulturwandel, der das exakte Messen zum Garanten empirisch fundierter, also wissenschaftlicher Tatsachen erhob. Ebd. S. 313.

53 Martin *Scharfe*, Menschenwerk. Erkundungen über Kultur, Köln–Weimar–Wien 2002, S. 74.

54 Es ist hier nicht der Platz für eine weitere Ausführung des Kulturwandels im Lichte der Aufklärung. Doch soviel sei angemerkt, dass dieser von Rationalität getragene bürgerliche Prozess zu Freiheit, Gleichheit und Brüderlichkeit (oder in Anlehnung an Kant ‚zur Mündigkeit des Individuums') sich vor allem gegen eines richten musste: jedwede Form der Entmündigung – im Bereich des Profanen ebenso wie in dem des Sakralen.

55 Vgl. *Ruff*, Zauberpraktiken als Lebenshilfe (wie Anm. 49), S. 118.

56 Peter *Leiter*, Die letzte Bärenjagd in der Sillianer Gegend, in: OB, 17. Jg. (1962), Nr. 47 (22. November 1962), S. 14.

Wilfried Beimrohr
Das Landgericht Heinfels oder Sillian

1 Dieser Beitrag beruht, sofern nicht anders zitiert, auf folgender Literatur: Otto *Stolz*, Politisch-historische Landesbeschreibung. Die Viertel Eisacktal und Pustertal (Schlern-Schriften 40), Innsbruck 1939; Wilfried *Beimrohr*, Mit Brief und Siegel. Die Gerichte Tirols und ihr ältestes Schriftgut im Tiroler Landesarchiv (Tiroler Geschichtsquellen 34), Innsbruck 1994; Hans *Kramer*, Beiträge zur Geschichte des Landgerichtes Sillian in Osttirol von ungefähr 1750 bis 1850, in: Carinthia I, Mitteilungen des Geschichtsvereines für Kärnten, 152 Jg. (1962), Heft 1, S. 27–59; Erika *Prast*, Die vier Pustertaler Herrschaften St. Michelsburg, Schöneck, Uttenheim und Heinfels unter Brixner Pfandherrschaft, ungedr. phil. Diss. Universität Innsbruck 1975.

2 *Stolz*, Landesbeschreibung (wie Anm. 1), S. 620; Wilfried *Beimrohr*, Die ländliche Gemeinde in Tirol aus rechtsgeschichtlicher Perspektive, in: Tiroler Heimat, Band 72 (2008), S. 161–178.

3 Ignaz Vincenz *Zingerle*/Josef *Egger* (Hrsg.), Die tirolischen Weisthümer, IV. Theil, 2. Hälfte, Wien 1891, S. 561.

4 Johann Jakob *Staffler*, Tirol und Vorarlberg statistisch und topographisch, mit geschichtlichen Anmerkungen, Band 2, Innsbruck 1844, S. 375.

5 *Stolz*, Landesbeschreibung (wie Anm. 1), S. 630.

6 *Zingerle*/*Egger*, Weisthümer (wie Anm. 3), 1. Hälfte, Wien 1888, S. 554 ff.

7 Lienz, Museum der Stadt Lienz Schloss Bruck, Sammlung Oberforcher, Regesten, Abschnitt Gericht Heinfels.

8 TLA: Landschaftliches Archiv: Protokolle der Verhandlungen der Landschaft, 9. Bd., fol. 248.

9 TLA: Landschaftliches Archiv, Steuersachen 13/251 und 13/252.

10 TLA: Generallandeskommissariat für Tirol, Akt IX/II/A/1 (Statistischer Bericht vom Dezember 1807).

11 TLMF: FB 4319/20.

Wilfried Beimrohr
Sillian in alter Zeit

1 Peter *Anreiter*/Christian *Chapman*/Gerhard *Rampl*, Die Gemeindenamen Tirols. Herkunft und Bedeutung (Veröffentlichungen des Tiroler Landesarchivs 17), Innsbruck 2009, S. 463 ff.

2 Friederike *Klos-Buzek* (Hrsg.), Das Urbar der Vorderen Grafschaft Görz aus dem Jahre 1299 (Österreichische Urbare), Wien 1956, S. 20.

3 TLA: Handschrift 545 fol. 93 (Informations- und Konfinenbuch der Herrschaft Heinfels 1690).

4 Hans *Kramer*, Beiträge zur Geschichte des Landgerichtes Sillian von ungefähr 1750 bis 1850 (4. Fortsetzung), in: OHBl, 32. Jg. (1964), Nr. 12.

5   TLA: Sammelakten D/XIV/3/3.
6   TLA: Handschrift 54/II.
7   TLA: Kataster 0/1 fol. 143.
8   TLA: Handschrift 2461.
9   TLA: Generallandeskommissariat für Tirol IX/II/A/1.
10 Beda *Weber*, Das Land Tirol. Ein Handbuch für Reisende, Band 2, Innsbruck 1838, S. 134.
11 Johann Jakob *Staffler*, Tirol und Vorarlberg statistisch und topographisch, mit geschichtlichen Bemerkungen, Band 2, Innsbruck 1844, S. 366.
12 *Weber*, Land Tirol (wie Anm. 10), S. 133 f.
13 *Weber*, Land Tirol (wie Anm. 10), S. 135.
14 Berufsstatistik nach der Volkszählung vom 31.12.1900 (Österreichische Statistik 66/7), Wien 1904.
15 Hans *Kramer*, Beiträge zur Geschichte des Landgerichtes Sillian von ungefähr 1750 bis 1850 (2. Fortsetzung), in: OHBl, 32. Jg. (1964), Nr. 10.

Egon Kühebacher
Geschichte der Pfarre Sillian

1   Josef *Gelmi*, Geschichte der Kirche Tirols, Innsbruck–Bozen 2001, S. 43 f.
2   Leonhard *Wiedemayr*, Die „Hofmark" Innichen, II. Teil, Innichen 1910, S. 82.
3   Egon *Kühebacher*, St. Silvester auf der Alm und St. Salvator im Wildbad. Zwei uralte Pustertaler Heiligtümer, in: Der Schlern 61 (1987), S. 5–21.
4   Egon *Kühebacher*, Der selige Batho von Freising. Zur Geschichte der Missionstätigkeit des Benediktinerklosters Innichen, in: Der Schlern 54 (1980), S. 402–408.
5   Tiroler Urkundenbuch, Bd. 1: Bis zum Jahre 1140, Abt. II: Die Urkunden zur Geschichte des Inn-, Eisack- und Pustertales, bearb. von Martin *Bitschnau* und Hannes *Obermair*, mit Registern von Claudia *Schretter* und Gertraud *Zeindl*, Innsbruck 2009, S. 57, 59.
6   Egon *Kühebacher*, Das Benediktinerkloster Innichen, in: Der Schlern 64 (1990), S. 148.
7   Karl *Wolfsgruber*, Die Beziehungen des Bistums Freising zu Innichen, in: Der Schlern 45 (1971), S. 467.
8   *Wolfsgruber*, Beziehungen (wie Anm. 7), S. 468.
9   Franz *Huter*, Kloster Innichen und die Besiedlung Tirols, in: Stifte und Klöster (Jahrbuch des Südtiroler Kulturinstitutes II), Bozen 1962, S. 11–17.
10 *Gelmi*, Geschichte (wie Anm. 1), S. 46.
11 Leonhard *Wiedemayr*, Die „Hofmark" Innichen, 1. Teil, Innichen 1908, S. 20–22.
12 *Wolfsgruber*, Beziehungen (wie Anm. 7), S. 469.
13 Fridolin *Dörrer*, Die geistige und geistliche Aufgabe Innichens, in: Der Schlern 45 (1971), S. 491–493; *Huter*, Kloster Innichen (wie Anm. 9), S. 27.
14 *Dörrer*, Aufgabe (wie Anm. 13), S. 492 (Skizze).
15 Franz Anton *Sinnacher*, Beyträge zur Geschichte der bischöflichen Kirche Säben und Brixen in Tyrol, VII. Band, Brixen 1830, S. 738.
16 *Sinnacher*, Beyträge (wie Anm. 15), IV. Band, Brixen 1824, S. 66.
17 Alois *Trenkwalder*, Aus der Geschichte der Pfarre Toblach, in: Der Schlern 56 (1982), S. 117 f., 125.
18 Karl *Wolfsgruber*, Das Stift Innichen, in: Stifte und Klöster (Jahrbuch des Südtiroler Kulturinstitutes II), Bozen 1962, S. 33–52; Egon *Kühebacher*, Das Kollegiatstift zu den Heiligen Candidus und Korbinian, in: Dom- und Kollegiatstifte in der Region Tirol Südtirol und Trentino in Mittelalter und Neuzeit – Collegialità ecclesiastica nella regione trentino – tirolese dal medioevo all'età moderna, hrsg. von Hannes *Obermair*, Klaus *Brandstätter*, Emanuele *Curzel* (Schlern-Schriften 329), Innsbruck 2006, S. 193–204.
19 *Wolfsgruber*, Stift Innichen (wie Anm. 18), S. 37.
20 *Wolfsgruber*, Beziehungen (wie Anm. 7), S. 469 f.
21 *Wolfsgruber*, Beziehungen (wie Anm. 7), S. 470.
22 *Wolfsgruber*, Stift Innichen (wie Anm. 18), S. 36 f.
23 Bibliothek des Stiftes Innichen VIII/b (Sammlung handschriftlicher Dokumente).
24 Die Pf. stütze sich auch auf: Christoph *Wurzer*, Die Pfarrer von Sillian, in: OHBl, 2. Jg. (1925), Heft 6 und 7 (Wurzer war Kooperator in Sillian von 1920 bis 1925.).
25 *Sinnacher*, Beyträge (wie Anm. 15), III. Band, Brixen 1823, S. 472.
26 *Trenkwalder*, Toblach (wie Anm. 17), S. 117 f.
27 *Sinnacher*, Beyträge (wie Anm. 15), VI. Band, Brixen 1828, S. 665 f.
28 Zu Peter Frizlar siehe: Egon *Kühebacher*, Kaiser Otto I. und das Kollegiatstift Innichen, in: Der Schlern 62 (1988), S. 189–192.
29 Ein Zweig dieser Familie wurde in Lienz sesshaft, von wo Ludwig nach Innichen kam und dort um 1880 die Firma Ludwig Hölzl (Nähmaschinen, Fahrräder) gründete und zudem sich besonders einsetzte, dass sich die Feuerwehren des Bezirkes Lienz zu einem Bezirksverband zusammenschlossen.
30 Kanonikus Gaiser war ein großer Wohltäter des Stiftes, so ließ er auf eigene Kosten in der Stiftskirche einen Barockaltar errichten. Das Heimathaus des Kanonikus ist der Hof Gais am Innichberg.
31 Durch diesen Kanonikus kam ein Großteil der Bibliothek des Arztes Nikolaus Pol (Leibarzt der Tiroler Landesfürsten Sigismund, Maximilian und Ferdinand I.) im 16. Jahrhundert nach Innichen in die Stiftsbibliothek.
32 Egon *Kühebacher*, Prozessionen des Stiftes Innichen im frühen 17. Jahrhundert, in: Der Schlern 60 (1985), S. 637 f.
33 Aus dem Stiftsarchiv I, 64.
34 *Sinnacher*, Beyträge (wie Anm. 15), VII. Band, Brixen 1830, S. 736–738.
35 *Sinnacher*, Beyträge (wie Anm. 15), VII. Band, Brixen 1830, S. 738.
36 *Wurzer*, Pfarrer (wie Anm. 24), Heft 6, S. 88.
37 Gatterer soll ein Geldfälscher gewesen sein (Stiftsarchiv I,64).
38 Nach einer Schrift (Stiftsarchiv I,64) war Morbo ein sehr frommer Priester.
39 *Wurzer*, Pfarrer (wie Anm. 24), Heft 6, S. 88.
40 Johann Klettenhammer, der Wirt des Gasthauses Klettenheim (es wurde beim Bau der Pustertaler Eisenbahn 1870 beseitigt), erbaute die im Jahre 1650 geweihte Kapelle nach dem Muster des Gnadenheiligtums von Loreto. Die Loretokapelle ist seither ein viel besuchtes Wallfahrtsziel. Pfarrer Goldwurm starb im Gasthaus Klettenheim.
41 *Dörrer*, Aufgabe (wie Anm. 13), S. 494–494.
42 Am frühesten dürfte die zur Kuratie Winnebach gehörende Lokalkaplanei Vierschach einen eigenen Friedhof bekommen haben. Nach Karl Wolfsgruber ist der Vierschacher Friedhof „uralt" (Karl *Wolfsgruber*, Die Pfarreien Winnebach und Vierschach, in: Der Schlern 39, 1965, S. 231).

43 Egon *Kühebacher*, Über die seelsorgliche Betreuung Obertilliachs bis ins späte 19. Jahrhundert, in: Obertilliach. Eine Tiroler Hochgebirgsgemeinde in Vergangenheit und Gegenwart, in Zusammenarbeit mit Michael *Annewanter* gestaltet von Egon *Kühebacher*, Obertilliach 2005, S. 113.
44 Das mundartliche *Tuim* ist in Pustertal die lautgesetzliche Entsprechung für das altdeutsche *Tuem,* das sich aus dem lateinischen *domus* entwickelt hat. In Anlehnung an das lateinische *domus* setzte sich seit dem 16. Jahrhundert die Lautform *Dom* durch. Seit alters wurde die Stiftskirche von Innichen *Tuim*, also Dom, genannt, obwohl dieser Titel nur den bischöflichen Kathedralen zukommt. Der *Tuim* mit seiner Kreuzesgruppe aus der Zeit um 1250 war bis 1920 immer die gemeinsame Kirche der Gläubigen aller Seelsorgsorte des Stiftes, einer Gemeinschaft, die man „Innichner *Pfarrmenige*" nannte.
45 Trojer war ein Mitbegründer der Kuratie Winnebach; *Wolfsgruber*, Winnebach (wie Anm. 42), S. 231–233.
46 Der Grabstein Geilbergs befindet sich in der Stiftskirche an der nördlichen Außenmauer der Krypta.
47 Der Grabstein Hattlers befindet sich in der Stiftskirche an der nördlichen Außenmauer der Krypta.
48 Schraffl war dann bis um 1753 Pfarrer in Toblach und anschließend in Innichen. In seiner Amtszeit wurde die Innichner Pfarrkirche, die 1735 abgebrannt war, tiefgreifend barockisiert, siehe Egon *Kühebacher*, Zur Geschichte der Pfarrkirche zum Hl. Michael in Innichen, in: Der Schlern 61 (1987), S. 340–343.
49 *Wurzer*, Pfarrer (wie Anm. 24), S. 99.
50 Norbert *Hölzl*, Tirols umfangreichste Barock-Passion. Niederdorfer Handschrift 1743, in: Der Schlern 43 (1969), S. 139–147.
51 *Wolfsgruber*, Stift Innichen (wie Anm. 18), S. 49–52.
52 Das Porträt des Propstes Ignaz Mantinger im Museum des Stiftes Innichen ist wahrscheinlich ein Werk des Stiftschorleiters Josef Wach; siehe *Gelmi*, Geschichte (wie Anm. 1), S. 215.
53 Johann Jakob *Staffler*, Tirol und Vorarlberg, statistisch und topographisch, mit geschichtlichen Bemerkungen, II. Band, II. Theil, S. 373.
54 *Wurzer*, Pfarrer (wie Anm. 24), Heft 7, S. 100.
55 *Gelmi*, Geschichte (wie Anm. 1), S. 327 f.
56 Egon *Kühebacher*, Die italienisch-österreichische Staatsgrenze zwischen Arnbach und Winnebach in ihren ersten Bestandsjahren, in: Mitteilungsblatt der Marktgemeinde Sillian, Dezember 2009, S. 23–26.
57 Johannes *Steinringer*, Das Prozessionswesen in Osttirol, maschinschriftl. Dissertation, Wien 1941, S. 73; *Gelmi*, Geschichte (wie Anm. 1), S. 199–202.
58 *Wurzer*, Pfarrer (wie Anm. 24), Heft 6, S. 87.
59 *Steinringer*, Prozessionswesen (wie Anm. 57), S. 74–78.
60 Lexikon für Theologie und Kirche, begründet von Michael Buchberger, 2. Auflage, hrsg. von Josef *Hofer* und Karl *Rahner*, Bd. 9, Freiburg 1964, Spalte 47; *Wurzer*, Pfarrer (wie Anm. 24), Heft 6, S. 87. In der Karfreitagsprozession von Innichen gingen wirklich sich geißelnde Flagellanten mit, *Kühebacher*, Prozessionen (wie Anm. 32), S. 653.
61 *Steinringer*, Prozessionswesen (wie Anm. 57), S. 72.
62 *Gelmi*, Geschichte (wie Anm. 1), S. 211.
63 *Sinnacher*, Beyträge (wie Anm. 15), IX. Band, Brixen 1834, S. 750 f.; *Steinringer*, Prozessionswesen (wie Anm. 57), S. 79 f.
64 Schon im Jahre 1766 ersuchte der Gubernialpräsident Kassian Ignaz von Enzenberg den Brixner Fürstbischof Leopold von Spaur, er möge im Schulwesen erfahrene Priester zur Verfügung stellen, die den äußerst mangelhaften Unterricht verbessern sollten. Unter den Priestern, die in der Folgezeit die Schulaufsicht über ganz Tirol übernahmen, finden wir ab 1781 Ignaz Mantinger, den späteren Pfarrer von Sillian (s. o.) und ab 1818 Propst von Innichen; siehe dazu *Gelmi*, Geschichte (wie Anm. 1), S. 212.
65 *Gelmi*, Geschichte (wie Anm. 1), S. 209.
66 *Gelmi*, Geschichte (wie Anm. 1), S. 209 f.
67 Franz *Hattler*, Missionsbilder aus Tirol. Geschichte der ständigen tirolischen Jesuitenmission von 1719 bis 1784, Innsbruck 1899.
68 *Hattler*, Missionsbilder (wie Anm. 67), S. 267.
69 *Gelmi*, Geschichte (wie Anm. 1), S. 210 f.
70 *Hattler*, Missionsbilder (wie Anm. 67), S. 235.
71 *Hattler*, Missionsbilder (wie Anm. 67), S. 139.
72 *Hattler*, Missionsbilder (wie Anm. 67), S. 140.
73 *Hattler*, Missionsbilder (wie Anm. 67), S. 360.
74 *Hattler*, Missionsbilder (wie Anm. 67), S. 290.
75 *Hattler*, Missionsbilder (wie Anm. 67), S. 289.
76 *Hattler*, Missionsbilder (wie Anm. 67), S. 259–272.
77 *Hattler*, Missionsbilder (wie Anm. 67), S. 134.
78 *Hattler*, Missionsbilder (wie Anm. 67), S. 369.
79 *Hattler*, Missionsbilder (wie Anm. 67), S. 370.
80 *Steinringer*, Prozessionswesen (wie Anm. 57).
81 *Steinringer*, Prozessionswesen (wie Anm. 57), S. 9 f.
82 *Steinringer*, Prozessionswesen (wie Anm. 57), S. 24.
83 Auffällig ist, dass nur diese eine biblische Gruppe vertreten ist, während in die Innichner Heiligkreuz-Prozession von 1748 die gesamte Heilsgeschichte von Adam und Eva bis zur Auferstehung Christi in Einzelszenen eingebaut war; siehe dazu: Egon *Kühebacher*, Spiel und Fest in der Geschichte der Hofmark Innichen, Festschrift der Volksbühne Innichen im 40. Jahr ihres Bestehens, Innichen 1990, S. 27–36.
84 *Steinringer*, Prozessionswesen (wie Anm. 57), S. 31.
85 *Steinringer*, Prozessionswesen (wie Anm. 57), S. 32.
86 *Steinringer*, Prozessionswesen (wie Anm. 57), S. 52.
87 Calendar der Großpfarre Sillian vom Jahre 1616 im Stiftsarchiv Innichen.
88 *Steinringer*, Prozessionswesen (wie Anm. 57), S. 83 f.
89 *Steinringer*, Prozessionswesen (wie Anm. 57), S. 85 f.
90 *Steinringer*, Prozessionswesen (wie Anm. 57), S. 86.
91 *Steinringer*, Prozessionswesen (wie Anm. 57), S. 86.
92 *Steinringer*, Prozessionswesen (wie Anm. 57), S. 87.
93 *Steinringer*, Prozessionswesen (wie Anm. 57), S. 89.
94 *Steinringer*, Prozessionswesen (wie Anm. 57), S. 89 f.
95 Über den feierlichen Empfang der „Sillianer *Pfarmenige*" am Dreifaltigkeitssonntag in Innichen siehe: Egon *Kühebacher*, Prozessionen des Stiftes Innichen im frühen 17. Jahrhundert, in: Der Schlern 60 (1986), S. 646.
96 Der Brixner Fürstbischof Paulinus Mayr ordnete im Jahre 1680 an, dass die im Stift gehorteten Reliquien des Stiftspatrones Candidus und anderer Heiliger, in Silberbehältern gefasst, alljährlich am 25. August in einer feierlichen Prozession umgetragen werden sollten. Es war also eine Prozession mit den „*heiligen Leibern*" wie die spätere Kassiansprozession von Brixen. Am 25. August (Bartlmä) kamen Kreuzgänge aus allen Stiftsseelsorgeorten. Siehe dazu: Egon *Kühebacher*, Die Hofmark Innichen, Innichen 1969, S. 107–109.

97 Nach mündlichen Berichten meiner Eltern (Jahrgänge 1898, 1899) und Großeltern (Jahrgänge 1860, 1871).
98 Im Mittelalter wird hauptsächlich von den bereits erwähnten Flagellanten das Passionspiel gepflegt worden sein; siehe dazu *Wurzer*, Pfarrer (wie Anm. 24), Heft 6, S. 87.
99 *Hölzl*, Niederdorfer Handschrift (wie Anm. 50), S. 139.
100 Norbert *Hölzl*, Theatergeschichte des östlichen Tirol, 2. Teil: Spieltexte, Wien 1967, S. 17–164.
101 Norbert *Hölzl*, „Tiroler Passion". Das traditionsreichste Volksschauspiel des deutschen Sprachraumes, in: Der Schlern 42 (1968), S. 480.
102 Die Namen der Darsteller sind angeführt im „Osttiroler Boten" vom 20. März 1969.
103 *Hölzl*, Tiroler Passion (wie Anm. 101), S. 484.
104 Es war entweder der Arzt Peter Paul Erharter oder einer seiner Söhne Cosmas und Damian; siehe Hermann *Rogger*, Handwerker und Gewerbetreibende in Innichen seit dem 17. Jahrhundert. Ein Beitrag zur Familien- und allgemeinen Sozialgeschichte dieses Hochpustertaler Marktfleckens, Dissertation zur Erlangung des Doktorgrades an der geisteswissenschaftlichen Fakultät der Universität Innsbruck, 1986, S. 181 f.
105 Norbert *Hölzl*, Adam Purwalder († 1651 in Brixen), Südtirols unbekannter Jedermann-Dramatiker, in: Der Schlern 44 (1970), S. 237–252.

Maria Huber
Der Kirchenchor

1 Diese und die folgenden Fakten und Zitate nach Albert *Steinringer*, Der Pfarrchor, in: Festschrift zur Weihe der neuen Orgel in Sillian, hrsg. vom Dekanat-Pfarramt Sillian, o. O. [Sillian] 1985, S. 17.
2 *Steinringer*, Pfarrchor (wie Anm. 1), S. 18.
3 *Steinringer*, Pfarrchor (wie Anm. 1), S. 18 f.
4 Actum Sillian am 24. November 1833; dieses Schriftstück liegt in der Gemeinde Sillian nur als Kopie vor, das Original ist derzeit nicht auffindbar.
5 Hildegard *Hermann-Schneider*, Prägnante Zeugnisse des Cäcilianismus in Tirol – Musikalien aus der Pfarrkirche Sillian, in: OHBl, 62. Jg. (1994), Nr. 2, S. 2.
6 *Steinringer*, Pfarrchor (wie Anm. 1), S. 21.
7 *Steinringer*, Pfarrchor (wie Anm. 1), S. 21.
8 Maria *Huber*, Private Aufzeichnungen zur Geschichte des Kirchenchors (1977) und mündliche Quellen.

Rudolf Ingruber
Kirchliche Kunst in Sillian

1 Josef *Rauter*, Die Sillianer „Löfflerglocke", in: OHBl, 53. Jg. (1985), Nr. 12, S. 1; Andreas *Weissenbäck*/Josef *Pfundner*, Tönendes Erz, Graz-Köln 1961, 553 f.
2 Österreichische Kunsttopographie Bd. LVII. Die Kunstdenkmäler des politischen Bezirkes Lienz, Teil II, Horn 2007, S. 305.
3 Zum Bischofszimmer vgl.: Franz *Caramelle*, Das Bischofszimmer im Widum von Sillian, in: Claudia *Sporer-Heis* (Hrsg.), Tirol in seinen alten Grenzen. FS für Meinrad Pizzinini zum 65. Geburtstag, Innsbruck 2008, S. 59–66.
4 Lois *Ebner*, Kartitsch in Osttirol. Vergangenheit und Gegenwart einer Osttiroler Berggemeinde, Kartitsch 1982, S. 189.
5 Meinrad *Pizzinini*, Osttirol (Österreichische Kunstmonographie, Bd. VII), Salzburg 1974, S. 296.
6 Ebd.
7 Lois *Ebner*, Kartitsch (wie Anm. 4), S. 186.
8 Norbert *Hölzl*, Sillianer Passionsspiel 1765/66, in: OHBl, 34. Jg. (1966), Nr. 3.
9 Josef *Gelmi*, Geschichte der Kirche in Tirol, Innsbruck 2001, S. 201.
10 Vgl. dazu auch die Beschreibungen von Hans Semper (1884) und Alfons Steinitzer (1922), in: Rosemarie *Pizzinini*, Sillian im Spiegel der Jahrhunderte, OHBl, 37. Jg. (1969), Nr. 11.
11 *Pizzinini*, Osttirol (wie Anm. 5), S. 296.
12 Österreichische Kunsttopographie Bd. LVII. (wie Anm. 2), S. 319.
13 *Pizzinini*, Osttirol (wie Anm. 5), S. 296.
14 Andrea *Pozzo*, Der Mahler und Baumeister Perspectiv, Augsburg 1709, Fig. 9.
15 *Pizzinini*, Osttirol (wie Anm. 5), S. 87.
16 Österreichische Kunsttopographie Bd. LVII, S. 306.
17 Pfarrarchiv Sillian, K/ST 1, 1780.
18 Für diese und etliche weitere Auskünfte danke ich Herrn Josef Rauter, Sillian.
19 Georg *Köck*, Johann Paterer. Ein Osttiroler Bildhauer des Spätbarock, ungedr. phil. Diss., Universität Innsbruck 1968, S. 142 f.
20 *Köck*, Johann Paterer (wie Anm. 19), S. 142–144.
21 *Köck*, Johann Paterer (wie Anm. 19), S. 30.
22 *Köck*, Johann Paterer (wie Anm. 19), S. 36.
23 *Köck*, Johann Paterer (wie Anm. 19), S. 41.
24 *Köck*, Johann Paterer (wie Anm. 19), S. 91.
25 *Köck*, Johann Paterer (wie Anm. 19), S. 92.
26 Martha *Fingernagel-Grüll*, Zu den Sakralbauten und ihrer Ausstattung, in: Österreichische Kunsttopographie Bd. LVII. Die Kunstdenkmäler des politischen Bezirkes Lienz, Beiband, Horn 2007, S. 64.
27 *Köck*, Johann Paterer (wie Anm. 19), S. 92.
28 Österreichische Kunsttopographie Bd. LVII (wie Anm. 2), S. 317.
29 *Gelmi*, Kirchengeschichte (wie Anm. 9), S. 199 f.
30 Auskunft von Herrn Peter Leiter, Sillian.
31 Meinrad *Pizzinini*, Sillian. Christliche Kunststätten Österreichs, Nr. 98, 2., überarbeitete Auflage, Salzburg 1998, S. 8.
32 G. *Tinkhauser*/L. *Rapp*, Topographisch-historisch-statistische Beschreibung der Diözese Brixen, Bd. 1, Brixen 1855, S. 522.
33 Den Hinweis verdanke ich Herrn Raphael Pichler. Vgl. auch Franz *Kollreider*, Renovierung des St. Antoni-Kirchls in Panzendorf und des Kirchleins zu „Unserm Herrn im Elend" in Arnbach bei Sillian, in: OHBl, 15. Jg. (1947), Nr. 22, S. 2.
34 Österreichische Kunsttopographie Bd. LVII (wie Anm. 2), S. 334.
35 *Kollreider*, wie Anm. 33.
36 Hans *Belting*, Das Bild und sein Publikum im Mittelalter. Form und Funktion früher Bildtafeln der Passion. 3. Aufl., Berlin 2000, S. 13.
37 *Pizzinini*, Osttirol (wie Anm. 5), S. 296.
38 Die Inschrift ist heute nicht mehr sichtbar.
39 Namen Buech Für die einverleibte Mit=Glider der ältern U. L. Frauen Bruderschaft zu Sillian / so den anderten Februarii Anno Sibenzechenhundert Siben / und zwainzig unter dem Titl. *Mariae* Rainigung ordentlich erneüeret / und neü aufgericht worden. (Pfarrwidum Sillian).

40 Ebd.
41 Ebd.
42 Österreichische Kunsttopographie Bd. LVII (wie Anm. 2), S. 306.
43 Ernst *Kris*/Otto *Kurz*, Die Legende vom Künstler. Ein geschichtlicher Versuch, Frankfurt a. M. 1995, bes. S. 89–113.
44 Österreichische Kunsttopographie Bd. LVII (wie Anm. 2), S. 344.
45 Bildhauer und Restaurator. Anton Kollreider aus Anras i. P. (1904–1980) in: OHBl, 53. Jg. (1985), Nr. 1.
46 Österreichische Kunsttopographie Bd. LVII (wie Anm. 2), S. 347.

Maria Huber
Das Sillianer Schulwesen

1 Georg *Tinkhauser*, Topographisch-historisch-statistische Beschreibung der Diözese Brixen, 1. Bd., Brixen 1855, S. 520.
2 *Tinkhauser*, Beschreibung (wie Anm. 1), S. 521.
3 Fol. aus MS von 1572, aus: Sammelmappe des Pfarrarchivs Sillian, P/XIII/a.
4 Sigrid *Rauter*, Meine Heimatpfarre in Vergangenheit und Gegenwart, Hausarbeit aus Religionspädagogik, MS, Innsbruck 1991, S. 87; vgl. auch: Albert *Steinringer* (Hrsg.), Festschrift zur Weihe der neuen Orgel, o. O. [Sillian] 1985, S. 6.
5 Christian *Schneller*, Die Volksschule in Tirol vor 100 Jahren, Innsbruck 1874, S. 20 f., 32.
6 Johann *Sandbichler*, Schulchronik VS Sillian, 1. Bd., VIII. IV A196, MS, S. 4. – Johann Sandbichler legte, ausgehend von den Aufzeichnungen der Pfarrchronik, im Jahr 1875 die Schulchronik an, die nach seiner Pensionierung 1892 in den folgenden Jahrzehnten von den jeweiligen Schulleitern weitergeführt und ergänzt wurde.
7 *Sandbichler*, Schulchronik (wie Anm. 6), S. 4.
8 Textausschnitt, enthalten in: *Sandbichler*, Schulchronik (wie Anm. 6), 1. Bd., Schuljahr 1875, S. 9.
9 *Sandbichler*, Schulchronik (wie Anm. 6), 1. Bd., Schuljahr 1877, S. 9.
10 Zeitungsausschnitt vom 28. Oktober 1886 (unbekannter Herkunft), in: *Sandbichler*, Schulchronik (wie Anm. 6), 1. Bd., Schuljahr 1886, S. 25.
11 *Sandbichler*, Schulchronik (wie Anm. 6), 1. Bd., Schuljahr 1887, S. 38.
12 *Sandbichler*, Schulchronik (wie Anm. 6), 1. Bd., Schuljahr 1887, S. 38 f.
13 Zeitungsausschnitt vom 8. März 1888 (unbekannter Herkunft), in: *Sandbichler*, Schulchronik (wie Anm. 6), 1. Bd., S. 40.
14 Franz *Schwab*, Schulchronik VS Sillian (wie Anm. 6), 1. Bd., Eintrag vom 5. November 1895, S. 56.
15 Mittwoch vor dem Gründonnerstag.
16 *Schwab*, Schulchronik (wie Anm. 14), Bd. 1, Schuljahr 1899, S. 59.
17 *Sandbichler*, Schulchronik (wie Anm. 6), S. 2.
18 Schulordnung anno 1898, Punkt 1, aus: http://schulen.eduhi.at/hsalkoven/2004_05/Schulordnung%20anno%201898/schulordnung_anno_1898.htm.
19 Katholisches Sonntagblatt, 1932, Nr. 12 (20. März), S. 8.
20 Wenefrieda *Wolf*, Schulchronik (wie Anm. 6), Bd. 1, Schuljahr 1912, S. 81.
21 *Wanner*, Schulchronik (wie Anm. 6), Bd. 1, Schuljahr 1923, S. 163.
22 Wanner, Schulchronik (wie Anm. 6), Bd. 1, Schuljahr 1924, S. 165.
23 *Wanner*, Schulchronik (wie Anm. 6), Bd. 1, Schuljahr 1927, S. 166.
24 *Wanner*, Schulchronik (wie Anm. 6), Bd. 2, Eintragung vom 13.2.1945, S. 14.
25 *Anonym*, Drei sind not: Heimat, Arbeit, Gott! Schulhausweihe in Sillian, in: OB, 8. Jg. (1953), Nr. 38, S. 3.
26 Josef *Kirchmair*, Schulchronik (wie Anm. 6), Bd. 1, Schuljahr 1920, S. 148.
27 Maria *Huber-Wanner*, Also lautet der Beschluss: Dass der Mensch was lernen muss, Beitrag zur Geschichte der Volksschule Arnbach, in: EinBLICK – Gemeindezeitung Sillian, Ausgabe 22, Juli 2010, S. 21–24.
28 Hauptschule Sillian, hrsg. vom Gemeindeverband der Hauptschule Sillian, o. O. [Sillian] 1973.
29 Franz *Wieser*, Festschrift 45 Jahre Hauptschule Sillian 1998, Sillian 1998.
30 Herbert *Lukasser*, Private Aufzeichnungen und mündliche Berichte aus der Zeit seiner Direktorentätigkeit von 2003–2005.
31 Vgl. zu diesem Kapitel: http://www.hs-sillian.tsn.at sowie Interviews mit dem derzeitigen Hauptschuldirektor Peter Peinstingl im Frühjahr 2011.
32 Johann *Senn*, Chronik der Polytechnischen Schule, 1. Bd., Sillian 1966, S. 6; vgl. zu diesem Kapitel auch http://www.pts-sillian.tsn.at und Interviews mit DPS Andrä Geiler im Oktober 2011.
33 Vgl. zu diesem Kapitel: http://www.spz-sillian.tsn.at sowie mündliches Interview mit Direktor Bernd Fast im Frühjahr 2011.
34 Erwin *Koler*, Vorwort in: 10 Jahre Landesmusikschule Sillian-Pustertal, Sillian 2009, S. 3.
35 *Koler*, Vorwort (wie Anm. 34), S. 3.

Martin Kofler
Sillian in neuerer Zeit

1 Zu Osttirol: Martin *Kofler*, Osttirol. Vom Ersten Weltkrieg bis zur Gegenwart, Innsbruck–Wien–Bozen 2005; *ders*. (Red.), Randlage im Wandel. Osttirol – 1850 bis zur Gegenwart. „Spurensuche³", Katalog der Ausstellung im Museum der Stadt Lienz Schloss Bruck, Innsbruck–Wien–Bozen 2007; zu Tirol: Michael *Gehler*, Tirol im 20. Jahrhundert. Vom Kronland zur Europaregion, Innsbruck–Wien–Bozen 2008; auch: Josef *Riedmann*, Das Bundesland Tirol 1918–1970 (Geschichte des Landes Tirol 4/II), Bozen–Innsbruck–Wien 1988.
2 Zu Österreich besonders: Ernst *Hanisch*, Der lange Schatten des Staates. Österreichische Gesellschaftsgeschichte im 20. Jahrhundert, Wien 1994.
3 Ich möchte mich an dieser Stelle bei Johanna Kraler vom Marktgemeindeamt Sillian für die vielfältige Unterstützung herzlich bedanken.
4 Meinrad *Pizzinini*, Osttirol. Eine Bezirkskunde, Innsbruck–Wien–München–Würzburg 1971, S. 30, 35 f.; Oswald *Gschließer*, Die gesetzliche Einführung der Bezirkshauptmannschaften und ihre territorialen Veränderungen, in: 100 Jahre Bezirkshauptmannschaften in Tirol, Innsbruck 1972, S. 20–34, hier S. 32 f.; Hans *Waschgler*, Bezirk Lienz, in: Ebenda, S. 178–184, hier S. 181.

5 Wilfried *Beimrohr*, Die Geschichte Osttirols im Mittelalter und in der Neuzeit, in: Katholischer Lehrerverein (Hrsg.), Bezirkskunde Osttirol, Innsbruck–Bozen 2001, S. 28–35, hier S. 34; *Ders.*, Nachbarschaft und Gemeinde. Zur Geschichte Obertilliachs als Gemeinwesen vom Mittelalter bis in das 19. Jahrhundert, in: Obertilliach. Eine Tiroler Hochgebirgsgemeinde in Vergangenheit und Gegenwart, Obertilliach 2005, S. 54–104, hier S. 102 f.

6 Siehe: Martin *Kofler*, Die Pustertalbahn und der Bezirk Lienz 1871 bis zur Gegenwart, in: Tiroler Heimat, 69. Jg. (2005), S. 199–219.

7 Archiv Marktgemeinde Sillian, Sammelakt III/5 „Bahnbau 1870" mit Liegenschaftsablöseübersichten sowie Pläne/Grundrisse des Sillianer Bahnhofs.

8 Ebenda, Gemeindesitzungs-Protokoll Sillian 1866–1872, 22.9.1869.

9 Hans *Kramer*, Beiträge zu einer Chronik von Sillian und Umgebung seit 1814, in: Osttiroler Heimatblätter (OHBl), 20. Jg. (1952), Nr. 2.

10 Ernst *Salcher*, Die Entwicklung der Telephonie in Österreich unter besonderer Bezugnahme auf die Fernsprechgeschichte Osttirols, Phil.-Diss., Innsbruck 1987, S. 119–121, 126–128, 139–141; ebenfalls: Archiv Marktgemeinde Sillian, Konvolut II/9 „Telegraphenstation Sillian Errichtung 1866".

11 Neuerdings: Martin *Kofler*, Weltöffnung. Die Bedeutung der Pustertalbahn für Lienz und Bruneck 1869–1918, in: *Ders.*, Volldampf. Die Pustertalbahn 1869–1918 (TAP-Forschungen 1), Innsbruck–Wien 2013, S. 40–61, hier S. 43 f.; siehe auch: *Ders.*, Pustertalbahn (wie Anm. 6), S. 202 f.; Alfred *Thenius*, Schutzwasserbau. Sicherung der Lebensräume in den alpinen Tallagen – Schutzwasserbauten in Osttirol, Innsbruck 1989, S. 13–15; J. *Althaler*/M. *Pizzinini*/H. *Waschgler*, Hochwasserkatastrophen im 19. Jahrhundert, in: OHBl 50. Jg. (1982), Nr. 9/10; Denkschrift über die von der Landescommission für die Regulirung der Gewässer in Tirol aus Anlass der Ueberschwemmung vom Jahre 1882 ausgeführten bautechnischen Arbeiten, Innsbruck 1892, S. 31; Denkschrift über die aus Anlass der Ueberschwemmung im Jahre 1882 in den Jahren 1883–1893 ausgeführten Wildbach-Verbauungen in Tirol, Innsbruck 1894, S. 12 f.; Archiv Marktgemeinde Sillian, Konvolut I/5 „Überschwemmungs-Akt 1882".

12 Egon *Kühebacher*, Im Kampf gegen die entfesselten Naturgewalten. 125 Jahre Freiwillige Feuerwehr Sillian, Sillian 2000, S. 71–73, 88.

13 Archiv Marktgemeinde Sillian, Gemeindesitzungs-Protokoll Sillian 1880–1889, 26.9.1882, 8.10.1882.

14 *Pizzinini*, Osttirol (wie Anm. 4), S. 36, 121 f.; für Sillian auch: Verkehrsverein Lienz (Hrsg.), 100 Jahre Pustertalbahn Lienz – Franzensfeste. Festschrift anlässlich des Jubiläums November 1871 – November 1971, Lienz [1971], o. S. [20].

15 Siehe dazu: Meinrad *Pizzinini*, Lienz. Das große Stadtbuch. Lienz–Innsbruck 1982, S. 329, 366–369; Martin *Kofler*, Osttirol. Ein Grenzbezirk – zweiter Landesteil – „drittes Tirol", in: Geschichte und Region/Storia e regione, 9. Jg. (2000), 209–225, hier S. 214.

16 Maria *Huber-Wanner*, „Sogar einen Weitlanbrunner-Walzer gibt's", in: Einblick. Marktgemeinde-Zeitung Sillian, Nr. 8, Juni 2003, S. 27–30, hier S. 28 f.

17 Brigitte *Ascherl*, Profanbauten [Marktgemeinde Sillian], in: Die Kunstdenkmäler des politischen Bezirkes Lienz, Teil II (Österreichische Kunsttopographie LVII, hrsg. vom Bundesdenkmalamt), Horn 2007, S. 349–359, hier S. 354; Maria *Huber-Wanner*, Der „Schwarze Adler". Feriendomizil der Familie Richard Strauß, in: Einblick. Marktgemeinde-Zeitung Sillian, Nr. 9, Dezember 2003, S. 23–26, hier S. 26.

18 Woerl's Reisehandbücher. Führer für die Pusterthal-Kärntnerbahn, Würzburg–Wien 1891, S. 39 f.; bei der Sillianer Pfarrkirche beträgt die exakte Meereshöhe 1.108 m. Maria *Huber*, Sillian, in: Katholischer Lehrerverein (Hrsg.), Bezirkskunde Osttirol, Innsbruck–Bozen 2001, S. 375–381, hier S. 375.

19 Zur allgemeinen Entwicklung in Tirol: Michael *Forcher*, Tirols Geschichte in Wort und Bild, Innsbruck [11]2009, S. 245–256, 308; Meinrad Pizzinini, Das Kronland Tirol in den Jahrzehnten um 1900, in: *Ders.* (Hrsg.), Zeitgeschichte Tirols, Innsbruck–Wien–Bozen 1990, S. 9–33, hier S. 16–18.

20 Obwohl in der Literatur überall vermerkt ist, dass Schraffl 1884 Bürgermeister wurde, ist in den Gemeinderatsprotokollen in der Sitzung vom 1.3.1885 noch Alois Rainer als Vorsteher und erst in der nächsten Sitzung am 26.4.1885 das erste Mal Schraffl genannt. Archiv Marktgemeinde Sillian, Gemeindesitzungs-Protokoll Sillian 1880–1889; nach dem gesundheitsbedingten Ausscheiden Rainers wurde Schraffl bei den Ergänzungswahlen vom 12.4.1885 zu dessen Nachfolger als Bürgermeister gewählt. Ebenda, Konvolut V/8 zur Bürgermeisterwahl 1884; vgl. dazu die Kurzbiografie Schraffls in: Gertrud *Pfaundler-Spat*, Tirol-Lexikon. Vollständig überarbeitete und ergänzte Neuauflage. Innsbruck–Wien–Bozen 2005, 536; Richard *Schober*, Geschichte des Tiroler Landtages im 19. und 20. Jahrhundert, Innsbruck 1984, S. 533 f.; ebenfalls: Ein bewegtes Jahrhundert. Bauernbund 1904–2004, Innsbruck 2004, hier 15, 19, 22, 26, 28 f.; Hans Karl *Peterlini*, Tirol – Notizen einer Reise durch die Landeseinheit, Innsbruck–Wien 2008, S. 116–121; *Gehler*, Tirol im 20. Jahrhundert (wie Anm. 1), S. 27, 89 f.

21 Hans *Kramer*, Pusterer Gestalten: Josef Schraffl, Landeshauptmann von Tirol. Zu seinem 25. Todestage am 11. Jänner, in: OHBl 15. Jg. (1947), Nr. 1, S. 2–4, hier S. 3.

22 *Pizzinini*, Lienz (wie Anm. 15), S. 337 f.

23 Lois *Ebner*, Kartitsch in Osttirol. Vergangenheit und Gegenwart einer Osttiroler Berggemeinde, Kartitsch 1982, S. 84 f.; Archiv Marktgemeinde Sillian, Sitzungsprotokoll des Ausschusses der Gemeinde Panzendorf, 5.5.1910, 13.11.1910, 29.3.1914, 20.12.1914; Ebenda, Gemeindesitzungs-Protokoll Sillian 1897–1914, 24.7.1909, 13.9.1909, 30.4.1910, 11.5.1910.

24 Allgemein: Manfried *Rauchensteiner*, Der Erste Weltkrieg und das Ende der Habsburgermonarchie 1914–1918, Wien–Köln–Weimar 2013; zu Tirol: Klaus *Eisterer*/Rolf *Steininger* (Hrsg.), Tirol und der Erste Weltkrieg (Innsbrucker Forschungen zur Zeitgeschichte 12), Innsbruck–Wien 1995; sowie vor allem die Bände der von Richard *Schober* herausgegebenen Reihe „Tirol im Ersten Weltkrieg. Politik, Wirtschaft und Gesellschaft"; jüngst: Michael *Forcher*, Tirol und der Erste Weltkrieg. Ereignisse, Hintergründe, Schicksale, Innsbruck Wien, 2014; Hermann J. W. *Kuprian*/Oswald *Überegger* (Hrsg.), Katastrophenjahre. Der Erste Weltkrieg und Tirol, Innsbruck 2014.

25 Archiv Marktgemeinde Sillian, Gemeindesitzungs-Protokoll Sillian 1914–1932, 30.6.1914 (außerordentliche Sitzung).

26 Zum Bezirk Lienz 1914–1918 siehe jüngst: Martin *Kofler*, Frontnahes Hinterland. Lienz, Bruneck und das Pustertal im Ersten Weltkrieg, in: *Ders.*, Grenzgang. Das Pustertal und der Krieg 1914–1918 (TAP-Forschungen 2), Innsbruck–Wien 2014, S. 50–

73; auch: *Ders.*, Osttirol (wie Anm. 1); S. 20–26; Osttirol. Festschrift, herausgegeben anläßlich der Einweihung des Bezirks-Kriegerdenkmales in Lienz, Lienz 1925, S. 37–39, 68–70; Namensliste der aus der Marktgemeinde Sillian im Rahmen der allgemeinen Mobilisierung 73 Eingerückten, 13.8.1914, in: Archiv Marktgemeinde Sillian, Konvolut III/7 „Mobilisierungs-Akt" 1914.
27 Wolfgang *Joly*, Standschützen. Die Tiroler und Vorarlberger k. k. Standschützen-Formationen im Ersten Weltkrieg (Schlern-Schriften 303), Innsbruck 1998, S. 375.
28 Ebenda, S. 376, 380.
29 Aufruf Bürgermeister Franz Niederegger, 31.5.1915, in: Archiv Marktgemeinde Sillian, Konvolut III/7 „Kriegsjahr-Akten 1914, 1915".
30 Osttirol. Festschrift (wie Anm. 28), S. 69.
31 *Pizzinini*, Lienz, (wie Anm. 15), S. 453.
32 Martin *Kofler*, Italiens Doppeldecker über Lienz. Eine Lokalstudie zur Geschichte Tirols im Ersten Weltkrieg, in: OHBl, 66. Jg. (1998), Nr. 10.
33 Zur allgemeinen Versicherung seiner Unterstützung Sillians in der „Not der Zeit": Schreiben Schraffl an Marktgemeindevorstehung Sillian, 4.6.1917. Archiv Marktgemeinde Sillian, Sammelakt XIII, Konvolut „Schraffl – Ernennung zum Landeshauptmann 1917".
34 *Joly*, Standschützen (wie Anm. 29), S. 393 f.
35 Chronik Gendarmerieposten (GP) Sillian, 8.11.1918.
36 Ebenda, 19.7.1920.
37 Chronik GP Arnbach 1918.
38 Dazu: Tiroler Landesarchiv (TLA), Amt der Tiroler Landesregierung, Präs., Zl. 1255 XII 76b ex 1924; Ebenda, Landesregierung für Tirol, Präs., Zl. 512 XII 76c ex 1920, Zl. 921/1 und 4030 XII 76c ex 1919.
39 Chronik GP Arnbach, 1920–1923.
40 Gendarmerieposten Sillian an Bezirkshauptmannschaft Lienz, 20.2.1919. TLA, Landesregierung für Tirol, Präs., Zl. 1050 XII 76c ex 1919.
41 Ludwig Walther *Regele*, Grenzfragen an der Wasserscheide von Tassilo bis Tolomei, in: Tirol an Isel und Drau. Eine Annäherung (Arunda 65), Schlanders–Innsbruck 2005, S. 22–25, hier S. 24.
42 Franz *Brugger*, Die Grenzverschiebung vom Toblacher Feld nach Winnebach am 24. September 1919, in: Der Innichner, Nr. 54, Juni 2011, S. 78.
43 Chronik GP Arnbach, 1919.
44 Siehe: TLA, Landesregierung für Tirol, Präs., Zl. 2722 XII 76c ex 1919.
45 *Kofler*, Die Pustertalbahn (wie Anm. 6), S. 206.
46 Claus *Gatterer*, Schöne Welt, böse Leut. Kindheit in Südtirol, Wien–Bozen ³2008 S. 9, 11 f.
47 Günter *Bischof*, Am Rande der Weltgeschichte? Osttirol und die Welt, in: Martin *Kofler* (Red.), Randlage im Wandel. Osttirol – 1850 bis zur Gegenwart. „Spurensuche³", Katalog der Ausstellung im Museum der Stadt Lienz Schloss Bruck, Innsbruck–Wien–Bozen 2007, S. 20–29, hier S. 20.
48 Vgl. Meinrad *Pizzinini*, Osttirol. Der Bezirk Lienz. Seine Kunstwerke, historischen Lebens- und Siedlungsformen, Salzburg 1974, S. 35.
49 Egon *Kühebacher*, Zur Verschiebung der Staatsgrenze von Toblach nach Winnebach im Jahre 1919, in: Der Innichner, Nr. 9, Oktober 2002, S. 39 f.; Herbert *Watschinger*, „Verkauft für einen Waggon Reis". Der Anschluss von Innichen und Sexten an Italien, in: Einblick. Marktgemeinde-Zeitung Sillian, Nr. 9, Dezember 2003, S. 19–22.
50 Chronik GP Obertilliach, 1919; Chronik GP Sillian, 19.7.1920; dazu den Erlebnisbericht bei: Oswald *Sint*, „Buibm und Gitschn beinando is ka Zoig!" Jugend in Osttirol 1900–1930 (Damit es nicht verloren geht … 9), Wien–Köln–Graz 1986, S. 276–282.
51 Rolf *Steininger*, Südtirol im 20. Jahrhundert. Vom Leben und Überleben einer Minderheit, Innsbruck–Wien 1997, S. 83.
52 Dazu besonders: Egon *Kühebacher*, Die italienisch-österreichische Staatsgrenze zwischen Arnbach und Winnebach in ihren ersten Bestandsjahren, in: Einblick. Marktgemeinde-Zeitung Sillian, Nr. 21, Dezember 2009, S. 23–26.
53 Ausführlich: TLA, Amt der Tiroler Landesregierung, Präs., Zl. 327 II 6 ex 1925 Sammelakt „Regelung der Staatsgrenze".
54 Chronik GP Obertilliach, 1930.
55 Chronik GP Innervillgraten, 13.6.–1.8.1930.
56 Hans *Kramer*, Innichen vor 1918, in: OHBl, 37. Jg. (1969), Nr. 9, S. 18–21, hier S. 18.
57 Zur nachfolgenden Darstellung in diesem Kapitel besonders: Martin *Kofler*/Roman *Urbaner*, Die Grenze bei Arnbach/Sillian – Winnebach/Innichen. 1918 bis zur Gegenwart, in: Andrea Di Michele/Emanuela Renzetti/Ingo Schneider/Siglinde Clementi (Hrsg.), An der Grenze. Sieben Orte des Übergangs in Tirol, Südtirol und im Trentino aus historischer und ethnologischer Perspektive, Bozen 2012, S. 135–164, hier 141–145.
58 Richard *Schober*, Die Tiroler Frage auf der Friedenskonferenz von Saint-Germain (Schlern-Schriften 270), Innsbruck 1982, S. 174.
59 Rudolf *Palme*, Wirtschafts- und Sozialgeschichte Tirols nördlich und südlich des Brenners von 1918 bis 1920, in: Casimira Grandi (Hrsg.), Tirolo – Alto Adige – Trentino 1918–1920: atti del convegno di studio, Innsbruck, 6–8 ottobre 1988, Trento 1996, S. 381–419, hier S. 399.
60 Siehe: TLA, Amt der Tiroler Landesregierung, Präs., Zl. 1485 XII 58 ex 1936.
61 *Huber-Wanner*, „Sogar einen Weitlanbrunner-Walzer gibt's" (wie Anm. 16), S. 29.
62 Michael *Gehler*, Die politische Entwicklung Tirols in den Jahren 1918 bis 1938, in: Meinrad *Pizzinini* (Hrsg.), Zeitgeschichte Tirols, Innsbruck–Wien–Bozen 1990, S. 55–87, hier S. 58.
63 Lienzer Nachrichten, 27.4.1921.
64 Siehe: Institut für Zeitgeschichte/Universität Innsbruck, Erich Kneussl Archiv, Ordner „Privatakten als Nationalrat Mai 1927–31. Dezember 1928, 1929"; Archiv Marktgemeinde Sillian, Sammelakt III/4 „Bezirkgerichts Sillian Auflassung – betreffend Einspruchs-Akt 1923–1925".
65 Ebenda, Sitzungsprotokolle Arnbach 1922–1933, 12.4.1923.
66 Osttirol. Festschrift (wie Anm. 26), S. 9 f.; dazu auch: *Kofler*, Osttirol. Ein Grenzbezirk (wie Anm. 15), S. 216 f.
67 J[ohannes E.]. *Trojer*, „Anarchie in Sillian" [Buchbesprechung], in: OHBl 49. Jg. (1981), Nr. 11
68 Zu diesem Hin und Her siehe: Archiv Marktgemeinde Sillian, Gemeindesitzungs-Protokoll Sillian 1914–1932, 20.12.1924, 18.7.1925. Für die Installation „des Elektrischen" in der Gemeinde, Pfarrkirche und Kaserne: Ebenda, 13.11.1926, 19.11.1926.
69 Maria *Wanner-Huber*, „Als es in Sillian hell wurde". Seit 80 Jahren elektrisches Licht in Sillian, in: Einblick. Marktgemeinde-Zeitung Sillian, Nr. 17, Dezember 2007, S. 19–22; Chronik GP Sillian, 14.10.1925, 7.12.1926.

70 Chronik GP Nikolsdorf, 1927; Chronik GP Dölsach, 15.7.1927; Chronik GP Lienz, 16.7.1927.
71 Chronik GP Sillian, 17.–19.7.1927.
72 Institut für Zeitgeschichte/Universität Innsbruck, Erich Kneussl Archiv, Ordner, „Privatakten als Nationalrat Mai 1927–31. Dezember 1928, 1929".
73 Verena *Lösch*, Die Geschichte der Tiroler Heimatwehr von ihren Anfängen bis zum Korneuburger Eid (1920–1930), Phil.-Diss., MS, Innsbruck 1986, S. 244 f.
74 Kundratitz an Präs., 18.10.1931. TLA, Amt der Tiroler Landesregierung, Präs., Zl. 675 III 10 ex 1933.
75 Kundratitz an Präs., 14.12.1931. Ebd.
76 Archiv Marktgemeinde Sillian, Gemeindesitzungs-Protokoll Sillian 1914–1932, 14.4.1928, 18.4.1929, 12.5.1930, 6.7.1930.
77 Ebenda, Sitzungsprotokolle Arnbach 1922–1933, 7.8.1923.
78 Dazu: *Huber-Wanner*, „Sogar einen Weitlanbrunner-Walzer gibt's" (wie Anm. 16), S. 29.
79 Thurnthaler, 1. Jg. (1977), S. 27–33 (Plakat „Halb- u. Ganznachtgehen" S. 27).
80 *Riedmann*, Bundesland (wie Anm. 1), S. 1461.
81 *Hanisch*, Der lange Schatten (wie Anm. 2), 280, 286.
82 Tiroler Volksbote, 26.5.1932; Lienzer Nachrichten, 3.6.1932.
83 Österreichisches Staatsarchiv/Archiv der Republik (ÖStA/AdR), Bundeskanzleramt (BKA)/Allgemein, SR, Zl. 111.289/33-22/Trl.
84 TLA, Amt der Tiroler Landesregierung, Präs., Zl. 181 XII 59 ex 1933; Martin *Kofler*, Osttirol im Dritten Reich 1938–1945, Innsbruck 1996, ²2003, S. 42–45.
85 TLA, Amt der Tiroler Landesregierung, Präs., Zl. 181 XII 59 ex 1933.
86 Ebenda, Zl. 194 XII 57 ex 1934.
87 *Kofler*, Osttirol im Dritten Reich (wie Anm. 84), S. 52 f.
88 Chronik GP Sillian, 26.7.1934.
89 Ebenda, 10.9.1934; Archiv Marktgemeinde Sillian, Gemeindesitzungs-Protokoll Sillian 1932–1940/1946–1948, 10.9.1934.
90 Ebenda, 25.10.1933.
91 ÖStA/AdR, BKA/Allgemein, SR, Zl. 341.853/36-22/gen.; Chronik GP Sillian, 1934, 1936; Archiv Marktgemeinde Sillian, Sitzungsprotokoll des Gemeindetages von Panzendorf, 30.5.1936.
92 ÖStA/AdR, BKA/Allgemein, SR, Zl. 341.675/36-22/gen.; Chronik GP Sillian, 15.6.1936.
93 Archiv Marktgemeinde Sillian, Gemeindesitzungs-Protokoll Sillian 1932–1940/1946–1948, 19.9.1936.
94 *Kofler*, Osttirol im Dritten Reich (wie Anm. 83); das Standardwerk für Tirol ist: Horst *Schreiber*, Nationalsozialismus und Faschismus in Tirol und Südtirol. Opfer-Täter-Gegner (Tiroler Studien zu Geschichte und Politik 8), Innsbruck–Wien–Bozen 2007.
95 Chronik GP Sillian, 16.3.1938.
96 Archiv Marktgemeinde Sillian, Gemeindesitzungs-Protokoll Sillian 1932–1940/1946–1948, 30.5.1938.
97 Der Deutsche Osttiroler, 1. Jg., 10.4.1938.
98 TLA, BH Lienz 1939–1947, Konvolut „1946 Politische Überprüfung verschiedener Berufsgruppen u. a."
99 Lienzer Zeitung, 5. Jg., 21.1.1942.
100 Lienzer Zeitung, 5. Jg., 11.7.1942.
101 Archiv GP Sillian, Faszikel „Akte 1939–1944".
102 Archiv GP Sillian, Faszikel „Leindl u. Mittäter-Konsorten, boshafte Beschädigung".
103 TLA, Landgericht Klagenfurt (LGK), Vr/Vg-Osttirol, 8 Vr 343/42.
104 Verwaltungsblatt für den Amtsbereich des Landeshauptmannes für Kärnten 1938, 15. Stück, Nr. 23.
105 Hans *Augustin*/Erika *Wimmer* (Hrsg.) (in Zusammenarbeit mit Ingrid Fürhapter und Martin Kofler), Johannes E. Trojer. Hitlerzeit im Villgratental. Verfolgung und Widerstand in Osttirol (Brennertexte 1), Innsbruck 1995, S. 126.
106 Archiv Marktgemeinde Sillian, Gemeindesitzungs-Protokoll Sillian 1932–1940/1946–1948, 5.6.1939.
107 Ebenda, 2.2.1939.
108 Ebenda, 23.1.1942, 9.5.1942.
109 Lienzer Zeitung, 3. Jg., 21.12.1940.
110 Chronik GP Sillian, 31.1.1967.
111 Ebenda, 1.9.1939.
112 Einen Kurzabriß der Sillianer Kino-Geschichte 1936–1989 bietet: Maria *Huber-Wanner*, Als in Sillian das Filmzeitalter Einzug hielt. „Grenzlichtspiele Sillian", in: Einblick. Marktgemeinde-Zeitung Sillian, Nr. 18, Juni 2008, S. 19–22.
113 Maschinschriftlicher Brief Sepp Müller, 15.11.1944, in: Museum der Stadt Lienz Schloss Bruck, Nachlass Bruno Ewald Reiser.
114 ÖStA/AdR, Rk, Mat., Karton 62, 2110/1.
115 Der Deutsche Osttiroler, 1. Jg., 10.6.1938.
116 TLA, BH Lienz, 1946–1949.
117 TLA, LGK, Vr/Vg-Osttirol, 20 Vr 396/47; Archiv GP Sillian, Faszikel „Anzeigen nach dem Kriegsverbrecher- und Verbotsgesetz".
118 Chronik GP Sillian, 16.4.1941.
119 Siehe u. a.: Interviews mit Maria Viertler (†), Sillian, 4.1.1993; Peter Fuchs (†), Arnbach, 8.1.1993; Josef Valyi (†), Laufen/Salzach, 5.2.1993, 21.8.1993 (Tonbänder im Besitz des Verfassers); Mitschrift Interview mit Albert Schneider (†), Sillianberg, 4.9.1993.
120 König, von den Amerikanern verhaftet und bei einem Überstellungstransport 1946 entkommen, wurde erst 1957 in Köln wegen fünffacher Aussageerpressung während seiner Dienstzeit in Salzburg zu zweieinhalb Jahren Haft verurteilt. Diese Zeit hatte er aber längst in U-Haft abgesessen, sodass er umgehend frei ging. Für seine Schergenzeit in Sillian wurde er nie zur Verantwortung gezogen. LGK, 20 Vr 2038/63.
121 Martin *Kofler*, Osttirol als Fluchtweg für Juden. Die Fälle Valyi/Stallbaumer und Schneider 1941/42, in: Geschichte und Region/Storia e regione 6 (1997), S. 87–115.
122 Chronik GP Sillian, 26.3.1944.
123 TLA, LGK, Vr/Vg-Osttirol, 8 Vr E 967/42; dazu auch: TLA, LGK, Vr/Vg-Osttirol, Vg 18 Vr 473/46.
124 Siehe dazu: Chronik GP Dölsach, 14.3.1942, 26.5.1942; Chronik GP Sillian, 1.8.1942; Archiv GP Sillian, Faszikel „Akte 1939–1944", Faszikel „Anzeigen nach dem Kriegsverbrecher- und Verbotsgesetz"; LGK, 20 Vr 2038/63, Vg 18 Vr 2380/47.
125 Archiv GP Sillian, Faszikel „Anzeigen nach dem Kriegsverbrecher- und Verbotsgesetz"; Maria *Huber-Wanner*, Erinnerungen an das Kriegsende Sillian 1945, in: Einblick. Marktgemeinde-Zeitung Sillian, Nr. 12, Juli 2005, S. 19–22, hier S. 21.
126 *Augustin/Wimmer* (Hrsg.), Johannes E. Trojer. Hitlerzeit im Villgratental (wie Anm. 105), 43 f.
127 Kärntner Landesarchiv, Landesschulrat für Kärnten, Zl. 15333 13–14 ex 1938.
128 Pfarrarchiv Sillian, Mappe weiß „NS-Zeit".
129 Maria *Huber-Wanner*, Die Glocken der Pfarrkirche von Sillian, in: Einblick. Marktgemeinde-Zeitung Sillian, Nr. 14, Juli 2006, 19–21, hier S. 20 f.

130 Othmar *Tuider*, Die Wehrkreise XVII und XVIII 1938–1945 (Militärhistorische Schriftenreihe 30), Wien 1975, S. 35 f.
131 Chronik GP Sillian, 10.9.1943.
132 Chronik GP Thal, 9.9.1943; dazu die „Entrüstung" in: Chronik GP Innervillgraten, 1943; siehe auch: Chronik GP Sillian, 10.9.1943.
133 Siehe dazu: Thomas *Albrich*/Arno *Gisinger*, Im Bombenkrieg. Tirol und Vorarlberg 1943–1945 (Innsbrucker Forschungen zur Zeitgeschichte 8), Innsbruck 1992, S. 33.
134 Chronik GP Sillian, 1943; Archiv Marktgemeinde Sillian, Protokollbuch für die Marktgemeinde Sillian VIII, 21.8.1943, 15.1.1944, 21.9.1944, 15.11.1944; Ebenda, Sammelakt II/6 „Luftschutz 1938–1945", u. a. mit Namenslisten der Bunker/Stollenarbeiter, sogar Volksschüler (!).
135 *Albrich*/*Gisinger*, Im Bombenkrieg (wie Anm. 133), S. 303.
136 Chronik GP Sillian, 3.3.1945; Archiv GP Sillian, „Akte: 1939–1944"; Maria *Huber-Wanner*, Erinnerungen an das Kriegsende Sillian 1945, in: Einblick. Marktgemeinde-Zeitung Sillian, Nr. 12, Juli 2005, S. 19–22, hier S. 20.
137 Zum Bombenkrieg im „Kreis Lienz" ausführlich: *Kofler*, Osttirol im Dritten Reich (wie Anm. 84), S. 224–231.
138 Richard *Schober*, Chronik der Gemeinde Heinfels (Ortschroniken 13), Innsbruck 1975, S. 50.
139 Chronik GP Lienz, 10.5.1945; Chronik GP Matrei i. O., 7.5.1945; Chronik GP Sillian, 10.5.1945.
140 Für die ersten National- und Landtagswahlergebnisse siehe etwa: Ebenda, 25.11.1945, 9.10.1949, 22.2.1953, 25.10.1953.
141 Martin *Kofler*, Der zweite Landesteil. Die „Sonderregion" Osttirol in der politischen Arena seit 1945, in: Michael *Gehler* (Hrsg.), Tirol. „Land im Gebirge": Zwischen Tradition und Moderne, Wien–Köln–Weimar: Böhlau 1999, S. 729–822, S. 791 f.; aus parteiinterner Sicht: Helmut *Krieghofer*, Die Volkspartei in Osttirol seit 1945 … Eine Erfolgsgeschichte, Lienz [2001].
142 Siehe: *Schober*, Geschichte (wie Anm. 20), S. 585–599 [Niederegger S. 589]; Namensliste aller Osttiroler Abgeordneten samt Parteizugehörigkeit 1918–2005 in: Kofler, *Osttirol* (Anm. 1), S. 304–306.
143 Chronik GP Sillian, 25.11.1945.
144 Ebenda, 19.4.1945.
145 Archiv GP Sillian, Faszikel „Anzeigen nach dem Kriegsverbrecher- und Verbotsgesetz".
146 Dazu besonders: Harald *Stadler*/Martin *Kofler*/Karl C. *Berger*, Flucht in die Hoffnungslosigkeit. Die Kosaken in Osttirol, Innsbruck–Wien–Bozen 2005.
147 Siehe: *Huber-Wanner*, Erinnerungen (wie Anm. 136), S. 22.
148 Siehe das in die Sillianer Gendarmeriepostenchronik eingeklebte Übersichtsblatt, 11.5.–6.7.1945.
149 Osttiroler Bote (OB), 1. Jg., Nr. 1, 10.1.1946.
150 OB, 1. Jg., Nr. 6, 1.4.1946.
151 Dazu die zahllosen, auch Viehdiebstähle betreffenden Erhebungsakten in: TLA, Bezirksgericht Lienz, Strafakten, U – Fasz. 1 1945, Fasz. 2 1946; humorvoll zum Schmuggel an der Grenze Osttirol/Südtirol in späterer Zeit: Norbert *Hölzl*, 1000 Jahre Tirol. Geschichte scharf gewürzt, Reith im Alpbachtal 1999, S. 317 f.
152 Chronik GP Sillian, 8.6.1946, 9.6.1946, 18.6.1946, 19.6.1946, 27.6.1946, 19.8.1946; auch: Archiv Marktgemeinde Sillian, Gemeindesitzungs-Protokoll Sillian 1932–1940/1946–1948, 19.6.1946.
153 Anton *Steinringer*, Das Russenlager in Sillian 1945–1946, in: OB, 42. Jg., Nr. 4, 29.1.1987, S. 36 f.
154 GP Chronik Sillian, 13.1.1946.
155 Archiv Marktgemeinde Sillian, Gemeindesitzungs-Protokoll Sillian 1932–1940/1946–1948, 27.6.1946, 22.9.1946.
156 Ebenda, 1.4.1946, 29.5.1946, 14.11.1946.
157 Stenographische Berichte des Tiroler Landtags, I. Periode, 15. Tagung, 2. Sitzung., 10.11.1948, S. 164–167; Landes-Gesetz- und Verordnungsblatt für Tirol, 1. Stück, Nr. 3, 22.1.1949, S. 2 f.; *Schober*, Chronik der Gemeinde Heinfels (wie Anm. 138), S. 52; Archiv Marktgemeinde Sillian, Gemeindesitzungs-Protokoll Sillian 1932–1940/1946–1948, 4.4.1948, 8.6.1948.
158 Siehe: TLA, BH Lienz, 1939–1947; *Kofler*, Osttirol (wie Anm. 1), S. 198.
159 Rolf *Steininger*, Los von Rom? Die Südtirolfrage 1945/1946 und das Gruber-De Gasperi-Abkommen (Innsbrucker Forschungen zur Zeitgeschichte 2), Innsbruck 1987, S. 53–58, 67–87.
160 Ebenda, S. 138.
161 Bundesgesetzblatt der Republik Österreich, 48. Stück, Nr. 226, 15.10.1949, S. 1000–1006, Nr. 227, 15.10.1949, S. 1007–1016.
162 Chronik GP Sillian, 16.11.1948.
163 OB, 5. Jg., Nr. 16, 20.4.1950.
164 OB, 8. Jg., Nr. 46, 19.11.1953.
165 Chronik GP Sillian, 8.9.1955, 26.10.1955.
166 Archiv Marktgemeinde Sillian, Gemeindesitzungs-Protokoll Sillian 1948–1956, 27.6.1955.
167 Walter *Schmid*, Die Tiroler Wasserkraftwerke AG. in Vergangenheit und Zukunft, Dipl.-Arb., Innsbruck 1956, S. 48–56; Archiv Marktgemeinde Sillian, Gemeindesitzungs-Protokoll Sillian 1932–1940/1946–1948, 2.7.1948; Ebenda, 1948–1956, 16.9.1948, 8.7.1949, 22.8.1949.
168 Chronik GP Sillian, 12.3.1950, 3.4.1950.
169 *Huber*, Sillian (wie Anm. 18), S. 375.
170 Christoph *Franceschini*, Die Welle der Sprengstoffanschläge in Südtirol, in: Anton *Pelinka*/Andreas *Maislinger* (Hrsg.), Handbuch zur neueren Geschichte Tirols, 2 Bde., Innsbruck 1993, Bd. 2: Zeitgeschichte, 1. Teil, S. 467–507, hier S. 479 f.
171 Ebenda, S. 474.
172 Chronik GP Sillian, 30.7.1961; OB, 16. Jg., Nr. 31, 3.8.1961, Nr. 32, 10.8.1961.
173 Chronik GP Sillian, 26.9.1961, 7.11.1961; Chronik GP Kartitsch, 26.9.1961; Chronik GP St. Jakob in Defereggen, 26.9.1961.
174 OB, 17. Jg., Nr. 24, 14.6.1962.
175 Chronik GP Sillian, 11.8.1961.
176 Zur Bergisel-Bund-Tafel siehe den ausführlichen Sammelakt in: TLA, BH Lienz, III-754 34 1964; Chronik GP Sillian, 26.8.1963.
177 Besonders: OB, 22. Jg., Nr. 27, 6.7.1967, Nr. 28, 13.7.1967, Nr. 30, 27.7.1967, Nr. 31, 3.8.1967, Nr. 33, 17.8.1967, Nr. 42, 19.10.1967, Nr. 43, 26.10.1967; jüngst: Hubert Speckner, „Zwischen Porze und Roßkarspitz …". Der „Vorfall" vom 25. Juni 1967 in den österreichischen sicherheitsdienstlichen Akten, Wien 2013.
178 *Kofler*, Osttirol (wie Anm. 1), S. 231 f.; *Huber*, Sillian (wie Anm. 18), S. 380; *Kühebacher*, Im Kampf (wie Anm. 12), 149–154, 163 f.; Einblick. Marktgemeinde-Zeitung Sillian, Nr. 13, Dezember 2005, S. 19–21.
179 *Kofler*, Der zweite Landesteil (wie Anm. 141), S. 764, 776, 797.
180 Zum Zita-Besuch: OB, 37. Jg., Nr. 36, 9.9.1982, 38. Jg., Nr. 35, 1.9.1983, Nr. 36, 8.9.1983; Mitteilungsblatt. Int. Paneuropa Union-Aktion Österreich Europa. Landesgruppe Osttirol, Erscheinungsort Sillian, Obmann: Gottfried Kiniger, 1983/2, 1983/4 und 1983/5.

181 OB, 44. Jg., Nr. 14, 6.4.1989; Interview mit Gottfried Kiniger, Sillian, 2.1.1993 (Tonband im Besitz des Verfassers).
182 OB, 66. Jg., Nr. 28, 14.7.2011.
183 [Gottfried] Rai[ner], Denkwürdiger Sommer 1967, in: OB, 22 Jg., Nr. 34, 24.8.1967.
184 Mitschrift Interview mit Josef Rauter, Sillian, 9.2.2010.
185 Martin *Steidl*, Der Draupass. Eine Einführung, in: Ingo *Schneider*/Oliver *Haid*/Reinhard *Bodner*/Martin *Steidl* (Hrsg.), Grenzgänge. Orte des Durch- und Übergangs in der „Europaregion Tirol", Innsbruck–Wien–Bozen 2009, S. 209–213, hier S. 212; *ders.*, Ristorante al confine, in: Ebd., S. 230–233.
186 Ich folge im Rahmen der These „Ende der Randlage": *Bischof*, Am Rande der Weltgeschichte? (wie Anm. 49), S. 27 f.; ebenfalls: Gottfried *Rainer*, Zwischen allen Stühlen. Die schwierige wirtschaftliche politische und gesellschaftliche Situation Osttirols, in: Tiroler Jahrbuch für Politik 2008/2009, S. 193–205, hier S. 204.
187 Einblick. Marktgemeinde-Zeitung Sillian, Nr. 14, Juli 2006, S. 12 f.; OB, 27. Jg., Nr. 17, 27.4.1972.
188 OB, 38. Jg., Nr. 17, 28.4.1983.
189 OB, 53. Jg., Nr. 10, 5.3.1998, Nr. 15, 9.4.1998.
190 Maria *Huber-Wanner*, Sillian im Jubiläumsjahr 1969, in: Einblick. Marktgemeinde-Zeitung Sillian, Nr. 20, Juli 2009, S. 19–22.
191 Verkehrsverein Lienz (Hrsg.), 100 Jahre Pustertalbahn (wie Anm. 14).
192 OB, 44. Jg., Nr. 22, 29.5.1989.
193 OB, 25. Jg., Nr. 43, 22.10.1970; zuletzt 21. Treffen: OB, 65. Jg., Nr. 42, 21.10.2010; Tiroler Tageszeitung (TT) (Osttirol), 66. Jg. (2010), Nr. 273, 14.10.2010.
194 OB, 29. Jg., Nr. 38, 19.9.1974.
195 Johann E. *Trojer*, Ein Vorwort, in: Thurntaler 5 (1981), S. 3.
196 *Ders.*, Schraffl (Die Glosse), in: OB, 33. Jg., Nr. 40, 5.10.1978.
197 Näheres dazu: *Kofler*, Osttirol (wie Anm. 1), S. 285 f., 290–292.
198 Siehe: „Skizentrum Hochpustertal". In: Tirol aktuell. Sonderbeilage der Tiroler Tageszeitung, 23.02./01.03.1989; Chronik GP Sillian, 28.2.1989.
199 Mitschrift Interview Martin Kofler mit N. N., Sillian, 9.2.2010.
200 *Huber*, Sillian (wie Anm. 18), S. 380; *Dies.*, „Sogar einen Weitlanbrunner-Walzer gibt's" (wie Anm. 16), S. 30; Einblick. Marktgemeinde-Zeitung Sillian, Nr. 9, Dezember 2003, S. 11.
201 OB, 49. Jg., Nr. 24, 16.6.1994.
202 Siehe: *Kofler*, Osttirol (wie Anm. 1), S. 248, 278; TT (Osttirol), 54. Jg. (1998), Nr. 78, 3.4.1998.
203 FF. Das Südtiroler Wochenmagazin, 2011, Nr. 19, S. 24–37.
204 TT (Osttirol), 58. Jg. (2002), Nr. 15, 18.1.2002, Nr. 99, 27./28.4.2002; Kleine Zeitung (Osttirol), 16.6.2002.
205 Einblick. Marktgemeinde-Zeitung Sillian, Nr. 6, Juli 2002, S. 7, 9–11.
206 TT (Osttirol), 60. Jg. (2004), Nr. 148, 29.6.2004.
207 OB, 63. Jg., Nr. 19, 8.5.2008.
208 *Kofler*, Osttirol (wie Anm. 1), S. 218–222.
209 Siehe: http://www.dolomitenstadt.at/2013/12/14/groser-bahnhof-fur-den-letzten-korridorzug/ Stand: 4. November 2014; Kleine Zeitung (Osttirol), 28.10.2014.
210 *Kofler*, Osttirol (wie Anm. 1), S. 216–218.
211 Kleine Zeitung (Osttirol), 25.5.2007.
212 Stenographische Berichte des Tiroler Landtages, IX. Periode, 16. Tagung, 2. Sitzung, 25.3.1982, S. 65, XIII. Periode, 4. Sitzung., 1.7.1999, S. 176–181 sowie 9. Sitzung, 16.3.2000, S. 114; zu den Varianten von 1975 und 1982: Archiv Marktgemeinde Sillian, Mappe „Pustertaler Schnellstraße und Umfahrungsstraße Sillian".
213 OB, 59. Jg., Nr. 6, 5.2.2004, Nr. 17, 22.4.2004, Nr. 26, 24.6.2004, Nr. 27, 1.7.2004; Kleine Zeitung (Osttirol), 20.6.2004.
214 OB, 60. Jg., Nr. 11, 17.3.2005; Kleine Zeitung, 24.6.2005.
215 OB, 60. Jg., Nr. 45, 10.11.2005; auch: OB, 61. Jg., Nr. 5, 2.2.2006.
216 Siehe das deutliche Vorwort Schiffmanns in: Einblick. Marktgemeinde-Zeitung Sillian, Nr. 16, Juli 2007, S. 3; dazu auch: Kleine Zeitung (Osttirol), 23.5.2007; OB, 62. Jg., Nr. 21, 24.5.2007.
217 Überdeutliches Vorwort Schiffmanns dazu in: Einblick. Marktgemeinde-Zeitung Sillian, Nr. 20, Juli 2009, S. 3; ebenfalls: Kleine Zeitung (Osttirol), 10.5.2009, 21.5.2009.
218 TT (Osttirol), 65. Jg. (2009), Nr. 268, 29.9.2009.
219 Dazu Österreichisches Institut für Raumplanung, Entwicklungsprogramm Osttirol. Teil III Ergebnisse der Begutachtung von Erschließungsprojekten (Kurzfassung der für die Felbertauernstraße AG und das Land Tirol erstellten Gutachten), Wien [1976], S. 114, in dem einem namhaften Ausbau der Silliner Schattseite für den Winterfremdenverkehr die „eindeutig und mit Abstand günstigsten Voraussetzungen" eingeräumt wurden; dort hatten 1954–1984 die legendären „Helm-Rennen" mit Schi-Assen wie Hermann Nogler, Werner Grissmann oder Harti Weirather stattgefunden. OB, 55. Jg., Nr. 8, 24.2.2000; für einen knappen Rückblick der Schierschließungspläne: Kleine Zeitung (Osttirol), 16.9.2007.
220 Siehe etwa: Kleine Zeitung (Osttirol), 13.1.2005; OB, 60. Jg., Nr. 8, 20.1.2005.
221 TT (Osttirol), 61. Jg. (2005), Nr. 9, 13.1.2005.
222 OB, 61. Jg., Nr. 39, 28.9.2006.
223 TT (Osttirol), 63. Jg. (2007), Nr. 213, 14.9.2007; OB, 62. Jg., Nr. 49, 6.12.2007; Der Innichner, Nr. 36, Dez. 2007, S. 16.
224 TT (Osttirol), 66. Jg. (2010), Nr. 117, 29.4.2010.
225 Mitschrift Interview mit Bürgermeister Erwin Schiffmann, Sillian, 9.2.2010.
226 TT, 67. Jg. (2011), Nr. 172, 24.6.2011; Kleine Zeitung (Osttirol), 14.7.2011; OB, 66. Jg., Nr. 29, 21.7.2011.
227 Kleine Zeitung (Osttirol), 13.8.2011.
228 Mitschrift Interview mit Bürgermeister Erwin Schiffmann, Sillian, 9.2.2010.
229 Dazu: Einblick. Marktgemeinde-Zeitung Sillian, Nr. 13, Dezember 2005, S. 16; TT (Osttirol), 70. Jg. (2014), 8.9.2014.
230 Der Innichner, Nr. 20, Dezember 2004, S. 13; Der Innichner, Nr. 8, Juni 2002, S. 12.
231 OB, Jg. 63, Nr. 21, 22.5.2008, 3.7.2008; TT (Osttirol), 64. Jg. (2008), Nr. 144, 21./22.6.2008. Kleine Zeitung (Osttirol), 21.6.2008.
232 Siehe: Einblick. Marktgemeinde-Zeitung Sillian, Nr. 23, Dezember 2010, S. 24; http://www.dolomitenstadt.at/2014/10/08/keine-weiteren-skilifte-am-thurntaler/ Stand: 4. November 2014.

Martin Steidl
Sillian und die Grenze

1 Interview 1, geführt von Michaela Holaus, Jenny Illing, Sonja Stabentheiner und Martin Steidl am 2.6.2008 bei der Staatsgrenze.
2 Diese Definition der „natürlichen Grenze" ist bereits relativ alt und findet in einer Reihe von Sagen über Grenzstreitigkeiten Erwähnung. Das zentrale Motiv lässt dabei meist ein Schiedsgericht zusammenkommen, um die Zwistigkeiten beizulegen.

Die Grenzbestimmung selbst erfolgt mittels eiserner Kugeln oder durch Wasser: dort wo das Wasser hinläuft – bzw. dort wo die Kugel hinrollt. Vgl. etwa: Die Sage über den Grenzstreit zwischen Welschnofern und Tiesern, in: Johann A. *Heyl* (Hrsg.), Volkssagen, Bräuche und Meinungen aus Tirol. Brixen 1897, S. 355.

3   Humboldt hatte bei seinen vergleichenden Sprachuntersuchungen festgestellt, dass verschiedene Sprachen die Welt nicht auf dieselbe Weise erschließen. Die „Sprachen haben ihre Lichter an verschieden Stellen hängen", stellte er fest und verwies durch seine metaphorische Feststellung auf sprachliche Eigenheiten und unterschiedliche Gewichtungen. Diese zögen, in Abhängigkeit von der Sprache, verschiedene kollektive Wahrnehmungsmodi nach sich – kurz gefasst meint dies nichts anderes, als dass sich Kulturen anhand von Sprachen scheiden.

4   Doch was unter König Emanuele III. noch als diplomatische List eingefädelt und erfolgreich umgesetzt worden war, sollte einige Jahre später, nach Machtergreifung der Faschisten, in eine Unterdrückungspolitik für die deutschsprachige Minderheit münden.

5   Vgl. Egon *Kühebacher*, Zur Verschiebung der Staatsgrenze von Toblach nach Winnebach im Jahre 1919, in: Der Innichner. Informationsblatt der Marktgemeinde Innichen Nr. 9 (2009), S. 19–22; Ders: „Verkauft für einen Waggon voll Reis". Der Anschluss von Innichen und Sexten an Italien, in EinBLICK – Gemeindezeitung Sillian, Nr. 9 (2003), S. 19–22.

6   Vgl. Walter Ludwig *Regele*, Grenzfragen an der Wasserscheide von Tassilo bis Tolomei, in: Hans *Wielander*, Tirol an Isel und Drau. Eine Annäherung (Arunda. Kulturzeitschrift aus Südtirol, Nr. 65), Innsbruck 2004, S. 23–25.

7   Egon *Kühebacher*, Das Leid an der Grenze, in: Harpfe 3/11, S. 21–29.

8   Egon *Kühebacher*, Die italienisch-österreichische Staatsgrenze zwischen Arnbach und Winnebach in ihren ersten Bestandsjahren, in: EinBLICK – Gemeindezeitung Sillian. Dezember 2009, S. 23–26.

9   Die Helmhütte wurde in den 1890er-Jahren durch die Sektion Sillian des Deutschen u. Österreichischen Alpenvereins errichtet; vgl. Benedikt *Sauer*, Offene Hütte, in: ff, 42/2011, S. 36–37.

10 Interview 2, geführt von Michaela Holaus am 3.6.2008 in Abfaltersbach.

11 Vgl. hierzu Martin *Kofler*, Osttirol. Ein Grenzbezirk – zweiter Landesteil – „drittes Tirol", in: Geschichte und Region/Storia e regione, 9. Jg (2000), S. 209–225.

12 Vgl. hierzu: Franz *Unterkircher*, Vom Anfang der „Osttiroler Heimatblätter", in: OHBl, 54. Jg. (1986) Nr. 4, S. 1–2.

13 Kurt *Klusemann*, Zur Heimkehr Osttirols, in: OHBl, 15. Jg (1947), Nr. 22, S. 1; vgl. ebenso: Hans *Waschgler*, Vor drei Jahrzehnten: Heimkehr Osttirols. Dreißig Jahre sind seit der Wiedervereinigung Osttirols mit dem Mutterland vergangen, in: OHBl, 45. Jg. (1977), Nr. 10, S. 1–8, weiters: Martin *Kofler*, Vor 50 Jahren: Die Rückkehr Osttirols zum „Heimatland" Tirol, in: OHBl, 65. Jg. (1997), Nr. 10, S. 1–4.

14 Vgl. Martin *Kofler*, Osttirol und „seine" Pustertalbahn. Von der Weltverbindung zur umkämpften Nebenstrecke, in: Hans *Wielander* (Hrsg.), Tirol an Isel und Drau. Eine Annäherung. Arunda. Kulturzeitschrift aus Südtirol, Nr. 65, Innsbruck 2004, S. 80–95; Michaela *Holaus*, Auf dass man lebend von Lienz nach Innsbruck gelangen kann, in: Ingo *Schneider* u. a. (Hrsg.), Grenzgänge. Orte des Durch- und Übergangs in der Europaregion Tirol, Innsbruck 2009, S. 219–224.

15 Zitiert nach: Martin *Kofler*, Osttirol. Vom Ersten Weltkrieg bis zur Gegenwart, Innsbruck–Wien u. a. 2005, S. 214.

16 Vgl. Martin *Kofler*, Der zweite Landesteil. Die „Sonderregion" Osttirol in der politischen Arena seit 1945, in: Michael *Gehler* (Hrsg.), Tirol. „Land im Gebirge": Zwischen Tradition und Moderne. Geschichte der österreichischen Bundesländer seit 1945, Nr. 6/3, Wien u. a. 1999, S. 729–822, hier S. 774–777.

17 Vgl. Reinhard *Bodner*, Der Felbertauern. Eine Einführung, in: *Schneider* u. a. (Hrsg.), Grenzgänge (wie Anm. 14), S. 251–257.

18 Vgl. Michaela *Holaus*, Geschichten von der Insel, in: *Schneider* u. a. (Hrsg.), Grenzgänge (wie Anm. 14), S. 234–238.

19 Vgl. Claudia *Funder*, Giro d'Italia führt erneut nach Osttirol, in: Dolomitenstadt.at. Das Online-Magazin für Lienz und die Region, 12.4.2011 (Online: http://www.dolomitenstadt.at/2011/04/12/giro-d%E2%80%99italia-fuhrt-erneut-nach-osttirol/), Stand: 28.6.2012.

20 Vgl. zu den Weinfässern in der Drau: Jenny *Illing*, „Ungewöhnlicher Ort – ungewöhnlicher Zeitpunkt", in: *Schneider* u. a. (Hrsg.), Grenzgänge (wie Anm. 14), S. 239–242, hier S. 242; vgl. zu den genarrten Zollwachbeamten: Martin *Steidl*, Ristorante al confine, in: *Schneider* u. a. (Hrsg.), Grenzgänge (wie Anm. 14), S. 230–233, hier S. 232.

Karl C. Berger
Von der Tradition der Erneuerung

1   Vgl. Franz *Colleselli*, Hofrat Dr. Josef Ringler zum Gedenken, in: Der Krippenfreund, 60. Jg., Nr. 1, März 1973, S. 12–13.

2   Josef *Ringler*, Aufgaben der praktischen Volkstrachtenforschung, in: Der Schlern, 16. Jg. (1935), Heft 9, S. 391–393, hier S. 392.

3   W. M. *Lusenberg*, Tiroler National-Sänger und Bauernspieler in Innsbruck, in: Österreichische Alpenpost, Illustrierte Halbmonats-Zeitschrift aus den Ostalpen, 6 Jg. (1904), Nr. 16, S. 357–361.

4   Al[ois] *Menghin*, Ueber die Erhaltung der alten Landestrachten, in: Bote für Tirol und Vorarlberg, 72. Jg. (1886), Nr. 254 (6. Nov. 1886), S. 2128–2129, hier S. 2129.

5   Tobias *Wildauer*, Denkbuch der Feier der fünfhundertjährigen Vereinigung Tirols mit Österreich, Innsbruck 1864, S. 91.

6   Vgl. Franz *Grieshofer*, Von Jungfrauen, Blasmusikkapellen und Hausierern … Zur Emblematik der Kastelruther Tracht, in: Österreichische Zeitschrift für Volkskunde, Band XLVII/96, 1993, S. 289–309, hier S. 296.

7   Josef *Ringler*, Volkstrachtenforschung (wie Anm. 2), hier S. 392.

8   Brief von Oberlehrer Viktor Wanner an Josef Ringler vom 14.2.1935, Archiv Tiroler Volkskunstmuseum (TVKM).

9   TLMF, Bibliothek, FB 4333, fol. 142 und 143.

10 TLMF Bibliothek, FB 19298/38.

11 Postkarte von Georg Schneider, 4. April 1955, Archiv TVKM.

12 TVKM, Trachtenarchiv, Mappe Pustertal, Testament der Maria Stadlerin (Abschrift).

13 Vgl. Trachten aus Tirol von Amster, TVKM, Inv. Nr. 2004, fol. 38.

14 Gertrud *Pesedorfer*, Neue Deutsche Bauerntrachten. Tirol. München 1938, S. 11.

15 Ebda. S. 12.

16 Zitat nach: Johann *Steinringer*, Das Prozessionswesen in Osttirol, Wien 1941, Phil. Diss. S. 12.

17 *Steinringer*, Prozessionswesen (wie Anm. 16), S. 20.
18 Georg *Tinkhauser*, Topographisch-historisch-statistische Beschreibung der Diöcese Brixen, Bd. 1, Brixen 1855, S. 517.
19 Pfarrarchiv Sillian, Prozessionsordnung von 1768.
20 Anton *Dörrer*, Tiroler Fasnacht, Innsbruck 1949, S. 50.
21 Michael *Mitterauer*, Dimensionen des Heiligen. Annäherungen eines Historikers, Wien 2000, S. 94.
22 *Mitterauer*, Dimensionen (wie Anm. 21), S. 94.
23 *Dörrer*, Fasnacht (wie Anm. 20), S. 214.
24 http://www.oeav.at/sillian/umwelt/19_07_05.php (gelesen am 3.8. 2012).
25 Reinhard *Rampold*, Heilige Gräber in Tirol, Innsbruck 2009, S. 258–258.
26 Vgl. Hans *Schuhladen*, Nikolausspiele des Alpenraums, Innsbruck 1984 (Schlern-Schriften 271), Innsbruck 1984, S. 220.
27 Hans *Schuhladen*, Zur Geschichte von Perchtenbräuchen im Berchtesgadner Land in Tirol und Salzburg vom 16. bis zum 19. Jahrhundert, in: Bayerisches Jahrbuch für Volkskunde 1983/84, S. 1–29, hier S. 11.
28 Friedrich *Haider*, Tiroler Brauch im Jahreslauf, Innsbruck 1985, S. 445.
29 *Dörrer* (wie Anm. 20), S. 104.
30 Lois *Ebner*, Hauskunde von Osttirol, Phil. Diss., MS, Innsbruck 1973.
31 Vgl. Archiv des Tiroler Kunstkatasters, Innsbruck.
32 Ignaz Vincenz *Zingerle*/Josef *Egger* (Hrsg.), Die Tirolischen Weisthümer. IV. Theil: Burggrafenamt, Etschland, Eisackthal und Pusterthal. Zweite Hälfte. Mit Glossarium von Josef *Egger* (Oesterreichische Weisthümer 4/2). Wien 1891, S. 579, Z. 1–3.
33 Peter *Leiter*/Johanna *Schneider*/Maria *Huber*, Sillianer Harpfen. Erhebung und Dokumentation 2008–2009, Sillian 2009.
34 *Zingerle* (wie Anm. 32), S. 580, Z. 39–42.
35 Bundesdenkmalamt (Hrsg.), Österreichische Kunsttopographie, Band LVII: Die Kunstdenkmäler des politischen Bezirkes Lienz, Teil II: Pustertal, Villgratental, Tiroler Gailtal, Wien 2007, S. 323 ff.
36 Franz *Caramelle*, Das Bischofszimmer im Widum von Sillian, in: Claudia Sporer-Heis (Hrsg.): Tirol in seinen alten Grenzen. Festschrift für Meinrad Pizzinini zum 65. Geburtstag (Schlern-Schriften 341), Innsbruck 2008, S. 59–66.
37 Vgl. auch die Stube aus Südtirol im Germanischen Nationalmuseum Nürnberg.

Tanja A. Kraler
Sillianer Persönlichkeiten

1 TLMF, Stephan *von Mayrhofen*, Genealogie des tirolischen Adels. Erloschene Geschlechter, Nr. 106; Gertrud *Pfaundler-Spat*, Tirol-Lexikon. Ein Nachschlagewerk über Menschen und Orte des Bundeslandes Tirol, 2. Aufl., Innsbruck–Wien–Bozen 2005, S. 190.
2 Johanna *Felmayer*, Blasius Hölzl. Eine markante Persönlichkeit am Hofe Maximilians, in: Tiroler Heimatblätter, 37. Jg. (1962), S. 93 f.; Heinz *Noflatscher*, Räte und Herrscher. Politische Eliten an den Habsburgerhöfen der österreichischen Länder 1480–1530 (Veröffentlichungen des Instituts für europäische Geschichte Mainz. Abteilung Universalgeschichte, Bd. 161, hrsg. von Karl Otmar Freiherr *von Aretin* und Heinz *Duchhardt*), Mainz 1999, S. 207; Friedrich Hermann *Schubert*, Blasius Hölzel und die soziale Situation in der Hofkammer Maximilians I., in: Vierteljahrsschrift für Sozial- und Wirtschaftsgeschichte, Bd. 47 (1960), S. 108 f.; Hermann *Wiesflecker*, Kaiser Maximilian I. Das Reich, Österreich und Europa an der Wende zur Neuzeit, Bd. 5, Wien 1986, S. 261 f.
3 *Wiesflecker*, Kaiser Maximilian I. (wie Anm. 2), S. 262 f.
4 Götz Freiherr *von Pölnitz*, Jakob Fugger. Quellen und Erläuterungen, Bd. 2, Tübingen 1951, S. 216.
5 *Pölnitz*, Jakob Fugger (wie Anm. 4), S. 393; *Wiesflecker*, Kaiser Maximilian I. (wie Anm. 2), S. 264.
6 *Pölnitz*, Jakob Fugger (wie Anm. 4), S. 344, S. 348–351.
7 Götz Freiherr *von Pölnitz*, Jakob Fugger. Kaiser, Kirche und Kapital in der oberdeutschen Renaissance, Bd. 1, Tübingen 1949, S. 392 f.; *Pölnitz*, Jakob Fugger (wie Anm. 4), S. 393, S. 402; *Schubert*, Blasius Hölzl (wie Anm. 2), S. 110.
8 *Wiesflecker*, Kaiser Maximilian I. (wie Anm. 2), S. 262.
9 *Pölnitz*, Jakob Fugger (wie Anm. 7), S. 481; *Pölnitz*, Jakob Fugger (wie Anm. 4), S. 348–352, S. 436.
10 Konrad *König*, Peutinger Briefwechsel (Veröffentlichungen der Kommission für Erforschung der Geschichte der Reformation und Gegenreformation, Bd. 1), München 1923.
11 *König*, Peutinger Briefwechsel (wie Anm. 10), S. 42.
12 *König*, Peutinger Briefwechsel (wie Anm. 10), S. 45.
13 *König*, Peutinger Briefwechsel (wie Anm. 10), S. 38.
14 *König*, Peutinger Briefwechsel (wie Anm. 10), S. 43 f.
15 Mathias *Hochfellner*, Zur Geschichte des Schlosses und Gerichtes Vellenberg, in: 48. Programm des k. k. Staats-Gymnasiums in Innsbruck 1896/1897, Innsbruck 1897, S. 15 f.
16 *Felmayer*, Blasius Hölzl (wie Anm. 2), S. 96.
17 *Hochfellner*, Zur Geschichte des Schlosses und Gerichtes Vellenberg (wie Anm. 15), S. 19.
18 *Hochfellner*, Zur Geschichte des Schlosses und Gerichtes Vellenberg (wie Anm. 15), S. 25.
19 *Felmayer*, Blasius Hölzl (wie Anm. 2), S. 98.
20 *Noflatscher*, Räte und Herrscher (wie Anm. 2), S. 207, S. 218; *Wiesflecker*, Kaiser Maximilian I. (wie Anm. 2), S. 263.
21 *König*, Peutinger Briefwechsel (wie Anm. 10), S. 42.
22 *Felmayer*, Blasius Hölzl (wie Anm. 2), S. 96; *Pfaundler-Spat*, Tirol-Lexikon (wie Anm. 1), S. 190.
23 *Noflatscher*, Räte und Herrscher (wie Anm. 2), S. 207; *Wiesflecker*, Kaiser Maximilian I. (wie Anm. 2), S. 264.
24 *Wiesflecker*, Kaiser Maximilian I. (wie Anm. 2), S. 265; *Pfaundler-Spat*, Tirol-Lexikon (wie Anm. 1), S. 190.
25 *Felmayer*, Blasius Hölzl (wie Anm. 2), S. 100; Stephan *Füssel*, Riccardus Bartholinus Perusinus. Humanistische Panegyrik am Hofe Kaiser Maximilians I. (Saecula spiritalia, Bd. 19), Baden-Baden 1987, S. 231.
26 *Felmayer*, Blasius Hölzl (wie Anm. 2), S. 100; *Pfaundler-Spat*, Tirol-Lexikon (wie Anm. 1), S. 190.
27 *Füssel*, Riccardus Bartholinus Perusinus (wie Anm. 25), S. 232 f.; *Schubert*, Blasius Hölzl (wie Anm. 2), S. 110–112; Jan-Dirk *Müller*, Gedechtnus. Literatur und Hofgesellschaft um Maximilian I. (Forschungen zur Geschichte der älteren deutschen Literatur, Bd. 2, hrsg. von Joachim *Bumke*/Thomas *Cramer* u. a.), München 1982, S. 54.
28 Ignaz Vincenz *Zingerle*, Sagen, Märchen und Gebräuche aus Tirol, Innsbruck 1859, S. 362.

29 *Felmayer*, Blasius Hölzl (wie Anm. 2), S. 93, 101 f.; *Pfaundler-Spat*, Tirol-Lexikon (wie Anm. 1), S. 190.
30 Eugen *Thurnher*, Tiroler Drama und Tiroler Theater, Innsbruck–Wien–München 1968, S. 34–37.
31 Ferdinand Josef *Schneider*, Adam Purwalder, ein Tiroler Dramatiker des 17. Jahrhunderts, in: Euphorion, Zeitschrift für Literaturgeschichte, Bd. 19 (1912), S. 546–562.
32 *Schneider*, Adam Purwalder (wie Anm. 31), S. 547.
33 Anton *Dörrer*, Adam Purwalder aus Sillian (um 1588–1650 Volksschauspielgestalter im oberen Drau- und mittleren Eisacktal), in: OHBl, 36. Jg. (1968), Nr. 5, S. 3 f.
34 Norbert *Hölzl*, Tirols Jedermann-Dramatiker, in: TT, 24. Jg. (1968), Nr. 40, S. 13; Norbert *Hölzl*, Ein Tiroler Dichter des 17. Jahrhunderts in Prag entdeckt. Die in Innsbruck gedruckten Werke nur in einem Sammelband der Prager Nationalbibliothek enthalten, in: TT, 25. Jg. (1969), Nr. 44, S. 7; Norbert *Hölzl*, Osttirols einziger Dichter neu entdeckt, in: Dolomiten, 46 Jg. (1969), Nr. 58, S. 5; Norbert *Hölzl*, Adam Purwalder, „Burger zu Sillian". Einzig das Nationalmuseum in Prag besitzt die vier gedruckten Werke des Sillianer Dichters, in: OHBl, 37. Jg. (1969), Nr. 3, S. 7 f.
35 Rosa *Rubner-Röd*, Adam Purwalder. Ein Beitrag zur Theater- und Kulturgeschiche Tirols, Dissertation, Wien 1983.
36 Konrad *Rabensteiner*, Ein Dichter als Richter von Villanders, in: Villanders. Portrait einer Eisacktaler Gemeinde, Brixen 2001, S. 274–281.
37 *Schneider*, Adam Purwalder (wie Anm. 31), S. 548; Hölzl, Adam Purwalder (wie Anm. 34), S. 7.
38 *Rubner-Röd*, Adam Purwalder (wie Anm. 35), S. 17 f.
39 *Rabensteiner*, Ein Dichter als Richter von Villanders (wie Anm. 36), S. 275.
40 *Schneider*, Adam Purwalder (wie Anm. 31), S. 547 f.
41 *Rubner-Röd*, Adam Purwalder (wie Anm. 35), S. 11 und S. 23–28; *Rabensteiner*, Ein Dichter als Richter von Villanders (wie Anm. 36), S. 275–277.
42 Norbert *Hölzl*, Adam Purwalder († 1651 in Brixen). Südtirols unbekannter Jedermann-Dramatiker, in: Der Schlern, 44. Jg. (1970), Heft 6, S. 237–252; *Hölzl*, Adam Purwalder (wie Anm. 34), S. 7; *Rabensteiner*, Ein Dichter als Richter von Villanders (wie Anm. 36), S. 276 f.
43 *Rabensteiner*, Ein Dichter als Richter von Villanders (wie Anm. 36), S. 277.
44 *Rabensteiner*, Ein Dichter als Richter von Villanders (wie Anm. 36), S. 277; *Hölzl*, Adam Purwalder (wie Anm. 42), S. 237.
45 *Hölzl*, Ein Tiroler Dichter des 17. Jahrhunderts (wie Anm. 34), S. 7.
46 *Schneider*, Adam Purwalder (wie Anm. 31), S. 548.
47 *Hölzl*, Ein Tiroler Dichter des 17. Jahrhunderts (wie Anm. 34), S. 7.
48 *Schneider*, Adam Purwalder (wie Anm. 31), S. 546; *Hölzl*, Ein Tiroler Dichter des 17. Jahrhunderts (wie Anm. 34), S. 7; *Hölzl*, Adam Purwalder (wie Anm. 42), S. 238.
49 *Thurnher*, Tiroler Drama und Tiroler Theater (wie Anm. 30), S. 35; *Hölzl*, Adam Purwalder (wie Anm. 42), S. 238 f.; *Hölzl*, Ein Tiroler Dichter des 17. Jahrhunderts (wie Anm. 34), S. 7; *Rabensteiner*, Ein Dichter als Richter von Villanders (wie Anm. 36), S. 279 f.; Egon *Kühebacher*, Abriß der Geschichte des Tiroler Volksschauspieles, in: Der Schlern, 49. Jg. (1975), Heft 10, S. 439.
50 *Schneider*, Adam Purwalder (wie Anm. 31), S. 547; *Hölzl*, Adam Purwalder (wie Anm. 42), S. 242; *Hölzl*, Adam Purwalder (wie Anm. 34), S. 8; *Rabensteiner*, Ein Dichter als Richter von Villanders (wie Anm. 36), S. 275.
51 Meinrad *Pizzinini*, Osttirol. Der Bezirk Lienz. Seine Kunsthandwerke, historischen Lebens- und Siedlungsformen (Österreichische Kunstmonographie, Bd. VII), Salzburg 1974, S. 85 f.
52 Maria *Huber-Wanner*, Die Künstlerfamilie Vicelli in Sillian, in: EinBLICK – Gemeindezeitung Sillian, Juli 2007, Nr. 16, S. 19; Hermann *Rogger*, Handwerker und Gewerbetreibende in Innichen seit dem 17. Jahrhundert. Ein Beitrag zur Familien- und allgemeinen Sozialgeschichte dieses Hochpustertales Marktfleckens, Diss., Innsbruck 1986, S. 195.
53 *Rogger*, Handwerker und Gewerbetreibende (wie Anm. 52), S. 195; Josef *Kraft*, Johann Vicelli, Maler in Sillian, in: Forschungen und Mitteilungen zur Geschichte Tirols und Vorarlbergs, 10. Jg. (1913), S. 281; Josef *Ringler*, Die barocke Tafelmalerei in Tirol. Versuch einer topographisch-statistischen Übersicht (Tiroler Wirtschaftsstudien, Schriftenreihe der Jubiläumsstiftung der Kammer der gewerblichen Wirtschaft, Bd. 29), Innsbruck–München 1973, S. 61.
54 *Kraft*, Johann Vicelli (wie Anm. 53), S. 282.
55 *Kraft*, Johann Vicelli (wie Anm. 53), S. 282; Allgemeines Lexikon der bildenden Künste von der Antike bis zur Gegenwart, Bd. 34, 1940, S. 326.
56 *Kraft*, Johann Vicelli (wie Anm. 53), S. 282; *Rogger*, Handwerker und Gewerbetreibende (wie Anm. 52), S. 195.
57 TLA, Gerichtsbuch Heinfels 1671, fol. 265.
58 TLA, Gerichtsbuch Heinfels 1662, fol. 384–385.
59 *Kraft*, Johann Vicelli (wie Anm. 53), S. 282.
60 TLA, Gerichtsbuch Heinfels 1660, fol. 141–142.
61 TLA, Gerichtsbuch Heinfels 1673, fol. 541.
62 *Kraft*, Johann Vicelli (wie Anm. 53), S. 284; Erich *Egg*, Kunst in Tirol. Malerei und Kunsthandwerk, Innsbruck–Wien–München 1972, S. 166.
63 TLA, Gerichtsbuch Heinfels 1677, fol. 246–248.
64 TLA, Gerichtsbuch Heinfels 1685, fol. 37.
65 TLA, Gerichtsbuch Heinfels 1685, fol. 38.
66 TLA, Gerichtsbuch Heinfels 1685, fol. 35–40; TLA, Gerichtsbuch Heinfels 1671, fol. 265–268; *Kraft*, Johann Vicelli (wie Anm. 53), S. 282; *Rogger*, Handwerker und Gewerbetreibende (wie Anm. 52), S. 195.
67 *Egg*, Kunst in Tirol (wie Anm. 62), S. 176; Allgemeines Lexikon der bildenden Künste (wie Anm. 55), S. 326.
68 *Kraft*, Johann Vicelli (wie Anm. 53), S. 282; *Rogger*, Handwerker und Gewerbetreibende (wie Anm. 52), S. 195; *Pizzinini*, Osttirol (wie Anm. 51), S. 86; *Ringler*, Die barocke Tafelmalerei in Tirol (wie Anm. 53), S. 61.
69 *Pizzinini*, Osttirol (wie Anm. 51), S. 86; *Kraft*, Johann Vicelli (wie Anm. 53), S. 284.
70 TLA, Gerichtsbuch Heinfels 1684, fol. 789.
71 *Rogger*, Handwerker und Gewerbetreibende (wie Anm. 52), S. 196.
72 Egon *Kühebacher*, Kirche und Museum des Stiftes Innichen. Begleiter und Führer bei der Betrachtung der Kulturdenkmäler und Kunstwerke des ältesten Tiroler Stiftes, Bozen 1993, S. 80; Eduard *Widmoser*, Südtirol von A–Z, 3. Bd., Innsbruck–München 1988, S. 33.
73 *Kühebacher*, Kirche und Museum des Stiftes Innichen (wie Anm. 72), S. 80 f.; *Rogger*, Handwerker und Gewerbetreibende (wie Anm. 52), S. 197; *Widmoser*, Südtirol von A–Z (wie Anm. 72), S. 33.

74 Anton *Dawidowicz*, Orgelbaumeister und Orgeln in Osttirol, Phil.-Diss., Wien 1949, S. 38; Franz *Grass*, „Orgelbaugeschlechter in Nordtirol", in: Bericht über den 11. Historikertag in Innsbruck (Veröffentlichungen des Verbandes österreichischer Geschichtsvereine, Bd. 19), 1972, S. 333.
75 TLA, Verfachbuch Heinfels, 1783, fol. 268.
76 *Dawidowicz*, Orgelbaumeister und Orgeln in Osttirol (wie Anm. 74), S. 39; Alfred *Reichling*, Tiroler Orgelbauer der ersten Hälfte des 19. Jahrhunderts, in: Veröffentlichungen des Ferdinandeums, hrsg. vom Tiroler Landesmuseum Ferdinandeum, Bd. 78 (1998), S. 247.
77 *Dawidowicz*, Orgelbaumeister und Orgeln in Osttirol (wie Anm. 74), S. 39 f.; J. *Fuchs*, Die Orgelbauer Volgger von Arnbach, Pfarre Sillian, in: OHBl, 4. Jg. (1927), Nr. 6, S. 99.
78 *Dawidowicz*, Orgelbaumeister und Orgeln in Osttirol (wie Anm. 74), S. 194.
79 *Dawidowicz*, Orgelbaumeister und Orgeln in Osttirol (wie Anm. 74), S. 40 f.; *Fuchs*, Die Orgelbauer Volgger von Arnbach (wie Anm. 77), S. 99 f.
80 *Dawidowicz*, Orgelbaumeister und Orgeln in Osttirol (wie Anm. 74), S. 41.; *Fuchs*, Die Orgelbauer Volgger von Arnbach (wie Anm. 77), S. 99 f.; *Grass*, „Orgelbaugeschlechter in Nordtirol" (wie Anm. 74), S. 333; Gabriel *Ortner*, 500 Jahre Markt Sillian, in: Tiroler Nachrichten, 24. Jg. (1969), Nr. 140, S. 15.
81 *Fuchs*, Die Orgelbauer Volgger von Arnbach (wie Anm. 77), S. 100.
82 [Rudolf] *Granichstaedten[-Czerva]*, Ignaz Paprion aus Sillian, in: OHBl, 30. Jg. (1962), Nr. 8, S. 3.
83 Nekrolog, in: Bothe von Tirol (1822), Nr. 37, S. 152.
84 *Granichstaedten*, Ignaz Paprion aus Sillian (wie Anm. 82), S. 3; Nekrolog (wie Anm. 83), S. 152.
85 *Granichstaedten*, Ignaz Paprion aus Sillian (wie Anm. 82), S. 4; *Ortner*, 500 Jahre Markt Sillian (wie Anm. 80), S. 15.
86 *Granichstaedten*, Ignaz Paprion aus Sillian (wie Anm. 82), S. 4; Nekrolog (wie Anm. 93), S. 156.
87 Nekrolog (wie Anm. 83), S. 156.
88 *Granichstaedten*, Ignaz Paprion aus Sillian (wie Anm. 82), S. 4; Nekrolog (wie Anm. 83), S. 156; Johann Jacob *Staffler*, Tirol und Vorarlberg, topographisch mit geschichtlichen Bemerkungen, 2. Bd., Innsbruck 1844, S. 373.
89 *Staffler*, Tirol und Vorarlberg (wie Anm. 88), S. 373; Egon *Kühebacher*, Kaiser Otto I. und das Kollegiatstift Innichen, in: Der Schlern, 62. Jg. (1988), Heft 42, S. 188–200, hier S. 190.
90 Beda *Weber*, Das Land Tirol. Mit einem Anhange: Vorarlberg. Ein Handbuch für Reisende, 1. Bd., Innsbruck 1837, S. 149.
91 TLMF, Dip. 628.
92 TLMF, Dip. 699.
93 TLMF, Dip. 690.
94 Nekrolog (wie Anm. 83), S. 156.
95 Maria *Huber-Wanner*, Josef Achammer. Färbermeister und Freiheitskämpfer, in: EinBLICK – Gemeindezeitung Sillian, Dezember 2006, Nr. 15, S. 23.
96 *Huber-Wanner*, Josef Achammer (wie Anm. 95), S. 23; *Ortner*, 500 Jahre Markt Sillian (wie Anm. 80), S. 15.
97 *Ortner*, 500 Jahre Markt Sillian (wie Anm. 80), S. 15; Josef *Thonhauser*, Osttirol im Jahre 1809 (Schlern-Schriften 253), Innsbruck–München 1968, S. 57–62.
98 *Thonhauser*, Osttirol im Jahre 1809 (wie Anm. 97), S. 116.
99 *Ortner*, 500 Jahre Markt Sillian (wie Anm. 80), S. 15; *Thonhauser*, Osttirol im Jahre 1809 (wie Anm. 97), S. 116.
100 *Huber-Wanner*, Josef Achammer (wie Anm. 95), S. 25; *Ortner*, 500 Jahre Markt Sillian (wie Anm. 80), S. 15.
101 *Ortner*, 500 Jahre Markt Sillian (wie Anm. 80), S. 17.
102 Michael *Forcher*, Josef Schrafft (1855–1922), in: OHBl, 37. Jg. (1969), Nr. 3, S. 5 f.; Anton *Brugger*, 75 Jahre Tiroler Bauernbund, hrsg. v. Tiroler Bauernbund, Thaur 1988, S. 194; Richard *Schober*, Geschichte des Tiroler Landtages im 19. und 20. Jahrhundert (Veröffentlichungen des Tiroler Landesarchivs, Bd. 4), Innsbruck 1984, S. 533 f.; Egon *Pinzer*, Tirol von innen am Ende des Ersten Weltkrieges, in: Handbuch zur neueren Geschichte Tirols, hrsg. von Anton *Pelinka* und Andreas *Maislinger*, Bd. 2, Innsbruck 1993, S. 40.
103 Bauernbundsobmann Schrafft im Reichsrat, in: Tiroler Volksbote, 13. Jg. (1905), S. 2 f.
104 *Forcher*, Josef Schrafft (wie Anm. 102), S. 5 f.; *Brugger*, 75 Jahre Tiroler Bauernbund (wie Anm. 102), S. 195.
105 *Forcher*, Josef Schrafft (wie Anm. 102), S. 5 f.; *Brugger*, 75 Jahre Tiroler Bauernbund (wie Anm. 102), S. 195; Reichsratsabgeordneter Schrafft – Landeshauptmann von Tirol, in: Reichspost, 24. Jg. (1917), Nr. 237, S. 5.
106 Richard *Schober*, Geschichte des Tiroler Landtages (wie Anm. 102), S. 534; Reichsratsabgeordneter Schrafft (wie Anm. 105); S. 5; *Pinzer*, Tirol von innen am Ende des Ersten Weltkrieges (wie Anm. 102), S. 40 f.
107 *Forcher*, Josef Schrafft (wie Anm. 102), S. 5 f.; *Brugger*, 75 Jahre Tiroler Bauernbund (wie Anm. 102), S. 195; Richard *Schober*, Geschichte des Tiroler Landtages (wie Anm. 102), S. 534 f.; *Pinzer*, Tirol von innen am Ende des Ersten Weltkrieges (wie Anm. 102), S. 41 f.
108 *Brugger*, 75 Jahre Tiroler Bauernbund (wie Anm. 102), S. 195; Hans *Kramer*, Josef Schrafft, Landeshauptmann von Tirol. Zu seinem 25. Todestage am 11. Jänner, in: OHBl, 15. Jg. (1947), Nr. 1, S. 3; *Pinzer*, Tirol von innen am Ende des Ersten Weltkrieges (wie Anm. 102), S. 41.
109 Rundschau in der Welt, in: Tiroler Volksbote, 13. Jg. (1905), Nr. 8, S. 3.
110 *Brugger*, 75 Jahre Tiroler Bauernbund (wie Anm. 102), S. 195; *Pinzer*, Tirol von innen am Ende des Ersten Weltkrieges (wie Anm. 102), S. 41.
111 Maria *Huber-Wanner*, Sillian gedenkt seines verdienten Bürgers Josef Schrafft, in: EinBLICK – Gemeindezeitung Sillian, August 2004, Nr. 10, S. 17–20, hier S. 20; *Forcher*, Josef Schrafft (wie Anm. 102), S. 6.
112 *Kramer*, Josef Schrafft (wie Anm. 108), S. 4; *Schober*, Geschichte des Tiroler Landtages (wie Anm. 102), S. 534; *Huber-Wanner*, Sillian gedenkt seines verdienten Bürgers (wie Anm. 111), S. 20.
113 *Kramer*, Josef Schrafft (wie Anm. 108), S. 4; *Brugger*, 75 Jahre Tiroler Bauernbund (wie Anm. 102), S. 195.
114 Schrafts letzter Gang, in: Tiroler Bauernzeitung, 21. Jg. (1922), Nr. 3, S. 1–3.
115 Werner *Kunzenmann*, Rosa Stallbaumer aus Sillian. Fluchthelfern für die Juden, in: Kirche. Sonntagszeitung für die Diözese Innsbruck, Nr. 5 (2001), S. 4; Martin *Kofler*, Osttirol. Vom Ersten Weltkrieg bis zur Gegenwart, Innsbruck–Wien–Bozen 2005, S. 109; Kriemhilde *Köll*, Die Fluchthelferin. Rosa Stallbaumer, in: Konstantia Auer/Manfred *Scheuer* (Hrsg.): Starke Frauen in der Kirche Tirols. Das Stille ist kräftiger als das Laute. 23 Frauenporträts, Innsbruck 2008, S. 81–83, hier S. 81.

116 *Köll*, Die Fluchthelferin (wie Anm. 115), S. 81; Manfred *Scheuer*, Opfer, Verfolgte und Märtyrer in Tirol zwischen 1938 und 1945, in: Józef *Niewiadomski*/Roman A. *Siebenrock* (Hrsg.), Opfer – Helden – Märtyrer. Das Martyrium als religionsgeschichtliche Herausforderung (Innsbrucker theologische Studien, Bd. 83), Innsbruck–Wien 2011, S. 207–234, hier S. 208.

117 *Kofler*, Osttirol (wie Anm. 115), S. 109–111; ausführliche Schilderung des Falles „Valyi/Stallbaumer" bei Martin *Kofler*, Osttirol als Fluchtweg für Juden. Die Fälle Valyi/Stallbaumer und Schneider 1941/42, in: Geschichte und Region, 6. Jg. (1997), S. 87–114.

118 *Kofler*, Osttirol als Fluchtweg (wie Anm. 117), S. 101.

119 *Kofler*, Osttirol (wie Anm. 115), S. 111.

120 *Scheuer*, Opfer (wie Anm. 116), S. 209; *Kofler*, Osttirol (wie Anm. 115), S. 111; *Kofler*, Osttirol als Fluchtweg (wie Anm. 117), S. 100.

121 *Köll*, Die Fluchthelferin (wie Anm. 115), S. 83; *Kofler*, Osttirol (wie Anm.115), S. 111.

122 *Scheuer*, Opfer (wie Anm. 116), S. 209.

123 *Scheuer*, Opfer (wie Anm. 116), S. 207; *Köll*, Die Fluchthelferin (wie Anm. 115), S. 83.

124 *Scheuer*, Opfer (wie Anm. 116), S. 208.

125 Archivmeldung der Rathauskorrespondenz vom 15. September 2003, in: http://www.wien.gv.at/rk/msg/2003/0915/008.html, Stand: 8. Juli 2011.

126 Tourismusurgestein, in: Bezirksblatt Gasteinertal (2010), Nr. 27, S. 16; Er kennt die Welt und spricht acht Sprachen, in: Online Dienst der TT vom 13. Oktober 2003; Gehrer verleiht Urkunden über die Verleihung des Berufstitels Professorin/Professor, in: http://www.ots.at/presseaussendung/OTS_20031008_OTS0051/gehrer-ueberreicht-urkunden-ueber-verleihung-des-berufstitels-professorinprofessor, Stand: 14. Juli 2011; Curriculum Vitae von Joseph Flatscher, 2010.

127 Die Erwähnung erfolgt mit Zustimmung von Jos Pirkner. Jos Pirkner Biografie, in: http://www.jos-pirkner.at/biografie.html, Stand: 8. August 2011.

128 Offizielle Webseite von Bernhard Aichner, http://www.bernhard-aichner.at, Stand: 4. Juli 2014; Susanne *Gurschler*, Eine Mörderin, eine gute, in: Echo 02/2014, S. 60 f.

Meinrad Pizzinini
Pustertal-Reisende im Lauf der Jahrhunderte

1 Meinrad *Pizzinini*, Osttirol. Eine Bezirkskunde, Innsbruck–Wien–München–Würzburg 1971; Giuliana *Andreotti*/Ernst *Steinicke*, Das Pustertal. Geographische Profile im Raum Innichen und Bruneck, in: Ernst *Steinicke* (Hrsg.), Europaregion Tirol–Südtirol–Trentino (Innsbrucker Geographische Studien – Spezialexkursionen in Südtirol, Band 33/3), Innsbruck 2003, S. 9–68; Heinrich *Irschara*, Das Pustertal, eine naturgeographische Landeskunde, in: Bezirksgemeinschaft Pustertal (Hrsg.), Unser Pustertal in Vergangenheit und Gegenwart, Bozen 2009, S. 17–28, hier besonders S. 17–19.

2 Aus der Fülle der einschlägigen Literatur seien hervorgehoben: Reimo *Lunz*, Archäologische Streifzüge durch Südtirol, Band 1: Pustertal und Eisacktal, Bozen 2005; Wolfgang *Sölder*, Spurensuche³ – Vom Schnabelmenschen zur Zwergenstadt ca. 8000 v. Chr.–610 n. Chr. Steinzeit–Bronzezeit–Eisenzeit, in: Ausstellungskatalog des Museums der Stadt Lienz Schloss Bruck (Ausstellungstrilogie, Teil I), Innsbruck–Wien–Bozen 2005, S. 11–35.

3 Zur Römerzeit im Bereich des Bezirks Lienz u. a. Stefan *Karwiese*, Der Ager Aguntinus. Eine Bezirkskunde des ältesten Osttirol, Lienz 1975; Wilhelm *Alzinger*, Aguntum und Lavant. Führer durch die römerzeitlichen Ruinen Osttirols, 4. Aufl., Wien 1985; Anton *Höck*, Osttirol zur Römerzeit (16/15 v. Chr.–610 n. Chr.), in: Spurensuche³ – Vom Schnabelmenschen zur Zwergenstadt ca. 8000 v. Chr.–610 n. Chr. Ausstellungskatalog des Museums der Stadt Lienz Schloss Bruck (Ausstellungstrilogie, Teil I), Innsbruck–Wien–Bozen 2005, S. 37–69.

4 Gerald *Grabherr*/Elisabeth *Walde* (Hrsg.), Via Claudia Augusta und Römerstraßenforschung im östlichen Alpenraum (*Ikarus*. Innsbrucker klassisch-archäologische Universitäts-Schriften 1), Innsbruck 2006, S. 39 f.; Gerhard *Winkler*, Die römischen Straßen und Meilensteine in Noricum – Österreich, Aalen 1985, S. 23 f.

5 http://de.wikipedia.org/wiki/Venantius_Fortunatus. (Abgerufen am 15. Februar 2013)

6 Zur politischen Geschichte des Pustertales siehe besonders Otto *Stolz*, Politisch-historische Landesbeschreibung von Südtirol (Schlern-Schriften 40), Innsbruck 1937, S. 473–493; Franz-Heinz v. *Hye*, Das Pustertal und seine Stellung in der Tiroler Landesgeschichte, in: Siegfried *Volgger* (Hrsg.), Zur Geschichte und Sprachgeographie des Pustertales, o. O. 2000, S. 12–43; Claudia *Fräss-Ehrfeld*, Geschichte Kärntens, Band 1: Das Mittelalter, 2. unveränderter Nachdruck, Klagenfurt 2005, S. 49–67.

7 Siehe v. a. Egon *Kühebacher*, Die Hofmark Innichen. Ein Heimatbuch für Einheimische und Gäste, Innichen 1969, S. 46–53.

8 Neuere Literatur zu Margarete „Maultasch" und die Übergabe Tirols an Habsburg: Wilhelm *Baum*, Rudolf IV. der Stifter. Seine Welt und seine Zeit, Graz–Wien–Köln 1996; Wilhelm *Baum*, Margarete Maultasch, Ein Frauenschicksal im späten Mittelalter, Klagenfurt 2004; Julia *Hörmann-Thurn und Taxis* (Hrsg.), Margarete Gräfin von Tirol, Ausstellungskatalog Landesmuseum Schloss Tirol, Innsbruck 2007; 650 Jahre Tirol bei Österreich. Tiroler Landeszeitung, Ausgabe 1, Jänner 2013; Anno 1363 Tatort Tirol. Es geschah in Bozen (Runkelsteiner Schriften zur Kulturgeschichte, Bd. 5), Bozen 2013.

9 *Baum*, Margarete Maultasch (wie Anm. 8), S. 68 f.

10 Hans *Grießmair*, Kaiser Maximilians I. Itinerarium in Südtirol, in: Der Schlern, 43. Jg., (1969), Heft 2/3, S. 51–55 ff.

11 Josef *Windhager*, Die Pustertaler Post in alter Zeit [Teil 1], in: OHBl, 15. Jg. (1947), Nr. 10, unpag. [S. 4].

12 Karl *Brandi*, Kaiser Karl V., 6. Aufl., München 1961, S. 508.

13 Siehe Erwin *Kolbitsch*, Durchreise hoher Persönlichkeiten durch Osttirol (1363–1901), in: OHBl, 46. Jg. (1977), Nr. 12, unpag. [S. 4], 47. Jg. (1978), Nr. 1, unpag. [S. 2–4] und v. a. die Regestensammlung „Durchzüge" von Josef *Oberforcher* mit Auszügen vorwiegend aus Verfachbüchern und Ratsprotokollen im Museum der Stadt Lienz Schloss Bruck.

14 Die Landesbeschreibung von Wolkenstein wurde erst im Jahr 1936 abgedruckt: Marx Sittich von *Wolkenstein*. Landesbeschreibung von Südtirol. Festgabe zu Hermann Wopfners sechzigstem Lebensjahr (Schlern-Schriften 34), Innsbruck 1936, S. 276 f. – Die Sillian betreffenden Zeilen sowie weitere neun Beschreibungen des Marktes abgedruckt bei Rosemarie *Pizzinini*, Sillian im Spiegel der Jahrhunderte, in: OHBl, 37. Jg. (1969), Nr. 11, unpag. [S. 4–7].

[15] Matthias *Burgklechner*, Tiroler Adler, Dritter Teil, Vierte Abteilung: Märkte, Herrschaften und Gerichte, Liber 13, Caput 14: Heinfels; zitiert nach der im 19. Jahrhundert hergestellten und beglaubigten Abschrift des Originals im Haus-, Hof- und Staatsarchiv, Wien. Die Abschrift befindet sich im Tiroler Landesmuseum Ferdinandeum, FB 2099, S. 1241 f.

[16] Elisabeth *Forcher*, Maximilian Graf Mohr (1588–1659), Phil.-Diss., MS, Innsbruck 1977, S. 218.

[17] Maximilian *Mohr*, Beschreibung der fürstlichen Grafschaft Tirol, MS im TLMF, FB 50.066 A, S. 136. – Das Ferdinandeum besitzt noch weitere Abschriften, ebenso das Tiroler Landesarchiv in Innsbruck und das Haus-, Hof- und Staatsarchiv in Wien.

[18] Anton *Roschmann*, Fürstlich Görzische Residenz-Statt Luenz und dero Gegenden, MS, 1746, S. 9 f.; die Handschrift befindet sich in der Bibliothek des TLMF, Dip. 947. – Ein großer Teil der Handschrift wurde – leider fehlerhaft – von Josef *Oberforcher* transkribiert und veröffentlicht in: OHBl, 4. Jg. (1927), Folge 1, S. 1–4 und Folge 3, S. 37–41.

[19] Johann *Wassermann*, Reise der Königl. Hoheit der Prinzessin Isabella von Parma, Braut Kaiser Josef des Zweiten, durchs Pustertal nach Wien, in: Die Heimat. Blätter für tirolische Heimatkunde, Jg. 1914/15, Heft Nr. 7, S. 145–172.

[20] TLMF, Historische Sammlungen, Postmeisterarchiv Michael Forcher, Aktenstücke Innsbruck, 1804 April 10 und Sillian, 1804 April 21.

[21] Innsbrucker Zeitung, 12. Jg. (1910), Nr. 9 (29. Jänner), unpag. [S. 1 f.]

[22] Henry D. *Inglis*, Tyrol und ein Blick auf Baiern, 2. Teil, Leipzig 1833, S. 40 f. – Henry D. *Inglis*, The Tyrol with a Glance at Bavaria, Francfurt o. M. 1839.

[23] *Inglis*, Tyrol (wie Anm. 22), S. 46.

[24] A. M. *Pirkhofer*, England – Tyrol. Vom Bild Tirols im englischen Schrifttum, Innsbruck 1950, bes. S. 63–71.

[25] Josiah *Gilbert*/G. C. *Churchill*, The Dolomite Mountains. Excursions Through Tyrol, Carinthia, Carniola & Friuli in 1861, 1862 & 1863, London 1864.

[26] Zitiert nach der deutschen Ausgabe: Josiah *Gilbert*/G. C. *Churchill*, Die Dolomitberge. Ausflüge durch Tirol, Kärnten, Krain und Friaul in den Jahren 1861, 1862 und 1863. Aus dem Englischen von Gustav Adolf Zwanziger, Klagenfurt 1865, S. 44, 165.

[27] Adolph *Schaubach*, Die deutschen Alpen, 5 Bände, Jena 1845–1847, 2. Auflage, Jena 1867.

[28] Adolph *Schaubach*, Die deutschen Alpen, Fünfter Theil: Die südöstliche Abdachung vom Großglockner bis Triest, Jena 1847, S. 8.

[29] F. J. *Felsecker*, Reise nach Rom mit Berührung der Orte Loreto und Assisi in Italien und den Besuchen der beiden Jungfrauen Maria von Mörl zu Kaltern und Domenica Lazzari zu Capriana in Tirol, Sulzbach 1847, S. 75 f.

[30] [Beda *Weber*,] Das Land Tirol. Ein Handbuch für Reisende, 2. Band, Innsbruck 1838, S. 129–133.

[31] Johann Jakob *Staffler*, Tirol und Vorarlberg II. Theil, II. Band, Innsruck 1844, S. 372 f.

[32] Georg *Tinkhauser*, Topographisch-historisch-statistische Beschreibung der Diözese Brixen, I. Band, Brixen 1855, S. 517 f.

[33] F. J. *Gaßner*, Die Pusterthaler Eisen-Bahn (Franzensfeste-Lienz). Ein Reisebegleiter für Einheimische und Fremde. Nach eigener Anschauung kurz vor Eröffnung der Bahn bearbeitet und herausgegeben, Innsbruck 1871, S. 26 f.

[34] Anton *Oberkofler*, Die Pusterthaler Bahn mit Anschluß an die Kärntner Bahn. Ein Vademecum für Reisende auf derselben, hrsg. von der k. k. priv. Südbahn-Gesellschaft, Wien 1872, S. 32–34.

[35] Führer für die Pusterthal-Kärntnerbahn (Woerl's Reisehandbücher), Würzburg–Wien o. J., S. 39 f.

[36] Ludwig *Steub*, Lyrische Reisen, Stuttgart 1878, S. 213 f.

[37] Heinrich *Noë*, Die Kärntner-Pusterthaler Bahn, in: Europäische Wanderbilder, Zürich o. J. [um 1884], S. 72–74.

[38] Meinrad *Pizzinini*, Die Tiroler Kaiserjäger auf Heinfels (Osttirol in alten Fotos und Zeitungsberichten 151), in: OB, 36. Jg. (1981), Nr. 48, S. 50 f.

[39] Sepp *Heimfelsen*, Auf Irr- und Kreuzwegen. Lebenserinnerungen, Hall i. T. 1935, S. 38–41.

[40] Josef *Rabl*, Illustrirter Führer durch das Pusterthal und die Dolomiten mit Ausflügen in die Glockner-, Venediger-, Rieserferner- und Zillerthaler-Gruppe (Hartleben's Illustrirter Führer Nr. 7 – Handbuch für Touristen), Wien–Pest–Leipzig 1882, S. 140–143, 148.

[41] *Rabl*, Illustrirter Führer (wie Anm. 40), S. 148.

[42] Einblattdruck mit Lithographie von F. Stemberger, gedruckt bei „J. Oberer sel. Witwe", Salzburg 1848.

[43] Innsbrucker Tagblatt, Jg. 1868, Nr. 49 (28. Februar), S. 380.

[44] Meinrad *Pizzinini*, Tourismus im Schatten der Hohen Tauern. Zur Geschichte des Fremdenverkehrs im 19. Jhdt. in Osttirol, in: Neue Tiroler Zeitung, 3. Jg. (1975), Nr. 165 (19. Juli), Sonderbeilage, S. IX–X.

[45] Lilly *Papsch*, Als Richard Strauss in Sillian weilte, in: OB, 57. Jg. (2002), Nr. 30, S. 19.

[46] Almanach der Bäder, Sommerfrisch- und Luftcurorte Tirols, Ausgabe für 1896/1897, Innsbruck 1896, S. 156.

[47] Tirol und Vorarlberg in Wort und Bild. Herausgegeben unter Mitwirkung der hervorragendsten einheimischen Gelehrten und Künstler (Die österreichisch-ungarische Monarchie in Wort und Bild, Bd. 13), Wien 1893, S. 64.

[48] A. *Achleitner*/E. *Ubl*, Tirol und Vorarlberg. Neue Schilderung von Land und Leuten, Leipzig o. J. [1894], S. 283.

[49] Hans *Semper*, Wanderungen und Kunststudien in Tirol. Erstes Bändchen, Innsbruck 1894, S. 77–81 (Sonder-Abdruck aus: „Bote für Tirol und Vorarlberg" 1894).

[50] Alfred *Steinitzer*, Geschichtliche und kulturgeschichtliche Wanderungen durch Tirol und Vorarlberg, Innsbruck 1905, S. 377 f. – Die Publikation erschien in 2. Auflage im Jahr 1922.

[51] Karl Felix *Wolff*, Schenkers Führer durch Südtirol mit internationalem Hotelanzeiger, 3. Aufl., Bozen 1913, S. 181.

[52] Franz *Zangerl*, Wanderungen um Inn und Etsch, Innsbruck–Wien–München 1936, S. 152.

[53] Albert *Kropp*, Mein Osttirol mit Zeichnungen von Gertrud Purtscher-Kallab, Dölsach 1956, S. 12 f.

[54] Gunther *Langes*, Bild-Autoführer durch Tirol. Nord- und Osttirol und über die Großglockner-Hochalpenstraße (Autorama, Bd. II), 2. Aufl., Innsbruck o. J. [1964], S. 351.

[55] Hermann *Schreiber*, Tirol. Bergland am grünen Inn, Bern–Stuttgart 1976, S. 260 f.

[56] Anton *Prock*, Reiseführer Tirol. Alle Orte und Sehenswürdigkeiten in Nord- und Osttirol mit Freizeittipps, 2. Aufl., Innsbruck–Wien o. J. [2012], S. 357.

Abbildungsnachweis

Das an sich wichtige Anführen der Signaturen bei einzelnen Urkunden und Aktenstücken in den Archiven war nicht durchgehend möglich, sondern nur, soweit sie vorhanden sind.

Quellennachweis zu einzelnen Abbildungen

S. 10, 11 (3), 12:	Gemeinde Heinfels
S. 45:	Sammlung Bert Singer, Nussdorf-Debant
S. 53, 66 o.:	TAP/Sammlung Franz von Kahler
S. 70:	Archiv Sepp Straganz, Sillian–Lienz
S. 72 u.:	„Der Markt SILLIAN in Tirol im Brixner Kreis", 1859; Wien, Bundesamt für Eich- und Vermessungswesen
S. 75 u.:	Archiv Leiter-Asthof, Sillian
S. 76 o.:	Archiv Emmi Stibellehner, Sillian
S. 78 re. Spalte o.:	Archiv Gerhard Holzer, Sillian–Lienz
S. 80 o.:	wie Seite 72 u.
S. 81 o.:	Tourismusverband (TVB) Osttirol, Lienz
S. 82 o., 83 o., 84 o., 85 o., 86 o., 87 li.:	„Dorf SILLIANERBERG in Tirol Brixner Kreis", 1859; Wien, Bundesamt für Eich- und Vermessungswesen
S. 89 o.:	Archiv Sepp Straganz
S. 90 o.:	„Dorf ARNBACH in Tirol Brixner Kreis", 1859; Wien, Bundesamt für Eich- u. Vermessungswesen
S. 91 o.:	Archiv Leiter-Asthof
S. 91 u.:	Archiv Sepp Straganz
S. 93 u. li., 94 u. li., 96:	wie Seite 90 o.
S. 99–105:	Institut für Archäologien der Univ. Innsbruck
S. 116:	Archiv Sepp Straganz
S. 117:	Archiv Leiter-Asthof
S. 122, 127, 129, 131, 132:	Archiv Marktgemeinde Sillian
S. 143:	Sillianer Bildkalender 1997, hrsg. vom Pfarrgemeinderat Sillian
S. 145:	Gschwendter Kaser heute in Besitz der Fam. Lugger/Unterwöger, Obertilliach
S. 151 o.:	Innsbruck, Tiroler Landesarchiv, Hofregistratur, Reihe E, Fasz. 36
S. 153 u. li.:	Archiv Emmi Stibellehner geb. Atzwanger
S. 156:	Archiv Leiter-Asthof
S. 158:	Historischer Atlas der Alpenländer, hrsg. von der Österr. Akademie der Wissenschaften, Wien 1910, Landgerichtskarte, Blatt Pustertal (Ausschnitt)
S. 160:	Urkunde vom 25. August 1295, Lienz; Dominikanerinnenkloster Lienz, Archiv, Lit. B. 49
S. 161:	Fotoarchiv Meinrad Pizzinini
S. 163:	Privatbesitz Fam. Trojer, Tolderhof, Winnebach
S. 166:	Pfarrwidum Sillian
S. 169:	Innsbruck, Tiroler Landesarchiv, Urbare, 50/1
S. 170:	wie Seite 151 o.
S. 171:	Pfarrarchiv Sillian, P/c/2
S. 176 u.:	TLMF, Dip. 1372/81
S. 177:	TLMF, FB 2107, vor fol. 78
S. 179:	TLA, Karten und Pläne 2712
S. 180 o.:	TLA, Karten und Pläne 2714
S. 183:	wie Seite 72
S. 185:	Archiv Marktgemeinde Sillian, I 1
S. 187:	Pfarrarchiv Sillian
S. 191:	Archiv Anton Walder vlg. Rautlate, Sillian
S. 194:	TLMF, W 2174, Nr. 26
S. 195:	TLMF, Kunstgesch. Sammlungen, Inv.-Nr. P 46
S. 196, 198:	Archiv Marktgemeinde Sillian
S. 200:	Archiv Leiter-Asthof
S. 201:	li.: Löffler-Glocke am Turm der Pfarrkirche Sillian; Mitte: Sillian-Wappen, in: Conrad Fischnaler, Wappenbuch der Städte und Märkte der gefürsteten Grafschaft Tirol. Nach Quellen gezeichnet von Karl Rickelt, Innsbruck 1894, S. 19
S. 202:	Matrikelbuch im Pfarrarchiv Sillian
S. 205:	Archiv Marktgemeinde Sillian
S. 206:	Archiv Herrnegger-Bacher, Sillian
S. 208:	Archiv Marktgemeinde Sillian
S. 209:	Archiv Herrnegger-Bacher
S. 210:	Archiv Marktgemeinde Sillian
S. 212 o., 213:	Archiv Leiter-Asthof
S. 214, 215 (2):	Archiv Sepp Straganz
S. 217, 218:	Archiv Leiter-Asthof
S. 220:	München, Bayerisches Hauptstaatsarchiv
S. 221:	Diözesanmuseum Freising
S. 222:	Pfarrarchiv Sillian, Diplomata, Urkundenabschriften, Cod. Nr. 24
S. 223:	Karte aus: Fridolin *Dörrer*, Die geistige und geistliche Aufgabe Innichens, in: Der Schlern 45 (1971), S. 492
S. 226:	Pfarrarchiv Sillian, Urkunden Nr. 1
S. 227:	Pfarrarchiv Sillian, Cod. D. a.
S. 229:	Fotoarchiv Meinrad Pizzinini
S. 230:	Pfarrwidum Sillian
S. 234 o.:	Das Turmuhrwerk befindet sich heute im TLMF, Historische Sammlungen.
S. 235:	Innichen, Stiftsmuseum 1
S. 237:	Fotografie im Pfarrarchiv Sillian
S. 238 u. li.:	Archiv Leiter-Asthof
S. 238 u. re., 240 (2), 243 li., Mitte li., Mitte re.:	Fotografien im Pfarrarchiv Sillian
S. 245:	Sammlung Josef Rauter
S. 246:	Pfarrarchiv Sillian, Bruderschaftsbücher
S. 247, 248 li.:	Pfarrarchiv Sillian, Urkunde Nr. 127
S. 248 re., 249 u. (2):	Pfarrarchiv Sillian, Bruderschaftswesen
S. 249 o.:	Pfarrwidum Sillian
S. 251:	Tafelbild im Pfarrwidum von St. Lorenzen i. P.
S. 255:	Archiv Gerhard Holzer
S. 257:	HS, aus Aufkirchen im Pustertal stammend, in Privatbesitz in Oberlienz
S. 258:	Archiv Marktgemeinde Sillian
S. 259:	Archiv Gerhard Holzer
S. 262, 263:	Privatbesitz Familie Wanner
S. 270:	Pfarrarchiv Sillian, II Ac 1
S. 271 u., 272 (2):	Pfarrarchiv Sillian, II Aa
S. 274 o. li.:	Pfarrarchiv Sillian, II Aa 18
S. 290 u. re., 291:	Wolfenbüttel, Herzog August Bibliothek, Sign. 24.1 Geom. 2 (7) und Sign. Graph. C: 631c
S. 293 (2):	Pfarrwidum Sillian
S. 300 (2):	Innsbruck, Tiroler Landesarchiv, Jüngeres Gubernium, Normalien Schule, Fasz. 3845
S. 301:	Pfarrarchiv Sillian, P/c/2
S. 302:	Chronik der Volksschule Sillian, Band 1, 1875

S. 304 (2):	Sammlung Josef Rauter
S. 305:	Privatbesitz Cäcilia Bachlechner, geb. Rainer
S. 306 o.:	Privatbesitz Familie Wanner
S. 306 li. u.:	Archiv Familie Pranter, Arnbach
S. 306 re. u.:	Chronik der Volksschule Sillian, Band 1, 1875307
S. 307 o.:	Sammlung Josef Rauter
S. 307 u., 308 (2):	Privatbesitz Familie Wanner
S. 309 (2):	Sammlung Josef Rauter
S. 312 o. li.:	Archiv Leiter-Asthof
S. 312 o. re.:	Sammlung Josef Rauter
S. 312 u. li.:	Privatbesitz Familie Wanner
S. 312 u. Mitte li.:	Privatbesitz Anton Furtschegger
S. 312 u. Mitte re.:	Privatbesitz Helmut Schneider
S. 312 u. re.:	Privatbesitz Renate Kollnig
S. 313:	Privatbesitz Elisabeth Kozubowski, Lienz
S. 314 (2):	Privatbesitz Walter Palla, Arnbach
S. 315 o.:	Privatbesitz Rosa Bachmann, Assling
S. 316:	Privatbesitz Paula Seywald, geb. Innerkofler, Sillian
S. 317 o.:	Privatbesitz Familie Wanner
S. 321:	Archiv Hauptschule Sillian
S. 322 o.:	Gemeindeverband Neue Mittelschule Sillian
S. 322 u. li.:	Entnommen der Festschrift: 45 Jahre Hauptschule Sillian, Sillian 1998, S. 6
S. 322 u. Mitte li.:	Privatbesitz Franz Wieser
S. 322 u. Mitte re.:	Privatbesitz Herbert Lukasser
S. 322 u. re.:	Privatbesitz Peter Peinstingl
S. 324 (2):	Archiv Polytechnische Schule Sillian
S. 325 u. re.:	Chronik der Polytechnischen Schule l
S. 326 o. li.:	Chronik der Polytechnischen Schule
S. 326 o. Mitte li.:	Privatbesitz Josef Klammer
S. 326 o. Mitte re.:	Privatbesitz Johann Sint
S. 326 o. re.:	Privatbesitz Andrä Geiler
S. 326 u.:	Archiv Sonderpädagogisches Zentrum
S. 327 o.:	Privatbesitz Johanna Walder
S. 327 u. li.:	Privatbesitz Andreas Mitterdorfer
S. 327 u. re.:	Privatbesitz Bernd Fast
S. 328 o.:	Archiv Landesmusikschule Sillian
S. 330:	TAP/Sammlung der Eisenbahnfreunde Lienz
S. 331:	Archiv Marktgemeinde Sillian
S. 332:	Fotoarchiv Ute Pizzinini
S. 333 o.:	Archiv Marktgemeinde Sillian
S. 333 u.:	Forschungsinstitut Brenner-Archiv, Universität Innsbruck, Nachlass Johannes E. Trojer
S. 334 (2):	TAP/Sammlung Franz von Kahler
S. 335:	Archiv OeAV Sektion Sillian
S. 336 o.:	Sammlung Josef Rauter
S. 336 u.:	Archiv Marktgemeinde Sillian
S. 338:	TLA, Fotosammlung
S. 339:	TAP/Sammlung Marktgemeinde Sillian
S. 340, 342 (3):	Archiv Emmi Stibellehner geb. Atzwanger
S. 343, 344, 346:	Archiv Marktgemeinde Sillian
S. 347:	Archiv Sepp Straganz
S. 348 li.:	Archiv Museum Schloss Bruck
S. 348 re.:	Sammlung Josef Rauter
S. 349:	Archiv Martin Kofler, Oberlienz/Oberdrum
S. 351:	Archiv Leiter-Asthof
S. 352 (2):	Pfarrarchiv Sillian
S. 355:	Archiv Sepp Straganz
S. 356:	Archiv Marktgemeinde Sillian
S. 358 (2):	TLA, Fotosammlung
S. 359 (3), 361 o. (2):	Archiv Marktgemeinde Sillian
S. 361 u.:	wie Seite 333 u.
S. 362 (2), 363:	Archiv Marktgemeinde Sillian
S. 365:	wie Seite 333 u.
S. 367 (2), 369 o.:	Archiv Marktgemeinde Sillian
S. 373:	TAP/Sammlung Marktgemeinde Sillian
S. 375 li.:	Sammlung Ute Pizzinini
S. 375 re.:	Sammlung Karl C. Berger
S. 376 o.:	Archiv Vergeiner, Lienz
S. 376 u.:	Archiv Marktgemeinde Sillian
S. 377 (2):	Osttiroler Bote, Red. (Foto: Brigitte Pramstaller)
S. 380, 381 (3):	TVKM, Archiv
S. 383 (2):	Archiv Leiter-Asthof
S. 384:	Archiv Bernd Singer, Nussdorf-Debant
S. 385:	Österreichisches Museum für Volkskunde, Wien, Inv.-Nr. ÖMV/43085
S. 386 o.:	Karl von Lutterotti, Studien und Skizzen zu den Volkstrachten Bildern von Tirol und Vorarlberg – TLMF FB 4333/14
S. 386 u.:	wie Seite 386 o., FB 4333/142
S. 387 li. (2):	TLMF, FB 19298/38 (Gericht Sillian)
S. 387 re. (2):	wie 386 o., FB 4333/142 und 143
S. 388 (2), 389 (2), 390 li.:	TVKM, Archiv
S. 390 re.:	TVKM
S. 392 o.:	Sammlung Josef Rauter
S. 392 u. li.:	Archiv Leiter-Asthof
S. 398:	Privatbesitz Familie Brida, Sillian
S. 402 o.:	Archiv Sepp Straganz
S. 403 (2):	Archiv Leiter-Asthof
S. 405:	Archiv Emmi Stibellehner geb. Atzwanger
S. 406 u. (2):	Archiv Sepp Straganz
S. 412:	TLMF, Bibliothek, FB 3711, Nr. 2
S. 413 u.:	Fotoarchiv Meinrad Pizzinini
S. 417, 418 (2):	Fotoreproduktionen eines Exemplars im Nationalmuseum Prag in der Bibliothek des TLMF, FB 50.614/1-3
S. 420 (2):	Wie Seite 417, 418 – TLMF, FB 50.615/1-2
S. 423 (2), 424:	Innichen, Stiftsmuseum 1
S. 425:	Pfarrarchiv Sillian
S. 429, 430:	Pfarrarchiv Sillian, P/c/2
S. 432:	Pfarrwidum Sillian
S. 434 o.:	Pfarrarchiv Sillian
S. 435:	Archiv Tiroler Bauernbund, Innsbruck
S. 436:	Privatbesitz, Südtirol
S. 438 li.:	Privatbesitz Familie Anton Bodner
S. 439:	Israelitische Kultusgemeinde für Tirol und Vorarlberg, Innsbruck
S. 444:	Innichen, Stiftsmuseum 2 im ehemaligen Franziskanerkloster
S. 447:	Karte „Die territoriale Entwicklung der Grafschaft Görz von ca. 1100–1500", entworfen von Univ.-Prof. Dr. Hermann Wiesflecker, 1953 – Museum der Stadt Lienz Schloss Bruck
S. 451, 452:	TLMF, Bibliothek, Dip. 946
S. 453:	Pfarrwidum Sillian
S. 454 (2):	Sammlung Josef Rauter
S. 459:	Sammlung Meinrad Pizzinini
S. 467:	Sammlung Ute Pizzinini, Völs
S. 468:	Rep. aus Sepp Heimfelsen, Auf Irr- und Kreuzwegen, Hall i. T. 1935
S. 474 o. (2):	Archiv Leiter-Asthof
S. 474 u.:	Sammlung Meinrad Pizzinini
S. 476:	Archiv Anton Walder vlg. Rautlate, Sillian
S. 479 o.:	Archiv Leiter-Asthof

S. 482 o.: Archiv Musikkapelle Sillian
S. 482 u.: Archiv Volkstanzgruppe Sillian
S. 483: Archiv Theatergruppe Sillian
S. 484: Archiv Schützenkompanie Sillian
S. 485: Archiv FF Sillian
S. 487: Archiv Jungbauernschaft/Landjugend Sillian
S. 488: Archiv Fotoausstellung zur 40-Jahr-Feier der Sportunion Sillian, 1999
S. 490: Archiv Radclub Hochpustertal–Sillian

Fotonachweis – Grafiken und Zeichnungen

Fotografien

Fotowerk Aichner, Innsbruck: 441 re.
Helmut Bachlechner, Sillian: 369 o.
Siegfried Bachlechner, Sillian: 264 o. li., 488
Alois Beer, Klagenfurt: 143
Karl C. Berger: 381 (2)
Andreas Blaickner (Institut für Archäologien): 104
Philipp Brunner, Sillian: 441 Mitte re., 484
Bundesamt für Eich- und Vermessungswesen, Wien: 72 u., 80 o., 82 o., 83 o., 84 o., 85, 86 o., 87 l., 90 o., 93 u. li., 94 u. li., 96, 183
Bundesdenkmalamt, Landeskonservatorat Tirol, Innsbruck: 413 o.
Diözesanmuseum Freising: 221
Silvia Ebner, Lienz: 447
Magnus Gratl, Innsbruck: 438 re.
Alois Heinricher: 9 (2), 34 (li. u.), 41 (3), 43 (2)
Notburga Heinricher: 15 (3), 16, 17 (li. u. und re.), 18 (4), 19 (2), 20, 21 (2), 22, 23 (6), 24 (6), 25 (3), 26 (6), 27 (3), 28 (6), 29 (3), 30 (5)
Herzog August Bibliothek, Wolfenbüttel: 290 u. re., 291
Gerhard Holzer, Sillian–Lienz: 75 o., 433 re.
Regina Holzmann, Sillian: 323
Maria Huber: 262, 263
Hydrographischer Dienst Tirol beim Amt der Tiroler Landesregierung: 47 o. und u., 58, 59
Michael Ingruber, Lienz: 285 li.
Rudolf Ingruber: 270, 285 Mitte li., Mitte re., re.
Franz von Kahler: 53, 66 o., 334
Foto Oskar Klose, Innichen: 220, 232 li. und re., 257 (2), 423 (2), 424
Alois Kofler, Bruneck: 332 o.
Alois Kofler, Lienz: 17 li. o.
Martin Kofler: 333 o., 346, 350, 356, 366, 368, 368, 369 u.
Franz Kollreider, Heinfels: 392 u. re.
Anton Kraler, Heinfels: 212 o.
Hans-Christian Kraler, Sillian: 485
Johanna Kraler, Sillian: 122, 127, 129–132, 243, 251, 258 li., 318, 325 u. li., 425
Gottfried Kühebacher, Innichen: 235
Peter Leiter: 56 o., 57, 66 u., 68 (2), 69 (2), 71, 72 o., 73, 74 u. l., 76 u., 77, 78 li., re. Spalte u., 79 (2), 80 u., 81 u., 82 u., 83 u. (2), 84 u. (2), 86 u. (2), 87 re. Spalte o. und u., 88, 89 u., 90 u. (2), 92, 93 o. und u. re., 94 u. re., 95 (2), 98, 107, 111, 112, 113, 115, 117, 119, 121, 123 (2), 124, 125 (2), 126 (2), 128, 139, 142, 144, 148, 149, 151 u., 162 o., 163, 165 (3), 166, 171, 176 o., 184, 185, 187, 196, 198, 200, 201 li. und re., 202, 205, 207, 208, 210, 212 u., 222, 224 li., 230, 231, 233, 234 u. li. und re., 241, 242, 246, 247, 248 (2), 249 (2), 252, 258 re., 264 u., 266 (2), 268 li., 269, 270 (2), 271 (2), 272 (2), 273 (2), 274 (3), 275, 276 (3), 277 (3), 279, 280 (2), 282 (2), 283, 284, 286, 287 (3), 288 (4), 290 o. und Mitte, 292, 293, 294 (2), 295 (2), 297, 307 (2), 325 o., 331, 370, 371, 371, 374, 394, 395, 396 o., 397 (2), 399, 400, 401, 402 u., 404, 406 (4), 407 (2), 427 (2), 429, 430, 432 (2), 433 li., 434 o., 439 o., 444, 452, 454 (2), 473, 474 o., 476, 480, 489
Herbert Lukasser, Sillian: 320
Josef March, Brixen: 383 li.
Andreas Moser, Sillian: 311 (3), 396 li.
Naturwissenschaftlicher Verein Kärnten, Klagenfurt (Jakob Zmölnig): 32 (5), 34 (li. o. und re. Spalte) (2), 35 (4), 36 (6), 37 (6), 38 (3), 39 (2), 40 (4), 43 o. (2)
Josef Niedertscheider, Sillian: 264 o. re.
Hermann Ortner, Sillian: 81 o.
Foto Karl Oth, Sillian: 355, 359 (2), 376 (2), 479 o.
Österreichisches Museum für Volkskunde, Wien: 385
Karl Pertl, Völs: 411
Meinrad Pizzinini: 140, 147 (2), 160, 162 u., 175 (2), 228, 234 o. li., 265, 268 re., 375 li., 409, 410 o., 414, 434 u., 437, 445, 446, 448, 449, 469 li., 474 u., 475 (2), 478
Brigitte Pramstaller (Osttiroler Bote): 377 (2)
Franz Rainer, Heinfels: 490
Wolfgang C. Retter, Lienz: 322 o.
Wilhelm Ruggenthaler, Sillian: 319 (2)
Julius Schär, Innsbruck: 380
Eduard Scherner, Innsbruck–Innichen: 383 re.
Michael Schick (Institut für Archäologien): 101 (6a), 102, 105
Harald Stadler (Institut für Archäologien): 99 re. o.
Foto Stanger, Völs: 410 u.
Anton Stefsky, Wien: 339, 373
Hans Straganz, Sillian: 70 o.
Sepp Straganz, Sillian–Lienz: 56 u., 57, 74 u. r., 85 u., 153 u. re., 212 Mitte, 402 o.
tiris Kartendienste des Amtes der Tiroler Landesregierung – Historische Kartenwerke (mit Quellenangaben): 67, 108, 116, 134, 158, 164, 173, 180 u., 190, 192, 224 re., 226, 227, 450, 461, 472
Tiroler Landesarchiv: 151 o., 169 (2), 170 (2), 179, 180 o., 300
Tiroler Landesmuseum: 152, 176 u., 177, 194, 195, 201 (Mitte), 386 (5), 387 (4), 412, 417, 418 (2), 420 (2), 443, 451, 452, 455, 456, 457 (2), 460, 463 (3), 464, 465 (2), 466, 468, 469, 471
Peter Vergeiner, Wien: 441 li.
Johannes Viertler, Sillian: 396 re.
Tiroler Volkskunstmuseum: 389 (2), 390
Verlag Deutscher Schulverein Südmark, Wien: 70 u.
Verlag J. M. Webhofer, Sillian: 75 u., 91 o., 403 u.
Verlag Franz Knollmüller, Graz: 87 re. Spalte o.
Verlag Schönes Österreich: 479 u.
Foto Nicole Viertler/Flashlights, Sillian–Innsbruck: 321 u. li.
Anton Walder vlg. Stocker, Innsbruck–Sillian: 255
Johann Walder, Sillian: 310 o., 403 o.
Josef Walder, Sillian: 367 (2)
Josef Werth, Olang: 384, 474 o. (2)

Grafiken und Zeichnungen

Andreas Blaikner (Institut für Archäologien): 104
Auswertungen d. Hydrograph. Dienstes beim Amt der Tiroler Landesregierung: 48, 49, 50, 51, 52, 54, 55, 60, 61 o. und u., 62 o. und u.
Petra Huber: 310 u., 315, 317
Peter Leiter: 33, 65, 66 o.
Günther Niederwanger: Zeichnung 6b auf S. 101
Beatrix Nutz, Innsbruck: 99 li. o.
Ergänzungen eingetragen auf der Karte von Esther Scheiber, Umhausen: 99 u.
Michael Schick (Institut für Archäologien): Zeichnungen 1–5, 7–11 auf S. 101, 102

Verzeichnis der Autorinnen und Autoren

HR Dr. Wilfried Beimrohr
Geboren 1949 in Lienz; Studium der Geschichte und Germanistik an der Universität Innsbruck; seit 1981 tätig als wissenschaftlicher Archivar am Tiroler Landesarchiv in Innsbruck, das er von 2011 bis Ende September 2014 als Direktor leitete. – Der Themenschwerpunkt seiner wissenschaftlichen Forschungen liegt in der Tiroler Regionalgeschichte der Frühen Neuzeit und des 20. Jahrhunderts, wobei sich zahlreiche seiner publizistischen Beiträge und Arbeiten mit der Geschichte Osttirols befassen.

Mag. Karl C. Berger
Geboren 1976 in Lienz; aufgewachsen in Matrei in Osttirol; Studium der Volkskunde und Politikwissenschaft an der Universität Innsbruck; 2001 bis 2008 Vertragsassistent am Institut für Europäische Ethnologie/Volkskunde der Universität Innsbruck; seit 2008 Mitarbeit im Tiroler Volkskunstmuseum/Hofkirche und seit Jänner 2015 Leiter dieser Institution; Autor zahlreicher Aufsätze zur Kulturgeschichte in Tirol.

Dr. Wolfgang Gattermayr
Geboren 1949 in Linz a. d. Donau; Studium der Meteorologie und Geophysik an der Leopold-Franzens-Universität Innsbruck; 1977 Dienstantritt beim Hydrographischen Dienst Tirol (Amt der Tiroler Landesregierung) und von 1994 bis 2014 als Leiter dieser Dienststelle (Sachgebiet Hydrographie und Hydrologie) tätig.

OSR Alois Heinricher
Geboren 1930 in Lienz; Lehrerausbildung in Innsbruck; Dienst an der Knabenvolksschule, von 1952 bis 1990 Hauptschullehrer in Lienz bzw. ab 1982 Direktor. – Außerberufliche Tätigkeiten: Naturschutzbeauftragter der BH Lienz (1965 bis 1991) und als solcher Initiator für rund 25 Naturdenkmäler in Osttirol; Organisator mehrerer Ornithologen-Tagungen; zahlreiche naturkundliche Publikationen, speziell über Osttirol.

SR Maria Huber (geb. Wanner)
Geboren in Sillian; Studium an der Lehrerbildungsanstalt in Zams und Innsbruck; ab 1958 Dienst an den Volksschulen Obertilliach und Sillian; von 1963 bis 1998 Hauptschullehrerin in Sillian. Organistin in der Pfarrkirche Sillian; Mitarbeiterin bei verschiedenen heimatkundlichen Publikationen, besonders auch beim Chronikteil der Sillianer Gemeindezeitung „EinBLICK"; seit 2009 Mitglied im Chronikteam Sillian.

Mag. Rudolf Ingruber
Geboren 1963 in Lienz; Studium der Kunstgeschichte in Wien; seit 1999 Leiter der Kunstwerkstatt Lienz, Lebenshilfe Tirol; Kurator zahlreicher Ausstellungen zeitgenössischer Kunst sowie Verfasser von Katalogtexten und Rezensionen;
Publikationen zu den Tiroler Künstlern Simon von Taisten, Stephan Kessler, Albin Egger-Lienz, Lois Salcher, Elfriede Skramovsky, Peter Niedertscheider usw.

Mag. Dr. Martin Kofler, Master of Arts
Geboren 1971 in Lienz; Studium der Geschichte in Innsbruck und New Orleans; bis 2010 Programmleiter des Innsbrucker Studienverlags, seit 2011 Leiter des Tiroler Archivs für photographische Dokumentation und Kunst (TAP) mit Sitz in Lienz und Bruneck. Publikationen zu Österreich im Kalten Krieg und zur Geschichte Tirols im 19. und 20. Jahrhundert.

Dr.in Tanja A. Kraler
Geboren 1979 in Innichen; Studium der Geschichtswissenschaften und Europäischen Ethnologie an

der Leopold-Franzens-Universität Innsbruck; nach Abschluss des Studiums von 2009 bis 2013 wissenschaftliche Mitarbeiterin am Institut für Geschichtswissenschaften und Europäische Ethnologie an der Innsbrucker Universität; seit 2014 freiberuflich tätig.

Dr. Egon Kühebacher
Geboren 1934 in Innichen; Studium der Germanistik, vergleichenden Sprachwissenschaften, Geschichte, Kunstgeschichte und Philosophie an der Universität Innsbruck; nach dem Studienabschluss (1959) Lehrbeauftragter an der Innsbrucker Universität, ab 1964 Mitarbeiter am Institut „Deutscher Sprachatlas" in Marburg a. d. Lahn, ab 1967 am Südtiroler Kulturinstitut in Bozen und von 1973 bis zur Pensionierung im Jahre 1999 am Südtiroler Landesarchiv. – Er ist der Verfasser des dreibändigen Tiroler Sprachatlasses sowie des Südtiroler Ortsnamenbuches (3 Bände) und zahlreicher Publikationen über dialektgeographische, sprachgeschichtliche, namenkundliche, geschichtliche, volkskundliche und theaterwissenschaftliche Themen. In seinem Heimatort schuf er das Museum des Stiftes Innichen.

Ing. Peter Leiter
Geboren 1977 in Sillian; spezielle Ausbildung an der Höheren Bundeslehranstalt für alpenländische Landwirtschaft in Raumberg/Trautenfels (Steiermark); Landwirt, selbstständig seit 2003 (Filmproduktion); Mitarbeit bei zahlreichen in- und ausländischen Fernseh- und Filmproduktionen (Konzept, Drehbuch, Assistenz, Kamera), u. a. der Sendereihe UNIVERSUM (ORF); seit 2009 Leiter des Chronikteams Sillian, Mitarbeit bei diversen heimatkundlichen Publikationen wie der Gemeindezeitung „EinBLICK".

Univ.-Doz. Dr. Meinrad Pizzinini
Geboren 1943 in Lienz; Studium der Geschichte, Kunstgeschichte und Germanistik an der Universität Innsbruck; von 1969 bis 2008 Leiter bzw. Kustos der Historischen Sammlungen am Tiroler Landesmuseum Ferdinandeum, ab 1986 auch Leiter des Tiroler Kaiserschützen-Museums; 1985 Habilitation mit der Venia legendi „Kulturgeschichte Europas unter besonderer Berücksichtigung Tirols"; (Mit-)Kurator zahlreicher Ausstellungen; Vortragstätigkeit und Leitung von wissenschaftlichen Exkursionen; zahlreiche selbständige Publikationen und Abhandlungen zur Geschichte und Kulturgeschichte Tirols in seinen historischen Grenzen.

Univ.-Prof. Dr. Harald Stadler
Geboren 1959 in Lienz; Studium der Ur- und Frühgeschichte, Klassischen Archäologie und Geschichte des Mittelalters an der Universität Innsbruck; nach der Promotion (1985) bis 1991 freier Mitarbeiter des Bundesdenkmalamtes Wien, der Stadtarchäologie Wien sowie der Universitätsinstitute für Klassische Archäologie und Ur- und Frühgeschichte in Innsbruck; Ernennung zum a. o. Professor mit der Venia für Ur- und Frühgeschichte sowie Mittelalter- und Neuzeitarchäologie im Jahr 2000, zum Professor 2010. Veröffentlichung mehrerer Monographien und zahlreicher Aufsätze zu archäologischen Themen von der Mittleren Steinzeit bis in die Neuzeit; Forschungsschwerpunkte: Ur- und Frühgeschichte des inneralpinen Raumes, Archäologie des Mittelalters und der Neuzeit, Weltkriegs- und Gletscherarchäologie.

Mag. Martin Steidl
Geboren 1979 in Lienz; aufgewachsen und Schulbesuch in Sillian; der weitere Ausbildungsweg, zunächst die HTL für Elektronik, später das Studium der Europäischen Ethnologie/Volkskunde, erforderte einen Wechsel des Wohnortes nach Innsbruck; nach Abschluss des Studiums (2009) Mitwirkung an mehreren universitären Forschungsprojekten und Leitung von Lehrveranstaltungen an den Universitäten Innsbruck und Zürich. Zu den Forschungsschwerpunkten zählt u. a. die Beschäftigung mit Sagenliteratur.